A. Hillgruber · Hitlers Strategie

Andreas Hillgruber

Hitlers Strategie

Politik und Kriegführung 1940-1941

Bernard & Graefe Verlag

Meiner Frau

Umfang: 734 Seiten

1. Auflage 1965
2. Auflage 1982
3. Auflage 1993

Druck und Bindung: Cronion S.A., Barcelona
Printed in Spain

ISBN 3-7637-5923-9

Vorwort

Die vorliegende Arbeit ist aus langjähriger intensiver Beschäftigung mit der Geschichte des Zweiten Weltkrieges, vor allem mit der deutschen Politik und Kriegführung in seinen verschiedenen Phasen, erwachsen. Sie faßt die Ergebnisse der internationalen Forschung der letzten Jahre zusammen, versucht darüber hinaus aber – unter Auswertung eines umfangreichen Quellenmaterials – erstmals eine Gesamtdarstellung der Strategie Hitlers in dem entscheidenden Jahre dieses Krieges von der Niederwerfung Frankreichs durch die deutsche Wehrmacht im Mai/Juni 1940 bis zum deutschen Angriff auf die Sowjetunion im Juni 1941 vor dem Hintergrund der weltpolitischen Konstellation dieser Zeit zu geben. Wesentlicher als die (kaum vermeidbare) Ausbreitung einer Fülle von Einzelheiten erschien dabei ein gründliches Durchdenken der sich in diesen Monaten rasch wandelnden Situation mit Darlegung der verschiedenen Möglichkeiten für die Fortführung des Krieges, mit Aufzeigen von „Alternativen" für die anstehenden Entscheidungen, wobei die Ziele Hitlers und die „Realitäten" den Rahmen für die Erörterungen absteckten. In bewußt nüchterner Analyse und in sachkritischen Betrachtungen wird angestrebt, dieses – wie zu zeigen ist – zentrale Thema der jüngsten deutschen Geschichte aus dem Bereich der Polemik und der Emotionen herauszulösen, seine Behandlung in bloß militär- oder kriegshistorischer Sicht zu überwinden und seine Problematik zum Gegenstand umfassender geschichtswissenschaftlicher Untersuchung und historischer Darstellung zu machen.

Der Verfasser hat vielfältigen Dank abzustatten. In erster Linie gilt er Professor Dr. Peter *Scheibert*, Marburg/Lahn, der zusammen mit dem Autor 1962/63 ein zweisemestriges Seminar über die deutsch-sowjetischen Beziehungen im Zweiten Weltkrieg an der Philipps-Universität hielt, dabei den Anstoß zur Verwirklichung des schon länger erwogenen Plans gab und ihn mit freundschaftlicher Ermunterung, kritischem Rat und nie versagender Hilfsbereitschaft in den letzten drei Jahren begleitete. Aufrichtiger Dank gebührt all denen, die den Fortgang der Arbeit durch Anregungen, sachliche Diskussion, kritische Einwände sowie durch Unterstützung bei der Beschaffung von Quellenmaterial und Spezialliteratur förderten: den Marburger Historikern und Politikwissen=schaftlern (vor allem Professor Dr. Wolfgang *Abendroth*), Professor Dr. Charles B. *Burdick* (San Jose, California/USA), Großadmiral a. D. Karl *Dönitz* (Aumühle), Generalleutnant a. D. Gerhard *Engel* (Oberbolheim), General=oberst a. D. Franz *Halder* (Aschau), Dr. Eberhard *Jäckel* (Kiel), Dr. Hans=Adolf *Jacobsen* (Bonn), Professor Dr. Manfred *Schlenke* (Mannheim), Professor Dr. Gottfried *Schramm* (Freiburg i. Br.), General d. Artl. a. D. Walter *Warlimont* (Gmund/Tegernsee) und nicht zuletzt meinem verehrten akademischen Lehrer, Professor Dr. Percy Ernst *Schramm* (Göttingen); den Archiven, Instituten und Bibliotheken: Politisches Archiv des Auswärtigen Amtes Bonn (Dr. *Ullrich*, Dr. *Lange*, Herr *Wagner*), Bundesarchiv Koblenz (Dr. *Vogel*, Dr. *Tessin*), Mili=tärgeschichtliches Forschungsamt Freiburg i. Br. (Dr. *Meier=Welcker*, Dr. *von Groote*, Dr. *Arenz*, Dr. *Brausch*, Dr. *Klink*), Institut für Zeitgeschichte München (Dr. *Krausnick*, Dr. *Hoch*, Dr. *Vogelsang*), Bibliothek für Zeitgeschichte Stutt=gart (Dr. *Rohwer*, W. *Haupt*, J. *Röseler*), Arbeitskreis für Wehrforschung (Dr. *Hümmelchen*), der Universitätsbibliothek Marburg und den Bibliotheken der Seminare für neuere und für osteuropäische Geschichte an der Philipps=Universität Marburg.

Ohne die großzügige Unterstützung der Deutschen Forschungsgemeinschaft, Bad Godesberg, die ein zweijähriges Habilitandenstipendium gewährte, Sach=beihilfen zur Verfügung stellte und eine Druckbeihilfe bewilligte, hätte die Studie nicht in der Muße ungestörter, konstanter Auseinandersetzung mit dem Thema zügig fortschreitend abgeschlossen werden können. Hierfür ganz besonderen Dank auszusprechen, ist vielfacher Anlaß.

Die Arbeit ist von der Philosophischen Fakultät der Philipps=Universität Mar=burg/Lahn als Habilitationsschrift angenommen worden.

Marburg/Lahn, den 1. 8. 1965 — Andreas Hillgruber

Vorwort zur 2. Auflage

Nachdem meine Studie zu „Hitlers Strategie – Politik und Kriegführung 1940 – 1941" seit einigen Jahren vergriffen ist, das Interesse der Fachwelt wie eines breiteren historisch-politisch engagierten Leserkreises an diesem Buch aber ununterbrochen anhält, stellte sich für Verlag und Autor die Frage, in welcher Form eine Neuauflage nach 17 Jahren Fortgang der Forschung zu den vielfältigen in diesem Werk behandelten Problemen vertretbar sei. Eine Einarbeitung der Ergebnisse der Detailforschung hätte bei mancherlei Änderungen in einzelnen Partien an den Grundzügen und entscheidenden Aussagen meines Werkes nichts geändert. So erschien es am sinnvollsten, das Buch, von dem eine sehr starke Wirkung auf nachfolgende Untersuchungen ausgegangen ist, als unveränderter Nachdruck, als gleichbleibende Ausgangsbasis für weitere Studien, wieder allgemein zugänglich zu machen, aber in einem Nachwort auf die wichtigsten Ergänzungen und vor allem auf Differenzierungen und Modifizierungen, die aus der Sicht des Autors heute notwendig sind, hinzuweisen. Für diese Möglichkeit sage ich dem Bernard & Graefe Verlag aufrichtigen Dank.

Köln, den 1. April 1982 — Andreas Hillgruber

Vorwort zur 3. Auflage

Andreas Hillgrubers Habilitationsschrift ist seit ihrem Erscheinen im Jahr 1965 das grundlegende Werk über Hitlers Strategie und das entscheidende Kriegsjahr 1940/41.

Zu Beginn des Jahres 1989 zeichnete sich ab, daß in überschaubarer Zeit eine 3. Auflage erforderlich werden könnte. Ein diesbezügliches Schreiben des Verlags an den Autor, Prof. Dr. Andreas Hillgruber, wurde am 24. Februar 1989 u. a. wie folgt beantwortet: »Ich meine, daß die 3. Auflage völlig unverändert, also wie die 2. Auflage einschließlich des damals zugefügten Nachwortes erscheinen sollte ... M. E. sind keine wesentlichen Publikationen seit 1982 erschienen, die mich veranlassen könnten, ein neues Nachwort zu schreiben.«

Dieser vom Krankenbett diktierte Brief bedeutete das Ende einer jahrzehntenlangen fruchtbaren Zusammenarbeit zwischen Autor und Verlag: Am 8. Mai 1989 erlag Andreas Hillgruber einem Krebsleiden.

Auch als er wegen seiner schweren Krankheit keine Vorlesungen mehr halten konnte, war er bis in seine letzten Wochen wissenschaftlich tätig und für seine Schüler und Kollegen ansprechbar.

Andreas Hillgruber war nicht unumstritten. Was er aufgrund seiner Forschungen, unbeeinflußt von Ideologien, als gesicherte Wahrheit erkannte, vertrat er kompromißlos. Er stellte sich jeder wissenschaftlichen Auseinandersetzung; ungerechtfertigte, persönliche Angriffe verletzten ihn jedoch tief.

Der Bernard & Graefe Verlag bat mich als Hillgruber-Schüler und Verlagsautor, das Vorwort für die hier vorgelegte 3. Auflage zu schreiben. Diesem Wunsch bin ich in dankbarer Erinnerung an meinen verehrten Doktorvater und an einen bedeutenden Historiker gern nachgekommen.

Im Mai 1993 Günther W. Gellermann

Inhalt

Einleitung

Obwohl die Literatur zur Geschichte des Zweiten Weltkrieges von Jahr zu Jahr in geradezu gewaltigem Ausmaße anschwillt und als Ganzes selbst für den zeitgeschichtlichen Spezialisten immer unüberschaubarer wird[1], mangelt es an geschichtswissenschaftlichen Arbeiten, die, zwischen handbuchartigen Überblicken und Spezialuntersuchungen stehend, größere Sachzusammenhänge auf Grund des heute verfügbaren breiten Quellenmaterials und unter kritischer Auswertung der bereits erzielten Ergebnisse der Einzelforschung auf der Höhe des Forschungsstandes behandeln. Dies gilt trotz der verwirrenden Fülle der vorliegenden Gesamtdarstellungen und Detailstudien nicht zuletzt auch für Hitlers Außenpolitik und Kriegführung in der entscheidenden Phase des Krieges nach dem Zusammenbruch Frankreichs 1940.

So notwendig der Fortgang der durch neu zugängliches Quellenmaterial stets angeregten Spezialforschung bleibt, so ist es doch an der Zeit, mit Zusammenfassungen zu beginnen, die genügend weit gespannt sind, um mit der Erschließung größerer Sachzusammenhänge Sinnbezüge erkennen zu lassen, die für das allgemeine geschichtliche Verständnis des Zweiten Weltkrieges mit seinen Nachwirkungen und Folgen für die Gegenwart von Bedeutung sind, aber doch wiederum nicht so umfassend konzipiert werden, daß in der Darstellung fast zwangsläufig die einzelnen geschichtlichen Situationen und die nur aus ihrer konkreten Einmaligkeit heraus zu verstehenden Entscheidungen Hitlers und seiner großen Gegenspieler in ihrer wechselseitigen Bezogenheit hinter dem Aufzeigen allgemeiner „Entwicklungen" oder in „Strukturanalysen" verschwinden, die selbstverständlich ihren eigenen wissenschaftlichen Wert

1 M. Gunzenhäuser (Die Bibliographien zur Geschichte des Zweiten Weltkrieges. In: Jahresbibliographie 1961 der Bibliothek für Zeitgeschichte Stuttgart. Frankfurt a. M. 1963, S. 529) schätzt die Zahl der bis 1961 erschienenen „beachtenswerten" Titel von Büchern und Zeitschriftenaufsätzen zur Geschichte des Zweiten Weltkrieges auf 50 000. Selbst wenn man annimmt, daß rund zwei Drittel im engeren Sinne militär- und kriegsgeschichtliche Titel sind, bleibt für den Historiker das Problem der Bewältigung dieser Fülle, zumal für ein Thema aus deutscher Sicht noch die Berücksichtigung der umfangreichen allgemeinen Literatur zum Nationalsozialismus und zum „Dritten Reich" hinzukommt.

haben. Solche Studien, die den „Entscheidungscharakter" bestimmter Situationen[2], vor allem auf dem Felde der Außenpolitik und an den großen Zäsuren des Krieges, herausarbeiten, erscheinen dem Historiker, der nicht eine deterministische Geschichtsauffassung vertritt, neben sozial- und ideengeschichtlichen Untersuchungen als *eine* Möglichkeit, Erkenntnisse über geschichtliche Zusammenhänge zu gewinnen. Die prinzipielle Überzeugung von der Offenheit aller geschichtlichen Situationen bleibt unangetastet, wenn man die enge Verflochtenheit der verschiedenen Teilbereiche der Politik in einem totalitären „Führerstaat" und die Einbettung der Außen- und Kriegspolitik Hitlers in die Dynamik der Entfaltung seines vom Ursprung her radikalen rassenideologischen „Programms"[3] anerkennt, die einen gewissen — bei fortschreitender „Ausrichtung" der gesamten deutschen Politik hierauf ständig zunehmenden — immanenten „Zwang" ausübte, die dort gesteckten weitgespannten Expansionsziele zu verwirklichen, und wenn man den „fanatischen" Willen Hitlers zur völligen „rassischen Neugestaltung Europas"[4] und zum Aufbau einer deutschen „Weltmacht"-Stellung als entscheidende Triebkraft seiner Politik ansieht[5].

2 Th. Schieder: Strukturen und Persönlichkeiten in der Geschichte, in: Historische Zeitschrift, Bd. 195, 1962, S. 265 ff., besonders S. 295.

3 Zur Terminologie vgl. unten S. 21 f.

4 Dieses Ziel hat Hitler am klarsten in seiner (geheimgehaltenen) Rede vor einem Kreis höherer Offiziere am 25. 1. 1939 in der Reichskanzlei ausgesprochen (in wesentlichen Auszügen erstmals veröffentlicht bei H.-A. Jacobsen: 1939/1945. 5. Auflage, Darmstadt 1961, S. 106 ff. — Die dortige Angabe, daß Hitler seine Rede vor dem Offiziersjahrgang 1938 gehalten habe, ist unzutreffend).

5 Die Entfaltung des dynamischen „Programms" Hitlers wurde von Goebbels wenige Wochen vor Beginn der deutschen Westoffensive im kleinen Kreise offen dargelegt (Ausführungen Goebbels' vor geladenen Vertretern der deutschen Presse am 5. 4. 1940, in: Sammlung H.-A. Jacobsen, Bonn): „Bis jetzt ist es uns gelungen, den Gegner über die eigentlichen Ziele Deutschlands im unklaren zu lassen, genauso wie unsere innenpolitischen Gegner bis 1932 gar nicht gemerkt haben, wohin wir steuerten, daß der Schwur auf die Legalität nur ein Kunstgriff war. Wir wollten legal an die Macht kommen, aber wir wollten sie doch nicht legal gebrauchen... Man hätte uns ja erdrücken können, so schwer war das nicht. Aber man tat es nicht. Man hätte 1925 ein paar von uns in Haft nehmen können, und alles wäre aus und zu Ende gewesen. Nein, man hat uns durch die Gefahrenzone hindurchgelassen. Genauso war das in der Außenpolitik... 1933 hätte ein französischer Ministerpräsident sagen müssen (und wäre ich französischer Ministerpräsident gewesen, ich hätte es gesagt): Der Mann ist Reichskanzler geworden, der das Buch ‚Mein Kampf' geschrieben hat, in dem das und das steht. Der Mann kann nicht in unserer Nachbarschaft geduldet werden. Entweder er verschwindet, oder wir marschieren. Das wäre durchaus logisch gewesen. Man hat darauf verzichtet. Man hat uns gelassen, man hat uns durch die Risikozone ungehindert durchgehen lassen, und wir konnten alle gefährlichen Klippen umschiffen, und als wir fertig waren, gut gerüstet, besser als sie, fingen sie den Krieg an." (Dieser Gedankengang knüpfte eng an die bekannten Ausführungen Hitlers vor den Befehlshabern der Reichswehr vom 3. 2. 1933, unmittelbar nach seinem Regierungsantritt, an: „Gefährlichste Zeit ist die des Aufbaus der Wehrmacht. Da wird sich zeigen, ob Frankreich Staatsmänner hat; wenn ja, wird es uns Zeit nicht lassen, sondern über uns herfallen [vermutlich mit Ost-Trabanten]" [Aufz. des Generalleutnants Liebmann, gedruckt in: Vierteljahrshefte für Zeitgeschichte 1954, S. 434 f.].) —

Denn politisches Handeln ist – auch bei einem in seinem Kern so fest umris=senen „Programm" wie dem Hitlers – wohl auf ein langfristig vorher bestimm=tes großes *Ziel* hin möglich, nicht aber nach einem sich über einen längeren Zeitraum hinweg erstreckenden *Plan*, da jeder politisch Handelnde sich stets auf neue, oft nicht vorhergesehene oder vorauszusehende Situationen einstellen und auf die Züge seiner Gegenspieler reagieren muß[6]. Dabei mag sich ihm allerdings nach Erlangen einer bestimmten Machtposition und der damit verbundenen größeren politischen Bewegungsfreiheit die trügerische Meinung aufdrängen, immer weniger auf Gefahren achten zu müssen und immer mehr tatsächliche oder vermeintliche Chancen zur Verwirklichung seines „Programms" wahr=nehmen zu können – mit dem Ergebnis, daß er dadurch erst recht in Abhängig=keit von den Gegenkräften gerät. Dieser Trend, der oft bei Staatsmännern zu beobachten ist, die nach einem „Programm" handeln, mündet dann leicht in eine Risiko=Politik oder gar in ein Vabanque=Spiel, wenn nicht ein überlegener rationaler Kalkül den „fanatischen" Willen zurückhält. Mehr als eine mögliche Arbeitshypothese allgemeiner Art kann allerdings auch dieses auf gewissen Erfahrungen beruhende und davon abgeleitete „Modell" für eine historische Arbeit nicht bedeuten, da jede Vertiefung in die reichhaltigen Quellen jener Zeit die Vielfalt der Probleme erkennen läßt, die eine voreilige Formulierung vereinfachender Thesen ausschließen sollte.

Einer wesentlichen Aufgabe der Geschichtswissenschaft, nach Ursachen und Folgen bei Aufstieg und Scheitern geschichtlich bedeutsamer Gestalten, Kräfte und Mächte zu forschen, ihre Ziele und Motive in den großen von ihnen zu verantwortenden Entscheidungen zu ergründen, dabei zwischen „Gewolltem" und Erreichtem zu differenzieren und die Einwirkungen von Gegenkräften in dem ihnen zukommenden Ausmaß zu berücksichtigen, um zu einem begrün=deten historischen Urteil zu gelangen, dient auch unsere Arbeit, in der wir uns das Ziel gesetzt haben, nüchtern=kritisch, gleich fern jeglicher Apologetik wie jeder polemischen Leidenschaft, mit Hilfe der historischen Methode so weit wie möglich zu klären, in welchem Maße Hitler durch sein „Programm", durch die Politik und Strategie der Gegenmächte und durch die (vielfach erzwungene) Anerkennung sachlicher Notwendigkeiten bei seinen großen Entscheidungen auf dem Höhepunkt seiner Macht 1940/41 bestimmt wurde, d. h. während eines Zeitraums, dessen zentrale Bedeutung für die Geschichte des Zweiten Weltkrieges überhaupt mit der fortschreitenden Einzelforschung immer deut=licher heraustritt. Vom „programmatischen" Entwurf wie vom tatsächlichen

Die weitreichende „programmatische" Zielsetzung klang in Goebbels' Presse=anweisung vom 16. 3. 1939, nach Hitlers „Griff nach Prag", an: „Die Verwendung des Begriffs ‚Großdeutsches Weltreich' ist unerwünscht. Letzteres Wort ist für spätere Gelegenheiten vorbehalten" (in: Sammlung Brammer, Bundesarchiv Koblenz).

6 Zu beachten ist andererseits auch, daß ähnliche politisch=strategische Situationen ähnliche oder ähnlich scheinende „Programme" und Zielverstellungen hervor=rufen. Dies ist bei der Erörterung des Problems der „Kontinuität" deutscher Ziele in den beiden Weltkriegen zu berücksichtigen (vgl. hierzu unten S. 19).

Gang der Außenpolitik und Kriegführung Hitlers bietet sich mit der Niederwerfung Frankreichs durch die deutsche Wehrmacht im Mai-Juni 1940 ein Einschnitt an, mit dem unsere Darstellung einsetzen soll. Die Ausschaltung der vermeintlich stärksten Militärmacht auf dem europäischen Kontinent schien Hitler die Möglichkeit zu öffnen, die lange erstrebten, aber durch z. T. unvorhergesehene Verwicklungen in der praktischen Politik bisher zurückgedrängten großen Ziele seines „Programms" in Osteuropa nunmehr unmittelbar anzusteuern. Entgegen allen Erwartungen und trotz allen politischen und militärischen Anstrengungen gelang es ihm jedoch auch jetzt nicht, die seinem „Programm" gemäße außenpolitische Konstellation und die damit verbundene günstige strategische Ausgangssituation herbeizuführen, die er bisher immer als Voraussetzung für seinen Eroberungszug nach Osten betrachtet hatte. Im Gegenteil: der Zusammenbruch Frankreichs führte schneller, als es sonst wohl der Fall gewesen wäre, zur faktischen Allianz der beiden angelsächsischen Seemächte[6a]. In dem einen Jahr vom Waffenstillstand mit Frankreich bis zum deutschen Angriff auf die Sowjetunion fielen nicht nur bei Hitler, sondern auch bei den Gegenspielern Grundentscheidungen, die auf seine Politik und Strategie zurückwirkten. Sie alle zusammen bestimmten den Charakter, die weiteren Etappen und den Ausgang des Zweiten Weltkrieges.

Im Gegensatz zu der ersten Phase des Krieges, in der es durchaus noch politische und militärische „Alternativen" im großen gab[7], war nach der Entfesselung des Vernichtungskrieges gegen die Sowjetunion durch Hitler am 22. 6. 1941 eine grundlegende Änderung der Position aller beteiligten großen Mächte in diesem Krieg nicht mehr möglich. Mit dem Scheitern seines im Herbst 1940 konzipierten improvisierten Planes eines „Weltblitzkrieges" (der zur Beherrschung und Sicherung der gesamten „östlichen Hemisphäre" durch Deutschland und Japan und zur Isolierung der USA in der „westlichen Hemisphäre" hätte führen sollen) war seit Dezember 1941 der für Hitler katastrophale Ausgang des Krieges nach menschlicher Voraussicht sicher, so reichhaltig die möglichen Varianten des Kriegsverlaufs im einzelnen auch noch immer sein mochten. Dieser hier nur umrißhaft skizzierten Auffassung von der inneren Einheit des Zeitraums von Juni 1940 bis Dezember 1941 trägt unsere Darstellung Rechnung, indem sie über die eingehend behandelte Zeitspanne vom Abschluß des Westfeldzuges 1940 bis zum deutschen Angriff auf die Sowjetunion hinaus mit einem Ausblick bis zum Beginn des eigentlichen zweiten „Weltkrieges", der durch den Kriegseintritt der USA und Japans markiert ist, fortgeführt wird.

Gerade am Beispiel dieses Jahres 1940/41, in dem Hitler auf dem Gipfel seiner

6a Der Begriff „Seemacht" wird hier und im folgenden stets im Sinne von „See-Luft-Macht" gebraucht.

7 Dabei ist etwa nur an den zweimal (Frühjahr 1940 und Mai-Juni 1941) ernsthaft erwogenen und vorbereiteten britischen (und französischen) Angriff auf Baku mit den sich daraus ergebenden Konsequenzen zu denken (vgl. unten S. 55 f. und S. 441 f.).

Macht stand und — anscheinend oder scheinbar — so „frei" wie nie zuvor und danach entscheiden konnte, sollte sich auch das in der Forschung der letzten Jahre viel erörterte Problem des Verhältnisses von „Programm" und politischer Taktik, von inhaltlichen Zielen und opportunistischem Machtwillen, in Hitlers Außenpolitik[8] deutlicher als in anderen Etappen seines außenpolitischen Weges erkennen lassen. Es muß sich dabei zeigen, ob das weitgehend akzeptierte Ergebnis dieser Diskussion, daß Hitlers „Programm" mit den ihm zugrunde liegenden außenpolitischen Axiomen, vor allem hinsichtlich seiner Expansionsziele und seiner Rußland-, England- und Frankreich-Vorstellungen, das schon 1924/25 voll entwickelt war, in seinem festen Kern in der ganzen folgenden Zeit bis zum Untergang des „Dritten Reiches" 1945 keine wesentlichen Veränderungen mehr erfuhr (obwohl sich Hitler nach 1933 niemals mehr zusammenhängend über seine Fernziele äußerte), aufrechtzuerhalten oder zu modifizieren ist.

So steht die Frage nach den großen *Kriegszielen Hitlers* im Zentrum dieser Arbeit. Welche Ziele er sich nach der Niederwerfung Frankreichs steckte, welche politischen und militärischen Mittel ihm zu ihrer Verwirklichung zur Verfügung standen, welche strategischen Möglichkeiten sich anboten, wird eingehend zu untersuchen und zu prüfen sein. Zugleich aber ist herauszuarbeiten, ob und gegebenenfalls in welcher Weise sich sein „Programm" durch die „Realitäten", vor allem durch die für ihn unerwartete Fortsetzung des Krieges durch Großbritannien und seine drohenden Ausweitung durch einen Kriegseintritt der USA, sei es in Form von Abstrichen oder aber durch eine Erweiterung der Zielsetzung, änderte.

Die wichtigsten in dieser Arbeit zu klärenden oder wenigstens einer Klärung näher zu bringenden Einzelprobleme sind:

1. Hitlers England-Politik, d. h. seine Bemühungen um einen „Ausgleich" mit Großbritannien auf der Basis der Anerkennung seiner Herrschaft über Kontinentaleuropa und eines neuen deutschen Kolonialreiches in Afrika, von den Friedensfühlern im Juni-Juli 1940 bis hin zum England-Flug von Rudolf Heß im Mai 1941;
2. der Einfluß des Faktors Amerika auf Hitlers Planungen und Entscheidungen;

8 Diese Diskussion wurde eröffnet durch H. R. Trevor-Roper: Hitlers Kriegsziele. In: Stationen der deutschen Geschichte 1919—1945. Internationaler Kongreß zur Zeitgeschichte. Hrsg. von B. Freudenfeld. Stuttgart 1962, S. 9 ff.; zuletzt, die Ergebnisse der Arbeiten von E. Deuerlein (Hitlers Eintritt in die Politik und in die Reichswehr. In: Vierteljahrshefte für Zeitgeschichte 1959, S. 215 ff.) und G. Schubert (Anfänge nationalsozialistischer Außenpolitik. Köln 1963) mit auswertend, F. Dickmann: Machtwille und Ideologie in Hitlers außenpolitischen Zielsetzungen vor 1933. In: Spiegel der Geschichte. Festgabe für M. Braubach zum 10. 4. 1964. Münster/Westf. 1964, S. 915 ff.; ferner E. Jäckel: Der Wandel des Hitler-Bildes von 1945 bis heute (Antrittsvorlesung an der Universität Kiel 1962, noch unveröffentlichtes Masch.-Ms., dem Verfasser freundlichst zur Verfügung gestellt).

3. der Grad an Bedeutung, der dem ideologisch-politischen „Programm" Hitlers, den strategischen Überlegungen oder Notwendigkeiten, die sich aus der Fortdauer des Krieges im Westen ergaben, und Stalins „Glacis"-Politik in Nord-, Ostmittel- und Südosteuropa Mitte 1940 für die Wendung der deutschen Kriegführung von West nach Ost beizumessen ist;
4. der Zusammenhang zwischen den verschiedenen strategischen Plänen im Westen, im Mittelmeerraum sowie in Südosteuropa und der frühen Planung für eine militärische Ost-Lösung seit dem Sommer 1940;
5. Hitlers improvisierte Konzeption eines „Weltblitzkrieges" vom Spätherbst 1940;
6. die Bedeutung des doppelten Aspekts des Ostfeldzuges als entscheidender Schritt zur Verwirklichung der ursprünglichen Ziele Hitlers und zugleich als Mittel im Rahmen seines improvisierten Kriegsplans;
und nicht zuletzt
7. die qualitative Veränderung des Krieges durch die Entfesselung des rassenideologischen Vernichtungskampfes im Osten mit seinem gegen „Bolschewismus" und „Judentum" gerichteten Doppelgesicht.

Bei der Erörterung aller dieser Sachprobleme darf die Besonderheit der Persönlichkeit Hitlers nicht ausgeklammert werden, jene eigentümliche Verbindung von Machtwillen, fixen ideologischen Vorstellungen und dem in seiner psychischen Struktur begründeten, wohl aus einer Krankheit herrührenden unbändigen Drang Hitlers zu rastlosem Vorwärtshasten auf ein „Ziel" hin, ohne daß sich damit aber unsere historische Fragestellung zu einem Beitrag für die psychologische Deutung des „Phänomens" Hitler verschieben soll.
Schließlich ist in unserer Arbeit darzulegen, ob es neben Hitlers politischer Konzeption, die selbstverständlich allein bestimmend blieb, auf deutscher Seite noch andere Kriegsziel-Vorstellungen, politische oder strategische „Programme" in diesem wichtigsten Jahr des Krieges gegeben hat, die – als „Alternative" oder „Ergänzung" – eine Rolle spielten. Dabei darf man natürlich von vornherein von einem totalitären „Führerstaat" keine auch nur annähernd vergleichbare Fülle von Entwürfen und „Programmen" wie im konservativ-liberalen Kaiserreich während des Ersten Weltkrieges erwarten. Immerhin haben aber führende Beamte im Auswärtigen Amt wie auch die deutsche Seekriegsleitung eigene Kriegsziel-Vorstellungen entwickelt, und von seiten der Industrie sind – nach Aufforderung durch Göring – Beiträge zur Ausgestaltung und „Frontstellung" des geplanten europäischen „Großwirtschaftsraums" geliefert worden. Auch Ribbentrops Konzeption eines europäisch-asiatischen „Kontinentalblocks" mit der skizzenhaften Aufteilung der „östlichen Hemisphäre" in vier „Großräume" unter deutscher, italienischer, japanischer und sowjetischer Führung muß vom Ansatz her durchaus als Gegenentwurf zu Hitlers „Programm" gesehen werden. Die Übersee-, Kolonial- und „Großwirtschaftsraum"-Pläne des Auswärtigen Amts und der deutschen Marineführung legen – vordergründig

fast mehr noch als die Konzeption Hitlers – die Frage nach einer „Kontinuität" der deutschen Kriegsziele seit 1914/18 nahe, die als erster Fritz Fischer aufgeworfen hat[9]. Zu ihrer Beantwortung scheinen uns nicht nur eine genaue Kenntnis der Kriegsziele sowohl Hitlers als auch der Vorstellungen der zwischen „Tradition" und Nationalsozialismus stehenden Kräfte in Diplomatie, Marine und Wirtschaft auf dem Höhepunkt der deutschen Machtentfaltung 1940/41 notwendig, sondern vor allem auch Maßstäbe für eine Bewertung der verschiedenen Pläne in beiden Kriegen, da bei äußerer – situationsbedingter oder durch Anlehnung an ältere Entwürfe gegebener – Ähnlichkeit einiger Konzeptionen durchaus Unterschiede im Wesenskern möglich sind[10].

Die Tatsache, daß Hitlers „Programm" nicht als „Antwort" auf eine bestimmte, Deutschland irgendwie bedrängende Lage in der Zeit seiner Regierung nach 1933 entwickelt wurde, sondern ein auf rassenideologischen Prämissen aufbauendes, lange vor jeder Möglichkeit zur Verwirklichung entworfenes Zukunftsprogramm darstellte (allerdings als eine eigenwillige Folgerung aus der deutschen Kriegszieldiskussion während des Ersten Weltkrieges angesehen werden muß und somit durchaus in einem geschichtlichen Zusammenhang steht), läßt es zugleich zweifelhaft erscheinen, ob Theodor Schieders bekannte Deutung des „Spätimperialismus" (zu dem ja neben Japans und Italiens Expansionspolitik seit Anfang bzw. Mitte der dreißiger Jahre vor allem Hitlers „Anlauf" zur Eroberung eines „Großraums" ab 1938 zu rechnen ist) als „eine Art Kurzschlußreaktion auf politische Depression und wirtschaftliche Krise und Verarmung"[11], während der „klassische" Imperialismus vor 1914 „Ausdehnung aus Überfluß . . . an Kapital, Menschen und Waren" gewesen sei, zureichend ist und ob nicht darin die in Hitlers – lange vor der Weltwirtschaftskrise entwickelten – Konzeption liegenden „Elemente zielstrebiger Planung" und weit in die Zukunft schauender „Programmatik"[12] zu wenig beachtet werden.

Gegenüber aller partiell durchaus berechtigten Einfügung in eine „Kontinuität" deutscher Expansionstendenzen wie auch in einen epochalen Zusammenhang sollten die qualitative Singularität der Ziele Hitlers, so sehr sie sich auch in manchen wichtigen Einzelzügen, etwa hinsichtlich der räumlichen Ausdehnung der Expansion nach Osten, des Gedankens einer „Zerstückelung" Rußlands oder der „Großraum"- und Autarkie-Vorstellungen an ältere Entwürfe an-

9 F. Fischer: Griff nach der Weltmacht. Die Kriegszielpolitik des kaiserlichen Deutschland 1914/18. 3. Auflage, Düsseldorf 1964, besonders Einleitung und Schlußbemerkung.

10 Vgl. Anm. 6, S. 15, auch Anm. 13, S. 20.

11 Th. Schieder: Imperialismus in alter und neuer Sicht. In: Aus Politik und Zeitgeschichte. Beilage zur Wochenzeitung „Das Parlament" 1960, S. 333.

12 H.-A. Jacobsen: Zur Konzeption einer Geschichte des Zweiten Weltkrieges 1939–1945. Disposition und kritische Auswahlbibliographie. Frankfurt a. M. 1964, S. 24.

lehnten oder auf Weltkriegs-„Erfahrungen“ beruhten[13], vor allem aber die Singularität der eingeleiteten Verwirklichung des „Programms“ Hitlers – nach einer Vorstufe in Polen ab 1939 – im rassenideologischen Vernichtungskrieg (mit Schwerpunkt auf dem Territorium der Sowjetunion) ab 1941 gerade in einer geschichtswissenschaftlichen Arbeit nachdrücklich hervorgehoben werden, um Mißverständnissen und verfehlten Folgerungen aus der wissenschaftlichen Diskussion über die Frage der Kriegsziele im Ersten Weltkrieg entgegenzutreten.

Ausgangspunkt unserer *methodischen Überlegungen* ist die Erkenntnis, daß zwischen der ideologisch-politischen „Programmatik“ und den konkreten außenpolitischen Handlungen sowie den strategischen Entschlüssen Hitlers ein – allerdings vielfach komplizierter – Zusammenhang besteht. Seine Entscheidungen entsprachen nur zum Teil unmittelbar seinen großen politischen Intentionen; viele und auch wesentliche Entscheidungen waren vielmehr mit Reaktionen auf Schritte der Gegenspieler verknüpft oder resultierten – meistens erzwungenermaßen – aus sachlichen Notwendigkeiten. Dies ist in jedem einzelnen relevanten Falle in dem Zeitraum unserer Arbeit zu prüfen. Darüber hinaus bildet das In-Eins-Sehen aller Teilbereiche der Politik Hitlers, die ja in Interdependenz stehen, eine Voraussetzung gerade auch für das sinnvolle Erfassen eines Teils, hier also seine Außenpolitik und Kriegführung.
Heuristisches Prinzip ist es, die rationale Erhellung der Vorgänge selbst wie auch die Klärung der Motive Hitlers bei seinen Entscheidungen so weit wie möglich voranzutreiben, jedes vorzeitige Abbrechen dieses Bemühens durch ein Ausweichen in eine irrationale, „dämonische“, Deutung Hitlers zu vermeiden, andererseits aber auch nicht unter Vernachlässigung seiner ideologisch-„programmatischen“ (wie der psychischen) Triebkräfte bei einer vordergründigen, unbefriedigenden Deutung Hitlers als eines opportunistischen, machtbesessenen Taktikers stehenzubleiben, sondern seine inhaltliche Zielsetzung zu bestimmen.
Will man zu mehr als nur summarischen Ergebnissen gelangen, ist es notwendig, in der Darstellung von Situation zu Situation voranzuschreiten und die jeweiligen Entscheidungsmöglichkeiten für Politik und Kriegführung Hitlers herauszuarbeiten. Da eine isolierte Betrachtung Hitlers zu Fehlurteilen und oberflächlichen Deutungen führen muß, bedarf es einer Einbeziehung der Gegenmächte mit Darlegung ihrer Nah- und Fernziele sowie der großen politischen und strategischen Entscheidungen der Gegenspieler in die Darstellung.

13 Daß Hitlers politisches „Programm“ „im Wesenskern allen Traditionen deutscher Außenpolitik widersprach und sich allen überlieferten Maßstäben und Begriffen so radikal entzog, daß es . . . in das Bewußtsein der deutschen Öffentlichkeit nicht einging“, betont mit Recht nachdrücklich F. Dickmann: Hitlers Zielsetzungen vor 1933, S. 920 ff. – Die große Wirksamkeit lag in der möglichen partiellen Identifizierung weiter Teile des deutschen Volkes, auch der Bildungsschicht, vor allem mit der „nationalen“ Seite der Zielsetzung Hitlers.

Die komplexe Wirklichkeit des Geschehens erschließt sich erst, wenn man Wille und Gegenwille, Handeln und Reagieren aller großen Mächte deutlich werden läßt. Erst dann werden die Grundzüge der Geschichte jenes entscheidenden Jahres des Krieges erkennbar. Eine Berücksichtigung der Gegenmächte bloß als Faktoren in Hitlers Vorstellungen, wie es in vielen der vorliegenden Studien der Fall ist, genügt unseres Erachtens nicht, um zu einem geschichtlichen Urteil über Hitlers Politik und Kriegführung zu finden. Vielmehr gehört beides, die Vorstellungen Hitlers von den anderen Mächten und die tatsächlichen Ziele, Planungen, Methoden und Handlungen seiner Gegenspieler, in eine historische Darstellung. Sie müssen deutlich voneinander abgehoben werden, schon um den Grad der Erfassung der Wirklichkeit durch Hitler bestimmen zu können.
Dem unbändigen Willen Hitlers trat in diesem Kriege im entscheidenden Augenblick, im Mai-Juni 1940, in Churchill und Roosevelt ein ebenso starker Wille entgegen, der direkt und indirekt Hitlers weitere Politik und Strategie wesentlich beeinflußte. Ebenso muß die eigenwillige Politik Stalins wie schließlich auch die Zielsetzung der japanischen Führung und (bis Dezember 1940) Mussolinis Konzeption des „Parallel"- und „Sonderkrieges" für sich betrachtet und in die Darstellung einbezogen werden. Vor diesem weiten Hintergrund erst wird es möglich, ein begründetes Urteil darüber abzugeben, ob und gegebenenfalls bis zu welchem Maße Hitlers Entscheidungen der tatsächlichen Lage angemessen, somit sach- und situationsgerecht waren, nur von seinen großen „Programm"-Zielen aus verständlich sind oder gar bloßem Wunschdenken entsprachen. An den von uns gewählten Zeiteinschnitten, Ende September 1940, Dezember 1940 und Juni 1941, die die Gliederung der Arbeit im großen abgeben[14], wird in zusammenfassenden Betrachtungen jeweils das „Fazit" der politisch-strategischen Lage aus dem Blickwinkel Hitlers gezogen. Gelegentliche Überschneidungen, ja Wiederholungen einzelner „Fakten" — wenn auch unter jeweils anderen Gesichtspunkten — sind dabei in unserer Darstellung bewußt in Kauf genommen worden. Nach unserer Auffassung besteht durch diesen methodischen Ansatz begründete Aussicht, umfassender als bisher die Frage zu beantworten, unter welchen Bedingungen, mit welchen Zielen und aus welchen Motiven Hitler seine großen Entscheidungen traf.

Gewisse terminologische Schwierigkeiten ergaben sich daraus, daß die unvermeidbare Verwendung von Begriffen wie „Programm"[15] und „Planung" im Zusammenhang mit Hitlers Zielsetzung zu stark die Vorstellung einer klaren Rationalität in der Politik Hitlers erweckt. Dies trat als Problem schon während

14 Vgl. hierzu unten S. 603 ff.
15 Der Begriff „Programm" wird hier in dem seit H. R. Trevor-Ropers grundlegenden Aufsatz über „Hitlers Kriegsziele" (vgl. oben S. 17) in der Forschung gebräuchlichen Sinne als Ausdruck für Hitlers Zielsetzung im großen (Errichtung eines Kontinentalimperiums in Europa, Aufbau einer deutschen „Weltmacht"-Stellung) verwendet. Es ist damit also nicht das — allerdings oft allzu verharmlosend interpretierte — Programm der NSDAP von 1920 gemeint.

des Nürnberger Hauptprozesses heraus, wurde dort aber durch die juristische Argumentation eher unzulänglich vereinfacht als gelöst. Die eigentümliche Verbindung von vorrationalen, „mythischen", Prämissen, kurzschlüssig und kurzatmig rationalen Elementen und irrationalen Triebkräften in den „Entwürfen" und „Plänen" Hitlers, in dem der oft sprunghafte Wille das weitaus Dominierende war, kommt in diesen Begriffen nicht richtig zum Ausdruck. Da sie aber praktisch nicht zu vermeiden sind, sei wenigstens an dieser Stelle der Hinweis eingefügt, daß sie in unserer Darstellung im Zusammenhang mit Hitler unter den genannten Vorbehalten verwendet werden[16].
Wie die nationalsozialistische Führung selbst ihr „Programm"[16a] ansah, läßt sich deutlich aus den Formulierungen von Goebbels in einer Rede vor einem kleinen Kreise wenige Wochen vor Beginn der Westoffensive 1940 entnehmen[17]: „Der Nationalsozialismus ... hat niemals eine Lehre gehabt in dem Sinne, daß er Einzelheiten oder Probleme erörterte. Er wollte an die Macht. Danach erst war ein Programm zu erfüllen oder auch aufzubauen. Wenn uns einer fragte, wie wir uns denn die Lösung dieser oder jener Frage dächten, so haben wir geantwortet, das wüßten wir noch nicht. Wir hatten schon unsere Ziele, aber wir unterbreiteten sie nicht der öffentlichen Kritik. Wenn heute einer fragt, wie denkt Ihr Euch das neue Europa, so müssen wir sagen, wir wissen es nicht. Gewiß haben wir eine Vorstellung. Aber wenn wir sie in Worte kleiden, bringt uns das sofort Feinde und vermehrt die Widerstände. Haben wir erst die Macht, so wird man schon sehen, und auch wir werden schon sehen, was wir daraus machen können ... Es kommt immer darauf an, welche Macht man tatsächlich besitzt und wie stabil diese Macht ist, um die genau zu berechnenden Krisen zu überwinden. Man ... muß notfalls das Ziel in Etappen zu erreichen versuchen. Der einzelne Abschnitt wird leichter verstanden, weil er erreichbar erscheint und weil es jedem einleuchtet, daß man ihn erreichen könnte ... Heute sagen wir ‚Lebensraum'. Jeder kann sich vorstellen, was er will. Was wir wollen, werden wir zur rechten Zeit schon wissen."
Schillernd ist bei Hitler selbst, aber auch in der Literatur die Anwendung der Begriffe „Großmacht" und „Weltmacht". Uns erschien es zur Klärung der Ziele Hitlers notwendig, die beiden großen Etappen des „Programms", die

16 Der Chef des Generalstabes des Heeres, General Beck, hat am 15.10.1935 in seiner Ansprache anläßlich des 125jährigen Bestehens der preußischen Kriegsakademie die Art des Denkens Hitlers (in seiner Gegenwart, allerdings ohne seinen Namen auszusprechen) im Gegensatz zu dem Denken des Generalstabes charakterisiert und dabei gewarnt: „Nichts wäre gefährlicher, als sprunghaften, nicht zu Ende gedachten Eingebungen, mögen sie sich noch so klug oder genial ausnehmen, nachzugeben oder auf Wunschgedanken, mögen sie noch so heiß gehegt werden, aufzubauen" (W. Foerster: Generalstabstabschef Ludwig Beck. München 1953, S. 43 ff.).

16a Zur historischen Einordnung dieses „Programms" am klarsten E. Nolte: Der Faschismus in seiner Epoche. München 1963, S. 374 f.

17 Ausführungen Goebbels' vor geladenen Vertretern der deutschen Presse, 5.4.1940 (Sammlung H.-A. Jacobsen, Bonn).

Eroberung weiter Teile Europas zur Aufrichtung eines deutschen *„Kontinentalimperiums“* und den – als nächste, abschließende – Stufe vorgesehenen Aufbau einer deutschen *„Weltmacht“-Stellung* mit Kolonialbesitz in Afrika, ozeanischen Stützpunkten und starker Seemacht (gleichrangig neben den USA, dem japanisch beherrschten „Großostasien“ und eventuell dem britischen Imperium) deutlich voneinander zu unterscheiden.

Einige weitere kurze Bemerkungen zur Terminologie seien hier angefügt: Wenn in unserer Arbeit von „Ideologien“ die Rede ist, so sind damit stets im Sinne von Eduard Spranger[18] „Zukunftsentwürfe“ und „Tatprogramme“ gemeint, „an denen Wille und Leidenschaft, aber auch eine ganz bestimmte Interpretation der politisch sozialen Wirklichkeiten ihren Anteil haben[19]“. (Daß damit der vieldeutige Ideologie-Begriff nur recht vage bestimmt ist, bleibt uns bewußt.)

Unter „Strategie“ verstehen wir – im Gegensatz zu der vor 1945 in Deutschland üblichen Gleichsetzung der rein militärisch aufgefaßten Begriffe „strategisch“ und „operativ“ im Sinne von Bewegungen größerer militärischer Verbände – im Einklang mit der aus dem angelsächsischen Sprachgebrauch übernommenen und heute allgemein akzeptierten Bedeutung des Begriffs jenen Bereich, der gleichsam die Nahtstelle von Politik und Kriegführung darstellt[20], während der Begriff „Operation“ weiterhin für eine größere zusammenhängende militärische Handlung verwendet wird. (Die Bedeutung des militärischen Begriffs des „Taktischen“ für kleinere Kampfhandlungen ist beibehalten.) Beispielsweise war demnach Hitlers Entscheidung zur Niederwerfung Frankreichs eine strategische Entscheidung, während die Anlage des Frankreich-Feldzuges mit „Sichelschnitt“ und Plan „Rot“ operativen Überlegungen entsprang.

Die immer wieder aufgeworfene Frage, *wann* sich Hitler für diese oder jene politische oder strategische Lösung „entschieden“ habe, gehört zu den schwierigsten Aufgaben, aber nicht unbedingt zu den bedeutendsten Problemen. Die Schwierigkeit liegt darin, daß Hitler keineswegs einfach beim Wort genommen werden darf, da, selbst wenn er von einem „unabänderlichen Entschluß“ sprach, damit noch nicht gesagt war, daß nunmehr im üblichen Wortsinn die „Entscheidung“ gefallen war. Auch wurden von Hitler öfter bestimmte Pläne noch lange, nachdem sie ihre reale Bedeutung verloren hatten, weil sie im Rahmen der Gesamtstrategie in den Hintergrund getreten waren oder aus bestimmten Gründen als undurchführbar gelten mußten, in den Besprechungen weiterhin so behandelt, als wenn sie noch ernsthaft zur Diskussion standen (dies gilt etwa für die späten Phasen der Planungen „Seelöwe“ und „Felix“). Es

18 E. Spranger: Wesen und Wert politischer Ideologien, in: Vierteljahrshefte für Zeitgeschichte 1954, S. 114 ff.

19 F. Dickmann: Hitlers außenpolitische Zielsetzungen vor 1933, S. 939.

20 Auf die weitergehende Unterscheidung zwischen „grand strategy“ = politischer Strategie und „(military) strategy“ = Kriegspolitik kann für unsere Arbeit verzichtet werden. Vgl. zu dieser jetzt auch in Westdeutschland üblichen militärisch-politischen Terminologie A. Frhr. v. Bechtolsheim: Der amerikanische Anteil an der Strategie des Zweiten Weltkrieges, in: Wehrwissenschaftliche Rundschau 1958, S. 345 f., der einleitend auf die von uns genannten Begriffe eingeht.

liefen also mitunter vor einem „Entschluß" und nach Absetzen einer vorher getroffenen „Entscheidung" „Planungen" weiter. Um jedes Mißverständnis auszuschließen, halten sich die in unserer Darstellung verwendeten Begriffe „Entschluß", „Entscheidung", „Absicht" und „Erwägung" an den üblichen Wortsinn, stimmen also mitunter nicht mit den von Hitler in dem betreffenden Zusammenhang gebrauchten, in den Quellen überlieferten Formulierungen überein, sind vielmehr im Zweifelsfalle um einen Grad oder um Nuancen behutsam-vorsichtiger gehalten. Unser Bestreben dabei ist es, die oft recht komplizierte, in mehreren Stufen vor sich gehende „Gedankenbildung" Hitlers über wichtige politische oder strategische Probleme so exakt wie möglich darzulegen.
Nur so ist es möglich, ein Problem zu lösen oder jedenfalls seiner Lösung so nahe wie möglich zu kommen, das der ehemalige Chef des Generalstabes des Heeres, Generaloberst a. D. Halder, der 1940/41 sehr oft Hitlers Ausführungen über seine „Entschlüsse" und „Entscheidungen" zur Kenntnis nehmen mußte, aus der Rückschau wie folgt sieht[21]: „Auch für uns Mithandelnde beruhten unsere Vorstellungen über Hitlers Gedankenwelt im wesentlichen auf Indizien und Vermutungen. Gewiß brachte er oftmals Gedankengänge und anscheinend auch Entschlußbildungen so klar und eindeutig zum Ausdruck, daß sie als Grundlage der Arbeit der ausführenden Organe festzustehen schienen. Das bot aber erfahrungsgemäß keine Sicherheit für die Dauerhaftigkeit solcher Gedanken und Entschlüsse." Daher, so meint Halder, würden die „Versuche, den rätselhaften und in kein übliches Schema passenden Diktator nachträglich an Hand seiner Worte und seines Tuns einwandfrei durchleuchten zu wollen . . . , letzten Endes ebenso unzulänglich bleiben wie seinerzeit die Versuche der Mithandelnden, über die innersten Gedanken und das jeweilige Stadium reifender Entschlüsse wirkliche Klarheit zu gewinnen."
Diese Bemerkungen eines führenden Militärs, der zuletzt (von Dezember 1941 bis September 1942) täglich mit Hitler Besprechungen führte und der für die Probleme der zeitgeschichtlichen Forschung besonders aufgeschlossen ist, sollten dem Historiker als Warnung vor der Illusion dienen, alles „verstehen" zu wollen oder „erklären" zu können[22]; sie entbinden ihn jedoch nicht von der Verpflichtung, den Prozeß der rationalen Erhellung auch eines so voller irrationaler Elemente steckenden Problemkomplexes wie der vielfältigen Voraussetzungen und der Motive für die großen politischen und strategischen Entscheidungen Hitlers mit den Mitteln der „historischen Methode"[23], in dem aufeinander bezogenen Wechsel von Fragestellung und unbefangener Interpretation der Quellen, bis zu klaren, wenn auch niemals „endgültigen" Ergebnissen zu führen.

21 Brief F. Halders an den Verfasser vom 5. 10. 1954.
22 Jodl, der noch viel enger und eine wesentlich längere Zeit als Halder mit Hitler zusammen war, nannte ihn in den letzten Betrachtungen vor seinem Tode 1946 „ein Buch mit sieben Siegeln" (KTB OKW, Bd. IV, S. 1722).
23 Über die Prinzipien der „historischen Methode" zuletzt, thesenhaft zusammenfassend, H. Mommsen, in: Geschichte. Hrsg. von W. Besson, Frankfurt a. M. 1961, S. 78 ff.

Darstellung

Voraussetzungen

I. Politik und Strategie der kriegführenden Mächte in Europa vom Beginn des deutschen Angriffs auf Polen (1. 9. 1939) bis zum Waffenstillstand mit Frankreich (22. 6. 1940) - ein Überblick

Der europäische Krieg seit dem Herbst 1939[1] stand auf deutscher wie auf alliierter Seite von Anfang an unter dem Zeichen weitgehender strategischer Improvisation[2]. Auf deutscher Seite war sie eine Folge der Diskrepanz zwischen der – das Risiko eines großen Krieges mit den Westmächten zwar einschließenden, aber doch allein auf eine militärische Niederwerfung Polens in einem lokalisierten Feldzug hinzielenden – Politik Hitlers im Sommer 1939 – mit der dann eintretenden Konsequenz, daß er den ihm (seiner Überzeugung nach) „aufgezwungenen" großen Krieg gegen die verbündeten Westmächte nun auch führen mußte –, und den unzureichenden realen Voraussetzungen Deutschlands hierfür.

1 Eine umfassende, wissenschaftlich befriedigende Gesamtdarstellung der Vorgeschichte des Zweiten Weltkrieges, die vor allem in der Betrachtung der deutschen Politik klar zwischen der Konzeption Hitlers und den Realitäten, zwischen Beabsichtigtem und Erreichtem, unterscheiden und auch die politischen und strategischen Konzeptionen der anderen Mächte mit umfassen müßte, liegt trotz der reichhaltigen Fülle von z. T. wertvollen Einzelstudien und Überblicken, die seit 1947/48 erschienen sind, noch nicht vor. Ein Eingehen auf die wichtigsten vorliegenden Werke oder gar eine Auseinandersetzung mit der Literatur liegt außerhalb der in dieser Arbeit gesteckten Aufgabe. H.-A. Jacobsen (Bonn) bereitet z. Zt. eine von der Deutschen Forschungsgemeinschaft geförderte größere Arbeit über die Außenpolitik Hitlers vor dem weltpolitischen Hintergrund der Jahre 1933–1939 – mit Schwerpunkt auf der Zeit 1935–1937 – auf breiter Quellengrundlage vor. G. L. Weinberg (University of Michigan, USA) arbeitet an einer zweibändigen Studie über die internationalen Beziehungen in den dreißiger Jahren und in der Zeit des Zweiten Weltkrieges.

2 Den Gesichtspunkt der Improvisation hebt besonders H. Michaelis: Der Zweite Weltkrieg. I. Teil. Konstanz 1964, S. 9, hervor. Er nennt den Zweiten Weltkrieg „eine der gewaltigsten Improvisationen der Geschichte" „weit über das natürliche Maß hinaus". Allerdings differenziert Michaelis dies nicht im einzelnen hinsichtlich der unterschiedlichen Situation auf der deutschen und auf der britisch-französischen Seite.

Diese schwierige Lage Deutschlands ergab sich aus einer — von Hitlers außenpolitischer Grundkonzeption her gesehen, aber auch unabhängig davon — äußerst problematischen Bündnis- und Paktkonstellation, aus der dadurch verstärkt zum Ausdruck kommenden ungünstigen militärgeographischen Lage des Reiches, aus der trotz allen Anstrengungen des „Vierjahresplans" unvermeidbar starken Abhängigkeit der deutschen Wehrwirtschaft von ausländischen Rohstoffen, dem unzureichenden Stand der deutschen Rüstung, der nur begrenzten Einsatzfähigkeit der noch im Aufbaustadium befindlichen Wehrmacht und nicht zuletzt aus dem Fehlen eines strategischen Gesamtplans für einen Krieg in dieser Mächtekonstellation. Von Hitler aus betrachtet bestand eine Diskrepanz vor allem aber zwischen der tatsächlichen politischen Frontenbildung im Herbst 1939 und der von ihm angestrebten Mächtekombination für einen von ihm für eine spätere Zeit (etwa 1943—1945) in Aussicht genommenen (bisher jedoch im generalstabsmäßigen Sinne noch nicht exakt „geplanten") „raumgreifenden" Krieg nach Osten zur Aufrichtung eines deutschen Kontinentalimperiums, dem — wie er sich in unzutreffender, aber für ihn kennzeichnender historischer Parallele zur Zeit Friedrichs des Großen im vertrauten Kreise ausdrückte — kleine „Schlesische Kriege" zur Schaffung der politischen und strategischen Ausgangslage hierfür vorausgehen sollten[3]. Der Krieg gegen Polen im September 1939 (bis zum Frühjahr 1939 völlig außerhalb seines „Programms", durch die Ablehnung Polens, sich in die von Hitler angestrebte politische Abhängigkeit von ihm zu begeben, aber seiner Auffassung nach im Hinblick auf das Fernziel notwendig geworden) sollte der erste davon werden.

Nun befand sich Hitler seit September 1939 jedoch zugleich im Krieg gegen Großbritannien, mit dem er bis zuletzt, wenn auch mit untauglichen Methoden und in völliger Fehleinschätzung der Prinzipien der britischen Europa-Politik einen „Ausgleich" auf der Basis freier deutscher Expansion nach Osteuropa bei Anerkennung der imperialen Stellung Großbritanniens in Übersee gesucht hatte, und in politischer Abhängigkeit von der Macht, deren völlige Zerschlagung das konsequent, aber in Etappen angestrebte Ziel seiner Gesamtpolitik war: der Sowjetunion. Die tatsächliche Mächtekonstellation im Herbst 1939 widersprach somit den wichtigsten Axiomen der Außenpolitik Hitlers, mochte er auch in dem „allermerkwürdigsten Ausspruch" dieser Wochen, dem rückschauend visionär erscheinenden Wort zu Carl Jacob Burckhardt am 11. 8. 1939, eine Verbindung zwischen seinen ideologisch-politischen Leitvorstellungen

3 Nach Darlegungen des Adjutanten des Heeres bei Hitler 1938—1943, Generalleutnant a. D. G. Engel, gegenüber dem Verf. in einem ausführlichen Gespräch am 10. 4. 1964. — Am 23. 11. 1939 verglich Hitler in seiner Rede vor der Generalität seinen Entschluß zur Westoffensive mit dem Entschluß Friedrichs II. zum Ersten Schlesischen Krieg (Nürnberg-Dok. PS-789). — Zu Hitlers Vorstellung, daß den Kriegen in Europa später einmal, möglicherweise erst nach seiner Zeit, ein großer Krieg Deutschlands, das dann bereits Kontinentaleuropa beherrschen würde, gegen die USA folgen werde, vgl. unten S. 147 f., besonders Anm. 11.

und der Wirklichkeit herzustellen versuchen[4]: „Alles, was ich unternehme, ist gegen Rußland gerichtet; wenn der Westen zu dumm und zu blind ist, um dies zu begreifen, werde ich gezwungen sein, mich mit den Russen zu verständigen, den Westen zu schlagen und dann nach seiner Niederlage mich mit meinen versammelten Kräften gegen die Sowjetunion zu wenden. Ich brauche die Ukraine, damit man uns nicht wieder wie im letzten Krieg aushungern kann."

Großbritannien, von dem Hitler bis zum 3. 9. 1939 erwartet oder gehofft hatte[5], daß es sein militärisches Vorgehen gegen Polen hinnehmen würde, hatte Deutschland den Krieg erklärt und dabei Frankreich mit sich gerissen[6]. Diese Macht sollte nach den in den taktisch bedingten Wendungen zwar variablen, in ihrem Kern aber wohl auch in diesem Falle feststehenden außenpolitischen Vorstellungen Hitlers zu einem späteren Zeitpunkt in einem — wiederum lokalisiert gedachten[7] — „Zweiten Schlesischen Krieg" militärisch besiegt werden. Es war dies die wichtigste politische und strategische Voraussetzung für seinen großen Eroberungszug gen Osten, da mit der Niederwerfung Frankreichs — rein kontinentaleuropäisch gedacht — die Rückenfreiheit erkämpft werden sollte[8].

Auch Italien nahm im Herbst 1939 nicht die Haltung ein, die Hitler auf Grund seiner axiomatischen Vorstellungen[9] und nach dem aus der „Parallel"-Politik der „Achsen"-Mächte erwachsenen Zusammenspiel seit 1936 — von einer politischen Zusammenarbeit im üblichen Sinne des Wortes wird man kaum sprechen können — glaubte erwarten zu dürfen, obwohl es an Anzeichen für eine italienische Politik des „sacro egoismo" nicht gemangelt hatte. Der am 22. 5. 1939 unterzeichnete „Stahlpakt" stellte zwar dem Wortlaut nach ein

4 C. Burckhardt: Meine Danziger Mission 1937—1939, München 1960, S. 348.

5 Selbst vor Abschluß des Nichtangriffspakts mit Stalin scheint Hitler diese Erwartung gehegt zu haben. Nur so ist jedenfalls die Mitteilung des OKW an die Seekriegsleitung vom 15. 8. 1939 zu verstehen, daß eine „Ausweitung des Konflikts auf die Westmächte" bei einem deutschen Angriff auf Polen „unwahrscheinlich" sei (KTB der Skl., Teil A, 15. 8. 1939).

6 Hierzu W. Hofer: Die Entfesselung des Zweiten Weltkrieges. Eine Studie über die internationalen Beziehungen im Sommer 1939. Mit Dokumenten. Erweiterte Neuauflage Frankfurt a. M. 1964, vor allem S. 377 ff.

7 Das Abseitsstehen Großbritanniens bei der Niederwerfung Frankreichs sollte durch einen deutsch-britischen „Ausgleich" oder durch die Bindung Großbritanniens in den Spannungsgebieten des Mittelmeerraumes und des Fernen Ostens erreicht werden. Hitler überschätzte ja die Empire-Interessen Großbritanniens, während er die Europa-Interessen Englands nicht erfaßte. — Bei dem von Hitler angestrebten „duellartigen" Waffengang gegen Frankreich schwangen bei ihm „historische" Reminiszenzen an den deutsch-französischen Krieg von 1870/71 mit (vgl. seinen eigenen Bericht über den tiefen Eindruck, den ein Geschichtsbuch über diesen Krieg auf ihn ausübte: „Mein Kampf", S. 4).

8 Den festen Kern der Frankreich-Politik Hitlers auf Grund eines seiner außenpolitischen Axiome, seines niemals aufgegebenen Ziels, Frankreich machtmäßig niederzuhalten, um nach Osten ausgreifen zu können, hat E. Jäckel in seiner Habilitationsschrift „Die deutsche Frankreichpolitik im Zweiten Weltkrieg", (Masch.-Ms.) Kiel 1961, besonders S. 1 ff. und S. 349 ff., klar herausgearbeitet.

9 In Hitlers „programmatischer" Konzeption war der Hauptzweck des Bündnisses mit Italien die Bindung Frankreichs im Mittelmeerraum in der Zeit der Niederwerfung Frankreichs durch Deutschland.

umfassendes, auch für „Angriffskriege" eines Partners geltendes Militärbündnis zwischen dem nationalsozialistischen Deutschland und dem faschistischen Italien dar[10], jedoch hatte Mussolini Hitler schon kurz nach dem Vertragsabschluß wissen lassen, daß Italien noch eine „Vorbereitungszeit, die sich bis 1942 erstrecken" könne, benötige[11]. Italien blieb daher im September 1939 als „nichtkriegführende" Macht außerhalb des europäischen Krieges[12], und die deutsch-italienischen Beziehungen erreichten — nicht zuletzt auch als Folge des Hitler-Stalin-Pakts, den Mussolini aus prinzipiellen Gründen verwarf — einen Tiefpunkt[13].

10 Hierzu eingehend F. Siebert: Italiens Weg in den Zweiten Weltkrieg, Frankfurt a. M. 1962, S. 163 ff.; M. Toscano: Le origini diplomatiche del patto d'acciaio, Florenz 1956.

11 Botschaft Mussolinis vom 30. 5. 1939 (DDI, Bd. XII, Dok. 59; ADAP D VI, Dok. 459, Anlage). Bereits bei der einzigen Fühlungnahme der militärischen Spitzen Deutschlands und Italiens vor Kriegsbeginn, dem Treffen zwischen Keitel und dem Chef des italienischen Generalstabes des Heeres, Unterstaatssekretär General Pariani, in Innsbruck am 4./5. 4. 1939, hatte dieser erklärt, daß Italien auf Grund der Belastungen des Abessinien- und Spanienkrieges vor 1943 nicht wieder schlagkräftig sein werde (E. v. Rintelen: Mussolini als Bundesgenosse. Tübingen/Stuttgart 1951, S. 59 f.).

12 Siebert, S. 345 ff.

13 Die Verkehrung der politischen Fronten 1939/40 spiegelt der Briefwechsel Hitler/Mussolini in dieser Zeit. Vgl. vor allem: ADAP D VIII, Dok. 504: Mussolini an Hitler, 3. 1. 1940, S. 474 ff.: „Aber ich ... sage Ihnen, daß Sie nicht ständig die Grundsätze Ihrer Revolution zugunsten der taktischen Erfordernisse eines bestimmten Augenblicks opfern können. Ich fühle, daß Sie nicht das antisemitische und antibolschewistische Banner aufgeben dürfen, das Sie 20 Jahre hindurch hochgehalten haben ... Lassen Sie mich annehmen, daß dieses nicht der Fall sein wird. Die Lösung der Frage Ihres Lebensraumes liegt in Rußland und nicht anderswo, in Rußland mit seiner ungeheuren Fläche von 21 Millionen Quadratkilometern und neun Einwohnern auf den Quadratkilometer. Es gehört nicht zu Europa ... An dem Tag, an dem wir den Bolschewismus vernichtet haben, werden wir unseren beiden Revolutionen die Treue gehalten haben. Dann kommen die großen Demokratien an die Reihe ...". Dagegen Hitler in seinem Antwortbrief an Mussolini vom 8. 3. 1940 (ADAP D VIII, Dok. 663, S. 685 ff.): „Rußland erlebt seit dem endgültigen Siege Stalins ohne Zweifel eine Wandlung des bolschewistischen Prinzips in der Richtung auf eine nationale russische Lebensform ... Das, was den Nationalsozialismus zum tödlichsten Feind des Kommunismus gemacht hat, war dessen jüdisch-internationale Führung mit dem ausgesprochenen Ziel einer Vernichtung der nichtjüdischen Völker bzw. ihrer führenden Kräfte ... Die Möglichkeit der Herstellung eines tragbaren Zustandes zwischen den beiden Ländern ist heute unzweifelhaft gegeben ... Wenn aber der Bolschewismus sich zu einer russisch-nationalen Staatsideologie und Wirtschaftsidee entwickelt, dann stellt er eine Realität dar, gegen die zu kämpfen wir weder Interesse noch einen Anlaß besitzen." — Auch von 1945 aus rückschauend, behauptete Hitler noch, er habe „ein ganzes Jahr lang" (d. h. wohl Sommer 1939 bis Sommer 1940) die „Hoffnung" gehabt, daß eine ernsthafte deutsch-sowjetische Verständigung möglich sein würde, weil er (wohl auf Grund der stalinistischen „Säuberungen" in den Jahren 1936 bis 1938) den Eindruck gewonnen hatte, daß Stalin die jüdische Intelligenz- und Führungsschicht ausrottete, um eine „nationale russische" Staatsmacht aufzubauen und in die Bahnen Peters des Großen einzuschwenken (Le testament politique de Hitler, S. 137: 26. 2. 1945). Dagegen ist aber sein Eingeständnis vom 18. 12. 1940 zu halten: „Ehrlich sei der Pakt nie gewesen; denn die Abgründe der Weltanschauung seien tief" (Tgb. Engel, 18. 12. 1940). Vgl. hierzu unten S. 369.

Der Antikominternpakt=Partner von 1936, Japan, schließlich hatte es nach monatelangen Verhandlungen von Mitte 1938 bis zum 12. 8. 1939 abgelehnt, ein mit Spitze gegen Großbritannien gerichtetes Militärbündnis mit Deutschland und Italien abzuschließen. Er wurde daraufhin durch den deutsch=sowjetischen Nichtangriffspakt völlig überrascht und erklärte seine strikte Neutralität gegenüber dem europäischen Krieg[14]. Das „weltpolitische Dreieck Berlin=Rom=Tokio", auf das Ribbentrop seit der Übernahme des Außenministeriums (Februar 1938) als großes Ziel (oder, wie es Hitler betrachtete, als Ersatzkonstruktion) für das ihm (im Gegensatz zu Hitler) nicht erstrebenswert und auch nicht erreichbar erscheinende deutsch=britische Bündnis hingearbeitet hatte[15], war ein Phantasiegebilde geblieben.

Demgegenüber gewann der am 23. 8. 1939 abgeschlossene deutsch=sowjetische Nichtangriffspakt, der seinen ursprünglichen politischen Hauptzweck im Sinne Hitlers, die völlige Isolierung Polens und das Abseitsstehen Großbritanniens bei der militärischen Niederwerfung dieses Staates, nicht erfüllt hatte, sogleich eine zentrale Bedeutung für die Kriegführung und Wehrwirtschaft Deutschlands im europäischen Kriege. Ohne die strategische Rückendeckung, die die Sowjetunion Deutschland bot, und ohne die wirtschaftliche Unterstützung, die sie gewährte, hätte Hitler die Situation des Herbstes 1939 nicht meistern können[16]. Die britische Wirtschaftsblockade gegen Deutschland hätte bei einer Teilnahme der Sowjetunion die deutsche Wehrwirtschaft in kurzer Zeit lahmgelegt[17], betrug doch die Auslandsabhängigkeit Deutschlands zur Zeit des Kriegsbeginns bei Kautschuk 80%, bei Mineralöl 65%, bei Bauxit 99%, bei Nickel 95%, bei Zinn 90%, bei Kupfer 70%, bei Blei 50% und bei Zink 25%[18].

14 Zu den deutsch=japanischen Bündnisverhandlungen 1938/39 umfassend Th. Sommer: Deutschland und Japan zwischen den Mächten 1935—1940. Vom Antikominternpakt zum Dreimächtepakt. Eine Studie zur diplomatischen Vorgeschichte des Zweiten Weltkrieges. Tübingen 1962, S. 99 ff.; zur Reaktion Japans auf den Hitler=Stalin=Pakt ebda., S. 281 ff.; ferner E. L. Presseisen: Germany and Japan. A Study in Totalitarian Diplomacy 1933—1941. The Hague 1958, S. 189 ff. und S. 223 ff.

15 Ausgangspunkt bildet die berühmte Notiz Ribbentrops für Hitler vom 2. 1. 1938 (ADAP D I, Dok. 93, S. 132 ff.).

16 Zum Wirtschaftsaspekt des Hitler=Stalin=Pakts vor allem der auf deutschem und sowjetischem statistischen Material beruhende Aufsatz von F. Friedensburg: Die sowjetischen Kriegslieferungen an das Hitlerreich, in: Vierteljahrshefte für Wirtschaftsforschung 1962, S. 331 ff.; ferner die auf den Akten des AA basierende Darstellung von Ph. Fabry: Der Hitler=Stalin=Pakt 1939—1941. Darmstadt 1962, S. 168 ff.

17 Die Vorräte an Rohstoffen, die eingeführt werden mußten, reichten im September 1939 höchstens für eine Kriegsdauer von 9—12 Monaten.

18 Auf Grund von Unterlagen des WiRüAmtes des OKW: Mueller=Hillebrand, Bd. II, S. 26. Dort weitere Einzelheiten über die „Lage bei Kriegsbeginn". Zur britischen Blockade eingehend die amtliche Darstellung von W. N. Medlicott: The Economic Blockade, vol. I (1939—1941). London 1952.

Wenn auch Treibstoffe[19] und Buna[20] durch synthetische Verfahren in Deutschland während des Krieges ab September 1939 in ständig steigender Menge erzeugt wurden und durch die bestehenden und während des ersten Kriegshalbjahres erweiterten Lieferungen aus südosteuropäischen und skandinavischen Staaten ein erheblicher Teil der übrigen Mangelrohstoffe eingeführt werden konnte, so stellte doch die Neutralität der Sowjetunion überhaupt erst die grundlegende politische Voraussetzung für die ungestörten Lieferungen aus diesen Ländern dar, so daß die Feststellung, daß Hitlers Kriegführung weitgehend von der Sowjetunion abhing, nicht nur unmittelbar, sondern auch indirekt mit Blick auf die durch die sowjetische Haltung ermöglichten Lieferungen aus den genannten Ländern gilt.
Der Hitler=Stalin=Pakt wog darüber hinaus aber vor allem zu einem erheblichen Maße die Ungunst der militärgeographischen Lage Deutschlands auf, da er Hitler — nach der raschen Niederwerfung Polens — die Zusammenziehung der gesamten Land= und Luftstreitkräfte an der deutschen Westgrenze erlaubte. Hitler war dem Zwang des Zweifrontenkrieges enthoben, solange die Sowjetunion ihre nicht nur durch die großen deutschen Konzessionen beim Paktabschluß erkaufte, sondern vorerst auch in ihrem eigenen Interesse liegende wohlwollende politische Haltung beibehielt.
Ferner wirkte sich für Hitler im Rahmen der weltpolitischen Konstellation zunächst günstig aus, daß die USA infolge des (die außenpolitische Bewegungsfreiheit des Präsidenten hemmenden) rigorosen Neutralitätsgesetzes, ihrer militärischen Schwäche zu Lande und in der Luft, der Abneigung der überwiegenden Mehrheit der Amerikaner gegen eine Teilnahme an einem neuen europäischen Krieg und der Vorbereitungen für die im Herbst 1940 fälligen Präsidentschaftswahlen zumindest bis zu diesem Zeitpunkt zu weitreichendem außenpolitischen Handeln nicht in der Lage schienen[21]. Bis dahin mußte nach dem Willen Hitlers die Entscheidung jedoch gefallen sein. Damit ist der Faktor Zeit angedeutet, der für Deutschland — in der Wirklichkeit zu einem erheblichen Grade, viel stärker aber noch in Hitlers Vorstellungen — eine wesentliche Rolle spielte[22].

Die Notwendigkeit, eine baldige Entscheidung gegen die Westmächte auf dem europäischen Kontinent herbeizuführen, nachdem der Krieg einmal begonnen und mit der schnellen Niederwerfung Polens einen günstigen Anfang genommen hatte, ergab sich auch aus dem Stand der deutschen Rüstung. Es wurde damals in der zeitgenössischen nationalsozialistischen Propaganda

19 Vgl. die gründliche Untersuchung mit reichhaltigen Zahlenangaben von W. Birkenfeld: Der synthetische Treibstoff 1933—1945. Ein Beitrag zur nationalsozialistischen Wirtschafts= und Rüstungspolitik. Göttingen 1964.
20 Hierzu ausführlich W. Treue: Gummi in Deutschland. München 1955; ders.: Gummi in Deutschland zwischen 1933—1945, in: Wehrwissenschaftliche Rundschau 1955, S. 169 ff.
21 Näheres hierzu die Darstellung unten S. 195.
22 Vgl. hierzu ausführlicher unten S. 45 f.

so dargestellt, als wenn Deutschland dank seiner enormen Rüstung jeder Kriegseventualität gewachsen sei. Aus der geheimen Denkschrift Hitlers zum Vierjahresplan vom August 1936 mit der darin enthaltenen Feststellung: „I. Die deutsche Armee muß in vier Jahren einsatzfähig sein. II. Die deutsche Wirtschaft muß in vier Jahren kriegsfähig sein[23]", könnte auch der Historiker bei oberflächlicher Betrachtung folgern, daß die deutsche Rüstung 1939 zumindest weitgehend schon für einen großen Krieg vorbereitet gewesen sein muß. Tatsächlich ist die Situation jedoch anders zu sehen: Zwar ermöglichten es die rüstungswirtschaftlichen Maßnahmen in den Jahren ab Herbst 1936 Hitler, „politischen Druck bis zur Kriegsdrohung" auszuüben[24] und seine „Politik des kühnen Wagnisses"[25] unter Inkaufnahme eines großen Risikos in den Jahren 1938/39 zu betreiben, jedoch bestand zwischen der propagandistisch herausgestellten Kriegsbereitschaft und dem Grad der effektiven Rüstung stets eine beträchtliche, wenn auch mit fortschreitender Zeit abnehmende Differenz. Auf Grund der seit 1936 praktisch bestehenden wirtschaftlichen Generalmobilmachung (die ein Stadium zwischen Friedenswirtschaft und „totaler" Kriegswirtschaft im Stile der Jahre 1914/18 darstellte) konnten und sollten nach der Konzeption Hitlers in einigen Jahren einzelne, zeitlich voneinander getrennte „Blitzkriege" gegen jeweils nur einen einzigen Gegner (lokalisierte „Feldzüge"), nicht aber ein großer zusammenhängender „Weltkrieg" geführt werden. Wirtschaftswissenschaftliche Untersuchungen haben daher zu dem – von den deutschen Möglichkeiten wie der Konzeption Hitlers her nicht überraschenden – Ergebnis geführt[26]: „Die deutsche Industrie ging 1939 mit ausgeweiteten und modernisierten Kapazitäten in den Kampf, ausgestattet mit nicht unerheblichen Vorräten in den kriegsentscheidenden Rohstoffindustrien. Die Ballung der Standorte in den militärisch gefährdeten Grenzgebieten war in wichtigen Punkten zumindest gemildert. Die Chancen für eine industrielle Überlegenheit waren damit gegeben – wenn nicht stärkere Gegner in den Kampf traten, der Krieg nicht zu lange dauerte und die Auseinandersetzung sich nicht auf ein ‚Ausproduzieren' auf dem Gebiete der Massenproduktion verlagerte. Deutschland hatte nicht so stark gerüstet, wie die anderen glaubten, aber stark und modern genug, gemessen am Rüstungsstand

23 W. Treue: Hitlers Denkschrift zum Vierjahresplan 1936 in: Vierteljahrshefte für Zeitgeschichte 1955, S. 184 ff., Zitat S. 210.

24 R. Bogatsch: Politische und militärische Probleme nach dem Frankreichfeldzug, in: Aus Politik und Zeitgeschichte. Beilage zur Wochenzeitung „Das Parlament" 1962, S. 176.

25 So Goebbels zu seinen engsten Mitarbeitern am Schluß des Krieges am 21. 4. 1945 (zit. bei J. Thorwald: Das Ende an der Elbe. Stuttgart 1950, S. 104).

26 „Die deutsche Industrie im Kriege 1939–1945". Berlin 1954, S. 24; Mueller-Hillebrand, Bd. II, S. 26 ff. Die Arbeit B. H. Kleins: Germany's Economic Preparations for War. Cambridge (Mass.) 1959 kommt (S. 63) ebenfalls zu dem Ergebnis, daß Deutschland auf Grund seiner Wirtschafts- und Rüstungslage 1939 nur zu kleinen „Blitzkriegen" in der Lage war. Zum Gesamtproblem der Wehrwirtschaft und der Kriegskonzeption Hitlers jetzt die grundlegende Studie von A. S. Milward: The German Economy at War. London 1965.

der anfänglichen Gegner, für einen kurzen Krieg. Für den Fall eines langen Krieges waren Vorbereitungen nicht getroffen, trotz gegenteiliger Behauptungen in den politischen Reden — mit der Kürze des Krieges stand und fiel die deutsche ‚Überlegenheit'[27]".

Hitler hatte aus „Weltkriegserfahrungen"[28] die Folgerung gezogen, daß bei der Unterlegenheit des deutschen Wehrwirtschaftspotentials von ihm kein „großer" Krieg begonnen werden durfte, sondern daß seine Ziele mit einer schrittweisen Ausweitung des deutschen Raumes zunächst durch „friedliche" Mittel und, wenn diese erschöpft waren, durch lokalisierte „Feldzüge", jeweils nur gegen einen einzigen Gegner, etappenweise erreicht und die wehrwirtschaftliche Basis Deutschlands auf diese Weise so lange verbreitert werden müßten, bis der deutsch-beherrschte „Großraum" schließlich auch einem neuen „Weltkrieg" gewachsen sein würde. Wehrwirtschaftliche Situation und „Blitzkriegs"-Konzeption Hitlers gehören also eng zusammen.

Indessen war der Aufbau der Wehrmacht im Herbst 1939 noch keineswegs so weit fortgeschritten, daß sie ein „fertiges Kriegsinstrument" darstellte. Der Ausbau des Heeres, das auf Grund der militärgeographischen Lage Deutschlands, des traditionellen, kontinentaleuropäisch orientierten Denkens des deutschen Generalstabes und — für Hitler entscheidend — im Hinblick auf seine im Osten liegenden Fernziele den bedeutendsten und bis Januar 1939[29] auch bei der Aufrüstung weitaus mit Vorrang bedachten Wehrmachtteil bildete, war seit 1935 „rasch in die Breite geführt worden, es fehlte ihm aber noch jede personelle und rüstungsmäßige Tiefe"[30], die erst bei planmäßigem Abschluß der Aufbauperiode für 1942 in befriedigendem Maße erwartet wurde[31]. So waren beispielsweise die Munitionsvorräte im September 1939 so knapp, daß sie eine sofortige Weiterführung des Krieges mit einem Munitionsverbrauch in der Höhe des Polenfeldzuges ausschlossen. Ein französischer Angriff gegen die schwache deutsche Verteidigungsfront am Westwall, wie er auf deutscher Seite während des Polenfeldzuges und kurz danach befürchtet wurde, hätte daher nach menschlichem Ermessen zu einer sehr schnellen militärischen Niederlage Deutschlands und damit zu einem Ende des Krieges geführt[32]. Erst

27 Hieran knüpft unser Abschnitt über Hitlers Umrüstungspläne 1940 an. Vgl. unten S. 255 ff.
28 Vgl. dazu unten S. 593.
29 Mit Befehl Hitlers vom 27. 1. 1939 (IMT, Bd. XXXV, S. 597, Dok. D-855) wurde der Aufbau der Kriegsmarine der Ausrüstung der beiden anderen Wehrmachtteile vorangestellt (vgl. hierzu unten S. 35 f.).
30 Mueller-Hillebrand, Bd. I, S. 127.
31 Am 7. 12. 1938 hatte der Chef OKW auf Anordnung Hitlers an den Oberbefehlshaber des Heeres eine Weisung gehen lassen, derzufolge sich das Heer „auf die Vertiefung seiner Ausbildungsfähigkeit auf weite Sicht konzentrieren solle, da ein kriegerischer Einsatz auf Jahre nicht in Betracht komme" (Mueller-Hillebrand, Bd. I, S. 126 f.; der Text der Weisung ist bisher noch nicht wieder aufgefunden worden; Hinweis auf die Weisung auch in Nürnberg — Dok. PS-1301).
32 Hierzu vor allem die Aussage des Generalobersten Jodl vor dem IMT (Bd. XV, S. 385 f.). Im übrigen, auch über die Gründe für die französische Zurückhaltung,

die Pause in den Großkampfhandlungen während der sog. „Drôle de guerre" bis zum Mai 1940 bot Zeit und Gelegenheit, Ausbildung, Ausstattung und Rüstung des deutschen Heeres so zu verbessern und zu erweitern, daß eine erfolgreiche Offensive gegen Frankreich militärtechnisch möglich wurde[33]. War beim Heer im Laufe einiger Monate immerhin ein grundlegender Wandel zum Besseren erreichbar, so konnte davon bei der Kriegsmarine angesichts der langen Fristen beim Bau von größeren Kriegsschiffen keine Rede sein. Die Voraussetzungen für den erfolgreichen Ausgang eines Seekrieges waren daher 1939 noch viel ungünstiger als beim Landkrieg. Der Aufbau der deutschen Seestreitkräfte hatte bis Mitte 1938 auf Weisung Hitlers unter dem leitenden Gesichtspunkt gestanden, daß jede Möglichkeit eines Krieges mit Großbritannien ausgeschlossen sei und daher außerhalb der Überlegungen bleiben könne. Am 29. 1. 1939 hatte sich Hitler dann vor der ihm vom Oberbefehlshaber der Kriegsmarine, Admiral Raeder, vorgetragenen Alternative, sich entweder für den Bau einer starken, durch U-Boote ergänzten Überwasserflotte mit Großkampfschiffen (sog. „Z-Plan") oder den Aufbau einer ausschließlich für den Handelskrieg bestimmten Flotte mit 300 hierfür geeigneten U-Booten (von denen im Ernstfall 100 ständig im Operationsgebiet im Bereich der lebenswichtigen britischen Zufahrtswege im Atlantik stehen sollten, wie es der Führer der U-Boote, Konteradmiral Dönitz, als unabdingbare Voraussetzung für den Erfolg gegen gesicherte Geleitzüge ansah) zu entscheiden, für den „Z-Plan" ausgesprochen, und zwar mit der ausdrücklichen Maßgabe: „Ich befehle, daß der von mir angeordnete Aufbau der Kriegsmarine allen anderen Aufgaben einschließlich der Aufrüstung der anderen Wehrmachtteile und einschließlich des Exports vorgeht"[34]. Dies schloß die politische Konsequenz ein, die auch Hitler anerkannte und noch im Sommer 1939 wiederholte, daß bis zur Fertigstellung dieser großen Flotte im Jahre 1946 unter allen Umständen jedes Risiko eines Krieges gegen Großbritannien zu vermeiden sei[35].

zusammenfassend H.-A. Jacobsen: Fall Gelb. Der Kampf um den deutschen Operationsplan zur Westoffensive 1940. Wiesbaden 1957, S. 4 ff. — Zur Munitionslage vgl. auch KTB Halder, Bd. I, S. 99 (8. 10. 1939).

33 Dies wird eingehend begründet bei H.-A. Jacobsen: Fall Gelb, S. 18 ff.

34 IMT Bd. XXXIV, Dok. C-23, S. 190, auch Bd. XXXV, Dok. D-854, S. 564.

35 F. Ruge: Der Seekrieg 1939—1945. Stuttgart [3]1962, S. 27. Hitler erklärte bei der Entscheidung für den Z-Plan ausdrücklich, daß er die Flotte mindestens bis 1944/45 „für seine politischen Zwecke" nicht brauchen werde. Vgl. hierzu im einzelnen R. Bensel: Die deutsche Flottenpolitik 1933 bis 1939. Eine Studie über die Rolle des Flottenbaus in Hitlers Außenpolitik. Frankfurt a. M. 1958, S. 52 ff.; E. Raeder: Mein Leben, Bd. II. Tübingen 1957, S. 158 ff.; K. Dönitz: Zehn Jahre und zwanzig Tage. Bonn 1958, S. 44 f. (Hitlers Antwort auf eine Frage Dönitz' vom 22. 7. 1939: „Er würde dafür sorgen, daß es keinesfalls zu einem Krieg mit England kommt. Denn das wäre ‚finis Germaniae'."). — Bei dem großen Kriegsspiel der Seekriegsleitung im Sommer 1939 in Oberhof, das die einzige studienmäßige Vorbereitung für den Fall eines Krieges gegen Großbritannien vor Kriegsbeginn brachte, wurde als anzustrebendes Ziel der Besitz von Teilen der Atlantikküste für den U-Bootkrieg bezeichnet (K. Klee: Unternehmen „Seelöwe". Göttingen 1958, S. 36).

Tatsächlich lag die Ablehnung des relativ kurzfristig zu verwirklichenden U-Boot-Programms, bei dem ein baldiger Konflikt mit Großbritannien in Rechnung gestellt wurde, auf der Linie der bisherigen Politik Hitlers. Dagegen ist bis heute noch nicht restlos geklärt, ja kaum ernsthaft gefragt worden, welches Ziel Hitler sich mit dem Z-Flottenbauprogramm gesteckt hat[36] und wie die damit verknüpfte – wirkliche oder auch nur scheinbare – Änderung seiner großen Ziele nach der Leitschnur seines außenpolitisch-ideologischen Programms zu verstehen ist[37]. Das Urteil, daß die Planung „jede politische Erfahrung und Einsicht in die kontinentale Gebundenheit Deutschlands" unbeachtet ließ[38], ist zwar zutreffend, doch reicht es nicht aus, um die Absichten Hitlers zu erfassen, setzt es doch voraus, daß diese Flotte für ein im wesentlichen noch auf Mitteleuropa beschränktes „Großdeutschland" gedacht war. Unserer Auffassung nach fügte sich dagegen der „Z-Plan" sinnvoll in die große politisch-strategische „Planung" Hitlers ein: *nach* der in lokalisiertem „Feldzug" erreichten Niederwerfung Frankreichs (vorher, falls erforderlich, Polens) und dem späteren Eroberungszug nach Osten sollte auf der Basis der deutschen Herrschaft über Kontinentaleuropa und der möglichst auf dem Wege des „Ausgleichs" mit Großbritannien, notfalls aber auch in kriegerischer Auseinandersetzung mit ihm zu gewinnenden Kolonien in Afrika eine deutsche „Weltmacht"-Stellung aufgebaut werden, zu deren Sicherung und Verteidigung gegenüber den USA (oder auch beiden angelsächsischen Mächten[39]) dann die

36 Die bekannten Überlegungen der Seekriegsleitung, die zu diesem Programm führten (knappe Zusammenfassung bei W. Hubatsch: Der Admiralstab. Frankfurt a. M. 1958, S. 210), sind keineswegs unkritisch als ausschlaggebend für Hitlers Entscheidung anzusehen, wie es in der Literatur meist geschieht. Hitler übernahm oft Anregungen, die an ihn herangetragen wurden, aus ganz anderen, oft viel hintergründigeren Erwägungen, als sie die Persönlichkeiten hatten, die den Vorschlag unterbreiteten.

37 Auch G. Moltmann: Weltherrschaftsideen Hitlers, in: Festschrift für E. Zechlin. Hamburg 1962, geht merkwürdigerweise gar nicht auf diese Frage ein.

38 Hubatsch: Der Admiralstab, S. 210.

39 Die Möglichkeit eines Kampfes gegen Großbritannien *nach* Errichtung des deutschen Kontinentalimperiums zur Erringung einer deutschen „Weltmacht"-Stellung schließt Hitler in seinem „Kampf"-Buch nicht aus, wenn er sich auch nicht klar hierzu äußert. Zusammenzusehen sind dabei folgende zwei Stellen: „England wünscht kein Deutschland als Weltmacht, Frankreich aber keine Macht, die Deutschland heißt ... *Heute* (Hervorhebung durch Verf.) aber kämpfen wir nicht für eine Weltmachtstellung ..." („Mein Kampf", S. 699). Daher sei für die Zeit des Kampfes „um den Bestand des Vaterlandes" wie auch für die Periode des Ausgreifens Deutschlands auf dem Kontinent ein Bündnis mit Großbritannien möglich und anzustreben. Andererseits heißt ein gesperrt gedruckter Kernsatz in „Mein Kampf": „Deutschland wird entweder Weltmacht oder überhaupt nicht sein" (S. 741 f.), ohne daß er an dieser oder anderer Stelle klar ausgesprochen hätte, wie die – über Kontinentaleuropa hinausreichende, zweifellos erst nach der Eroberung des europäischen Rußland zu erstrebende – „Weltmacht"-Stellung gewonnen werden sollte.

große Flotte des „Z=Planes"[40] dienen sollte[41]. Auch der Zeitplan, Fertigstellung der Flotte bis 1946, schloß sich an das bekannte „Programm" an, bis spätestens 1945 den Eroberungszug nach Osten mit vorausgehender Niederringung Frankreichs durchzuführen und das deutsche Kontinentalimperium zu errichten. Erst wenn alle diese Stufen durchschritten waren und Hitler die durch die „Z=Plan"=Flotte gesicherte „Weltmachtposition" Deutschlands erkämpft hatte, war seine „programmatische" Prognose: „Deutschland wird entweder Weltmacht oder überhaupt nicht sein"[42] verwirklicht und damit sein über den Aufbau des Kontinentalimperiums hinausgehendes großes Ziel erfüllt.

Diese für den Zeitraum Anfang 1939 nur aus den Grundtendenzen der Politik Hitlers zu erschließende, nicht aber quellenmäßig zu belegende These gewinnt durch die Argumentation Hitlers und der Seekriegsleitung Mitte 1940[43], als es um die Fortsetzung dieses Flottenbaus nach dem erwarteten „Ausgleich" mit Großbritannien ging, einen hohen Grad von Wahrscheinlichkeit.

Im Herbst 1939[44] befand sich indessen die deutsche Kriegsmarine, die damals neben wenigen größeren Einheiten 57 U=Boote umfaßte (von denen nur 23 für den Zufuhrkrieg im Atlantik geeignet waren[45]), in einer Situation, die ihr Oberbefehlshaber, Großadmiral Raeder, in seiner Meldung an Hitler unmittelbar nach der Kriegserklärung Großbritanniens am 3. 9. 1939 in einem Augenblick der Resignation mit dem Satz umschrieb: „In diesem Krieg ... kann das Wenige, was fertig ist oder noch kriegsbereit wird, nur anständig kämpfend untergehen"[46].

40 Geplant waren zehn Großkampfschiffe, drei Schlachtkreuzer, acht Schwere Kreuzer, 44 Leichte Kreuzer, vier Flugzeugträger, 68 Zerstörer, 90 Torpedoboote, 249 U=Boote.

41 In der „Entwurfstudie Seekriegführung gegen England" der Skl. vom Sommer 1938 heißt es, daß „nach dem Willen des Führers" eine deutsche „Weltmacht"=Stellung errichtet werden solle, zu der „neben genügendem Kolonialbesitz gesicherte Seeverbindungen und (ein) gesicherter Zugang zum freien Ozean" gehören (IMT Bd. XXXIV, Dok. C=23, S. 190).

42 „Mein Kampf", S. 741 f.

43 Vgl. unten S. 147 f.

44 Im KTB der Skl. heißt es unter dem 3. 9. 1939: „Am heutigen Tage ist der Krieg gegen England=Frankreich ausgebrochen, mit dem wir nach den bisherigen Äußerungen des Führers nicht vor etwa 1944 zu rechnen brauchten und den der Führer bis zum letzten Augenblick glaubte vermeiden zu sollen ... Was die Kriegsmarine betrifft, so ist sie selbstverständlich im Herbst 1939 noch keineswegs für den großen Kampf gegen England hinreichend gerüstet" (KTB der Skl., Teil C, Heft VII, S. 2/3).

45 Grundlegend zum U=Bootkrieg J. Rohwer: Der U=Bootkrieg und sein Zusammenbruch 1943, in: Entscheidungsschlachten des Zweiten Weltkrieges. Hrsg. v. H.=A. Jacobsen und J. Rohwer. Frankfurt a. M. 1960, S. 327 ff. — Zusammenstellung des Schiffsbestandes der deutschen Kriegsmarine 1939 u. a. bei Bensel, S. 71 ff. — Der Führer der U=Boote, Admiral Dönitz, meldete in einer Denkschrift vom 28. 8. 1939, „daß mit der im Augenblick eingesetzten Bootszahl und den nach dem jetzigen Bauplan auf die Dauer erreichbaren Bootszahlen ein ins Gewicht fallender Druck auf England und eine entscheidende Kriegführung gegen Englands Handel in absehbarer Zeit nicht zu erwarten ist, sondern nur Nadelstiche gegen den englischen Handelsverkehr möglich sind" (KTB OKW, Bd. I, S. 229 E).

Etwas günstiger lagen die Verhältnisse bei der vom britischen wie vom französischen Generalstab auf Grund einer geschickten Nachrichtengebung und von Täuschungsmaßnahmen[47] weit überschätzten Luftwaffe. Zwar war auch ihr langfristiges Aufrüstungsprogramm auf das Jahr 1942 abgestellt[48], aber sie besaß doch bereits im September 1939 eine beachtliche Zahl einsatzbereiter Flugzeuge (insgesamt 3 298[49]). Mit ihren zum erheblichen Teil sehr modernen Flugzeugtypen zeigte sich die Luftwaffe, nicht zuletzt auch auf Grund der Kampferfahrungen im Spanischen Bürgerkrieg und dann im Polenfeldzug, ihren Gegnern im Westen in der Luft überlegen, wenn auch der Bombenvorrat zunächst gering war[50] und der Luftkrieg im Westen – abgesehen von Hitlers politischen Kalkulationen – schon aus diesem Grund nicht sogleich im großen eröffnet werden konnte[51].

Wesentlich war, daß die deutsche Luftwaffe (entgegen der in den Luftstreitkräften der meisten Staaten – außer der Sowjetunion – akzeptierten Doktrin des italienischen Generals Douhet und entgegen den ursprünglichen Plänen 1935/36[52], die an dieser Theorie orientiert waren) nicht als Fernbomberflotte

46 Bensel, S. 68; vgl. auch Raeder, Bd. II, S. 172. – Raeder gründete seine Hoffnung auf einen trotz der Schwäche der deutschen Kriegsmarine günstigen Kriegsausgang gegen Großbritannien auf den Hitler-Stalin-Pakt, der Deutschland Rückenfreiheit verschafft habe und den er als eine „geschichtliche Tat allerersten Ranges, die zum ersten Mal seit 50 Jahren die Kriegsgefahr im Osten beseitigte", begrüßte (K. Assmann: Großadmiral Raeder und der Zweite Weltkrieg, in: Marine-Rundschau 1959, S. 9).

47 Feuchter, S. 122. Dort vor allem über die Täuschungsmaßnahmen beim Besuch des Chefs des Generalstabes der französischen Luftwaffe, General Vuillemin, und des amerikanischen Ozeanfliegers, Oberst Lindbergh, die besonders wirkungsvoll und nachhaltig waren. Ihre Berichte bestimmten weitgehend das Bild, das sich die britische und französische Führung von der deutschen Luftwaffe machte.

48 Bidlingmaier: Grundlagen, S. 83: Das im November 1938 ausgearbeitete Aufbauprogramm der Luftwaffe (als Dokument gedruckt bei Bidlingmaier: Grundlagen, S. 108 f.) sollte nach dem Willen Hitlers bis zum 31. 3. 1942 abgeschlossen sein. Jacobsen, S. 21, auf Grund von Mitteilungen des Generals der Flieger a. D. H. Speidel vom 20. 3. 1956.

49 Offizielle Meldung des Generalquartiermeisters der Luftwaffe vom September 1939 (abgedruckt bei Bidlingmaier: Grundlagen, S. 110 f.). Stand am 1. 9. 1939: 1 180 Kampfflugzeuge, 771 Jagdflugzeuge, 336 Sturzkampfflugzeuge, 408 Zerstörerflugzeuge, 40 Schlachtflugzeuge, 552 Transportflugzeuge, 379 Aufklärungsflugzeuge, 240 Flugzeuge der Marinefliegerverbände. Bis Ende 1939 wurden weitere 2 518 Flugzeuge gebaut, 1940: 10 392, 1941: 12 392, 1942: 15 497, 1943: 24 795, 1944: 40 593, 1945: 7 541. – Über die Entwicklung der Luftwaffe bis 1939 zusammenfassend auch K. Klee: „Seelöwe", S. 37 ff.; über die Einsatzstärken und Verluste bis Ende 1941 ebda., S. 67 ff.; ferner Feuchter, S. 89 ff.

50 Der Bombenvorrat war auf Grund eines Befehls Hitlers vom Mai 1939 begrenzt worden (vgl. hierzu die Aussage des Generalfeldmarschalls Milch vor dem IMT, Bd. IX, S. 60 f.).

51 Auch die Verluste im Kampf gegen Polen waren recht hoch. Von den 1 929 gegen Polen eingesetzten Flugzeugen wurden 285 zerstört (davon 109 Kampfflugzeuge und Stukas), weitere 279 Maschinen wurden zu mehr als 10 % beschädigt (Bekker: Angriffshöhe 4 000, S. 455).

52 Der erste, 1936 verstorbene Chef des Generalstabes der Luftwaffe, General Wever, stand der Konzeption Douhets nahe; Göring selbst war dagegen kein „Douhetist" (Bidlingmaier: Grundlagen, S. 74). Der Nachfolger Wevers, General

für einen eigenständigen, d. h. ohne Beziehung zu den Operationen auf der Erde ins Hinterland des Gegners vorgetragenen, strategischen Luftkrieg aufgebaut worden war — mit dem Ziel, durch den Einsatz der Luftwaffe allein eine Kriegsentscheidung herbeizuführen. Sie stellte vielmehr eine schlagkräftige Offensivwaffe mittlerer Reichweite, im Kern aus leichten und mittleren Kampfflugzeugen bestehend, zur operativen und taktischen Unterstützung des Heeres dar. Dies entsprach der Konzeption Hitlers, durch einzelne „Feldzüge", in deren Rahmen die Luftwaffe zur Heeresunterstützung und zur psychologischen Wirkung auf den Gegner verwendet werden sollte, die Herrschaft über den europäischen Kontinent zu erlangen, während ein „großer" Krieg gegen einen mit dem Heer nicht erreichbaren und daher durch einen strategischen Luftkrieg auszuschaltenden Gegner außerhalb seiner politischen Zielsetzung lag[53]. Operationsstudien der Luftwaffenführung 1938/39, als zum erstenmal der Fall eines Krieges gegen Großbritannien in die Überlegungen einbezogen wurde, brachten daher das zu erwartende klare Ergebnis, daß die deutsche Luftwaffe für einen nun immerhin in den Bereich des Möglichen gerückten strategischen Luftkrieg gegen Großbritannien nicht geeignet war[54].

Bedeutsamer noch als der Grad der Kriegsbereitschaft der einzelnen Wehrmachtteile, die organisatorisch und führungsmäßig nur sehr locker in der Gesamtwehrmacht zusammengefaßt waren[55], sollte die Tatsache werden, daß es

Kesselring, Chef des Generalstabes der Luftwaffe 1936/37, ließ die Programmstellung Wevers (Bau von viermotorigen Kampfflugzeugen, nach der zugrunde liegenden damaligen politisch-strategischen Konzeption Hitlers „Ural-Bomber" genannt) abändern (Stellungnahme Kesselrings zum Problem der Luftkriegführung und zur Frage des viermotorigen Bombers vom 17. 3. 1954, abgedruckt bei Bekker: Angriffshöhe 4 000, S. 463 f.).

53 Zum Wandel der Bedeutung der Luftwaffe für Hitler im Rahmen seines Gesamtkriegsplans 1940/41 vgl. unten S. 270 ff. und S. 380 f.

54 Klee: „Seelöwe", S. 39 f. Die Denkschrift des Generals der Flieger Felmy vom 22. 9. 1938 („Planstudie: Fall Blau") mündete in das Ergebnis, daß ein deutscher Luftkrieg gegen Großbritannien mit den verfügbaren Kräften allenfalls „eine störende Wirkung" haben könne (hierzu sowie zum Kommentar Görings Bidlingmaier: Grundlagen, S. 79). Über die weiteren in der Grundbeurteilung gleichbleibenden Lageanalysen vgl. Klee: „Seelöwe", S. 40 ff. Zum Ergebnis der späteren „Studie Blau" vom Sommer 1939 (ebda., S. 42 ff.; Bidlingmaier: Grundlagen, S. 85 f.) trug der Chef I c des Luftwaffenführungsstabes, Oberstleutnant i. G. J. Schmid, Göring im Juli 1939 vor, „daß im Hinblick auf das Improvisationsvermögen der britischen Führung und die moralische Stärke des britischen Volkes eine Kapitulation Großbritanniens durch Luftangriffe allein nicht zu erreichen sei, sondern nur durch eine Besetzung der Insel ermöglicht werde". Hier wurde erstmals auf deutscher Seite der Gedanke einer Invasion Englands erwähnt. Es ist nicht mit völliger Sicherheit zu ermitteln, ob Hitler das Ergebnis dieser Studie bekannt wurde. — Es spricht vieles dafür, „daß Göring auch mit seinen vorbereitenden Maßnahmen gegen England, die er der Luftflotte 2 aufgetragen hatte, mehr eine politische Abschreckung bezweckt, als an eine unmittelbar drohende militärische Notwendigkeit geglaubt hat" (Bidlingmaier: Grundlagen, S. 104).

55 Zur Wehrmachtspitzengliederung vor allem W. Warlimont: Im Hauptquartier der deutschen Wehrmacht 1939—1945. Frankfurt a. M. 1962, S. 21 ff.; W. Görlitz: Generalfeldmarschall Keitel — Verbrecher oder Offizier? Erinnerungen, Briefe, Dokumente des Chefs OKW. Göttingen 1961, S. 115 ff.

bei Kriegsbeginn auf deutscher Seite außer dem Feldzugsplan für die Nieder-werfung Polens (Fall „Weiß"[56]) überhaupt keine generalstabsmäßigen Pla-nungen für mögliche Offensivoperationen in einem großen Kriege gab. Vor allem waren auch von der Obersten Wehrmachtführung (OKW/Wehrmacht-führungsamt) keinerlei Überlegungen für eine Gesamtstrategie im Falle eines Krieges gegen die Westmächte angestellt worden[57], da die Situation des 3. 9. 1939 von Hitler nicht als die zumindest mit Wahrscheinlichkeit zu erwartende Folge des Angriffs auf Polen vorausgesehen und, wie es erforderlich gewesen wäre, alles daraufhin abgestellt worden war. So erwies sich etwa auch der Übergang von den Friedens- zu den Kriegsverhältnissen in der zivilen Wirt-schaft als außerordentlich schwierig[58]. Nur 42 Prozent der deutschen Handels-flotte befanden sich am 31. 8. 1939 in deutschen Häfen[59]. Da Hitler sich nun-mehr selbst in einer Situation sah, die er bis dahin — trotz allen Redensarten in seinen Ansprachen vor den Befehlshabern der Wehrmacht[60] — weder klar durchdacht noch gar „planmäßig" herbeigeführt hatte, waren die sich nun er-gebenden militärischen Konsequenzen nicht einmal theoretisch-studienmäßig von dem zum bloßen „Arbeitsstab" Hitlers gewordenen „Wehrmachtführungs-amt" im Oberkommando der Wehrmacht (ab 23. 8. 1939 unter Generalmajor

56 H. Greiner: Die Oberste Wehrmacht 1939—1943. Wiesbaden 1951, S. 31 ff.; Text der „Weisung für die einheitliche Kriegsvorbereitung der Wehrmacht 1939—40", darin Teil II „Fall Weiß" vom 3./11. 4. 1939, in: P. de Mendelssohn: Die Nürn-berger Dokumente. Studien zur deutschen Kriegspolitik 1937 bis 1945. Ham-burg 1947, S. 113 ff.

57 Hierzu Warlimont, S. 37 ff. Einen Vorschlag der Abt. Landesverteidigung des Wehrmachtführungsamtes, mit den Chefs der Generalstäbe „in Kriegs- und Planspielen die militärische Lage im Falle eines Westkrieges zu klären", lehnte Hitler mit der Begründung ab, „daß sich der Konflikt mit Polen lokalisieren lasse" (KTB OKW, Bd. I, S. 150 E). — Die in der (Anfang November 1939 über-arbeiteten) Aufzeichnung Schmundts über die Besprechung vom 23. 5. 1939 (IMT, Bd. XXXVIII, S. 546 ff., Dok. L-79) verzeichnete Äußerung Hitlers, er wolle ein „Angriffsprogramm" durch einen „kleinen Studienstab beim OKW" vorbereiten lassen, hat sachlich — der problematische Quellenwert des Dokuments bleibe hier unerörtert — jedenfalls keine Auswirkungen gehabt. Es gab am 1. 9. 1939 weder einen solchen „Studienstab" noch ein generalstabsmäßiges „Angriffspro-gramm" über den Polenfeldzug hinaus. Vgl. hierzu auch die (der überarbeiteten veröffentlichten Fassung zeitlich vorausgehende) handschriftliche Aufzeichnung Schmundts über die Besprechung am 23. 5. 1939 (Militärgeschichtliches For-schungsamt Freiburg i. Br., Akte OKW/1982).

58 Hierzu vor allem die Tagebuchnotizen des Chefs des Stabes beim Generalquar-tiermeister des Heeres, Oberst i. G. Eduard Wagner, u. a. vom 31. 8. 1939 („Der Generalquartiermeister. Briefe und Tagebuchaufzeichnungen des Generalquar-tiermeisters des Heeres General der Artillerie Eduard Wagner". Hrsg. v. Elisa-beth Wagner. München und Wien 1963, S. 111): „Wirtschaftliche Lage außer-ordentlich schwierig, da keine wirtschaftliche Mobilmachung erklärt ist. Führer will sie erst in einem Westfall durchführen. Völlig unverständlich." Die „wirt-schaftliche Mobilmachung" wurde dann tatsächlich erst nach der Kriegserklärung Großbritanniens und Frankreichs am 3. 9. 1939 verkündet (ebda., S. 122).

59 Ebda., S. 110.

60 Vor allem am 23. 5. 1939 (IMT, Bd. XXXVIII, S. 546 ff., Dok. L-79) und 22. 8. 1939 (IMT, Bd. XXVI, S. 338 f. und S. 523, Dok. PS-798 und PS-1014, Bd. XLI, S. 16 ff., Dok. Rae-27; Greiner, S. 38 ff.; KTB Halder, Bd. I, S. 23 ff.).

Jodl), das ursprünglich einmal in den großen Reorganisationsplänen Mitte der dreißiger Jahre als „Wehrmachtgeneralstab" gedacht war[61], erörtert worden, hing es doch seit Februar 1938 allein von Hitler ab, welche „Fälle" hier wie auch in den Führungsstäben der einzelnen Wehrmachtteile „bearbeitet" wurden.

Gab es für Hitler nach dem 3. 9. 1939 noch politische Möglichkeiten, Großbritannien und Frankreich trotz ihren Kriegserklärungen an Deutschland dazu zu bringen, sich mit der durch die Eroberung Polens geschaffenen neuen Lage in Europa abzufinden? — Hitler glaubte anfangs wohl, auf zweierlei Art Großbritannien so stark beeindrucken zu können, daß es gezwungen sein würde einzulenken. Beide Versuche blieben allerdings schon im Ansatz stekken. Zunächst bemühte sich Ribbentrop in seinem Auftrag während der ersten beiden Septemberwochen, die Sowjetunion zu einem militärischen Eingreifen gegen Polen zu veranlassen[62]. Hitler meinte offensichtlich, daß dann Großbritannien entweder genötigt sei, auch der Sowjetunion den Krieg zu erklären, oder aber — was wahrscheinlicher sei — mit Rücksicht auf unübersehbare Verwicklungen „in Indien, im Fernen Osten und am Bosporus" darauf verzichten und sich unter dem Eindruck des dann de facto bestehenden Waffenbündnisses zwischen Deutschland und der Sowjetunion bereit finden würde, sich auch mit ihm, Hitler, auf der Basis der neuen Situation in Ostmitteleuropa zu arrangieren[63]. Da die Sowjetunion, jedem politischen Risiko ausweichend, ihre Streitkräfte erst am 17. 9. in Ostpolen einrücken ließ, als der militärische Zusammenbruch Polens feststand[64], entfiel für die britische Regierung der äußere Zwang zu einer unmittelbaren drastischen Reaktion, zumal die polnische Regierung, die sich noch am gleichen Tage nach Rumänien ins Exil begab, auf ein Beistandsersuchen an Großbritannien verzichtete, ganz abgesehen davon, daß in dem Geheimen Zusatzprotokoll zum britisch-polnischen Beistandsvertrag vom 25. 8. 1939 die Verpflichtungen Großbritanniens ohnehin auf einen Kriegsfall gegen Deutschland eingeschränkt waren[65]. Die gemeinsame deutsch-sowjetische Erklärung anläßlich des Abschlusses des „Grenz- und Freundschaftsvertrages" vom 28. 9. 1939, derzufolge „England und Frankreich für die Fortsetzung des Krieges verantwortlich" seien und „im Falle einer Fortdauer des

61 Warlimont, S. 21 ff.; Görlitz: Keitel, S. 115 ff.
62 Auf Grund der Akten des AA dargestellt bei Fabry, S. 133 ff.
63 Hierzu Jacobsen, Fall Gelb, S. 5 (auf Grund der Aufzeichnungen des Generals v. Vormann, damals Vertreter des OKH bei Hitler, Ms. im Institut für Zeitgeschichte München).
64 H. Roos: Polen in der Besatzungszeit, in: Osteuropa-Handbuch, Band Polen. Hrsg. v. W. Markert. Köln/Graz 1958, S. 170. Für Hitler und die Wehrmachtführung kam der Einmarsch zu diesem Zeitpunkt völlig überraschend. Vgl. hierzu N. v. Vormann: Der Feldzug 1939 in Polen. Weißenburg 1958, S. 153 ff.
65 Protokoll abgedruckt bei J. W. Wheeler-Bennett: Munich. Prologue to Tragedy. London 1948, S. 486 f. Danach deutsche Übersetzung in: H. Rönnefarth und H. Euler: Konferenzen und Verträge. Vertrags-Ploetz, Teil II, Bd. 4 A: 1914 bis 1959. Würzburg, 2. Aufl. 1959, S. 181 f.

Krieges die Regierungen Deutschlands und der UdSSR sich gegenseitig über die erforderlichen Maßnahmen konsultieren" würden[66], schien ein verspätetes Ergebnis dieser deutschen Anstrengungen. Es hatte zwar keine unmittelbaren Auswirkungen auf die Politik und Kriegführung der Alliierten, trug jedoch bei ihnen zu einer verstärkten Unsicherheit in ihrer Beurteilung der Rolle der Sowjetunion bei[67].

Parallel zu diesen auf ein militärisches Zusammengehen mit der Sowjetunion gegen Polen gerichteten Bemühungen Hitlers fanden während des Septembers von deutscher Seite diplomatische Sondierungen statt, die auf die Bildung eines „Viererblocks" Deutschland-Italien-Sowjetunion-Japan hinausliefen[68]. Dieser europäisch-asiatische Staatenblock sollte durch das Gewicht der in ihm zusammengeschlossenen politischen Potenzen und die Bedrohung der britischen Nahostposition durch eine nach Süden tendierende Sowjetpolitik Großbritannien von der Aussichtslosigkeit der Fortsetzung des Krieges überzeugen. Diese Vision Ribbentrops widersprach indessen so sehr der damaligen Realität (zu erinnern ist nur an den kriegsähnlichen Zustand zwischen der Sowjetunion und Japan und an die politische Abwendung Japans von Deutschland[69]), daß die Ansätze zur Verwirklichung dieses Projekts nicht über Gespräche Ribbentrops mit dem japanischen Botschafter Oshima, dessen persönliche Einstellung zu einem nach Deutschland orientierten Kurs Japans nicht mehr mit der politischen Linie seiner Regierung übereinstimmte und der kurz darauf abberufen wurde[70], und einen recht „zaghaften Vorstoß" Ribbentrops für einen sowjetisch-japanischen Ausgleich während seines zweiten Besuches in Moskau (27.–29. 9. 1939[71]) hinauskamen. Damit war die zweite, in Hitlers Kalkül schon Mitte September wieder stark zurückgetretene Erwartung auf eine politische Lösung des europäischen Krieges auf der Basis der Hinnahme der Zerschlagung Polens durch die Westmächte zerronnen. Dennoch betonte der Chef des Wehrmachtführungsamtes im OKW, General Jodl, noch in einer Studie über „Politik und Kriegführung im Orient" vom 6. 1. 1940[72], daß es „vom deutschen Standpunkt . . . in hohem Maße wünschenswert (sei), die russischen Kräfte in diese Richtung (Iran) und damit voraussichtlich auch vom Balkan abzulenken", obwohl es „bezweifelt werden (müsse), ob die russische Wehrmacht sich in ihrem heutigen Zustand eine Operation nach Vorderasien hinein

66 ADAP D VIII, Dok. 161, S. 129 f.
67 Vgl. unten S. 53 ff.
68 Darstellung dieser Episode auf Grund aller verfügbaren Unterlagen bei Sommer, S. 296 ff., und Presseisen, S. 227 ff.
69 Vgl. unten S. 115 ff.
70 Abschiedsaudienz Oshimas bei Hitler am 24. 10. 1939 (ADAP D VIII, Dok. 292, S. 261 ff.).
71 ADAP D VIII, Dok. 152: Ribbentrop an AA zur Vorlage an Hitler, 28. 9. 1939, S. 123 ff. enthält nichts hierüber. Dagegen E. Kordt: Wahn und Wirklichkeit, Stuttgart 1947, S. 222; hiernach Sommer, S. 307.
72 ADAP D VIII, Dok. 514: Keitel an Ribbentrop, 8. 1. 1940, mit der Studie Jodls vom 6. 1. 1940, S. 495 f.

zutraut". Diese Studie entstand im Zusammenhang mit Befürchtungen vor einer weit ausgreifenden, die deutschen Kräfte zersplitternden und auf Nebenkriegsschauplätze abziehenden alliierten Strategie. Die in ihrem Kern zutreffenden Mutmaßungen knüpften sich an die „Orient"-Armee des Generals Weygand in Syrien. Die von ihr ausgehenden Gefahren vermochten indessen nur vorübergehend die Aufmerksamkeit Hitlers und des Generalstabes des Heeres von dem entscheidenden Schauplatz im Westen nach Südosteuropa abzulenken[73].

Schon am 12. 9. 1939[74] hatte Hitler — angesichts des auch für ihn überraschend zügig verlaufenden Polenfeldzuges[74a] und der Passivität der Alliierten in diesem Moment der deutschen Schwäche — erstmals von seinem Entschluß gesprochen, selbst im Westen, und zwar noch im Herbst 1939, offensiv zu werden und die kriegerische Entscheidung zu suchen, selbst wenn alle militärtechnischen Gründe dagegen sprächen[75]. Die damit eingeleitete Vorgeschichte des schließlich erst unter völlig anderen Voraussetzungen am 10. 5. 1940 beginnenden deutschen Westfeldzuges, die heute durch die wissenschaftliche Forschung in allen wesentlichen Einzelproblemen als geklärt betrachtet werden kann[76], interessiert in unserem Zusammenhang nur in zweierlei Hinsicht: Welche strategischen Erwartungen knüpfte Hitler an die Westoffensive im großen, und welche Bedeutung maß er ihrer schnellen Durchführung im Rahmen der für ihn bei Kriegsbeginn so ungünstigen weltpolitischen Konstellation im Hinblick auf sein Fernziel bei?

Grundlegend für das Verständnis der dann später im Sommer 1940, dem Ausgangspunkt unserer Untersuchung, eintretenden Situation ist die vielfach nicht genügend beachtete Tatsache, daß Hitler die damals nicht nur in Deutschland weithin vertretene Auffassung teilte, daß Großbritannien sich im September 1939 nur zum Krieg entschlossen hatte, weil ihm in Polen und vor allem in Frankreich „Festlandsdegen" zur Verfügung standen. Wenn es daher gelingen würde, nach der Ausschaltung Polens auch Frankreich militärisch zu überwinden, so daß Großbritannien ohne kontinentaleuropäische Bundesgenossen dastand, würde Großbritannien den Kampf aufgeben und sich mit

73 Hierzu A. Hillgruber: Hitler, König Carol und Marschall Antonescu. Wiesbaden 1954, S. 68 f.

74 Jacobsen: Fall Gelb, S. 7 f.; Warlimont, S. 49 f.; Zeugnis des Heeresadjutanten bei Hitler, Major i. G. Engel, in: W. Erfurth: Die Geschichte des deutschen Generalstabes 1918—1945. Göttingen, 2. Aufl. 1960, S. 245.

74a Zur Radikalisierung der deutschen Polenpolitik im Herbst 1939 in dem Maße, wie die Aussicht auf ein Arrangement mit den Westmächten schwand, M. Broszat: Nationalsozialistische Polenpolitik 1939—1945. Stuttgart 1961, S. 13 ff.; H.-A. Jacobsen: Einführung zu KTB OKW, Bd. I, S. 42 E ff.

75 „Der Herbst 1939 war, vom militärischen Standpunkt aus gesehen, der ungünstigste Zeitpunkt für das deutsche Heer." — So faßt Jacobsen: Fall Gelb, S. 21 ff., sein Urteil auf Grund des vorliegenden breiten Quellenmaterials hierüber zusammen.

76 Vor allem durch die Studie von H.-A. Jacobsen: Fall Gelb, a. a. O.

ihm, Hitler, arrangieren müssen[77], zumal er ja – abgesehen von der auch in der Reichstagsrede mit dem „Friedensappell“ vom 6. 10. 1939 erhobenen, relativ bescheiden wirkenden Forderung nach Rückgabe der ehemaligen deutschen Kolonien[78] – keine territorialen oder die militärische Macht Großbritanniens einschränkenden Bedingungen stellte. Allein solche Motive wären in Hitlers Augen verständliche Gründe für einen Staat gewesen, sich ihm zu widersetzen. Eine Einsicht, daß die britische Regierung sich aus prinzipiellen Motiven zum Widerstand gegen seine Expansionspolitik entschlossen hatte, lag völlig außerhalb seines politischen Horizontes, der durch ein Denken in Interessenräumen und militärischen Kräften bestimmt war, das sich, auch im Rahmen seiner Vorstellungen nicht immer „sachlogisch“, mit seiner bekannten Rassenideologie in einer im Kern unumstößlichen außenpolitischen Axiomatik verband.

Ein möglichst bald zu führender Feldzug gegen Frankreich mußte bei durchschlagendem Erfolg nach Ansicht Hitlers zugleich auch die Entscheidung des gesamten Krieges im Westen herbeiführen, da Großbritannien nicht in der Lage sein würde, den Krieg allein fortzuführen. Eine Rückeroberung des dann von Deutschland beherrschten europäischen Kontinents durch Großbritannien erschien Hitler infolge des Fehlens der hierfür erforderlichen Landstreitkräfte ausgeschlossen. Die Möglichkeiten, die eine Seemacht mit weltweiten Verbindungen auch dann noch besaß, wenn sie zeitweilig ohne kampfkräftige Landstreitkräfte und ohne Verbündete auf dem Kontinent war, hat Hitler – trotz allen marinetechnischen Detailwissens, das er sich angeeignet hatte – nicht einzuschätzen gewußt[79]. Hitler setzte alles so sehr auf die Richtigkeit der eigenen Prognose einer schnellen Kriegsentscheidung, daß er eine Umstellung der deutschen Wirtschaft und Rüstung auf die Möglichkeit eines langen Krieges etwa in der Art einer „totalen wirtschaftlichen Mobilmachung“ ablehnte[80]. So

77 Bereits in seiner ersten Äußerung über seinen Entschluß zur Westoffensive am 12. 9. 1939 gegenüber seinem Chefadjutanten, Oberst i. G. Schmundt, war der Grundgedanke enthalten, „ein vernichtender Sieg über Frankreich würde Großbritannien bestimmt zum Einlenken bewegen“ (Jacobsen: Fall Gelb, S. 7).

78 Text der Rede jetzt bei M. Domarus: Hitler, Reden und Proklamationen 1932–1945. Bd. II: Untergang (1939–1945). Würzburg 1963, S. 1377 ff.; Kolonialforderung: S. 1391. Zur tatsächlichen Bedeutung dieser Kolonialforderung vgl. unten S. 146 ff.

79 Zwischen dem Sommer 1940 und dem Frühjahr 1941 schlug diese Unterschätzung der Seemacht durch Hitler dann in eine Überschätzung ihrer Möglichkeiten um (vgl. u. a. den Abschnitt über die Verteidigungsmaßnahmen im Westen in der Zeit von „Barbarossa“ unten S. 457 ff.).

80 Vgl. hierzu vor allem das Schreiben Görings (als Beauftragter für den Vierjahresplan) an den Reichswirtschaftsminister Funk vom 3. 2. 1940 (KTB OKW, Bd. I, S. 962): „Der Führer legt entscheidenden Wert darauf, daß die Rüstung im Jahre 1940 zur größtmöglichen Höhe gebracht wird. Es müssen daher mit allen Mitteln die Vorhaben gefördert werden, die im Jahre 1940 bzw. bis zum Frühjahr 1941 zur Auswirkung kommen können. Alle anderen Programme, die sich erst später auswirken, müssen, falls es die Belieferung der Wirtschaft erfordert, zugunsten der obigen Vorhaben zurückgestellt werden. Größter Förderung bedürfen der Pulver- und Sprengstoffplan, die Erhöhung der Energieerzeugung

lief die deutsche Kriegswirtschaft in der bisherigen durch den Vierjahresplan von 1936 und die nachfolgenden Pläne[81] gekennzeichneten Art, auf der Stufe einer „wirtschaftlichen Generalmobilmachung" in „friedensähnlicher" Form, weiter, ja, die industrielle Gesamtproduktion wies 1940 gegenüber 1939 sogar einen leichten Rückgang auf, innerhalb welcher die Rüstung allerdings von 9% 1939 auf 16% 1940 anstieg[82]. Obwohl durch die britische Kriegserklärung ein außenpolitisches Grundaxiom Hitlers getroffen war, hielt er an seiner „Blitzkriegs"-Konzeption (als der einzigen seiner Zielsetzung wie den wehrwirtschaftlichen Gegebenheiten Deutschlands gemäßen) fest. Damit ist eine der wichtigsten Voraussetzungen für das Verständnis von Hitlers politischen und strategischen Entscheidungen in den Jahren 1939 bis 1941 genannt.

Der Faktor Zeit spielte, wie schon angedeutet, in doppelter Hinsicht für Hitler eine bestimmende Rolle. Bedeutsam war dabei das subjektive Moment, seine Vorstellung, ihm sei kein langes Leben beschieden und daher müsse, weil nach seiner festen Überzeugung nur er allein auf absehbare Zeit befähigt sei, große zukunftweisende Entschlüsse für Deutschland zu fassen, in wenigen Jahren das geschaffen werden, was sonst erst in Jahrzehnten erreicht zu werden brauchte[83]. Doch war der Zeitfaktor auch unabhängig von dieser bedeutungsvollen, mit der Person Hitlers und seiner Selbsteinschätzung verknüpften Seite des Problems in der seit dem 3. 9. 1939 gegebenen Situation realiter für Deutschland wesentlich, weil eine längere Fortdauer des Krieges das Eingreifen anderer Mächte zugunsten Englands möglich oder gar wahrscheinlich machte und der Krieg dann ein solches Ausmaß annahm, daß er mit dem deutschen Kräftepotential nicht mehr zu gewinnen war. Am klarsten kam die Einsicht in diese – auch durch eine „totale" wirtschaftliche Mobilmachung nicht entscheidend zu ändernde – Zwangslage in Hitlers Denkschrift vom 9. 10.

und die Erhöhung der Aluminiumproduktion. Zu prüfen wäre, inwieweit die Treibstoffherstellung, der Bau der dritten Bunafabrik, das Zellwollprogramm und das neu aufgestellte Fettprogramm zugunsten obiger Vorhaben zurückgestellt werden müssen."

81 Birkenfeld, S. 112, gibt einen knappen Überblick über die späteren Pläne, durch die der Vierjahresplan wesentlich abgeändert wurde.

82 1941 betrug dann der Anteil der Rüstungsfertigung 19 %, 1942: 26 %, 1943: 38 % und 1944: 50 % der deutschen Gesamtindustrieproduktion (H. Kehrl: Kriegswirtschaft und Rüstungsindustrie, in: Bilanz des Zweiten Weltkrieges, S. 272). Hierzu im einzelnen: Die deutsche Industrie im Kriege 1939–1945, S. 25 ff. Die Verfasser dieser Arbeit sprechen geradezu von einem „Zurückweichen vor der Totalisierung des Krieges" (S. 27). Die mangelnde Ausdehnung der Rüstungsprogramme wirkte sich in der Situation ab Sommer 1940 tatsächlich sehr nachteilig aus; jedoch muß bei der Beurteilung der Zusammenhang mit Hitlers Kriegskonzeption gewahrt werden. Jede Verknüpfung mit Vorstellungen eines „totalen Krieges" ist insofern abzulehnen, als es Hitlers Ziel war, mit Hilfe seiner „Blitzkriegs"-Strategie einen umfassenden großen Krieg zu vermeiden, über dessen ungünstigen Ausgang er selbst keinen Zweifel hatte. Vgl. dazu unten S. 255 ff., besonders S. 262 f.

83 Vgl. hierzu vor allem seine Rede vor der Generalität am 23. 11. 1939 (Nürnberg-Dok. PS-789).

1939[84] zum Ausdruck, einem der wenigen überlieferten Zeugnisse aus seiner Feder, die seine gedankliche Auseinandersetzung mit einer konkreten Situation erkennen lassen[85].

In dieser umfangreichen Aufzeichnung begründete Hitler eingehend die Notwendigkeit, möglichst früh, d. h. schon im November 1939, im Westen offensiv zu werden. Die labile weltpolitische Situation, in der für ihn die Sowjetunion und die USA die wichtigste Rolle spielten, gab hierfür eine wesentliche Begründung: „Nach Lage der Dinge kann ... die Zeit mit größerer Wahrscheinlichkeit als Verbündeter der Westmächte gelten denn als Verbündeter von uns ...[85a] Durch keinen Vertrag und durch keine Abmachung kann mit Bestimmtheit eine dauernde Neutralität Sowjet-Rußlands sichergestellt werden. Zur Zeit sprechen alle Gründe gegen ein Verlassen der Neutralität. In 8 Monaten, in einem Jahr oder gar in mehreren Jahren, kann dies auch anders sein. Die geringe Bedeutung des Wertes vertraglicher Abmachungen hat sich gerade in den letzten Jahren nach allen Seiten hin erwiesen. Die größte Sicherheit vor irgendeinem russischen Eingreifen liegt in der klaren Herausstellung der deutschen Überlegenheit bzw. in der raschen Demonstrierung der deutschen Kraft ... Der Versuch gewisser Kreise der USA, den Kontinent in eine deutschfeindliche Richtung zu führen, ist im Augenblick sicher ergebnislos, kann aber in Zukunft doch noch zu dem gewünschten Erfolg führen. Auch hier ist die Zeit als gegen Deutschland arbeitend anzusehen"[86]. Ähnliche Argumente be-

84 H.-A. Jacobsen: Dokumente zur Vorgeschichte des Westfeldzuges 1939—1940. Göttingen 1956, S. 5 ff.

85 Außer der schon erwähnten Denkschrift zum Vierjahresplan vom August 1936 und der hier zitierten vom 9. 10. 1939 ist — abgesehen von einer Denkschrift über Festungsanlagen vom 1. 7. 1938 (Nürnberg-Dok. PS-1801/02; gedruckt bei O.-W. Förster: Das Befestigungswesen. Rückblick und Ausschau. Neckargemünd 1961, S. 123 ff.) — nur noch die „Studie" Hitlers vom 22. 8. 1941 in seiner Auseinandersetzung mit dem OKH über die Fortführung der Ost-Operationen bekannt (erstmals veröffentlicht in KTB OKW, Bd. I, S. 1063 ff.); vgl. hierzu unten S. 547 f.

85a Ähnlich auch bereits die Ausführungen Hitlers gegenüber v. Brauchitsch und Halder am 27. 9. 1939: „‚Zeit' wird im allgemeinen gegen uns arbeiten, wenn wir sie nicht weitgehend ausnützen. Wirtschaftliche Mittel auf der anderen Seite stärker. (Gegner) sind in der Lage, einzukaufen und zu transportieren. Auch in militärischer Hinsicht arbeitet (die) ‚Zeit' nicht für uns ... Aus psychologischen und materiellen Gründen arbeitet (die) Zeit gegen uns in militärischer Beziehung" (KTB Halder, Bd. I, S. 86 f.).

86 Aufschlußreich ist, wie Hitler fünf Jahre später aus der Rückschau, kurz vor der Ardennen-Offensive, am 12. 12. 1944, die Situation des Herbstes 1939 beurteilte, als er sich die Frage vorlegte, „ob der Zeitpunkt glücklich gewählt war". Er vertrat dabei die Überzeugung, daß es „einen glückhafteren Augenblick als den vom Jahre 1939 ... überhaupt nicht geben konnte" (vgl. die wortgetreue Wiedergabe der Rede Hitlers an die Divisionskommandeure bei A. Heusinger: Befehl im Widerstreit. Schicksalsstunden der deutschen Armee 1923—1945. Tübingen 1950, S. 373 ff.), obwohl er sich ausdrücklich auf die eigene Denkschrift vom 9. 10. 1939 bezog, wie die bei H. Heiber: Hitlers Lagebesprechungen. Die Protokollfragmente seiner militärischen Konferenzen 1942—1945. Stuttgart 1962, S. 173 ff. wiedergegebene Fassung derselben Rede erkennen läßt. Vgl. auch

züglich der politischen Haltung der Sowjetunion verwandte Hitler auch in seiner Rede vor der Generalität am 23. 11. 1939[87]. Noch unmittelbar vor Beginn der Westoffensive, am 3. 5. 1940, betonte er in einem Brief an Mussolini, daß „der immer wieder anklingende drohende Ton der Telegramme, Noten und Anfragen des Herrn Roosevelt Grund genug ist, um vorsorglicherweise so schnell als möglich das Ende des Krieges herbeizuführen[88]".

Das Auf und Ab in den deutsch-sowjetischen Beziehungen während des Winters 1939/40 bestätigte durchaus die Problematik des Verhältnisses zwischen den beiden ungleichen Partnern[89]. Nach monatelanger Unsicherheit auf deutscher Seite — trotz Abschluß des „Grenz- und Freundschaftsvertrages" vom 28. 9. 1939 — klärte erst das durch erhebliche deutsche Konzessionen erkaufte Wirtschaftsabkommen vom 11. 2. 1940[90] wenigstens die wirtschaftspolitische Grundlage der „Partnerschaft". Ende März war aber bereits wieder ein gewisser Tiefpunkt im Atmosphärischen zu verzeichnen[91], und erst das deutsche Norwegen-Unternehmen führte hier einen Wandel herbei, nachdem durch diese Aktion, die eine weitere militärische Aktivität Großbritanniens in Nordskandinavien unterband, die Situation für die Sowjetunion gegenüber Finnland vereinfacht schien.

Zu Lande, mit dem Heer, hoffte Hitler, die Entscheidung im Westen zu erreichen und den ihm „aufgezwungenen" Krieg gegen Großbritannien schnell zu beenden. Der Angriffsbeginn zögerte sich jedoch aus verschiedenen Gründen im Herbst 1939 immer weiter hinaus und wurde schließlich — in insgesamt 29 Einzelbefehlen schrittweise — auf das Frühjahr 1940 verschoben, wobei der anfängliche Operationsplan des Generalstabes des Heeres durch ein Zusam-

den laufenden Kommentar Heibers, insbesondere zu S. 715 (Bezug auf die Denkschrift vom 9. 10. 1939). — Ähnlich sah Goebbels die Situation von 1939 bereits am 5. 4. 1940, wenn er argumentierte, daß „Fertigsein" zum Kriege immer nur graduell zu verstehen sei. „Fertig" sei die Nation, „die sich am stärksten vom Fertigsein der Gegner unterscheide". „Eine stärkere Differenz" zwischen der Rüstungslage Deutschlands und der der anderen Mächte werde es „nicht mehr geben" (Goebbels vor geladenen Vertretern der deutschen Presse, jetzt gedruckt bei H.-A. Jacobsen: Der Zweite Weltkrieg. Grundzüge der Politik und Strategie in Dokumenten, S. 180 f.).

87 Rekonstruktion dieser Rede unter Verwendung der verschiedenen Fassungen bei Jacobsen: Fall Gelb, S. 60 ff.

88 ADAP D IX, Dok. 192, S. 224; vgl. auch KTB Halder, Bd. I, S. 277 (Halder notierte diesen Satz im Wortlaut).

89 Im Januar 1940 teilte Hitlers Wehrmachtadjutant, Oberst d. G. Schmundt, General Blumentritt als Äußerungen Hitlers im kleinen Kreise mit: „Es wird jetzt allein auf den Kreml ankommen, ob er mich mißtrauisch macht oder nicht." Er sehe „die deutsche Mission darin, die Gefahr aus dem Osten zu brechen und den Einfluß des Bolschewismus wieder nach Osten zurückzuschieben" (Militärgeschichtliches Forschungsamt Freiburg i. Br., Aufz. Blumentritts über seine Gespräche mit Schmundt im Winter 1939/40, Signatur III M (A) 44).

90 ADAP D VIII, Dok. 607, S. 599 ff.; Darstellung der Vorgeschichte auf Grund der deutschen Akten bei Fabry, S. 168 ff.

91 Fabry, S. 201 ff.; G. L. Weinberg: Germany and the Soviet Union 1939—1941. Leiden 1954, S. 93 ff.

mentreffen der operativen Konzeption des Generals von Manstein und der (in diesem Fall genialen) „Intuition“ Hitlers jene grundlegende Veränderung (zum „Sichelschnitt“-Plan) erhielt, die zu dem durchschlagenden Erfolg im Mai/Juni 1940 wesentlich beitrug[92].

Der Handelskrieg gegen Großbritannien in der Form des See- und Luftkrieges gegen die britischen Zufahrtswege besaß in dieser ganzen Zeit für Hitler nur eine sekundäre Bedeutung, wobei der Kräftemangel auf deutscher Seite zwar eine Rolle spielte, aber doch nicht ausschlaggebend war. Vielmehr wurde der Schwerpunkt der Rüstung, dem politisch-strategischen Ziel Hitlers entsprechend, mit Kriegsbeginn wieder eindeutig auf das Heer gelegt, von dessen Offensive im Westen er ja die Kriegsentscheidung erwartete, so daß der U-Boot-Bau, der nach der Zurückstellung des „Z-Planes“ innerhalb der Kriegsmarine nun in den Vordergrund trat, bei weitem nicht so vorangetrieben wurde, wie es bei einer anderen, d. h. in erster Linie gegen Großbritannien gerichteten, Grundkonzeption der obersten deutschen Führung möglich gewesen wäre[92a]. Statt der von der Seekriegsleitung und vor allem dem Befehlshaber der U-Boote für einen baldigen erfolgreichen Beginn eines Handelskrieges im größeren Rahmen für notwendig erachteten und auch geplanten 29 U-Boote im Monat verließen bis Mitte 1940 nur 2 U-Boote monatlich die Werften, so daß die Bootsverluste den Neubau überstiegen und die Gesamtzahl der deutschen U-Boote abnahm. Die durchschnittlich im Operationsgebiet um England befindlichen 3–5 U-Boote (statt der 100 von Dönitz für einen durchschlagenden Erfolg des Handelskrieges als notwendig erachteten) konnten trotz allen Einzelerfolgen, selbst wenn man die übrigen Maßnahmen des Zufuhrkrieges (Operationen der Panzerschiffe im Atlantik, Minenkrieg, Luftangriffe auf den Schiffsverkehr unter der britischen Küste) hinzunimmt[93], keine ernsthafte Gefahr für die britischen Zufuhren darstellen[94]. Hitler sprach zwar wiederholt davon, „den Widerstandswillen Großbritanniens durch einen umfassenden Wirtschaftskrieg zu lähmen“[95], auch erließ er am 29. 11. 1939[96] eine erste Weisung hierüber, aber dies alles blieb in seiner Kriegskonzeption Beiwerk. Denn im April 1940 ließ Hitler den Zufuhrkrieg kurzerhand einstellen, als er befahl, neben den Überwasserstreitkräften auch sämtliche seegängigen U-Boote zur Abdeckung des Norwegenunternehmens heranzuziehen.

Seine Überzeugung, daß die bevorstehende Landoffensive im Westen die Kriegsentscheidung bringen werde, stand so fest, daß auf seine Veranlassung

92 Über die Auswirkungen dieses Erfolges auf Hitlers Prestige vgl. die Darstellung unten S. 59 ff.

92a Über die Auswirkungen dieser Grundentscheidung in der Situation des Sommers 1940 vgl. unten S. 159 ff.

93 Zahlenangaben im einzelnen bei Rohwer, S. 330.

94 Rohwer, S. 330.

95 Vgl. hierzu den Überblick bei K. Klee: Das Unternehmen „Seelöwe“. Die geplante deutsche Landung in England 1940. Göttingen 1958, S. 49 f.

96 W. Hubatsch: Hitlers Weisungen für die Kriegführung 1939–1945. Frankfurt a. M. 1962, S. 40 ff. (Weisung Nr. 9 vom 29. 11. 1939).

hin keinerlei vorausschauende Pläne für die Weiterführung des Krieges nach einem Ausscheiden Frankreichs, aber bei Fortdauer des britischen Widerstandes bearbeitet oder auch nur erwogen wurden. Die Studien über eine eventuelle deutsche Landung an der Ostküste der britischen Insel, die im November 1939 intern bei der Seekriegsleitung[97], im Dezember 1939 auch beim Generalstab des Heeres angefertigt wurden, gegen deren Ergebnis sich der Oberbefehlshaber der Luftwaffe aussprach, weil der Generalstab des Heeres darin die Frage der Luftherrschaft nicht genügend berücksichtigt hatte[98], gelangten nicht zu Hitlers Kenntnis.

Dagegen wies ihn Großadmiral Raeder, der Oberbefehlshaber der Kriegsmarine, der sich bei Hitler ständig für eine stärkere Berücksichtigung des Seekrieges im Rahmen der Gesamtkriegführung einsetzte, bereits im Oktober 1939 auf die Notwendigkeit hin, die deutsche Operationsbasis durch die Gewinnung von Stützpunkten in Norwegen zu erweitern, da das „Nasse Dreieck" in der Nordsee für eine erfolgreiche Operationsführung gegen Großbritannien zu ungünstig sei[99]. Diese Frage trat für die Seekriegsleitung zeitweilig wieder zurück, als die Sowjetunion im November 1939 der deutschen Kriegsmarine einen Stützpunkt an ihrer Murman-Küste („Basis Nord") zur Verfügung stellte, verknüpfte sich dann aber ab Dezember/Januar mit Sorgen vor einem Festsetzen der Alliierten in Skandinavien im Zusammenhang mit einer Unterstützung Finnlands während des finnisch-sowjetischen Winterkrieges und der damit entstehenden Bedrohung der deutschen Erzzufuhren aus Nordschweden[100], einer Aktion, die zugleich auch als Gegenzug gegen die erwartete deutsche Offensive im Westen in Rechnung zu stellen war. Nun erst gewann das Norwegen-Problem das volle Interesse Hitlers.

Die daraufhin eingeleitete, in verschiedenen Etappen verlaufende Planung und Vorbereitung einer deutschen Besetzung Norwegens, die sowohl eine dauernde Sicherung der für Deutschland wehrwirtschaftlich unentbehrlichen schwedischen Erzlieferungen herbeiführen als auch die Operationsbasis von Kriegsmarine und Luftwaffe in ihrer Kriegführung gegen Großbritannien – tatsächlich (im Sinne der Seekriegsleitung) oder hauptsächlich als psychologisches Druckmittel (im Sinne Hitlers) – erweitern sollte, über die eine umfassende Darstellung auf der Grundlage der deutschen politischen und militärischen Akten vorliegt[101], sind hier nicht darzulegen. Es waren berechtigte Befürchtungen vor einer alliierten Landung, die Ende März nach vorübergehendem Zurücktreten einer solchen Gefahr nach dem Abschluß des finnisch-sowjetischen Winterkrieges (12.3.1940)

97 Klee, S. 93 ff.
98 R. Wheatley: Operation Seelöwe. Deutsche Ausgabe. Minden (Westf.) 1958, S. 9 ff.
99 W. Hubatsch: „Weserübung". Die deutsche Besetzung von Dänemark und Norwegen. Göttingen, 2. Aufl. 1960, S. 28 ff.
100 Ebda., S. 30 ff.
101 W. Hubatsch: „Weserübung", a. a. O.

wieder akut wurden[102], die Hitler zu der Entscheidung veranlaßten, die Operation gegen Norwegen (unter Einschluß Dänemarks) durchzuführen und zeitlich vor die Westoffensive zu legen. Die deutsche Landung in Norwegen begann am 9. 4. 1940 bei vollem Einsatz der Kriegmarine, von Teilen der Luftwaffe und wenigen Heeresverbänden, die bei der bestehenden Kräftemassierung im Westen durchaus entbehrt werden konnten[103].
Dem strategischen Gegenzug Großbritanniens, der mit der Besetzung der Färöer-Inseln (16. 4. 1940) und Islands (10. 5. 1940) die Bedeutung der neuen Basen an der norwegischen Küste für die deutsche Seekriegführung im freien Atlantik einschränkte, konnte die deutsche Seite nicht begegnen, da eine von Hitler gewünschte Landung auf Island (Operation „Ikarus") aus Kräftemangel, vor allem aber wegen der unlösbaren Nachschubprobleme nicht durchführbar war[104]. Der Einsatz der gesamten Überwasserflotte, die Hitler beim Norwegen-Unternehmen aufs Spiel setzte und die schwere Verluste erlitt[105], zeigte indessen erneut, daß Hitler militärisch nicht über die von ihm mit Sicherheit erwartete Kriegsentscheidung durch seine Offensive im Westen hinausdachte. Für ihn kam es beim Norwegen-Unternehmen wesentlich darauf an zu verhindern, daß Großbritannien neue Verbündete auf dem Festland gewann, hätte dies doch das Ziel der nun unmittelbar bevorstehenden deutschen Westoffensive, die volle Isolierung Großbritanniens auf seiner Insel nach der Ausschaltung Frankreichs zu erreichen – mit der daran verknüpften Erwartung einer britischen „Friedensbereitschaft", von vornherein wieder in Frage gestellt.

In der Tat hatte Skandinavien in den strategischen Erwägungen der Alliierten schon bald nach Beginn des Krieges eine wichtige Rolle eingenommen. Wie sahen aber die Vorstellungen über den Verlauf eines europäischen Krieges auf britischer und französischer Seite im ganzen aus? – Obwohl auf lange Sicht angelegt und in den Grundzügen feststehend, war doch auch die *britisch-französische Strategie*, wie einleitend schon angedeutet, durch einen über das in Kriegen übliche Maß hinausgehenden Zug zum Improvisieren und Experimentieren gekennzeichnet[106]. Er ergab sich aus mehreren größeren Unsicherheits-

102 Ebda., S. 56 ff.
103 Für das Norwegen-Unternehmen (einschl. der Besetzung Dänemarks) wurden insgesamt 8 2/3 deutsche Divisionen bereitgestellt. Im Westen befanden sich insgesamt 136 deutsche Divisionen.
104 Hierzu Aufzeichnung über die Besprechung Hitler-Raeder, 20. 6. 1940 (Klee: Dokumente, S. 240). Vgl. auch Hinsley, S. 65; Ansel, S. 101.
105 Sie verlor nicht nur 1 Schweren und 2 Leichte Kreuzer sowie 10 Zerstörer, sondern vor allem auch der monatelange Ausfall der beiden einzigen Schlachtschiffe „Scharnhorst" und „Gneisenau", ferner von 2 Schweren und 1 Leichten Kreuzer durch Beschädigung wirkte sich auf die gesamten Planungen nach dem Westfeldzug ungünstig aus (vgl. die genauere Kennzeichnung der Ausfälle bei Hubatsch: „Weserübung", S. 221 f.).
106 Für das Folgende vor allem: J. R. M. Butler: Grand Strategy. vol. II, S. 9 ff.; S. W. Roskill: The War at Sea, vol. I, S. 1 ff.; L. Woodward: British Foreign Policy in the Second World War, S. 6 ff.

faktoren. Von diesen waren in der ersten Kriegsphase die wichtigsten: die schwierige Beurteilung der Haltung der Sowjetunion und Italiens, deren Reaktion bei allen strategischen Entscheidungen zu berücksichtigen war, und die – ein Höchstmaß an Vorsicht erheischende – Überschätzung der deutschen Stärke im allgemeinen, vor allem aber der Luftwaffe[107] (die nur sehr allmählich – während des ganzen Krieges jedoch nie in dem notwendigen Maße – einer zutreffenderen Einsicht in die deutschen Möglichkeiten wich).

Als während des Winters 1938/39 nach der durch das Nachgeben der Westmächte zustande gekommenen Münchener Lösung angesichts der schon bald wieder drohenden Haltung Hitlers in den britischen Führungsstäben die politischen und militärischen Möglichkeiten Großbritanniens bei einer erneuten Zuspitzung der internationalen Situation und im Falle eines Krieges in Europa durchdacht wurden, fand eine allgemeine kritische Überprüfung der strategischen Grundlagen einer Kriegführung Großbritanniens statt. Es ging dabei, dem defensiven Ursprung dieser Überlegungen entsprechend, in erster Linie um die Frage, welche Positionen unbedingt behauptet werden mußten. Die danach in Form eines provisorischen Kriegsplans niedergelegte Rangordnung der strategischen Notwendigkeiten beansprucht unser Interesse, weil sie den ganzen Krieg über ihre unveränderte Gültigkeit behielt und somit auch für unsere Beurteilung der im Sommer 1940 von Hitler zu treffenden und getroffenen Entscheidungen über die Fortführung des Krieges von grundlegender Bedeutung ist[108]. Lebenswichtig für die Aufrechterhaltung der britischen Machtstellung sei – so wurde im Grunde genommen nur die traditionelle britische Strategie neu umschrieben – die Sicherung der atlantischen Seewege, die das britische Mutterland mit den Mitgliedern des Commonwealth, den Kolonien und den USA verbanden. Diese Aufgabe wurde in dem vom Kabinett gebilligten Kriegsplan der britischen Admiralität vom 30. 1. 1939 an erster Stelle angeführt und als „von höchster Wichtigkeit" bezeichnet[109]. Ginge die Seeverbindung über den Atlantik verloren, so würde eine „schnelle und endgültige Katastrophe" Großbritanniens unvermeidbar sein. Den zweithöchsten Wichtigkeitsgrad erhielt in diesem Katalog der Kriegsnotwendigkeiten die imperiale Stellung Großbritanniens im Mittelmeer, durch welches die Verbindungsstränge aus Ostasien, Indien und dem Ölgebiet rund um den Persischen Golf zur britischen Insel liefen. Allerdings wurde schon bei diesen Überlegungen vorgesehen, daß bei einer unsicheren Haltung Italiens frühzeitig der gesamte Schiffsverkehr aus dem Fernen und Mittleren Osten anstatt durch das Mittelmeer über den Seeweg um Südafrika, um das Kap der Guten Hoffnung, umzuleiten sei, wie es dann auch im März 1940, drei Monate vor dem Kriegseintritt Ita-

107 Diese Überbewertung der deutschen Stärke spiegelt sich — z. T. in grotesker Weise — in den Tagebuchaufzeichnungen des Chefs des britischen Empire-Generalstabes, General Ironside, in den ersten Kriegswochen (The Ironside Diaries 1937—1940. Ed. by R. Macleod and D. Kelly. London 1962).

108 Vgl. die Darstellung unten S. 190 ff. und S. 273 ff.

109 Roskill, vol. I, S. 41.

liens, rechtzeitig eingeleitet wurde. Der zeitweilige Verlust der Herrschaft über das Mittelmeer selbst wurde also – bei allem Willen zur Behauptung der Rand=positionen in diesem Gebiet – in der britischen Planung in Rechnung gestellt. Dagegen gab es bei einer Bedrohung der Zufuhrwege über den Atlantik zur britischen Insel für die britische Strategie keine Ausweichmöglichkeit. Diese Gefahr mußte daher, notfalls unter Einsatz der gesamten See= und Luftmacht Großbritanniens, abgewehrt werden.

Gegenüber diesem festen Kern der britischen Strategie, der der Behauptung der britischen Positionen galt, waren alle übrigen Planungen sehr variabel, zum Teil auch vage, da sie auf einer unsicheren Basis in der Beurteilung der Kräfte der Verbündeten und des Gegners beruhten. Dies galt selbst für die Grund=linie der Kriegführung auf dem Kontinent, die seit dem Frühjahr 1939 in britisch=französischen Stabsbesprechungen erarbeitet wurde, zumal Frankreich von sich aus noch eigene, recht weitgehende militärische Verpflichtungen gegen=über Polen einging. Für den Fall eines – seit der deutschen Besetzung der Rest=Tschechoslowakei am 15. 3. und der britischen Garantie der von Hitler be=drohten Unabhängigkeit Polens am 31. 3. 1939 in akute Nähe gerückten – europäischen Krieges wurde am 4. 4. 1939 eine britisch=französische Rahmen=vereinbarung getroffen[110]. Von der Annahme ausgehend, daß Deutschland und Italien als Verbündete zu betrachten seien, die gleichzeitig den Krieg eröffnen würden, und in der Überzeugung, daß die Gegner zu Lande und in der Luft wesentlich stärker, dagegen zur See und vor allem hinsichtlich ihres Wirt=schaftspotentials Großbritannien und Frankreich gegenüber unterlegen seien, sah der gemeinsame Grundkriegsplan für die erste Kriegsphase eine allgemeine strategische Defensive vor, da sich eine längere Dauer des Krieges mit einer zu erwartenden allmählichen Verschiebung des Kräfteverhältnisses auf Grund der größeren Produktionsmöglichkeiten zugunsten der Westmächte auswirken mußte, die in ihren Seeverbindungen, vor allem nach Amerika, einen festen Rückhalt hatten, während die Gegner in Mitteleuropa trotz aller „Ausfall"=Möglichkeiten wie in einer Festung eingezwängt schienen. Lediglich an der vermutlich schwächsten Stelle der Gegner, in Nordafrika, sollten frühzeitig jede Gelegenheit zu einer Gegenoffensive (gegen den erwarteten italienischen An=griff auf Tunesien) ausgenutzt und die italienischen Streitkräfte in Libyen durch einen doppelten Vorstoß aus der Mareth=Linie in Süd=Tunesien und von Ägyp=ten aus überwältigt werden. Für die Folgezeit war dann der Übergang zu einer allgemeinen Offensive gegen Italien als den schwächeren Partner der gegneri=schen Koalition vorgesehen, schließlich – in einer sehr vagen Form – als letztes der Übergang zum Angriff auf Deutschland. Mit allen diplomatischen Mitteln sollte die wohlwollende Neutralität oder nach Möglichkeit gar die aktive Teil=nahme der wichtigsten übrigen Mächte, vor allem der USA, sichergestellt wer=den. Bemerkenswert aus der Rückschau ist, daß die damit abgesteckten drei

110 Butler: Grand Strategy, vol. II, S. 9 ff.

Phasen des Kriegsplans, Defensive, Angriff über Nordafrika gegen Italien und Endoffensive gegen Deutschland, trotz allen Rückschlägen, Niederlagen und Veränderungen in der Bündniskonstellation im großen die Richtschnur der britischen Strategie während des gesamten Zweiten Weltkrieges blieben. Wie allerdings das angestrebte *politische Hauptziel*, eine Wiederherstellung des durch Deutschlands Expansionspolitik gestörten europäischen Gleichgewichts, die nur durch eine Beseitigung des Hitler-Regimes erreichbar schien, konkret verwirklicht werden sollte, blieb bei den britisch-französischen Beratungen im Jahre 1939 offen.

Am 4. 5. 1939 wurde in den Konferenzen der britischen und französischen Stäbe erstmals die Einbeziehung Polens in die alliierte Kriegsplanung erörtert[111]. Die Haltung des britischen Generalstabes war durch die Überlegung gekennzeichnet, daß eine wirksame militärische Hilfe für Polen schon aus geographischen Gründen nicht möglich sei oder zu spät kommen würde, daß es vielmehr, da Polens Schicksal durch den Ausgang des Gesamtkrieges entschieden werde, darauf ankomme, diesen Krieg mit den eigenen Kräften – entsprechend den am 4. 4. 1939 aufgestellten Richtlinien – sinnvoll, d. h. zunächst also im großen defensiv, ohne Rücksicht auf den Verlauf der deutsch-polnischen Kampfhandlungen zu führen. Darüber hinaus sei allenfalls eine indirekte Unterstützung Polens durch Luftangriffe auf deutsche Städte in Betracht zu ziehen. Demgegenüber traf der französische Generalstab, obwohl Frankreich auf Grund der bisherigen Absprachen seine Hauptanstrengungen gegen Italien richten sollte, – als Folgerung aus einer am 12. 5. 1939 vorgenommenen politischen „Präzisierung" der Verpflichtungen aus dem französisch-polnischen Bündnisvertrag von 1921 – am 19. 5. eine (allerdings erst am 4. 9. nach Abschluß eines politischen Beistandsabkommens in Kraft tretende) Militärvereinbarung mit dem polnischen Generalstab, derzufolge eine französische Offensive mit rd. 40 Divisionen gegen die deutsche Westfront am 15. Tage nach Eröffnung eines europäischen Krieges beginnen sollte[112].

Zu dem Zeitpunkt dieser Absprache hofften die französische Regierung und in sehr viel geringerem Maße auch die britische Regierung noch, daß eine Einbeziehung der Sowjetunion in eine Koalition gegen Deutschland und Italien möglich sein würde, obwohl die alliierten Generalstäbe einer Teilnahme der Sowjetunion am Kriege wegen der seit der großen „Säuberung" des Offizierkorps 1937/38 allgemein angenommenen geringen Schlagkraft der Roten Armee keine große oder gar für den bevorstehenden Landkrieg entscheidende Bedeutung beimaßen. Daher spielte die ab Juli 1939 auftauchende, Mitte August zur Gewißheit werdende Möglichkeit, daß das in seiner militärischen Bedeutung

111 Ebda., S. 11.
112 Hierzu und über die Nachkriegs-Kontroverse zwischen Gamelin, Bonnet und exilpolnischen Historikern vgl. H. Roos: Die militärpolitische Lage und Planung Polens gegenüber Deutschland vor 1939, in: Wehrwiss. Rundschau 7 (1957), S. 198 f.

weit überschätzte Italien in einem sich an dem deutsch-polnischen Konflikt entzündenden europäischen Krieg neutral bleiben werde, eine viel größere Rolle für die alliierten Dispositionen als der durch den Abschluß des deutsch-sowjetischen Nichtangriffspaktes offenkundig gewordene Ausfall einer bisher möglich scheinenden, aber in die strategischen Planungen gar nicht erst einbezogenen Bundesgenossenschaft der Sowjetunion. Der von Hitler als politische Sensation mit stärksten Rückwirkungen auf die Westmächte angesehene Paktabschluß mit Stalin beeinflußte die britische Konzeption so wenig, daß er weder eine Kursänderung in der britischen Politik zur Folge hatte noch eine erkennbare strategische Umorientierung der Alliierten in den Tagen des Kriegsbeginns mit sich brachte[113].

Daß die Alliierten von jeder militärischen Unterstützung Polens während des deutschen Septemberfeldzuges absahen und nicht nur die zugesagte französische Offensive[114], sondern auch die britischen Luftangriffe auf Deutschland ausblieben, hing, abgesehen von der strategischen Defensive, auf die sich die Alliierten als Grundlinie ihrer Kriegführung geeinigt hatten und zu der nun auch der französische Generalstab mit militärtechnischen und psychologischen Begründungen vorerst wieder zurückkehrte, vor allem mit der – bei Kenntnis der tatsächlichen deutschen Schwäche grotesk wirkenden – schon bei den Beratungen im Mai 1939 ausgesprochenen Befürchtung des britischen Luftwaffenführungsstabes zusammen, daß als „Antwort" auf britische Luftangriffe auf deutsche Städte mit einem Bombardement Londons durch 1 000 deutsche Kampfflugzeuge an 14 aufeinanderfolgenden Tagen zu rechnen sei[115].

Nach Klärung der Kriegsteilnahme bzw. Neutralität und „Nichtkriegführung" der europäischen Staaten billigte das britische Kabinett am 9. 9. 1939 einen Grundkriegsplan, der auf der Annahme basierte, daß der Krieg drei Jahre dauern werde. Die Umstellung von Wirtschaft und Rüstung auf den Krieg wurde auf dieser Grundlage sogleich in die Wege geleitet. Wie im Ersten Weltkrieg eröffnete Großbritannien eine Wirtschaftsblockade gegen Deutschland, die durch die Sperrung des Ärmelkanals und durch die Einführung der sog. „Northern Patrol" zwischen Schottland, Färöern und Island die deutschen Atlantik-Zufuhrwege abschnitt und infolge der Beteiligung Frankreichs die Verbindung Deutschlands mit der Iberischen Halbinsel sehr erschwerte.

Während die britische Regierung mit Ausnahme des am 3. 9. 1939 neu ernannten Marineministers Churchill die erste Kriegsphase (mit der vereinbarten

113 Unsere Feststellung beschränkt sich bewußt auf die „britische Politik". Wieweit Frankreichs Zögern vor der Entscheidung in den letzten Friedenstagen durch den Abschluß des deutsch-sowjetischen Nichtangriffspakts mit bestimmt war, müßte in einer Spezialuntersuchung geklärt werden.

114 Das propagandistisch hochgespielte Vorrücken der französischen Armee im (geräumten) Vorfeld des Westwalles (3–4 km auf deutschem Gebiet) vom 6.–12. 9. 1939 spiegelt sich in den Verlautbarungen des französischen Oberkommandos dieser Tage (hierzu die Dokumentation von Murawski, S. 731 ff.).

115 Butler: Grand Strategy, vol. II, S. 17 ff.

reinen Defensivhaltung) auf die Dauer eines Jahres festlegen wollte, bemühte sich Frankreich, sobald klar wurde, daß Deutschland nach der raschen Niederwerfung Polens seine gesamten Land- und Luftstreitkräfte an seiner Westgrenze konzentrierte, um eine Abänderung dieser Strategie. Die französische Regierung, bedrängt durch ihren Generalstab, forderte die Bildung neuer alliierter Fronten gegen Deutschland, um dieses zu zwingen, Kräfte dorthin abzuzweigen und die Truppenmassierung an der französischen Grenze wieder aufzuheben.

Schon am 9. 9. 1939 hatte Churchill, der im Gegensatz zu den britischen Stabschefs die Stärke der deutschen Luftwaffe unterschätzte und die vorgesehene reine Defensivstrategie ablehnte, dem britischen Kabinett einen an seine umstrittenen strategischen Unternehmungen im Ersten Weltkrieg erinnernden, phantastisch anmutenden Plan („Katharina") vorgelegt, der die Forcierung der Ostseedurchfahrt durch schwere britische Seestreitkräfte und die Beherrschung der Ostsee durch die britische Flotte mit dem Ziel vorsah, Deutschland auf diese Weise von seinen skandinavischen Rohstoffquellen abzuschneiden[116]. Im Grundgedanken begegnete er sich bei dieser Anregung (wie auch in seinen späteren von der Defensivhaltung der britischen Strategie wegführenden Vorschlägen[117]) mit den französischen Bemühungen, eine „Abnutzungsfront" in Skandinavien aufzurichten: Eine alliierte Position in Nordskandinavien würde nicht nur die schwedischen Erzlieferungen an Deutschland sperren, sondern konnte auch als Ausgangsstellung für eine Unterstützung Finnlands in seinem Kampf gegen die Sowjetunion während des Winterkrieges 1939/40 dienen. In dieser doppelten Zielsetzung traten die Erwägungen am 5. 2. 1940 mit dem Beschluß der Alliierten, 3–4 Divisionen nach Narvik zu entsenden, Finnland militärische Hilfe zu gewähren und die schwedischen Erzgruben zu besetzen, in das Stadium ernsthafter Vorbereitungen, die indessen mit dem für die Alliierten überraschenden finnisch-sowjetischen Friedensschluß (12. 3. 1940) ihr vorläufiges Ende fanden.

Ein weiterer Vorschlag der französischen Regierung zielte auf die Errichtung einer Front in Südosteuropa mit Saloniki als Ausgangsbasis und unter Einbeziehung der Länder des Balkanbundes. Die in Syrien versammelte rd. 150 000 Mann starke „Orient"-Armee des Generals Weygand konnte hierfür, aber auch zu einem Vorstoß in das kaukasische Erdölgebiet der (scheinbar mit Deutschland verbündeten, jedenfalls mit ihm kooperierenden) Sowjetunion verwendet werden. In beiden Fällen war es nicht leicht, aus den unterschiedlichen politischen und militärischen Interessen Großbritanniens und Frankreichs gemeinsame Zielvorstellungen zu entwickeln und, allein auch schon aus der verschiedenen Einschätzung des Risikos des Eingreifens anderer Staaten in den Krieg, zu gemeinsamen strategischen Entschlüssen zu kommen.

116 Churchill, vol. I, S. 462 ff.

117 Denkschrift Churchills vom 16. 12. 1939 über die Notwendigkeit, den deutschen Erzverkehr über Narvik zu unterbrechen (Churchill, vol. I, S. 544 ff.).

Bei den alliierten Erörterungen über die verschiedenen Möglichkeiten, von der starren Defensivhaltung abzugehen, spielte, wie schon erwähnt, vor allem die Unsicherheit in der Beurteilung der politischen Haltung der Sowjetunion eine wesentliche Rolle. Die Urteile schwankten bei mancherlei Zwischenpositionen zwischen den Extremen der Hoffnung auf eine baldige Wiederannäherung der Sowjetunion an die Westmächte und der Auffassung, daß Stalin der geheime Bundesgenosse Hitlers sei, der nur aus Gründen der politischen Taktik oder wegen der militärischen Schwäche seines Landes nicht selbst am Kriege teilnehmen würde. Der Abschluß des sehr weitreichenden deutsch-sowjetischen Wirtschaftsvertrages vom 11. 2. 1940 ließ bei den Alliierten die letztere Annahme sehr stark hervortreten. Der britische Generalstab erwog und die französische Regierung beantragte daher im Obersten Alliierten Rat, dem Führungsorgan des britisch-französischen Koalitionskrieges, offiziell, die deutsche Ölzufuhr aus dem Kaukasusgebiet durch militärische Maßnahmen gegen die Sowjetunion zu unterbinden. Als solche kamen in Betracht: eine alliierte U-Boot-Kriegführung im Schwarzen Meer gegen die Öltransporte, Luftangriffe auf das Ölzentrum Baku, schließlich ein Vorstoß der „Orient"-Armee über Irak-Iran in den Kaukasus-Raum[118]. Aufschlußreich ist die Begründung, die der britische Generalstab schließlich für seine Ablehnung des Unternehmens gab, die dann auch die Haltung der britischen Regierung bestimmte: Bombenangriffe auf die Ölzentren im Kaukasus würden zwar einen wirtschaftlichen und militärischen Zusammenbruch der Sowjetunion zur Folge haben, aber keine frühere Niederlage Deutschlands, die ja das alliierte Kriegsziel sei, herbeiführen[119]. Die Kaukasus-Unternehmung sei also eine überflüssige Operation, die nur die eigenen Kräfte verzettele. Die Vorstellung, mit einigen Luftangriffen auf die Ölzentren im Kaukasus die Sowjetunion militärisch schlagen zu können, so grotesk dies aus der heutigen Sicht erscheint, war damals keine aus der Augenblickssituation entwickelte Beurteilung des britischen Generalstabes. Er vertrat vielmehr die gleiche Auffassung noch am Vorabend des deutschen Angriffs auf die Sowjetunion Mitte Juni 1941, als die Unsicherheit in der Beurteilung der politischen Haltung Stalins auf britischer Seite einen neuen Höhepunkt erreichte und wiederum militärische Maßnahmen gegen den Kaukasus-Raum als Reaktion auf ein möglich scheinendes Nachgeben Stalins gegenüber den vermuteten hohen Wirtschaftsforderungen Hitlers erwogen wurden[120].

118 Von deutscher Seite wurde zwecks militärgeographischer Erkundung in Aserbeidschan im März 1940 der Abwehroffizier Leverkuehn zum Konsul in Täbris ernannt. Er kam zu dem Ergebnis, „daß zwei schnelle Divisionen von geeigneter Zusammensetzung und Ausrüstung für Gebirge und Steppe (von Syrien-Irak aus) Baku erreichen und die Ölanlagen nachhaltig zerstören könnten" (vgl. hierzu sein Bericht aus Täbris vom 8. 4. 1940 in Akte OKH/Gen.St.d.H./Op.Abt. (II) „Kaukasus", Militärgeschichtliches Forschungsamt Freiburg i. Br., Signatur H 22/365); ferner seine Erinnerungen: Leverkuehn S. 155 ff.

119 Woodward, S. 30.

120 Vgl. die Darstellung unten S. 441 f.

Während die britische Regierung sich im Frühjahr 1940 im Obersten Alliierten Rat gegen die Kaukasus-Pläne aussprach, befürwortete der auch sonst für eine energische offensive Kriegführung eintretende neue französische Ministerpräsident Reynaud dieses Projekt nachdrücklich[121]. In der Sitzung vom 28. 3. 1940 wurde schließlich die Kompromißlösung angenommen, daß eine „Studie" über das Kaukasus-Projekt erstellt werden sollte. Militärtechnische Vorbereitungen in diesem Rahmen wurden gebilligt[122].

Auch gegen die auf die Errichtung einer Balkan-Front zielenden Bestrebungen Frankreichs sprach sich die britische Regierung aus, weil ein alliiertes Handeln in Südosteuropa nicht nur eine – weniger befürchtete – Reaktion der Sowjetunion, sondern auch einen Kriegseintritt Italiens heraufbeschwören konnte, dessen „Nichtkriegführung" zwar recht erhebliche Streitkräfte im Mittelmeerraum band, auf deren Fortdauer die Alliierten aber den größten Wert legten, da sie die militärischen Auswirkungen einer Kriegsbeteiligung Italiens infolge der Fehleinschätzung seiner Kräfte für äußerst schwerwiegend ansahen.

Die Überschätzung Deutschlands und Italiens und die Unterschätzung der Sowjetunion kennzeichnen somit in besonderem Maße die in ihren Planungen sprunghafte und unsichere alliierte Kriegführung in dieser Zeit. Nur unter Schwierigkeiten einigten sich die Verbündeten am 28. 3. 1940 darauf, das lange erwogene und vorbereitete Norwegen-Unternehmen – nach der Beendigung des finnisch-sowjetischen Winterkrieges mit mehr innerer Zustimmung auf britischer Seite – doch noch durchzuführen. Als dann aber das Scheitern dieser Unternehmung durch die zuvorkommende deutsche Besetzung Norwegens feststand, das auch durch die verspäteten alliierten Landungen in Mittel- und Nordnorwegen nicht mehr abgewendet werden konnte, kam Reynaud in der Sitzung des Obersten Rates der Alliierten am 22. 4. 1940 erneut auf das Kaukasus-Projekt zurück. Jedoch beharrte die britische Regierung, die ihrerseits ständig auf diplomatischem Wege in Gesprächen des Außenministers Lord Halifax mit dem Sowjetbotschafter in London Maiskij, auch durch die Entsendung des Labour-Abgeordneten Sir Stafford Cripps nach Moskau zu einer Aussprache mit Molotow am 26. 2. 1940 eine Klärung der sowjetischen Haltung zu erreichen suchte, auf ihrer Ablehnung, zumindest auf der Zurückstellung der Entscheidung bis zum Herbst[123].

121 Reynauds Vorgänger Daladier hatte am 19. 1. 1940 eine Denkschrift des französischen Generalstabes über eine mögliche Operation gegen Baku angefordert. Das war der Ausgangspunkt aller folgenden Erörterungen.

122 Vgl. die Materialien im „Deutschen Weißbuch Nr. 6". Berlin 1941. Hierzu auch Krecker, S. 73 und S. 90 ff.; vor allem aber L.-M. Chassin: Un plan grandiose: L'Attaque des pétroles du Caucase en 1940. In: Forces aériennes françaises 1961, S. 821–49.

123 Woodward, S. 31. Die britische Regierung nahm zu diesem Zeitpunkt an, daß die Alliierten und die Türkei im Herbst 1940 militärisch erheblich stärker sein würden. Die deutsche Ölversorgung wurde für diese Zeit als noch kritischer angesehen. Im Herbst sollte dann entschieden werden, ob ein Schlag gegen die Kaukasus-Ölzentren eine effektive Auswirkung auf Deutschland haben würde.

Wie gebannt schaute in dieser Zeit das alliierte Oberkommando in Frankreich auf die Zusammenballung der deutschen Kräfte an der Westgrenze des Reiches, ohne auf Grund der strikt neutralen Haltung Belgiens und der daraus resultierenden Bedenken der britischen Regierung gegen präventive militärische Maßnahmen etwas zum verbesserten Schutz der Nordflanke unternehmen zu können, um den vorauszusehenden, in seiner Hauptstoßrichtung jedoch nicht erkannten deutschen Angriff zu hemmen[124]. Seit Anfang Mai mußte jederzeit mit dem Beginn der deutschen Offensive gerechnet werden. Sie brach schließlich am 10. 5. unter Verletzung der Neutralität der Niederlande, Belgiens und Luxemburgs in breiter Front zwischen der Nordsee und den Ardennen los.
Es ist hier nicht der Ort, den bereits in mehreren wissenschaftlichen Studien in allen wesentlichen politischen und militärischen Einzelaspekten gründlich erforschten und dargestellten Verlauf des Sechs-Wochen-Feldzuges (mit den beiden Phasen der „Sichelschnitt"-Operation und der „Schlacht um Frankreich") bis zur Waffenruhe auf dem Festland am 25. 6. 1940 in gedrängter Form wiederzugeben[125]. Es sind nur die wesentlichen *Ergebnisse* festzuhalten, soweit dies zum Verständnis der von dem Ausgang dieses Feldzuges geprägten Situation im Sommer 1940, mit der unsere Untersuchung einsetzt, erforderlich ist. Grundlegend war, daß Hitler, als ihn die Bitte Frankreichs um Waffenstillstand erreichte, die feste Überzeugung gewann, daß damit, so wie er es seit Mitte September 1939 erhofft hatte, nicht nur die Entscheidung des Feldzuges, sondern die des Krieges im Westen gefallen war. Er glaubte sich schneller als erwartet am Ziel.
Seine — von historischer Warte aus betrachtet — schwer begreifliche Überzeugung ergab sich aus der Sicht des Frontsoldaten des Ersten Weltkrieges, die mit einer in Deutschland auch in der Bildungsschicht weit verbreiteten Auffassung über die militärischen Gründe für den unglücklichen Verlauf und Ausgang des Krieges 1914/18 übereinstimmte. Vier Jahre lang war es trotz allen deutschen Anstrengungen und Opfern nicht gelungen, Frankreich zu be-

124 Hierzu eingehend H.-A. Jacobsen: „War die deutsche Westoffensive eine Präventivmaßnahme?" In: Wehrwiss. Rundschau 7 (1957), S. 275 ff.

125 Vor allem T. Taylor: The March of Conquest. The German Victories in Western Europe 1940. New York 1958; A. Goutard: 1940. La guerre des occasions perdues. Paris 1956; La campagne de France, Sondernummer der Zs. „Revue d'Histoire de la Deuxième Guerre Mondiale", Juni 1953; J. Benoist-Méchin: Soixante jours qui ébranlèrent l'Occident (10 mai — 10 juillet 1940), 3 Bde., Paris 1956; H.-A. Jacobsen: Dünkirchen. Ein Beitrag zur Geschichte des Westfeldzuges 1939—1940. Neckargemünd 1958; K.—J. Müller: Das Ende der Entente Cordiale. Eine Studie zur Entwicklung der englisch-französischen Beziehungen während des Westfeldzuges 1940. (Diss. phil. Hamburg). Frankfurt a. M. 1956. Überblick über die wichtigste Literatur von H.-A. Jacobsen: Der Westfeldzug im neueren Schrifttum, in: Bücherschau der Weltkriegsbücherei Stuttgart 1958, S. 291 ff. Eingehendste Darstellung unter dem Gesichtspunkt Hitler und England: W. Ansel: Hitler confronts England. Durham, N. C. 1960, S. 65 ff. (zum Problem Dünkirchen, über die Darstellung Jacobsens hinsichtlich Hitlers Überlegungen auf Grund neuer Mitteilungen wichtiger Zeugen hinausgehend: S. 72 ff.).

siegen. Am Widerstand dieses Landes, so folgerte man in dieser Betrachtungsweise, war Deutschland damals gescheitert. Eine solche monokausale Deutung hatte wie bei vielen so auch bei Hitler den Blick für die größeren Zusammenhänge verstellt und ihn daran gehindert, die strategischen Möglichkeiten Großbritanniens im Ersten Weltkrieg realistisch zu durchdenken und zu erkennen, daß damals selbst eine deutsche Entscheidung zu Lande gegen Frankreich noch keineswegs den Sieg über die britische Weltmacht bedeutet hätte. Diesmal, 1940, war nun in einem überraschend kurzen Feldzug Frankreich, das auf Grund seines überbewerteten, z. T. mythisierten Sieges von 1918 allgemein als stärkste oder doch als sehr starke Militärmacht Kontinentaleuropas gegolten hatte, geschlagen worden. Großbritannien befand sich, ohne jeden Bundesgenossen auf dem Festland, in einer – wie es aus dem kontinentaleuropäischen Blickwinkel schien – hoffnungslosen politischen und militärischen Isolierung. Nicht nur Hitler, sondern auch die meisten, selbst die dem nationalsozialistischen Regime gegenüber kritisch eingestellten Offiziere des deutschen Generalstabes folgerten, daß damit der Kriegsausgang zugunsten Deutschlands feststand[126].

Noch während der überraschend erfolgreichen ersten Operationsphase des Feldzuges in Flandern hatte daher Hitler am 28. 5. 1940 mit dem Oberbefehlshaber des Heeres die künftige „Friedensgliederung" des Heeres besprochen, am 15. 6. die Verminderung der Zahl der Heeresdivisionen um 40 auf insgesamt 120 Divisionen im Zuge dieser Umorganisation befohlen[127]. Eine genauere Charakteristik dieses „Friedensheeres" mit Blick auf Hitlers Fernziele wird uns in einem späteren Zusammenhang beschäftigen[128]. Eindeutig aus der geplanten Neuzusammensetzung des Heeres ergibt sich jedenfalls, daß er mit seinem Befehl einen Schlußstrich unter *diesen* Krieg zu ziehen beabsichtigte.

Hitler hatte mit seiner Einschätzung der Schwäche Frankreichs und der Möglichkeit, diese Macht mit den Kräften seiner Wehrmacht durch kurze, heftige Schläge kapitulationsreif zu machen, gegen alle Skeptiker und Kritiker im Generalstab und in der Diplomatie recht behalten. Wie ein Alptraum hatte der Gedanke an die von Hitler befohlene Offensive im Westen im Herbst 1939 und im folgenden Winter die führenden Generale des Heeres belastet und zu einer vom Grundsätzlichen bis zu militärtechnischen Begründungen reichenden teils versteckten, teils halboffenen Oppositionshaltung gegenüber Hitler ge-

126 Vgl. hierzu die gesamte deutsche militärische Memoirenliteratur, soweit sie von Heeresoffizieren stammt. Eine Ausnahme bilden die gedanklich tiefschürfenden Erinnerungen des in England erzogenen Frido von Senger und Etterlin: Krieg in Europa, Köln-Berlin 1960, S. 17 ff. Dagegen war die Einstellung der Marinebefehlshaber (Raeder, Dönitz) von Anfang an durch die Auffassung bestimmt, daß Großbritannien als Hauptgegner noch nicht ernsthaft getroffen war und daß der Krieg daher weitergehen würde (vgl. die Darstellung unten S. 163 ff.).

127 Hierzu mit Einzelangaben auf Grund der amtlichen Unterlagen Mueller-Hillebrand. Bd. II, S. 62 ff.

128 S. unten S. 258 f.

führt[129]. Aber gegenüber allen Einwendungen, die sich auf ein reichhaltiges Nachrichtenmaterial mit zahlreichen zutreffenden Einzelanalysen über die militärische Stärke des Gegners stützten, hatte sich Hitlers — die psychische Verfassung der Franzosen und die politische Zerrissenheit des Landes mit ins Kalkül einschließendes — Gesamturteil über die Schwäche Frankreichs als richtig erwiesen.

Damit — gerade weil es sich bei diesem Triumph über Frankreich um den Sieg über die in der traditionellen Sicht des Generalstabes allen übrigen potentiellen Gegnern des Reiches weit überlegene Militärmacht gehandelt hatte — wich das bisherige, in einer langjährigen Expertenerfahrung begründete Überlegenheitsgefühl des Generalstabes und der führenden Befehlshaber des Heeres in allen strategischen Fragen gegenüber dem von ihnen als militärischen Laien betrachteten, innerlich noch nicht recht akzeptierten „Oberbefehlshaber der Wehrmacht" nun bei sehr vielen der Überzeugung, daß Hitler mit seiner Fähigkeit, in die Lageanalyse und die daraus erwachsenden „Führer-Weisungen" auch solche Faktoren und Kräfte einzubeziehen, die ihrem militärischen Horizont und ihren generalstabsmäßigen Erwägungen fern lagen, ihnen doch überlegen sei und daß sie sich seiner Führung auch dann anvertrauen könnten, wenn sie aus ihrer fachlich begrenzten Sicht manche Probleme anders ansahen[130]. Zur Auflösung der Spannungen trug bei, daß eine so stark differierende Beurteilung über das militärisch Mögliche zwischen Hitler und dem Generalstab *nach* dem Triumph über Frankreich schon auf Grund der im wesentlichen übereinstimmenden Urteile über die militärische Stärke bzw. Schwäche der noch verbliebenen potentiellen Gegner in Europa nicht mehr zu erwarten war[131] und — für den Fortgang des Krieges entscheidend — auch tatsächlich nicht mehr vor August 1941 eintrat. Die heterogene „Opposition" innerhalb des höheren Offizierkorps schrumpfte somit auf den kleinen Kern der aus ethischer Überzeugung gegen Hitler und sein System grundsätzlich eingestellten Männer zusammen. Diese selbst sahen indessen angesichts des Siegesrausches in Volk und

129 Hierzu vor allem G. Ritter: Carl Goerdeler und die deutsche Widerstandsbewegung. Stuttgart 1954, S. 232 ff.; K. Sendtner: Die deutsche Militäropposition im ersten Kriegsjahr, in: Vollmacht des Gewissens. Hrsg. von der Europäischen Publikation e. V. Frankfurt a. M. 1960, S. 385 ff.; E. Kosthorst: Die deutsche Opposition gegen Hitler zwischen Polen- und Frankreichfeldzug (Diss. phil. Münster 1954). Bonn, 2. Aufl. 1957. Wichtige neue Quelle das Groscurth-Tagebuch: Tagebücher eines Abwehroffiziers 1938—1940. Hrsg. von H. Krausnick u. H. Deutsch. Stuttgart 1965.

130 Ausführlich hierzu P. E. Schramm in seiner Einleitung zu KTB OKW, Bd. IV, S. 37 ff. (Hitler als „Feldherr"). Zur Antikritik gegen Halders („Hitler als Feldherr", München 1949) und Buchheits („Hitler der Feldherr", Rastatt 1958) Kritik an Hitlers „Feldherrentum" die treffenden Feststellungen von E. Nolte: Der Faschismus in seiner Epoche. München 1963, S. 435.

131 Die elementare „Erfahrungstatsache", daß Frankreich im Ersten Weltkrieg von Deutschland nicht besiegt werden konnte, wohl aber Rußland, muß zum Verständnis der Lagebeurteilung nach dem Juni 1940 ständig berücksichtigt werden. Vgl. hierzu eingehender unten S. 207 ff., besonders S. 213 ff.

Heer vorerst jede Möglichkeit zum Handeln gegen Hitler entschwunden[132]. Das für die Vorgeschichte der Westoffensive 1939/40 wesentliche Problem einer militärischen Opposition gegen Hitler kann daher für den Zeitraum unserer Untersuchung außer Betracht bleiben[133]: Alle vom Sommer 1940 bis zum Juni 1941 erwogenen, geplanten oder durchgeführten militärischen Operationen sind in der von Hitlers Intentionen bestimmten Zielsetzung, z. T. in einer auf Grund von Einwendungen des Generalstabes etwas modifizierten Form, von diesem für militärtechnisch durchführbar angesehen worden[134].
Bei Ablehnung der zeitgenössischen „mythischen" Überzeichnung, wie sie mit Görings Rede in Berlin am 20. 5. 1940 in der deutschen Propaganda begann[135], aber auch bei Abweisung der (aus einer berechtigten Kritik an einigen operativen Fehlentscheidungen Hitlers abgeleiteten) nachträglichen prinzipiellen Infragestellung seines militärischen „Führertums" besteht heute in der wissenschaftlichen Forschung weitgehend Einigkeit darüber, daß sich Hitler während der deutschen Westoffensive 1940 als „Feldherr" erwiesen hatte und daß er von nun an auch vom Generalstab des Heeres und den Befehlshabern als „Oberster Kriegsherr" bis weit in die Zeit des „Ostfeldzuges" hinein aus Überzeugung anerkannt wurde. Seit dem Sieg über Frankreich war Hitler nicht nur im politischen, sondern auch im militärischen Sinne der „Führer", von dessen Entscheidungen allein die deutsche Politik und Kriegführung bestimmt wurden, der sich in keiner Frage von prinzipieller oder auch nur größerer „taktischer" Bedeutung mehr „beeinflussen" ließ, sondern allenfalls nach „Bestätigung" für seine Auffassungen suchte. Der langwierige, stufenweise vollzogene Prozeß der Konzentration aller Macht in Deutschland bei Hitler selbst und der nicht immer parallel dazu verlaufene Vorgang der Anerkennung seiner Führung durch die traditionellen Träger der Macht (im Heer, in der Diplomatie und in der Wirtschaft) waren mit dem Sieg über Frankreich zusammengekommen. Dies hat Hitlers einzigartige Stellung in dem entscheidenden Jahr des Krieges zwischen dem Westfeldzug und dem Angriff auf die Sowjetunion begründet. – Die noch vorhandenen Widerstandszentren, die sich in den Krisen der Jahre 1938/39 noch auf verbreitete Stimmungen in der Bevölkerung hatten stützen können, waren nunmehr gesellschaftlich isoliert (und blieben es bis zum 20. 7. 1944 und darüber hinaus).

132 Unmittelbares Zeugnis hierfür U. v. Hassell: Vom anderen Deutschland, S. 156 ff. (Eintragung vom 24. 6. 1940).
133 H. Graml: Die deutsche Militäropposition vom Sommer 1940 bis zum Frühjahr 1943. In: Aus Politik und Zeitgeschichte. Beilage der Wochenzeitung „Das Parlament" 1958, S. 357 ff.
134 Die Auswirkung dieser — im Vergleich zum Winter 1939/40 völlig andersartigen — Einstellung der führenden Militärs gegenüber Hitler auf die Vorbereitung des Rußland-Feldzuges wird unten S. 210 ff. eingehend dargelegt.
135 In einer kurzen Ansprache beim Eintreffen der Nachricht vom französischen Waffenstillstandsangebot am 17. 6. 1940 in Bruly de Pêche bezeichnete Keitel Hitler wohl zum erstenmal als „Größten Feldherrn aller Zeiten" (Zoller, S. 85 und S. 141; Ansel, S. 92).

Hitler betrachtete sich als „Feldherr" in einem in Einzelfeldzügen zu führenden Kontinentalkrieg. Dessen zweite Etappe, der Feldzug im Westen, war von ihm um die „Hegemonie"[136] auf dem europäischen Festland (westlich des sowjetischen Machtbereichs) als „europäischer Normalkrieg"[137] geführt worden, in dem die rein militärische Entscheidung mit dem traditionellen Mittel des Landkrieges gesucht worden war. Das unterschied ihn in seinem Charakter völlig von der ideologisch bedingten, brutal praktizierten Radikalität des „Rassen"-Krieges gegen Polen, der mit der militärischen Ausschaltung des Gegners im September-Feldzug 1939 eingeleitet, aber erst danach voll begonnen worden war.
Die Möglichkeiten des Seekrieges und eines operativen Luftkrieges gegen England blieben in dieser Zeit von September 1939 bis Mai/Juni 1940 außerhalb eingehenderer Überlegungen Hitlers. Hier ließ er sich in den formal von ihm ausgehenden „Weisungen" von seinen Beratern (Raeder, Göring) soweit bestimmen, wie ihre Vorschläge und Anregungen nicht die Gesamtstrategie berührten. In deren Mittelpunkt stand für Hitler, auch nach dem Ende des Westfeldzuges, im Blick auf seine einer Verwirklichung nun anscheinend oder scheinbar recht nahe gerückten Ziele im Osten weiterhin die — nach Möglichkeit in einer „Friedenspause" auf Grund der gewonnenen Erfahrungen zu überprüfende und technisch zu verbessernde — Landkriegführung.
Im Westfeldzug hatte Hitler nicht nur operativen Instinkt bewiesen, sondern auch den Stil der Kriegführung geprägt: jene Mischung aus konventionellen Zügen, die man im besonderen in der Beibehaltung geschlossener Verbände sowie — im wesentlichen — fester Kampffronten oder etwa in der fortgeltenden Unterscheidung von Kombattanten und Zivilbevölkerung erkennen kann, und revolutionären Einschlägen in der Gestaltung des Bewegungskrieges und in taktischen Überraschungseffekten[138]. Das Neuartige zeigte sich während der Operationen in der Verknüpfung massierter Luft- und Panzerangriffe zur Unterstützung des Heeres bei der angestrebten Keil- und Kesselbildung zur Einschließung gegnerischer Kräftegruppen mit einer — Frankreich gegenüber besonders wirkungsvollen — psychologischen Kampfführung. Gegenüber dem durchschlagenden Gesamterfolg im Sinne der Zielsetzung Hitlers, Frankreich militärisch aus dem Felde zu schlagen, wird man einzelne Fehlentscheidungen, wie etwa den berühmten „Halt"-Befehl bei der Operation gegen Dünkirchen nicht zu hoch veranschlagen dürfen. Hier sollte man auch die Auswirkung auf den Fortgang des Krieges im Westen, vor allem auf die Grundentscheidung

136 Zum besonderen Sinn dieses Begriffes bei Hitler vgl. unten S. 77 f.
137 Zum Begriff Nolte, S. 433 ff. — Vgl. unten (zur Vorgeschichte des Ostkrieges) S. 516, Anm. 1.
138 Daß im ganzen trotz der revolutionären Einschläge im Bewegungskrieg die konventionellen Züge bestimmend blieben, ergibt sich aus dem Vergleich mit der kommunistischen Theorie und Praxis des „Revolutionären Krieges" (hierzu die Analyse von Th. Arnold: Der revolutionäre Krieg. Pfaffenhofen/Ilm 1961).

Churchills[139], bei aller Anerkennung des militärischen wie vor allem auch des psychologischen Erfolgs, den die Rückkehr der Masse des schon in scheinbar aussichtsloser Situation befindlichen Expeditionskorps auf die Insel für die britische Führung darstellte, nicht überschätzen[140].

Überrascht hatte Skeptiker und Kritiker Hitlers nicht zuletzt auch sein politisches Geschick in den Waffenstillstandsverhandlungen mit Frankreich, in denen er das gerade noch Durchsetzbare klar erfaßt hatte und auch zu erreichen verstand, während er auf alle den Vertragsabschluß gefährdende Forderungen verzichtete[141]. Hitler erlangte hier einen letzten Triumph seiner Fähigkeit, politische Situationen instinktiv zu überschauen und das in ihnen für die eigenen Interessen liegende Mögliche herauszuschlagen. Dies war auf seinem langen Wege in der praktischen Politik immer dann der Fall gewesen, wenn der Taktiker in ihm den ideologischen Dogmatiker zurücktreten ließ. Seine großen Erfolge stellten sich ein, wenn er — von seinen Fernzielen aus gesehen — Zwischenstufen anstrebte, die mit machiavellistischer Wendigkeit zu erreichen waren. Sobald er hingegen seine „totalen", axiomatisch festliegenden Dauer= oder Endziele unmittelbar anzugehen versuchte, verließ ihn sein politischer Instinkt — unvermeidlich, weil er politisch Unmögliches wollte. In „fanatischen" Anstrengungen suchte er dann das Unerreichbare zu erzwingen. Dies galt in seiner Innenpolitik ebenso wie in seiner Außenpolitik, die sich wechselseitig bedingten und vom „totalen" Entwurf seiner Konzeption her ein Ganzes darstellten. Außenpolitisch gilt diese Feststellung im einzelnen für seine Ziele gegenüber Frankreich, das er militärisch=machtmäßig auf die Dauer niederhalten, wie gegenüber England, das er mit immer fragwürdigeren Methoden als „Partner" gewinnen wollte, für seine Vorstellung von seiner eigenen „Hegemonie" in Europa, die er lediglich als Gewaltherrschaft verstand, ebenso wie — in extremis — für seine auf der „Rassen"=Ideologie beruhenden Kolonial= und Siedlungspläne im „Ostraum", das große Ziel, für das sein radikales „Programm", dessen Entfaltung bis dahin noch durch mancherlei taktische Rücksichtnahme gezügelt worden war, die Voraussetzung schaffen sollte.

Mit dem Sieg über Frankreich und dem von Hitler erwarteten Einlenken Großbritanniens schien der Weg ins Freie offen, somit für ihn der Zeitpunkt gekommen, in allen wesentlichen Fragen der Außenpolitik den allmählichen Übergang vom taktischen Lavieren zur grundsätzlichen Haltung zu vollziehen.

139 Vgl. dazu unten S. 79 ff.

140 Hierzu aus kritischer Sicht: H.=A. Jacobsen: Dünkirchen 1940, in: Entscheidungsschlachten des Zweiten Weltkrieges, S. 7 ff., besonders S. 54 f.

141 Daran ist festzuhalten trotz aller späteren Kritik auf deutscher, vor allem auch auf italienischer Seite (vgl. hierzu vor allem die für das Treffen Hitler=Mussolini in Feltre am 19. 7. 1943 verfaßte Denkschrift des Generals Ambrosio, zitiert bei Deakin, S. 33 f.), es hätte im Juni 1940 mehr erreicht und die Besetzung ganz Frankreichs sowie die Bildung eines Brückenkopfes in Nordwestafrika erzwungen werden können. Diese Kritik übersieht die Zielsetzung Hitlers wie auch die Grundbedingungen der französischen Regierung für den Abschluß eines Waffenstillstandes.

Die strategische Ausgangsbasis war gewonnen, aus der heraus in absehbarer Zeit in freier Entscheidung der Griff nach den Fernzielen im Osten gewagt werden konnte[142].

Unsere Untersuchung wird diesem Aspekt des qualitativen Umschlags vom Taktischen zum ideologisch Prinzipiellen in Hitlers Politik, einer Wendung, die durch die Fortdauer des militärischen Widerstandes Großbritanniens und die sich für Hitler daraus ergebenden „taktischen" Konsequenzen zum Teil verdeckt blieb, ebenso wie den „realen" Faktoren die nötige Aufmerksamkeit schenken, wenn es darum geht, in drei Zeiteinschnitten, Sommer 1940, Spätherbst 1940 und Frühjahr 1941, die Motive Hitlers bei seinen politisch-strategischen Entschlüssen zu analysieren, um die Frage zu beantworten, wieweit seine Entscheidungen pragmatisch-situationsgerecht waren oder aus einer nun direkt in die Praxis übertragenen ideologisch bestimmten außenpolitischen Axiomatik erwuchsen.

142 Am 8. 11. 1938 hatte Himmler in einer Ansprache vor SS-Gruppenführern als Hitlers Ziel die Errichtung eines „Großgermanischen Imperiums" bezeichnet. Es würde „das größte Reich, das von dieser Menschheit errichtet wurde und das die Erde je gesehen hat" (Akten des persönlichen Stabes Reichsführer SS, NS 19 / Himmler-Reden / 5; Bundesarchiv Koblenz; zitiert von H. Booms: Der Ursprung des Zweiten Weltkrieges — Expansion oder Revision? In: Geschichte in Wissenschaft und Unterricht 1965, S. 329 ff.).

Teil A Sommer 1940

II. Die weltpolitische Situation im Sommer 1940

1. Die unmittelbaren Auswirkungen des deutschen Sieges über Frankreich auf Europa und die Welt

Hitler hat auf seinem Wege zur „Hegemonie" in Europa zweimal in Situationen gestanden, die für ihn – über die unmittelbare Beherrschung der unterworfenen Länder hinaus – große politische Perspektiven öffneten: 1938 nach dem Münchener Abkommen und 1940 nach dem Siege über Frankreich. Stärker noch als der diplomatisch-politische Triumph über die Westmächte im September 1938, der die Staaten Mittel- und Ostmitteleuropas in den Bannkreis Hitlers zog, führte die in so kurzer Zeit erreichte militärische Entscheidung im Westen im Frühsommer 1940 zu weitreichenden Konsequenzen in der politischen Orientierung der europäischen Staaten und zu Auswirkungen auf die gesamte weltpolitische Situation. Beide Male hat Hitler aus Gründen, die im Wesen seines Regimes und in seiner Persönlichkeit, vor allem aber in seinen bei aller taktischen Wendigkeit beharrlich verfolgten „Endzielen"[1] lagen, die in der jeweiligen Konstellation enthaltenen Chancen zur Gewinnung einer politischen Führungsrolle in Europa, die auf mehr als bloßer Gewalt beruhte, nicht wahrzunehmen vermocht.

Im Juni 1940 war Frankreich, das allgemein als stärkste Militärmacht Europas respektiert worden war und das trotz aller seit 1936 erlittenen Prestige-Einbuße immer noch in der ganzen Welt als erstrangige politische Potenz gegolten hatte, als Machtfaktor völlig ausgefallen. Die Annahme, daß nun auch Großbritannien einlenken und entweder sogleich einen Kompromiß mit Hitler schließen oder durch einige rasche militärische Schläge zum Nachgeben gezwungen würde, daß in jedem Falle die Vorherrschaft Deutschlands in Kontinentaleuropa westlich der sowjetischen Interessensphäre nicht mehr abzuwenden sei, beherrschte die politische Szene Europas in den ersten Wochen nach dem deutschen Waffen-

1 Vgl. oben S. 22 f.

stillstand mit Frankreich. Eine Anlehnung an die neue Führungsmacht, sowohl gradmäßig abgestuft auf Grund der jeweiligen Entfernung vom deutschen Machtzentrum als auch wesentlich bestimmt durch die Stärke von Anziehung oder Abstoßung, die das nationalsozialistische System auf die verschiedenen politischen Kräfte Kontinentaleuropas ausübte, schien im Sommer 1940 allgemein ein Gebot politischer Klugheit. Die Gelegenheit, im Zuge der mit Bestimmtheit erwarteten allgemeinen Umgestaltung Europas alte Revisionsforderungen und territoriale Erweiterungen mit deutscher Unterstützung durchzusetzen, oder aber — umgekehrt — die Hoffnung, solche Bestrebungen der Nachbarn durch Anpassung an die neue Lage doch noch zu verhindern, wirkten bei allen interessierten Staaten in der gleichen Richtung: möglichst nah an Deutschland heranzurücken. Die auf Hitler zulaufenden Tendenzen wurden in den Ländern Südost- und Nordosteuropas noch verstärkt durch Befürchtungen vor einem weiteren Vordringen der Sowjetunion, die während der Schlußphase des deutschen Westfeldzuges Bessarabien und die Nordbukowina annektiert, die drei Baltischen Länder völlig in Besitz genommen und neue Forderungen an Finnland gestellt hatte[2].

Von den zahlreichen Einzelschritten europäischer und außereuropäischer Staatsmänner zu Hitler hin sind hier nur die für die weitere deutsche Politik und Kriegführung wesentlichen anzuführen: Das wichtigste — wenn auch bald Deutschlands Politik und Kriegführung sehr stark belastende — Ereignis in diesem Zusammenhang war der Kriegseintritt Italiens am 10. 6. 1940, den Hitler zu diesem Zeitpunkt nicht gewünscht, Mussolini jedoch in der Absicht vollzogen hatte, die weitgehenden Ansprüche Italiens bei der in Kürze erwarteten Neuregelung der Besitzverhältnisse im Mittelmeerraum und in Afrika energischer vertreten zu können[3]. Mussolinis Entschluß unterschied sich von allen übrigen hier zu nennenden politischen Schritten europäischer Staatsmänner dadurch, daß er sich mit der Kriegserklärung an Großbritannien end-

2 Zu Bessarabien und Nordbukowina vgl. A. Hillgruber: Hitler, König Carol und Marschall Antonescu. Die deutsch-rumänischen Beziehungen 1938—1944. Wiesbaden 1954, S. 70 ff; unter Hinzuziehung neuer Quellen ferner J. W. Brügel: Das sowjetische Ultimatum an Rumänien im Juni 1940, in: Vierteljahrshefte für Zeitgeschichte 11 (1963), S. 405 ff.
Zu den Vorgängen in den baltischen Staaten vgl. B. Meissner: Die Sowjetunion, die Baltischen Staaten und das Völkerrecht, Köln 1956; J. A. Swettenham: The Tragedy of the Baltic States, London 1952; A. N. Tarulis: Soviet Policy toward the Baltic States 1918—1940. Notre Dame (Indiana, USA) 1959.
Zu Finnland, d. h. zu den sowjetischen Forderungen betr. Aaland-Inseln und hinsichtlich der Nickelerz-Gruben im Raume von Petsamo, die während der finnisch-sowjetischen Handelsvertrags-Verhandlungen im Juni 1940 erhoben wurden, vgl. ADAP D X, Dok. 62, Aufz. des Leiters der Polit. Abt. des AA Woermann vom 29. 6. 1940, S. 54 f.; finnische Dokumente in: Finland Reveals Her Secret Documents on Soviet Policy, March 1940 — June 1941, New York 1941; im übrigen die eigene Darstellung unten S. 111 f.

3 Umfassende Darstellung auf breitester Quellengrundlage bei F. Siebert: Italiens Weg in den Zweiten Weltkrieg, Frankfurt a. M. 1962, S. 427 ff. Vgl. auch unsere Darstellung im Zusammenhang mit der Situation im Mittelmeerraum im Sommer 1940 unten S. 127 ff.

gültig festlegte, sich also keinen Rückweg – wieder von der Seite Hitlers fort – mehr offen ließ. Gerade auf eine solche Möglichkeit blieb dagegen Franco bedacht, als er am 12. 6. 1940 Spaniens Wendung von der Neutralität zur „Nichtkriegführung" herbeiführte, um bei der Verteilung des französischen Kolonialerbes Gewinne davonzutragen und vor allem Gibraltar zu erhalten[4]. Selbst Portugal, der älteste Verbündete Großbritanniens, leitete eine politische Neuorientierung ein, nachdem es sich noch im Frühjahr 1940 dem britischen Druck gebeugt und den bis dahin ausschließlich nach Deutschland laufenden Wolfram-Export zu gleichen Teilen zwischen Großbritannien und Deutschland aufgeteilt hatte[5]. Anfang Juli erklärte nun der portugiesische Ministerpräsident Salazar im vertraulichen Gespräch[6], er „sehe vollkommen ein, daß (die) Neuordnung Europas unter mehr oder weniger vollständiger Ausschaltung Englands bevorstehe". Er schien jetzt ein Bündnis mit Spanien anzustreben, was als Zwischenstufe wie auch als Absicherung gegenüber einer direkten Einfügung in den deutschen Machtbereich gedeutet werden konnte. Zwar war die Chance hierfür schon wieder vorüber, als Ribbentrop den deutschen Gesandten in Lissabon am 16. 7. beauftragte, diese Absicht zu fördern und Salazar bei „passender Gelegenheit" zu verstehen zu geben, daß, „falls Portugal sich schnell zu (einem) Bündnis mit Spanien und zur Loslösung von England entschließe", dieses es nicht wagen würde, offen gegen Portugal vorzugehen[7]. Immerhin wurde die Unterzeichnung eines Zusatzprotokolls zum portugiesisch-spanischen Freundschaftspakt vom 17. 3. 1939 am 30. 7. 1940 vom deutschen Gesandten in Lissabon als ein „Schritt vorwärts" und eine „Aufmunterung für Portugal, auf dem Wege (der) Loslösung von England fortzufahren", bezeichnet[8]. Mündlich war Spanien im geheimen von Portugal bei Abschluß des Zusatzabkommens zugesichert worden, daß Spanien „bei einem Angriff auf Gibraltar von Portugal völlig freie Hand gelassen werde"[9]. Am 21. 8. glaubte der deutsche Botschafter in Madrid daher feststellen zu können: „Portugal beginnt Trennung von englischer Politik und Eintritt in Einfluß-Sphäre Spa-

4 Vgl. die neueste Darstellung von D. S. Detwiler: Hitler, Franco und Gibraltar. Die Frage des spanischen Eintritts in den Zweiten Weltkrieg. Wiesbaden 1962, S. 18 ff.; und D. A. Puzzo: Spain and the Great Powers 1934–1941. New York, London 1962. Vgl. auch die eigene Darstellung im Zusammenhang mit der Situation im Mittelmeerraum 1940 S. 136 ff. und mit den deutschen strategischen Planungen S. 183 ff.

5 Snell: Illusion and Necessity, S. 60.

6 Gegenüber dem portugiesischen Gesandten in Madrid (ADAP D X, Dok. 95: Der dt. Botschafter in Madrid an das AA, 3. 7. 1940, S. 87 f.).

7 ADAP D X, Dok. 176: Ribbentrop an den dt. Gesandten in Lissabon, 16. 7. 1940, S. 184 f.; KTB Halder, Bd. II, S. 34 (23. 7. 1940): „Angeblich Absicht Spaniens, ein Militärbündnis mit Portugal zu schließen. Wir sind einverstanden. Voraussetzung, daß Portugal sich von seinem Bündnis mit England trennt."

8 ADAP D X, Dok. 255: Der dt. Gesandte in Lissabon an das AA, 30. 7. 1940, S. 298.

9 ADAP D X, Dok. 369: Der dt. Botschafter in Madrid an das AA, 20. 8. 1940, S. 425.

niens[10]." Indessen verstand es Salazar durch geschicktes Taktieren nach allen Seiten, sich weder den Rückweg zu Großbritannien hin zu verbauen noch sich vorzeitig auf die spanische (und damit indirekt auf die deutsche) Seite festzulegen. (Im November 1940 lenkte er dann, nachdem er die Überzeugung gewonnen hatte, daß Großbritanniens Widerstandswille ungebrochen und die Chancen Deutschlands geringer, als im Sommer angenommen, waren, wieder auf den Kurs einer england=freundlichen Neutralitätspolitik zurück[11].)

In Südosteuropa wirkte sich die veränderte Konstellation noch stärker aus, da hier nach dem Ausfall der Westmächte für alle Länder als Alternative nur die Anlehnung an Deutschland oder an die Sowjetunion verblieb, wenn man von dem – begrenzt möglichen – Gegeneinanderausspielen der „Achsen"=Partner Deutschland und Italien, wie es vor allem Jugoslawien, auf andere Weise auch Ungarn erfolgreich betrieben, absieht. Ungarn und Bulgarien, bisher durch den deutschen politischen Druck, während der Dauer des Krieges im Westen Ruhe zu bewahren, zurückgehalten, hofften nun auf Unterstützung des Reiches (und Italiens) bei der Verwirklichung ihrer Revisionswünsche gegenüber Rumänien[12]. Dieses selbst suchte bei Deutschland Schutz vor weiteren Pressionen der Sowjetunion und Sicherungen vor den Ansprüchen der bulgarischen und ungarischen Nachbarn[13]. Griechenland hoffte sogar auf deutschen Schutz gegenüber italienischen Ambitionen, zumindest auf einen mäßigenden Einfluß auf den „Achsen"=Partner[14]. Die Türkei schließlich hielt es trotz entgegenstehender Bündnisverpflichtungen gegenüber Großbritannien für geboten, auch nach dem Kriegseintritt Italiens an ihrer – als „Nichtkriegführung" bezeichneten – Neutralität festzuhalten[15]. Sie leitete darüber hinaus eine – begrenzte – Annäherung an Deutschland ein. Botschafter Gerede sprach am 18. 6. Staatssekretär Frhr. v. Weizsäcker gegenüber von einer „historischen Wende für Europa" und betonte die „traditionelle Freundschaft" der Türkei gegenüber Deutschland[16]. Konkreten Ausdruck fand diese behutsame Schwenkung der

10 ADAP D X, Dok. 347: Der dt. Botschafter in Madrid an das AA, 21. 8. 1940, S. 431.

11 Snell: Illusion and Necessity, S. 60.

12 Zu Ungarn (neben ADAP D IX und X, passim) vgl. vor allem C. A. Macartney: October Fifteenth. A History of Modern Hungary 1929–1945. Edinburgh, 2. Aufl. 1961, vol. I, S. 400 ff.; zu Bulgarien ADAP D IX und X passim.

13 Hillgruber: Hitler, König Carol und Marschall Antonescu, S. 70 ff.

14 ADAP D IX, Dok. 318, Aufz. des Leiters der Polit. Abt. des AA vom 25. 5. 1940; ADAP D X, Dok. 333: Der dt. Gesandte in Athen an das AA, 13. 8. 1940, S. 388. Für die Zusammenhänge vgl. E. Schramm – v. Thadden: Griechenland und die Großmächte im Zweiten Weltkrieg. Wiesbaden 1955, S. 46 ff.

15 ADAP D IX, Dok. 431; Der dt. Botschafter in Ankara an das AA, 14. 6. 1940, S. 466; L. Krecker: Deutschland und die Türkei im Zweiten Weltkrieg. Frankfurt a. M. 1964, S. 82 ff. Vgl. die eigene Darstellung im Zusammenhang mit der Situation im Mittelmeerraum 1940 unten S. 138 f.

16 Krecker, S. 95. Die Türkei zeigte verständlicherweise ihr besonderes Interesse an dem deutsch=sowjetischen Verhältnis. Über das Gespräch mit Gerede am 18. 6. faßte v. Weizsäcker seinen Eindruck wie folgt zusammen: „Beachtenswert an den

türkischen Außenpolitik im Abschluß eines „Sonder= und Zahlungsabkommens über den deutsch=türkischen Warenverkehr" am 25. 7. 1940, das die bisherige britische Monopolstellung im Handelsverkehr mit der Türkei brach[17].

Eine bemerkenswerte Ausnahme in dem allgemein auf Deutschland zulaufen=den Trend bildete lediglich Jugoslawien, das, an der Nahtstelle des deutschen und italienischen Interessenraumes liegend, eine Zerreißprobe befürchtete, nachdem die Westmächte als politischer Faktor in Südosteuropa ausgefallen waren. Es suchte durch eine betonte Hinwendung zur Sowjetunion einen „ge=wissen Ausgleich für den fehlenden Rückhalt" an Frankreich und Großbritan=nien zu finden[18].

In Finnland, das nach den Enttäuschungen über die deutsche Politik während des Winterkrieges 1939/40 bisher eine recht reservierte Haltung gegenüber Deutschland gewahrt hatte[19], wuchs nach dem deutschen Sieg über Frankreich und unter dem Eindruck des sowjetischen Vorgehens in den Baltischen Staaten sowie neuer sowjetischer Forderungen an die finnische Regierung „die deutsch=freundliche Stimmung", verbunden mit der Erwartung, „daß Finnland sich in wenigen Monaten mit deutscher Waffenhilfe (die) an Rußland verlorene(n) Gebiete zurückholen könne", „lawinenartig"[20]. Bestrebungen, eine „ausschließ=lich nach Berlin orientierte" Regierung zu bilden, mußten von deutscher Seite mit Rücksicht auf die Tatsache, daß Finnland in dem deutsch=sowjetischen „Geheimen Zusatzprotokoll" vom 23. 8. 1939 als zur sowjetischen Interessen=sphäre gehörig bezeichnet worden war, abgewehrt werden[21]. Jedoch wurden die Wirtschaftsverbindungen im Rahmen des allgemeinen deutschen Bestrebens,

Ausführungen von Herrn Gerede war die wiederholte, wenn auch versteckte Andeutung, daß die Türkei bei einem Wechsel der europäischen Konstellation, das sollte heißen, bei einer Zuspitzung der deutsch=russischen Beziehungen, für Deutschland ein wichtiger Faktor werden könne, ebenso wie ja auch z. B. ein kräftiges Finnland für Deutschland von Nutzen bleibe" (Aufz. Weizsäcker vom 18. 6. 1940, zit. bei Krecker, S. 103).

17 Ebda., S. 79 ff. Allerdings blieb Deutschland das wehrwirtschaftlich besonders wichtige Chromerz der Türkei vorerst verschlossen, da die Gesamtausbeute bis Januar 1943 auf Grund vertraglicher Vereinbarungen an Großbritannien ging.

18 Vgl. hierzu vor allem den Bericht des dt. Gesandten in Belgrad „betr.: Die Außenpolitik Jugoslawiens während des europäischen Konflikts" vom 5. 7. 1940 (ADAP D X, Dok. 121, S. 111 ff.) und den Bericht „betr.: Jugoslawien und Ruß=land" vom 23. 7. 1940 (ebda., Dok. 215, S. 232).

19 Die deutsche Politik während des finnisch=sowjetischen Winterkrieges verdient noch eine eingehende Untersuchung. Obwohl die deutsche Haltung nach allen „offiziellen" Dokumenten eindeutig erscheint, ist es nicht ausgeschlossen, daß die indirekte Unterstützung Finnlands größer war, als es den Anschein hat. Als einziger finnischer Politiker macht der damalige Verteidigungsminister J. Niuk=kanen in seinen Erinnerungen („Försvarsminister under vinterkriget", Hel=sinki 1951, S. 223) Andeutungen über die doch recht beträchtliche — indirekte — militärische Unterstützung, die Deutschland Finnland zuteil werden ließ (u. a. Transit von Waffenlieferungen aus Ungarn).

20 ADAP D X, Dok. 109: Der dt. Gesandte in Finnland an das AA vom 4. 7. 1940; W. v. Blücher: Gesandter zwischen Diktatur und Demokratie. Wiesbaden 1951, S. 194 f.

21 Ebda.

„die Handelsbeziehungen zu den Ostseestaaten auf (der) Basis der neuen Lage stärkstmöglich auszubauen", wesentlich enger geknüpft[22], und Finnland gestand, ein politisch, wehrwirtschaftlich und strategisch gleich folgenschwerer Entschluß[23], am 24. 7. 1940 zu, 60 % der Nickelerzförderung des Petsamo-Gebiets an Deutschland zu liefern[24]. Schweden suchte engere Wirtschaftsverbindungen zu Deutschland und gewährte Erleichterungen für den deutschen Transitverkehr zu den Besatzungstruppen in Norwegen[25]. Sonst wirkte hier aber das deutsche Vorgehen in Norwegen bremsend auf die Tendenz einer weitergehenden Anlehnung[26].

Im weltpolitischen Rahmen war die Änderung im politischen Kurs Japans in Richtung auf eine (Wieder-)Annäherung an Deutschland das wichtigste für Hitler positive Ergebnis des deutschen Sieges über Frankreich. Den hieran anknüpfenden Erwartungen und Kalkulationen im Rahmen von Hitlers Politik und Kriegführung wird später genauer nachzugehen sein[27].

Nachhaltig war die Auswirkung des deutschen Machtzuwachses im gesamten Mittleren Osten und im arabischen Raum. In bemerkenswerter Weise suchte sich Afghanistan, zu dem seit langem politische Fäden von verschiedenen deutschen Stellen geknüpft waren[28], in die scheinbar „bevorstehende Endentscheidung einzuschalten". Am 26. 6. deutete der afghanische Wirtschaftsminister und Präsident der Nationalbank Abdul Majid Khan, der Exponent der auf Deutschland setzenden Gruppe in der afghanischen Führung, dem deutschen Gesandten in Kabul an[29], daß „Afghanistan bereit wäre, zugunsten aktiver

22 Deutsch-finnische Wirtschaftsvereinbarungen vom 29. 6. 1940 (hierzu ADAP D X, Dok. 74. Aufz. des Gesandten Schnurre, 1. 7. 1940, S. 69 f.).

23 Schon im April-Mai 1940 hatte der Sonderbeauftragte des AA, Gesandter Schnurre, in Helsinki, deutsche Wünsche auf einen Großteil der Produktion angemeldet. Ausgangspunkt war die Sitzung der Vertreter der Wirtschaftspolitischen Abt. des AA vom 28. 3. 1940, bei der erstmals der Gedanke der Sicherung der Petsamo-Nickel-Produktion für Deutschland als Ziel von Verhandlungen mit Finnland in Aussicht genommen wurde (ADAP D IX, Dok. 16: Aufz. des Assessors Desser über „Sitzung betreff Finnland am 28. 3. 1940", S. 25 ff.; über die Verhandlungen Schnurres in Finnland sind keine deutschen Akten zu ermitteln; Einzelheiten bietet aber eine Artikelserie von H. v. Bonsdorff in: „Hufvudstadbladet" (Helsinki), Dez. 1957; ferner Klink, S. 389 f. Über die Auswirkungen der deutsch-finnischen Vereinbarung vgl. unten S. 263 ff.

24 ADAP D X, Dok. 221: Note des Vorsitzenden der finnischen Wirtschaftsdelegation an den Leiter der deutschen Wirtschaftsdelegation, 24. 7. 1940, S. 236 f. — Voraus ging am 23. 7. 1940 der Abschluß eines Kontrakts zwischen der I. G. Farben und der Petsamo-Nickel-Gesellschaft über den Deutschland zugesprochenen Anteil an der Nickelförderung (ADAP D X, Dok. 150, S. 153, Anm. 6).

25 Vgl. vor allem ADAP D X, Dok. 14: Der Leiter der Wirtschaftspolitischen Abt. des AA an die dt. Gesandtschaft in Stockholm, 25. 6. 1940, S. 12 f.

26 ADAP D IX Dok. 486: Aufz. des Staatssekretärs Frhr. v. Weizsäcker, 19. 6. 1940, mit Anm. 4 (dt.-schwed. Wirtschaftsbesprechungen vom 27. 6.—10. 7. 1940 mit Ergebnissen); ADAP D X, Dok. 131—133, Briefwechsel schwed. Außenminister Günther — Gesandter Schnurre, 8. 7. 1940, S. 130 ff.

27 S. unten S. 203 ff.

28 Über die Beziehungen zwischen Deutschland und Afghanistan eingehender unten S. 382 ff.

29 ADAP D X, Dok. 30: Der dt. Gesandte in Kabul an das AA, 27. 6. 1940, S. 25 f.

Beteiligung im deutschen Interesse alle Möglichkeiten zu mobilisieren, die aus gefühlsmäßiger und religiöser Bindung sich ergeben, und insbesondere Grenzstämme und afghanische Bevölkerung in Indien zum Vorgehen gegen (die) Engländer zu veranlassen, um dadurch (die) begonnene und zu erwartende Verschiffung indischer Truppen zum Mittelmeer zu verhindern". Dafür solle Deutschland „garantieren", daß die Sowjetunion „in jeder Hinsicht und besonders bei (dem) geplanten Vorstoß (die) Integrität Afghanistans gewährleistet", daß das Land bei der territorialen Neuordnung nach dem Kriege einen Zugang zum Indischen Ozean erhalte und daß deutsche „Flugzeuge, Tanks und Flak im benötigten Umfang" geliefert würden. Bei dem bestehenden Mißtrauen gegenüber der Sowjetunion wie gegenüber den vermuteten imperialistischen Bestrebungen Italiens seien darüber hinaus, so meinte Abdul Majid, die im Nichtangriffspakt von Saadabad vom 8. 7. 1937 mit Afghanistan verbundenen Staaten Iran, Irak und die Türkei bereit, „ihre Politik nach Deutschland auszurichten", wobei allerdings die Haltung der Türken schwankend sei.

Nachdem bis Mitte Juli auf diesen Fühler keine deutsche Reaktion erfolgt war, brachte der afghanische Botschafter in Ankara dem dortigen deutschen Botschafter v. Papen gegenüber sein Bedauern darüber zum Ausdruck, daß „man" bisher nicht gehört habe, wie Deutschland sich zur „Neuordnung der Welt" im Hinblick auf die kleinen Staaten stellen werde. Deutschland „habe sehr viele Freunde in der Welt, viel mehr als es glaube, nur müsse es diesen die Richtung des Marsches anzeigen, in der die Neuordnung der Welt erfolgen solle"[30].

Die vom afghanischen Wirtschaftsminister etwas pauschal für die ganze Saadabad-Pakt-Gruppe abgegebene Erklärung traf jedenfalls für den Irak zu, genauer gesagt: für die nationalistische Führungsgruppe in diesem Staat um den Ministerpräsidenten Raschid Ali el Ghailani, die gegenüber den probritischen Kräften um den Außenminister Nuri Said nun die Oberhand zu gewinnen schien. Sie suchte auf verschiedenen Wegen Kontakt mit Deutschland[31].

Bis nach Südamerika strahlten die Auswirkungen des veränderten Kräfteverhältnisses in Europa. Am stärksten, wenn auch nicht symptomatisch, war die Reaktion Brasiliens. Schon am Vorabend des deutsch-französischen Waffenstillstandes (21. 6. 1940) betonte Präsident Vargas im Gespräch mit dem deutschen Botschafter nicht nur in auffälliger Form seine „persönliche Sympathie für die autoritären Staaten" und seine „offene Abneigung gegen England und (das) demokratische System"[32], sondern er strebte für den auch von ihm in Kürze erwarteten Frieden eine so starke Erweiterung des deutsch-brasilianischen Wa-

30 ADAP D X, Dok. 179: Der dt. Botschafter in Ankara an das AA, 16. 7. 1940, S. 192.
31 Näheres hierzu unten S. 140 f.
32 ADAP D IX, Dok. 518: Der dt. Botschafter in Rio de Janeiro an das AA, 21. 6. 1940, S. 545.

renaustausches an, daß die deutsche Seite in Verlegenheit geriet[33], zumal, ganz abgesehen von der einstweiligen Fortdauer des Krieges und der das gesamte deutsch=beherrschte Europa einbeziehenden britischen Blockade, auf deutscher Seite überhaupt noch keine klare Konzeption für die Gestaltung der Außen=handelsbeziehungen eines von den deutschen Interessen bestimmten euro=päischen bzw. europäisch=afrikanischen Großwirtschaftsraumes entwickelt worden war.

Weder die allgemeinpolitischen noch die wirtschaftspolitischen Konsequenzen eines deutschen Sieges in Kontinentaleuropa waren bisher, d. h. vor dem über=raschend schnellen Zusammenbruch Frankreichs, gründlich durchdacht worden. Erst als sich Ende Mai der Triumph im Westen abzeichnete, wurden im Aus=wärtigen Amt auf Ribbentrops Veranlassung umfassende Pläne in Form von Memoranden entworfen[34]. Der Vorschlag des Ministerialdirigenten Clodius über einen europäischen „Großwirtschaftsraum" von „rund 200 Millionen Menschen" mit einem dazu gehörenden Kolonialreich in Mittelafrika[35] unter deutscher Führung erinnerte stark an die „Mitteleuropa"=Konzeption Beth=mann Hollwegs in seinem Memorandum vom 9. 9. 1914[36]. Neben diesem recht

33 Ebda. und ADAP D X, Dok. 41: Botschafter Ritter an dt. Botschafter in Rio de Janeiro, 27. 6. 1940, S. 35 f.; Dok. 89: Der dt. Botschafter in Rio de Janeiro an das AA, 3. 7. 1940, S. 83; Dok. 90: Der dt. Botschafter in Rio de Janeiro an das AA, 3. 7. 1940 (Reden des Präsidenten Vargas vom 11. und 28. 6. 1940 bedeuteten — „trotz Freundschaftsbeteuerung — Ablehnung Nordamerikapolitik des Bundes=präsidenten in Erwartung Niederlage Englands und daraus resultierender Schwä=chung Roosevelts. Ausrichten brasilianischer Politik auf Austausch mit Deutsch=land und Europa"); Dok. 145: Der Leiter der Wirtschaftspolitischen Abt. des AA an die dt. Botschaft in Rio de Janeiro, 10. 7. 1940. („Deutschland ist grundsätzlich bereit, statt der früher eingeführten Gesamtmenge brasilianischer Erzeugnisse im Werte von jährlich 170 Millionen RM nach Beendigung Krieges innerhalb eines Jahres für 300 Millionen RM brasilianische Erzeugnisse zu beziehen ... Wir setzen bei obigem Vorschlag voraus, daß es Bundespräsident im Augenblick darauf ankommt, vor Havana=Konferenz zur Stützung der von ihm beabsich=tigten Haltung einen eindrucksvollen Vorschlag von uns zu erhalten, und sind daher bis an die Grenze des Möglichen gegangen"); Dok. 299: Der dt. Botschaf=ter in Rio de Janeiro an das AA, 7. 8. 1940, S. 350 („Bundespräsident und Re=gierung hatten offenbar seinerzeit mit schnellerem deutschen Schlag gegen Eng=land gerechnet"); ebda., Anm. 6: 14. 8. 1940, dt. Botschafter in Rio de Janeiro an AA: „Regierung zustimmt prinzipiell unserem Globalangebot"; 9. 9. 1940, dt. Botschafter in Rio de Janeiro an AA: „brasilianische Ansichten über Wirtschafts=verträge mit Deutschland hingen vom Kriege und der Aussicht auf sein Ende ab".

34 ADAP D IX, Dok. 354: Aufz. des Gesandten Clodius, 30. 5. 1940, S. 390 ff.; Dok. 367; Aufz. Botschafter Ritter, 1. 6. 1940, S. 407 ff. Zur Kontinuität und zum Wandel der „Mitteleuropa"=Ideologie seit 1918 allgemein H. C. Meyer: Mittel=europa in German Thought and Action. Den Haag 1955, S. 297 ff.

35 Hierzu eingehend unten S. 242 ff.

36 F. Fischer: Griff nach der Weltmacht, S. 107 ff.; E. Zechlin: Deutschland zwischen Kabinettskrieg und Wirtschaftskrieg. Politik und Kriegführung in den ersten Monaten des Weltkriegs 1914, in: Historische Zeitschrift, Bd. 199, S. 347 ff., be=sonders S. 405 ff.; G. Ritter: Staatskunst und Kriegshandwerk. Bd. III. Mün=chen 1964, S. 41 ff. — Im Gegensatz zu Bethmann Hollweg 1914 gingen allerdings Clodius und Ritter 1940 davon aus, daß nicht nur Frankreich besiegt war, son=dern auch ein „Ausgleich" mit Großbritannien bevorstand, das Ende des Krieges also erreicht war.

„traditionell“ wirkenden Entwurf nahmen sich die Vorschläge, die Botschafter Ritter entwickelte, in ihrer Betonung eng gefaßter deutscher Wirtschaftsinteressen system=gerechter aus, knüpften aber auch noch an vertraute Gedankengänge aus der Zeit des Ersten Weltkrieges an[37].

Nach dem Waffenstillstand mit Frankreich schritt die nationalsozialistische Führung indessen ohne Berücksichtigung dieser Entwürfe des Auswärtigen Amtes, die man als Zwischenstufen zwischen „traditionellen“ „imperialistischen Programmen“ und nationalsozialistischen Vorstellungen charakterisieren kann, zu hastigen Improvisationen. Göring als „Beauftragter für den Vierjahresplan“ erteilte noch am Tage des deutsch=französischen Waffenstillstandes, am 22. 6. 1940, dem Reichswirtschaftsminister Funk im nationalsozialistischen Stil den Auftrag, „in Zusammenarbeit mit sämtlichen Staats= und Parteidienststellen“ mit den Vorarbeiten zu beginnen, wobei sich diese auf den „Einbau der in das Reich eingegliederten und der besetzten Gebiete in die Großdeutsche Wirtschaft“, die „wirtschaftliche Auseinandersetzung mit den Feindstaaten“ und den „Neuaufbau der von Deutschland geführten kontinentalen Wirtschaft“ und ihre „Beziehungen zu der Weltwirtschaft“ erstrecken sollten[38]. Über die „Reichsgruppe Industrie“ wurden auch die verschiedenen deutschen Wirtschaftsgruppen und die großen Konzerne aufgefordert, „Wünsche für den kommenden Friedensvertrag und für die Neugestaltung der Wirtschaftsbeziehungen im europäischen Raum“ anzugeben[39]. Den umfassendsten Beitrag hierfür lieferten die IG=Farben mit ihrem „Neuen Plan“ vom 3. 8. 1940[40], der die weitreichende wirtschaftliche Zielsetzung der deutschen chemischen Industrie und den Zusammenhang mit der Dynamik des politischen „Programms“ Hitlers erkennen läßt: „Von entscheidendem Einfluß auf alle Planungen für den europäischen Raum wird . . . die Notwendigkeit sein, eine zielbewußte und schlagkräftige Führung in der zwangsläufigen Auseinandersetzung mit den sich schon heute abzeichnenden außereuropäischen Großwirtschaften zu sichern . . . Das Schwergewicht der Auseinandersetzung um eine Neuordnung des Weltmarkts wird im Verhältnis zu den nordamerikanischen Konzernen ruhen[41].“

37 Fischer, S. 304 ff.

38 ADAP D X, Dok. 103, Anlage: Schreiben Görings an Funk, 22. 6. 1940, S. 96.

39 Wissenschaftliche Veröffentlichungen über den damit angeschnittenen Problemkomplex stehen in der Bundesrepublik noch aus. Wichtigste Arbeit aus der Sowjetzone J. Kuczynski: Die Geschichte der Lage der Arbeiter unter dem Kapitalismus. Bd. 16: Studien zur Geschichte des staatsmonopolitischen Kapitalismus in Deutschland 1918—1945. Berlin 1963; ferner Förster=Groehler=Paulus: Kriegsziele und Kriegsplanung, S. 929 f., besonders S. 932 ff. Vgl. im übrigen auch Anm. 48, S. 75.

40 Nürnberg=Dok. NI=11252.

41 Die wirtschaftliche und später möglicherweise auch militärische Auseinandersetzung mit den USA als das — nach einem „Ausgleich“ mit Großbritannien anstehende — Hauptproblem steht bei der Konzeption des deutsch=beherrschten europäischen „Großwirtschaftsraums“ im Vordergrund. Vgl. hierzu auch die eidesstattliche Erklärung des Vorstandsmitglieds der IG Farben, G. v. Schnitzler, über den „Neuen Plan“ (Nürnberg=Dok. NI=5195): „Deshalb schrieben wir in der Neuordnung, daß wir beabsichtigten, Deutschland gegenüber den Vereinig=

Reichswirtschaftsminister Funk hielt am 22. 7. eine Sitzung mit den Chefs der beteiligten Ressorts ab, in der er seine Vorstellungen über den europäischen „Großwirtschaftsraum" entwickelte[42]. Eine Währungs= und Zollunion für alle deutsch=beherrschten Gebiete Europas lehnte er ab, da es nicht im deutschen Interesse liege, überall, etwa auch in Südosteuropa, den gleichen Lebensstandard wie in Deutschland anzustreben. Ein „freies Spiel der Kräfte" werde es nicht wieder geben, vielmehr müßten „die von Deutschland bereits in den letzten Jahren entwickelten Preis= und Bewirtschaftungsmethoden zunächst weiter angewandt werden". Eine Schwierigkeit in der Planung ergebe sich daraus, „daß die Ziele und Entscheidungen des Führers noch nicht bekannt seien". Es sei auch offen, „ob das Empire und sein wirtschaftlicher Einfluß, gegebenenfalls in welchem Umfange, bestehen bleibt oder nicht". Bei der vorläufigen Planung sei aber davon auszugehen, „daß die englische Wirtschaft in irgendeiner Form bestehen" bleibt, daß sie „jedenfalls außerhalb Europas noch Einfluß besitzt". Entscheidend sei: „Deutschland besitzt in Europa jetzt politisch die Macht, eine Neuordnung der Wirtschaft entsprechend seinen Bedürfnissen durchzusetzen. Der politische Wille, diese Macht zu gebrauchen, ist vorhanden. Daraus ergibt sich, daß die Länder sich nach uns ausrichten müssen. Die Wirtschaft der übrigen europäischen Länder muß sich nach unseren Bedürfnissen ausrichten". Allerdings zeige die „Rohstoffbilanz Europas (ohne Rußland und Italien")", „auch wenn man gewisse Teile Afrikas und Asiens" einbeziehe, „noch immer einen erheblichen Einfuhrbedarf". Die Frage „Autarkie oder Export" sei daher mit „Autarkie *und* Export" zu beantworten, wobei sicherzustellen sei, daß Deutschland „kriegsmäßig autark" wird[43].

Am 25. 7. wurde Funk von Ribbentrop davon unterrichtet, daß er den stellvertretenden Leiter der Wirtschaftspolitischen Abteilung des Auswärtigen Amtes, Ministerialdirigent Clodius, mit der Bearbeitung „der den Aufbau eines europäischen Großwirtschaftsraumes unter deutscher Führung betreffenden Fragen" beauftragt habe[44]. Damit wurde der seit Görings Erlaß vom 22. 6. schwelende Kompetenzstreit zwischen „Vierjahresplan" und Auswärtigem Amt formal beendet. Bei diesem Streit war es einmal — vor allem — um die Prestige=

ten Staaten militärisch so stark wie möglich zu halten ... Im Falle eines künftigen Konflikts mit den Vereinigten Staaten wollten wir Latein=Amerika (durch wirtschaftspolitische Klauseln in den nach dem „Ausgleich" mit Großbritannien angestrebten Verträgen mit den südamerikanischen Staaten) nicht gestatten, die USA mit Kriegsmaterial zu beliefern."

42 Vermerk über die am 22. 7. 1940 unter dem Vorsitz von Reichsminister Funk im Reichswirtschaftsministerium abgehaltene Chefbesprechung (Bundesarchiv Koblenz, Akte Wi I F 5/2088).

43 Auch Clodius und Ritter hatten in ihren Memoranden vom 30. 5. und 1. 6. 1940 darauf hingewiesen, daß der Warenaustausch mit der Sowjetunion nach Bildung des „Großwirtschaftsraumes" nicht geringer, sondern größer werden würde. Zu Hitlers Konsequenzen aus diesen Feststellungen und zu seiner Vorstellung eines „blockadefesten", „autarken" deutsch=beherrschten Wirtschaftsraumes vgl. unten S. 255 ff.

44 ADAP D X, Dok. 103, Anm. 4.

Frage gegangen, welche Rolle Göring und Ribbentrop bei den erwarteten Frie=densverhandlungen mit Großbritannien und Frankreich spielen sollten, zum andern aber auch um den Grad der „Ausrichtung" der europäischen Wirtschaft auf die enger oder weiter gefaßten deutschen Interessen[45]. Das Projekt trat in der von Funk skizzierten Form in den Hintergrund, als mit dem Fortgang und der von Hitler geplanten Ausweitung des Krieges nach Osten[45a] bald wieder allein wehr= und rüstungswirtschaftliche Gesichtspunkte alle deutschen wirt=schaftspolitischen Planungen bestimmten[46] und der erhoffte wirtschaftliche Ge=winn in den Ostgebieten den Wert des übrigen beherrschten Europa relati=vierte[47]. Die im Sommer 1940 im Rahmen des „Großwirtschaftsraum"=Projekts eingeleitete wirtschaftliche Durchdringung der von Deutschland beherrschten europäischen Länder über den „Vierjahresplan" wie auf dem Wege über die Expansion der privaten Großbetriebe lief jedoch unabhängig davon weiter[48]. Einigkeit zwischen den deutschen Ressorts hatte während der kurzen Aktuali=

45 Der Prestige=Konflikt zwischen Göring und Ribbentrop ist anhand der Quellen leicht zu verfolgen (vgl. vor allem ADAP D X, Dok. 142: Ribbentrop an Göring, 9. 7. 1940, S. 141 ff. mit den Vor= und Rückverweisen der Herausgeber), zusam=menfassende Darstellung mit Blick auf den geplanten Friedensvertrag mit Frankreich bei Jäckel, S. 46 ff.; die sachliche Seite des Streites ist dagegen nur andeutungsweise herauszulesen. Die Vertreter des AA legten in jedem Falle darauf Wert, bei dem „Großwirtschaftsraum"=Projekt die völkerrechtlichen For=men zu wahren (vgl. dazu vor allem den Clodius=Vorschlag in ADAP D IX, Dok. 367, S. 407 ff.), während die Vertreter des Vierjahresplans, voran Göring, solche Gesichtspunkte nicht gelten ließen. Vgl. zum Konflikt zwischen Auswär=tigem Amt und „Vierjahresplan" auch W. Baum: Vollziehende Gewalt und Kriegsverwaltung im „Dritten Reich", in: Wehrwissenschaftliche Rundschau 1956, S. 475 ff.

45a Eine Weisung Hitlers vom 28. 9. 1940 ordnete die wirtschaftlichen Vorberei=tungen für einen „Blitzkrieg" gegen die Sowjetunion an (Milward, S. 41; vgl. hierzu aber die Darstellung unten S. 264 ff. mit Anm. 55a).

46 Vgl. unten S. 262 ff.

47 Die Ausbeutung der Ostgebiete spielte ab Dezember 1940 in allen wirtschafts=politischen Überlegungen die zentrale Rolle und wurde ab Februar 1941 Gegen=stand eingehender „Untersuchungen". Vgl. hierzu A. Dallin: Deutsche Herrschaft in Rußland 1941—1945. Eine Studie über Besatzungspolitik. Deutsche Ausgabe, Düsseldorf 1958, S. 50 ff. („Die Wirtschaftsbehörden").

48 Wissenschaftliche Untersuchungen hierüber sind in der Bundesrepublik bisher kaum angestellt worden. An größeren Arbeiten liegt lediglich vor O. Ulshöfer: Einflußnahme auf Wirtschaftsunternehmen in den besetzten nord=, west= und südosteuropäischen Ländern, Tübingen 1958. In der Sowjetzone sind hingegen mehrere Arbeiten erschienen, die wegen des darin ausgebreiteten Materials eine kritische Beachtung verdienen, vor allem: W. Schumann: Die Beteiligung des Zeiss=Konzerns an der Vorbereitung und Durchführung des Zweiten Welt=krieges. Phil. Habilitationsschrift Jena 1961; ders.: Das Kriegsprogramm des Zeiss=Konzerns, in: Zeitschrift für Geschichtswissenschaft 1963, S. 704 ff.; R. Ludloff: Vom Einzelwerk zum faschistischen Konzern. Zur Geschichte der deutschen Zementindustrie im Imperialismus bis 1945. Phil. Habilitationsschrift Jena 1961 (vgl. im übrigen den Literaturüberblick über die in der Sowjetzone erschienenen Arbeiten zu diesem Thema in W. Schumann/G. Lozek: Faschistische Okkupationspolitik im Spiegel der Historiographie, in: Zeitschrift für Geschichts=wissenschaft 12 (1964), S. 214 ff.).

tät des „Großwirtschaftsraum"=Projekts im Sommer 1940 darin bestanden[49], daß zu dem „engeren Kreis" der durch Zoll= und Währungsunion verbundenen Staaten Deutschland mit Protektorat und Generalgouvernement, „Skandinavien"[50], Holland, Belgien, Luxemburg und die Slowakei, nicht hingegen die übrigen Länder Südosteuropas gehören sollten[51]. Die Gestaltung des „weiteren" europäischen Wirtschaftsraumes war offengeblieben[52], zumal Italien auf erste vage Andeutungen Funks in einer öffentlichen Rede am 25. 7.[53] hin mit einem Schreiben des Außenhandelsministers Riccardi an den deutschen Wirtschaftsminister vom 7. 8. reagiert hatte, in dem er eigene, Italiens Interessen stark betonende Vorstellungen entwickelte[54], über die die deutsche Seite in diesem Stadium des Krieges nicht einfach hinweggehen konnte[55].

Schon Ende August 1940 wurde indessen spürbar, daß der politische Sog, den Deutschland unmittelbar nach dem Siege über Frankreich auf die meisten europäischen Staaten ausgeübt hatte, zurückging. Das Ausweichen der dänischen

49 Zu ersehen aus ADAP D X, Dok. 246: Aufz. des Leiters der Wirtschaftspolit. Abt. des AA, 27. 7. 1940, S. 280.

50 So ebda. Mit Sicherheit waren mit dieser Bezeichnung Dänemark und Norwegen gemeint, während der Einschluß Schwedens aus den vorhandenen Quellen nicht klar zu ersehen ist. Die dänische Regierung hatte sich aus eigener Initiative unter dem Eindruck des deutschen Sieges zur „aktiven Zusammenarbeit mit Großdeutschland" bereit erklärt (ADAP D X, Dok. 155: Der dt. Gesandte und Bevollmächtigte des Deutschen Reiches in Dänemark an das AA, 11. 7. 1940, S. 159 f.) in der Hoffnung, nach Beendigung des Krieges den Abzug der deutschen Besatzung erreichen zu können. Dem deutschen Drängen nach Abschluß einer „Wirtschaftsgemeinschaft" versuchte sie sich dann aber Ende August (in einer veränderten Kriegslage) zu entziehen (ADAP D X, Dok. 352: Aufz. des Botschafters Ritter, 23. 8. 1940, S. 439 f.). Vgl. den Hinweis in der Darstellung unten S. 76 f.

51 Im Bielfeld=Memorandum vom 6. 11. 1941 (ADAP D XI, S. 483 ff.) wird auch Ungarn zum „europäischen Großwirtschaftsraum" gezählt.

52 Dies betraf vor allem die Stellung Frankreichs.

53 Unter dem Titel „Die wirtschaftliche Neuordnung Europas" gedruckt in: Monatshefte für Auswärtige Politik, 1940, S. 630 ff. — Funk übersandte am 30. 7. Lammers den Text seiner Rede zur Vorlage bei Hitler, nachdem das ausländische Echo auf diese Rede „phantasievolle Kombinationen über die Neuordnung des Wirtschaftslebens nach Beendigung des Krieges" gebracht hatte (ADAP D X, Dok. 261: Funk an Lammers, 30. 7. 1940, S. 303; Hitler am 8. 8. von Lammers vorgetragen).

54 ADAP D X, Dok. 311: Staatssekretär Frhr. v. Weizsäcker an die dt. Botschaft in Rom, 8. 8. 1940, S. 362 f. mit Anm. 1. — Der ehemalige Botschafter in Rom U. v. Hassell erhielt den Sonderauftrag, im Rahmen des verstärken deutschen wirtschaftlichen Engagements in Südosteuropa nach Ausgleichsmöglichkeiten mit den italienischen Interessen zu suchen (hierzu U. v. Hassell: Vom anderen Deutschland, S. 158 ff., Notizen vom 10. 8. 1940).

55 Über die Bemühungen, mit Italien zu einer Verständigung in dieser Frage zu kommen, vgl. ADAP D XI, Dok. 115: Der Leiter der Wirtschaftspolit. Abt. des AA an die dt. Botschaft in Rom, 27. 9. 1940, S. 199; Dok. 173: Aufz. über die Unterredung Ribbentrop=Clodius=ital. Handelsminister Riccardi, 11. 10. 1940, S. 284 ff.; vor allem Dok. 177: Aufz. über die Unterredung Hitler=Riccardi, 15. 10. 1940, S. 297 ff., schließlich Dok. 181: Aufz. des Leiters der Wirtschaftspol. Abt. des AA über die Unterredung Funk=Clodius=Riccardi, 16. 10. 1940, S. 309 ff., in der Riccardi eine gleiche Beteiligung Italiens an den wirtschaftlichen Reichtümern Südosteuropas forderte wie Deutschland.

Regierung, die ja doch ein von deutschen Truppen besetztes Land vertrat, vor den Konsequenzen einer Wirtschaftsunion mit Deutschland war ein Symptom hierfür[56]. Schon zu diesem Zeitpunkt, der, nach dem äußeren Schein zu urteilen, das Reich Hitlers in einer glänzenden Machtstellung sah, zeigte sich, daß die politischen Gegenkräfte, die Hitlers militärischer Triumph auf dem europäischen Kontinent — vor allem in Großbritannien und in den USA — geweckt hatte, mit ihrem offen verkündeten Kriegsziel, die Freiheit der Hitlers Herrschaft unterworfenen europäischen Länder und Völker wiederherzustellen, eine starke Anziehungskraft auf diese ausübten, während Hitler, von dem kurzen geschichtlichen Moment unmittelbar nach dem Sieg über Frankreich abgesehen, nur dort, wo er militärisch-machtmäßig präsent war oder wo er Schutz vor einer — wie es schien — für die eigene Existenz noch bedrohlicheren Macht, der Sowjetunion, bot, über ideologische Anhänger, die es in allen Ländern gab, hinaus politische Kräfte an sich ziehen konnte. Hitler selbst war sich über diesen Mangel an politischer Ausstrahlung durchaus im klaren, der letztlich davon herrührte, daß er seine „Endziele" aus taktischen Gründen nicht aufdecken konnte[57] und ein „europäisches" Programm[58] nicht zu bieten hatte[59].
Selbst die dem Nationalsozialismus oder dem Faschismus strukturell und ideologisch verwandten oder ihnen ähnlichen „Bewegungen" in den nun dem deutschen Einfluß offenstehenden kontinentaleuropäischen Ländern betrachtete Hitler nicht als gleichrangige Kräfte oder wenigstens als „Junior-Partner", sondern ausschließlich als Mittel zur Verwirklichung eigener Ziele, als Objekte,

56 ADAP D X, Dok. 382, Aufz. des Botschafters Ritter, 23. 8. 1940, S. 439 f. Dagegen hatte Halder noch am 22. 7. 1940 nach Mitteilung v. Etzdorfs als Inhalt eines politischen Gesprächs bei Hitler notiert (KTB Halder, Bd. II, S. 34): „Großgermanisches Reich. In Dänemark besteht für den Gedanken Sympathie. In Schweden wird auch schon davon gesprochen."

57 Vgl. dazu die grundlegenden Ausführungen von Goebbels am 5. 4. 1940 (s. oben S. 22): „Wenn wir (unsere Ziele) in Worte kleiden, bringt uns das sofort Feinde und vermehrt die Widerstände."

58 Für Hitler war Europa „kein geographischer, sondern ein blutsmäßig bedingter Begriff" (Picker, S. 144: 8.—10. 9. 1941), doch wurde von ihm selbst die „führende Rasse" sehr eng gefaßt und in der Praxis mit seiner eigenen Herrschaft gleichgesetzt. Vgl. hierzu P. Kluke: Nationalsozialistische Europaideologie, in: Vierteljahrshefte für Zeitgeschichte 3 (1955), S. 240 ff., bes. S. 249 ff.

59 Am Falle der Slowakei, die seit März 1939 deutscher „Schutzstaat" war, trat dies in exemplarischer Weise heraus. Aufschlußreich ist in diesem Zusammenhang der Bericht des dt. Gesandten in Preßburg vom 25. 6. 1940 über die sog. Durčanský-Krise, in der auf deutschen Druck hin der bisherige Außen- und Innenminister Durčanský entlassen und der Führer der Hlinka-Garde Sano Mach der Slowakei am 27. 7. 1940 als Innenminister aufgezwungen wurde (ADAP D X, Dok. 25, S. 15 f.): „Die Slowakei war die Visitenkarte, die wir den kleinen südosteuropäischen Staaten und besonders den slawischen Völkern hinhielten: so selbständig kann ein kleiner Staat leben, der sich unter den Schutz des Großdeutschen Reiches begibt . . . Die neue politische Lage gestattete es uns, die bereits durch längeres Hinhalten bekannt gewordene Visitenkarte einzuziehen. Es ist jetzt die Zeit gekommen, wiederum gerade mit Rücksicht auf die südosteuropäischen Staaten, eindeutig klarzustellen, daß die Slowakei in unserem Lebensraum liegt, d. h. daß allein unsere Wünsche maßgebend sind."

die es zu kontrollieren und zu beherrschen galt[60]. Auch wenn Hitler gelegentlich von der deutschen „Hegemonie" über Europa sprach, so verband er mit diesem Begriff doch nicht den traditionellen Inhalt: „Führung zu einem allen gemeinsamen Ziel, das in der Vereinzelung nicht erreicht werden konnte"[61], eine Aufgabe, in der für die Führungsmacht wie für die geführten Länder zugleich die politische und moralische Rechtfertigung einer Hegemonie lag, vielmehr war für Hitler „Hegemonie" einfach gleichbedeutend mit möglichst unmittelbarer, sonst jedenfalls durch scharfe Kontrollen abgesicherter mittelbarer Beherrschung eines bestimmten Raumes. Seine Vorstellung von „Herrschaft" ließ keinen Platz für ideologisch noch so verwandte oder zur Zusammenarbeit bereite eigenständige Kräfte in seinem Machtbereich. Darin liegt ein wesentlicher Unterschied gegenüber Japans Politik in dem von ihm eroberten südostasiatischen Raum in den Jahren 1941–1945. Die von Japan ausgegebene antikoloniale und antichinesische Parole weckte und förderte – ungeachtet der von der z. T. brutalen japanischen Besatzungspolitik ausgelösten antijapanischen Strömungen – außerordentlich starke politische Kräfte, die zunächst beim Aufbau der „großasiatischen Wohlstandssphäre" unter japanischer Führung mitwirkten, aber ein solch starkes Eigengewicht besaßen, daß sie auch nach der Kapitulation Japans 1945 und der Rückkehr der Kolonialmächte, Großbritanniens, Frankreichs und der Niederlande, nicht mehr unterdrückt werden konnten[62]. Irgendwelche damit vergleichbaren Kräfte in Europa, die von Hitler geweckt oder gefördert worden wären und durch ihre eigene Bedeutung seine Katastrophe überdauert hätten, gab es nicht.

Staatssekretär Frhr. v. Weizsäcker faßte Hitlers Auffassung von der Zukunft der ihm zugefallenen Herrschaft über Kontinentaleuropa schon am 30. 6. 1940 in dem einen Satz zusammen: „Wir können die Erfolge dieses Feldzuges nur mit den Kräften erhalten, mit denen sie errungen wurden, also mit militärischer Gewalt"[63]. Die entscheidende Frage des Sommers 1940 lautete für Hitler, wo und wie die Kräfte der deutschen Wehrmacht dabei verwandt werden sollten. Dies hing neben den eigenen Zielvorstellungen von den Möglichkeiten seiner tatsächlichen oder potentiellen Gegner ab. Weizsäcker erkannte das Kernproblem, das sich bereits aus einer nüchternen Beurteilung der Situation selbst,

60 Einen geradezu exemplarischen Testfall hierfür bildet die Behandlung des Norwegers Quisling durch Hitler. Vgl. hierzu H. D. Loock: Zur „großgermanischen Politik" des Dritten Reiches. In: Vierteljahrshefte für Zeitgeschichte 1960, S. 37 ff., ferner H. Boehm: Norwegen zwischen England und Deutschland. Lipoldsberg 1956.

61 H. Triepel: Die Hegemonie. Ein Buch von führenden Staaten. Stuttgart 1938, S. 134 ff.; Zitat aus F. Dickmann: Hitlers außenpolitische Zielsetzungen vor 1933, S. 924.

62 Vgl. vor allem W. H. Elsbree: Japan's Role in Southern Asian Nationalist Movements, 1940–1945. Cambridge (Mass.) 1953; ferner G. E. Hall: South-East Asia, The Far East, in: New Cambridge Modern History, vol. XII. Cambridge 1960, S. 219 ff.; knapp zusammenfassend H.-A. Jacobsen: Zur Konzeption einer Geschichte des Zweiten Weltkrieges 1939–1945. Frankfurt/M. 1964, S. 40 ff.

63 KTB Halder, Bd. I, S. 374.

ohne Einbeziehung der weit ausgreifenden Zukunftsambitionen Hitlers, ergab: „Die Schwierigkeiten liegen weniger in der augenblicklichen Lage, als in der künftigen Entwicklung. Denn die Erhaltung unseres Erfolges durch militärische Machtmittel muß zur Überanstrengung führen“[64].

2. Churchills Entschlossenheit zur Fortführung des Krieges

Der geschichtliche Augenblick im Mai/Juni 1940 wurde – weit entscheidender als durch die aus dem Triumph Hitlers über Frankreich resultierenden unmittelbaren politischen Auswirkungen in Europa und auf die weltpolitische Konstellation – bestimmt durch den unerschütterlichen Willen des britischen Premierministers Churchill, den Kampf fortzusetzen, „wenn nötig jahrelang, wenn nötig allein“[1]. Irgendeine offizielle Erörterung im britischen Kabinett, ob man nach dem Zusammenbruch Frankreichs einen „Ausgleich“ mit Hitler suchen solle, fand nicht statt; Hitlers „Friedensappell“ vom 19. 7. wurde drei Tage später von Außenminister Lord Halifax in eindeutig-klarer Form abgelehnt[2].

Obwohl die bisherige Strategie der Alliierten[3], die auf der britisch-französischen Allianz und der gemeinsamen Sicherung der überseeischen Zufuhrwege im Atlantik sowie auf der Beherrschung des Mittelmeerraumes durch die See- und Luftstreitkräfte beider Mächte beruhte, jetzt ihre Grundlage verloren hatte, war doch die Situation Großbritanniens nach dem Zusammenbruch Frankreichs keineswegs so aussichtslos, wie es die zeitgenössische Betrachtung zunächst weitgehend unter dem Eindruck des deutschen Sieges über die – wie man annahm – stärkste europäische Landmacht meinte. Das Fehlurteil beruhte auf einer durch die propagandistische Übersteigerung und die Geheimhaltung der tatsächlichen deutschen Stärke erklärlichen Überschätzung der verfügbaren deutschen Machtmittel und der Weitsicht der politisch-strategischen Planungen Hitlers[4], andererseits auf einer zu geringen Einschätzung der Großbritannien verbliebenen politischen Möglichkeiten sowie seiner militärischen Kräfte zur See und in der Luft.

Dabei hätte allein schon die Tatsache, daß die britische Mittelmeerflotte, die etwa die Hälfte der Gesamtschlachtflotte umfaßte, nicht, wie es in einer für katastrophal anzusehenden Lage sicher der Fall gewesen wäre, in die heimischen Gewässer beordert wurde, sondern weiterhin die imperiale Position Großbritanniens im Mittelmeerraum sowie im Nahen Osten schützte und da-

64 Ebda., S. 375.
1 Churchill, vol. II, S. 224 f.
2 Zu den deutschen Friedensfühlern vgl. unten S. 149 ff.
3 Vgl. das Einleitungskapitel S. 51 ff.
4 Zum tatsächlichen Stand der deutschen Rüstung und den Planungen Hitlers nach dem Sieg über Frankreich vgl. unten S. 144 ff. und S. 255 ff.

bei eine außerordentliche Aktivität entfaltete[5], zu dem Schluß führen können, daß die britische Staatsführung die Lage doch nicht für so düster=ernst ansah, wie dies aus mancher Redewendung Churchills — ohne Berücksichtigung der auf die britische Mentalität und die Wirkung auf die USA abgestimmten Rhetorik des Premierministers — herausgelesen werden konnte[6]. Vielmehr wurden sogar Ende Juni starke Teile der Heimatflotte (als „Force H") nach Gibraltar verlegt, von wo aus sie erheblich günstigere Operationsmöglichkeiten (in den Atlantik wie in das westliche Mittelmeer hinein, notfalls aber auch über den Golf von Biscaya in den Ärmelkanal) hatten als von den Heimathäfen aus[7]. Entscheidend war schließlich, daß die lebenswichtigen atlantischen Zufahrtswege Großbritanniens von den wenigen deutschen U=Booten, die nun nach zweimonatiger Pause wieder mit der Handelskriegführung begannen, nicht ernsthaft bedroht wurden, obwohl der Verkehr jetzt generell über den Nordkanal in die westbritischen Häfen geleitet wurde und die enge Bündelung der Schiffahrtslinien den U=Booten hier gute Angriffsmöglichkeiten bot[8].
Die britische Flotte und Luftwaffe waren starke militärische Trümpfe, die Churchills Entscheidung, dem auf dem Kontinent vorerst siegreichen Hitler die Stirn zu bieten, auch unabhängig von zukünftigen weltpolitischen Kombinationen und ohne einseitig starke Betonung der willensmäßigen Energie des kämpferischen Premierministers, als durchaus begründet erscheinen ließen. Churchill konnte sich auf eine Stellungnahme der britischen Stabschefs vom 19. 5. stützen, die seine Frage nach den Aussichten, den Krieg ohne das bisher verbündete Frankreich fortzusetzen, — allerdings mit Einschränkungen — positiv beurteilt hatten[9]. Ihre Hauptargumente lauteten: „Solange wir über unsere Flotte verfügen, sollten unsere Flotte und Luftwaffe zusammen wohl in der Lage sein, Deutschland an einer ernsthaften Invasion dieses Landes von der See her zu hindern ... Vorausgesetzt, daß Deutschland die vollständige Luftüberlegenheit erringen sollte, sind wir der Ansicht, daß die Marine eine Invasion eine Zeitlang verhindern könnte, nicht aber auf die Dauer ... Der entscheidende Punkt ist die Überlegenheit in der Luft. Sobald Deutschland sie

5 Die britische Admiralität beantragte am 17. 6. 1940 in der Annahme, daß die Italiener von Libyen aus zum Suez=Kanal vorstoßen würden, das östliche Mittelmeer aufzugeben und die Mittelmeerflotte in Gibraltar und im Roten Meer zu konzentrieren. Doch lehnte dies Churchill ebenso wie der Befehlshaber der Mittelmeerflotte, Admiral Cunningham, ab (vgl. Roskill, Bd. I, S. 296 f.; F. Ruge, Seekrieg, S. 108). Vgl. im übrigen die Darstellung über den Mittelmeerschauplatz unten S. 278 ff.

6 Besonders die Reden Churchills vom 4. 6. und 18. 6. 1940, in den wichtigsten Partien enthalten in: Churchill, vol. II, S. 115 ff. und S. 224 ff.; vollständiger Wortlaut in: W. S. Churchill: Reden 1938—1940. Gesammelt von R. S. Churchill, Zürich 1946, S. 330 ff. und S. 345 ff. — Zur tatsächlichen Lage treffend Michaelis, S. 105 f.

7 Roskill, Vol. I, S. 108.

8 Rohwer: U=Boot=Krieg, S. 331 ff.

9 Churchill, vol. II, S. 87 ff., und J. R. M. Butler: Grand Strategy. vol. II (History of the Second World War, United Kingdom Military Series), London 1957 (künftig *zit.:* Grand Strategy, vol. II), S. 209 ff.

erlangt hat, kann es versuchen, dieses Land durch Luftangriffe allein zu unterwerfen... Deutschland (kann aber) die vollkommene Überlegenheit in der Luft nicht erlangen, ohne vorher unsere Luftwaffe und die Flugzeugindustrie zu vernichten...“[10].

Bei dieser Lagebeurteilung wurde mit Blick auf die erfolgreiche Weiterführung des Krieges mit dem Ziel, Deutschlands Angriff nicht nur abzuschlagen, sondern selbst den Sieg zu erringen, bereits vorausgesetzt, daß Großbritannien in Zukunft auf die volle wirtschaftliche und finanzielle Unterstützung durch die USA rechnen könne, die sich möglicherweise zu einer aktiven Beteiligung am Kriege entwickeln würde. Auch wurde angenommen, daß die Sowjetunion durch die wachsende Macht Deutschlands „alarmiert“ würde und daß eine zu erwartende Verlegung stärkerer Teile der Roten Armee an die Westgrenze Auswirkungen auf die deutsche Kräfteverteilung haben müsse[11]. Dieser politische und im Endeffekt auch militärische Rückhalt Großbritanniens an den USA (und möglicherweise, aber erst in zweiter Linie und nur vorübergehend, in der Zeit der deutschen Westoffensive und in den ersten Wochen nach dem Zusammenbruch Frankreichs, einkalkuliert: auch an der Sowjetunion) wurde schon deshalb für unabdingbar gehalten, weil an eine Rückeroberung des europäischen Kontinents allein mit britischen Kräften nicht zu denken war, der Krieg also von langer Dauer sein würde und eine – auf das Gebiet der Rüstungen verlagerte, ins Moderne abgewandelte – Abnutzungs- und Ermattungsstrategie erforderte, in der das überlegenere Kräftepotential schließlich den Ausschlag gab.

In gewisser Weise standen Deutschland wie Großbritannien im Sommer 1940 vor dem gleichen militärischen Dilemma: nicht über die entscheidenden Machtmittel zu verfügen, um dem Gegner im raschen Zugriff den eigenen Willen aufzwingen zu können. Hitler fehlten die Flotte und – wie sich im September 1940 endgültig herausstellte – auch die für eine Bezwingung Großbritanniens in einem strategischen Luftkrieg geeignete starke Luftwaffe mit schweren Bombern[12]; England andererseits verfügte über keine eigene Landmacht und keinen Bundesgenossen auf dem Kontinent. Dies bedeutete allerdings nicht, daß nun die britische Strategie allein auf langfristige Maßnahmen wie die Sicherung der atlantischen Zufahrtswege[13], die Blockade des deutsch-beherrschten Europa[14] und den Luftkrieg gegen Deutschland[15] abgestellt wurde, obwohl im großen die Fortdauer der strategischen Defensive vorerst unvermeidbar war. Unter

10 In Konsequenz dieser Stellungnahme des britischen Stabschefs hatte sich die britische Regierung trotz wiederholtem Drängen des französischen Verbündeten seit dem 22. 5. geweigert, dem geforderten Einsatz von 600 britischen Jagdflugzeugen, d. h. dem Gros der britischen Luftverteidigungskräfte, in Frankreich zuzustimmen.

11 Grand Strategy, vol. II, S. 210.

12 Näheres hierzu unten S. 173 ff.

13 Roskill, Bd. I, S. 247 ff. und S. 273 ff.

14 Medlicott, vol. I, S. 436 ff.

15 Über die britische Konzeption des Luftkrieges gegen Deutschland zusammenfassend unten S. 420 f.

Verzicht auf eine Besetzung der ostasiatischen Position (Singapore), deren Schutz im Ernstfall die USA übernehmen sollten[16], wurde vielmehr mit allen verfügbaren See= und Luftstreitkräften eine Taktik der permanenten Bedro= hung der Peripherie Kontinentaleuropas eingeleitet, deren Schwerpunkt in den Mittelmeerraum gelegt wurde. Hier sollte und konnte die Initiative trotz des Ausfalls Frankreichs und der zahlenmäßigen Unterlegenheit der britischen Streitkräfte gegen Italien behauptet werden[17]. Von der britischen Mittelmeer= basis aus sollte allmählich die Offensive gegen Italien mit dem Ziel vorbereitet werden, den weitaus schwächeren „Achsen"=Partner aus dem Felde zu schlagen und wieder Kräfte für die Sicherung der britischen Position in Ostasien gegen= über Japan zu gewinnen. Dennoch bot all dies keine Aussicht, in absehbarer Zeit eine Kriegsentscheidung gegen Deutschland zu erreichen[18].

In dieser Situation mußte sich für Großbritannien der Gedanke einer welt= weiten Kriegskoalition mit den USA und — nach Möglichkeit — auch mit der Sowjetunion geradezu aufdrängen. Eine solche Konzeption entsprach indessen bei Churchill nicht nur dem Gebot der Stunde, sondern einem Programm, des= sen Verwirklichung er schon 1938/39, damals als Einzelgänger, eindringlich, wenn auch vergeblich gefordert hatte. Der Gedanke der „Großen Koalition" gegen Hitler, damals hauptsächlich mit Frankreich und der Sowjetunion (deren mögliche oder unmögliche Realisierung unter den politischen Voraussetzungen jener Zeit hier nicht zu untersuchen ist), wurde von Churchill jetzt in einen weltweiten Rahmen ausgedehnt, wobei die anzustrebende Allianz mit den USA den festen Kern darstellen sollte. In einem „aide mémoire" für den bri= tischen Botschafter in Washington Lord Lothian vom 13. 6. 1940[19] waren — zu seiner Verwendung in den Verhandlungen mit der amerikanischen Regierung und in Gespächen mit den führenden amerikanischen Militärs — die von den britischen Stabschefs in den letzten Wochen erörterten Gesichtspunkte für eine erfolgreiche Fortsetzung des Krieges knapp zusammengestellt. In Washington sollte mit Nachdruck darauf hingewiesen werden, daß die von Großbritannien zu leistende Aufgabe der aktiven Kriegführung gegen Deutschland sich auf die Dauer als zu schwer für dieses Land erweisen und eine volle Unterstützung des „ganzen amerikanischen Kontinents" notwendig werden könne. Dieses „aide mémoire" stellte ein wichtiges Glied in den — mit einer ersten persön= lichen Botschaft Churchills als Premierminister am 15. 5. einsetzenden — Reihe intensiver Bemühungen in Form von Lageberichten und Appellen an Roosevelt

16 Zur amerikanischen Weigerung vgl. unten 406 f.
17 Vgl. Näheres hierzu in dem Abschnitt über den Mittelmeerschauplatz S. 126 ff.
18 Die Frage, wie sich die britischen Stabschefs eine endgültige Niederwerfung Deutschlands vorstellten, vor allem, ob nicht trotz aller Schwächung Deutsch= lands durch eine langfristige Blockade, den Luftkrieg und den Ausfall des ver= bündeten Italien schließlich doch eine Invasion auf dem Kontinent und eine Offensive zu Lande gegen Deutschland notwendig sein würden, spielte daher bereits in den britisch=amerikanischen Stabsbesprechungen vom 31. 8. 1940 eine entscheidende Rolle (vgl. hierzu Matloff=Snell, S. 22 ff.).
19 Grand Strategy, vol. II, S. 242 f.

mit dem Ziel dar, die USA zu einer stärkeren Hilfeleistung zu veranlassen und auf dem Wege über einen persönlichen Kontakt zum Präsidenten ein späteres Bündnis zwischen beiden Ländern vorzubereiten[20].

Das Vordringlichste für Churchill war dabei, ein Vertrauensverhältnis zum amerikanischen Präsidenten herzustellen, um das noch aus der Ära der britischen Appeasement=Politik herrührende Mißtrauen der amerikanischen Regierung (wie auch großer Teile der amerikanischen Öffentlichkeit) hinsichtlich des britischen Widerstandswillens allmählich zu überwinden und Roosevelt persönlich von der Entschlossenheit Großbritanniens unter Churchills Führung zu überzeugen, den Kampf gegen Hitler auch unter den schwierigsten Bedingungen fortzusetzen. Das auch beim Präsidenten bestehende Mißtrauen, das aus unterschiedlichen Motiven von wichtigen politischen und militärischen Beratern genährt wurde, äußerte sich in der Zeit Mai/Juni 1940 in seinem Drängen auf eine bindende Zusage der britischen Regierung, daß im Falle eines Zusammenbruchs Großbritanniens die britische Flotte nicht in Waffenstillstandsvereinbarungen mit Hitler einbezogen werden, sondern nach Kanada oder den USA ausweichen sollte[21]. So verständlich dieses Verlangen vom Standpunkt der amerikanischen Sicherheit aus war, wäre doch nach Ausfall der britischen Flotte die amerikanische Atlantik=Küste ohne wirksamen Schutz gewesen, da die ganze amerikanische Flotte in Hawaii konzentriert war, um den Expansionstendenzen Japans nach Südostasien als „fleet in being" entgegenzuwirken[22], so war eine verpflichtende Zusage vom britischen Gesichtspunkt aus doch aus mehreren Gründen unangebracht. Eine Erklärung im gewünschten Sinne hätte sich möglicherweise verheerend auf die Kampfmoral der britischen Bevölkerung auswirken und – andererseits – in der amerikanischen Öffentlichkeit so gedeutet werden können, daß Großbritannien doch nicht mit letzter Entschlossenheit – notfalls unter Opferung der eigenen Flotte – bereit sei, eine deutsche Invasion abzuwehren, so daß eine materielle Unterstützung für Großbritannien durch die USA, noch dazu mit den für den Aufbau einer eigenen schlagkräftigen Wehrmacht selbst dringend benötigten modernen Waffen und Ausrüstungsgegenständen, einer schon als verloren betrachteten Sache gelten würde, die besser abzulehnen sei.

Ohne Zweifel hat gerade die konstante Weigerung Churchills, über seine in der Unterhausrede vom 4. 6. 1940 zum Ausdruck gebrachte prinzipielle Haltung hinauszugehen – „wenn selbst, was ich keinen Augenblick glaube, diese Insel oder ein großer Teil von ihr unterjocht und ausgehungert werden sollte, dann würde unser Reich jenseits des Meeres, bewaffnet und beschützt von

20 Churchill, vol. II, S. 23 ff.; Woodward, S. 78 ff.; vom ersten Tage der Regierung Churchills galt die Feststellung des Historikers J. R. M. Butler (Grand Strategy, vol. II, S. 417): „No factor in the Prime Minister's Policy was more constant than his determination to do or say nothing which might prevent or delay the entry of the United States into the war on the British side."

21 Ebda.

22 Zur amerikanischen strategischen Konzeption 1939/40 vgl. unten S. 92 ff.

der britischen Flotte, den Kampf fortsetzen"[23] – Roosevelt von dem festen Willen Churchills und von der britischen Standhaftigkeit als Voraussetzung für ein volles amerikanisches Engagement überzeugt und seinen grundlegen=den Entschluß, seine Gesamtpolitik mit allen Konsequenzen auf die Unterstüt=zung Großbritanniens abzustellen, mit herbeigeführt[24]. Der Schlag, den Chur=chill am 3. 7. 1940 gegen die französische Flotte (Oran) führen ließ, geschah nicht zuletzt auch mit Blick auf die USA, vor allem auf Roosevelt selbst[25]. Der Präsident begnügte sich schließlich mit einer Wiederholung der erwähnten Redewendung Churchills in der Unterhauserklärung von 20. 8. 1940[26]. Zu die=ser Zeit war die Verbindung zu Roosevelt schon so eng geworden, daß Chur=chill keine irgendwie belangvollen politischen oder strategischen Entscheidun=gen traf, ohne sich vorher mit dem Präsidenten beraten zu haben[27]. In den britisch=amerikanischen Stabsbesprechungen am 31. 8. 1940 konnte Luftmar=schall Newall bereits offen aussprechen, daß die gesamte britische Kriegfüh=rung auf der wirtschaftlichen und industriellen Zusammenarbeit Großbritan=niens mit den USA beruhe[28].

Führten somit Churchills Bemühungen, ein Kriegsbündnis mit den USA vor=zubereiten, zu einem unter den bestehenden Bedingungen (amerikanischer Wahlkampf, Schwäche der amerikanischen Rüstung) größtmöglichen Erfolg, so blieben die schon bald nach seiner Regierungsübernahme (10. 5. 1940) ein=geleiteten Sondierungen bei der Sowjetregierung ohne greifbares Ergebnis. Allerdings konnte auch von einem völligen Mißerfolg nicht die Rede sein, wobei wir uns bei dieser Feststellung an die Tatsachen selbst halten und die Beurteilung durch Hitler mit den von ihm daraus gezogenen weitreichenden Konsequenzen vorerst außer Betracht lassen. Der Grundgedanke Churchills bei seinem Versuch, mit der Sowjetunion Kontakt aufzunehmen, war einfach: Der Machtzuwachs Hitlers, der nach dem offensichtlich auch für die Sowjet=union überraschend schnellen Zusammenbruch Frankreichs praktisch ganz Europa zwischen England und Rußland beherrschte, mußte das – von außen schwer durchschaubare und bisher auch von Großbritannien nicht immer rich=tig gedeutete[29] – deutsch=sowjetische Verhältnis seit Abschluß des Nichtan=griffpakts ändern, die Abhängigkeit Hitlers von dem Wohlwollen der Sowjet=union lockern, ohne die wehrwirtschaftliche Abhängigkeit Deutschlands von

23 Churchill, vol. II, S. 400.
24 Näheres siehe unten S. 95 ff.
25 Churchill, vol. II, S. 233 ff.
26 Woodward, S. 85.
27 Von dieser Zeit an bestimmte daher auch die Haltung der USA gegenüber der Sowjetunion das Maß der Konzessionen Großbritanniens gegenüber der UdSSR (vgl. unten S. 89).
28 Matloff=Snell, S. 22. – Die Behauptung der britischen Stabschefs, man wolle spätestens im Frühjahr 1942 zur Generaloffensive gegen Deutschland übergehen, fand auf amerikanischer Seite keinen rechten Glauben.
29 Zu den gegen die Sowjetunion gerichteten alliierten militärischen Planungen im Frühjahr 1940, die durch eine Fehldeutung des deutsch=sowjetischen Wirt=schaftsvertrages vom 10. 2. 1940 ausgelöst wurden, vgl. oben S. 56 f.

der Sowjetunion aufzuheben, und Stalin mit Notwendigkeit zu einer neuen Lagebeurteilung gegenüber der vom August 1939 führen. Es mußte nach britischer Auffassung in der Logik des machtpolitischen Kräftespiels liegen, daß die Sowjetunion nun die schon fast ganz abgerissenen politischen Fäden zu Großbritannien wieder aufnahm, wobei Churchill zunächst eine schrittweise Annäherung beider Länder auf dem Wege über intensivere Wirtschaftsbeziehungen ohne größere politische Zugeständnisse von seiten Großbritanniens anstrebte. Tempo und Methode bei der von Churchill eingeleiteten Kontaktnahme sowie die Wahl der Botschafter-Persönlichkeit waren indessen – unabhängig von den sich aus der Sachlage und der Zielsetzung Stalins ergebenden begrenzten Chancen für ein „rapprochement" – wenig angetan, einen Erfolg des Unternehmens zu verbürgen. Der sonst in Personalfragen durchaus erfahrene Premierminister traf mit der Wahl des eigenwilligen links-orientierten Labour-Politikers Sir Stafford Cripps insofern eine Fehlentscheidung, als die Sowjetregierung den Umgang mit Berufsdiplomaten und konservativ-bürgerlichen Vertretern „kapitalistischer" Staaten den Verhandlungen mit sozialistischen Politikern vorzieht. Auch entwickelte Cripps in Moskau sogleich einen auffälligen Eifer, der in vielem über die von der britischen Regierung gewünschte Linie hinausging, so daß damals auf sowjetischer Seite (und heute vom Historiker) nicht immer klar zu entscheiden war, welches die Linie der offiziellen britischen Politik und was persönliche Zugaben des Botschafters waren[30].

Bereits die Vorgeschichte der Mission Cripps'[31] war unglücklich verlaufen. Die Ankündigung der Entsendung des Labour-Politikers als „Sonderbevollmächtigter" in einer Reuter-Meldung am 27. 5. führte zu einer für die britische Regierung peinlichen Abweisung durch eine TASS-Erklärung vom 30. 5., in der es hieß, daß die von Großbritannien gewünschten Handelsgespräche entweder durch den (seit Dezember 1939 nicht mehr auf seinem Posten befindlichen) britischen Botschafter in Moskau Sir William Seeds oder einen neuen Botschafter, jedenfalls nicht durch einen Sonderemissär, geführt werden sollten. Der daraufhin am 6. 6. ausgesprochenen Ernennung von Cripps zum „außerordentlichen Botschafter und bevollmächtigten Minister" Großbritanniens in Moskau stimmte die Sowjetregierung zu, und Cripps traf, über Athen und Bukarest anreisend, am 12. 6. in der sowjetischen Hauptstadt ein. Gleich bei seiner Ankunft gab er in Moskau eine öffentliche Erklärung ab, daß der Sowjetunion nach britischer Auffassung in Südosteuropa eine führende Stellung zukomme[32]. Er traf damit, zweifellos politisch gezielt, eine neuralgische Stelle in den deutsch-sowjetischen Beziehungen, wobei es mangels Quellen offenbleiben muß, ob die britische Seite auf Grund von Vermutungen handelte oder

30 Für das Folgende grundlegend die auf den Akten des Foreign Office beruhende Darstellung von Woodward, S. 140 ff., die die Differenzen allerdings mehr andeutet als breit erörtert.

31 Zusammengefaßt dargestellt bei Fabry, S. 212 f.

32 Schultheß' Europäischer Geschichtskalender, hrsg. von U. Thürauf, Bd. 81: 1940, München 1941, S. 140.

ob der britischen Regierung die in den sowjetisch=italienischen Gesprächen in Rom Ende Mai 1940 erstmals angemeldeten Ansprüche der Sowjetunion auf Mitsprache in allen Balkan=Fragen bekannt waren[33]. Jedenfalls wiederholte Cripps in seinem ersten Gespräch mit Molotow kurz danach (18. 6.) – noch vor dem sowjetischen Ultimatum an Rumänien –, daß der Sowjetunion eine „überragende Stellung auf dem Balkan" gebühre[34]. Andererseits legte er – in völliger Verkennung der Ziele der sowjetischen Außenpolitik – dar, daß die Sowjetunion doch gegenüber den deutschen Hegemonialtendenzen in Europa ein Interesse an der Aufrechterhaltung des europäischen Gleichgewichts haben müsse. Dabei lag es nach der sowjetischen Machterweiterung in Ostmittel=europa auf der Hand, daß die Sowjetregierung nicht an eine Rückkehr zum status quo von 1939 dachte[35]. Molotow nahm daher bereits die später von Stalin wiederholte Antwort vorweg, als er erklärte, daß die Sowjetunion an der Aufrechterhaltung eines Gleichgewichts, wie es bisher bestanden habe, nicht interessiert sei. Implizit hieß dies, daß eine Anerkennung der seit 1939 zugunsten der Sowjetunion eingetretenen Machtveränderung in Ostmittel=europa vom sowjetischen Standpunkt Voraussetzung, nicht Folge einer bri=tisch=sowjetischen Annäherung sei. Dazu zeigte sich jedoch die britische Re=gierung im Sommer 1940 nicht bereit[36], obgleich Cripps persönlich wohl zu Zugeständnissen geneigt war[37]. Die Ausgangspositionen für Erfolg oder Miß=erfolg der Mission Cripps' waren im großen schon abgesteckt, als ein Brief Churchills an Stalin vom 25. 6. 1940 die Grundlage für weitere Besprechungen legen wollte[38]. Churchill brachte darin, den Kern des sowjetischen Interesses nicht treffend und daher das Mißtrauen Stalins gegen Großbritanniens Bestre=ben, die alte europäische Ordnung von 1939 auch auf Kosten der sowjetischen Gewinne wiederherzustellen, eher fördernd als abschwächend, den Wunsch der britischen Regierung zum Ausdruck, mit der Sowjetregierung über die

33 ADAP D IX, Dok. 382: Der dt. Botschafter in Moskau an das AA, 4. 6. 1940, S. 420 f. mit Anm. 2. Vgl. auch die eigene Darstellung unten S. 114 f.

34 ADAP D IX, Dok. 520: Der dt. Botschafter in Moskau an das AA, 22. 6. 1940, S. 547; M. Toscano: Una mancata intesa italo=sovietica nel 1940 e 1941, Florenz 1953, S. 30 ff.

35 Dies war auch in der gemeinsamen deutsch=sowjetischen Erklärung vom 28. 9. 1939 klar zum Ausdruck gekommen, in der die territoriale Neuordnung in Ostmitteleuropa, d. h. die Zerschlagung und Aufteilung Polens, als „end=gültige" Lösung bezeichnet worden war (ADAP D VIII, Dok. 161, S. 129 f.).

36 Das gespannte Verhältnis zwischen den USA und der Sowjetunion seit dem finnisch=sowjetischen Winterkrieg muß als wesentlich zum Verständnis für die strikt ablehnende britische Haltung etwa im Hinblick auf eine Anerkennung der Annexion der Baltischen Staaten beachtet werden. Jede Konzession an die Sowjetunion konnte das britische Einvernehmen mit den USA trüben. Dieses aber, nicht die Annäherung an die Sowjetunion, wurde von Churchill und der britischen Regierung als lebensnotwendig betrachtet.

37 Dies läßt sich aus der Darstellung Woodwards, S. 145, vorsichtig erschließen, aus der hervorgeht, daß Cripps während der Oktober=Verhandlungen (vgl. die Darstellung unten S. 302 f.) zumindest die sowjetische These hinsichtlich des Endes der staatlichen Existenz Polens anzunehmen bereit war.

38 Wortlaut in: Churchill, vol. II, S. 135 f.

Probleme zu sprechen, die durch den deutschen Versuch aufgeworfen seien, durch stufenweise Eroberungen und Annexionen die Herrschaft über ganz Europa auszudehnen.

Über den Empfang des Botschafters durch Stalin am 1. 7. 1940, bei dem Cripps das Schreiben Churchills erläutern sollte, ist kein Protokoll zugänglich. Die verfügbaren Quellen[39] ergeben kein einheitliches Bild. Sicher ist, daß Cripps

39 Die auf britischen Akten beruhende, summarische Darstellung bei Woodward, S. 142, der Bericht des amerikanischen Botschafters in London Kennedy an Staatssekretär Hull über die Orientierung, die ihm Außenminister Lord Halifax am 5. 7. 1940 gab (Foreign Relations, vol. III/1940, S. 53 f.), und die für die deutsche Regierung bestimmte sowjetische Aufzeichnung, die Molotow am 13. 7. 1940 dem Botschafter Graf v. d. Schulenburg übergab (ADAP D X, Dok. 164: Der dt. Botschafter an das AA, 13. 7. 1940, S. 170 f.); ferner ein Telegramm des türkischen Botschafters in Moskau an seine Regierung in Ankara vom 16. 7. 1940, das der ungarische Nachrichtendienst entzifferte und dessen Inhalt dem deutschen Gesandten in Budapest mitgeteilt wurde (St. S.: Türkei, Bd. 2: Der dt. Gesandte in Budapest an das AA vom 18. 7. 1940). Darin berichtete der türkische Botschafter in Moskau über das Gespräch Stalin — Cripps auf Grund einer Darstellung, die ihm der britische Botschafter persönlich gab. Auszüge daraus bei Krecker, S. 105. Krecker zieht aus diesem Bericht die zutreffende Folgerung, „daß Stalin das englische Angebot nicht so kategorisch abgelehnt hat, wie er Berlin glauben machen wollte, und daß Cripps die Türkei in der Tat zu Zugeständnissen bewegen wollte" (ebda.). In der wenige Tage nach der Unterredung Stalin — Cripps durch den britischen Außenminister Lord Halifax Botschafter Kennedy am 5. 7. 1940 gegebenen Orientierung (Foreign Relations, vol. III/1940, S. 53 f.: Kennedy an Hull) hieß es, Cripps sei in der sowjetischen Hauptstadt gut aufgenommen worden („that he has seen Stalin and liked him"). Stalin habe erklärt, keine weiteren Forderungen auf dem Balkan erheben zu wollen; er werde den Deutschen nicht mehr als unbedingt notwendig liefern. Das Folgende bezieht sich dann wohl auf andere, allgemeine Informationen Cripps' in Moskau, da es weiter heißt: „They", d. h. die Russen, nähmen an, Deutschland würde sie 1941 angreifen, falls, was erwartet würde, Großbritannien bis dahin besiegt sei. Sie bäten, Großbritannien möge die Türkei „ruhig halten". In einem Gespräch mit seinem amerikanischen Kollegen in Moskau, Steinhardt, am 21. 9. 1940, gab Cripps folgende Version der Äußerungen Stalins ihm gegenüber am 1. 7.: die Sowjetunion betrachte Deutschland als einzige reale Bedrohung. Ein deutscher Sieg über Großbritannien werde die Sowjetunion in eine schwierige, wenn nicht gefährliche Lage bringen. Er, Stalin, sehe sich aber außerstande, die im Falle einer Beendigung des Westkrieges mit Gewißheit zu erwartende deutsche Invasion der Sowjetunion durch eine Änderung der sowjetischen Politik zu verhindern. Er ziehe das Risiko eines Krieges mit Deutschland ohne eigene Verbündete, im Falle einer britischen Niederlage, einer Kursänderung der sowjetischen Politik zu diesem Zeitpunkt vor; denn selbst wenn Deutschland Großbritannien besiegen sollte, würde die deutsche Militärmacht dadurch erheblich geschwächt. Außerdem würde es den „Nazi-Führern" nach Beendigung des gegenwärtigen Krieges schwerer fallen, das deutsche Volk zu einer neuen großen Kriegsanstrengung hochzureißen (Foreign Relations, vol. I/1940, S. 611). Diese Version der Äußerungen Stalins muß mit einer gewissen Skepsis betrachtet werden, da eine solche Vertraulichkeit Stalins dem neuen britischen Botschafter gegenüber, noch dazu bei seinem ersten Empfang, bei der hintergründigen Verschlagenheit und klugen Verhandlungstaktik Stalins nicht sehr wahrscheinlich ist. Bemerkenswert ist, wie sehr die Wendung am Schluß entsprechenden Gedankengängen Hitlers nahekommt (vgl. unten S. 219 f., allerdings hat Stalin wohl die Schlußfolgerung Hitlers, daß der Angriff auf die Sowjetunion dann eben vor Abschluß des Krieges im Westen durchgeführt werden müsse („realpolitisch" berechtigt, auf Hitlers Psyche bezogen verfehlt) kaum für möglich gehalten.

gegen den Willen des Foreign Office, zumindest ohne Weisung, die Frage einer möglichen Verbesserung der sowjetisch-türkischen Beziehungen ins Gespräch brachte, für die er britische Hilfe anbot. Er knüpfte damit an Überlegungen an, die bei den Verhandlungen der Westmächte mit der Sowjetunion im Sommer 1939 eine Rolle gespielt hatten. Damals war es das Ziel der britischen Diplomatie gewesen, dem festen britisch-französisch-türkischen Bündnis und dem projektierten lockeren britisch-französisch-sowjetischen Pakt ein „Gelenkglied" in Form eines türkisch-sowjetischen Hilfeleistungspakts einzufügen. Jetzt brachte Stalin klar zum Ausdruck, daß die Sowjetunion dringend eine Abänderung des Vertrages von Montreux zu ihren Gunsten wünschte. Der Version zufolge, die Cripps seinem türkischen Kollegen in Moskau gab[40], erklärte Stalin in diesem Zusammenhang, daß sein Versuch, im Herbst 1939 zu einem Ausgleich mit der Türkei zu kommen, an der Weigerung der türkischen Regierung gescheitert sei, „seine Wünsche betreffs der Meerengen" zu erfüllen. Cripps habe daraufhin seine Bereitschaft versichert, durch eine britische Vermittlung zu versuchen, die Türkei zu Zugeständnissen zu bewegen. Diesem Vorschlag habe Stalin zugestimmt. In der Folge scheint es dann tatsächlich zu einer britischen Anfrage bei der türkischen Regierung gekommen zu sein, ob diese damit einverstanden sei, daß Cripps Stalin „zur Präzisierung seines Standpunktes" auffordere[41]. Die ablehnende Haltung der Türkei ließ aber diesen Faden sogleich wieder abreißen.

Nur aus der Mitteilung, die Stalin am 13. 7. dem deutschen Botschafter Graf von der Schulenburg über seine Unterredung mit Cripps zukommen ließ, ist zu entnehmen, daß Cripps auch seine Balkan-These wiederholte und Stalin dabei – jedenfalls nach der an die deutsche Adresse gerichteten Version des Gesprächsinhalts – unter Verzicht auf einen sowjetischen Vormachtsanspruch das sowjetische Interesse und Mitspracherecht in allen Balkanfragen erneut anmeldete. Da Großbritannien im Sommer 1940 keinen nennenswerten Einfluß in Südosteuropa ausübte, war das Thema Balkan in sowjetischer Sicht vor allem ein Problem der deutsch-sowjetischen Beziehungen, ein theoretischer Verzicht Großbritanniens auf eigene Interessen in diesem Raume[42] daher in Stalins Sicht kein reales Zugeständnis. Für ihn konnte dieser Verzicht allenfalls als ein Druckmittel in den Verhandlungen mit Deutschland verwendet werden. Im ganzen entnahm Stalin dem Gespräch mit Cripps, daß die britische Regie-

40 Vgl. hierzu vor allem Krecker, S. 104 f.

41 N. Sadak: Turkey faces the Soviets, in: Foreign Affairs 27 (1948/49), S. 455; Krecker, S. 105.

42 Ob Cripps' Balkanthese tatsächlich einen britischen Verzicht auf eigene Balkaninteressen ausdrücken sollte, ist zweifelhaft, da die britische Regierung Ende Oktober 1940 nach der Eröffnung der Bukarester „Seedonau"-Konferenz in Moskau dagegen protestierte, daß sie von den Beratungen ausgeschlossen und ihre Interessen am Status des Unterlaufs der Donau übergangen wurden (vgl. unten S. 303). Möglicherweise handelte es sich auch bei Cripps' Balkanthesen vom Juni/Juli 1940 um eine Eigenmächtigkeit oder um eine weite Auslegung einer allgemeiner gefaßten Weisung seiner Regierung durch den Botschafter.

rung zu keinen für die Sowjetunion wirklich interessanten Konzessionen bereit war, somit keine Veranlassung vorlag, die eigene reservierte Haltung aufzugeben und die günstige Position, mit beiden kriegführenden Seiten verhandeln zu können, um aus der Kriegssituation für die sowjetischen Interessen die größtmöglichen Vorteile zu erlangen, vorzeitig zu verlassen. Die Verhandlungen, die Cripps fortzuführen bemüht war, verfingen sich daher auch bald im Gestrüpp der sehr konkret gehaltenen Einzelwünsche der Sowjetregierung im Zusammenhang mit der geforderten Anerkennung der sowjetischen Annexion der Baltischen Länder durch Großbritannien, einer Forderung, die Molotow am 7. 8. erstmals vorbrachte[43]. Die Erklärung des Foreign Office, daß die sowjetische Aktion gegen die Baltischen Länder von der „gleichen Art wie die deutsche Eroberung Österreichs und der Tschechoslowakei" sei und daß die britische Regierung an ihrem Prinzip festhalte, vor allgemeinen Friedensregelungen keine während eines Krieges eingetretenen territorialen Veränderungen anzuerkennen[44], ließ das kaum begonnene Gespräch dann bald den toten Punkt erreichen. Schon Ende Juli 1940 war Cripps vorübergehend der resignierenden Meinung verfallen, seine Mission in Moskau sei gescheitert. Die von ihm gewünschte Ankündigung seiner bevorstehenden Abberufung, mit der auf die Sowjetregierung ein Druck ausgeübt werden sollte, wurde jedoch von Außenminister Lord Halifax am 2. 8. abgelehnt.

Die bei oberflächlicher Betrachtung schwer verständliche Diskrepanz in der britischen Haltung gegenüber Südosteuropa und den Baltischen Staaten in ihren Verhandlungen mit der Sowjetunion ist wohl am einleuchtendsten aus der in der Zeit zwischen der Cripps-Offerte und der Erklärung des Foreign Office liegenden völligen Einigung Churchills mit Roosevelt über die gemeinsame politische Grundlinie Großbritanniens und der USA zu verstehen. Die Anpassung an die Prinzipien der amerikanischen Außenpolitik, die in der britischen Erklärung zur Annexion der Baltischen Länder durch die Sowjetunion klar zum Ausdruck kam, schien in der Situation Großbritanniens im Sommer 1940 ein Gebot politischer Klugheit. Den sicheren Rückhalt an den USA zog die britische Regierung dem fraglichen und fragwürdigen Arrangement mit Stalin vor. Damit sind bereits die klaren Grenzen aller weiteren britischen Kontaktversuche mit der Sowjetunion bis zum 22. 6. 1941 angedeutet.

So unbefriedigend die Bilanz der Mission Cripps' vom britischen Standpunkt aus war und so problematisch sich auch der von Cripps implizit ausgesprochene weitgehende Verzicht auf britische Balkaninteressen erweisen sollte, der kein Ergebnis in der gewünschten Richtung zeitigte, vielmehr nur die spätere britische Verhandlungsposition gegenüber der Sowjetunion vorbelastete, allein

43 Hierfür und für das Folgende Woodward, S. 142 f.

44 Diese Erklärung entsprach genau dem amerikanischen Standpunkt. Hierzu: Foreign Relations, vol. I/1940, S. 410 ff. (Welles an den amerikanischen Geschäftsträger in Moskau, 9. 8. 1940) (vgl. auch unten S. 202).

die Tatsache, daß wieder ein britischer Botschafter in Moskau wirkte, der noch dazu eine große Betriebsamkeit entwickelte (deren Erfolge oder Mißerfolge von außen schwer einzuschätzen waren), sein Empfang durch Stalin wenige Tage nach dem Zusammenbruch Frankreichs und die recht späte Mitteilung des Inhalts des Gesprächs an den deutschen Botschafter hätten auch bei einer deutschen Staatsführung, die weniger mißtrauisch und allergisch in der Witterung möglicher Gefahren gewesen wäre als Hitler, Beunruhigung hervorgerufen, zumal Cripps mit seinen wiederholten Erklärungen hinsichtlich Südosteuropas die schwache Stelle in den deutsch-sowjetischen Absprachen vom Herbst 1939 getroffen hatte und Stalin mit der politisch gezielten Weitergabe dieses Gesprächspunktes an den deutschen Vertragspartner deutlich, wenn auch indirekt, seine Forderung auf eine neue Interessenabgrenzung auf dem Balkan anmeldete. Die Bedeutung der Wiederaufnahme des Kontaktes zwischen Großbritannien und der Sowjetunion muß daher, trotz der wenig greifbaren unmittelbaren Ergebnisse der Mission Cripps', hoch eingeschätzt werden. Ein Positionswechsel der Sowjetunion – das war das Entscheidende – blieb, zumal bei einer längeren Kriegsdauer, immer möglich. Ohne der Untersuchung des tatsächlichen Einflusses einer solchen Wendung der sowjetischen Politik auf Hitlers Beurteilung der politischen und strategischen Weltlage hier vorzugreifen, ist festzuhalten, daß die britisch-sowjetischen Gespräche als Ausdruck einer in näherer oder fernerer Zukunft möglichen politischen Kombination *ein* wichtiges Moment bei jeder Analyse der Situation im Sommer 1940 auf deutscher Seite darstellen mußten.

3. Roosevelts Entscheidung zur Unterstützung Großbritanniens

Um die politische und strategische Situation, in der sich die USA beim Zusammenbruch Frankreichs im Mai/Juni 1940 befanden, zu überschauen und die geschichtliche Bedeutung der Entscheidung zu ermessen, vor die sich Präsident Roosevelt zu diesem Zeitpunkt gestellt sah, ist es notwendig, einen knappen Rückblick auf die Grundzüge der amerikanischen Außenpolitik und die strategischen Erwägungen in den dreißiger Jahren einzuschalten[1]. Die nach dem Ersten Weltkrieg im Rahmen der – die amerikanische Gesamtpolitik bestim-

1 Für das Folgende vgl. vor allem W. L. Langer and S. E. Gleason: The Challenge to Isolation 1937–1940. New York 1952; M. Matloff and E. M. Snell: Strategic Planning for Coalition Warfare 1941/42. Washington 1953. – Die geistvolle, temperamentvoll vorgetragene Studie von J. Engel: Pearl Harbor und der Eintritt der Vereinigten Staaten in den Zweiten Weltkrieg, in: Historische Forschungen und Probleme. Festschrift für Peter Rassow. Wiesbaden 1961, S. 358 ff., war für unsere Darstellung sehr anregend, doch können wir nicht allen ihren Thesen zur Situation 1940 zustimmen. Da ein wissenschaftlicher Apparat fehlt, ist es schwer, in eine Einzelauseinandersetzung einzutreten.

menden — isolationistischen Tendenzen[1a] vertretene Ablehnung aller (im engeren Sinne) politischen und vor allem militärischen Verpflichtungen außerhalb der westlichen Hemisphäre hatte, ausgelöst durch die während des Abessinien=Krieges (1935/36) aufkommende Befürchtung, durch eine mögliche Verknüpfung wirtschaftlicher Interessen doch wieder in einen Konflikt der europäischen Großmächte hineingezogen zu werden, zu Neutralitätsgesetzen (1935—1937[2]) geführt, deren — über die völkerrechtlichen Normen hinausgehende — Kernbestimmung, striktes Waffenausfuhrverbot an Kriegführende, jede Verwicklung der USA in einen außerhalb der „westlichen Hemisphäre" liegenden kriegerischen Konflikt in Analogie zu dem Hineingleiten in den Ersten Weltkrieg ausschließen sollte. Die Militärausgaben blieben, wie schon in den zwanziger Jahren, auf das Nötigste zur Verteidigung des Landes beschränkt. Insbesondere wurde die Ausstattung des Heeres, aber auch die Ausrüstung und Befestigung der vorgeschobenen Stützpunkte (vor allem auf den Philippinen, auf Guam und Wake) weitgehend vernachlässigt. Die Neutralitätsgesetzgebung entsprach indessen nicht nur dem Willen der überwiegenden Mehrheit der Amerikaner, sondern fand auch, was in der Rückschau oft übersehen wird, die Zustimmung des Präsidenten Roosevelt. Öffentliche Meinung und außenpolitischer Kurs der Regierung stimmten bis 1937 im großen überein. Erst der japanische Angriff auf China (ab Juli 1937) ließ die schon immer klar ausgesprochene moralische Ablehnung der totalitären und autoritären Regime in Europa und Asien durch den Präsidenten in der berühmten „Quarantäne"=Rede in Chicago am 5. 10. 1937 zum erstenmal in der Öffentlichkeit in einer politischen Konsequenz zum Ausdruck kommen. Die Bedrohung der amerikanischen Interessen in Ostasien und im Pazifik durch die japanische „Aggressions"=Politik, gegen die sich die Spitze der „Quarantäne"=Rede richtete[3], blieb auch nach dem Sichtbarwerden der raschen deutschen Machtentfaltung in Europa — durch den „Anschluß" Österreichs und die Lösung der „Sudetenkrise" mit der politischen Kapitulation der europäischen Westmächte vor Hit=

1a Da während der Weltwirtschaftskrise (1929—1933) die wirtschaftlichen (und damit die indirekten politischen) Bindungen an Europa abrissen, verstärkten sich nun noch die isolationistischen Züge der amerikanischen Außenpolitik, und zwar wesentlich mehr gegenüber Europa als gegenüber Ostasien.

2 Zusammenfassende Wiedergabe der Gesetze bei Th. A. Bailey: A Diplomatic History of American People. New York, 5. Aufl. 1955, S. 740 ff. — Die amerikanische Neutralitätsgesetzgebung wurde mit einem ersten Gesetz vom 6. 8. 1934 anläßlich des Chaco=Konfliktes eingeleitet, das am 22. 8. 1935 erweitert wurde. Eine Relevanz im Rahmen der „Großen Politik" gewann die Neutralitätsgesetzgebung jedoch erst im Abessinien=Krieg.

3 Die Vermutung W. Bessons (in: Von Roosevelt bis Kennedy. Grundzüge der amerikanischen Außenpolitik 1933—1963, Frankfurt a. M. 1964, S. 46), „daß Roosevelts Anklage sich mehr gegen Hitler als gegen die japanische Kriegspartei richtete", mag als hintergründiges Moment bei Roosevelt durchaus zutreffen, doch sollte nicht übersehen werden, daß der Schwerpunkt der amerikanischen Politik und Strategie bis Mitte 1940 im Pazifik und in Ostasien lag.

ler in München 1938[4] – für die amerikanische Regierung noch das vorherrschende Gefahrenmoment in der Welt. Japan (als möglicher Kriegsgegner) hatte die strategischen Planungen der USA schon seit den frühen zwanziger Jahren bestimmt: Ausschließlich ein Verteidigungskrieg gegen Japan war in all diesen Jahren in den Erwägungen und Planstudien der amerikanischen Führungsstäbe überhaupt als Kriegsfall in Betracht gezogen worden, während ein Krieg gegen europäische Mächte außerhalb jeglicher Überlegungen geblieben war.

Erst nach „München" veranlaßte Präsident Roosevelt – nach einer öffentlichen Warnung in seiner Rundfunkansprache vom 26. 10. 1938: die USA würden die Gefahren der „Aggression" überall in der Welt erkennen und ihr entgegentreten, insbesondere in der „westlichen Hemisphäre"[5]; den „Aggressoren" müßte, wie er in seiner Botschaft an den Kongreß vom 4. 1. 1939 hinzufügte, mit Methoden „short of war" begegnet werden[6] –, daß das „Joint Planning Committee" (JPC) umfassende Studien für militärische Eventualfälle ausarbeitete, bei denen davon auszugehen sei, daß die USA in einen Zwei-Ozean-Krieg gegen mehrere Großmächte gerieten. Die daraufhin erstellten Rahmenstudien („Rainbow 1–5") wurden Roosevelt am 30. 6. 1939 vorgelegt[7].

Da nach der von der amerikanischen Regierung geförderten Wendung der britischen und französischen Politik vom „Appeasement" zum Widerstand gegen die Expansionspolitik Hitlers in Europa im Frühjahr 1939 von der amerikanischen militärischen Führung vorausgesetzt wurde, daß im Kriegsfalle die britische und die französische Flotte die Sicherung des Atlantik und damit den Schutz der östlichen Flanke der USA übernehmen würden – eine Hypothese, die der Verlauf des ersten halben Jahres des europäischen

4 Besson (S. 293) weist mit Recht darauf hin, daß die „Appeasement"-Politik der Westmächte mit der isolationistischen Neutralitätsgesetzgebung in den USA zusammengesehen werden muß. – Die Bemühungen der konservativen britischen Regierung seit 1935 um Kontakt mit Deutschland erklären sich nicht zuletzt daraus, daß unter der gegebenen weltpolitischen Konstellation (isolationistischer Kurs der USA, Schwäche und Krisenerscheinungen in Frankreich, Gegensatz zu Italien, Mißtrauen gegenüber der Sowjetunion und ihren Zielen) aus der Sicht einer konservativen Politik eine deutsch-britische Kombination am sinnvollsten schien – solange Hitler nicht offen eine Hegemonie in Europa anstrebte.

5 The Public Papers and Addresses of Franklin D. Roosevelt, vol. VII: 1938, New York 1941, S. 563 ff.

6 Ebda., vol. VIII: 1939, New York 1941, S. 1 ff.

7 Genaue Angaben über den Inhalt dieser Studien bei Matloff-Snell S. 7 f. Der Fall „Rainbow 5": Zweifrontenkrieg mit dem Ziel, die Entscheidung zunächst auf dem europäischen Kriegsschauplatz gegen Deutschland zu suchen – bei strategischer Defensive im Pazifik gegen Japan –, blieb 1939 außer Betracht, wurde aber im Frühjahr 1941 zum Kern des amerikanischen Grundkriegsplans (vgl. unten S. 407 f.). – Am 14. 7. 1939 forderte Roosevelt vom Kongreß eine Änderung der strikten Neutralitätsgesetzgebung; jedoch kam sie bis Kriegsbeginn nicht zustande. Vielmehr fiel die am 1. 5. 1937 eingefügte – die Schärfe mildernde – „Cash and carry"-Klausel am 1. 5. 1939 wieder fort, so daß das rigorose Neutralitätsgesetz wieder voll gültig wurde.

Krieges 1939/40 zunächst auch bestätigte –, konzentrierte sich die amerikanische strategische Planung in der Zeit bis Mai 1940 auf den Fall „Rainbow 2", bei dem ein Angriff Japans auf die Besitzungen der europäischen Mächte in Südostasiens angenommen wurde und bei dem es die Aufgabe der im Pazifik versammelten amerikanischen Flotte sein sollte, die südostasiatischen Kolonien Großbritanniens, Frankreichs und der Niederlande, die selbst seit September 1939 mit der Masse ihrer Streitkräfte in Europa gebunden waren, gegen einen japanischen Angriff zu schützen bzw. Japan durch die Demonstration der amerikanischen Macht vom Angriff überhaupt abzuschrecken.
In den Rahmen dieser Strategie mit verteilten Rollen fügte sich die Aufhebung der Embargo-Bestimmung für Waffenausfuhr nach dem Neutralitätsgesetz von 1937 durch die die Einführung der „cash-and-carry"-Klausel für den nun zugelassenen Export von Waffen und Ausrüstung an Kriegführende ein (4. 11. 1939[8]), da sie es – allerdings nur auf der Basis von Kaufverträgen der Alliierten mit der amerikanischen Privatindustrie – ermöglichte, der britischen und französischen Regierung eine – wenn auch angesichts der noch geringen Rüstungskapazität und des eigenen Nachholbedarfs auf dem Gebiete der Rüstung wie andererseits auch der Dollar-Knappheit Großbritanniens und der an ökonomischen Grundsätzen festhaltenden Finanzpolitik der Regierung Chamberlain recht begrenzte – Unterstützung zukommen zu lassen, um so die Abwehrkraft der europäischen Westmächte im Interesse der eigenen Sicherheit zu stärken. Im Sinne von „Rainbow 2" beließ Roosevelt die amerikanische Flotte, die Anfang April 1940 von ihrem Liegeplatz San Diego in Kalifornien zu Manövern nach Hawaii verlegt worden war, zunächst provisorisch, dann mit Befehl vom 27. 5. ständig dort, da Japan Mitte April, dann aber vor allem im Mai (noch vor der Kapitulation der Niederlande) sein besonderes Interesse an Niederländisch-Indien bekundete und der Präsident, die damaligen japanischen Absichten weit überschätzend, eine baldige Militäraktion der Japaner in Südostasien befürchtete[9].
Die deutschen Siege zunächst im Norden, dann vor allem aber im Westen Europas entzogen indessen der bisherigen amerikanischen strategischen Planung ihre Grundlagen. Zugleich wurde die militärische Schwäche der USA, die zu keinem größeren Krieg – etwa gar im Atlantik und Pazifik zugleich – in der Lage waren, offenbar, umfaßte doch – um nur ein paar Vergleichszahlen zu nennen – das amerikanische Heer im Mai 1940 insgesamt nur 241 000 Mann, von denen lediglich 5 Divisionen (80 000 Mannn) Kampfeinheiten waren[10].

8 Documents on American Foreign Relations, vol. II, S. 656 ff.
9 Th. Sommer: Deutschland und Japan zwischen den Mächten 1935–1940. Vom Antikominternpakt zum Dreimächtepakt. Eine Studie zur diplomatischen Vorgeschichte des Zweiten Weltkrieges. Tübingen 1962, S. 328, mit der dort angegebenen weiteren Literatur. Die zeitgenössische amerikanische Sicht am besten zu erkennen aus: The Memoirs of Cordell Hull, New York 1948, vol. I, S. 888 ff. Für den Zusammenhang mit der japanischen Politik vgl. die Darstellung unten S. 119 ff.
10 Langer-Gleason, S. 471 ff. S. Friedländer: Hitler et les États-Unis (1939–1941), Genf 1963, S. 113.

Die vorhandenen Waffen und die Ausrüstung reichten höchstens für die Aufstellung eines — erst noch auszubildenden — Kriegsheeres von 500 000 Mann. Die Luftstreitkräfte besaßen insgesamt nur knapp 1 350 Flugzeuge; geplant war, sie bis Juli 1941 auf einen Bestand von 3 000 Flugzeugen zu bringen.

Allein die amerikanische Flotte stellte ein Achtung gebietendes militärisches Instrument dar, jedoch nur wenn sie — wie bisher — an einer Stelle konzentriert blieb. Demgegenüber verfügte das deutsche Feldheer zu diesem Zeitpunkt (Mai 1940) über 156 kampfkräftige Divisionen[11], die deutsche Luftwaffe über rd. 3 000 Flugzeuge[12]. Die numerische Stärke der deutschen Wehrmacht betrug 5 Millionen Mann[13]. (Das Gros ihrer Kräfte war allerdings zu einem Einsatz außerhalb des erweiterten mitteleuropäischen Raumes nicht geeignet.)

Im Juni 1940 schied die französische Flotte mit dem deutsch-französischen Waffenstillstand als Faktor in der amerikanischen strategischen Planung vorerst ganz aus, und das Schicksal der britischen Flotte in einer Invasionsschlacht um die britische Insel schien ungewiß. Als schlimmster Fall mußte von amerikanischer Seite der Übergang sowohl der französischen als auch der britischen Flotte in die deutsche Verfügungsgewalt in Rechnung gestellt werden. Dementsprechend lösten der Schock des deutschen Sieges über Frankreich und die Eventualität des Ausfalls Großbritanniens Befürchtungen der amerikanischen Führungsstäbe vor möglichen gemeinsamen deutschen, italienischen und japanischen Aktionen gegen den amerikanischen Doppelkontinent aus, während gleichzeitig die isolationistischen Tendenzen in der amerikanischen Öffentlichkeit starken Auftrieb erhielten, die in großen Teilen (auch solchen, die dem Isolationismus fernstanden) ein baldiges Ende des britischen Widerstandes nach dem Zusammenbruch des als stärkste Militärmacht Europas betrachteten Frankreich erwartete.

Angesichts der Schwäche der amerikanischen Rüstung und der geringen Schlagkraft des amerikanischen Heeres, das kaum zur Verteidigung des US-Territoriums ausreichte, forderte der Chef des amerikanischen Armee-Generalstabes, General Marshall, am 22. 5. 1940 auf Grund einer Lagebeurteilung des Planungsstabes die Konzentration aller Verteidigungsanstrengungen auf den Bereich der „westlichen Hemisphäre"[14], da während des nächsten Jahres die Kraft der amerikanischen Wehrmacht äußerstenfalls ausreichen würde, um, abge-

11 B. Mueller-Hillebrand: Das Heer 1933—1945, Bd. II, Frankfurt a. M. 1956, S. 45.

12 Am 30. 3. 1940 (d. h. vor dem Norwegen-Unternehmen und der Westoffensive) waren es genau 3 692 Flugzeuge (Ist-Bestand), von denen 2 509 einsatzbereit waren (vgl. den Überblick in: KTB OKW, Bd. I, S. 110 E).

13 Einen detaillierten Vergleich der Stärke der Streitkräfte der Kriegführenden 1939 und ihrer Entwicklung während des Krieges bietet die auf Grund amtlichen Materials vorgenommene Zusammenstellung von H.-A. Jacobsen in: Der Zweite Weltkrieg in Bildern und Dokumenten. Hrsg. von H.-A. Jacobsen und H. Dollinger, Bd. I, München — Wien — Basel 1962, S. 473—79.

14 Matloff-Snell, S. 20.

sehen von der Sicherung des eigenen Landes, im Falle einer drohenden Invasion in Südamerika einzugreifen, den Schutz der europäischen Besitzungen in der „westlichen Hemisphäre" zu übernehmen und die amerikanischen Stützpunkte im Pazifik westlich des 180. Längengrades (also einschließlich Midways) zu verteidigen. Eine Übernahme weitergehender Verpflichtungen, insbesondere auch befreundeten Staaten, d. h. Großbritannien, gegenüber, sei abzulehnen[15].

Roosevelt stimmte zu, daß an die Stelle der bisherigen strategischen Planung („Rainbow 2") nun vordringlich ein Plan für die Verteidigung der „westlichen Hemisphäre" ausgearbeitet würde (ein revidierter Fall „Rainbow 4", der die Verteidigung des Doppelkontinents betraf). Jedoch – und dies wurde entscheidend für den ganzen weiteren Verlauf und den Ausgang des Krieges – lehnte es Roosevelt ab, alles nur auf diesen einen schlimmsten Fall, die Verteidigung der eigenen Hemisphäre, abzustellen, bei dem Großbritannien praktisch schon aufgegeben war. Anders als die amerikanischen Militärs, die ihren Blick allein auf die zur Zeit geringen Möglichkeiten ihrer Streitkräfte richteten und von daher ihre strategische Konzeption entwickelten, die in ihren politischen Konsequenzen auf einen extremen Isolationismus hinauslief, erkannte Roosevelt die im Interesse der amerikanischen Sicherheit liegende Notwendigkeit, Großbritannien im Kampfe zu halten und es, wenn auch unter Inkaufnahme eines eigenen großen Risikos, nicht nur moralisch, sondern auch materiell so intensiv zu unterstützen, daß es effektiv in der Lage blieb weiterzukämpfen. Dies schloß ein, daß die nun erst anlaufende amerikanische Rüstungsproduktion nicht allein oder in erster Linie dem Aufbau der eigenen Streitmacht dienen konnte, sondern in gleicher Weise der Aufrechterhaltung der Verteidigungskraft Großbritanniens zugute kommen mußte, wobei eine Hinauszögerung der eigenen Kriegsbereitschaft hinzunehmen war. Die materielle Basis für dieses Programm legte die von Roosevelt am 16. 5. 1940 in einer Sonderbotschaft an den Kongreß geforderte (und von diesem sogar noch um eine halbe Milliarde erhöhte) Bewilligung einer zusätzlichen Ausgabe von 1 Milliarde Dollar für Rüstungszwecke, insbesondere für den Aufbau einer Flugzeugindustrie, die in die Lage versetzt werden sollte, bis zu 50 000 Flugzeuge jährlich zu produzieren[16].

Der Präsident hatte bereits den ersten dringenden Appell Churchills als neuer Premierminister Großbritanniens vom 15. 5. 1940 mit der Zusage beantwortet,

15 Über die Haltung der höheren Offiziere von Heer und Marine der USA gegenüber Deutschland und England vgl. u. a. auch die aufschlußreichen Bemerkungen bei Sherwood, S. 96. Danach bestand bei Heer und Heeresluftwaffe die Neigung zur Bewunderung Deutschlands (wegen seiner militärischen Leistungen), die sich „in einigen extremen Fällen" zu der Hoffnung steigerte, Deutschland werde Großbritannien besiegen. Die höheren Marineoffiziere sahen hingegen in Japan den Hauptgegner und hofften, daß im Kriegsfalle der Pazifik der wichtigste Kriegsschauplatz würde.

16 Langer-Gleason, S. 474; Friedländer, S. 90; M. Watson: Chief of Staff. Pre-War Plans and Preparations. Washington 1950, S. 106 f.

alles, was an amerikanischen Flugzeugen, an Waffen und Ausrüstung irgendwie entbehrlich war, an Großbritannien zu liefern[17], ohne allerdings die von Churchill gewünschte Proklamierung einer amerikanischen „Nichtkriegführung" (anstelle der Neutralität) zuzusagen oder gar einen Kriegseintritt, wie ihn der französische Ministerpräsident Reynaud in der verzweifelten Situation seines Landes am 18. 5. 1940 forderte, versprechen zu können[18]. Ein solcher — zudem nur vom Kongreß zu beschließender — Schritt war sowohl wegen der herrschenden Mentalität der Mehrheit der Amerikaner[19] als auch in Anbetracht der militärischen Schwäche des Landes zu diesem Zeitpunkt ganz ausgeschlossen[20]. Mit der Zusage an Churchill begann indessen die offizielle Unterstützung der Alliierten durch die amerikanische Regierung. Roosevelt kündigte sie öffentlich erstmals in einer Rede in der Universität von Charlottesville am 10. 6. 1940 an (am Tage des Kriegseintritts Italiens, dessen „Duce" er in vier Botschaften vergeblich vor den Folgen eines solchen Entschlusses gewarnt hatte)[21]: „Wir werden denjenigen, die der Gewalt Widerstand leisten, die materiellen Reichtümer unseres Landes zur Verfügung stellen[22]."

Aufschlußreich ist Roosevelts eigene „Lagebeurteilung" vom 13. 6. 1940[23], also während des sich vollendenden Zusammenbruchs Frankreichs. Sie war ab-

17 Churchill, vol. II, S. 23 ff.; Foreign Relations, vol. III/1940, S. 3 ff. — Anfang Juni 1940 wurden von der amerikanischen Armee 900 Geschütze, 80 000 Maschinengewehre und 2 Millionen Gewehre, die als „unmodern" erklärt wurden, an amerikanische Privatfirmen verkauft, die dieses Kriegsgerät an die Briten weiterverkauften.

18 Paul Reynaud: Mémoires, II: Envers et contre tous. Paris 1963, S. 402 ff.

19 Eine Repräsentativbefragung am 29. 5. 1940 ergab, daß zu diesem Zeitpunkt 7,7 % der amerikanischen Bevölkerung für einen Kriegseintritt der USA waren, 19 % für den Fall, daß ein Zusammenbruch der europäischen Westmächte unabwendbar war; 40 % sprachen sich gegen einen Kriegseintritt aus (Langer-Gleason, S. 495 f.).

20 Hierzu ausführlich Langer-Gleason, S. 480 ff.

21 Peace and War: United States Foreign Policy, 1931—1941. Washington 1943, S. 522 ff.

22 The Public Papers and Addresses of Franklin D. Roosevelt, vol. IX: 1940, New York 1941, S. 259 ff. (Zur Bedeutung dieser Rede als Ausgangspunkt für die materielle Unterstützung Großbritanniens Sherwood, S. 104 f.). Noch schärfer in der Argumentation und in der Diktion war Roosevelts Rundfunkrede (anläßlich seiner Nominierung zum Präsidentschaftskandidaten) vom 19. 7. 1940 (ebda., S. 293 ff.), in der der Präsident die totalitären Staaten als „den Feind" bezeichnete. Es ist bemerkenswert, daß Roosevelt diese Rede am gleichen Tage hielt, an dem Hitler seinen Siegesbericht und seinen „Friedensappell" an Großbritannien vor dem Reichstag abgab. Auf deutscher Seite wurde die Rede Roosevelts als nachdrückliche Unterstützung des britischen Widerstandswillens gewertet, die möglichen britischen Tendenzen zum Einlenken gegenüber Hitler entgegenwirken sollte (vgl. hierzu die Aufz. des Botschafters Dieckhoff vom 21. 7. 1940 in: ADAP D X, Dok. 199, S. 213 f.). Vgl. unten S. 199.

23 Matloff-Snell, S. 14. Ob Roosevelt, wie G. Moltmann: Weltherrschaftsideen Hitlers, S. 222, annimmt, Ende Mai 1940 mit dem deutschen Sieg über Großbritannien rechnete, erscheint zweifelhaft. Die zum Beleg hierfür angeführten Äußerungen des Präsidenten auf der Pressekonferenz vom 30. 5. 1940 dienten doch wohl der Alarmierung der amerikanischen Öffentlichkeit, um sie im Sinne seiner Politik zu beeinflussen.

gestellt auf eine von ihm angenommene Situation Ende 1940. Seinen militärischen Beratern schien sie viel zu optimistisch und in ihren Prognosen den national-amerikanischen Interessen zuwiderlaufend, enthielt sie doch die folgenden wichtigsten Gesichtspunkte:

Großbritannien und das Commonwealth befinden sich noch ungeschlagen im Kampf;
Frankreich ist besetzt, jedoch leisten die französische Regierung und Reste ihrer Streitkräfte noch Widerstand, möglicherweise in Nordafrika (Marokko);
die noch kampfkräftigen Seestreitkräfte Großbritanniens und Frankreichs sichern in Verbindung mit der amerikanischen Flotte den Persischen Golf, das Rote Meer, den Atlantik von Marokko bis Grönland;
während das östliche Mittelmeer wahrscheinlich verloren ist, halten sich die Alliierten noch in seinem westlichen Teil;
die gegenwärtige Stellung im Nahen Osten kann behauptet werden;
die Türkei bewahrt ihre neutrale Haltung;
Rußland und Japan nehmen nach wie vor nicht am Kampfe teil;
die USA sind dagegen aktiv im Kriege, wenn auch zunächst nur mit See- und Luftstreitkräften. Die amerikanische Marine hat den größten Teil der Sicherung auf der Blockade-Linie Marokko-Grönland übernommen. Marokko und Großbritannien stellen gleichsam vorgeschobene Bastionen auf der Ostseite des Atlantik dar, die von den USA versorgt werden und somit ihre Kampfkraft behalten.

So erstaunlich zutreffend in vielem und gerade – entgegen der damals in den USA verbreiteten Annahme – im Entscheidenden, in der Prognose der Fortsetzung des Krieges durch Großbritannien mit Unterstützung durch die USA, dem Historiker diese „Lagebeurteilung" aus der Rückschau erscheint, sie darf nicht, jedenfalls nicht in erster Linie als das Ergebnis einer nüchtern abgewogenen strategischen Analyse verstanden werden, sondern als der klare Ausdruck des Willens des amerikanischen Präsidenten, diesen – anscheinend auf andere Weise nicht mehr zugunsten der „Demokratien" zu wendenden – Krieg mit vollem Kräfteeinsatz der USA zu entscheiden. Roosevelt blieb bei dieser seiner Auffassung auch, als der Chef des Kriegsplanungsamtes, General Strong, am Tage des Waffenstillstandsersuchens Marschall Pétains, am 17. 6., dem Präsidenten erklärte, daß er nun sehr schnell auch die Niederlage Großbritanniens erwarte[24].
Ersten Ausdruck fand diese Entschlossenheit des Präsidenten sogleich in der Zustimmung zu geheimen britisch-amerikanischen Stabsbesprechungen am 17. 6. und in der Einbringung einer Gesetzesvorlage im Kongreß zum Bau einer Zwei-Ozean-Flotte am gleichen Tage[25]. Zwei Tage später (19. 6.) berief Roosevelt, der seine Bereitschaft zur Übernahme einer dritten Präsidentschaft bekundet hatte, in seine Regierung anstelle des Kriegsministers Woodring, der

24 Snell: Illusion and Necessity, S. 74.
25 Morison: US Naval Operations in World War II, vol. I, S. 27.

der Konzeption der militärischen Führungsstäbe zustimmte und eine amerikanische Unterstützung Großbritanniens ablehnte, den Republikaner Stimson in dieses Amt, zugleich auch den Republikaner Knox zum Marineminister, von dessen Entschlossenheit, seine außenpolitische Grundentscheidung mit zu vertreten, er überzeugt sein konnte[26]. So wies Roosevelt am 27. 6. ein neues Memorandum der amerikanischen Stabschefs, die sich auf pessimistische Berichte des US-Botschafters in London Kennedy stützten und den Wert materieller Unterstützung für ein angeblich vor dem Zusammenbruch stehendes Großbritannien in Zweifel zogen, zurück[27]. Auch eine Entscheidung des amerikanischen Senats vom folgenden Tage, die den Verkauf amerikanischer Zerstörer an Großbritannien mit der Begründung verbot, daß diese für die Verteidigung des eigenen Landes notwendig seien[28], bedeutete für ihn nur eine Verzögerung in der Durchsetzung seiner Absichten.

Die in den folgenden Wochen wiederholte Kritik der militärischen Spitzen an den Entscheidungen des Präsidenten wendete sich in gleicher Weise gegen die — den Aufbau einer eigenen schlagkräftigen Wehrmacht verzögernde — Hilfeleistung für Großbritannien wie gegen den mit einer Reihe sich stufenweise verstärkenden Wirtschaftsmaßnahmen verbundenen harten Kurs seiner Japan-Politik, den sie für zu risikovoll hielten, weil er — gemessen am Stande der amerikanischen Rüstung — einen zu frühzeitigen Kriegsausbruch in Ostasien heraufzubeschwören drohte[29]. Roosevelt blieb indessen in diesen Wochen der großen Krise des „Westens" konsequent bei seiner politischen Linie, die man auf die Formel gebracht hat[30], „die Briten zu ermutigen und die Japaner zu warnen", vorerst aber immer nur soweit es ihm mit Blick auf die Stimmung im Lande möglich und als Präsident sinnnvoll schien, dessen Amtszeit ablief und der im November 1940 eine Wiederwahl anstrebte.

Außenpolitik wie Strategie Roosevelts basierten, nachdem er im Juni 1940 seine Grundentscheidung getroffen hatte, ganz darauf, daß Großbritannien willens und fähig blieb, den Kampf fortzusetzen. Als Motive für diese in der Situation vom Juni 1940 alles andere als selbstverständliche Entscheidung sind neben den ihm eigenen (für die „Liberalen" Amerikas kennzeichnenden) moralischen Prinzipien sowie seinen starken gefühlsmäßigen Bindungen an Großbritannien in erster Linie Gründe der militärischen Sicherheit der USA und ihrer wirtschaftlichen Existenz angeführt worden. Die nicht für eine nahe Zukunft, wohl aber in fernerer Zeit als durchaus realistisch anzusehende Perspektive einer militärischen Bedrohung der USA[31] durch den — vom amerikanischen Präsi-

26 Langer-Gleason, S. 497 ff.
27 Langer-Gleason, S. 568; Friedländer, S. 114.
28 Langer-Gleason, S. 522; Woodword, S. 80 ff.; Friedländer, S. 114.
29 Hierzu Näheres unten S. 117 ff.
30 Matloff-Snell, S. 20.
31 Vgl. die Konzeption der deutschen Seekriegsleitung (Flottenbauprogramm und Stützpunktpolitik) für den Fall eines „Ausgleichs" mit Großbritannien unten S. 147 f.

denten in seinem Zusammenhalt und seiner inneren Festigkeit allerdings zweifellos überschätzten — Block der totalitären und autoritären Mächte Deutschland, Italien und Japan, denen die USA nach einem Ende des britischen Widerstandes isoliert gegenüberstehen würden, dabei möglicherweise auch noch gefährdet von Südamerika aus und nicht zuletzt durch politische Gruppen im eigenen Lande, die mit dem ideologischen Gegner sympathisierten, ist schon wiederholt dargelegt worden[32]. Bekannt sind auch Roosevelts — im Kern durchaus begründete — Befürchtungen, die sich an die (im Falle eines „Ausgleichs" Hitlers mit Großbritannien wahrscheinliche) Bildung eines deutsch-beherrschten europäisch-afrikanischen „autarken" Wirtschaftsblocks knüpften, der der amerikanischen Wirtschaft verschlossen bleiben würde, zumal sich auf dem Wege über enge Handelsverbindungen dieses Blocks mit südamerikanischen Ländern und deutsche Investitionen dort eine gegen die USA gerichtete Position aufbauen ließ[33]. Gegen die Anfänge einer solchen Ausstrahlung der deutschen Wirtschaftsmacht nach Südamerika richtete sich daher bereits die Politik der USA auf der Konferenz der 21 amerikanischen Staaten in Havanna vom 21.—30. 7. 1940, auf der es, bezeichnend für die Kräftekonstellation zu diesem Zeitpunkt, der amerikanischen Regierung nur gelang, auf dem Gebiet der gemeinsamen Sicherheit in der „westlichen Hemisphäre" ihren Standpunkt durchzusetzen, nicht dagegen in den zur Diskussion stehenden wirtschaftspolitischen Fragen[34]. Hinter allen Einzelmotiven Roosevelts muß hingegen seine Grundüberzeugung gesehen werden, daß ein voller Triumph der totalitären Mächte in der „östlichen Hemisphäre", der unweigerlich in die „westliche" hinüberwirken würde, eine tödliche Gefahr für alles das darstellte, was traditionelle amerikanische Lebensart, Demokratie und Freiheit bedeutete[35].

Die ersten wichtigen Auswirkungen, die aus Roosevelts grundlegendem Entschluß von Mitte Juni 1940 resultierten, waren: (1.) die Unterzeichnung der „Two Ocean Navy Expansion Act" am 19. 7., die die gesetzliche Grundlage für den — auf sechs Jahre veranschlagten großzügigen — Ausbau der amerikani-

32 Am eindringlichsten bei L. de Jong: Die deutsche Fünfte Kolonne im Zweiten Weltkrieg, Stuttgart 1959, S. 108 ff. und S. 202 ff., der die Befürchtungen und die Realität einer Bedrohung Amerikas auf Grund breiten Quellenmaterials darlegt und gegenüberstellt. Ferner: G. Moltmann: Weltherrschaftsideen Hitlers, S. 208 ff., und L. Gruchmann: Völkerrecht und Moral. Ein Beitrag zur amerikanischen Neutralitätspolitik 1939—1941, in: Vierteljahrshefte für Zeitgeschichte 8 (1960), S. 384 ff., besonders S. 397 ff.

33 Vor allem weist darauf G. Moltmann: Weltherrschaftsideen Hitlers, S. 222 f., hin.

34 Hierzu neben Langer-Gleason, S. 619 ff., neuerdings Friedländer, S. 103 ff. — Die gemeinsame Haltung der amerikanischen Republiken gegen eine Veränderung des Status der Besitzungen europäischer Mächte in der „westlichen Hemisphäre" war das bedeutendste Ergebnis. Es war die Folge von Befürchtungen, Deutschland könne sich über eine — wie immer auch verschleierte — Veränderung des Status der niederländischen, vor allem aber der französischen Besitzungen eine Basis in der „westlichen Hemisphäre" verschaffen.

35 Gruchmann, S. 384 ff.

schen Flotte schuf[36]; (2.) die in britisch-amerikanischen Verhandlungen am 23./24. 7. erzielte Vereinbarung, daß von der bis April 1942 geplanten Flugzeugproduktion in amerikanischen Fabriken Großbritannien rd. 14 000 und die amerikanische Wehrmacht rd. 13 000 Flugzeuge erhalten sollten[37]; (3.) Roosevelts schon erwähnte Zustimmung zu geheimen britisch-amerikanischen Stabsbesprechungen in London in der zweiten August-Hälfte[38], bei denen die amerikanischen Offiziere einen eigenen Eindruck von der Widerstandskraft und den strategischen Vorstellungen des britischen Generalstabes und der britischen Admiralität gewannen — psychologisch eine wichtige Voraussetzung für die spätere Zusammenarbeit, wie es sich bereits in der Ausarbeitung gemeinsamer strategischer Pläne während der Stabsbesprechungen in Washington Anfang 1941 erweisen sollte[39]; (4.) die Bildung eines gemeinsamen amerikanisch-kanadischen Verteidigungskomitees nach dem Treffen Roosevelts mit dem kanadischen Premierminister Mackenzie King am 17./18. 8. 1940[40]; schließlich (5.) das nach einer bis zu Churchills erstem Appell an Roosevelt am 15. 5. zurückreichenden Vorgeschichte[41] — am 2. 9. 1940 abgeschlossene Zerstörer-Stützpunkte-Tausch-Abkommen[42]. Endlich unterzeichnete Roosevelt am 15. 9. 1940 ein neues Militärgesetz, das mit der ersten in einer Friedenszeit erlassenen

36 Darin war bei einem Kostenaufwand von 10 Milliarden Dollars der Bau von 1,325 Millionen ts Kampfschiffen, 100 000 ts Hilfsschiffen und 19 000 Flugzeugen der Marine- und Heeresluftwaffe vorgesehen. Mit diesem Programm sollte eine 70 %ige Vergrößerung der amerikanischen Flotte bis 1946 erreicht werden (vgl. hierzu auch KTB der SKl., Teil A, 12. 7. 1940; der geplante Bau der großen deutschen Überwasserflotte — vgl. dazu unten S. 147 f. — muß in engem Zusammenhang mit diesem amerikanischen Programm gesehen werden).

37 Langer-Gleason, S. 713 ff.; Friedländer, S. 116. — Voraus ging noch eine britisch-amerikanische Vereinbarung über den Austausch geheimer technischer Informationen (Foreign Relations, vol. III/1940, Aide-mémoire von Lord Lothian vom 8. 7. 1940, S. 78; Schreiben Sumner Welles' an Lord Lothian vom 29. 7. 1940, S. 79).

38 Die wichtigsen Zusammenkünfte der britischen und amerikanischen Delegationen fanden am 20., 29. und 31. 8. 1940 in London statt. Die amerikanische Delegation, zu der der Chef des Armee-Planungsstabes, General Strong, Generalmajor Emmons (Heeres-Luftwaffe) und Admiral Ghormley gehörten, hielt sich bis Ende September in Großbritannien auf. Über die britisch-amerikanischen Besprechungen vor allem: Samuel E. Morison: The Battle of the Atlantic, September 1939 — May 1943. Boston, 2. Aufl. 1955, S. 40 f.; M. S. Watson: Prewar Plans and preparations, S. 113 f.; Matloff-Snell, S. 22 ff.; Butler: Grand Strategy, vol. II, S. 341 ff.

39 Hierüber Näheres unten S. 405 ff.

40 Einzelheiten bei E. K. Lindley: How War came to America. London 1943, S. 100 ff.; Zusammenfassung bei Friedländer, S. 117; zur Bedeutung dieses Abkommens im Rahmen der militärischen Beziehungen beider Länder St. W. Dziuban: Military Relations between the United States and Canada, 1939—1945. Washington 1959.

41 Eingehend auf Grund der Akten des Foreign Office dargestellt bei Woodward, S. 78 ff.; die amerikanischen Akten hierüber in: Foreign Relations, vol. III/1940, S. 29 ff.

42 Auf Grund des „Destroyer-Naval-Base-Deal" vom 2. 9. 1940 überließ Großbritannien den USA Stützpunkte auf den Bahamas, auf Jamaica, Santa Lucia, Trinidad, den Bermudas, in British-Guyana und in Argentinia auf Neufundland.

Wehrpflichtbestimmung in der amerikanischen Geschichte, die die Ausbildung von jeweils 900 000 Mann innerhalb eines Jahres ermöglichte, die Grundlage für den Aufbau eines starken modernen Heeres darstellte, nachdem die amerikanische Marine im Zuge des „Zwei-Ozean-Programms" einen entsprechenden Übergang vollzogen und bereits am 9. 9. Bauaufträge für 210 Kriegsschiffe, darunter 7 Schlachtschiffe und 12 Flugzeugträger, vergeben hatte[43].

Unter Verzicht auf die bekannten Einzelheiten dieser Maßnahmen[44] ist hier nur die Bedeutung des Zerstörer-Abkommens knapp zu umreißen. Sie lag weniger in einer effektiven militärischen Hilfe für Großbritannien: bis Ende 1940 waren von den 50 (bereits während des Ersten Weltkrieges gebauten) Zerstörern erst 9 im Geleitzugdienst eingesetzt[45]. Auch die Vorverlegung der amerikanischen Sicherungen im Atlantik durch den Ausbau von Stützpunkten in den britischen Besitzungen in Neufundland, in West-Indien und auf den Bermudas mit der nicht zu unterschätzenden Auswirkung auf die lateinamerikanischen Staaten, deren politische Bewegungsfreiheit dadurch recht erheblich eingeschränkt wurde, und mit der auf die Dauer unvermeidbaren strategischen Konsequenz, stärkere amerikanische Flottenteile in den Atlantik zu verlegen[46], so bedeutsam dies alles war, trifft noch nicht das Entscheidende.

Vielmehr muß als das Wesentliche die einhellige Zustimmung der öffentlichen Meinung der USA betrachtet werden, die nun die materielle Unterstützung Großbritanniens billigte. Der erste entscheidende Umschwung in der Einschätzung der Lage durch die amerikanische Öffentlichkeit ist damit markiert. Die Überzeugung, daß der europäische Krieg doch noch nicht zugunsten Deutschlands entschieden war, wie es große Teile der amerikanischen Öffentlichkeit im Juni/Juli 1940 angenommen hatten, daß vielmehr die USA durch eine substantielle materielle Hilfeleistung für Großbritannien den Ausschlag für den Kriegsausgang geben könnten, wobei bei vielen Amerikanern allerdings die Hoffnung mitschwang, gerade durch die Zustimmung dazu beizutragen, selbst dem Krieg fernbleiben zu können, setzte sich nun durch. Mit Recht beurteilte Churchill Roosevelts Botschaft vom 14. 8. 1940, die eine gemeinsame Basis für die bisher auseinandergehenden britischen und amerikanischen Vorstellungen

43 Am 8. 10. 1940 bewilligte dann der Kongreß die Ausgabe von über 17 Milliarden Dollars für Militärzwecke (das war etwa genau so viel, wie die Gesamtmilitärausgaben der USA im Ersten Weltkrieg betragen hatten).

44 Ausführlichste Darstellung bei Langer-Gleason, S. 746 ff.; ferner Friedländer, S. 116 ff.

45 Woodward, S. 88.

46 Bei der Neugliederung der amerikanischen Gesamtflotte ab 8. 1. 1941, bei der ein kleinerer Teil der Pazifik-Flotte (unter Admiral Kimmel) als „Asiatische Flotte" von Hawaii nach Südostasien verlegt wurde, während ein weiterer, zunächst noch recht begrenzter, aber 1941 immer mehr verstärkter Teil als „Atlantik-Flotte" (Admiral King) den Schutz der amerikanischen „Sicherheitszone" an der Ostseite des Doppelkontinents übernahm, während das Gros wie bisher in Hawaii verblieb, trat diese Konsequenz bereits in Erscheinung.

in der Zerstörer-Frage herstellte, als einen wichtigen Schritt der USA in den Krieg an der Seite Großbritanniens[47].

Die erfolgreiche britische Abwehr der deutschen Luftoffensive, deren Scheitern Mitte September 1940 offenkundig wurde, ließ Roosevelt dann die Zustimmung der amerikanischen Öffentlichkeit zu weiterer materieller Unterstützung Großbritanniens relativ leicht gewinnen. Dieses Thema war daher auch nicht mehr Gegenstand des amerikanischen Wahlkampfes. Umstritten blieb jedoch die Frage des Ausmaßes und der Methode. Die Wiederwahl Roosevelts am 15. 11. 1940 entschied somit nicht mehr über die Frage der Unterstützung Großbritanniens an sich; sie bestimmte aber die Intensität und darüber hinaus die mit der Persönlichkeit Roosevelts und seiner politischen Konzeption verbundene letzte Konsequenz, die in den Entscheidungen vom Dezember 1940 zum Ausdruck kam[48], durch die der Übergang zur Allianz mit Großbritannien vollzogen wurde.

Wesentlich für den Hauptgegner, Hitler, war schon seit dem Sommer 1940 die Frage, wieweit Roosevelts enormes Aufrüstungsprogramm Realität oder Illusion war. Davon hing es ab, in welcher Zeit die amerikanische Unterstützung für Großbritannien in großem Ausmaß wirksam wurde, wann die USA selbst als kriegsbereit zu betrachten waren und — entscheidend — ob es der deutschen Politik noch möglich war, durch weltpolitische Bündniskombinationen die amerikanischen Kräfte abzulenken und Roosevelts Pläne zu durchkreuzen oder zumindest seine politische Bewegungsfreiheit so stark und so lange zu hemmen, bis die von Hitler angestrebte große Entscheidung zu Deutschlands Gunsten in der „östlichen Hemisphäre" erzwungen war[49].

4. Stalins Politik der „freien Hand" und der Aufbau einer strategischen Sicherheitszone der UdSSR in Ostmitteleuropa

Die grundlegenden Entscheidungen Churchills und Roosevelts im Juni 1940 als „Antworten" auf Hitlers Sieg über Frankreich und die damit errungene Herrschaft über den größten Teil des europäischen Kontinents können vom Historiker heute auf Grund eines breiten, vielschichtigen Quellenmaterials klar erkannt, in ihren Motiven erfaßt und in ihren konkreten Auswirkungen auf Politik und Strategie Großbritanniens und der USA in den folgenden Wochen und Monaten verfolgt werden. Eine ähnliche Bestimmtheit ist bei den Aussagen über Stalins Reaktion auf die Veränderung der politischen und strategischen Szene in Europa im Sommer 1940 angesichts der bekannten sowjetischen Quel-

47 Churchill, vol. II, S. 406 ff.; Woodward, S. 85.
48 Hierzu Näheres unten S. 313 ff.
49 Eingehend erörtert unten S. 199 ff. und S. 273 ff.

lenlage nicht möglich[1]. Jedoch lassen sich aus den Leitvorstellungen der sowjetischen Außenpolitik und aus der Kette von Einzelaktionen und Initiativen der praktischen Politik der Sowjetunion in jenen Wochen bei aller gebotenen Vorsicht gewisse Schlüsse ziehen, so daß es nicht notwendig ist, völliger Ratlosigkeit oder haltlosen Kombinationen zu verfallen. Einzelne Feststellungen hierzu wurden bereits bei der Darlegung der britisch-sowjetischen Gespräche im Juni/Juli 1940 getroffen[2]; sie sind jetzt in den größeren Zusammenhang zu stellen. Man wird dabei stets – neben den Grundprinzipien der sowjetischen Außenpolitik – das für die Sowjetunion Nächstliegende (im wörtlichen, geographischen Sinne) im Auge behalten und sich vor einer optischen Verkürzung ihrer „ideologischen“ Fernziele auf dem Felde der pragmatischen Außenpolitik ebenso hüten müssen wie vor einem völligen Außerachtlassen der großen Konzeption.

Als Grundtendenz der sowjetischen Außenpolitik seit den zwanziger Jahren muß das Bestreben angesehen werden, die „Spannungen zwischen den imperialistischen Mächten“ so weit wie möglich zu fördern, um die als gegeben betrachtete „Einkreisung“ des einzigen „sozialistischen“ Staates durch die „kapitalistischen“ Mächte aufzulockern und eine gemeinsame Front aller „imperialistischen“ Großstaaten gegen die Sowjetunion zu verhindern. In diesem Rahmen war es das wichtigste Ziel der sowjetischen Außenpolitik in Europa, jeder angestrebten oder auch nur in den Bereich des Möglichen rückenden politischen Verständigung zwischen Großbritannien/Frankreich und Deutschland entgegenzuwirken[3]. Gleiches galt im Fernen Osten im Hinblick auf Japan, die

1 Auch die beiden wichtigsten sowjetischen Darstellungen aus jüngster Zeit: Istorija meždunarodnych otnošenij ivnešnej politikij SSSR 1917–1945. 2 Bände. Moskau 1961/62 (Deutsche Ausgabe unter dem Titel: Geschichte der internationalen Beziehungen 1917–1945. Hrsg. von W. G. Truchanowski. Bisher nur Bd. I: 1917–1939, Berlin 1963) und die breit angelegte kriegsgeschichtliche Darstellung des Instituts für Marxismus-Leninismus beim Zentralkomitee der KPdSU: Istorija Velikoj Otečestvennoj Vojny Sovetskogo Sojuza 1941–1945. 5 Bände, Moskau 1960–1964 (Deutsche Ausgabe: Geschichte des Großen Vaterländischen Krieges der Sowjetunion. Bisher erschienen Bd. I–III. Berlin 1962–1964) bieten wegen der unverändert starken ideologischen Gebundenheit und der Tatsache, daß auch den Autoren dieser Werke der Zugang zu den entscheidenden Materialien im Politischen Archiv des sowjetischen Außenministeriums verschlossen blieb, keine etwa mit der amtlichen Darstellung Woodwards über die britische Außenpolitik im Zweiten Weltkrieg irgendwie vergleichbaren „Ersatzquellen“. Sie geben keine ernst zu nehmende Deutung der Grundmotive der sowjetischen Außenpolitik, so wertvoll sie in der Vermittlung einzelner „Fakten“ wie für die Verdeutlichung der gegenwärtigen sowjetischen „Sicht“ zu bestimmten Problemkomplexen sind. – Allerdings dürfte sich Stalins Politik ebensowenig wie die Hitlers aus den diplomatischen Akten erschließen lassen; er entschied alles Wesentliche selbst – und seine Motivationen sind wohl kaum in den Dokumenten des Außenministeriums niedergelegt.

2 Vgl. oben S. 86 ff.

3 Diese Grundtendenz der sowjetischen Außenpolitik wurde zuletzt klar herausgearbeitet von G. v. Rauch: Stalin und die Machtergreifung Hitlers. In: Deutsch-russische Beziehungen von Bismarck bis zur Gegenwart. Hrsg. von W. Markert. Stuttgart 1964, S. 117 ff.; vgl. auch die Bemerkungen R. Löwenthals hierzu in demselben Band, S. 113 ff.

USA und Großbritannien. Das Interesse an der Aufrechterhaltung und Erhöhung der Spannungen zwischen den europäischen Mächten und die Nutzung dieser Gegensätze zugunsten sowjetrussischer Nahziele in Ostmitteleuropa wie auch sowjetkommunistischer Fernziele bestimmten daher auch die sowjetische Außenpolitik in der Vorgeschichte und in der ersten Phase des Krieges 1939/40. Stalins Thesen auf der Plenartagung des Zentralkomitees der Kommunistischen Partei Rußlands am 19. 1. 1925[4] können als große Leitlinie für seine Außenpolitik betrachtet werden, auch und gerade in den Jahren 1939–1941, als sich – nach sowjetischer Interpretation – die Spannungen zwischen den „kapitalistischen" Großmächten Europas in einem „imperialistischen Krieg" entluden; denn die „ideologischen" Grundvorstellungen wie die sowjetrussischen Interessen blieben, unbeschadet aller taktischen Wendungen der sowjetischen Außenpolitik, in all diesen Jahren[5] die gleichen: „Bei Verwicklungen in den uns umgebenden Ländern wird sich vor uns unbedingt die Frage unserer Armee, ihrer Macht, ihrer Bereitschaft als lebenswichtige Frage erheben; das bedeutet nicht, daß wir in einer solchen Situation unbedingt aktiv gegen irgend jemanden auftreten müssen ... Sollte aber der Krieg beginnen, so werden wir nicht untätig zusehen können – wir werden auftreten müssen, aber wir werden als letzte auftreten, um das entscheidende Gewicht in die Waagschale zu werfen, ein Gewicht, das ausschlaggebend sein dürfte. Die Schlußfolgerung hieraus ist: Wir müssen auf alles vorbereitet sein, wir müssen unsere Armee vorbereiten ... Der Krieg (kann), natürlich nicht morgen oder übermorgen, wohl aber in einigen Jahren, unvermeidlich werden."

In diesem Sinne hatten der deutsch-sowjetische Nichtangriffspakt vom 23. 8. 1939 und der deutsch-sowjetische Grenz- und Freundschaftsvertrag vom 28. 9. 1939 für die Sowjetunion vor allem zwei höchst bedeutsame Ergebnisse gebracht: weltpolitische Bewegungsfreiheit und erhöhte strategische Sicherheit, letztere besonders durch den nun möglichen Erwerb eines breiten Glacis in Ostmitteleuropa. Der Hitler-Stalin-Pakt hatte in sowjetischer Sicht auch die Gefahr eines Zweifrontenkrieges für die Sowjetunion gebannt, dessen Möglichkeit im Sommer 1939 im Fernen Osten und Europa am Horizont aufgetaucht war[6]. Der Pakt mit Deutschland zwang Japan, sich mit dem Eingeständnis der

4 J. W. Stalin: Werke, Bd. VII, Berlin 1952, S. 9 ff.; Zitat S. 11 f. (dort zum erstenmal veröffentlicht).

5 Geheimgehaltene Reden und sonstige Äußerungen Stalins nach Januar 1934 sind nach dem Zweiten Weltkrieg der Forschung nicht zugänglich gemacht worden, da die Veröffentlichung der „Werke" Stalins mit Band 13 (1953) abbrach.

6 Die Sowjetunion betrachtete vor allem die Möglichkeit eines deutsch-britischen Arrangements im Juli 1939 als ernsthafte Gefahr (vgl. hierzu: Geschichte der internationalen Beziehungen 1917–1939, S. 445 ff.). Auch wenn dieser Gesichtspunkt in den sowjetischen Darstellungen überbetont wird, um die „Notwendigkeit" des Paktabschlusses mit Hitler zu „beweisen", so ist doch eine solche – ideologisch wie nach den Erfahrungen von München 1938 verständliche – Befürchtung bei Stalin nicht von der Hand zu weisen. Die Bedeutung des neuen „Appeasement"-Ansatzes der britischen Regierung in den sog. Wohlthat-Ge-

Niederlage in dem „schwersten und gefährlichsten militärischen Konflikt zwischen Japan und Rußland seit 1904", in den seit dem 11. 5. 1939 entbrannten Kämpfen des sog. Nomonhan-Zwischenfalls im mandschurisch-mongolischen Grenzgebiet, am 19. 9. mit der Sowjetunion, die nun ihre volle Macht in Ostasien hätte zur Geltung bringen können, in einem „modus vivendi" zu arrangieren[7]. Stalins Entscheidung vom August 1939 versetzte damit die Sowjetunion in eine so günstige politische Position, wie sie sie in ihrer ganzen Geschichte seit 1917 noch niemals eingenommen hatte. An die Stelle der bisher die sowjetische Gesamtpolitik beherrschenden traumatischen Vorstellung von einer allseitigen Bedrohung durch die „kapitalistischen" Mächte konnte nun das Bewußtsein treten, die Position einer von allen Kriegführenden respektierten, ja umworbenen Großmacht innezuhaben, deren politisches Gewicht in dem Maße wuchs, wie der Krieg in Europa fortdauerte und die Energien der beteiligten Staaten absorbierte[8]. Wie schon dargelegt[9], gab die strategische Rückendeckung, die die Sowjetunion Deutschland bot, und die wirtschaftliche Unterstützung, die sie direkt und durch die Gewährung des Transits für lebenswichtige Güter aus Ostasien gewährte[10], Hitler erst eine Chance, mit der durch die Kriegserklärungen Großbritanniens und Frankreichs am 3. 9. 1939 entstandenen Situation einigermaßen fertig zu werden[11]. Molotow konnte daher mit Recht in seiner Rede vom 1. 8. 1940[12] darauf hinweisen, daß die deutschen Siege 1940 ohne die sowjetische Hilfestellung nicht möglich gewesen wären. Das Ausmaß des deutschen Triumphes oder, anders ausgedrückt, der so schnelle Zusammenbruch des kontinentaleuropäischen Widerlagers der deutschen Macht, der auch von der Sowjetunion hoch eingeschätzten Militärmacht Frankreich, im Mai/Juni 1940 muß jedoch bei Stalin Überraschung und Beunruhigung ausgelöst haben, daß der „imperialistische" Krieg durch ein Einlenken oder eine Niederlage Großbritanniens ein baldiges Ende finden könne. Diese Lagebeurteilung allein er-

sprächen im Juli 1939 wird in den „westlichen" Darstellungen über die Vorgeschichte des Krieges — abgesehen von Erdmann (Die Zeit der Weltkriege, S. 246), der nachdrücklich darauf hinweist — kaum zureichend erfaßt. Eine größere wissenschaftliche Untersuchung hierüber steht noch aus. E. Leyendecker (Marburg/Lahn) bereitet eine solche vor.

7 Abschluß des Togo-Molotow-Abkommens am 19. 9. 1939. Vgl. hierzu vor allem H. Lupke: Japans Rußlandpolitik 1939—1941. Frankfurt a. M. 1962, S. 7 ff. Dort auch Quellen- und Literaturhinweise zu den Einzelheiten.

8 Vgl. hierzu auch A. Hillgruber: Der Kriegsbeginn 1939 in sowjetischer Sicht. In: Aus Politik und Zeitgeschichte, Beilage zur Wochenzeitung „Das Parlament" 1953, B 35, S. 32 ff.

9 Vgl. hierzu die Darstellung im I. Kapitel S. 31 f.

10 Einzelheiten mit genauer Aufstellung auf Grund deutscher und sowjetischer statistischer Unterlagen bei F. Friedensburg: Die sowjetischen Kriegslieferungen an das Hitlerreich, in: Vierteljahrshefte für Wirtschaftsforschung 1962, S. 331 ff.

11 Diese sowjetische Unterstützung Deutschlands galt der — nach Stalins Auffassung — vermeintlich schwächeren „imperialistischen" Macht, um zwischen den „imperialistischen" Gruppen ein möglichst lang andauerndes Kräftegleichgewicht zu erhalten.

12 Soviet Documents on Foreign Policy, vol. III, S. 461 ff.

klärt die rasche Aufeinanderfolge seiner politischen und strategischen Gegenzüge ab Mitte Juni 1940. Sie erfolgten zunächst innerhalb der im August/September 1939 der sowjetischen Seite zugesprochenen „Interessensphäre", in der die Sowjetunion ihre schon im Herbst 1939 eingenommenen Vorfeldstellungen hastig erweiterte und absicherte.

Bis zum Beginn der deutschen Westoffensive im Mai 1940 hatte sich die Sowjetunion damit begnügt, Ostpolen zu annektieren[13], militärische Stützpunkte in den Baltischen Ländern zu errichten[14] und die Grenze gegenüber Finnland vorzuschieben (Moskauer Friedensvertrag vom 12. 3. 1940 nach dem finnisch-sowjetischen Winterkrieg)[15]. Es war sicher kein Zufall, daß Stalin in dieser Zeit von ähnlichen Maßnahmen in dem ihm gleichfalls zugesprochenen Bessarabien absah. Während nämlich in den deutsch-sowjetischen Verträgen vom August/September 1939 im Nordosten Europas eine klare Abgrenzung der Interessensphären vollzogen worden war, bei der Finnland, Estland, Lettland und Litauen (mit Ausnahme eines südwestlichen Grenzstreifens) dem sowjetischen Bereich zufielen, waren die Vertragspartner „hinsichtlich des Süd-Ostens Europas" bei der vagen Formulierung verblieben, daß „von sowjetischer Seite das Interesse an Bessarabien betont" wurde, während „von deutscher Seite ... das völlige politische Desinteressement an diesen Gebieten erklärt" wurde[16], da die Sowjetregierung in den Moskauer Verhandlungen die Balkan-Frage als Ganzes nicht aufgerollt hatte. Dies war zweifellos deshalb geschehen,

13 Beginn des sowjetischen Einmarsches in Ostpolen: 17. 9. 1939; formaler Abschluß der Eingliederung der ostpolnischen Gebiete in die UdSSR am 1./2. 11. 1939. Hierzu W. Sukiennicki: The Establishment of the Soviet Regime in Eastern Poland, in: Journal of Central European Affairs 1963, S. 191 ff., und H. Roos: Polen in der Besatzungszeit, in: Osteuropa-Handbuch, Bd.: Polen, hrsg. von Werner Markert, Köln — Graz 1959, S. 173, mit Spezialliteratur. Zum Prinzipiellen auch H. Roos: Deutschland, Polen und die Sowjetunion im Zweiten Weltkrieg. In: Deutsch-russische Beziehungen von Bismarck bis zur Gegenwart. Hrsg. von W. Markert. Stuttgart 1964, S. 141 ff.

14 Beistandpakte mit Estland am 28. 9. 1939, mit Lettland am 5. 10. 1939, mit Litauen am 10. 10. 1939. Die darin zugesagten Stützpunkte in den drei Ländern wurden von den sowjetischen Streitkräften im Oktober 1939 eingenommen. Vgl. hierzu die in Anm. 2, S. 66 angeführte Literatur.

15 Finnisch-sowjetischer Winterkrieg vom 30. 11. 1939 bis 12. 3. 1940. Grundlegende Darstellung der politischen Geschichte dieses Krieges M. Jakobson: The Diplomacy of the Winter War. An Account of the Russo-Finnish War 1939/40. Cambridge/Mass. 1961. Erfassung der zahlreichen Spezialliteratur durch V. Niitemaa: Finnland und der Zweite Weltkrieg in der historischen Literatur. In: Bücherschau der Weltkriegsbücherei 29 (1957), S. 295 ff., und E. Klink: Zur Literatur über den finnisch-sowjetischen Winterkrieg 1939—1940, in: Jahresbibliographie der Bibliothek für Zeitgeschichte 1961, Frankfurt a. M. 1963, S. 589 ff. Der Frieden von Moskau (Text in C. A. Colliard: Droit international et Histoire diplomatique. Paris 1950, S. 581 ff.; deutsche Übersetzung in: Monatshefte für Auswärtige Politik, 1940, S. 284 ff.). Der Vertrag hatte das Gebiet von Petsamo (wohl aus Rücksichtnahme gegenüber britischen Interessen) bei Finnland belassen. Hangö wurde sowjetisches „Pachtgebiet".

16 Geheimes Zusatzprotokoll zum deutsch-sowjetischen Nichtangriffspakt vom vom 23. 8. 1939 in: ADAP D VII, Dok. 229.

weil eine Erörterung dieses komplizierten Fragenkreises – bei Zugrundelegung normaler „realpolitischer" Verhandlungsmaßstäbe bei der Gegenseite – einen raschen Vertragsabschluß, an dem damals nicht nur Hitler, sondern auch Stalin interessiert war, verhindert hätte. Stalin konnte nicht ahnen, daß Ribbentrop Hitlers Vollmacht besaß, „das deutsche Desinteressement an den Gebieten Süd-Osteuropas, und zwar gegebenenfalls bis Konstantinopel, auch zu erklären"[17], wenn von sowjetischer Seite das Thema Südosteuropa in ganzer Breite aufgeworfen wurde, so daß eine ausdrückliche Einbeziehung dieses Raumes in die politische Interessensphäre der Sowjetunion wohl möglich gewesen wäre[18].
Nach Lage der Dinge war jedenfalls Südosteuropa (abgesehen von Bessarabien) ein Gebiet, das in die Absteckung der beiderseitigen „Großräume"[19] nicht mit einbezogen war und als „freier Raum" demnach in einer sich aus einer neuen Kräftekonstellation ergebenden gewandelten Situation noch von interessierten Großmächten aufgeteilt werden konnte.
Daß die Sowjetunion hier politische Interessen hatte und bei einer Besitzergreifung durch andere Großmächte mitzuwirken gewillt war, blieb nicht lange im Bereich der Vermutungen, sondern kam – selbst wenn man die Aufnahme diplomatischer Beziehungen zur Slowakei am 16. 9. als Ereignis von geringerer Tragweite übergeht[20] – erstmals im Verlauf der langwierigen Verhandlungen des türkischen Außenministers Saracoglu in Moskau (21. 9.–17. 10. 1939) über einen – von der Türkei im Sommer 1939 unter völlig anderen Voraussetzungen

17 ADAP D X, Dok. 10: Aufz. Ribbentrops vom 24. 6. 1940, S. 9 f.

18 Es ist in diesem Zusammenhang allerdings zum Verständnis der „Großzügigkeit" Hitlers der Hinweis notwendig, daß seit der deutsch-italienischen Absprache vom Oktober 1936 der gesamte Mittelmeerraum mit den Randgebieten (einschließlich der Dardanellen) von Hitler politisch als italienische Interessensphäre anerkannt war. Ein Vorstoß der Sowjetunion zu den Dardanellen traf daher auf ein italienisches Interessengebiet, das, mochte es im Balkanraum auch unklar abgegrenzt sein, in jedem Falle die Türkei einschließlich der Meerengen umfaßte. In diesem Sinne müssen alle – auch die späteren – Äußerungen Hitlers bis zu den Gesprächen mit Molotow am 12./13. 11. 1940 verstanden werden, in denen er erklärte, ein sowjetischer Vorstoß nach Bulgarien und die Türkei berühre in erster Linie Italiens Interessen. Die Fragwürdigkeit einer Trennung von „wirtschaftlichen" und „politischen" Interssen bleibt davon unberührt, doch ist daran zu erinnern, daß für Hitler „politisch" gleichbedeutend mit „territorial" war und einen Anspruch auf Herrschaft über den betreffenden Raum anzeigte.

19 Die seit Ende der dreißiger Jahre hervortretenden Tendenzen zur Bildung von „Großräumen" finden ihre klarste gedankliche Reflektion in der Schrift von Carl Schmitt „Völkerrechtliche Großraumordnung mit Interventionsverbot für raumfremde Mächte. Ein Beitrag zum Reichsbegriff im Völkerrecht". Berlin – Leipzig – Wien 1939, 3. Aufl. 1941. Eine Auseinandersetzung mit den Thesen C. Schmitts bei L. Gruchmann: Nationalsozialistische Großraumordnung. Die Konstruktion einer „deutschen Monroe-Doktrin", Stuttgart 1962, S. 21 ff. Der Kritiker deckt mit Recht die an nationalsozialistischen Zielsetzungen von 1939 orientierten Bezüge und die ideologischen Bindungen des Autors auf, verkennt aber dabei den Rang dieser Arbeit, in der Schmitt den über die damalige Augenblicksaktualität hinausreichenden, bis in die Gegenwart fortwirkenden Trend zu „Großraum"-Konzeptionen und praktischer „Großraum"-Politik zum erstenmal treffend kennzeichnete.

in der internationalen Konstellation vorgeschlagenen – Hilfeleistungspakt zwischen der UdSSR und der Türkei klar zum Ausdruck. Die Vertragsverhandlungen scheiterten schließlich – entscheidend – an den Forderungen der Sowjetunion nach „gemeinsamer Verteidigung der Meerengen" und nach einer Verpflichtung der Türkei, Kriegsschiffen von Nicht=Schwarzmeer=Staaten die Durchfahrtserlaubnis zu verweigern[21]. Beides hätte eine Veränderung des im Vertrag von Montreux[22] geregelten Meerengen=Status zugunsten der Sowjetunion bedeutet. Damit klang in diesem Kriege erstmals ein Thema an, das von der Sowjetunion in den Verhandlungen mit Deutschland wie mit den Westmächten in der Folgezeit immer wieder angeschlagen wurde. Es umschloß ein großes Ziel der sowjetischen Politik: die maritime Südwestflanke der Sowjetunion besser zu sichern.

Ein weiterer Schwerpunkt des sowjetischen außenpolitischen Interesses zeichnete sich Mitte Oktober 1939 bei dem Versuch ab, mit Bulgarien einen Hilfeleistungspakt abzuschließen[23]. Die Sowjetunion versprach dabei im Falle einer bulgarischen Zustimmung, sich für die Abtretung der Dobrudscha von Rumänien an Bulgarien einzusetzen. Vergegenwärtigt man sich, daß dann die Sowjetunion (nach der Gewinnung Bessarabiens) und Bulgarien Grenznachbarn an der Donaumündung geworden wären[24], wird erst die volle Bedeutung des sowjetischen Vorstoßes erkennbar, der bei Gelingen die Sowjetunion zusammen mit dem verbündeten Bulgarien zur beherrschenden Macht im Balkanraum hätte werden lassen mit der Möglichkeit, auf die Türkei jederzeit Druck zur Schließung oder Öffnung der Meerengen im sowjetischen Interesse ausüben zu können[24a]. Da die bulgarische Regierung ablehnte und sogar Rumänien von dem

20 Die Bedeutung liegt in der Anerkennung der Zerschlagung der Tschechoslowakei und in dem sowjetischen Versuch, am Vorabend des Einmarsches der Roten Armee in Polen mit dem slawischen „Brudervolk" der Slowaken offizielle Verbindung zu gewinnen. Der Gesandte der tschechoslowakischen Exil=Regierung Fierlinger blieb allerdings bis Dezember 1939 noch in Moskau (Rossi, S. 90). – Im übrigen wurde – ein weiterer Zug der systematischen sowjetischen Südosteuropa=Politik – die vor dem Beitritt Ungarns zum Antikominternpakt (24. 2. 1939) von sowjetischer Seite veranlaßte Schließung der beiderseitigen Gesandtschaften mit der Wiederbesetzung der Gesandtenposten am 25. 10. 1939 rückgängig gemacht.

21 Krecker, S. 59 ff.

22 Bereits in den Verhandlungen von Montreux 1936 hatte die Sowjetunion – vergeblich – gefordert, daß nur den Kriegsschiffen von Schwarzmeer=Staaten die Meerengen=Durchfahrt gestattet werden dürfe.

23 ADAP D VIII, Dok. 247: Aufz. des Staatssekretärs Frhr. v. Weizsäcker vom 12. 10. 1939, S. 217. Die Sowjetunion regte „einen russisch=bulgarischen Vertrag auf gegenseitige Unterstützung im Falle eines Angriffs seitens Dritter" an. Die bulgarische Regierung war nur zu einem Nichtangriffs= und Freundschaftsvertrag bereit

24 Snell: Illusion and Necessity, S. 64.

24a Der sowjetische Versuch, sich in zweiseitigen Verhandlungen mit Bulgarien zu verständigen, führte zu erheblichen Spannungen mit Italien (das Bulgarien als zu seiner Interessensphäre gehörig betrachtete). Erst im Juni 1940 kam es nach der Rückkehr Botschafter Rossos auf seinen Posten in Moskau zu einer Verbesserung der sowjetisch=italienischen Beziehungen. Vgl. dazu unten S. 300.

sowjetischen Vorschlag in Kenntnis setzte, blieb es bei diesem kurzen Vortasten, das zunächst nicht wiederholt wurde[25]. Schließlich waren aber die Andeutungen Molotows in seiner Rede vom 29. 3. 1940 nicht auf Bessarabien allein bezogen, sondern kündeten zugleich allgemeine sowjetische Interessen in Südosteuropa an[26].

Noch schnitten sich jedoch deutsche, britisch-französische und italienische Interessen in ganz Südosteuropa, und eine westalliierte Landung in Saloniki mit Aufrichtung einer Balkan-Front lag im Bereich des Möglichen[27]. Die Sowjetregierung hielt daher mit deutlicheren Stellungnahmen zurück, um nicht in eine unerwünschte Frontstellung hineinzugeraten. Erst während der deutschen Westoffensive, die eine alliierte Aktion auf dem Balkan ausschloß und in deren Folge — nach dem französischen — vorerst auch der britische Einfluß in Südosteuropa (wie im Ostseeraum) jede Bedeutung verlor, trat die Sowjetregierung aus ihrer Reserve heraus. Stalin reagierte auf die deutsche Machterweiterung in zweifacher Hinsicht: durch Maßnahmen innerhalb sowie im Grenzraum der ihm im Herbst 1939 zugesprochenen Interessensphäre und mit der Anmeldung sowjetischer Interessen in dem noch nicht aufgeteilten Raum Südosteuropas.

Die — nach einem politischen Vorgeplänkel seit Ende Mai[28] — in der eigenen Interessensphäre zupackenden Aktionen der Sowjetunion wurden Mitte Juni durch die schnelle militärische Inbesitznahme der Baltischen Staaten (einschließlich des Deutschland reservierten litauischen Grenzstreifens) eingeleitet, wobei die Aktion gegen Litauen den Parallelmaßnahmen in den beiden anderen Ländern bemerkenswerterweise einige Tage vorgestaffelt war[29]. Sie riegelte gleichsam die Vorgänge in den nördlicher gelegenen Staaten Lettland und Estland ab, sollte durch die Schnelligkeit ihrer Durchführung vor allem aber wohl die auf Grund der Vertragsbestimmungen im Falle Litauens erforderliche

25 Die Berufung der Regierung Filoff am 16. 2. 1940 durch König Boris III. mußte als ein stärkeres Herüberschwenken Bulgariens auf die deutsche Seite bei Fortdauer der allgemeinen Neutralitätspolitik gedeutet werden.

26 Soviet Documents on Foreign Policy, vol. III, S. 436—449.

27 Hierzu zusammenfassend A. Hillgruber: Hitler, König Carol und Marschall Antonescu, S. 63 ff.

28 Die von der Sowjetregierung inszenierte Krise in den sowjetisch-litauischen Beziehungen begann am 25. 5. 1940 (vgl. hierzu ADAP D X, Dok. 353: Aufz. des Leiters der Polit. Abt. des AA vom 30. 5. 1940, S. 389 f.).

29 Sowjetisches Ultimatum an Litauen am 14. 6. 1940, an Lettland und Estland am 16. 6. 1940. Einmarsch der sowjetischen Streitkräfte in Litauen am 15., in Lettland und Estland am 17. 6. 1940. — Vgl. hierzu ADAP D X, Dok. 113: Der dt. Gesandte in Kowno an das AA, 5. 7. 1940, S. 105. Der Gesandte berichtete hier über die Verhandlungen zwischen Molotow und dem litauischen Außenminister in Moskau, die dem Einmarsch der Roten Armee vorausgingen. Auf die Frage des litauischen Außenministers, „warum mit Litauen begonnen werde, habe Molotow erwidert, daß dies im Hinblick auf Deutschland geschehe“.

diplomatisch=politische Abstimmung mit Deutschland[30] umgehen und einen möglichen deutschen Einmarsch in den Grenzstreifen, der die Situation für die Sowjetunion kompliziert hätte, ausschließen. Die Vorgänge in den Baltischen Ländern sind in allen Einzelheiten ebenso bekannt[31] wie die zweite Etappe des sowjetischen Vorgehens, der Einmarsch in Bessarabien und die (jenseits der bisherigen Interessenmarkierung gelegene) Nordbukowina nach dem sowjetischen Ultimatum an Rumänien Ende Juni[32]. Damit war der gesamte im Herbst 1939 vereinbarte Interessenraum zwischen Ostsee und Schwarzem Meer fest in sowjetischer Hand. Die die Besitzergreifung begleitende sozialrevolutionäre Umgestaltung („Sowjetisierung") hatte offensichtlich eine dienende Funktion gegenüber den strategischen Intentionen[33], da nach sowjetischer Auffassung nur eine völlige Angleichung der gesellschaftlichen Struktur dieses Vorfeldes wirkliche Sicherheit für die Sowjetunion gewährleistete[34].

Jede Machterweiterung des Sowjet=Imperiums durch die Ausweitung seiner „Sicherheitszone" und durch die Annexion neuer Gebiete bedeutete indessen zugleich auch eine Stärkung des „einzigen sozialistischen Staates" mit Blick auf die revolutionären Fernziele, die allerdings bei Stalin nur als vage Vorstellun=

30 Im geheimen deutsch=sowjetischen Zusatzprotokoll vom 28. 9. 1939 hieß es: „Sobald die Regierung der UdSSR auf litauischem Gebiet zur Wahrnehmung ihrer Interessen besondere Maßnahmen trifft, wird zum Zwecke einer natürlichen und einfachen Grenzziehung die gegenwärtige deutsch=litauische Grenze dahin rektifiziert, daß das litauische Gebiet, das südwestlich der in der anliegenden Karte eingezeichneten Linie liegt, an Deutschland fällt."

31 Vgl. die in Kapitel II, 1. Abschnitt, Anm. 2, S. 66, angeführte Literatur.

32 Sowjetisches Ultimatum an Rumänien am 26. 6. 1940. Einmarsch in Bessarabien und die Nordbukowina (sowie einen Zipfel Altrumäniens um Herta) am 28. 6. 1940. Vgl. hierzu die in Kapitel II, 1. Abschnitt, Anm. 1, S. 51, angeführte Literatur.

33 In diesen Zusammenhang gehören wohl auch die als Konsequenz der Klassenideologie zu „verstehenden" Massenmorde an den beim Einmarsch der Roten Armee in Ostpolen im September 1939 gefangengenommenen polnischen Offizieren im Mai 1940 (mit Sicherheit der 4 500 Offiziere des Lagers Kozielsk bei Katyn, mit einer an Sicherheit grenzenden Wahrscheinlichkeit auch der beiden anderen Offizierslager [Starobielsk und Ostaschkow], da insgesamt 15 000 polnische Offiziere bis 1941 in der Sowjetunion „verschwunden" sind), nachdem in Ostpolen selbst bereits seit September 1939 die „physische Liquidierung" des „Klassenfeindes", vor allem der polnischen Gutsbesitzer, und die Deportierung aller im klassenideologischen Sinne als unsicher betrachteten Gruppen in die Sowjetunion durchgeführt waren (H. Roos: Polen in der Besatzungszeit, in: Osteuropa=Handbuch, Band Polen, S. 179; J. K. Zawodny: Death in the Forest: The Story of the Katyn Forest Massacre. South Bend/Indiana 1962). Diesem Massenmord fiel fast die Hälfte des polnischen Offizierkorps (etwa 45 %) zum Opfer.

34 Die Angleichung gelang trotz der auch in den Baltischen Staaten und in dem annektierten Teil Rumäniens sogleich gegen den „Klassenfeind" eingeleiteten Deportations= und „Liquidations"=Methoden in dem einen Jahr bis zum deutschen Angriff am 22. 6. 1941 natürlich nur unvollständig. — (Im gesamten 1939/40 von der Sowjetunion annektierten Gebiet war die Informationsmöglichkeit für deutsche V=Leute (im Gegensatz zu dem hermetisch abgeschlossenen altsowjetischen Gebiet) recht gut. Vgl. hierzu die Darstellung im Zusammenhang mit der deutschen strategischen Planung unten S. 213).

gen einer ganz weiten Zukunft eine Rolle spielten. Gerade die Unterordnung der „Ideologie" unter die Ziele einer imperialen Machtpolitik war ja für Stalin kennzeichnend. Der wesentliche Unterschied zu Hitler bestand darin, daß er sich in der „großen Politik" niemals für oder gegen irgend etwas aus Gründen der „Weltrevolutionsideologie" entschied, sondern daß bei ihm stets Gesichtspunkte einer rational kalkulierten Machtpolitik eindeutig den Vorrang behielten, während Hitler in der entscheidenden Phase des Krieges 1940/41 den Übergang von einer machiavellistischen politischen Taktik zur unmittelbaren Verwirklichung seiner rassenideologischen Fernziele unter Absage an jeden weiteren realistischen Kalkül vollzog[35].

Hinter dem nunmehr dicht geschlossenen Sicherheitsgürtel zwischen Ostsee und Schwarzem Meer konnte seit dem Sommer 1940 die sowjetische Auf- und Umrüstung auf Grund der Erfahrungen des bisherigen Kriegsverlaufs intensiv fortgesetzt werden, die es Stalin ermöglichen sollte, die Situation — je nach dem weiteren Verlauf des europäischen Krieges — ohne größeres Risiko zugunsten der machtpolitischen Stärkung des Sowjet-Imperiums auszunutzen.

Am wenigsten spektakulär, jedoch mindestens ebenso bedeutsam wie die Vorgänge im Baltikum und in Rumänien waren die sowjetischen Versuche, Ende Juni auch das finnische Problem einer im sowjetischen Sinne „endgültigen" Lösung näherzubringen. Nachdem schon die deutsche Besetzung Norwegens die (während des Winterkrieges noch mögliche) Interventionsgefahr der Westalliierten in Finnland beseitigt hatte und nun nach der Niederlage Frankreichs von der sowjetischen politischen Planung allenfalls noch ein reales wirtschaftliches, sonst aber nur recht theoretisches Interesse Großbritanniens an Finnland zu berücksichtigen war, boten die laufenden sowjetisch-finnischen Wirtschaftsverhandlungen eine Gelegenheit, mit Hilfe von „Bedingungen", die über den Moskauer Friedensvertrag vom 12. 3. 1940 hinausgingen[36] und eine — wenn auch vorerst noch relativ lockere — Einbeziehung Finnlands in den strategischen Sicherheitsgürtel der UdSSR einleiten sollten, die finnische Position abzutasten. Die am 27. 6. erhobene Forderung nach einer Beteiligung der Sowjetunion an der Befestigung der Aaland-Inseln[37] oder aber — als Alternative — nach einer sowjetischen Kontrolle über ihre fortdauernde Demilita-

35 Vgl. hierzu unten S. 392 f. und S. 516 ff.

36 Hierzu ADAP D X, Dok. 62: Aufz. Woermanns (Schilderung der finnisch-sowjetischen Verhandlungen durch den finnischen Gesandten in Berlin), 29. 6. 1940, S. 54 f.

37 Die sowjetische Haltung zu diesem Problem hatte sich gegenüber den sowjetisch-finnischen Verhandlungen vom Herbst 1939 geändert (hierzu besonders ADAP D X, Dok. 62: Aufz. des Leiters der Polit. Abt. des AA vom 29. 6. 1940, S. 54 f.). Damals war die Sowjetregierung mit einer Befestigung der Inseln einverstanden gewesen. Während der Moskauer Friedensverhandlungen (März 1940) hatte die Sowjetregierung das Thema unberührt gelassen, „um während dieser keine Schwierigkeiten zu schaffen" (ebda., S. 55). Finnland entschied sich am 15. 10. 1940 bei der ihm aufgezwungenen Alternative für die Demobilisierung der Aaland-Inseln bis Februar 1941.

risierung diente diesem Ziel. Politisch noch weitaus bedeutsamer war die am 23. 6. geforderte Überlassung der Konzession der Nickelerzgruben bei Petsamo an die Sowjetunion[38]. Mit diesem Schritt unternahm die Sowjetregierung einen Gegenzug gegen die in den parallel zu den finnisch-sowjetischen Handelsgesprächen geführten deutsch-finnischen Wirtschaftsverhandlungen bereits vereinbarte Überlassung des Hauptanteils der finnischen Nickelerzproduktion an Deutschland. Um eine Gegenaktion handelte es sich insofern, als die beabsichtigte Überlassung des größten Teils der Nickelerze an Deutschland weit über die Bedeutung eines üblichen (auch in den deutsch-sowjetischen Verträgen vorgesehenen) Handelsaustausches mit den in der Interessensphäre der anderen Seite gelegenen Ländern hinausging. Ein politisches Interesse Deutschlands an Finnland mußte — wie es offensichtlich auch das Ziel der finnischen Regierung war — eine fast zwangsläufige Folge dieser Zusage sein, handelte es sich doch darum, daß Deutschland hier infolge des politischen Stimmungsumschwungs in Finnland[39] die Chance geboten wurde, sich mit diesem — schließlich am 24. 7. auf der Basis der Lieferung von 60% der Jahresproduktion an das Reich[40] zustande gekommenen — Vertrag zu einem wesentlichen Teil aus seiner wehrwirtschaftlichen Abhängigkeit von der Sowjetunion hinauszuwinden[41]. Hatte die Sowjetunion in Litauen und in Rumänien ihren Interessenraum eigenmächtig großzügig arrondiert, so griff Deutschland seinerseits mit dem Nickelabkommen wenn nicht formal, so doch durch das Gewicht der wirtschaftspolitischen Entscheidung faktisch in die sowjetische Interessensphäre hinüber und erschwerte bzw. verhinderte damit die Durchsetzung der sowjetischen Forderungen gegenüber Finnland mit dem Ziel der vollen Einbeziehung des Landes in den sowjetischen Sicherheitsgürtel.

Parallel zu der Einverleibung der der Sowjetunion in den Verträgen vom Herbst 1939 zugesprochenen Gebiete zwischen Ostsee und Schwarzem Meer eröffnete Stalin Ende Mai 1940 mit der Anmeldung sowjetischer Interessen im gesamten Südosten Europas gleichsam bereits eine neue Verhandlungsrunde über die weitere Absteckung der Interessenräume in dem strategisch wie wehrwirtschaftlich interessantesten noch unaufgeteilten Bereich Europas, den Donau- und Balkanländern. Auf verschiedenen Wegen versuchte die Sowjetunion, mit ihrem Vertragspartner „ins Geschäft" zu kommen. Offenkundige politische Taktik war der Versuch, die deutsche Seite auf angebliche Äußerungen des Botschafters von Mackensen hinsichtlich der Lösung aller Balkan-Probleme durch „gemeinsames Zusammenwirken von Deutschland, (der) Sowjetunion

38 Wuorinen, S. 84; Blücher, S. 195 f.; Mannerheim, S. 423 f.; Fabry, S. 243 f.

39 Vgl. oben S. 69 f.

40 ADAP D X, Dok. 221: Der Vorsitzende der Finnischen Delegation an den Vorsitzenden der Deutschen Delegation vom 24. 7. 1940, S. 236 f.

41 1940 kamen zwei Fünftel der deutschen Rohnickeleinfuhr noch aus der UdSSR (Friedensburg, S. 336). — Der wehrwirtschaftliche Gesichtspunkt des deutschen Interesses an Finnland blieb von da an bis 1944 der Kern des deutschen Engagements in Lappland.

und Italien" festzulegen[42], versteckt dagegen der Wink an die deutsche Adresse in der dem deutschen Botschafter in Moskau übermittelten Version der Beantwortung der Cripps-Offerte durch Stalin[43]. Faktisch zeigte sich das sowjetische Interesse an Südosteuropa in der Aufnahme diplomatischer Beziehungen zu Jugoslawien am 25. 6. 1940[44], in der offiziellen und propagandistisch forcierten Unterstützung der ungarischen und bulgarischen Revisionsforderungen gegenüber Rumänien[45], der bulgarischen auch gegenüber Griechenland (Zugang zum Ägäischen Meer[46]). Auch für Rest-Rumänien machte die Sowjetregierung ein Mitspracherecht geltend[47].

Schließlich kam das fortdauernde Interesse der Sowjetunion an einer Änderung des Meerengen-Status zu ihren Gunsten in der Unterredung Stalin-Cripps am 1. 7. klar zum Ausdruck[48]. Im Gespräch mit dem italienischen Botschafter Rosso am 20. 6. erklärte Molotow, daß die „Einengung" der sowjetischen Bewegungsfreiheit im Schwarzen Meer durch die Bedrohung Batums von Süden und Südosten beseitigt werden müsse, d. h. daß die Sowjetunion eine Vorverlegung der Grenze auf Kosten der Türkei anstrebte[49]. Die scharfe antitürkische Reaktion der Sowjetunion nach der am 3. 7. 1940 vom Auswärtigen Amt in Berlin begonnenen Veröffentlichung der von deutschen Truppen in La Charité gefundenen Geheimakten des französischen Generalstabes, die das Einverständnis der türkischen Regierung mit den britisch-französischen Vorbereitungen für einen alliierten Angriff gegen das sowjetische Erdölgebiet von Baku über türkisches Territorium erkennen ließen, verstärkte in der Türkei die Befürchtung, daß die Sowjetunion die Zwangslage Großbritanniens ausnutzen könnte, ein „fait accompli" zu schaffen, so daß für die Türkei eine Annäherung an Deutschland allen Hindernissen zum Trotz das Gebot der Stunde schien[50]. Die Ablehnung der sowjetischen Forderung nach Abtretung der seit 1920 türkischen Teile der beiden alten russischen Provinzen von Kars und Eriwan und

42 ADAP D X, Dok. 382: Der dt. Botschafter in Moskau an das AA, 4. 6. 1940, S. 420 f.

43 ADAP D X, Dok. 164: Der dt. Botschafter an das AA, 13. 7. 1940, S. 170 f. Vgl. hierzu oben S. 87, Anm. 39.

44 Vgl. hierzu den instruktiven Bericht des dt. Gesandten in Belgrad an das AA vom 23. 7. 1940 „betr. Jugoslawien und Rußland" (ADAP D X, Dok. 215, S. 232). Der sowjetische Gesandte Plotnikow war am 7. 7. 1940 in Belgrad eingetroffen.

45 Neben der in Kapitel II, 1. Abschnitt, Anm. 2, S. 66, zitierten Literatur St. Kertesz: Diplomacy in a Whirlpool. Hungary between Nazi Germany and Soviet Russia, Notre Dame (Indiana/USA) 1953, S. 50 f.

46 Sich am deutlichsten widerspiegelnd in ADAP D X, Dok. 165: Der dt. Gesandte in Sofia an das AA, 13. 7. 1940, S. 171.

47 ADAP D X, Dok. 21: Der dt. Botschafter in Moskau an das AA, 26. 6. 1940, S. 19 f.: Gespräch Molotow — italienischer Botschafter Rosso am 20. 6. 1940: „Bezüglich der übrigen Gebiete Rumäniens werde die Sowjetregierung sich mit Deutschland in Verbindung setzen."

48 Vgl. oben S. 87 f.

49 Fabry, S. 219 (Zitat auf Grund Quellenvergleichs ebda., Anm. 85, S. 482).

50 Krecker, S. 90 ff. Vgl. zur türkischen Annäherung an Deutschland auch oben S. 68 f.

nach Einräumung militärischer Stützpunkte an den Dardanellen durch den türkischen Staatspräsidenten Inönü Mitte Juli ließ die Gefahr für die Türkei akut erscheinen[51].

Ein Abstecken der Interessensphären Deutschlands, der Sowjetunion und Italiens in Südosteuropa schien logisch angesichts der Aufteilung des übrigen Europa in Interessenbereiche und der Tendenzen zur „Großraum"-Bildung überhaupt[52]. Vom sowjetischen Standpunkt lag es ferner nahe, daß Hitler für die Fortführung des Krieges gegen Großbritannien einen neuen politischen Preis an die Sowjetunion zahlen mußte. Die Sowjetrußland im Herbst 1939 zugesicherte Interessenzone in Ost-Mitteleuropa konnte nur als ohnehin kaum ausreichende Kompensation für die nun — viel schneller als bei Unterzeichnung der Verträge im August/September erwartet — abgeschlossene erste Phase des Krieges mit dem überaus beträchtlichen deutschen Machtzuwachs angesehen werden. Ein darüber hinausgehender weiterer Machtgewinn Deutschlands bedingte im Sinne einer Theorie des Gleichgewichts zwischen den „Großräumen" neue Kompensationen für die Sowjetunion.

Stalin suchte die Sicherheit der Sowjetunion durch Vorschieben ihres Glacis — angesichts der verbesserten Militärtechnik (Möglichkeit von plötzlichen Luftangriffen und überraschenden Panzervorstößen wie Landungsoperationen) vom sowjetischen Standpunkt aus durchaus verständlich — zu verbessern. Dabei spielte in Südosteuropa die propagandistische Anknüpfung an alte slawische Bindungen Rußlands zu Serbien und Bulgarien[53] eine ähnliche dienende Rolle für die strategischen Ziele der Sowjetunion wie die sozialrevolutionäre Umgestaltung in den annektierten Gebieten.

Seit Ende Juni 1940 wartete Stalin auf ein Verhandlungsangebot von deutscher Seite. Nachdem dann während des Juli Hitlers Bestreben, Südosteuropa unter seiner Führung neu zu ordnen und dabei seiner — vorerst indirekten — Herrschaft zu unterwerfen, erkennbar geworden war, ließ Stalin Molotow am 1. 8. eine außenpolitische Rede halten, die in den Schlußsätzen eine Fortsetzung der sowjetischen „Großraum"-Politik ankündigte, ohne allerdings die nächsten Ziele beim Namen zu nennen: „Wir haben viele neue Erfolge gehabt, aber wir beabsichtigen nicht, uns mit dem zufrieden zu geben, was wir erreicht haben[54]. Um weitere unerläßliche Erfolge für die Sowjetunion zu gewährleisten,

51 ADAP D X, Dok. 214: Aufz. des Legationsrats Melzer über seine Unterredung mit dem türkischen Botschaftsrat Alkend, 23. 7. 1940, S. 230 f.; Dok. 217: Der dt. Gesandte in der Slowakei an das AA, 24. 7. 1940, S. 233 f. (Äußerung des sowjetischen Gesandten in Preßburg Puschkin).

52 Neben den von Deutschland und Italien ausgehenden Tendenzen waren in dieser Zeit vor allem die japanischen „Großraum"-Bestrebungen bemerkenswert (vgl. unten S. 119 ff.); auch die Bemühungen der USA auf der Konferenz von Havanna (vgl. oben S. 99) konnten in diesem Sinne gedeutet werden.

53 Vgl. Anm. 44 auf S. 113 und Anm. 46 auf S. 113.

54 Dieser Satz deutet an, daß Stalin die Situation zu diesem Zeitpunkt bereits wesentlich günstiger für die Sowjetunion ansah als in seinem Gespräch mit Cripps am 1. 7., als er offensichtlich mit einer Beendigung des Krieges im Westen durch eine Niederlage Großbritanniens rechnete, die — als politische Konse-

müssen wir immer Stalins Worte im Sinn haben: Wir müssen unser ganzes Volk in einem Zustand der Mobilisierung, des Vorbereitetseins auf die Gefahr eines militärischen Angriffs halten, so daß kein ‚Unfall' und keine Tricks unserer auswärtigen Feinde uns unvorbereitet treffen können"[55].
Seine eigenen Positionen hatte Stalin, der neuen Situation entsprechend, abgesteckt. Es war nur die Frage, ob für die deutsche Seite — von den weiteren und „letzten" Zielen Hitlers ganz abgesehen — bei Fortdauer des Krieges im Westen und Fortsetzung der britischen Wirtschaftsblockade ein (den Verträgen vom Herbst 1939 ähnlicher) Interessenausgleich zwischen Deutschland und der Sowjetunion unter Aufteilung Südost= und Nordeuropas überhaupt möglich war, ohne die eben erst etwas gelockerte wehrwirtschaftliche wie strategische Abhängigkeit Deutschlands von der Sowjetunion erneut bis zu einem — die deutsche Bewegungsfreiheit erheblich einschränkenden — Ausmaß zu vergrößern und damit auf den wichtigsten Erfolg des Sieges über Frankreich zu verzichten. Es würde in den Bereich bloßer Vermutungen führen, wollte man die Frage beantworten, wieweit Stalin diesen Zusammenhang im Verfolg seiner zunächst einmal auf die eigenen Sicherheitsinteressen abgestellten Glacis=Politik bewußt schon in dieser Zeit, Sommer 1940, in seinen Kalkül einbezog. Daß er im Herbst 1940, auf Grund einer neuen — verfehlten — Lagebeurteilung, solche Ziele verfolgte, wird später darzulegen sein[56].

5. Japans Schwanken zwischen Expansions= und Ausgleichspolitik

Der zweimalige schnelle Wandel der politischen Konstellation in Europa im August/September 1939 und im Mai/Juni 1940 wirkte sich in Japan bei dessen labiler, durch die Kooperation verschiedenartiger militärischer und ziviler Kräfte gekennzeichneter Regierungsstruktur jeweils sogleich auf das Verhältnis dieser Kräfte untereinander und im Hervorbrechen bzw. Zurücktreten der mit ihnen verbundenen außenpolitischen Tendenzen aus[1]. Hatten — um es

quenz — ein weiteres sowjetisches Vordringen nach Südosteuropa ausschloß (vgl. oben S. 87, Anm. 39). Mit Molotows Rede am 1. 8. kündigte sich angesichts der Fortdauer des britischen Widerstandes und der Haltung der USA ein Wandel der Beurteilung der Kriegslage durch Stalin an, der dann in den Äußerungen Molotows in Berlin am 12./13. 11. sehr deutlich zum Ausdruck kam (vgl. unten S. 304 ff.). Die veränderte Lagebeurteilung mag durch einen Bericht des Londoner Botschafters Maiskij vom Juli 1940 mitbestimmt worden sein, in dem dieser zum Ausdruck gebracht hatte, daß Regierung und Volk Großbritanniens fest entschlossen seien, den Krieg fortzusetzen, und daß eine Niederlage Großbritanniens bei den zu erwartenden deutschen Angriffen der nächsten Monate äußerst unwahrscheinlich sei (The Eden Memoirs, vol. II, S. 121).

55 Text der Rede Molotows in: SDFP, Bd. III, S. 461 ff.

56 Vgl. unten S. 300 ff.

1 Grundlegend für die Problematik der Führungsstruktur Japans mit ihren Konsequenzen für die Außenpolitik: Y. D. Maxon: Control of Japanese Foreign Policiy. A Study of Civil=Military Rivalry 1930—1945. Berkeley (California) 1957.

etwas vereinfachend zu formulieren – der für Japan völlig überraschende Abschluß des deutsch-sowjetischen Nichtangriffspaktes und der Beginn des europäischen Krieges die ein Bündnis mit Deutschland anstrebenden Kräfte der japanischen Armeeführung zurückweichen lassen und den auf einen Interessenausgleich mit den USA hinzielenden Kreisen der Marineführung, der Diplomatie und der Hochfinanz eine Chance geboten, so führten der deutsche Triumph über Frankreich und die Bedrängnis Großbritanniens im Sommer 1940 zu einer Verschiebung der Kräfte in Japan in entgegengesetzter Richtung, ohne daß jeweils die anders orientierten Gruppen völlig ausgeschaltet worden wären. Bleibendes Charakteristikum der japanischen Regierungsstruktur war es vielmehr, daß stets alle Kräfte, wenn auch je nach der gerade bestehenden Konstellation in unterschiedlicher Stärke, an der Ausformung des politischen Kurses beteiligt blieben. Dies machte es Partnern wie Gegnern Japans schwer, die sich gleichsam wie aus einem komplizierten Kräfteparallelogramm ergebende Linie der japanischen Politik mit der nötigen Klarheit zu erkennen, so daß nicht selten – z. T. verhängnisvolle – Fehldeutungen vorkamen.

Dabei hatte die japanische Politik seit langem ein Zentralproblem, um das alle außenpolitischen Kombinationen und Regierungsprogramme kreisten: China[2]. Als im Herbst 1939 der Krieg in Europa begann, mußte der im Juli 1937 eingeleitete Versuch Japans, China mit militärischer Gewalt in den angestrebten „Großraum" unter seiner Führung einzugliedern, bereits als gescheitert betrachtet werden. Nach der Eroberung Nordchinas und großer Teile Mittelchinas sowie der Besetzung der wichtigsten Hafenplätze im Süden hatten sich – im großen gesehen – feste Fronten herausgebildet. Größere militärische Operationen fanden nicht mehr statt; jedoch blieb etwa die Hälfte des japanischen Heeres, rd. 1 Million Mann, auf dem chinesischen Kriegsschauplatz gebunden[3]. Politisch entscheidend war, daß die Regierung

2 Die japanische Politik in diesem Zeitraum ist in den letzten Jahren gründlich erforscht worden, so daß die wesentlichen Züge offen zutage liegen. Grundlegend für diesen Abschnitt: Theo Sommer: Deutschland und Japan zwischen den Mächten 1935–1940. Vom Antikominternpakt zum Dreimächtepakt. Eine Studie zur diplomatischen Vorgeschichte des Zweiten Weltkrieges. Tübingen 1962, besonders die Teile ab S. 296 ff., und Ernst L. Presseisen: Germany and Japan. A Study in Totalitarian Diplomacy, 1933–1941. Den Haag 1958; ferner E. C. Jones: Japan's New Order in East Asia. Its Rise and Fall. London – New York – Toronto 1954; Herbert Feis: The Road to Pearl Harbor, Princeton, 2. Aufl. 1962 und, z. T. überholt, Frank William Iklé: German-Japanese Relations, 1936–1940. New York 1956. Die Regierungsstruktur Japans läßt sich übrigens gut auch aus den Memoiren von M. Shigemitsu: Die Schicksalsjahre Japans vom Ersten bis zum Ende des Zweiten Weltkrieges 1920–1945. Denkwürdigkeiten des letzten japanischen Außenministers im Zweiten Weltkrieg. Deutsche Ausgabe Frankfurt a. M. 1959, erkennen.

3 Einzelheiten in T. Hattori: The Complete History of the Greater East Asia War. Engl. Ms. (1950); knappe Zusammenfassung: ders.: Japans Operationsplan für den Beginn des Pazifischen Krieges, in: Wehrwissenschaftliche Rundschau 7 (1957), S. 248 ff.; A. Merglen: Der Chinesisch-japanische Krieg 1937–1945. In: Wehrwissenschaftliche Rundschau 1960, S. 363 ff.

des Marschalls Tschiang Kai-shek (seit 1938 in Tschungking) vom Beginn des japanischen Angriffs an die politische und materielle Unterstützung sowohl der USA (in beschränkterem Ausmaß Großbritanniens und Frankreichs) als auch der Sowjetunion gefunden hatte. Solange Tschiang Kai-shek diesen Rückhalt besaß, schien ein — von Japan auf der Basis seiner Hauptforderung, der Anerkennung seiner Führungsrolle, erstrebter — „Kompromiß" mit China ausgeschlossen. Das Grundproblem für Japan lag darin, wie es aus der Sackgasse, in die es der militärische Angriff auf China geführt hatte, wieder hinausgelangen konnte, ohne das — auch als wirtschaftliche Notwendigkeit betrachtete — politische Ziel, China in seinen „Großraum" in der einen oder anderen Form einzugliedern, aufgeben zu müssen. Ein völliger Rückzug aus China, der Japan auf seine Ausgangsbasis zurückgeworfen und das Prinzip der „Offenen Tür" in China, bei dem Japan gegenüber den kapitalstarken Westmächten den kürzeren zog, wieder eingeführt hätte, wäre für keinen japanischen Staatsmann, gleich welche politische Richtung er im übrigen vertrat, gangbar gewesen[4].

Theoretisch boten sich für Japan verschiedene außenpolitische Kombinationsmöglichkeiten an, das China-Problem in seinem Sinne zu lösen oder doch zumindest die Voraussetzungen hierfür zu verbessern. Am wirksamsten mußte sich ein Arrangement mit den USA erweisen, da China dann seinen wichtigsten Rückhalt und zugleich die Quelle der meisten materiellen Unterstützung verlieren würde. Weniger durchschlagend, aber in Anbetracht der militärischen Bindung beider Staaten in Europa wohl leichter zu erreichen, schienen Vereinbarungen mit Großbritannien und Frankreich. Für äußerst schwierig und auch kaum entscheidend für die Lösung des China-Problems im japanischen Sinne wurde hingegen eine politische Annäherung an die Sowjetunion angesehen. Schließlich blieb als ultima ratio der gewaltsame Ausbruch, der Weg der kriegerischen Expansion, im Zusammenwirken mit Bundesgenossen in Europa (die z. T. den gleichen Mächten wie Japan gegenüberstanden) oder im schlimmsten Falle, einer Verzweiflungstat gleichkommend, allein, wobei es in jedem Falle wieder zwei mögliche Stoßrichtungen gab: entweder von der Mandschurei gegen die Sowjetunion oder von Formosa und Südchina aus nach Südostasien gegen die reichen Kolonialgebiete der Niederlande, Frankreichs und Großbritanniens unter Inkaufnahme eines Krieges mit den USA. Alle diese Möglichkeiten sind zwischen 1939 und 1941 erwogen oder versucht, schließlich ist in einer noch darzulegenden weltpolitischen Konstellation[5] die extreme Lösung der kriegerischen Südexpansion beschritten worden.

Die weltpolitische Lage in der ersten Phase des europäischen Krieges vom September 1939 bis zum Mai 1940, in der der einzige nennenswerte potentielle

4 Hierzu Sommer, S. 325 („In dieser Schicksalsfrage der Nation waren die Wünsche der Wehrmachtteile auch für den konziliantesten Ministerpräsidenten und den liberalsten Außenminister maßgebend").

5 Vgl. unten S. 562 f.

Bündnispartner Japans, Deutschland, sich in einer schwierigen politischen und strategischen Lage befand, zudem sein Pakt mit der Sowjetunion dieser die Möglichkeit einer vollen Wirksamkeit in Ostasien bot, legte es der japanischen Politik nahe, den Versuch eines Ausgleichs mit den USA zu unternehmen, deren militärisches Gewicht zwar noch ganz im Pazifik lag, deren wachsendes Interesse am europäischen Krieg sie aber möglicherweise zu einem „modus vivendi" mit Japan geneigt machen konnte. Ein Ausgleich mit den USA unter der Bedingung, daß Japan die Möglichkeit behielt, die Politik der „Neuordnung Ostasiens" mit dem Ziel einer – wenn auch zeitweilig in einer etwas lockereren Form projektierten – Einbeziehung Chinas forzusetzen, war daher das Hauptziel der japanischen Kabinette Abe (30. 8. 1939–12. 1. 1940) und Yonai (14. 1.–16. 7. 1940). Dieses Programm erwies sich als undurchführbar, da es von der unzutreffenden Voraussetzung ausging, daß die USA bereits so stark in Europa engagiert seien, daß sie um ihrer Sicherheit im Pazifik willen bereit wären, in Ostasien politisch zurückzustecken. Ein Eingehen der USA auf die japanischen Vorschläge hätte das Eingeständnis einer schweren politischen Niederlage bedeutet; denn die Bewahrung des status quo im Fernen Osten und das Festhalten am Neunmächteabkommen von 1922[6] mit dem politischen Kern der Anerkennung der Unabhängigkeit Chinas und des Prinzips der „Offenen Tür", die bisher – trotz allen durch die japanischen Eroberungen ab 1931 eingetretenen faktischen Veränderungen im chinesischen Raum – die konsequent eingehaltene Grundlinie der amerikanischen Außenpolitik gebildet hatten, ließ nur sehr schwer einen Kompromiß mit der japanischen Konzeption der „Neuordnung Ostasiens" zu. Die amerikanische Politik in Fernost hätte zwar gewiß unter dem Zwange einer für die USA irgendwie bedrohlichen Lage in Europa oder im Atlantik auf eine völlig neue Grundlage gestellt werden können. Dazu sah jedoch Präsident Roosevelt im Winter 1939/40 keinerlei Notwendigkeit. Er hatte vielmehr die strategische Planung der USA ganz auf eine feste politische Haltung gegenüber Japan abgestellt, in der Überzeugung, daß die USA in Ostasien auf Grund der Stärke ihrer im Pazifik konzentrierten Flotte allen militärischen Eventualitäten gewachsen seien[7]. Bereits die Ankündigung der amerikanischen Regierung vom 20. 12. 1939, daß der seit 1910 bestehende, durch die Kündigung vom Juli 1939 am 26. 1. 1940 auslaufende Handelsvertrag mit Japan nicht mehr verlängert werden sollte[8], zeigte, daß die USA gar nicht daran dachten, Japan Zugeständnisse zu machen, vielmehr einen noch härteren Kurs einschlugen. Obwohl die Regierung Abe damit außenpolitisch gescheitert war und zurücktrat, bemühte sich das Nachfolgekabinett Yonai um eine Fortsetzung des amerikafreundlichen Kurses, da

6 Colliard, a. a. O., S. 520 ff.; deutscher Text bei W. Berger: Die politisch-militärischen Pakte der Nachkriegszeit im Wortlaut, Erlangen 1936, S. 14 ff.
7 Vgl. oben S. 93.
8 Langer-Gleason, S. 295 ff.; Jones, S. 152 ff.; Sommer, S. 316 f. (dort weitere Literaturhinweise).

bei der gleichgebliebenen weltpolitischen Konstellation gar keine Alternative sichtbar war.

Neue Möglichkeiten zeichneten sich erst durch die Auswirkungen der deut=schen Siege über die Niederlande und Frankreich auf Ostasien im Mai/Juni 1940 ab. Niederländisch=Indien mit seinen wirtschaftlichen Reichtümern (vor allem an Erdöl, Kautschuk, Zinn, Reis) in den japanisch=beherrschten „Groß=raum" einzufügen, wurde nun ein lockendes, wenn auch ohne kriegerischen Eklat nur in Etappen erreichbares Ziel für die japanische Politik, die hier eine Chance erblickte, den Gefahren des seit Kündigung des Handelsvertrages drohenden Embargos lebenswichtiger Güter durch die USA zu entgehen. Dem Nahziel, den status quo dieses wichtigen Kolonialgebiets trotz der deutschen Besetzung des Mutterlandes zu erhalten, diente – nach einer ersten prophy=laktischen, die amerikanische Regierung stark beunruhigenden Erklärung des Außenminister Arita vom 15. 4.[9] – vor allem der diplomatische Schritt der japanischen Regierung bei allen interessierten Mächten am 11. 5. 1940, einen Tag nach Beginn des deutschen Angriffs auf die Niederlande[10]. Er richtete sich in gleicher Weise gegen eventuelle deutsche Absichten, sich in irgendeiner Form in Niederländisch=Indien festzusetzen, wie gegen eine mögliche „Schutz=besetzung" durch Großbritannien oder die USA analog der Besetzung der west=indischen Inseln der Niederlande, Curaçao und Aruba, durch britische und französische Truppen am 10./11. 5. 1940.

Während sowohl die europäischen Westmächte als auch die USA sogleich ihr Interesse an der Fortdauer des status quo bekundeten, ließ die deutsche Ant=wort bis zum 20. 5. auf sich warten. Entgegen dem Rat des Staatssekretärs Frhr. v. Weizsäcker und der Ostasien=Experten des Auswärtigen Amtes ließ Ribbentrop dann aber an diesem Tage, noch über die japanischen Wünsche hinausgehend, durch den deutschen Botschafter in Tokio das Desinteressement Deutschlands an Niederländisch=Indien erklären[11]. Diese Stellungnahme könnte man, zumal sie zeitlich nach den „Status=quo"=Erklärungen der anderen Mächte abgegeben wurde, als eine Art „Blancovollmacht" für Japan werten, bei der die deutsche Seite das Ziel verfolgte, Japan „in eine scharfe Frontstellung ge=gen die angelsächsischen Mächte", vor allem die USA, hineinzumanövrieren; doch würde eine solche Interpretation die damalige Situation nicht in treffen=der Weise berücksichtigen. Es war angesichts des bekannten – vom deutschen Standpunkt aus alles andere als begrüßenswerten – Kurses des Kabinetts Yonai doch wohl mehr das Bestreben des deutschen Außenministers, „den Zankapfel Ostindien zwischen Washington und Tokio zu werfen . . ., um das

9 Sommer, S. 328. Diese Erklärung löste den Entschluß des amerikanischen Präsi=denten aus, die Flotte nach Hawaii zu verlegen bzw. nach den in diesem Raum stattfindenden Manövern dort zu belassen (vgl. oben S. 93).

10 Ebda. Zur amerikanischen Haltung vor allem: The Memoirs of Cordell Hull, vol. I, S. 891 ff.; Langer=Gleason, S. 576 ff.; Jones, S. 238 ff.

11 Auf Grund der deutschen Akten im einzelnen dargestellt bei Sommer, S. 329 ff.

gefürchtete Rapprochement zwischen den beiden Mächten hintanzuhalten"[12]. Immerhin hatte die deutsche Seite damit einen wichtigen Fingerzeig für die „geopolitische" Fundierung einer deutsch-japanischen Mächtekombination gegeben. Es steht andererseits jedoch fest, daß in diesen Wochen, und zwar noch bis in die erste August-Hälfte hinein, ein Bündnis mit Japan außerhalb der politisch-strategischen Konzeption Hitlers lag[13].

Während Niederländisch-Indien für Japan in erster Linie ein Feld großer wirtschaftlicher Möglichkeiten darstellte, war Französisch-Indochina zunächst strategisch im Zusammenhang mit der Lösung des China-Problems interessant. Die japanische Regierung nutzte daher die Zwangslage Frankreichs aus, indem sie bereits einen Tag nach dem Waffenstillstandsersuchen der Regierung Pétain an Deutschland, am 18. 6., Frankreich ein Ultimatum stellte, sofort die Grenze zwischen Indochina und der chinesischen Provinz Yünnan zu schließen, und zwar unter der Kontrolle von Inspektoren der japanischen Armee. Diesem Druck mußte sich die französische Regierung beugen (20. 6.[14]). Großbritannien, das sich, wie Churchill schon in seiner ersten Botschaft an Roosevelt am 15. 5. erklärt hatte, nicht mehr in der Lage sah, im Ernstfall seine südostasiatischen Positionen zu verteidigen, vereinbarte mit Japan, zumal die USA die vorgeschlagene Verlegung amerikanischer Flottenteile nach Singapore ablehnten, einem zu erwartenden stärkeren politischen Druck Japans zuvorkommend, die Schließung der Burma-Straße für den Nachschub nach China ab 17. 7. auf drei Monate[15].

Indochina besaß jedoch für Japan nicht nur im Rahmen der beabsichtigten allseitigen Absperrung Chinas Bedeutung, sondern konnte auch als Absprungbasis für eine künftige Expansion nach Süden, für ein eventuelles militärisches Vorgehen gegen Niederländisch-Indien und Singapore, ausgebaut werden. Schon bei den Entscheidungen der japanischen Regierung im Juni 1940 schwangen solche Gedanken mit, ohne daß sie bereits dominierend gewesen wären[16]. Die Konzeption der japanischen Führung wurde jedenfalls auf Grund der veränderten, für die Verwirklichung eigener ausgreifender Pläne günstigeren weltpolitischen Konstellation ausgeweitet; die bisher verdeckten Expansionstendenzen traten in ihr nun stärker hervor[17].

12 Im Anschluß an die Deutung Sommers, S. 335 f.
13 Hierzu im einzelnen unten S. 203 f. — Sommer (S. 342) vertritt ebenfalls diese These.
14 Sommer, S. 338, auf Grund der einschlägigen Akten und Literatur.
15 Amtliche britische Darstellung hierzu Woodward, S. 165 ff. Ausführlichste Behandlung dieses Problems bei Jones, S. 165 ff. — Vorausgegangen waren am 20. 6. ein britisch-japanisches Abkommen (dem sich Frankreich anschloß), das die seit einem Jahr andauernde japanische Blockade der britischen und französischen Konzessionsgebiete in Tientsin aufhob, und am 1. 7. eine britische Zusage an Japan, den Waffentransport von Hongkong aus nach China zu unterbinden.
16 Hierzu Sommer, S. 338 f.
17 Diese Ausweitung der politischen Konzeption wirkte sich sogleich auch auf die Grundtendenz und Stoßrichtung der militär-strategischen Planung Japans aus. —

Zur politischen Absicherung künftigen Handelns im Sinne einer Ausdehnung des japanischen Machtbereichs nach Süden war auch eine Wiederannäherung an Deutschland erwünscht. Seit dem Abschluß des Hitler-Stalin-Paktes im August 1939 war der Kontakt zu dem „Antikomintern-Pakt"-Partner von 1936 praktisch abgerissen, zumal Deutschlands politisches Gewicht für Japan im Vergleich zu der Zeit der ersten Bündnisgespräche 1938/39 stark abgenommen hatte. Erst nach seinen Siegen in Kontinentaleuropa gewann Deutschland seine Bedeutung als möglicher Koalitionspartner Japans zurück. Unmittelbar nach dem Zusammenbruch Frankreichs begann daher die Regierung Yonai mit der Kabinettsberatung vom 19. 6. – trotz des fortdauernden Mißtrauens gegenüber den deutschen Zielen in Südostasien –, ihren politischen Kurs in Richtung auf eine Annäherung an Deutschland umzulegen[18]. Das Ziel dabei sollte eine „Zusammenarbeit mit der ‚Achse', aber kein Kriegseintritt an ihrer Seite" sein[19]. Die japanische Regierung arbeitete hierfür einen detaillierten „Plan für die Verstärkung der Eintracht zwischen Deutschland, Italien und Japan" aus, der die Grundlage für die Verhandlungen mit Deutschland bilden sollte und vom Gesamtkabinett am 16. 7. gebilligt wurde. Es war dies allerdings der letzte gemeinsame Beschluß der Minister der Regierung Yonai; denn das Ka-

Seit 1908 war die operative Planung des japanischen *Heeres* konstant gegen Rußland bzw. die Sowjetunion gerichtet. Daneben gab es seit 1922 Pläne gegen China in Form eines „lokalen Feldzuges" – der seit Juli 1937 entstandene „große" Krieg gegen China war in keiner operativen Planung des japanischen Generalstabes „vorgesehen" gewesen –, seit den dreißiger Jahren auch Studien („kleinsten Ausmaßes") für ein Vorgehen gegen die Philippinen, seit 1939 gegen Singapore. Letztere fügten sich in den seit den zwanziger Jahren bestehenden Grundoperationsplan der japanischen *Marine* für den Fall eines Krieges gegen die USA und Großbritannien ein, der auf der Einhaltung der strategischen Defensive mit dem Ziel basierte, „einen angreifenden Gegner im Westpazifik zu einer entscheidenden Seeschlacht zu stellen". – Im Sommer 1940 trat die japanische Planung gegen die Sowjetunion völlig zurück. Es entstand nun erstmals ein von Heer und Marine gemeinsam aufgestellter „Studienentwurf" „Exposé eines allgemeinen Planes zur Behandlung des Südens", der die Grundlage für die – erst im Frühjahr 1941 beginnende – Arbeit an der detaillierten Kriegsplanung wurde. Den Kerngedanken enthielt der Passus: „Durch das amerikanische Exportverbot ist die Brennstoffversorgung in Japan in größte Schwierigkeiten geraten. Wenn keine Änderung eintritt, wird Japan von Amerika und England überwältigt werden, ohne zu den Waffen gegriffen zu haben. So muß Japan auf allen verfügbaren außenpolitischen Wegen, besonders aber durch Verhandlungen mit Niederländisch-Indien, versuchen, die Einfuhr von Petroleum zu fördern. Für den Fall, daß dieses keinen Erfolg hat, muß man ins Auge fassen, dieses Ziel durch die Anwendung von Waffengewalt zu erreichen" (Hattori, S. 249). Hattori datiert diesen Entwurf auf „Frühjahr 1940". Der zitierte Passus spricht indessen dafür, daß er erst nach der ersten amerikanischen Embargo-Maßnahme (26. 9. 1940) endgültig formuliert wurde.

18 Sommer, S. 336 ff.

19 Diese von Sommer geprägte Formel ebda., S. 339. – Von einem von Hitler angeblich ausgeschlagenen „Fühler" der japanischen „Militärpartei", der auf das Angebot einer Kriegsteilnahme an Deutschlands Seite gegen Großbritannien hinausgelaufen sei, wie es Ruge: Seekrieg, S. 112 f., ohne Quellenangabe behauptet, kann überhaupt keine Rede sein, zumal es eine „Militärpartei" als geschlossene Gruppe gar nicht gab.

binett trat noch am gleichen Tage zurück[20], um einer neuen Regierung Platz zu machen, die die auf Grund der veränderten weltpolitischen Situation einzuschlagende neue Linie der japanischen Gesamtpolitik festlegen sollte.
Der Plan des Kabinetts Yonai wurde somit nie selbst Gegenstand von Verhandlungen mit Deutschland, doch enthielt er Grundvorstellungen und Zielsetzungen, die auch für die folgende Regierung des Fürsten Konoye gültig blieben, so daß es sinnvoll ist, an dieser Stelle die wichtigsten Gesichtspunkte wiederzugeben, zumal dabei manche hintergründigen Züge der japanischen Politik erkennbar wurden[21]. Kerngedanke des japanischen Planes war die gegenseitige Anerkennung der im Entstehen begriffenen „Großräume" Ostasien und Europa/Afrika unter japanischer bzw. deutscher (und italienischer) Führung. Die Vorteile, die der Pakt den beteiligten Partnern bringen sollte, hielten sich jedoch keineswegs die Waage. Japans Gewinn sollte darin bestehen, daß Deutschland auf sein durch die Siege über die Niederlande und Frankreich gewonnenes Mitspracherecht über Indochina und Niederländisch-Indien verzichtete, indem es die alleinige „politische Führung" Japans in Ostasien und einem — in seiner Abgrenzung absichtlich offengehaltenen — „Südseegebiet[22]" anerkannte. Japan hingegen bot als Gegenleistung an, Deutschland bei seinen Anstrengungen, „England (zu) erobern, seine Hegemonie in Europa auf(zu)richten und dort eine neue Ordnung (zu) schaffen"[23], insoweit zu unterstützen, als es Großbritannien in Ostasien „in Schach halten" wollte, ohne daß aber klar gesagt wurde, welche konkreten politischen oder militärischen Maßnahmen Japan dabei zu ergreifen bereit war. Es behielt sich also — darauf kam es der japanischen Regierung hier wie auch in allen späteren Verhandlungen mit Deutschland an — die eigene Entscheidungsfreiheit vor.
Bemerkenswert an dem japanischen Plan sind noch die Vorstellungen hinsichtlich des politischen Kurses, der künftig gegenüber der Sowjetunion eingeschlagen werden sollte. Die anzustrebende Abstimmung der japanischen und deutschen Taktik sollte darauf hinzielen, die Sowjetunion so zu „lenken", „daß sie sich dem gemeinsamen Standpunkt Deutschlands und Japans anpaßte"[24]. Die politische Dynamik der Sowjetunion sollte — das war der angesichts der eigenen Expansionsabsichten in Richtung auf dieselben Fernziele nicht leicht zu

20 Einzelheiten über die Gründe und den Verlauf der Kabinettskrise, vor allem auf der Basis des „Kido-Diary", bei Sommer, S. 361 f. (Kido, seit 1. 6. 1940 Lordsiegelbewahrer, war infolge seiner Verbindungen zum Hof eine Schlüsselfigur der japanischen Politik in dieser Zeit).
21 Eine eingehende Analyse auf Grund des Textes (einschließlich der Varianten der Überlieferung) und der Kabinettsprotokolle vom 12. und 16. 7. 1940 bei Sommer, S. 354 ff. Hieraus werden die wichtigsten Ergebnisse übernommen.
22 Bei den Erörterungen der Regierung Konoye Anfang September 1940 wurde eine extensive Ausdeutung dieser dehnbaren Bezeichnung offenkundig. Vgl. die Darstellung unten S. 205.
23 Zitat aus dem Protokoll der Kabinettssitzung vom 16. 7. 1940 (von Sommer, S. 360, übernommen).
24 Ebda.

konzedierende Hauptgedanke – von Ostasien „auf Burma und Indien" abgelenkt werden[25]. Die letzte große politische Zielsetzung der japanischen Regierung auch bei dieser neuen Konzeption war im übrigen der „Ausgleich" mit den USA, der nun allerdings nicht mehr in diplomatischen Verhandlungen zwischen den beiden Staaten erreicht werden sollte, sondern auf der Grundlage der japanischen Vorstellung voneinander getrennter „Großräume" mit Hilfe machtpolitischer Kalkulationen angestrebt wurde. Das Ziel der japanischen Regierung war eine – durch das Gewicht der von Japan geplanten europäisch=asiatischen Bündniskombination zu ertrotzende – Anerkennung der Führungsrolle Japans in dem – durch die Einbeziehung zumindest einiger südostasiatischer Gebiete erweiterten – „Großraum Ostasien" bei gleichzeitiger Anerkennung der USA als „Führungsmacht" in ganz Amerika. Die sonst noch anvisierten „Großräume" Europa=Afrika und Sowjetunion bildeten für die japanische Politik nur eine Hilfskonstruktion, um das Bündnisangebot für Deutschland überhaupt interessant zu machen und um durch eine eventuelle lockere Einbeziehung der Sowjetunion in die Kombination die USA möglichst stark zu beeindrucken. Der Plan, der ausschließlich von den japanischen Expansionszielen her entworfen war, berücksichtigte die Interessen und Kriegsnotwendigkeiten des in Aussicht genommenen Partners so wenig, daß er ohne wesentliche Abänderungen keine Basis für ein deutsch=japanisches Bündnis abgeben konnte. Die seit dem 17. 7. 1940 im Amt befindliche Regierung des Fürsten Konoye, in der Matsuoka Außen= und Generalleutnant Tojo Kriegsminister wurden[26], betonte in ihren programmatischen Verlautbarungen stark den „Epochencharakter" dieses Regierungswechsels, obwohl in dem neuen Kabinett die gleichen miteinander konkurrierenden politischen und militärischen Gruppen vertreten waren wie in der Regierung Yonai. Es war zwar schon nach der personellen Zusammensetzung des Kabinetts Konoye offenkundig, daß die nach Deutschland hin orientierten Kräfte und die in Richtung Südostasien zielenden Expansionsbestrebungen mehr zur Geltung kommen würden als bei der vorherigen

25 Sommer (S. 360) weist auf den größeren historischen Zusammenhang hin, in dem diese Konzeption zu sehen ist, wenn er bemerkt: „Der alte Gedanke des Grafen Goto", der 1906 erster Präsident der südmandschurischen Eisenbahn, 1918 vorübergehend japanischer Außenminister war und in Japan als Urheber des Gedankens eines japanisch=deutsch=russischen Blocks galt, „klang hier wieder an, den (Botschafter) Kurusu bereits im Februar (1940) in der Wilhelmstraße in Erinnerung gebracht hatte: Deutschland, Rußland und Japan seien ein dreipferdiges Gespann, aber das russische Pferd müsse in der Mitte gehen, damit es nicht ausbrechen und Verwirrung anrichten könne" (vgl. hierzu auch: A. Craig [Hrsg.]: The Diplomats, S. 647). Matsuoka, der als Außenminister in der Regierung Konoye der Hauptverfechter dieses Gedankens war, hatte seine Laufbahn unter Goto im Präsidium der südmandschurischen Eisenbahn begonnen. Vgl. auch ADAP D VIII, Dok. 590: Aufz. Legationsrat Knoll, 1. 2. 1940, S. 573 ff.

26 Einzelheiten über die Zusammensetzung der Regierung Konoye und die Bewertung ihrer wichtigsten Persönlichkeiten, darunter eine ausführliche Würdigung Matsuokas, bei Sommer, S. 366 ff. Zu Matsuoka vgl. auch die Porträtskizze bei Craig: The Diplomats, zu Tojos Werdegang bis zur Ernennung zum Kriegsminister in der Regierung Konoye: Butow, S. 1 ff.

Regierung, doch waren die retardierenden Kräfte stärker, als es zunächst den Anschein hatte, und auch die jetzt vorherrschende, in sich keineswegs einheitliche Gruppe, die eine politische Verbindung mit Deutschland erstrebte, wünschte in ihrer Mehrheit (einschließlich des als extrem geltenden Außenministers Matsuoka) dieses Bündnis nicht als Selbstzweck oder als Rückendeckung für einen militärischen Eroberungszug, sondern als Mittel, um doch noch – und zwar nun aus einer Position der Stärke heraus – die USA für einen „Ausgleich" mit Japan zu gewinnen und ihre Anerkennung der „Neuordnung" „Großostasiens" unter der Führung Japans zu erlangen.
In einer ersten Liaison-Konferenz zwischen der neuen Regierung und den Oberkommandos von Armee und Marine am 27. 7. – diese Konferenzen stellten von nun an das entscheidende Gremium der politischen Willensbildung Japans dar, in dem die wichtigsten Führungsentschlüsse gefaßt wurden –[27] wurde die Grundlinie der japanischen Außenpolitik für die nächste Zeit abgesteckt. Kernproblem blieb wie bisher die „beschleunigte Beendigung des China-Krieges". Hierfür sollten gegen Französisch-Indochina noch weitere Maßnahmen ergriffen, die ausländischen Konzessionen in China besetzt und Hongkong vom chinesischen Hinterland völlig abgeschnürt werden. Schließlich sollte der diplomatische Druck auf Niederländisch-Indien verstärkt werden, um die für Japan immer bedeutsameren Rohstofflieferungen dieses Kolonialgebietes in jedem Falle sicherzustellen. Alle diese Schritte sollten jedoch so durchgeführt werden, daß ein militärischer Konflikt mit den Westmächten, vor allem mit den USA, ausgeschlossen blieb. Die am 27. 7. in Aussicht genommenen Maßnahmen, besonders der Druck auf Niederländisch-Indien, waren z. T. eine Reaktion auf die von den USA am 26. 7. verkündete, eindeutig gegen Japan gerichtete Lizenzpflicht für die Ausfuhr von Flugbenzin und hochwertigem Stahlschrott, eine Maßnahme, die ihrerseits wieder eine „Antwort" auf das japanische Indochina-Ultimatum vom 18. 6. darstellte[28]. Der damit erstmals angewandte, durch regelrechte Embargo-Bestimmungen leicht noch zu steigernde Druck der USA, der Japan an der empfindlichsten Stelle, seiner von Einfuhren abhängigen Wirtschaft und Rüstung, treffen und vor weiterem Vorgehen in Südostasien abschrecken sollte, erreichte indessen gerade das Gegenteil des Beabsichtigten. Die Liaison-Konferenz vom 27. 7. faßte in einstimmigem Beschluß die neue Grundlinie der japanischen Außenpolitik in der Formel zusammen, „ein starkes politisches Band mit Deutschland und Italien herzustellen und aktive Schritte zu einem Ausgleich mit der Sowjetunion zu

27 Hierzu Sommer, S. 367.
28 Foreign Relations, vol. IV/1940, S. 576 ff.; Feis: The Road to Pearl Harbor, S. 88 ff. – Der politische Effekt dieser amerikanischen Maßnahme war größer als die unmittelbaren wirtschaftlichen Folgen für Japan; denn die Ölausfuhr aus den USA nach Japan war im August 1940 höher als in den Monaten zuvor; die Ausfuhr von Stahlschrott hielt sich auf der gleichen Höhe (Woodward, S. 167). Ein eigentliches Embargo wurde dagegen von der amerikanischen Regierung am 26. 9. verfügt, und zwar zunächst nur auf alle Eisensorten und auf

ergreifen, gegenüber den USA indessen eine feste Haltung zu beziehen"[29]. Wenige Tage darauf, am 1. 8., leitete die japanische Regierung in parallelem Vorgehen „programm"=gemäß weitere Schritte gegen Indochina ein[30] und eröffnete mit gleichzeitiger Kontaktaufnahme in Tokio und in Berlin das politische Gespräch mit Deutschland. Die Sondierungen der Regierung Konoye fanden indessen zunächst ebensowenig ein Echo auf deutscher Seite wie die seit dem Juni 1940 unternommenen Annäherungsversuche des Kabinetts Yonai[31]. Erst die völlig neue Bedeutung, die Japan für Hitler im Rahmen seiner von uns später noch zu analysierenden[32] Beurteilung der weltpolitischen Situation und der sich darauf gründenden großen Konzeption zur Weiterführung des Krieges gewann, die ihn in der Woche zwischen dem 7. und 13. 8.[33] dazu führte, seinerseits Kontakt zu Japan zu suchen und kurz darauf, am 23. 8., den Sondergesandten Stahmer nach Tokio zu entsenden[34], gab dem aus eigenen politischen Erwägungen erwachsenen und mit einer anderen Zielsetzung vorgetragenen Angebot der japanischen Regierung eine reale Chance des

Stahlschrott, als Reaktion auf die japanische Besetzung Nordindochinas und auf die Ankündigung des unmittelbar bevorstehenden Abschlusses des „Dreimächtepaktes". Ein Voll=Embargo (auch für Öl) und die „Einfrierung" aller japanischen Gutachten in den USA folgten schließlich erst am 26. 7. 1941 als „Antwort" auf die japanische Besetzung Südindochinas (vgl. hierzu unten S. 562).

29 Zitat des Konferenzprotokolls (nach Sommer, S. 368).

30 Nach wochenlangen französisch=japanischen Verhandlungen kam es am 30. 8. 1940 zu einem politischen Abkommen, nach weiteren Verhandlungen und einer japanischen Einmarschdrohung schließlich am 22. 9. 1940 auch zu einem Militärabkommen zwischen der japanischen und der Vichy=Regierung. Frankreich stellte danach drei Flugplätze in Tongking den Japanern zur Verfügung, gestattete die Stationierung japanischer Truppen in Stärke von 6 000 Mann in Nordindochina und gewährte Japan das Durchmarschrecht für Truppen in einer Stärke bis zu 25 000 Mann durch Tongking nach der chinesischen Provinz Yünnan (Foreign Relations, vol. IV/1940, S. 142; Sommer, S. 371, mit Hinweisen auf die zahlreiche Einzelliteratur zu diesem Thema). — Nachdem am 10. 8. 1940 die Blockade der chinesischen Küste durch die japanische Marine auch auf Südchina ausgedehnt worden war und die Burma=Straße wie die Indochina=Verbindungswege gesperrt waren, konnte China nur noch auf dem Luftwege sowie von der Sowjetunion aus mit Nachschubgütern versorgt werden. Durch die Wiederöffnung der Burma=Straße am 17. 10. 1940 (vgl. hierzu unten S. 206) änderte sich diese Situation allerdings schon bald wieder.

31 Zu diesen Versuchen gehörte auch die Entsendung des Sonderbotschafters Sato nach Berlin. Über seinen Empfang durch Ribbentrop am 9. 7. 1940 vgl. ADAP D X, Dok. 137: Aufz. über die Unterredung Ribbentrop=Sato, 9. 7. 1940, S. 134 ff.

32 Vgl. unten S. 199 ff. und S. 223 ff.

33 Diese Zeitspanne ermittelte Sommer (S. 380), da die Akten des AA und die sonstigen Quellen keine Anhaltspunkte ergeben, aus Fixpunkten, die sich aus verschiedenen Zeugnissen ermitteln ließen. Sommers Gedankenführung ebda., S. 381 ff.

34 Die Mission Stahmers in Tokio glich in gewisser Weise der Entsendung Ribbentrops nach Moskau im August 1939. Beide Male war der Wille Hitlers, unter allen Umständen zum Vertragsabschluß zu kommen, um einen ganz bestimmten Effekt damit zu erreichen, entscheidend für die forcierte Verhandlungsführung auf der deutschen Seite, für die weitgehenden Konzessionen ohne Rücksicht auf eine daraus erwachsende mögliche Problematik in der Zukunft und für die damit erreichte schnelle Vertragsunterzeichnung. Hierzu ausführlicher unten S. 203 ff.

Erfolges. Dieses Zusammentreffen zweier unterschiedlicher politischer Konzeptionen, die sich vordergründig relativ leicht in Übereinstimmung bringen ließen[35], war zugleich aber auch die Ursache für die wechselseitige Fehleinschätzung der Ziele Japans und Deutschlands, die in den folgenden Monaten eine so große Rolle spielen sollte.

6. Italiens Schwäche und das labile Kräfteverhältnis im Mittelmeerraum

Der deutsche Triumph über Frankreich im Mai/Juni 1940 wirkte sich – den kontinentaleuropäisch orientierten Zielen Hitlers entsprechend, zugleich auch im Sinne des im Oktober 1936 vage abgesteckten Vorgehens der „Achsen"-Mächte in getrennten Räumen: Deutschland von Zentraleuropa nach West und Ost ausgreifend, Italien im Mittelmeerraum bestimmend – nur indirekt auf die Kräfteverhältnisse in diesem Gebiet aus. Die Verschiebung der Machtlage in Westeuropa zeitigte zwar auch hier einige wesentliche politische und militärische Folgen und führte zu mancherlei Veränderungen im Mittelmeer und seinen Randzonen, reichte aber nicht aus, um einen grundlegenden Wandel auszulösen. Entscheidend dafür waren drei Faktoren: (1.) die schon bald offenkundige Erfahrung, daß Italiens Kräfte nicht genügten, um gemäß der Konzeption des „Parallelkrieges" allein in der ihm überlassenen Mittelmeer-Region die Situation zu meistern und das durch den deutschen Sieg über Frankreich erschütterte Gleichgewicht zugunsten einer eigenen Vorherrschaft über das „mare nostro" umstoßen; (2.) die Tatsache, daß Großbritannien seine Positionen am Rande des Mittelmeers und sogar den Inselstützpunkt Malta behaupten und fortlaufend verstärken konnte; (3.) schließlich der – teils durch die Rücksichtnahme auf Mussolini, teils durch das Interesse an der Aufrechterhaltung des mit dem Waffenstillstand erreichten Status des französischen Kolonialimperiums in Afrika als eines (für die Dauer des Krieges gegen Großbritannien) neutralisierten Gebietes bedingte – Verzicht Hitlers auf ein deutsches Engagement im Mittelmeerraum.

Das faschistische Italien war in den dreißiger Jahren – trotz aller bereits damals erkennbaren militärischen Schwäche, die es während des Abessinien-Feldzuges und im Spanischen Bürgerkrieg gezeigt hatte – in Europa allgemein als „Großmacht" respektiert worden[1]. Die Stellung als „nichtkriegführende" Macht in der ersten Kriegsphase (1939/40) hatte diesen Respekt vor Italien bei den übrigen Staaten noch gesteigert. So hatte, wie bereits dargelegt[2], in der Stra-

35 Auch in dieser Hinsicht ähnelten sich der schnelle Vertragsabschluß in Moskau am 23. 8. 1939 und der des „Dreimächtepaktes" am 27. 9. 1940 (vgl. die Darstellung unten S. 203 ff.).

1 Vgl. hierzu vor allem die detaillierte Darstellung auf breiter Quellenbasis von F. Siebert: Italiens Weg in den Zweiten Weltkrieg. Frankfurt a. M. 1962, besonders S. 37 ff. (dort auch Hinweise auf die reichhaltige weitere Literatur).

2 Vgl. oben S. 57.

tegie der Alliierten die Rücksichtnahme auf Italien eine große Rolle gespielt. Starke britische und französische Land-, See- und Luftstreitkräfte blieben in dieser Zeit im Mittelmeerraum gebunden, da die Unsicherheit, ob und wie Mussolini handeln würde, eine Verlegung auf den westlichen Kriegsschauplatz bzw. in den Atlantik ausschloß. Wie hoch die Bedeutung Italiens eingeschätzt wurde, ließ sich nicht zuletzt aus den Bemühungen der britischen und französischen Regierung sowie des amerikanischen Präsidenten Roosevelts ablesen, die im Frühjahr 1940 zahlreiche Anstrengungen unternahmen, um Italien weiterhin aus dem Kriege herauszuhalten[3].

Der von der klassischen Neutralität abgehobene Status der „Nichtkriegführung" war ohne Zweifel ein genialer Einfall Mussolinis, der seinem Land für einige Monate eine ungewöhnliche, der wirklichen Stärke nicht angemessene politische Bedeutung gab. Das Beispiel machte in der Folgezeit — jeweils in strategisch besonders interessanten Räumen — Schule, wobei Spanien und die Türkei die bekanntesten Fälle waren. Mit einer gewissen Verallgemeinerung kann man sagen, daß es für mittelgroße Staaten (in der Nähe von strategischen Brennpunkten) während des Zweiten Weltkrieges keine stärkere, von Freund und Feind mehr geachtete Position als eben die der „Nichtkriegführung" gab. Für Mussolini war jedoch die Formel der „Nichtkriegführung" nur ein Notbehelf, ein Ausweg aus dem aus der militärischen Schwäche erwachsenen politischen Dilemma Italiens im Herbst 1939[4], ein Schwebezustand, den er so bald wie möglich zu überwinden trachtete, ohne zu erkennen, daß er mit der Wendung zum Kriegseintritt seine eigene Position des allseits umworbenen Staatsmannes aufgab und damit selbst den politischen Abstieg Italiens einleitete. Vom Tage des Kriegseintritts (10. 6. 1940) an enthüllte sich dann in einer stufenweisen Abfolge von immer schwereren militärischen Niederlagen innerhalb weniger Monate, daß hinter der Fassade des „Großmacht"-Anspruchs Italiens keine reale Macht vorhanden war. Schon im Dezember 1940 war mit dem Eingeständnis, ohne deutsche Hilfe vor dem kleinen Griechenland kapitulieren zu müssen, das Ende einer selbständigen Kriegführung Italiens mit eigener Zielsetzung gekommen[5].

Gerade dieses aber war die Absicht Mussolinis gewesen, als er während des Winters 1939/40 den Entschluß faßte[6], in dem ihm am günstigsten erscheinenden Augenblick in den europäischen Krieg einzutreten, um einen kurzen

3 Siebert, S. 431 ff.

4 Siebert, S. 288 ff. Für die Vorgänge in der engsten Umgebung Mussolinis und die Psyche des „Duce" vor allem G. Ciano: Tagebücher 1939—1943. Deutsche Ausgabe. Bern 1947 (künftig zit.: Ciano: Tagebücher II), S. 122 ff. (zu den quellenkritischen Vorbehalten vgl. unten S. 282 ff., besonders Anm. 17 und 18).

5 Vgl. hierzu die Darstellung unten S. 289.

6 Als Mussolini im März 1940 diesen Entschluß faßte, erwartete er Deutschlands Sieg über Frankreich und Großbritannien in drei, höchstens sechs Monaten.

„Parallelkrieg“ zu führen, „nicht mit oder für Deutschland, sondern für uns“[7]. Dieser Zeitpunkt schien der unmittelbar bevorstehende Zusammenbruch Frankreichs im Juni 1940; denn diesem mußte nach Mussolinis Auffassung die Niederlage Großbritanniens in Kürze folgen, das in jedem Falle gezwungen sein würde, das Mittelmeergebiet von seinen Streitkräften zu räumen, da es alle Kräfte zur Verteidigung der britischen Insel benötigte. Auf der Annahme, daß Italien dann – selbst bei Fortdauer des Widerstandes Großbritanniens gegen Deutschland im Bereich der britischen Insel – nur die bisher britischen Positionen im Mittelmeerraum in einer kampflosen Aktion in Besitz zu nehmen brauchte, war der „Parallelkriegs“-Plan Mussolinis in jeder Hinsicht abgestellt; denn – ganz abgesehen von der überhaupt nicht in die Überlegungen einbezogenen Möglichkeit einer längeren Kriegsdauer – auch für einen kürzeren ernsthaft geführten Krieg fehlten Italien alle wehrwirtschaftlichen, militärischen, nicht zuletzt auch die volkspsychologischen Voraussetzungen.

Obwohl Mussolini den deutschen „Achsen“-Partner schon am 11. 3. 1940 (während eines Besuches Ribbentrops in Rom) von seinem „prinzipiellen“ Entschluß, in den Krieg einzutreten, in Kenntnis gesetzt hatte[8], unterließ er es, konkrete Kriegsvorbereitungen zu treffen. So befand sich – um nur ein besonders hervorstechendes Beispiel anzuführen – am Tage des Kriegseintritts Italiens ein Drittel seiner Handelsflotte, und zwar die wertvollsten Schiffe mit insgesamt 1,2 Millionen BRT, außerhalb des Mittelmeers. Sie mußten demnach sogleich als verloren betrachtet werden[9]. Dieser Schiffsraum fehlte später bei den Nachschubtransporten nach Nordafrika.

Der Grad der Kriegsbereitschaft Italiens 1940 ergibt sich am klarsten aus einer Zusammenstellung des italienischen Generalstabes, die Mussolini am 11. 12. 1939 vorgelegt worden war[10]. Die Schlußfolgerung darin lautete: „Wenn für 6 Milliarden (Lire) Rohstoffe eingeführt würden und die Industrie in zwei Schichten arbeitete, werde es möglich sein, die Ausgangslage für einen Krieg im Jahre 1944 zu erreichen.“ Im Mai 1940 war dieses „Soll“ erst zu etwa 40 % erreicht. Der Zustand der italienischen Wehrmacht bei Kriegsbeginn läßt sich aus einer Denkschrift des Kriegsministeriums vom 25. 5. 1940 in wenigen Zahlen und Angaben knapp so zusammenfassen[11]: 73 Divisionen des italienischen Heeres standen unter Waffen, davon 24 Divisionen außerhalb des Mutterlandes. Von den 49 in Italien selbst befindlichen Divisionen waren jedoch nur 19 voll ausgestattet. Um den Grad der „Modernität“ des italienischen Heeres

7 F. Rossi: Mussolini e lo Stato Maggiore. Rom 1951, S. 35; deutsche Übersetzung nach E. Schramm-v. Thadden: Griechenland und die Großmächte im Zweiten Weltkrieg. Wiesbaden 1955, S. 40.
8 ADAP D VIII, Dok. 669: Aufz. über die Unterredung Ribbentrop-Mussolini vom 11. 3. 1940, S. 706 ff.
9 Ruge: Seekrieg, S. 104.
10 C. Favagrossa: Perché perdemmo la guerra. Rom 1946, S. 112 und S. 246; deutsche Zusammenfassung bei Schramm-v. Thadden, S. 61.
11 Rossi, S. 14 ff.; Schramm-v. Thadden, S. 60 f.

zu kennzeichnen, mag noch erwähnt werden, daß die Geschütze aus dem Ersten Weltkrieg stammten, die besten aus österreichischer Beute. Die 3 sog. Panzer=Divisionen besaßen nur 3=Tonnen=Panzer, die mit 2 Maschinengewehren bestückt waren und nur gegen Infanteriegeschosse schützten. 4 sog. motorisierte Divisionen in Libyen konnten sich nicht außerhalb der festen Straßen bewegen und waren auch nicht voll ausgestattet. Der Kern der – zahlenmäßig der französischen gleichzusetzenden, den französischen Kräften im Mittelmeer weit überlegenen – italienischen Kriegsflotte, 6 Schlachtschiffe, davon 2 moderne, war beim Kriegseintritt überhaupt nicht einsatzfähig, da nur 2 der älteren Schlachtschiffe sofort kampfbereit waren. Die U=Bootwaffe, zahlenmäßig mit über 100 Booten die stärkste der Welt, war weder waffentechnisch noch hinsichtlich der Einsatzbereitschaft der Bootsbesatzungen auf der Höhe; zudem eignete sich das Mittelmeer wegen der Klarheit des Wassers, die die Bekämpfung der U=Boote sehr erleichterte, nicht besonders für eine U=Boot=Kriegführung. Als am besten vorbereitet mußte noch die italienische Luftwaffe angesehen werden, die insgesamt 1400 Flugzeuge aller Typen umfaßte, doch litt sie ebenso wie die Kriegsflotte an Treibstoffmangel. Im übrigen fehlte es vor allem auch an Kräften der Flugabwehr. So war die Sicherung der in Nordwestitalien konzentrierten Industrie gegen Luftangriffe völlig unzureichend. Da etwa die Hälfte des 22 Millionen Tonnen umfassenden Importbedarfs der italienischen Industrie bisher aus Zufuhren über See gedeckt wurde, mußte der Import nun auf Einfuhren aus kontinentaleuropäischen Ländern, d. h. aus dem deutschen Machtbereich, umgestellt werden. Wehrwirtschaftlich geriet damit Italien bei Kriegseintritt in die völlige Abhängigkeit von Deutschland und den von ihm kontrollierten Ländern. Dies galt insbesondere für Kohle und Heizöl. Italien stellte somit von Anfang an eine Belastung für die deutsche Kriegführung dar, keine Erleichterung, wie es die italienische „Nichtkriegführung" 1939/40 gewesen war.

Eine strategische Konzeption oder wenigstens Operationspläne für einzelne militärische Handlungen besaß Italien im Augenblick des Kriegseintritts nicht. Außer einer in ihren Ergebnissen längst überholten Zusammenkunft am 4./5. 4. 1939 hatte vor dem Kriegseintritt Italiens auch keinerlei Fühlungnahme mit irgendwelchen Vereinbarungen oder Absprachen zwischen dem OKW und der italienischen Wehrmachtführung, dem Comando Supremo, stattgefunden. Am 31. 3. 1940 legte Mussolini mit den italienischen Stabschefs[12] ohne Konsultation des deutschen Bundesgenossen als allgemeine Richtlinie für die italienische Kriegführung fest, daß die Streitkräfte sowohl in Libyen (an der ägyptischen und an der tunesischen Front[13]) als auch im Dodekanes in der strate=

12 In Africa settentrionale, S. 165; Playfair, vol. I, S. 90 ff. (auf Grund italienischer Quellen).

13 Als Begründung für diese von der ursprünglichen Planung abweichenden Direktiven gab Mussolini die Anwesenheit der „Orient"=Armee General Weygands in Syrien an, die eine operative Bewegung von Libyen aus nach West oder Ost ausschließe.

gischen Defensive verbleiben sollten. Nur von Italienisch=Ostafrika aus sollte eine Angriffsoperation gegen Französisch=Somaliland (Dschibuti) eingeleitet werden. Auf eine handstreichartige Eroberung von Malta wurde gleichfalls verzichtet[14].

Als Mussolini (mit Zustimmung des Königs und der italienischen Wehrmacht=führung, wie angesichts vielfacher unzutreffender „Meinungen" festzustellen ist) am 10. 6. 1940 den Kriegseintritt Italiens für den nächsten Tag ankündigte, war daher die italienische Wehrmacht zu keiner operativen Bewegung in der Lage. An der Alpen=Front gegen Frankreich, wo wegen des stürmischen deut=schen Vormarsches in Mittelfrankreich eine italienische Aktivität aus Prestige-gründen unbedingt erforderlich war, begann eine jetzt noch hastig vorbereitete „Offensive" erst am 21. 6., einen Tag vor der Unterzeichnung des deutsch=französischen Waffenstillstandes. Sie gelangte — nicht nur aus Zeitgründen — in den wenigen noch verbleibenden Kriegstagen bis zur Waffenruhe am 25. 6. lediglich an einigen Stellen wenige Kilometer voran.

In Anbetracht dieser nicht zu übersehenden Schwäche Italiens war Mussolini politisch klug genug, in der Besprechung mit Hitler in München am 18. 6. nicht auf den ursprünglich beabsichtigten umfangreichen Territorialforderun=gen Italiens gegenüber Frankreich im Rahmen der Waffenstillstandsverträge zu bestehen, um nicht von vornherein ihren Abschluß zu verhindern[15]. Er be=gnügte sich mit einer Demilitarisierung der Grenzzone Tunesiens gegenüber Libyen und eines 50=km=Streifens hinter der französisch=italienischen Alpen=Front sowie mit dem Kontrollrecht über die Durchführung der Waffenstill=standsvereinbarungen in sämtlichen französischen Besitzungen im Mittelmeer=raum[16]. Um so maßloser war dann aber der Katalog der italienischen Forde=rungen, den Mussolini auf der erwarteten baldigen Friedenskonferenz mit Frankreich und Großbritannien vorlegen wollte. Die Ambitionen erstreckten sich gemäß einem „Friedensplan" des italienischen Außenministeriums auf die Abtretung von Nizza, Korsika, Tunesien, Malta, einen Teil von Algerien (Raum um Constantine), eine breite Landverbindung zwischen Libyen und Äthiopien, also auf die Abtretung eines großen Teils des britisch=ägyptischen Sudan, auf Britisch= und Französisch=Somaliland, auf die Gewinnung von Aden

14 Dabei hatte die britische Regierung sich der Auffassung der Armee= und Luft=waffenführung angeschlossen, daß Malta im Falle eines italienischen Angriffs nicht gehalten werden könne, so daß es nach den bei Kriegsbeginn (10. 6. 1940) gültigen Plänen nicht verteidigt werden sollte. Es ist allerdings umstritten, ob ein Handstreich gegen Malta, auf dem sich zwar am 10. 6. 1940 nur drei ver=altete Jagdflugzeuge („Glaube", „Liebe", „Hoffnung" — zu deren Verstärkung erst Anfang August 1940 12 Hurricanes nach Malta geflogen wurden), aber 5 kampfstarke Bataillone befanden, in Unkenntnis des britischen Befehls, auf die Verteidigung zu verzichten, tatsächlich als aussichtsreich gelten konnte. Vgl. hierzu W. Warlimont: Die Insel Malta in der Mittelmeer=Strategie des Zweiten Weltkrieges, in: Wehrwissenschaftliche Rundschau 1958, S. 421 ff., der selbst die Möglichkeit eines erfolgreichen Handstreichs der Italiener verneint.

15 Hierzu im einzelnen E. Jäckel: Die deutsche Frankreichpolitik im Zweiten Welt=krieg. Vom Waffenstillstand bis zur Totalbesetzung (Juni 1940 — Novem=ber 1942). Habilitationsschrift (Masch.=Ms.) Kiel 1961, S. 18 ff.

16 Hierzu genauer unten S. 182, Anm. 188.

sowie der Inseln Perim und Sokotra, auf die Vorverlegung der libyschen Südgrenze (auf Kosten von Französisch=Äquatorialafrika) bis zum Tschad=See und auf die Überlassung von Cypern an Griechenland gegen eine Abtretung von Korfu an Italien. Hadramaut und Jemen sollten unter italienischen Einfluß kommen, die Sinai=Halbinsel als Schlüsselposition am Ausgang des Suez=Kanals an Italien abgetreten werden. Die Türkei sollte durch die Überlassung von Aleppo (Syrien), Saudisch=Arabien durch die Abtretung von Akaba (Transjordanien) für eine Zustimmung zu der beabsichtigten weitgehenden Beherrschung Vorderasiens gewonnen werden; denn mit den neuen „verbündeten" Araber=Staaten Ägypten, Palästina, Transjordanien und Syrien, nach Möglichkeit auch mit dem Irak (Kontrolle des Ölgebiets durch Italien gegen die Überlassung von Desireh/Ostsyrien) sollten zweiseitige Verträge geschlossen werden, die für Italien die Einräumung von militärischen Stützpunkten, weitgehenden politischen Einfluß sowie wirtschaftliche Vorrechte sichern sollten[17]. Um die von Mussolini in Kürze erwartete Niederlage Großbritanniens zu beschleunigen und die im Mittelmeer erhofften Ziele des „Parallelkrieges" nach Abzug der Briten möglichst bald zu erreichen, bot der „Duce" Hitler am 26. 6. bis zu 10 italienische Divisionen und 30 Fliegerstaffeln zur Teilnahme an der Invasion der britischen Insel an[18]. Hitler wich dieser unerwünschten Partner=

17 Diese summarische Aufzählung unter Auswertung von ADAP D X, Dok. 193: Der dt. Botschafter in Rom an das AA, 17. 7. 1940, S. 207 ff.; KTB der Skl., Teil A, 11. 7. 1940, und L. Simoni: Berlino: Ambasciata d'Italia, 1939—1943. Rom 1946 (Eintragung vom 7. 7. 1940). Vgl. auch für die italienischen Ambitionen in der Zeit der Waffenstillstandsverhandlungen Anfuso, S. 134 f., und W. L. Langer: Our Vichy Gamble, S. 48 (Aufz. mit den Forderungen des Comando Supremo vom 18. 6. 1940 zum Waffenstillstand mit Frankreich. Die damaligen Forderungen erstreckten sich auf die Besetzung von Korsika, Tunesien, Französisch=Somaliland und die Einräumung militärischer Stützpunkte im Raume von Algier, Oran und Casablanca). Nachdem Hitler Mussolini am 18. 6. von der Notwendigkeit eines raschen Waffenstillstandes mit Frankreich unter Zurückstellung aller territorialen Ambitionen überzeugt hatte, scheint Ribbentrop Graf Ciano doch am 19. 6. in vager Form eine eventuelle Besetzung von Tunesien, Französisch=Somaliland und möglicherweise von Algerien „für später" zugesagt zu haben, während Französisch=Marokko an Spanien übergeben werden sollte (unter Einräumung von Stützpunkten für Deutschland, nicht für Italien). Deutschland wollte nach den Äußerungen Ribbentrops seine alten Kolonien sowie Belgisch=Kongo und „Französisch=Westafrika" (es blieb unklar, ob damit der Raum um Dakar, Französisch=Äquatorialafrika oder beides gemeint war) im Friedensvertrag an sich ziehen (Ciano's Diplomatic Papers, S. 373 f.: Aufz. über die Unterredung mit Ribbentrop vom 19. 6. 1940). Vgl. auch G. L. Weinberg: German Colonial Plans, S. 472. — Den Übergang in der Konzeption Mussolinis von den „großräumigen" Aspirationen zu „klein=imperialen" Zielsetzungen markieren die vom deutschen Militârattaché in Rom am 16. 8. 1940 gemeldeten italienischen Kriegsziele (KTB OKW, Bd. I, S. 42). Vgl. hierzu unten S. 281.

18 Bereits am 18. 6. in München, dann vor allem präziser in dem Brief vom 26. 6. 1940 bot Mussolini diese Land= und Luftstreitkräfte an (ADAP D X, Dok. 26, S. 23). Die für die weiteren deutschen Planungen grundlegende Denkschrift des Generals Jodl über „die Weiterführung des Krieges gegen England" vom 30. 6. 1940 (vgl. unten S. 157 ff.) sprach sich gegen die Entsendung italienischer Heeresformationen aus (Klee: Dokumente, S. 300).

schaft für ein noch nicht feststehendes Unternehmen in seiner Antwort am 13. 7. aus und beschränkte sich darauf, der Überführung italienischer U-Boote in den Atlantik und auch der Verlegung einer italienischen Fliegerdivision in den belgischen Raum für den Luftkrieg gegen die britische Insel zuzustimmen[19], im übrigen auf die Wichtigkeit des von Mussolini nach dem Waffenstillstand mit Frankreich für den Zeitpunkt des Beginns der deutschen Invasion Englands — angesichts der Gunst der Lage — in Aussicht genommenen italienischen Vorstoßes nach Ägypten in Richtung auf den Suez-Kanal hinzuweisen. Das damalige zahlenmäßige Verhältnis zwischen den italienischen und den britischen Kräften legte der italienischen Führung eine solche Offensive nahe, befanden sich doch in Libyen zwei italienische Armeen mit insgesamt 14 Divisionen (150 000 Mann), während die Briten in Ägypten nur über Heeresteile von 36 000 Mann, in Palästina von 27 500 Mann sowie über insgesamt 205, zum großen Teil veraltete, Flugzeuge in diesem Raum verfügten[20]. Da das italienische Heer in Libyen zu einem improvisierten Unternehmen nicht fähig war, begann nun erst eine monatelange Vorbereitung für den geplanten Feldzug[21].

Lediglich von Italienisch-Ostafrika[22] aus eroberten die Truppen des Vizekönigs von Äthiopien, des Herzogs von Aosta, nach einigen Grenzpositionen in Kenia und im britisch-ägyptischen Sudan[22a] vom 4.—17. 8. auch das nur von 1500 Mann verteidigte Britisch-Somaliland. Dieser Gewinn der Italiener störte nicht den britischen Nachschubverkehr nach Ägypten über den Golf von Aden und das Rote Meer (obwohl dies allein dem Unternehmen einen strategischen Sinn gegeben hätte), da die italienische Luftwaffe in Ostafrika sowie die wenigen Ein-

19 ADAP D X, Dok. 166: Brief Hitlers an Mussolini, 13. 7. 1940, S. 172 ff. — Das Angebot der italienischen Marineleitung an das OKM vom 24. 7. wurde bereits am 25. 7. 1940 angenommen. Die ersten drei italienischen U-Boote trafen in der Zeit vom 4.— 10. 9. 1940 im Stützpunkt Bordeaux ein. Bis Ende September 1940 waren insgesamt 27 U-Boote zum Durchbruch in den Atlantik aus italienischen Häfen ausgelaufen. Zu ihrem Einsatz vgl. unten S. 163. — Die „Leistungen" der italienischen U-Boote im Atlantik waren jedoch relativ gering. Das „Potential" eines italienischen U-Bootes belief sich in dieser Zeit (Herbst 1940) durchschnittlich auf 20 BRT, eines deutschen auf 1 115 BRT versenkten feindlichen Schiffsraums „pro Boot und Seetag". Vgl. hierzu Dönitz, S. 144 ff. — Die 94 Flugzeuge der italienischen Fliegerdivision trafen Anfang Oktober 1940 auf ihren Stützpunkten in Belgien ein. Sie wurden nach der Besprechung Keitel-Badoglio in Innsbruck am 14./15. 11. 1940 wieder nach Italien zurückverlegt.

20 Butler: Grand Strategy, vol. II, S. 395.

21 Mussolinis Befehl an Graziani zur Vorbereitung der Offensive gegen Ägypten erging am 15. 7. 1940.

22 In Italienisch-Ostafrika befanden sich bei Kriegsbeginn insgesamt 373 000 Mann italienischer Truppen, davon allerdings 260 000 eingeborene „Freiwillige". In den angrenzenden britischen und französischen Kolonien (Sudan, Kenia, Britisch- und Französisch-Somaliland) gab es dagegen an alliierten Streitkräften nur rund 80 000 Briten und 10 000 Franzosen. Letztere schieden zudem am 25. 6. 1940 aus dem Kampf aus.

22a Am 4. 7. 1940 nahmen die Italiener die wichtigen Stützpunkte Kassala und Galabat am Ostrand des Sudan.

heiten der italienischen Marine[23] in den Häfen von Eritrea zu schwach waren, um wirksam gegen den britischen Schiffsverkehr vorgehen zu können[24].
Inzwischen hatte sich herausgestellt, daß Mussolinis Beurteilung der Gesamtlage, die ihn zu seinem überstürzten Kriegseintritt veranlaßt hatte, im Entscheidenden, der erwarteten schnellen Niederlage Großbritanniens, unzutreffend war. Trotz der anfänglichen großen zahlenmäßigen Überlegenheit zu Lande und in der Luft war Italien nicht in der Lage, gegen Großbritannien im Mittelmeerraum irgendwelche noch so bescheidenen Erfolge zu erringen. Das hatte schon das unglücklich verlaufene erste Flottengefecht bei Punto Stilo am 9. 7. gezeigt. Es hatte das Unterlegenheitsgefühl der italienischen Marine gegenüber den Briten verstärkt und die Marineleitung zu dem Entschluß geführt, von nun an nach Möglichkeit jeder Gefechtsberührung mit der britischen Mittelmeerflotte auszuweichen[25].
Da jedoch Mussolini in dem nun einmal erklärten Krieg aus Prestigegründen militärische „Erfolge" benötigte, die, wenn auch nur andeutungsweise, den Siegen Hitlers an die Seite gestellt werden konnten, drängte sich ihm der Gedanke auf, die schon lange gehegten Absichten zur Erweiterung der politischen Einflußsphäre Italiens in Südosteuropa nunmehr mit militärischen Mitteln zu verwirklichen, um, wenn schon die große Lösung der „mare-nostro"-Idee, das ganze Mittelmeer zum italienisch beherrschten Meer zu machen, unerreichbar blieb, wenigstens die kleine Lösung, die Adria als „mare nostro", zu erzwingen. Schon am 7. 7. hatte Graf Ciano Hitler sondiert, wie dieser sich zu einem italienischen Angriff auf Jugoslawien oder Griechenland stellen würde[26]. Während Jugoslawien, das an sich begehrtere Ziel, wegen des deutschen Einspruchs zu diesem Zeitpunkt wie auch bei einem erneuten politischen Vorstoß Mussolinis Mitte August[27] ausschied, rückte Griechenland, gegen dessen Einbeziehung in den Krieg Hitler nicht so klar Stellung bezogen hatte wie im Falle Jugoslawiens, in den Mittelpunkt der italienischen Planungen. Am 23. 8. erhielt der Oberbefehlshaber in Albanien, General Visconti-Prasca, den

23 Außer 8 U-Booten u. a. 7 Zerstörer, 5 Schnellboote und 1 Kolonial-Aviso. — Von den 6 italienischen U-Booten, die nach dem Kriegseintritt Italiens während der zweiten Juni-Hälfte 1940 von Massaua aus im Roten Meer, im Golf von Aden und im Persischen Golf zu operieren versuchten, wurden 4 bereits in den ersten 14 Tagen des Krieges versenkt.

24 Zum Landkrieg vgl. die amtliche italienische Darstellung: La guerra in Africa Orientale (giugno 1940 — novembre 1941). Rom 1952, zum Seekrieg um Italienisch-Ostafrika: La Marina Italiana nella seconda guerra mondiale. T. X: Le Operazioni in Africa Orientale. Rom 1961; vgl. ferner den Überblick von A. Merglen: Der Feldzug in Äthiopien 1940—1941, in: Wehrwissenschaftliche Rundschau 1960, S. 132 ff.

25 Hierzu (der damalige Befehlshaber der britischen Mittelmeerflotte) A. Cunningham: A Sailor's Odyssey. London 1953, S. 263: „Never again did they willingly face up to the fire of British battle-ships, though on several subsequent occasions they were in a position to give battle with great preponderance in force."

26 ADAP D X, Dok. 129: Aufz. über die Unterredung Hitler-Ciano, 7.7.1940, S. 123 ff.; vor allem Schramm-v. Thadden, S. 48 ff.

27 KTB OKW, Bd. I, S. 42; Rintelen, S. 106 ff.

Befehl, den Aufmarsch gegen Griechenland, der in dem bereits im Juli ausgearbeiteten Operationsplan vorgesehen war, bis zum 1. 10. einzuleiten[28]. Unfähig, den selbst gewählten großen „Parallelkrieg" unter den veränderten Verhältnissen effektiv zu führen, wich Mussolini auf Ziele aus, die zwar den traditionellen Ambitionen Italiens entsprachen (und daher z. T. auch von solchen italienischen Politikern und Militärs gebilligt wurden, die sich dem „großen" Krieg gegen England widersetzten), die aber mit dem Krieg der „Achse" gegen Großbritannien nichts mehr zu tun hatten. Die italienischen Pläne für den kleinen „Separatkrieg" liefen der Grundlinie von Hitlers Politik und Kriegführung nicht mehr „parallel", sondern strikt zuwider. Im Schatten der deutschen Machtposition in Kontinentaleuropa schickte sich Mussolini dennoch an, sie durchzusetzen.

Auch für die deutsche Frankreich-Politik bedeutete Italien eine ständige Belastung. Zwar wird man nicht sagen können, daß die Rücksichtnahme auf Italien Hitlers starre „Sieger"-Politik gegenüber Frankreich maßgeblich bestimmte. Diese lag vielmehr als Teil seiner außenpolitischen Axiomatik seit der Konzeption seines „Programms" in den zwanziger Jahren prinzipiell fest, wie eine umfassende Untersuchung in jüngster Zeit mit großer Klarheit herausgearbeitet hat[29]. Aber in vielen Einzelfällen, die ohne Veränderung der Grundposition „taktisch" auf verschiedene Weise lösbar gewesen wären, wirkte sich das übersteigerte Mißtrauen Italiens gegenüber Frankreich und das eifersüchtig gewahrte Mitspracherecht in allen Frankreich betreffenden Fragen belastend aus. Dies traf vor allem für die Probleme des nord- und westafrikanischen Kolonialimperiums zu, an dessen Neutralisierung Hitler für die Zeit der Fortdauer des Krieges gegen Großbritannien großes Interesse haben mußte. Die Möglichkeit italienischer Sonderaktionen gegen Tunesien oder Korsika, die weitreichende Folgen für das ganze nord- und westafrikanische Kolonialreich Frankreichs haben konnten, brachte ein zusätzliches Element der Unruhe in die ohnehin labile Situation im Mittelmeerraum. Sie beeinflußte vor allem auch die Haltung der französischen Regierung in Vichy in den entscheidenden Monaten nach dem Waffenstillstand.

Der Regierung Pétain war es beim Zusammenbruch Frankreichs gelungen, ihre Autorität in sämtlichen französischen Besitzungen zu wahren und einen Anschluß einzelner Kolonien an die am 18. 6. proklamierte Bewegung des Generals de Gaulle zu verhindern[30]. Der britische Angriff gegen Teile der französischen Flotte[31] im Hafen von Oran (3. 7. 1940) sowie die weiteren briti-

28 Vorgeschichte und Zusammenhänge bei Schramm-v. Thadden, S. 63 ff. — Für das Folgende vgl. unsere Darstellung unten S. 281 ff.

29 E. Jäckel, a. a. O.

30 Insgesamt konnte de Gaulle im Juni 1940 nur etwa 2 000 Franzosen für seine Streitkräfte gewinnen. Hinzu kam dann ab Ende August 1940 eine Anzahl kolonialer Hilfstruppen (vgl. Anm. 33, S. 135).

31 Die französische Atlantikflotte war am 16./17. 6. von Westfrankreich aus nach Casablanca, der größte Teil der Mittelmeerflotte von Toulon nach Oran ausgelaufen, um sich einem drohenden deutschen Zugriff zu entziehen. Andere

schen Übergriffe auf französische Kriegsschiffe[32] hatten die gegenüber der Vichy-Regierung loyale Haltung der französischen Gouverneure und Befehlshaber in den Kolonien nur noch gefestigt. Es war aber mit Bestimmtheit anzunehmen, daß jedes Bekanntwerden italienischer (wie auch spanischer oder deutscher) Ansprüche auf Teile des französischen Kolonialreiches die latenten Resistenzkräfte anwachsen lassen würde und daß eine von außen behutsam geförderte Abfallbewegung in einzelnen Gebieten zur Spaltung des französischen Imperiums führen konnte, zumal die im Juni 1940 von den meisten Franzosen erwartete Niederlage Großbritanniens, die die allseitige Resignation in den ersten Wochen nach dem Waffenstillstand mitbestimmte, ausblieb.

Ende August 1940 gelang es de Gaulle, zunächst das Tschad-Gebiet und Kamerun, im Verlauf der folgenden Wochen bis Mitte November schließlich ganz Französisch-Äquatorialafrika in seine Hand zu bekommen[33]. Befürchtungen vor deutschen Kolonialambitionen in diesem Raum scheinen bei dem Entschluß der französischen Behörden, sich de Gaulle zu unterstellen, eine Rolle gespielt zu haben[34].

Teile der französischen Flotte lagen in Alexandria (Ägypten) sowie in den britischen Häfen Portsmouth und Plymouth.

32 Die in den südenglischen Häfen liegenden Teile der französischen Flotte wurden von den Briten in Besitz genommen; das französische Alexandria-Geschwader wurde in einer Vereinbarung mit dem Kommandierenden Admiral der britischen Mittelmeerflotte in diesem Hafen festgehalten und „neutralisiert". Hierzu im einzelnen A. Kammerer: La passion de la flotte française. Paris 1951; K.-J. Müller: Die britischen Aktionen gegen die französische Flotte vom Juli 1940 im Rahmen der britischen Frankreich-Politik, in: Marine-Rundschau 1956, S. 144 ff.

33 26. 8. 1940: Anschlußerklärung des Gouverneurs Éboué vom Tschad-Gebiet an de Gaulle; 27. 8. 1940: Handstreich von Gaullisten in Kamerun; 29. 8. 1940: Anschluß von Französisch-Kongo (Brazzaville). Gabun blieb dagegen als einzige — isolierte — Kolonie des Generalgouvernements Französisch-Äquatorialafrika auf der Seite der Vichy-Regierung und wurde erst, nachdem am 16. 10. eine gaullistische Streitmacht von 3 000 Mann in Duala in Kamerun gelandet war und von dort Anfang November den Angriff auf die Vichy-treue Kolonie eingeleitet hatte, nach erbitterten Kämpfen vom 27. 10. — 12. 11. 1940 von den Gaullisten eingenommen (9. 11. Besetzung von Libreville, 12. 11. von Port Gentil). — Vorausgegangen war eine von der Vichy-Regierung mit deutscher Zustimmung unternommene Flottenexpedition mit 3 Kreuzern und 3 Torpedokreuzern aus dem Mittelmeer durch die Straße von Gibraltar nach der Westküste Afrikas vom 9.— 22. 9. 1940. Ihr Erscheinen vor Gabun sollte die Autorität der französischen Regierung stärken und in den abgefallenen nördlichen und südlichen Kolonien wieder zur Geltung bringen. Britische Gegenmaßnahmen veranlaßten jedoch die französische Regierung, das Unternehmen abbrechen zu lassen und die Kreuzer nach Dakar zurückzubeordern. Sie stellten dann für die Verteidigung dieses Hafens gegen den britisch-gaullistischen Angriff vom 23.— 25. 9. eine wertvolle Verstärkung dar. — De Gaulle selbst hielt sich seit dem 9. 10. in Duala (Kamerun) auf, um den Ablauf der Eroberung von Gabun zu verfolgen. — Zur Entwicklung im übrigen französischen Empire: 2. 9. 1940: Anschluß von Französisch-Ozeanien, 9. 9. 1940: der französischen Besitzungen in Indien an de Gaulle. Der Bericht de Gaulles zu allen diesen Vorgängen in seinen Memoiren „Der Ruf. 1940—1942". Deutsche Ausgabe. Frankfurt a. M. 1955, S. 99 ff.; ferner F. Ansprenger: Politik im Schwarzen Afrika. Köln-Opladen 1961, S. 54 ff.

34 G. L. Weinberg: German Colonial Plans, S. 473. — Zu den deutschen Kolonialplänen in Mittelafrika vgl. die Darstellung unten S. 242 ff.

Damit stand die französische Regierung in Vichy vor der Grundentscheidung (der sie nach den Vorgängen in Oran noch in der Hoffnung ausgewichen war, daß ein schnelles Kriegsende die Frage von selbst lösen würde), ob sie mit indirekter oder gar mit direkter deutscher Unterstützung die Integrität ihres Kolonialreiches sichern und bei Abfall einzelner Kolonien die Rückgewinnung durch militärische Maßnahmen in die Wege leiten sollte – mit dem Risiko, dann mit Großbritannien in einen offenen Krieg zu geraten, ob sie die Dinge ohne eigenes Zutun treiben lassen sollte, da die Unsicherheit über das Ausmaß der deutschen Forderungen auf französischen Kolonialbesitz im Friedensvertrag jede eigene Anstrengung zur Wahrung des Besitzstandes fragwürdig erscheinen ließ, oder ob sie insgeheim die Zusammenarbeit mit Großbritannien in der Hoffnung auf einen für England siegreichen Ausgang des Krieges wieder aufnehmen sollte, um auf diese Weise das Empire über den Krieg hinüberzuretten. Das Ringen um den außenpolitischen Kurs der Vichy-Regierung und die Rolle der verschiedenen Kräfte und Persönlichkeiten hierbei, die in ihrer Haltung wesentlich davon bestimmt wurden, ob ihrer Auffassung nach der Sieg Deutschlands über Großbritannien gewiß, ein britischer Enderfolg immerhin möglich oder aber – dank amerikanischer Unterstützung – ein britischer Sieg mit Sicherheit zu erwarten sei, auch der Einfluß, der schon im Sommer 1940 von der amerikanischen Diplomatie auf die französische Regierung in Vichy ausgeübt wurde[35], sind durch die Forschung der letzten Jahre weitgehend geklärt worden[36]. Dies alles ist hier nicht zu wiederholen. Wesentlich für unseren Zusammenhang ist es jedoch, daß die Fortdauer des Krieges der französischen Regierung in Vichy und dem französischen Imperium eine ständig wachsende Bedeutung gab und daß die erfolgreiche Abwehr des britisch-gaullistischen Angriffs auf Dakar vom 23.–25. 9.[37] dazu führte, daß Frankreich für einige Wochen auch in Hitlers politischen und strategischen Erwägungen zu einem wichtigen Faktor wurde[38] und so der Exponent eines „renversement des alliances" innerhalb der Vichy-Regierung, Pierre Laval, eine zeitlich wie inhaltlich begrenzte „Chance" für die von ihm angestrebte „collaboration" mit Deutschland erhielt. Sein – unerreichbares – Fernziel dabei war ein Bündnis mit dem – wie er meinte – siegreichen Deutschland gegen Großbritannien, das anstelle von Frankreich, wie es Hitler wollte, den verlorenen Krieg „bezahlen" sollte.

Je mehr die Bedeutung Frankreichs für Hitler in dieser Zeit – vorübergehend –

35 Eingehend hierzu S. Friedländer: Berlin et le jeu américain à Vichy, in: Schweizerische Zeitschrift für Geschichte 1963, S. 339 ff.

36 Jäckel, S. 119 ff.; G. Geschke: Die deutsche Frankreichpolitik 1940 von Compiègne bis Montoire. Frankfurt a. M. 1960; R. Aron: Histoire de Vichy 1940–1944. Paris 1954; A. D. Hytier: Two Years of French Policy. Vichy 1940–1942. Gent 1958; W. L. Langer: Our Vichy Gamble. New York 1947.

37 Wie schon den Überfall auf die französische Flotte vor Oran (3. 7.) so „beantwortete" Frankreich auch den Angriff auf Dakar mit (wirkungslosen) Luftangriffen auf Gibraltar (6. und 7. 7. sowie 24. und 25. 9. 1940).

38 Vgl. die Darstellungen unten S. 316 ff.

zunahm, um so kritischer wurde, wie noch darzulegen sein wird[39], seine Einstellung zu Spanien. Franco hatte die Situation in Europa im Juni 1940 wohl ähnlich wie Mussolini beurteilt, allerdings viel bedachtsamer die Konsequenzen daraus gezogen[40]. Das Ruhebedürfnis seines Landes nach der Erschöpfung des Bürgerkrieges, die Abhängigkeit der spanischen Wirtschaft, vor allem der Ernährung, von den Zufuhren über See, die Großbritannien kontrollierte, und die — trotz glanzvollem Schein als Sieger im Bürgerkrieg — ungefestigte innenpolitische Position Francos legten ihm eine Zurückhaltung in der Außenpolitik nahe. Andererseits bestand für ihn die Versuchung, in einer günstigen internationalen Situation ohne großes Risiko das Prestige Spaniens durch die Wiederaufrichtung eines großen Kolonialimperiums (auf Kosten Frankreichs) zu erhöhen und damit zugleich seine Stellung im Innern zu festigen. So erklärte er zwar am 12. 6. seine „Nichtkriegführung" (zugunsten der „Achsen"-Mächte) anstelle der bisherigen korrekten Neutralität; aber schon der erste spektakuläre Schritt, der dieser Proklamation folgte, die militärische Besetzung der internationalen Tanger-Zone am 14. 6., war nur in der spanischen (und „Achsen"-) Propaganda ein selbständiger, gegen die Westmächte gerichteter Schachzug, während er in Wirklichkeit insgeheim mit ihnen abgesprochen war. Er diente, da er sich tatsächlich gegen einen allseits befürchteten italienischen Handstreich auf Tanger richtete, in diesem Augenblick den Interessen Frankreichs und vor allem Großbritanniens mindestens ebenso sehr wie denen Spaniens[41]. Auch die Entsendung des Generalstabschefs, General Vigón, mit einem — möglicherweise absichtlich rückdatierten — persönlichen Handschreiben vom 3. 6.[42] zu Hitler in sein Hauptquartier in Belgien bedeutete für Franco keineswegs eine Festlegung auf die deutsche Seite. In dem Gespräch mit Hitler am 16. 6. legte Vigón so großen Nachdruck auf die Schilderung der wirtschaftlichen, innenpolitischen und militärischen Schwierigkeiten, denen sich Spanien z. Z. gegenübersehe, auch brachte er die Befürchtungen Francos vor einer möglichen englischen oder amerikanischen Landung in Portugal oder Marokko als Gegenzug auf eine zu enge Bindung Spaniens an Deutschland so deutlich zum Ausdruck und meldete schließlich so viele Wünsche und Ansprüche an, daß es zweifelhaft erscheint, ob Franco damals wirklich die Absicht hatte, in absehbarer Zeit in den Krieg einzutreten, wie man aus gewissen Wendungen Vigóns schließen könnte[43]. Ein spanischer Kriegseintritt wurde dann zwar in einem Memorandum an die deutsche Regierung vom 19. 6. offiziell angeboten, allerdings nur

39 Vgl. unten S. 318 ff.
40 Grundlegend für das Folgende D. S. Detwiler: Hitler, Franco und Gibraltar. Die Frage des spanischen Kriegseintritts in den Zweiten Weltkrieg. Wiesbaden 1962; ferner D. A. Puzzo: Spain and the Great Powers 1934—1941. New York 1962, und E. N. Dzelepy: Franco et les alliés. Paris 1961.
41 Detwiler, S. 18.
42 ADAP D IX, Dok. 378: Schreiben Francos an Hitler, 3. 6. 1940, S. 418 f.
43 ADAP D IX, Dok. 456: Aufz. über die Unterredung Hitler-Vigón, 16. 6. 1940, S. 483 ff.

als ausdrückliche Gegenleistung für eine vorausgehende deutsche Anerkennung der weitreichenden Territorialforderungen Spaniens, — abgesehen von Gibraltar, auf das Franco auch öffentlich seinen Anspruch anmeldete — auf erhebliche Teile des französischen Besitzes in Afrika, und zwar auf „das Gebiet von Oran, die Vereinigung Marokkos unter spanischem Protektorat, die Ausdehnung seiner jetzigen Saharagebiete (Rio de Oro) bis zum 20. Breitengrad (sowie) die Ausweitung seiner im Küstengebiet zwischen der Mündung des Niger und Kap Lopez gelegenen Küstengebiete" (Spanisch=Guinea[44]). Auch würde Spanien „einige Unterstützung durch Deutschland mit Kriegsmaterial, schwerer Artillerie, Flugzeugen für den Angriff auf Gibraltar benötigen und vielleicht die Zusammenarbeit mit der deutschen U=Boot=Waffe zur Verteidigung der Kanarischen Inseln, auch die Versorgung mit etwas Proviant, Munition, Treibstoffen und Materialien, die gewiß aus den französischen Kriegsbeständen verfügbar sein werden"[45]. Mit diesem Memorandum waren die Zweifel über die Absichten Francos auf deutscher Seite keineswegs ausgeräumt. Indessen wurde über das spanische „Angebot" zunächst nicht verhandelt, weil Hitler zu diesem Zeitpunkt — in der Erwartung eines deutsch=britischen „Ausgleichs" — an Spaniens Kriegsteilnahme, noch dazu zu einem solchen Preis, nicht interessiert war. Ende Juli, als Hitlers Hoffnung auf ein Einlenken Großbritanniens weitgehend geschwunden war, gewann dann aber Spanien für ihn an strategischer Bedeutung und politischem Interesse. Dieses steigerte sich allerdings erst Mitte September in einer erheblich veränderten Situation — nach der Absage des Unternehmens „Seelöwe" und dem Scheitern des strategischen Luftkrieges gegen die britische Insel — zu wirklichen Anstrengungen, einen Kriegseintritt Spaniens herbeizuführen. Auf den Zusammenhang, in dem diese — äußerlich durch den Brief Hitlers an Franco vom 18. 9 markierte — Wendung steht, wird später einzugehen sein[46].

Die strategische Position Spaniens am Westausgang des Mittelmeers ließ sich aus deutscher Sicht bis zu einem gewissen Grade mit der der Türkei an den Dardanellen und am Bosporus vergleichen. Während sich Spanien mit Geschick und Erfolg bemühte, die sich kreuzenden deutschen und britischen (sowie amerikanischen) Interessen gegeneinander auszuspielen[47], um eine konsequente Politik des „sacro egoismo" zu führen, war die Türkei in dieser Zeit allerdings in einer erheblich schwierigeren Lage. Das Ziel der türkischen Außenpolitik, ihr wirtschaftlich und militärisch von den Großmächten abhängiges Land aus diesem Krieg, in dem es für die Türkei kein erstrebenswertes oder zumindest kein erreichbares Ziel gab, herauszuhalten und die Integrität des Staates gegenüber

44 ADAP D IX, Dok. 488: Aufz. des Staatssekretärs Frhr. v. Weizsäcker, 19. 6. 1940; hierzu Detwiler, S. 25.
45 Ebda.
46 Vgl. die Darstellung unten S. 186 ff.
47 Hierzu — vor allem für die Zeit der Verhandlungen Spaniens mit Deutschland und den USA im September 1940 — S. Friedländer: Hitler et les États=Unis, S. 138.

den Ambitionen der Sowjetunion auf eine Änderung des Meerengenstatus und auf Gebietsabtretungen in Ost=Anatolien zu wahren, ließ sich nach Auf=fassung der türkischen Regierung zunächst, d. h. in der ersten Kriegsphase 1939/40, am besten durch eine enge Anlehnung an die europäischen West=mächte erreichen. Dabei kam es darauf an, die eigenen Sorgen vor der Sowjet=union und die sich aus den Bündnisverpflichtungen gegenüber Großbritannien und Frankreich ergebenden Forderungen der Alliierten so miteinander zu ver=knüpfen, daß das Staatsinteresse der Türkei nicht gefährdet wurde[48]. Die Mög=lichkeit zu diesem politischen Spiel bot die sog. „Rußland=Klausel" des Zusatz=protokolls Nr. 2 zu dem mit Spitze gegen die „Achsen"=Mächte, vor allem gegen Italien, gerichteten britisch=französisch=türkischen Bündnisvertrag vom 19. 10. 1939[49], die es der türkischen Regierung gestattete, unter Hinweis auf eine der Türkei drohende bewaffnete Auseinandersetzung mit der Sowjetunion von der Erfüllung ihrer Bündnisverpflichtungen Abstand zu nehmen[50]. Die Türkei führte in Konsequenz ihrer Politik diese Klausel auch an, um sich dem — nun eindeutigen — Bündnisfall zu entziehen und die Fortdauer ihrer „Nichtkriegführung" zu begründen, als Italien am 10. 6. 1940 in den Krieg eintrat[51]. Der Ausfall Frankreichs und die schwierige Lage Großbritanniens, die wachsende Bedrohung, die von der Sowjetunion ausging, und die beherrschende Stellung Deutschlands in Kontinentaleuropa seit Ende Juni 1940 legten es der türkischen Regierung nahe, bei gleichbleibender Grundlinie ihrer Außenpolitik einen taktischen Wechsel zu vollziehen und Deutschland als nunmehr bedeut=samen Machtfaktor in Südosteuropa in das komplizierte Balance=Spiel mit ein=zubeziehen[52]. Prüfstein für Großbritannien, ob die Türkei überhaupt noch be=reit war, ihren Bündnisverpflichtungen nachzukommen, mußte es werden, wenn Italien, wie es seit Mitte August 1940 immer mehr den Anschein hatte, mili=tärisch gegen Griechenland vorging und damit der Fall eintrat, dessen drohende Möglichkeit im Frühjahr 1939 der eigentliche Ausgangspunkt für die politische Anlehnung der Türkei an die Westmächte gewesen war[53].

Zum Verständnis der Situation im Mittelmeerraum im Sommer 1940 gehört

48 Eingehend hierzu L. Krecker: Deutschland und die Türkei im Zweiten Welt=krieg. Frankfurt a. M. 1964, S. 58 ff.

49 Politische Verträge. Hrsg. von V. Bruns. Bd. III, 2. Halbband: 1938—1940. Berlin 1942, S. 1143 f. — Das Protokoll Nr. 2 ist auch abgedruckt in: ADAP D IX, S. 298, Anm. 7. Der gesamte Vertragstext einschließlich des erstmals publizierten Pro=tokolls Nr. 3 jetzt auch im Anhang der Arbeit von Krecker, S. 256 ff.

50 Der weiterhin gültige sowjetisch=türkische „Freundschafts= und Neutralitäts=vertrag" vom 17. 12. 1925 war in seiner politischen Bedeutung ganz zurück=getreten.

51 ADAP D IX: Der dt. Botschafter in Ankara an das AA, 14. 6. 1940, S. 466. — Die moralisierende Kritik Kreckers (S. 87) an der Berufung der türkischen Regierung auf die „Rußland=Klausel" in diesem Fall scheint uns — politisch gesehen — unbegründet, zumal er selbst (S. 88 f.) — mit Recht? — von der „Wahr=scheinlichkeit eines russischen Eingreifens" im Falle eines Kriegseintritts der Türkei an der Seite Großbritanniens spricht.

52 Vgl. oben S. 68 f.

53 Vgl. Krecker, S. 26 ff.

neben einer Berücksichtigung der Ziele und Möglichkeiten Italiens, Frankreichs, Spaniens und der Türkei schließlich ein Blick auf die Länder des Nahen Ostens. Die Bewegungsfreiheit der arabischen Staaten am Ost- und Südostrand des Mittelmeeres (zwischen Libyen und der türkischen Südgrenze) hatte erheblich zugenommen, seit die ehemalige „Orient"-Armee unter General Weygand[54], zuletzt (seit 19. 5. 1940) unter General Mittelhauser, (150 000 Mann) in Syrien Ende Juni 1940 demobilisiert worden war; denn die Stärke der nun allein noch als Machtfaktor von den arabischen Nationalisten zu berücksichtigenden britischen Streitkräfte in Ägypten, Palästina und im Irak war gering[55]. Die für Großbritannien gegenüber dem Herbst 1939 veränderte Lage kam in dem Verhalten der halb-souveränen Staaten Ägypten und Irak deutlich zum Ausdruck. Beide Länder hatten im September 1939 unter britischem Druck die diplomatischen Beziehungen zu Deutschland abgebrochen, obwohl starke nationalistische Kräfte dies ablehnen wollten. Eine Kriegserklärung war aber bereits infolge ihres Widerstandes nicht erfolgt[56]. Nach dem Kriegseintritt Italiens gelang es nun der britischen Diplomatie nur noch, Ägypten zu veranlassen, die Beziehungen zu Italien abzubrechen (13. 6. 1940)[57], während sich die irakische Regierung einem solchen Verlangen mit Erfolg widersetzte.

Zu dieser Zeit wandten sich die Blicke der arabischen Nationalistenführer immer mehr dem in Kontinentaleuropa siegreichen Deutschland zu, von dessen erhofftem Triumph über Großbritannien sie sich eine Befreiung von der britischen Herrschaft versprachen, während sie Italien gegenüber aus gutem Grunde eine erhebliche Reserve zeigten. Sie fürchteten mit Recht, daß ein italienischer Vorstoß von Libyen aus nach Osten letztlich nur einen Wechsel von der britischen zur italienischen Herrschaft mit sich bringen würde.

In einem Gespräch mit dem deutschen Botschafter in Ankara, v. Papen, stellte sich der irakische Justizminister Shawkat am 6. 7. 1940 als Vertreter der Gruppe

54 Vgl. hierzu oben S. 55.

55 Vgl. die Zahlenangaben oben S. 132.

56 Am 13. 2. 1940 hatte der pro-britische irakische Ministerpräsident Nuri Said in seinem Kabinett eine Kriegserklärung des Irak an Deutschland durchsetzen wollen, war aber am Widerstand der nationalistischen Gruppe gescheitert und mußte daraufhin als Regierungschef zurücktreten. Er blieb aber im folgenden Kabinett unter dem Ministerpräsidenten Ghailani (ab 31. 3. 1940) Außenminister. — Im Sommer 1940 versuchte auch Nuri Said erfolglos, Kontakt mit der deutschen und italienischen Regierung zu gewinnen, nachdem Großbritannien seine Forderungen auf Angliederung Palästinas an eine arabische Föderation abgelehnt hatte (hierzu M. Khadduri: General Nuri's Flirtation with the Axis Powers, in: Middle East Journal 1962, S. 328 ff.).

57 Selbst Butler: Grand Strategy, vol. II, S. 301, spricht von schwerem britischen Druck, der nötig gewesen sei, um dieses zu erreichen und König Faruk zu zwingen, einen neuen ägyptischen Ministerpräsidenten (Hassan Sabri Pascha ab 29. 6. 1940) anstelle von Ali Maher, der diesen Schritt verweigert hatte, zu ernennen, der zur Fortsetzung der „Zusammenarbeit" mit Großbritannien bereit war. — Der ägyptische Generalstabschef Asis el Masr wurde am 7. 8. 1940 auf britischen Druck hin entlassen, weil er im Verdacht stand, mit den „Achsen"-Mächten Kontakt angeknüpft zu haben. Über die Verbindung deutscher Stellen zu Masr vgl. unten S. 473, Anm. 87.

arabischer Nationalisten vor, die „im derzeitigen irakischen Kabinett die Meinung des irakischen Volkes und seine Wünsche auf Erringung der Freiheit und Unabhängigkeit von England vertrete"[58]. Die irakische Regierung unter Ministerpräsident Ghailani[59] habe den von Großbritannien geforderten Abbruch der diplomatischen Beziehungen zu Italien verweigert. Dies sei ein Ausdruck des wachsenden Selbstbewußtseins des Irak, nicht aber seiner Sympathie für Italien, gegen dessen Imperialismus sich die Araber genauso wie gegen den britischen oder den französischen wenden würden. Im Augenblick der britischen Schwäche sei ein arabischer Aufstand möglich, für den deutsche Hilfe erwünscht sei. Ein vom 21. 6. datierter, bei dieser Gelegenheit v. Papen übergebener Brief des seit dem Zusammenbruch des von ihm geförderten Aufstandes der arabischen Nationalisten gegen die britische Mandatsmacht in Palästina vom Oktober 1936 an im Exil[60], seit Oktober 1939 in Bagdad befindlichen „Großmufti von Jerusalem", El Husseini[61], faßte die Erwartungen des von ihm geführten „Obersten Arabischen Komitees für Palästina"[62] zusammen, die sich vor allem auf eine von Deutschland auf Grund des Waffenstillstandsvertrages mit Frankreich vermeintlich leicht zu erreichende Unabhängigkeitserklärung für Syrien und ein deutsches Eintreten für ein unabhängiges „Großarabien" bezogen[63].

Der einige Wochen später nach Ankara entsandte „Privatsekretär" des „Großmufti" berichtete v. Papen am 6. 8., daß italienisch-„arabische" Verhandlungen die „schriftliche Zusicherung" ergeben hätten, daß Italien sämtlichen unter Mandat oder Protektorat stehenden arabischen Ländern die „Unabhängigkeit" fest in Aussicht stelle[64]. „Auf dieser Grundlage wünsche (die) irakische Regierung (auch) die Wiederherstellung der Beziehungen zu Deutschland... Weiterhin wünsche sie, (den) Kampf der ‚Achsenmächte' gegen England auf allen Gebieten zu unterstützen, insbesondere durch (eine) neue Revolte in Palästina[65]." Am 17. 8. teilte schließlich der italienische Botschaftsrat in Berlin, Zamboni, Unterstaatssekretär Woermann im Auswärtigen Amt mit, daß der

58 ADAP D X, Dok. 125: Der dt. Botschafter in Ankara an das AA, 6. 7. 1940, S. 117 ff.

59 Seit 31. 3. 1940. Vgl. Anm. 56, S. 140.

60 Die von der Peel-Kommission vom 7. 7. 1939 empfohlene Dreiteilung Palästinas lehnte Husseini scharf ab.

61 Über El Husseini vgl. im einzelnen Dessouki, S. 51 f. — Bis Oktober 1939 befand sich der „Großmufti" in Beirut.

62 Diesem Gremium gehörten nationalistische Politiker aus Irak, Syrien und Saudisch-Arabien an. Das „Komitee" stand mit der nationalistischen Gruppe in Ägypten in — lockerer — Verbindung.

63 ADAP D X, Dok. 125: Der dt. Botschafter in Ankara an das AA, 6. 7. 1940, S. 119.

64 Ob sich dahinter — falls die Behauptung zutraf, was nicht festgestellt werden konnte — eine „taktische" Wendung Mussolinis verbarg oder ob sich darin der „Rückzug" auf die „klein-imperialen" Ziele Italiens spiegelte, muß offenbleiben.

65 ADAP D X, Dok. 289: der dt. Botschafter in Ankara an das AA, 6. 8. 1940, S. 341.

irakische Ministerpräsident Ghailani sich dem italienischen Gesandten in Bagdad gegenüber „nachdrücklich zu den ‚Achsenmächten' bekannt" habe[66].
Das fortgesetzte Bemühen der arabischen Nationalisten um eine politische Anlehnung und einen Rückhalt bei Deutschland mußte zu Schwierigkeiten mit Italien führen. Um möglichen Spannungen mit dem „Achsenpartner" vorzubeugen, stellte ein Runderlaß des Auswärtigen Amtes an die deutschen diplomatischen Vertretungen im Nahen Osten vom 20. 8. fest, daß „Deutschland ... im Mittelmeerraum, dessen südlicher und östlicher Teil von der arabischen Welt gebildet wird, keine politischen Interessen (verfolge). Es wird daher Italien bei der politischen Neugestaltung auch des arabischen Raumes die Vorhand lassen. Es kommt also in den arabischen Gebieten ... weder ein politischer deutscher Führungsanspruch noch die Teilung mit Italien in Frage[67]."
Demnach wurde auch der von dem „Privatsekretär" des „Großmufti" bei einem Besuch in Berlin am 27. 8. dem im Auswärtigen Amt tätigen ehemaligen deutschen Gesandten in Bagdad, Grobba, überreichte Entwurf einer „gemeinsamen oder gleichlautenden Erklärung der deutschen und italienischen Regierung" über die völlige Unabhängigkeit der arabischen Länder[68] der italienischen Regierung zur Stellungnahme weitergeleitet[69] und damit vorerst zurückgestellt.
Angesichts der – mit Rücksicht auf die Interessen des verbündeten Italien unvermeidlichen – deutschen Zurückhaltung und der daraus resultierenden politischen Unsicherheit der arabischen Nationalisten, ob ein Handeln ihrerseits wirklich ihren Zielen förderlich sei, kam es im Augenblick der größten Schwäche Großbritanniens im Nahen Osten zu keiner Revolte oder gar einem großen Aufstand. Die schrittweise Verstärkung der britischen Streitkräfte in Ägypten und im gesamten Nahen Osten ab September 1940 ließ dann für Großbritannien die Gefahr einer arabischen „Erhebung" vorerst zurücktreten.
Dank der militärischen Schwäche Italiens, der nur sehr geringen Handlungsfähigkeit der französischen Regierung in Vichy, der politischen Zurückhaltung Spaniens und dem Desinteressement Deutschlands im Nahen Osten konnte Großbritannien seine im Juni 1940 schwer bedrohte Mittelmeerposition, die nach dem Zusammenbruch Frankreichs hoffnungslos verloren schien, festigen und Zug um Zug immer mehr verstärken. Die Stationierung der „Force H" in Gibraltar, die Zuführung neuer Kräfte nach Malta und nach Ägypten und die Entsendung weiterer schwerer Einheiten zur Verstärkung der britischen Mittelmeerflotte nach Alexandria führten schließlich dazu, daß Großbritannien schon

66 ADAP D X, Dok. 359: Aufz. des Unterstaatssekretärs Woermann, 17. 8. 1940, S. 415.
67 ADAP D X, Dok. 370: Runderlaß des AA, 20. 8. 1940, S. 425 f.
68 ADAP D X, Dok. 403: Aufz. des Gesandten Grobba, 27. 8. 1940, S. 459 ff.
69 Eine Zusammenfassung des Inhalts der Unterredungen mit dem arabischen Emissär wurde von Staatssekretär Frhr. v. Weizsäcker am 7. 9. 1940 an Botschafter v. Mackensen nach Rom zur Weiterleitung an die italienische Regierung gesandt (ADAP D X, S. 462, Anm. 1).

Ende August/Anfang September 1940 die labile Situation im Mittelmeergebiet in der traditionellen – indirekten – Form der britischen Seemacht mit zahlenmäßig begrenzten, aber schlagkräftigen Streitkräften wieder völlig beherrschte. Die schließlich am 13. 9. beginnende italienische Offensive nach Ägypten, die schon nach fünf Tagen kampflosen Vormarsches 90 km hinter der libysch-ägyptischen Grenze wieder zum Stillstand kam, konnte hieran nichts ändern[70]. Eine neue Lage konnte nur entstehen, wenn Hitlers Interesse sich dem Mittelmeer zuwandte, Deutschland die neuralgischen Punkte, Gibraltar, Suez, Dardanellen, angriff und in den Nahost-Raum eindrang. Ob dies politisch möglich und ein erstrebenswertes strategisches Ziel für Hitler sein konnte, wird später noch eingehend zu erörtern sein[71].

70 Vorgeschichte und Verlauf dieser Offensive spiegeln sich hinsichtlich der Zielvorstellungen, den Erwartungen und der Resignation deutlich in: Ciano: Tagebücher II, S. 254 ff. (ab 1. 7. 1940 ff.).
71 Vgl. hierzu die Darstellung unten S. 190 ff.

III. Hitlers politische und strategische Möglichkeiten im Sommer 1940

1. Hitler und das England=Problem

a) Friedensmöglichkeiten?

Hitler erwartete nach dem Waffenstillstand mit Frankreich in fester Zuversicht das Ende des Krieges im Westen durch einen „Kompromißfrieden" mit Groß=britannien auf Kosten des besiegten Frankreich. Die Basis hierfür sollte einer=seits die Anerkennung seiner Herrschaft in Kontinentaleuropa und die Rück=gabe der ehemaligen deutschen Kolonien durch Großbritannien, andererseits die Erhaltung des britischen „Empire" (einschließlich aller seiner Verteidigungs=kräfte) und die Beteiligung Großbritanniens bei der Aufteilung des französi=schen Kolonialbesitzes sein[1]. Daher hatte Hitler keinerlei Vorstellungen und schon gar nicht irgendwelche konkreten politischen oder militärischen „Pläne", wie *dieser* Krieg im Westen weitergeführt werden sollte, wenn sich seine An=nahme als unzutreffend herausstellen sollte. Lehnte Großbritannien einen „Ausgleich" mit ihm ab und setzte es seinen Widerstand fort, dann entstand für ihn eine Lage, der er völlig unvorbereitet gegenüberstand, weil sie allen seinen außenpolitischen Axiomen widersprach, die für ihn — unbeschadet der

1 Zu den harten Friedensbedingungen, die Frankreich im Falle eines deutsch=briti=schen „Ausgleichs" auferlegt werden sollten, vgl. vor allem Jäckel, S. 46 ff. Sie liefen auf eine graduell abgestufte Abhängigkeit der verschiedenen Teile Frank=reichs von „Großdeutschland" hinaus. — Die Sprachregelung des AA vom 30. 6. 1940 (ADAP D X, Dok. 65, S. 56), „Deutschland denke nicht an Frieden; es sei ausschließlich mit der Vorbereitung der Vernichtung Englands befaßt", und die Äußerungen Hitlers zu dem italienischen Botschafter Alfieri am 1. 7. 1940 (ADAP D X, Dok. 73, S. 65 ff) und zu dem italienischen Außenminister Graf Ciano am 7. 7. 1940 (ADAP D X, Dok. 129, S. 123 ff.), denen gegenüber er sein geplantes Angebot an Großbritannien nur als Mittel der psychologischen Kriegführung, nicht als ernste Absicht hinstellte, müssen als taktisch bedingte Wendungen gesehen werden. Hitler wollte nach außen hin eine Position der Stärke demonstrieren, um das Einlenken Großbritanniens um so sicherer und schneller zu erreichen; vor allem wünschte er nicht, Italien (mit seinen exorbi=tanten Kriegszielen gegenüber Großbritannien) an seinem Dialog mit Groß=britannien zu beteiligen. Für einen „Ausgleich" mit England war Hitler stets bereit, Verpflichtungen gegenüber anderen Ländern, auch Interessen der eigenen Bundesgenossen zu opfern, wie der Inhalt der langen Kette seiner — von ihm aus betrachtet — ernst gemeinten und subjektiv „ehrlichen" „Angebote" an Großbritannien zeigt.

ihm seiner Überzeugung nach „aufgezwungenen" taktischen Wendung gegenüber Großbritannien und der Sowjetunion seit August/September 1939 — unverändert gültig geblieben waren.

Noch während der ersten Phase des Westfeldzuges, als sich der durchschlagende Erfolg der „Sichelschnitt"=Operation abzeichnete, erklärte Hitler, wie der Chef des Wehrmachtführungsamtes, General Jodl, in seinem Tagebuch notierte[2], bei der Lagebesprechung am 20. 5., „die Engländer könnten jederzeit Sonderfrieden haben nach Rückgabe der Kolonien". „Wir suchen Fühlung mit England auf der Basis der Teilung der Welt", so faßte v. Etzdorf gegenüber dem Chef des Generalstabes des Heeres, General Halder, am folgenden Tage Hitlers Ausführungen zusammen[3], und am 2. 6. während der — wie Hitler damals noch meinte — erfolgreichen Schlacht um Dünkirchen gegen das britische Expeditionskorps drückte er seine Erwartung aus, daß Großbritannien nun wohl zu einem „vernünftigen Friedensschluß" bereit sein werde, so daß er „endlich die Hände frei" habe für seine „große und eigentliche Aufgabe: die Auseinandersetzung mit dem Bolschewismus"[4]. Diese im aufgelockerten Gespräch im Stabsquartier der Heeresgruppe A des Generalobersten v. Rundstedt (der damals Hitlers besonderes Vertrauen genoß)[5] gefallene, vom Chef des Generalstabes wie vom Ia dieser Heeresgruppe bezeugte Äußerung Hitlers spiegelte die im Augenblick des Triumphes über Frankreich wieder durchbrechende außenpolitische Grundvorstellung Hitlers, die seit dem Frühjahr 1939 durch die Herausbildung der — in Hitlers Augen — völlig verkehrten Fronten

2 IMT, Bd. XXVIII, Dok. PS=1809, S. 431.

3 KTB Halder, Bd. I, S. 308 (21. 5. 1940). Aus den Äußerungen Hitlers ging auch klar seine Absicht hervor, im entscheidenden Moment eines sich anbahnenden „Ausgleichs" mit Großbritannien Italiens Interessen zu übergehen: „In der großen Linie beginnt sich ein kleiner Gegensatz zwischen Italien und uns abzuzeichnen. Für Italien ist der Hauptfeind England geworden, für uns ist der Hauptfeind Frankreich" (so die Zusammenfassung v. Etzdorfs über Hitlers Gedankenführung). Schon aus diesem Grunde hatte Hitler keinerlei Interesse an einem Kriegseintritt Italiens zu diesem Zeitpunkt.

4 Den Inhalt des Gesprächs im Stabsquartier der Heeresgruppe A in Charleville am 2. 6. 1940 mit der zitierten Äußerung Hitlers veröffentlichte erstmals auf Grund von Mitteilungen des Chefs des Generalstabes dieser Heeresgruppe, General v, Sodenstern, K. Klee in seiner Dissertation über „Das Unternehmen ‚Seelöwe'", S. 189 f.; vgl. ferner Ansel, S. 107 f. (ebenfalls auf Grund von Mitteilungen des Generals v. Sodenstern sowie denen des Generals Blumentritt, damals Ia beim Stabe der Heeresgruppe A).

5 Es bedürfte einer besonderen Untersuchung, um zu klären, in welchem Ausmaß v. Rundstedts operative Vorstellungen in den Jahren 1940 und 1941 Hitler bei seiner Operationsführung beeinflußten. Sowohl im Westfeldzug 1940 als auch im Ostfeldzug 1941 begab sich Hitler wiederholt zu vertraulichen Aussprachen zu v. Rundstedt in dessen Stabsquartier. — In beiden Feldzügen befand sich im übrigen v. Rundstedts Heeresgruppe an dem — in Hitlers Augen — wichtigsten Frontabschnitt. — Für die erste Phase des Feldzuges im Westen 1940 kommt das besondere Vertrauensverhältnis zwischen Hitler und v. Rundstedt in der Studie von H.=A. Jacobsen über „Dünkirchen" deutlich zum Ausdruck. Es fehlt jedoch noch eine Einordnung in den größeren Zusammenhang der Herausbildung des „Feldherrentums" Hitlers.

in Europa vorübergehend verdeckt worden war. Der Alptraum, daß die Zeit in dem ihm „aufgezwungenen" Krieg im Westen gegen ihn arbeite, schien für diesen Augenblick von ihm genommen. Wenn Großbritannien jetzt einlenkte, konnte er, so dürfen wir wohl diese Äußerung Hitlers deuten, zu dem ihm am günstigsten erscheinenden Zeitpunkt den Krieg beginnen, der stets sein eigentliches großes Ziel war: den Kampf zur Eroberung des weiten „Ostraumes", d. h. des europäischen Rußland[6].

In seinem dem Chefkorrespondenten der amerikanischen Hearst-Presse in Europa, Karl von Wiegand, am 13. 6. gewährten Interview warb Hitler offen um England, indem er betonte, daß er nicht die Zerstörung des britischen „Empire" beabsichtige[7]. Wiederum bezeichnete er als einzige Bedingung für einen Frieden mit England die Rückgabe der ehemaligen deutschen Kolonien. So großzügig dieses Angebot klang, so bedeutete es doch neben der in Hitlers Augen selbstverständlichen Hinnahme der deutschen Herrschaft über Kontinentaleuropa die Anerkennung einer — zunächst nur im Ansatz zu verwirklichenden, aber später auszubauenden — deutschen „Weltmacht"-Stellung; denn die deutschen Kolonien in Afrika, selbst wenn es sich dabei nur um die 1919 verlorenen handelte, bildeten — zusammen mit der geplanten deutschen Überwasserflotte — die vorerst bescheidene, jedoch mit der Zeit fast zwangsläufig an Gewicht zunehmende machtpolitische Basis hierfür. Daher hätte eine britische Annahme des Angebots Hitlers mehr bedeutet als nur ein Sich-Abfinden mit der durch den deutschen Sieg über Frankreich nun einmal gegebenen Situation in Kontinentaleuropa. Die schon zitierte Formulierung des Vertreters des Auswärtigen Amtes beim OKH, v. Etzdorf, vom 21. 5. 1940 traf hinsicht-

6 Diese Äußerung Hitlers bedeutete — dies sei hier schon vorweggenommen — noch keinen „Entschluß" zur Durchführung eines Ostfeldzuges in nächster Zeit. Vielmehr deutete die in dieser Zeit befohlene Umgliederung des Heeres auf ein „Friedens"-Kaderheer (vgl. hierzu unten S. 258 f.) darauf hin, daß so, wie es sich Hitler immer vorgestellt hatte, eine „Pause" von unbestimmter Länge zur Vorbereitung des für ihn entscheidenden Kampfes nach der Niederwerfung Frankreichs eingelegt werden sollte. Über die Gedankenbildung Hitlers zu einem Ostfeldzug im Juli 1940 vgl. die Darstellung unten S. 207 ff.

7 Abdruck des Textes des Interviews in dem New Yorker Blatt „Journal American" vom 14. 6. 1940. Deutsche Version in: Monatshefte für Auswärtige Politik 1940, S. 533 ff. Vgl. auch den Bericht von Wiegands über sein Interview in: Handakten des Admirals Gladisch 1939—1943 (Militärgeschichtliches Forschungsamt Freiburg i. Br., Signatur III M 501/1); ferner Domarus, Bd. II, S. 1524 ff. — Den Anstoß zu dem Interview gab ein Gespräch, das der Oberst i. G. Ritter von Thoma im OKH am 27. 5. 1940 mit von Wiegand führte. Wiegand äußerte dabei, Deutschland als „bisheriger Sieger" solle jetzt „in großzügiger Weise Frieden anbieten". Für den Fall, daß ein solcher Friede 1940 nicht zu erreichen sei, glaube er, daß dann die USA „spätestens nach einem neuen Kriegswinter (1940/41) mit allen Kräften zur Unterstützung Englands in den Krieg eintreten werden". Ein Friedensangebot Hitlers zu diesem Zeitpunkt würde jedenfalls in den USA lebhaften Widerhall finden (Bundesarchiv Koblenz, Nachlaß Ritter von Thoma). — Eine inhaltlich ähnliche Äußerung von Wiegands findet sich im KTB der Skl. vom 3. 6. 1940 (vgl. ebda. Teil A, 3. 6. 1940, ferner ADAP D IX, S. 498, Anm. 3). — Hitler hatte übrigens von Wiegand bereits in den Jahren 1930, 1934 und 1938 Interviews gewährt.

lich der Zielsetzung Hitlers „Wir suchen Fühlung mit England auf der Basis der Teilung der Welt[8]" ins Schwarze.

Am klarsten ergibt sich dies aus der Denkschrift der deutschen Seekriegsleitung „Gedanken zum Aufbau der Flotte nach dem Kriege" vom 6. 7. 1940[9] und der Zustimmung Hitlers zum Bau einer starken deutschen Überwasserflotte – mit Schlachtschiffen als Kern – in der Besprechung mit Raeder am 11. 7. 1940[10]. Wie schon im Ersten Weltkrieg so spielte auch jetzt in den deutschen Planungen die Vorstellung von einem unvermeidbaren neuen großen Krieg eine wesentliche Rolle[11]. Die Grundgedanken der Seekriegsleitung sind in den folgenden Abschnitten enthalten: „Das Schicksal des britischen Weltreiches nach diesem Krieg ist ungewiß. Es kann jedoch angenommen werden, daß Großbritannien auf jede europäische Einmischung verzichten und die deutsche europäische Herrschaft anerkennen muß. Großbritannien wird in seiner Schwäche Anlehnung bei den Vereinigten Staaten suchen, die wiederum großes Interesse an einem starken europäischen England haben, wodurch die USA zwangsläufig zum Gegner Deutschlands werden. Die beiden angelsächsischen Mächte werden ihre große Seemacht zum Schutz ihres Weltreiches erhalten bzw. wieder aufbauen und werden damit zu den zunächst zu berücksichtigenden natürlichen Gegnern Deutschlands.

„Die koloniale Betätigung Deutschlands, der damit verbundene stark anwachsende Handel, der Schutz der Kolonien und der Seeverbindungen, der Hinzutritt kolonialer und außerheimischer Stützpunkte sowie endlich ganz be-

8 KTB Halder, Bd. I, S. 308.

9 „Gedanken der Seekriegsleitung zum Aufbau der Flotte nach dem Kriege", 6. 7. 1940 (in: Lagevorträge des Ob. d. M.). – Weitere Quellen zu den deutschen Flottenbauplänen für die Zeit nach einem „Ausgleichs"-Frieden mit Großbritannien: Nürnberg-Dok. NI-12642, NI-12643, NI-12644, NI-12653 und NI-12746 (Institut für Zeitgeschichte München).

10 Besprechung Hitler-Raeder, 11. 7. 1940 (Lagevorträge des Ob. d. M.; KTB der Skl., Teil A, 11. 7. 1940); vgl. hierzu auch unsere Deutung des „Z-Planes" oben S. 35 ff.

11 Daß auch bei Hitler – ganz unabhängig von den Planungen für den laufenden Krieg – der Gedanke eines in weiterer Zukunft notwendigen großen Krieges der „Weltmacht" Deutschland gegen die USA eine Rolle spielte (allerdings mit dem für seine Vorstellungswelt – gegenüber den Gedanken der Seekriegsleitung – kennzeichnenden Unterschied, daß Großbritannien dann seiner Meinung nach auf deutscher Seite stünde), zeigen seine Ausführungen vor der Tafelrunde am 8.–10. 9. 1941 (Picker, S. 145): „Ich werde es nicht mehr erleben, aber ich freue mich für das deutsche Volk, daß es eines Tages mit ansehen wird, wie England und Deutschland vereint gegen Amerika antreten. Deutschland und England werden wissen, was eines vom anderen zu erwarten hat. Und wir haben dann endlich den rechten Bundesgenossen gefunden: Sie sind von beispielloser Frechheit, aber ich bewundere sie doch; da haben wir noch viel zu lernen." Vgl. ferner Hitlers Äußerung zu Graf Ciano am 25. 10. 1941, also wenige Wochen vor dem Kriegseintritt der USA: „Eine spätere Generation würde sich mit dem Problem Europa-Amerika auseinanderzusetzen haben. Es würde sich nicht mehr um Deutschland oder England, um Faschismus, Nationalsozialismus oder entgegengesetzte Systeme handeln, sondern um die gemeinsamen Interessen Gesamteuropas innerhalb des europäischen Wirtschaftsgebietes mit seinen afrikanischen Ergänzungen" (ADAP D XIII, Dok. 424, S. 692).

sonders die Tatsache einer immer bestehenden möglichen Gegnerschaft führen das Großdeutsche Reich zwangsläufig und schicksalhaft auf den Weg zu einer ozeanischen Seemacht ersten Ranges mit im einzelnen noch nicht überseh=baren Möglichkeiten für den großzügigen Ansatz einer Flotte. Damit wird eine sich über Jahrhunderte erstreckende, vielerlei Irrtümern und Fehlern un=terworfene Entwicklung der deutschen Seemacht zu einem endgültigen Ab=schluß gebracht werden ...

„Die strategische Ausweitung der deutschen Seekriegführung unter Ausnut=zung außereuropäischer Stützpunkte bringt im Ringen um die Seeherrschaft auf den Ozeanen gerade für Deutschland den entscheidenden Zwang, den Schlachtschiffbau beschleunigt fortzusetzen"[12].

Hitler stimmte am 11. 7. diesen Gedankengängen Raeders zu und erklärte sich mit der sofortigen Wiederaufnahme des gemäß dem „Z=Plan" begonne=nen, bei Kriegsbeginn im September 1939 jedoch eingestellten[13] Baus von Großkampfschiffen einverstanden[14]. Auch der Flugzeugträger „Zeppelin" sollte nunmehr fertiggestellt werden.

Hitler war Mitte Juni 1940 fest davon überzeugt gewesen, daß reale Aussichten für einen „Ausgleich" mit Großbritannien und für ein Ende des im September 1939 begonnenen europäischen Krieges bestünden. Am 18. 6. bestätigte Rib=bentrop diese Auffassung Hitlers gegenüber Graf Ciano während des Treffens Hitler — Mussolini in München: England sei „auf dem vertraulichen Wege über die schwedische Gesandtschaft" bereits über Hitlers Verhandlungsbereit=schaft unterrichtet worden[15]. Trotz der eindeutigen Erklärungen des neuen britischen Premierministers Churchill[16] in seinen Unterhausreden vom 4. und 18. 6., daß Großbritannien auch allein weiterkämpfen werde, blieb Hit=

12 Der Zusammenhang dieser deutschen Konzeption mit dem amerikanischen Zweiozeanflottenprogramm darf bei einer historischen Bewertung nicht außer acht gelassen werden (vgl. oben S. 99 f.).

13 Noch am 24. 4. 1940 war die Einstellung des Weiterbaus am Flugzeugträger „Graf Zeppelin" befohlen worden.

14 Im einzelnen: Weiterbau an den Schlachtschiffen „H" und „J", Bau von „O", „P" und „Q" unter Verstärkung des Oberdecks. Hitler legte besonderen Wert auf den Bau von Flugdeckkreuzern und „den sofortigen Ausbau der U=Boot=Flotte bei Kriegsende" (KTB der Skl., Teil A, 11. 7. 1940).

15 Ciano's Diplomatic Papers, S. 373; Ciano: Tagebücher II, S. 249 (18. und 19. 6. 1940).

16 In den Gesprächen mit dem ehemaligen amerikanischen Botschafter in Berlin und Moskau Davies kurz nach dem Ende des Krieges in Europa am 26./27. 5. 1945 erklärte Churchill später, er hätte „jederzeit mit Hitler Frieden schließen kön=nen" (Foreign Relations of the United States. Diplomatic Papers: The Confe=rence of Berlin (The Potsdam Conference). Washington 1960, vol. I., S. 64 ff.; deutsch: Potsdam 1945. Quellen zur Konferenz der „Großen Drei". Hrsg. von E. Deuerlein. München 1963, S. 114 ff.; Zitat S. 119). Die Bemerkung besagt selbstverständlich, daß ein Friede Großbritanniens mit Hitler auf der oben skizzierten Basis (Überlassung der Herrschaft über den ganzen europäischen Kontinent einschließlich des europäischen Rußland an Hitler und Rückgabe der ehemaligen deutschen Kolonien) den ganzen Krieg über — „praktisch" (d. h. von der britischen Entscheidungsfreiheit aus gesehen) allerdings wohl nur bis zum Dezember 1941 — möglich gewesen sei.

ler bei seiner Auffassung, die er am 18. 6. gegenüber Göring[17] und am 23. 6. auch gegenüber dem Oberbefehlshaber des Heeres, Generaloberst v. Brauchitsch, vertrat, daß England jetzt „klein beigibt"[18].

Auf welche Anhaltspunkte konnte sich Hitler bei dieser Auffassung stützen? Der schwedische Gesandte in Berlin hatte am Tage des Waffenstillstandes mit Frankreich (22. 6.), Andeutungen vom 19. 6. näher erläuternd[19], Staatssekretär Frhr. v. Weizsäcker mitgeteilt, daß „in dem jetzigen englischen Kabinett sich eine Friedensströmung bahnbreche", wobei er zu verstehen gab, daß Außenminister Lord Halifax „die Friedensrichtung vertrete"[20]. Abgesehen von den auf ihn (bis zu seiner Rede vom 22. 7.) und andere ehemalige Exponenten des „Appeasement"-Kurses, vor allem den inzwischen zum Botschafter in Madrid ernannten Sir Samuel Hoare[21], gerichteten Erwartungen setzte Hitler seine Hoffnungen auch auf Lloyd George und den Herzog von Windsor, den ehemaligen König Eduard VIII., die ihn 1936 bzw. 1937 auf dem Berghof besucht

17 Zum Treffen Hitler-Göring am 18. 6. 1940 auf dem Rhein-Main-Flughafen in Frankfurt a. M. vgl. Ansel, S. 93.

18 Protokoll des Wehrmachtführungsamtes über die Besprechung Hitler-v. Brauchitsch, 23. 6. 1940 (zitiert bei Wheatley: Operation Seelöwe, S. 23). — Schon am 20. 6. bemerkte Hitler, als v. Brauchitsch „die unbedingte Notwendigkeit" vortrug, „entweder mit England sofort Frieden (zu schließen) oder (das) Übersetzen (nach England) vorzubereiten, und zwar so bald wie möglich", „daß die jetzt so oder so klein beigeben werden" (Tagebuch Engel, 20. 6. 1940).

19 KTB der Skl., Teil A, 22. 6. 1940: „Telegramm des italienischen Gesandten in Stockholm: englischer Gesandter habe bei Außenminister Günther erklärt, England sei bereit, mit Deutschland und Italien in Friedensverhandlungen einzutreten. Meldungen ähnlichen Inhalts aus Ungarn. — General Hertzog fordert von südafrikanischer Regierung Einstellung der Feindseligkeiten gegen Deutschland." — Zu Hertzogs politischer Haltung im Sommer 1940 vgl. auch unten S. 245, Anm. 19.

20 ADAP D IX, Dok. 487: Aufz. des Staatssekretärs Frhr. v. Weizsäcker, 19. 6. 1940, S. 513; Dok. 529: Aufz. des Staatssekretärs Frhr. v. Weizsäcker, 22. 6. 1940, S. 563 f.

21 Hoare, der Anfang Juni in Madrid eingetroffen war (vgl. ADAP D IX. Dok. 394: Der dt. Botschafter in Madrid an das AA, 6. 6. 1940, S. 431: über die Äußerungen Hoares gegenüber dem spanischen Außenminister Beigbeder bei dem ersten Zusammentreffen), überreichte Franco am Tage des deutsch-französischen Waffenstillstandes, am 22. 6., sein Beglaubigungsschreiben. Nach seinen eigenen Erinnerungen (S. 68) fragte Franco bei diesem Gespräch: „Warum beendigen Sie den Krieg nun nicht endlich? Sie können ihn doch niemals gewinnen." Ob hinter der Frage Francos ein — möglicherweise von deutscher Seite angeregter — Friedensfühler zu sehen ist, wie Bogatsch (S. 174) es als möglich ansieht, läßt sich mangels Quellen nicht feststellen. Vgl. aber KTB der Skl., Teil A, 4. 7. 1940: „Hoare befürwortet dringend Einlenken (Mitteilung japanischer Regierungskreise aus London)." Ferner: ADAP D X, Dok. 160: Der dt. Botschafter in Madrid an das AA, 12. 7. 1940, S. 165: Hoare habe auf die Anspielung des spanischen Außenministers, daß Spanien wie im Falle Frankreichs auch Großbritannien zu einer Friedensvermittlung zur Verfügung stehe und daß dann Hoare der „berufene Vermittler" sein würde, geantwortet: „Es ist möglich, daß es einmal so kommen wird." — An Hoare knüpften sich auch noch Ende Juni 1941 (vgl. KTB Halder, Bd. III, S. 29: 30. 6. 1941), ja noch Anfang 1942 gewisse Hoffnungen Hitlers (vgl. Picker: Hitlers Tischgespräche, S. 169: Notizen vom 27. 1. 1942 mittags).

hatten[22] und die er – für Hitler stets ein wesentlicher Gesichtspunkt bei der Auswahl von Partnern – persönlich beeindruckt zu haben glaubte.
Hitler gedachte, einige Zeit auf die Wirkung der über die diplomatischen Missionen und Mittelsleute in Schweden[23], der Schweiz[24] und den USA ausgestreckten Friedensfühler zu warten[25] und dann in einer für den 8. 7. angesetzten Reichstagsrede mit einem konkreten Friedensvorschlag an Großbritannien vor die Öffentlichkeit zu treten[26].
Aus eigener Initiative, aber „ermutigt" durch das Interview, das Hitler von Wiegand gewährt hatte, ließ inzwischen Papst Pius XII. am 28. 6. bei den Regierungen Deutschlands, Italiens und Großbritanniens sondieren, ob ein offizielles Friedensvermittlungsangebot des Papstes bei den kriegführenden Mächten eine günstige Aufnahme finden würde[27]. Da dieser Schritt nicht im Sinne der Zielsetzung Hitlers, der Herstellung eines direkten, nicht von einem „ehrlichen Makler" mit möglicherweise eigenen, an der Vorkriegssituation orientierten Vorstellungen vermittelten Kontakts mit Großbritannien[28], lag und die britische wie die italienische Regierung sich ohnehin völlig ablehnend verhielten[29], ging Hitler auf diese Anregung des Papstes gar nicht erst ein, sondern

22 Zu Lloyd Georges Besuch bei Hitler am 4. 9. 1936 vgl. Domarus, Bd. I, S. 635 f., zum Besuch des Herzogs von Windsor auf dem Berghof am 22. 10. 1937 ebda., S. 743; Schmidt: Statist, S. 383. — Noch Ende Juni 1941 hatte Hitler Hoffnungen auf Lloyd George (KTB Halder, Bd. III, S. 29).

23 Über die schwedische Regierung lief die offizielle deutsche Anregung (vgl. auch Snell, S. 58).

24 Über das Gespräch des deutschen V-Mannes Riesser mit dem britischen Konsul in Genf, Livingston, am 18. 7. 1940 (sowie über ein weiteres Gespräch am 7. 10. 1940) vgl. auch ADAP D XI, Dok. 622: Der dt. Generalkonsul in Genf an das AA, 7. 1. 1941, S. 1046 ff. — Zu den deutschen Friedensfühlern über den Apostolischen Nuntius in der Schweiz vgl. auch Chester Wilmot, S. 24. Unkontrollierbar und unzuverlässig wie auch sonst vielfach die Angaben bei F. Hesse: Spiel um Deutschland. München 1953, S. 248 ff.

25 Allgemein über die deutschen Friedensfühler M. Mourin: Les tentatives de paix dans la Seconde Guerre Mondiale 1939—1945. Paris 1949, S. 84 ff.

26 Greiner, S. 110 ff.; Meissner: Staatssekretär, S. 448 (Eindrücke von seinem Besuch bei Hitler auf dem Kniebis am 28. 6); Elisabeth Wagner, S. 193. Hitler faßte den Entschluß, die Reichstagsrede zu verschieben, erst nach Rückkehr von seinem Feldquartier im Westen (auf dem Kniebis) nach Berlin am 6. 7., obwohl bereits der britische Angriff auf die französische Flotte bei Oran (3. 7.) bei ihm Zweifel über die Friedensbereitschaft der britischen Regierung hatte aufkommen lassen (Ansel, S. 123 f.). Hierzu KTB Halder, Bd. II, S. 14: 8. 7. 1940: „Verschiebung Reichstag wegen wahrscheinlicher Umbildung englischen Kabinetts." Hitler begab sich am 10. 7. zu dem vorgesehenen Treffen mit dem ungarischen Ministerpräsidenten Graf Téleki nach München, am 11. 7. auf den Berghof und kehrte schließlich erst am 19. 7. zur Reichstagsrede nach Berlin zurück. Vgl. die Zusammenstellung der Aufenthaltsorte Hitlers in dieser Zeit im Itinerar Hitlers im Anhang, S. 670 f.

27 ADAP D X, Dok. 48: Der Botschafter beim Heiligen Stuhl an das AA, 28. 6. 1940, S. 42; Giovannetti, S. 228 ff.

28 Aus dem gleichen Grunde wünschte Hitler auch keinen Friedensvermittlungsschritt der USA (hierzu und zu den inoffiziellen Sondierungen in Washington vgl. Friedländer, S. 94).

29 Churchill, vol. II, S. 171; ADAP D X, Dok. 73: Aufz. des Gesandten Schmidt

ließ dem Apostolischen Nuntius in Berlin nach dessen zweimaliger Rückfrage schließlich am 26. 7. durch Staatssekretär Frhr. von Weizsäcker mitteilen, daß durch seine inzwischen öffentlich abgegebene Reichstagserklärung und Lord Halifax' Stellungnahme hierzu vom 22. 7. die Antwort auf die Sondierung des Papstes „faktisch" gegeben worden sei[30].

Ein Angebot des Königs Gustav V. von Schweden, der in Telegrammen vom 2. 8. an König Georg VI. von Großbritannien und Hitler seine guten Dienste zur Prüfung von Friedensmöglichkeiten anbot, verfiel wohl aus gleichen Gründen der Ablehnung durch Hitler[31]. Ein späteres Vermittlungsangebot des türkischen Staatspräsidenten Inönü vom 16. 8. — das mag hier noch eingefügt werden — wurde durch die Gesprächsführung des Botschafters v. Papen bereits im Keime erstickt[32]. Auf die Bemerkung Inönüs, er habe „das Gefühl", daß Großbritannien einen „friedlichen Kompromiß" mit Deutschland wünsche, „daß aber der Appell des Führers zu geringe Unterlagen geboten habe", die Türkei sei indessen „durch ihre Stellung zu England jederzeit in der Lage ..., (eine) entsprechende Sondierung vorzunehmen, sofern das Reich es wünsche", erklärte v. Papen kategorisch, „England habe den Krieg gewünscht, so bleibe nur die Waffenentscheidung".

Die ausbleibende Reaktion auf die eigenen Fühler hatte Hitler schon bald unsicher gemacht. Am 30. 6. gab Frhr. v. Weizsäcker Hitlers Auffassung zur Situation wieder, indem er resümierte, daß für eine „Friedensbildung noch keine handgreiflichen Unterlagen" vorhanden seien, so daß Großbritannien wohl „voraussichtlich noch einer Demonstration unserer militärischen Gewalt bedürfen (werde), ehe es nachgibt und uns den Rücken frei läßt für den Osten"[33]. Hitler verschob daher seine Reichstagsrede schließlich auf den 19. 7.[34] und ließ, da ihn am 11. 7. die Nachricht erreicht hatte, Churchill habe sich gegen die „Friedensgruppe" durchgesetzt und erstrebe den „Krieg bis zum Ende"[35], in diese Rede, die zu einer propagandistischen Demonstration der

über die Unterredung Hitler-Alfieri, 1. 7. 1940, S. 67: Darin teilte Alfieri mit, daß Mussolini bereits „in absolut negativem Sinne" Stellung genommen habe.

30 Zwei vorausgegangenen Anfragen des Nuntius am 3. und 11. 7. 1940 war Frhr. v. Weizsäcker ausgewichen (Unterstaatssekretär: Akten betr. „Friedensbemühungen", Polit. Archiv des AA, Bonn). — Hitlers Reichstagsrede vom 19. 7. 1940, jetzt bei Domarus, Bd. II, S. 1540 ff., der „Friedensappell" darin S. 1558. Die Rede von Lord Halifax, in: „The Times", 23. 7. 1940, S. 5.

31 Über die ablehnende britische Reaktion Churchill, vol. II, S. 261 f. — Deutsche Quellen über den Schritt König Gustavs V. konnten nicht ermittelt werden (vgl. auch ADAP D X, S. 330, Anm. 2). Einen vagen Hinweis enthalten die Memoiren Hulls, vol. I, S. 845, während Ciano (Tagebücher II, S. 268) über sein Gespräch mit Hitler am 28. 8. 1940 notierte, daß Hitler „von der Ablehnung eines Vermittlungsversuchs von seiten des Königs von Schweden" berichtete.

32 ADAP D X, Dok. 349: Der dt. Botschafter in Ankara an das AA, 16. 8. 1940, S. 402 f. Hierzu Krecker, S. 98 f.

33 KTB Halder, Bd. I, S. 375. — Zu dem hier anklingenden Rußland-Problem vgl. die Darstellung unten S. 207 ff.

34 Vgl. S. 160, Anm. 1. Über die Versuche, durch Flugblattabwurf die Rede Hitlers in England zu verbreiten, vgl. F. Hesse, S. 257 ff.

35 KTB Halder, Bd. II, S. 18.

deutschen Macht umgestaltet wurde, nur in sehr vager Form einen „Friedens=appell" an Großbritannien einfließen, der von Lord Halifax im Namen der britischen Regierung am 22. 7. eindeutig abgelehnt wurde[36]. Dies geschah, ob=wohl der Papst durch den apostolischen Delegierten in London angeregt hatte, „Lord Halifax solle doch den Ball, den ihm der Führer durch das Friedensan=gebot vom 19. Juli zugeworfen habe, aufgreifen und zunächst eimal um nähere Präzisierung der deutschen Friedensziele bitten"[37]. Dabei muß bei der grund=sätzlichen Haltung der britischen Regierung, mit keiner nationalsozialistischen Regierung zu verhandeln, bezweifelt werden, ob, wie der stark isolationistisch eingestellte, deutschfreundliche amerikanische Botschafter in Brüssel Cudahy[38] am 28. 3. 1941 gegenüber Botschafter Dieckhoff bei einem Besuch im Auswär=tigen Amt meinte[39], ein Friedensangebot Hitlers, das „wenigstens einen Umriß der Neuordnungspläne in großen Zügen" hätte erkennen lassen, größere Wir=kung in England gehabt hätte, ganz abgesehen davon, daß Hitler seine Karten gar nicht aufdecken konnte[40].

Dennoch erfüllten gerade die Tage nach dem 19. 7. Hitler noch einmal mit größeren Hoffnungen auf einen Umschwung in England. Am 21. 7. sprachen in Berlin einlaufende Berichte aus London von einem „Gerücht", daß der Her=zog von Windsor seinem Bruder, König Georg VI., den Rat gegeben habe, ein neues Kabinett zu berufen[41]. Auch von einer Audienz Lloyd Georges beim König war die Rede[42]. Die daran anknüpfenden Erwartungen fanden in dem Bericht des deutschen Gesandten in Dublin vom 22. 7. besondere Nahrung,

36 „The Times", 23. 7. 1940, S. 5. — Zur strikt ablehnenden Haltung der britischen Regierung gegenüber Hitlers Friedens=„Appell" und den „Friedensfühlern" vgl. Churchill, vol. II, S. 259 ff. Es muß offenbleiben, ob die Haltung aller Kabinetts=mitglieder wirklich so einheitlich geschlossen ablehnend war, wie es Churchill erscheinen läßt. Nuancen dürfte es zumindest gegeben haben.

37 Aufz. über die Unterredung Dieckhoff=Cudahy, 28. 3. 1941 (Staatssekretär: Akten betr. USA, Bd. 5, Polit. Archiv des AA, Bonn).

38 Cudahy war bis Januar 1941 amerikanischer Botschafter in Brüssel. Zum Zeit=punkt der Unterredung mit Dieckhoff war er also nicht mehr im Amt.

39 Aufz. über die Unterredung Dieckhoff=Cudahy, 28. 3. 1941 (Staatssekretär: Akten betr. USA, Bd. 5, Polit. Archiv des AA, Bonn).

40 Nur beiläufig zu erwähnen ist die gar nicht bis zu Hitler gelangte, seinen Inten=tionen zuwiderlaufende Anregung der „wohlmeinenden, aber einflußlosen Per=sönlichkeit" des Roosevelt=feindlichen Nachrichtensprechers der amerikanischen Rundfunk=Gesellschaft „Mutual Broadcasting Company", Fulton Lewis, vom 25. 7. 1940 gegenüber dem deutschen Geschäftsträger in Havanna (ADAP D X, Dok. 230, S. 245 f.), Hitler solle, schon um Roosevelt politisch in die Enge zu treiben, den Präsidenten auffordern, sich als Friedensvermittler zwischen Deutschland und Großbritannien zur Verfügung zu stellen. Der deutsche Geschäftsträger in Washington Thomsen legte dar (ADAP D X, Dok. 306, S. 357 f.), daß ein Vermittlungsappell Hitlers an Roosevelt nur als „Schwäche=zeichen" ausgelegt und „Roosevelt in (den) Augen (der) amerikanischen Wähler als den selbst vom Führer anerkannten, bestgeeigneten internationalen Vermitt=ler erscheinen lassen (würde), was ebenfalls seine Wahlaussichten stärken würde".

41 KTB der Skl., Teil A, 21. 7. 1940.

42 Ebda.

der die Auffassung des irischen Außenministers zur inneren Situation in England wiedergab[43]: „Baldigem Friedensschluß zu einigermaßen erträglichen Bedingungen auf der Basis (der) durch den bisherigen deutschen Erfolg geschaffenen Lage dürften grundsätzlich geneigt sein: Chamberlain, Halifax, Simon, Hoare, dessen Entsendung nach Spanien unter diesem Gesichtspunkt betrachtet wurde, ebenso konservative Kreise (Astors, Londonderry u. a.), hohe Beamtenschaft (Wilson), City, ‚Times'"[44]. Die „Aussichten zur Fortführung des Krieges" würden in England „allgemein pessimistisch beurteilt. Während aber mittlere und niedere Volkskreise gedrückt, furchtsam baldigen Frieden wünschten, sei führende Schicht noch immer weitgehend entschlossen (zur) Fortführung (des) Krieges"[45].

Einige Tage zuvor war auch in einem Bericht aus Bern davon die Rede, daß die Regierung Churchill auf immer stärkeren Widerstand stoße[46]. Es stellte sich indessen schon innerhalb weniger Tage heraus, daß alle daran anknüpfenden Spekulationen keine reale Grundlage besaßen. Auch der phantastisch anmutende Plan Ribbentrops, unter Einschaltung des politischen Geheimdienstes des SD den Herzog von Windsor, der sich nach dem deutsch-französischen Waffenstillstand von seinem ständigen Aufenthalt in Südfrankreich über Spanien nach Portugal begeben hatte und dort einige Zeit zögerte, ob er das Amt des Gouverneurs der Bahama-Inseln annehmen solle, das ihm die britische Regierung übertragen hatte, dazu zu bewegen, daß er wieder nach Spanien

43 ADAP D X, Dok. 201: Der dt. Gesandte in Dublin an da AA, 22. 7. 1940, S. 216; vgl. auch KTB Halder, Bd. II, S. 31 (22. 7. 1940).

44 Vgl. KTB der Skl., Teil A, 27. 7. 1940. Danach schienen nach Auffassung des irischen Außenministers die genannten Persönlichkeiten „zu einem baldigen Friedensschluß auf (der) Grundlage der bisher von Deutschland errungenen Erfolge bereit (zu sein), falls (die) Bedingungen erträglich wären".

45 Am gleichen Tage notierte Halder als Mitteilung v. Brauchitschs über die Besprechung bei Hitler am 21. 7. 1940 als dessen Äußerung (KTB Halder, Bd. II, S. 31): „Beurteilung der Wirkung des Friedensfühlers: Presse zunächst scharf ablehnend, dann milder. Lloyd George: Brief an König (Georg VI.) und Parlament. Herzog von Windsor: Brief an König. (Meldung des deutschen Geschäftsträgers in Washington) Thomsen: Nachrichten aus England. Lage wird als hoffnungslos angesehen. Englischer Botschafter (in Washigton, Lothian): England hat Krieg verloren. Soll zahlen: Aber nichts gegen seine Ehre tun. Möglichkeiten eines Kabinetts Lloyd George, Chamberlain, Halifax."

46 Hierzu Wheatley, S. 37. Ein deutscher Kontakt in der Schweiz lief auch über Hewel, den Vertreter Ribbentrops bei Hitler, und den Prinzen Max Egon zu Hohenlohe-Langenburg zum britischen Gesandten in Bern, Kelly (hierzu ADAP D X, Dok. 188: Antwortbrief Hohenlohes auf ein Schreiben Hewels [vom 30. 6. 1940], 18. 7. 1940, S. 202 ff.). Der Kontakt brach nach den Reden Hitlers und Halifax' vom 19. bzw. 22. 7. 1940 zunächst ab, doch fanden am 5. und 9. 12. 1940 auf Initiative des britischen Gesandten Kelly noch einmal Gespräche mit Hohenlohe in Bern statt, aus denen hervorging, daß Kelly selbst — wieweit er in irgendeinem Auftrag sprach, blieb offen — einen „Ausgleich" mit Deutschland befürwortete, sofern dieses „Garantien", nicht bloße Versprechungen zu geben bereit sei. Der Faden wurde offensichtlich nicht weitergesponnen (ADAP D X, S. 204, Anm. 2 mit Zitat aus dem Brief Hohenlohes an Hewel vom 10. 12. 1940).

zurückkehrte, um in irgendeiner Form als Vermittler zwischen Hitler und den friedensbereiten Kreisen Großbritanniens zu wirken – wohl mit dem Fernziel, ihn nach einer Abdankung Georgs VI. wieder als König eines mit Deutschland in „Partnerschaft" verbundenen Großbritannien zu sehen, fiel mit der Abreise des Herzogs zu den Bahamas am 1. 8. in sich zusammen[47].

Bedeutsamer als die an den Herzog von Windsor geknüpften illusionären Erwartungen war der Friedensvermittlungsvorschlag, den der Leiter der niederländischen Fluggesellschaft KLM, Albert Plesman, am 24. 7. Göring unterbreitete[48]. Sein Gedanke lief im großen auf eine Aufteilung der Welt in Interessensphären hinaus, wobei Großbritannien weiterhin sein Empire, die USA den amerikanischen Doppelkontinent und Deutschland Kontinentaleuropa beherrschen sollten. Die deutsch-sowjetische „Zusammenarbeit" sollte fortgesetzt und mit Blick auf eine Einbeziehung Afrikas in den europäischen „Großraum" (in Form einer Art deutsch-russischen Kondominiums) vertieft werden. Aus der Stellungnahme Görings und seinen eigenen Vorstellungen entwickelte Plesman einen detaillierten Sieben-Punkte-Vorschlag, in dem u. a. eine Lockerung der deutschen Herrschaft über Polen und die Tschechoslowakei sowie in den besetzten Ländern in Westeuropa bei Aufrechterhaltung der deutschen Hegemonie in ganz Kontinentaleuropa (westlich der Sowjetunion) vorgesehen war. Das Angebot sollte über die schwedische Gesandtschaft in Berlin und die schwedische Regierung nach London weitergegeben werden. Obwohl die „Reichskanzlei" am 25. 7. die Zustimmung zu diesem Schritt erteilt hatte, scheiterte die Übermittlung, da „das Auswärtige Amt" ohne nähere Begründung die technische Weitergabe untersagte[49]. Aus welchen Gründen sich Hitler auf diese Weise von dem Plan distanzierte, ist mit Sicherheit nicht festzustellen. Neben dem Zeitpunkt, kurz nach der Rede Lord Halifax' vom 22. 7., und dem Adressaten, Regierung Churchill, dürfte vor allem auch der Inhalt d. h. besonders die darin vorgesehene Intensivierung der deutsch-sowjetischen Beziehungen, die Hitler als politische Bindung erscheinen mußte und die seiner Kriegskonzeption, die auch Göring[50] zu diesem Zeitpunkt wohl noch

47 ADAP D X, Dok. 2 (23. 6. 1940), Dok. 9, 66, 86, 152, 159, 175, 211, 216, 224, 235, 257, 264, 265, 276 (2. 8. 1940), 285 (3. 8. 1940); W. Schellenberg: Memoiren. Köln 1956, S. 108 ff. Kurze zusammenfassende Darstellung bei Michaelis, S. 107.

48 Eingehend hierüber Ansel, S. 153 ff. (auf Grund der im Institut für Zeitgeschichte München befindlichen Unterlagen).

49 Auf dem Wege über Stockholm gelangte schließlich der Vorschlag Plesmans Ende August doch noch nach London. Der britische Außenminister Lord Halifax betrachtete jedoch die Initiative Plesmans auf Grund der ablehnenden Haltung Hitlers als gescheitert (Ansel, S. 157). Entsprechende Äußerung Halifax' am 29. 8. 1940.

50 Plesman traf am 30. 8. 1940 noch einmal mit Göring zusammen und warnte ihn eindringlich vor dem drohenden Eingreifen der USA in den Krieg: „Marschall, Sie müssen die USA fürchten ...; Marschall, Sie werden zertrümmert" (Mitt. Plesmans an H. Uhlig vom Institut für Zeitgeschichte München; zit. im Ms. Uhlig „Hitlers Weg zum Oberbefehlshaber der Wehrmacht", Institut für Zeitgeschichte).

nicht kannte[51], zuwiderlief, der Grund für die ablehnende Haltung gewesen sein.
Mochten mit dem Scheitern des Projekts Windsor für Hitler zunächst auch alle Anknüpfungspunkte personeller Art ausgefallen sein, so änderte sich — unab=hängig von der Notwendigkeit, den Krieg gegen Großbritannien fortzusetzen und sich hierbei für eine bestimmte Strategie zu entscheiden — Hitlers Grund=einstellung in der Frage eines „Ausgleichs" mit Großbritannien nicht. Die Formel „England mit Gewalt zum Frieden zu zwingen[52]" enthält treffend das Widersprüchliche der Aufgabe, vor die sich Hitler nun unvorbereitet und un=erwartet gestellt sah; denn ein politisches Ziel und einen „Sinn" sah er in der Fortsetzung des Krieges gegen Großbritannien nicht. Seine Grundüberzeugung kam am klarsten in der Lagebesprechung am 13. 7. zum Ausdruck: „Wenn wir England militärisch zerschlagen, zerfällt das britische Weltreich. Davon hat aber Deutschland keinen Nutzen. Wir würden mit deutschem Blut etwas er=reichen, dessen Nutznießer nur Japan, Amerika und andere[53] sind[54]." Anders ausgedrückt: der „Zerfall" oder die Zerschlagung des britischen „Empire" er=leichterte nicht, sondern erschwerte die Situation Deutschlands hinsichtlich der eigentlichen großen Ziele Hitlers. Die Vorstellung, daß eine Kombination zwi=schen Deutschland mit Blickrichtung nach Osten und Großbritannien mit Blick nach Übersee — in einer Stellung Rücken an Rücken — die günstigste politisch=strategische Voraussetzung für den von ihm beabsichtigten Eroberungszug nach Osteuropa sei, blieb eine Konstante in Hitlers Denken auch und gerade nach der Niederwerfung Frankreichs. In wohl dosierten, nicht zu starken mili=tärischen Schlägen oder auch durch gewichtige weltpolitische Kombinationen Großbritannien friedensbereit zu machen, ohne das britische „Empire" zu zer=stören, war nach Hitlers Auffassung das Gebot der Stunde; diese Aufgabe glich allerdings — ganz abgesehen von der Frage, ob Hitler militärisch=macht=mäßig dazu in der Lage war — sowohl in ihrer mehr strategischen als auch in ihrer vorwiegend politischen Variante einer Quadratur des Zirkels.
Hitler konnte es trotz allen „Erklärungen", die er im Laufe des Juli 1940 und später für die Fortsetzung des britischen Widerstandes fand, die — sachlich gesehen — stets nur Nebenmotive, nie den moralischen oder politischen und

51 Vgl. dazu unten S. 227.
52 KTB Halder, Bd. II, S. 21 (13. 7. 1940).
53 D. h. vor allem die Sowjetunion.
54 KTB Halder, Bd. II, S. 21. — Diese Grundauffassung Hitlers blieb bis zum Höhe=punkt des Krieges im Winter 1941/42 und darüber hinaus unverändert. Sie spiegelt sich an versteckten Stellen selbst in den Aufzeichnungen über Hitlers Unterredungen mit ausländischen Staatsmännern, am deutlichsten in seiner Bemerkung zu Antonescu am 11. 2. 1942, die seine unmittelbare Reaktion auf die gerade eintreffende Nachricht von der Einnahme Singapores durch die Japa=ner wiedergibt: es handle sich für ihn um eine „freudige — vielleicht aber auch traurige — Nachricht" (da ein Bollwerk der „germanischen Rasse" in die Hand von „Minderwertigen" gefallen war) (Aufz. des Gesandten Schmidt über die Unterredung Hitler=Antonescu, 11. 2. 1942, Aufz. Füh. 4/1942, in: Akte Schmidt=Aufzeichnungen, Polit. Archiv des AA, Bonn).

auch nicht den strategischen Kern der britischen Entscheidung trafen[55], im Innersten nicht begreifen, warum Großbritannien mit ihm keinen „Ausgleich" suchte. Nachdem alle „normalen" diplomatischen Kontaktversuche und auch der abenteuerliche Weg über den Herzog von Windsor gescheitert waren, suchte er im geheimen nach immer ungewöhnlicheren Mitteln, sein Ziel doch noch zu erreichen. Im September 1940 lagen die Anfänge jenes in seinen Ursprüngen noch nicht voll aufgeklärten, aber durch neuere Untersuchungen[56] doch in der Zielsetzung weitgehend erhellten Planes Heß-Haushofer, nach neuen Kontaktmöglichkeiten in Großbritannien Ausschau zu halten, der später mit dem Flug des „Stellvertreters des Führers" nach Schottland am 10. 5. 1941 sein spektakuläres, ergebnisloses Ende fand[57]. Das Ganze begann mit der Unterredung zwischen Heß und Albrecht Haushofer am 8. 9. 1940, d. h. in der Zeit, als die Luftschlacht um England auf dem Höhepunkt stand[58]. Dieses Treffen, über das Haushofer am 15. 9. ein Aide-mémoire mit der Überschrift „Gibt es noch Möglichkeiten für einen deutsch-englischen Frieden?" verfaßte, wurde von Heß sogleich mit einer Erörterung des für Hitler entscheidenden Problems eingeleitet: „Ich (Haushofer) wurde sofort nach Möglichkeiten einer Übermittlung des ernsten Friedenswunsches Hitlers an führende Persönlichkeiten Englands gefragt. Man[59] sei sich klar darüber, daß die Weiterführung des Krieges selbstmörderisch für die weiße Rasse sei; selbst bei vollem Erfolg in Europa sei Deutschland nicht in der Lage, das Empire-Erbe zu übernehmen. Der Führer habe die Zerschlagung des Empire nicht gewollt und wolle sie auch heute nicht. Ob es denn in England niemand gebe, der zum Frieden bereit sei?" Gewisse, wenn auch äußerst geringe Anknüpfungschancen meinte Haushofer noch bei dem britischen Gesandten in Ungarn O'Malley, bei dem „in Madrid halb kaltgestellten, halb auf der Lauer liegenden" Sir Samuel Hoare und bei dem britischen Botschafter in Washington, Lord Lothian, schließlich, als „letzte Möglichkeit", bei dem „jungen Herzog von Hamilton, der jederzeit Zugang zu allen wichtigen Persönlichkeiten in London habe, auch zu Churchill und zum König"[60], zu sehen. Die Recherchen Haushofers in den folgenden Wochen ergaben, daß alle erstgenannten Möglichkeiten ausfielen, so daß der Weg über den Herzog von Hamilton allein übrig blieb. Haushofer schrieb dem Herzog am 23. 9. einen Brief, in dem er ein Treffen in Lissabon vorschlug. Das Schrei-

55 Vgl. die Darstellung unten S. 214 ff.
56 Vor allem durch den — die früheren Arbeiten zusammenfassenden und die Korrespondenz Heß-Haushofer auswertenden — Bericht von J. Leasor: Botschafter ohne Auftrag. Der Englandflug Rudolf Heß'. Deutsche Ausgabe. Oldenburg (Olbg) 1962.
57 Vgl. unten S. 513 ff.
58 Bericht Haushofers über das Treffen mit Heß am 8. 9. 1940 erstmals veröffentlicht von W. Stubbe: In memoriam Albrecht Haushofer, in: Vierteljahrshefte für Zeitgeschichte 1960, S. 246 ff.; jetzt auch in ADAP D XI, Dok. 61, S. 78 ff., auch bei: Leasor, S. 48 ff.
59 D. h. wohl Hitler und Heß.
60 Stubbe, S. 247; Leasor, S. 52.

ben erreichte den Adressaten tatsächlich[61]; jedoch zweifelte Heß daran, weil keine Antwort erfolgte. Er faßte daraufhin den Entschluß, selbst die Mission zu übernehmen, und begann im Spätherbst 1940 mit Flugvorbereitungen[62]. Wir werden auf die Heß=Mission bei der Erörterung der politisch=strategischen Situation im Frühjahr 1941, in deren Zusammenhang sie gehört, noch näher eingehen[63].

Welche Möglichkeiten aber gab es für Hitler in der Situation des Sommers 1940, Großbritannien auf andere Weise, über eine Demonstration der eigenen Stärke, zum Einlenken zu bewegen?

b) Ablehnung eines langfristigen „totalen" Wirtschaftskrieges

In einer Denkschrift vom 30. 6. 1940[64] hatte General Jodl, der Chef des Wehrmachtführungsamtes und erste operative Berater Hitlers für die Gesamtkriegführung[65], seine Gedanken über die verschiedenen Möglichkeiten einer direkten und indirekten Kriegführung gegen Großbritannien zusammengefaßt, falls sich die britische Regierung nicht zu einem „Ausgleich" mit Hitler bereit finden sollte. Diese Aufzeichnung läßt Grundvorstellungen, bezeichnende Unklarheiten und — nicht zuletzt — die Begrenztheit der politisch=strategischen Sicht der deutschen Obersten Wehrmachtführung in diesem entscheidenden Stadium des Krieges in besonderem Maße erkennen. Da wir im folgenden immer wieder auf die darin aufgeführten Mittel einer deutschen Kriegführung gegen Großbritannien zurückkommen werden, um den Zusammenhang im Auge zu behalten, aus dem heraus allein die verschiedenen Einzelplanungen zu verstehen sind, die von der deutschen Führung neben= und nacheinander in den Wochen und Monaten nach dem Waffenstillstand mit Frankreich erwogen, verworfen und — z. T. in völlig anderer Form, als hier zum ersten Male erwähnt — ausgeführt wurden, ist es sinnvoll, die wichtigsten Teile dieses Memo=

61 Genauer gesagt: eine Fotokopie des Briefes durch einen Abwehroffizier der RAF, allerdings erst Anfang 1941 (Leasor, S. 60).
62 Leasor, S. 62 ff.
63 Vgl. die Darstellung unten S. 614 ff.
64 Erste Veröffentlichung in: IMT, Bd. XXVII, S. 301 ff., Dok. PS=1776. Jetzt leichter zugänglich in: K. Klee: Dokumente zum Unternehmen „Seelöwe", S. 298 ff.
65 Die Zusammenarbeit Hitlers und Jodls in der strategischen Gedankenbildung und in der operativen Planung war in den Jahren 1939 bis 1942 — mit der bemerkenswerten Ausnahme der Vorbereitung des Ostfeldzuges 1940/41 (vgl. hierzu unten S. 222 ff.) — so eng, daß es für den Historiker vielfach schwierig ist, klar zu trennen, welcher Gedanke von Hitler, welcher von Jodl stammte. Eine geschichtswissenschaftliche Arbeit über dieses für die deutsche Kriegführung im Zweiten Weltkrieg zentrale Thema, die dringend notwendig wäre, liegt bisher noch nicht vor. Im ganzen wird man bei aller Betonung der Zusammenarbeit zwischen Hitler und Jodl hervorheben müssen, daß Jodl im Gegensatz zu Hitler Großbritannien als Hauptgegner ansah, daß ihm also die eigentlichen Kriegsziele Hitlers, die Triebkräfte für den Ostkrieg wie die darüber hinaus zielenden Absichten Hitlers, auf Grund seines rein militärischen Denkens fremd blieben. Dies gilt es auch bei allen Äußerungen Jodls zur Planung des Ostfeldzuges zu berücksichtigen (vgl. besonders unten S. 263 f.).

randums im Wortlaut anzuführen. „Wenn politische Mittel nicht zum Ziele führen", so hieß es einleitend[66], „muß der Widerstandswille Englands mit Gewalt gebrochen werden

a) durch den Kampf gegen das englische Mutterland,

b) durch Ausweitung des Krieges an der Peripherie.

Zu a) gibt es drei Möglichkeiten:

1. die ‚Belagerung':

Sie umfaßt den Kampf zur See und aus der Luft gegen jede Ein= und Ausfuhr, den Kampf gegen die englische Luftwaffe und alle wehrwirtschaftlichen Kraft=quellen des Landes;

2. den Terror=Angriff gegen die englischen Bevölkerungszentren[67];

3. die Landung mit dem Ziel, England zu besetzen.

Der deutsche Endsieg auch über England ist nur mehr eine Frage der Zeit. Feindliche Angriffsoperationen größeren Stils sind nicht mehr möglich. Deutsch=land kann also ein Kampfverfahren wählen, das die eigenen Kräfte schont und Risiken vermeidet . . .

Zu b):

Der Kampf gegen das englische Empire kann nur durch oder über Länder ge=führt werden, die am Zerfall des englischen Weltreiches interessiert sind und auf eine ergiebige Erbschaft hoffen. Das sind[68] in erster Linie Italien, Spanien, Ruß=land und Japan. Die Aktivierung dieser Staaten ist Sache der Politik. Die militä=rische Unterstützung Italiens und Spaniens im beschränkten Maße ist mög=lich (z. B. für die Verminung des Suez=Kanals oder für die Wegnahme Gibral=tars). Außerdem kann mit Hilfe der ‚Abwehr' den arabischen Ländern Hilfe geleistet werden.

Am wirksamsten ist eine italienische Angriffsoperation gegen den Suez=Kanal, die in Verbindung mit der Wegnahme Gibraltars das Mittelmeer abschließt"[69].

Die Beschränkung der Sicht auf Großbritannien, die Nichtberücksichtigung eines verstärkten amerikanischen Engagements oder eines möglichen Eingrei=

66 Klee: Dokumente, S. 298 ff.

67 Hitler lehnte in dem von uns behandelten Zeitraum reine Terrorangriffe gegen Bevölkerungszentren Großbritanniens, wie sie Jodl vorschlug, ab. In sämtlichen Phasen des Luftkrieges gegen England 1940/41 führten allein militärische oder wehrwirtschaftliche Zielsetzungen zu der — wechselnden — Schwerpunktbildung bei den Angriffen, wenn auch das in der deutschen Propaganda übersteigert herausgestellte Moment der psychologischen Kriegführung bei der Wahl der Angriffsziele in der Phase der „Vergeltungsangriffe" ab 5./6. 9. 1940 eine Rolle spielte. Diese Feststellung gilt auch für die Angriffe auf London und Coventry, bei denen allerdings durch das Flächenbombardement, zumal in der Nacht, neben den in Aussicht genommenen militärischen und wehrwirtschaftlichen Zielen größere Wohnbezirke betroffen wurden (vgl. die umfassende Darstellung von K. Klee über „Die Luftschlacht um England 1940", in: Entscheidungsschlach=ten des Zweiten Weltkrieges, S. 61 ff.; im folgenden zit.: Klee, Luftschlacht). — Dem hier aufgeführten Gesichtspunkt Jodls braucht daher in unserer Darstellung nicht weiter Rechnung getragen zu werden.

68 Im Original: „ist".

69 Klee: Dokumente, S. 299.

fens der USA in den Krieg und die Außerachtlassung der Frage, welche Hal=tung gegenüber der Sowjetunion von deutscher Seite in dem Falle einzunehmen sei, daß diese ihre politische Position veränderte, seien hier als charakteristische Kennzeichen dieser Denkschrift nur vermerkt. Unter den rein militärischen Ge=sichtspunkten fällt auf, daß bereits in dem Gedanken der „Belagerung" Eng=lands eine bezeichnende Unklarheit lag. Es blieb offen und wurde — von Hitlers begrenzter militärischer Zielsetzung gegenüber Großbritannien zwar durchaus verständlich, in einer Betrachtung des ersten operativen Beraters aber dennoch merkwürdig berührend — auch in der Folgezeit niemals geklärt, ob die unter diesem Stichwort aufgeführten Kampfmaßnahmen ein Eigengewicht haben sollten oder nur, jedenfalls in erster Linie der Vorbereitung einer Landung auf der britischen Insel zu dienen hatten. Aus Jodls Sicht, dem die Seekriegfüh=rung und die Probleme einer strategischen Luftkriegführung ohnehin fern lagen, war zweifellos letzteres der Fall. Die Oberbefehlshaber von Marine und Luftwaffe, die den Landungsplänen skeptisch gegenüberstanden, betrachteten hingegen, jeder dabei von seinem Wehrmachtteil aus denkend, die „Belage=rung" im Sinne eines eigenständigen Kampfes gegen die britischen Zufahrts=wege über See und gegen die Wehrwirtschaft auf der Insel, der unter vollem Kräfteeinsatz mit dem Ziel, den bislang noch gar nicht berührten Nervenstrang des britischen Gegners zu treffen, die Kriegsentscheidung herbeiführen sollte. Jodl teilte indessen mit Hitler und den meisten Heeresbefehlshabern die Auf=fassung, daß der Krieg im Westen nach dem Zusammenbruch Frankreichs im Grunde bereits zu Ende sei und daß auf Großbritannien nur noch ein gewisser Druck, eine Art Machtdemonstration unter starker Einfügung des Moments der psychologischen Kriegführung, ausgeübt werden müsse, damit es zur Ein=sicht in die Aussichtslosigkeit seiner Lage komme und den Widerstand auf=gebe, zumal ihm ja von Deutschland gar keine „Vernichtung" drohte. In Jodls Worten hieß es dementsprechend: „Eine zeitliche Prognose über die Dauer eines solchen Kampfes gegen England ist schwer zu stellen. Da England nicht mehr um den Sieg, sondern nur mehr um die Erhaltung seines Besitzes und seiner Stellung in der Welt kämpft und kämpfen kann, wird es aller Voraus=sicht nach zum Frieden geneigt sein, wenn es erfährt, daß es dieses Ziel relativ billig jetzt noch erreichen kann. Seiner völligen Zertrümmerung (dagegen[70]) wird es sich bis zum bitteren Ende widersetzen"[71].

Gerade weil Hitler letzteres nicht beabsichtigte, sondern — nolens=volens mit militärischen Mitteln — das politische Einlenken Großbritanniens erstrebte, verwarf er die radikale Lösung, die der Befehlshaber der U=Boote, Admiral Dönitz, als das seiner Auffassung nach einzig wirksame Mittel zur Nieder=ringung Großbritanniens bereits seit seinem ersten Vortrag vor Hitler im

70 Zusatz des Verfassers.
71 Klee: Dokumente, S. 300.

Kriege, am 28. 9. 1939[72], diesem in ständiger Wiederholung empfahl: unter Verzicht auf Nebenziele und Prestigeerfolge zu Lande, auf See oder im Luft=krieg alle Anstrengungen auf den U=Boot=Krieg gegen die lebenswichtigen britischen Seeverbindungen im Nordatlantik zu konzentrieren und zu diesem Zweck der U=Boot=Rüstung absoluten Vorrang zu geben, um durch Einsatz einer großen Zahl von Booten (100 ständig im Operationsgebiet) im Wettlauf mit den Schiffsneubauten[73] die Entscheidung gegen den „Hauptgegner" England zu erzwingen[74]. Nachdem nunmehr seit September 1939 fast ein Jahr vergangen – und nach Dönitz' Auffassung für den systematischen Aufbau einer starken U=Boot=Waffe verloren – war, stand Hitler vor dem gleichen Problem, dem er bei Kriegsbeginn in der Hoffnung auf ein Einlenken Groß=

72 KTB des Befehlshabers der U=Boote, 28. 9. 1939 (Abschrift im Besitz des Arbeits=kreises für Wehrforschung Stuttgart). Dönitz' Konzeption spiegelt sich am deut=lichsten in seinem Aufsatz „Die Schlacht im Atlantik in der deutschen Strategie des Zweiten Weltkrieges", in: Marine=Rundschau 1964, S. 63 ff. Darin heißt es an der für seine strategische Konzeption entscheidenden Stelle: „Das Leben Großbritanniens, die Ernährung des britischen Volkes und die Aufrechterhaltung seiner Industrie hängen im Frieden wie im Kriege von der Beherrschung der britischen Einfuhrwege im Atlantik ab. Hierzu kommt im Kriege zusätzlich, daß die Rüstung Großbritanniens für den Krieg nur durch vermehrte Einfuhr von Rohstoffen auf den ‚Rollbahnen des Atlantik' möglich ist. – Aber nicht allein dies: Die Beherrschung des Atlantik war im letzten Kriege die Voraussetzung dafür, daß Großbritannien die Waffenwerkstätten der ganzen übrigen, auch der neutralen, Welt zur Verfügung standen. Nur auf dem Wege über den Atlantik konnten z. B. die unerschöpflichen Kraftquellen der ‚neutralen' Vereinigten Staaten 1940 und 1941 den Engländern zuströmen und Großbritanniens eigenes Kriegspotential erhöhen. – Aber auch als die Vereinigten Staaten in den Krieg eingetreten waren, konnte deren Kraft sich nur durch die Nutzung des Atlantik entfalten: Truppen, Waffen aller Art, Munition, Treibstoff usw. konnten nur auf diesem Wege gegen Deutschland zur Wirkung gebracht werden. – Die Zusammenhänge zeigen, daß das Primäre, die Voraussetzung für alles Kriegs=geschehen für die Anglo=Amerikaner, die Beherrschung dieser Verbindungswege im Atlantik war. Für die Anglo=Amerikaner war daher militärisch der Schutz dieser Wege die Aufgabe erster Wichtigkeit und jeder Angreifer dieser Wege der Feind Nr. 1. – Entsprechend hätte für uns der Angriff auf diese Wege die erste strategische Aufgabe sein müssen. Denn er barg gleichzeitig die Möglich=keit in sich, das Entfalten der Kräfte des Gegners auf dem europäischen Konti=nent einzuschränken oder gar zu verhindern."

73 Dönitz' Überlegungen lassen sich wie folgt zusammenfassen: Da ein vermehrter Nachbau von Schiffen Zeit erforderte, mußte die deutsche Seite so schnell und so viel wie möglich versenken, bevor der anlaufende vermehrte Neubau beim Gegner die Höhe der Versenkungen ausgleichen konnte. Die Zeit=Frage war also entscheidend: Die Zahl der eigenen U=Boote sollte daher so schnell wie möglich erhöht werden. Zudem sollte der Schiffsraum des Gegners dort versenkt werden, wo dies mit größter „Ökonomie" (d. h. größtmöglichen Versenkungszahlen in BRT pro Boot und See=Tag, mit geringstem Zeitaufwand und geringsten Ver=lusten) zu erreichen war: im Nordatlantik von den deutschen Basen in West=frankreich aus.

74 Es hat sich in den Quellen kein Anhaltspunkt dafür finden lassen, ob Hitler bei seiner Ablehnung der Dönitz=Konzeption irgendwie an die verhängnisvolle Fehlkalkulation in der „Berechnung" des zu erwartenden Zusammenbruchs Großbritanniens beim Entschluß zur Eröffnung des „Uneingeschränkten U=Boot=Krieges" 1917 dachte und auch aus diesem Grunde ablehnte, alles auf die Karte eines langfristigen „totalen" U=Boot=Krieges zu setzen.

britanniens nach der Niederwerfung Frankreichs ausgewichen war. So sah Dönitz jetzt selbst bei planmäßiger Steigerung der U=Boot=Bauten die „Aus=hungerung" Englands erst ab Herbstes 1941 für möglich an[75].

Zwar entschloß sich Hitler schon vor Abschluß des Westfeldzuges Mitte Juni 1940, das Rüstungsprogramm der Wehrmacht umzustellen und den Schwer=punkt vom Heer auf das U=Boot=Programm und die Luftrüstung zu legen, auch ließ er — ein einmaliger Vorgang — der Heeresrüstung 130 000 t Stahl zugunsten der beiden anderen Wehrmachtteile entziehen[76], doch wirkte sich diese wohl weniger im Hinblick auf eine längere Fortdauer des Krieges als in Erwartung eines „Ausgleichs" mit Großbritannien im Blick auf die neue see= und luftstrategische Orientierung gegenüber den angelsächsischen Mächten be=fohlene Umrüstung gar nicht erst aus, da bereits Anfang Juli 1940 ein neues Programm aufgestellt wurde, das sich, wie es verklausuliert hieß, „wohl mit der Durchführung obiger Schwerpunktprogramme beschäftigte, zugleich aber auch eine Neuordnung des künftigen Friedensheeres vorsah, und zwar auf der Basis von 120 Divisionen"[77]. Ende Juli 1940 wurde dann angesichts der veränderten Beurteilung der weltpolitischen Situation durch Hitler[78] auch dieses Zwischen=programm bereits wieder aufgehoben und der Schwerpunkt eindeutig auf das Heer zurückverlegt[79]. Einen durchschlagenden Erfolg des U=Boot=Krieges er=wartete Hitler bei seiner grundlegenden Lageanalyse am 31. 7. erst nach einer Dauer von 1—2 Jahren[80]. Dies war von seinen Ziel= und Zeitvorstellungen aus gesehen ein viel zu später Zeitraum.

Als zusätzlicher Grund für die Ablehnung dieser Konzeption kam bei ihm, jedenfalls seit Ende Juli 1940, mit hoher Wahrscheinlichkeit aber auch in der ersten Kriegsphase, die Überlegung, daß eine radikale Abschnürung der briti=schen Zufuhrwege im Atlantik durch eine massive U=Boot=Kriegführung bei der immer engeren Interessenverbindung Großbritannien — USA den ameri=kanischen Kriegseintritt beschleunigen und zu einem Zeitpunkt herbeiführen würde, der den eigenen Interessen im Blick auf die Ostkriegs=Absichten und dem damit verknüpften Ziel, diesen Kriegseintritt nach Möglichkeit überhaupt zu verhindern oder zumindest bis in die Zeit nach der Eroberung des euro=päischen Rußland hinauszuzögern, völlig widersprach[81].

75 KTB Halder, Bd. II, S. 89.
76 Der Entschluß fand in dem Fertigungsprogramm Rü Ia — 4980/40 g. vom 27. 6. 1940 seinen Niederschlag (KTB des WiRüAmtes vom 30. 6. 1940 und „Aktennotiz über die Entwicklung der Rüstungslage im Sommer 1940", 20. 8. 1940, in: KTB OKW, Bd. I, S. 968 f.). In der Besprechung mit Raeder am 21. 5. 1940 hatte Hitler ein solches Umrüstungsprogramm bereits angekündigt (Klee: Dokumente, S. 238).
77 KTB OKW, Bd. I, S. 968 f.
78 Vgl. unten S. 223 ff.
79 KTB OKW, Bd. I, S. 968 f. — Für den größeren Zusammenhang, in dem diese Rüstungsmaßnahmen zu sehen sind, vgl. unten S. 260 ff.
80 KTB Halder, Bd. II, S. 49.
81 Vgl. hierzu die Gedankenführung bei Friedländer, S. 273, der von einer anderen Fragestellung aus zum gleichen Ergebnis kommt.

Hitler blieb, auch nachdem er Mitte September 1940 den Gedanken an eine Invasion Englands aufgegeben hatte[82], dabei, daß kein „totaler" U=Boot=Krieg gegen die britischen Zufuhren geplant und vorbereitet werden sollte, obwohl nun ein längerer Krieg gegen Großbritannien, der eine strategische Gesamt=konzeption auf deutscher Seite erforderte, wahrscheinlich wurde. Hitler sah jedoch aus den gleichen Gründen wie bisher eine Lösung des England=Problems in seinem Sinne nicht in einer forcierten Intensivierung und Radikalisierung des Zufuhrkrieges[82a]. Diesem blieb weiterhin nur eine Ne=benrolle zugewiesen, auch wenn Hitler gelegentlich unter dem Eindruck der Argumentation von Raeder oder Dönitz Weisungen oder Befehle erteilte, die dem Wortlaut nach das Gegenteil besagten.

Wie bisher wurden nur knapp 5% der deutschen Stahlproduktion auf dem Ge=biet der Rüstung dem U=Boot=Bau zur Verfügung gestellt[83]. So änderte sich auch an der U=Boot=Bau=Planung nichts. Statt der bei Kriegsbeginn im Sep=tember 1939 festgelegten, von Dönitz ohnehin schon für einen durchschlagen=den Erfolg im U=Boot=Krieg als viel zu gering angesehenen Zahl von 29 U=Booten[84], die jeden Monat die Werften verlassen sollten — sie wurde im März 1940 auf 25 herabgesetzt —, waren es in der zweiten Hälfte des Jahres 1940 durchschnittlich nur 6 im Monat. Ein Jahr nach Kriegsbeginn, am 1. 9. 1940, war die Zahl der deutschen U=Boote genauso hoch wie im September 1939: 57 Boote. Die Zahl der atlantik=fähigen U=Boote sank sogar bis Februar 1941 von bisher 26 auf 22. So konnte sich der wesentlich erhöhte Wirkungs=grad der Boote, die jetzt von den günstigen Basen an der französischen Atlan=tik=Küste und von Norwegen aus (von Bordeaux bis Drontheim) operierten, im großen nicht geltend machen[85]. Ihre Gesamtzahl war einfach viel zu gering[86].

82 Vgl. unten S. 176 ff.

82a Von britischer Seite (vor allem von Churchill, aber auch in der amtlichen Geschichtsschreibung über den Zweiten Weltkrieg) ist — wie für die Geschichte des Ersten Weltkrieges — (aus der Rückschau dramatisierend) die U=Boot=Gefahr als Hauptbedrohung der britischen Position während des ganzen Krieges dargestellt worden. Dies ist prinzipiell richtig; allerdings wäre es ein Fehlschluß, wenn man folgerte, daß eine frühzeitige forcierte U=Boot=Rüstung im Sinne von Dönitz mit Sicherheit oder mit großer Wahrscheinlichkeit eine Kriegsent=scheidung zu Deutschlands Gunsten herbeigeführt hätte. Jedenfalls kann die Abweisung dieser Konzeption durch Hitler nicht allein als ideologische Vorein=genommenheit, kontinentale Befangenheit oder aus (mißverstandenen) „Welt=kriegs"=Erfahrungen erklärt und als „Fehler" beurteilt werden. Geht man von der kräftemäßigen Einschätzung der angelsächsischen Seemächte einerseits, der Sowjetunion andererseits aus (in der sich Hitler und seine militärischen Berater im wesentlichen einig waren, vgl. unten S. 210 ff.), so ist seine Entscheidung für einen großräumigen kontinentalen „Blitzkrieg" (statt für einen „totalen" U=Boot=Krieg) zumindest „verständlich".

83 Erst im Frühjahr 1943, als Hitler nach innerster Überzeugung nicht mehr mit einem deutschen Sieg rechnete, erhielt der U=Boot=Bau den absoluten rüstungs=mäßigen Vorrang.

84 Der ursprünglich bis zum 31. 12. 1940 befristete U=Boot=Bau=Plan mit der Zahl von 29 pro Monat zu bauenden U=Booten wurde allerdings mit Entscheid vom 17. 8. 1940 auf unbefristete Zeit verlängert (KTB OKW, Bd. I, S. 38). Eine Aus=wirkung hatte dies nicht.

Bemerkenswerterweise befanden sich von Ende Oktober 1940 an einige Wochen lang mehr italienische als deutsche U=Boote im Kampfgebiet des Nordatlantik: gegenüber der Höchstzahl von 30 italienischen Booten durchschnittlich 12–14 deutsche[87]. Zur Verwirklichung des Gedankens des Wehrmachtführungsstabes von Ende August 1940, dem zeitweilig Hitler und auch Großadmiral Raeder zustimmten, eine „gemeinsame deutsch=italienische Seekriegführung" auf den Weltmeeren vorzubereiten, fehlten unter diesen Gegebenheiten alle Voraussetzungen[88].

Die offizielle Bekanntgabe einer Sperrzone im Seegebiet um Großbritannien am 17. 8. 1940, in der alle Schiffe warnungslos versenkt werden sollten, war daher mehr eine Maßnahme der deutschen psychologischen Kriegführung als der Beginn einer neuen Etappe des Seekrieges, da alle militärtechnischen Möglichkeiten für eine „totale Blockade" Großbritanniens, wie sie in der Propaganda angekündigt wurde, auf deutscher Seite fehlten[89]. Die Seekriegsleitung hatte im übrigen in den Vorberatungen vor Verkündung dieser Maßnahme Wert darauf gelegt, daß jeder Anschein, „als ob eine grundsätzliche Änderung in der Art der deutschen Kriegführung – etwa im Sinne ‚uneingeschränkter U=Boot=Krieg' – eingetreten sei", vermieden werden müsse. Politische Komplikationen mit den USA hoffte man dadurch zu umgehen, daß sich das „Operationsgebiet" fast genau mit der von der amerikanischen Regierung verkündeten Kriegszone deckte, deren Befahren amerikanischen Schiffen und amerikanischen Staatsangehörigen untersagt war[90].

Während Dönitz wie Raeder, der Dönitz' Auffassung von der entscheidenden Bedeutung des Zufuhrkrieges in hohem Grade teilte[91], jedoch darüber hinaus eine eigene Gesamtkriegskonzeption entwickelte, die uns noch beschäftigen

85 In seinem Gespräch mit Halder am 5. 9. 1940 zeigte sich Dönitz hinsichtlich der zu erwartenden U=Boot=Neubauten noch optimistisch: „Steigerung bis Frühjahr 1941 auf 120 Boote, Herbst 1941 auf 180" (KTB Halder, Bd. II, S. 89).

86 Einzelheiten über die Kriegführung sowie die Erfolgs= und Verlustzahlen in der zweiten Phase der „Schlacht im Atlantik" (Juli 1940 bis April 1941) bei Rohwer: U=Boot=Krieg, S. 331 ff.

87 Rohwer, S. 332.

88 KTB OKW, Bd. I, S. 56; Besprechungen Hitler=Raeder vom 26. 9. und 27. 12. 1940 (in: Lagevorträge des Ob. d. M.); Warlimont, S. 135.

89 DNB=Erklärung vom 17. 8. 1940 (Domarus, Bd. II, S. 1570).

90 Aufz. des Chefs des Stabes der Skl., Vizeadmiral Fricke, 6. 7. 1940, in: Klee: Dokumente, S. 242 f.

91 Raeders Haltung war jedoch weder so extrem=einseitig auf den U=Boot=Krieg konzentriert, noch blieb sie so unwandelbar konstant wie die Dönitz'. Am stärksten vertrat Raeder die Dönitz'sche These am 14. 11. 1940 – nachdem „Seelöwe" aufgegeben worden war und die „Luftschlacht um England" sich in einen strategischen Luftkrieg gegen die britische Wehrwirtschaft gewandelt hatte. An diesem Tage forderte Raeder unter dem Eindruck der Rede Churchills vom 5. 11. 1940, in der dieser festgestellt hatte, daß die „U=Boot=Gefahr ernster als ständige Luftangriffe" seien, in seinem Vortrag vor Hitler: „Konzentration aller Kräfte der Kriegsmarine und Luftwaffe auf Unterbrechung Zufuhr als operatives Hauptziel der Kriegführung gegen britisches Mutterland" (Klee: Dokumente, S. 268).

wird[92], in Großbritannien den Hauptgegner sahen, den es ihrer Auffassung nach mit allen verfügbaren militärischen Mitteln niederzuringen galt, eine Zielvorstellung, von der sie sich den ganzen Krieg über nicht lösten, da sie ihn als rein militärische Auseinandersetzung, als Fortsetzung der traditionellen Kriege um die Hegemonie in Europa, auffaßten, strebte Hitler zu ganz anderen Zielen, obwohl er sich immer wieder vor die Notwendigkeit gestellt sah, sich mit den Problemen des ihm „aufgezwungenen" Krieges im Westen auseinanderzusetzen und seine eigenen Ziele mit der Strategie im Westkrieg zu verbinden. Etwas überspitzt könnte man sagen, daß bereits seit dem Sommer 1940 die deutsche Kriegführung in zwei nur locker miteinander verbundene Stränge auseinanderzufallen begann. Diese Aufspaltung ergab sich aus der Notwendigkeit, den Seekrieg und in beschränkterem Ausmaß auch den Luftkrieg gegen die britischen Zufuhren und die Wehrwirtschaft der britischen Insel auch dann noch fortzuführen, als der Erfolg der „Belagerung" Englands im großen längst zweifelhaft geworden war und die Entscheidung des Krieges auf ganz andere Weise, durch einen weiträumigen kontinentalen „Blitzkrieg" mit dem Ostfeldzug als Kern, erzwungen werden sollte[93].

Von dieser Voraussetzung aus betrachtet, ist es verständlich, daß der in Ansätzen durchgeführte strategische Luftkrieg gegen das britische Wirtschafts- und Rüstungspotential in der letzten Phase[94] des Luftkrieges gegen England von Mitte Oktober 1940 bis Mitte Mai 1941 (in allmählich immer schwächer werdendem Ausmaß[95]) nicht aus einer klaren, direkt gegen Großbritannien gerichteten strategischen Konzeption erwuchs[96], sondern eine Verlegenheitslösung darstellte, nachdem es in den vorausgegangenen Phasen der „Luftschlacht um England" nicht gelungen war, die angestrebten politischen und militärischen Ziele zu erreichen[97]. Der fortgeführte Luftkrieg gegen die britische Wirtschaft und Rüstung diente vor allem zur Überbrückung der Zeit bis zum Beginn des Ostfeldzuges sowie der Bindung und Abnutzung britischer Kräfte im Mutterland[98].

In der „Weisung Nr. 23" vom 6. 2. 1941[99], in der Hitler in einer seltenen Anwandlung von Selbstkritik, zugleich aber in einer — wohl mehr für die Beein-

92 Vgl. unten S. 188 ff.
93 Vgl. hierzu unten S. 361 ff.
94 Über die vorausgehenden Phasen, die im Zusammenhang mit der Invasionsplanung standen, vgl. unten S. 173 ff.
95 Klee: Luftschlacht, S. 83 ff. Diese Phase begann mit dem bekannten Nachtgroßangriff auf Coventry am 14./15. 11. 1940 und endete mit der Verlegung der meisten Geschwader der Luftwaffe nach dem Osten Mitte Mai 1941. Nur 20 % der Gesamtluftstreitkräfte blieben im Westen. Vgl. dazu unten S. 457.
96 Vgl. hierzu den grundlegenden Befehl des Ob. d. L., Göring, vom 19. 10. 1940, in: KTB OKW, Bd. I, S. 977 ff.
97 Vgl. hierzu die Darstellung unten S. 173 ff.
98 Nur Göring scheint noch gewisse Hoffnungen gehabt zu haben, auf diesem Wege Großbritannien zum Einlenken zwingen zu können (vgl. Klee: Luftschlacht, S. 88).
99 Hubatsch: Hitlers Weisungen, S. 100 ff.

flussung der angesprochenen Befehlshaber von Marine und Luftwaffe gedachten als die eigene Überzeugung wiedergebenden — illusionären Lagebeurteilung eine Bilanz des bisherigen Wirtschaftskrieges zu ziehen versuchte und wortreich neue „Richtlinien für die Kriegführung gegen die englische Wehrwirtschaft" erteilte, wurde schließlich der Schwerpunkt des gleichsam mit der „linken Hand" geführten Wirtschaftskrieges gegen Großbritannien angesichts des bevorstehenden Ostfeldzuges, der das Gros der Luftwaffe band, wieder auf den Seekrieg gelegt. „Im Gegensatz zu unserer früheren Auffassung" — so hieß es — „ist die stärkste Wirkung im Kampf gegen die englische Wehrwirtschaft durch die hohen Verluste an Handelsschiffen durch See- und Luftkrieg eingetreten ... Eine weitere erhebliche Steigerung ist durch den vermehrten Einsatz von U-Booten im Laufe dieses Jahres zu erwarten und kann damit in absehbarer Zeit zum Zusammenbruch der englischen Widerstandskraft führen"[100]. Diese „Weisung" darf über die nach wie vor begrenzte Rolle des Kampfes gegen die britischen Zufuhren im Atlantik, die ihm im Rahmen von Hitlers Gesamtstrategie zugewiesen war, nicht hinwegtäuschen. Der Seekrieg trat vielmehr nach vorübergehender größerer Bedeutung im Frühjahr 1941 in der „Barbarossa"-Zeit wieder stark zurück. Darüber wird im Zusammenhang mit der Darlegung der Situation in der ersten Jahreshälfte 1941 zu handeln sein[101].

Zusammenfassend ist festzuhalten, daß Hitler im Sommer 1940 einen „totalen" Krieg gegen die britischen Zufuhren und die britische Wehrwirtschaft ablehnte, weil ein solcher seinen politischen Zielen gegenüber Großbritannien widersprach, weil ein durchschlagender Erfolg mit den vorhandenen, sehr begrenzten Kräften (U-Boote, Luftwaffe) in absehbarer Zeit (das hieß für Hitler innerhalb eines Jahres) nicht zu erreichen war — Dönitz selbst sah ja eine Möglichkeit zur „Aushungerung" Englands bei voller Entfaltung des U-Boot-Rüstungsprogramms erst ab Herbst 1941 für gegeben an[102] — und weil eine Radikalisierung des U-Boot-Krieges statt der erstrebten raschen Entscheidung gegenüber Großbritannien eine Ausweitung des Krieges im Westen durch ein verstärktes Engagement, möglicherweise einen Kriegseintritt der USA herbeizuführen drohte[102a]. Dies zu verhindern oder wenigstens so weit wie möglich hinauszuschieben wurde aber gerade seit Ende Juli 1940 das Hauptziel aller politischen und strategischen Erwägungen und Planungen Hitlers.

100 Dabei hatte Hitler bereits am 14. 11. 1940 gegenüber Raeder zugegeben, daß die „Angriffe der Luftwaffe nicht die erwarteten Erfolge gebracht haben, weder an Land ... noch bei Geleitzügen" (Klee: Dokumente, S. 269).

101 Vgl. die Darstellung unten S. 447 ff.

102 Vgl. oben S. 161.

102a Diese drei Gründe, die Hitlers Ablehnung des „totalen" U-Boot-Krieges gegen die britischen Zufuhren — in historischer Sicht — verständlich machen, liegen nicht auf der gleichen Ebene, ergänzen sich auch nicht „sachlogisch". Es handelt sich vielmehr um drei Überlegungen, die von ganz verschiedenen Ausgangspunkten her im Endeffekt zum gleichen Ergebnis führen.

c) Invasionsplan voller Vorbehalte

Als wirksamstes militärisches Mittel zur Lösung des England=Problems, das eine schnelle Kriegsentscheidung herbeigeführt hätte, zumal das britische Heer nach dem Verlust seiner Ausrüstung beim Rückzug aus Dünkirchen zu einer nachhaltigen Verteidigung bei einer gelungenen Landung deutscher Kräfte auf der britischen Insel nicht fähig war[103], schien sich eine Invasion Großbritanniens anzubieten, nachdem mit der Beherrschung der Atlantik=Küste von Nordnorwegen bis zur Biscaya und mit der Gewinnung der französischen Kanalküste als Absprungbasis die wesentlichen militärgeographischen Voraussetzungen hierfür gegeben waren. So sahen es jedenfalls damals viele zeitgenössische Betrachter und so urteilten später – ohne genaue Kenntnis der Kräfteverhältnisse zur See und in der Luft und der militärtechnischen Möglichkeiten auf der deutschen Seite, vor allem aber auch der großen politischen Ziele Hitlers – manche Kriegshistoriker[104]. In der Tat wurde zumindest der Versuch einer deutschen Invasion der britischen Insel auch von der Regierung Churchill und den britischen Stabschefs im Spätsommer 1940 erwartet. Sie ließen daher eine ganze Reihe improvisierter Abwehrmaßnahmen ergreifen[105], die allerdings z. T. wohl mehr auf eine psychologische Wirkung zielten, also den Kampfes= und Durchhaltewillen der britischen Bevölkerung stärken sollten, als einem militärischen Effekt dienten.

Aus welchen politischen oder militärischen Gründen beschritt Hitler dennoch nicht den Weg, über eine Invasion Englands einen schnellen Abschluß des Krieges im Westen zu erzwingen? Strebte er überhaupt ernsthaft eine Landung an – schon Jodl führte sie ja in seiner Denkschrift vom 30. 6. 1940 nur an letzter Stelle an[106] –, oder handelte es sich bei der Operation „Seelöwe" nur um eine großangelegte Maßnahme der psychologischen Kriegführung mit dem Ziel, Großbritannien durch die Drohung mit einer Landung zum politischen Einlenken zu bewegen? Diese Fragen sind in der wissenschaftlichen Diskussion der letzten Jahre eingehend erörtert worden[107], nachdem in zwei gründlichen, auf breiter Quellenbasis beruhenden Studien[108] alle wesentlichen Einzel=

103 Ende August 1940 schätzte die Abt. „Fremde Heere West" des Generalstabes des Heeres die britischen Streitkräfte im Mutterland auf 35 Divisionen, von denen sie etwa die Hälfte für voll verwendungsfähig ansah. Tatsächlich verfügte das britische Heimatheer nur über insgesamt 26 Divisionen (Einzelheiten u. a. bei Churchill, Bd. II/1, S. 350 f.).

104 U. a. J. F. C. Fuller: The Second World War. London ³1954, S. 83 ff.; B. H. Liddell Hart: Jetzt dürfen sie reden. Stuttgart ²1950, S. 251 ff.; G. Buchheit: Hitler der Feldherr. Rastatt 1958, S. 119 ff.

105 B. Collier: The Defence of the United Kingdom. London 1957, besonders S. 175 ff.

106 Vgl. oben S. 157 f.

107 Im Anschluß an das Erscheinen des Werkes von R. Wheatley: Operation „Seelöwe", in der „Frankfurter Allgemeinen Zeitung" mit Beiträgen von P. E. Schramm (20. 5. 1958), R. Wheatley (1. 7. 1958) und K. Assmann (23. 7. 1958).

heiten der Vorbereitung und schließlich der sich in Etappen vollziehenden Zurücknahme der militärischen Maßnahmen sowie zum Teil auch bereits die großen politischen und strategischen Zusammenhänge, in denen das Unternehmen „Seelöwe" zu sehen ist, geklärt waren und eine weitere umfangreiche Arbeit das Thema unter Einbeziehung und Betonung des psychologischen Moments bei Hitler behandelte[109].

Wir richten im folgenden unser Hauptaugenmerk – unter Verzicht auf eine gedrängte Darstellung der bekannten Vorgänge, soweit nicht einzelne „Fakten" für unseren Problemzusammenhang von Bedeutung sind – auf die Frage, welche Rolle das Unternehmen „Seelöwe" im Rahmen von Hitlers Gesamtstrategie im Spätsommer 1940 spielte, sodann darauf, wieweit seine Entscheidung von Mitte September 1940, auf die Durchführung der Landung zu verzichten, der realen Situation entsprach, d. h. eine sinnvolle Folgerung aus dem Kräfteverhältnis beider Seiten darstellte und somit sachgerecht war, oder allein aus Hitlers axiomatischer England= und Rußland=Politik und seiner Ostkriegskonzeption zu verstehen ist.

Daß Hitler der Gedanke einer etwa notwendig werdenden Landung in England nicht nur von seiner politischen Grundeinstellung, sondern auch von den an den Erfolg der Westoffensive geknüpften Erwartungen her bis Juni 1940 völlig fern lag, stellten wir bereits fest[110]. Wenn eine Invasion Englands nun im Sommer 1940 für ihn doch in den Bereich des Möglichen trat, so stellte sie für ihn in jedem Falle lediglich eine Operation aus rein militärischen Gründen dar, über deren Zweckmäßigkeit sachlich zu entscheiden war, wobei es sich allerdings um ein Unternehmen handelte, das ihn von seinen eigentlichen Kriegszielen wegführte. Einziges strategisches Ziel eines solchen Unternehmens konnte es sein, England als kriegführende Macht gegen Deutschland auszuschalten. Gerade ein Gelingen der Landungsoperation warf aber für Hitler zwei Probleme auf: politisch die Möglichkeit eines Zerfalls des britischen „Empire", dessen „Erbschaft" in Übersee dann nur andere Mächte antreten würden[111], und militärisch, daß die britische Regierung mit amerikanischer Unterstützung den Krieg von nordamerikanischen Basen (Kanada) und vorgeschobenen Insel=Stützpunkten aus fortführte[112], so daß ein wirkliches Ende des Westkrieges nicht eintrat, sich vielmehr ein Krieg gegen die angelsächsischen Seemächte von unabsehbarer Dauer entwickelte, mochte sich die Lage

108 K. Klee: Das Unternehmen „Seelöwe", Göttingen 1958, und R. Wheatley: Operation Sea Lion. Oxford 1958; ferner auch K. Assmann: Deutsche Schicksalsjahre. Wiesbaden 1951, S. 165 ff. – Zur übrigen umfangreichen Literatur vgl. den Bericht von J. Röseler: Die deutschen Pläne für eine Landung in England und die Luftschlacht um England, in: Jahresbibliographie 1962 der Bibliothek für Zeitgeschichte Stuttgart, Frankfurt a. M. 1964, S. 541 ff.

109 W. Ansel: Hitler Confronts England, a. a. O.

110 Vgl. oben S. 144.

111 KTB Halder, Bd. II, S. 21 (13. 7. 1940). Vgl. oben S. 155.

112 So wie es Churchill in seiner Unterhausrede am 4. 6. 1940 angedeutet hatte (vgl. oben S. 83 f.).

in Europa auch zu seinen Gunsten geklärt haben[113]. Von Hitlers Standpunkt aus blieb daher eine Invasion ein problematisches Unternehmen mit ungewissen, jedenfalls den eigenen Interessen nicht dienenden politischen und militärischen Folgen.

Zum erstenmal überhaupt wurde Hitler am 21. 5. 1940, noch während des Ablaufs der ersten Phase des Westfeldzuges, dem Problem einer Landung in England konfrontiert, als Großadmiral Raeder ihm aus eigener Initiative über die seit November 1939 von der Seekriegsleitung bearbeitete Studie über Invasionsmöglichkeiten berichtete[114]. Irgendeine Stellungnahme Hitlers hierzu ist aus der äußerst knappen Notiz in der Niederschrift Raeders über diesen Vortrag nicht zu ersehen. In der folgenden Besprechung mit Hitler kurz vor dem Waffenstillstand mit Frankreich, am 20. 6., traf dann Raeder bereits die militärtechnisch entscheidende einschränkende Feststellung: „Luftherrschaft ist Vorbedingung für Landung[115]." Diese Forderung ergab sich aus der Schwäche der deutschen Kriegsmarine, die – noch dazu nach den schweren Verlusten bei der Norwegen-Unternehmung[116] – keinen ausreichenden Schutz für die Invasionstransportflotte bei dem mit Sicherheit zu erwartenden Angriff der weit überlegenen britischen Heimatflotte[117] bieten konnte. Wie sich später noch herausstellte, mangelte es auch an Transportraum und seegängigen Landefahrzeugen für die

113 Vgl. hierzu ADAP D X, Dok. 195: Thomsen und v. Boetticher (Botschaft in Washington) an das AA, 20. 7. 1940, S. 209. Die deutschen Vertreter in Washington wiesen in diesem — Roosevelts Rede vom 19. 7. analysierenden (hierzu eingehender unten S. 199) — wichtigen Telegramm darauf hin, daß, „falls England zusammenbricht, ... die Drahtzieher hoffen, daß es gelingen wird, die englische Flotte zu retten, damit sie, zunächst nach Kanada gehend und sich auf Häfen der Vereinigten Staaten stützend, weitere Möglichkeiten zur Fortführung des Krieges solange schaffe, bis die Rüstungen der Vereinigten Staaten voll angelaufen sind. Eine solche, den Weisungen des Judentums folgende Politik hat der bisherige, uns vielfach nahestehende Kriegsminister Woodring abgelehnt" (Es folgen dann Bemerkungen, daß sein Nachfolger Stimson mit dem Kurs Roosevelts und der „Drahtzieher" übereinstimme).

114 Klee: Dokumente, S. 238 f.

115 Klee: Dokumente, S. 239 f.

116 Auf deutscher Seite waren während der Vorbereitungen zu „Seelöwe" und bei dem schließlich auf Mitte September 1940 angesetzten möglichen Landetermin nur einsatzfähig: 1 Schwerer Kreuzer („Hipper"), 3 Leichte Kreuzer (darunter die veraltete „Emden"), 8 Zerstörer, 26 U-Boote, 40–50 Torpedo- und Schnellboote. — Die beiden einzigen deutschen Schlachtschiffe sowie weitere Einheiten waren durch schwere Beschädigungen während der Norwegen-Unternehmung für einige Monate, d. h. gerade für die entscheidende Zeit des möglichen Invasions-Unternehmens, ausgefallen.

117 Die britischen Seestreitkräfte, die zur Abwehr einer Invasion bereitstanden, umfaßten 5 Schlachtschiffe, 11 Schwere und Leichte Kreuzer und zahlreiche kleinere Einheiten, darunter allein eine schnelle Eingreifgruppe in Sheerness und Harwich mit 30 Zerstörern und mehreren Korvetten (D. Grinnell-Milne: The Silent Victory. September 1940. London 1958, S. 106 f.). — Am 13. 9. 1940 verlegte die britische Seekriegsleitung den Kern der „Home Fleet", den Schlachtkreuzer „Hood", die Schlachtschiffe „Nelson" und „Rodney", 2 Kreuzer und 8 Zerstörer von Scapa Flow nach Rosyth, um bei einem Invasionsversuch diesen Verband rascher in den Kanal entsenden zu können.

etwa 15 Heeres=Divisionen der ersten Landungswelle[118], so daß sich Anfang September 1940 nur eine äußerst primitive Invasions=„Armada" in den Ab=sprunghäfen sammelte[119]. Es ist daher bei Beantwortung der Frage, wie Hitlers Verzicht auf die Invasion Englands zu verstehen und zu beurteilen ist, grund=legend festzustellen, daß allein schon vom Kräfteverhältnis zur See her, von der noch zu erörternden Frage der Luftherrschaft ganz abgesehen, eine deutsche Invasion der britischen Insel im Spätsommer 1940 nach menschlicher Voraus=sicht keine Chance des Gelingens hatte[120]. Ein Verzicht auf eine Landung war daher — objektiv gesehen — eine der Sachlage angemessene Entscheidung. Hat Hitler dies so klar gesehen und dementsprechend gehandelt? Oder liegen die Dinge, von ihm aus betrachtet, nicht etwas anders?

Nachdem General Jodl bereits in seiner Denkschrift vom 30. 6. 1940[121] bei einer Aufzählung der Möglichkeiten zur Fortführung des Krieges gegen Eng=land eine Landung als „ultima ratio", als Todesstoß für ein bereits kaum mehr „aktionsfähiges England", bezeichnet hatte, „entschied" Hitler mit der OKW=Weisung vom 2. 7. 1940[122], daß nur „unter bestimmten Voraussetzungen, de=ren wichtigste (es sei), die Luftherrschaft zu erringen, . . . eine Landung in Eng=land in Frage kommen" könne, deren Zeitpunkt „vorläufig offen bleibe". Beim Vortrag Raeders am 11. 7. war Hitler mit ihm einer Meinung, daß eine „Lan=dung in England nur das letzte Mittel (sei), um England friedensbereit zu machen"[123]. Die „Führer=Weisung" Nr. 16 vom 16. 7. „über die Vorbereitun=gen eines Landungsunternehmens gegen England[124]" stellte dann zwar inso=fern einen Fortschritt gegenüber der ungewöhnlich vagen bisherigen Befehls=gebung dar (die der Unsicherheit Hitlers gegenüber einer politischen und mili=tärischen Situation entsprang, die er überhaupt nicht vorausgesehen hatte[125]), als die „Vorbereitungen für die Gesamtoperation" von allen drei Wehrmacht=teilen nunmehr tatsächlich einzuleiten waren und „bis Mitte August abge=schlossen" sein sollten. Schon die Einleitung dieser Weisung ließ aber die

118 Über die Heeresplanungen ausführlich Klee: „Seelöwe", S. 153 ff.

119 Hinzuweisen ist vor allem auf die große Langsamkeit und Schwerfälligkeit, mit der sich diese „Armada" über den Kanal zur britischen Küste hin bewegt hätte. — Insgesamt wurden in den Häfen zwischen Antwerpen und Le Havre 155 Trans=porter (ca. 700 000 BRT), 1 277 Prähme und Leichter, 471 Schlepper und 1 161 Motorboote zusammengezogen. Bis zum 21. 9. 1940 wurden davon durch britische Luftangriffe auf die Absprunghäfen 9 Dampfer, 51 Prähme und 1 Schlepper vernichtet. Diese Verluste waren für die Absage des Unternehmens nicht bestimmend.

120 Die eingehendste militärische Analyse, die zu dem überzeugenden Ergebnis kommt, daß ein Gelingen der Invasion im September 1940 so gut wie ausge=schlossen war (soweit es auf Grund einer nachträglichen „Berechnung" über=haupt möglich ist, eine solche Frage zu beantworten), unternimmt Ansel, a. a. O.

121 Klee: Dokumente, S. 298 ff. — Zu dieser Denkschrift eingehender oben S. 157 ff.; vgl. auch unten S. 178 ff.

122 Klee: Dokumente, S. 301 ff.

123 Ebda., S. 240 ff.

124 Hubatsch: Hitlers Weisungen, S. 61 ff.

125 Vgl. oben S. 144.

inneren Vorbehalte und Zweifel Hitlers über den Wert eines solchen Unternehmens durchscheinen: „Da England trotz seiner militärisch aussichtslosen Lage noch keine Anzeichen einer Verständigungsbereitschaft zu erkennen gibt, habe ich mich entschlossen, eine Landungsoperation gegen England vorzubereiten und, wenn nötig, durchzuführen. Zweck dieser Operation ist es, das englische Mutterland als Basis für die Fortführung des Krieges gegen Deutschland[126] auszuschalten und, wenn es erforderlich werden sollte, in vollem Umfang zu besetzen."

Drei Tage später, im Anschluß an seine Reichstagsrede vom 19. 7. gab Hitler Generalfeldmarschall v. Rundstedt, der als Oberbefehlshaber der Heeresgruppe A die Führung der Invasionsarmee innehaben sollte, zu verstehen, daß er die Landungsvorbereitungen — der eben erlassenen Weisung zum Trotz — nur als ein Scheinmanöver betrachte, das der psychologischen Beeinflussung Großbritanniens diene[127]. Angesichts des von uns bereits früher erwähnten Vertrauensverhältnisses zwischen Hitler und v. Rundstedt in dieser Zeit[128] kommt dieser Mitteilung besonderer Wert zu; allerdings muß bezweifelt werden, ob Hitler in den folgenden Wochen alle weiteren Stadien der Planung und Vorbereitung des Unternehmens „Seelöwe" allein unter diesem für ihn sicher stets bedeutsamen Gesichtspunkt[129] gesehen hat, der Mitte Juli wohl für ihn der bestimmende war, da er zu dieser Zeit, wenn auch mit schwankender Zuversicht, immer noch auf ein Einlenken Großbritanniens, ohne daß größere eigene militärische Anstrengungen notwendig würden, war-

126 Diese — auch in späteren Befehlen wiederholte — Wendung weist auf das von uns schon erwähnte Dilemma hin, daß selbst eine gelungene Invasion und eine vollständige Besetzung der britischen Insel noch nicht mit Sicherheit das Ende des Krieges im Westen mit sich brachte, sondern zumindest mit der Möglichkeit zu rechnen war, daß von der nordamerikanischen Basis (Kanada u. a.) vor allem der Seekrieg weiterging. Daher war ein durch kleinere militärische Schläge herbeigeführter „Ausgleich" mit Großbritannien, den Hitler aus grundsätzlichen Erwägungen erstrebte, auch aus strategischen Gründen in jedem Falle vorzuziehen (vgl. hierzu auch Anm. 113, S. 168).

127 Mitteilung v. Rundstedts an P. E. Schramm in Nürnberg 1946 (angeführt von P. E. Schramm in seinem Diskussionsbeitrag in der „Frankfurter Allgemeinen Zeitung" vom 20. 5. 1958). — Auch der Chef des Generalstabes der Heeresgruppe A, General v. Sodenstern, vertrat, gestützt auf die seinerzeitige Mitteilung v. Rundstedts an ihn, gegenüber K. Klee in Gesprächen am 13. 4. und 17. 7. 1954 diese Auffassung (Klee: „Seelöwe", S. 244). Zur Skepsis v. Rundstedts hinsichtlich der Ensthaftigkeit von „Seelöwe" vgl. auch Ansel, S. 256; ferner den Bericht des Generals Blumentritt (Militärgeschichtliches Forschungsamt Freiburg i. Br., Signatur III M (A) 44): Danach unterrichtete v. Rundstedt sogleich nach seiner Rückkehr aus Berlin in seinem Stabsquartier in Saint-Germain seinen Chef des Generalstabes (v. Sodenstern) und seinen Ia (Blumentritt) davon, daß Hitler nicht beabsichtige, die Operation „Seelöwe" tatsächlich durchzuführen. Die Folge davon sei gewesen, daß im Stabe v. Rundstedts „schon im Juli" niemand ernsthaft an „Seelöwe" geglaubt habe. v. Rundstedt habe auch an keiner Übung für „Seelöwe" teilgenommen.

128 Vgl. oben S. 145.

129 Vgl. hierzu besonders die OKW-Weisung vom 7. 8. 1940 betr. Feindtäuschung bei Klee: Dokumente, S. 339 f. — Der Tenor der Weisung legt die Ernsthaftigkeit der Landungsabsicht Hitlers zu diesem Zeitpunkt nahe.

tete[130]. Wir vertreten vielmehr auf Grund der Fülle des vorliegenden Quellenmaterials die Auffassung, daß Hitler in der Zeit von Ende Juli bis Mitte September 1940, wenn auch nicht wie bei anderen Planungen vorwärtsdrängend, sondern die vorbereitenden Maßnahmen den Wehrmachtteilen unter Verzicht auf eine Koordinierung[131] überlassend, die tatsächliche Durchführung des Unternehmens ernsthaft in seine strategischen Kalkulationen einbezog, allerdings seit Ende August/Anfang September mit sichtlich abnehmendem Interesse. Statt des klaren Inhalts der Denkschrift der Seekriegsleitung vom 29. 7.[132], die in die Konsequenz mündete, daß eine Durchführung des Unternehmens „noch in diesem Jahr ... nicht zu verantworten sei“, die „Möglichkeit der Durchführung überhaupt ... höchst zweifelhaft“ erscheine und eine Landung allenfalls unter bestimmten Voraussetzungen „ab Mai 1941“ in Frage komme, erfuhr nämlich Hitler durch den Vortrag des Großadmirals Raeder am 31. 7.[133] nur in abgeschwächter und recht allgemein gehaltener Form von den Schwierigkeiten mannigfacher Art, die sich der Durchführung des Unternehmens aus dem Blickwinkel der Marine entgegenstellten. Raeder bezeichnete eine Durchführung der Landung Mitte September 1940 immerhin als möglich, wenn er sie auch von den Ergebnissen der vorbereitenden Luftoffensive gegen England abhängig machte. Er faßte schließlich die von Hitler in dieser Besprechung getroffene Entscheidung in seiner Niederschrift wie folgt zusammen[133]: „15. 9. 1940 soll als Termin zugrunde gelegt werden; das Heer soll dann klar sein. Die Entscheidung, ob Durchführung im September erfolgt oder auf Mai 1941 zurückzustellen ist, erfolgt, nachdem Luftwaffe acht Tage lang verschärfte Angriffe auf Süd-England ausgeführt hat ... Ist die Wirkung der Luftangriffe so, daß feindliche Luftwaffe, Häfen und Seestreitkräfte usw. stark zerschlagen werden, soll ‚Seelöwe‘ 1940 durchgeführt werden, anderenfalls Verschiebung auf Mai 1941.“ Auch aus den Notizen Halders über die gleiche Besprechung[134] ist zu entnehmen, daß Hitler die Durchführung der Landung als eine ernsthafte Möglichkeit für Mitte September 1940 in Rechnung stellte. Zu diesem Zeitpunkt sollte dann auf Grund der Ergebnisse der Luftangriffe die Entscheidung

130 Vgl. oben S. 152 ff.

131 Dieses „Faktum“ diente in der Diskussion mitunter als Beleg für den Zweifel an der Ernsthaftigkeit der Planung. Die mangelnde Koordinierung scheint uns aber eher auf die Unfähigkeit Hitlers zu einer komplizierten — übrigens auch der deutschen militärischen Tradition fremden — „amphibischen“ oder gar „triphibischen“ Planung und Organisation hinzudeuten. Die Notwendigkeit zu Koordinierung und Kooperation widersprach Hitlers Vorstellung von Befehlsgebung und einsträhnigem „Führerprinzip“. Auch sah sich Hitler einfach als „Feldherr“ in einem Landkrieg, in dem die Luftwaffe nur eine dienende Rolle spielte (vgl. auch unten S. 174 f.).

132 Klee: Dokumente, S. 315 ff.

133 Aufz. Raeders über seine Besprechung mit Hitler am 31. 7. 1940, in: Klee: Dokumente, S. 253 ff.

133a Klee: Dokumente, S. 256.

134 KTB Halder, Bd. II, S. 46 ff.

fallen. Bis dahin blieb also offen, ob das Unternehmen „Seelöwe" tatsächlich durchgeführt würde[135].

Das in diesen Wochen gegenüber Mitte Juli lebhaftere Interesse Hitlers an dem Invasionsunternehmen hing zweifellos damit zusammen, daß der in jenen Tagen (zwischen dem 21. und 29. 7.) von ihm für den Herbst 1940 erwogene Feldzug gegen die Sowjetunion sich nach den begründeten Darlegungen einer Denkschrift des Chefs OKW und des Chefs des Wehrmachtführungsamtes als undurchführbar herausgestellt hatte und andererseits das nun von Hitler sehr ernst genommene, aber seiner Auffassung nach erst zu einem späteren Zeitpunkt (1941/42) drohende volle Kriegsengagement der USA durch eine zurückhaltende Kriegführung gegen die britische Insel kaum mehr in einem für ihn positiven Sinne beeinflußt werden konnte[136]. Daher konnte, von der Ende Juli entwickelten neuen Gesamtkriegskonzeption Hitlers aus[137], Mitte September 1940 durchaus eine Invasion der britischen Insel durchgeführt werden, falls es dann noch seinen allgemeinen Überlegungen (vor allem mit Blick auf die USA) und den militärtechnischen Möglichkeiten auf der deutschen Seite entsprach.

Die auf den Entschluß vom 31. 7. folgenden Auseinandersetzungen zwischen Marine- und Heeresführung über die erforderliche oder mögliche Breite des Invasionsraumes in Süd-England und die Vorbereitungen beider Wehrmachtteile auf das Unternehmen können wir hier übergehen, da sie schon wiederholt ausführlich dargestellt wurden[138]. Auch die verschiedenen Etappen der am 13. 8. beginnenden Luftoffensive mit ihren unterschiedlichen Erfolgen sind durch eingehende Untersuchungen weitgehend geklärt[139]; allerdings fehlt für den entscheidenden Zielwechsel der Luftangriffe Anfang September, mit dem praktisch der Übergang von der Invasionsvorbereitung zum Versuch eines strategischen Luftkrieges vollzogen wurde, eine quellenmäßig faßbare, befriedigende Erklärung, sofern man nicht die Rückkehr Hitlers zu seiner alten Konzeption, Großbritannien durch militärische Schläge, möglichst ohne eine Invasion mit all ihrer politischen, strategischen und militärtechnischen Problematik, zu einem „Ausgleich" mit ihm geneigt zu machen, als ausreichende Be-

135 Vgl. hierzu auch die OKW-Weisung vom 16. 8. 1940 (Klee: Dokumente, S. 356 f.), in der es hieß: „Der Führer hat am 15. 8. entschieden: a) Das Unternehmen ‚Seelöwe' ist weiterhin für den 15. 9. vorzubereiten ... Die Entscheidung über die Durchführung bleibt bis zur weiteren Klärung der Gesamtlage vorbehalten." — Am Tage davor (15. 8.) hatte Jodl unter den Möglichkeiten, England „auf die Knie zu zwingen", übrigens erstmals den strategischen Luftkrieg an erster Stelle genannt (KTB OKW, Bd. I, S. 31).

136 Vgl. hierzu die Darstellung unten S. 199 f. und S. 223 ff.

137 Hierzu unten S. 223 ff.

138 Vgl. dazu vor allem Klee: „Seelöwe", S. 91 ff., und Wheatley, S. 81 ff.

139 Vgl. hierzu zusammenfassend Klee: Die Luftschlacht um England 1940, S. 61 ff.; im übrigen auch die Zahlentabelle in: KTB Halder, Bd. II, S. 81 f. (30. 8. 1940), die die Stärkeverhältnisse bei der deutschen und britischen Luftwaffe wiedergibt. In die Zusammenstellung sind auch die Ziffern der britischen Flugzeugproduktion und die Flugzeugbestellungen aus den USA einbezogen.

gründung ansieht. Wir neigen zu dieser Auffassung vor allem deshalb, weil Hitler durch die veränderte Beurteilung der USA ab Mitte August erneut seine politisch=strategische Gesamtkonzeption änderte[140]. Nun erschien ihm ein schnelleres volles Engagement der USA zugunsten Englands im Falle einer deutschen Invasion doch möglich.

Man wird bei einer *militärischen* Erklärung davon ausgehen müssen, daß von vornherein keine wirkliche Koordinierung der Luftkriegführung mit den Landungsvorbereitungen der beiden anderen Wehrmachtteile stattfand. Göring, der den Invasionsplänen skeptisch gegenüberstand, betrachtete schon von Anfang an die Luftwaffenoperationen unter dem Gesichtspunkt des strategischen Luftkrieges mit dem Ziel, Großbritannien allein durch die Luftangriffe friedensbereit zu machen[141], obwohl ihm aus dem Ergebnis der Studien des Luftwaffenführungsstabes 1938/39 bekannt war, daß die deutsche Luftwaffe hierfür nicht geeignet war[142]. Immerhin stand die erste Phase des verschärften Luftkrieges von Mitte August bis Anfang September nach der Wahl der Angriffsziele und der Art der Kampfführung noch in einem recht engen Zusammenhang mit den Landungsvorbereitungen. Dies änderte sich jedoch, als Hitler kurz vor dem 1. 9. — unter dem Eindruck des ersten größeren britischen Luftangriffs auf Berlin (28./29. 8.[143]) und nach der Meldung Raeders vom 30. 8., daß die Vorbereitungen der Marine für „Seelöwe" nicht bis zum 15. 9., sondern frühestens am 20. 9. abgeschlossen sein könnten — dem Drängen Görings auf Freigabe von Luftangriffen auf militärische und wehrwirtschaftliche Ziele im Großraum von London stattgab. Mit den am 5./6. 9. beginnenden, bis zum 15. 9. in steigender Heftigkeit geführten Angriffen auf London, auf die sich die Luftwaffe unter weitgehendem Verzicht auf andere Ziele immer stärker konzentrierte[144], verlor die Luftoffensive, auch wenn man die Absicht, die englische Jagdwaffe im Großraum um London zum Kampf zu zwingen, dem sie an anderen Plätzen auszuweichen begann, als Beitrag für die Unterstützung der Landeoperation anerkennt, die unmittelbare Verbindung mit den Inva=

140 Vgl. dazu den oben S. 172, Anm. 135, zitierten Passus der OKW=Weisung vom 16. 8. 1940; im übrigen unten S. 199 ff. und S. 237 ff.

141 Klee: Luftschlacht, S. 87 f. — Vgl. auch den Hinweis in der Zusammenstellung Jodls vom 15. 8., zwei Tage nach Beginn des verschärften Luftkrieges (oben Anm. 135, S. 172).

142 Vgl. oben S. 39.

143 Die Motive Hitlers für diesen Entschluß sind mit dem Hinweis auf den britischen Luftangriff auf Berlin sicher nicht zureichend erfaßt. Es haben sich jedoch keine weiteren Anhaltspunkte in den verfügbaren Quellen finden lassen. — Erster Hinweis dafür, daß Hitler auf die Linie der Vorschläge Görings einschwenkte, im Bericht des Ob. d. L. vom 1. 9. 1940, den Klee: Luftschlacht, S. 80, zitiert. — Klee selbst gibt die — uns nicht recht einleuchtende — Deutung, Hitler habe im August die Überzeugung gewonnen, daß die unnachgiebige Haltung Englands, auf dessen Einlenken — auch ohne stärkere deutsche Schläge — er bis in diesen Monat hinein immer noch gehofft hatte, nunmehr durch stärkere deutsche Schläge geändert werden müsse; daher habe Hitler nun die Genehmigung zu schwereren Angriffen erteilt (ebda., S. 80).

144 Einzelheiten bei Klee: Luftschlacht, S. 81 ff.

sionsvorbereitungen von Heer und Marine, die gerade in diesen Tagen abgeschlossen wurden. Insbesondere fällt auf, daß überhaupt kein Versuch unternommen wurde, die britische Heimatflotte, vor allem die in Sheerness und Harwich zusammengezogene schnelle Eingreifgruppe, durch Bombenangriffe zu lähmen[145]. Allerdings ist dabei zu berücksichtigen, daß der Jagdschutz über den Liegeplätzen der britischen Heimatflotte von den nahe gelegenen Luftstützpunkten aus so dicht gehalten werden konnte, daß Luftangriffe auf die Flotte vor einem völligen Niederkämpfen der britischen Jagdwaffe außerordentlich schwierig waren.

Görings Hoffnung, durch eine Serie von Luftangriffen auf London Großbritannien friedensbereit machen zu können, übertrug sich jetzt auch auf Hitler[146], während er noch am 31. 7. von einer strategischen Luftkriegführung keine schnelle Wirkung erwartet hatte. Nun schien die so erfolgreich angelaufene strategische Luftoffensive eine Lösung zu bieten, die mehr in seinem Sinne lag, einen „Ausgleich" mit Großbritannien zu finden, als das Unternehmen „Seelöwe" mit seinem eng militärischen Ziel, die Insel zu besetzen, und mit aller tatsächlich darin liegenden, von Hitler noch übertriebenen Problematik[147]. Auch Raeder, der am 31. 7. seine Erklärung zur Bereitschaft für das Landeunternehmen voller Skrupel und in Widerspruch zu den Darlegungen der Denkschrift der Seekriegsleitung vom 29. 7. gegeben hatte, setzte jetzt seine Erwartungen auf den Erfolg der strategischen Luftoffensive[148].

Entscheidend war bei alledem, daß Hitler sich selbst nicht als „Feldherr" eines Krieges gegen Großbritannien betrachtete, der sein Prestige an die Vorbereitungen und die Durchführung der Invasion gebunden hatte, sondern aus einer Warteposition heraus die Oberbefehlshaber der Wehrmachtteile nebeneinander schalten ließ und sich lediglich die Grundentscheidung vorbehielt, ob die Landungsoperation überhaupt stattfinden oder abgesagt werden sollte, wenn ihm eine andere Möglichkeit, d. h. seit Anfang September die strategische Luftkriegführung, aussichtsreicher im Blick auf sein Ziel zu sein schien, Großbritannien friedensbereit zu machen[149]. Diese seiner Grundeinstellung zum

145 Daß die deutsche Luftwaffe durchaus zu wirksamen Angriffen auf größere britische Kriegsschiffe in der Lage war, zeigten später die schweren Verluste der britischen Mittelmeerflotte im Seegebiet um Kreta im Mai 1941 (vgl. die Zusammenstellung von K. Gundelach in seinem Beitrag „Der Kampf um Kreta 1941", in: Entscheidungsschlachten des Zweiten Weltkrieges, S. 113). Allerdings ist zu berücksichtigen, daß die Erfahrungen während der Norwegen-Operation (April — Mai 1940), mit Kampfflugzeugen gegen Einheiten der britischen Flotte vorzugehen, recht negativ gewesen waren. Hinzu kam die starke Absicherung der britischen Häfen gegen Luftangriffe, während später beim Kampf um Kreta der britischen Mittelmeerflotte ein wirksamer Jagdschutz fehlte.

146 Wheatley, S. 99 ff.; Klee: Luftschlacht, S. 87 ff.

147 Vgl. oben S. 169 f.

148 Hierzu besonders Wheatley, S. 99 f.

149 Im Zusammenhang mit der neuen Phase der Luftoffensive, der Wendung zum strategischen Luftkrieg, muß die über Heß-Haushofer am 8. 9. eingeleitete Friedens-Sondierung Hitlers gesehen werden (vgl. oben S. 156 f.). Wheatley,

England=Problem entspringende reservierte Haltung schloß ein Interesse an der Landung unter bestimmten Voraussetzungen nicht aus, erklärt aber, warum er sich nicht voll engagierte und eine Absage des Unternehmens zu keiner Prinzipien= oder Prestige=Frage machte.

Die Vorbereitungen von Marine und Heer waren indessen soweit gediehen, daß Raeder am 6. 9. meldete, „daß die Kriegsmarine unter der Voraussetzung erreichter Luftherrschaft aller Voraussicht nach den ihr gestellten Aufgaben gerecht werden würde"[150], während Hitler in dieser Besprechung bereits eingehend politische und strategische Möglichkeiten behandelte, die im Falle einer Absage von „Seelöwe" in Betracht gezogen werden sollten[151]. Es kam nun alles darauf an, wie Hitler die Ergebnisse der Luftoffensive beurteilte. Raeder gewann jedenfalls am 6. 9. den Eindruck, daß Hitlers Entschluß zur Landung oder zur Absage noch nicht feststand, „da der Führer der sicheren Überzeugung ist, daß die Niederringung Englands auch ohne ‚Landung' erreicht werden wird". Das Risiko eines Fehlschlages würde er nicht eingehen[152].

Die Kernfrage für Hitler lautete bereits nicht mehr, ob die Luftherrschaft oder die Luftüberlegenheit als Vorbedingung für die Landungsoperation am Tage der Entscheidung erreicht war, sondern wieweit zu diesem Zeitpunkt seiner Ansicht nach die neue Phase der Luftoffensive als strategischer Luftkrieg Aussicht auf „Erfolg", d. h. zur Erlangung einer Friedensbereitschaft Großbritanniens, besaß. Entschied er sich jetzt dafür, seine Erwartungen auf die Wirkungen der Luftoffensive zu setzen, und erfüllten sich diese nicht oder jedenfalls nicht so schnell wie erhofft, dann blieben für ihn immer noch Ersatzmaßnahmen politischer und militärischer Art möglich, während eine gescheiterte Invasion unabsehbare politische und militärische Folgen nach sich zog. So neigte sich bereits bei Hitler die Waage stark zugunsten eines Abwartens auf die Auswirkung der strategischen Luftoffensive[153], bevor der Zeitpunkt der Entscheidung für Durchführung oder Absage von „Seelöwe" heranrückte. Am 10. 9. bekundete er seine Absicht, „von dem frühest möglichen Termin für die Ausgabe des Befehls zum Anlaufen des Unternehmens ‚Seelöwe' (= 11. 9.)

S. 103, vermutete einen solchen Zusammenhang auf Grund der Andeutungen von B. v. Loßberg: Im Wehrmachtführungsstab. Hamburg 1949, S. 91. Der inzwischen erstmals durch Stubbe (a. a. O.) publizierte Wortlaut des Haushofer=Memorandums vom 15. 9. 1940 (vgl. oben S. 156) und der Korrespondenz Heß=Haushofer (vgl. hierzu Leasor, a. a. O.) bestätigt den Zusammenhang.

150 KTB OKW, Bd. I, S. 63.

151 Vgl. hierzu die Darstellung unten S. 188 f.

152 Aufz. Raeders über die Besprechung mit Hitler am 6. 9. 1940, in: Klee: Dokumente, S. 261 ff.; ferner KTB der Skl., Teil A, 7. 9. 1940; KTB OKW, Bd. I, S. 63 f.; Wheatley, S. 99.

153 Hitler wurde in seinen Erwartungen hinsichtlich der Auswirkung des strategischen Luftkrieges durch die Berichte des deutschen Militärattachés in Washington, General v. Boetticher, über die Stimmung in England bestärkt. So meldete v. Boetticher am 9. 9., die deutschen Luftangriffe hätten die „Moral der Bevölkerung stark angeschlagen. Große Ermüdungserscheinungen. Optimismus verschwunden. Wirkung im Herzen Londons wie ein Erdbeben" (KTB OKW, Bd. I, S. 69).

keinen Gebrauch zu machen, da die Ergebnisse des verschärften Luftkrieges gegen England noch nicht voll zu übersehen seien und nicht schon der frühest mögliche Tag (21. 9.), sondern der günstigste Tag (24. 9.) für die Landung in Aussicht genommen werden solle"[154]. Das bedeutete bei dem notwendigen 10=Tage=Abstand zwischen Vorbefehl und Durchführung, daß am 14. 9. die Grundentscheidung fallen mußte, da eine spätere Durchführung mit so großen Schwierigkeiten militärtechnischer Art und hinsichtlich der Wetterlage verbunden war, daß sie praktisch für 1940 nicht mehr in Frage kam.

Am gleichen 10. 9. verzichtete die Seekriegsleitung auf den vorgesehenen Antrag bei Hitler, „die Luftangriffe auf Ziele zu konzentrieren, die unmittelbar im Sinne einer planmäßigen Vorbereitung des Unternehmens ‚Seelöwe' lagen"[155], weil sie die „Möglichkeit" annahm, „daß bei systematischer und lang andauernder Bombardierung Londons sich eine Haltung des Gegners ergeben könne, die eine Landung in England überhaupt unnötig mache". Damit hatte Raeder dem strategischen Luftkrieg den Vorzug vor der Invasion gegeben. Er nahm auf diese Weise Hitler weitgehend die Entscheidung ab.

Am 13. 9. hatte Jodl bereits den Eindruck, daß Hitler das Landungsunternehmen ganz aufgegeben habe[156], und Raeder faßte seine Beurteilung der Situation dahin zusammen, daß „die augenblickliche Luftlage ... noch keine Möglichkeit (biete), das Unternehmen ‚Seelöwe' durchzuführen, da das Risiko zu groß (sei[157])". Es sei anzustreben, die Luftangriffe, besonders gegen London, „ohne Unterbrechung weiterlaufen" zu lassen, da sie „kriegsentscheidend" sein könnten[158].

So war bei den für die Entschlußfassung Hauptbeteiligten, Hitler und Raeder, — unabhängig voneinander und bei gleichem Ansatzpunkt aus unterschiedlichen Motiven — die Vorentscheidung schon gefallen, als Hitler am 14. 9. in einer Besprechung mit den Oberbefehlshabern der Wehrmachtteile in weit ausholenden, in sich widersprüchlichen Darlegungen[159] seine Auffassung begründete, daß „im ganzen ... trotz aller Erfolge die Voraussetzungen für ‚Seelöwe' noch nicht gegeben seien"[160]. Allerdings sollte das Unternehmen noch nicht abgesagt werden: „Wenn der Druck der bevorstehenden Landung zu weiteren Luftangriffen hinzukäme, würde die Gesamtwirkung doch sehr stark sein ... Wenn gutes Wetter käme, müßte die Luftwaffe zunächst Gelegenheit erhalten, ihre Angriffe, besonders auf London, zu verstärken — ohne Rücksicht auf ‚Seelöwe'. Diese Angriffe könnten kriegsentscheidend sein"[161]. Damit gewann das Unternehmen wieder ganz die Bedeutung zurück, die Hitler ihm am Anfang zugedacht hatte: als ein psychologisches Druckmittel, um Großbritannien frie=

154 KTB OKW, Bd. I, S. 70.
155 Klee: „Seelöwe", S. 202 (nach KTB der Skl.).
156 KTB OKW, Bd. I, S. 76.
157 Klee: „Seelöwe", S. 202 (nach KTB der Skl.).
158 Ebda.
159 KTB Halder, Bd. II, S. 98 ff.; Aufz. Raeders über diese Besprechung, in: Klee: Dokumente, S. 263 f.
160 KTB Halder, Bd. II, S. 99.
161 Aufz. Raeders, in: Klee: Dokumente, S. 263.

denswillig zu machen. Die Geschichte des am 19. 9. beginnenden schrittweisen Abbaus des Unternehmens, der sich bis zum Frühjahr 1942 hinzog[162], braucht uns hier nicht zu interessieren. Wesentlich hingegen ist, daß wenige Tage nach der praktischen Aufgabe des Invasionsplanes am 14. 9. feststand, daß auch die strategische Luftoffensive nicht zu dem von Hitler erhofften Erfolg führen würde. Nach dem Höhepunkt der „Luftschlacht um England" am 15. 9., auf dem es nicht gelang, die englische Jagdwaffe auszuschalten, zwang die Wetter=lage, einige Tage lang die Luftangriffe auf London einzustellen[163]. Sie konnten in dem bisherigen Ausmaß auch danach nicht wieder aufgenommen werden. „Vom 15. September an stagnierte der Luftkrieg über England[164]."

Die Bilanz, die der Chef des Luftwaffenführungsstabes, General Hoffmann von Waldau, Anfang Oktober zog, lautete in ihren Schlußfolgerungen: „Wir hatten bei Beginn des Luftkrieges gegen England etwa 950 Jäger und haben jetzt noch 600, etwa 1100 Bomber und haben jetzt noch 800 . . . Amerika kann erst im Frühjahr 1941 anlaufen. Wir werden (aber) eine Luftflotte und starke Jagdkräfte dagegen bereit halten müssen. Russische Luftflotte zahlreich, aber schlecht. Wir werden im Frühjahr höchstens den Stand wie bei Beginn des Luftkrieges gegen England erreichen. Um Engländer klein zu kriegen, Vier=faches nötig. Zweifrontenkrieg unmöglich"[165].

Mitte September 1940 war demnach eine weitreichende Entscheidung gefallen[166].

162 Endgültige Absage erst am 13. 2. 1942: Besprechung Hitler=Raeder an diesem Tage (in: Lagevorträge des Ob. d. M.).

163 Klee: Luftschlacht, S. 81.

164 Ebda., S. 82. — Am 15. 9. 1940 selbst, dem sog. „Battle=of=Britain"=Tag, wurden in Luftschlachten über London 56 deutsche und 26 britische Flugzeuge abge=schossen. Am 26. 9. notierte Halder (KTB Halder, Bd. II, S. 115) als Ergebnis der Luftschlacht: „Feindliche Bomber intakt. An feindlichen Jägern noch etwa 300 vorhanden, davon 200 alte Typen, die aber unseren Bombern überlegen sind. Eigene Verluste empfindlich bei Zerstörern . . ., Jäger 25—30 % (Me 109) Verlust. Bomber 300 Verlust. Stuka: Verlust gedeckt."

165 KTB Halder, Bd. II, S. 128 f. (7. 10. 1940). Im übrigen führte Hoffmann von Waldau u. a. aus: „Unsere Luftführung hat britische Jagd(waffe) etwa 100 %ig unterschätzt. Dagegen waren an Kampfkräften anscheinend erheblich weniger vorhanden, als von uns angenommen. Man rechnet jetzt noch mit etwa 300—400 modernen Jägern, 150—200 älteren, an Bombern mit etwa 400 . . . Ab 1. Novem=ber soll die Hälfte der (deutschen) Kampfverbände ruhen. Im Winter sollen (dann) ein Drittel Einsatz, zwei Drittel Ruhe haben. Damit hofft man, die (britische) Produktion noch weiter herabsetzen zu können."

166 Aus unserer Darstellung ergibt sich, daß weder die Situation im Osten („Be=drohung" durch die Sowjetunion) noch der Vorrang der Ost=Planungen Hitlers (mit möglicherweise darin liegenden militärischen Konsequenzen) bei der Absage des Unternehmens „Seelöwe" bestimmend waren. Dies ist gegenüber zahlreichen Fehldeutungen festzuhalten. Die Ende August/Anfang September 1940 von Hitler befohlene Kräfteverschiebung von West nach Ost (vgl. unten S. 233 f., S. 236 f.) fiel zeitlich wohl mit dem Herüberschwenken Hitlers von der „Seelöwe"=Lösung zu Görings strategischem Luftkrieg zusammen, sie war aber in ihrem Ausmaß begrenzt (vgl. unten S. 237 f.) und stellte im übrigen nur *ein* Symptom neben anderen (Haltung der USA, Möglichkeiten einer deutschen Kombination mit Japan) für die veränderte Beurteilung der Gesamtsituation durch Hitler (vgl. unten S. 201 ff.) dar, die ihn zur Abwendung von „Seelöwe" führte.

Etwa gleichzeitig waren die beiden einzigen militärischen Mittel ausgeschieden, von denen Hitler erwartet oder erhofft hatte, daß sie in kurzer Frist, noch im Jahre 1940, zu einer Lösung des England-Problems in seinem Sinne führen könnten. Neben den noch zu erörternden Möglichkeiten einer „Peripherie"-Strategie[167] blieb für Hitler nun nur noch der politische Weg über eine imponierende Mächtekombination, die Großbritannien durch die von ihr ausgehende Bedrohung seiner weltweiten Interessen zum Einlenken bewegen konnte, wobei diese politische Lösung Hitlers außenpolitischen Grundvorstellungen und seinen eigentlichen großen Zielen zuwiderlief. Diesen Weg versuchte Hitler ab Ende September vorübergehend unter inneren Vorbehalten zu beschreiten[168]. Blieb diese Mächtekombination wirkungslos oder kam sie gar nicht erst zustande, mußte Hitler für das Jahr 1941 mit einem in seiner Kampfkraft erheblich gestärkten Großbritannien[169] als Gegner rechnen. Mit ähnlichen militärischen und politischen Mitteln wie in den Monaten Juli bis September 1940 konnte dann erst recht keine Entscheidung mehr herbeigeführt werden.

d) „Peripherie"-Strategie als Aushilfe

Die in der Denkschrift Jodls vom 30. 6. 1940[170] erwähnte Möglichkeit, den Kampf gegen Großbritannien durch „Ausweitung des Krieges an der Peripherie" erfolgreich fortzuführen, fand bei Hitler bis Mitte September 1940 nur wenig Beachtung. Stärker noch als die anderen Möglichkeiten – Landung auf der britischen Insel und strategischer Luftkrieg –, auf die sich seit Mitte Juli 1940 – mit wechselnder Intensität, niemals ohne Vorbehalte – Hitlers Erwartungen richteten, mußte ihn dieser Vorschlag mit den damit verbundenen vielfältigen politischen Voraussetzungen und Konsequenzen von seinen eigentlichen Kriegszielen abführen. Der von Jodl nur angedeutete politische Hintergrund einer „Peripherie"-Strategie lief ja, wenn man diese Konzeption nicht auf zusammenhanglose Einzelaktionen reduzierte, von denen keine Kriegsentscheidung erwartet werden konnte, letztlich auf den von Ribbentrop schon einmal, im Herbst 1939, entwickelten Gedanken eines europäisch-asiatischen Blocks mit Spitze gegen Großbritannien hinaus[171]. Ein solche politische Kombination, selbst wenn sie von Hitler nur als eine taktisch bedingte, zeitlich begrenzte Notlösung in einer Zwangslage gedacht war, in der eine andere Möglichkeit, Großbritannien zum „Ausgleich" mit ihm zu zwingen, nicht mehr zu erkennen war, hätte ihn in einer „verkehrten" Frontstellung festgelegt und ihn zu weitreichenden Konzessionen an die neuen Partner gezwungen, so daß eine spätere Abwendung von diesem „Block" und eine Hinwendung auf die

167 Vgl. unten S. 178 ff.
168 Vgl. unten S. 238 ff.
169 Hitler rechnete bereits am 31. 7. 1940 damit, daß Großbritannien im Frühjahr 1941 über 35 voll kampfkräftige Divisionen zur Abwehr einer Invasion verfügen würde.
170 Vgl. oben S. 157 ff.
171 Vgl. oben S. 42 f.

eigentlichen Kriegsziele in Osteuropa, in die „richtige" Frontstellung also, nur unter Schwierigkeiten zu vollziehen war. In einer vergleichbaren „Zwangs=lage" zur Durchsetzung der eigenen Ziele, wie sie für Hitler in der politischen Konstellation im Sommer 1939 bestanden hatte, die für ihn den Pakt mit Stalin zur Gewinnung des größten Teiles von Polen „notwendig" machte (eine Lage, aus der er inzwischen durch den Triumph über Frankreich hinausgelangt zu sein glaubte), sah er sich im Juli 1940 auch nach der ersten Weigerung Großbritanniens, sich mit ihm zu arrangieren, noch nicht. Zwei Monate später, Mitte September 1940, erschien Hitler dagegen der Aufbau eines „Kontinen=talblocks" bereits als die letzte Möglichkeit, dem wachsenden Kriegsengage=ment der USA zugunsten Großbritanniens entgegenzuwirken und den Krieg gegen Großbritannien zu beenden, um dadurch die erstrebte sichere strate=gische Position zu gewinnen, aus der heraus er zu dem ihm am günstigsten erscheinenden Zeitpunkt in freiem Entschluß „seinen" Krieg nach Osten füh=ren konnte, ohne dem Zwang eines Zweifrontenkrieges ausgesetzt zu sein.

Hier sind zunächst die — vorwiegend militärischen — Frühstadien der ab Mitte September 1940 von Hitler dann im größeren Rahmen der „Block"=Bildung gesehenen „Peripherie"=Strategie darzulegen. Bereits in dieser Zeit (Juli bis September) waren einige der damit aufgeworfenen grundsätzlichen Probleme zu erkennen, die in den Wochen danach noch an Bedeutung zunehmen sollten.

Schon in der Denkschrift Jodls spielte der Mittelmeerraum im Rahmen der „Peripherie"=Strategie eine gewichtige Rolle. Von rein militärischen Überle=gungen her lag der Gedanke nahe, Großbritanniens imperialer Stellung am Ostrand des Mittelmeers durch einen Vorstoß von Libyen aus nach Ägypten und zum Suez=Kanal sowie durch eine Eroberung Gibraltars mit der Abschlie=ßung des Mittelmeers an beiden „Toren" einen schweren Schlag zu versetzen. Dabei blieb die Frage, wieweit diese Operationen allein schon kriegsentschei=dend sein konnten, vorerst offen.

Indessen hatte Deutschland gar nicht die Möglichkeit, unmittelbar im Sinne dieser Strategie zu handeln; es bedurfte vielmehr der politischen (und militä=rischen) Mitwirkung Italiens bzw. Spaniens. Das gesamte Mittelmeer war ja entsprechend der Idee des „Parallel"=Krieges der „Achsenmächte", der nach dem Grundsatz, „die Alpen trennen die Kriegsschauplätze"[172], geführt wurde, Reservat der italienischen Kriegführung. Ob Gibraltar dazu zu zählen war, blieb zunächst unklar und wurde erst später — in veränderter Situation — mit nachträglicher Billigung Mussolinis im deutschen Sinne entschieden[173].

Da schon Ende Juli 1940 auf Grund des bisherigen Verlaufs des Krieges im Mittelmeerraum und aus der Berichterstattung des deutschen Militärattachés in Rom, General v. Rintelen, bei der deutschen Obersten Wehrmachtführung zu erkennen war, daß „mit Italien ... große Sachen nicht zu machen" und daher auch von einer von den Italienern allein unternommenen Offensive ge=

172 B. v. Loßberg: Im Wehrmachtführungsstab. Hamburg 1949, S. 95.
173 Vgl. unten S. 323, Anm. 27.

gen Ägypten „keine entscheidenden Wirkungen" zu erwarten seien[174], andererseits aber, wenn Hitler nicht schon jetzt den Grundgedanken eines Koalitionskrieges mit Mussolini aufgeben wollte, nur auf italienischen Wunsch, allenfalls auf eigene Anregungen, bei denen auf das leicht verletzbare Prestige des schwachen Bundesgenossen Rücksicht zu nehmen war, deutsche Kräfte nach Nordafrika entsandt werden konnten, blieben alle strategischen Überlegungen auf deutscher Seite hinsichtlich der Möglichkeiten im östlichen Mittelmeerraum — auch ein Angriff gegen den Endpunkt der Ölleitung aus dem Irak in Haifa wurde Ende Juli vorübergehend erwogen[175] — im Bereich theoretischer Erörterungen. Der Vorschlag des Chefs des Generalstabes des Heeres, Generaloberst Halder, vom 31. 7., zur Unterstützung der Italiener zwei deutsche Panzerdivisionen nach Nordafrika zu entsenden[176], und die ähnliche Anregung der Abteilung Landesverteidigung des Wehrmachtführungsstabes vom 10. 8., die Jodl in seine Lagebeurteilung für Hitler vom 13. 8. aufnahm[177], änderten an dieser Situation zunächst nichts.

Das schließlich am 5. 9. im Auftrage Hitlers von Jodl dem italienischen Militärattaché in Berlin, General Marras, zugeleitete deutsche Angebot, ein Panzerkorps nach Libyen zu entsenden[178], blieb ohne Antwort. Mussolini wollte offensichtlich erst den Ausgang des seit dem 15. 7. vorbereiteten, von der italienischen Wehrmachtführung aber von Anfang an skeptisch beurteilten Angriffs der 10. italienischen Armee unter der Leitung des Marschalls Graziani von Libyen aus gegen Ägypten abwarten. Diese Offensive sollte ursprünglich Ende Juli, dann nach dem Plan des „Duce" in dem Augenblick eröffnet werden, in dem die erste „deutsche Patrouille in England landete[179]", also im Stile der italienischen Alpen-Offensive gegen Frankreich in den letzten Tagen des Westfeldzuges geführt werden. Sie begann dann aber, da die deutsche Invasion Englands auf sich warten ließ, doch am 13. 9. mit dem Vormarsch von 9 Divisionen (von den insgesamt 15 in Libyen stehenden) aus dem Raume von Bardia an der Küste entlang nach Osten[180]. Die Operation verhielt indessen bereits wieder am 17. 9. nach der Einnahme von Sidi Barani 90 km östlich der libysch-ägyptischen Grenze, da Graziani zunächst seinen Nachschub organisieren wollte, ehe er in einer zweiten Etappe den Stützpunkt Marsa Matruk einzuneh-

174 KTB Halder, Bd. II, S. 45 (30. 7. 1940).
175 Ebda.
176 KTB Halder, Bd. II, S. 47 (31. 7. 1940).
177 KTB OKW, Bd. I, S. 21 (10. 8. 1940) und S. 31 (14. 8. 1940); Greiner, S. 175 f.
178 KTB OKW, Bd. I, S. 64 (5. 9. 1940).
179 Ciano: Tagebücher II, S. 266 (19. 8. 1940); ähnlich auch KTB OKW, Bd. I, S. 54 (30. 8. 1940, auf Grund von Mitteilungen des deutschen Militärattachés in Rom vom 29. 8. 1940 über Äußerungen Marschall Badoglios). — Mussolini hatte Hitler schon am 17. 7. in einem Brief mitgeteilt, daß er hoffe, die Offensive in Ägypten gleichzeitig mit dem deutschen „Angriff auf England" beginnen zu können (ADAP D X, Dok. 182: Brief Mussolinis an Hitler, 17. 7. 1940, S. 199 f.).
180 Amtliche italienische Darstellung dieser Offensive in: In Africa Settentrionale. La preparazione al conflitto. L'avanzata su Sidi el Barani. Rom 1955, S. 132 ff.; britische Darstellung: Playfair, vol. I, S. 205 ff.

men und endlich in einem dritten Teil den Angriff auf Alexandria fortzusetzen gedachte. Bereits Mitte Oktober war indessen nach Behauptungen der italienischen Wehrmachtführung die Stärke der britischen Kräfte in Ägypten auf 200 000 Mann angewachsen[181], so daß eine Fortsetzung der Offensive ausgeschlossen schien[182]. Tatsächlich befanden sich allerdings zu diesem Zeitpunkt nur 55 000 Mann britischer, indischer und Commonwealth-Truppen sowie 200 Flugzeuge in Ägypten[183].

Nachdem für Hitler seit Mitte September die „Peripherie"-Strategie für einige Zeit in das Zentrum seiner Überlegungen gerückt war, benutzte er die Gelegenheit des Treffens mit Mussolini am Brenner am 4. 10. dazu, den bisher immer noch nicht beantworteten deutschen Vorschlag vom 5. 9. zu erneuern[184]. Da Mussolini nun endlich zustimmte, schien eine Entscheidung zugunsten der Entsendung eines deutschen Panzerkorps nach Nordafrika gefallen, jedoch ergab eine Überprüfung der militärtechnischen Möglichkeiten, daß die Dauer des Antransports der deutschen Kräfte viel länger als ursprünglich angenommen sein würde, so daß mit ihrem Eingreifen in die Kämpfe nicht vor Januar 1941 gerechnet werden konnte. Als dann der Bericht des zur Vororientierung nach Libyen entsandten Generals Ritter v. Thoma am 3. 11. vorwiegend negative Eindrücke vermittelte und vor allem die geringe Neigung der italienischen Wehrmachtführung erkennen ließ, sich von den Deutschen „helfen" zu lassen[185], entschloß sich Hitler, von einer Entsendung deutscher Truppen nach Nordafrika ganz abzusehen. Damit hatte er den Gedanken an einen deutschen Vorstoß zum Suez-Kanal[186] im Rahmen der „Peripherie"-Konzeption bereits wieder aufgegeben oder doch zumindest weit zurückgestellt.

Hatten sich bei diesem Teil der Aushilfs-Strategie die notwendige Rücksichtnahme auf das Prestige des „Achsen"-Partners und militärtechnische Schwierigkeiten als wichtigste Hinderungsgründe erwiesen, so rührten alle deutschen strategischen Planungen im Bereich des westlichen Mittelmeers an die neuralgische Stelle der sich überschneidenden „vitalen" politischen Interessen Italiens, Frankreichs und Spaniens. Daher war hier von vornherein mit noch viel größeren, vor allem politischen Schwierigkeiten zu rechnen, die insbesondere aus den weitreichenden territorialen Ambitionen Mussolinis und Francos erwuch-

181 KTB Halder, Bd. II, S. 151 (26. 10. 1940).
182 Die immer wieder hinausgezögerte zweite Etappe der Offensive, der Vorstoß auf Marsa Matruk, wurde schließlich auf den 15. 12. festgelegt. Die britische Offensive vom 9. 12. 1940 machte die italienischen Absichten zunichte.
183 Bryant, S. 233.
184 ADAP D XI, Dok. 149: Aufz. über die Unterredung Hitler-Mussolini, 4. 10. 1940, S. 245 ff.
185 KTB OKW, Bd. I, S. 149 f.
186 Hitlers Anregung gegenüber dem italienischen Botschafter Alfieri am 1. 7. 1940, deutsche Fernbomber auf Rhodos zu stationieren, die von dort aus den Suez-Kanal verminen sollten, hatte ebenfalls keine Aufnahme bei den Italienern gefunden (ADAP D X, Dok. 73, S. 68). Zur späteren Verlegung deutscher Flugzeuge nach Rhodos (Februar 1941) vgl. unten S. 340.

sen. Daß jeder deutsche Versuch, in diesem Raum militärisch Fuß zu fassen, nicht nur eine Auseinandersetzung mit dem jeweiligen „Besitzer" des betreffenden Gebietes bedeutete, sondern zugleich den potentiellen „Erben" auf den Plan rief und in die Gesamtproblematik einer Neuordnung der Besitzverhältnisse führte, zeigte bereits der erste deutsche Vorstoß unmittelbar im Anschluß an den britischen Überfall auf die französische Flotte im Hafen von Oran am 3. 7. 1940. Hitler wollte die Zugeständnisse, die er der französischen Regierung vor allem mit der Suspension des Artikels 8 des deutsch-französischen Waffenstillstandsvertrages machte (der die Abrüstung der französischen Flotte festgelegt hatte[187]), dazu ausnutzen, von der Vichy-Regierung die Einräumung von Basen für die deutsche Luftwaffe in Französisch-Nordafrika zu erlangen. Da aber am 29. 6. mit Italien vereinbart worden war, daß alle französischen Besitzungen um das Mittelmeer (und zunächst auch ganz Marokko[188]) zum italienischen Kontrollbereich gehören sollten, erläuterte Hitler dem italienischen Außenminister Graf Ciano am 7. 7. seine Ziele[189], um das italienische Einverständnis zu gewinnen. Mussolini, der „eine Art passiver Solidarität Frankreichs mit der ‚Achse'" mit Konsequenzen für die Chancen zur Verwirklichung der italienischen Kriegsziele fürchtete, stimmte aber dem Plan Hitlers erst zu, als von deutscher Seite die Absicht, auch im Raume von Oran Luftstützpunkte zu fordern[190], fallengelassen wurde[191].

In der am 15. 7. der französischen Waffenstillstandsdelegation in Wiesbaden überreichten deutschen Note wurde daher lediglich die Überlassung von acht Flugplätzen in Französisch-Marokko im Raume von Casablanca, die Übergabe aller Wetterstationen in Französisch-Nordafrika an die deutsche Luftwaffe sowie die Sicherung des Nachschubs für die deutschen Stützpunkte und Be-

187 Geschke, S. 40 ff.

188 Geschke, S. 42; Jäckel, S. 137. — Am 29. 6. 1940 war zwischen Deutschland und Italien ferner vereinbart worden, daß Italien die Stärke der französischen Streitkräfte in Marokko, Algerien, Tunesien und Syrien, Deutschland die in Indochina, Westindien und Äquatorialafrika festlegen sollten. Deutschland sollte die Kontrolle der französischen Seestreitkräfte in allen atlantischen, Italien in allen Mittelmeerhäfen übernehmen (ADAP D X, Dok. 54: Der Vertreter des AA bei der deutschen Waffenstillstandskommission an das AA, 29. 6. 1940, S. 46 f.). — In einer deutsch-italienischen Abmachung vom 17. 8. 1940 wurde dann zwar vereinbart, daß „Marokko mit Ausnahme seiner Mittelmeerküste" deutsches Kontrollgebiet werden sollte, doch verzichtete Deutschland bis zum Frühjahr 1941 auf die Ausübung seines Kontrollrechts, so daß tatsächlich allein Italien die Kontrolle in ganz Französisch-Marokko bis zu diesem Zeitpunkt ausübte (zu weiteren Einzelheiten Jäckel, S. 138 ff.).

189 ADAP D X, Dok. 129: Aufz. über die Unterredung Hitler-Ciano, 7. 7. 1940, S. 123 ff.

190 Der italienische Widerstand gegen deutsche Stützpunkte im Raume von Oran erklärt sich wohl — abgesehen von der allgemeinen Konzeption des „mare nostro" — aus der vagen Zusage, die Ribbentrop Ciano am 19. 6. hinsichtlich italienischer Stützpunkte im algerischen Raum gemacht hatte (vgl. oben S. 131, Anm. 17), von denen dann später bei den Waffenstillstandsverhandlungen keine Rede mehr war.

191 Geschke, S. 42.

obachtungsposten auf dem Land- und Seewege über französisches Gebiet durch die Franzosen gefordert[192]. Marschall Pétain lehnte indessen diese Forderungen in einem Brief an Hitler vom 17. 7. als mit den Waffenstillstandsbedingungen unvereinbar ab. Seine Begründung ließ an Deutlichkeit nichts zu wünschen übrig: „Es besteht in der Tat kein Zweifel, daß diese neuen Forderungen zur Folge haben, Nordafrika, seine eingeborene, so leicht erregbare Bevölkerung, seine militärischen oder Luftstreitkräfte, seine Existenzmittel und Verkehrsmittel auf Gnade und Ungnade den Fliegern und Aufsichtsbehörden des Reiches auszuliefern[193]." Da Hitler in der völlig offenen Situation Mitte Juli 1940 nicht den Waffenstillstand brechen konnte, wenn er nicht den Abfall des französischen Kolonialreiches und den Übergang der noch recht starken französischen Seestreitkräfte auf die britische Seite riskieren wollte, war damit der Versuch gescheitert, in Französisch-Nordafrika unter Ausnutzung der Zwangslage der Vichy-Regierung eine deutsche militärische Basis zu schaffen, die Spanien umklammert und einem deutschen Doppeldruck ausgesetzt, die Abschließung des Mittelmeers von Westen eingeleitet und sich in den politisch-strategischen Rahmen eingefügt hätte, „eine Feindfront gegen England vom Nordkap bis nach Marokko aufzubauen"[194]. Eine solche Basis hätte zugleich auch als Sprungbrett für weitere deutsche Vorstöße nach West- und Mittelafrika dienen können. Hitler selbst begründete seinen Verzicht auf eine Wiederholung seiner Forderungen an Frankreich einige Wochen später damit, daß er einen strategischen Gegenzug der Briten in Form einer Besetzung Dakars als „Antwort" auf die Errichtung deutscher Stützpunkte in Französisch-Marokko unbedingt habe vermeiden wollen[195].

In jedem Fall blieb nun von den im westlichen Mittelmeerraum möglichen deutschen Aktionen nur noch die Eroberung Gibraltars von Spanien aus übrig. Es lag auf der Hand, daß Verhandlungen mit Spanien, denen Hitler im Juni 1940 wegen der exorbitanten Forderungen Francos ausgewichen war[196], sich in dem Maße schwieriger gestalten würden, als die Fähigkeit Großbritanniens, einen längeren Krieg – mit wachsender politischer und militärischer Unterstützung durch die USA – durchzustehen und auch außerhalb seiner engsten Interessenräume Schläge zu führen, offenkundig wurde. Spanien war nicht nur wirtschaftlich von den Zufuhren über See, insbesondere aus Nordamerika, abhängig, sondern mußte im Falle eines Kriegseintritts auf der Seite Deutschlands mit britischen Gegenmaßnahmen rechnen. Zwar lagen Landungsaktionen an der spanischen oder portugiesischen Küste, die Franco zeitweilig befürchtete, wie wir heute wissen, außerhalb der britischen Möglichkeiten und der

192 ADAP D X, Dok. 169: Der Vertreter des AA bei der deutsch-französischen Waffenstillstandskommission an das AA, 15. 7. 1940, S. 177.
193 KTB OKW, Bd. I, S. 965 f.
194 KTB Halder, Bd. II, S. 20 (13. 7. 1940).
195 KTB OKW, Bd. I, S. 25 (12. 8. 1940). – Hitler beantwortete den Brief Pétains vom 17. 7. 1940 überhaupt nicht.
196 Vgl. oben S. 137 f.

strategischen Planungen im Sommer und Herbst 1940, aber die britische Regierung hatte bereits am 22. 7. 1940 den Beschluß gefaßt, Streitkräfte in ständiger Bereitschaft zu halten, die im Falle eines tatsächlichen oder unmittelbar bevorstehenden Kriegseintritts Spaniens die Azoren, die Kap-Verdischen-Inseln, Madeira und die Insel Gran Canaria besetzen sollten[197].

Durch Erkundung der militärtechnischen Möglichkeiten einer Eroberung Gibraltars sowie durch eingehende Orientierung über die politische Situation und die militärischen Potenzen Spaniens[198] suchte die deutsche Oberste Wehrmachtführung seit der zweiten Juli-Hälfte Unterlagen für die Beantwortung der Grundfrage zu gewinnen, ob ein Kriegseintritt Spaniens auf deutscher Seite wirklich alle politischen Nachteile und militärischen wie wirtschaftlichen Sorgen aufwog, wenn das einzige strategische Ziel darin bestand, Gibraltar zu erobern[199], dessen Besitz zwar das Mittelmeer im Westen abschloß, aber doch allein noch keine Kriegsentscheidung brachte. Die Ergebnisse waren in militärtechnischer Hinsicht durchaus positiv: eine Eroberung Gibraltars konnte nach Auffassung der Festungsexperten in relativ kurzer Frist erreicht werden[200]. Dagegen waren die Informationen über die innere und äußere Stärke Spaniens außerordentlich ungünstig. Der deutsche Botschafter in Madrid, v. Stohrer, wies in seinem Bericht vom 8. 8. 1940 nachdrücklich darauf hin[201], daß Spanien nach einem Kriegseintritt sofort umfangreiche wirtschaftliche Hilfe von Deutschland benötige, vor allem Mineralöl und Brotgetreide, da die britische Blokkade sonst in Kürze zu einer Ernährungskatastrophe führe. Nach einer Äußerung des spanischen Außenministers Beigbeder vom 3. 8. könne Spanien wegen seines Mineralölmangels ohne deutsche Unterstützung höchstens einein-

197 Butler: Grand Strategy, vol. II, S. 239.

198 Hierzu gehörte vor allem die Entsendung des Admirals Canaris (Chef des Amtes Ausland/Abwehr) in der zweiten Juli-Hälfte nach Spanien. Er sollte in Begleitung seines Madrider Vertreters, Kapitän z. S. Leissner, Gibraltar erkunden und sich einen Gesamteindruck über die Situation Spaniens verschaffen: Bericht Canaris' vom 2. 8. 1940 über seine Eindrücke. Ch. B. Burdick beabsichtigt, diesen Bericht zu veröffentlichen. — Am 28. 7. 1940 traf sich der ehemalige Kommandeur der „Legion Condor", General Frhr. v. Richthofen, im Auftrage Hitlers mit dem spanischen Generalstabschef in Biarritz (hierzu Detwiler, S. 31).

199 Nachdem anfangs nur daran gedacht worden war, Gibraltar durch schwere Luftangriffe für die britische Flotte unbenutzbar zu machen, entschied sich Hitler am 24. 8. für die Vorbereitung der „großen Lösung", d. h. die Eroberung Gibraltars durch deutsche Truppen. Voraus gingen: 1. Ausarbeitung einer allgemeinen Studie über militärische Möglichkeiten einer Ausschaltung Gibraltars im WFStab nach der Rückkehr Canaris' aus Spanien (2. 8.); 2. Vorlage bei Hitler — Zustimmung zur Ausarbeitung eines ausführlichen Operationsplans auf der Grundlage, daß Gibraltar erobert, nicht nur „unbrauchbar" gemacht werden sollte (10. 8.); 3. Vorlage des ausgearbeiteten Planes bei Jodl (20. 8.). — Zur militärischen Planung vgl. neben Detwiler, S. 30 ff., auch H.-G. Seraphim: „Felix" und „Isabella", in: Die Welt als Geschichte 1955, S. 45 ff. Ch. B. Burdick (University of San José, California/USA) bereitet eine umfassende Studie über die deutschen Pläne zur Eroberung Gibraltars 1940/41 vor.

200 Hierzu eingehend auf breiter Quellenbasis Detwiler, S. 31 ff.

201 ADAP D X, Dok. 313: Aufz. des dt. Botschafters in Madrid, 8. 8. 1940, S. 354 ff.

halb Monate Krieg führen. Jede Verschärfung der wirtschaftlichen Situation und ein im Kriegsfalle zu erwartender Verlust der Inseln und der Kolonien an die Briten würden innere Unruhen hervorrufen. „Bei längerer Kriegsdauer könnte die Lage bedenklich werden", zumal das nur „bedingt kriegstaugliche", unter „Mängeln, besonders in der Führung und Bewaffnung", leidende Heer (Gesamtstärke: 340 000 Mann) während eines ernsthaften Krieges wohl kaum große militärische Erfolge erzielen dürfte[202]. Die Informationen, die Admiral Canaris von seinen mehrfachen Besuchen aus Spanien mitbrachte, faßte Generaloberst Halder am 27. 8. wie folgt zusammen: „Innere Lage sehr schwierig. Ernährung schlecht. Kohlen fehlen. Franco hat die Generalität und die Geistlichkeit gegen sich ... Die Folgen der Bundesgenossenschaft dieses unberechenbaren Volkes sind nicht abzusehen. Wir werden einen Bundesgenossen finden, für den wir schwer bezahlen müssen[203]."

Als der spanische Innenminister und Schwager Francos, Serrano Suñer, auf Einladung Hitlers am 16. 9. zu Besprechungen in Berlin eintraf[204], stand daher Hitlers Entschluß, auf Spaniens Kriegseintritt zu drängen, um die Eroberung Gibraltars in die Wege zu leiten, noch keineswegs fest. Es sollte vielmehr zunächst geklärt werden, welche Forderungen die spanische Regierung nach der dreimonatigen Unterbrechung der Mitte Juni 1940 begonnenen Gespräche für einen Kriegseintritt stellen würde und ob sie bereit war, deutsche Gegenforderungen, die im Zuge eines klaren „do ut des" vorgebracht werden sollten, zu akzeptieren. Dementsprechend dienten die Unterredungen Serrano Suñers mit Ribbentrop und Hitler am 16. und 17. 9. einem gegenseitigen politischen Abtasten[205].

Die Positionen der beiden Seiten lassen sich zusammenfassend am deutlichsten an den Territorialwünschen erkennen. Serrano Suñer beharrte ganz einfach auf den in der spanischen Note vom 19. 6.[206] angemeldeten Gesamtforderungen. Ribbentrop schränkte sie dagegen sogleich mit der Bemerkung ein, Deutschland werde zwar „in seinem Friedensvertrag mit Frankreich diesem Land Marokko wegnehmen" und es „an Spanien übereignen", jedoch „mit Ausnahme der Stützpunkte von Mogador und Agadir nebst Hinterland sowie gewisser in freundschaftlichem Einvernehmen festzusetzender wirtschaftlicher Reservate in Gestalt von deutschen Beteiligungen an den marokkanischen Rohstoffquellen (Phosphat, Mangan[207])". Diese Mitteilung enthielt für die

202 ADAP D X, Dok. 326: Notiz des OKH „Das derzeitige spanische Heer", 10. 8. 1940, S. 379 ff.
203 KTB Halder, Bd. II, S. 79.
204 Die Einladung war am 26. 8. 1940 abgesandt worden.
205 ADAP D XI, Dok. 63: Aufz. über die Unterredung Ribbentrop-Serrano Suñer, 16. 9. 1940, S. 83 ff.; Dok. 66: Aufz. über die Unterredung Hitler-Serrano Suñer, 17. 9. 1940, S. 93 ff.; Dok. 67: Aufz. über die Unterredung Ribbentrop-Serrano Suñer, 17. 9. 1940, S. 98 ff. Zusammenfassend: Detwiler, S. 38 ff.; H. Feis: The Spanish Story. New York 1948, S. 78 ff.
206 Vgl. oben S. 137 f.
207 Unterredung vom 17. 9. 1940 (vgl. Anm. 205).

spanische Seite ein wichtiges Novum; denn am 16. 6. hatte Hitler dem spanischen Generalstabschef, General Vigón, den Franco in Sondermission in Hitlers Hauptquartier nach Belgien entsandt hatte, noch erklärt, „daß Deutschland keinerlei Interessen außer wirtschaftlichen in Marokko habe"[208]. Serrano Suñer lehnte daher deutsche Marinestützpunkte in Mogador und Agadir rundweg ab. Noch schärfer wandte er sich gegen die Überlassung einer der Kanarischen Inseln[209] an Deutschland, die als weiterer Flottenstützpunkt dienen sollte, und schließlich gegen die Abtretung von Spanisch-Guinea[210] und der Insel Fernando Póo, die zu dem großen mittelafrikanischen Kolonialgebiet Deutschlands geschlagen werden sollten[211]. Damit waren die Verhandlungen festgefahren, auch wenn Serrano Suñer sich bereit fand, die deutschen Gegenforderungen — mit Ausnahme des seiner Ansicht nach völlig indiskutablen, die „Ehre" Spaniens verletzenden Wunsches nach Abtretung einer der Kanarischen Inseln — zur Entscheidung an Franco weiterzuleiten[212].

Ohne die Zwangslage, in die Hitler in diesen Tagen hineingeriet, als etwa gleichzeitig das Unternehmen „Seelöwe" aufgegeben wurde und der strategische Luftkrieg gegen Großbritannien als gescheitert betrachtet werden mußte[213], wäre damit wahrscheinlich bereits das Ende der deutsch-spanischen Verhandlungen erreicht worden. So aber entschloß sich Hitler nun, beginnend mit einem Brief an Franco vom 18. 9.[214], trotz allem, und zwar jetzt energisch, auf einen baldigen Kriegseintritt Spaniens hinzusteuern. Zu diesem Zweck lud er Franco selbst zu einem Treffen an der spanisch-französischen Grenze ein[215]. Auf die wechselseitigen deutschen und spanischen Forderungen ging Hitler in

208 ADAP D IX, Dok. 456: Aufz. über die Unterredung Hitler-Vigón, 16. 6. 1940, S. 483 ff.; Zitat S. 484.

209 Gedacht wurde auf deutscher Seite an Las Palmas (KTB OKW, Bd. I, S. 80), d. h. Gran Canaria.

210 Dagegen berichtet v. Etzdorf Halder am 16. 9., daß als Zugeständnisse von deutscher Seite an Spanien neben der Ausdehnung des spanischen Sahara-Gebietes Rio de Oro bis zum 20. Breitengrad auch eine Erweiterung von Spanisch-Kamerun (= Spanisch-Guinea; Río Muní) nach Süden beabsichtigt sei (KTB Halder, Bd. II, S. 101). Weinberg: German Colonial Plans, S. 480, deutet diese Stelle des Halder-Tagebuches im Sinne von „Erweiterung von Rio de Oro" (statt Spanisch-Kamerun). Dies würde in den Kontext der Verhandlungen zweifellos besser passen. Allerdings verzeichnete v. Etzdorf auch schon in seiner Zusammenstellung vom 4. 9. 1940 (ADAP D XI, Dok. 16, S. 20 f.), daß bei einem deutschen „Totalsieg" (Alternative zu „Ausgleichs"-Frieden mit Großbritannien) Spanien eine Erweiterung Spanisch-Guineas bis Kap Lopez zugestanden werden sollte.

211 Vgl. die Darstellung über das deutsche Kolonialprojekt Mittelafrika unten S. 242 ff.

212 Zu den in dieser Zeit stattfindenden — die Haltung Francos gegenüber Hitler beeinflussenden — geheimen spanisch-amerikanischen Verhandlungen über die Gewährung eines umfangreichen Kredits für Material- und Getreidekäufe in den USA — gleichsam als Preis für die Fortdauer der spanischen „Nichtkriegführung" — vgl. Friedländer, S. 138.

213 Vgl. oben S. 177 f.

214 ADAP D XI, Dok. 70: Brief Hitlers an Franco, 18. 9. 1940, S. 106 ff.

215 Zu diesem — in einer veränderten Situation — erst am 23. 10. 1940 in Hendaye stattfindenden Treffen Hitler-Franco vgl. unten S. 318 f.

seinem Schreiben gar nicht ein, sondern sprach nur davon, daß es „entweder vor oder zumindest gleichzeitig mit Kriegsbeginn ... (seines) Erachtens not= wendig sein (werde), deutsche Sturzkampfbomber bzw. Zerstörer nach Palmas zu verlegen", da die Briten nach dem Verlust von Gibraltar sicher versuchen würden, sich „eines Flottenstützpunktes auf den Kanarischen Inseln zu be= mächtigen".

Die zweite Phase der Verhandlungen Serrano Suñers in Berlin am 24./25. 9.[216] – nach Rückkehr von einer Rundreise durch Deutschland und die besetzten Westgebiete – war infolgedessen durch das Bemühen der deutschen Seite ge= kennzeichnet, den erstrebten Vertragsabschluß möglichst soweit vorzubereiten, daß eine Unterzeichnung bei dem von Franco in seinem Antwortschreiben vom 22. 9.[217] zugesagten Treffen mit Hitler stattfinden konnte. In der Sache kamen die Verhandlungspartner jedoch keinen Schritt weiter. Den Vorschlag, ein Mili= tärbündnis in Form eines „Dreierpaktes" zwischen Deutschland, Spanien und Italien abzuschließen, lehnte Serrano Suñer zwar nicht prinzipiell ab, machte die Unterzeichnung aber neben der Zusicherung weitgehender wirtschaftlicher und militärischer Unterstützung von der Anerkennung der wichtigsten spa= nischen Ansprüche abhängig. Diese faßte er in zwei Punkten zusammen: „1. Wiedereinfügung Gibraltars in das spanische Hoheitsgebiet; 2. Annexion der Provinz Oran und ganz Marokkos durch Spanien unter Hinausschiebung der spanischen Grenze bis zur Wüste, und zwar ohne weitere Einschränkung als die Einräumung einer bevorzugten Behandlung, die in bezug auf Rohstoffe aus dem Bergbau und Beteiligung am Bergbaubesitz Deutschland in Marokko auf dem Verhandlungswege zuerkannt wird[218]." Der deutsche Botschafter in Madrid, v. Stohrer, traf in einer Aufzeichnung für Ribbentrop vom 25. 9. als Ergebnis der Gespräche die – noch recht optimistische – Feststellung, daß „wir unsere territorialen und wirtschaftlichen Forderungen in Marokko wohl ohne weiteres erfüllt sehen werden ..., daß aber eine Übertragung von Teilen des spanischen Insel= und Kolonialbesitzes von Spanien nur durch Anwendung von Gewalt erzielt werden könnte"[219].

Drohte sich Hitlers eigene Vorstellung von der „Peripherie"=Strategie zeitwei= lig auf ein isoliertes Vorgehen gegen Gibraltar zu verengen, mit dem er hoffte, wenigstens an einer Stelle noch im Jahre 1940 einen größeren sichtbaren Er= folg gegen Großbritannien zu erzielen, so bemühte sich Großadmiral Raeder in seinen Lagevorträgen vor Hitler, das Gibraltar=Problem als Teil in eine

216 ADAP D XI, Dok. 97: Aufz. über die Unterredung Ribbentrop=Serrano Suñer, 24. 9. 1940; Dok. 117: Aufz. über die Unterredung Hitler=Serrano Suñer, 25. 9. 1940, S. 201 ff. (Detwiler, S. 157, führt den überzeugenden Nachweis, daß das in den Aufz. des Gesandten Schmidt auf den 27. 9. datierte Gespräch tat= sächlich am 25. 9. stattfand).

217 ADAP D XI, Dok. 88: Schreiben Francos an Hitler, 22. 9. 1940, S. 153.

218 Unterredung Ribbentrop=Serrano Suñer, 24. 9. 1940 (ADAP D XI, Dok. 97, S. 166 ff.).

219 Hierzu ausführlicher Detwiler, S. 47.

strategische Gesamtkonzeption einzufügen, für die er Hitler zu gewinnen trachtete. Währenddessen rückte eine neue Möglichkeit in das Blickfeld der deutschen Obersten Wehrmachtführung, als die erfolgreiche Verteidigung Dakars gegen einen britisch-gaullistischen Angriff vom 23.–25. 9 Hitler dem (ihm bislang wegen seiner axiomatisch fixierten „Sieger"-Politik gegenüber Frankreich völlig fern liegenden) Gedanken etwas näher brachte, politisch auf eine Kooperation mit Vichy-Frankreich einzuschwenken, anstatt allein auf das nur fordernde Spanien zu setzen[220]. Diese Entwicklung läßt sich an einer Äußerung Jodls gegenüber seinem Stellvertreter Warlimont am 25. 9. am klarsten erkennen[221]: „Die Fragen der Kriegführung im Mittelmeer müssen in enger Verbindung mit den Vorgängen in Westafrika (Dakar) gesehen werden. Er habe bisher schon jede Gelegenheit benutzt, um den Führer von den weitgehenden Möglichkeiten zu überzeugen, die in der Ausnutzung der gemeinsamen deutschen und französischen Interessen in dem alles beherrschenden Kampf gegen England lägen." Während Hitler jedoch bisher stets „sein Mißtrauen gegen die französischen Absichten ausgedrückt habe, scheine sich neuerdings eine Wandlung in den Anschauungen des Führers vorzubereiten. Man müsse sich aber darüber klar sein, daß hiermit ein völliger Wandel in den grundlegenden Anschauungen über die Weiterführung und Zielsetzung des Krieges überhaupt verbunden sein würde". Diese durchaus zutreffende Feststellung ging erheblich weiter, als Jodl im folgenden durch den Hinweis auf Schwierigkeiten mit Italien und Spanien andeutete. Letztlich war damit die Frage aufgeworfen, ob Hitler alle Energien auf eine Niederwerfung Großbritanniens unter Zuhilfenahme aller „Partner", die dafür in Frage kamen, mit dem Ziel einer Zertrümmerung des britischen „Empire" konzentrieren, also einen „großen" Krieg in einer „Frontstellung" führen sollte, die allen seinen axiomatischen Vorstellungen und seinen weitgespannten Zielen widersprach.

Am 26. 9. fand jedenfalls Raeder, der diese Auffassung am prägnantesten vertrat, bei der Entwicklung seiner Konzeption einer deutschen Gesamtstrategie ein offeneres Ohr bei Hitler als noch drei Wochen vorher. Schon am 6. 9. hatte der Oberbefehlshaber der Kriegsmarine seine Überlegungen für eine umfassende Kriegführung gegen Großbritannien für den Fall einer Absage des Unternehmens „Seelöwe" vorgetragen[222]. Er hatte damals zum erstenmal auf

220 Über diese Wendung ausführlich Jäckel, S. 140 ff.; Geschke, S. 72 ff. — KTB Halder, Bd. II, S. 109 (23. 9. 1940): „Französischer Delegationsvorsitzender (der Waffenstillstandskommission, General Huntziger) macht unverblümt Anspielungen auf Wunsch eines Bündnisses Frankreich-Deutschland. Angelegenheit wird dem Führer vorgetragen. Großes Interesse. ‚Sache wird sehr ernst geprüft' (Antwort)."

221 KTB OKW, Bd. I, S. 88 ff.

222 Aufz. Raeders über seine Besprechung mit Hitler vom 6. 9. 1940, in: Lagevorträge des Ob. d. M.; Raeder, Bd. II, S. 246. — Diese Erwägungen spiegeln sich in vergröberter Form auch im Tagebuch Rosenbergs (Notiz vom 12. 9. 1940, S. 119): Bericht Dr. Zieglers aus Biarritz: „Alles bereit: möglicherweise Einmarsch nach Portugal, Azoren. Vorbeugung gegen mögliche amerikanisch-britische Dummheiten."

die seiner Auffassung nach „ausschlaggebende Bedeutung" einer Beherrschung des Mittelmeerraumes für die Stellung der „Zentralmächte (Deutschland, Italien) in Südosteuropa, Kleinasien, Arabien, Ägypten und im afrikanischen Raum" hingewiesen, die eine „Sicherung unbeschränkter Rohstoffquellen" mit sich bringen und eine „neue, strategisch günstige Ausgangsbasis für weitere Aktionen gegen das britische Empire" schaffen würde. Auch sah Raeder „entscheidende Schwierigkeiten für (den) britischen Zufuhrverkehr aus (dem) Südatlantik bei Fortfall Gibraltars" voraus. Als Raeder auf die Bedeutung Dakars hinwies, gegen das sich seiner Auffassung nach amerikanische Ambitionen richteten, äußerte Hitler erstmals, daß „auch die Azoren, die Kanarischen und die Kap=Verdischen=Inseln von deutsch=italienischen Kräften rechtzeitig in die Hand genommen werden müßten, um ein Festsetzen der Engländer und später auch der Amerikaner auf diesen Inseln zu verhindern"[223]. Raeder betonte abschließend, daß die Vorbereitungen für eine solche Schwerpunktbildung im Mittelmeerraum, die nicht als „Zwischenaktion", sondern als „Hauptaktion gegen England" gedacht sei, „sofort anlaufen" müßten, damit die Operationen noch vor dem „Eingreifen der USA in den Krieg", das von Raeder offensichtlich – auf die Dauer gesehen – als unvermeidbar hingenommen wurde, ausgeführt werden könnten.

War bereits in diesem Vortrag die Wahrscheinlichkeit, ja Unabwendbarkeit einer späteren Kriegsteilnahme der USA als Faktor in der Konzeption Raeders erkennbar, so fügten sich in seinem Vortrag am 26. 9., der – wie erwähnt – in einer von Hitler aus betrachtet völlig neuen Situation stattfand, Befürchtungen vor einer „vorzeitigen", d. h. vor Absicherung Afrikas eintretenden Ausweitung des Krieges im Westen mit dem Bestreben Raeders zusammen, Hitler durch die Vorlage einer in sich geschlossenen gegen Großbritannien gerichteten Kriegskonzeption von den Gedanken eines Ostfeldzuges abzulenken, von dem Raeder inzwischen Kenntnis erlangt hatte.

Die Wiederholung und eingehende Erläuterung seiner bereits am 6. 9. vorgetragenen strategischen Grundgedanken gipfelten in der Feststellung, die Briten hätten das Mittelmeer stets als „Zentrum ihrer Gesamtstellung" betrachtet. Da sie jetzt u. a. 8 ihrer 13 Schlachtschiffe dort konzentriert hätten, werde Italien der „Hauptangriffspunkt", zumal Großbritannien stets versuche, zuerst „den Schwächeren zu erdrosseln". Deshalb müsse die „Mittelmeerfrage" „im Winterhalbjahr bereinigt werden", wobei neben der Eroberung Gibraltars sowie der Kanarischen Inseln und der Gewinnung des Suez=Kanals ein Vorstoß von Ägypten über „Palästina – Syrien bis an die türkische Grenze" unternommen werden sollte. Die Türkei stünde damit „in unserer Gewalt", und das „Rußland=Problem"[224] bekäme „dann (ein) anderes Aussehen; Rußland (habe) im

223 KTB OKW, Bd. I, S. 88 ff.
224 Zu den taktischen Absichten Raeders vgl. auch Puttkamer, S. 41. Zu Hitlers Gedankenbildung hinsichtlich des Rußland=Problems eingehend unten S. 207 ff. und S. 351 ff.

Grunde Angst vor Deutschland". Es sei „fraglich, ob dann noch (ein) Vorgehen gegen Rußland von Norden her nötig sein" werde.
Auch die Sicherheit Italienisch-Ostafrikas — so fuhr Raeder fort — sei endlich gewährleistet; Italien könne im Indischen Ozean Seekrieg führen, selbst ein Angriff gegen Indien könne „fingiert" werden. Von „ausschlaggebender Bedeutung" sei aber Nordwestafrika. Dort deuteten alle Anzeichen darauf hin, daß Großbritannien mit Hilfe de Gaulles und eventuell der USA eine Operationsbasis gegen Italien aufzubauen plane, die gleichzeitig Deutschland „ein Fußfassen im afrikanischen Kolonialreich verwehren" würde. Die „voraussichtliche weitere Entwicklung des Krieges — Eintritt (der) USA in den Krieg — (nötige) Deutschland dazu . . . , seine Flotte schon jetzt aufs stärkste auszubauen, um der späteren Lage Rechnung zu tragen". Raeder wies dabei darauf hin, „daß uns bei jeder weiteren Ausweitung des Krieges und dem weiteren Hinausschreiten auf den Ozean (z. B. Frage Kanaren, Kap Verden, Azoren, Dakar, Island usw.) das Fehlen einer genügend großen Flotte hindernd entgegentrete". Wenn auch die Luftwaffe „auf solche Punkte hinüberspringen" könne, so sei doch ein Halten, das „von dem Antransport von Truppen und Material abhängig" sei, „nur mit Hilfe der Flotte" möglich[225].
Hitler „ordnete" das von Raeder Vorgetragene bereits in seinem Sinne, als er erwiderte: „Nach Abschluß des Bündnisses mit Japan (wolle) er sofort Rücksprache mit dem ‚Duce' und eventuell auch mit Franco nehmen. Er müsse (dann) entscheiden, ob (ein) Zusammengehen mit Frankreich oder Spanien (einen) größeren Vorteil biete: voraussichtlich mit Frankreich, da Spanien viel fordere (Französisch-Marokko), aber wenig biete . . . Italien werde gegen (eine) Abtretung der Dardanellen an Rußland sein[226]. Rußland aber werde er zu veranlassen suchen, energisch gegen Süden — Persien, Indien — vorzugehen, um dort den Ausweg zum Ozean zu erhalten, der für Rußland wichtiger sei als die Positionen in der Ostsee." Damit mündete für Hitler die „Peripherie"-Strategie in den Gedanken des „Kontinentalblocks", dessen Bedeutung im Rahmen der Vorstellungswelt Hitlers in unserer Darstellung schon mehrfach angeklungen ist[227], dessen Verbindung zu Hitlers Ost-Konzeption in der Situation des Herbstes 1940 später aber noch wesentlich genauer zu erörtern sein wird[228].
An dieser Stelle ist jedoch schon auf die in der kriegsgeschichtlichen Literatur und auch in geschichtswissenschaftlichen Arbeiten viel diskutierte und meist positiv beanwortete[229] Frage näher einzugehen, ob eine deutsche „Mittelmeer-

225 Das Vorausgehende nach Aufz. Raeders über seine Besprechung mit Hitler am 26. 9. 1940, in: Lagevorträge des Ob. d. M.; vgl. ferner Raeder, Bd. II, S. 246 f.
226 Zur Bedeutung dieser Bemerkung vgl. oben S. 107, Anm. 18.
227 Vgl. oben S. 158 und S. 178 f.
228 Vgl. unten S. 237 ff.
229 U. a. besonders stark bei K. Assmann: Deutsche Schicksalsjahre, S. 211 f., und R. Bogatsch: Politische und militärische Probleme nach dem Frankreich-Feldzug, S. 163 ff.; zuletzt noch F. T. Epstein in seiner Besprechung des Werkes von Ph. W. Fabry: Der Hitler-Stalin-Pakt 1939-1941 (Darmstadt 1962), in: Neue Politische Literatur 1963, S. 336 ff.

strategie", wie sie uns in der Konzeption Raeders am klarsten entgegentritt[230], eine wirkliche „Alternative" für die deutsche Kriegführung in dem Sinne bot, daß von ihrer Ausführung im Herbst 1940 eine Kriegsentscheidung gegen Großbritannien zu erwarten gewesen wäre. Bei einer Lageanalyse ist zunächst zu berücksichtigen, daß die Situation im Herbst 1940 deutlich von der im Winter 1940/41, als Italien als selbständiger politischer Faktor ausgefallen war und Hitler sich bereits auf die militärische Ost=Lösung als Kern eines umfassenden improvisierten Kriegsplans festgelegt hatte, und vor allem von der des Jahresanfangs 1942 zu unterscheiden ist. Ein militärischer Vorstoß Japans nach Südostasien und in den Raum des Indischen Ozeans bis zur Ostküste Afrikas und in den Arabischen und Persischen Golf, der in den strategischen Überlegungen Raeders nach dem Kriegseintritt der USA und Japans in einer völlig veränderten weltpolitischen Lage Anfang 1942 eine wichtige Rolle spielte[231] und seinen Vorschlägen einen wesentlich höheren Grad an Überzeugungskraft gab, war im Herbst 1940 in seine Konzeption noch nicht mit einbezogen, so daß es sich bei dieser um keinen umfassenden globalen Kriegsplan unter Berücksichtigung der Intentionen aller Großmächte handelte, sondern um einen strategischen Plan zur Fortsetzung des duellartig aufgefaßten Krieges zwischen Deutschland und Großbritannien. Sah man aber ein desinteressiertes Abseitsstehen der Sowjetunion und Japans in der Zeit des Ablaufs der vorgeschlagenen deutschen Operationen im Mittelmeerraum und in Nordafrika sowie im Vorderen Orient, so wie es Raeder tat, als wahrscheinlich an (was besonders im Falle der UdSSR keineswegs sicher war), während man das wachsende Kriegsengagement und schließlich den Kriegseintritt der USA als unabänderlich hinnahm, so war es äußerst zweifelhaft – von der politischen und militärischen Problematik einer Koalitionskriegführung mit Italien, Frankreich und Spanien (die von uns dargelegt wurde) ebenso abgesehen wie von den fragwürdigen militärtechnischen Voraussetzungen (zu erinnern ist etwa nur an den Mangel an Transportraum im Mittelmeer und an die geringe Eignung der deutschen Wehrmacht, Heer wie Luftwaffe, aber auch Marine, für eine solche Aufgabe) –, ob Großbritannien durch eine Erschütterung, ja selbst durch den Verlust seiner imperialen Position im Mittelmeerraum und im Nahen Osten wirklich friedensbereit zu machen war. Großbritannien betrachtete eben nicht das Mittelmeer, wie es Raeder – möglicherweise aus taktischen Gründen, um Hitler von seinen Ostfeldzugs=Plänen abzubringen – behauptete, als „Zentrum" seiner „Gesamtstellung". Wenn man sich die Rangordnung der strategischen Notwendigkeiten Großbritanniens vor Augen hält, die bereits in der umfassenden Planung vor Kriegsbeginn Anfang 1939 festgelegt worden war[232], deren Kerngedanke die Aufrechterhaltung der lebenswichtigen atlantischen Verbindungslinien zwischen Amerika und Großbritannien war, nicht aber die

230 Über die Abwandlung dieser Konzeption im Winter 1940/41 vgl. unten S. 341 ff.
231 KTB OKW, Bd. II, S. 5 ff.
232 Vgl. oben S. 51 f.

Bewahrung der Mittelmeerposition, die – so wichtig sie war – nur den zweiten Platz einnahm, deren zeitweiliger Verlust notfalls hingenommen werden konnte, so wird gerade auch unter Berücksichtigung des von Raeder in seinen Kalkül durchaus mit einbezogenen, ihm unvermeidbar scheinenden Kriegseintritts der USA deutlich, daß seine Mittelmeer-„Alternative" keine Kriegsentscheidung gegen Großbritannien erwarten ließ, sondern Deutschland in einen langfristigen „großen" Krieg gegen beide angelsächsischen Mächte führte, den Hitler unbedingt zu vermeiden trachtete.

2. Die USA und Japan in der Politik und Strategie Hitlers

Wie hat Hitler in der entscheidenden Phase des Krieges im Sommer 1940 die Rolle der USA gesehen? Ist er über die Konsequenzen der Grundentscheidung Roosevelts im Mai/Juni 1940[1] in der erforderlichen Klarheit von der deutschen Vertretung in Washington und den Amerika-Experten des Auswärtigen Amtes unterrichtet worden? Wie beurteilte man auf deutscher Seite die realen Möglichkeiten einer amerikanischen Hilfeleistung für Großbritannien im Vergleich zu dem am 16. 5. 1940 verkündeten Aufrüstungsprogramm mit den in der Folgezeit bekanntgewordenen, z. T. gigantischen Zahlen? Wie versuchte Hitler, möglichen Gefahren, die seiner beherrschenden Stellung in Kontinentaleuropa durch die amerikanische Politik und einen möglichen Kriegseintritt der USA – auf die Dauer gesehen – drohten, zu begegnen? Auf die Beantwortung dieser Grundfragen beschränkt sich – nach einer kurzen Vorbemerkung über Hitlers allgemeine Vorstellungen von Amerika – der folgende Abschnitt. Auf eine Darstellung der verschiedenen Einzelzüge der deutschen Amerika-Politik dieser Zeit kann dabei um so leichter verzichtet werden, als seit kurzem eine umfassende, auf gründlichem Quellenstudium beruhende Arbeit über dieses Thema vorliegt[2].
Im Gegensatz zu den seit Mitte der zwanziger Jahren axiomatisch festliegenden Vorstellungen, die sich Hitler von den europäischen Großmächten (England, Frankreich, Italien) in ihrer macht- und geopolitischen Beziehung zu einer von ihm beabsichtigten nach Osten expansiven deutschen Außenpolitik gemacht hatte, erscheint Hitlers Amerika-Bild vielfach schillernd, ambivalent[3].

1 Vgl. oben S. 95 ff.

2 S. Friedländer: Hitler et les États-Unis (1939–1941). Genf 1963; vgl. ferner J. Rohwer: Das deutsch-amerikanische Verhältnis 1939–1941. Diss. phil. (Masch.-Ms.) 1954 (nur Teil I: bis Juni 1940 reichend); auch J. Remak: Hitlers Amerika-Politik, in: Außenpolitik 1955, S. 705 ff. (Zusammenfassung der Ergebnisse der Dissertation des Autors: Germany and the United States 1933–1939. Ann Arbor [Mich.] 1955); H. J. Trefousse: Germany and American Neutrality 1939–1941. New York 1951.

3 Hierzu Friedländer, S. 15 ff.; F. T. Epstein: Germany and the United States: Basic Patterns of Conflict and Understanding, in: George L. Anderson: Issues and Conflicts. University of Cansas Press 1959, S. 284 ff.; G. L. Weinberg: Hitler's Image of the United States, in: The American Historical Review 1964, S. 1006 ff.

Während die meisten seiner öffentlichen Äußerungen und auch eine ganze Reihe von „privaten" Bemerkungen über die USA vorwiegend abwertend gehalten sind, setzte sich Hitler in seinem „Zweiten Buch"[4] auf seine Weise recht intensiv und in durchaus positiver Gesamtbewertung mit dem Problem Amerika auseinander. Dem „alten Europa" — so resümierte er in rassenideologischer Phraseologie — trete das „Amerikanertum" als „junges, rassisch ausgesuchtes Volk" entgegen. Daher werde „Nordamerika ... in der Zukunft nur der (europäische) Staat die Stirne zu bieten vermögen, der es verstanden hat, durch das Wesen seines inneren Lebens sowohl als durch den Sinn seiner äußeren Politik den Wert seines Volkstums rassisch zu heben und staatlich in die hierfür zweckmäßigste Form zu bringen ... Es ist wieder Aufgabe der nationalsozialistischen Bewegung, das eigene Vaterland selbst für diese Aufgabe auf das äußerste zu stärken und vorzubereiten[5]". Ob der hier entwickelte Gedanke, den USA einmal „die Stirne zu bieten", bei Hitler 1940/41 auf dem Höhepunkt der Macht in irgendeiner Weise in einer ganz bestimmten weltpolitischen Konstellation eine Rolle gespielt hat, wird später zu prüfen sein[6]. Abgesehen von dem auf eine solche Möglichkeit in einer späteren Zukunft — nach Durchführung seines kontinentaleuropäischen „Programms" — weisenden „Z-Plan" der Kriegsmarine[7] läßt sich vor der Niederwerfung Frankreichs im Mai-Juni 1940 kein Anhaltspunkt in der „praktischen" Politik Hitlers oder in der stets auf das Nächstliegende gerichteten exakten militärischen Planung erkennen.
Vordringlicher war für Hitler in den Jahren ab 1937, seit seinem Übergang zur „raumgreifenden" Außenpolitik, vielmehr die Frage, wie die USA auf die fortlaufende Machtsteigerung Deutschlands in Europa reagieren würden. Die deutschen Diplomaten in Washington, Botschafter Dieckhoff und sein Vertreter, Gesandter Thomsen, hatten frühzeitig vor den Folgen einer Expansionspolitik in Europa gewarnt — längst bevor die Serie von Synagogenschändungen in Deutschland im November 1938, die das deutsch-amerikanische Verhältnis weit über die dadurch ausgelöste diplomatische Krise hinaus (die mit der Rückberufung der beiderseitigen Botschafter einen empfindlichen Nachteil für Deutschland mit sich brachte) in den Grundlagen erschütterte und zu einer gesteigerten Ablehnung des nationalsozialistischen Reiches in der breiten Öffentlichkeit der USA führte[7a]. Bereits am 7. 12. 1937 — noch vor dem „Anschluß"

4 Hitlers Zweites Buch. Ein Dokument aus dem Jahr 1928. Eingeleitet und kommentiert von G. L. Weinberg. Mit einem Geleitwort von H. Rothfels. Stuttgart 1961.
5 Hitlers Zweites Buch, S. 123 ff. Zitat S. 125 und S. 130. Vgl. auch die Bemerkungen Weinbergs in der Einleitung, S. 34 f.
6 Vgl. unten S. 377 ff.
7 Vgl. dazu oben S. 35 ff.
7a Abgesehen von dem militanten Antisemitismus des „Dritten Reiches" waren es vor allem die (in den ersten Jahren nach 1933 unternommenen) Versuche der „Auslands-Organisation" der NSDAP unter Bohle, über den „Deutsch-amerikanischen Bund" Einfluß auf die Deutsch-Amerikaner zu gewinnen, die das deutsch-amerikanische Verhältnis von Grund auf belasteten (hierzu J. Remak: Friends of New Germany, the Bund and the German-American Relations, in: Journal of Modern History 1957; knapp zusammenfassend Friedländer, S. 17 f.).

Österreichs, der den Übergang zur offenen Expansionspolitik Hitlers markierte – schloß Dieckhoff seinen grundlegenden Bericht über das Problem „Amerikanische Außenpolitik – Isolation oder Aktivität?" mit den Feststellungen[8]: „Aller Voraussicht nach werden die Vereinigten Staaten zunächst noch eine im wesentlichen passive Außenpolitik treiben, solange nicht England bereit ist, selbst aktiv zu werden oder solange die Vereinigten Staaten nicht unerträglich provoziert werden bzw. Werte auf dem Spiele stehen, an deren Erhaltung die Vereinigten Staaten vital interessiert sind. Sollten diese Fälle eintreten, so werden die Vereinigten Staaten trotz aller Widerstände im Lande ihre jetzige Passivität aufgeben. In einem Konflikt, in dem es um die Existenz Großbritanniens geht, werden sie ihr Schwergewicht in die englische Waagschale legen[9]."

Auf dem Höhepunkt der „Sudetenkrise", am 12. 9. 1938, wiederholte Geschäftsträger Thomsen diesen Gedanken[10]: „Die Beziehungen Amerikas zu England sind heute viel klarer als 1914, nachdem Amerika bewußt auf die Rechte des Neutralen verzichtet und England die unumschränkte Beherrschung der Meere[11] zugestanden hat. Damit tritt die englisch-amerikanische Interessengemeinschaft eindeutig zutage ... Wenn England in einen Krieg auf Leben und Tod verwickelt wird, so wird Amerika – wie 1917 – eine Niederlage Englands mit allen Mitteln zu verhindern suchen; denn sie würde eine Verschiebung der Machtverhältnisse in Europa und Asien zur Folge haben, die Amerika unmittelbar trifft. Hierin liegt das vitale Interesse Amerikas, das es heute schon durch den Ausdehnungsdrang und Machtwillen der totalitären Staaten für bedroht hält."

8 ADAP D I, Dok. 423: Der dt. Botschafter in Washington an das AA, 7. 12. 1937, S. 533 ff.; Zitat S. 535.

9 Der deutsche Militärattaché in London, General Geyr von Schweppenburg, hatte bereits in seinem umfassenden „Abschlußbericht" vom 1. 7. 1937 die Feststellung getroffen: „Die Vereinigten Staaten sehen heute so wenig wie 1917 zu, wie England militärisch geschlagen wird. Dies zu sehen ist Realismus" (L. Geyr Frhr. von Schweppenburg: Erinnerungen eines Militärattachés. London 1933 bis 1937. Stuttgart 1949, S. 168 f.).

10 ADAP D I, Dok. 462: Der dt. Geschäftsträger in Washington an das AA, 12. 9. 1938, S. 591 ff.; Zitat S. 594. – Nach seiner Rückkehr aus Washington Anfang Dezember 1938 berichtete Dieckhoff, „daß wir damit rechnen müßten, daß die amerikanische Politik nunmehr klar darauf aus sei, Deutschland niederzuhalten, und daß die amerikanische Regierung zwar keine politischen oder militärischen Bindungen in Europa eingehen, im Falle eines europäischen Krieges aber ihr Schwergewicht in die Waagschale unserer Gegner werfen würde, um durch eine solche Unterstützung der ‚Demokratien' möglichst zu verhindern, daß Deutschland der Sieg zufällt" (so Dieckhoff in seiner zusammenfassenden Aufzeichnung über die Haltung der USA gegenüber Deutschland von 1933–1940, in: ADAP D X, Dok. 252: Aufz. des Botschafters Dieckhoff vom 29. 7. 1940, S. 287 ff.).

11 Gemeint ist die Sicherung des Atlantik und damit der Schutz der amerikanischen Ostflanke durch die britische Flotte im Rahmen der großen aufeinander abgestimmten Strategie der USA und Großbritanniens (vgl. oben S. 92 f.).

Der Wirtschaftsstab des OKW[12] unter General Thomas[13] faßte sein Urteil über die amerikanische Rüstungskapazität im Herbst 1939 wie folgt zusammen: Amerika sei
„1. bei überraschendem Kriegsausbruch nur gerade in der Lage . . . , seine Wehrmacht zu versorgen"; es benötige
„2. zur Umstellung seiner Industrie etwa ein Jahr . . . , um große Mengen von Kriegsgerät, vor allem an Flugzeugen, Panzern und Kraftfahrzeugen zu erzeugen"; es kann aber dann
„3. nach einem 1–1½jährigen Anlauf auf fast allen Rüstungsgebieten eine Leistungsfähigkeit erreichen . . . , die alle Länder weit übertrifft".
Von diesen grundsätzlichen Stellungnahmen und von den von Hitler stark beachteten Meldungen des deutschen Militärattachés in Washington, General v. Boetticher[14], vom 1. 10. und 1. 12. 1939 aus gesehen, denen zufolge zwar vor dem Spätsommer 1940 wegen der unzureichenden Land- und Luftrüstung nicht mit einem Eingreifen der USA in den Krieg zu rechnen sei, dann aber ein volles amerikanisches Kriegsengagement möglich werde[15], wird erst richtig verständlich, warum Hitler, nachdem er durch seinen Angriff auf Polen den Krieg mit den europäischen Westmächten heraufbeschworen hatte, in der Zeit bis zur Westoffensive im Mai 1940 geradezu wie von einem Alptraum beherrscht war[16], die Zeit arbeite gegen ihn; bei längerer Kriegsdauer würde mit dem Eingreifen anderer Mächte eine Situation entstehen, der Deutschland nicht gewachsen sei; daher komme es darauf an, Frankreich rasch niederzuwerfen und danach mit Großbritannien einen „Ausgleich" zu finden.
Auch ergab sich als Folgerung aus diesen Stellungnahmen der deutschen Vertreter in Washington, daß selbst eine noch so korrekte Beachtung der amerikanischen Neutralität durch Deutschland, wie sie seit Beginn des europäischen Krieges im September 1939 auf Befehl Hitlers eingehalten wurde, keine wesentliche Auswirkung auf die Haltung der USA gewinnen konnte, da die Grundlinie der amerikanischen Außenpolitik kaum mehr von den unmittelbaren zweiseitigen deutsch-amerikanischen Beziehungen, sondern im großen von dem Maß der mit jeder Ausweitung der deutschen Machtstellung in Europa wachsenden Bedrohung der Lebensinteressen Großbritanniens und damit – direkt wie indirekt – der USA bestimmt wurde.
Dennoch war es für die fortlaufende genaue Beobachtung der inneramerikanischen Verhältnisse und der verschiedenen Kräfte, die an der Formung der Außenpolitik beteiligt waren, nachteilig, daß die deutschen Interessen in Wa-

12 Im Dezember 1939 erweitert und in „Wirtschafts- und Rüstungsamt" im OKW umbenannt.
13 G. Thomas: Grundlagen, a. a. O. (ausführliche Wiedergabe in: KTB OKW, Bd. I, S. 107 E f.).
14 Zu v. Boettichers Berichterstattung und ihren Einfluß auf Hitler vgl. auch unten S. 374, Anm. 119.
15 ADAP D VIII, Dok. 172, S. 140, und Dok. 405, S. 369.
16 Vgl. oben S. 45 ff.

shington seit Dezember 1938 nicht mehr von einem Botschafter wahrgenommen wurden[17]. Eine Folge der ungenügenden Besetzung der diplomatischen Spitze der deutschen Botschaft in Washington war, daß der Militärattaché, General v. Boetticher, allein schon durch sein Dienstalter, mehr noch durch seine langjährigen Verbindungen zu den Führungsstäben der amerikanischen Wehrmacht, mit seiner den Einfluß des amerikanischen Generalstabes auf die Entscheidungen des Präsidenten stark überschätzenden Berichterstattung ein Übergewicht gegenüber der politischen Beurteilung der jeweiligen Situation durch den Geschäftsträger, Gesandter Thomsen, gewann. Das dadurch in Berlin entstehende Bild, das eine zu stark militärpolitische und strategische Tönung erhielt, konnte durch die Korrekturen des jetzt im Auswärtigen Amt tätigen Botschafters Dieckhoff nur bis zu einem gewissen Grade berichtigt werden, obwohl er sich stets bemühte, in seinen Lageanalysen, die Hitler regelmäßig vorgelegt wurden, den Primat des Politischen bei allen Entschlüssen und Entscheidungen Roosevelts nachdrücklich hervorzuheben.

Es läßt sich nicht mit letzter Bestimmtheit sagen, wie stark sich Hitler in den entscheidenden Monaten 1940/41 durch die ihm gleichfalls zugeleiteten Berichte v. Boettichers, der die grundsätzlichen Motive Roosevelts nicht in der gleichen Klarheit wie Dieckhoff erfaßte, sondern die militärischen Argumente des amerikanischen Generalstabes in den Vordergrund seiner Berichterstattung rückte, bei seinen Gesamtkriegsplanungen mit bestimmen ließ. Nachdem sich v. Boettichers Berichterstattung vom Herbst 1939 als zu pessimistisch herausgestellt hatte, da im Frühsommer 1940 offenkundig wurde, daß die USA entgegen seinen damaligen Meldungen noch nicht kriegsbereit waren, ging v. Boetticher nun zu einer, im ganzen gesehen, zu optimistisch gefaßten Berichterstattung über. Aber selbst wenn — dies schränkt das viel diskutierte und überschätzte Problem wieder ein — sich Hitler weniger auf die politischen Berichte und Analysen Dieckhoffs verlassen hätte (was nicht generell behauptet werden kann), sondern sich mehr auf die Angaben v. Boettichers gestützt hätte, mußte sich für ihn aus den Meldungen des Militärattachés seit Mitte Mai 1940 ergeben, daß bei einer Fortdauer des Krieges ab Mitte 1941 mit einem militärisch stark aufgerüsteten Amerika als Faktor der Weltpolitik zu rechnen war, dessen unmittelbare Kriegsbereitschaft v. Boetticher nun in dem Zeitraum zwischen Mitte 1941 und Mitte 1942 schwankend angab. Was eine Gegnerschaft der USA für ihn bedeutete, hat Hitler jedenfalls — dies ist nachdrücklich zu betonen[18] — frühzeitig erkannt, ohne daß er allerdings das gewaltige Ausmaß einer Entfaltung der politischen und militärischen Kräfte der

17 Der bei Kriegsbeginn vorgetragene, von Staatssekretär Frhr. v. Weizsäcker unterstützte Gedanke Dieckhoffs, ihn wieder auf seinen Botschafterposten nach Washington zurückzusenden, auch wenn die amerikanische Regierung ihrerseits nicht bereit war, ihren Botschafter wieder nach Berlin zu schicken, wurde von Ribbentrop am 23. 9. 1939 abgelehnt (vgl. hierzu ADAP D VIII, Dok. 56: Aufz. des Staatssekretärs Frhr. v. Weizsäcker, 12. 9. 1939, S. 41 f. nebst Anm. 1).

18 Die Studie von S. Friedländer, a. a. O., belegt dies im einzelnen.

USA voraussah. Hitlers politische und strategische Überlegungen konzentrierten sich daher seit der umfassenden Lageanalyse und der daraus erwachsenen Gesamtkriegskonzeption Ende Juli 1940[19] auf das Problem, auf welche Weise eine Änderung der Politik Roosevelts erreicht werden konnte, deren Konsequenz alles bisher von Hitler in Europa Erreichte wieder in Frage zu stellen drohte.

Die Linie der Politik des amerikanischen Präsidenten hatte sich aus der Berichterstattung der deutschen Vertretung in Washington seit Anfang Mai 1940 ablesen lassen. Der erste größere Bericht Thomsens nach Beginn der Westoffensive, vom 14. 5. 1940, hatte stark den Ernst der Situation betont: Zwar sei ein baldiges militärisches Engagement der USA nicht zu befürchten; aber die Verschärfung der amerikanischen Haltung gegenüber Deutschland sei eklatant[20]: „Die Kriegsausweitung auf Holland und Belgien ... hat auf (die) amerikanische Regierung und die amerikanische Öffentlichkeit einen tiefen Eindruck gemacht und, wie es hier formuliert wurde, den moralischen und politischen Boden, auf dem wir uns in Amerika bewegen können, so verengt, daß nur noch ein Seiltänzer darauf balancieren kann." Allein die Schnelligkeit der militärischen Operationen in Westeuropa, die Wahlkampfsituation in den USA und „die im Vergleich zu seinen wirtschaftlichen Kräften und der moralischen und politischen Bedeutung dieses Kontinents unzulängliche militärische Vorbereitung und Rüstung" verhinderten „eine entscheidende großzügige militärische Unterstützung der Alliierten".

Demgegenüber vertrat der Militärattaché, General v. Boetticher, trotz des in der Sonderbotschaft des Präsidenten Roosevelt vom 16. 5. 1940 angekündigten umfassenden Aufrüstungsprogramms[21] einen wesentlich optimistischeren Standpunkt als in seinen Stellungnahmen vom Herbst 1939[22]. In seiner „militärpolitischen Lagebeurteilung" vom 16. 5.[23], die seine Schlußfolgerungen aus der Botschaft Roosevelts an den Kongreß enthielt, führte er an, daß die „Amerikaner ... jetzt selbst zugeben (müßten), daß sie vor Mitte 1941 weder mit ausreichendem Heer noch einigermaßen ins Gewicht fallender Luftwaffe eingreifen können und daß sie 1940 selbst bei größten Anstrengungen nicht fähig sein werden, Flugzeuge an die Alliierten in solchem Maße zu liefern, daß das Stärkeverhältnis entscheidend beeinflußt wird". Am 24. 5. steigerte sich der Optimismus des Militärattachés, der wohl die damaligen Stellungnahmen der führenden amerikanischen Militärs kannte, nicht aber die Entschlossenheit Roosevelts richtig beurteilte[24], schon fast zu einem Wunschdenken, als er be-

19 Vgl. dazu unten S. 223 ff.
20 ADAP D IX, Dok. 243: Der dt. Geschäftsträger in Washington an das AA, 14. 5. 1940, S. 276 f.
21 Vgl. oben S. 95 f.
22 Vgl. oben S. 195.
23 ADAP D IX, Dok. 254: Die dt. Botschaft in Washington an das AA, 16. 5. 1940, S. 286 ff.
24 Vgl. oben S. 95 ff.

richtete, „man" beginne sich bereits „mit einer Niederlage Frankreichs und einer Niederwerfung Englands, ja vielleicht einer Zertrümmerung des eng=lischen Reiches" abzufinden. Roosevelt solle „bereits seine höchsten wirtschaft=lichen Ratgeber mit der Ausarbeitung von Wirtschaftsplänen beauftragt haben, die einen möglichen Sieg Deutschlands berücksichtigen[25]".

Die Rede des Präsidenten vom 10. 6.[26] sowie die aus „zuverlässiger" Quelle stammende, den entscheidenden Punkt, Roosevelts Entschlossenheit zum En=gagement zugunsten Großbritanniens, klar heraushebende Information über den außenpolitischen Kurs der USA, die der deutsche Geschäftsträger in Wa=shington am 11. 6. an das Auswärtige Amt weitergab[27], führten dann schnell wieder zu den Realitäten zurück. Der Versuch Hitlers, mit dem Karl von Wie=gand am 13. 6. 1940 gewährten Interview[28], anknüpfend an den während des Besuchs des Unterstaatssekretärs Sumner Welles in Berlin am 1. 3. 1940 ent=wickelten Gedanken einer „deutschen Monroe=Doktrin" für Europa[29], den in dieser Zeit wachsenden isolationistischen Tendenzen in den USA durch eine Theorie der getrennten „Großräume" und Interessensphären eines deutsch=beherrschten Europa und des Doppelkontinents Amerika unter dem Schlagwort „Amerika den Amerikanern, Europa den Europäern" weiteren Auftrieb zu geben und Roosevelt größere innenpolitische Schwierigkeiten zu bereiten, um ihn von seinem außenpolitischen Kurs abzubringen, erwies sich nach vorüber=gehenden Illusionen und einer kurzen Unklarheit in der Beurteilung der Situa=tion in den USA[30] bald als Fehlschlag[31]. Dies wurde vollends mit der Rede

25 ADAP D IX, Dok. 311: Die dt. Botschaft in Washington an das AA, 24. 5. 1940, S. 347 ff.

26 Vgl. oben S. 96.

27 ADAP D IX, Dok. 413: Der dt. Geschäftsträger in Washington an das AA, 11. 6. 1940, S. 450 f.

28 Monatshefte für Auswärtige Politik 1940, S. 533 ff.; New York Journal Ameri=can, 14. 6. 1940. — Vgl. auch oben S. 146.

29 ADAP D VIII, Dok. 640: Aufz. über die Unterredung Ribbentrop=Sumner Wel=les, 1. 3. 1940, S. 646 ff., besonders S. 648. — Zum Problem eingehend L. Gruch=mann: Nationalsozialistische Großraumordnung. Die Konstruktion einer „deut=schen Monroe=Doktrin". Stuttgart 1962, besonders S. 11 ff. („Der außenpolitische Hintergrund").

30 Vgl. unten S. 217: Hitlers Lagebeurteilung am 21. 7. 1940. — Am deutlichsten kamen die Illusionen, aber auch mögliche künftige Sorgen in dem Bericht des dt. Geschäftsträgers in Washington Thomsen vom 4. 7. 1940 (ADAP D X, S. 100 f.) zum Ausdruck. Einerseits meldete er: „Bevorstehende Niederlage Englands wird kaum mehr bezweifelt. Interventionspolitik Roosevelts auf lange Sicht damit ad absurdum geführt. Täuschung über Zeitfrage entwertet seine Kandidatur (als Präsidentschaftskandidat der Demokraten). Falls Krieg vor November=Wahltermin beendet ist, ist auch Roosevelt erledigt." Andererseits wies er klar darauf hin: Roosevelt „ist fest davon überzeugt, daß die große Auseinandersetzung zwischen Deutschland und Amerika kommen muß, und er wird im Falle seiner Wiederwahl das Seinige dazu beitragen, um den Konflikt herbeizuführen".

31 Über die Verbreitung des Wiegand=Interviews in den USA vgl. ADAP D X, Dok. 39: Der dt. Geschäftsträger in Washington an da AA, 27. 6. 1940, S. 34. — Äußerungen amerikanischer Persönlichkeiten und der amerikanischen Presse zur

Roosevelts vom 19. 7. deutlich, die Botschafter Dieckhoff im Auswärtigen Amt am 21. 7. als klare Kampfansage an Deutschland analysierte[32]: „Noch nie hat Roosevelt in einer Rede oder sonstigen Verlautbarung so nackt und unverhüllt über die Ziele und Absichten seiner Außenpolitik gesprochen ... Mit fanatischem Haß erklärt der Präsident die totalitären Staaten als ‚den Feind' ... Es soll verhütet werden, daß England einlenkt; der Widerstand Englands soll gestärkt und der Krieg soll fortgeführt werden[33]." Dieckhoffs für Hitler bestimmte zusammenfassende Aufzeichnung über die amerikanische Politik gegenüber Deutschland in den Jahren 1933 bis 1940 vom 29. 7. 1940[34] mündete in die Feststellung, daß es Roosevelts „letztes Ziel" sei, „die Führung der ‚demokratischen' Kräfte im Kampf gegen Deutschland zu übernehmen[35]".
Hitler war sich nun darüber im klaren, daß, wenn der Krieg im Westen fortdauerte, Roosevelt zu einem ihm psychologisch wie militärtechnisch möglichen Zeitpunkt Amerika voll an die Seite Großbritanniens führen würde, das seine stärksten Hoffnungen auf die USA richtete. Am 21. 7. war sein Urteil auf Grund der widerspruchsvollen Meldungen noch unsicher gewesen, wie seine Äußerungen in der Besprechung mit Generalfeldmarschall v. Brauchitsch erkennen ließen[36]. Am 31. 7. sprach er dagegen vor den Spitzen von OKW und OKH offen aus[37]: „Englands Hoffnung ist Rußland und Amerika[38]." Es war

Möglichkeit eines „modus vivendi" zwischen einem deutsch-beherrschten Kontinentaleuropa und Amerika führt Friedländer, S. 112 f., an.

33 Vgl. auch KTB der Skl., Teil A, 24. 7. 1940: „Aus einem Bericht des deutschen Generalkonsuls in Chicago geht hervor, daß die Rede Roosevelts ... als schärfste Kampfansage gegen Deutschland gewertet werden muß. Seine eindeutige Absicht geht dahin, England den Rücken zu stärken, gegenüber jeder Kompromißbereitschaft ... es zum Aushalten zu bewegen, um den Krieg solange durchzuführen, bis der heute militärisch noch nicht mögliche Kriegseintritt der USA erfolgen kann." Ebda., 25. 7. 1940: „Hearst-Presse: die Haltung der USA gegenüber Großbritannien entspräche durchaus der Haltung Italiens" (vor dem 10. 6. 1940). „In einem Jahr" sei mit einem Eingreifen der USA in den Krieg zu rechnen.

32 ADAP D X, Dok. 199: Aufz. des Botschafters Dieckhoff, 21. 7. 1940, S. 213 f. — Thomsen und v. Boetticher wiesen in ihrem Telegramm vom 20. 7. darauf hin, daß in Roosevelts Rede vom 19. 7. „militärisch am wichtigsten die Wendung (gewesen sei), die eine friedliche Verständigung oder auch nur einen Kompromiß mit dem neuen Deutschland ablehnt" (ADAP D X, Dok. 195, S. 209).

34 ADAP D X, Dok. 252: Aufz. des Botschafters Dieckhoff, 29. 7. 1940, S. 287 ff.

35 Ebda., S. 296.

36 KTB Halder, Bd. II, S. 30 (22. 7. 1940): Hitler zu v. Brauchitsch am 21. 7.: „Gründe für Fortsetzung des Krieges durch England: 1. Hoffnung auf Umschwung in Amerika: (Roosevelt unsicher, Industrie will nicht investieren. England läuft Gefahr, die Stellung als erste Seemacht an Amerika abzugeben); 2. Hoffnung auf Rußland ..."

37 KTB Halder, Bd. II, S. 49 (31. 7. 1940). Über die Bedeutung dieser Gedanken für die Ostkriegsplanungen Hitlers vgl. unten S. 223 ff., für die Gesamtstrategie unten S. 273 ff.

38 Vgl. dazu auch KTB der Skl., Teil A, 24. 7. 1940: „Aus allen englischen Äußerungen und Maßnahmen ist ersichtlich, daß die Engländer alles daran setzen wollen, um den kommenden Winter zu überbrücken, da sie fest mit einem Eingreifen der USA Anfang 1941 rechnen."

für die gesamte weitere Politik und Strategie Hitlers entscheidend, daß er keinerlei Möglichkeit sah und auch tatsächlich keine besaß, von seiner durch den Westfeldzug erweiterten, aber immer noch viel zu schmalen Basis in Kontinentaleuropa gegen die USA Entscheidendes auszurichten. (Selbst auf dem Höhepunkt des japanischen Siegeszuges um die Jahreswende 1941/42 – nach der Zerschlagung der amerikanischen Pazifikflotte – gab Hitler immer noch zu [oder besser angesichts des Scheiterns seines Gesamtkriegsplanes[39]: bereits wieder[40]]: „Wie man die USA besiege, wisse er noch nicht.")
Es blieb Hitler stets nur die Möglichkeit der indirekten „Ausschaltung" der USA. Am 31. 7. lief sein machtpolitischer Kalkül auf die Folgerung hinaus: „Wenn Hoffnung auf Rußland wegfällt, fällt auch Amerika weg, weil Wegfall Rußlands eine Aufwertung Japans in Ostasien in ungeheurem Maß folgt[41]." Ohne auf die ganze Fragwürdigkeit dieser Kurzschlußkette hier näher einzugehen, ergibt sich doch in eindringlicher Weise aus dieser Kalkulation, daß die USA in den Mittelpunkt der Gesamtkriegsstrategie Hitlers gerückt waren.
Allerdings glaubte er bei seinen Überlegungen auf Grund der Berichte des Militärattachés in Washington und anderer „Experten" nunmehr mit längeren Fristen als bisher für die amerikanische Kriegsbereitschaft rechnen zu können. Hitler hielt sich durchaus innerhalb der ihm mitgeteilten Zeitgrenze, als er am 2. 8. durch den Chef OKW, Generalfeldmarschall Keitel, dem Chef des Wirtschafts- und Rüstungsamtes im OKW, General Thomas, mitteilen ließ, daß als Grundlage für die weiteren Rüstungsplanungen u. a. die Möglichkeit mit einbezogen werden müsse, daß „im Jahre 1941 ein Eingreifen der USA in Frage kommen kann"[42]. Hitler konnte sich bei seiner Beurteilung der Gesamtlage auch auf eine Analyse des neuen amerikanischen Rüstungsprogramms durch die Abteilung „Fremde Heere West" des Generalstabes des Heeres stützen[43]. Sie war zu dem Ergebnis gekommen, daß mit einem beträchtlichen Anwachsen der Kapazität der amerikanischen Rüstungsproduktion nicht vor Frühjahr 1941 und mit einer Bereitstellung der Ausrüstung für eine Armee von 1 Million Mann nicht vor Sommer 1941 zu rechnen sei. Daher könne eine moderne amerikanische Armee erst ab Mitte 1942 in Europa eingesetzt werden. v. Boetticher bestätigte am 7. 8. die Schlußfolgerungen des OKH, fügte allerdings hinzu, daß das Jahr 1941 bereits den Beginn einer beachtlichen Ausweitung der Flug-

39 Vgl. hierzu unten S. 553 f.
40 Aufz. übr die Unterredung Hitler-Oshima, 3. 1. 1942, in: Jacobsen: 1939/1945, S. 290.
41 KTB Halder, Bd. II, S. 49 (31. 7. 1940).
42 KTB OKW, Bd. I, S. 968 f. Für den Zusammenhang, in dem diese Mitteilung zu sehen ist, vgl. unten S. 223 ff. und S. 260 ff.
43 „Kurze Zusammenstellung über das Heer der USA", Generalstab des Heeres/Fremde Heere West, 5. 7. 1940, in: US National Archives (zit. bei Friedländer, S. 115).

zeugproduktion und der Rüstungsindustrie sowie eine wachsende „Ausschöpfung" des gewaltigen Kräftepotentials der USA bringen werde[44].
Die Verkündung des Militärpflichtgesetzes durch Roosevelt am 15. 9. führte den deutschen Militärattaché nicht zu einer Änderung seiner Zeitangaben. Doch wurde der Ton seiner Berichterstattung ernster: „Es ist nicht vor Frühjahr 1941 in der Rüstungsindustrie und nicht vor Anfang 1941 in der Flugzeugindustrie mit einem starken, dann im Sommer 1941 steiler werdenden Ansteigen der Leistungen für (die) amerikanischen Rüstungen und dabei (die) Versorgung Englands zu rechnen. Ebenso bleibt es bei meiner früheren Meldung, daß das Jahr 1941 auf Grund der jetzt zur Durchführung kommenden personellen und materiellen Anlaufmaßnahmen auch sonst eine ständig steigende Entwicklung der gewaltigen potentiellen Rüstungskräfte und eine umfassende Steigerung der Kriegsbereitschaft der Vereinigten Staaten auf allen Gebieten bringen wird[45]."
Während die amerikanischen Kriegsmateriallieferungen an Großbritannien in den Monaten Juli und August 1940 auf deutscher Seite wenig Beachtung fanden[46], wirkten die seit dem 6. 8.[47] eintreffenden Nachrichten über den amerikanischen Plan, 50 Zerstörer an Großbritannien gegen die Einräumung von Stützpunkten in den britischen Besitzungen in der „westlichen Hemisphäre" abzutreten, und noch mehr die Ergebnisse der Begegnung zwischen Roosevelt und dem kanadischen Ministerpräsidenten Mackenzie King am 17. 8. alarmierend. Vom deutschen Geschäftsträger in Washington wurde die britisch-kana-

44 Der dt. Militärattaché in Washington an das AA, 7. 8. 1940 (Staatssekretär: Akten betr. USA, Polit. Archiv des AA, Bonn). Im KTB OKW (Bd. I, S. 25, unter dem 12. 8. 1940) wie folgt zusammengefaßt: „General v. Boetticher meldet, vor Mitte 1941 keine Verwendung der amerikanischen Wehrmacht außerhalb der Heimat möglich."

45 Der dt. Militärattaché in Washington an das AA, 19. 9. 1940 (Staatssekretär: Akten betr. USA, Polit. Archiv des AA, Bonn).

46 Mit Recht bezweifelt wurde auf deutscher Seite die Ankündigung des britischen Ministers für Flugzeugproduktion Lord Beaverbrook vom 24. 7. 1940, daß die britische Regierung „einen Plan für die sofortige Produktion von Flugzeugen auf englische Rechnung von insgesamt 3 000 pro Monat finanzieren würde", obwohl der amerikanische Finanzminister Morgenthau dies am 25. 7. bestätigte (vgl. hierzu ADAP D X, Dok. 288, S. 339 f. mit Anm. 6). — Nach Mitteilung des WiRüAmtes an das OKW vom 31. 10. 1940 sollten von den USA im Juli etwa 100, im August 1940 etwa 250 Flugzeuge an Großbritannien geliefert worden sein, im ersten Kriegsjahr (September 1939 — August 1940) insgesamt 743 (KTB OKW, Bd. I, S. 140). Nach einer Zusammenstellung des amerikanischen Handelsministeriums vom 25. 10. 1940 wurden im ersten Kriegsjahr tatsächlich 743 Flugzeuge an Großbritannien geliefert, und zwar im April 1940: 23, im Mai 1940: 19, im Juni 1940: 97, im Juli 1940: 173, im August 1940: 278. Daß die Zahl zunächst nicht — wie man es erwarten sollte — rapide weiter anstieg, zeigt die Angabe für November 1940: 190 Flugzeuge. — Einzelheiten über die von verschiedenen deutschen Stellen gesammelten Nachrichten über die Rüstungsproduktion der USA und die Lieferungen an Großbritannien bei Friedländer, S. 115 f.

47 ADAP D X, Dok. 312: Staatssekretär Frhr. v. Weizsäcker an die dt. Botschaft in Washington, 8. 8. 1940, S. 363 f.

dische Vereinbarung über die gemeinsame Verteidigung[48] mit der Feststellung kommentiert, daß die USA „als ‚nonbelligerent' im Verhältnis zu England" nun die „gleiche Stellung einnähmen wie seinerzeit Italien zu Deutschland". „Immer deutlicher" zeichne sich ein „bündnisähnliches Verhältnis der USA zu England und Kanada" ab[49]. Die USA würden „– unter Roosevelt – alles tun, um Englands Widerstandskraft zu stärken, uns zu schaden, sich selbst zu rüsten und es uns zu überlassen, aus seinem Verhalten die Konsequenzen zu ziehen[50]". Das stärkere amerikanische Interesse am atlantischen Vorfeld, das in der Errichtung von Konsulaten in Island, Grönland, in den französischen Besitzungen in Amerika, St. Pierre, Miquelon und Martinique, sowie schließlich in Dakar in der Zeit von April bis August 1940 zu erkennen war, wurde von den deutschen Vertretern in Washington am 14. 8. als Ausdruck des „amerikanischen Imperialismus im Atlantischen Ozean" gedeutet[51]. Hinzu kam, daß die noch Ende Juni als „ausgesprochen kühl" bezeichneten Beziehungen zwischen den USA und der Sowjetunion sich seit Anfang August erheblich zu verbessern schienen am 11. 8. berichtete Gesandter Thomsen[52], daß sich ein „Umschwung" in der amerikanischen Außenpolitik seit Verkündung der „Großostasien"-Politik der neuen japanischen Regierung Konoye abzeichne, die auf eine „erhebliche Versteifung gegenüber Japan und ein wohlwollendes Einlenken gegenüber Rußland" hinauslaufe. Die Entwicklung erschien dem deutschen Geschäftsträger in Washington um so beachtlicher, als sich die amerikanisch-sowjetischen Beziehungen sei der „deutsch-sowjetischen Annäherung in einem solchen Maße verschlechtert hätten, daß die ‚New York Times' sie noch zwei Wochen zuvor anläßlich der scharfen Erklärung des Unterstaatssekretärs Sumner Welles vom 23. 7. zur Angliederung der drei Baltischen Staaten an die UdSSR als auf ‚einem neuen Tiefstand'" angesehen hätte, „wie er seit 1933 noch nicht wieder verzeichnet worden" sei[53]. Wenn auch angesichts der heftigen Kritik an der amerikanischen Haltung in der Frage der Baltischen Staaten, die in Stellungnahmen des Botschafters Umanskij in Washington zum Ausdruck kam, eine schnelle Verbesserung des amerikanisch-sowjetischen Verhältnisses auf deutscher Seite nicht befürchtet zu werden brauchte, so vermerkten doch auch spätere Berichte des deutschen Geschäftsträgers in der amerikanischen Hauptstadt, daß die Bemühungen der Regierung Roosevelt um eine schrittweise Entspannung in den Beziehungen zur Sowjetunion beharrlich fortgeführt würden[54].

48 Vgl. oben S. 100.
49 ADAP D X, Dok. 362: Der dt. Geschäftsträger in Washington an das AA, 18. 8. 1940, S. 418 f.
50 ADAP D X, Dok. 362, S. 419.
51 ADAP D X, Dok. 342, 14. 8. 1940, S. 395 f.
52 ADAP D X, Dok. 327: Der dt. Geschäftsträger in Washington an das AA, 11. 8. 1940, S. 382 f.
53 Erklärung Sumner Welles' in: Department of State, Bulletin, 1940, vol. III, S. 48; Leitartikel von B. D. Hulen in der „New York Times" vom 24. 7. 1940.
54 ADAP D X, Dok. 379: Der dt. Geschäftsträger in Washington an das AA, 23. 8. 1940, S. 436.

Der seit den ersten Augustwochen anscheinend drohenden Gefahr einer größeren und rascheren Wirksamkeit der amerikanischen Unterstützung für Großbritannien, als bisher angenommen worden war, und des Übergangs von bisher noch begrenzten Bindungen der USA an Großbritannien zu einer vollen britisch-amerikanischen Militärallianz galt es für Hitler nun noch im Jahre 1940, und zwar möglichst vor den amerikanischen Präsidentschaftswahlen, durch einen effektvollen politischen Schachzug entgegenzutreten. Den Knoten durch eine Zerschlagung der Sowjetunion militärisch zu zerhauen, wie es Hitler in seiner Kurzformel am 31. 7. als die seiner Auffassung nach durchschlagendste Lösung umrissen hatte[55], war in der verbleibenden knappen Zeit ausgeschlossen, da ein Feldzug gegen die Sowjetunion im Herbst 1940 militärtechnisch undurchführbar war[56]. Dies bedingte eine erneute Änderung der politisch-strategischen Konzeption; denn anders als in Hitlers Überlegungen am 31. 7., denen zufolge sich das zur „Re-Neutralisierung" der USA notwendige größere machtpolitische Gewicht Japans aus der Zerschlagung der Sowjetunion gleichsam „sachlogisch" ergeben würde, mußte nun auf diplomatisch-politischem Wege eine „Aufwertung" Japans erreicht werden: durch Abschluß eines möglichst spektakulär wirkenden deutsch-japanischen Bündnisses und durch die damit verknüpfte politische Entspannung zwischen Japan und der Sowjetunion, nach Möglichkeit verbunden mit einer friedlichen Lösung des China-Konflikts durch deutsche oder sowjetische Vermittlung, damit die potentielle Bedrohung der USA im Pazifik und in Ostasien auch überzeugend wurde. Das hieß aber konsequenterweise, daß Hitler selbst jetzt auf eine politische Lösung des Rußland-Problems zusteuern mußte[57], sollte das Ganze nicht gleich wieder in Frage gestellt werden.

Der Zweck des angestrebten deutsch-japanischen Bündnisses aus deutscher Sicht aber war, wie Ribbentrop später treffend formulierte[58], daß durch den Pakt „unter Umständen die USA neutralisiert und England isoliert werden könnten, um dann auf dieser Basis doch noch zu einem Kompromißfrieden (mit Großbritannien) zu kommen", um, so darf man im Sinne Hitlers ergänzen, dann in der immer schon erhofften, nun erreichten „richtigen" Mächtekonstellation den entscheidenden Griff nach den eigentlichen Kriegszielen im Osten tun zu können. Mit anderen Worten: das drohende Eingreifen der USA in den Krieg im Westen, den Hitler mit den ihm zur Verfügung stehenden Mitteln nicht beenden konnte, zwang ihn, eine weltpolitische Zwischenlösung anzustreben, um die strategischen Voraussetzungen für seine Ost-Pläne, die er durch die Niederwerfung Frankreichs im Westfeldzug im Mai-Juni 1940 be-

55 Vgl. oben S. 200.
56 Hierzu unten S. 222 f.
57 Vgl. unten S. 237 ff.
58 IMT, Bd. X, S. 334. Sommer (S. 429) vertritt auf Grund eingehender Analyse der deutschen und japanischen Quellen die These, daß Ribbentrops Aussage in Nürnberg zutreffend ist und die deutsche Zielsetzung am besten wiedergibt. Ihm schließen wir uns hierbei voll an.

reits erreicht zu haben glaubte, die nun aber durch die von den USA ausgehende Bedrohung seiner kontinentaleuropäischen Position wieder in Frage gestellt wurden, zu sichern oder überhaupt erst endgültig zu schaffen.
Wie stets, wenn es Hitler auf einen raschen, durchschlagenden Erfolg einer politischen Mission ankam, so entsandte er auch in diesem Falle einen Sonderemissär in die Hauptstadt des begehrten Partners, nachdem er sich um den 10. 8. herum entschlossen hatte, auf die bisher bewußt übersehenen Kontaktversuche der japanischen Regierung einzugehen[59]. Der Auftrag an den Gesandten Stahmer lautete, wenn irgend möglich ein präventives Defensivbündnis mit Japan zustande zu bringen, das die USA durch die Drohung eines Zweiozeankrieges im Pazifik und im Atlantik von einem Kriegseintritt und einem vollen Engagement zugunsten Großbritanniens in Europa zurückhalten sollte.
Der Verlauf der Verhandlungen des Sondergesandten Stahmer (der am 23. 8. von Berlin über Moskau abflog und am 7. 9. in Tokio eintraf) mit dem japanischen Außenminister Matsuoka, die hintergründige Verhandlungsführung auf japanischer Seite sowie die unterschiedlichen Absichten, Erwartungen und Illusionen der Partner des — schließlich infolge der durchpeitschenden Verhandlungstaktik der deutschen Seite schon am 27. 9. 1940 in Berlin unter starker propagandistischer Aufmachung unterzeichneten — „Dreimächtepaktes" sind in den letzten Jahren gründlich untersucht worden und haben eingehende Darstellungen und Analysen gefunden[60]. Wir beschränken uns im Folgenden auf das für den Zusammenhang der Politik und Strategie Hitlers Wesentliche.
Während es der deutschen Seite im Grunde nur auf den Effekt des Paktabschlusses auf die USA ankam, ging es der japanischen Regierung neben der erstrebten Verbesserung ihrer Beziehungen zur Sowjetunion als politischer Voraussetzung für die Verwirklichung ihrer Süd-Pläne[61] vor allem um die Anerkennung der japanischen „Vorherrschaftsstellung in ganz Ostasien einschließlich der Südsee" zunächst durch die Partner Deutschland und Italien, dann aber auch — und dazu sollte der „Dreimächtepakt" vom japanischen Standpunkt aus entscheidend beitragen — durch die USA. An eine gemeinsame Kriegführung wurde während der Verhandlungen ernsthaft auf keiner Seite der Gesprächspartner gedacht. Die japanische Marineführung, die die meisten Vorbehalte beim Paktabschluß machte, besaß zu diesem Zeitpunkt — im Gegensatz zu einem Jahr später — noch nicht das „Selbstvertrauen, die Vereinigten Staaten zur See schlagen zu können[62]". Premierminister Konoye wie Außenminister Matsuoka hofften vielmehr, der Pakt werde überhaupt nicht zum Kriege, sondern zur Verbesserung des japanischen Verhältnisses zu den USA und zu einem japanisch-amerikanischen „modus vivendi" führen.

59 Vgl. oben S. 125 f.; eingehend Sommer, S. 349 ff.
60 Sommer, S. 377 ff.; Presseisen, S. 256 ff.; Jones, S. 195 ff.; Butow, S. 161 ff.
61 Vgl. oben S. 119 ff.
62 Sommer, S. 403 (in dem Beschluß der Liaison-Konferenz vom 5. 9. 1940 wurde ausdrücklich festgestellt, daß ein Konflikt mit den USA unbedingt zu vermeiden sei).

Der von Japan angestrebte autarke „Großraum" wurde in dem Entwurf der geheimen Verhandlungsrichtlinien für Matsuoka wie folgt umrissen: „Die früheren deutschen Inseln unter Mandatsverwaltung, Französisch-Indochina und die pazifischen Inseln (Frankreichs), Thailand, Britisch-Malaya, Britisch-Borneo, Niederländisch-Ostindien, Burma, Australien, Neuseeland, Indien etc., mit Japan, der Mandschurei und China als Rückgrat[63]." Das engere japanische Kabinett beschloß jedoch am 4. 9., in den Verhandlungen mit Deutschland als Süd-Gebiet nur den Raum „von Burma ostwärts einschließlich Holländisch-Indien und von Neu-Kaledonien nordwärts" zu bezeichnen und „für die unmittelbare Zukunft" einer Einbeziehung Indiens in den der Sowjetunion zugedachten „Großraum" zuzustimmen[64]. Auch in Französisch-Indochina und in Niederländisch-Indien — so wollte man der deutschen Seite versichern — werde sich Japan vorerst auf eine politische und wirtschaftliche Vorherrschaft beschränken, also auf eine militärische Besetzung verzichten.

Unabhängig von deutschen politischen Anregungen, wohl aber anknüpfend an Ideen der geopolitischen Schule Karl Haushofers, hatte die japanische Regierung als „theoretische" Grundlage des gesamten Paktes die Konzeption von den vier „Großräumen" Ostasien-Südsee, Sowjetunion-Mittelasien, Europa-Afrika und Amerika entwickelt, wobei die Sowjetunion in Richtung auf den Persischen Golf und auf Indien abgelenkt werden sollte, wo sie „geringe Wirkung auf die Interessen Japans, Deutschlands und Italiens" habe[64a]. Der Gedanke einer allgemeinen Südexpansion der vier Mächte traf sich mit Vorstellungen, deren Verwirklichung von Ribbentrop ansatzweise bereits im September 1939 in dem Plan eines „Viererblocks" politisch versucht und die von General Jodl im Januar 1940 in ihren strategischen Möglichkeiten durchdacht worden waren[65]. Diese Konzeption galt es jetzt auf die neue weltpolitische Situation anzuwenden und weiterzuentwickeln, wenn man in die Verhandlungen mit der Sowjetunion eintrat[66]. Kennzeichnend für die politische Haltung Japans und die Atmosphäre, in der die Verhandlungen stattfanden, waren die Stimmen des Mißtrauens, die während der Sitzungen des japanischen Ministerrats laut wurden, vor allem auch Äußerungen, die die Furcht vor einem „Ausgleich" zwischen Deutschland und Großbritannien als Motiv für die Notwendigkeit Japans zum Paktabschluß angaben[67]. Entscheidend waren indessen die Einschränkungen, die die in Artikel III klar ausgesprochene Bündnisautomatik[68] in zweifacher Weise erfuhr. Weit über die „relativ minimale Einengung" hin-

63 Deutsche Übersetzung des im Tokioter Kriegsverbrecher-Prozeß vorgelegten englischen Textes nach Sommer, S. 391.

64 Sommer, S. 391.

64a Sommer, S. 392.

65 Vgl. oben S. 42 f.

66 Vgl. unten S. 237 ff.

67 Sommer, S. 424. — Die Furcht vor einem deutsch-britischen Arrangement bestand auf japanischer Seite bis weit in die Zeit des Pazifik-Krieges hinein.

68 In Artikel III des „Dreimächtepaktes" vom 27. 9. 1940 hieß es: Deutschland, Italien und Japan „übernehmen ferner die Verpflichtung, sich mit allen poli-

aus, die sich aus den geheimen Zusatzabkommen ergab (die ohne Wissen, z. T. gegen den Willen Ribbentrops von den Unterhändlern, Gesandter Stahmer und Botschafter Ott, unterzeichnet wurden, um das Vertragswerk überhaupt zustande kommen zu lassen[69]), gingen die japanischen „Mentalreservationen", die wie wir heute wissen, nichts weniger besagten, als daß sich die japanische Regierung unter dem bestimmenden Einfluß der Marineführung völlige Handlungsfreiheit darüber vorbehielt, ob Japan im Falle eines Eingreifens der USA in den europäischen Krieg seinerseits überhaupt Kriegshandlungen im Pazifik einleitete oder nicht[70]. Eine erste Antwort auf die für Hitler entscheidende Frage, ob der „Dreimächtepakt" die gewünschte und einkalkulierte Wirkung auf die USA ausüben und tatsächlich abschreckend wirken konnte, wurde von Präsident Roosevelt schon am Tage vor der angekündigten Unterzeichnung des Paktes, am 26. 9., erteilt, als er in Reaktion auf den gleichzeitig begonnenen Einmarsch der Japaner in Nordindochina[71] ein Vollembargo auf die Ausfuhr von amerikanischem Stahl- und Eisenschrott nach Japan verkündete, dem drei Tage nach Unterzeichnung des Paktes, am 30. 9., eine neue amerikanische Anleihe an China in Höhe von 25 Millionen Dollars folgte[72]. Die Ankündigung Churchills vom 8. 10., daß nach Ablauf der im Juli mit Japan vereinbarten Dreimonatsfrist am 17. 10. die Burma-Straße wieder für den Nachschub nach China geöffnet würde[73], zeigte, wie weit nun auch schon die Ostasien-Politik Großbritanniens und der USA koordiniert war. „So war" — wie die Bilanz hierzu in der gründlichsten Studie über das deutsch-japanische Bündnis lautete[74] — „nach drei Wochen bereits klar geworden, daß sich die angelsächsischen Mächte durch den ‚Dreimächtepakt' nicht trennen ließen, ja daß dieser im Gegenteil eine kristallisierende Wirkung auf sie ausübte." Immerhin blieb, solange für die USA keine Klarheit über die nur sehr begrenzte Effektivität des deutsch-japanischen Bündnisses bestand, eine gewisse bremsende Wirkung auf den Kurs der amerikanischen Politik „short of war" nicht ganz ausgeschlossen. Sie mußte sich erhöhen, wenn es tatsächlich gelang, die Sowjetunion in die „Dreimächte"-Pakt-Kombination in irgendeiner Form einzubeziehen und auf diese Weise sowie durch einen hiermit ermöglichten japanischen „Ausgleich" mit Tschiang Kai-shek Japan in seinem Rücken stark zu entlasten[75].

tischen, wirtschaftlichen und militärischen Mitteln gegenseitig zu unterstützen, falls einer der drei vertragschließenden Teile von einer Macht angegriffen wird, die gegenwärtig nicht in den europäischen Krieg oder in den chinesisch-japanischen Konflikt verwickelt ist" (Politische Verträge, Bd. III, 2. Halbband, Dok. 122, S. 1347 ff.).

69 Eingehende Darstellung und Deutung dieses ungewöhnlichen Verfahrens bei Sommer, S. 414 ff.

70 Sommer, S. 445.

71 Vgl. hierzu oben S. 125.

72 Sommer, S. 451.

73 Rede Churchills vom 8. 10. 1940, in: Churchill: Blood, Sweat, and Tears. New York 1941, S. 390.

74 Sommer, S. 455.

75 Zu diesen politischen Bemühungen vgl. unten S. 292 ff.

Ausgangspunkt jeder Betrachtung zu diesem Thema, zugleich Schlüssel zum Verständnis des ganzen Krieges aus dem Gesichtswinkel Hitlers, muß die – durch die Forschungsergebnisse der letzten Jahre erhärtete[1] – Einsicht sein, daß das axiomatisch festliegende und bei aller taktischen Wendigkeit mit Energie und Konsequenz angestrebte Ziel der Gesamtpolitik Hitlers seit seiner „Machtergreifung" 1933 die Verwirklichung der Hauptetappe seines in den zwanziger Jahren entwickelten „Programms", eines deutschen Kriegszuges zur Eroberung von „Lebensraum" im Osten oder – konkretisiert und ins „Wehrwirtschaftliche" gewendet – zur Aufrichtung eines autarken, blockadefesten, verteidigungsfähigen und damit der deutschen Führungsmacht eine „reale" Unabhängigkeit gewährenden „Großraums" in Kontinentaleuropa war, ein entscheidender Schritt, zu dem er – entsprechend den deutschen Rüstungsplanungen – seit der Mitte der dreißiger Jahre etwa 1943 bis 1945 bereit zu sein hoffte. Die als Vorstufen auf dem Wege dorthin gedachten „kleinen" Kriege zur Einfügung (zunächst der Tschechoslowakei, dann) Polens in seinen Herrschaftsbereich[2] und zur militärischen Niederwerfung Frankreichs (die ihm zur Gewinnung der Rückenfreiheit notwendig schien) hatten sich jedoch nicht, wie beabsichtigt, als streng lokalisierte, durch „Zwischenpausen" voneinander getrennte, „duellartige" Waffengänge führen lassen, sondern waren, von Hitlers Zeit= und Zielvorstellungen aus gesehen, zur Unzeit zu einem „großen" Krieg zusammengeflossen.

In der Mächtekonstellation von 1939, in der das von Hitler als Bündnispartner begehrte Großbritannien als führende Macht der Gegenkoalition auftrat, lief dieser (seiner Auffassung nach ihm „aufgezwungene") Krieg, wie schon dargelegt, seinem „Programm" entschieden zuwider[3]. Nach dem überraschend schnellen Sieg über Frankreich und in der Hoffnung auf einen bevorstehenden „Ausgleich" mit Großbritannien glaubte er im Juni 1940 indessen, nicht nur die Krise überstanden zu haben und aus der durch sein Vabanque=Spiel im Sommer 1939 geratenen Zwangslage hinausgelangt zu sein, sondern durch den glückhaften Ausgang des vorzeitig notwendig gewordenen Waffengangs

1 Vor allem H. R. Trevor=Roper: Hitlers Kriegsziele. In: Vierteljahrshefte für Zeitgeschichte 1960, S. 121—133 (auch in: Stationen der deutschen Geschichte 1919 bis 1945. Hrsg. von B. Freudenfeld. Stuttgart 1962, S. 9—28); G. Schubert: Anfänge nationalsozialistischer Außenpolitik. Köln 1963; K. D. Bracher=G. Schulz=H. Sauer: Die nationalsozialistische Machtergreifung. Stufen zur Errichtung des totalitären Herrschaftssystems in Deutschland 1933/34. Köln=Opladen. 3. Auflage 1962; E. Jäckel: Hitlers Ostpolitik. In: Blätter für Erwachsenenbildung in Schleswig=Holstein 1962, Nr. 51/52, S. 1—14.

2 Das Entscheidende im Falle Polens 1939 (wie 1938/39 im Falle der Tschechoslowakei) war die Einfügung dieser Staaten in den deutschen Herrschaftsbereich. Der Waffengang hatte dabei in Hitlers Vorstellung nur die Bedeutung einer „Erprobung" der deutschen Wehrmacht als Vorstufe für das spätere militärische „Duell" mit der vermeintlich stärksten europäischen Militärmacht Frankreich.

3 Vgl. oben S. 27 ff.

gegen Frankreich die wesentlichen politisch-strategischen Voraussetzungen für seinen großen Eroberungszug nach Osten gewonnen zu haben. Hitler stand Ende Juni 1940 dort, wo er auf Grund seiner ursprünglichen (grob angesetzten) Zeitplanung etwa 1943 hatte stehen wollen[4]. Diese alle Erwartungen übersteigende Gunst der Stunde, zu deren Ausnutzung für die Verwirklichung seines großen Ziels alles in ihm drängte, obwohl im generalstabsmäßigen Sinne noch gar nichts vorbereitet war, muß als ein für Hitler außerordentlich bedeutsames psychologisches Moment für das Verständnis des Folgenden berücksichtigt werden.

Hitlers Hoffnungen auf eine rasche weitere Entwicklung zu seinen Gunsten kamen nicht nur in der schon zitierten Äußerung im Hauptquartier v. Rundstedts vom 2. 6.[5], sondern ebenso in der von Staatssekretär Frhr. v. Weizsäcker an Halder weitergegebenen Auffassung Hitlers kurz nach dem Waffenstillstand mit Frankreich, am 30. 6., zum Ausdruck: Zwar seien im Augenblick noch keine Anzeichen für ein Einlenken Großbritanniens erkennbar; doch werde es voraussichtlich nur noch „einer Demonstration unserer militärischen Gewalt bedürfen, ehe es nachgibt und *uns den Rücken frei läßt für den Osten*[6]". Die hier erneut heraustretenden, aus Gründen der politischen Taktik lange zurückgedrängten Zielvorstellungen Hitlers[7] in Verbindung mit der von ihm Mitte Juni 1940 befohlenen Umrüstung des Heeres zu einem sog. „Friedensheer"[8] legen die Deutung nahe, daß Hitler zunächst noch an seiner alten Konzeption festhielt, daß zwischen dem Krieg gegen Frankreich und dem Eroberungszug nach Osten eine „Pause" eingelegt werden müsse. Hitlers allgemeines Ziel war es offensichtlich, aus der im Mai/Juni gewonnenen breiten Basis in Europa heraus dann, wenn es ihm am günstigsten erschien, mit einem in der Zwischenzeit modernisierten und weitgehend motorisierten Heer nach Osten vorzustoßen, um das europäische Rußland zu erobern und seine Herrschaft über Kontinentaleuropa zu vollenden. Der Zeitpunkt hierfür blieb also noch offen, und auch eine konkrete militärische Planung wurde von Hitler vorerst nicht in die Wege geleitet. Ein Kausalzusammenhang zwischen diesen

4 Ansel, S. 101.

5 Vgl. oben S. 145.

6 KTB Halder, Bd. I, S. 375 (30. 6. 1940). Hervorhebung durch uns. — Vgl. auch die von Uhlig, S. 164, mitgeteilte „Erinnerung" des Generalmajors v. Loßberg, daß Jodl ihm Ende Juni/Anfang Juli 1940 mitgeteilt habe, „daß die Absicht bestehe, Rußland anzugreifen".

7 Den zitierten Zeugnissen könnte man noch die — quellenmäßig allerdings umstrittene — Stelle in Jodls Rede vom 7. 11. 1943 (KTB OKW, Bd. IV, S. 1540) hinzufügen: „Der Führer selbst hat ... mir bereits während des Westfeldzuges seinen grundlegenden Entschluß mitgeteilt, dieser Gefahr (des bolschewistischen Ostens) zu Leibe zu rücken, sobald es unsere militärische Lage irgendwie erlaube." Vgl. hierzu die Bemerkungen P. E. Schramms, ebda., S. 1534. — Wenn man den Begriff „Entschluß" nicht preßt, entspricht diese Stelle durchaus dem von uns dargelegten Heraustreten der Grundvorstellungen Hitlers im Augenblick des Triumphes über Frankreich.

8 Vgl. genauer hierzu unten S. 258 f.

aus ganz prinzipiellen axiomatischen Vorstellungen erwachsenen Überlegungen Hitlers und den Zügen der sowjetischen Politik im Juni 1940 (Besetzung der Baltischen Staaten Mitte Juni, Ultimatum an Rumänien und Einmarsch in Bessarabien und in die Nordbukowina ab 28. 6., auch sonst politische Aktivität in ganz Südosteuropa[9]) ist — dies sei hier eingefügt — aus den Quellen nicht zu ermitteln. Da es sich für Hitler bei dem Eroberungszug nach Osten um das entscheidende Ziel schlechthin handelte, dessen Durchführung von einigen politisch=strategischen Grundvoraussetzungen, nicht aber von mehr oder weniger begrenzten Handlungen Stalins abhing, ist eine solche Verknüpfung mit Einzelvorgängen in der „realen" Politik in Form von Ursache und Wirkung wenig wahrscheinlich. Das schließt nicht aus, daß Hitler das weitere Vordringen der Sowjetunion nach Westen im Juni 1940 unter Ausnutzung des deutschen Engagements in Westeuropa mit Mißtrauen und Argwohn verfolgte[10] und daß er durch den am 14. 7. in Berlin eintreffenden Bericht des Botschafters Graf von der Schulenburg mit den offenkundig ad usum delphini präparierten Mitteilungen Molotows über den Inhalt der Unterredung Stalin=Cripps vom 1. 7. darin bestärkt wurde[11]. Den für die Entwicklung des deutsch=sowjetischen Verhältnisses im Herbst 1940 durchaus bedeutsamen politischen und militärischen Gegenzügen Hitlers gegen diese sowjetische Politik seit Anfang Juli 1940, die auf einer anderen Ebene liegen als seine grundsätzlichen Überlegungen hinsichtlich eines Ostkrieges, werden wir uns später zuwenden[12].

Wenn, wie Hitler hoffte, Großbritannien nun sofort oder nach einigen zur Demonstration der deutschen Stärke angewandten wohldosierten militärischen Schlägen friedensbereit war, fiel für ihn der Zeitdruck fort, der ihn seit dem Beginn des europäischen Krieges im Herbst 1939 so schwer belastet hatte,

9 Vgl. oben S. 109 ff.

10 Auf deutscher Seite lag eine Kombination zwischen dem sowjetischen Einmarsch in Rumänien und der Balkan=Offerte des britischen Botschafters in Moskau Cripps an die sowjetische Adresse nahe. Vgl. hierzu das Telegramm Ribbentrops an Botschafter Graf von der Schulenburg vom 26. 6. 1940 (ADAP D X, Dok. 34, 27. 6. 1940, S. 30): „Besonders bezeichnend ist es, daß neuer englischer Botschafter in Moskau letzthin, wie Molotow (dem) italienischen Botschafter offen mitgeteilt hat, (die) Sowjetregierung zu einem aktiven Vorgehen auf (dem) Balkan geradezu ermuntert hat, indem er Molotow erklärte, daß (der) Sowjetunion (die) Hegemonie auf (dem) Balkan zustehe."

11 ADAP D X, Dok. 164: Der dt. Botschafter in Moskau an das AA, 13. 7. 1940, S. 170 f.

12 Vgl. unten S. 231 ff. — Es erscheint notwendig, diese beiden Ebenen klar zu unterscheiden, da sich Hitler bei der von ihm — abgesehen von der Bedrohung Ostdeutschlands durch die sowjetische Luftwaffe — äußerst gering eingeschätzten militärischen Stärke der Sowjetunion (vgl. unten S. 239 ff.) durchaus in der Lage glaubte, die Vorstöße der Sowjetunion gleichsam mit der „linken Hand" abwehren zu können. Die verschiedenen Maßnahmen zur Eindämmung und Begrenzung der sowjetischen Aktionen in Nordost= und Südosteuropa (vgl. unten S. 231 ff.) stehen daher mit den aus ganz anderen Motiven erwachsenen Absichten Hitlers, die militärische Ost=Lösung so bald wie möglich durchzuführen, nur insofern im Zusammenhang, als es darum ging, die deutsche Aufmarschbasis für einen Ostfeldzug nicht durch sowjetische Vorstöße in diesen Raum hinein zu schmal werden zu lassen.

ebenso angesichts der gewonnenen Rückenfreiheit die Notwendigkeit, den Zeitpunkt für die eigenen Handlungen von den Intentionen anderer Mächte mitbestimmen zu lassen.

Von diesem Ausgangspunkt der Beurteilung der Lage nach dem militärischen Triumph über Frankreich durch Hitler Ende Juni 1940 muß man seine sich mehrfach wandelnde Gedankenbildung zu einer militärischen oder politischen Lösung des Rußland=Problems in den Wochen danach sehen. Es ist dies ein Thema, das trotz gründlicher — allerdings vielfach zu punktuell ansetzender oder das Problem Deutschland-Rußland isoliert behandelnder — wissen=schaftlicher Untersuchungen immer noch kontrovers ist[13]. Die schnelle Aufein=anderfolge der Konzeptionen Hitlers ergibt sich vor allem aus zwei Komponen=ten[14]: aus der sich von Ende Juni bis Ende September 1940 wiederholt stark verändernden Beurteilung der weltpolitischen Situation durch Hitler und aus der Klärung der militärtechnischen und zeitlichen Möglichkeiten für einen Ostfeldzug.

Zum Verständnis aller Erörterungen des Rußland=Problems bei Hitler und den führenden deutschen Militärs in diesen Wochen ist dabei ein Hinweis auf eine Grundtatsache notwendig: Im Gegensatz zur Vorgeschichte des Westfeldzuges gab es nach dem Sieg über Frankreich keine unterschiedliche Auffassung zwi=schen Hitler, den Oberbefehlshabern der Wehrmachtteile, dem Generalstab des Heeres und den führenden Befehlshabern in der Frage, ob ein Ostfeldzug mit den Kräften der deutschen Wehrmacht überhaupt durchführbar war. Wohl vertraten der Oberbefehlshaber des Heeres, Generalfeldmarschall v. Brau=chitsch, und der Chef des Generalstabes des Heeres, Generaloberst Halder, nachdem Ende Juli 1940 die Fortdauer des britischen Widerstandes klar zu

13 H.=G. Seraphim: Die deutsch=russischen Beziehungen 1939—1941. Hamburg 1949; G. L. Weinberg: Der deutsche Entschluß zum Angriff auf die Sowjetunion. In: Vierteljahrshefte für Zeitgeschichte 1953, S. 301—318; ders.: Germany and the Soviet Union 1939—1941. Leiden 1954; H..=G. Seraphim und A. Hillgruber: Hitlers Entschluß zum Angriff auf Rußland. In: Vierteljahrshefte für Zeitge=schichte 1954, S. 240—249; Schlußwort G. L. Weinbergs ebda., S. 249—254; H. Uhlig: Das Einwirken Hitlers auf Planung und Führung des Ostfeldzuges. In: Aus Politik und Zeitgeschichte. Beilage zur Wochenzeitung „Das Parlament" 1960, S. 161—198; W. Ansel: Hitler Confronts England. Durham, N. C., 1960 (seiner stark psychologisierenden Argumentation mit der Annahme, daß die Aufführung von Wagners „Götterdämmerung", der Hitler am 23. 7. in Bayreuth beiwohnte, bei ihm subjektiv den Ausschlag für den „Entschluß" zum Angriff auf Rußland gegeben habe, vermögen wir uns nicht anzuschließen, so beste=chend die suggestive Darlegung Ansels [S. 177 und S. 320] auch erscheint); R. Bogatsch: Politische und militärische Probleme nach dem Frankreichfeldzug. In: Aus Politik und Zeitgeschichte. Beilage zur Wochenzeitung „Das Parlament" 1962, S. 149—187; zuletzt Ph. Fabry: Der Hitler=Stalin=Pakt. Ein Beitrag zur Methode sowjetischer Außenpolitik. Darmstadt 1962; ferner A. Rossi: Zwei Jahre deutsch=russisches Bündnis. Köln 1954, und, den Beginn aller Erörterungen über dieses Problem markierend, G. Gafencu: Vorspiel zum Krieg im Osten. Zürich 1944.

14 Die nicht genügende Beachtung dieses raschen Wechsels — wie auch des von uns hervorgehobenen Ausgangspunktes der Gedankenbildung Hitlers — hat viel zu der Verwirrung in der wissenschaftlichen Diskussion beigetragen.

erkennen und somit im Falle einer Ostoffensive ein – wenn auch nur, wie man annahm – vorübergehender Zweifrontenkrieg zu befürchten war, die Auffassung, daß es politisch und strategisch vorteilhafter sei, wenn man „mit Rußland Freundschaft" hielte[15]: sie sprachen sich zunächst nur intern, d. h. untereinander, der Oberbefehlshaber der Kriegsmarine, Großadmiral Raeder, nach dem 26. 9. 1940 mit Sicherheit mehrmals eindringlich, dann am 4. 11 auch v. Brauchitsch und Halder einmal gegenüber Hitler und schließlich möglicherweise auch Göring als Oberbefehlshaber der Luftwaffe noch später, im Januar/Februar 1941[16], gegenüber Hitler für eine Schwerpunktbildung im Mittelmeerraum gegen Großbritannien als einer vermeintlichen strategischen „Alternativ"=Lösung aus. Aber sie alle sahen – und dies ist für unseren Zusammenhang entscheidend – einen Ostfeldzug nicht als eine militärische Überforderung des deutschen Heeres, sondern als ein zwar ihrer Auffassung nach nicht notwendiges, jedoch ohne ernsthafte Schwierigkeiten durchführbares Unternehmen an und blickten der Möglichkeit eines Krieges gegen die Sowjetunion – im Gegensatz zu dem von Hitler ab Mitte September 1939 beabsichtigten Waffengang gegen Frankreich – ohne irgendwelche Befürchtungen hinsichtlich eines möglichen Scheiterns der deutschen Offensive entgegen. Es gab daher kein mit der Vorgeschichte des Westfeldzuges vergleichbares Ringen um die Grundentscheidung und danach um den Operationsplan als Ganzes[17], sondern lediglich, wie noch darzulegen sein wird[18], Differenzen in Einzelheiten der Operationsplanung. Sie spielten bis zum Beginn des Angriffs auf die Sowjetunion am 22. 6. 1941 in den Besprechungen zwischen Hitler und den Spitzen des OKH praktisch keine Rolle. Erst als der nach vierzehntägiger Dauer Anfang Juli 1941 bereits als gewonnen betrachtete Feldzug[19] dann einen völlig anderen Verlauf nahm, entstand im August 1941 die erste große Führungskrise während der Ostoperation, in der die bis dahin umgangenen Differenzen in der Planung und Führung dieses Feldzuges, den Hitler in allem wesentlichen wieder als „Feldherr" leitete, da er ihn weit ausschließlicher noch als die Westoffensive als „seinen" Krieg betrachtete, Bedeutung gewannen. – Diese zeitlich weit vorausgreifenden Vorbemerkungen erleichtern das Verständnis für

15 KTB Halder, Bd. II, S. 46 (30. 7. 1940).

16 Im Gegensatz zu der klaren Haltung Raeders ist die Görings keineswegs eindeutig (vgl. unten S. 227). Zu Görings angeblichem „Alternativ"=Vorschlag Klein, S. 182.

17 Zum Ringen um den deutschen Operationsplan zum Westfeldzug umfassend H.=A. Jacobsen: Fall Gelb, S. 25 ff.

18 Vgl. unten S. 366 ff.

19 KTB Halder, Bd. III, S. 38 (3. 7. 1941): „Es ist wohl nicht zuviel gesagt, wenn ich behaupte, daß der Feldzug gegen Rußland innerhalb 14 Tagen gewonnen wurde. Natürlich ist er damit noch nicht beendet. Die Weite des Raumes und die Hartnäckigkeit des mit allen Mitteln geführten Widerstandes werden uns noch viele Wochen beanspruchen."

die einzelnen Phasen[20] der Gedankenbildung[21] bei Hitler und im Generalstab des Heeres seit Ende Juni 1940.

Die *erste Phase* (bis Mitte Juli 1940) war gekennzeichnet durch Hitlers – bei täglichen Schwankungen – im ganzen aufrechterhaltene Hoffnung, daß Großbritannien bald einlenken werde. Überlegungen zu der vermeintlich nur kurze Zeit in Anspruch nehmenden „Abwicklung" des England-Problems und erste sehr allgemeine Erwägungen zu einer militärischen Lösung des Rußland-Problems liefen in dieser Phase nebeneinander her. Ohne Befehl Hitlers, aber als Folge der ihm durch den Staatssekretär Frhrn. v. Weizsäcker am 30. 6. bekanntgewordenen Lagebeurteilung Hitlers hielt es der Chef des Generalstabes des Heeres, General Halder, „für angebracht, die Möglichkeiten eines Feldzuges gegen die Sowjetunion prüfen zu lassen[22]". Am 3. 7. beauftragte er den Chef der Operationsabteilung des Generalstabes des Heeres, Oberst i. G. v. Greiffenberg, mit dieser Aufgabe. Er sollte dabei „von dem Hauptgesichtspunkt" ausgehen, „wie ein militärischer Schlag gegen Rußland zu führen ist, um ihm die Anerkennung der beherrschenden Rolle Deutschlands in Europa abzunötigen. Dabei können Sondergesichtspunkte, wie Ostseeländer oder Balkanländer, Varianten veranlassen[23]". An sich war es durchaus verständlich, daß sich der Generalstab des deutschen Heeres nach der Niederwerfung Frankreichs einer studienmäßigen Prüfung der militärischen Möglichkeiten bei einem eventuellen Krieg Deutschlands gegen die Sowjetunion zuwandte, da nun ein anderer Kriegsfall, in dem die deutschen Landstreitkräfte die führende Rolle einzunehmen hatten, in Europa aller Voraussicht nach nicht mehr zu erwarten war, dies um so mehr, als bis zu diesem Zeitpunkt generalstabsmäßig überhaupt noch niemals ein solcher „Fall" durchdacht worden war. Aber bereits die eben zitierte Formulierung Halders in seinem Auftrag an v. Greiffenberg deutete an, daß der Chef des Generalstabes des deutschen Heeres im Falle eines Ostkrieges in der Sowjetunion keinen ernst zu nehmenden großen Gegner sah.

20 „Phasen" ist hier wie im Folgenden ein Hilfsbegriff, der Zeitabschnitte bezeichnet, in denen Hitlers Gedankenbildung zur Ostlösung von gleichen Faktoren bestimmt war.

21 Der Begriff „Gedankenbildung" wird bewußt gewählt, um den durch die wissenschaftliche Diskussion über den Zeitpunkt von Hitlers „Entschluß" zum Angriff auf die Sowjetunion anscheinend oder scheinbar festgelegten, mißverständlichen und mehrdeutigen Begriffen wie „Entschluß", „Absicht", „Entscheidung" in unserer Darstellung so lange auszuweichen (obwohl oder besser: weil die zeitgenössischen Quellen, die vielfach Hitlers Terminologie oder Phraseologie widerspiegeln, diese Begriffe in bunter Folge enthalten), bis wir den Gesamtüberblick über unseren Zeitraum gewonnen haben und unser Urteil zur Frage nach Hitlers „Entscheidung" zur militärischen Ostlösung begründen können.

22 KTB Halder, Bd. II, S. 6 (3. 7. 1940), Anm. 1.

23 Ebda. – Der letzte Satz besagt offensichtlich, daß die Operation primär auf die Zerschlagung der sowjetischen Wehrmacht abgestellt werden sollte, jedoch eine möglichst schnelle Eroberung der von der Sowjetunion besetzten Baltischen Länder sowie Bessarabiens und der Nordbukowina bei der Planung zu berücksichtigen sei, da dies aus politischen Erwägungen von Hitler gefordert werden könnte.

Es ist zwar nicht im einzelnen bekannt, was der Chef der Abteilung „Fremde Heere Ost" im Generalstab des Heeres, Oberstleutnant i. G. Kinzel, am 4. 7. Halder über die Rote Armee vortrug[24]; doch waren die Informationen der „Abwehr" über Stärke und Kräfteverteilung in den altsowjetischen Gebieten (in den Grenzen vom 1. 9. 1939) außerordentlich dürftig[25], so daß das Bild als äußerst lückenhaft anzusehen war. Lediglich in Ostpolen, in den Baltischen Ländern sowie in Bessarabien und der Nordbukowina konnte durch V=Leute ein relativ zuverlässiger Überblick über Truppenstärke und =verteilung, Bewaffnung und Ausrüstung sowie über Lage und Belegung von Flugplätzen gewonnen werden[26]; indessen fanden diese Unterlagen der „Abwehr" nur bedingt Anerkennung bei der Abteilung „Fremde Heere Ost" des Generalstabes des Heeres, deren Lagebeurteilung die Grundlage für die Operationsplanung des Generalstabes des Heeres abgab[27]. Gerade angesichts dieser unsicheren Beurteilungsbasis[28] erscheint in der Rückschau die Sorglosigkeit und Oberflächlichkeit in der Einschätzung allein schon der rein militärischen Stärke der Sowjetunion schwer verständlich, auch wenn man das in diesen Wochen herrschende allgemeine Triumphgefühl nach dem Sieg über die vermeintlich stärkste Militärmacht auf dem Kontinent, Frankreich, berücksichtigt. Nachdem das strategische Dreieck Frankreich=Tschechoslowakei=Polen, in dem sich alle Gedankengänge der Reichswehrführung und des deutschen Generalstabes seit dem Ersten Weltkrieg bewegt hatten, endgültig zerbrochen war[29] und der Weg zu großräumigen deutschen Operationsplanungen frei schien, vollzogen sich alle strategischen und operativen Überlegungen des Generalstabes des deutschen Heeres auf einem ungewohnten Felde, zu dem ihm die Maßstäbe fehlten. Dieser plötzliche Ausbruch aus der mitteleuropäischen Enge, der alle bisher gül=

24 KTB Halder, Bd. II, S. 8 (4. 7. 1940).

25 Die für die deutsche Seite sehr vorteilhafte, in der Zeit des deutsch=polnischen Nichtangriffsabkommens vom 26. 1. 1934 eingeleitete Zusammenarbeit zwischen der „Abwehr" und dem polnischen militärischen Nachrichtendienst, der dem deutschen Partner recht gute Informationen über die Rote Armee, besonders in Westrußland, lieferte, hatte mit der Kündigung des deutsch=polnischen Abkommens durch Hitler im Frühjahr 1939 ihr Ende gefunden.

26 Vgl. hierzu auch die Aussagen Keitels in seinem Verhör durch eine Offizierskommission der Roten Armee am 17. 6. 1945 in Bad Mondorf: Arenz: Keitel, S. 662.

27 P. Leverkuehn: Der geheime Nachrichtendienst der deutschen Wehrmacht im Kriege. 3. Auflage, Frankfurt a. M. 1960, S. 127 ff. — Nachdem Hitler Anfang September 1940 zunächst den Antrag des OKH abgelehnt hatte, eine Lichtbilderkundung durch die Spezialaufklärungsgruppe des OKW Rowehl über der westlichen Sowjetunion durchführen zu lassen, genehmigte er am 1. 10. diese Luftaufklärung in großen Höhen in einer Tiefe von 300 km östlich der Grenze Ostpreußens und des Generalgouvernements (KTB Halder, Bd. II, S. 120).

28 Vgl. demgegenüber die exakten Unterlagen über das „Feindbild", die seit Februar 1940 bei der Vorbereitung und Durchführung der Westoffensive zur Verfügung standen, bei U. Liss: Westfront 1939/40. Erinnerungen des Feindbearbeiters im OKH. Neckargemünd 1959, besonders S. 130 ff.

29 Dieser von uns hier entwickelte Gedanke klingt knapp an bei W. Conze: Deutschlands weltpolitische Sonderstellung in den zwanziger Jahren, S. 176.

tigen Vorstellungen von der kontinentalen Gebundenheit Deutschlands zu beseitigen schien, mußte, so will es dem historischen Verständnis erscheinen, natürlicherweise Verwirrung und eine übersteigerte Einschätzung der eigenen Kraft und der deutschen militärischen Möglichkeiten zur Folge haben.
Jedoch reicht diese Erklärung für die fatale Unterschätzung der Roten Armee nicht aus, da eine vergleichbare konstante Fehleinschätzung der angelsächsischen Seemächte nicht vorliegt. In der alle normalen Maßstäbe überschreitenden Fehlbeurteilung des sowjetischen Militärpotentials, die übrigens weit über den deutschen Generalstab hinaus, auch im britischen und amerikanischen Generalstab, verbreitet war[30], mischten sich eine kulturideologisch bedingte Überheblichkeit gegenüber dem als minderwertig angesehenen Russentum, eine antikommunistischem Wunschdenken entspringende Unterschätzung der Festigkeit des Sowjetsystems und der Schlagkraft seiner Armee, verallgemeinerte Erfahrungen mit dem russischen Gegner während des Ersten Weltkrieges, Schlußfolgerungen aus der großen „Säuberung" des sowjetischen Offizierkorps in den Jahren 1937/38[31] und Fehldeutungen aus dem Verlauf des finnisch-sowjetischen Winterkrieges 1939/40, schließlich Eindrücke von dem Zusammentreffen deutscher und sowjetischer Truppen während des Polenfeldzuges 1939[32]. (Einen extremen Ausdruck fand die Geringschätzung der Roten Armee einige Zeit später durch Hitler selbst in seiner vom Chefadjutanten der Wehrmacht, Oberst i. G. Schmundt, dem Generalobersten Halder am 2. 12. wiedergegebenen Äußerung „Wir werden in drei Wochen in Petersburg sein[33]" und in seiner Bemerkung gegenüber dem bulgarischen Gesandten in Berlin Draganoff am 3. 12. 1940, daß die sowjetische Armee „nicht mehr als ein Witz" sei[34].)
Eine erste Veränderung in der Beurteilung der Gesamtlage gegenüber den ersten Wochen nach Abschluß des Westfeldzuges trat ein, als um den 10. 7.

30 Zum Überlegenheitsgefühl der deutschen Soldaten und Offiziere gegenüber den Soldaten der Roten Armee vgl. auch Erickson, S. 565 ff.; Philippi-Heim, S. 38 f. — Über die Einschätzung der Sowjetunion durch den britischen und amerikanischen Generalstab Mitte 1941 vgl. unten S. 443 ff.

31 Nach vorsichtigen Schätzungen fielen der Mordaktion Stalins vom Sommer 1937 bis Spätsommer 1938 20—25 000 Offiziere der Roten Armee (von den damals insgesamt höchstens 75—80 000 Offizieren der sowjetischen Streitkräfte) zum Opfer (Erickson, S. 506), d. h. etwa ein Drittel.

32 Über die Auswirkung der Berichterstattung Guderians, der im September 1939 im Raume von Brest-Litowsk mit sowjetischen Truppen zusammengetroffen war, und des deutschen Militärattachés in Finnland, Oberst i. G. Rössing, auf Hitlers Vorstellungen von der militärischen Schwäche der Sowjetunion vgl. unten S. 226 f.

33 KTB Halder, Bd. II, S. 203 (2. 12. 1940).

34 ADAP D XI, Dok. 438: Aufz. über die Unterredung Hitler-Draganoff, 3. 12. 1940, S. 767 ff. — Unsere Feststellung, die Hitlers damalige Auffassung wiedergibt, gilt auch, wenn man berücksichtigt, daß Hitler mit dieser aus taktischen Erwägungen überspitzten Bemerkung auf den bulgarischen Gesandten einwirken wollte, der gerade von dem sowjetischen Paktangebot an Bulgarien (vgl. unten S. 308) berichtet hatte, dessen Annahme Hitler auf jeden Fall verhindern wollte.

herum[35] gleichzeitig bei Hitler wie auch bei v. Brauchitsch und Halder die Vorstellung eine Rolle zu spielen begann, daß Großbritannien deshalb noch nicht friedensbereit sei, weil die britische Regierung Hoffnungen auf eine Wendung der Sowjetunion gegen Deutschland hege. Dieser Gedanke entsprach, wie schon in anderem Zusammenhang erwähnt[36], Hitlers allgemeiner Vorstellung von der britischen Außen- und Kriegspolitik. Er erfaßte zwar einen Teilaspekt durchaus richtig, wenn er annahm, daß Churchill nach dem Verlust des französischen Bundesgenossen eine neue Bündniskombination anstrebte[37], verabsolutierte diese Einsicht aber und ging damit in der Beurteilung der britischen Gesamtpolitik fehl, wenn er meinte, Großbritannien könne überhaupt keinen Krieg gegen eine Kontinentalmacht wie Deutschland führen, wenn ihm kein „Festlanddegen" zur Verfügung stünde[38]. Einen ersten Hinweis darauf, daß Hitler ein Zusammenspiel zwischen Großbritannien und der Sowjetunion als eine — noch vage — Möglichkeit unter bestimmten Voraussetzungen in seinen Kalkül einbezog, gab seine Bemerkung im Gespräch mit dem italienischen Außenminister Graf Ciano am 7. 7.[39]. In der von Italien beabsichtigten Expansionspolitik in Südosteuropa — so legte Hitler dar — sehe er „überhaupt kein Problem, wenn erst einmal England gebrochen sei oder mit England Frieden herrsche. Solange aber der Konflikt mit England nicht erfolgreich beendet sei,

35 Bei Halder (KTB, Bd. II, S. 15) taucht das Stichwort „Rußland — England" erstmals in den Notizen über eine Besprechung mit dem OQu IV, Generalleutnant v. Tippelskirch, am 9. 7. auf; dann am übernächsten Tag (11. 7.) im Gespräch mit v. Etzdorf (ebda., S. 18): „England und Rußland suchen beide Annäherung aneinander."

36 Vgl. oben S. 43 f. und S. 58 ff.

37 Vgl. oben S. 82 ff.

38 Nach der Erinnerung des Adjutanten der Kriegsmarine bei Hitler, Kapitän z. S. v. Puttkamer, äußerte Hitler in dieser Zeit: „England hat seine Kriege in Europa immer mit einem Festlanddegen geführt. Der Degen Frankreich ist ihm aus der Hand geschlagen, es bleibt ihm daher nur noch Rußland. Es wird alles daran setzen, um diesen Degen zu gewinnen" (Puttkamer, S. 40). — Auch in der Denkschrift der Seekriegsleitung vom 28. 7. 1940 (vgl. unten S. 220 ff.) findet sich die Leitvorstellung: „Einer Kontinentalmacht Deutschland kann das Angelsachsentum allein nichts Wesentliches anhaben." — Für Hitlers Denkweise ist die Argumentation in seinem Lagevortrag am 8. 1. 1941 bezeichnend: „England will Kontinent beherrschen. Also muß es uns auf dem Kontinent schlagen. Also muß ich (Hitler) auf dem Kontinent so stark sein, daß dieses Ziel nie erreicht wird" (KTB Halder, Bd. II, S. 244: 16. 1. 1941).

39 ADAP D X, Dok. 129: Aufz. über die Unterredung Hitler-Ciano, 7. 7. 1940, S. 123 ff., Zitat S. 127 f. — Der gleiche Gedanke taucht dann wieder in der Besprechung Hitlers mit den Oberbefehlshabern der Wehrmachtteile am 21. 7. 1940 auf: „England sieht vielleicht folgende Möglichkeiten: Unruhe stiften via Rußland auf dem Balkan, um uns Betriebsstoff wegzunehmen und unsere Luftflotte lahmzulegen." — In dem diesen beiden Äußerungen vorausgehenden Gespräch Hitlers mit dem italienischen Botschafter Alfieri am 1. 7. war die Andeutung Hitlers noch viel unbestimmter: neben Hoffnungen auf eine Unterstützung durch die USA sprach er damals davon, daß „die Engländer ... vielleicht aber auch noch mit einer stillen Hoffnung Rußland im Auge" hätten (ADAP D X, Dok. 73: Aufz. über die Unterredung Hitler-Alfieri, 1. 7. 1940, S. 68).

könnten durch einen Konflikt auf dem Balkan schwierige Probleme entstehen. Es könnte vielleicht sogar so weit kommen, daß England und Rußland unter dem Eindruck dieser Ereignisse eine Gemeinsamkeit ihrer Interessen entdeckten." Am 13. 7. sprach Hitler dann zum ersten Male gegenüber den Spitzen des OKH den Gedanken aus[40], daß Großbritannien auf eine Änderung der sowjetischen Politik gegenüber Deutschland spekuliere. Er sah, wie Halder in sein Tagebuch notierte[41], „ebenso wie wir (d. h. v. Brauchitsch und er selbst) die Lösung der Frage (warum England den Weg zum Frieden noch nicht gehe) darin, daß England noch eine Hoffnung auf Rußland" habe. Auf diese vermeintlich wichtigste britische Hoffnung zielte auch Hitlers – ihrem Wortlaut nach für ihn ungewöhnlich eindeutige, sachlich in jeder einzelnen Behauptung unzutreffende – Erklärung über die deutsch-sowjetischen Beziehungen in der Reichstagsrede vom 19. 7., in der es hieß: „Das deutsch-russische Verhältnis ist endgültig festgelegt ... Jede Hoffnung, daß ... eine neue deutsch-russische Spannung eintreten könnte, ist kindisch. Weder tat Deutschland einen Schritt, der es außerhalb seiner Interessengebiete geführt hätte, noch hat Rußland einen solchen getan[42]."

Das vordringliche Ziel, Großbritannien friedensbereit zu machen, und das für Hitler wichtigste Problem einer Durchführung des Eroberungszuges nach Osten standen bei ihm in der Besprechung mit den Oberbefehlshabern der drei Wehrmachtteile, v. Brauchitsch, Raeder und Jeschonnek (in Vertretung Görings), am 21. 7. in Berlin jedoch noch nicht in einem kausalen Zusammenhang, sondern unverbunden nebeneinander[43]. Dennoch beginnt mit dieser Besprechung die *zweite Phase* in der Gedankenbildung Hitlers über die Weiterführung des Krieges. Zwei wesentliche Momente tauchten hier in der Lagebeurteilung und in den Folgerungen Hitlers erstmals auf:

40 Am 2. 1. 1942 sprach Hitler vor seiner Tafelrunde rückblickend davon, daß er alle großen „Entscheidungen" seines Lebens auf dem Berghof getroffen habe, so die Konzeption für die Westoffensive und den „Entschluß" zum Angriff auf die Sowjetunion (Libres propos, Bd. I, S. 159). Wahrscheinlich meinte Hitler damit die Zeitspanne Juli 1940, wobei es offenbleiben muß, ob er dabei an den Zeitraum vom 10.–18. 7. oder vom 26.–31. 7. dachte. Die größere Wahrscheinlichkeit liegt beim ersten Zeitraum. Jedoch darf, wie schon betont (vgl. oben S. 23 f.) der Begriff der „Entscheidung" bei Hitler nicht zu eng und im üblichen Wortsinn hingenommen werden. Die noch darzulegende Wandlung der Gesamtkriegskonzeption Hitlers und die vorübergehend in den Vordergrund tretende „Kontinentalblock"-Konzeption als politische Zwischenlösung (September bis November 1940) sollten es ausschließen, daß der Historiker der unzulänglichen, verkürzten Betrachtungsweise Hitlers unkritisch folgt. – Aus der Rückschau von 1945 („Le testament politique de Hitler", S. 95: 15. 2. 1945) setzte Hitler übrigens die Tage unmittelbar nach dem Besuch Molotows in Berlin (12./13. 11. 1940) als den Zeitpunkt an, in dem er die „Entscheidung" zum Angriff auf die Sowjetunion traf. Es ist daher durchaus auch möglich, daß sich Hitler mit seiner Äußerung vor der Tafelrunde am 2. 1. 1942 auf seinen Aufenthalt auf dem Berghof nach dem 16. 11. 1940 bezog.

41 KTB Halder, Bd. II, S. 21 (13. 7. 1940).

42 Domarus, Bd. II, S. 1556.

43 KTB Halder, Bd. II, S. 30 ff. (22. 7. 1940).

1. trat der Wille heraus, den Eroberungskrieg nach Osten mit dem bisherigen Krieg zeitlich zu einem Ganzen zu verschmelzen, also keine „Pause" mehr zwischen der Beendigung des Westkrieges und dem Ostkrieg einzuschieben; sein Bestreben, diesen Ostfeldzug nach Möglichkeit noch im Herbst 1940 durchzuführen, fand dabei mit hoher Wahrscheinlichkeit die Zustimmung der anwesenden Oberbefehlshaber[44];
2. spielte in der politischen Gesamtschau Hitlers zum erstenmal nach dem Sieg über Frankreich wieder der Faktor Amerika eine Rolle[45].

Im einzelnen zeigte sich, daß Hitler seine Erwartungen auf ein baldiges Einlenken Großbritanniens noch keineswegs aufgegeben hatte[46]. Als „Gründe für die Fortsetzung des Krieges durch England" führte er neben der Hoffnung auf Rußland auch die auf die USA an[47]; in der Beurteilung der amerikanischen Politik selbst zeigte er sich aber recht unsicher[48]. Noch lag ihm nicht die Interpretation der Rede Roosevelts vom 19. 7. als eindeutige Kampfansage an Deutschland durch Botschafter Dieckhoff vor[49], die dann zusammen mit dem umfassenden Bericht des Botschafters über Roosevelts Außenpolitik seit 1933 den Umschwung in der Bewertung des Faktors Amerika bei Hitler in diesen Wochen einleitete. Unter den verschiedenen Wegen, die Hitler am 21. 7. – offensichtlich in Anlehnung an die Denkschrift Jodls vom 30. 6.[50] – aufzählte, um Großbritannien, wenn es nicht in nächster Zeit seine Friedensbereitschaft bekundete, dazu zu zwingen, sich mit ihm zu arrangieren, führte er u. a. auch die Möglichkeit einer politischen Blockbildung an: „Wenn England weiter Krieg führen will, dann wird versucht werden, alles politisch gegen England

44 D. h. mit Sicherheit v. Brauchitschs. Es ist aus den Quellen (KTB Halder, Aufz. Raeders und KTB der Skl.) nicht ersichtlich, ob Raeder und Jeschonnek an der ganzen Besprechung teilnahmen oder, was in Analogie zu Hitlers Verhalten am 31. 7. als wahrscheinlicher anzusehen ist, er mit v. Brauchitsch allein (in Anwesenheit Keitels und Jodls) den beabsichtigten Ostfeldzug besprach.

45 Vgl. oben S. 199.

46 Vgl. hierzu oben S. 152 f.

47 Zum erstenmal nach dem Waffenstillstand mit Frankreich hatte Hitler Hoffnungen auf eine Unterstützung durch die USA als möglichen Grund für eine Fortsetzung des Krieges durch Großbritannien, wie schon erwähnt (vgl. oben S. 215, Anm. 39), in dem Gespräch mit dem italienischen Botschafter Alfieri am 1. 7. 1940 angeführt (ADAP D X, Dok. 73, S. 68).

48 KTB Halder, Bd. II, S. 30 (22. 7. 1940): „Roosevelt unsicher, Industrie will nicht investieren. England läuft Gefahr, die Stellung als erste Seemacht an Amerika zu verlieren." – Auf Anfrage des AA vom 27. 6. nahm der dt. Geschäftsträger in Washington Thomsen am 29. 6. zur Frage des sowjetisch-amerikanischen Verhältnisses Stellung (ADAP D X, Dok. 59, S. 51 f.). Er bezeichnete die „amtlichen Beziehungen" zwischen den USA und der Sowjetunion als „ausgesprochen kühl". Eine Besserung sei „einstweilen nicht zu erwarten, obwohl interventionistische Zeitungen und Journalisten (die) amerikanische öffentliche Meinung für den Gedanken reif zu machen versuchen, daß (die) USA und Rußland, gemeinsam von Deutschland bedroht, natürliche Bundesgenossen seien. Für diese wäre es ganz selbstverständlich, aus Stalin einen amerikanischen Nationalhelden zu machen, wenn er Deutschland in den Rücken fiele."

49 Vgl. oben S. 199.

50 Vgl. oben S. 157 f.

einzuspannen: Spanien, Italien, Rußland[51]." Vorherrschend war aber bei Hitler an diesem Tage der Eindruck, daß ein „Ausgleich" mit Großbritannien gefunden werden könne.

Wesentlich klarer als im Blick auf Großbritannien war an diesem 21. 7. Hitlers Gedankenbildung hinsichtlich des Problems der Ost=Lösung; denn v. Brauchitsch erteilte als Ergebnis der Besprechung Halder am 22. 7. bereits den Auftrag, das „russische Problem in Angriff (zu) nehmen" und „gedankliche Vorbereitungen (zu) treffen". Als Grundlage hierfür gab der Oberbefehlshaber des Heeres an: „Dem Führer ist gemeldet[52]: a) Aufmarsch dauert 4—6 Wochen; b) russisches Heer schlagen oder wenigstens so weit russischen Boden in die Hand zu nehmen, als nötig ist, um feindliche Luftangriffe gegen Berlin und schlesisches Industriegebiet zu verhindern."

„Erwünscht" (wohl im Sinne Hitlers) sei, „so weit vorzudringen, daß man mit unserer Luftwaffe wichtigste Gebiete Rußlands zerschlagen kann[53]". Als not=

51 KTB Halder, Bd. II, S. 31 (22. 7. 1940). Die Aufzeichnung Raeders über dieses Gespräch führt in dieser Reihe auch Japan an (vgl. Anm. 53).

52 Über diese unklare Stelle des Halder=Tagebuchs entzündete sich eine Kontroverse (vgl. hierzu Uhlig, S. 165), bei der es darum ging, wer Hitler diese Meldung, die in ihrer Konsequenz auf die Durchführbarkeit einer Ostoffensive im Herbst 1940 hinauslief, gemacht habe. Dies kann nur das OKH, höchstwahrscheinlich also v. Brauchitsch selbst, gewesen sein, da nur dort, nicht im Wehrmachtführungsamt im OKW, seit Anfang Juli 1940 allgemeine Vorüberlegungen für eine militärische Ost=Lösung eingeleitet worden waren.

53 Die Aufzeichnung Raeders über die Besprechung am 21. 7. 1940 (Klee: Dokumente, S. 245 f.), die wie alle Aufzeichnungen aus seiner Feder stark systematisiert und daher Hitlers Gedankengang nicht mit Sicherheit wirklich korrekt wiedergibt, hebt ebenfalls als Gesichtspunkt Hitlers die Luftbedrohung Deutschlands vom Osten hervor, bringt aber über die beabsichtigte Ostoffensive überhaupt nichts. Möglicherweise verließ Raeder wie am 31. 7. den Besprechungsraum, bevor von Hitler dieses Thema angeschlagen wurde (vgl. auch unten S. 222, Anm. 65). Dies könnte die Form der Denkschrift der Seekriegsleitung vom 28. 7. 1940 (vgl. unten S. 220 ff.) und auch die spätere Behauptung Raeders erklären, er habe erst im September 1940 von den Ostplänen gehört und daher am 26. 9. 1940 erstmals mit Hitler unter vier Augen über dieses Thema gesprochen. Vgl. hierzu oben S. 189 f. und unten S. 241.

Die wichtigsten Stellen der Aufzeichnung Raeders über die Besprechung am 21. 7. 1940 lauten: „Der Führer trägt vor: Welche Hoffnung kann England noch für die Fortsetzung des Krieges haben? Es kann hoffen:

1. auf einen Umschwung in Amerika ...,
2. auf Rußland, dessen Eintritt in den Krieg besonders durch die Luftbedrohung Deutschlands unangenehm wäre.

Wenn auch Moskau die großen Erfolge Deutschlands mit einem weinenden Auge sieht, so hat es von sich aus doch kein Bestreben, in den Krieg gegen Deutschland einzutreten. Es ist natürlich Pflicht, die amerikanische und russische Frage stark zu erwägen. Eine schnelle Beendigung des Krieges liegt im Interesse des deutschen Volkes. Es ist aber kein dringender Zwang dafür vorhanden; denn die Lage ist viel günstiger als im Weltkrieg ... Am schwierigsten ist die Brennstoff=Frage. Sie wird nicht kritisch werden, solange Rumänien und Rußland liefern und die Hydrierwerke gegen Luftangriffe geschützt werden ... In England mag die Hoffnung auf eine ungünstige Entwicklung der Brennstofflage in Deutschland eine Rolle spielen. Notwendig ist die Klärung der Frage, ob und in welcher Zeit eine direkte Operation England niederzwingen kann. Daneben müssen diplomatische Schritte unternommen werden gegenüber Spanien, Ruß=

wendig wurden vom Oberbefehlshaber des Heeres für die deutsche Seite 80 – 100 Divisionen angesehen, während auf sowjetischer Seite 50 – 75 „gute" Divisionen angenommen wurden[54]. Daß es sich bei dem Ostfeldzug um keine ausschließlich aus militärischen Gründen beabsichtigte Operation handelte, ging schon aus dem am 21. 7. von Hitler grob skizzierten „politischen Ziel" hervor: „Ukrainisches Reich, Baltischer Staatenbund, Weißrußland[55]", das die „Lebensraum"-Konzeption selbst in dieser formelhaften Verkürzung durchschimmern ließ. Qualitativ ging damit allerdings die hier verkündete Zielsetzung — soweit dies die knappen Notizen Halders erkennen lassen — noch nicht über die extremen deutschen Ost-Konzeptionen in der Zeit des Ersten Weltkrieges hinaus[55a]. Räumlich blieb sie sogar noch dahinter zurück.

Ein wesentlicher Grund für Hitlers Absicht, den Eroberungszug nach Osten noch im Verlauf dieses Krieges durchzuführen, war seine — wohl aus der verbreiteten Friedensstimmung in Deutschland nach dem Frankreich-Feldzug gewonnene — Überzeugung, daß es selbst ihm nach einer längeren Friedenspause nicht mehr möglich sein werde, das „durch zwei große Kriege überanstrengte" deutsche Volk und die Wehrmacht nach einem für Deutschland günstigen „Ausgleich" mit Großbritannien psychologisch auf einen neuen Krieg vorzubereiten und zu einem Waffengang gegen die Sowjetunion „auf die Beine zu bringen[56]". Hier wurde ein Automatismus der psychologischen Kriegführung erkennbar[57], der ein Abstoppen und späteres Wiederankurbeln der Kriegspropaganda entsprechend den ursprünglichen Vorstellungen Hitlers über „seine" drei kleinen Kriege (Führung einzelner, zeitlich voneinander getrennter „Blitzfeldzüge") ausschloß, nachdem der einmal in Gang befindliche „große" Krieg die Einleitung einer ihm gemäßen psychologischen Kriegführung nicht

land und Japan. Solche Schritte sind aber schwierig, solange die Welt ein Wunder erwartet und dieses noch nicht eingetreten ist." — Die letzte Bemerkung bezieht sich zweifellos auf ein Einlenken Großbritanniens.

54 Auch hier ist unklar, wer diese Zahlen angab, vermutlich wieder v. Brauchitsch. — Die Abt. „Fremde Heere Ost" des Gen. St. d. H. schätzte die Stärke der sowjetischen Kräfte in Westrußland am 24. 7. 1940 auf 90 Schützen-, 23 Kavallerie-Divisionen und 28 mechanisierte Brigaden, also 141 große Verbände (Erickson, S. 557, nach einer Aufzeichnung der Abt. „Fremde Heere Ost").

55 In der Notiz Halders ist ferner angegeben: „Finnland; Baltikum ‚Pfahl im Fleisch'." H.-A. Jacobsen (KTB Halder, Bd. II, S. 33, Anm. 10) deutet diese Stelle so: „Als politisches Ziel des geplanten Feldzuges nannte Hitler: die Neubildung eines Ukrainischen Reiches, eines Baltischen Staatenbundes und Weißrußlands; Finnland sollte vergrößert werden. Im übrigen würde das Baltikum für die Sowjetunion immer ein ‚Pfahl im Fleisch' bleiben."

55a Zum qualitativen Umschlag vgl. unten S. 391 f. und S. 516 ff.

56 Loßberg, S. 105. Halder verzeichnete in seinem Tagebuch (KTB Halder, Bd. II, S. 283) erst unter dem 17. 2. 1941 eine entsprechende Äußerung Hitlers, doch teilte er dem Verfasser (Brief vom 5. 10. 1954) mit, daß Hitler diese Auffassung bereits im Sommer 1940 vertreten habe.

57 Vgl. Hitlers Gedankengang zur psychologischen Kriegführung und zur kriegspsychologischen Beeinflussung des eigenen Volkes in seiner Ansprache vor Vertretern der deutschen Presse am 10. 11. 1938 (Vierteljahrshefte für Zeitgeschichte 1958, S. 175 ff., eingeleitet und kommentiert durch W. Treue).

nur nach außen zum Gegner hin, sondern gerade auch nach innen gegenüber dem eigenen Volk erforderlich gemacht hatte.
Bereits am Tage nach der Besprechung Hitlers mit den Oberbefehlshabern der Wehrmachtteile, am 22. 7., beauftragte Halder den Chef der Operationsabteilung des Generalstabes des Heeres, Oberst i. G. v. Greiffenberg, mit den Vorarbeiten für eine Operationsstudie zu einem Ostfeldzug und wies den Chef der Abteilung „Fremde Heere Ost", Oberstleutnant i. G. Kinzel, in die „Aufgaben Rußland" ein[58]. Dieser hielt am 26. 7. Vortrag „über die Grundlagen auf der Feindseite für eine Operation gegen Rußland". Daraus zog Halder den Schluß, „daß die günstigste Operationsmöglichkeit mit Anlehnung an die Ostsee in Richtung Moskau" bestehe, die „die russische Kräftegruppe in der Ukraine und am Schwarzen Meer von Norden her zum Kampf mit verkehrter Front zwinge[59]. Hingegen sprachen sich v. Greiffenberg und ebenso der mit dem Auftrag, unter v. Greiffenberg „eine erste Studie für den Feldzug gegen die Sowjetunion auszuarbeiten", „ohne andere Offiziere zu beanspruchen", in die Operationsabteilung versetzte Oberstleutnant i. G. Feyerabend am folgenden Tage (27. 7.) für eine „starke Südgruppe", also eine Schwerpunktbildung in der Ukraine, aus[60], während Halder bei seinem Grundgedanken blieb, den er dahin erweiterte, „daß die sicherlich starken feindlichen Südkräfte durch eine von Moskau nach Süden geführte schnelle Operation zur Schlacht mit verkehrter Front gezwungen" werden könnten. Unabhängig von Feyerabend sollte der ebenfalls in die Operationsabteilung kommandierte und am 29. 7. in seine Aufgaben eingewiesene Chef des Generalstabes der — seit 21. 7. im Osten (d. h. in Ostpreußen und im Generalgouvernement) befehlsführenden — 18. Armee, Generalmajor Marcks, eine eigene Operationsstudie für einen Ostfeldzug entwerfen[61]. Sein erster Gedanke war, „einen einzigen Hauptangriff ... aus Rumänien, Galizien und Südpolen gegen das Donezgebiet (zu führen), dort die ukrainischen Armeen (zu) zerschlagen und dann über Kiew nach Moskau (zu) marschieren".
Erwecken schon die Schnelligkeit und „Großzügigkeit" aller dieser Erwägungen den Eindruck, als betrachte der Generalstab des Heeres einen Ostfeldzug mehr unter dem Gesichtspunkt gewaltiger Marschleistungen und motorisierter Raids zur Inbesitznahme der wichtigsten russischen Gebiete zwischen Schwarzem Meer und Moskau als eines ernsthaften Kampfes gegen einen starken Gegner, so müssen die „Betrachtungen über Rußland" der Seekriegsleitung vom 28. 7.[62] mit den dort entwickelten Vorstellungen von dem Erreichbaren sogar damals als phantastisch empfunden worden sein. Diese stark von geopolitischen Ge-

58 KTB Halder, Bd. II, S. 34 (22. 7. 1940). Einzelheiten hierfür und für das Folgende bei Uhlig, S. 170 ff.
59 KTB Halder, Bd. II, S. 37 (26. 7. 1940).
60 KTB Halder, Bd. II, S. 39 (27. 7. 1940).
61 KTB Halder, Bd. II, S. 41 (29. 7. 1940); Uhlig, S. 170.
62 „Betrachtungen über Rußland" der Seekriegsleitung, 28. 7. 1940 (Bundesarchiv Koblenz, K 10 — 2/10, 7 S. Ms.).

sichtspunkten bestimmte Denkschrift war offensichtlich von Raeder nach der Besprechung vom 21. 7. veranlaßt worden. Ihr Inhalt ist selbst wohl nie Gegenstand eines Vortrages vor Hitler gewesen[63]. Dennoch verdienen die wichtigsten Gedanken als kennzeichnend für die Beurteilung der sowjetischen Stärke durch die deutsche Seekriegsleitung und für die Atmosphäre in den höchsten deutschen Führungsstäben nach dem Triumph über Frankreich hervorgehoben zu werden.

„Die Sicherheit Deutschlands im europäischen Raum basiert" — so hieß es — „auf der militärischen Überlegenheit gegenüber jedem Gegner und einer Kombination von Gegnern. Dieser Zustand besteht zur Zeit. Die Sicherheit unseres Heimatlandes bedarf aber für die Zukunft auch des Ausbaus der räumlichen Unangreifbarkeit, d. h. einer Erweiterung, die ein ungehindertes, überraschendes Betreten lebenswichtiger Teile deutschen Bodens verhindert, sozusagen eines tiefen Vorgeländes ... Sie verlangt weiter nach möglichst autarker[64] Wirtschaft zumal der im Kriege lebenswichtigen Güter (z. B. Öl, Nahrungsmittel). Der Aufbau Deutschlands benötigt Rohstoffe, in gleichem Maße aber auch Absatzmöglichkeiten seiner Erzeugnisse. Für beides ist Rußland denkbar gut geeignet ... Wenn (Rußland) ... politisch und militärisch schwach ist oder wenn anzunehmen ist, daß die Sowjetregierung die Schwäche ihrer Stellung im Volke kennt, dann sollte es möglich sein, dieser Schwäche unsere politische Stärke entgegenzusetzen und zu versuchen, durch Verhandlungen das beabsichtigte Ziel zu erreichen." Auf die militärischen Möglichkeiten Deutschlands eingehend, fuhr dann aber die Denkschrift fort: „Die militärischen Kräfte der russischen Wehrmacht sind gegenüber unseren kriegserfahrenen Truppen als weit unterlegen anzusehen. Die Besetzung eines Raumes bis zur Linie Ladoga-See-Smolensk-Krim wird militärisch durchführbar sein, um aus diesem Besitz heraus die Friedensbedingungen festzulegen. Der durch die Baltenländer vorwärtsstrebende linke Flügel wird in kurzer Zeit am Ladoga-See Fühlung mit den Finnen gewinnen. Mit dem Besitz der Küste und Leningrads bricht von allein die Widerstandskraft der russischen Marine in sich zusammen. Ob die Wegnahme Moskaus noch erforderlich ist, wird sich nach Lage und Jahreszeit entscheiden." Insgesamt kam die Denkschrift zu dem — indirekt formulierten — Ergebnis, daß ein Feldzug gegen die Sowjetunion im Herbst 1940 *vor* einer Invasion Großbritanniens möglich sei, wenn „der Krieg gegen England ... einen gewissen Abschluß erreicht hat, um dieses Land mit verhältnismäßig wenig Luftstreitkräften niederhalten zu können". Der Inhalt dieser Denkschrift kam in der nächsten großen Besprechung Hitlers mit den Oberbefehls-

63 Raeder selbst erhielt jedenfalls ein Exemplar dieser Denkschrift. Ihre Grundtendenz war: Angriff gegen die Sowjetunion noch im Herbst 1940, Landung in Großbritannien, wenn überhaupt erforderlich, erst im Frühjahr 1941 (Klee: Seelöwe, S. 192). Klee kommt zu dem Ergebnis, daß „nach den bisher zur Verfügung stehenden Quellen ... nicht nachzuweisen" sei, daß Raeder „mit Hitler darüber gesprochen hat".

64 Im Manuskript „autarkischer".

habern der Wehrmachtteile am 31. 7. schon deshalb nicht zur Sprache, weil Raeder – dies war von Hitler zweifellos beabsichtigt – den Vortragsraum verließ[65], bevor das Rußland-Problem behandelt wurde.
Die Besprechung am 31. 7. wurde hinsichtlich der militärtechnischen Durchführbarkeit eines Ostfeldzuges nicht von den Vorstellungen des OKH oder des OKM, sondern durch eine Denkschrift des OKW bestimmt, das an den bisherigen Vorüberlegungen zu einem Ostfeldzug keinen Anteil hatte[66]. Jedoch hatten Keitel und Jodl als Teilnehmer der Besprechung vom 21. 7. Kenntnis von Hitlers Absichten erhalten. Iher Stellungnahme, die ausführlich auf den Zeitbedarf sowie auf die Wetterbedingungen in Osteuropa einging, führte den überzeugenden Nachweis, daß ein Ostfeldzug im Herbst 1940 aus militärtechnischen Gründen, allein schon wegen der für den Aufmarsch benötigten Zeit von vier Monaten[67], undurchführbar sei[68]. Daher muß Hitler unter dem Eindruck dieser Argumente kurz vor dem 29. 7. eingesehen haben, daß eine Verwirklichung seiner Absicht, einen „Blitzkrieg" gegen die Sowjetunion in Form eines Herbstfeldzuges 1940 zu führen, ausgeschlossen war. Dieser Feldzug wurde von Hitler daher nun für den frühestmöglichen Zeitpunkt im neuen Jahr, für Mai 1941, in Aussicht genommen. Dies teilte Jodl am 29. 7 den führenden Generalstabsoffizieren seines Wehrmachtführungsamtes[69] mit und gab

65 Hitlers Absicht war es offensichtlich bereits damals, den Feldzug gegen die Sowjetunion als „Feldherr" eines Landkrieges zu leiten. Die Aufmerksamkeit des Oberbefehlshabers der Kriegsmarine sollte auf den Seekrieg gegen Großbritannien gerichtet bleiben. Da der Luftwaffe nur eine taktische Unterstützung der Heeresoperationen zugedacht war, nahm auch Göring an den grundlegenden Besprechungen Hitlers mit v. Brauchitsch und Halder nicht teil. – Mangels Quellen sind allerdings präzise Aussagen über den Anteil der Luftwaffenführung an der Gedankenbildung Hitlers im Juli 1940 nicht möglich.

66 Die schon mehrfach erwähnte Denkschrift Jodls vom 30. 6. 1940 über die Fortsetzung des Krieges gegen Großbritannien erwähnt einen Ostfeldzug überhaupt nicht, obwohl Jodl sonst alle Möglichkeiten erwägt, durch welche Großbritannien zum Einlenken gezwungen werden könnte. – Die gesamte operative Planung für den Ostfeldzug blieb, nicht zuletzt wohl eine Folge der Denkschrift der OKW-Führung von Ende Juli 1940, ganz beim OKH/Generalstab des Heeres. Das OKW/Wehrmachtführungsstab war bis Dezember 1940 an den operativen Vorüberlegungen und Vorplanungen nicht beteiligt, wenn man von der Studie v. Loßbergs absieht, die aber auch über Jodl, der sie frühestens am 19. 9., wahrscheinlich sogar wesentlich später (Mitte November?) erhielt (vgl. hierzu Warlimont, S. 134 ff.), nicht hinausgelangte. Auch in der Folgezeit wurden die Vorbereitungen und die Operationsführung des Feldzuges selbst (unter Hitler als „Feldherr") vom OKH/Generalstab des Heeres geleitet. Die Zweiteilung der deutschen Landkriegführung, die schließlich im Oktober 1942 vollkommen wurde (vgl. KTB OKW, Bd. II, Einführung S. 12 f.), begann nach unserer Auffassung im Ansatz bereits im Sommer 1940 mit Jodls Denkschrift über die Fortführung des Krieges gegen Großbritannien vom 30. 6. 1940 einerseits, den frühen Ostfeldzugsvorplanungen im OKH/Generalstab des Heeres im Juli 1940 andererseits.

67 So Jodls Aussage vor dem IMT, Bd. XV, S. 428.

68 Die Denkschrift selbst ist nicht wieder aufgefunden worden; doch steht ihre Bedeutung für den Zeitpunkt eines möglichen Ostfeldzuges einwandfrei fest. Am eingehendsten hierzu Warlimont, S. 126 ff.; Greiner, S. 292.

69 D. h. dem Chef der Abteilung Landesverteidigung, Oberst d. G. Warlimont, und

gleichzeitig den Auftrag, einen Befehlsentwurf für die Vorbereitungen zum Antransport, zum Aufmarsch und zur Unterbringung der Masse von Heer und Luftwaffe in dem bisher – trotz eines entsprechenden Befehls Hitlers vom 17. 10. 1939[70] – verkehrsmäßig wenig erschlossenen Gebiet des Generalgou=vernements, also Westpolens, anzufertigen (Befehl „Aufbau Ost" vom 9. 8. 1940[71]). Der Sachbearbeiter für Heeresfragen im Wehrmachtführungsamt, Oberstleutnant d. G. v. Loßberg, erhielt außerdem den Auftrag, eine eigene Operationsstudie für den Ostfeldzug vorzubereiten[72].

Die Besprechung Hitlers mit v. Brauchitsch und Halder in Anwesenheit Keitels und Jodls am 31. 7.[73] markiert den Beginn der *dritten Phase* in Hitlers Gedan=kenbildung zur Lösung des Rußland=Problems. Zwei wesentliche Veränderun=gen in der Beurteilung der weltpolitischen Situation durch Hitler gegenüber der Besprechung am 21. 7. kennzeichnen seine neue Konzeption:

1. Geschwunden oder zumindest weit zurückgetreten war seine Erwartung, daß Großbritannien in Kürze ohne größere eigene Kraftanstrengung zum „Aus=

den Gruppenleitern Heer (v. Loßberg), Kriegsmarine (Junge) und Luftwaffe (v. Falkenstein). Hierzu Warlimont, S. 126 ff.; Greiner, S. 292 ff.; Ansel, S. 178 f. (der erstmals ein Zeugnis aus der Erinnerung des Kapitäns z. S. a. D. Junge beiträgt). Alle Offiziere des Wehrmachtführungsamts einschließlich Warlimonts waren offensichtlich von den Ausführungen Jodls so beeindruckt, daß sie zu einer Überschätzung seiner Eröffnungen und damit zu einer Vereinfachung des Problems der „Entscheidung" Hitlers zum Ostfeldzug neigen.

70 In diesem Befehl vom 17. 10. 1939 hieß es, Polen sei „Aufmarschgebiet" (gegen wen, blieb offen, lag aber auf der Hand) für die Zukunft. Dazu müßten „die Bahnen, Straßen und Nachrichtenverbindungen für unsere Zwecke in Ordnung gehalten und ausgenutzt werden" (Aufzeichnung des Chefs OKW über Hitlers Direktiven vom 17. 10. 1939: Nürnberg=Dok. PS=864, IMT, Bd. XXVI, S. 377 ff.; vgl. auch M. Broszat: Nationalsozialistische Polenpolitik 1939–1945, S. 74). Dieser Passus des Befehls, der sich ausdrücklich auf „künftige militärische Even=tualitäten im Osten" bezog, deutet neben anderen Zeugnissen darauf hin, daß Hitler „seinen" Eroberungszug nach Osten auch in jener Zeit nicht aus dem Auge verlor, als seine Aufmerksamkeit sich stark auf die Westoffensive kon=zentrierte. Vgl. auch KTB Halder, Bd. I, S. 107 (18. 10. 1939): Bericht des Ober=sten i. G. Eduard Wagner über die Ausführungen Hitlers über Polen am 16. 10. 1939: „Deutsches Aufmarschgebiet für Zukunft." Ferner: Greiner, S. 64; Jodl=Tagebuch, 16. 10. 1939 (in: Die Welt als Geschichte 1952, S. 275 ff.); Aufz. Raeders über seine Besprechung mit Hitler am 16. 10. 1939, in: Lagevorträge des Ob. d. M.

71 KTB OKW, Bd. I, S. 6 f. (2. 8. 1940) und S. 18 f. (9. 8. 1940); Greiner, S. 292 ff.

72 Entweder am 29. 7. 1940 selbst oder kurz danach (Greiner, S. 295). Zum Ergeb=nis dieser Studie vgl. unten S. 230.

73 Einzige Quelle hierfür: KTB Halder, Bd. II, S. 46 ff. (31. 7. 1940); das – in den überlieferten Teilen erst am 1. 8. 1940 einsetzende – KTB OKW (Bd. I) enthält unter dem 1. 8. 1940 lediglich folgenden Eintrag, der die Mitteilungen Jodls an seinen Stab über die Besprechung vom 31. 7. enthält und die Aufträge an ihn knapp umreißt: „... 7. Tarnbefehl für den Aufbau Ost; 8. Sammlung von Unterlagen zu einem Befehlsentwurf für Vorbereitungen von längerer Dauer (betr. Vorbereitungen zu einem Feldzug gegen die Sowjetunion)." Bei der üblichen Anlage des KTB OKW und der besonderen Geheimhaltung der Ost=feldzugspläne gegenüber dem Kriegstagebuchführer ist es unwahrscheinlich, daß unter dem Datum des 31. 7. 1940 noch Weiteres über die Besprechung Hitlers mit den Spitzen von OKH und OKW verzeichnet war.

gleich" mit ihm bereit sein würde; die Hoffnungen auf die USA und die Sowjetunion bestimmten seiner Auffassung nach den Entschluß der britischen Regierung zur Fortsetzung des Krieges.

2. Die Bedeutung der USA und der Wille Roosevelts zur Unterstützung Großbritanniens wurden jezt (im Gegensatz zum 21. 7.) von Hitler klar gesehen, ohne daß er indessen den Grad der Handlungsfähigkeit und die Möglichkeiten der USA im Jahre 1940 bereits zutreffend einschätzte.

Da die USA für ihn selbst unerreichbar waren, blieb ihm für den Fall, daß Großbritannien in diesem Jahr mit den verschiedenen von Hitler allesamt – mit Recht – skeptisch beurteilten militärischen und politischen Druckmitteln nicht direkt zum Frieden gezwungen werden konnte, nur die Lösung einer indirekten „Ausschaltung" des wichtigtsten britischen Hoffnungsfaktors Amerika. Den einzigen Weg hierzu meinte Hitler in der (ihm militärisch möglich erscheinenden) „Ausschaltung" des zweiten Hoffnungsfaktors Rußland zu sehen, das seiner Auffassung nach von den Seemächten Großbritannien und USA als „Festlanddegen" sowohl gegen Deutschland als auch gegen Japan ins Spiel gebracht werden konnte. Die Zertrümmerung der Sowjetunion – so kalkulierte er – würde Großbritannien die „letzte Hoffnung" in Europa nehmen und zugleich eine machtpolitische „Aufwertung" Japans in Ostasien herbeiführen, so daß die USA durch die Bedrohung von der pazifischen Seite in ihrer Handlungsfreiheit im Atlantik paralysiert würden und sich mit der neuen durch Deutschland und Japan beherrschten Situation in der „östlichen Hemisphäre" abfinden müßten, weil nach seiner Überzeugung ein Sieg von Seemächten – ohne daß ihnen ein starker „Festlanddegen" zur Verfügung stand – über eine oder gar mehrere miteinander verbündete Kontinentalmächte, die autarke, verteidigungsfähige „Großräume" beherrschten, ausgeschlossen war.

Damit gewann der Krieg, der in Hitlers Vorstellung (trotz der für ihn überraschenden Konstellation bei Beginn im September 1939) den Charakter einzelner, möglichst durch „Pausen" voneinander getrennter europäischer „Blitzfeldzüge" gehabt hatte, weltpolitische Dimensionen. Der bis dahin ausschließlich unter dem Gesichtspunkt seiner alten Zielvorstellung, eines Eroberungszuges zur Vollendung seiner Herrschaft über Kontinentaleuropa, betrachtete Feldzug gegen die Sowjetunion erhielt nun zugleich eine wesentliche oder, wie Hitler meinte, entscheidende Bedeutung als Etappe auf dem Wege, Großbritannien friedensbereit zu machen und den Gesamtkrieg zu seinen Gunsten zu beenden, ein Ziel, das auf andere Weise – wie es ihm schon zu diesem Zeitpunkt schien – kaum noch erreicht werden konnte[74]. Dies bedeutete eine durch den hartnäckigen Widerstand Großbritanniens (und seine Unterstützung durch die USA) herbeigeführte Umkehrung der bisherigen Vorstellungen Hitlers:

74 Daran änderte auch seine vorübergehende, von Göring geförderte Hoffnung auf die Wirkungen des strategischen Luftkrieges gegen Großbritannien nichts. Vgl. oben S. 174 ff.

Ziel der Niederwerfung Frankreichs und des erhofften „Ausgleichs" mit Großbritannien war es ja gewesen, ihm die Rückenfreiheit, die sichere strategische Basis zu verschaffen, aus der heraus er zu einem ihm geeignet erscheinenden Zeitpunkt nach Osten vorstoßen konnte. Nun wurde sein bisheriges Hauptziel, die Eroberung des Ostraums, zugleich zum Mittel, mit den angelsächsischen Seemächten fertig zu werden, die nicht bereit waren, sich mit seiner Herrschaft über die mittleren und westlichen Teile Kontinentaleuropas abzufinden, sondern sie ihm streitig machten.

Da eine schnelle Lösung dieses weltpolitischen Knotens durch eine Niederwerfung der Sowjetunion noch im Herbst 1940, wie sie Hitler eigentlich wünschte[75], aus militärtechnischen Gründen nicht möglich war, blieb nur die Verschiebung bis zum Mai 1941 mit dem darin liegenden Risiko weiterer Veränderungen der Situation zu Hitlers Ungunsten. Um gegen solche Eventualitäten gewappnet zu sein, erteilte Keitel im Namen Hitlers am 2. 8. dem Chef des Wirtschafts- und Rüstungsamtes im OKW, General Thomas, den Auftrag, die Planung der Umrüstung auf Grund der neuen Beurteilung der weltpolitischen Lage durch Hitler darauf aufzubauen, „daß

1. mit dem Zusammenbruch Englands im Jahre 1940 unter Umständen nicht mehr zu rechnen ist,
2. im Jahre 1941 ein Eingreifen Amerikas in Frage kommen kann,
3. das Verhältnis zu Rußland im Jahre 1941 eine Änderung erfahren kann[76]".

Die von Brauchitsch und Halder am Vorabend der Besprechung vom 31. 7. erörterte „Alternative" (die allerdings schon deshalb keine solche war, weil sie im Gegensatz zu Hitlers Lagebeurteilung allein von einer möglichen Mächtekombination England-Rußland ohne Berücksichtigung der USA ausging), daß man einen Zweifrontenkrieg durch eine engere politische Bindung der Sowjetunion an Deutschland vermeiden könne, zumal „die Bestrebungen Rußlands an den Meerengen und in Richtung auf den Persischen Golf uns nicht stören", und „man" sich auf dem Balkan „aus dem Wege gehen könne", kam gar nicht zur Sprache. Ihre Überlegungen waren darauf hinausgelaufen, daß „wir den Engländer im Mittelmeer entscheidend treffen, von Asien abdrängen, dem Italiener sein Mittelmeerreich aufbauen helfen und uns selbst mit Hilfe Rußlands das in West- und Nordeuropa geschaffene Reich ausbauen" sollten, so daß „wir ... dann einen jahrelangen Krieg mit England getrost in Kauf nehmen" könnten[77]. Daß es sich hierbei weder realiter noch gar von Hitlers Zielen her um eine echte „Alternative" handelte, ist im Zusammenhang mit der Behandlung der Mittelmeerpläne Raeders schon angeklungen und wird von uns

75 Aus mehreren von Halder notierten Wendungen Hitlers ging deutlich hervor, wie sehr die Unmöglichkeit, im Herbst 1940 gegen die Sowjetunion offensiv zu werden, seinem Konzept zuwiderlief (vgl. vor allem KTB Halder, Bd. II, S. 49 und 50).

76 Aktennotiz über die Entwicklung der Rüstungslage im Sommer 1940 vom 20. 8. 1940, in: KTB OKW, Bd. I, S. 968 f.

77 KTB Halder, Bd. II, S. 46 (30. 7. 1940).

in der zusammenfassenden Betrachtung am Schluß dieses Kapitels noch eingehend begründet[78].
Als Hauptziel des Ostfeldzuges bezeichnete Hitler am 31. 7. die „Vernichtung der Lebenskraft Rußlands", als politische Einzelziele wiederholte er im wesentlichen das schon am 21. 7. Gesagte[79]: „Ukraine, Weißrußland, Baltische Staaten an uns. Finnland bis an das Weiße Meer[80]." Als Bündnispartner für den Ostfeldzug zog er Finnland und die Türkei in Erwägung.
Zur Operationsführung des Ostfeldzuges hatte Hitler, möglicherweise nach Aussprache mit Jodl, eigene Gedanken entwickelt. Statt des vom Generalstab des Heeres in den bisherigen Vorstudien zugrunde gelegten Prinzips, einen einzigen Schwerpunkt zu bilden, setzte Hitler von vornherein zwei Kräftegruppen an: „1. Stoß Kiew Anlehnung am Dnjepr ... 2. Stoß Randstaaten mit Richtung Moskau; schließlich Zusammenfassung aus Norden und Süden; später Teiloperation auf Ölgebiet Baku[81]." Wohl auf Grund der Unterlagen der Denkschrift des OKW errechnete Hitler einen Gesamtbedarf von 180 Heeresdivisionen für 1941, von denen 120 für den Ostfeldzug bestimmt waren.
Hitler wurde in seiner durch die OKW-Denkschrift vorübergehend etwas abgeschwächten Überzeugung, daß die Rote Armee kein ernsthafter Gegner des deutschen Heeres sei, in den folgenden Tagen wieder wesentlich bestärkt durch die Berichte des Generalobersten Guderian, des deutschen Militärattachés in Moskau, General Köstring, und des Militärattachés in Helsinki, Oberst i. G. Rössing[82]. Am 10. 8. äußerte er sich im kleinen Kreise über die „ausführlichen Berichte Guderians[83] über seine Eindrücke und Erfahrungen mit der Roten Armee im September – Oktober 1939 in Brest-Litowsk usw.[84]". Die Bewaffnung, besonders die Panzer, wurden darin als „alt und unmodern, die Nachrichtenmittel ebenfalls als sehr rückständig" bezeichnet. Seinen Gesamteindruck von den Aufzeichnungen Guderians, die Hitlers Phantasie beflügelten, faßte er in der Feststellung zusammen: „Wenn man diesen Koloß erst

78 Vgl. oben S. 190 ff. und unten S. 274 ff.
79 KTB Halder, Bd. II, S. 50 (31. 7. 1940).
80 Hitler knüpfte mit dem letzteren Gedanken an die während des Ersten Weltkrieges entwickelten finnischen Pläne, unter Einschluß Ostkareliens ein „Großfinnland" bis zum Weißen Meer und zum Onega-See zu schaffen, an (vgl. hierzu die knappe Zusammenfassung bei Fischer, S. 673 ff.). Zweimal – 1918 und 1919 – hatte Finnland vergeblich versucht, diese Pläne zu verwirklichen.
81 KTB Halder, Bd. II, S. 50 (31. 7. 1940).
82 Hitlers Prinzip, sich seine Meinung durch „Front"-Experten bestätigen zu lassen, wenn die Auffassungen seiner Stäbe nicht mit seinen eigenen Vorstellungen übereinstimmten, wurde also auch in diesem Falle angewandt.
83 Tagebuch Engel, 10. 8. 1940. – Guderian erwähnt in seinen „Erinnerungen" nichts davon. Vgl. aber seinen knappen Bericht über die Begegnung mit den sowjetischen Truppen im Raume von Brest-Litowsk im September 1939 in: Erinnerungen eines Soldaten, S. 73 ff.
84 Charakteristisch für die Eindrücke, die die Verbände der Roten Armee im September 1939 auf der deutschen Seite hinterließen, ist der aufschlußreiche Bericht von H. Berenbrok „Die seltsame Parade von Brest-Litowsk" (von deutschen und sowjetischen Truppen vor Guderian und einem sowjetischen General am 21. 9. 1939), in: Stuttgarter Zeitung, 29. 9. 1964.

'mal richtig anpackt, dann bricht er schneller zusammen, als die ganze Welt ahnt." „Wenn man sie (= die Sowjetunion) nur vernichten könnte[85]!"
Wie stark Hitler die Berichte Guderians beindruckt hatten, ging daraus her= vor, daß er fünf Wochen später, am 15. 9., in einem langen Gespräch mit Göring darauf zurückkam. Hitler äußerte hierbei wohl zum ersten Male[86] ge= genüber dem Oberbefehlshaber der Luftwaffe seine „Absicht, gegebenenfalls auch Rußland anzugreifen, um England jede weitere Bündnismöglichkeit zu nehmen", während Göring „immer noch die Auffassung" vertrat, daß „Eng= land in der Luft niederzuringen" sei[87]. Aber auch er schätzte, wie er gegenüber Hitler darlegte, die sowjetischen Kräfte gering ein und stimmte den abfälligen Urteilen Hitlers über die Rote Armee zu.
Inzwischen waren die Planungen des Generalstabes des Heeres schon weit fortgeschritten. Der neuen Konzeption Hitlers für die Operationsführung eines Ostfeldzuges vom 31. 7. hatte sich Halder sogleich angeschlossen, als er am 1. 8. beim Vortrag des Generalmajors Marcks ausführte, daß bei allen künf= tigen Planungen von der „Bildung zweier großer Operationsgruppen auf Kiew und Moskau" auszugehen sei. Allerdings wies er — einschränkend und damit den Kern seines eigenen Operationsansatzes rettend — darauf hin, „daß die Operationsgruppe Kiew in der Ausnützung rumänischen Bodens unsichere politische Unterlagen haben wird und daß die Ausstrahlung der Operations= gruppe Moskau nach den Randstaaten hin nur eine Nebenoperation sein dürfe, welche die Stoßrichtung Moskau nicht beinträchtigt[88]". Dies blieb somit für Halder die Hauptoperation[89].
Am 5. 8. legte Marcks Halder seine Studie zum Ostfeldzug vor[90]. Ohne hier auf die Einzelheiten einzugehen[91], sind doch aus dieser ersten geschlossen

85 Anwesend waren bei diesem Gespräch außer Engel nur: Hewel, Lorenz, Schaub und Albert Bormann. Engel verständigte v. Brauchitsch am 11. 8. über den Inhalt dieses Gesprächs.
86 Aus der Tatsache, daß der Luftwaffenführungsstab sich am 8. 8. 1940 an das OKH mit der Bitte um Angaben zum Aufbau der Bodenorganisation der Luft= waffe im Osten wandte, schließt Greiner (S. 295), daß Göring von Hitler schon früher von seinen Absichten in Kenntnis gesetzt worden sei. Dies ist zwar nicht völlig ausgeschlossen, doch läßt sich der Antrag des Luftwaffenführungs= stabes auch aus der Teilnahme Jeschonneks (als Vertreter Görings) an der Besprechung Hitlers mit den Oberbefelshabern der Wehrmachtteile am 21. 7. 1940 erklären, bei der Hitler vor allen drei Oberbefehlshabern über die Luftbedro= hung aus dem Osten gesprochen hatte. Die Aufzeichnung Engels macht es sehr wahrscheinlich, daß Hitler am 15. 9. 1940 zum erstenmal mit Göring über die militärische Ostlösung sprach.
87 Gespräch Hitler=Göring, bei dem nur noch Engel anwesend war (Tagebuch Engel, 15. 9. 1940).
88 KTB Halder, Bd. II, S. 51 (1. 8. 1940).
89 Über die nun auch anlaufenden Vorbereitungen auf dem Quartiermeistergebiet, die der am 1. 8. 1940 zum Generalquartiermeister des Heeres ernannte General= major Eduard Wagner leitete, vgl. Elisabeth Wagner: Der Generalquartier= meister, S. 196 ff., vor allem S. 261 ff.
90 KTB Halder, Bd. II, S. 56 (5. 8. 1940).
91 Die eingehendste Analyse der deutschen Operationsplanung gibt Uhlig S. 170 ff.

vorliegenden Studie[92] zum Ostfeldzug die Gesichtspunkte wiederzugeben, die zum Verständnis der hochgespannten Erwartungen, die sich bei Hitler mit dem Gelingen des Ostfeldzuges als „Blitzkrieg" für seine Gesamtkriegsstrategie verbanden, notwendig sind. „Zweck dieses Feldzuges ist" — so leitete Marcks seinen „Operationsentwurf Ost" ein —, „die russische Wehrmacht zu zerschlagen und Rußland unfähig zu machen, in absehbarer Zeit als Gegner Deutschlands aufzutreten. Zum Schutz Deutschlands gegen russische Bomber soll Rußland bis zur Linie unterer Don — mittlere Wolga — nördliche Dwina besetzt werden. Rußlands kriegswirtschaftliche Hauptgebiete liegen in dem Lebensmittel- und Rohstoffgebiet der Ukraine und des Donezbeckens und in den Rüstungszentren um Moskau und Leningrad. Die östlichen Industriegebiete sind noch nicht leistungsfähig genug[93]." „Die Russen werden uns nicht den Liebesdienst eines Angriffs erweisen... Andererseits kann sich der Russe nicht wie 1812 jeder Entscheidung entziehen. Eine moderne Wehrmacht von

92 Auszugsweise veröffentlicht von A. Philippi: Das Pripjetproblem. Eine Studie über die operative Bedeutung des Pripjet-Gebietes für den Feldzug des Jahres 1941. Frankfurt a. M. 1956, S. 69 ff.

93 General Köstring, der deutsche Militärattaché in Moskau, erklärte nach dem Kriege vor der Historischen Befragungskommission der US-Army am 30./31. 8. 1945, er habe, offenbar während seiner Anwesenheit im OKH am 3. 9. 1940, mit Generalmajor Marcks den „Operationsentwurf Ost" erörtert und darauf hingewiesen, „daß die Einnahme von Moskau noch nicht den Schlüssel zum Siege bedeuten würde. Die Sowjets hätten jenseits des Urals weitere große Industrieanlagen; bei ihrer Fähigkeit zur Improvisation würden sie in der Lage sein, den Bahnverkehr auch ohne den Knotenpunkt Moskau aufrechtzuerhalten." Die zeitgenössischen Quellen enthalten keinen solchen Hinweis, vielmehr spricht aus ihnen, daß auch Köstring die Auffassung vertrat, daß die Rote Armee kein ernsthafter Gegner sei. Halder notierte über sein Gespräch mit Köstring am 3. 9. 1940 (KTB Halder, Bd. II, S. 86): „Köstring: Urteile über die russische Armee: Im Aufsteigen. Bis sie wieder auf frühere Höhe kommt (d. h. wohl auf den Stand vor der „großen Säuberung" 1937/38), vier Jahre nötig. Schwierigkeiten der Feststellung infolge der Überwachung GPU — Rolle Baku (Hauptölgebiet) — Unterweisung über unsere Absichten — Aussprache über Gelände und Verkehrsverbindungen in den verschiedenen Teilen Rußlands, Betonung der Schwierigkeiten für motorisierte Verbände — Erkundungsaufträge." Halder versicherte nach dem Kriege, daß ihm die Auffassung Köstrings von der eingeschränkten Bedeutung Moskaus damals nicht bekannt gewesen sei. Köstring seinerseits bestätigte H. Uhlig auf Befragen, daß er in Besprechungen im OKH vom 6.—8. 8. (kein Niederschlag im KTB Halder) Marcks gegenüber in dem erwähnten Sinne vor einer Überbewertung Moskaus gewarnt habe (Uhlig, S. 171). Nach Erinnerung von Generalmajor a. D. Haseloff soll Köstring auch persönlich bei Hitler Vortrag gehalten haben und „herausgeflogen" sein, da Hitler seine Angaben als unzutreffend abtat (Uhlig, S. 171). Trotz diesen Nachkriegsbekundungen Köstrings und Haseloffs verdienen die übereinstimmenden zeitgenössischen Zeugnisse aus dem OKH- und OKW-Bereich den Vorzug. Aus ihnen geht einwandfrei hervor, daß Köstring von der Schlagkraft der Roten Armee und ihrer Widerstandsfähigkeit bei einem Feldzug im Sommer 1941 sowohl bei seinem Aufenthalt in Berlin bzw. im OKH im Herbst 1940 als auch im Frühjahr 1941 ein falsches Bild entwickelt hat, wobei ihn — dies gilt aber höchstens gegenüber Hitler — taktische Erwägungen dazu gebracht haben mögen, nicht zu „schwarz" zu zeichnen, wenn er überhaupt die Aufmerksamkeit Hitlers gewinnen wollte. Vgl. im übrigen auch die Spiegelung des Eindrucks Hitlers von Köstrings Darlegungen im Tgb. Engel, 18. 12. 1940 (S. 369, Anm. 93).

100 Divisionen kann ihre Kraftquellen nicht preisgeben. Es ist anzunehmen, daß sich das russische Heer in einer Verteidigungsstellung zum Schutz Großrußlands und der östlichen Ukraine zum Kampf stellt." Auf die Voraussetzung, daß der Schwerpunkt der sowjetischen Industrie noch immer im westlichen Teil des Landes liege und die Rote Armee sich zur Verteidigung dieser Industriegebiete spätestens an der Dnjepr-Linie stellen müsse, wurde alle weitere Planung abgestellt. Als drittes Grundelement kam in der Planung hinzu, daß auch Marcks, obwohl er in seinen Berechnungen wesentlich höhere Kräftezahlen als v. Brauchitsch am 21. 7. für beide Seiten ansetzte (für den deutschen Angriff insgesamt 147 Divisionen[94]), von der ungefähren Kräftegleichheit der Deutschen und Russen ausging, die sich nach den ersten sowjetischen Niederlagen in den Grenzschlachten zu einem eindeutigen deutschen Übergewicht wandeln sollte, durch das ein schneller deutscher Sieg im Stile des „Blitzkrieges" möglich schien. Die vom Oberquartiermeister IV im Generalstab des Heeres, Generalleutnant v. Tippelskirch, auf 12 Millionen, vom deutschen Militärattaché in Moskau, General Köstring, auf 8—10 Millionen Mann geschätzten Reserven wurden von Marcks nicht in seine Planungen mit einbezogen, da er dem sowjetischen System eine so schnelle Mobilisierung und Zuführung in die Operationsräume, wie es in Anbetracht des geplanten deutschen „Blitzkrieges" erforderlich werden würde, nicht zutraute[95]. „Da der Russe diesmal nicht wie im Weltkrieg die Überlegenheit der Zahl besitzt, ist vielmehr damit zu rechnen, daß er, einmal durchbrochen, seine auf eine lang ausgedehnte Linie verteilten Kräfte nicht mehr zu einheitlichen Gegenmaßnahmen zusammenfassen kann und in Einzelkämpfen der Überlegenheit der deutschen Truppen und Führung bald erliegen wird." Als Dauer des Feldzuges nahm Marcks mindestens neun, im ungünstigsten Fall 17 Wochen an, während Hitler unter dem Eindruck der Argumente der OKW-Denkschrift am 31. 7. immerhin noch mit fünf Monaten, also 21—22 Wochen, gerechnet hatte. „Leitende Idee" der von Marcks vorgeschlagenen Operation war es, „im geraden Stoß auf Moskau die Masse der russischen Nordgruppe vorwärts, innerhalb und ostwärts des Waldgebietes zu schlagen und zu vernichten, im Besitz von Moskau und Nord-Rußlands sich nach Süden zu wenden, im Zusammenwirken mit der deutschen Südgruppe die Ukraine zu erobern und im Endziel die erstrebte Linie Rostow-Gorki-Archangelsk zu gewinnen[95]". Zusammenfas-

94 An sowjetischen Kräften, die sich „bis zum Frühjahr nach Auffassung der 12. Abt. nicht wesentlich erhöhen könnten", nahm Marcks insgesamt an: 151 Schützen-Divisionen, 32 Kavallerie-Divisionen, 38 mot.-mech. Brigaden. Von diesen nahm er als an der Front gegen Deutschland befindlich an: 96 Schützen-Divisionen, 23 Kavallerie-Divisionen und 28 mot.-mech. Brigaden = 147 große Verbände (Philippi, S. 70), d. h. 6 Schützen-Divisionen mehr, als die Abt. „Fremde Heere Ost" am 24. 7. 1940 angenommen hatte (vgl. oben S. 219, Anm. 54). Zur späteren Einschätzung der sowjetischen Stärke vgl. unten S. 509 f. mit Anm. 48.

95 Hierzu Uhlig, S. 172.

send und zugleich vorgreifend kann nur das berechtigte harte Urteil über die deutsche militärische Planung zum Ostfeldzug wiederholt werden, das sich – bei aller Einsicht in die von uns angeführten Gründe – in dem einen Satz zusammenfassen läßt: „Unter dieser Realitätsblindheit litten alle Feldzugspläne gegen die Sowjetunion[97].“

Von den Ergebnissen dieser Operationsstudie erfuhr Hitler zunächst ebenso wenig wie von denen der im Herbst[98] Jodl vorgelegten Studie des Oberstleutnants d. G. v. Loßberg vom Wehrmachtführungsstab[99], die sich vor allem durch die vorgesehene Bildung von drei Kräftegruppen – statt der vom OKH vorgesehenen zwei – und die enge Zusammenarbeit mit der finnischen Armee beim Vorgehen gegen Leningrad, dessen Einnahme ein besonderes Gewicht erhielt, vom Marcks-Plan unterschied[100]. Der am 3. 9. 1940 als Oberquartiermeister I in den Generalstab des Heeres versetzte Generalmajor Paulus erhielt währenddessen vom Chef des Generalstabes des Heeres den Auftrag, „in enger Verbindung mit der Operationsabteilung, aber unabhängig von den operativen Planungen des Generalmajors Marcks und des Oberstleutnants i. G. Feyerabend einen ersten Entwurf für die Kräfteverteilung und den deutschen Aufmarsch im Osten zu bearbeiten[101]“, und trug hierüber am 17. 9. Halder vor. Anschließend übernahm er die Aufgabe, die Ergebnisse aller bisherigen Überlegungen

96 Bei einer Beurteilung der Linie, bis zu der die deutschen Operationen vorgetragen werden sollten, ist zu bedenken, daß eine längere Fortsetzung des sowjetischen Widerstandes im großen nach einem tatsächlichen Erreichen der von Marcks angegebenen Linie (oder später in der „Barbarossa“-Weisung der Astrachan-Archangelsk-Linie) schwer vorstellbar war, da dann in der Tat — wie auf deutscher Seite geschätzt — rund 75 % der sowjetischen Schwerindustrie in deutscher Hand gewesen wären, wenn man die von Stalin gegenüber Hopkins am 31. 7. 1941 angegebenen Zahlen als zutreffend ansieht. Die zu konstatierende „Realitätsblindheit“ liegt daher weniger in der Festlegung einer solchen Linie, als in der Vorstellung, mit den angegebenen Kräften in der angegebenen Zeit dieses Ziel erreichen zu können, so daß der Gegner nicht in der Lage sein würde, Teile seiner Schwerindustrie nach Osten zu verlagern.

97 Hierzu Uhlig, S. 173 (dort auch das Zitat).

98 Das bei Greiner (S. 322) angeführte und von da in die Literatur übernommene Datum des 19. 9. als Tag der Vorlage bei Jodl ergibt sich aus dem KTB OKW, Bd. I, S. 82. Warlimont (S. 151) legt dar, daß seiner Erinnerung nach diese Studie nicht im September, sondern erst Mitte November Jodl vorgelegt worden sei, und begründet die möglicherweise unrichtige Eintragung des KTB-Führers damit, daß dieser erst viel später in die Ostfeldzugspläne eingeweiht worden sei und den Eintrag nachträglich an einer unrichtigen Stelle vorgenommen habe.

99 Näheres über die Studie v. Loßbergs bei Uhlig, S. 173. Die dort entwickelten Gedanken haben offensichtlich später Hitler vor allem hinsichtlich des geplanten Halts der Heeresgruppe Mitte nach Erreichen des Raums ostwärts Smolensk und hinsichtlich der darin vorgesehenen Abgabe von Kräften an die schwächere Heeresgruppe Nord bei seinen Entscheidungen Mitte August 1941 beeinflußt.

100 Das „Wehrmachtführungsamt“ war am 8. 8. 1940 in „Wehrmachtführungsstab“ umbenannt worden. Wir benutzen daher von nun an durchweg diese Bezeichnung.

101 KTB Halder, Bd. II, S. 90.

auf operativem Gebiet, soweit sie im OKH angestellt worden waren, zusammenzufassen[102].

Auf alle diese Vorarbeiten des Generalstabes des Heeres (wie auch des Wehrmachtführungsstabes) übte Hitler keinen Einfluß aus. Nach dem 31. 7. fand – bis zum 5. 12. – keine Aussprache mehr mit den Spitzen des OKH und des OKW über die militärische Lösung des Rußland=Problems statt, da sich Hitlers Gedankenbildung schon kurz nach der Besprechung vom 31. 7. erneut veränderte. Ehe wir uns seiner sich ab etwa 10. 8. abermals wandelnden Beurteilung der weltpolitischen Situation und der damit verbundenen Änderung in der Bewertung des Rußland=Problems zuwenden, ist es notwendig, einen kurzen Blick auf die militärischen und politischen Gegenzüge zu werfen, die Hitler seit Anfang Juli 1940 gegen das Vorrücken der Roten Armee in den sowjetischen Interessenraum zwischen Ostsee und Schwarzem Meer (und zum Teil darüber hinaus) sowie gegen die politische Aktivität der Sowjetunion in Südosteuropa und gegenüber Finnland unternahm. Die von Hitler etappenweise in der Zeit von Mitte bis Ende Juni 1940 befohlene Verlegung von 15 Infanterie=, 6 Panzer= und 3 motorisierten Divisionen unter dem Armeeoberkommando 18 (Generaloberst v. Küchler; Chef des Generalstabes: Generalmajor Marcks) nach Ostpreußen und ins Generalgouvernement ist als unmittelbare Reaktion auf das sowjetische Vorgehen in den Baltischen Staaten und als Sicherheitsaufmarsch für alle Fälle zu verstehen[103], zumal die sowjetischen Truppen – entgegen den über Litauen getroffenen Vereinbarungen[104] – bis zum 20. 6. fast überall bis an die ostpreußische Grenze heranrückten[105]. Obwohl die Befehlsübernahme am 21. 7. stattfand, dauerte es doch bis in den August hinein, ehe die Masse der hierfür vorgesehenen Kräfte im Osten eintraf[106]. In hartnäckigen Verhandlungen mit der Sowjetregierung verfolgte die deutsche Seite das Ziel, wenigstens eine Entschädigungssumme zu erhalten, wenn schon die Sowjetunion nicht bereit war, der vereinbarten Übergabe des südwestlichen Zipfels Litauens an Deutschland zuzustimmen[107].

102 Philippi=Heim, S. 30.

103 KTB Halder, Bd. I, S. 358 (16. 6. 1940), S. 372 (25. 6. 1940); Mueller=Hillebrand, Bd. II, S. 64; Fabry, S. 249 (unter Auswertung der „Schematischen Gliederungen des deutschen Feldheeres"); ADAP D IX, Dok. 446: Führer=Entscheid vom 16. 6. 1940, S. 478: „Zurzeit kehren einige deutsche Truppenteile nach Ostpreußen in ihre Garnisonen zurück. Sie sind angewiesen, keine Übungen zu machen und alles zu vermeiden, was so aussehen könnte, als ob diese Rückkehr mit den Ereignissen in Litauen irgendwie im Zusammenhang stände."

104 Vgl. oben S. 109.

105 ADAP D IX, Dok. 504: Aufz. des Legationsrats von der Heyden=Rynsch, 20. 6. 1940, S. 527, über Mitteilungen der Abteilung „Ausland" des OKW.

106 Bis zum 19. 8. waren die 15 Infanterie=Divisionen vollständig im Osten eingetroffen; die anderen Verbände standen aber noch aus (Einzelheiten über die Verlegung bei Fabry, S. 247 f.).

107 Hierzu Fabry, S. 241 ff. – Im Zusammenhang mit dem deutsch=sowjetischen Wirtschaftsabkommen vom 10. 1. 1941 wurde schließlich in einem „Geheimen Zusatzprotokoll" vereinbart, daß die Sowjetunion für den deutschen Verzicht auf den litauischen Grenzstreifen eine Summe von 7,5 Millionen Golddollars an die deutsche Seite zahlen sollte.

Wesentlicher war das Bemühen Hitlers, der Aktivität der Sowjetunion in Südosteuropa zu begegnen[108], indem er in Verhandlungen mit den Staatsmännern Ungarns (10. 7.), Rumäniens (26. 7.) und Bulgariens (27. 7.) versuchte, die von der Sowjetunion unterstützen Revisionsforderungen Ungarns und Bulgariens gegenüber Rumänien durch die deutsche Förderung eines Interessenausgleichs zwischen den drei Staaten in die Bahn der deutschen Zielsetzung in Südosteuropa zu lenken, ohne durch eine Festlegung zugunsten der einen Seite die andere in die Arme der Sowjetunion zu treiben und vor allem ohne Rumänien, dessen Erdöllieferungen für die deutsche Kriegführung lebenswichtig waren, als Partner zu verlieren. Das Ziel dabei war, im Wettlauf mit der Sowjetunion ganz Südosteuropa, soweit man nicht notgedrungen auf die Reservatrechte Italiens in den westlichen Teilen des Balkanraumes Rücksicht nehmen mußte, in den deutschen Interessenbereich einzubeziehen und ohne „Konsultation" der Sowjetunion[109] möglichst schnell vollendete Tatsachen zu schaffen.

An einer Verbesserung des sowjetisch-türkischen Verhältnisses unter deutscher Vermittlung, wie es Botschafter v. Papen am 29. 6. ohne Kenntnis der gewandelten politischen Konzeption Hitlers angeregt hatte, bestand unter diesen Voraussetzungen keinerlei Interesse. v. Papen wurde daher am 1. 7. von Ribbentrop angewiesen, „bis auf weiteres von dem Versuche abzusehen, auf das türkisch-russische Verhältnis im Sinne einer Besserung dieses Verhältnisses Einfluß zu nehmen[110]". Ebenso wurde dem deutschen Gesandten in Teheran Ettel am 15. 7. mitgeteilt, daß eine deutsche Vermittlung „bei etwaigen iranisch-sowjetischen Differenzen . . . nicht in Frage komme[111]". In dem Gespräch

108 Hierzu Fabry, S. 246 ff.; Hillgruber: Hitler, König Carol und Marschall Antonescu, S. 77 ff. — Von der gegen Deutschland gerichteten Aktivität der Sowjetunion in Südosteuropa sowie von der allgemeinen Tendenz der Sowjetpolitik in dieser Zeit ließ sich Hitler im Juli 1940 auch durch — in ihrem Quellenwert nicht sehr hoch zu bewertende — Geheiminformationen, d. h. abgefangene Berichte des griechischen und des jugoslawischen Gesandten in Moskau an ihre Regierungen, unterrichteten (vgl. hierzu ADAP D X, Dok. 238: AA an die dt. Botschaft in Moskau, 26. 7. 1940, S. 263 ff.), die Botschafter Graf von der Schulenburg hinsichtlich der Zuverlässigkeit ihres Inhalts allgemein negativ beurteilte.

109 In Artikel III des Nichtangriffspakts vom 23. 8. 1939 hatten Deutschland und die Sowjetunion vereinbart, „künftig fortlaufend mit Konsultation in Fühlung miteinander (zu) bleiben, um sich gegenseitig über Fragen zu informieren, die ihre gemeinsamen Interessen berühren". Hinsichtlich Südosteuropas (westlich Bessarabiens) war am 23. 8. 1939 offengeblieben, ob dort „gemeinsame Interessen" vorlagen, doch hatte die Sowjetregierung ihr Interesse an ganz Südosteuropa seit Ende Mai 1940 eindeutig angemeldet (vgl. oben S. 112 f.).

110 ADAP D X, Dok. 71: Ribbentrop an den dt. Botschafter in Ankara, 1. 7. 1940, S. 64. — Das deutsche Interesse an der Aufrechterhaltung der sowjetisch-türkischen Spannungen kam auch in der gezielten Form der ab 3. 7. 1940 in Raten vorgenommenen Veröffentlichung der aus den erbeuteten Archivbeständen des französischen Generalstabes stammenden geheimen Dokumente zum Ausdruck. Hierbei wurden die alliierten Kaukasus-Pläne, die nur mit Unterstützung der Türkei und Irans zu verwirklichen gewesen wären, in das besondere Scheinwerferlicht der Propaganda gestellt.

111 ADAP D X, S. 141, Anm. 7.

mit v. Papen am 1. 8. brachte Hitler klar zum Ausdruck, daß es im deutschen Interesse erwünscht sei, „die Lage zwischen Rußland und der Türkei labil zu halten, jedenfalls die Politik so zu führen, daß keinesfalls die Türkei das Bindeglied zwischen England und Rußland werden könne[112]".
Der Versuchung, sich vorzeitig ganz auf Rumänien festzulegen, als König Carol am 1. 7. ein deutsch=rumänisches Bündnis vorschlug und am folgenden Tage die Entsendung einer deutschen Militärmission erbat[113], war Hitler aus=gewichen. Zu einer von Rumänien erbetenen Garantie der Grenzen des Landes war er erst nach Regelung der Streitigkeiten mit den Nachbarn Ungarn und Bulgarien bereit. Die krisenhafte Zuspitzung des ungarisch=rumänischen Ver=hältnisses, die sich in einem Krieg um Siebenbürgen zu entladen drohte, bei dem ein Eingreifen der Sowjetunion mit dem Ziel der Besetzung des rumäni=schen Erdölgebietes befürchtet werden mußte[114], zwang Hitler dann Ende August zu raschen militärischen und politischen Entschlüssen. Sie fanden in dem Befehl vom 26. 8., der eine sofortige Verlegung von zehn deutschen Di=visionen zur allgemeinen Verstärkung in den Osten (Ostpreußen und General=gouvernement) sowie von zwei Panzerdivisionen in den äußersten Südostzipfel des Generalgouvernements vorsah, von wo aus sie im „Bedarfsfalle" zum Schutze des rumänischen Erdölgebietes eingesetzt werden sollten[115], und einem weiteren Befehl vom 28. 8., durch den die Versammlung einer motorisierten Kräftegruppe im Raum von Wien eingeleitet wurde[116], ihren Ausdruck. Die erwogenen militärischen Maßnahmen erübrigten sich aber, als sich am 30. 8.

112 ADAP D X, Dok. 272: Der dt. Botschafter in Ankara an Staatssekretär Frhr. v. Weizsäcker, 1. 8. 1940, S. 321 f.

113 ADAP D X, Dok. 68: Der dt. Gesandte in Bukarest an das AA, 1. 7. 1940, S. 61 f.; Dok. 80: Der dt. Gesandte in Bukarest an das AA, 2. 7. 1940, S. 75.

114 KTB OKW, Bd. I, S. 48 ff.; KTB Halder, Bd. II, S. 77 ff.; Hillgruber: Hitler, König Carol und Marschall Antonescu, S. 89 ff.; Macartney, vol. I, S. 419 ff.; Fabry, S. 278 ff. — Hitlers Grundauffassung zur Situation kam im Gespräch mit Graf Ciano am 28. 8. am klarsten zum Ausdruck: Es sei „gleichgültig, was die russischen Politiker im Augenblick über ihre Interessengrenze sagten. Sobald die Waffen sprächen und die Armeen marschierten, würde all dies hinfällig werden, und die vorher abgegebenen Erklärungen der Politiker (daß z. B. Ruß=lands Interessen nur bis zur Moldau gingen) würden durch den Siegeszug der Waffen über den Haufen geworfen" (ADAP D X, Dok. 407: Aufz. über die Unterredung Hitler=Ciano, 28. 8. 1940, S. 468).

115 KTB OKW, Bd. I, S. 971. — Wie das im Falle eines Krieges um Siebenbürgen „praktisch" hätte geschehen sollen, läßt sich aus den vorhandenen Quellen nicht ermitteln. Von der äußersten Südostecke des Generalgouvernements hätte es zwei Möglichkeiten eines Vorstoßes zum rumänischen Erdölgebiet gegeben: über die Karpathen hinweg über ungarisches Gebiet oder aber über das sowje=tische Ostgalizien nach Nordrumänien hinein. Die erstere Möglichkeit ist aus militärtechnischen Gründen (Gebirgscharakter des Geländes) wenig wahrschein=lich, so daß es fast so aussieht, als sei ein lokalisierter „Blitzvorstoß" mit diesen beiden Panzerdivisionen in den Rücken der nach Rumänien vordringen=den Roten Armee durch Ostgalizien erwogen worden.

116 KTB OKW, Bd. I, S. 49 ff.

Ungarn und Rumänien dem deutsch=italienischen Schiedsspruch unterwarfen, der die akute Krise beendete[117].

Mit der deutschen Garantie für Rumänien, die nun offiziell verkündet wurde, gab Hitler klar die antisowjetische Spitze seiner Balkan=Politik zu erkennen[118]. Der Entschluß zur Entsendung einer Militärmission, den er nach der Regierungsübernahme durch General Antonescu (4. 9.) und Vorverhandlungen in Bukarest am 19. 9. endgültig faßte[119], bedeutete in seiner Konsequenz die militärische Abriegelung Südosteuropas gegen ein weiteres Vordringen der Sowjetunion, zugleich aber auch die Verbreiterung der Basis für einen Angriff auf die Sowjetunion. „Die wirklichen Aufgaben der Militärmission" — so faßte Keitel am 20. 9. Hitlers Vorstellungen über ihre Aufgaben zusammen[120] —, „die weder den Rumänen noch der eigenen Truppe gegenüber in Erscheinung treten dürfen, sind:

a) das Ölgebiet vor dem Zugriff einer dritten Macht und vor Zerstörung zu schützen,
b) die rumänische Wehrmacht nach einem straffen, auf die deutschen Interessen abgestellten Plan zur Lösung bestimmter Aufgaben zu befähigen,
c) für den Fall eines uns aufgezwungenen Krieges mit Sowjetrußland den Einsatz deutscher und rumänischer Kräfte von Rumänien aus vorzubereiten."

Am folgenden Tage (21. 9.) nahm die sowjetische Regierung in einem ausführlichen Memorandum zu der ihrer Auffassung nach von Deutschland vorgenommenen Verletzung des Artikels III des deutsch=sowjetischen Nichtangriffspakts (Konsulativ=Klausel) und zur Mißachtung der sowjetischen Interessen in Südosteuropa durch den Wiener Schiedsspruch sowie die deutsche Garantie für Rest=Rumänien Stellung[121]. In diesem Memorandum betonte die

117 Hillgruber, S. 89 ff.; Macartney, vol. I, S. 425 ff.; M. Hegemann: Das Diktat von Wien 1940 und seine Bedeutung für die Umwandlung Rumäniens in eine militärische Aggressionsbasis Hitlerdeutschlands. Leipzig (Diss. phil.; Masch.=Ms.) 1960.

118 Hierzu KTB Halder, Bd. II, S. 83 (31. 8. 1940). Hitler erklärte an diesem Tage zu einigen deutschen Militärattachés: „Die Russen sollen wissen, daß Deutschland auf Rumänien entscheidenden Wert legt." „Vor nichts zurückschrecken in der Wahrung der deutschen Interessen." „Rumänien unantastbar."

119 KTB OKW, Bd. I, S. 83. Zur Geschichte der Entsendung der Militärmission nach Rumänien: Hillgruber, S. 93 ff.; M. Hegemann: Die deutsche Heeresmission in Rumänien. In: Jahrbuch für die Geschichte der UdSSR und der volksdemokratischen Länder Europas, Bd. 5, 1961, S. 315 ff. (Veröffentlichung von Dokumenten aus dem Politischen Archiv des AA, Bonn, und des Deutschen Zentralarchivs in Potsdam, in der jedoch der Zusammenhang der Entsendung der deutschen Militärmission nach Rumänien mit der vorausgehenden sowjetischen Annexion Bessarabiens und der Nordbukowina und mit der Bedrohung Rest=Rumäniens durch die Sowjetunion völlig verschwiegen wird).

120 Nürnberg=Dok. NG=143: OKW an AA, 21. 9. 1940 (darin Denkschrift des Chef OKW vom 20. 9. 1940, in der die oben zitierte Zusammenfassung der Vorstellungen Hitlers über die Aufgaben der deutschen Militärmission in Rumänien enthalten ist).

121 ADAP D XI, Dok. 181: Der dt. Botschafter in Moskau an das AA, 21. 9. 1940, S. 137 ff.

deutsch=sowjetischen Verhandlungen über eine erweiterte und veränderte Interessenabgrenzung, die Stalin seit Mai/Juni 1940 anstrebte[123].
spiel, das er zum Beweis für die deutsche Vertragsverletzung anführte, be=
im Gespräch mit dem deutschen Botschafter in dem einzigen konkreten Bei=
Sowjetregierung ihr fortdauerndes Interesse an Südosteuropa, wobei Molotow
diesem Anknüpfungspunkt, sondern in der verbindlichen Tonart des Memo=
Parallel zu der Abschirmung des aus eigener Machtvollkommenheit — auch
hauptete, daß er am 26. 6. nur von einem „vorläufigen" Verzicht der Sowjet=
union auf die Südbukowina gesprochen habe[122]. Indessen lag nicht nur in
randums selbst ein kaum noch versteckt zu nennendes Angebot zu neuen
ohne Absprache mit Italien — zum deutschen Interessengebiet deklarierten südosteuropäischen Raumes bemühte sich Hitler — wenn auch angesichts der Tatsache, daß Finnland in dem „Geheimen Zusatzprotokoll" vom 23. 8. 1939 von ihm als Teil der sowjetischen Interessensphäre anerkannt worden war, in anderen Formen als in Südosteuropa — um eine Sicherung des finnischen Nik=kelerzgebietes, aus dem Deutschland auf Grund der deutsch=finnischen Vereinbarung vom 24. 7. 1940 60% der Ausbeute zuflossen[124]. Die störungsfreie Fortdauer der Lieferungen an das Reich war nur gewährleistet, wenn Finnland als selbständiger Staat erhalten blieb. Als daher ab 9. 8. Nachrichten über sowjetische Truppenansammlungen an der finnischen Grenze einliefen und ein militärisches Vorgehen der Sowjetunion gegen Finnland zu drohen schien, das das günstige Ergebnis der Nickelerzvereinbarung wieder beseitigt hätte, entschloß sich Hitler in rascher taktischer Wendung, im Gegensatz zu seiner bis zum Ende der Westoffensive eingehaltenen politischen Linie gegenüber Finnland, die finnische Regierung „indirekt und unauffällig" zu einer festen Haltung gegenüber der Sowjetunion zu ermutigen und ihr durch Waffenlieferungen einen festeren Rückhalt zu geben[125]. Am 13. 8. erklärte er in der Lagebesprechung, er wünsche im Hinblick auf die sich neuerdings zuspitzenden finnisch=sowjetischen Beziehungen „einen stärkeren Ausbau des nordnorwegischen Raumes, insbesondere die stärkere Befestigung der dortigen Fjorde, haupt=

122 Nach den deutschen Akten ist von einem „vorläufigen" Verzicht der Sowjetunion auf die Südbukowina keine Rede gewesen. Am 23. 6. hatte Molotow bei seiner Ankündigung, daß die Lösung der Bessarabien=Frage „keinen weiteren Aufschub" gestatte, erklärt, daß der sowjetische Anspruch sich auch auf die Bukowina erstrecke, „die ukrainische Bevölkerung habe". Auf den deutschen Hinweis, daß der sowjetische Anspruch auf die Bukowina ein „Novum" sei, erwiderte Molotow am 26. 6., die sowjetische Regierung habe sich entschlossen, „ihre Forderung auf den nördlichen Teil der Bukowina mit der Stadt Czernowitz zu beschränken" (ADAP D X, Dok. 25: Der dt. Botschafter in Moskau an das AA, 26. 6. 1940, S. 22 f.).

123 Vgl. oben S. 114 f. — Der Brief Ribbentrops an Stalin vom 13. 10. 1940 knüpfte dann auch an dieses sowjetische Memorandum vom 21. 9. an.

124 Vgl. oben S. 69 f.

125 Einzelheiten über die Entwicklung der deutsch=finnischen Beziehungen im August und September 1940 bei Fabry, S. 285 ff.; Klink, S. 390 f. (dort Verweise auf weitere Literatur).

sächlich an den Straßenüberquerungen, so daß sowjetische Angriffe dort aussichtslos würden und eine Basis für die Besetzung von Petsamo geschaffen würde[126]". In einem Augenblick – vorübergehender – besonderer Spannungen zwischen Finnland und der Sowjetunion dachte Hitler am 26. 8. sogar daran, den damals noch sehr schwachen deutschen Kräften in Nordnorwegen zu befehlen, Petsamo handstreichartig zu besetzen, sobald die Rote Armee in Finnland einmarschiere[127]. Die Aufgabe des deutschen Marinestützpunktes an der Murmanküste („Basis Nord"), die der sowjetischen Regierung am 5. 9. mit der Begründung mitgeteilt wurde[128], daß der deutschen Kriegsmarine jetzt in Nordnorwegen gleichwertige Stützpunkte zur Verfügung stünden, gehört mit zur Umorientierung der deutschen Finnland-Politik.

Nachdem bereits am 17. 8. ein Emissär Görings, Oberstleutnant Veltjens, mit einem Brief zu Mannerheim entsandt worden war, in dem ein Transitabkommen zur Beförderung von „Nachschub, Urlaubern und Kranken" von und nach Nordnorwegen über finnisches Territorium gegen die Lieferung deutscher Waffen an Finnland vorgeschlagen wurde[129], erteilte Hitler am 30. 8., ohne auf den Ausgang der Verhandlungen zu warten, die Genehmigung „zu Waffenlieferungen an Finnland in großem Umfang[130]". Diese stürmische Entwicklung des deutsch-finnischen Verhältnisses endete vorerst mit der Unterzeichnung des deutsch-finnischen Transitabkommens am 22. 9.[131], das die Verlegung von zwei deutschen Divisionen über die finnische Eismeerstraße in den Raum von Kirkenes ermöglichte. Das Abkommen löste nach der Aussage Mannerheims in Finnland allgemein „einen Seufzer der Erleichterung" aus, weil die Bedeutung dieses „technischen" Abkommens für den Schutz Finnlands gegenüber der Sowjetunion auf der Hand lag, insbesondere nachdem Finnland am 6. 9. den von der Sowjetunion verlangten Transporten sowjetischer Truppen zu dem Stützpunkt Hangö auf dem Landweg durch Südfinnland hatte zustimmen müssen[132] und in diesem Zusammenhang ein militärtechnisch nun leicht durchführbarer sowjetischer Handstreich gegen Helsinki befürchtet wurde.

In den Rahmen dieser militärischen und politischen Gegenzüge Hitlers gehört nicht zuletzt auch die am 5. 9. eingeleitete Verlegung stärkerer deutscher Kräfte von West nach Ost, die die unter dem Eindruck des drohenden Eingreifens der Sowjetunion in den ungarisch-rumänischen Konflikt überhastet befohlene Maßnahme vom 26. 8.[133] in eine klare Form brachte. In einer Bewegung, die am 24. 10. beendet sein sollte, wurde die Heeresgruppe B (Generalfeldmarschall

126 KTB OKW, Bd. I, S. 27.
127 Ebda., S. 48 f.; KTB Halder, Bd. II, S. 78 f.
128 Das AA an den dt. Botschafter in Moskau, 5. 9. 1940 (Staatssekretär: Akten betr. Rußland. Polit. Archiv des AA, Bonn).
129 Über die Mission Veltjens' zusammenfassend Fabry, S. 289 f. (dort Hinweise auf die weitere Literatur).
130 KTB OKW, Bd. I, S. 54.
131 ADAP D XI, Dok. 86, S. 149 f.
132 Klink, S. 391; Blücher, S. 199; Text in: Finland, Treaty Series, 1940, S. 110–115.
133 Vgl. oben S. 233.

v. Bock) mit den Armeeoberkommandos 12 und 4 von Frankreich ins Generalgouvernement und nach Ostpreußen verlegt, so daß sich dann einschließlich der Kräftegruppe im Raum um Wien insgesamt 35 deutsche Divisionen[134] darunter 5 Panzer- und 1 motorisierte Divisionen, im Osten zwischen den Karpathen und der Ostsee befanden[135]. Durch diese Verlegung wurde ein erweiterter Sicherheitsaufmarsch ermöglicht, während die Kräfteverschiebung von West nach Ost zugleich auch als militärische Demonstration im Zusammenhang mit den (noch darzulegenden) politischen Zielen Hitlers in den Monaten September/Oktober 1940 angesehen werden muß. Die Heeresgruppe B übernahm am 20. 9. den Befehl im Osten, und zwar zunächst bis 1. 2. 1941 anstelle des erkrankten Generalfeldmarschalls v. Bock vertretungsweise unter der Führung von Generalfeldmarschall List[136].

Alle diese politischen und militärischen Einzelhandlungen Hitlers, von denen wir hier übrigens nur die wichtigsten verzeichneten, lagen – dies sei abschließend noch einmal betont – auf einer anderen Ebene wie die von ihm seit Ende Juni 1940 unter sich wandelnden Aspekten, jedoch im Kern bei gleichbleibender Zielsetzung angestrebte radikale, d. h. militärische, Lösung des Rußland-Problems. Die ersten drei Phasen der Gedankenbildung Hitlers bis zum 31. 7. legten wir bereits dar. Etwa ab 10. 8. trat, wie erwähnt[137], eine wesentliche Veränderung seiner Beurteilung der weltpolitischen Lage ein.

Während Hitler am 31. 7. zwar dem Faktor Amerika schon eine zentrale Bedeutung für den Fortgang des Krieges beigemessen hatte, so schloß sein damaliger Kalkül, durch einen Feldzug gegen die Sowjetunion im Mai 1941 Japan machtpolitisch „aufzuwerten" und die USA durch die damit zu erreichende Drohung mit einem Zweiozeankrieg im Pazifik und Atlantik politisch zu lähmen und strategisch in Schach zu halten, doch ein, daß man im Jahre 1940 mit einer stärkeren Aktivität der USA noch nicht zu rechnen brauchte, so daß er sich keinerlei Gedanken für den Zeitraum bis Mai 1941 im Hinblick auf Amerika machte. Mitte August gewann jedoch Hitler aus verschiedenen Anzeichen und alarmierenden Meldungen der deutschen Vertretung in Washington die Überzeugung[138], daß ein wesentlich schnelleres und wirksameres Engagement der USA zugunsten Großbritanniens, als am 31. 7. angenommen, zu erwarten sei, wenn es ihm nicht gelinge, bereits in dieser Zwischenzeit, und zwar noch rechtzeitig vor den amerikanischen Präsidentschaftswahlen (5. 11.), Japan als Bündnispartner Deutschlands zu gewinnen und als starkes machtpolitisches Gegengewicht für die USA in Ostasien und im Pazifik

134 D.h. einschließlich der bereits seit dem 21. 7. 1940 im Osten befindlichen Verbände des Armeeoberkommandos 18 (vgl. oben S. 231).

135 Es blieben aber noch 67 2/3 Divisionen im Westen, während 51 Divisionen ins Reichsgebiet verlegt wurden (vgl. die Übersicht in KTB OKW, Bd. I, S. 97 E).

136 KTB Halder, Bd. II, S. 89 ff.; Tagebuch v. Bock, 20. 9. 1940 (Bundesarchiv Koblenz: H-08-22/8).

137 Vgl. oben S. 231.

138 Vgl. oben S. 201 f.

in Erscheinung treten zu lassen[139]. Die sich daraus ergebenden Folgerungen führten Hitler schrittweise – offensichtlich stark gefördert durch Ribbentrop, der im Gegensatz zu Hitlers außenpolitischer Axiomatik stets Großbritannien und nicht die Sowjetunion als Hauptgegner Deutschlands betrachtete, den von ihm unterzeichneten deutsch-sowjetischen Nichtangriffspakt vom 23. 8. 1939 nicht wie Hitler als Mittel der politischen Taktik, sondern als eine ernsthafte Wendung der deutschen Außenpolitik (im Rahmen seiner eigenen Zielvorstellungen) betrachtete und ein Militärbündnis mit Japan als Krönung seiner Konzeption vom „weltpolitischen Dreieck[140]" anstrebte – zum Entwurf einer weltpolitischen Zwischenlösung[141], die für eine begrenzte, in ihrer Dauer nicht im voraus zu bestimmende[142] Zeitspanne die Bildung eines „Kontinentalblocks" Deutschland-Italien-Japan mit Einschluß der Sowjetunion und mit Einfügung Spaniens, Vichy-Frankreichs sowie möglischst vieler europäischer und asiatischer Staaten vorsah. Das Ziel dabei war, Amerika und Großbritannien, die immer näher aneinanderrückten, zu trennen, wobei angenommen wurde, daß durch das machtpolitische Gewicht des „Kontinentalblocks" – um Ribbentrops Worte noch einmal zu zitieren[143] – „die USA neutralisiert und England isoliert werden könnten", um dann „auf dieser Basis doch noch zu einem Kompromißfrieden (mit Großbritannien) zu kommen".

Bei oberflächlicher Betrachtung erscheint die „Kontinentalblock"-Konzeption eine Aufnahme des Vorschlages Jodls aus seiner Denkschrift vom 30. 6. 1940[144], in der dieser die „Aktivierung" Italiens, Spaniens, Rußlands und Japans gegen Großbritannien angeregt hatte, ein Gedanke, den Hitler am 21. 7. auch in der Besprechung mit den Oberbefehlshabern der Wehrmachtteile erwähnte[145]. Allerdings liegt der wesentliche Unterschied zwischen dem nun ab Mitte September 1940 ernsthaft angestrebten „Kontinentalblock" und dem Gedanken Jodls von Ende Juni darin, daß jetzt der Faktor Amerika in der weltpolitischen

139 Diesen Ausgangspunkt für Hitlers „große" Politik im Herbst 1940 verkennt E. Hölzle völlig, wenn er in seiner Rezension des Werkes von Fabry (Historische Zeitschrift, Bd. 198, 1964, S. 153 ff.) meint, es sei ein „Fehler" gewesen, zuerst mit Japan den „Dreimächtepakt" abzuschließen und dann – als zweiten Schritt – „die Sowjetunion zum Beitritt einzuladen".

140 Ribbentrops Grundkonzeption ergibt sich am klarsten aus seiner „Notiz für den Führer" vom 2. 1. 1938 (ADAP D I, Dok. 93, S. 132 ff.). Vgl. hierzu unsere Bemerkungen oben S. 31.

141 Vgl. oben S. 203 ff.

142 Es muß offenbleiben, ob die „Kontinentalblock"-Konzeption von vornherein, „planmäßig", auf den Zeitraum bis Mai 1941 begrenzt war oder ob der „Block", einmal zustande gekommen, nicht durch die sich aus den Vereinbarungen ergebenden politischen und militärischen Auswirkungen und Folgen eine „Eigengesetzlichkeit" entwickelt hätte, die dieser Konzeption möglicherweise für einen längeren Zeitraum Gültigkeit verschafft hätte; denn Hitler wandte sich, wie später darzulegen ist, von dem Projekt bereits wieder ab, ehe das entscheidende Problem, der neue deutsch-sowjetische „Ausgleich", angepackt wurde (vgl. unten S. 351 ff.).

143 Vgl. oben S. 203.

144 Vgl. oben S. 158.

145 Vgl. oben S. 217 f.

Lagebeurteilung durch Hitler eine zentrale Rolle spielte und von der anzustrebenden politisch-strategischen Isolierung der USA her die ganze „Kontinentalblock"-Konzeption entworfen war[146].

Jedenfalls begann Mitte September 1940 mit der Entscheidung für die „Kontinentalblock"-Konzeption die *vierte Phase* in der Gedankenbildung Hitlers zur Lösung des Rußland-Problems. Vor das nach wie vor unverrückbar festliegende „Hauptziel" seines „Programms", eines Eroberungszuges nach Osten, schob sich – angesichts der veränderten Weltlage oder besser: ihrer Deutung durch Hitler – als Zwischenlösung die Konzeption des „Kontinentalblocks", der für ihn ein diplomatisch-politisches Mittel zur Herstellung (oder in seinem Sinne: Wiederherstellung) der im Juni greifbar nahe erschienenen „idealen" politischen und strategischen Ausgangssituation für die erstrebte radikale Lösung des Rußland-Problems bildete. Es war dies für Hitler eine vorläufige Lösung des Rußland-Problems, die sich aus seiner weltpolitischen Lagebeurteilung „logisch", fast zwangsläufig ergab, da ein deutsch-italienisch-japanischer „Dreimächtepakt" ohne Einbeziehung der Sowjetunion nach der machtpolitischen Elementarregel über das „Freund-Feind"-Verhältnis zu einer Annäherung der von den „Dreierpaktmächten" umklammerten Sowjetunion an Großbritannien und die USA führen[147] und die erhoffte Aufwertung Japans in Frage stellen mußte. Damit aber wäre für Hitler der Sinn der ganzen Kombination mit Japan entfallen. Die neue Konzeption widersprach Hitlers Grundvorstellungen, so daß er ihr nur widerstrebend in seinem Denken Raum gab. Tatsächlich hatte er sich innerlich bereits wieder von ihr entfernt, als für ihn mit dem Besuch Molotows in Berlin Mitte November 1940 die Stunde der Entscheidung für eine politische Zwischenlösung oder – unter Inkaufnahme eines (– wie er meinte – vorübergehenden) Zweifrontenkrieges – sogleich für die radikale militärische Lösung des Rußland-Problems heranzurücken schien[148].

Zunächst aber führten Hitler einige wichtige militärische und politische Ereignisse ab Mitte August immer mehr zur Konzeption dieser Zwischenlösung hin. In ihren Rahmen sollten sich nach den Vorstellungen Hitlers auch die Bemü-

146 Auch Ribbentrops „Viererblock"-Projekt vom September 1939 (vgl. oben S. 42 f.) war ausschließlich gegen Großbritannien gerichtet gewesen. Dort war übrigens die deutsch-sowjetische Kombination der Kern, dem Japan angegliedert werden sollte, während bei der Konzeption des „Kontinentalblocks" vom Herbst 1940 das deutsch-japanische Bündnis mit Spitze gegen die USA der zentrale Pfeiler der politischen Konstruktion sein sollte.

147 In diesem Sinne äußerte sich Ribbentrop auch am 19. 9. 1940 gegenüber Ciano: „Normalerweise" müsse man annehmen, daß durch den „Dreimächtepakt" Rußland „automatisch in die Arme Amerikas und Englands getrieben werde" (ADAP D XI, Dok. 73: Aufz. über die Unterredung Ribbentrops mit Mussolini und Ciano, 19. 9. 1940, S. 113 ff.).

148 Mit dieser (durch die Darlegungen in den Abschnitten des IV. Kapitels im Teil B noch zu erhärtenden) differenzierenden These meinen wir gegenüber der Unterschätzung der „Kontinentalblock"-Konzeption und des Molotow-Besuchs in Berlin durch Weinberg wie auch gegenüber ihrer Überschätzung in den meisten Darstellungen (zuletzt noch bei Fabry) ihre wirkliche Bedeutung in Hitlers Gesamtkriegsplanungen zutreffend umschrieben zu haben.

hungen Italiens um eine Verbesserung seiner Beziehungen zur Sowjetunion, die sich seit Ende Juni 1940 (nach Überwindung des Tiefpunktes in der ersten Hälfte des Jahres 1940) anbahnte, einfügen[149]: Italien sollte keine zweiseitigen Abmachungen mit der Sowjetunion, vor allem nicht, wie diese es wünschte, über Interessensphären in Südosteuropa, abschließen, sich jedoch weiterhin um eine Verbesserung der Atmosphäre bemühen, „auch um zu verhindern, daß Moskau seine Stellung zu London berichtigt". Vor allem solle man nicht, wie Ribbentrop am 16. 8. dem italienischen Botschafter Alfieri erläuterte, die Sowjetregierung zu einer Annäherung an die Türkei ermutigen, da „im Gegenteil das Fortbestehen eines labilen Zustandes als vorteilhaft angesehen werden müsse"; es sei „vorteilhafter, eine Türkei vor sich zu haben, die lediglich eine wertlose Garantie Englands besäße und im übrigen im starken Gegensatz zu Rußland stünde".

Die von Brauchitsch in der Lagebesprechung Hitlers am 26. 8. bemerkte „Unklarheit" der „Auftragserteilung", die den Oberbefehlshaber des Heeres zu recht kritischen Äußerungen gegenüber Halder veranlaßte[150], war offensichtlich eine Folge des „Umdenkens" Hitlers. Der Zwang hierzu wurde bald deutlich: Schon bei der ersten deutsch-japanischen Fühlungnahme in den Verhandlungen in Tokio[151], die dann zum „Dreimächtepakt" führten, zeigte es sich, daß eines der wesentlichen Motive der japanischen Regierung für die Annäherung an Deutschland die erhoffte Verbesserung der sowjetisch-japanischen Beziehungen unter deutscher Vermittlung war. Der „Ausgleich" mit der Sowjetunion bildete die wichtigste Voraussetzung für die Durchführung des japanischen „Südprogramms"[152]. In den Instruktionen für den Sondergesandten Stahmer vom 7. 9. sagte daher Ribbentrop eine Förderung der sowjetisch-japanischen Annäherung durch Deutschland zu[153].

Grundlage für einen „Ausgleich" der „Dreierpaktmächte" mit der Sowjetunion sollte der Gedanke der Aufteilung der „östlichen Hemisphäre" in drei „Großräume" werden[154]. Dies war, wie erwähnt[155], die Konzeption, die die japanische Regierung schon den „Dreimächtepakt"-Verhandlungen selbst zugrunde

149 ADAP D X, Dok. 353: Aufz. über die Unterredung Ribbentrop-Alfieri, 16. 8. 1940, S. 408 ff.

150 KTB Halder, Bd. II, S. 79 (27. 8. 1940): „Besprechung mit Ob. d. H. ... Uferlosigkeiten: Man will Spanien einspannen, ohne die wirtschaftlichen Folgen zu kennen; man rechnet mit Nordafrika als einem Kriegsschauplatz gegen England ... Man will sich Rumänien sichern, ohne aber jetzt schon den Russen zu sehr zu reizen. Man will im Norden (Petsamo) bereit sein, wenn der Russe Finnland angreift. Das Heer soll für alles bereit sein, ohne daß eine klare Auftragserteilung erfolgt."

151 Vgl. oben S. 204 ff.

152 Hierzu eingehend Lupke, S. 79 ff. Vgl. auch oben S. 120 ff. und S. 204 f.

153 Der Italien zugedachte „Großraum" stellte im Grunde nur eine Art autonomes Gebiet innerhalb des von Deutschland beherrschten „Großraums" Europa-Mittelafrika dar.

154 ADAP D XI, Dok. 44: Die dt. Botschaft in Tokio an das AA, 10. 9. 1940, S. 57 f., Anm. 2.

155 Vgl. oben S. 205.

gelegt hatte. Es lag eine seltsame Ironie darin, daß ein alter Gedanke der „Geopolitiker" um Karl Haushofer, der einen „Kontinentalblock vom Atlantik bis zum Pazifik" (unter Einschluß Rußlands und Chinas) als einziges gleichrangiges Gegengewicht gegen die ozean-beherrschenden angelsächsischen Seemächte angesehen hatte[156], auf dem Wege über Japan vorübergehend Bedeutung für die Politik Hitlers gewann.

Ribbentrop deutete bei seinem Besuch in Rom am 19. 9. gegenüber Mussolini und Ciano an – dies war das erste Mal, daß die „Kontinentalblock"-Konzeption von deutscher Seite als „Programm" einem Partner gegenüber vertreten wurde –, es bestünde die Absicht, die Sowjetunion in Richtung Persischer Golf und Indien „abzudrehen", um sie auf diese Weise zur Teilnahme an einem „Kontinentalblock" zu gewinnen[157]. Unter diesen Voraussetzungen überrascht es nicht, daß Raeder am 26. 9. bei seinen Darlegungen über die Notwendigkeit einer großzügigen Mittelmeerstrategie, mit denen er Hitler von seinen militärischen Ost-Plänen abbringen wollte, den Eindruck gewann, als stimme ihm Hitler zu[158]. In dieser Zeit – nach der aus sachlichen Notwendigkeiten unvermeidlichen Absage des Unternehmens „Seelöwe"[159], nach dem Scheitern der strategischen Luftoffensive[160], nach den schwierigen Gesprächen mit Serrano Suñer[161] und nach der erfolgreichen französischen Abwehr des britisch-gaullistischen Landungsversuchs bei Dakar[162] – flossen in Hitlers Gedankenbildung die verschiedenen Elemente, die alle auf die Konzeption des europäisch-asiatischen „Kontinentalblocks" mit Spitze gegen die angelsächsischen Seemächte hinführten, zusammen. Für diese ganze Konzeption galt allerdings – nicht nur für die westeuropäische Komponente des Projekts (auf die das Wort gemünzt war), sondern gerade auch, wenn man an Hitlers eigentliches Ziel bei der Bildung des „Kontinentalblocks" denkt, hinsichtlich der Einfügung der Sowjetunion – seine Bemerkung, daß die Verwirklichung dieser Idee nur durch einen „grandiosen Betrug" möglich sei[163]. Mit der Ankündigung Ribbentrops bei der sowjetischen Regierung am 26. 9., also am Vorabend der Unterzeichnung des „Dreimächtepakts", daß er „demnächst einen persönlichen Brief an Herrn Stalin zu richten" beabsichtige, der eine Einladung Molotows nach Berlin ent-

156 Vgl. hierzu auch Dallin, S. 23.
157 ADAP D XI, Dok. 73, S. 113 ff. Im gleichen Sinne äußerte sich dann Hitler erstmals gegenüber Raeder am 26. 9. (vgl. oben S. 190). – Die Ankündigung der Reise Ribbentrops nach Rom am 13. 9., deren Themen Ribbentrop Ciano gegenüber telefonisch mit „Rußland und Amerika" angab, markiert den Zeitpunkt, zu dem Hitler spätestens die Einbeziehung der Sowjetunion in den „Kontinentalblock" akzeptiert haben muß (Ciano: Tagebücher II, S. 271).
158 Vgl. oben S. 189 f.
159 Vgl. oben S. 166 ff.
160 Vgl. oben S. 173 ff.
161 Vgl. oben S. 185 f.
162 Vgl. oben S. 188 f.
163 Die Äußerung bezog sich auf die Einfügung Vichy-Frankreichs und die praktisch unlösbaren Interessengegensätze und wechselseitigen Territorialansprüche zwischen Italien, Frankreich und Spanien (KTB Halder, Bd. II, S. 124: 3. 10. 1940).

halten werde[164], und mit der Gewinnung Mussolinis für das „Kontinental=block"=Projekt durch Hitler am 4. 10.[165] begann der Versuch zur Verwirklichung des wichtigsten Teilstücks dieses Plans, der Einbeziehung der Sowjetunion, von deren Gelingen die erhoffte Wirkung des ganzen Projekts auf die USA und Großbritannien entscheidend abhing.

4. Exkurs: Kolonialreich Mittelafrika als „Alternative" zur Ost=Lösung?

Erste konkrete Pläne, ein in sich geschlossenes großes deutsches Kolonialreich in Zentralafrika aufzurichten[1], wurden im Auswärtigen Amt in enger Verbin=dung mit der Konzeption eines europäischen „Großwirtschaftsraumes" unter deutscher Führung[2] entwickelt, als Ende Mai/Anfang Juni 1940 der Sieg über Frankreich bevorstand und auf deutscher Seite ein baldiger „Ausgleich" mit Großbritannien erwartet wurde. Ein solcher Friede sollte die durch die britische Blockade unterbrochenen Verbindungen Deutschlands nach Übersee wieder öffnen und bildete die Voraussetzung für einen sicheren Zugang zu dem neuen, vor allem auf Kosten des bisherigen belgischen und französischen Besitzes aufzubauenden deutschen Kolonialreich in Mittelafrika. Dieses sollte eine ins=besondere für Rohstoffe und Landwirtschaftsprodukte notwendige oder zumin=dest wünschenswerte Ergänzung zu dem kontinentaleuropäischen „Großwirt=schaftsraum" darstellen, dem außer dem wohl nur locker anzugliedernden italienischen Mittelmeerimperium praktisch ganz Europa westlich der Sowjet=union angehören sollte. Die atlantischen Verbindungslinien sollten durch die nun beschleunigt zu bauende starke deutsche Überwasserkriegsflotte[3] geschützt und durch deutsche Stützpunkte in Nordwestafrika und auf den Kanarischen Inseln gesichert werden.

Damit trat die von Hitler seit dem Parteitag vom September 1936[4] nicht nur

164 ADAP D XI, Dok. 109: Ribbentrop an den dt. Botschafter in Moskau, 26. 9. 1940, S. 187 ff.

165 ADAP D XI, Dok. 149: Aufz. über die Unterredung Hitler=Mussolini, 4. 10. 1940, S. 245 ff.

1 Zur Geschichte der nationalsozialistischen Kolonialpläne vgl. vor allem G. L. Weinberg: German Colonial Plans and Politics 1938—1942, S. 462 ff., und G. Moltmann: Weltherrschaftsideen Hitlers, S. 213 ff. — Eine allgemeine Dar=stellung der deutschen Kolonialpläne in der Zeit des Zweiten Weltkrieges, vor allem auch eine Darlegung des Problemkomplexes der ehemaligen deutschen Kolonien in der Südsee, der in den deutsch=japanischen Beziehungen eine beträchtliche Rolle spielte, sind von uns nicht beabsichtigt. Vgl. hierzu: J. M. Menzel: Der geheime deutsch=japanische Notenaustausch zum Dreimächte=pakt, in: Vierteljahrshefte für Zeitgeschichte 1957, S. 182 ff.; Sommer, passim; Weinberg: German Colonial Plans, S. 481 ff.

2 Vgl. oben S. 72 ff.

3 Vgl. oben S. 147 f.

4 Hitlers erste offizielle Kolonialforderung auf dem „Reichsparteitag der Ehre" in der Proklamation vom 9. 9. 1936, in der er gleichzeitig den Beginn des „zwei=

aus propagandistischen Gründen und auch nicht allein zur Ablenkung von seinen weitreichenden Zielen in Osteuropa[5] immer wieder öffentlich erhobene Kolonialforderung, deren Erfüllung für ihn durch die ständige Wiederholung fast zu einer Prestigefrage wurde[6], zu einem Zeitpunkt in den Bereich einer möglichen Realisierung, der von Hitlers politischer Gesamtkonzeption aus gesehen als zu früh zu betrachten war; denn seine Kolonialforderung muß als propagandistische Vorankündigung eines über die Herrschaft in Kontinentaleuropa (einschließlich des europäischen Rußland) hinausgehenden „Weltmacht"-Anspruchs in engem Zusammenhang mit dem großen Flottenbauprogramm der letzten Vorkriegszeit[7] gesehen werden, eines Anspruchs, der seiner Auffassung nach sinnvollerweise allerdings erst *nach* der Errichtung des deutschen Kontinentalimperiums zu verwirklichen war[8]. Alles, was in den Monaten nach dem Waffenstillstand mit Frankreich hinsichtlich eines deutschen Kolonialreiches in Afrika geplant wurde, stellte demnach von Hitler her gesehen eine improvisierte „Phasenverschiebung" seines „Programms" dar, die durch den ihm zur Unzeit „aufgezwungenen", aber so überraschend erfolgreichen großen Krieg im Westen zustande gekommen war. Die vermeintliche Gunst der Stunde mußte einfach genutzt werden.

Wie schon in seinem „Friedensappell" an die Westmächte vom 6. 10. 1939[9] bezeichnete Hitler auch im Augenblick des Triumphes über Frankreich in dem Karl von Wiegand gewährten Interview vom 13. 6. 1940[10] die Rückgabe der ehemaligen deutschen Kolonien — neben der von ihm für selbstverständlich erachteten Anerkennung seiner Herrschaft über den europäischen Kontinent — als einzige Vorbedingung für einen politischen „Ausgleich" mit Großbritannien. Die weitreichende Bedeutung dieser bescheiden wirkenden Forderung ist von uns schon hervorgehoben worden[11]. Zwei Tage nach dem Interview, am 15. 6., wies Hitler, der am 23. 1. 1940 „entschieden" hatte, „daß die Fragen der Wiedergewinnung der deutschen Kolonien vom Auswärtigen Amt bearbeitet werden (sollten) und das Kolonialpolitische Amt der NSDAP die Vorbe-

ten Vierjahresplans" verkündete: Domarus, Bd. I, S. 637. Mit ihr begann gleichsam die offizielle Kolonialpolitik des „Dritten Reiches" als Teil der Außenpolitik. Eine umfassende Arbeit über NSDAP und Kolonialpolitik 1920—1945 bereitet K. Hildebrand (Mannheim) vor.

5 Der Gegensatz zwischen den Zielen Hitlers in seiner geheimen Denkschrift zum Vierjahresplan vom August 1936 (vgl. S. 33, Anm. 23) und der am 9. 9. 1936 erstmals öffentlich erhobenen Kolonialforderung springt natürlich — wenn man beides als nebeneinander stehend, nicht als aufeinander folgende Stufen einer weitgespannten Zielsetzung betrachtet — ins Auge.

6 Dies wird — ebenso wie der Ablenkungscharakter der Kolonialforderung — (u. E. vereinfachend) von E. Moltmann, S. 214 ff., betont.

7 Vgl. oben S. 35 ff.

8 Nur so wird auch das Ausweichen Hitlers vor dem britischen Angebot auf Verhandlungen in der Kolonialfrage 1937/38 verständlich (vgl. dazu die Akte U. St. S. „Kolonialpläne", Polit. Archiv des AA, Bonn).

9 Domarus, Bd. II, S. 1377 ff.

10 Vgl. oben S. 146 ff.

11 Vgl. oben S. 146 ff.

reitungen für die Verwaltung der Kolonien im Einvernehmen mit den zuständigen Partei= und Staatsstellen zu treffen" habe[12], bereits über Lammers die Obersten Reichsbehörden an, die Vorbereitungen für die Übernahme der zukünftigen deutschen Kolonien in kürzester Zeit abzuschließen[13]. Welche Vorstellungen über Größe und Bedeutung des neuen Kolonialreiches in Afrika waren bis zu diesem Zeitpunkt entwickelt worden? In dem von Ribbentrop am 29. 5. angeforderten Memorandum des Ministerialdirigenten Clodius vom 30. 5.[14] und dem des Botschafters Ritter vom 1. 6.[15] über einen europäischen „Großwirtschaftsraum" unter deutscher Führung hatten sich beide für die Schaffung eines mittelafrikanischen Kolonialgebietes ausgesprochen, das sich vom Indischen bis zum Atlantischen Ozean erstrecken sollte. Während Clodius die Auffassung vertrat, daß ein Raum, der neben allen ehemals deutschen Kolonien nur Belgisch=Kongo umfassen sollte, genügen würde, um „die Lükken" des deutschen Rohstoffbedarfs „zum großen Teil zu schließen", und „die wirtschaftliche Einheit zwischen diesem Kolonialgebiet und Deutschland... durch eine Zollunion oder mindestens durch Zollpräferenzen oder andererseits durch eine Währungseinheit" sichern wollte, ging Ritter darüber hinaus. Er setzte sich für ein großes geschlossenes Kolonialreich ein, „bestehend aus den deutschen Kolonien in Afrika, Belgisch=Kongo, Französisch=Äquatorialafrika (vielleicht auch Britisch=Nigeria)", das „nach einer längeren Periode intensiver Entwicklung den Bedarf Großdeutschlands und des Großwirtschaftsraumes an tropischen und subtropischen pflanzlichen Rohstoffen und Genußmitteln weitgehend decken" würde. Beide Memoranden knüpften in ihrem Inhalt – eine quellenmäßige Abhängigkeit läßt sich nicht nachweisen – an deutsche koloniale Kriegsziele des Ersten Weltkrieges, vor allem des Reichskolonialamts unter Staatssekretär Solf in den Jahren 1914/18 an. Solf hatte damals ein geschlossenes deutsches Kolonialgebiet in Mittelafrika als Alternative für eine zu starke Ausweitung der deutschen Machtbasis nach Osteuropa vorgeschlagen[16]. Auch Clodius und Ritter gingen bei ihren Gedanken davon aus, daß der deutsche Machtbereich in Europa nicht über die deutsch=sowjetische Interessengrenze von 1939 hinaus nach Osten ausgedehnt werden könne und solle.

Erheblich weiter noch als die Vorschläge aus dem Auswärtigen Amt gingen die Forderungen der Seekriegsleitung, die, traditionell an Deutschlands Stellung in Übersee besonders interessiert, eigene Vorstellungen entwickelte, die in einer vom Chef des Stabes der Seekriegsleitung, Admiral Fricke, unter=

12 Nürnberg=Dok. NG=2751: Anordnung des Stellvertreters des Führers A 3/409, 23. 1. 1940, gez. Heß.

13 Lammers an die Obersten Reichsbehörden „RM Nr. 1775/40 A" vom 15. 6. 1940 (US=Film T=77/642/1838547), zit. bei Weinberg, S. 471.

14 ADAP D IX, Dok. 354: Aufz. des Gesandten und Ministerialdirigenten Clodius vom 30. 5. 1940, S. 390 ff.

15 ADAP D IX, Dok. 367: Aufz. des Botschafters Ritter vom 1. 6. 1940, S. 407 ff.

16 Vgl. F. Fischer, S. 109 f., S. 466 f., S. 785 ff. u. ö.

zeichneten Aufzeichnung „Raumerweiterung und Stützpunktfragen" vom 3. 6. 1940[17] ihren Niederschlag fanden. Bei — ausdrücklich vermerktem — Verzicht auf deutsche Stützpunkte in der „westlichen Hemisphäre", in Asien und Australien forderte die Marineführung ein großräumiges deutsches Kolonial=reich Mittelafrika, das neben Belgisch=Kongo und Französisch=Äquatorialafrika auch ganz Französisch=Westafrika südlich der Senegal=Mündung, also Dakar[18], Französisch=Guinea, Elfenbeinküste, Dahomey und große Teile des französi=schen Sudan sowie des Niger=Gebiets, mit umfaßte. Als Ausgleich für einen Verzicht auf Deutsch=Südwestafrika[19] zugunsten der Südafrikanischen Union sollten dem mittelafrikanischen Kolonialreich Nordrhodesien und Nyassaland, nach Möglichkeit auch Angola und Mozambique oder Teile hiervon zugeschla=gen werden. Portugal sollte dabei nach Vorschlag Raeders vom 20. 6. für die Aufgabe des Nordteils von Angola, die Hitler allein von den das portugiesi=sche Kolonialreich berührenden Vorschlägen der Marine Salazar gegenüber für vertretbar hielt, durch die Überlassung von Madagaskar entschädigt wer=den[20]. Hitler sagte eine „Prüfung" dieses Vorschlages zu, obwohl er selbst „Madagaskar für (die) Judenunterbringung unter französischer Verantwortung verwenden" wollte[21]. Flottenstützpunkte in Marokko und auf den Kanarischen

17 IMT, Bd. XXXIV, S. 240 ff., Dok. C=41: „Raumerweiterung und Stützpunkt=fragen", Memorandum der Seekriegsleitung vom 3. 6. 1940. Eine weitere Denk=schrift der Seekriegsleitung vom 27. 7. 1940 zur Kolonial= und Stützpunktfrage befindet sich im Deutschen Zentralarchiv Potsdam (AA, Polit. Abt., Akte 61120, 3 Blatt); Hinweis hierauf bei Förster=Groehler=Paulus: Kriegsziele und Kriegs=planung, S. 944.

18 Auf die Bedeutung von Dakar wies Raeder Hitler in den Unterredungen vom 20. 6. und vom 11. 7. 1940 noch besonders hin (Lagevorträge des Ob. d. M.).

19 Über das Schwanken, ob man auf Deutsch=Südwestafrika verzichten oder auf der Rückgabe bestehen solle, das sich aus dem unterschiedlichen Wert ergab, den die verschiedenen deutschen Instanzen dem südafrikanischen Nationalismus als künftigem Partner beimaßen, vgl. Weinberg, S. 469 f. — Durch einen V=Mann des AA wurden General Hertzog und Malan im Herbst 1940 davon unter=richtet, daß Deutschland bereit sei, eine unabhängige südafrikanische Republik als Vormacht in Südafrika anzuerkennen. Ihrer Hoheit sollten auch die drei bisher britischen Protektorate, die innerhalb ihres Territoriums lagen, unter=stellt werden. Während Hertzog sich mit einer Abtretung Südwestafrikas an Deutschland abzufinden schien, habe Malan, wie es hieß, auf der Einverleibung Südwestafrikas in die neue Republik Südafrika bei einer finanziellen Entschä=digung gegenüber dem Deutschen Reich bestanden (ADAP D XI, Dok. 163: Aufz. des Leiters des Referats X der Polit. Abt. des AA, Bielfeld, 8. 10. 1940, S. 271 f.). Das Memorandum Bielfelds vom 6. 11. 1940 klammerte daher auch wegen dieser Unklarheit das Problem Südwestafrika aus (vgl. S. 249, Anm. 37).

20 Aufz. über die Unterredung Hitler=Raeder vom 20. 6. 1940 (in: Lagevorträge des Ob. d. M.); A. Martienssen: Hitler and his Admirals. New York 1949, S. 66. — Auch am 11. 7. 1940 erklärte Raeder, daß der „Wert von Madagaskar" für die Marine „weniger hoch (sei), da der Atlantik Hauptkriegsschauplatz (bleibe)" (Lagevorträge des Ob. d. M.).

21 Dies ist die einzige Quelle, die Aufschluß darüber gibt, daß sich Hitler den „Madagaskar=Plan", der etwa in dieser Zeit im Auswärtigen Amt entworfen wurde (vgl. unten S. 250), im Sommer 1940 vorübergehend zu eigen machte.

Inseln[22] sollten schließlich nach den Vorstellungen der Marine zum Schutz der atlantischen Verbindungslinien zwischen dem Kolonialreich Mittelafrika und „Großdeutschland" beitragen. Hitler machte sich im Prinzip diese Vorschläge zu eigen, wobei es ihm offensichtlich am meisten auf die Stützpunkte in Marokko und auf den Kanarischen Inseln sowie den Gewinn von Französisch- und Belgisch-Kongo zur Bildung eines geschlossenen deutschen Kolonialreiches vom Atlantik zum Indischen Ozean ankam, ohne daß er sich in den Details der Ausdehnung dieses Raumes nach Norden und Süden festlegte[23].

Grob gesehen ergab sich hieraus sowie durch die italienischen und spanischen Aspirationen eine Neuaufteilung Afrikas, bei der der Nordosten Italien, der Nordwesten Spanien[24], Mittelafrika und eventuell auch das ehemalige Deutsch-Südwestafrika Deutschland zufallen und der Süden entweder dem britischen Weltreich verbleiben oder einem unabhängigen Südafrika gehören sollte. Frankreich und Belgien schieden praktisch als Kolonialmächte in Afrika aus. Mit der Weigerung Großbritanniens, einem „Ausgleich" mit Hitler zuzustimmen, und der Fortdauer des Krieges und der britischen Blockade[25] waren die entscheidenden Voraussetzungen für eine Verwirklichung dieses ganzen Planes bereits Ende Juli 1940 entfallen. Dennoch liefen die organisatorischen Vorbereitungen in Deutschland zur Übernahme der Kolonien – etwa mit der (geheim bleibenden) Bildung eines Kolonialministeriums unter Ritter von Epp[26] oder der Aufstellung einer auf die Stärke von 10 000 Mann festgesetzten Kolonialtruppe[27] – weiter.

Eine Zusammenstellung des Vertreters des Auswärtigen Amtes beim OKH, v. Etzdorf, vom 4. 9. 1940 zählte für den Fall eines „Ausgleichs"-Friedens mit Großbritannien wie auch für den Fall eines „Totalsieges" die deutschen Kolonialforderungen auf[28]. Im ersteren Falle sollten Belgisch-Kongo und Franzö-

22 Hitler selbst war zunächst wesentlich zurückhaltender. Am 11. 7. 1940 erklärte er gegenüber Raeder, er „möchte eine der Kanarischen Inseln von Spanien erwerben für den Preis von Französisch-Marokko. (Die) Marine solle feststellen, welche der Inseln in Frage käme (außen den beiden Hauptinseln)" (Lagevorträge des Ob. d. M.).

23 KTB Halder, Bd. II, S. 21 (13. 7. 1940); S. 74 (23. 8. 1940): v. Etzdorf: „Kolonialproblem: Die Grundgedanken unserer Forderungen gehen auf ein zusammenhängendes West-Ostafrikanisches (Kolonialgebiet) aus. Spanien will Nordwestafrika, Italien Nordostafrika."

24 Vgl. oben S. 137 f. und S. 185 f.

25 Am 27. 6. 1940 hatte die britische Regierung die Blockade des deutsch-beherrschten Europa vom Nordkap bis zur spanisch-französischen Grenze erklärt. Am 30. 7. 1940 wurde das Navycert-System auf alle kontinentaleuropäischen Häfen ausgedehnt.

26 Hierzu vor allem E. Kordt: Nicht aus den Akten, S. 392 f.; ferner Weinberg, S. 477 f. – Am 23. 6. 1940 hatte Reichsleiter Bouhler Hitler um „den Kolonialauftrag" gebeten, doch hatte dieser abgelehnt („Tagebuch des Sekretärs des Führers", S. 60). – Grundlegend jetzt die Materialien im Nachlaß Epp (im Bundesarchiv Koblenz).

27 KTB Halder, Bd. II, S. 27 (19. 7. 1940).

28 ADAP D XI, Dok. 16: Aufz. v. Etzdorfs, 4. 9. 1940, S. 20 f.

sisch=Äquatorialafrika (einschließlich des Tschad=Gebietes), im übrigen auch alle ehemaligen deutschen Kolonien in Afrika an Deutschland abgetreten werden, im zweiten zusätzlich noch Uganda, Sansibar, die südliche Hälfte Kenias (einschließlich Nairobi), die Goldküste, Dahomey und die Stützpunkte Dakar und Bathurst. Außerdem forderte dieser Aufstellung zufolge die Kriegsmarine zusätzlich Ascension, Tristan da Cunha, St. Helena, die Comoren, Maskaren, Seychellen, Amiranten und Madagaskar („für die Juden"). Italien sollte in diesem Falle Tunesien, Britisch= und Französisch=Somaliland, den nördlichen Teil von Kenia, Malta, Aden und eventuell Cypern erhalten. Es sollte die Stellung Großbritanniens im britisch=ägyptischen Vertragsverhältnis (einschließlich des Sudan) einnehmen und die britischen Protektorate in Arabien („Hadramaut usw.") übernehmen; schließlich sollte Libyen nach Süden bis zum Tschad=See erweitert werden. Libyen und Italienisch=Ostafrika sollten durch einen Korridor über sudanesisches Gebiet miteinander verbunden werden..Spanien sollten Französisch=Marokko, Westalgerien (bis Oran), Gibraltar und eine Erweiterung Spanisch=Guineas bis Kap Lopez zugestanden werden. Sogar die beabsichtigte oder erwogene Abtretung von Kambodscha und Laos an Thailand war in diese Zusammenstellung aufgenommen. Ein „Totalsieg", der hier als Voraussetzung angenommen wurde, ist aber wohl von Hitler, selbst im Juni/Juli 1940, nicht ernsthaft als realisierbar betrachtet worden. Dagegen stand der „Ausgleich" mit Großbritannien auf Kosten Frankreichs und Belgiens bis in den September 1940 hinein für ihn als erreichbare Möglichkeit im Vordergrund seiner Anstrengungen. Seine neue politische Konzeption vom Herbst 1940, im Rahmen des angestrebten „Kontinentalblocks" eine europäische Koalition gegen Großbritannien herbeizuführen, der neben Italien und Spanien auch Vichy=Frankreich angehören sollte, bedingte dann aber bei Festhalten an dem Grundgedanken, ein deutsches Kolonialreich in Mittelafrika zu errichten, eine gewisse Berücksichtigung der Kolonialinteressen Frankreichs. Dies erforderte demnach Abstriche bei den Ansprüchen Italiens und Spaniens sowie — in beschränkterem Maße — bei den eigenen Ambitionen auf französischen Besitz[29], während die britischen Kolonialgebiete in Afrika nunmehr unter die neuen Partner aufgeteilt werden konnten. Da der Versuch eines Interessenausgleichs auf der Grundlage der Vorstellungen Hitlers, denen Mussolini am 4. 10. zugestimmt hatte[30], bereits in den Verhandlungen mit Spanien (zwar nicht an der Kolonialfrage, sondern am Problem des Kriegseintritts Spaniens)

29 Gegenüber Spanien bestand die Einschränkung der deutschen Forderungen in der Konzession, entweder eine der Kanarischen Inseln oder „Agadir oder einen anderen Stützpunkt" in Marokko Deutschland zu überlassen (statt wie bisher beides) (KTB Halder, Bd. II, S. 137: 15. 10. 1940).

30 ADAP D XI, Dok. 149: Aufz. über die Unterredung Hitler=Mussolini, 4. 10. 1940, S. 245 ff.

scheiterte[31], blieben der französischen Regierung in Vichy, die trotz aller „Konzessionen" Italiens, Spaniens und Deutschlands die meisten territorialen Opfer des Interessenausgleichs im Rahmen dieses „grandiosen Betruges[32]" zu tragen gehabt hätte, die Grundzüge der Neugliederung Afrikas nach den deutschen Plänen verborgen[33].

Der deutsche Mittelafrika-Kolonialplan, der zu Lasten Frankreichs gegangen wäre, kreuzte sich im übrigen mit den ernsthaften Anstrengungen der Vichy-Regierung, ihre Autorität in den abgefallenen Kolonien Äquatorialafrikas wiederherzustellen und dabei deutsche Hilfe in Anspruch zu nehmen, ein Bemühen, das erst mit dem Sturz Lavals am 13. 12. 1940 und der danach eintretenden — Hitler nicht unwillkommenen — Stagnation der französischen „Collaborations"-Politik ein vorläufiges Ende fand[34]. Eine Realisierung des deutschen Afrika-Projekts, die überhaupt erst nach Abschluß eines Sonderfriedensvertrages mit Frankreich (der selbst bei deutschem Entgegenkommen allein schon wegen der für Frankreich immer noch viel zu hohen italienischen Forderungen äußerst fraglich gewesen wäre) oder bei einer — wenig wahrscheinlichen — Zustimmung der Vichy-Regierung zu einer vorzeitigen Inbesitznahme der bisher französischen Gebiete, die an Deutschland gefallen wären, de facto aber zu beträchtlichen Teilen (Äquatorialafrika) bereits in den Händen de Gaulles waren, hätte eingeleitet werden können, war ohnehin kaum möglich, solange der Krieg gegen Großbritannien und damit die britische Seeblockade fortdauerten. Spätestens Ende Oktober 1940 war das Projekt eines deutschen Kolonialreiches in Mittelafrika mit den damit verbundenen Plänen zu Besitzveränderungen in ganz Afrika aus dem Bereich der „realen" Politik Hitlers zu Reißbrettkonstruktionen und politischen Sandkastenspielen der Ministerialbürokratie des Auswärtigen Amtes abgesunken, die nur im Falle einer völligen Veränderung

31 Vgl. dazu oben S. 184 ff. und unten S. 318 ff. — Die Auffassung Weinbergs, S. 481, daß die deutschen Forderungen nach Stützpunkten in Marokko und auf den Kanarischen Inseln in den deutsch-spanischen Verhandlungen im September 1940, die eine Mischung von strategischen Zielen (d. h. der Eroberung Gibraltars mit Unterstützung Spaniens) und kolonialpolitischen Fernzielen gewesen seien, wesentlich zum Scheitern der Verhandlungen beigetragen hätten und daß eine Beschränkung auf das militärische Nahziel erfolgversprechender gewesen wäre, vermögen wir nicht zu teilen. Wesentlich für Francos Zurückhaltung war weniger das Ausmaß der deutschen Forderungen als seine Grundüberzeugung, daß der Krieg noch keinesfalls zugunsten Deutschlands entschieden sei, so daß es im Interesse Spaniens klug war, sich nicht vorzeitig festzulegen. Francos spätere Mitteilung an Mussolini (Treffen vom 12. 2. 1941, in: Ciano's Diplomatic Papers, S. 424), auf die sich Weinberg stützt, verhüllt nur den politischen Kern seiner Absage an Hitler. Im übrigen wurden die Stützpunktforderungen von Hitler nicht nur im Hinblick auf die Kolonialpolitik, sondern vor allem im Zusammenhang mit dem Aufbau einer deutschen strategischen Position in Nordwestafrika gegenüber den USA erhoben.

32 Vgl. oben S. 241.

33 Vgl. Hitlers Verhandlungstaktik in den Montoire-Verhandlungen gegenüber Pétain und Laval unten S. 320 ff.

34 Vgl. die Darstellung unten S. 332 f.

der weltpolitischen Situation wieder „reales" Gewicht bekommen hätten. Daran änderte auch die Tatsache nichts, daß während des Besuches Molotows in Berlin am 12./13. 11. im Rahmen der von Hitler und Ribbentrop vorgetragenen „ganz großen Konzeption[35]" einer allgemeinen Süd-Tendenz der vier Mächte (Japan, Sowjetunion, Italien, Deutschland) und in dem Molotow am 13. 11. überreichten Vorschlag eines „Geheimen Protokolls Nr. 1" zum Entwurf eines Abkommens zwischen den „Dreierpakt"-Mächten und der Sowjetunion allgemein die Rede davon war, „daß, abgesehen von den im Friedensschluß durchzuführenden europäischen territorialen Revisionen, der Schwerpunkt (von Deutschlands) territorialen Aspirationen in den mittelafrikanischen Gebieten" liege[36].

Der erste, zugleich umfassendste Entwurf, der zu diesen Reißbrettkonstruktionen gehört, ist die umfangreiche Aufzeichnung des Leiters des Referats Pol. X (Afrika) des Auswärtigen Amtes, Bielfeld, über „Die territoriale Kolonialforderung an Frankreich im Rahmen der Gesamtforderung" vom 6. 11. 1940[37]. Da dieses Memorandum den damaligen Stand der internen deutschen Diskussion um das Mittelafrika-Projekt gut widerspiegelt und auch bis zu diesem Zeitpunkt aufrechterhaltenen Stützpunktforderungen der Seekriegsleitung mit umfaßt, seien im folgenden die wichtigsten „Feststellungen" und Vorschläge Bielfelds knapp zusammengefaßt:

Dem „Endziel" der „Versorgung von 150 Millionen Menschen" des europäischen „Großwirtschaftsraumes" unter deutscher Führung sollte ein „zusammenhängendes Kolonialreich Mittelafrika" als „kolonialer Ergänzungsraum" dienen. In diesem Kolonialreich, dem die ehemaligen deutschen Kolonien Ostafrika, Kamerun und Togo eingefügt waren, nahm Belgisch-Kongo wegen seiner reichen Rohstoffquellen eine „Schlüsselstellung" ein. Hinzu kam, daß die Kriegsmarine den kongolesischen Hafen Boma als Stützpunkt wünschte. Französisch-Äquatorialafrika südlich der Tschad-Linie (15. Breitengrad) sollte zusammen mit dem um Dahomey erweiterten Togo, der anzustrebenden Erwerbung von Britisch-Nigeria und Teilen der französischen Kolonie Niger die Abrundung nach Nordwesten bilden, wobei der ganze Raum um den Tschad-See deutsches Gebiet werden sollte. Nach Norden schloß sich dann das erweiterte italienische Libyen, nach Nordosten die italienische Landbrücke zwischen Libyen und Äthiopien auf dem Territorium des (britisch-ägyptischen) Sudan an. Frankreich sollte für den Verlust Dahomeys — ein erstes Symptom für die

35 ADAP D XI, Dok. 326: Aufz. über die Unterredung Ribbentrop-Molotow, 12. 11. 1940, S. 541 ff. — Zum Besuch Molotows vgl. im übrigen die Darstellung unten S. 304 ff. und S. 355 ff.
36 ADAP D XI, Dok. 329: Aufz. über die Unterredung Ribbentrop-Molotow, 13. 11. 1940, S. 562 ff.
37 ADAP D XI, Dok. 298: Memorandum des Leiters des Referats X, Bielfeld, 6. 11. 1940, S. 483 ff. Vgl. auch die Skizze über die Ausdehnung und Grenzführung des Kolonialreichs Mittelafrika, zusammengestellt von W. Hilgemann, bei H.-A. Jacobsen und W. Jochmann: Ausgewählte Dokumente zur Geschichte des Nationalsozialismus 1933—1945. Bielefeld 1960.

im Rahmen der „Kontinentalblock"=Konzeption Frankreich zu gewährenden Konzessionen – mit der britischen Goldküste entschädigt werden, deren Hafen Ada allerdings zu Togo und damit noch zum deutschen Kolonialreich Mittelafrika kommen sollte. Im Osten sollte Deutsch=Ostafrika um Teile Kenias – der Nordosten blieb Italien überlassen –, Uganda und die Inseln Pemba und Sansibar vergrößert werden. Das „Hinterland von Deutsch=Ostafrika könnte vielleicht durch Nord=Rhodesien und den nördlichen Teil von Nyassaland erweitert werden". Süd=Rhodesien, „das wehrtechnisch wichtigste Gebiet des afrikanischen Kontinents", wurde in Bielfelds Überlegungen mit der formal klingenden, aber sicher auch mit Blick auf Südafrika aufgenommenen Begründung, daß es nicht mehr zu „Mittelafrika" gehöre, ausgeklammert, obwohl er selbst nachdrücklich auf den Wert dieser Kolonie hinwies.

An die Forderung der Kriegsmarine nach Stützpunkten in Dakar, Conakry und Freetown knüpfte Bielfeld eine längere Erörterung an, die auf seinen Vorschlag hinauslief, Dakar bei Frankreich zu belassen und statt dessen Bathurst als Stützpunkt zu erwerben, während der Rest von Britisch=Gambia Frankreich als Ausgleich für andere Kolonialverluste zugewiesen werden sollte. Als erstrebenswert bezeichnete er den Erwerb von Französisch=Guinea. Falls dies aber nicht erwünscht sei, käme „als Forderung in Frage: von Frankreich Conakry mit einem Hinterland im Umkreis von 50 km, von England Freetown mit der Halbinsel Sierra Leone". Die Inselgruppe der Comoren und die Insel Réunion im Indischen Ozean wurden, wie Bielfeld kurz verzeichnete, ebenfalls von der Kriegsmarine als Stützpunkte beansprucht. Schließlich sollte Madagaskar nach der Aufzeichnung Bielfelds „durch das Deutsche Reich" erworben werden, „nicht aus kolonialpolitischen Gründen, sondern zwecks Ansiedlung der Juden[38]". Jedoch sollten die Bucht von Diego Suarez und der Hafen von Antsirane, eventuell auch andere Häfen, deutsche Marinestützpunkte werden. Die weiteren Ansprüche auf Flottenbasen, die die Seekriegsleitung in Marokko (Mogador und Agadir) sowie auf einer der Kanarischen Inseln angemeldet hatte, wurden vom Verfasser des Memorandums (da sie zu Nord= und nicht zu „Mittelafrika" gehörten) nicht aufgeführt. Sie sind von uns aber schon in anderem Zusammenhang erwähnt worden[39].

Für Hitler trat das Kolonialprojekt Mittelafrika, wie bereits betont, seit dem Scheitern der Verhandlungen mit Spanien im September/Oktober 1940 völlig

38 Hierzu ADAP D X, Dok. 101: Aufz. des Legationssekretärs Rademacher „Die Judenfrage im Friedensvertrage" vom 3. 7. 1940, S. 92 ff., in der der „Madagaskar=Plan" entwickelt wurde. Am 11. 7. 1940 erwähnte ihn Hitler bereits als festen Plan in der Besprechung mit Raeder (vgl. oben S. 245). Zum Problem des „Madagaskar=Plans" zusammenfassend G. Reitlinger: Die Endlösung. Hitlers Versuch der Ausrottung der Juden Europas 1939–1945. Berlin [4]1961, S. 86 ff.; H. Krausnick in: Anatomie des SS=Staates, Bd. II, S. 354 ff.

39 Vgl. oben S. 185 f.

zurück. Angebote der Vichy=Regierung im Mai 1941 auf gemeinsame deutsch=französische Kriegsoperationen gegen Großbritannien unter der Voraussetzung, daß der Waffenstillstand vom 22. 6. 1940 durch einen Friedensvertrag abgelöst und — nach sofortiger Rückgabe der ehemals deutschen Kolonien — der französische Kolonialbesitz garantiert oder Frankreich eine Kompensation auf Kosten Großbritanniens fest zugesagt würden, lehnte Hitler ab[40], da dieser Vorschlag des stellvertretenden französischen Ministerpräsidenten, Admiral Darlan, seinen Grundvorstellungen von der äußerst begrenzten Rolle Frankreichs in einem von Deutschland beherrschten Europa völlig zuwiderlief. Praktisch hätte dieses Angebot im übrigen auch allenfalls die Rückgabe des französischen Teils von Togo bedeutet, da Kamerun bereits seit Ende August 1940 in den Händen de Gaulles war und die Vichy=Regierung sonst gar nicht über ehemalige deutsche Kolonien Mandatsrechte ausübte.

Gelegentliche Äußerungen in Lagebesprechungen und bei „Tischgesprächen" in den ersten Wochen des Ostfeldzuges zeigten, daß Hitler den Gedanken an ein mittelafrikanisches Kolonialreich als ein *nach* Errichtung des deutschen Kontinentalimperiums in Europa anzustrebendes Ziel nicht aufgegeben hatte. So erklärte er am 30. 6. 1941, daß zwar das „deutsche Imperium der Zukunft" „kontinentaleuropäisch" sein werde, daß aber auf Kolonialbesitz in Afrika als Ergänzung nicht verzichtet werden sollte. Dabei erwähnte er Togo, Kamerun, Belgisch=Kongo und — „erwünscht, aber nicht nötig" — Deutsch=Ostafrika als künftige Kolonien[41]. Am 11. 8. 1941 setzte er hingegen seiner Tafelrunde auseinander daß, verglichen mit dem Land im Osten, Kolonien in Afrika weniger wertvolle, dafür aber um so kostspieligere Besitzungen seien[42]. Doch schwanken die meist in lockerer Form im „privaten" Kreise gefallenen Äußerungen in dieser Periode wie erst recht in der Folgezeit inhaltlich so sehr, daß hieraus eine klare Konzeption Hitlers hinsichtlich Bedeutung und Umfang eines deutschen Kolonialreiches, das nach Aufrichtung des deutschen Kontinentalimperiums gewonnen werden sollte, nicht abzuleiten ist[43]. Seine Äußerungen sind oft einfach Reflexe von Stimmungen, entsprechen mitunter, aber keineswegs immer auch der Kriegssituation und ihrer Beurteilung durch Hitler. Trotz allen hieraus erwachsenden Einschränkungen kann man aber wohl sagen, daß „Mittelafrika" für ihn ein Fernziel blieb, etwa so, wie er es am 22. 2. 1942 selbst ausdrückte: „An dem Tage, an dem wir Europa fest organisiert haben, werden wir nach Afrika Ausschau halten können. Und wer weiß, vielleicht werden wir

40 Weinberg, S. 488. Vgl. auch unsere Darstellung unten S. 451 ff.

41 KTB Halder, Bd. III, S. 29 (30. 6. 1941).

42 Hitler's Table Talk 1941—1944. Ed. by H. R. Trevor=Roper. London 1953, S. 24 (11. 8. 1941). Ähnlich auch am 8.—10. 9. 1941 (H. Picker: Hitlers Tischgespräche, S. 144), noch deutlicher am 26. 7. 1942 (ebda., S. 479 f.) unter einer veränderten Gesamtsituation.

43 Vgl. den Überblick bei Weinberg, S. 489, der sich durch weitere Zitate aus den „Tischgesprächen" ergänzen ließe.

eines Tages in der Lage sein, auch noch andere Ziele ins Auge zu fassen[44]." Dagegen begann Hitler bereits nach dem Winter 1941/42, in dem er die Erkenntnis gewonnen hatte, daß er sein großes politisches Ziel doch nicht erreichen würde[45], mit einer Legendenbildung, wenn er am 26. 7. 1942 behauptete[46], „er habe den Ausgleich mit England auf der Basis gesucht, daß Kolonien für uns gar nicht notwendig seien. Allein schon das Problem der Aufrechterhaltung der Verbindungen zwischen Großdeutschland und solchen etwa in Afrika gelegenen Kolonien mache Schwierigkeiten ... Die Verbindung nach den besetzten Ostgebieten dagegen sei ohne Schwierigkeiten zu schaffen". Die Sandkastenspiele im Auswärtigen Amt waren währenddessen ungeachtet der Schwankungen in der Zielsetzung Hitlers bis Anfang 1942 weitergegangen. Am 21. 1. 1942 faßte Unterstaatssekretär Woermann den Stand der Planungen in einer Stellungnahme für Ribbentrop zusammen[47]. Wenn es auch sehr zweifelhaft ist, ob die hier verzeichneten Planungen den damaligen Vorstellungen Hitlers entsprachen[48], so ist es doch nützlich, den Inhalt dieser Aufzeichnungen in kurzen Zügen wiederzugeben, zumal die innerdeutsche Diskussion um das Projekt Mittelafrika danach offenbar endgültig abriß[49].

Dieses Memorandum zeigt eine unerwartet starke Rücksichtnahme auf den französischen Kolonialbesitz, eine erhebliche Reduzierung der deutschen Ansprüche und eine völlige Negierung britischer Interessen, da Woermann in seiner Denkschrift voraussetzte, „daß England seinen afrikanischen Kolonialbesitz verliert". Als „Kernpunkt" des deutschen Mittelafrika erscheint hier im Gegensatz zu der Planung vom Sommer und Herbst 1940 nicht mehr Belgisch-Kongo, sondern Französisch-Äquatorialafrika (südlich des italienischen Interessenraumes im Norden der Tschad-Linie), dem Deutsch-Ostafrika[50] und Kamerun, Uganda — Kenia, der Ostteil Nigerias und „vielleicht Nord-Rhodesien" angegliedert werden sollten. „Ferner soll Belgisch-Kongo in irgendeiner Form

44 Hitler's Table Talk 1941—1944, a. a. O., S. 328 (22. 2. 1942). Hierzu G. Moltmann: Weltherrschaftsideen Hitlers, S. 228 ff. (nach Moltmann auch die Rückübersetzung ins Deutsche, da der Zugang zu den Originalen der „Bormann-Vermerke" versperrt ist, vgl. hierzu die Einführung in Picker: Hitlers Tischgespräche, S. 21 ff.).
45 Vgl. hierzu unten S. 552 f.
46 Picker: Hitlers Tischgespräche, S. 479 f.
47 U. St. S. Akte „Kolonialpläne" (Polit. Archiv des AA, Bonn), Stellungnahme Woermanns vom 21. 1. 1942 (5 S. Ms.).
48 Dies gilt insbesondere hinsichtlich der recht starken Berücksichtigung der französischen Interessen in dem Memorandum Woermanns. Auch die völlige Ausschließung Großbritanniens aus Afrika lag sicher nicht in den Absichten Hitlers (vgl. hierzu die Darstellung unten S. 551 f. mit Anm. 79).
49 Die Akte „Kolonialpläne" des Büros Unterstaatssekretär (Polit. Archiv des AA, Bonn) schließt jedenfalls mit dem Memorandum Woermanns vom 21. 1. 1942 und dem Schreiben Rademachers vom 10. 2. 1942 (vgl. S. 254, Anm. 55) ab.
50 Am 17. 6. 1942 erhob Bohle Bedenken gegen die geplante Ernennung Bouhlers zum Generalgouverneur von Ostafrika (Nürnberg-Dok. NG-3179). Mit diesem Vorstoß endete praktisch die Plänemacherei, da Hitler im Januar 1943 endgültig jede weitere Zukunftsplanung für die Dauer des Krieges verbot.

diesem Gebiet angeschlossen werden." „Größter Wert" wurde von Woermann auf Spanisch Guinea und die Insel Fernando Póo gelegt, deren Abtretung Spanien bereits in den Verhandlungen im September 1940 hartnäckig ver=weigert hatte.
Woermann rekapitulierte in seiner Stellungnahme, daß Franco beim Treffen mit Hitler in Hendaye am 23. 10. 1940 im Falle eines Kriegseintritts zugesagt worden war[51], daß Spanien französisches Kolonialgebiet in Afrika in dem Maße zugewiesen werden sollte, „in dem Frankreich durch Deutschland als Ersatz hierfür andere Gebiete in Afrika erhalten" könnte. Dabei sei damals in erster Linie an die Überlassung von Französisch=Marokko „nebst einem Teil von Algerien" sowie an eine „Grenzberichtigung bei Rio de Oro" gedacht wor=den[52]. Falls Spanien jedoch nicht in den Krieg eintrete, so schloß Woermann, „würden wohl alle spanischen Ansprüche auf zusätzlichen Kolonialbesitz hin=fällig sein".
Italien dagegen sollte in jedem Falle Tunesien und das nördliche Tschad=Gebiet (von Französisch=Äquatorialafrika) erhalten. Als Kompensation für Frankreich kamen nach Woermanns Überblick in Betracht: Britisch=Gambia, Sierra Leone und Goldküste, das ehemalige deutsche Togo und das westliche Nigeria, falls dieses nicht als Kompensation für Spanisch=Guinea und Fernando Pôo an Spanien gegeben werden sollte. Eine vertretbare Kompensation an Frankreich für die Aufgabe von Madagaskar und Syrien, dessen Verlust von Woermann wohl im Hinblick auf die Wünsche der arabischen Nationalisten als endgültig betrachtet wurde[53], sah er zur Zeit nicht.
Da „bei der jetzigen Lage" eine Abtretung von Französisch=Marokko an Spanien „nicht in Betracht" komme, sollte Spanien im Falle einer wider Er=warten doch noch eintretenden Kriegsbeteiligung als Ersatz West=Nigeria zugebilligt werden unter der Voraussetzung, daß es Spanisch=Guinea und Fer=nando Póo Deutschland abgebe. Außerdem sollten eine Überlassung von Sierra Leone und eine Ausdehnung von Rio de Oro nach Süden bis zum 20. Breiten=grad Spanien konzediert werden. Als äußerste Möglichkeit eines Entgegenkom=mens wurde die Überlassung des südlichen Tschad=Gebietes und von Ubangi=Schari an Spanien in Betracht gezogen, obwohl diese Gebiete dann für Spanien nur über deutsches oder italienisches Territorium zugänglich sein würden.
Während Woermann in diesem Memorandum noch davon ausging, daß Frank=reich Madagaskar wegen der „Ansiedlung" der europäischen Juden abtreten müsse, teilte Legationsrat Rademacher von der „Deutschland"=Abteilung des Auswärtigen Amtes — nach der berüchtigten „Wannsee"=Konferenz vom 20. 1. 1942[54] — in einem Schreiben an den Leiter des Referats X (Afrika) der

51 Vgl. die Darstellung unten S. 318 ff.
52 Die damalige Konzeption Hitlers spiegelt sich in dieser Übersicht Woermanns nicht korrekt wider (vgl. die Darstellung unten S. 317 ff.).
53 Vgl. hierzu unten S. 474 f.
54 Hierzu Reitlinger: Endlösung, S. 105 ff. — Protokoll der „Wannsee"=Konferenz vom 20. 1. 1942 in Nürnberg=Dok. NG=2586 G.

Politischen Abteilung des Amtes, Bielfeld, vom 10. 2. 1942 mit, daß „der Krieg gegen die Sowjetunion inzwischen die Möglichkeit gegeben" habe, „andere Territorien für die Endlösung zur Verfügung zu stellen". „Demgemäß (habe) der Führer entschieden, daß die Juden nicht nach Madagaskar, sondern nach dem Osten abgeschoben werden sollen. Madagaskar braucht mithin nicht mehr für die Endlösung vorgesehen zu werden[55]."

Kehren wir nach diesem Überblick über den Fortgang der internen deutschen Erörterung des Mittelafrika-Projektes und der damit verbundenen territorialen Umgestaltung ganz Afrikas zum Ausgangspunkt unserer Betrachtung zurück. Der Gedanke, in Verbindung mit einem europäischen „Großwirtschaftsraum" unter deutscher Führung ein großes Kolonialreich Mittelafrika zu errichten, entsprang der Beurteilung der weltpolitischen Situation durch die deutsche Führung im Sommer 1940. Sobald offenkundig wurde, daß Großbritannien nicht zum „Ausgleich" mit Hitler bereit war und auch nicht durch militärischen Druck oder durch Maßnahmen der psychologischen Kriegführung zum Einlenken gezwungen werden konnte, entfiel die entscheidende Voraussetzung für die Verwirklichung des Ganzen. Ohne eine Niederlage Großbritanniens gab es auch in der Folgezeit keine Möglichkeit, das Mittelafrika-Projekt zu realisieren. Daran änderten auch die im Herbst 1940 — im Zuge der politischen Umorientierung auf den „Kontinentalblock" gegen Großbritannien — zugunsten Frankreichs vorgenommenen Abwandlungen des Planes nichts; denn, ob — wie zunächst — Frankreich oder nach der späteren Planung Großbritannien die Hauptlast der Neuverteilung des Besitzes in Afrika tragen sollte, war eine sekundäre Frage.

„Theoretisch" stellte die Vision eines euopäischen „Großwirtschaftsraumes" zusammen mit dem mittelafrikanischen Kolonialgroßreich durchaus eine imposante Konzeption imperialistischer Machtbildung dar; ja, man könnte diesen Entwurf zusammen mit dem darin enthaltenen „Madagaskar"-Plan zur „Endlösung der Judenfrage" als eine Zwischenstufe in der Reihe deutscher spätimperialistischer Kriegszielvorstellungen zwischen den während des Ersten Weltkrieges entwickelten „Großraum"-Entwürfen und der „rein" nationalsozialistischen rassenideologisch bestimmten Konzeption ansehen, in der Raumeroberung und Judenvernichtung im europäischen Osten auf das engste miteinander verknüpft waren und die feste Basis für die Aufrichtung einer deutschen „Weltmacht"-Stellung bildeten[56]. Aber, da Mitte 1940 alle realen Voraussetzungen für eine Verwirklichung fehlten, weil Deutschland der Zugang nach Mittelafrika verschlossen blieb, war diese Vision keine „praktische" politische „Alternative" in dem Sinne, wie es möglicherweise von den Initiatoren im Auswärtigen Amt einschließlich Ribbentrops gedacht war, so als hätte

55 Schreiben Rademachers an Bielfeld, 10. 2. 1942 (in: Akte „Kolonialpläne", U. St. S., Polit. Archiv des AA, Bonn).

56 Vgl. unten S. 516 ff.

sich Hitler im Sommer und Herbst 1940 entweder für dieses Projekt oder für seine Ostkonzeption entscheiden können. Diese Feststellung gilt unabhängig von dem für Hitler selbst zweifellos ausschlaggebenden Gesichtspunkt, daß Kolonien in Afrika für ihn keinen Ersatz für den weiten europäischen Ostraum, sondern eine wünschenswerte und für die spätere deutsche „Weltmacht"-Stellung sinnvolle Ergänzung des deutschen Imperiums in Kontinentaleuropa darstellten, dessen Aufbau im Zentrum seiner Gesamtpolitik blieb, zumal mit dem Scheitern seines großen Kriegsplanes im Winter 1941/42 der beabsichtigte Schritt darüber hinaus in Richtung auf die Erkämpfung einer deutschen „Weltmacht"-Position im Vorderen Orient und in Afrika entfiel[57].
Gerade der nordwestafrikanische Raum hatte für Hitler bereits im Herbst 1940 aus strategischen Gründen im Zusammenhang mit einem möglichen Eingreifen der USA in den europäischen Krieg große Bedeutung gewonnen. Sein Interesse an dieser Bastion steigerte sich im Verlauf der folgenden Monate sogar noch. Das Ziel, hier eine starke deutsche Stellung aufzubauen, aus der heraus er den USA „die Stirne bieten" konnte[58], stand jedoch, auch wenn dabei wie bisher in den Forderungen der Seekriegsleitung die Gewinnung deutscher Stützpunkte in Marokko und auf den atlantischen Inseln Spaniens und Portugals eine wichtige Rolle spielte, nur noch sehr lose in Verbindung mit dem Gedanken einer späteren Verwirklichung des Kolonialprojekts Mittelafrika. Dieser bedeutsame strategische Aspekt verdient in jedem Falle eine eigene Betrachtung im Zusammenhang mit Hitlers Planungen im Herbst 1940 sowie im ersten Halbjahr 1941[59] — unabhängig von den in Hitlers Vorstellungen immer stärker zurücktretenden deutschen Kolonialplänen.

5. Hitlers Umrüstungspläne vor dem Hintergrund seiner Kriegsziele und der Möglichkeiten der deutschen Wehrwirtschafts- und Rüstungsbasis

Die Siege im Norden und Westen Europas im Frühjahr 1940 hatten die wehrwirtschaftliche Situation Deutschlands wesentlich verbessert, ohne daß Hitler hierdurch bereits sein — von 1933 an in verschiedenen Etappen konsequent verfolgtes — Ziel erreicht hätte, sich aus der wirtschaftlichen und damit politischen Abhängigkeit von anderen Großmächten zu lösen. Es war dies ein Ziel, in dem sich Hitlers Herrschaftswille mit jenem „Autarkie"-Denken verband, das seit dem als Wirtschaftskrieg größten Ausmaßes geführten Ersten Weltkrieg 1914/18 und besonders seit der Weltwirtschaftskrise 1929/33 weit verbreitet war. Dem Autarkie-Gedanken lag die Überzeugung zugrunde, daß „auch die Faktoren der Verfügungsgewalt über Rohstoffe und der ungehinderten Produktionskraft als essentielle Posten jeder Großmachtstellung, gleich-

57 Vgl. unten S. 377 ff.
58 Vgl. oben S. 192 f.
59 Vgl. unten S. 378 ff.

rangig ihrer militärischen Leistungsfähigkeit" anzusehen seien[1]. Für eine Politik zur Schaffung eines von ihm beherrschten autarken Großraums in Europa[2] hatte sich Hitler – seinem „Programm" entsprechend – entschieden, als er in den ersten Jahren seiner Regierung eine Rückkehr Deutschlands in die sich nach der großen Krise wieder entfaltende Weltwirtschaft ablehnte, weil dies seiner Auffassung nach bei der „unvermeidbar" engen Verflechtung mit anderen Mächten auf wirtschaftlichem Gebiet für ihn zugleich politische Abhängigkeit und „Unbeweglichkeit" im Hinblick auf seine „programmatischen" Ziele bedeutet hätte.

Der Krieg von 1939 hatte dann mit der britischen Blockade im Westen und mit der Abhängigkeit Deutschlands von den Lieferungen der Sowjetunion, Japans und anderer von Hitler „unabhängiger" neutraler Staaten, anstatt seine wirtschaftliche und politische Abhängigkeit zu vermindern, diese zunächst, namentlich gegenüber der Sowjetunion, auf deren Wohlwollen er auch hinsichtlich der bedeutsamen Lieferungen aus den Ländern des Fernen Ostens angewiesen war, wesentlich verstärkt. Das auf dem Höhepunkt der Siegeszuversicht im Westen im Mai/Juni 1940 entworfene Projekt eines europäischen „Großwirtschaftsraums" unter deutscher Führung mit dem dazu gehörenden Kolonialreich Mittelafrika hätte Deutschland und den Kranz der nun von ihm abhängigen mittleren und kleinen europäischen Staaten nach einer gewissen Übergangszeit zweifellos weitgehend, wenn auch nicht vollständig, autark machen können. Die Weiterführung des Krieges durch Großbritannien und die fortdauernde, nun auf alle deutsch-beherrschten Teile Europas ausgedehnte britische Wirtschaftsblockade verhinderten indessen jeden Ansatz zur Realisierung dieses Plans[3].

Dennoch hatten die Eroberung Norwegens und der Sieg über Frankreich, die Hitler zum Herrn ganz Kontinentaleuropas zwischen der Sowjetunion und Spanien gemacht hatten, die deutsche Position in einer ganzen Reihe von Teil-

1 P. Kluke: Politische Form und Außenpolitik des Nationalsozialismus, S. 446 ff. Zitat S. 447.

2 Die verschiedenen Zwischenstufen einer „reichsdeutschen", „großdeutschen" oder „mitteleuropäischen" Autarkie, die von zahlreichen Anhängern Hitlers fälschlicherweise als sein Ziel angesehen wurden, stellten für ihn nie mehr als Etappen dar. Er war sich darüber klar, daß alle diese Möglichkeiten keine „reale" wirtschaftliche und politische „Unabhängigkeit" Deutschlands im Sinne des radikalen Autarkie-Gedankens bringen konnten. In diesem Sinne muß auch die vom Minister für Bewaffnung und Munition Todt an General Thomas am 20. 6. 1941, zwei Tage vor Beginn des Ostfeldzuges, weitergegebene Äußerung Hitlers gedeutet werden, die beweist, daß auch Todt den Autarkie-Begriff anders verstand als Hitler und somit dessen eigentliche „programmatische" Zielsetzung verkannt hatte. Sie zeigt zugleich, daß Hitler selbst den Autarkie-Begriff seinen engen Mitarbeitern gegenüber bewußt lange Jahre so einengte, daß die Kontinuität seiner weitgespannten Zielsetzung seit den zwanziger Jahren verschleiert blieb. Vgl. hierzu G. Thomas: Grundlagen für eine Geschichte der deutschen Wehr- und Rüstungswirtschaft, Nürnberg-Dok. PS-2353, S. 441 f. (künftig zit.: Thomas: Grundlagen), Zitat hieraus unten S. 266.

3 Vgl. oben S. 72 ff.

bereichen der Wehrwirtschaft verbessert. Die Sicherung der schwedischen Erz=zufuhr, die Öffnung des Zugangs zu den Rohstoffquellen Spaniens (Kupfer) und Portugals (Wolfram), die noch stärkere, nun fast ausschließliche Orientie=rung der Länder Südosteuropas nach den Bedürfnissen Deutschlands und Italiens und die Aussichten auf eine Gewinnung des türkischen Marktes waren nur die wichtigsten davon, ganz abgesehen davon, daß die in den eroberten Westgebieten vorgefundenen reichen Bestände an wertvollen Rohstoffen eine starke Entlastung gerade an einigen „Engpässen" der deutschen Wehrwirt=schaft gebracht hatten[4].

Allerdings blieb trotz allen Anstrengungen, die synthetische Treibstoffherstel=lung in Deutschland zu steigern[5], die Abhängigkeit von der Sowjetunion auf dem Gebiet des Mineralöls[6] — selbst bei einer forcierten Erhöhung der Öllie=ferungen aus Rumänien[7] —, im übrigen auch bei wichtigen Nichteisenmetallen, bestehen[8]; und die nach wie vor wesentlichen Zufuhren, u. a. von Rohkautschuk und Zinn, aus Ostasien gelangten wie bisher nur auf dem Wege über die Sowjetunion in den deutschbeherrschten Teil Europas. Je länger der Krieg im Westen und damit die britische Blockade fortdauerten, je ernster die Situation durch das verstärkte Engagement der USA wurde, um so größer mußte die wirtschaftliche und politische Abhängigkeit Hitlers von Stalin werden. Über=legungen solcher Art haben bei Hitlers Gedankenbildung zu einer militärischen Ost=Lösung im Sommer und Herbst 1940 eine wesentliche Rolle gespielt. Nur wenn die Sowjetunion zerschlagen war und der russische Wirtschaftsraum ihm unmittelbar zur Verfügung stand, war Hitlers Ziel (dessen Notwendigkeit — in seiner Sicht — die Situation des Krieges im Westen noch verstärkte), ein blockadefestes, räumlich geschlossenes, autarkes kontinentaleuropäisches Im=perium zu schaffen, erreicht, war er auch einem längeren Krieg gegen die angelsächsischen Seemächte wehrwirtschaftlich gewachsen. Erst dann hatte er schließlich „absolute" politische Handlungsfreiheit, die das letzte Ziel seiner „Autarkie"=Politik war, sowohl innerhalb seines „Großraums" als auch nach außen gewonnen.

Im Juni 1940 war indessen Hitler, wie dargelegt[9], noch von der Überzeugung bestimmt, daß der Krieg im Westen durch einen „Ausgleich" mit Großbritan=

4 Birkenfeld, S. 143 ff. — Nur etwa ein Drittel des deutschen Treibstoffbedarfs konnte bei Kriegsbeginn 1939 aus der eigenen Erzeugung gedeckt werden.

5 Die erbeuteten Bestände umfaßten u. a. 135 000 t Kupfer, 20 000 t Blei, 9 500 t Zinn, 9 000 t Nickel, 9 000 t Aluminium, 363 000 t Benzin, 220 000 t Flugbenzin (vgl. weitere Einzelheiten bei Mueller=Hillebrand, Bd. II, S. 89).

6 1940 wurden aus Rumänien ca. 1 Million t, aus der Sowjetunion 620 000 t Mineralöl (d. h. ein Drittel des Gesamtölimports) geliefert (Klein, S. 63). — Im März 1940 nahmen die Lieferungen der Sowjetunion 10 % des deutschen Gesamtwarenimports ein, am 22. 6. 1941 sogar 22 % (Snell: Illusion and Neces=sity, S. 63).

7 Hillgruber: Hitler, König Carol und Marschall Antonescu, S. 80 ff. und S. 156 ff.

8 1940 kamen 40 % des Mangan und 70 % des Chromerzimports aus der Sowjet=union (Klein, S. 63).

9 Vgl. oben S. 207 ff.

nien ein schnelles Ende finden werde, so daß der Eroberungszug nach Osten, seinen alten Vorstellungen entsprechend, nicht sogleich, sondern erst nach einer Zeit der Umrüstung und nach längerer Vorbereitung zu beginnen brauchte. Nachdem Hitler bereits während der ersten Phase der Westoffensive am 21. 5. 1940 eine „Schwerpunktverlagerung"[10] der Rüstung auf das „U=Boot= und Ju=88=Programm" und am 28. 5. die Umgliederung des Feldheeres in eine „Friedensarmee", bestehend aus 24 Panzer=, 12 motorisierten und 30–40 „anderen" Divisionen, erstmals vage angekündigt hatte[11], erteilte er am 15. 6.[12] dem OKH den Auftrag, „jetzt schon an den vorbereiteten Umbau des Heeres auf 120 Divisionen, einschließlich 20 Panzer= und 10 motorisierten Divisionen, (zu) gehen[13]". Dementsprechend ordnete Hitler Ende Juni an, „daß die Munitionsfertigung in größerem Umfang einzuschränken sei und daß die dadurch frei werdenden Rohstoffe und Menschen zur Förderung der neuen Schwerpunktprogramme": „Fortsetzung der Luftrüstung, Fortsetzung des befristeten U=Boot=Programms[14]" und „Vergrößerung der schnellen Truppen, in Sonderheit die Vermehrung der 10 Panzerdivisionen auf 20 Panzerdivisionen", einzusetzen seien[15]. Das geplante „Friedensheer" war von Hitler offensichtlich als ein weitgehend motorisiertes Kaderheer gedacht, das im Falle eines Krieges gegen die Sowjetunion gegebenenfalls rasch verbreitert werden konnte und für raidartige Vorstöße in große Räume besonders geeignet war[16]. Es ist zum Verständnis dieses

10 Aufz. über die Besprechung Hitler=Raeder vom 21. 5. 1940, in: Klee: Dokumente, S. 238 f. — Am 4. 6. 1940 wiederholte Hitler gegenüber Raeder, sein Ziel nach der Niederwerfung Frankreichs sei: „Verminderung des Heeres, Entlassung aller Älteren, der Facharbeiter, Schwerpunktbildung auf Luft(waffe) und Marine" (Lagevorträge des Ob. d. M.).

11 KTB Halder, Bd. I, S. 324 (28. 5. 1940). — Noch kurz vor Beginn des Westfeldzuges, am 22. 4. 1940, hatte Hitler den Aufbau eines Heeres von 120 Inf.=Divisionen, 20 mot. Divisionen, 15 Besatzungs=Divisionen und 6 Gebirgsdivisionen gefordert (Milward, S. 36).

12 Am 7. 6. 1940 orientierte Keitel den Chef des WiRüAmtes im OKW, General Thomas, wie folgt: „Führer glaubt an baldigen Zusammenbruch Frankreichs. Schnellste Umsteuerung der Rüstung auf Kampf gegen England. Anscheinend ist nach Zusammenbruch Frankreichs mit Angebot an England zu rechnen. Heer soll nur 120 Divisionen behalten. Große Vermehrung der Panzerwaffe. Größte Vermehrung der Luft= und U=Boot=Rüstungen" (Thomas: Grundlagen, S. 320 f.).

13 KTB Halder, Bd. I, S. 357 (15. 6. 1940); Mueller=Hillebrand, Bd. II, S. 62 f.

14 Dieses Programm hatte den Bau von 29 U=Booten monatlich bis 31. 12. 1940 vorgesehen. Die Zahl war im März 1940 auf 25 herabgesetzt worden. Tatsächlich verließen jedoch nur 2 Boote monatlich die Werften (vgl. oben S. 48); in der zweiten Jahreshälfte 1940 dann 6.

15 Aktennotiz des Generals Thomas über die Entwicklung der Rüstungslage im Sommer 1940, in: KTB OKW, Bd. I, S. 468 f.; KTB des WiRüAmtes, Notiz vom 29. 6. 1940: Gruppenleiterbesprechung: „Die Rohstoffmenge bleibe wie bisher bei ca. 880 000 to mit starker Drosselung bei Heer zugunsten von Luft(waffe) und Marine und Vermehrung bei schnellen Truppen ... Ab sofort seien in allen Fragen Luft(waffe), Marine und schnelle Truppen bevorzugt zu berücksichtigen." — Zu diesem Zeitpunkt gab es 10 Panzer= und 5 motorisierte Divisionen.

16 Es wurde dementsprechend auch später — im Gegensatz zum Westfeldzug 1940 — mit einem völligen Ausfall des russischen Eisenbahnsystems für die

Umgliederungs= und Umrüstungsprogramms daran zu erinnern, daß von Hitler wie vom Generalstab des Heeres die Sowjetunion damals überhaupt nicht als ernst zu nehmender potentieller militärischer Gegner zu Lande betrachtet wurde[17]. Lediglich die Luftbedrohung aus dem Osten in Form von möglichen Überraschungsangriffen der sowjetischen Luftstreitkräfte auf die relativ nahe gelegenen Industriezentren Oberschlesiens sowie auf Berlin wurde für gefährlich angesehen[18]. Das Schwerpunktprogramm der verstärkten Luftrüstung darf daher nicht nur im Hinblick auf eine Fortsetzung des Krieges im Westen, sondern muß auch im Zusammenhang mit dem Problem der von Hitler in jedem Fall für früher oder später angestrebten militärischen Ost=Lösung gesehen werden.

Am 5./6. 7. wies der Reichsminister für Bewaffnung und Munition Todt seine engsten Mitarbeiter darauf hin, daß es das „Ziel des Führers sei, die Armee soweit auszubauen, daß sie der Summe aller Feindarmeen gewachsen sei[19]". Das konnte in diesem Augenblick nur heißen, daß das deutsche Heer sowohl der britischen als auch der sowjetischen Armee überlegen sein sollte. Eine Weisung Hitlers vom 9. 7. wiederholte daher zwar den Hinweis auf die drei Schwerpunktprogramme von Ende Juni, verstärkte aber das Gewicht des Heeresprogramms durch die Forderung, „daß im Laufe von drei Jahren die Ausrüstung für (das) 120=Divisionen=Heer plus Ersatzheer plus Reserve für Neuaufstellungen (bis zur Höhe einer Gesamtstärke von 160 Divisionen), dazu eine zwölfmonatliche Munitionsreserve und dazu eine Kriegsfertigungskapazität, die sich auf die Erfahrungen des Westkrieges gründen sollte", bereitzustellen sei[20]. Die Zahl der von Hitler zur Auflösung vorgesehenen Infanterie=Divisionen wurde auf Antrag des OKH am 13. 7. von 35 auf 17 herabgesetzt[21]. Die übrigen 18 Divisionen blieben als Stämme erhalten, während etwa 60%

Zeit der Operationen während des Ostfeldzuges gerechnet (vgl. hierfür vor allem KTB Halder, Bd. II, S. 258: 28. 1. 1941, Besprechung Halders mit Fromm über die Vorbereitungen des Ostfeldzuges).

17 Vgl. oben S. 213 ff.

18 Vgl. oben S. 218.

19 KTB des WiRüAmtes, 6. 7. 1940. — Hitler hatte schon immer den Standpunkt vertreten, daß das deutsche Heer jederzeit stärker als die beiden nächststärksten Landheere auf dem europäischen Kontinent sein sollte (vgl. F. Dickmann: Hitlers außenpolitische Zielsetzungen, S. 926 f.). Dieser Grundgedanke wurde nun von Hitler einfach auf die neue Situation in Europa übertragen.

20 Aktennotiz des Generals Thomas über die Entwicklung der Rüstungslage im Sommer 1940, in: KTB OKW, Bd. I, S. 968 f. — Hinsichtlich der Marinerüstung hieß es, daß „sowohl das U=Boot=Programm wie die Fertigstellung der großen Kriegsschiffe fortgesetzt" werden solle. Letzteres deutete auf den Aufbau einer starken deutschen Seemacht nach einem „Ausgleich" mit Großbritannien hin (vgl. dazu oben S. 147 f.).

21 KTB Halder, Bd. II, S. 20 (13. 7. 1940); Einzelheiten bei Mueller=Hillebrand, Bd. II, S. 63 f. — Zu Einzelheiten der Weisung des WiRüAmtes vom 14. 7. 1940 („Richtlinien für die Umsteuerung der Rüstung") vgl. Milward, S. 8; dort Übersicht über Soll= und Ist=Stärke der deutschen Flugzeugproduktion im Juni 1940 (225 Ju 88 statt 345, 180 Me 109 statt 300).

der Mannschaften ab Oktober 1940 für den folgenden Winter in die Rüstungsindustrie und Landwirtschaft beurlaubt werden sollten[22].

Unmittelbar nach der Besprechung Hitlers mit den Oberbefehlshabern von Marine und Heer am 31. 7., in der Hitler durch die Einbeziehung des Faktors Amerika in seinen politischen und strategischen Kalkül und die erstmals deutlich ausgesprochene Möglichkeit oder Wahrscheinlichkeit eines –, wenn auch nur als vorübergehend angesehenen – Zweifrontenkrieges für Deutschland zu einer völlig neuen Beurteilung der weltpolitischen und strategischen Situation gelangt war[23], teilte Keitel dem Chef des Wirtschafts- und Rüstungsamtes im OKW, General Thomas, mit, „daß man sich für das Jahr 1941 auf jede möglich werdende politische Situation vorbereiten müsse" und daher das Rüstungsprogramm vom 9. 7. durch ein neues ersetzt würde, das „die Erhöhung des Heeres auf etwa 180 Divisionen vorsehe"; „alle angeordneten Stopp-Maßnahmen, in Sonderheit auf dem Munitionsgebiet, dürften nicht mehr durchgeführt werden, es sei alles auf dem bisherigen Fertigungsstand zu belassen[24]". Am 17. 8. ordnete Keitel dann die Neubearbeitung des Rüstungsprogramms auf der Basis von 180 Divisionen an[25]. Der vom Wehrmachtführungsstab ausgearbeitete Entwurf vom 5. 9. über die Erweiterung des Feldheeres sah für die Zeit nach dem 1. 5. 1941 eine Kriegswehrmacht in der Gesamtstärke von 6,763 Millionen Mann vor, davon 4,9 Millionen Mann des 180-Divisionen-Heeres[26]. Seine volle Ausstattung bis zum 1. 4. 1941 wurde am 16. 9. befohlen[27].

Die Undurchführbarkeit dieses Programms stellte sich indessen schon bald heraus, zumal eine ganze Kette von Einzelbefehlen immer neue Sonderprogramme, etwa für „Seelöwe" (20. 8.), den geplanten Einsatz eines Panzerkorps in Nordafrika (27. 9.) usw., entsprechend den wechselnden militärischen Ziel-

22 Mueller-Hillebrand, Bd. II, S. 63. Die Auflösung der Divisionen fand im Juli und August 1940 statt. Die Beurlaubungen folgten dann tatsächlich im Oktober 1940 nach Absage des Unternehmens „Seelöwe". Insgesamt vollzog sich der vorgesehene Umbau des Heeres im Winter 1940/41.

23 Vgl. oben S. 200 und S. 225 f.

24 Aktennotiz des Generals Thomas über die Entwicklung der Rüstungslage im Sommer 1940, in: KTB OKW, Bd. I, S. 968 f.; ferner Mueller-Hillebrand, Bd. II, S. 63.

25 Der umfassende, sehr detaillierte Befehl hierüber wurde erst am 10. 9. 1940 vom OKW ausgegeben (US-Mikrofilm Nr. 9108/E 640 436–48). In diesem Falle wie bei der historischen Bewertung der meisten „Führer"- und OKW-Weisungen ist zu berücksichtigen, daß sie — oft verspätete — Zusammenfassungen vorausgegangener Einzelbefehle oder mündlicher Aussprachen Hitlers mit den Oberbefehlshabern der Wehrmachtteile darstellten. Daher waren Vorbereitungen oder Vorüberlegungen bei den Wehrmachtteilen oder den sonst betroffenen Dienststellen oft längst im Gange, wenn die „Weisungen" eintrafen.

26 KTB OKW, Bd. I, S. 66. — Das Heer nahm dann 72,5 % der Gesamtstärke der Wehrmacht ein, die Kriegsmarine 4,4 % = 298 000 Mann, die Luftwaffe 22 % = 1,485 Millionen Mann und die Waffen-SS 1,1 % = 80 000 Mann.

27 KTB des WiRüAmtes, 4. 11. 1940. Tatsächlich wurden zwischen dem Westfeldzug 1940 und dem Ostfeldzug 1941 insgesamt 84 Divisionen unter Verwendung der Stämme der aufgelösten 17 Divisionen neu aufgestellt (vgl. die Übersicht bei Mueller-Hillebrand, Bd. II, S. 79).

setzungen Hitlers in den Monaten Juli bis September 1940[28], vorzog und die Rangfolge der Dringlichkeit wiederholt umstieß[29]. Zum Verständnis aller dieser Umrüstungspläne ist allerdings wesentlich, daß an dem Anteil der Rüstung an der Gesamtindustrieproduktion Deutschlands (1940 und 1941 jeweils etwa 16%) nichts geändert wurde. Hitler glaubte also – seiner „Blitzkriegs"-Konzeption entsprechend, die jetzt nur ins Globale ausgeweitet wurde[30] –, auch der neuen von ihm ernster beurteilten weltpolitischen Situation mit einer gegenüber dem Herbst 1939 kaum erweiterten Rüstung gewachsen zu sein[31]. Es blieb, um nur einige wenige Ziffern zu nennen, allem Hin und Her in den Programmänderungen zum Trotz bei dem durchschnittlichen Monatsausstoß von 900 Flugzeugen aller Typen, knapp 200 Panzern[32], 1750 Fahrzeugen und 2, später 6 U-Booten bis Ende 1941, also bis zum Scheitern des im Herbst 1940 entwickelten improvisierten Kriegsplans Hitlers[33]. Der These, „daß der Krieg wirtschaftlich in den Jahren 1940/41 verloren wurde[34]", muß dennoch insofern widersprochen werden, als sie, ausgehend von der unbestreitbaren Tatsache, daß die deutsche Rüstungsproduktion in den Jahren 1940 und 1941 nur unwesentlich gegenüber 1939 anstieg[35], die Deutung zuläßt, als hätte ein bereits 1940 (statt tatsächlich erst 1942/43) beginnendes Ansteigen der deutschen Rüstungsproduktion im Zuge einer – dann später, 1942, von Speer eingeleiteten – „totalen" Mobilisierung der Rüstung einen anderen Ausgang des

28 Vgl. hierzu auch den Überblick über die wechselnden Schwerpunkte bei Fabry, S. 229 ff. und S. 322 ff.; Einzelheiten im KTB des WiRüAmtes und in der Ausarbeitung Thomas: Grundlagen, a. a. O.

29 Insgesamt wurden die Programme der Rüstungsfertigung und der Dringlichkeitsstufen von Mitte Juni 1940 bis Mitte Juli 1941 zehnmal geändert. Die von Milward (S. 37) hervorgehobene große Flexibilität der Hitlerschen Wehrwirtschafts- und Rüstungskonzeption beleuchtet nur *einen* Aspekt der Problematik.

30 Vgl. oben S. 224 ff.

31 Am 4. 7. 1940 hatte Keitel nach Vortrag bei Hitler entschieden, daß die Industrie im besetzten Frankreich „nur indirekt zur Kriegführung herangezogen werden solle, also nicht unmittelbar zur Produktion von Kriegsgerät, sondern lediglich zur Produktion in Deutschland dringend gebrauchter Gegenstände" (ADAP D X, Dok. 106, S. 98).

32 Das OKW hatte das Produktionsziel im Frühjahr 1940 auf 600 Panzer monatlich festgelegt (tatsächliche Produktion im Mai 1940: 45 Panzer), das bis 1943 erreicht werden sollte (diese Steigerung bis 1943 deutet erneut auf die Kriegskonzeption Hitlers hin, die etwa für diesen Zeitraum — 1943 — den Eroberungszug nach Osten vorsah). — Im Januar 1941 forderte das Heereswaffenamt im OKH die Erhöhung der Produktion auf 1 250 Panzer pro Monat; jedoch entschied der Chef OKW, daß es bei dem bisherigen immer noch bei weitem nicht erreichten Monatsziel von 600 Panzern bleiben solle (Mueller-Hillebrand, Bd. II, S. 105).

33 Einzelheiten zu den Produktionszahlen in: Die deutsche Industrie im Kriege, S. 29, und Tabellen, S. 182.

34 H. Kehrl: Kriegswirtschaft und Rüstungsindustrie, in: Bilanz des Zweiten Weltkrieges. Oldenburg (Olbg) - Hamburg 1953, S. 276.

35 Vgl. die Übersicht in: Die deutsche Industrie im Kriege, S. 178. Bei einer Steigerung der Panzer- und Pulverproduktion ging gleichzeitig die Erzeugung von Waffen, Munition und Schiffen allgemein bis etwa Mitte 1942 zurück (vgl. die Tabellen, ebda., S. 32 f.).

Krieges herbeiführen können. Der trotz allen Anstrengungen unvermeidliche *relative* Abfall der deutschen Rüstungsproduktion gegenüber den Programmen der Gegner, voran der USA, war in jedem Falle vorauszusehen (und war Hitler auch bewußt), sobald die dort vorhandenen großen Möglichkeiten auf wehrwirtschaftlichem Gebiet voll ausgeschöpft wurden[36].

Diese grundsätzliche Einsicht in die Grenzen des deutschen Potentials läßt sich jedoch durchaus mit der Feststellung vereinbaren, daß die Rüstungsmaßnahmen, die in der zweiten Jahreshälfte 1940 auf Befehl Hitlers getroffen wurden, — objektiv gesehen — in einem völligen Mißverhältnis zu der von ihm im Jahre 1941 angestrebten Kriegsausweitung zunächst nach Osten, sodann zum Aufbau einer starken Position nach Westen (in Vorderasien und in Nordwestafrika) gegenüber Großbritannien und den USA[37] standen. Die problematische Kooperation der verschiedenen Wirtschaftsorgane des „Dritten Reiches"[38], denen eine „rüstungswirtschaftliche Spitze" fehlte, die für die gesamte deutsche Rüstung verantwortlich gewesen wäre, trug zu dem organisatorischen Durcheinander und der Stagnation der Produktion ohne Zweifel erheblich bei[39]. Allerdings muß bei einer historischen Beurteilung der deutschen wehrwirtschaftlichen und rüstungsmäßigen Planungen in der zweiten Jahreshälfte von 1940 Hitlers „Blitzkriegs"-Konzeption der nacheinander zu führenden „Feldzüge", die auch für die 1941 geplanten großräumigen Operationen ihre Gültigkeit behielt, berücksichtigt werden. Hinter dieser Konzeption stand bei Hitler die Einsicht, daß ein neuer „Weltkrieg" mit dem Materialkriegscharakter der Jahre 1914/18 von Deutschland unbedingt vermieden werden mußte, weil ein solcher nicht zu gewinnen war. Sein ganzer Kriegsplan vom Herbst 1940 war hierauf aufgebaut. Er ging dabei, von seiner Warte aus gesehen „gezwungenermaßen", das — ungeheuer große — Risiko ein, im Falle eines Mißlingens des entscheidenden „Blitzfeldzuges" (Unternehmen „Barbarossa") unweigerlich in die Zange des Zwei- oder gar Mehrfrontenkrieges zu geraten, dem Deutschland nicht gewachsen war[40].

Am 6. 11. 1940, also am Tage nach der Wiederwahl Roosevelts, zwei Tage nachdem Hitler in der großen Besprechung vom 4. 11. zum ersten Male wieder seit dem 31. 7. gegenüber den Spitzen von OKW und OKH die Möglichkeit einer militärischen Ost-Lösung im Jahre 1941 angedeutet hatte[41], wies Göring

36 Vgl. die Zusammenstellung der Rüstungsproduktion der Großmächte 1940 und 1941 (in: Die deutsche Industrie im Kriege, S. 87), die die Relation bereits klar erkennen läßt, von der späteren Entwicklung in den Jahren 1942—1945 ganz zu schweigen.

37 Vgl. die Darstellung unten S. 377 ff.

38 Vor allem: „Vierjahresplan" (Göring), Reichsministerium für Bewaffnung und Munition (Todt), Reichswirtschaftsministerium (Funk), OKW (Keitel) und WiRüAmt im OKW (Thomas).

39 Hierzu vor allem Bogatsch, S. 176 f.

40 Vgl. hierzu unsere Schlußbetrachtung S. 565 ff.

41 Vgl. unten S. 352 ff.

den Chef des Wirtschafts- und Rüstungsamtes im OKW, General Thomas, erstmals in deutlicher Form (aber ohne Entwicklung eigener Vorstellungen, in welcher Weise dies geschehen solle) darauf hin, „daß die Rüstungswirtschaft sich auf einen langen Krieg einzustellen habe und eine entsprechende Rohstoffplanung vorzubereiten sei[42]". Wie zwiespältig immer noch die Beurteilung der künftigen militärischen Aufgaben und ihrer Auswirkung auf die Rüstung durch die Spitzenvertreter des OKW, selbst Anfang Dezember 1940 — nach dem ergebnislosen Besuch Molotows in Berlin, nach den Katastrophen Italiens im Mittelmeer und auf dem Balkan, in einer Zeit, in der sowohl eine Balkan-Operation als auch die Eroberung Gibraltars vorbereitet wurden, infolge der teils bewußt angewandten, teils in seiner psychischen Eigenart liegenden Taktik einer vielschichtigen Geheimhaltung Hitlers auch seinen engsten militärischen „Beratern" gegenüber[43] —, war, zeigt die Stellungnahme des Chefs des Wehrmachtführungsstabes, General Jodl, zur Vortragsnotiz des Chefs des Wirtschafts- und Rüstungsamtes im OKW, General Thomas, vom 30. 11. über die Schwierigkeiten in der Rüstung und die praktische Undurchführbarkeit des durch den vielfachen Wechsel in den Schwerpunkten völlig unklar gewordenen Gesamtrüstungsprogramms für 1941[44]. „Wenn das Rüstungsprogramm der Wehrmacht" — so führte Jodl am 3. 12. aus, zwei Tage bevor sich Hitler durch v. Brauchitsch und Halder über die Grundzüge des Operationsplanes für den Ostfeldzug vortragen ließ[45], — „wegen Mangels an Arbeitskräften[46] verändert werden und die Eingliederung in die einzelnen Dringlichkeitsstufen, insbesondere in die Sonderstufe, verändert werden muß, so erfordert die augenblickliche Kriegslage folgendes Verfahren:

1. Obenan steht alles, was für die Belagerung Englands, die nicht nachlassen darf, benötigt ist . . .
2. Alles, was nötig ist, um die Luftverteidigung der Heimat zu verstärken . . .[47]
3. Erst an dritter Stelle kommen schwere Seestreitkräfte, Aufklärer pp. und schließlich alle Forderungen des Heeres.

Denn: die Fortsetzung und Steigerung der Belagerung Englands führt früher oder später dessen Zusammenbruch herbei . . .

42 Mueller-Hillebrand, Bd. II, S. 91.
43 Am eingehendsten zu diesem Problem P. E. Schramm in seiner Einführung zu H. Picker: Hitlers Tischgespräche, S. 116 ff.
44 KTB OKW, Bd. I, S. 981.
45 Vgl. die Darstellung unten S. 362 ff.
46 Von Mitte 1940 bis Mitte 1941 verminderte sich die Zahl der deutschen Zivilarbeitskräfte um fast 1,5 Millionen, die zum größten Teil zur Wehrmacht einberufen wurden. Am 31. 5. 1940 waren 1,2 Millionen Ausländer (vor allem Polen), am 31. 5. 1941 (also noch vor der im Frühjahr 1942 eingeleiteten berüchtigten Aktion Sauckels) bereits 3,033 Millionen Ausländer in Deutschland beschäftigt (Die deutsche Industrie im Kriege, S. 139, Tabelle A, 1). Vgl. hierzu auch Milward, S. 41.
47 Nicht nur gegen britische Luftangriffe, sondern auch gegen mögliche Luftangriffe der Sowjetunion.

Die demnächst beabsichtigten Heeresoperationen[48] können mit den vorhandenen Kräften und (der vorhandenen[49]) Munitionsausstattung ohne weiteres geführt werden.
Die Großrüstung des Heeres dient einem Großfeldzug, der, wenn die Rüstungslage eben dazu zwingt, auf später verschoben werden kann und auf später verschoben werden muß; denn er ist keine gebieterische Notwendigkeit für den Sieg gegen England.
Muß dieser Großfeldzug doch bald geführt werden, so kann man das z. B. ebenso mit 12 Panzerdivisionen führen wie mit 24 Panzerbrigaden; denn mehr kommt bis zum Frühjahr doch noch nicht heraus ...
Das heißt, wenn es rüstungsmäßig nicht zu leisten ist, muß das Heeresprogramm revidiert werden. Luft- und Marineprogramm *müssen* dagegen gehalten werden[50]."

Selbst wenn man berücksichtigt, daß Jodl (im Gegensatz zu Hitler) stets Großbritannien als den Hauptgegner ansah und daher die letzten ideologischen und politischen Triebkräfte bei den Entscheidungen Hitlers nicht zutreffend erfaßte, und wenn man daran erinnert, daß die Operationsvorbereitungen für den Ostfeldzug beim Generalstab des Heeres, nicht bei Jodls Wehrmachtführungsstab lagen, die Trennung zwischen OKW- und OKH-Schauplätzen somit, wie erwähnt, bereits begonnen hatte[51], fällt auf, wie unbestimmt sich der erste operative „Berater" Hitlers für den Gesamtkrieg noch zu diesem späten Zeitpunkt über die Durchführung des Ostfeldzuges im Frühjahr 1941 äußerte[52]. Hitlers Kriegsplan muß Jodl bis zu diesem Zeitpunkt jedenfalls verborgen geblieben sein. Die große Besprechung Hitlers mit den Spitzen von OKW und OKH am 5. 12.[53] und die Beurteilung der weltpolitischen Situation durch Hitler am 17. 12. konnten dann aber eigentlich bei Jodl keinen Zweifel mehr daran lassen, daß der Ostfeldzug 1941 nach dem Willen Hitlers tatsächlich durchgeführt würde[54]. In seiner Darlegung der „möglichen zeitlichen Entwicklung im großen" betonte Hitler an diesem Tage, „daß wir 1941 alle kontinental-europäischen Probleme lösen müßten, da ab 1942 die USA in der Lage wären einzugreifen[55]".
In dieser Zeit (November/Dezember 1940) begannen auch beim Wirtschafts- und Rüstungsamt im OKW die Vorarbeiten für den Ostfeldzug[55a]. Der Befehls-

48 Damit waren offensichtlich die Unternehmen „Felix" (Eroberung Gibraltars) und „Marita" (Entlastungsvorstoß nach Griechenland) gemeint.
49 Fehlt im Manuskript.
50 KTB OKW, Bd. I, S. 981.
51 Vgl. oben S. 222 mit Anm. 66.
52 Über die auch noch im Dezember 1940 fortdauernden Unklarheiten, selbst bei v. Brauchitsch, vgl. unten S. 368 f.
53 Vgl. unten S. 361 ff.
54 Über Hitlers psychisch bedingtes Schwanken vgl. unten S. 368 f.
55 KTB OKW, Bd. I, S. 996. Die Einordnung dieser Äußerung in den Zusammenhang der Gedankenbildung Hitlers unten S. 363.
55a Eine von Milward, S. 41, erwähnte Führer-Weisung vom 28. 9. 1940, die die rüstungswirtschaftlichen Vorbereitungen für einen „Blitzkrieg" gegen die Sowjet-

haber des Ersatzheeres, Generaloberst Fromm, faßte gegenüber dem Chef des Generalstabes des Heeres am 23. 12. die wehrwirtschaftliche Situation Deutschlands im Blick auf den Ostfeldzug auf einigen wesentlichen Gebieten wie folgt zusammen[56]: „Stahl ist erheblich weniger für Heer ausgeworfen. Bisherige Fertigungszahlen können bis Anfang oder Mitte März durchgehalten werden, dann Absinken. Nichteisenmetalle: Erfassung im besetzten Gebiet reicht bis etwa Ende 1941. Gummilage: schwierig . . . , Ernährungssektor: für 1941 leidlich gesichert, darüberhinaus nicht. Wir mogeln uns durch 1941 durch." Dementsprechend hieß es später einleitend zu den Richtlinien des Stabes „Oldenburg" (des späteren „Wirtschaftsstabes Ost"): „Der Krieg ist nur weiterzuführen, wenn die gesamte Wehrmacht im dritten Kriegsjahr (d. h. von September 1941 an) aus Rußland ernährt wird[57]."

Vom Gesichtswinkel der deutschen Wehrwirtschaft und Rüstung sowie der Ernährung des deutsch-beherrschten Europa, das im Westen durch die britische Blockade von den Zufuhren aus Übersee abgeschnitten war, lautete die entscheidende Frage, ob die Eroberung großer Teile des europäischen Rußland im Zuge eines erfolgreichen Ostfeldzuges, zumal bei der möglichen oder gar wahrscheinlichen Zerstörung oder Lähmung der wichtigsten Industriegebiete sowie der Öl- und Erzförderungsstätten vor dem Rückzug der Roten Armee, und die (zumindest recht zweifelhafte) schnelle Ausschöpfung der landwirtschaftlichen Quellen des Landes, vor allem in so kurzer Zeit, den Ausfall der bisherigen Lieferungen aus der Sowjetunion selbst und über das sowjetische Territorium aus Ostasien aufwiegen würden.

Am 8. 2. 1941 trug General Thomas Keitel und Jodl die „Lage auf dem Treibstoff- und Gummi-Gebiet" vor „für den Fall, daß es zu den geplanten Ostoperationen kommt[58]". Unter anderem legte er dar, daß der Kraftwagen-Treibstoff nur für den Aufmarsch und höchstens zwei Kampfmonate gesichert sei. Die Deckung könne „dann nur noch aus eigener Produktion und Einfuhr (Rumänien, eventuell Baku)" gewonnen werden. Eine gleiche Situation bestünde „auf dem Dieselkraftstoff-Gebiet", wo die Vorräte „nach Mitte August aufgebraucht" seien, während Flugtreibstoff und Heizöl wenigstens bis zum Herbst 1941 reichen würden[59]. Die Frage der Bereifung der motorisierten Ver-

union befahl, kann sich nicht weiter ausgewirkt haben, da für den Zeitraum Ende September bis November/Dezember 1940 keine Einzelmaßnahmen über den am 2. 8. 1940 festgelegten Rahmen hinaus festzustellen sind.

56 KTB Halder, Bd. II, S. 240 (13. 12. 1940).

57 IMT, Bd. XXXI, Dok. PS-2718, S. 84: Aktennotiz des Stabes „Oldenburg", 2. 5. 1941. — Demgegenüber Halders skeptische Feststellung zu v. Brauchitsch am 28. 1. 1941: „Barbarossa: Sinn nicht klar. Den Engländer treffen wir nicht. Unsere Wirtschaftsbasis wird nicht wesentlich besser" (KTB Halder, Bd. II, S. 261).

58 Nürnberg-Dok. PS-1456: Aktennotiz des Generals Thomas vom 8. 2. 1941. Vgl. hierzu vor allem auch Birkenfeld, S. 154.

59 Vgl. dazu auch KTB Halder, Bd. II, S. 256 (Besprechung Halders mit Fromm und Thomas am 28. 1. 1941). Über die Gründe, warum es dann doch nicht im Herbst 1941 zur Treibstoffkrise kam, eingehend Birkenfeld, S. 155 f.

bände bezeichnete Thomas als „sehr ernst[60]". Ende Februar 1941 würden die Naturkautschuk-Vorräte aufgebraucht sein; dann bestünde nur noch Hoffnung auf Lieferungen aus Indochina, denen sich Japan aber widersetze[61], und auf Blockadebrecher aus Südamerika. Keitel gab zu verstehen, „daß sich der Führer in seinen Plänen von solchen wirtschaftlichen Schwierigkeiten nicht beeinflussen lassen würde". Die gleiche Antwort erhielt Thomas, als er am 12. 2. Göring über die Kautschuk-Lage vortrug[62].

Diese Äußerungen Keitels und Görings über Hitlers Haltung dürfen nicht so verstanden werden, als habe sich Hitler bei seinen strategischen Erwägungen und Planungen keine Gedanken über die daraus erwachsende wirtschaftliche Problematik gemacht. Vielmehr hatte für ihn die angestrebte militärische Ost-Lösung gerade eine außerordentlich hohe wehrwirtschaftliche Bedeutung. Seine Grundgedanken hierzu faßte er zwei Tage vor Beginn des Angriffs auf die Sowjetunion, am 20. 6., gegenüber dem Reichsminister für Bewaffnung und Munition Todt in der Formel zusammen[63]: Da „Autarkie" (in dem von der Propaganda geprägten üblichen — auf „Großdeutschland" und seine bisher gewonnenen Gebiete bezogenen — Sinne) nicht möglich sei, müsse man „einen anderen Weg gehen und ... das, was man benötigt und nicht hat, erobern ... Das Ziel (müsse) also sein, alle Gebiete, die für uns wehrwirtschaftlich von bsonderem Interesse sind, zu erobern". Der blockadefeste deutsch-beherrschte, ganz Kontinentaleuropa einschließlich des europäischen Rußland umfassende „Großraum" war also das wehrwirtschaftliche Ziel des Ostkrieges.

Wie sah das Wirtschafts- und Rüstungsamt im OKW, das von Göring „im November" 1940 den Auftrag erhalten hatte, Vorüberlegungen anzustellen, die Möglichkeiten, dieses Ziel zu erreichen? In einer Zusammenstellung für Göring gab Thomas als Ergebnis der Vorarbeiten seines Stabes[64] folgende Übersicht[65]:

„Eine Operation, die zur Besetzung des europäischen Teils der UdSSR (ohne Uralgebiet) führt, bringt folgende Ergebnisse:

I. Für die ersten Monate wird sowohl auf dem Ernährungssektor wie auf dem

60 KTB Halder, Bd. II, S. 256; zum Gesamtproblem vgl. W. Treue: Gummi in Deutschland. München 1955.

61 Zur japanischen „Autarkie"-Politik in „Großostasien", die sich auch gegen den deutschen Bundesgenossen richtete, vgl. unten S. 418 mit Anm. 45.

62 Nürnberg-Dok. PS-1456: Aktennotiz des Generals Thomas vom 8. 2. 1941; „Der Reichsmarschall hatte Erörterungen darüber abgelehnt mit der Bemerkung, daß sich der Führer in seinen politischen Entschlüssen durch wirtschaftliche Fragen nicht beeinflussen läßt."

63 Nürnberg-Dok. PS-2353: Thomas: Grundlagen, S. 441 f. Vgl. hierzu auch S. 256, Anm. 2.

64 Im einzelnen niedergelegt in der Aufz. „Die wehrwirtschaftlichen Auswirkungen der Operation im Osten" vom 13. 2. 1941 (in: Akte „Wehrwirtschafts- und Rüstungsamt im OKW", Militärgeschichtliches Forschungsamt Freiburg i. Br., Signatur L III 289/1).

65 Thomas: Grundlagen, gedruckt in: IMT, Bd. XXX, S. 276. Vgl. hierzu auch Fabry, S. 389 ff.

Rohstoffgebiet für Deutschland eine Entlastung eintreten, wenn es gelingt, durch schnelles Zufassen
a) die Zerstörung der Vorräte zu verhindern,
b) das Erdölgebiet des Kaukasus unzerstört in unsere Hand zu bekommen,
c) die Transportfrage zu lösen.
II. Für eine längere Kriegsdauer ist eine wirksame Entlastung von folgenden Voraussetzungen abhängig:
a) auf allen Gebieten:
1. von der Lösung der Transportfrage,
2. von dem Verbleib der Bevölkerung und ihrer Gewinnung zur Mitarbeit,
b) auf dem Gebiet der Landwirtschaft
1. von der Verhinderung der Zerstörung der MTS und der Möglichkeit ihres Ersatzes ihres Traktoren- und Maschinenparks durch Wiederaufnahme der Fertigung in der UdSSR,
2. von der Versorgungsmöglichkeit mit Treibstoffen;
c) auf industriellem Gebiet:
1. von der unzerstörten Inbesitznahme oder raschen Wiederherstellung der Kraftwerke,
2. von der Sicherstellung der Belieferung der Industrie mit den im europäischen Teil der UdSSR nicht vorhandenen Rohstoffen.
III. Ungelöst bleibt bis zur Gewinnung einer Verbindung mit dem Fernen Osten die Versorgung Deutschlands mit Kautschuk, Wolfram, Kupfer, Platin, Zinn, Asbest und Manilahanf.
IV. Die Gebiete südlich der Wolga- und Donmündung einschließlich des Kaukasus müssen in die Operation mit einbezogen werden[66]. Das kaukasische Treibstoffgebiet ist für die Ausnutzung der besetzten Gebiete unentbehrlich."
In dieser Zusammenstellung steckte in nuce ein volles politisches Programm, das angesichts der diametral entgegenstehenden, rassenideologisch bestimmten Rußlandvorstellungen Hitlers[67] ebensowenig wie die darin — durch die jeweils angeführten Einschränkungen und Bedingungen für das angekündigte Eintreten des Erfolges indirekt — ausgesprochene Warnung vor der militärischen Ost-Lösung überhaupt Beachtung fand. Im übrigen war die Aufstellung noch recht optimistisch gefaßt, wenn darin angenommen wurde, daß ein gelungenes Unternehmen „Barbarossa" (im „Blitzkriegs"-Stil) zur Inbesitznahme von rund 75% der gesamten sowjetischen Rüstungsindustrie und fast 100% der feinmechanischen optischen Industrie führen würde, so daß für das Ural-Gebiet

66 Obwohl Hitler selbst in seinen Darlegungen am 31. 7. 1940 (vgl. oben S. 253) bereits eine Operation in Richtung Kaukasus angedeutet hatte, billigte er am 5. 12. 1940 den Operationsplan des Generalstabes des Heeres, der eine solche nicht vorsah. Auch die „Weisung Nr. 21" (Fall Barbarossa) vom 18. 12. 1940 erwähnte eine Kaukasus-Operation nicht. Zur weiteren Kaukasus-Planung vgl. unten S. 542 f.
67 Vgl. unten S. 516 ff.

und den asiatischen Teil der UdSSR nur 25% der Rüstungsindustrie verblieben, die dann allein nicht mehr lebensfähig seien[68]. Obwohl die Zahlenangaben zutreffend waren, wenn man Stalins Äußerungen am 31. 7. 1941 gegenüber dem Abgesandten Roosevelts Hopkins, daß 75% der sowjetischen Industrie in den Zentren von Leningrad, Moskau und Kiew (d. h. wohl in der Ukraine) lägen[69], als Bestätigung gelten läßt, so mußte auf deutscher Seite doch zumindest mit der Möglichkeit, wenn nicht der Wahrscheinlichkeit der Verlagerung eines Teiles der westrussischen Industrie nach Osten gerechnet werden.
Görings — für die Erwartungen der obersten deutschen Führung bezeichnende — Antwort auf die Darlegung des Chefs des Wirtschafts- und Rüstungsamtes im OKW lautete in den entscheidenden Abschnitten (nach der zusammenfassenden Aufzeichnung des Generals Thomas[70]): Er war „mit mir der Auffassung, daß eine Besetzung der Ukraine allein keinen Wert habe, sondern daß das Erdölgebiet von Baku unter allen Umständen mit gewonnen werden muß. Er war ebenso wie der Führer der Auffassung, daß bei dem Einmarsch deutscher Truppen in Rußland der ganze bolschewistische Staat zusammenbrechen würde und daß dadurch mit den von mir befürchteten Zerstörungen und Vernichtungen der Vorräte und Eisenbahnen im großen Umfange nicht zu rechnen sei. Es käme darauf an, zunächst schnell die bolschewistischen Führer zu erledigen.
„Eine besondere Sorge ist für den Reichsmarschall die Unterbrechung der Verbindung mit dem Fernen Osten ... Er sagte mir, daß man mit den Japanern Verabredungen treffen müsse, um die Sibirische Bahn möglichst schnell wieder in Gang zu bringen.
„Der Reichsmarschall äußerte sich dann über die Gefahren der ganzen Operation, die nach seiner Auffassung nur in dem Versagen der notwendigen Nachschuborganisationen liegen können ...
„Ich wies weiter hin auf die Schwierigkeiten unserer Menschenlage, die durch die Ost-Operationen, bei den großen Fronten und bei den großen Räumen, die zu bewältigen sind, noch schwieriger werden würde. Der Reichsmarschall gab dies zu ...
„Auf meine Einwendung, daß wir die Operation — außer dem Aufmarsch — nur zwei Monate lang mit Treibstoff voll versorgen können, erwiderte der Reichsmarschall, daß er sich in der nächsten Woche mit Antonescu in Wien treffen werde, um die rumänische Basis noch schneller ausbauen zu lassen[71]. Wegen der Gummi-Lage, die ich ihm als besonders ernst darstellte, befahl er,

68 Vgl. auch die etwa hiermit übereinstimmenden Prozentangaben, die in der Unterredung Halder-Heusinger am 17. 12. 1940 genannt wurden (KTB Halder, Bd. II, S. 236).
69 Foreign Relations, vol. I/1941, S. 805 ff. (Aufz. über die Unterredung Stalin-Hopkins, 31. 7. 1941); Sherwood, S. 265.
70 Nürnberg-Dok. PS-1456, S. 25.
71 Vgl. hierzu ADAP D XII, Dok. 126: Aufz. über die Unterredung Göring-Antonescu in Wien, 5. 3. 1941, S. 221 ff.

daß General von Schell schnellstens Ersatzkonstruktionen für Lastwagenbereifung in Auftrag geben solle. Es sei unmöglich, unsere letzten Kautschukvorräte auf den schlechten russischen Straßen zu veraasen ..."
Die Zusammenstellung des Generals Thomas war für Göring der Anlaß, die Anfertigung einer Standortskizze über die — zum größten Teil nur vermutete — Lage der Industriewerke im Ural zu befehlen, die von der deutschen Luftwaffe nach Erreichen der Astrachan-Archangelsk-Linie entsprechend der „Barbarossa"-Planung zerstört werden sollten[72]. Die Frage nach den Möglichkeiten der Ernährung der deutschen Wehrmacht aus den eroberten russischen Gebieten beantwortete der von Göring eingesetzte Stab „Oldenburg" in seinen „Richtlinien vom 2. 5. 1941 mit brutaler Kürze: daß „zweifellos ...zig Millionen Menschen verhungern (werden), wenn von uns das für uns Notwendige aus dem Lande herausgeholt wird[73]". Die Konsequenzen dieser rassenideologisch bestimmten Konzeption des Ostkrieges, vor der solche „Feststellungen" zu sehen sind, werden von uns später dargelegt[74].
An dieser Stelle sind jedoch noch einige Ergänzungen über die Entwicklung der Wehrwirtschafts- und Rüstungspläne Hitlers bis in die Wochen nach Beginn des Ostfeldzuges anzuschließen, um Hitlers große Zielvorstellungen deutlich werden zu lassen. Nachdem er am 28. 2. 1941 im Hinblick auf den bevorstehenden Feldzug eine Weisung erlassen hatte, daß die Fertigung von Panzern und die Produktion von Fliegerabwehr- und Panzerabwehrkanonen allgemeinen Vorrang in der Rüstung erhalten sollten[75], ordnete er am 14. 7. 1941, drei Wochen nach Beginn der Offensive, unter dem Eindruck der ersten Siege und — wie auch der Generalstab des Heeres[76] — in der Auffassung, daß der Feldzug schon gewonnen sei, in einem „grundlegenden Befehl" an, daß anstelle der Heeresrüstung nunmehr der Ausbau von Kriegmarine und Luftwaffe gegen die angelsächsischen Mächte vorrangig sei[77]. Jedoch blieb die Vermehrung der Panzer- und motorisierten Divisionen — im Blick auf die Sicherung des deutschbeherrschten „Großraums" nach außen — weiterhin ein vordringliches Ziel. Daher sollten gemäß der Zielsetzung des „Panzerprogramms im Rahmen der Umrüstung des Heeres" vom 13. 7. 1941 die Zahl der deutschen Panzerdivisio-

72 KTB OKW, Bd. I, S. 346 (6. 3. 1941).
73 IMT, Bd. XXXI, Dok. PS-2718, S. 84. — Vgl. auch die „Richtlinien" des „Wirtschaftsstabes Ost" (= Stab „Oldenburg") für die russische Landwirtschaft vom 23. 5. 1941 (Nürnberg-Dok. EC-126), die stärker den Gesichtspunkt der „Blockadefestigkeit" betonen: „Viele zehn Millionen von Menschen werden in diesem Gebiet überflüssig und werden sterben oder nach Sibirien auswandern müssen. Versuche, die Bevölkerung dort vor dem Hungertode zu retten, können nur auf Kosten der Versorgung Europas gehen. Sie unterbinden die Durchhaltemöglichkeit Deutschlands im Kriege, sie unterbinden die Blockadefestigkeit Deutschlands und Europas."
74 Vgl. unten S. 516 ff.
75 Uhlig, S. 179.
76 KTB Halder, Bd. III, S. 38 (3. 7. 1941).
77 Hubatsch: Hitlers Weisungen, S. 136 ff.; KTB Halder, Bd. III, S. 81. Vgl. hierzu auch unten S. 541.

nen bis zum 1. 5. 1942 auf 36, die der motorisierten Divisionen auf 18 (jeweils einschließlich der Verbände der Waffen-SS) erhöht werden[78], während von den insgesamt 163 Infanterie-Divisionen des deutschen Heeres 49 für die Auflösung vorgesehen wurden.

„Auf Grund der in der Weisung Nr. 32 angekündigten Absichten für die künftige Kriegführung", d. h. die weit ausgreifenden Operationen im Vorderen Orient und nach Nordwestafrika[79], — so führte Hitler in seinem Befehl vom 14. 7. aus[79a] — „gebe ich für die personelle und materielle Rüstung folgende Richtlinien: ... Die militärische Beherrschung des europäischen Raumes nach der Niederwerfung Rußlands erlaubt es, den Umfang des Heeres demnächst wesentlich zu verringern. Im Rahmen der herabgesetzten Heeresstärke wird die Panzerwaffe eine starke Vermehrung erfahren. Die Rüstung der Kriegsmarine ist auf diejenigen Maßnahmen zu begrenzen, die unmittelbar der Kriegführung gegen England und eintretendenfalls gegen Amerika dienen[80]. Der Schwerpunkt der Rüstung geht auf die Luftwaffe über, die in großem Umfang zu verstärken ist ... Die Ergänzung der Rüstung und Ausstattung (des Heeres) sowie die Neufertigung von Waffen, Munition und Gerät ist, sofort beginnend, den künftig herabgesetzten Stärken anzupassen. Soweit eine Bevorratung von mehr als sechs Monaten besteht, sind die darüber hinausgehenden Aufträge zurückzuziehen. Laufende Fertigungen sind nur dann noch abzuschließen, wenn eine sofortige Umstellung unwirtschaftlich sein würde ... Die Stärkung der Gesamtrüstung liegt in der Durchführung des von mir genehmigten erweiterten Luftrüstungs-Programms. Seine Verwirklichung bis zum Frühjahr 1942 ist von entscheidender Bedeutung für die Gesamtkriegführung."

Bei dem großen Luft-Rüstungs-Programm, das auf die Konzeption Hitlers hindeutet, den riesigen deutsch-beherrschten Raum in Europa, Vorderasien und Nordwestafrika vor Invasionsversuchen der angelsächsischen Seemächte — abgesehen von der U-Bootwaffe — in erster Linie durch eine gewaltige Luftarmada zu schützen, die zugleich auch zu weitreichenden Angriffsschlägen im Sinne des strategischen Luftkrieges (etwa von den Azoren aus gegen die amerikanische Ostküste[81]) in der Lage sein sollte, handelte es sich um das sog. „Göring-Programm", das Generalfeldmarschall Milch am 26. 6. 1941 in einer Besprechung mit General Thomas erläutert hatte[82]: Die „heutige Stärke der Luftwaffe genügt in keiner Weise, um den Sieg zu erringen[83]. Der

78 Warlimont, S. 195 f. — Am 8. 8. 1941 wurden — nach Überprüfung der wehr- und rüstungswirtschaftlichen Möglichkeiten — die Zahlen auf 30 Panzer- und 15 mot. Divisionen herabgesetzt.

79 Vgl. dazu unten S. 377 ff.

79a Bereits zwei Tage vor Feldzugsbeginn, am 20. 6., hatte Hitler die Senkung der Waffenproduktion für das Heer angekündigt (Milward, S. 43).

80 Vgl. unten S. 272.

81 Vgl. unten S. 379 f.

82 KTB OKW, Bd. I, S. 1016 ff.

83 D. h. im Westkrieg.

Krieg muß (aber) durch den Einsatz der Luftwaffe entschieden werden[84]. Die Luftwaffe ist deshalb zu vervierfachen ... Heute stehen etwa 1,3 Millionen Arbeiter im Dienst der Luftrüstung. Für die Durchführung des ‚Göring-Programms' müssen mindestens 3½ Millionen Arbeitskräfte neu angesetzt werden. Erstes Ziel ist die Verdoppelung (der Bomberproduktion) um 1 200 Kampfmaschinen[85]. Davon ist mindestens ein Drittel in den gut eingerichteten Firmen im russischen Raum herzustellen ... Während der Zeit der deutschen Luftangriffe brachte England monatlich rund 500 Kampfmaschinen, d. h. die Hälfte der deutschen Produktion, heraus. (Die) USA brachten (hingegen) im letzten Monat 2 800 hochwertige Kampfmotoren heraus. Die Produktion England — USA hat bereits am 1. 5. 1941 die gesamte Produktion Deutschland — Italien überschritten[86] und würde bei dem heutigen Stand der deutschen Produktion Ende 1942 das Doppelte der deutschen Produktion erreichen. Es darf deshalb keine Minute Zeit vergehen, um möglichst schnell die deutsche Luft-Produktion zu erhöhen."

Dieses gewaltige Luftrüstungsprogramm konnte indessen nur teilweise durchgeführt werden[87]. Entscheidend wurde, daß der Verschleiß an Flugzeugen während des Ostfeldzuges wesentlich höher als erwartet war, so daß die Gesamtzahl der einsatzfähigen Maschinen bis zur Jahreswende 1941/42 erheblich absank[88].

Das „Göring"-Luftrüstungsprogramm stellte zugleich die erste klare Absage

84 Nach Durchführung von „Barbarossa" sollte der strategische Luftkrieg gegen Großbritannien in verstärktem Umfang wieder aufgenommen werden (vgl. die Darstellung unten S. 457). Da eine Landung in England angesichts der deutschen Schwäche zur See und der Stärke der inzwischen voll ausgebauten britischen Abwehr an der südenglischen Küste völlig ausgeschlossen war, blieb, falls die geplanten weiträumigen Operationen in Vorderasien (bis vor die Tore Indiens) und in Nordwestafrika nicht zu dem Ziele, Großbritannien friedensbereit zu machen, führten, nur die Hoffnung, die Kapitulation Großbritanniens durch einen massiven strategischen Luftkrieg herbeizuführen.

85 Die Produktion von Jägern blieb demgegenüber unverändert gering, da erst ab Februar 1943 die reinen Verteidigungswaffen gegenüber den Angriffswaffen bei Heer und Luftwaffe allmählich den Vorrang erhielten.

86 Am 30. 8. 1940 hatte die Luftwaffenführung noch angenommen, daß die britisch-amerikanische Flugzeugproduktion höchstens 950 Flugzeuge monatlich erreichen werde (KTB Halder, Bd. II, S. 81).

87 Gesamtflugzeugproduktion Deutschlands 1940: 10 245 Flugzeuge, davon 2 852 Bomber; 1941: 12 392 Flugzeuge, davon 3 373 Bomber (Bidlingmaier: Grundlagen, S. 111; bei Jacobsen: 1939/1945, S. 546, geringfügige Abweichungen in den Zahlen).

88 Im Osten befanden sich am 22. 6. 1941 2 000 Flugzeuge (davon 1 160 Bomber), am 12. 12. 1941 dagegen nur noch 1 060 Flugzeuge, davon 690 Bomber. Bereits in den ersten drei Monaten des Ostkrieges (22. 6.— 27. 9. 1941) verlor die Luftwaffe 1 603 Flugzeuge; 1 028 wurden beschädigt; bis zum 8. 4. 1942 stieg die Zahl auf 2 951 zerstörte und 1 997 beschädigte Flugzeuge (= ⅓ der deutschen Flugzeugproduktion in diesem Zeitraum). Die Gesamtverluste der deutschen Luftwaffe vom 29. 6. 1941 bis zum 30. 6. 1942 betrugen 8 529 Flugzeuge, davon 3 601 Bomber (Jacobsen: 1939/1945, S. 546). — Der Verschleiß an Waffen und Ausrüstung während des Ostfeldzuges war überhaupt der — wehrwirtschaftlich gesehen — entscheidende Grund für das Scheitern des Kriegsplans Hitlers.

Hitlers gegenüber der Konzeption der Seekriegsleitung dar, die nicht nur eine große Überwasserschlachtflotte für den in einigen Jahren (oder Jahrzehnten) erwarteten neuen großen Krieg der „Weltmacht" Deutschland gegen die USA anstrebte[89], sondern auch für *diesen* Krieg den Bau von großen und mittleren Überwasserschiffen weiterführen wollte. Noch am 30. 3. 1941 hatte Hitler erklärt, daß er nach Abschluß der Operation „Barbarossa" „den umfassenden Aufbau der Kriegsmarine einschließlich des Baus schwerer Schiffe beabsichtige[90]". Hitlers – wohl als Konsequenz aus den Erfolgen der deutschen Luftwaffe gegen die britische Mittelmeerflotte im Raum um Kreta im Mai 1941 sowie aus dem Untergang des Schlachtschiffes „Bismarck" (27. 5. 1941) anzusehende – neue Auffassung spiegelte sich deutlich in seiner Äußerung vor der Tafelrunde am 8. 9. 1941: „Es ist etwas Tragisches, daß der Schlachtkreuzer, ein Inbegriff menschlicher Leistung in der Bewältigung des Materials, angesichts der Entwicklung der Luftwaffe zur Bedeutungslosigkeit herabgesunken ist[91]."

Hitlers Rahmenweisung zur Rüstung vom 14. 7. 1941 wurde erst am 10. 1. 1942[92], auf dem Höhepunkt der Winterkrise 1941/42, durch eine neue „Führer-Weisung" für die Rüstung im Jahre 1942, in der der Schwerpunkt wieder auf die vordringlichen Bedürfnisse des Heeres verlegt wurde (ohne daß aber das weitgesteckte Ziel aufgegeben wurde), in starkem Maße abgewandelt. Immer noch war, um diese grundlegende Feststellung noch einmal zu wiederholen, der Anteil der Rüstung innerhalb der industriellen Produktion Deutschlands, die durch die wehr- und rüstungswirtschaftlichen Möglichkeiten in den neu eroberten Gebieten bis zu diesem Zeitpunkt kaum vergrößert werden konnte, etwa der gleiche wie im Herbst 1940 geblieben. Dabei gilt es allerdings festzuhalten, daß – abgesehen von der erheblich absinkenden Flugzeugproduktion –[92a] alle „Planzahlen" in der Waffenproduktion, die das WiRüAmt für den Ostfeldzug und die folgenden Operationen für notwendig erachtete, „erfüllt" wurden.

Keitel hatte zwar schon einige Wochen vor Beginn des Ostfeldzuges (am 19. 5. 1941) darauf hingewiesen, „daß bei Gefahr eines länger dauernden Krieges der Ausbau der Rohstoffgrundlagen wichtiger sein könne als die Erweiterung der reinen Waffen- und Munitionsherstellung[93]; Folgerungen daraus wurden aber – von Hitlers Kriegskonzeption aus nicht überraschend – nicht in der Zeit der Siegeserwartungen im Ostfeldzug im Sommer und Herbst 1941, sondern

89 Vgl. oben S. 147 f. mit Anm. 11.
90 KTB der Skl., Teil A, 30. 3. 1941.
91 Picker, S. 147. Über den sich daraus entwickelnden Konflikt zwischen Hitler und Raeder, der zäh an seinen Vorstellungen von der Bedeutung einer Überwasserflotte auch unter den veränderten Bedingungen festhielt, vgl. Raeder, Bd. II, S. 283 ff.; Bidlingmaier: Die schweren Kriegsmarineeinheiten, S. 230 ff.
92 KTB OKW, Bd. II, S. 1265 ff.
92a Produktionsausstoß an Ju 88 September 1940 232, Okt. 1940 189, Nov. 1940 146, Dez. 1940 146 (nähere Angaben bei Milward, S. 42).
93 Thomas: Grundlagen; Zitat nach Bogatsch, S. 177.

erst nach dem Scheitern des großen Kriegsplans Hitlers[93a], in der „Ära Speer" ab 1942, gezogen[94], als der Krieg nach Hitlers innerster Überzeugung schon verloren war, die heraufziehende Katastrophe jedoch durch extreme, „fanatische", Anstrengungen verhindert werden sollte.
Auch wenn man Hitlers Grundvorstellung, in Form von kurzen „Blitzkriegen" die Gegner einzeln überwältigen zu können, ohne einen Materialkrieg wie den „Weltkrieg" 1914/18 führen zu müssen, als Ausgangspunkt seiner Kriegsplanung berücksichtigt, wird man — zumal wenn man Hitlers eigene Beurteilung der weltpolitischen Lage seit dem Sommer 1940 zugrunde legt — dem Urteil weitgehend zustimmen müssen, daß „die nationalsozialistische Diktatur vor der selbstverständlichen Aufgabe (versagte), mit aller Kraft zur Bewältigung ihrer ehrgeizigen Kriegspläne zu rüsten und die technisch hochstehende, straff organisierte deutsche Wirtschaft auf rationelle Kriegsproduktion umzustellen ... Dieser Mangel an Ernst, Verantwortungsgefühl und Zielstrebigkeit in der obersten Führung hat der deutschen Wehrmacht mehr Schaden zugefügt als alle inneren Gegner Hitlers und seines Krieges zusammen[95]."

6. Fazit: Die weltpolitische Situation Ende September 1940 aus dem Blickwinkel Hitlers

Wir sind mit unserem Exkurs über das deutsche Kolonial-Projekt Mittelafrika und in dem Abschnitt über Hitlers Umrüstungspläne weit über den Zeitpunkt hinausgelangt, vor dem wir in unseren übrigen Betrachtungen über die politische und strategische Konzeption Hitlers und ihre Wandlungen haltmachten: Ende September/Anfang Oktober 1940. Ehe wir uns den weltpolitischen Veränderungen der folgenden Monate und ihren Rückwirkungen auf den in dieser Zeit von Hitler entwickelten Gesamtkriegsplan zuwenden, ist es sinnvoll, die verschiedenen Möglichkeiten zu erwägen, die in der Situation bei Herbstbeginn 1940 für Hitler lagen, um ein begründetes Urteil darüber fällen zu können, in welchem Maße seine Entscheidungen sach- und situationsgerecht waren oder ausschließlich von seinen axiomatisch festliegenden Zielen bestimmt wurden.
Hitlers Versuch, durch diplomatisch-politische Winke, kriegspsychologische Beeinflussung und militärischen Druck Großbritannien zum „Ausgleich" auf der

93a Der Übergang von der Rüstungskonzeption der „Blitzkriege" zur vollen Ausschöpfung der wehrwirtschaftlichen Kräfte im deutsch-beherrschten Kontinent kündigte sich in dem Vortrag des Chefs WiRüAmt, General Thomas, vor den Rüstungs-Inspektoren und Rüstungskommandeuren am 21. 1. 1942 in Berlin an. Vgl. den Wortlaut in: KTB OKW, Bd. I, S. 1088 ff.

94 Baumbach: Zu spät, S. 363, erwähnt eine sonst nicht belegte Bemerkung Speers: „Es waren lediglich einige der grundsätzlichen Schaltfehler, wie sie in einer Diktatur wegen Mangels an Kritik typisch sind, daß Hitler nicht vor 1942 doppelt so viele Panzer, U-Boote, Flugzeuge hatte."

95 Uhlig, S. 179.

von ihm angestrebten Basis zu bewegen, mußte Ende September 1940 als gescheitert betrachtet werden. Mit den verfügbaren deutschen Machtmitteln war auch auf dem Weg eines direkten Vorgehens gegen die lebenswichtigen britischen Zufuhren im See= und Luftkrieg und durch Angriffe auf die britische Wehrwirtschaft eine Änderung — jedenfalls in absehbarer Zeit — nicht herbei=zuführen. Die Fortdauer des Krieges im Westen mit der britischen Wirtschafts=blockade mußte somit von Hitler in alle seine Überlegungen als Grundtatsache einbezogen werden. Die freie Bewegung nach Übersee war und blieb ihm versperrt.

Andererseits brauchte an dieser „Front" im Westen, die vorerst nur in der Form des See= und Luftkrieges Wirklichkeit war, eine Invasion des deutsch=heherrschten Kontinents so lange nicht befürchtet zu werden, als die — durch die Niederlage von Dünkirchen weitgehend ihrer Ausrüstung beraubte, zahlenmäßig den deut=schen Kräften weit unterlegene — britische Armee nicht mit Unterstützung durch die USA neu ausgerüstet und durch Bundesgenossen verstärkt worden war. Das Problem der amerikanischen Hilfeleistung für Großbritannien und das — hinsichtlich des Zeitpunktes offene, in seiner Auswirkung nicht voll abschätzbare, in jedem Falle aber schwerwiegende — mögliche Eingreifen der USA in den Krieg im Westen, das von deutscher Seite auf direktem Wege im günstigsten Sinne kaum zu beeinflussen war, mußte daher in starkem Maße die Überlegungen und Entschlüsse Hitlers mitbestimmen. Es war zu erwarten, daß nach den Präsidentschaftswahlen vom 5. 11. 1940, insbesondere wenn Roosevelt zum dritten Male gewählt wurde, die bisher noch geübte relative Zurückhaltung einem wesentlich stärkeren Engagement der USA am europäi=schen Krieg weichen würde, das sich nach Beendigung der ersten Phase der Aufrüstung 1942 zu einer offenen Teilnahme am Kriege entwickeln konnte.

Um diesem von Hitler sehr ernst genommenen gegen ihn laufenden Trend ent=gegenzuwirken, gab es für ihn nur eine sehr begrenzte Zahl von politischen und militärischen Möglichkeiten. Eine direkte Einmischung in die inneramerikanischen Verhältnisse mußte sich mit größter Wahrscheinlichkeit als poli=tischer Bumerang für Hitler auswirken und wurde daher auch nur — entgegen allen Warnungen der deutschen Amerika=Experten — auf „Nebengeleisen" der deutschen Politik in dilettantischer Weise mit unzulänglichen Mitteln ohne große Erwartungen und ohne jedes Ergebnis versucht[1]. Die von Hitler früh=zeitig erwogene, seinen Zielvorstellungen gemäßeste Lösung, durch einen „Blitzkrieg" gegen die Sowjetunion im Herbst 1940 eine unangreifbare, über=ragende deutsche Machtposition in Kontinentaleuropa aufzubauen und damit sowohl Großbritannien die Aussichtslosigkeit einer Fortführung des Krieges als auch den USA (vor allem den starken isolationistischen Kräften) die Sinn=

1 Zu diesem von uns nicht behandelten Problem vgl. S. Friedländer: Hitler et les États=Unis (1939—1941). Genf 1963, besonders S. 95 ff. und S. 142 ff., und L. de Jong: Die deutsche fünfte Kolonne im Zweiten Weltkrieg. Stuttgart 1959, S. 108 ff. und S. 202 ff.

losigkeit eines Kriegsengagements zu demonstrieren, hatte sich aus militär=technischen Gründen nicht verwirklichen lassen. Der Gedanke, die Seefront im Westen vom Nordkap bis zur Biscaya über Spanien=Gibraltar=Marokko bis Dakar zu verlängern, das Mittelmeer von Westen her abzuschließen und somit gleichzeitig Großbritannien an einer empfindlichen Stelle zu treffen wie eine starke Bastion gegen die USA aufzubauen, lag zwar nahe; jedoch standen einer Realisierung im Herbst 1940 mehrere gewichtige Gründe entgegen. Der politisch wichtigste war die Überlegung, ob nicht gerade ein deutscher Vorstoß in dieser Richtung als Bestätigung der in der amerikanischen Öffentlichkeit schon lebhaft erörterten Bedrohung des amerikanischen Doppelkontinents (über Südamerika) betrachtet und denjenigen Kräften in den USA starken Auftrieb geben würde, die auf ein rasches volles Kriegsengagement drängten. Sodann blieb — von militärtechnischen Problemen ganz abgesehen — angesichts des politischen Widerstandes sowohl Spaniens als auch Vichy=Frankreichs gegen die Pläne zur Errichtung deutscher Stützpunkte in Nordwestafrika nur der Weg der gewaltsamen Durchsetzung solcher strategischer Absichten. Eine militärische Eroberung beider Länder wäre natürlich durchführbar gewesen, da sie von den vorhandenen deutschen Panzer= und motorisierten Kräften relativ leicht überrannt werden konnten. Jedoch mußte als wahrscheinliche Folge einkalkuliert werden, daß die Kolonien beider Staaten einschließlich der dort stationierten Streitkräfte (möglicherweise auch der französischen Flotte) auf die britische Seite übergingen bzw. diese Gebiete von den Briten im Gegenzug besetzt wurden. Bei fragwürdigem strategischem Effekt hätte ein solches Unternehmen in jedem Falle erhebliche deutsche Kräfte auf die Dauer in entlegenen Gebieten festgelegt und damit indirekt die Gegenseite gestärkt.

Ähnliches galt für die Ostmittelmeer=Variante dieser Konzeption. Schwierigkeiten bei der hier notwendigen — der deutschen militärischen Tradition wenig vertrauten — amphibischen Kriegführung waren ebenso zu erwarten wie ernste Nachschubprobleme angesichts des Schiffsraummangels im Mittelmeer. Schließlich mußte der begehrte nahöstliche Raum nicht nur erobert, sondern auch gehalten, unter Umständen im Kampf behauptet werden. Vor allem aber galt politisch in bezug auf Italien das gleiche wie bei den westlichen Plänen für Spanien und Vichy=Frankreich. Mussolini war zu diesem Zeitpunkt keineswegs bereit, den Gedanken eines eigenständigen „Parallel"=Krieges für italienische Interessen aufzugeben und sich der deutschen Strategie unterzuordnen, mochte die Verwirklichung seines „mare=nostro"=Planes durch eigene Kraft angesichts des bisherigen Kriegsverlaufs im Mittelmeerraum auch auf deutscher Seite aus guten Gründen für eine Illusion betrachtet werden. Ein deutscher Vorstoß gegen die britische Stellung im östlichen Mittelmeergebiet wäre in jedem Falle im Spätsommer und Herbst 1940 nur unter Gewaltanwendung gegen Italien oder aber gegen die Türkei möglich gewesen. Während ersteres damals völlig außerhalb der Vorstellungswelt Hitlers lag, warf ein Vorstoß über die Türkei die Grundfrage auf, ob es strategisch überhaupt vertretbar war, an der Süd=

flanke der Sowjetunion vorbei mit starken deutschen Heeres= und Luftwaffenverbänden in den Nahen Osten vorzustoßen und das Risiko einer Entblößung der deutschen Ostgrenze[2] und eines Abschneidens des langen Nachschubweges über den Balkan durch einen überraschenden Angriffsstoß der Roten Armee über Rumänien=Bulgarien in Richtung auf die Dardanellen in Kauf zu nehmen[3]. Entscheidend war aber auch hier die Frage, ob Großbritannien durch einen solchen Schlag gegen seine Nahost=Stellung wirklich friedensbereit gemacht und die USA zu einer Aufgabe ihrer Unterstützung Großbritanniens veranlaßt werden konnten. Sie muß bei Kenntnis der Kriegskonzeption Churchills und der strategischen Grundvorstellungen der britischen und amerikanischen Stäbe verneint werden.

Ein bloßes ruhiges Zuwarten in der „Igelstellung" des deutsch=beherrschten kontinental=europäischen Raumes, um auch diese Möglichkeit zu erwähnen, mußte sich auf die Dauer gegen Hitler auswirken, da die wachsende Stärke des Westgegners, vor allem durch die amerikanische Unterstützung, eine zunehmende wirtschaftliche und politische Abhängigkeit Deutschlands von der Sowjetunion zur Folge gehabt hätte, deren militärische Stärke im übrigen auch mit der Überwindung der Nachwirkungen der „großen Säuberung" des Offizierkorps der Roten Armee 1937/38 und der Auswertung der eigenen Kriegserfahrungen im finnischen Winterkrieg (sowie der der kriegführenden Mächte im europäischen Krieg) ständig größer wurde. Als wesentliches Moment, daß diese Lösung des bloßen Zuwartens nicht gangbar war, kam hinzu, daß Hitler mangels konstruktiver Europa=Vorstellungen, mit denen er die Völker Europas hätte gewinnen können, seine Herrschaft auf dem Kontinent allein auf die militärische Gewalt gegründet hatte, die nur durch fortwährende neue Erfolge aufrechterhalten werden konnte. Nicht zuletzt widersprach schließlich auch ein solches passives Verhalten völlig dem dynamischen, vorwärtshastenden Wesen Hitlers.

Es blieben somit für Hitler Ende September 1940 nur zwei Möglichkeiten[4], die eine grundlegende Wendung des Krieges zu seinen Gunsten zu versprechen schienen: die „Kontinentalblock"=Konzeption und die — erst Mitte 1941 durchführbare — militärische Lösung des Rußland=Problems (wobei die innerhalb dieser Lösung liegenden möglichen politischen und militärischen Varianten

2 Dies gilt zumindest für die Kräfte der deutschen Luftwaffe, die für drei Schauplätze (Westen, Naher Osten und Sicherung des deutschen Ostraums gegen Überraschungsangriffe der Sowjetunion) keinesfalls ausgereicht hätten.

3 Diese erst im Oktober/November 1940 tatsächlich ernsthaft erwogene „Alternative" (von seiten des Großadmirals Raeder und des Chefs des Generalstabes des Heeres, Generaloberst Halder) wird unten S. 341 ff. genauer behandelt.

4 Die Absage des Unternehmens „Seelöwe" und das Scheitern des strategischen Luftkrieges führten bei Raeder zur „Mittelmeer"=Konzeption, bei Dönitz zum verstärkten Hinweis auf die „Atlantik"=Konzeption. Beiden gemeinsam war die Beschränkung der Sicht auf Großbritannien. Hitler sah dagegen den weltpolitischen Zusammenhang der Kriegführung gegen Großbritannien und verknüpfte die Lösung der Probleme des Westkrieges mit den eigenen Zielen.

hier noch außer acht und einer späteren Erörterung vorbehalten bleiben können[5]). Eine rückhaltlose Entscheidung für die zweite Möglichkeit schon zu diesem Zeitpunkt (September 1940) hätte bereits eingeschlossen, daß man auf deutscher Seite das verstärkte Kriegsengagement der USA als unvermeidbar und ihre frühere oder spätere Teilnahme am Kriege als wahrscheinlich angesehen und diese Entwicklung hingenommen hätte. Wollte man sich indessen diesem Trend entgegenstemmen, mußte zunächst die erste Möglichkeit versucht werden, über das Bündnis mit Japan („Dreimächtepakt") einen die Sowjetunion mit umfassenden imponierenden „Kontinentalblock" in der „östlichen Hemisphäre" aufzubauen, um durch das politisch-strategische Gewicht dieser Mächtekombination eine Kursänderung der amerikanischen Außen- und Kriegspolitik zu erzwingen. Die zwei wesentlichsten Voraussetzungen für einen Erfolg dieser Konzeption waren: eine möglichst weitgehende Gleichheit der Interessen Deutschlands und Japans gegenüber den USA und ein alle Partner zufriedenstellender Interessenausgleich zwischen Deutschland-Japan und der Sowjetunion (mehr oder weniger auf Kosten Großbritanniens). Stellte sich die bei Abschluß des „Dreimächtepaktes" von Hitler angenommene erste Voraussetzung als unzutreffend heraus – und die Probe hierauf ergab sich bereits wenige Wochen nach dem Zeiteinschnitt, an dem wir haltmachten –, dann waren im Grunde alle Anstrengungen und substantiellen wie taktischen Konzessionen an die Sowjetunion zum Erreichen der zweiten Voraussetzung überflüssig, ja äußerst problematisch, da das für Hitler allein wesentliche Ziel des „Kontinentalblocks", die Erlangung der vollen Rückenfreiheit im Westen, die die – von Hitler aus gesehen von vornherein als zeitlich begrenzt betrachteten – Konzessionen an die Sowjetunion vertretbar gemacht hätten, doch nicht zu erreichen war. Es blieb dann für Hitler nur die letzte große Möglichkeit: die militärische Ostlösung 1941 als entscheidende Voraussetzung für die Behauptung seiner Machtstellung in Europa und für den Aufbau einer „Weltmacht"-Position gegenüber den vereinigten angelsächsischen Seemächten.

5 Vgl. unten S. 520 f.

Teil B Herbst 1940

IV. Die weltpolitischen Veränderungen im Spätherbst 1940

1. Die militärischen Katastrophen Italiens im Mittelmeerraum und auf dem Balkan

Mussolinis Ausweichen vor den Konsequenzen aus seiner ursprünglichen Konzeption des „großen" „Parallelkrieges" gegen die britische Machtstellung im Mittelmeerraum (zu dem Italien nicht nur die militärischen Kräfte, sondern vor allem auch das Selbstvertrauen fehlten) auf einen regionalen „Separatkrieg" gegen Jugoslawien oder Griechenland zur Erfüllung alter klein-imperialer Ziele hatte sich, wie wir sahen[1], bereits wenige Wochen nach dem Kriegseintritt Italiens (10. 6. 1940) angekündigt[2]. Ehe wir uns der damit beginnenden Vorgeschichte des italienischen Angriffs gegen Griechenland zuwenden, ist es angebracht, die wichtigsten Etappen des Seekrieges im Mittelmeer zu erwähnen. Eine Kenntnis seines Verlaufs in großen Zügen ist zum Verständnis der politischen und strategischen Situation im östlichen Mittelmeerraum notwendig, die ab November 1940 eine (zeitweilig erhebliche) Bedeutung für den Gesamtkrieg gewann.

Bereits das erste Seegefecht zwischen der britischen Mittelmeerflotte und der italienischen Schlachtflotte am Punto Stilo (9. 7.) hatte eine wesentliche Vorentscheidung gebracht[3]. Der nach diesem für die italienische Seite unglücklich verlaufenen Treffen gefaßte Entschluß der italienischen Marineleitung, einer Gefechtsberührung mit der britischen Flotte künftig nach Möglichkeit auszuweichen, ließ sich jedoch nur durchhalten, wenn die britische Führung ihrer-

1 Vgl. oben S. 133 f.

2 Die Erwägungen Mussolinis, in einer günstigen politischen Konstellation einen regionalen „Sonderkrieg" gegen Jugoslawien oder Griechenland zu führen, reichten bis in die zwanziger Jahre zurück.

3 Vgl. oben S. 133.

seits darauf verzichtete, im zentralen Mittelmeer, dessen Sicherung für den italienischen Nachschubverkehr nach Libyen unbedingt erforderlich war, mit stärkeren Kräften in Erscheinung zu treten[4]. Bereits die ungestörte Überführung eines starken britischen Flottenverbandes (mit dem neuesten Flugzeugträger „Illustrious" und einem Schlachtschiff als Kern) vom 29. 8. bis 6. 9. von Gibraltar nach Alexandria zeigte indessen, daß diese Taktik nicht aufrechterhalten werden durfte, sondern daß die italienische Flotte in Erscheinung treten mußte, wollte Italien nicht freiwillig auf die Behauptung seiner im Hinblick auf Nordafrika lebenswichtigen beherrschenden Stellung im Seeraum zwischen Sizilien und Tripolis verzichten. Infolge unzulänglicher Luftaufklärung war es in diesem Falle der mit ihrem Gros (5 Schlachtschiffen, 13 Kreuzern, 39 Zerstörern) immerhin von Tarent und Messina ausgelaufenen italienischen Flotte nicht einmal gelungen, Kontakt mit dem britischen Verband zu gewinnen und damit seinen Durchbruch ins östliche Mittelmeer wenigstens zu erschweren. Mit diesem folgenreichen Ereignis war die — in Anlehnung an die am 17. 8. von Deutschland verkündete „totale Blockade" der britischen Insel[5] — am 20. 8. veröffentlichte italienische Erklärung, daß das Mittelmeer und das „afrikanische" Küstengebiet uneingeschränkter Operationsraum der italienischen See- und Luftstreitkräfte seien, als bloße Propaganda-Maßnahme des „Parallelkrieges" entlarvt[6]. Die geplante italienische Offensive von Libyen aus gegen Ägypten war nun von vornherein zu einem aussichtslosen Unternehmen geworden; denn die britische Flotte im östlichen Mittelmeer war jetzt so stark, daß sie überall dort, wo eine Gefahr drohte oder ihr Einsatz Erfolg versprach, ihre Initiative entfalten konnte. Der am 13. 9. in fast manövermäßiger Form auf der Küstenstraße im Raum von Sollum begonnene Vormarsch der 10. italienischen Armee wurde daher von dem Oberbefehlshaber Marschall Graziani in begründeter Furcht vor einer britischen Reaktion bereits fünf Tage später wieder angehalten[7], ehe es überhaupt zu einem Gefecht gekommen war.

Zwar störte die britische Flotte die Überführung der Hauptkräfte des schwachen italienischen Expeditionskorps nach Albanien vom 10.—20. 9. nicht[8]. Jedoch nachdem sich die italienische Offensive gegen Griechenland Anfang Novem-

4 Für das Folgende vor allem: La Marina Italiana nella Seconda Guerra Mondiale, IV: Le Azione Navali in Mediterraneo, T. 1: Dal 10 Giugno 1940 al 31 Marzo 1941. Rom 1959; VI: La Difesa del Traffico con l'Africa settentrionale, T. 1: Dal 10 Giugno 1940 al 30 Settembre 1941. Rom 1958; Roskill, vol. I, S. 293 ff.

5 Vgl. oben S. 163.

6 Die italienischen U-Boote konnten im Mittelmeer von Anfang an keine nennenswerten Erfolge erzielen. Dagegen gingen bereits in den ersten drei Wochen (bis 29. 6.) 10 U-Boote verloren (Roskill, vol. I, S. 601; nach KTB der Skl., Teil A, 29. 7. 1940, bis zu diesem Datum insgesamt 13).

7 Vgl. die amtliche italienische Darstellung: La preparazione al conflitto. L'avanzata su Sidi el Barani (ottobre 1935 — novembre 1940). Rom 1955, S. 132 ff. Vgl. auch oben S. 180 f.

8 So konnten in dieser Zeit rd. 40 000 Mann, 7 700 Pferde, 700 Fahrzeuge und 33 500 t Material auf der Strecke Brindisi-Durazzo nach Albanien überführt werden.

ber festgelaufen hatte, folgten kurz hintereinander die entscheidenden Schläge gegen die italienische Flotte, die diese – trotz mancherlei Anstrengungen in den noch folgenden zweieinhalb Kriegsjahren – weder in psychologischer Hinsicht noch im Blick auf ihre äußere Schlagkraft wirklich überwinden konnte. In der Nacht vom 11./12. 11. 1940 setzten britische Bomben= und Torpedoflugzeuge der „Illustrious" in einem Überraschungsangriff auf die italienische Flotte im Hafen von Tarent drei Schlachtschiffe, darunter die moderne „Littorio", für mehrere Monate außer Gefecht[9]. In dem Seegefecht bei Kap Teulada an der Südspitze Sardiniens am 27. 11. brach der italienische Befehlshaber trotz Überlegenheit seines Verbandes das Gefecht ab, weil er – wiederum auf Grund der unzureichenden Luftaufklärung – den Eindruck gewonnen hatte, daß er mit seiner Flotte den gegenüberstehenden Kräften der aus Gibraltar vorge= stoßenen „Force H" nicht gewachsen sei. Dieser gelang es daher, den Geleitzug planmäßig nach Alexandria durchzuschleusen. Am 19. 12. beschossen bereits zwei britische Schlachtschiffe des Alexandria=Geschwaders ungestört den Hauptnachschubplatz der italienischen Heeresgruppe Albanien, Valona. In der Nacht vom 8./9. 1. 1941 schließlich beschädigten britische Bomber im Hafen von Neapel das Schlachtschiff „Giulio Cesare" so schwer, daß sich die italie= nische Marineleitung entschloß, es zusammen mit dem letzten noch unver= sehrten Schlachtschiff, der modernen „Vittorio Veneto", nach La Spezia zu verlegen, wo man die Flotte vor weiteren Angriffen geschützt glaubte. Unter diesen günstigen Vorbedingungen gelang es der aus Gibraltar herankommen= den britischen „Force H" am 9. 2., ohne jede Behinderung durch die italienische Marine oder Luftwaffe mit drei Schlachtschiffen Genua zu beschießen und schwere Schäden in Stadt und Hafen hervorzurufen, während die Flugzeuge des Flugzeugträgers „Ark Royal" gleichzeitig einen Raid gegen Livorno durch= führten und den Hafen von La Spezia verminten. Die italienische Schlacht= flotte war – so läßt sich die Entwicklung des Seekrieges im Mittelmeer bis Anfang 1941 zusammenfassen –als Machtfaktor vorerst ausgefallen, die ita= lienische Luftwaffe zu einer wirksamen Bekämpfung der britischen Seestreit= kräfte nicht in der Lage. Daß das mit seinen langen Küsten ohne starke Flotte und Luftwaffe nicht zu verteidigende Italien unter diesen Gegebenheiten nicht schon im Winter 1940/41 zusammenbrach, zumal der Verlauf der Kämpfe auf den Landkriegsschauplätzen überall die gleiche katastrophale Entwicklung zeigte, war nur dem Entschluß Mussolinis zuzuschreiben, in der Alternative

9 Roskill, vol. I, S. 300 f.; P. Frhr. Handel=Manzetti: Der britische Flugzeugangriff auf die italienische Flotte im Hafen von Tarent in der Nacht vom 11./12. 11. 1940, in: Marine=Rundschau 1953, S. 115 ff. – Ein älteres Schlachtschiff konnte über= haupt nicht mehr repariert werden, während die beiden anderen Schlachtschiffe nach sechs Monaten immerhin wieder fahrbereit waren. – Das KTB der Skl., Teil A (12. 11. 1940), bezeichnet den Angriff auf Tarent als die schwerste Nieder= lage, die eine Kriegsflotte im bisherigen Verlauf des Krieges überhaupt erlitten hatte. Über den sehr starken Eindruck des Ereignisses auf Hitler vgl. Puttkamer, S. 46.

zwischen Kapitulation oder Unterwerfung unter den stärkeren Bundesgenossen auf seinen „Parallelkrieg" offiziell zu verzichten und deutsche Hilfe zu Lande und in der Luft zu erbitten. Dieser Schritt bedeutete im großen — nicht hinsichtlich der noch zäh weiterverfolgten klein-imperialen Ziele auf dem Balkan — das Ende einer selbständigen italienischen Politik und Kriegführung, auch wenn formal die Unabhängigkeit des italienischen Oberkommandos im Mittelmeerraum unangetastet blieb und Hitler, der die — seinen axiomatischen Vorstellungen von der „Großmacht"-Rolle des faschistischen Italien unter Mussolinis Führung völlig wiedersprechende — Wirklichkeit nur sehr langsam in sich aufnahm, jedenfalls das volle Ausmaß der italienischen Schwäche noch lange nicht wahrhaben wollte, an der Fiktion der „Achse" festhielt.

Kehren wir nun noch einmal zum Ausgangspunkt unserer Betrachtung zurück. Kurz nach der Besprechung zwischen Hitler und Graf Ciano am 7. 7., bei der der italienische Außenminister erstmals die Absichten Mussolinis gegen Jugoslawien und Griechenland angekündigt und Hitlers Haltung hierzu sondiert hatte[10], ließ Mussolini bereits Operationspläne gegen Griechenland („Erfordernis G") und gegen Jugoslawien („Erfordernis E") ausarbeiten[11]. Da ihm die Zerschlagung Jugoslawiens für die Errichtung eines italienischen Klein-Imperiums an der Adria vordringlicher schien als eine Expedition gegen Griechenland, begann er sogleich mit einem tiefgestaffelten Aufmarsch von 37 italienischen Divisionen in Istrien und in der Venezia Giulia die Vorbereitungen für einen Schlag gegen Jugoslawien. Nach der eindeutigen Ablehnung des von ihm vorgeschlagenen gemeinsamen deutsch-italienischen Angriffs auf Jugoslawien durch Hitler am 16. 8.[12] schwenkte Mussolini am 23. 8. dann gegen Griechenland um und befahl, einen Aufmarsch in Albanien einzuleiten und bis zum 1. 10. abzuschließen[13]. Der Operationsplan des Generals Geloso, den Mussolini mit der Ausarbeitung einer Studie beauftragt hatte, sah als militärisches Ziel einer Aktion gegen Griechenland die Eroberung des Epirus, Arkadiens und der Ionischen Inseln bis zum Golf von Korinth vor. Er ging von der Annahme aus, daß Griechenland sich auch gegen einen möglichen Angriff Bulgariens sichern müsse und daher nicht mehr als drei Divisionen im Epirus gegen Italien konzentrieren könne. Der italienische Generalstab faßte diesen Plan enger, wollte den Vormarsch nur bis zur Bucht von Arta und zum Tal des Arachthos führen und hierfür insgesamt 11 (statt der von Geloso für seinen weiteren Plan vorgesehenen 10) italienische Divisionen einsetzen.

10 Vgl. oben S. 133.
11 Über die politischen und militärischen Vorbereitungen der italienischen Operationen auf dem Balkan am eingehendsten E. Schramm-v. Thadden: Griechenland und die Großmächte im Zweiten Weltkrieg. Wiesbaden 1955, S. 62 ff. (dort die weitere Literatur). Amtliche griechische Darstellung: Aitia kai aformia elleno-italiku Polemu 1940—1941 (Die Ursachen und Anlässe des griechisch-italienischen Krieges 1940—1941). Athen 1959.
12 ADAP D X, Dok. 353: Aufz. über die Unterredung Ribbentrop-Alfieri, 16. 8. 1940, S. 408 ff.; Schramm-v. Thadden, S. 64 ff.
13 Vgl. oben S. 133 f.

Über das Ergebnis der Besprechung Mussolinis mit Ribbentrop in Rom am 19. 9., der für die Vorgeschichte des italienischen Angriffs auf Griechenland eine erhebliche Bedeutung zukommt, geben die deutschen und die italienischen Aufzeichnungen einander widersprechende Auskünfte. Während es in der deutschen Aufzeichnung heißt[14]: „Der Duce unterstrich, daß im Augenblick die Hauptsache der Krieg gegen England sei und daß er sich daher Jugoslawien und Griechenland gegenüber ruhig verhalten wolle und zunächst die Eroberung Ägyptens beabsichtige", verzeichnete Ciano etwa das Gegenteil[15]: „Was Griechenland und Jugoslawien angeht, wiederholt Ribbentrop, daß es sich um ausschließlich italienische Interessen handelt und daß es allein Italiens Sache ist, die Lösung auszuwählen, da Jugoslawien und Griechenland zwei italienische Interessengebiete sind, in denen Italien mit voller Unterstützung seitens des Reiches die Politik anwenden kann, die ihm gut dünkt. Die Griechen sind für Italien, was die Norweger für Deutschland vor der Aktion im April waren. Daher ist es auch für uns notwendig, zur Liquidierung von Griechenland zu schreiten ... Gleichwohl ist sich der Duce mit Ribbentrop einig, daß (es) das Hauptziel ist, England zu schlagen." Wesentlich ist in diesem Zusammenhang noch, daß die Mitteilung Ribbentrops an Ciano, daß Rumänien Deutschland um die Entsendung einer Militärmission gebeten habe und eine solche in nächster Zeit entsandt würde[16], in der Aufzeichnung Cianos nicht enthalten ist. Mussolini scheint von dieser Information erst einige Zeit später Kenntnis erhalten zu haben. Jedoch ist der Quellenwert der Stelle in Cianos Tagebuch-Notizen[17] vom 12. 10. nicht allzu hoch zu bewerten, der die viel zitierten Sätze des „Duce" enthält: „Hitler stellt mich immer vor vollendete Tatsachen. Diesmal werde ich ihm mit gleicher Münze heimzahlen: er wird aus den Zeitungen erfahren, daß ich in Griechenland einmarschiert bin. So wird das Gleichgewicht wiederhergestellt sein[18]." Der Entschluß Mussolinis zum Vorgehen gegen Grie-

14 ADAP D XI, Dok. 73: Aufz. über die Unterredung Ribbentrops mit Mussolini und Ciano, 19. 9. 1940, S. 113 ff. Die Differenzen in den Aufzeichnungen ergeben sich wahrscheinlich daraus, daß Ciano das notierte, was er im Hinblick auf den geplanten italienischen Angriff aus den umfangreichen Ausführungen Ribbentrops heraushörte, während der Dolmetscher P. O. Schmidt die Akzente entsprechend der deutschen politischen Konzeption setzte und die Formulierungen Ribbentrops, die als Höflichkeitsfloskeln für die italienischen Gesprächspartner gedacht waren, fortließ.

15 Ciano: L'Europa, S. 586 ff.

16 ADAP D XI, Dok. 73, S. 123. — Diese Mitteilung Ribbentrops an Ciano erklärt, warum die Zirkularnote mit der Ankündigung der Entsendung deutscher Truppen nach Rumänien vom 10. 10. 1940 (ADAP D XI, Dok. 169: Zirkularnote Ribbentrop, 10. 10. 1940, S. 279), die an alle deutschen Missionen in interessierten Ländern, einschließlich der USA, gerichtet war (mit dem Auftrag an die Missionschefs in Budapest, Sofia, Belgrad, Tokio und Madrid, die dortigen Regierungen zu verständigen), nicht nach Rom gesandt wurde.

17 Da die Tagebücher, zumindest die Notizen aus den Jahren 1939—1943 „überarbeitet" sind, wie sich an einigen Stellen eindeutig nachweisen läßt, ist bei ihrer Auswertung ohnehin Bedachtsamkeit geboten (vgl. etwa die anachronistische Erwähnung Rommels am 12. 12. 1940 in den Tagebüchern II, S. 297).

18 Ciano: Tagebücher II, S. 278. — Mussolini hatte sich durch eine Sondierung

chenland war zweifellos schon kurz nach dem Besuch Ribbentrops in Rom gefaßt worden.
Die wichtigsten Konsequenzen, die der „Duce" aus den Gesprächen mit dem deutschen Außenminister am 19. und 20. 9. im Hinblick auf seinen „Sonderkriegs"=Plan zog, waren die engültige Absage des „Falles E", des Angriffsplans gegen Jugoslawien, am 25. 9. und der Befehl vom 2. 10., der eine radikale Verkleinerung des italienischen Heeres vorsah[19]. In der Zeit vom 10. 10. bis 15. 11. sollte durch die Entlassung zahlreicher Jahrgänge und die Auflösung ganzer Einheiten die Zahl der unter Waffen stehenden Italiener von 1,1 Millionen auf 500 000 (davon 300 000 in den Kolonien in Afrika, 200 000 im Mutterland und in Südosteuropa: in Albanien und auf den Inseln des Dodekanes) herabgesetzt werden. Mochte diese Demobilisierung der Masse eines kampfunfähigen Heeres militärtechnisch seine volle Berechtigung haben und entsprach dies auch ganz dem interessemäßigen Rückzug Mussolinis aus dem „großen" Krieg, so entbehrte die Annahme, einen „kleinen" „Sonder=krieg" gegen Griechenland ohne „Einmischung" des Gegners im „großen" Kriege, Großbritannien, durchführen zu können, doch jeglicher sachlicher Grundlage und widersprach auch allen Erfahrungen, nicht zuletzt auch bei dem von Mussolini gegenüber Ribbentrop am 19. 9. selbst erwähnten Parallel=Fall Norwegen. Die Leichtfertigkeit in der politischen und militärischen Vorbereitung dieses Feldzuges und das Ausmaß der Überschätzung der eigenen Stärke sowie der Verkennung der Kräfte und Möglichkeiten des Gegners, die hier bei der italienischen Planung gegen Griechenland zu konstatieren sind, lassen sich in der Geschichte des Zweiten Weltkrieges nur mit den

über den italienischen Gesandten in Bukarest bei Antonescu schon am 8. 10. bemüht, eine Aufforderung zur Entsendung einer italienischen Militärmission nach Rumänien zu erhalten (ebda., S. 277), nachdem die rumänische Nachrichten=agentur am 7. 10. die Entsendung der deutschen Mission angekündigt hatte. (Spätestens an diesem Tage hatte also Mussolini von der Entsendung der deut=schen Militärmission Kenntnis erhalten.) Antonescu war an der Entsendung einer italienischen Mission nicht interessiert und behandelte das Problem dila=torisch. — Die DNB=Meldung über die Entsendung der deutschen Militärmission nach Rumänien wurde allerdings tatsächlich erst am 12. 10. 1940 abends heraus=gegeben. Es ist, auch wenn man unterstellt, daß Ciano am 19. 9. absichtlich oder unabsichtlich Mussolini über die Mitteilung Ribbentrops in Unkenntnis ließ und Mussolini daher erst recht spät, jedenfalls aber bereits am 7. 10. über die Sachlage unterrichtet war, weder sachlich noch psychologisch einleuchtend, warum der von Ciano unter dem 12. 10. verzeichnete, angeblich wörtlich wieder=gegebene, in der Literatur oft zitierte und überbewertete Ausspruch Mussolinis an diesem Tage und in dieser Form gefallen sein soll. — Daß die Vorbereitungen des (nicht erst am 12. 10., sondern schon längst beschlossenen) italienischen Griechenland=Unternehmens den Deutschen gegenüber möglichst lange geheim bleiben sollten, erklärt sich weniger aus dieser angeblichen Reaktion Mussolinis als vielmehr aus seiner Konzeption des „Sonderkrieges", als Folgerung aus den von Mussolini als ungerechtfertigt angesehenen ständigen Einsprüchen Hitlers gegen seine Balkanpläne (die sich ja alle innerhalb der Italien zugesprochenen Interessensphäre vollziehen sollten) seit dem 7. 7. 1940.

19 Rossi, S. 74 ff.; Schramm=v. Thadden, S. 86 f.

Vorüberlegungen und der Anlage der deutschen Operationen gegen die Sowjetunion 1940/41 vergleichen. Hier wie dort war, obwohl Bedeutung und Auswirkung beider „Feldzüge" – von dem unterschiedlichen Charakter des Ostkrieges gegenüber dem zur Stufe der „europäischen Normalkriege[20]" zu rechnenden italienischen Krieg gegen Griechenland ganz zu schweigen – selbstverständlich unvergleichbar sind und daher die Parallele nicht zu weit getrieben werden darf, die Realitätsblindheit nicht allein auf die politische Führung beschränkt, sondern hatte in gleichem Maße auch die Generalstäbe erfaßt. Als wichtigsten Grund für diese ungewöhnliche Verkennung der Wirklichkeit wird man in beiden Fällen wohl die ideologisch bedingte, in einem traditionellen Selbstverständnis begründete Überheblichkeit gegenüber einem angeblich minderwertigen Gegner ansehen müssen, der, weil vermeintlich auf einer niederen Zivilisationsstufe stehend, als bloßes Objekt ohne Eigenwillen betrachtet wurde, so daß man selbst die alte Generalstabsregel, daß bei jeder Operationsplanung wie auch während eines Feldzuges beim Gegner vernünftiges, sinnvolles Handeln vorauszusetzen sei, glaubte mißachten zu können. Beiden Operationsplänen ist auch gemeinsam, daß nur die Eroberung eines Teiles des Staatsgebietes des Gegners vorgesehen war, während der Rest des Landes nach Erreichen der angestrebten Linie mehr oder weniger unbeachtet abseits liegenbleiben sollte, ohne daß die Frage erörtert wurde, ob nicht die Kräfte des Gegners in dem verbleibenden Rest zu Widerstand und Gegenaktionen fähig seien und wie vor allem ein wirkliches Ende des Krieges gefunden werden konnte[21].

Die Geringschätzung des griechischen Gegners und die Mißachtung elementarster Kriegsregeln kamen in dem entscheidenden Kriegsrat unter Mussolinis Vorsitz am 15. 10 klar zum Ausdruck[22]. Nachdem der „Duce" seine grundsätzliche Entscheidung zum Handeln „metaphysisch" mit der Notwendigkeit begründet hatte, mit Griechenland „zu einem Ende zu kommen[23]", berichtete der Befehlshaber in Albanien, General Visconti-Prasca, über die vorbereiteten Operationen, die – entsprechend der begrenzten Zielsetzung des Generalstabes – in 10 bis 15 Tagen abgeschlossen sein könnten. Marschall Badoglio, der Chef des Wehrmachtgeneralstabes[24], machte zwar den Vorschlag, ein paar

20 Nolte, S. 435. Eingehender hierzu unten S. 516, Anm. 1.
21 Übrigens bestand ein solches Überheblichkeitsgefühl auf deutscher Seite gegenüber den Griechen auf Grund einer anderen Einschätzung des modernen Griechenland nicht.
22 Protokoll des Kriegsrats, erstmals abgedruckt bei E. Grazzi: Il principio della fine. Rom 1945, S. 206 ff. Übersetzung der wichtigsten Teile ins Deutsche bei Schramm-v. Thadden, S. 105 f.
23 Schramm-v. Thadden, S. 106.
24 In welch illusionären Vorstellungen sich Badoglio in dieser Zeit auch hinsichtlich der Lage in Ägypten befand, zeigten seine Äußerungen zu dem Chef des deutschen Verbindungsstabes bei der italienischen Luftwaffe, General Pohl, am 9. 10.: „Trotz der Verstärkung der englischen Truppen in Ägypten, die er auf 160 000 Mann veranschlage, glaube er zuversichtlich, daß das Nil-Delta und der

Tage vor Beginn des Angriffs gegen Griechenland die Armee Grazianis in Libyen offensiv werden und zum weiteren Vormarsch nach Ägypten antreten zu lassen, um britische Kräfte zu binden, erweiterte aber zugleich den „Plan G" aus dem Stegreif, indem er forderte, daß die Operationen gegen Griechenland bis zum Peloponnes und bis zur Eroberung Kretas fortgesetzt werden müßten. Dies hielt er bei einem Einsatz von 20 italienischen Divisionen innerhalb von drei Monaten für möglich. Der stellvertretende Chef des Generalstabes des Heeres, General Roatta[25], ergänzte, daß diese Verstärkungen während der schon laufenden Operationen der 7 – gemäß „Plan G" zunächst angreifenden – Divisionen nach Albanien nachgeführt werden könnten. Nach einem grotesk anmutenden Frage- und Antwortspiel zwischen Mussolini und den Militärs[26] faßte der Duce das Ergebnis der Sitzung zusammen: „Offensive im Epirus, Beobachtung und Druck auf Saloniki und in einem zweiten Abschnitt Marsch auf Athen[27]." Als Angriffstermin wurde der 26. 10. in Aussicht genommen, drei Tage später endgültig der 28. 10. hierfür festgelegt.

Eine wesentliche Voraussetzung des „Plans G" erwies sich allerdings bereits vor Beginn der Aktion als unzutreffend. König Boris III. von Bulgarien lehnte eine Mitwirkung am Angriff gegen Griechenland[28] mit der Begründung ab, daß eine Teilnahme Bulgariens die Türkei auf Grund der Verpflichtungen des Balkanpaktes vom 9. 2. 1934 zum Eingreifen zugunsten Griechenlands veranlassen würde[29]. Daher konnte Griechenland, sobald die bulgarische Haltung klar zu erkennen war, das Gros seiner Kräfte (15 Divisionen) im Epirus konzentrieren.

Obwohl den Offizieren des italienischen Generalstabes verboten worden war, mit Deutschen über den bevorstehenden Angriff gegen Griechenland zu sprechen, wurde der Angriffstermin schon am 18. 10., d. h. am Tage der endgültigen Festlegung, beim Wehrmachtführungsstab in Berlin bekannt. Der Brief Mussolinis an Hitler vom 19. 10.[30], in welchem er ohne Angabe eines Zeit-

Suez-Kanal (bei der Fortsetzung der italienischen Offensive) erreicht würden. Palästina und Syrien würden dann von selbst fallen."

25 Nomineller Chef des Generalstabes des Heeres war der Oberbefehlshaber in Libyen, Marschall Graziani.

26 Vgl. Schramm-v. Thadden, S. 105 f.

27 Ebda., S. 106.

28 Bulgarien sollte nach dem italienischen Plan mit drei Divisionen nach Griechisch-Westthrazien und in das Küstengebiet östlich der Halbinsel Chalkidike, auf die sich die politischen Aspirationen Bulgariens richteten, vorstoßen.

29 Hierzu Anfuso, S. 138 (Anfuso unternahm im Auftrage Mussolinis die Sondierung bei König Boris in Sofia). Neben den allgemeinen Verpflichtungen der Türkei aus dem Balkanpakt von 1934, die sich nur auf einen *bulgarischen* Angriff auf einen Pakt-Partner bezogen, bestand noch eine weitergehende, gegen *jeden* Angreifer gerichtete türkische Sonderverpflichtung aus der griechisch-türkischen „Entente cordiale" vom 14. 9. 1933. An dieser Stelle hatten sich beide Staaten gegenseitige militärische Unterstützung zugesagt, „falls ihre gemeinsame Grenze verletzt würde" (hierzu Krecker, S. 119 f.). Dieses Problem wurde später bei der Planung des deutschen Angriffs gegen Griechenland (aus Bulgarien heraus)akut. Vgl. unten S. 460 f.

30 ADAP D XI, Dok. 199, S. 331 ff.

punktes in allgemeinen Wendungen seinen Angriffsentschluß mitteilte, wurde indessen erst am 23. 10 abgesandt und erreichte Hitler, der sich seit dem 20. 10. auf der großen Fahrt im Sonderzug nach Montoire und Hendaye befand[31], erst am 25. 10. auf der Rückreise in Yvoir südlich Namur[32].
In der Lagebesprechung des Wehrmachtführungsstabes in Berlin am 26. 10. nahm General Jodl zum Inhalt dieses Briefes Stellung[33]: „Die militärische Aktion der Italiener gegen Nordgriechenland und den Piräus führe mit Sicherheit zu einer Inbesitznahme der Insel Kreta durch die Engländer. Damit würde die Verbindung Italiens mit Libyen dauernd bedroht sein ...
Folgender Ablauf der Operationen scheine (stattdessen) ... zweckmäßig:
1. Frühestmögliche Fortsetzung der italienischen Offensive in Ägypten zur Gewinnung von Marsa Matruk,
2. nach Besetzung von Marsa Matruk Bekämpfung des englischen Alexandria-Geschwaders mit allen verfügbaren Mitteln,
3. nach genügender Schwächung des Geschwaders Beginn der Operation gegen Griechenland mit gleichzeitiger Besetzung Kretas."
Etwa in diesem Sinne – nicht um Italien wie bei seinem Einspruch am 16. 8.[34] von dem geplanten Angriff gegen Griechenland überhaupt abzubringen – wollte auch Hitler Mussolini beraten, als er sich am 25. 10. unmittelbar nach dem Empfang des Briefes entschloß, Mussolini um eine Unterredung für den 28. 10. in Florenz zu bitten. Als die Begegnung dann am Vormittag dieses Tages stattfand, war der italienische Angriff bereits einige Stunden im Gange[35], so daß Hitler das Thema Griechenland in dieser Unterredung aus verhandlungs-

31 Vgl. unten S. 318 ff.
32 Kordt: Wahn und Wirklichkeit, S. 266.
33 KTB OKW, Bd. I, S. 131 f.
34 Zur ambivalenten Haltung Hitlers zu den italienischen Plänen gegen Griechenland im Oktober 1940 im Vergleich zu seinem klaren Einspruch gegen die italienischen Angriffspläne auf dem Balkan im August, in der Zeit der Krise um Siebenbürgen vor dem Wiener Schiedsspruch, vgl. Schramm-v. Thadden, S. 72 ff.
35 Hitler erfuhr beim Zwischenaufenthalt in Bologna, daß der Angriff der Italiener begonnen hatte. Den unmittelbaren Eindruck seiner Reaktion auf diese Nachricht hielt der Heeresadjutant, Major i. G. Engel, in seinem Tagebuch fest: „Führer tobt ..., schimpft auf deutsche Verbindungsstäbe und Attachés, die nur frühstückten und keine Spione seien. Diese Tatsache verdürbe ihm manches Rezept ... (Er) beurteilt die Lage so, daß (der) Duce Angst vor eigenem, d. h. deutschem, wirtschaftlichem Einfluß auf dem Balkan habe, und bezweifelt, ob Italien in der Lage sei, Griechenland niederzuzwingen, da Griechen an sich keine schlechten Soldaten seien. Wörtlich sagt (der) Führer: ‚Das ist die Rache für Norwegen und Frankreich.' Er, (der) Führer, habe aber nicht anders als geheim handeln können, da jeder zweite Italiener ein Verräter oder Spion sei ... Führer verlangt sofort Verbindung mit Botschafter v. Mackensen und will Mussolini sprechen, hat große Besorgnis, daß Vorgehen Italiens den ganzen Balkan in Mitleidenschaft ziehen könnte und den Engländern willkommener Anlaß (sei), auf dem Balkan eine Luftbasis zu errichten." Diese Reaktion Hitlers läßt sich nur so erklären, daß ihn entweder die in Berlin schon am 18. 10. eintreffenden Nachrichten über den italienischen Angriffstermin (28. 10.) nicht erreicht hatten oder daß er diesen Nachrichten keinen Glauben geschenkt hatte.

taktischen Gründen nur am Rande berührte[36], da die Offensive doch nicht mehr abzustoppen war, obwohl er über die selbstherrliche Entscheidung Mussolinis sehr erregt war. Hitler gedachte nun zunächst einmal das Ergebnis des italienischen Angriffs abzuwarten und zog sich, ohne seinerseits die diplomatischen Beziehungen zu Griechenland abzubrechen, in die Haltung einer „Nichtkriegführung" im italienisch-griechischen „Sonderkrieg" zurück.
Die italienische Offensive, die am 28. 10. 5.30 Uhr — eine halbe Stunde vor Ablauf des schon aus zeittechnischen Gründen unerfüllbaren Ultimatums — mit 5 Divisionen zwischen dem Ionischen Meer und dem Pindos-Gebirge im Epirus begonnen hatte und durch 2 weitere Divisionen in Westmazedonien südlich des Presba-Sees in allgemeiner Richtung Florina abgesichert werden sollte[37], drückte die griechischen Sicherungen von der Grenze zunächst an einigen Stellen zurück, mußte aber, nachdem sich der griechische Widerstand wenige Kilometer hinter der Grenze versteift hatte, am 8. 11. an der gesamten Front eingestellt werden. Die vorbereitete Landung auf Korfu und Cephalonia unterblieb wegen der ungünstigen Wetterlage. Angesichts der in kurzer Zeit gelungenen vollen Mobilisierung des griechischen Heeres[38], dessen Aufmarsch im Nordwesten des Landes durch die italienische Luftwaffe kaum gestört wurde[39], war an eine Fortsetzung der Offensive mit den vorhandenen schwachen Kräften nicht zu denken. Die Operation war somit bereits im ersten Anlauf gescheitert. Mussolini enthob Visconti-Prasca, der von ihm zum Sündenbock gestempelt wurde, am 9. 11. seines Kommandos und ernannte den bisherigen Unterstaatssekretär im Kriegsministerium Soddu zum neuen Oberbefehlshaber, der aus den vorhandenen und den neu eintreffenden Kräften eine „Heeresgruppe Albanien" bildete und zwei geschlossene Frontabschnitte (11. Armee im Epirus, 9. Armee in Westmazedonien) aufzubauen versuchte. Am 14. 11. trat jedoch das griechische Heer unter dem Oberbefehlshaber, General Papagos, zur allgemeinen Gegenoffensive an, eroberte am 21. 11. Koritza in Südostalbanien und zwang die Italiener am folgenden Tage auch im Epirus überall zum Rück-

36 ADAP D XI, Dok. 246: Aufz. über die Unterredung Hitler-Mussolini, 28. 10. 1940; italienische Aufzeichnung in: Ciano: L'Europa, S. 601 ff.

37 Amtliche griechische Darstellung: O elleno-italikos Polemos 1940—1941. E italike Eisbole (Der griechisch-italienische Krieg 1940—1941. Die italienische Invasion 28. 10. — 13. 11. 1940). Athen 1960; deutsche Darstellung auf der Grundlage der durch den italienischen Wehrmachtgeneralstab über den deutschen Militärattaché in Rom dem Wehrmachtführungsstab übermittelten Unterlagen: Greiner, S. 191 ff. (mit exakten Zahlenangaben über Stärkeverhältnis u. ä.); knapper Überblick über den Verlauf des italienisch-griechischen Krieges auf breiter Quellenbasis und unter Auswertung der wissenschaftlichen Literatur: Ch. Burdick: L'Axe Berlin-Rome et la campagne italo-grecque (1940—1941), in: Revue de l'armée 1960, Nr. 3, S. 71 ff., weitere Literatur: Hillgruber: Südosteuropa im Zweiten Weltkrieg, S. 52 ff.

38 Nach Durchführung der Mobilisierung umfaßte das griechische Heer insgesamt 430 000 Mann. Die Stärke der italienischen Expeditionsstreitkräfte in Albanien betrug zu Beginn des Krieges gegen Griechenland dagegen nur 155 000 Mann.

39 Nachdem die bulgarische Neutralität feststand, wurden auch die in Westthrazien stehenden Divisionen an die Front gegen die Italiener verlegt.

zug auf die Grenze. Als Fernziel des mangels motorisierter Kräfte nur langsam vorankommenden Offensivstoßes wählte Papagos Valona, das als Nachschub-basis der Italiener große Bedeutung hatte. Noch ehe diese Wendung eintrat und das italienische Heer, anstatt in zügigem Vormarsch nach Griechenland hinein vorwärts zu drängen, sich der Durchbruchsversuche der Griechen durch seine eigene dünne Front zu erwehren hatte, waren bereits die politischen Folgen des Abenteuers Mussolinis zu erkennen. Großbritannien erklärte sich auf Grund seiner Garantieverpflichtung gegenüber Griechenland vom 13. 4. 1939 zur Unterstützung bereit und besetzte ab 29. 10. im strategischen Gegenzug, wie von deutscher Seite erwartet, die Insel Kreta[40]. Auf ausdrücklichen Wunsch der griechischen Regierung, die eine deutsche Reaktion befürchtete, beschränkte sich aber die unmittelbare Hilfeleistung Großbritanniens auf die Entsendung schwächerer Luftstreitkräfte, die nicht über den Raum von Athen hinaus nach Norden verlegt werden sollten[41]. Die erfolgreiche griechische Gegenwehr einerseits und die Behauptung der Italiener in Südalbanien andererseits schufen vorübergehend einen politisch-militärischen Schwebezustand, der es auch der Türkei, die als Bundesgenosse Griechenlands moralisch, vor allem aber durch die Koppelung ihres Bündnisvertrages mit Großbritannien vom 19. 10. 1939 an die britische Garantie für Griechenland auch vertragsrechtlich zur militärischen Hilfeleistung verpflichtet gewesen wäre, erlaubte, sich aus diesem „Sonderkrieg" herauszuhalten, ohne ihr „Gesicht zu verlieren". Sie konzentrierte jedoch die Masse ihrer 37 Divisionen in Ostthrazien, um einen eventuellen Einmarsch der Bulgaren in Griechisch-Westthrazien zu verhindern. Die Gegenspieler im „großen" Krieg, Deutschland und Großbritannien, blieben dem unmittelbaren Kriegsgeschehen im albanisch-griechischen Grenzgebiet vorerst ebenfalls fern.

Anfang Dezember bahnte sich indessen eine dramatische Wende an, als die Griechen den Hafen von Santi Quaranti (6. 12.) und die Stadt Argyrokastron (8. 12.) im Westteil der Front eroberten, etwa gleichzeitig im Osten bis zum Ochrida-See durchbrachen und von hier aus die gesamte italienische Front aufzurollen drohten, obwohl die zahlenmäßige Stärke der Italiener jetzt schon größer als die der Griechen war. Als diese am 4. 12. Pogradec am Ochrida-See

40 Churchill, Bd. II/2, S. 259 ff. — Zur Vorgeschichte: Am 25. 4. 1940 hatten die britischen und französischen Stäbe beschlossen, im Falle eines Kriegseintritts Italiens Kreta sofort in Besitz zu nehmen. Die griechische Regierung gab aber am 21. 5. ihre Zustimmung hierfür nur für den Fall, daß Italien gleichzeitig mit der Kriegserklärung an die Alliierten auch Griechenland den Krieg erklärte. Der Zusammenbruch Frankreichs und die Tatsache, daß Griechenland auch nach dem Kriegseintritt Italiens zunächst außerhalb der Kriegszone blieb, ließ den Plan — vor allem wegen des Kräftemangels auf britischer Seite — in den Hintergrund treten (vgl. hierzu auch den Überblick bei K. Gundelach: Der Kampf um Kreta 1941, in: Entscheidungsschlachten des Zweiten Weltkrieges, S. 103 ff.).

41 Playfair, vol. I, S. 233: Danach wurden ab 4. 11. 1940 rund 2 200 Mann der RAF und 2 030 Mann des britischen Heeres von Ägypten nach Südgriechenland verlegt.

einnahmen, kam es zur schwersten Krise auf italienischer Seite. Nachdem bereits am 26. 11. der Chef des Comando Supremo, Marschall Badoglio, Mussolini sein Rücktrittsgesuch eingereicht hatte, da sich die Kritik der gelenkten italienischen Presse gegen das Versagen der Wehrmachtführung gerichtet hatte, um Mussolinis und Cianos Verantwortung für das Abenteuer zu vertuschen, führte die – in dieser Form unzutreffende – Nachricht vom 4. 12. früh, daß der Oberbefehlshaber in Albanien Soddu jede weitere militärische Operation für sinnlos und eine „politische Intervention" für erforderlich halte, zur völligen Kopflosigkeit bei Mussolini[42]. Als einzigen Ausweg aus der Sackgasse, in die er geraten war, sah er die Selbstdemütigung, Hitler um die Vermittlung eines Waffenstillstandes mit Griechenland zu bitten. Wenn sich dann auch Mussolini im weiteren Verlauf dieses Tages wieder fing, als sich herausstellte, daß die Nachricht vom Morgen unkorrekt übermittelt worden war, und sich zur Fortsetzung seines „Sonderkrieges" aufraffte, indem er anstelle Badoglios Generaloberst Graf Cavallero zum Chef des italienischen Wehrmachtgeneralstabes ernannte, so schien ihm doch ein weiterer militärischer Alleingang ohne oder gar gegen die Pläne Hitlers aussichtslos. Daher rang er sich dazu durch, seine „Separat"- und „Parallelkriegs"-Konzeption aufzugeben und deutsche Unterstützung sowohl für den „großen" Krieg im Mittelmeer als auch gegenüber Griechenland anzufordern. Bemerkenswert im Hinblick auf die Schwäche Italiens war es, daß die Katastrophe im „kleinen" „Sonderkrieg" sogar noch früher und schneller eintrat als die im „großen" „Parallelkrieg", die erst wenige Tage später mit der britischen Offensive in Ägypten eingeleitet wurde. Diese begann (9. 12.) früh genug, um noch Italiens Heer in Nordafrika entscheidend zu treffen, ehe die deutsche Hilfe eintraf, zu spät jedoch, um den operativen Erfolg mit der Eroberung ganz Libyens zu einer strategischen Entscheidung von weittragender Bedeutung ausnutzen zu können.

Der im Zeitpunkt der Nervenkrise Mussolinis gerade in Rom weilende, sogleich nach Berlin zurückgesandte italienische Botschafter Alfieri hatte indessen am 8. 12. Hitler die Lage der italienischen Truppen in Albanien „in den schwärzesten Farben" geschildert[43]. Da an eine rasche, durchgreifende Hilfeleistung aus militärtechnischen Gründen nicht zu denken war, ließ Hitler als erstes auf inoffiziellem Wege über Admiral Canaris am 17. 12. beim griechischen Gesandten in Madrid wegen eines Waffenstillstandes an der albanischen Front sondieren: Die „Reichsregierung" werde eine deutsche Truppe nach Albanien entsenden, „die sich zwischen die kämpfenden Heere schieben solle, damit das Ende der Kampfhandlungen gewährleistet sei. Griechenland behalte die Gebiete, die seine Truppen in Südalbanien erobert haben, und die einzige Gegenleistung bestehe darin, daß es wieder ganz neutral werde, daß es also die

42 Ciano: Tagebücher II, S. 293.
43 KTB OKW, Bd. I, S. 219; Aufz. über die Unterredung Hitler-Alfieri, 8. 12. 1940 (Polit. Archiv des AA, Bonn: Aufzeichnungen des Chefdolmetschers Schmidt).

Engländer dazu bringe, das Land wieder zu verlassen[44]." Obwohl die griechische Regierung hierauf eine verklausulierte Ablehnung erteilte, rissen die geheimen deutsch-griechischen Kontakte bis Mitte Februar 1941 nicht ab[45]. Doch wurde das Interesse Hitlers hieran infolge der veränderten Gesamtsituation in Südosteuropa immer geringer[46].

Die zeitweilig sehr ernste Lage der Italiener in Albanien besserte sich ab Mitte Dezember langsam, nachdem die ab 26. 11. eingeleitete Remobilisierung des italienischen Heeres[47] die Überführung immer neuer Divisionen nach Albanien ermöglichte. (Anfang März 1941 standen schließlich insgesamt 26 italienische Divisionen an der Front in Südalbanien 15 griechischen gegenüber[48]). Am 30. 12. übertrug Mussolini dem neuen Chef des Comando Supremo die unmittelbare Führung der „Heeresgruppe Albanien", um die am gleichen Tage begonnene neue griechische Offensive zum Stehen zu bringen. Nachdem etwa ein Drittel Albaniens in ihrer Hand war, endete diese letzte Offensive der Griechen Mitte Februar 1941 mit der Erschöpfung ihrer Kräfte. Wenn auch unter großen Verlusten konnten sich die Italiener bei allmählich wachsender zahlenmäßiger Überlegenheit in Albanien behaupten.

Indessen hatte am 9. 12. die Offensive der Nilarmee des Generals Wavell[49] in Ägypten begonnen[50], die die vorgeschobene italienische Gruppe in Stärke von 7 Divisionen mit 38 000 Mann im Raume von Sidi Barani durch einen zangenartigen Panzerangriff in drei Tagen zur Kapitulation zwang. Der Vormarsch nach Westen, der dieser Überraschungsaktion folgte und der sich wegen Nachschubschwierigkeiten nur in Etappen mit längeren Zwischenpausen vollzog, ohne daß Graziani in der Lage gewesen wäre, durch Ausweichmanöver seine Truppen rechtzeitig zurückzunehmen, endete nach der Einnahme der Festungen Bardia (5. 1.) und Tobruk (22. 1.), in denen weitere 75 000 Italiener in Gefangenschaft gerieten, erst mit der Einschließung und Gefangennahme des Restes der 10. italienischen Armee in der Cyrenaika im Raume südlich und südöstlich Benghasi sowie mit der Einnahme von El Agheila an der Südostecke der großen Syrte am 8. 2. Währenddessen waren gaullistische Truppen, aus dem Tschad-Gebiet durch die Wüste nach Norden vorstoßend, in Südlibyen eingedrungen und nahmen am 1. 3. die Oase Kufra[51]. Über 130 000 Italiener waren

44 Schramm-v. Thadden, S. 140.
45 Ebda., S. 150 ff. und S. 169 ff.
46 Ebda.
47 Rossi, S. 98 ff.
48 Die italienischen Gesamtverluste im Feldzug gegen Griechenland (28. 10. 1940 bis 20. 4. 1941) betrugen 102 600 Mann (davon 13 755 Tote und 25 000 Vermißte).
49 Der strategische Plan Wavells vom Oktober 1940 sah folgende Reihenfolge der Operationen vor: 1. Angriff gegen die Kräfte Grazianis in der „westlichen Wüste"; 2. Eroberung Italienisch-Ostafrikas; 3. Unterstützungsmaßnahmen für Griechenland und die Türkei sowie Aufbau einer starken britischen Militär-Position im gesamten Nahen Osten.
50 Amtliche britische Darstellung: Playfair, vol. I, S. 257 ff.
51 Die geplante Eroberung des Fezzan wurde nach dem Auftreten des „Deutschen Afrika-Korps" in Libyen, das Aufklärungskräfte über Murzuk bis an die Süd-

seit dem 9. 12. in britische Gefangenschaft geraten, 470 Panzer und 1 300 Geschütze von den Briten erbeutet worden. Den Weg von El Agheila nach Tripolis sperrten nur noch vier kaum kampffähige italienische Divisionen in der unmittelbaren Nähe der libyschen Hauptstadt. Der Verlust dieser nordafrikanischen Kolonie war ohne deutsche Hilfe, um die Mussolini inzwischen am 19./20. 1. erneut ersucht hatte[52], unvermeidbar. Selbst diese wäre wahrscheinlich zu spät gekommen, wenn sich nicht das britische Oberkommando Mittelost zum Halt entschlossen hätte, weil es inzwischen — entgegen seinem eigenen Operationsplan vom Oktober — die Verlegung stärkerer Teile der Nil-Armee und der britischen Luftstreitkräfte nach Griechenland wegen der Bedrohung Griechenlands durch den deutschen Aufmarsch in Rumänien auf Grund von neuen britisch-griechischen Vereinbarungen vorbereiten mußte[53].

Am 19. 1. hatte schließlich auch der britische Generalangriff gegen Italienisch-Ostafrika vom Sudan[54], am 24. 1. von Kenia aus begonnen[55]. Er führte nach wochenlanger energischer Gegenwehr der Italiener in Eritrea im Raume von Keren vom 27. 3. ab zum raschen Verlust der gesamten Kolonie[56]. Nach der Einnahme von Addis Abeba am 6. 4. und des Haupthafens am Roten Meer Massaua am 8. 4. mußte das Gros der noch vorhandenen italienischen Streitkräfte unter dem Oberbefehlshaber Herzog von Aosta am Amba Alagi am 18. 5. kapitulieren[57]. Insgesamt gerieten auf diesem Kriegsschauplatz weitere 185 000 Italiener in britische Gefangenschaft[58]. Mochte auch die Aufgabe Ostafrikas, nachdem sich die italienische Führung bei Kriegsbeginn trotz zahlenmäßiger Überlegenheit zur strategischen Defensive entschlossen hatte, un-

grenze Libyens entsandte (hierzu eingehend Greiner, S. 227 ff.), vorerst aufgegeben (vgl. de Gaulle, S. 144; dort auch über die mit dem Vorstoß verbundenen politischen Aspirationen de Gaulles).

52 Vgl. unten S. 346; davor schon Bitte des Comando Supremo vom 19. 12. 1940 (vgl. unten S. 345 f.).

53 Vgl. unten S. 351.

54 19. 1. 1941: Einnahme von Kassala (das von den Italienern am 4. 7. 1940 besetzt worden war) im Sudan; am 3. 2. Halt vor dem italienischen Sperr-Riegel von Keren.

55 25. 2. 1941: Einnahme von Mogadischu, der Hauptstadt Italienisch-Somalilands, 16. 3. von Berbera, der Hauptstadt von Britisch-Somaliland (das die Italiener im August 1940 besetzt hatten), nach Truppenlandung von Aden aus.

56 Eingehend hierüber die amtliche italienische Darstellung: La guerra in Africa orientale (giugno 1940 — novembre 1941). Rom 1952; britische Darstellungen: Butler: Grand Strategy, vol. II, S. 379 ff.; Playfair, vol. I, S. 407 ff.; ferner der Überblick von A. Merglen: Der Feldzug in Äthiopien 1940 — 1941, S. 134 ff.

57 Nur kurz zu verzeichnen ist hier noch die Endphase der Kämpfe um isolierte Plätze: 10. 6. 1941 Einnahme von Assab, des letzten von den Italienern gehaltenen Hafens am Roten Meer; 21. 6. Einnahme von Gimma durch die Briten; 6. 7. Übergabe der Reste von 7 italienischen und italienisch geführten äthiopischen Kolonial-Divisionen im Gebiet von Galla-Sidamo; schließlich — nach dem Ende der Regenzeit — am 27. 11. 1941 Kapitulation der restlichen Kräfte im Raume von Gondar (23 000 Mann).

58 Bis zum 22. 5. 1941 waren bereits 250 000 italienische Kriegsgefangene (darunter 36 Generale) in britischer Hand; durch die Kapitulation im Gebiet von Galla-Sidamo und von Gondar erhöhte sich die Zahl auf über 315 000.

vermeidbar sein und, da eine Sperrung des Roten Meeres oder zumindest eine ernsthafte Bedrohung des britischen Nachschubverkehrs nach Ägypten und dem gesamten Ostmittelmeergebiet mit den schwachen italienischen See= und Luftstreitkräften am Bab=el=Mandeb doch nicht zu erreichen war, im Rahmen der Gesamtstrategie ohne große Bedeutung sein, so besiegelte dieser Verlust des italienischen „Imperiums" doch sichtbar das Ende der „Großmacht"=Stellung Italiens. Darüber konnte der Erfolg des — aus Rücksicht auf das Prestige der Bundesgenossen Italien und Ungarn als Koalitionskrieg behandelten, praktisch allerdings nur mit deutschen Kräften geführten — Balkanfeldzuges im April 1941, in dessen Schatten Mussolini doch noch mit dem Aufbau einer „klein=imperialen" Position Italiens im jugoslawisch=griechischen Raum beginnen konnte[59], niemand hinwegtäuschen.

2. Japans Abwendung vom „Dreimächtepakt"

Während der „Achsen"=Partner Italien bereits in den ersten Monaten nach Abschluß des „Dreimächtepaktes" als eigenständiger Faktor in der großen Politik und damit zugleich in der Gesamtkriegsplanung Hitlers ausschied, versuchte der neue Bündnispartner Japan — unter Zuhilfenahme deutscher diplomatischer Mittlerdienste, schon bald aber auch auf eigene Faust ohne Absprache mit dem deutschen Koalitionspartner — aus dem „Dreimächtepakt" all die Vorteile zu ziehen, die auf der Linie seiner ehrgeizigen „Großraum"=Politik in Ostasien lagen, aber durchaus nicht der Zielsetzung der Allianz in der deutschen Vorstellung, insbesondere nicht Hitlers Auffassung von Japans Rolle innerhalb eines „Kontinentalblocks", entsprachen.
Drei Erwartungen hatte Japan an den Abschluß des „Dreimächtepaktes" geknüpft, die alle mit seinem großen Ziel zusammenhingen, die Verwirklichung seines „Südprogramms" zu erleichtern und die Errichtung eines „Großraums" unter seiner Führung zu sichern: Verbesserung der Beziehungen, nach Möglichkeit großzügigen Interessenausgleich mit der Sowjetunion; damit verbunden Lösung des China=Problems durch den sich aus der neuen Mächtegruppierung ergebenden Zwang für Tschiang Kai=shek, sich mit Japans Führungsanspruch in Ostasien abzufinden; und — je nach der Entwicklung der beiden genannten Problemkomplexe — als Nah= oder Fernziel, auf dem Umweg über den „Kontinentalblock" oder wie schon 1939/40 in der Zeit der Kabinette Abe und Yonai, nun aber mit dem „Dreimächtepakt" als lohnenswertem „Tauschobjekt", im kurz geschlossenen Direkt=Kontakt: Herbeiführung eines „modus vivendi" mit den USA auf der Basis der Anerkennung des „Großraums" Ostasien=Südsee unter Japans Führung[1].

59 Näheres hierzu unten S. 468 ff.
1 Zu diesem ganzen Abschnitt grundlegend Sommer, S. 457 ff.; ferner Presseisen, S. 260 ff.; Lupke, S. 79 ff.

Die unerwartet schnelle, den japanischen Intentionen zuwiderlaufende erste Reaktion der USA (und Großbritanniens) auf den Abschluß des „Dreimächte=paktes", die eine Stärkung des chinesischen Widerstandswillens bezweckte[2], zwang die japanische Regierung, die sich aus der Konzeption des Paktes er=gebende sinnvolle Reihenfolge ihrer nächsten politischen Schritte, zuerst einen „Ausgleich" mit der Sowjetunion zu erstreben und danach eine Lösung des China=Problems zu versuchen, umzukehren. Dadurch aber wurde der ohnehin zweifelhafte Erfolg von vornherein vollends in Frage gestellt. Ausgerechnet am Tage der Wiederöffnung der Burma=Straße durch Großbritannien, durch die China eine größere politische Bewegungsfreiheit zurückgewann, am 17. 10., appellierte der japanische Außenminister Matsuoka an Tschiang Kai=shek, sich Japan und dem „Dreimächtepakt" anzuschließen[3]. Gleichzeitig ließ er auf ge=heimen Kanälen Kontakt mit der chinesischen Regierung in Tschungking auf=nehmen. Nachdem der vorauszusehende Fehlschlag dieser Direkt=Aktion fest=stand, beschloß die japanische Regierung am 25. 10., Ribbentrop „um seine guten Dienste" bei der chinesischen Regierung zu bitten. Er sollte mit dem deutlichen Hinweis, daß Japan die am 30. 3. 1940 in Nanking in seinem Macht=bereich gebildete „Marionettenregierung" unter Wang Tsching=wei als chine=sische „Nationalregierung" anerkennen werde, wenn Tschiang seine Haltung nicht ändere, diesen doch noch zu einem Arrangement mit Japan bewegen. In seinem Gespräch mit dem chinesischen Botschafter in Berlin, Chen Chieh, am 11. 11. — also unmittelbar vor dem Besuch Molotows in Berlin — gab Ribben=trop unter nachdrücklicher Betonung der traditionell guten Beziehungen zwi=schen Deutschland und China diesen halb lockenden, halb drohenden Wink Japans weiter, ohne selbst ein Vermittlungsangebot vorzulegen[4]. Er fügte lediglich hinzu, daß China nach Annahme der japanischen Bedingungen für einen „friedlichen Ausgleich" dem „Dreimächtepakt" beitreten könne und Deutschland bereit sei, die Einhaltung dieser Bedingungen zu „garantieren".
Da Tschiang Kai=shek auf diese deutsche Einschaltung nicht reagierte und der Versuch Ribbentrops während des Besuches von Molotow in Berlin am 13. 11., die Sowjetunion an einer Regelung des China=Problems im Sinne Japans zu interessieren, — wie zu erwarten war — fehlschlug[5], beschloß der japanische Staatsrat am 28. 11. die Anerkennung der Regierung Wang Tsching=wei. Der am 30. 11 öffentlich vollzogene Schritt bestätigte indessen nur das Scheitern dieses Versuchs, das China=Problem zugunsten Japans zu lösen. Darüber hin=

2 Vgl. oben S. 206.
3 Langer=Gleason: The Undeclared War, S. 293; Sommer, S. 457.
4 ADAP D XI, Dok. 315: Aufz. über die Unterredung Ribbentrop=Chen Chieh, 11. 11. 1940, S. 515 f.
5 Molotow erklärte lediglich, es sei sicher Aufgabe Deutschlands und der Sowjet=union, für einen japanisch=chinesischen „Ausgleich" einzutreten, „es müsse aber dabei ein ehrenvoller Ausgang für China gesichert werden, um so mehr, als Japan jetzt Aussichten auf ‚Indonesien' hätte" (ADAP D XI, Dok. 328: Aufz. über die Unterredung Hitler=Molotow, 13. 11. 1940, S. 541 ff.).

aus stellte es das Ende der japanischen Bemühungen überhaupt dar, zusammen mit Tschiang Kai-shek und den von ihm repräsentierten politischen Kräften einen Ausweg aus der Sackgasse der japanischen China-Politik zu finden. Da zu einer durchschlagenden militärischen Lösung gegen Tschiang Kai-shek die Kräfte fehlten, blieben nur noch zwei Wege offen: im Einvernehmen mit den USA einen schrittweisen allgemeinen japanischen Rückzug aus China einzuleiten, was einen völligen Kurswechsel der japanischen Außenpolitik bedingt hätte, oder aber China als vorerst unlösbares Problem gleichsam „rechts" liegen zu lassen und zur Durchführung des „Südprogramms" zu schreiten, auch ohne daß der – ursprünglich als Voraussetzung hierfür betrachtete – Abschluß des China-Konflikts erreicht war. In einer für die aus heterogenen Elementen zusammengefügte japanische Gesamtpolitik bezeichnenden Weise versuchte die Regierung Konoye in den folgenden Monaten, sich in beiden Richtungen, in Parallelaktionen, voranzutasten.

Gleichzeitig mit dem Scheitern des politischen Kontaktversuchs zu Tschiang Kai-shek hinüber schwand übrigens auch die Hoffnung, daß der durch die japanische Wirtschaftsblockade ausgeübte Druck zu einem Zusammenbruch Chinas führen könne. Am gleichen Tage, an dem Japan die Nanking-Regierung anerkannte (30. 11.), kündigte Präsident Roosevelt eine weitere Anleihe in Höhe von 100 Millionen Dollar für China an[6]. Von noch größerer – unmittelbarer – Auswirkung war die Haltung der Sowjetregierung, die am 27. 11. durch ihren Botschafter in Washington erklären ließ, daß die sowjetische Politik gegenüber China mit der amerikanischen „identisch" sei[7]. Im Dezember 1940 und im Januar 1941 schloß die Sowjetregierung mit Tschiang Kai-shek drei Handelsabkommen und öffnete einen neuen Nachschubweg für China über eine Autostraße, die von der Transsibirischen Bahn über die Äußere Mongolei nach Lantschou führte.

Dies zeigte in voller Klarheit, daß ebenso wie die Erwartungen hinsichtlich einer Lösung des China-Problems die japanische Annahme, daß der Abschluß des „Dreimächtepaktes" die angestrebte Verbesserung der Beziehungen zur Sowjetunion erleichtern würde, eine Illusion war. In der Zeit vor der Unterzeichnung des „Dreimächtepaktes" hatten sich alle seit dem (durch die Anerkennung der eigenen Niederlage im sog. Nomonhan-Zwischenfall am 19. 9. 1939 zustande gekommenen) provisorischen „modus vivendi"[8] in wiederholten Ansätzen unternommenen Bemühungen Japans, sein Verhältnis zur Sowjetunion auf eine neue feste Grundlage zu stellen, an den sowjetischen Bedingungen für eine Zustimmung zu dem von der Regierung Yonai vorgeschlagenen sowjetisch-japanischen Neutralitätsvertrag zerschlagen. In den deutsch-japanischen Verhandlungen im September 1940, die zum „Dreimächtepakt" führten, hatte sich die deutsche Seite, die auf der Einfügung der Rußland-Klausel (Ar-

6 Foreign Relations, vol. IV/1940, S. 241 f.
7 Langer-Gleason: The Undeclared War, S. 143.
8 Vgl. oben S. 104 f.

tikel 5[9]) bestanden hatte, die Japan insofern benachteiligte, als Deutschland im Falle eines sowjetischen Angriffs auf Japan (mit dem die Sowjetunion im Gegensatz zu Deutschland keinen Nichtangriffspakt besaß) zu keiner Hilfeleistung verpflichtet war, zugesichert, ihre Vermittlerdienste für eine Verbesserung der sowjetisch-japanischen Beziehungen zur Verfügung zu stellen. Ziel Japans war es, die Sowjetunion durch „Zuweisung“ Irans und Indiens in das „Großraum“-Schema der „Dreimächtepakt“-Konzeption einzufügen, ohne daß die Sowjetunion dabei nach japanischer Auffassung formelles Mitglied des Paktes werden sollte. Als erstes Teilziel schwebte der japanischen Regierung der Abschluß eines sowjetisch-japanischen Nichtangriffspaktes (analog dem deutsch-sowjetischen Nichtangriffspakt) vor.

Ohne die Ergebnisse der Besprechungen Ribbentrops mit Molotow in Berlin abzuwarten, in denen diese deutsche Vermittlung eingeleitet werden sollte, schlug der neue japanische Botschafter in Moskau Tatekawa im Auftrage seiner Regierung am 30. 10. den Abschluß eines Nichtangriffspaktes zwischen der Sowjetunion und Japan vor[10]. Der japanische Vertragsentwurf stellte inhaltlich wie formell „quasi eine Kopie“ des deutsch-sowjetischen Nichtangriffspaktes dar. An diesen direkten Vorstoß sollte auf japanischen Wunsch Ribbentrop in seinen Gesprächen mit Molotow anknüpfen. Der deutsche Außenminister seinerseits ließ der japanischen Regierung Anfang November den Inhalt seines Vorschlages „bezüglich eines Übereinkommens zwischen Japan, Deutschland, Italien und der Sowjetunion, in dem die Beziehungen zwischen dem Dreimächtepakt und der Sowjetunion geregelt werden“ sollten und den er Molotow bei seinem Besuch vorlegen wollte, zugehen[11]. Kerngedanke dieses Vorschlages war, daß die Sowjetunion sich mit den Zielen des „Dreimächtepaktes“ einverstanden erklären und die Aufteilung der „Östlichen Hemisphäre“ in vier „Großräume“ anerkennen sollte. In einem Geheimabkommen sollten als „künftige Einflußsphären Japans die Südsee, als Einflußsphäre der Sowjetunion Iran und Indien, als Einflußsphäre Deutschlands Zentralafrika und als Einflußsphäre Italiens Nordafrika“ festgelegt werden.

Den Darlegungen Ribbentrops, der bereits in seinem Brief an Stalin vom 13. 10.[12] angekündigt hatte, daß er sich um eine Vermittlung zwischen der Sowjetunion und Japan bemühen wolle, hielt Molotow am 13. 11. jedoch entgegen, daß die Abgrenzung des japanischen „Großraums“ in Ostasien präzisiert werden müßte, vor allem „daß der Abschluß eines Nichtangriffsvertrages

9 Wortlaut des Artikels 5: „Deutschland, Italien und Japan erklären, daß die vorstehenden Abmachungen in keiner Weise den politischen Status berühren, der gegenwärtig zwischen jedem der drei vertragschließenden Teile und Sowjetrußland besteht“ (Reichsgesetzblatt 1940, Teil II, S. 280).

10 Zum Verlauf der sowjetisch-japanischen Vorverhandlungen im einzelnen Lupke, S. 79 ff.; Sommer, S. 477 ff.

11 Wortlaut der von Ribbentrop an die japanische Regierung Anfang November 1940 (genaues Datum nicht zu ermitteln) zugeleiteten Notiz gedruckt im Anhang bei Lupke, Dok. XV, S. 175.

12 ADAP D XI, Dok. 176: Brief Ribbentrops an Stalin, 13. 10. 1940, S. 291 ff.

mit Japan nicht von den zwischen beiden Mächten in Fernost ausstehenden Fragenkomplexen getrennt werden könnte[13]". Damit deutete er an, daß die Sowjetunion – wie im August 1939 gegenüber Deutschland – den Abschluß eines Paktes mit Japan mit „handfesten" Gewinnen zu koppeln gedachte.
Als eine der Bedingungen der Sowjetunion für die Zustimmung zu dem Entwurf für einen „Viererpakt", den Ribbentrop Molotow am 13. 11. übergeben hatte[14], wurde daher in der sowjetischen Stellungnahme vom 25. 11.[15] der Verzicht Japans auf seine Öl- und Kohlenkonzessionen in Nordsachalin, in den Konsequenzen also die Aufgabe der vertraglichen Basis des Friedens von Portsmouth von 1905, gefordert[16]. Bereits am 18. 11. hatte Molotow Botschafter Tatekawa dieselbe Forderung als Bedingung für den Abschluß eines Neutralitätsvertrages – zu einem Nichtangriffspakt erklärte sich die sowjetische Regierung ohnehin nicht bereit – genannt. Ein solch weitgehendes Zugeständnis lehnte die japanische Regierung ab. Damit endeten die kurzen sowjetisch-japanischen Verhandlungen ohne jedes Ergebnis.
Der Entschluß des japanischen Außenministers Matsuoka vom 19. 12.[17], der am Tage der Unterzeichnung des „Dreimächtepaktes" (27. 9.) ausgesprochenen Einladung Ribbentrops, zu einem Besuch nach Deutschland zu kommen, nunmehr Folge zu leisten, um persönlich in Berlin und vor allem in Moskau, wo er auf der Hin- und auf der Rückfahrt nach Deutschland Station zu machen gedachte, nach den noch vorhandenen Möglichkeiten für einen japanisch-sowjetischen „Ausgleich" Ausschau zu halten, war die eine Konsequenz, die die japanische Regierung aus dem Scheitern der Oktober/November-Verhandlungen zog. Die andere Folgerung zog Premierminister Konoye zunächst nur persönlich – damit das Nebeneinander der verschiedenen politischen Tendenzen innerhalb seines Kabinetts erneut demonstrierend –, indem er den seit dem Rücktritt der Regierung Yonai abgerissenen unmittelbaren politischen Kontakt zu den USA wieder aufnahm.
Obwohl die rasche Reaktion der USA auf den Abschluß des „Dreimächtepaktes" in Form eines verstärkten Engagements in China gezeigt hatte, daß sich die amerikanische Regierung nicht von ihrem harten Kurs gegenüber Japan abbringen ließ, blieb doch für die amerikanische Politik die – dem Wortlaut des Artikels 3 des „Dreimächtepaktes" nach uneingeschränkt gültige – Automatik des Paktes in dem Falle, daß sich die USA zum Eintritt in den europäischen Krieg entschlossen, ein ernst zu nehmendes Problem. Allerdings sickerten bereits Ende Oktober, kurz nach Beginn des italienischen Angriffs gegen Griechenland, offensichtlich gezielte Indiskretionen in diplomatischen

13 Lupke, S. 89.
14 ADAP D XI, Dok. 329: Aufz. über die Unterredung Ribbentrop-Molotow, 13. 11. 1940, S. 562 ff.
15 ADAP D XI, Dok. 404: Der dt. Botschafter in Moskau an das AA, 26. 11. 1940, S. 714 ff.
16 Eingehend Lupke, S. 89 ff.
17 Sommer, S. 490.

Kreisen Tokios durch, die von einem die Bündnisautomatik einschränkenden „Proviso" zum „Dreimächtepakt" sprachen[18]. Auch Außenminister Matsuoka machte gegenüber dem Vertreter der „New York Times" in Tokio Andeutungen solcher Art[19]. Dies konnte nur als Wink an die amerikanische Regierung aufgefaßt werden, in Verhandlungen mit Japan einzutreten, bei denen gegen entsprechende amerikanische Konzessionen ein Entgegenkommen Japans erreichbar war, womit letztlich der „Dreimächtepakt" selbst zum Verhandlungsobjekt oder Kompensationsgegenstand wurde. Dieser Gedanke entsprach im Kern, wenn auch nicht in der jetzt offensichtlich eingeleiteten kurzschlüssigen Form, durchaus der Leitlinie der japanischen Politik, wie sie bei Eintritt in die Paktverhandlungen mit Deutschland festgelegt worden war[20].

Die Ernennung des als amerika-freundlich bekannten ehemaligen Außenministers des Kabinetts Abe, Admiral Nomura, zum Botschafter in Washington am 8. 11. zeigte diese Tendenz ganz deutlich[21], während die einen Monat später (11. 12.) veröffentlichte Ankündigung, daß der deutsch-freundliche General Oshima wieder als japanischer Botschafter nach Berlin gehen werde[22], als Aufwertung des Verhandlungsobjekts „Dreimächtepakt" verstanden werden konnte, wenn man nicht einfach die schon erwähnte Zweigleisigkeit der japanischen Politik in dieser Zeit als ausreichende Begründung anerkennt.

Die Einrichtung eines amerikanischen Konsulats in Wladiwostok am 9. 12.[23] ließ offensichtlich bei der japanischen Regierung die Befürchtung wachsen, die schon nach dem Scheitern der japanisch-sowjetischen Verhandlungen aufgekommen war, daß nun ein Zusammengehen zwischen der Sowjetunion und den USA gegen Japan zu befürchten sei[24]. Dies führte zu einem Schritt des

18 Einzelheiten mit Quellenangaben bei Sommer, S. 446 f.

19 Otto D. Tolischus: Tokyo Record. New York 1943, S. 40 ff.; Craigie, S. 108 f.; Sommer, S. 447.

20 Vgl. oben S. 124 f.

21 Hierzu KTB Halder, Bd. II, S. 201 (28. 11. 1940): „Japan: Neuer Botschafter Washington ehemaliger Führer einer Freundschaftsmission. Zurückstecken der Ziele!" — Nomura begab sich am 23. 1. 1941 von Tokio aus auf seinen Posten nach Washington und wurde am 14. 2. von Roosevelt zur Überreichung seines Beglaubigungsschreibens empfangen.

22 Am 3. 2. 1941 wurde der bisherige japanische Botschafter in Berlin, Kurusu, von Hitler zur Abschiedsaudienz empfangen. Der neue Botschafter, General Oshima, wurde am 23. 2. 1941 erstmals von Ribbentrop zu einem bedeutsamen politischen Gespräch (vgl. unten S. 417), dann am 28. 2. von Hitler zur Überreichung seines Beglaubigungsschreibens empfangen.

23 Die Vorgeschichte begann bereits am 18. 7. 1940, als sich die amerikanische Regierung in einer Stellungnahme an die sowjetische Regierung erstmals zugunsten der Errichtung eines US-Konsulats in Wladiwostok aussprach (hierzu und für den Fortgang der Verhandlungen: Foreign Relations, vol. III/1940, S. 456 ff.).

24 Über die tiefgreifenden amerikanisch-sowjetischen Spannungen seit dem finnisch-sowjetischen Winterkrieg 1939/40, die nur eine sehr langsame, durch mehrfache Rückschläge verzögerte, recht begrenzte Verbesserung der Beziehungen zwischen den USA und der Sowjetunion bis zum deutschen Angriff auf die UdSSR am 22. 6. 1941 ermöglichten: Foreign Relations, vol. III/1941, S. 244 ff.

japanischen Premierministers Konoye, der dem Geist wie dem Buchstaben des „Dreimächtepaktes" völlig zuwiderlief: In „vorfühlenden" Gesprächen mit zwei hohen geistlichen Würdenträgern aus den USA[25], über die der Kontakt zur amerikanischen Regierung auf inoffiziellem Wege mit einem „Versuchsballon" aufgenommen werden sollte, übergab Konoye Mitte Dezember 1940 zur Weiterleitung an Präsident Roosevelt ein Schreiben. In der hierin vorgeschlagenen Generalbereinigung der Spannungen zwischen den USA und Japan stellte Konoye u. a. „die Wiederherstellung des status quo ante[26] in China und die praktische – obwohl nicht formelle – Nullifizierung des Dreimächtepaktes in Aussicht[27]". „Konkret lief seine Anregung darauf hinaus, den Dreimächtepakt nicht aufzukündigen, sondern ihn auch umgekehrt anzuwenden, das heißt, den Vereinigten Staaten im Falle eines deutschen Angriffs japanische Unterstützung zu gewähren[28]." Am 15. 2. 1941 bot sich die japanische Regierung sogar, ohne den deutschen Bundesgenossen von diesem Schritt in Kenntnis zu setzen, Großbritannien als Vermittler im europäischen Krieg an[29]. Auf die eindeutige Abweisung durch Churchill am 24. 2. zog Matsuoka seinen Vorschlag dann wieder zurück[30].

Wenn auch das volle Ausmaß dieser Abwendung Japans vom „Dreimächtepakt" in Deutschland nicht bekannt wurde[31], so war sich Hitler trotz der an=

25 Bischof Walsh und Pater Drought von der „Catholic Foreign Society of America". Hierzu Sommer, S. 489; Langer=Gleason: The Undeclared War, S. 314 f. und S. 319; Tansill, S. 673 f.; das Memorandum Walsh' vom Januar 1941 in: Foreign Relations, vol. IV/1941, S. 14 ff. – Am 23. 1. 1941 berichteten die beiden Geistlichen Roosevelt und Hull über ihre Gespräche in Tokio. Gespräche einer offiziellen Delegation Japans fanden am 15. 1. 1941 im State Department in Washington statt. Beide Kontaktversuche führten zu keiner unmittelbaren amerikanischen Reaktion (vgl. unten S. 312 f.).

26 Es blieb unklar, ob damit der Zustand von 1931, von 1937 oder eines anderen Zeitpunktes gemeint war.

27 Sommer, S. 489. – Es muß offenbleiben, was Konoye mit diesem weitgehenden inoffiziellen „Angebot" bezweckte. Daß es nicht die politische Linie des japanischen Gesamtkabinetts widerspiegelte, war auch den beiden amerikanischen Geistlichen klar, da Außenminister Matsuoka ihnen gegenüber in einer viel vageren Form von der Notwendigkeit eines japanisch=amerikanischen „Ausgleichs" gesprochen hatte. Wahrscheinlich wollte Konoye unter allen Umständen offizielle japanisch=amerikanische Verhandlungen überhaupt erst einmal in Gang bringen. – In den Memoiren Shigemitsus und Togos wird ein so weitgehendes Entgegenkommen Konoyes, wie es die Geistlichen Roosevelt gegenüber als „Angebot" Konoyes darlegten, geleugnet. Shigemitsu (S. 227) behauptet, daß die amerikanischen Geistlichen ihrerseits in ihren Gesprächen mit Vertretern der japanischen Regierung einen Plan entwickelt hätten, der auf die Schaffung getrennter amerikanischer und japanischer Einflußsphären mit der Datumslinie (180. Längengrad) als Grenze hinauslief, während Togo (S. 62), von der politischen Haltung der japanischen Regierung in den offiziellen Verhandlungen (ab April 1941) ausgehend, das Ganze mit einem Mißverständnis der beiden amerikanischen Geistlichen zu erklären sucht („irrige Ideen" des Bischofs Walsh).

28 Sommer, S. 489.

29 Woodward, S. 172.

30 Churchill, vol. III, S. 157 ff.

31 Über die erheblichen deutsch=japanischen Spannungen, die sich aus der rigorosen „Autarkie"=Politik Japans in seinem „Großraum" Ostasien, vor allem auf Grund

fangs sehr optimistischen Berichte der deutschen Vertreter in Washington über die Auswirkungen des „Dreimächtepaktes“ auf die amerikanische Politik[32] schon recht bald nach Unterzeichnung des Paktes darüber im klaren, daß der „Dreimächtepakt“ gegenüber den USA völlig wirkungslos geblieben und daß von einer Fortführung der diplomatisch-politischen Aktion kein durchschlagender Erfolg im Sinne seiner Ziele zu erwarten war[33].

Diese Erkenntnis führte ihn sehr schnell zu seiner Grundauffassung zurück, daß ohne eine militärische Lösung des Rußland-Problems eine „Aufwertung“ Japans zum realen Gegengewicht gegenüber den USA nicht zu erreichen sei[34], zumal, wie Hitler meinte, sich auch erst dann die ganz auf einen pro-deutschen Kurs abzielenden Kräfte in Japan durchsetzen könnten.

Am 27. 12. faßte Hitler in seiner Besprechung mit Großadmiral Raeder – als dieser erstmals anregte, Japans Interesse auf eine Eroberung Singapores zu lenken – sein Urteil über die japanische Politik am Jahresende 1940 in dem einen Satz zusammen: er glaube, „daß Japan vorläufig nichts Entscheidendes tut[35]“. „Vorläufig“ bedeutete hier so viel wie: vor der Zerschlagung der Sowjetunion durch Deutschland, durch die Japan, wie Hitler – mit Recht – meinte, mit der damit gewonnenen Rückenfreiheit auf die Bahn der Expansionspolitik nach Süden gebracht werde. Was Hitler nicht sah, war, daß gerade durch den „Dreimächtepakt“ mit der darin bereits einbeschlossenen Hinwendung Japans auf einen Expansionskurs nach Süden innerhalb der japanischen Führung zwangsläufig die im engeren Sinne pro-deutsche Gruppe der japanischen Armee, die seit jeher eine Stoßrichtung gegen die Sowjetunion befürwortet und seit 1936 den „Antikomintern“-Kurs vertreten hatte[36], zurückgedrängt wurde und nunmehr der japanischen Marineleitung die Schlüsselposition zufallen mußte. Diese jedoch, die jede enge Bindung an Deutschland ablehnte, strebte nach Möglichkeit einen „Ausgleich“ mit den USA an, neigte aber, falls sich dies trotz allen Bemühungen als aussichtslos herausstellen sollte und die amerikanische Regierung ihre harte Haltung gegen Japan fortsetzte, durch die seine vitalen Interessen bedroht wurden, allmählich immer mehr dazu, unter Ausnutzung einer günstigen weltpolitischen Situation als ultima ratio einen Krieg gegen Amerika ohne Rücksicht auf die Zielvorstellungen des Bundesgenossen Hitler zu einem als vorteilhaft betrachteten Zeitpunkt zu riskieren[37].

der Schwierigkeiten entwickelten, die Japan ständig bei vertraglich vereinbarten wirtschaftlichen Lieferungen aus Französisch-Indochina und Niederländisch-Indien an Deutschland machte, vgl. Sommer, S. 482 ff.

32 Hierzu Friedländer, S. 131 f.

33 Vgl. unten S. 351 ff.

34 Vgl. unten S. 361 ff.

35 Aufz. über die Besprechung Hitler-Raeder, 27. 12. 1940, in: Lagevorträge des Ob. d. M.

36 Es wird in den meisten Darstellungen nicht genügend beachtet, daß die „Antikominternpakt“- und die „Dreimächtepakt“-Linie der japanischen Politik von verschiedenen Kräften in der japanischen Führung vertreten wurden.

37 Über die Konsequenzen der politischen Konzeption der japanischen Marineführung vgl. unten 414 ff.

3. Die Politik der Sowjetunion zur Erweiterung ihres strategischen Vorfeldes in Europa und Asien

Die Sowjetunion befand sich im Herbst 1940 in einer Situation, die bis zu einem gewissen Grade der des Sommers 1939 ähnelte. Mehr noch als damals hatte es seit Abschluß des „Dreimächtepaktes" den Anschein, als befinde sich Stalin in der Rolle des allseits Umworbenen. Italien bemühte sich schon seit Ende Juni 1940 um eine Verbesserung seiner Beziehungen zur Sowjetunion und schien mit seiner klein-imperialen Politik auf dem Balkan in sowjetischer Sicht einen guten Ansatzpunkt für eine Interessenabgrenzung in Südosteuropa zu bieten[1]. Japan nahm seine Anstrengungen wieder auf, mit der Sowjetunion einen Neutralitätsvertrag oder einen Nichtangriffspakt abzuschließen, und mußte im Interesse seines „Südprogramms" nach Stalins Auffassung bereit sein, dafür einen größeren Preis zu bezahlen. Am 17. 10. schließlich erreichte ihn Ribbentrops Einladung zum Besuch Molotows in Berlin, bei dem die von Stalin schon seit der großen machtpolitischen Veränderung in Europa im Mai/Juni 1940 erwarteten und erstrebten Verhandlungen über die Neufestlegung der sowjetischen und deutschen Interessensphären in Ostmittel- und Südosteuropa für die nächste Phase des „imperialistischen Krieges" endlich beginnen konnten. Auf der anderen Seite verfolgte die amerikanische Regierung seit Anfang August 1940 beharrlich den Kurs einer behutsamen Verbesserung ihres Verhältnisses zur Sowjetunion, und Großbritannien trat nach dem ersten gescheiterten Versuch vom Juni/Juli 1940 mit einem neuen politischen Angebot an die Sowjetunion heran.

Das Ziel Stalins in dieser günstigen, von ihm aber wohl zu günstig bewerteten weltpolitischen Konstellation war es, sich nicht in die Alternative einer Option für die „Dreierpaktmächte" oder die Angelsachsen drängen zu lassen, sondern in jeweils zweiseitigen Verhandlungen mit den einzelnen Staaten zunächst ihre Konzessionsbereitschaft zu sondieren und dann die eigenen Forderungen im Sinne des Ausbaus und der Erweiterung der strategischen Sicherungen, die ihm mit der Fortdauer und räumlichen wie militärtechnischen Ausweitung des europäischen Kriegs im Interesse der Wahrung und Stärkung der unabhängigen Position der Sowjetunion notwendig schienen, zu präsentieren. Ihn konnte dabei die Überzeugung leiten, selbst nicht auf andere Mächte angewiesen zu sein, sondern den Preis eines — in jedem Falle ausschließlich an den eigenen Interessen orientierten — Engagements bestimmen zu können.

Wie sehr Stalin die Unabhängigkeit seiner Position in der Weltpolitik gewahrt wissen wollte, ging in den Vorverhandlungen zum Besuch Molotows in Berlin u. a. schon daraus hervor, daß Stalin — entgegen den Wünschen Hitlers — der

1 Vgl. die Unterredungen Molotow-Rosso vom 17. 6. und 20. 6. 1940 (Toscano: Una mancata, S. 24 ff.). Sogar eine Aufteilung der Türkei in „Interessensphären" der Sowjetunion und Italiens (bzw. der „Achsen"-Mächte) wurde von Molotow angedeutet.

Reise erst für die Zeit nach den amerikanischen Präsidentschaftswahlen zustimmte und selbst eine Ankündigung der Reise vor diesem Termin ablehnte. Auch bestand er auf der Zweiseitigkeit der deutsch-sowjetischen Gespräche und lehnte jegliche Koppelung mit den „Dreierpakt"-Partnern Italien und Japan ab.

Das seit dem Sommer 1939 gewachsene Machtbewußtsein verleitete Stalin dazu, die eigenen weitgesteckten Ziele während des Besuchs Molotows in Berlin (wie in den Verhandlungen mit Japan) in brutaler Offenheit darlegen zu lassen, da er davon überzeugt war, daß Hitler in den wahrscheinlich über einen längeren Zeitraum hinweg fortgesetzten Verhandlungen — es war ja ein späterer Besuch Ribbentrops in Moskau bereits in dem einleitenden Briefwechsel vorgesehen worden — gezwungen sein würde, den Großteil der Forderungen, die die sowjetischen Nahziele betrafen, zu akzeptieren.

Stalin sah mit voller Klarheit die bei Fortdauer des Krieges im Westen — auf die Länge hin gesehen — unvermeidbar fortschreitende Schwächung der Machtstellung Hitlers in Europa (vor allem in Relation zu der Entfaltung des Kräftepotentials der angelsächsischen Mächte), ein Vorgang, der sich durch den raschen Verfall der italienischen Macht noch beschleunigte; er kalkulierte nicht zuletzt auch die dadurch größer werdende Abhängigkeit der deutschen Kriegführung von der wirtschaftlichen und politischen Hilfeleistung der Sowjetunion ein und glaubte — von seinem Standort durchaus begründet — von Hitler einen hohen Preis für eine weitere wohlwollende Haltung der Sowjetunion in der zweiten großen Phase des Krieges im Westen erwarten zu dürfen, die ja im Falle eines — von ihm nun allerdings wohl für unwahrscheinlich gehaltenen[1a] — deutschen Sieges über Großbritannien Hitler einen neuen gewaltigen Machtzuwachs bringen mußte. Stalin erfaßte bei seiner völlig rationalen Lageanalyse aber nicht, daß die Dinge, von Hitler aus betrachtet, anders aussahen. Er wußte nicht, wie gering dieser die militärische Stärke der Sowjetunion einschätzte und daß Hitler in der militärischen Zerschlagung der Sowjetunion — auch vor Beendigung des Krieges im Westen — eine nicht nur seinen bekannten politischen Fernzielen entsprechende Lösung, sondern seiner Auffassung nach auch relativ leicht zu verwirklichende und vollen Erfolg verheißende „Alternative" zu dem — für eine wirksame Fortsetzung des Krieges im Westen, wie Stalin meinte, notwendigen — politischen „Ausgleich" mit der Sowjetunion bei einem ihm zu hoch erscheinenden Preis in der Hand zu haben glaubte.

1a Spätestens nach dem Scheitern der deutschen Luftoffensive gegen Großbritannien (Mitte September 1940) muß sich Stalins Beurteilung der Kriegsaussichten Deutschlands im Westkrieg gegenüber den — von Cripps allerdings nicht unbedingt korrekt wiedergegebenen und daher nicht mit Sicherheit seine wahre Auffassung enthaltenden — Äußerungen in dem Gespräch mit dem britischen Botschafter am 1. 7. 1940 (vgl. oben S. 87, Anm. 39) gewandelt haben. Fest steht, daß Stalin nunmehr mit einer längeren Dauer des Krieges im Westen und, nicht zuletzt infolge des Engagements der USA, schließlich mit einem Ausgang des „imperialistischen Krieges" zugunsten der angelsächsischen Seemächte rechnete.

Stalins Lagebeurteilung war im engeren Sinne realistisch und zutreffend, da er das Kräftepotential der beiden „imperialistischen Gruppen" und die schwierige Situation Hitlers im Kampf gegen die angelsächsischen Seemächte aus seiner schmalen eruopäischen Basis als wesentliche Faktoren in seinen Kalkül einbezog. Sie war jedoch letztlich falsch, da sie nicht die völlig andersartige Sichtweise seines Gegenspielers berücksichtigte. Stalin kannte zwar Hitlers eigenwillige Deutung seiner Situation und seine kurzschlußartigen Folgerungen nicht im einzelnen, doch konnte ihm Hitlers Unterschätzung der wirtschaftlichen und politischen Kräfte der Sowjetunion, besonders die negative Beurteilung der Roten Armee, nicht völlig unbekannt sein.

Die wechselseitige enorme Unterschätzung Hitlers und Stalins lag weniger in der jeweiligen Erfassung der Fernziele des anderen (die beide durchaus zutreffend erkannten: Stalin, daß Hitler letztlich den Angriff auf die Sowjetunion anstrebte; Hitler, daß Stalin in der Endphase des „imperialistischen Krieges" sich in Europa die Gebiete zu nehmen trachtete, die aus der Sicht einer sehr weit gefaßten sowjetischen „Sicherheits"-Politik notwendig schienen), sondern mehr in einer „ideologisch" begründeten Fehleinschätzung der Stärke des nationalsozialistischen bzw. bolschewistischen Systems. Die wechselseitige Unterschätzung des Gegenspielers gab auch den Gesprächen zwischen Hitler und Molotow in Berlin im November 1940 das entscheidende Gepräge.

Völlig indiskutabel war in Stalins Augen das, was die britische Regierung – den erwarteten deutsch-sowjetischen Verhandlungen über einen neuen Interessen-„Ausgleich" zuvorkommend – durch ihren Botschafter Cripps am 22. 10. dem stellvertretenden Außenkommissar Wyschinskij als Verhandlungsangebot überreichen ließ[2]. Danach sollte die Sowjetunion gegenüber Großbritannien eine ebenso wohlwollende Neutralität einnehmen wie gegenüber Deutschland; dies sollte auch für die sowjetische Politik gegenüber der Türkei und Iran gelten, denen die Sowjetunion in ähnlicher Weise Unterstützung zukommen lassen sollte, falls sie von Deutschland angegriffen würden, wie China in seinem Kampf gegen Japan. Überhaupt sollte die Sowjetunion auf jeden „Ausgleich" mit Japan verzichten, sofern ein solcher die japanischen „Aggressionspläne" fördern würde. Als Kompensation für all dies bot Großbritannien – neben einem großzügigen Wirtschaftsvertrag – eine Konsultation der Sowjetunion bei der Regelung der europäischen Verhältnisse nach Beendigung des Krieges Großbritanniens gegen Deutschland an und sicherte zu, in keine antisowjetische Mächtekombination einzutreten, solange die Sowjetunion sich jeder feindseligen Handlung gegenüber Großbritannien enthalte. Bis zu einer Friedensregelung würde die britische Regierung die de-facto-Herrschaft der

2 Woodward, S. 145 f. – Dieses britische Angebot war auf eine Lagebeurteilung des Botschafters Cripps vom 12. 10. zurückzuführen. Cripps hatte darin dargelegt, daß es offenkundig sei, daß die Sowjetregierung keinen deutschen Sieg wünsche. Großbritannien habe jetzt eine Chance („vielleicht unsere letzte Chance"), der Sowjetregierung ein Angebot zu machen, das eine britisch-sowjetische Zusammenarbeit nach dem Kriege sichere (Woodward, S. 145).

Sowjetunion über Estland, Lettland, Litauen, Bessarabien, die Nordbukowina und über die Teile des „früheren polnischen Staates[3]", die unter sowjetischer Kontrolle stünden, anerkennen. Es konnte nicht überraschen, daß Wyschinskij, dem Drängen Cripps' am 26. 10. und 2. 11. ausweichend, die Erörterung dieses Vorschlages bis nach dem Besuch Molotows in Berlin hinauszuzögern suchte[4], von dessen Ergebnis sich Stalin ganz andere Vorteile versprach, als in dem britischen Angebot vom 22. 10. enthalten waren.

Die Protestnote der britischen Regierung gegen ihre Ausschließung von den Beratungen der „Seedonau"-Konferenz" in Bukarest[5], die Cripps am 29. 10. im sowjetischen Außenkommissariat überreichte und die die Sowjetregierung in einer am 4. 11. veröffentlichten Antwort zurückwies[6], ließ die britische Haltung vom sowjetischen Standpunkt aus darüber hinaus noch zwielichtiger erscheinen, da Cripps in der zweiten Juni-Hälfte 1940 die Anerkennung der Vormachtstellung der Sowjetunion in Südosteuropa durch Großbritannien wiederholt betont hatte[7].

Als die Sowjetregierung auch nach der Rückkehr Molotows aus Berlin keinerlei Kontakt zum britischen Botschafter suchte, obwohl die britische Regierung Informationen über den negativen Verlauf der Gespräche Molotows mit Hitler und Ribbentrop besaß und daher annahm, daß Stalin nun auf sie zukommen würde, schlug Cripps am 19. 11. vor, das Angebot auf einen für die Sowjetunion günstigen Wirtschaftsvertrag zurückzuziehen, um auf die Sowjetregierung Druck auszuüben. Jedoch entschied das Foreign Office, ohne den vom britischen Standpunkt mit Blick auf die Rußland-Politik der USA recht weitgehenden Vorschlag an die Sowjetregierung vom 22. 10. noch einmal zu wiederholen, die politische Linie eines weiteren behutsamen Entgegenkommens gegenüber der Sowjetunion beizubehalten in der Erwartung, daß die Sowjetregierung doch in absehbarer Zeit eine Annäherung an Großbritannien suchen werde, sobald sie sich über die Konsequenzen der gescheiterten Verhandlungen Molotows in Berlin klar geworden sei.

Die allgemeine Richtung der sowjetischen Forderungen, die auf deutscher Seite in den Verhandlungen mit Molotow erwartet werden mußten, war seit Juni 1940 klar zu erkennen. Der beständige, nur in seiner Stärke wechselnde Druck auf Finnland, die überall zu beobachtende sowjetische Aktivität auf dem Balkan und die „Aspirationen" gegenüber der Türkei und Iran wurden von uns

3 Diese Formulierung wurde von Cripps entgegen den Weisungen des Foreign Office gewählt. Am 30. 10. rügte das britische Außenamt Cripps, da die Sowjetregierung aus dieser Formulierung schließen könnte, daß die britische Regierung Polen nicht mehr als Staat in den Grenzen vom 1. 9. 1939 anerkenne. Eine Klarstellung gegenüber der Sowjetregierung unterblieb jedoch, da der Verhandlungsvorschlag nicht aufgegriffen wurde (Woodward, S. 145, Anm. 2).
4 Hierfür und für das Folgende Woodward, S. 146 f.
5 Vgl. unten S. 304.
6 SDFP, vol. III, S. 476.
7 Vgl. oben S. 85 ff.

schon erwähnt[8]. Das sowjetische Interesse an Südosteuropa, das in dem Memorandum an die Reichsregierung vom 21. 9. zuletzt deutlich zum Ausdruck gekommen war[9], unterstrich Stalin noch durch einen militärischen und einen politischen Schachzug kurz vor dem Besuch Molotows in Berlin. Am 26. 10. besetzten sowjetische Truppen in überraschender Aktion die Inseln im Kilia-Strom, dem südlichsten Arm der unteren Donau, durch die die Sowjetunion die Kontrolle über den gesamten Verkehr von der Donau ins Schwarze Meer gewann[10]. Dies war der Auftakt für die Verhandlungen der „Seedonau"-Konferenz in Bukarest, auf der die Sowjetregierung bereits am Eröffnungstage, 29. 10., ihr politisches Ziel erkennen ließ, indem sie eine effektive Kontrolle der unteren Donau durch eine neue internationale Donau-Kommission ablehnte und statt dessen eine russisch-rumänische Verwaltung der „Seedonau" von Braila bis zur Mündung vorschlug. Dies lief in der politischen Konsequenz auf eine sowjetische Beherrschung der Donaumündung hinaus[11], in die ein bestimmender Einfluß auf Rumänien einbeschlossen war.

Die Gespräche zwischen Molotow, Hitler und Ribbentrop in Berlin am 12. und 13. 11. sind an Hand der deutschen Aufzeichnungen[12] so oft in ihrem Verlauf beschrieben worden[13], daß wir uns hier auf eine Zusammenfassung der sowje-

8 Vgl. oben S. 113 ff.
9 Vgl. oben S. 234 f.
10 Hierzu KTB OKW, Bd. I, S. 134.
11 Einzelheiten über den Verlauf der „Seedonau"-Konferenz in Bukarest vom 29. 10. bis 21. 12. 1940 bei Peter (Pseudonym): Die Sowjetregierung und die Donaumündung Ende 1940. Dokumentarischer Bericht über die Bukarester „Seedonau"-Konferenz. In: Monatshefte für Auswärtige Politik 1944, S. 22 ff.; Hillgruber: Hitler, König Carol und Marschall Antonescu, S. 104 ff.
12 Zuletzt ausführlich bei Fabry, S. 349 ff.
13 Die offizielle sowjetische Darstellung „G. d. Gr. V. Kr." faßt, ohne überhaupt zu erwähnen, daß Molotow selbst zu Besprechungen mit Hitler in Berlin weilte, Verlauf und Ergebnis der Verhandlungen wie folgt zusammen (Bd. I, S. 464 f.): „Im November 1940 fanden in Berlin Verhandlungen zwischen der UdSSR und Deutschland statt. Die Regierung der UdSSR bemühte sich, Bulgarien von der drohenden deutschen Okkupation zu bewahren. Die deutschen Führer schlugen der UdSSR daraufhin vor, die gegenseitigen Eiinflußsphären abzugrenzen. Das geschah in dem offensichtlichen Bestreben, die sowjetische Außenpolitik unter deutsche Kontrolle zu bringen. Die Sowjetunion sollte in Europa und Afrika einen deutschen sowie einen italienischen und in Südostasien einen japanischen Herrschaftsbereich anerkennen, sich selbst aber in ihrer internationalen Politik ausschließlich auf den Bereich südlich des Staatsgebietes der Sowjetunion in Richtung des Indischen Ozeans beschränken. Die deutsche Regierung wollte dafür die territoriale Unantastbarkeit der Sowjetunion anerkennen. Die Sowjetunion wahrte ihre nationale Unabhängigkeit und Souveränität. Sie war gegen eine imperialistische Politik der Schaffung von Einflußsphären und wies die deutschen Vorschläge kategorisch zurück." — Als „Quelle" für diese Thesen wird lediglich die deutsche Sammlung „Die Beziehungen zwischen Deutschland und der Sowjetunion 1939—1941". Hrsg. von Manfred (sic!) Seidl. Tübingen 1949, S. 288/89, angegeben. Jeder Verweis auf Akten des sowjetischen Außenministeriums fehlt an dieser Stelle, während in anderen — weniger bedeutenden — Abschnitten des Werkes gelegentlich Hinweise auf Aktenmaterial des sowjetischen Außenministeriums gegeben werden. — Beachtenswert an dieser sowjetischen Darstellung ist lediglich zweierlei: 1. Das Eingeständnis, daß die

tischen Forderungen beschränken, um auf die große Perspektive der sowjetischen Konzeption hinzuweisen, in der die Einzelforderungen betrachtet werden sollten. Hitlers Stellungnahme hierzu wird im Zuge unserer Darstellung seiner politischen und strategischen Gedankenbildung im Herbst 1940 dargelegt werden[14]. Diese Trennung ist insofern berechtigt, als die Besprechungen Molotows mit Hitler und Ribbentrop nicht „Verhandlungen" im üblichen Sinne des Wortes waren, bei denen es ja im Kern stets um das Problem eines „do ut des" mit dem Ziel eines Kompromisses geht, es sich vielmehr hier zwar nicht der Form, aber der Sache nach auf beiden Seiten um „Monologe" handelte.

Bei den von Molotow angemeldeten oder auch nur angedeuteten Forderungen müssen zwei Gruppen klar voneinander geschieden werden, und zwar diejenigen, die sich auf Nahziele bezogen, und solche Forderungen oder Ziele, die von Stalin erst für eine spätere Zeit in Betracht gezogen wurden. Die ersteren sah Stalin als eine Art Kompensation für die in der nächsten Zeit mögliche weitere Machtausdehnung Deutschlands an, als Preis für die Fortdauer der wohlwollenden sowjetischen Politik gegenüber Deutschland in der nach Abschluß des neuen deutsch=sowjetischen Interessen=„Ausgleichs" beginnenden Phase des Krieges gegen Großbritannien. Die zweite Gruppe hingegen enthielt die Ziele, die in der dritten – letzten – Phase des Krieges erreicht werden sollten, in der eine erneute, diesmal jedoch andersartige Veränderung des Kräfteverhältnisses der Kriegsparteien, vor allem nach dem früher oder später zu erwartenden Eintritt der USA in den Krieg, nach Auffassung Stalins eine abermalige Ausweitung des Glacis nach Mitteleuropa hinein erforderlich machen würde.

Zur ersten Reihe gehörten die völlige Einverleibung Finnlands, das von Hitler endgültig als unverletzbarer Teil der sowjetischen Interessensphäre anerkannt werden sollte, die Erweiterung der sowjetischen Position in Rumänien durch die Gewinnung der Südbukowina (was praktisch nur durch die Aufhebung der deutschen Garantie für Rumänien – das eigentliche Ziel der sowjetischen Forderung – zu erreichen war), die Anerkennung von Bulgarien, das eine Garantie der Sowjetunion erhalten sollte, als Teil der sowjetischen „Sicherheitszone" und die Errichtung sowjetischer Luft= und Marinestützpunkte auf türkischem Territorium an den Dardanellen.

Beschränkten sich diese Primärforderungen der Sowjetunion im Süden auf den östlichen Teil der Balkanhalbinsel, so ließ Molotow als Fernziele[15] das sowje=

Sowjetregierung einen deutschen Einmarsch nach Bulgarien verhindern wollte, obwohl der Sowjetregierung die militärische Notwendigkeit hierzu, d. h. die Zwangslage der deutschen Seite, klar gewesen sein muß; 2. – vor allem – die Betonung der außenpolitischen Unabhängigkeit („Souveränität") der Sowjetunion als – zutreffender – Grundzug der Politik Stalins während des „imperialistischen Krieges" in Europa.

14 Vgl. unten S. 355 ff.

15 Diese Fernziele kamen vor allem im Gespräch Ribbentrop=Molotow am 13. 11. abends im Luftschutzkeller des Auswärtigen Amtes während eines britischen Luftangriffs auf Berlin zum Ausdruck. Vgl. ADAP D XI, Dok. 329: Aufz. über die Unterredung Ribbentrop=Molotow, 13. 11. 1940, S. 562 ff.

tische Interesse an Ungarn, Jugoslawien, Griechenland und sogar an dem westlichen Teil Polens erkennen, den die Sowjetunion in den Verträgen vom 23. 8. und 28. 9. 1939 ausdrücklich als deutsche Interessensphäre anerkannt hatte und der damals das Nahziel Hitlers gewesen war, zu dessen Durchsetzung er überhaupt den Pakt mit Stalin geschlossen hatte. Eine lockere Einbeziehung Schwedens als Vorfeld bzw. als neutrale Pufferzone am Rande des sowjetischen Interessenbereichs deutete Molotow schließlich ebenso an wie er auf das Problem der „Durchfahrten aus der Ostsee (Großer Belt, Kleiner Belt, Kattegatt, Skagerrak)" hinwies, für die die Sowjetunion eine sowjetisch-dänische Kommission (unter Ausschluß aller übrigen Staaten) ähnlich der russisch-rumänischen für die Donaumündung anstrebte, die ihr alle Macht und somit die Kontrolle der Ostseeausgänge in die Hand geben sollte.

Diese Reihe an Forderungen bezog sich im Grunde genommen gar nicht mehr auf die „Sicherheit" der Sowjetunion gegnüber einem mächtigen, aber kontinental orientierten Deutschland, sondern bereits auf eine Situation, in der die angelsächsischen Seemächte im Westen Europas Positionen gewonnen hatten oder im Begriff standen, solche aufzubauen. Die Verwirklichung dieser Ziele setzte die Niederlage Deutschlands im Krieg gegen die Westmächte voraus. Vom Standpunkt der sowjetischen „Sicherheit" war daher neben einem Vorschieben des strategischen Vorfeldes auf dem Kontinent – zugleich einem Abdrängen Deutschlands nach Westen – vor allem auf Grund der russischen Erfahrungen aus dem Krimkrieg und dem Interventionskrieg 1918/19 die Kontrolle der Schwarzmeer- und Ostseeausgänge unbedingt erforderlich, um in der Zukunft Landungsoperationen großen Stils, zu denen nicht Deutschland, wohl aber die angelsächsischen Seemächte in der Lage waren, auszuschließen. Diese weit vorausschauende Konzeption der sowjetischen Politik und Strategie hat Ribbentrop in ihrer vollen Bedeutung zweifellos nicht erfaßt[16]. Dennoch mußte gerade die Enthüllung dieser Fernziele[17] auf den deutschen Gesprächs-

16 Immerhin will Ribbentrop, wie er am 19. 10. 1943 dem Mitglied des bulgarischen Regentschaftsrats, dem früheren Ministerpräsidenten Filoff, mitteilte, Molotow am 13. 11. 1940 erklärt haben, „daß, solange es ein Deutsches Reich gäbe, Rußland in diesen Gebieten niemals etwas zu bestellen haben würde", nachdem Molotow „rundheraus" festgestellt habe, daß sich die Sowjetunion „niemals am Skagerrak und am Kattegatt desinteressieren könnte" (Aufz. über die Unterredung Ribbentrop-Filoff, 19. 10. 1943: Polit. Archiv des AA, Bonn, Aufz. RAM 48/43 gRs.).

17 Ob es sich bei dieser Enthüllung der sowjetischen Fernziele um eine gleichsam weltgeschichtliche „Fehlleistung" des im allgemeinen eher wortkargen Molotow oder um eine besonders raffinierte Taktik handelte (deren Sinn für den Historiker allerdings schwer einzusehen ist), muß offenbleiben. – Bemerkenswert ist in diesem Zusammenhang der sowjetische „Sonderauftrag" für die eigene Geheimpolizei wie für die „Gruppe Ulbricht" nach dem Einmarsch der Roten Armee in Berlin Anfang Mai 1945, Aufnahmen über die Gespräche Hitler/Ribbentrop-Molotow im Rundfunkarchiv des Hauses des Rundfunks in Berlin-Charlottenburg, Masurenallee, sicherzustellen (W. Leonhard, in: Die Zeit, 7. 5. 1965).

partner schockierend wirken[18] und den letzten Zweifel daran beseitigen, ob nicht doch eine Abgrenzung der Interessensphären mit der Sowjetunion im Rahmen der „Kontinentalblock"-Konzeption — bei Zugeständnissen in Ostmittel- und Südosteuropa — für die Zeit bis zur Beendigung des Krieges im Westen zu erreichen war. Deutlich geworden war, daß die Sowjetunion eine Interessenabgrenzung nicht als etwas Dauerhaftes ansah, sondern die Einhaltung oder Veränderung von den Verschiebungen im Kräfteverhältnis der kriegführenden Mächte abhängig machte. Die — nach deutschen und japanischen Wunschvorstellungen — geplante, von der japanischen Regierung wie auch von Ribbentrop für möglich gehaltene Einfügung der Sowjetunion in die „Groß-raum"-Verteilung gemäß der Konzeption des „Kontinentalblocks" hatte sich schnell als Illusion erwiesen.

Der am 25. 11. dem deutschen Botschafter in Moskau überreichte Katalog der sowjetischen Bedingungen für die Annahme des von Ribbentrop am 13. 11. Molotow übergebenen Entwurfs für einen „Viermächtepakt"[19] hielt sich zwar ganz im Rahmen der in sowjetischer Sicht im Augenblick zur Diskussion stehenden zweiten Kriegsphase. Ja, die sowjetischen Balkanforderungen waren sogar gegenüber den von Molotow in Berlin vertretenen Ansprüchen etwas zurückgesteckt, indem die deutsche Garantie für Rumänien nun offensichtlich als Faktum hingenommen wurde und lediglich die Forderungen gegenüber Bulgarien und der Türkei — wie im übrigen auch hinsichtlich Finnlands — wiederholt wurden. Hinzu kam dann noch — abgesehen von der Forderung an Japan — die Bestätigung des sowjetischen Interesses an „Aspirationen" in dem von Hitler angebotenen Raum „südlich Batum und Baku in der allgemeinen Richtung auf den Persischen Golf". (Die mit Japan vereinbarte Überlassung Indiens an die Sowjetunion[20] hatte Hitler bezeichnenderweise in den Gesprächen mit Molotow gar nicht erwähnt.)

Außerordentlich weitreichend und für die deutsche Seite unannehmbar war in jedem Falle die in dem Memorandum vom 25. 11. enthaltene Forderung der Sowjetregierung hinsichtlich der Türkei. In einem „geheimen Zusatzprotokoll" sollte nämlich festgelegt werden, daß „im Falle einer Weigerung der Türkei, sich den vier Mächten anzuschließen, Deutschland, Italien und die Sowjetunion übereinkommen, die erforderlichen militärischen und diplomatischen Maßnahmen auszuarbeiten und durchzuführen". Dies lief praktisch auf eine

18 Vgl. hierzu auch Schmidt: Statist, S. 536; Hilger, S. 301 f. — Bezeichnenderweise war in der deutschen Propaganda nach dem 22. 6. 1941 immer nur von den vier Nahzielen der Sowjetunion (Finnland, Rumänien, Bulgarien, Türkei) die Rede, während die sowjetischen Fernziele, die Molotow am 13. 11. 1940 preisgegeben hatte, nicht erwähnt wurden, obwohl sich Hitler verständlicherweise gerade hierüber mehr Gedanken machte als über die Forderungen hinsichtlich der Nahziele (vgl. etwa die Aufz. über die Unterredung Ribbentrop-Filoff, 19. 10. 1943: Polit. Archiv des AA, Bonn, Aufz. RAM 48/43 gRs.).

19 Vgl. unten S. 355 f.

20 Vgl. oben S. 295.

deutsche militärische Hilfsaktion im anerkannten sowjetischen Interessenraum Bulgarien-Türkei zur Durchsetzung der sowjetischen Ziele hinaus.
Ohne eine deutsche Reaktion auf diese Liste von Bedingungen abzuwarten, ließ Stalin am gleichen Tage, 25. 11., Bulgarien bereits den Vorschlag für einen sowjetisch-bulgarischen Beistandspakt überreichen[21], nachdem er schon am 18. 11. — in der Zeit eines Besuches König Boris' III. bei Hitler auf dem Berghof — den bulgarischen Gesandten in Moskau durch Molotow vor der Annahme einer deutschen Garantie ohne Beteiligung der Sowjetunion hatte warnen lassen, wobei er gleichzeitig mit einer sowjetischen Unterstützung bei der Realisierung der Gebietsansprüche Bulgariens gegenüber seinen Nachbarn (d. h. Griechenland und der Türkei) lockte[22]. Am 25. 11. präzisierte die Sowjetregierung in ihrer Note an Bulgarien ihre Andeutung vom 18. 11. dahin, daß sie im Falle einer Annahme des Beistandspaktes fest zusicherte, „bei der Verwirklichung der bekannten Ansprüche Bulgariens im europäischen Teil der Türkei" Unterstützung zu gewähren. Damit fanden nach der schon seit Juni 1940 offen gewährten Förderung der bulgarischen Revisionsbestrebungen gegen Rumänien (Süddobrudscha) und Griechenland (Ausgang zur Ägäis) nun auch die bisher kaum geäußerten bulgarischen Aspirationen auf Teile der europäischen Türkei die Unterstützung der Sowjetunion, die auf diese Weise die Türkei unter Druck zu setzen beabsichtigte. Dennoch lehnte die bulgarische Regierung am 30. 11. das sowjetische Paktangebot ab[23]. Immerhin entzog sie sich jedoch gleichzeitig den Werbungen Hitlers und ging vorerst — zumindest nach außen — nicht zuletzt auch unter dem Eindruck der griechischen Offensive gegen die Italiener in Albanien und des Aufbaus einer britischen Machtbasis auf Kreta und in Südgriechenland auf die Linie einer weitgehend korrekten Neutralität zurück[24].
Indessen hielt Stalin an seinen Balkanforderungen fest, wie in den Verhandlungen zwischen Italien und der Sowjetunion im Dezember deutlich wurde. Das italienische Angebot vom 26. 12., den italienisch-sowjetischen „Freund-

21 Vgl. hierzu ADAP D XI, Dok. 438, S. 772 f.
22 M. Pundeff: Two Documents on Soviet-Bulgarian Relations in November 1940, in: Journal of Central European Affairs 1955/56, S. 171 ff.; ADAP D XI, Dok. 379: Unterstaatssekretär Woermann an den dt. Botschafter in Moskau, 22. 11. 1940, S. 652 f.
23 Die bulgarische Regierung betonte dabei ihre friedlichen Absichten: sie wolle ihre Revisionsansprüche auf dem Wege der Verhandlungen mit der Türkei erreichen. Ein anderer Weg müsse zu militärischen Verwicklungen mit der Türkei führen, die unbedingt vermieden werden müßten. An den Meerengen habe Bulgarien keinerlei Interesse. Ein Beistandspakt mit der Sowjetunion müsse auch als „Unehrlichkeit" gegenüber Deutschland betrachtet werden (vgl. hierzu ADAP D XI, Dok. 438: Aufz. über die Unterredung Hitlers mit dem bulgarischen Gesandten in Berlin Draganoff, 3. 12. 1940, S. 767 ff. — mit Abschrift des sowjetischen Angebots an Bulgarien im Anhang; ferner KTB Halder, Bd. II, S. 220). — Die Sowjetregierung bot der bulgarischen Regierung nach Ablehnung ihres Paktvorschlages eine Garantie der bulgarischen Grenzen durch die UdSSR an; auch dies lehnte Bulgarien ab.
24 Vgl. die Darstellung unten S. 336 f.

schafts=, Nichtangriffs= und Neutralitätspakt vom Jahre 1933 durchzusehen und ihm einen konkreteren Inhalt zu geben[25]", machte Molotow in seinem Ge=spräch mit Botschafter Rosso am 30. 12. von der vorausgehenden Einigung über die Probleme der — zusammen mit der deutschen Erklärung beim Wiener Schiedsspruch am 30. 8. 1940 ausgesprochenen — Garantie Italiens an Rumänien, der Donaukommission und der Meerengen=Frage im Sinne der sowjetischen Politik abhängig[26]. Die Konstanz der sowjetischen Balkanziele und die große Linie der sowjetischen Außenpolitik im „imperialistischen Krieg" kam vielleicht am klarsten in den beiden Gesprächen des stellvertretenden Außenkommissars Wyschinskij mit dem jugoslawischen Gesandten in Moskau Gavrilović am 8. und 13. 2. 1941 zum Ausdruck, in denen Wyschinskij erklärte, die Rote Armee würde am Ende des Krieges auch dann nach Rumänien und Ungarn einmar=schieren, wenn die Sowjetunion außerhalb des Krieges selbst bliebe und die angelsächsischen Mächte allein Deutschland besiegten[27].
Daß die Sowjetunion auch im Fernen Osten über die Primärforderung, den Verzicht Japans auf seine Konzessionen in Nordsachalin, hinausgehende Ziele verfolgte, ging aus den sowjetisch=japanischen Verhandlungen im Oktober=November 1940 hervor, in denen Molotow die „Rückkehr" Südsachalins und der nördlichen Kurilen an die Sowjetunion als Teile eines Zukunftsprogramms erkennen ließ[28]. Auch hier war die Erlangung einer größeren strategischen „Sicherheit" gegenüber den USA, die Stalin Japan gegenüber im Kriegsfalle als überlegen betrachtete, ohne Zweifel das Hauptmotiv für die weitgesteckten Ziele der sowjetischen Politik.
Ende 1940 muß Stalin erkannt haben, daß kein Partner des „Dreimächte=pakts" bereit war, die Forderungen der Sowjetunion zu akzeptieren, deren Expansionsprogramm der geopolitischen Grundtendenz der „Kontinentalblock"=Konzeption zuwiderlief, weil die Hauptstoßrichtung nach West und Ost und nur sekundär nach Süden ging. Stalin mußte daher neu entscheiden, welche politische Taktik er in der sich ab Anfang 1941 rasch verändernden weltpoliti=schen Situation einschlagen wollte. Bemerkenswerterweise hielt er jedoch bis etwa 10. 4. 1941 an seiner Lagebeurteilung und der im November 1940 sichtbar gewordenen Linie seiner politischen Taktik fest[29].

25 Aufz. der Politischen Abteilung des AA über die italienisch=sowjetischen Ver=handlungen, 5. 1. 1941 (Polit. Archiv des AA, Bonn, Staatssekretär: Akten betr. Rußland); Toscano: Una mancata, S. 82 ff.
26 Ebda.; vgl. auch Krecker, S. 113 f.
27 Hoptner, S. 206; Snell, S. 68.
29 Vgl. hierzu die Darstellung unten S. 425 ff.

4. Roosevelts Politik der Unterstützung aller Widerstandskräfte gegen Japan und Deutschland

Wenn sich auch die Mehrheit in beiden großen amerikanischen Parteien seit August/September 1940 im Prinzip darüber einig war, daß die politische und materielle Unterstützung Großbritanniens in seinem Kampf gegen Deutschland im Interesse der USA liege und daher fortgesetzt werden müsse, so stellte die Wiederwahl des Präsidenten Roosevelt am 5. 11. 1940 doch ein außerordentlich bedeutsames Ereignis in der Geschichte des Zweiten Weltkrieges dar. Sie sicherte nicht nur die Kontinuität des im Mai/Juni 1940 eingeleiteten Kurses einer aktiven amerikanischen Außenpolitik, die ein Engagement der USA sowohl an den Vorgängen auf dem europäisch-atlantischen als auch auf dem pazifisch-ostasiatischen Schauplatz, also gegen Deutschland wie gegen Japan, bewußt auf sich nahm, sondern bildete auch die Voraussetzung für die nun sehr bald notwendig werdende Vertiefung der britisch-amerikanischen Partnerschaft auf allen Gebieten.

Wie umstritten die doppelte Bindung der amerikanischen Politik in Europa und Ostasien noch war und wie bedrohlich für die eigene Sicherheit sie von den hohen Militärs — mit Blick auf die nur langsam anwachsende Stärke der amerikanischen Streitkräfte berechtigterweise — betrachtet wurde, zeigte das Memorandum des Chefs des Operationsstabes der amerikanischen Marine, Admiral Stark, vom 4. 11., das als „Plan Dog" bekanntgeworden ist[1]. Dieser strategische Entwurf analysierte die militärischen Möglichkeiten und Notwendigkeiten der USA, die sich aus der durch den „Dreimächtepakt" bestimmten neuen Lage ergaben. Das Memorandum stellte zugleich die erste gründlich durchdachte, umfassend angelegte strategische Konzeption für den Fall eines baldigen Kriegseintritts der USA dar. Der Plan lehnte sich in den Grundzügen an die im Sommer 1939 dem Präsidenten vorgelegte, damals aber nicht ausgearbeitete Studie „Rainbow 5" an[2]. Er sah für den Fall eines auf Grund des „Dreimächtepaktes" zu erwartenden Zweiozeankrieges der USA die strikte Einhaltung der strategischen Defensive im Pazifik und die möglichst schnelle Überführung der Masse des amerikanischen Heeres nach Nordafrika und zu den noch von Großbritannien in Europa gehaltenen Positionen vor mit dem Ziel, zunächst unter Einsatz der amerikanischen Landstreitkräfte Deutschland und Italien niederzuringen, da die britischen Kräfte hierfür nicht ausreichten und eine Unterstützung Großbritanniens allein zur See und in der Luft keinen durchschlagenden Erfolg auf dem europäischen Kriegsschauplatz versprach. Den Gedanken Starks, der die politische Leitlinie des „Germany first" klar gewahrt wissen wollte, lag die — aus der stärkemäßigen Entwicklung der

1 Watson: Prewar Plans and Preparations, S. 118 ff.; Matloff-Snell: Strategic Planning for Coalition Warfare 1941—1942, S. 25 ff.; Sherwood: Roosevelt and Hopkins, S. 271 f.; Morison: Battle of the Atlantic, vol. I, S. 42 ff.

2 Vgl. oben S. 92 mit Anm. 7.

amerikanischen Wehrmacht gewonnene — Einsicht zugrunde, daß die USA aus Kräftemangel ein volles Engagement im Pazifik gegenüber Japan vermeiden müßten, weil sie zu einer gleichzeitigen offensiven Kriegführung auf beiden Schauplätzen in absehbarer Zeit nicht in der Lage seien. Da die Fortsetzung des Kampfes Großbritanniens gegen Deutschland für die Sicherheit der USA lebenswichtig sei und das bisherige Maß an Unterstützung nicht ausreiche, müsse das Schwergewicht der amerikanischen Macht schon jetzt, also noch vor dem Kriegseintritt, nach dem Atlantik verlagert werden. Als politische Konsequenz aus den militärischen Möglichkeiten der USA forderte dieser Plan — unausgesprochen, aber deutlich aus der Akzentsetzung herauszulesen — eine Neuorientierung der amerikanischen Ostasienpolitik, um zu einem „modus vivendi" mit Japan zu gelangen und einen Zweiozeankrieg nach Möglichkeit zu vermeiden.

Obwohl auch Roosevelt die Berechtigung der militärischen Argumentation gegen einen Zweiozeankrieg einsah und mit dem politisch-strategischen Grundgedanken des „Germany-first" völlig übereinstimmte, war er dennoch nicht bereit, die Konsequenzen zu ziehen, die der „Plan Dog" ihm nahelegte, da er die Folgen eines Kurswechsels in der amerikanischen Ostasienpolitik, den dann wohl unvermeidbaren Zusammenbruch Chinas und den gewaltigen Machtzuwachs Japans, auf längere Sicht für bedrohlicher für die Sicherheit der USA ansah als das Risiko, vorzeitig in einen Zweiozeankrieg hineinzugeraten und vorerst im Pazifik in strategischer Defensive verharren zu müssen. In einer Besprechung mit den führenden Militärs am 16. 1.[3] betonte der Präsident, daß er den Plan als strategische Leitlinie für die nächste Zeit anerkenne. Im Falle eines Zweiozeankrieges sollten die amerikanischen Streitkräfte im Pazifik defensiv bleiben. Die neu gebildete, zahlenmäßig recht schwache „Asiatische Flotte" sollte zwar, gestützt auf ihre Basen auf den Philippinen, vorläufig in den Gewässern vor der chinesischen Ostküste bleiben, ihr Befehlshaber aber die Entscheidungsfreiheit erhalten, sie im Falle einer unmittelbaren Bedrohung seiner Stützpunkte entweder nach Singapore oder zu den Basen im Zentralpazifik zurückzuverlegen. Die weiterhin auf Hawaii konzentrierte starke „Pazifik-Flotte" sollte durch ihre Anwesenheit wie bisher vor allem abschreckend auf Japan wirken. Solange die Stärke des amerikanischen Heeres unzureichend sei, müsse — so legte Roosevelt fest — auch im Atlantik ein offener Krieg vermieden und allgemein Zurückhaltung geübt werden. Dagegen sollten die Anstrengungen für die materielle Unterstützung Großbritanniens verstärkt werden. In diesem Zusammenhang erwog der Präsident erstmals, die Sicherung der von den USA nach England laufenden Geleitzüge durch die amerikanische Kriegsmarine übernehmen zu lassen, ohne daß er bereits einen Entschluß faßte. Es sollten aber Seepatrouillen an der amerikanischen Ostküste von Maine bis Kap Virginia vorbereitet werden. Im Falle, daß es in nächster Zeit zu einer

3 Matloff-Snell, S. 28 ff.; Butler: Grand Strategy, vol. II, S. 423 f.

gemeinsamen Kriegserklärung Japans und Deutschlands an die USA kommen sollte – was Roosevelt allerdings für unwahrscheinlich hielt –, sollte unabhängig von der Art der Kriegseröffnung das Schwergewicht der amerikanischen Kriegführung sofort nach Europa verlegt werden.
Diese Besprechung vom 16. 1. stellte zugleich den Auftakt zu den von Roosevelt bereits am 30. 11. gebilligten, am 29. 1. beginnenden geheimen britisch-amerikanischen Staatsbesprechungen in Washington dar[4], bei denen nicht nur die Gesamtstrategie Großbritanniens und der USA für den Fall eines deutsch-japanischen Angriffs auf Amerika im Rahmen des „Plan Dog" festgelegt, sondern speziell auch die Frage der Verteidigung Südostasiens, vor allem von Singapore, behandelt werden sollte, zu der Großbritannien seit Churchills Botschaft an Roosevelt vom 15. 5. 1940 und erneut seit dem Gespräch Staatssekretär Hulls mit Botschafter Lord Lothian am 25. 11.[5] amerikanische Seestreitkräfte hinzuzuziehen bemüht war.
Trotz den Warnungen der führenden Militärs – der Chef des Generalstabes des amerikanischen Heeres, General Marshall, hatte der Argumentation Admiral Starks ausdrücklich zugestimmt – setzte Roosevelt den harten Kurs seiner Politik gegenüber Japan fort. Die Gewährung weiterer Kredite an China und die Bemühungen um eine schrittweise Verbesserung der Beziehungen zur Sowjetunion als Teil dieser Politik wurden bereits erwähnt[6]. Im Dezember 1940 entsandte das amerikanische Oberkommando auch Verstärkungen nach Hawaii und auf die Philippinen. Die weitere Steigerung der Embargo-Maßnahmen gegen Japan aber war das deutlichste Zeichen für die Fortdauer der unnachgiebigen Haltung der amerikanischen Regierung. Sie ließ die Sondierungen des japanischen Premierministers[7] unbeachtet und verzichtete darauf, die sich aus den verschiedenen Tendenzen innerhalb der japanischen Regierung ergebenden Möglichkeiten auszunutzen. Am 30. 12. wurde die amerikanische Ausfuhr von Roheisen, Eisenerz sowie der meisten Arten von Eisen- und Stahlwaren eingeschränkt[8], nachdem schon am 20. 12. der Export von hydraulischen Pumpen sowie von Ausrüstungen zur Herstellung von Schmieröl für Flugzeugmotoren praktisch unterbunden worden war. Am 10. 1. 1941 folgten Einschränkungen für den Export von Kupfer, Messing, Zink, Nickel und Pottasche. Damit war von den strategisch wichtigen Produkten nur noch das Erdöl nicht in die amerikanischen Embargo-Bestimmungen gegen Japan aufgenommen worden. Von einem Öl-Embargo sah die amerikanische Regierung vorerst nur ab, um Japan keinen Anlaß für ein Vorgehen gegen Niederländisch-Indien zu geben und um eine in einem solchen Falle kaum noch zu umgehende, aus den dargelegten

4 Zum Ergebnis dieser Besprechungen vgl. unten S. 405 ff.
5 Wiedergabe des Gesprächs auf Grund einer Aktennotiz des State Department bei Tansill, S. 672.
6 Vgl. oben S. 202 und S. 206, ferner S. 294.
7 Vgl. oben S. 297 f.
8 Hierzu und für das Folgende: Papers Relating to the Foreign Relations of the United States, Japan: 1931–1941. Washington 1943, vol. II, S. 232 ff.

Gründen der amerikanischen Gesamtstrategie unerwünschte eigene militärische Aktion im Pazifik zu vermeiden. Erst am 8. 3., kurz vor der Abfahrt des japanischen Außenministers Matsuoka zu seiner Europa=Reise, begann dann mit der ersten Unterredung zwischen Staatssekretär Hull und dem neuen japanischen Botschafter in Washington Nomura eine taktische Wendung in der amerikanischen Politik gegenüber Japan[9].

Die amerikanische Ostasienpolitik in dieser Zeit muß zusammengesehen werden mit der immer enger werdenden Verbindung zwischen den USA und Großbritannien. Die für den weiteren Verlauf des Krieges wohl bedeutsamste Konsequenz aus seinem seit Mai/Juni 1940 eingeleiteten weltpolitischen Kurs zog Präsident Roosevelt, als er sich nach dem Empfang eines Briefes Churchills vom 8. 12.[10], in dem dieser die verzweifelte Finanzlage Großbritanniens offen dargelegt hatte, entschloß, die materielle Unterstützung Englands nunmehr auf eine völlig neue Basis zu stellen. Churchills Brief war das Ergebnis von Beratungen[11], die während des Aufenthaltes des britischen Botschafters in Washington Lord Lothian[12] im Foreign Office in London vom 20. 10. bis 11. 11. stattgefunden und die zu der Anregung des Außenministers Lord Halifax vom 27. 11. an Churchill geführt hatten, in einer persönlichen Botschaft unmittelbar an den amerikanischen Präsidenten zu appellieren. Da Lothian bereits bei seiner Rückkehr nach Washington in einer öffentlichen Erklärung die schwierige Situation Großbritanniens angedeutet hatte, war die amerikanische Öffentlichkeit nicht völlig überrascht, als Roosevelt am Tage nach seiner Rückkehr von einer Kreuzfahrt im Karibischen Meer, am 17. 12., in einer Pressekonferenz den Gedanken einer Leih= und Pacht=Hilfe für Großbritannien durch das berühmte „Gartenschlauch"=Beispiel erstmals selbst aussprach[13]. In seiner „Kamin=Plauderei" vom 29. 12. fand er dann die Formel[14], daß die USA, die weiterhin außerhalb des Krieges bleiben sollten, das „Arsenal der Demokratien" werden müßten. Damit war zu erkennen, daß nicht nur das Prinzip des „cash and carry" zugunsten von „Leih= und Pacht" aufgegeben, sondern vor allem der Umfang der Hilfslieferungen enorm gesteigert werden sollte. Darin und nicht so sehr in der veränderten „Buchführung" lag das Bedeutsame der Entscheidung für die Kriegführung in den folgenden Monaten. Am 10. 1. legte Roosevelt dem

9 Vgl. unten S. 412 ff.

10 Churchill, vol. II, S. 494 ff.; Butler: Grand Strategy, vol. II, S. 418 f.; Sherwood, S. 165 ff.

11 Woodward, S. 89 f.

12 Lord Lothian hatte schon am 8. 11. 1940, drei Tage nach der Wiederwahl Roosevelts, in Erörterungen mit den britischen Stabschefs dargelegt, daß es nun an der Zeit sei, die britischen Forderungen auf stärkere Unterstützung durch die USA vorzutragen („Man solle das Eisen schmieden, solange es heiß sei") (hierzu Butler: Grand Strategy, vol. II, S. 418).

13 New York Times, 18. 12. 1940.

14 Peace and War: United States Foreign Policy, 1931—1941. Washington 1943, S. 599 f.; Sherwood, S. 222 ff.

Kongreß den Entwurf eines umfassenden „Leih=Pacht=Gesetzes" vor[15], das dem Präsidenten Vollmacht geben sollte, alle Hilfsquellen der USA für eine „Leih= und Pacht"=Hilfe an solche Staaten auszuschöpfen, deren Verteidigung er für die Sicherheit der USA für notwendig ansah.

Noch bevor dieses Gesetz vom amerikanischen Kongreß bewilligt wurde und nach Unterzeichnung durch den Präsidenten am 11. 3. in Kraft trat, war die persönliche Verbindung zwischen Roosevelt und Churchill enger geknüpft wor= den. Nach dem Tode Lord Lothians am 12. 12. wurde Außenminister Lord Halifax unter Beibehaltung seines Kabinettsranges am 23. 12. zum Botschafter in Washington ernannt, während der bisherige Kriegsminister Eden erneut das Foreign Office übernahm. Die Ablösung des der England=Politik Roose= velts kritisch gegenüberstehenden amerikanischen Botschafters in London, Kennedy, und die Ernennung des auf den Kurs einer engen britisch=amerika= nischen Zusammenarbeit festgelegten Botschafters Winant zu seinem Nachfol= ger wurde am 13. 1. bekanntgegeben[16], während Averell Harriman Mitte März 1941 als Vertreter des „Leih=Pacht"=Amtes nach London entsandt wurde. Dies war bereits ein Ergebnis der Sondermission des Vertrauten Roosevelts, Harry Hopkins; ihn hatte der Präsident am 9. 1. mit dem Auftrag nach London entsandt, im persönlichen Kontakt mit Churchill und den führenden britischen Militärs ein umfassendes eindeutiges Bild über die tatsächliche Situation Groß= britanniens zu gewinnen und somit die Differenz zwischen den optimistischen Berichten des Generals Strong und den pessimistischen Meldungen des bis= herigen Botschafters Kennedy zu klären[17]. Außerdem sollte Hopkins ein Tref= fen zwischen Roosevelt und Churchill vorbereiten, das zunächst für März/April 1941 in Aussicht genommen war, aber wegen der Kriegsereignisse schließlich bis Mitte August 1941 verschoben wurde[18].

Eine Verstärkung der materiellen Unterstützung Großbritanniens hatte Roose= velt schon unmittelbar nach seiner Wiederwahl eingeleitet. Am 8. 11. gab er als Verteilungsschlüssel für die Rüstungsproduktion bekannt, daß das Kriegs= material, das die amerikanischen Fabriken verließ, zu etwa gleichen Teilen den Streitkräften der USA und Großbritannien (sowie Kanada) zufließen sollte. Am gleichen Tage wurde die Bestellung weiterer 12 000 Flugzeuge durch Groß= britannien – zusätzlich zu den schon in Auftrag gegebenen 11 000 – bewil= ligt[19]. Drei Tage später begann die Überführung amerikanischer Flugzeuge nach Großbritannien auf der Flugstrecke Neufundland=Nordirland durch ame= rikanische Piloten. Die monatliche Lieferungsquote betrug nun durchschnittlich

15 E. R. Stettinius jr.: Lend=Lease. Weapon for Victory. New York 1944 (deutsche Ausgabe: Welt in Abwehr – Leih=Pacht. Leipzig=München 1946); J. Carl: Das amerikanische Leih= und Pacht=Gesetz (Lend=Lease=Act). Frankfurt a. M. 1957.
16 Winant traf am 1. 3. 1941 in London ein.
17 Sherwood, S. 173 ff. Hopkins weilte fünf Wochen (bis 8. 2.) in Großbritannien.
18 Treffen in der Bucht von Neufundland („Atlantik"=Treffen) vom 10.–12. 8. 1941 (vgl. unten S. 560 f.).
19 Churchill, vol. II, 554.

etwa 350—400 Flugzeuge. Am 20. 12. wurde schließlich ein „Nationaler Verteidigungsrat" zur Beschleunigung der amerikanischen Aufrüstung gebildet. Gleich nach Roosevelts Wiederwahl setzten auch die Bemühungen der amerikanischen Diplomatie ein, in den europäischen Staaten, die aller Voraussicht nach in der nächsten Zeit an der deutschen Seite in den Krieg einzutreten beabsichtigten oder die in die deutsche Einflußsphäre einbezogen werden sollten, die politischen Kräfte zu stärken, die sich einer Einfügung ihrer Länder in den deutschen Machtblock entgegenstemmten. Dies galt für Spanien und Vichy-Frankreich ebenso wie für Bulgarien und Jugoslawien. Namentlich überall dort, wo sich Großbritannien durch eine unglückliche politische Taktik in der Vergangenheit mehr oder weniger selbst ausgeschaltet hatte, übernahm die amerikanische Diplomatie diese Aufgabe im Dienste einer kooperierenden Politik und Strategie der beiden angelsächsischen Mächte.
Gegenüber Spanien wurde bei den Verhandlungen über die Gewährung einer Wirtschaftshilfe im November-Dezember 1940 ein amerikanisches Entgegenkommen von der Aufrechterhaltung der spanischen Neutralität abhängig gemacht[20]. Nachdem Francos Absage an Hitler offenkundig geworden war, konzentrierten sich die Anstrengungen der amerikanischen Diplomatie auf die Vichy-Regierung. Noch vor Eintreffen des unmittelbar nach Roosevelts Wiederwahl im November neu ernannten Botschafters Admiral Leahy am 5. 1. 1941 wirkte der Geschäftsträger Murphy bei Pétain in Vichy und bei Weygand in Algier der Politik der „Collaboration" entgegen[21]. Der Sturz Lavals am 13. 12. und er Übergang der Vichy-Regierung zur Haltung des „attentisme" war — abgesehen von der Auswirkung der „Sieger"-Politik Hitlers und der Niederlagen Italiens im Mittelmeerraum — ein erster indirekter Erfolg dieser amerikanischen Politik.
Auch in das Ringen um die außenpolitische Orientierung Bulgariens, das nach dem Scheitern der italienischen Offensive gegen Griechenland als voraussichtliche deutsche Aufmarschbasis für einen Entlastungsangriff vorübergehend in den Mittelpunkt der Interessen aller Großmächte geriet[22], schaltete sich Roosevelt Anfang 1941 durch die Sondermission des Obersten Donovan ein[23], der auch in Belgrad die Regierung des Prinzregenten Paul vor einer Einfügung Jugoslawiens in den deutschen Machtblock warnte[24]. Schon vor der Präsidentenwahl hatte der „Assistent Secretary of State" Berle dem türkischen Botschafter Ertegün am 9. 10. 1940 erklärt, die amerikanische Regierung unterstütze die Bildung eines „Blocks der Neutralen", bestehend aus der Sowjetunion, der Türkei, Griechenland und Bulgarien, der sich der „Aggression" der „Achsen-

20 Friedländer, S. 165 f.; Hull, vol. I, S. 879 ff.
21 W. L. Langer: Our Vichy Gamble. New York 1947; R. D. Murphy: Diplomat among Warriors. New York 1964.
22 Vgl. unten S. 336 f.
23 Langer-Gleason: The Undeclared War, S. 109 ff.; Friedländer, S. 170 ff.
24 Hull, vol. I, S. 928 ff.; C. Fotitch: The War We Lost. New York 1948, S. 49 ff.; Friedländer, S. 174 ff.

mächte" widersetze[25]. Wenn auch dieser vage „Plan" und die späteren Versuche Roosevelts, durch Entsendung persönlicher Vertrauter an die Brennpunkte des Geschehens (Hopkins nach London, Leahy nach Vichy, Donovan zu den Balkanstaaten, Currie gleichzeitig nach China) unmittelbar auf die genannten Staaten einzuwirken, nur zum Teil Erfolge brachten, so war doch deutlich geworden, daß Roosevelt selbst die äußere Form der Neutralität aufgegeben und nunmehr auch die amerikanische Diplomatie in den Dienst seiner Politik „short of war" gestellt hatte.

In Lateinamerika schließlich, in dem Mitte 1940 noch ein starker deutscher Einfluß spürbar gewesen war[26], gelang es der amerikanischen Politik bis Januar 1941, überall – mit Ausnahme von Brasilien, das sich vorerst noch ein größeres Maß an Unabhängigkeit bewahren konnte – eine starke, außer in Argentinien und Chile fast beherrschende politische Position zu gewinnen und den deutschen Einfluß auszuschalten[27].

25 Foreign Relations, vol. III/1940, S. 957 ff.
26 Vgl. oben S. 71 f. und S. 99.
27 Aufz. v. Etzdorfs über die Situation in Lateinamerika, 21. 1. 1941 (zitiert bei Friedländer, S. 204 f.).

V. Hitlers improvisierter Plan eines „Weltblitzkrieges" als „Durchbruch" zu seinen Kriegszielen und als „Antwort" auf die Einengung seiner politisch-strategischen Bewegungsfreiheit

1. Das Scheitern aller Koalitionskriegsplanungen in Westeuropa und Nord=westafrika im Herbst 1940

Um den verwickelten Vorgang der Gedankenbildung und der Planungen Hitlers für eine Kriegführung im iberisch=nordwestafrikanischen Raum im Herbst 1940 zu überschauen und den Zusammenhang mit der Gesamtkriegsentwicklung zu erkennen, empfiehlt es sich, eine streng chronologische Betrachtungsweise mit Schwerpunkten an den Tagen, an denen Hitler umfassende Lageanalysen abgab oder an denen Verhandlungen mit ausländischen Staatsmännern stattfanden, für den Zeitraum von Anfang Oktober bis Mitte Januar 1941 einzuhalten, da bei einem thematisch zusammenfassenden Resümee mehrfache Wendungen und Schwer=punktverlagerungen, die auch für unsere späteren Darlegungen zu Hitlers im=provisiertem Kriegsplan wichtig sind, nicht klar genug heraustreten würden. Hitlers Konzeption, innerhalb des anzustrebenden „Kontinentalblocks" einen Interessen=„Ausgleich" zwischen Deutschland, Italien, Vichy=Frankreich und Spanien zu versuchen, um sowohl Spanien als auch Frankreich in den Krieg gegen Großbritannien einzuspannen und nach der Eroberung Gibraltars eine deutsche Operationsbasis in Nordwestafrika aufzubauen, die das Mittelmeer von Westen abriegeln, die britischen Zufahrtswege im Atlantik bedrohen und auch einer eventuellen späteren Kriegführung gegen die USA dienen sollte, war in der zweiten Septemberhälfte entstanden. Nachdem der stellvertretende französische Ministerpräsident Laval dem Vertreter des Auswärtigen Amtes in Paris, Abetz, schon Ende Juli 1940 – zunächst vergeblich – vorgeschlagen hatte, Deutschland solle doch Frankreich am Kriege gegen Großbritannien be=teiligen[1], um ihm die Möglichkeit zu geben, sich von einem Teil der zu erwartenden Verluste im späteren Friedensvertrag durch eigene Anstrengungen und Leistungen für die deutsche Kriegführung gleichsam loszukaufen, und nachdem nun auch der Vorsitzende der französischen Waffenstillstandsdele=gation in Wiesbaden, General Huntziger, am Tage des britisch=gaullistischen

1 Bericht des Botschafters Abetz vom 8. 10. 1940 (sog. Memorandum Abetz). Vgl. hierzu Geschke, S. 82.

Überfalls auf Dakar am 23. 9. „unverblümte Anspielungen auf (den) Wunsch eines Bündnisses Frankreich=Deutschland" machte[2], zog Hitler, ohne sich von seiner Grundvorstellung über Frankreichs unbedeutende Rolle in einem deutsch=beherrschten Europa zu lösen, eine solche Möglichkeit als Teil seiner neuen politisch=strategischen Gesamtkonzeption ernsthaft in Betracht, zumal von Spaniens Mitwirkung allein kein durchschlagender Erfolg bei der Gewinnung einer deutschen Operationsbasis am westlichen Ausgang des Mittelmeers zu erwarten, vielmehr der Abfall großer Teile des nord= und westafrikanischen Kolonialbesitzes Frankreichs zu de Gaulle und damit die Bedrohung der unter mehr oder minder aktiver spanischer Beteiligung erst noch zu erkämpfenden Position an der Straße von Gibraltar zu befürchten war, insbesondere dann, wenn Francos Territorialforderungen erfüllt würden.

Das Treffen mit Mussolini auf dem Brenner am 4. 10. brachte Hitler die Zustimmung des „Duce" zu seinem Plan[3], wenn auch das Mißtrauen Italiens gegen die Vichy=Regierung bei dieser Begegnung ebenso wie in den folgenden – für das Gelingen des Plans entscheidenden – Wochen immer wieder hervorbrach. Mussolini erklärte sich bereit, die italienischen Territorialforderungen gegenüber Frankreich auf eine Korrektur der Alpengrenze, die Überlassung Korsikas und Tunesiens sowie die Abtretung von Französisch=Somaliland zu begrenzen, während Hitler andeutete, daß er selbst neben der Rückgabe der ehemaligen deutschen Kolonien und einer Abrundung des künftigen deutschen Kolonialreichs in Mittelafrika von Frankreich nur die Einräumung von Stützpunkten bei Agadier oder Casablanca in Marokko erstrebe[4]. Sein Ziel bei den Verhandlungen mit Spanien werde es sein, die umfangreichen Forderungen Francos, die dieser als Voraussetzung für seinen Kriegseintritt bezeichnet hatte, bis auf die Abtretung eines Teils von Französisch=Marokko an Spanien zu reduzieren. Frankreichs Zustimmung zu diesem Verlust sollte durch das Angebot einer Entschädigung mit einem Teil Britisch=Nigerias gewonnen werden. Bedingung hierfür werde aber sein, daß Frankreich dann baldmöglichst die Rückeroberung der zu de Gaulle übergegangenen oder von ihm eingenommenen Kolonien in Zentralafrika einleite und sich zur nachhaltigen Verteidigung seines westafrikanischen Kolonialreiches gegenüber neuen britisch=gaullistischen Angriffen verpflichtete. Hitler brachte ferner zum Ausdruck, daß er in den Verhandlungen mit Frankreich Marine= und Luftwaffenstützpunkte für die deutsche Kriegführung im Atlantik in Französisch=Westafrika zu erlangen hoffte[5].

2 KTB Halder, Bd. II, S. 109 (23. 9. 1940).
3 ADAP D XI, Dok. 149: Aufz. über die Unterredung Hitler=Mussolini, 4. 10. 1940, S. 245 ff.; Ciano's Diplomatic Papers, S. 396 ff.; Ciano: Tagebücher II, S. 277.
4 Elsaß=Lothringen („mit einer strategisch besseren Grenze") sowie die Erzbecken von Longwy und Briey, ferner ein schmaler Gebietsstreifen südlich Belfort sollten an das „Großdeutsche Reich" abgetreten werden (ADAP D XI, Dok. 149, S. 245 ff.).
5 Während des Brenner=Treffens berichtete Keitel im einzelnen über die Frage dieser Stützpunkte (ADAP D XI, Dok. 149, S. 259).

Da bis zum Beginn der großen Reise Hitlers nach Westen am 20. 10. keine wesentlichen Veränderungen in der Kriegslage eintraten und sich das Gespräch Hitlers mit Laval in Montoire am 22. 10. auf allgemeine Andeutungen über eine künftige deutsch-französische Zusammenarbeit und eine Neuregelung der Besitzverhältnisse in Afrika beschränkte, bei der sich Frankreich für eigene Verluste an englischem Besitz „schadlos halten" könne[6], während die eingehenderen Gespräche dem Treffen mit Marschall Pétain und Laval auf der Rückreise am 24. 10. am gleichen Ort vorbehalten bleiben sollten, bildete erst die Zusammenkunft Hitlers mit Franco in Hendaye am 23. 10. einen größeren Einschnitt in der Weiterentwicklung der Planungen Hitlers[7]. Spanien sollte – so lassen sich Hitlers Ausführungen gegenüber Franco und die Darlegungen Ribbentrops gegenüber Serrano Suñer zusammenfassen – dem „Dreimächtepakt" beitreten und auch Mitglied des „Stahlpakts" vom 22. 5. 1939 werden, im Winter 1940/41 selbst in den Krieg gegen Großbritannien eintreten und der aktiven Mitwirkung Vichy-Frankreichs an der Seite der „Achsen"-Mächte im Rahmen des „Kontinentalblocks" gegen England zustimmen. Außerdem betonte Hitler die strategische Notwendigkeit, deutsche Stützpunkte auf den Kanarischen Inseln einzurichten, und bat Franco, bei der portugiesischen Regierung wegen einer Einräumung von Basen für deutsche See- und Luftstreitkräfte auf den Azoren vorzufühlen. Im Gegensatz zu den Gesprächen mit Serrano Suñer in Berlin im September[8] erschien somit nunmehr Hitler eindeutig als der Fordernde[9], während die Zugeständnisse, die er bot, äußerst vage waren: Da die Gefahr bestehe, daß im Falle einer rigorosen Aufteilung des französischen Kolonialbesitzes unter den „Achsen"-Mächten und einer Abtretung großer Gebietsteile an Spanien Französisch-West und -Nordafrika zu de Gaulle übergingen, und nicht verhindert werden könnte, daß sich die Briten dann in raschem Zugriff auf den Kanarischen Inseln festsetzen, schlage er vor, daß Spanien nur „in dem Maße französischen Kolonialbesitz erhalten (solle), wie Frankreich aus britischem Besitz entschädigt werden" könnte[10]. Ob Hitler über diese Formel hinaus überhaupt eine konkrete Angabe hinsichtlich des Umfangs der Gebietsgewinne für Spanien oder Andeutungen auf Teile von Französisch-Marokko machte, läßt sich, da die deutsche Aufzeichnung über

6 ADAP D XI, Dok. 212: Aufz. über die Unterredung Hitler-Laval, 22. 10. 1940, S. 354 ff.; Geschke, S. 86 ff.; Jäckel, S. 145 ff.

7 ADAP D XI, Dok. 220: Aufz. über die Unterredung Hitler-Franco, 23. 10. 1940, S. 371 ff. (Fragment); Dok. 221: Aufz. über die Unterredung Ribbentrop-Serrano Suñer, 23. 10. 1940, S. 376 ff.; Detwiler, S. 56 ff.; KTB Halder, Bd. II, S. 158 (1. 11. 1940).

8 Vgl. oben S. 185 ff.

9 Allerdings hielt auch Franco offensichtlich an den bekannten Territorialforderungen fest (einschließlich der Erweiterung von Spanisch-Guinea) und beanspruchte darüber hinaus sogar „Französisch-Katalonien" (also Roussillon) und eine „Rektifizierung der Pyrenäengrenze" (so jedenfalls Hitler zu Mussolini am 28. 10. 1940: ADAP D XI, Dok. 246, S. 431 ff.).

10 So im sog. „Geheimprotokoll von Hendaye" (vgl. unten Anm. 13).

das Gespräch Hitler=Franco fragmentarisch und eine spanische nicht zugänglich ist, nicht mit Sicherheit feststellen. Mussolini gegenüber erwähnte Hitler am 28. 10. jedenfalls als Richtmaß, daß er den Spaniern nur „eine respektable Vergrößerung von Spanisch=Marokko" zugestehen könne[11]. In den Verhand=lungen zwischen Ribbentrop und dem Vertreter Serrano Suñers[12], Unterstaats=sekretär Espinosa de los Monteros, am Tage nach dem Treffen von Hendaye (24. 10.) einigte man sich auf den Entwurf eines „Geheimprotokolls", in dem ein Kriegseintritt Spaniens nach einer vorausgehenden erneuten deutsch=spa=nischen Konsultation vorgesehen war[13]. Ohne Hitler eine klare Absage zu erteilen, hatten sich Franco und Serrano Suñer damit praktisch in der entschei=denden Frage des Kriegseintritts völlige Handlungsfreiheit vorbehalten, obwohl sie sich hinsichtlich der Anerkennung ihrer Kolonialansprüche dem Druck Hit=lers gebeugt und sich mit seiner Formel abgefunden hatten. Seinen Gesamt=eindruck über die Verhandlungen mit Franco faßte Hitler in der Bemerkung gegenüber seiner engeren Umgebung zusammen, Franco sei „genau so laurig wie viele bei uns[14]". Auch zeigte er sich „sehr enttäuscht, wenn nicht wütend[15]". Das unmittelbar danach folgende Gespräch Hitlers mit Pétain und Laval in Montoire am 24. 10.[16] war durch eine unterschiedliche Aufnahme der Gedan=ken Hitlers durch die beiden Franzosen gekennzeichnet. Während es Pétain vermied, sich klar zu den Möglichkeiten einer deutsch=französischen „Zusam=menarbeit" in Afrika zu äußern, ohne eine „Collaboration" im ganzen auszu=schließen, lehnte Laval zwar eine (von Hitler nicht geforderte) formelle Kriegs=erklärung Frankreichs an Großbritannien aus Gründen der Opportunität ab, befürwortete aber einen aktiven militärischen Widerstand Frankreichs gegen britische Angriffe in West= und Nordafrika, der sich in der Praxis — das Pro=blem des von de Gaulle beherrschten Äquatorialafrika blieb unerörtert — zu einem Kriegszustand Frankreichs mit England entwickeln könne. Hierzu seien politische und militärische Einzelabsprachen zwischen Deutschland und Frank=

11 ADAP D XI, Dok. 246: Aufz. über die Unterredung Hitler=Mussolini, 28. 10. 1940, S. 431 ff.; Ciano's Diplomatic Papers, S. 399 ff.

12 Serrano Suñer war am 17. 10. 1940 von Franco zum Außenminister ernannt worden und begleitete seinen Schwager in dieser Eigenschaft nach Hendaye.

13 Dieses sog. „Geheimprotokoll von Hendaye" wurde in der ersten November=hälfte von den Außenministern Ribbentrop, Ciano und Serrano Suñer unter=zeichnet (hierzu Detwiler, S. 59 ff.). — In Artikel 5 dieses Geheimprotokolls hieß es hinsichtlich der Gebietsansprüche Spaniens: „Außer zur Wiederangliederung Gibraltars an Spanien erklären sich die Achsenmächte grundsätzlich bereit — entsprechend einer allgemeinen Ordnung, die in Afrika festgesetzt werden soll und die in den Friedensverträgen nach der Besiegung Englands verwirklicht werden muß — zu bewirken, daß Spanien in Afrika Gebiete in dem gleichen Maße erhält, in dem Frankreich entschädigt werden kann, indem man ihm in Afrika gleichwertige Gebiete zuweist, wobei die Ansprüche Deutschlands und Italiens gegenüber Frankreich gewahrt bleiben."

14 Tagebuch Engel, 24. 10. 1940. — Gemeint waren bei dieser Anspielung zweifellos v. Brauchitsch und Halder oder aber „die Militärs" allgemein.

15 Tagebuch Engel, 24. 10. 1940.

16 ADAP D XI, Dok. 227: Aufz. über die Unterredung zwischen Hitler, Pétain und Laval, 24. 10. 1940, S. 385 ff.; Geschke, S. 91 ff.; Jäckel, S. 159 ff.

reich erforderlich. Hitler faßte die „Ergebnisse der Unterhaltung" zusammen, indem er feststellte, „Marschall Pétain erkläre sich im Prinzip bereit, eine Zusammenarbeit mit Deutschland im Sinne der Ausführungen des Führers in Aussicht zu nehmen. Die Modalitäten dieser Zusammenarbeit würden im einzelnen und von Fall zu Fall geregelt und entschieden[17]". Im Gegensatz zu seinem negativen Eindruck von der Unterredung mit Franco in Hendaye nahm Hitler von dieser Begegnung mit Pétain und Laval in Montoire die Überzeugung mit[18], daß es gelingen würde, eine französische Zustimmung in der Frage der aktiven Verteidigung Westafrikas und zur Gewinnung deutscher Stützpunkte in diesem Raum bei Gewährung von — begrenzten — Erleichterungen für Frankreich „Zug um Zug" zu erreichen. Das gegenüber Laval am 22. 10. angeschnittene Problem einer Neuverteilung der Besitzverhältnisse in Afrika war im übrigen am 24. 10. nicht mehr berührt worden. Hitler war hier also einer offenen Darlegung seines Afrika-Planes ausgewichen und hatte die Franzosen in Ungewißheit über das Schicksal ihres Kolonialreiches gelassen.

Während Hitler wie Laval, der nach dem Rücktritt des pro-britischen und gegen eine deutsch-französische „Collaboration" eingestellten Außenministers Baudouin am 27. 10. auch das Außenministerium übernahm, das Ergebnis von Montoire — wenn auch jeder mit anderer Zielsetzung — zum Ausgangspunkt weiterer Absprachen machen wollten, um die deutsch-französische „Zusammenarbeit" in Afrika in feste Formen zu bringen, hatte Pétain ohne Wissen Lavals bereits Ende September unter dem Eindruck des britischen Angriffs auf Dakar den französischen Nationalökonomen Professor Rougier beauftragt, in offiziösen Verhandlungen mit der britischen Regierung in London einen britisch-französischen „modus vivendi" in Afrika zu erreichen[19]. Am 25. 10., einen Tag nach dem Treffen Hitler-Pétain in Montoire, wurde Rougier von Churchill empfangen. In dem daraufhin vereinbarten „provisorischen Abkommen" verpflichtete sich die britische Regierung, „weder direkt noch indirekt den Abfall weiterer französischer Kolonien zu betreiben", sofern die Vichy-

17 ADAP D XI, Dok. 227, S. 385 ff.

18 Zur Zielsetzung vgl. die Aufz. des Chefs L des Wehrmachtführungsstabes (Generalmajor Warlimont) vom 2. 11. 1940 („Memorandum zur mündlichen Unterrichtung des Luftwaffenführungsstabes durch Major Queissner") in: Sammelmappe „Deutsch-französische Zusammenarbeit (1940/41)", Militärgeschichtliches Forschungsamt Freiburg i. Br., Signatur III W 70: „Besprechung zwischen Führer und Pétain verfolgte militärisch das Ziel, mit Frankreich in der künftigen Kriegführung gegen England in eine möglichst weitgehende Zusammenarbeit zu kommen. Dabei ist zunächst nicht daran gedacht, daß Frankreich den Kriegszustand mit England erklären soll. Vielmehr würde Frankreich vorläufig die Stellung einer nicht-kriegführenden Macht zufallen, die von ihrem Hoheitsgebiet Maßnahmen der deutschen Kriegführung zu dulden und soweit erforderlich auch durch Einsatz eigener Verteidigungsmittel zu unterstützen haben würde. Wenn sich aus diesem Verhalten Frankreichs ein Kriegszustand mit England entwickeln sollte, so müßte Frankreich bereit sein, auch diese Folgerung zu tragen."

19 L. Rougier: Les accords secrets franco-britanniques de l'automne 1940. Paris 1954, S. 21 ff.; Hytier, S. 99 ff.; Langer-Gleason: The Undeclared War, S. 87 ff.

Regierung auf eine politische Annäherung an Deutschland verzichtete[20]. Dagegen würde bei einer Überlassung französischer Flotten= und Luftstützpunkte an Deutschland oder Italien jede weitere Rücksichtnahme Großbritanniens auf Frankreich und sein Kolonialreich entfallen. Diese geheime Absprache lief somit auf die Wahrung des status quo in Afrika hinaus: Französisch=Äquatorialafrika blieb in Händen de Gaulles, Nord= und Westafrika blieben unter der Autorität der Regierung in Vichy. Diese Zweigleisigkeit der französischen Außenpolitik mußte zwangsläufig in dem Augenblick zu größten Schwierigkeiten führen, in welchem in den nun von Laval eingeleiteten Verhandlungen mit Deutschland konkrete Ergebnisse hinsichtlich einer Verteidigung Westafrikas mit deutscher Unterstützung oder Vereinbarungen über eine Rückeroberung Äquatorialafrikas erzielt wurden.

Führte das Ergebnis der Treffen von Hendaye und Montoire Hitler zu der Entscheidung, in den Mittelpunkt der weiteren Planungen die „Zusammenarbeit" mit Frankreich anstelle des Zusammengehens mit Spanien zu rücken, so brachte der italienische Angriff auf Griechenland ab 28. 10. bereits wieder die Notwendigkeit zu einer Umorientierung. In dem Gespräch Hitlers mit Mussolini am 28. 10. in Florenz[21] stand allerdings, da an diesem Tage ein rascher Erfolg Italiens gegen Griechenland immerhin nicht ganz auszuschließen war, noch die „Zusammenarbeit" mit Frankreich für ihn im Vordergrund. Hitler erwähnte hier auch erstmals seine Absicht, später Teile der französischen Flotte gegen Großbritannien einzusetzen, und wiederholte, daß Deutschland Luftstützpunkte in Westafrika eingeräumt werden sollten, während in den Gesprächen mit Pétain und Laval noch keine Rede davon gewesen war. Die unterschiedliche Grundeinstellung Pétains und seines Stellvertreters zur Frage der „Collaboration" war ihm offensichtlich nicht zum Bewußtsein gekommen, obwohl sie aus den in der Aufzeichnung des Chefdolmetschers Schmidt festgehaltenen Äußerungen der beiden Franzosen recht gut zu erkennen ist. Bis zum 13. 12. blieb Hitler jedenfalls der Überzeugung, daß sowohl Pétain als auch Laval Träger der „Collaborations"=Politik seien.

Dieser unzutreffende Eindruck einer beachtlichen „Collaborations"=Bereitschaft nicht nur bei Laval, sondern bei den meisten Mitgliedern der französischen Regierung in Vichy, vor allem auch bei den Militärs, wurde verstärkt durch die Überreichung eines schriftlichen Vorschlages des Verteidigungsministers Huntziger über eine deutsch=französische militärische Zusammenarbeit beim deutschen Militärbefehlshaber in Frankreich am 31. 10.[22]. In mündlichen Erläuterungen legte Huntziger (der sein Ministeramt seit dem 6. 9. als Nachfolger des

20 Geschke, S. 103.
21 ADAP D XI, Dok. 246: Aufz. über die Unterredung Hitler=Mussolini, 28. 10. 1940, S. 431 ff.
22 KTB OKW, Bd. I, S. 979 (Aufz. des Obersten i. G. Speidel vom 31. 10. 1940); KTB Halder, Bd. II, S. 156 (31. 10. 1940): „Huntziger drängt. Zum Eingreifen gegen England, de Gaulle ist Frankreich offenbar aus innerster Überzeugung bereit."

zum „Generaldelegierten für Französisch-Afrika" mit Sitz in Algier berufenen Generals Weygand ausübte) dabei dar, daß es „die ehrliche und unabänderliche Auffassung des Marschalls Pétain und seiner Mitarbeiter sei, die Engländer in Afrika nicht etwa nur abzuwehren, sondern, wo es notwendig sei, sie auch anzugreifen, um verlorenes Gebiet zurückzuerobern — ,il faut chasser les Anglais'[23]". Er drückte gleichzeitig seine Hoffnung auf baldige „militärische Zusammenarbeit in den Fragen der Sicherung Nord-, West- und Zentralafrikas", aber auch sonst, „wo es notwendig ist", aus. „Die Zeit eile; denn England und vielleicht auch andere[24] würden nicht warten."
Jedoch rückte Frankreich für Hitler inzwischen wieder an die zweite Stelle in seinen Planungen, als das Scheitern des italienischen Angriffs gegen Griechenland offenkundig wurde und sich damit die Notwendigkeit ergab, nunmehr baldmöglichst — unter Zurückstellung der sich aus einer Zusammenarbeit mit Frankreich ergebenden Chancen — das Mittelmeer im Westen durch eine Eroberung Gibraltars mit spanischer Unterstützung zu schließen, um den ständig wachsenden Doppeldruck gegen Italien von den britischen See- und Luftbasen im östlichen und westlichen Mittelmeer aus wenigstens auf der einen Seite zu beseitigen und somit die Gefahr eines Zusammenbruchs Italiens zu bannen. In der für die Gedankenbildung Hitlers zur Gesamtstrategie überhaupt außerordentlich bedeutsamen Besprechung[25] mit seinen wichtigsten militärischen Beratern am 4. 11. in Berlin[26] führte Hitler aus, daß er „nun (den) Kriegseintritt Spaniens forcieren" wolle, um mit spanischer, aber ohne italienische Hilfe Gibraltar zu erobern[27], auch wenn „mögliche englische Reaktionen", d. h. ein „Festsetzen an der Westküste Afrikas", in Marokko oder auf den spanischen und portugiesischen Inseln, nicht auszuschließen seien. Es sei jedenfalls seine Absicht, auch wenn die militärtechnischen Möglichkeiten hierfür erst noch zu prüfen seien, mit dem Angriff auf Gibraltar gleichzeitig auch die Kanarischen und die Kap Verdischen Inseln in überraschendem Zugriff zu erobern. „Die Inbesitznahme der Kap Verdischen Inseln wolle (er) damit begründen, daß die Engländer beabsichtigten, sie zu besetzen. Der portugiesischen Regierung solle hierbei erklärt werden, daß ihr Land sofort von deutschen Truppen besetzt

23 Noch am 31. 8. 1940 hatte Huntziger, damals als Vorsitzender der französischen Waffenstillstandsdelegation in Wiesbaden, in einer Note an den Leiter der deutschen Waffenstillstandsdelegation die skeptische Frage gerichtet, welches Interesse Frankreich daran haben könnte, Opfer auf sich zu nehmen, um solche Kolonialbesitzungen mit Waffeneinsatz zu verteidigen, die ihm im Friedensvertrag vielleicht doch genommen würden (Staatssekretär: Akten betr. Frankreich, Polit. Archiv des AA, Bonn).
24 D. h. die USA.
25 Vgl. hierzu unten S. 335 f. und vor allem S. 352 ff.
26 KTB OKW, Bd. I, S. 150 f.; KTB Halder, Bd. II, S. 163 ff. (4. 11. 1940).
27 In der Besprechung zwischen Keitel und Badoglio am 14. 11. 1940 in Innsbruck, der ersten Zusammenkunft zwischen Spitzenvertretern des OKW und des Comando Supremo seit Kriegsbeginn überhaupt, erhob Badoglio keinen Einspruch gegen die Ausschaltung Italiens beim Unternehmen gegen Gibraltar (KTB OKW, Bd. I, S. 178).

werden würde, wenn sie den Engländern irgendwelche Unterstützung gewähre. Als Bekräftigung dieser Drohung sollten hinter den Angriffstruppen für Gibraltar einige motorisierte Divisionen folgen[28]."

Die Gewinnung deutscher Stützpunkte auf den atlantischen Inseln, die schon im September einmal erwogen und als militärtechnisch undurchführbar verworfen worden war[29], beschäftigte Hitler seit dem Vortrag des Befehlshabers der U-Boote, Admiral Dönitz, am 22. 10., in dem dieser auf den Wert der Inseln für den U-Boot-Krieg gegen die britischen Zufuhren im Atlantik, vor allem aber auch auf die Bedeutung von U-Boot-Basen an der spanischen Küste hingewiesen hatte, erneut in starkem Maße. Anknüpfend an die schon vorliegenden Studien vom 22. 9. und 2. 10. wurden nun nochmals alle Möglichkeiten vom Standpunkt der Land-, See- und Luftkriegführung überprüft, und zwar gesondert hinsichtlich der Azoren, Madeiras wie auch der Kap Verdischen Inseln, obwohl das Ergebnis angesichts des unlösbaren Nachschubproblems nur das gleiche wie bisher sein konnte[30]. Im Hintergrund seines Drängens stand bei Hitler die Überzeugung, die er, wenn auch mit unterschiedlicher Auffassung hinsichtlich der Deutschland zur Verfügung stehenden Zeit, mit den Spitzen des OKH teilte: „Der nordwestafrikanische Raum kann zusammen mit Äquatorialafrika der Ausgangsraum eines großen Ringens zwischen den europäischen Mächten und den angelsächsischen Mächten werden[31]." Schon am 17. 9. hatte Hitler gegenüber Serrano Suñer darauf hingewiesen[32]: „Es sei nicht ausgeschlossen, daß England und Frankreich versuchen würden, Amerika nach den Azoren zu locken, und bei diesen Bestrebungen in gewissen, bereits jetzt hervortretenden imperialistischen Tendenzen Amerikas Unterstützung fänden. England könne sich auf den Afrika vorgelagerten Inseln auf diese Weise festsetzen, wodurch auf die Dauer eine sehr unangenehme Lage entstehen würde. Denn das Festland würde von derjenigen Macht abhängig sein, die die vorgelagerten Inseln besetzt hielte, besonders wenn es sich dabei um eine überlegene Seemacht handele." Daher galt es nach dem Willen Hitlers trotz allen Schwierigkeiten eine breite deutsche Bastion im nordwestafrikanischen Raum aufzubauen. Dies war indessen nur möglich, wenn Spanien zur Mitwirkung gewonnen werden konnte, da ein militärisches Vorgehen gegen Spanien die Festlegung des Gros der deutschen Streitkräfte, vor allem der Luftwaffe, auf dem südwesteuropäischen Schauplatz erfordert hätte.

Über die Möglichkeiten eines Erfolges bei einem deutschen Einmarsch in Spanien

28 KTB OKW, Bd. I, S. 151.
29 Vgl. oben S. 190.
30 KTB OKW, Bd. I, S. 124, S. 132, S. 135 und S. 144.
31 KTB Halder, Bd. II, S. 163 (4. 11. 1940). Vgl. auch die Aufz. des Majors d. G. v. Falkenstein von der Abt. Landesverteidigung im Wehrmachtführungsstab vom 29. 10. 1940 (IMT, Bd. XXV, Dok. PS-376, S. 393): „Den Führer beschäftigt im Hinblick auf eine spätere Kriegführung gegen Amerika die Frage der Besetzung der Atlantischen Inseln."
32 ADAP D XI, Dok. 66: Aufz. über die Unterredung Hitler-Serrano Suñer, 17. 9. 1940, S. 93 ff. (Zitat S. 97).

selbst mit Zustimmung Francos gab Halder später rückschauend mit Recht ein eindeutig negatives Urteil ab, das bereits hier angeführt sein mag, um als Perspektive für den Fortgang der Planungen und Überlegungen auf deutscher Seite in den folgenden Wochen zu dienen: „Selbst wenn es Hitler gelungen wäre, die politischen Voraussetzungen zu schaffen, so hätte England vom Be=treten spanischen Bodens durch deutsche Truppen an reichlich Zeit gehabt, sowohl von Gibraltar als auch von Portugal her seine Gegenmaßnahmen zu treffen. Ein zeit= und kraftverbrauchendes Ringen auf spanischem (bzw. nord=westafrikanischem[33]) Boden wäre die Folge gewesen, gewiß kein geeignetes Mittel, um sich von der Gefahr des Zweifrontenkrieges zu befreien[34]."

Die „Forcierung" des Kriegseintritts Spaniens seit Anfang November 1940 hing indessen auch mit Hitlers neuer — trotz des Hinüberpendelns von der bisherigen extrem positiven Bewertung zu ausgesprochen abfälligen Urteilen — im ganzen zutreffender Beurteilung der militärischen Fähigkeiten des italieni=schen Bundesgenossen zusammen. Am 4. 11. übte Hitler vor einem größeren Kreis erstmals scharfe Kritik an der italienischen Kriegführung, zu der er nur noch „geringes Vertrauen" habe: Vor Herbst 1941 sei mit einer Fortsetzung der italienischen Offensive in Ägypten nicht zu rechnen. Eine Entsendung deutscher Kräfte nach Italienisch=Nordafrika zur Unterstützung der Italiener sei „ope=rativ bedenklich", da sie „über Meere" hinweg erfolgen müsse, „die wir nicht beherrschen, und mit einem Verbündeten, der nicht (seine) letzte Kraft ein=setzt, um dieses Meer offen zu halten[35]".

Hitlers Beurteilung der politischen und strategischen Gesamtlage am 4. 11. fand ihren Niederschlag in der vom Wehrmachtführungsstab ausgearbeiteten und von Hitler am 12. 11., also am ersten Tage des Besuches Molotows in Berlin, unterzeichneten „Weisung Nr. 18[36]", die in ihrer Aufzählung politischer und militärischer Absichten und Planungen gut die Krise widerspiegelt, in die Hitlers strategische Gesamtkonzeption von Ende September[37] bereits zu die=sem Zeitpunkt geraten war. Die Weisung läßt keinen Schwerpunkt der deut=schen Strategie im großen erkennen; jedoch blieben, wie es auch der Wortlaut der Weisung besagte, für den Bereich Südwesteuropa Hitlers Anstrengungen weiterhin auf Spanien konzentriert, zumal die Lähmung der italienischen Schlachtflotte durch den britischen Torpedofliegerangriff auf die schweren Ein=heiten im Hafen von Tarent in der Nacht vom 11./12. 11.[38] eine schnelle mili=tärische Aktion zur Schließung des Westausganges des Mittelmeers noch dringlicher gemacht hatte. Dementsprechend nahm auch der Abschnitt „Spa=nien und Portugal" in der „Weisung Nr. 18" den breitesten Raum ein. Ziel eines „deutschen Eingreifens auf der Iberischen Halbinsel (Deckname ‚Felix')"

33 Zusatz des Verfassers.
34 F. Halder: Hitler als Feldherr. München 1949, S. 33.
35 KTB Halder, Bd. II, S. 164 (4. 11. 1940).
36 Hubatsch: Hitlers Weisungen, S. 67.
37 Vgl. oben S. 239 ff.
38 Vgl. oben S. 280.

werde es sein, „die Engländer aus dem westlichen Mittelmeer zu vertreiben". Als Etappen hierfür wurden die „Wegnahme von Gibraltar mit deutschen Truppen", das „Bereitstellen von Truppen, um in Portugal einzumarschieren, falls die Engländer dort Fuß fassen sollten", und eine „Unterstützung der Spanier beim Abschließen der Meerenge nach Wegnahme des Felsens, wenn erforderlich von Spanisch=Marokko aus", angeführt. Geprüft werden sollte schließlich, „wie die spanische Verteidigung der Kanaren zu unterstützen ist bzw. die Kap Verden in Besitz genommen werden können", desgleichen die „Frage einer Besetzung von Madeira und der Azoren[39]".

Zu dem Thema „Verhältnis zu Frankreich", das zwar in der Weisung als erster Punkt aufgeführt, gegenüber dem Unternehmen „Felix" aber an Dringlichkeit zurückgetreten war, hieß es, daß Frankreich im Sinne einer Zusammenarbeit gegen Großbritannien „vorläufig die Rolle einer ‚nicht=kriegführenden' Macht zufallen" werde, „die in ihrem Hoheitsgebiet, insbesondere in den afrikanischen Kolonien, Maßnahmen der deutschen Kriegführung zu dulden und, soweit erforderlich, auch durch Einsatz eigener Verteidigungsmittel zu unterstützen" habe. „Vordringliche Aufgabe der Franzosen (sei) die defensive und offensive Sicherung ihrer afrikanischen Besitzungen (West= und Äquatorialafrika) gegen England und die de=Gaulle=Bewegung. Aus dieser Aufgabe (könne) sich die Teilnahme Frankreichs am Krieg gegen England in vollem Maße entwickeln[40]."

Am 14. 11. trug Großadmiral Raeder an Hand einer Denkschrift der Seekriegsleitung[41] Hitler erneut seine strategische Gesamtkonzeption[42] vor, die in dem Gedanken gipfelte, daß der „Ausgang der (italienischen) Offensive gegen Alexandrien und Suez und die weitere Entwicklung (der) Lage (im) Mittelmeer mit (den) Ausstrahlungen auf den afrikanischen und vorderasiatischen Raum von kriegsentscheidender Bedeutung" sein werde. Im Rahmen einer deutschen Strategie, die sich dieser Möglichkeiten bewußt sei, komme der Einnahme Gibraltars und der „Beherrschung des westlichen Mittelmeers" eine „sehr wesentliche Bedeutung" zu. Raeder bezeichnete die Besetzung der Kanarischen Inseln „für sehr erwünscht und auch durchführbar", während die Eroberung der Azoren und der Kap=Verdischen=Inseln kaum möglich und die Gewinnung Madeiras für die deutsche Kriegführung wertlos sei[43]. Hitler hielt hingegen gerade die Festsetzung auf den Azoren im Hinblick auf ein Eingreifen der USA in den Krieg für „äußerst wichtig", da er eine solche Entwicklung seit der Wiederwahl Roosevelts, wenn auch erst zu einem späteren Zeitpunkt, für

39 Die folgende Formulierung stimmt mit Warlimonts Text vom 2. 11. 1940 (vgl. S. 320, Anm. 18) völlig überein. Dies zeigt, daß Hitler am 12. 11. 1940 einfach die Vorlage des Wehrmachtführungsstabes abzeichnete.

40 Hubatsch: Hitlers Weisungen, S. 67.

41 Aufz. über die Besprechung Hitler=Raeder vom 14. 11. 1940 nebst Denkschrift der Seekriegsleitung, in: Lagevorträge des Ob. d. M.

42 Vgl. oben S. 188 ff.

43 KTB Halder, Bd. II, S. 180 (4. 11. 1940): „Heusinger: Luftwaffe lehnt Einsatz gegen Kap Verden und Kanaren und Azoren ab."

unvermeidlich ansah[44], falls nicht – wie er hoffte – die von ihm nun als einziger Ausweg aus dem politisch-strategischen Dilemma angestrebte militärische Ost-Lösung[45] eine radikale Wendung der weltpolitischen Lage zu seinen Gunsten herbeiführte und Amerika auf diese Weise aus dem Krieg herausgehalten werden konnte. Hitler bestand daher auf einer Erkundung der Azoren wie der Kanarischen Inseln durch Offiziere der Marine und der Luftwaffe und brachte den Gedanken zum Ausdruck, deutsche Langstreckenbomber mit 6 000 km Reichweite, die die Ostküste der USA erreichen könnten, auf den Azoren zu stationieren[46]. Für Hitler waren im Gegensatz zu Raeder, der den Raum um das östliche Mittelmeer als das Gebiet der strategischen Entscheidung im Kampf gegen Großbritannien ansah, der Westausgang des Mittelmeers und Nordwestafrika im Blick auf eine mehr oder weniger nahe künftige Auseinandersetzung mit den USA der strategisch bedeutsamste Raum im Westkrieg.

Es war daher nicht eine Folgerung aus dem Vortrag Raeders[47], sondern seine strategische Grundauffassung in Verbindung mit dem deprimierenden Eindruck, daß die Kette der italienischen Niederlagen gegen Großbritannien und gegen Griechenland nicht abriß und eine bedrohliche Schwächung der Mittelmeerposition Italiens in Kürze eintreten mußte, die Hitler veranlaßte, nunmehr mit Nachdruck den Eintritt Spaniens in den Krieg als entscheidende politische Voraussetzung für das Unternehmen „Felix" anzustreben[48]. So lud er am 15.11. Serrano Suñer für die nächsten Tage zu einer dringenden Unterredung auf den Berghof ein[49].

In dem vierstündigen Gespräch am 18. 11.[50], in dem Hitler dem spanischen Außenminister in immer neuen Anläufen die Notwendigkeit einer schnellen deutsch-spanischen Einigung vor Augen führte und ihn in seinem Sinne zu beeinflussen suchte, indem er eingehend begründete, daß „unter den gegenwärtigen Umständen", d. h. bei der ungünstigen Kriegslage im Mittelmeerraum, „die absolute Sperrung des Mittelmeers", die „im Westen in Gibraltar ohne weiteres durchgeführt werden könne", „unbedingt erforderlich" sei.

44 Zu Hitlers politisch-strategischen Gedanken zum Gesamtkrieg in diesen Wochen vgl. unten S. 351 ff.

45 Vgl. unten S. 360 ff.

46 Vgl. hierzu unten S. 379 f.

47 Die Konzeption Raeders, die Hitler vom Ansatz her ablehnte, wurde auch vom Generalstab des Heeres und vom Wehrmachtführungsstab nur mit Einschränkungen, vor allem hinsichtlich der Wahl des Schwerpunktes für die deutsche Kriegführung innerhalb der allgemein befürworteten Mittelmeerstrategie, akzeptiert. Vgl. hierzu unten S. 341 ff.

48 Einzelheiten zu der nun intensiv beginnenden militärischen Vorbereitung des Unternehmens „Felix" in der „Sammelmappe ‚Felix'" (5. 11. – 9. 12. 1940) des OKW/WFSt (= Signatur III W 54), Militärgeschichtliches Forschungsamt Freiburg i. Br.

49 ADAP D XI, Dok. 312: Der Reichsaußenminister an den dt. Botschafter in Madrid, 15. 11. 1940, S. 513 f.; Detwiler, S. 73.

50 ADAP D XI, Dok. 352: Aufz. über die Unterredung Hitler-Serrano Suñer, 18. 11. 1940, S. 598 ff.

Serrano Suñer führte demgegenüber an, daß eine Schließung des Mittelmeers für Großbritannien zugleich eine „Schließung des Atlantischen Ozeans“ für Spanien bedeute, und zwar in einem Augenblick, in dem gerade „die erste Sendung der 400 000 Tonnen Weizen aus Kanada“ nach Spanien gelange. Die wirtschaftliche Abhängigkeit von den Überseezufuhren machte Serrano Suñer somit in dieser Unterredung stärker noch als in den Verhandlungen im September[51] zum Angelpunkt seiner Argumentation gegen einen Kriegseintritt Spaniens, nachdem die Frage der Kolonialansprüche Spaniens, die damals im Vordergrund gestanden hatte, seit der Unterzeichnung des sog. „Geheimprotokolls von Hendaye“ geregelt schien. Es gelang daher weder Hitler noch Ribbentrop in dem abschließenden Gespräch am 19. 11.[52], Serrano Suñer zu einer Zusage zu bewegen, ohne daß dieser andererseits ein klares „Nein“ zu den Plänen Hitlers ausgesprochen hätte. Das hinhaltende Doppelspiel Spaniens – aus der günstigen Position der „Nichtkriegführung“ heraus – mit gleichzeitigen Verhandlungen nach der deutschen wie nach der amerikanischen Seite hin sollte vielmehr noch einige Wochen fortgeführt werden, um in den Wirtschaftsgesprächen mit den USA[53] möglichst viele Vorteile für Spanien zu erreichen. Jedenfalls war es Serrano Suñer gelungen, Hitler immer noch im unklaren darüber zu halten, ob nicht doch noch eine Zusage Francos bei entsprechenden Zugeständnissen auf deutscher Seite erzielt werden könne.
Spätestens seit den ergebnislosen Gesprächen mit Molotow in Berlin am 12./13. 11. hatte für Hitler die von ihm angestrebte Einbeziehung Spaniens in den Krieg die bis dahin bestehende lockere Verknüpfung mit der großen „Kontinentalblock“-Konzeption völlig verloren und war in erster Linie zu einer strategischen Aushilfslösung zur Überwindung der Krise im Mittelmeerraum, sodann aber zu einem Teil der Zukunftsplanungen für den Westkrieg nach Abschluß der militärischen Ost-Lösung[54], geworden. Das Unternehmen „Felix“ mußte zeitlich vor der Abstützungsaktion für Italien auf dem Balkan[55] stattfinden, weil die deutschen Luftwaffenspezialkräfte für eine gleichzeitige Durchführung beider Operationen nicht ausreichten[56]. Auch aus diesem Grunde mußte daher eine baldige Entscheidung darüber herbeigeführt werden, ob die „politischen Grundlagen“ für „Felix“, also eine Einigung mit Franco über Spaniens Kriegseintritt, überhaupt erreichbar und damit das Unternehmen gegen Gibraltar im Winter 1940/41 zu verwirklichen waren. Mit dem Auftrag, endlich eine Klärung dieser Grundfrage herbeizuführen, sandte Hitler am 4. 12. Admiral Canaris mit einem Handschreiben für Franco nach Madrid. Er sollte

51 Vgl. oben S. 202 ff.
52 ADAP D XI, Dok. 357: Aufz. über die Unterredung Ribbentrop-Serrano Suñer, 19. 11. 1940, S. 619 ff.
53 Vgl. oben S. 186, Anm. 212.
54 Vgl. unten S. 378 f.
55 Vgl. unten S. 335 ff.
56 KTB OKW, Bd. I, S. 181. Dies galt besonders für die 8 Stuka-Gruppen, die für „Felix“ vorgesehen waren.

das Einverständnis des spanischen Staatschefs zum Überschreiten der spanisch-französischen Grenze durch die deutschen Truppen am 10. 1. 1941 als Auftakt für das Unternehmen „Felix" zu erlangen suchen.
Daß Hitler trotz der offenkundigen Hinhalte-Taktik der Spanier immer noch mit der Möglichkeit, wenn nicht gar mit der Wahrscheinlichkeit einer Zustimmung Francos rechnete, ging aus seinen Ausführungen in der großen Besprechung mit den Spitzen von OKW und OKH am 5. 12. hervor[57]. Hierbei sprach er sich unter Verzicht auf weitgehende Tarnung des Aufmarsches für den kürzestmöglichen Termin für das Überschreiten der spanischen Grenze (10. 1.) aus. Nach der Einnahme von Gibraltar (ein Thema, über das Hitler selbst und der General der Artillerie beim Oberbefehlshaber des Heeres, General Brand, in großer Ausführlichkeit sprachen[58]) sollten — so wurde nun geplant — eine deutsche Panzer- und eine motorisierte Division nach Spanisch-Marokko überführt werden. Sie sollten dabei — dies war ein neuer Gesichtspunkt — zugleich die Rolle eines Druckmittels gegenüber der französischen Regierung in Vichy und vor allem dem französischen Generaldelegierten in Nordafrika, General Weygand, spielen: „Ist die Meerenge in unserer Hand und stehen deutsche Truppen in Marokko, dann kann man mit der Regierung in Vichy deutlich reden; dann kann sie nicht mehr ausweichen[59]." Mochten diese Bemerkungen Hitlers auch auf die sich mehrenden Nachrichten über Kontakte zwischen Weygand und den Amerikanern[60] zurückzuführen und somit nicht unbegründet sein, so brach doch damit wieder die axiomatische Feindvorstellung in Hitlers Frankreich-Bild durch, die ein schnelles Ende seiner ohnehin nur mit größten Schwierigkeiten und mit mancherlei Widersprüchlichkeiten bisher durchgehaltenen „kleinen" (westeuropäischen) „Kontinentalblock"-Konzeption herbeiführen mußte.
Gegen Portugal sollten — so plante Hitler weiter — im Falle einer britischen Landung an der iberischen Westküste oder bei einer erkennbar neutralitätswidrigen Haltung der portugiesischen Regierung eine Panzer- und zwei motorisierte deutsche Divisionen eingesetzt werden, die das — fünf „sehr schwache" Divisionen umfassende — portugiesische Heer überwältigen[61] und das Land besetzen sollten. Die Verteidigungsfähigkeit der Kanarischen Inseln sollte durch Einfügung deutscher Heresbatterien in die spanische Verteidigung ge-

57 KTB OKW, Bd. I, S. 204 ff.; KTB Halder, Bd. II, S. 209 ff.
58 Vgl. hierzu auch die Zusammenfassung bei Greiner, S. 166 f.; ferner Detwiler, S. 81 f.
59 KTB Halder, Bd. II, S. 212.
60 Hierfür vor allem KTB OKW, Bd. I, S. 193 (30. 11. 1940). U. a. machte der Delegierte der Vichy-Regierung de Brinon die deutsche Seite auf die „deutschfeindliche, englandfreundliche" Haltung Weygands aufmerksam.
61 Über die Beurteilung des portugiesischen Heeres vgl. KTB Halder, Bd. II, S. 178 (13. 11. 1940): „Heer ist nicht in der Lage, Mutterland, Inseln und Kolonien zu schützen. Absicht eines solchen Schutzes gegen England mindestens fraglich. Offizierkorps in unserem Sinne nicht vorhanden. Offiziere haben Nebenberufe."

steigert werden, während die Besetzung Madeiras und der Kap=Verdischen=Inseln nicht mehr in Betracht gezogen und auch die Eroberung der Azoren nicht weiter vorbereitet werden sollten.

Das Unternehmen „Felix“ sollte nun also unter dem Druck der Zeit und der sich ständig verschlechternden Lage Italiens in Form einer schnell durchführbaren, räumlich begrenzten Aktion zur Sperrung der Meerenge von Gibraltar ablaufen unter – einstweiligem – Verzicht auf die Gewinnung von Positionen, die für eine spätere Kriegführung gegen die USA von Bedeutung waren. Auf dieser neuen Grundlage arbeitete der Wehrmachtführungsstab einen Entwurf für die „Weisung Nr. 19“ aus[62], die sogleich nach Klärung der politischen Voraussetzungen durch die Mission Canaris' an die Wehrmachtteile ausgegeben werden sollte.

Zu einer Unterzeichnung dieses Entwurfs durch Hitler kam es indessen nicht, da Admiral Canaris am 8. 12. das Scheitern seiner Mission bei Franco meldete[63]. In der Unterredung am 7. 12. abends hatte Franco seine Verzögerungstaktik aufgegeben und eindeutig erklärt, daß Spanien zu dem von Hitler gewünschten Zeitpunkt zu einem Kriegseintritt nicht in der Lage sei[64]. Neben den bekannten Versorgungsschwierigkeiten führte er vor allem die – berechtigte – Befürchtung an, daß Großbritannien im Falle einer Kriegserklärung Spaniens im strategischen Gegenzug sogleich die Kanarischen Inseln und alle Kolonialbesitzungen Spaniens sowie auch die portugiesischen Atlantik=Inseln besetzen würde. Dies müßte katastrophale Rückwirkungen auf die spanische Bevölkerung (und sein Regime), aber auch auf die Kriegführung der „Achsen“=Mächte haben. Daher liege die Fortdauer der spanischen „Nichtkriegführung“ auch im deutschen Interesse.

Da hiermit die erhoffte „politische Grundlage“ für das Unternehmen „Felix“ entfallen war, die Hitler mit Recht als Vorbedingung für ein Gelingen betrachtete, entschied er sich sogleich zum Verzicht auf eine Durchführung[65]. Nunmehr rückte – gleichsam automatisch – wieder Frankreich in den Mittelpunkt seiner strategischen Überlegungen, und zwar in doppelter Weise. Die Absage Francos und der Fortfall des Druckmittels für Französisch=Nordafrika, das er durch die Gewinnung der Operationsbasis in Spanisch=Marokko in die Hand zu bekommen gehofft hatte, führten Hitler zu der im Eventualfall anzuwendenden Aushilfslösung: „Wenn in Nordafrika etwas passiert, müssen wir sofort Rest=Frankreich besetzen[66].“ Dementsprechend wurde als „Weisung

62 Hubatsch: Hitlers Weisungen, S. 74 ff.; Detwiler, S. 83.

63 KTB OKW, Bd. I, S. 219. Ausführliche Darstellung über die Mission Canaris' bei Franco auf Grund aller verfügbaren Unterlagen bei Detwiler, S. 84 ff.

64 Aufz. des Generals Vigón über die Unterredung Franco=Canaris, 7. 12. 1940, abgedruckt bei Detwiler, S. 123 ff.; Bericht Canaris' an den Chef OKW vom 8. 12. 1940, in: KTB OKW, Bd. I, S. 219.

65 Den Oberbefehlshabern der Wehrmachtteile wurde dies am 11. 12. 1940 mitgeteilt (Greiner, S. 169). Die für diesen Tag vorgesehene Reise Jodls, der Franco den deutschen Angriffsplan gegen Gibraltar vortragen sollte, entfiel.

66 KTB Halder, Bd. II, S. 218 (8. 12. 1940).

Nr. 19" anstelle des Planes für das Unternehmen „Felix" am 10. 12. ein vorbereitender Befehl an die Oberbefehlshaber der Wehrmachtteile ausgegeben[67], der „für den Fall, daß sich in den jetzt von General Weygand[68] beherrschten Teilen des französischen Kolonialreiches eine Abfallbewegung abzeichnen sollte, ... die schnelle Besetzung des heute noch unbesetzten Gebiets des französischen Mutterlandes" (Unternehmen „Attila") ankündigte. „Gleichzeitig (komme) es darauf an, die französische Heimatflotte und die auf den heimischen Flugplätzen befindlichen Teile der französischen Luftwaffe sicherzustellen, zum mindesten aber ihr Übergehen zur Feindseite zu verhindern[69]."
Parallel zu dieser für den Notfall vorgesehenen Gewaltaktion schaltete Hitler politisch wieder auf die „Zusammenarbeit" mit Frankreich um, deren Grundlage er selbst in den Wochen, in denen für ihn die Gewinnung Spaniens im Zentrum seiner Planungen gestanden hatte, durch eine Reihe von brutalen Maßnahmen seiner „Sieger"-Politik (von denen die Ausweisung von rund 100 000 Lothringern und 10 000 Elsässern, die aus ihrer Heimat ins unbesetzte Frankreich „abgeschoben" wurden, nur die bekannteste war) weitgehend zerstört hatte[70]. Am 9. 12. erklärte Hitler in einer Besprechung mit Halder, er denke nunmehr daran, „auf Grund dieser Absage (Francos) die bisherigen Vereinbarungen als nicht mehr bestehend zu betrachten und die dadurch gewonnene Handlungsfreiheit gegenüber den Franzosen auszunützen, um diese an seine Politik durch das Versprechen der Erhaltung ihrer afrikanischen Besitzungen heranzuziehen. Auf die Italiener (brauche) dabei keine nennenswerte Rücksicht mehr genommen zu werden[71]". Die letzte Bemerkung bezog sich auf den verzweifelten Hilferuf Mussolinis, den ihm der italienische Botschafter Alfieri am 8. 12. übermittelt und der das Ende Italiens als eigenständige Macht im großen angekündigt hatte[72].
Der Zeitpunkt für diese neuerliche Schwerpunktverlagerung in Hitlers strategischen Planungen in Südwesteuropa und Nordwestafrika auf Frankreich

67 Hubatsch: Hitlers Weisungen, S. 79 ff.; Jäckel, S. 191 f.

68 Hitlers Mißtrauen gegen Weygand wurde nach dem 13. 12. 1940 (vgl. hierzu unten S. 384) noch wesentlich stärker. Am 8./9. 1. 1941 äußerte er zu Raeder: „General Weygand, bekannt als glühender Deutschenhasser, hat sofortige Verhaftung Lavals verlangt. Weygand vom Führer als unzuverlässig und gefährlich angesehen, muß scharf beobachtet werden" (Lagevorträge des Ob. d. M.).

69 Am 8./9. 1. 1941 führte Hitler gegenüber Raeder aus: „Falls Frankreich Schwierigkeiten macht, ist seine völlige Zerschlagung notwendig. Flotte darf auf keinen Fall sich deutschem Zugriff entziehen; entweder Gewinnung französischer Flotte oder Vernichtung. Daher muß Toulon mit dem ersten Moment besetzt werden (Luftlandetruppen, Lastensegler)" (Lagevorträge des Ob. d. M.). — Am 3. 2. 1941 befahl Hitler, das Unternehmen „Attila" müsse „immer, wenn auch in beschränktem Umfange, durchführbar" sein (KTB OKW, Bd. I, S. 303 und S. 326). Zu den Einzelheiten der miltärischen Planungen des OKW/WFSt: Sammelmappe „Attila" (10. 12. 1940 — 29. 6. 1941) (= Signatur III W 55), Militärgeschichtliches Forschungsamt Freiburg i. Br.

70 Zu den verschiedenen durchgeführten oder geplanten Maßnahmen vgl. Geschke, S. 115 ff.; Jäckel, S. 166 ff.

71 KTB Halder, Bd. II, S. 219 (9. 12. 1940).

72 Vgl. oben S. 289.

schien günstig. Zwar hatte das erste Gespräch mit General Huntziger sowie Admiral Darlan als Vertreter der Vichy-Regierung und Generalmajor Warlimont als Vertreter des OKW in der deutschen Botschaft in Paris am 29. 11., mit dem die in Montoire in Aussicht genommenen Militärbesprechungen[73] eingeleitet wurden und in dem Huntziger einen von den drei Ministern der französischen Wehrmachtressorts ausgearbeiteten Operationsplan vom 23. 11. vorgetragen hatte, der ein offensives Vorgehen gegen die von de Gaulle beherrschten Gebiete Französisch-Äquatorialafrikas erst für den Herbst 1941 als möglich hinstellte, keinen günstigen Eindruck auf der deutschen Seite hinterlassen[74]. Die Argumentation der französischen Vertreter hatte vielmehr das latente Mißtrauen gegen die Absichten der Vichy-Regierung, das in Hitlers Äußerungen am 5. 12. und in der „Weisung Nr. 19" dann so klar zum Ausdruck kam, nur verstärkt. Jedoch schien das „2. Pariser Treffen" am 10. 12., das durch die Anwesenheit Lavals bestimmt war (der inzwischen eine Abänderung des Operationsplans durchgesetzt hatte), völlig neue Perspektiven für die deutsch-französische „Zusammenarbeit" und für die deutsche Strategie im nordwestafrikanischen Raum zu öffnen[75]. Hierbei legten die Franzosen einen detaillierten Plan über die Verstärkung der Verteidigung Westafrikas mit Schwerpunkt Dakar und zur Rückeroberung Äquatorialafrikas vor. Nunmehr war eine Offensive gegen die Gebiete de Gaulles, die durch einen Vorstoß von Niamey am Niger am Nordrande Britisch-Nigerias vorbei gegen Fort Lamy am Tschad-See eingeleitet werden sollte, schon zu einem wesentlich früheren Zeitpunkt, voraussichtlich Ende Februar 1941, in Aussicht genommen. Die Franzosen rechneten dabei mit britischen Gegenaktionen. Für diesen Fall sah der Plan offensive Handlungen Frankreichs vor, die von einem Luftangriff auf die „Eingeborenen-Groß-Stadt" Kano im Norden Nigerias über die Eroberung von Bathurst (Britisch-Gambia), die von Dakar aus vorbereitet werden sollte, über eine Angriffsoperation zur Eroberung von Freetown in Sierra Leone bis zu „Operationen außerhalb des westafrikanischen Raumes je nach Kräften und Möglichkeiten", u. a. der Wiederholung der französischen Luftangriffe auf Gibraltar, reichten. Laval erwähnte, „daß England über seinen Botschafter in Madrid Frankreich habe wissen lassen, daß eine französische Aktion auf Wiedereroberung der aufständischen Kolonien fast unvermeidlich einen Konflikt mit England herbeiführen müsse; Frankreich wolle aber seine Kolonien wiedererobern und nehme einen daraus resultierenden Kriegszustand mit England in Afrika

73 Vgl. oben S. 320.

74 KTB OKW, Bd. I, S. 195 (3. 12. 1940); Geschke, S. 130. Hierfür und für das Folgende auch Warlimont, S. 137 ff. — Diese militärischen Gespräche sollten nach den Vorstellungen Lavals günstige Voraussetzungen für die in Montoire vereinbarte Zusammenkunft zwischen ihm und Ribbentrop schaffen, bei der das politische Verhältnis zwischen Deutschland und Frankreich auf eine neue Grundlage (gegenüber der bislang geltenden des Waffenstillstandsvertrages) gestellt werden sollte.

75 Hierzu die Aufzeichnung des Legationsrats Achenbach vom 10. 12. 1940 und den Vortragsvermerk Warlimonts vom 12. 12. 1940, in: KTB OKW, Bd. I, S. 982 ff.

in Kauf[76]".Die französische Gegenforderung bestand in einer offiziellen deutschen „Erklärung", die in der Sache auf eine Garantie des französischen Besitzstandes in Afrika hinauslief. Laval schloß seine Ausführungen vor den Verhandlungsteilnehmern mit dem pathetischen Satz an die deutsche Adresse: „Wenn Sie uns helfen, sind wir bereit zu handeln, sofort zu handeln[77]."
Drei Tage später war Pierre Laval gestürzt (13. 12.), das Ende der „Politik von Montoire" von Marschall Pétain herbeigeführt[78]. Vorausgegangen war ein neues Geheimabkommen zwischen der britischen Regierung und Pétain vom 6. 12., das die Wahrung des status quo in den afrikanischen Besitzungen und Erleichterungen in der Blockade der Häfen des unbesetzten Frankreich vorsah[79]. Schon bald nach dem 13. 12. einsetzende Bemühungen deutscher und französicher Verfechter des Gedankens der „Collaboration", durch eine Rückkehr Lavals in die Regierung von Vichy eine Wiederanknüpfung an die Situation vor dem 13. 12 herbeizuführen, scheiterten, nicht zuletzt an Hitler selbst, der die von ihm nur mit halbem Interesse gebilligte Politik der „Collaboration" nunmehr als erledigt betrachtete. Hitlers wahre politische Zielsetzung kam, wenn auch nur in Form eines Gedankenblitzes, in seiner vom Leiter der deutschen Waffenstillstandsdelegation, General K.-H. v. Stülpnagel, wiedergegebenen unmittelbaren Reaktion auf die Vorgänge des 13. 12. zum Vorschein: „Führer schwankend geworden, ob er Frankreich noch nötig habe. Ihm schwebt immer der Friedensschluß mit England auf Kosten Frankreichs vor[80]." Die ergebnislos verlaufende Unterredung Hitlers mit Admiral Darlan, dem Abgesandten Pétains, am 25. 12. in Beauvais[81] schloß den ersten Versuch einer deutsch-französischen „Zusammenarbeit" auf militärischem Gebiet im Zweiten Weltkrieg auch äußerlich ab[82].
Da wir das Nachspiel in diesen Planungen Hitlers, der jetzt abermals sein Interesse der Hinzuziehung Spaniens zuwandte, im Januar/Februar 1941, als Mussolini die aussichtslose Aufgabe übernahm, Franco doch noch umzustimmen und einen Kriegseintritt Spaniens zu erreichen, übergehen können[83], weil

76 KTB OKW, Bd. I, S. 989. 77 Ebda., S. 984.
78 Hierzu Geschke, S. 131 ff.; Jäckel, S. 193 ff. (dort Hinweise auf die breite Fülle der Literatur zu diesem Thema).
79 Prince Xavier de Bourbon: Les accords secrets franco-anglais de décembre 1940. Paris 1949, S. 44 ff. Zu diesem sog. Halifax-Chevalier-Abkommen vgl. auch Geschke, S. 133, mit Hinweisen auf die weitere Literatur. — Spätestens seit dem 9. 12. stand bei Pétain, wie er Hitler selbst mitteilte, sein Entschluß, sich von Laval zu trennen, fest.
80 KTB Halder, Bd. II, S. 236 (18. 12. 1940).
81 ADAP D XI, Dok. 564: Aufz. über die Unterredung Hitler-Darlan, 25. 12. 1940, S. 950 ff.
82 Über den zweiten Versuch vom Mai 1941 vgl. unten S. 451 ff.
83 Hierzu Detwiler, S. 89 ff.; Greiner, S. 170 f. Höhepunkt dieses Versuchs war das — im Sinne Hitlers erfolglose — Treffen Mussolinis mit Franco in Bordighera am 12. 2. 1941 (Ciano's Diplomatic Papers, S. 424 ff.). — Als Verhandlungsgrundlage diente folgendes Angebot: Durchmarschrecht durch Spanien zur Eroberung Gibraltars und U-Boot-Stützpunkte auf den Balearen sowie auf den Kanarischen Inseln gegen die Überlassung von Französisch-Marokko an Spanien.

ernsthaft mit einem Ergebnis von vornherein nicht mehr zu rechnen war, können wir feststellen, daß im Dezember 1940 eine strategische Grundentscheidung in der Geschichte des Zweiten Weltkrieges gefallen war, auch wenn dies durch den Fortgang der Planungen Hitlers für die Zeit nach „Barbarossa" zunächst verdeckt blieb. Hitler hatte seine Absicht, in Nordwestafrika eine deutsche Operationsbasis gegen die angelsächsischen Mächte aufzubauen, aufgeben, nach seiner Auffassung allerdings nur zurückstellen müssen, weil die politischen Voraussetzungen hierfür, die Zustimmung Spaniens und Frankreichs oder zumindest eines dieser Staaten, nicht zu erreichen waren. Nach Hitlers improvisiertem Kriegsplan vom 1940/41 stellte die Entscheidung vom Dezember 1940 zwar noch keinen endgültigen Verzicht auf das Unternehmen „Felix" dar: Der innerhalb weniger Wochen erwartete erfolgreiche Abschluß des Feldzuges gegen die Sowjetunion machte nach seiner Überzeugung eine Durchführung dieses Unternehmens schon im Herbst 1941, spätestens im darauffolgenden Winter unter günstigeren politischen Bedingungen möglich. Schon von den Planungen Hitlers für den Ostfeldzug aus gesehen aber war es von großer Bedeutung, daß der westliche Zugang zum Mittelmeer für die angelsächsischen Seemächte in der „Barbarossa"-Zeit offenbleiben mußte. Der dann durch das Scheitern des „Blitzkriegs"-Plans im Osten erforderlich werdende endgültige Verzicht auf den Aufbau einer deutschen Bastion auf der Iberischen Halbinsel und in Nordwestafrika, d. h. an der weit offenstehenden Südwestflanke der improvisierten „Festung" Europa, bot später den angelsächsischen Mächten im Herbst 1942 die Möglichkeit, sich an dieser Stelle ohne größere Schwierigkeiten die Ausgangsbasis für ihre Invasion Südeuropas und für die Aufrichtung einer breiten Abnutzungsfront gegen Deutschland im Mittelmeerraum zu verschaffen[84], ehe sie eineinhalb Jahre später die Invasion des deutsch-beherrschten Kontinentaleuropa von Westen her wagten.

2. Die Notwendigkeit zu Stützungsmaßnahmen für Italien im Mittelmeerraum und in Südosteuropa

Das von Hitler hinsichtlich des Zeitpunktes wie der Stoßrichtung scharf verurteilte italienische Angriffsunternehmen gegen Griechenland ab 28. 10. mußte die Gefahr einer Einbeziehung des gesamten Südostens Europas in den „großen" Krieg heraufbeschwören, wenn es nicht gelang, durch rasche deutsche Hilfsmaßnahmen doch noch einen Erfolg der Italiener in ihrem „Sonderkrieg" zu ermöglichen. Die militärtechnischen Voraussetzungen hierfür waren allerdings außerordentlich ungünstig. Zwar waren am 24. 10. gerade die ersten

84 Zu dieser britischen Konzeption der „Abnutzungsfront" gegen Deutschland im Mittelmeerraum grundlegend: Bryant: Kriegswende (1939–1943), Aus den Kriegstagebüchern des Feldmarschalls Lord Alanbrooke, S. 325 ff.

Verbände der deutschen Militärmission in Rumänien eingetroffen[1], aber ihre Entsendung war bisher ausschließlich unter dem Gesichtspunkt des Aufbaus eines strategischen Riegels in Rumänien gesehen worden, aus dem heraus später ein deutscher Angriff auf die Sowjetunion mit einem Flankenvorstoß unterstützt werden konnte, während für eine Operation von Rumänien aus nach Süden alle politischen sowie militärtechnischen Bedingungen ungeklärt waren. Es war ja das von September 1939 an konsequent verfolgte Ziel Hitlers gewesen, den Krieg von Südosteuropa fernzuhalten, um die umfangreichen Warenlieferungen aus den Donau- und Balkanländern nach Deutschland nicht zu stören sowie politische und militärische Verwicklungen zwischen diesen Staaten zu verhindern, weil damit andere, an einer Veränderung der politischen Verhältnisse auf dem Balkan interessierte Mächte, vor allem Italien oder die Sowjetunion, auf den Plan gerufen würden. Daher waren auf deutscher Seite keinerlei generalstabsmäßige Vorüberlegungen für einen solchen Fall angestellt worden, wie er sich jetzt aus dem Scheitern des italienischen Angriffs gegen Griechenland ergeben hatte.

Das erste Angebot Hitlers an Italien auf deutsche Hilfe gegen Griechenland in Gestalt einer Fallschirmjäger- und einer Luftlande-Division (die Kreta und andere strategisch wichtige Punkte in Südgriechenland im schnellen Zugriff vor dem erwarteten Gegenzug der Briten in die Hand nehmen sollten), das Hitler am Angriffstage selbst, bei dem Treffen mit Mussolini in Florenz am 28. 10., unterbreitete, überging dieser einfach in der Überzeugung, einen leichten militärischen Triumph erzielen zu können[2]. Das Beharren Mussolinis auf seiner „Parallel"- und „Sonderkriegs"-Konzeption veranlaßte Hitler, vorerst mit weiteren Angeboten zurückzuhalten und die Entwicklung des italienisch-griechischen Krieges, die voraussichtlich schon bald zu einem italienischen Hilfeersuchen führen mußte, abzuwarten. Das Festsetzen der Briten auf Kreta ab 29. 10. und das in den folgenden Tagen schon erkennbare Scheitern der italienischen Offensive — auch wenn zunächst noch keine Katastrophen an der Front eintraten — ließen Hitler bereits in der Lagebesprechung am 1. 11. den Gedanken an einen deutschen Entlastungsvorstoß aus Bulgarien heraus an die Nordküste des Ägäischen Meeres aussprechen[3]. Die große Besprechung mit den Spitzen des OKW, OKH und OKL am 4. 11. stand dann schon sehr stark unter dem Eindruck der Niederlage Italiens an der griechischen Front sowie der von den Briten eingeleiteten Besetzung von Kreta und, wie Hitler auf Grund unzutreffender Nachrichten meinte, auch von Flugbasen auf der Insel Lemnos

1 Über die stufenweise vorgenommene Verstärkung der deutschen Militärmission in Rumänien vgl. Hillgruber: Hitler, König Carol und Marschall Antonescu, S. 100 ff. — Erst Mitte November 1940 befand sich die 13. mot. Division, der Kern der „Lehrtruppen", in Rumänien. Die Luftwaffenmission war hingegen — in ihrer ursprünglich vorgesehenen recht begrenzten Stärke — Ende Oktober vollständig in Rumänien eingetroffen.

2 ADAP D XI, Dok. 246: Aufz. über die Unterredung Hitler-Mussolini, 28. 10. 1940, S. 431 ff.

3 KTB OKW, Bd. I, S. 144 (1. 11. 1940).

und in der Nähe von Saloniki, von denen aus Luftangriffe gegen das rumänische Erdölgebiet geführt werden konnten[4]. Hitler befahl daher, daß das OKH nunmehr „Vorbereitungen zu treffen (habe), um im Bedarfsfall gemeinsam mit den Bulgaren und in Übereinstimmung mit den italienischen Operationen in Griechenland Griechisch-Mazedonien und -Thrazien in Besitz zu nehmen und damit die Voraussetzung für den Einsatz deutscher Fliegerverbände gegen diejenigen englischen Luftstützpunkte zu schaffen, von denen aus das rumänische Erdölgebiet bedroht werden könnte. Eine Verstärkung des bulgarischen Flankenschutzes gegen die Türkei werde hierbei nicht zu vermeiden sein[5]." Als erstes ordnete Hitler die Verstärkung der deutschen Militärmission in Rumänien an[6]. Von allen diesen vorbereitenden Maßnahmen sollte Italien vorerst nicht unterrichtet werden.

Die Ausführungen Hitlers in der Besprechung vom 4. 11. fanden in der „Weisung Nr 18" vom 12. 11.[7] ihren Niederschlag. Für die geplante Operation wurde dabei eine deutsche Armeegruppe in Stärke von etwa 10 Divisionen vorgesehen, von denen ein Teil als Sicherung gegenüber der Türkei verwendet werden sollte, die nach dem Beginn des italienischen Angriffs auf Griechenland 28 ihrer insgesamt 37 Divisionen in Ost-Thrazien konzentriert hatte[8]. Hitler hatte am 4. 11. daran gedacht, die Sowjetunion – wie schon einmal, Anfang September 1939, als er eine britische Landungsoperation in Rumänien zur Aufrichtung einer Balkanfront befürchtete[9] – zu einem politischen Druck auf die Türkei zu veranlassen[10], um ein Eingreifen der türkischen Armee vor oder während einer deutschen Operation gegen Griechenland auszuschließen. Unmittelbar nach dem Besuch Molotows in Berlin (12./13. 11.), als dieser Gedanke fallengelassen werden mußte, setzten dann die Bemühungen Hitlers um eine Verbesserung der deutsch-türkischen Beziehungen ein, die bald zu ersten Erfolgen führten[11], so daß in den Überlegungen auf deutscher Seite – wenn auch unter zeitweiligen Schwankungen in der Beurteilung der türkischen Haltung – die Gefahr einer militärischen Gegenaktion der Türkei gegen das geplante deutsche Balkanunternehmen immer mehr zurücktrat[12].

War im Falle der Türkei ein neutrales Abseitsstehen das Günstigste, was von deutscher Seite in der Mächtekonstellation, in der sich dieser Staat befand, überhaupt erwartet werden konnte, so war es das Ziel Hitlers, die übrigen

4 KTB OKW, Bd. I, S. 149 ff.; KTB Halder, Bd. II, S. 163 ff.
5 KTB OKW, Bd. I, S. 150. – Zu den folgenden deutschen militärischen Planungen auf dem Balkan vgl. den Überblick von E. L. Presseisen: Prelude to „Barbarossa". Germany and the Balkans 1940–1941. In: Journal of Modern History 1960, S. 358 ff.
6 KTB OKW, Bd. I, S. 150.
7 Hubatsch: Hitlers Weisungen, S. 70 f.
8 Krecker, S. 130 f.; Greiner, S. 247.
9 Hierzu vor allem Krecker, S. 53 ff.
10 KTB Halder, Bd. II, S. 164 f. (4. 11. 1940).
11 Zu Hitlers Wendung in seiner Politik gegenüber der Türkei im Zusammenhang mit seiner Gesamtstrategie vgl. unten S. 358 ff.
12 Zur Lagebeurteilung im Februar 1941 vgl. unten S. 461.

Länder Südosteuropas durch Beitritt zum „Dreimächtepakt", der nun – völlig zweckentfremdet – für ihn als „Infrastruktur" zur Bildung eines Bündnisblocks mit den kleinen südosteuropäischen Staaten mit zunächst antibritischer, bald aber auch antisowjetischer Spitze diente, fest in den deutschen Machtbereich einzugliedern[13]. Zu diesem Zweck ließ Hitler (im Einverständnis mit Mussolini) die Staatsmänner Bulgariens, Ungarns, Rumäniens, der Slowakei und Jugoslawiens – nach dem Besuch Molotows in Berlin – zu Besprechungen nach Deutschland einladen, um sie zum Beitritt aufzufordern.

Der Versuch Hitlers, die Einbeziehung des am entferntesten gelegenen und durch die Überschneidung der deutschen mit den sowjetischen Interessen politisch exponiertesten südosteuropäischen Staates Bulgarien, um den es ihm bei der ganzen Aktion ging, gleich als erstes zu erreichen, scheiterte. König Boris III. entzog sich dem Werben Hitlers bei seinem Besuch auf dem Berghof am 18. 11.[14] unter Hinweis auf die schwierige Situation seines Landes, in der er ständig auf die Haltung der Sowjetunion und der Türkei Rücksicht nehmen müsse[15]. Bei Hitlers Darlegungen über die „ins Auge gefaßten deutsch-bulgarischen Angriffsoperationen gegen Griechisch-Mazedonien und -Thrazien" wies Boris darauf hin, daß die „Wegeverhältnisse in diesem Gebiet den Einsatz größerer Verbände nicht vor Anfang März zuließen". Bulgarien müsse „entscheidenden Wert darauf legen ..., durch die deutschen Vorbereitungen auf bulgarischem Boden bis zum letzten Moment nicht belastet zu werden[16]". Daraus ging hervor, daß Boris jegliches politisches Risiko ablehnte, anderer-

13 Im Oktober 1940, vor dem italienischen Angriff auf Griechenland, war auf deutscher Seite daran gedacht worden, neben den oben genannten südosteuropäischen Staaten auch Griechenland, Spanien, Dänemark und Schweden in den „Dreimächtepakt" einzubeziehen; doch sollte mit den Einladungen an die Regierungen bzw. dem Beitritt bis zum Abschluß des Molotow-Besuches gewartet werden, dessen Ausgang den Charakter des Beitritts – insbesondere der südosteuropäischen Staaten – wesentlich mitbestimmte. Durch den italienischen Angriff gegen Griechenland und den völlig negativen Verlauf der Besprechungen mit Molotow gewann das deutsche Bemühen um die Donau- und Balkanstaaten eine völlig gewandelte Bedeutung. Bezeichnenderweise reagierte die Sowjetregierung schon am 23. 11. 1940 in einer TASS-Verlautbarung gegen den am 20. 11. vollzogenen Beitritt Ungarns, da sie die antisowjetische Spitze klar erkannte (Beloff, vol. II, S. 359), während sie am 25. 11. in ihrem bekannten Memorandum (ADAP D XI, Dok. 404, S. 714 f.) ihre Bereitschaft zu einem „Viermächtepakt", wenn auch unter Bedingungen (vgl. oben S. 307), erklärte.

14 Möglicherweise fand das Treffen bereits am 17. 11. statt (vgl. das im Anhang zusammengestellte Itinerar Hitlers 1940/41, S. 676). Boris wurde von Außenminister Popoff begleitet. Eine amtliche deutsche Aufzeichnung über dieses Gespräch befindet sich nicht im Polit. Archiv des AA in Bonn. Das Folgende nach KTB OKW, Bd. I, S. 179 (19. 11. 1940). – Schon in seinem Brief vom 22. 10. 1940 an Hitler (ADAP D XI, Dok. 217, S. 364 ff.) hatte Boris einen Beitritt Bulgariens zum „Dreimächtepakt" abgelehnt.

15 Boris wies v. Papen gegenüber am 22. 11. auf die Gefahr eines sowjetisch-türkischen Zusammengehens gegen Bulgarien im Falle eines Beitritts Bulgariens zum „Dreimächtepakt" hin (ADAP D XI, Dok. 378: Der dt. Gesandte in Sofia an das AA, 22. 11. 1940, S. 651 f.).

16 KTB OKW, Bd. I, S. 179.

seits aber nicht abgeneigt war, sein Land – bei entsprechender deutscher Absicherung nach außen – als Aufmarschraum zur Verfügung zu stellen, da mit einer Niederwerfung Griechenlands durch Deutschland für Bulgarien die Chance einer Wiedergewinnung des Zugangs zur Ägäis, die Hitler zusagte, verbunden war. Dementsprechend ließ Boris am 23. 11.[17] durch seinen Berliner Gesandten Draganoff Hitler mitteilen, daß die bulgarische Regierung prinzipiell dem Beitritt zum „Dreimächtepakt" zugestimmt habe, doch solle, vor allem wegen der sowjetischen Demarche vom 18. 11.[18], der Zeitpunkt hinausgeschoben werden. Zuerst müsse die bulgarische Wehrmacht mit modernen (deutschen) Waffen ausgestattet werden, damit sie in der Lage sei, überhaupt als Machtfaktor in Erscheinung zu treten[19]. Hitler ließ seine Enttäuschung über diese verhüllte Absage Bulgariens dem Gesandten gegenüber sehr deutlich erkennen. Da sie aber nicht unerwartet kam, hatte er schon nach seiner Unterredung mit Boris am 18. 11. befohlen, die Zahl der für das Unternehmen gegen Nordgriechenland vorgesehenen deutschen Divisionen von 10 auf 12 zu erhöhen[20].

Das bulgarische Zögern beeinflußte die Haltung Jugoslawiens. Obwohl Hitler in der Unterredung mit dem jugoslawischen Außenminister Cincar-Marković am 28. 11.[21] mit der Garantie der Unabhängigkeit Jugoslawiens durch Deutschland (die sich nur gegen Italiens Pläne eines Adria-Imperiums richten konnte[22]) winkte und eine Gewinnung von Saloniki für Jugoslawien nach einer Niederwerfung Griechenlands in Aussicht stellte, auch auf eine aktive Mitwirkung Jugoslawiens bei den militärischen Operationen gegen Griechenland von vornherein verzichtete, zeitigte sein Drängen, Jugoslawien möge seine abwartende neutrale Haltung zugunsten einer – noch dazu hinsichtlich der vertraglichen Verpflichtungen eingeschränkten – Teilnahme am „Dreimächtepakt" aufgeben, kein Ergebnis.

Dagegen vollzog sich der Beitritt Ungarns (20. 11.), Rumäniens (23. 11.) und der Slowakei (24. 11.) ohne Schwierigkeiten mit den Staatsmännern dieser Länder[23], während die Reaktion der Sowjetunion bereits beim Beitritt Ungarns deutlich gemacht hatte, daß sie die Einbeziehung dieser südosteuropäischen

17 ADAP D XI, Dok. 384: Aufz. über die Unterredung Hitler-Draganoff, 23. 11. 1940, S. 672 ff.

18 Vgl. oben S. 308.

19 Urteil des Chefs der Abt. „Fremde Heere Ost" im Generalstab des Heeres, Oberst i. G. Kinzel, über den bulgarischen Generalstab am 26. 11. 1940: „Schwerfällig, unmodern, schwunglos" (KTB Halder, Bd. II, S. 195).

20 KTB OKW, Bd. I, S. 179.

21 ADAP D XI, Dok. 417: Aufz. über die Unterredung Hitler-Cincar Marković, 28. 11. 1940, S. 728 ff.; KTB Halder, Bd. II, S. 206.

22 Die von Hitler in der Unterredung erwähnte, auf italienische Wünsche zurückgehende Forderung, die Adria-Küste Jugoslawiens solle „demilitarisiert" werden, trug zweifellos zur Reserve der jugoslawischen Regierung gegenüber dem Angebot Hitlers bei.

23 Vgl. die Aufz. über die Unterredungen Hitlers und Ribbentrops mit den Staatsmännern Ungarns, Rumäniens und der Slowakei: ADAP D XI, Dok. 365: S. 632 ff.; Dok. 380: S. 654 ff.; Dok. 381: S. 662 ff.; Dok. 387: S. 680 ff.; Dok. 389:

Staaten in die deutsche Machtsphäre als Verletzung ihres – beim Besuch Molotows in Berlin gerade erst wieder bekundeten – Interesses an allen Ländern des Donau- und Balkanraums betrachtete[24].

In einem außergewöhnlich kritisch gehaltenen Brief an Mussolini vom 20. 11.[25], auf dem Höhepunkt der ersten Krise an der griechischen Front, schilderte Hitler die Situation in Südosteuropa in den düstersten Farben. Da es „einen wirksamen Schutz eines Petroleumgebietes" nicht gebe, sei „die Lage militärisch gesehen drohend, wirtschaftlich gesehen, soweit es sich um das rumänische Petroleumgebiet handelt, geradezu unheimlich". Ungarn müsse daher „in den sofort anlaufenden Transport größerer deutscher Verbände nach Rumänien" einwilligen. Rumänien selbst werde „die Vermehrung der deutschen Kräfte zu seinem Schutz akzeptieren". Mussolini schlug er – zunächst erfolglos – die zeitweilige Entsendung deutscher Fliegerverbände zur Bekämpfung der britischen Mittelmeerflotte vor[26].

Indessen gingen die deutschen Vorbereitungen für den geplanten Entlastungsvorstoß über Bulgarien weiter. Nachdem der rumänische Staatsführer General Antonescu bei seinem Besuch am 23. 11. dem Aufmarsch einer deutschen Kräftegruppe in Rumänien zugestimmt hatte[27], legte Hitler in der großen Besprechung mit den Spitzen des OKW und des OKH am 5. 12. nach Vortrag des Generalfeldmarschalls v. Brauchitsch und des Generalobersten Halder über den geplanten Operationsansatz die Einzelheiten für die künftige Vorbereitung fest und stellte die Balkan-Planung in einen zeitlichen Zusammenhang mit dem für Mai 1941 vorgesehenen Feldzug gegen die Sowjetunion[28]. Die Operation gegen Griechenland wurde für Anfang, spätestens Ende März 1941 vorgesehen und „durfte bis vier Wochen dauern", nicht länger, damit die beteiligten deutschen Kräfte, vor allem die motorisierten Verbände, rechtzeitig für den Ostfeldzug zur Verfügung standen. Falls notwendig – so forderte Hitler nun im Gegensatz zu der bisherigen Planung – solle der Vormarsch im Sinne einer klaren Entscheidung bis Athen fortgesetzt werden. Damit war erstmals die Besetzung ganz Griechenlands vorgesehen.

Ehe die Ergebnisse dieser Besprechung vom Wehrmachtführungsstab in der

S. 689 f.; Dok. 393: S. 693 ff. Zu Ungarn: Macartney, vol. I, S. 448 f.; zu Rumänien: Hillgruber: Hitler, König Carol und Marschall Antonescu, S. 114 f.; zur Slowakei: F. Vnuk: Slovakia's Accession to the Tripartite Pact. In: Slovakia 1959, S. 6 ff.

24 Beloff, vol. II, S. 359; vgl. oben S. 350 f.

25 ADAP D XI, Dok. 369: Brief Hitlers an Mussolini, 20. 11. 1940, S. 639 ff.; eine ähnliche Kritik an Italien übte Hitler bereits in seiner Aussprache mit Ciano am 18. 11. (ADAP D XI, Dok. 353, S. 606 ff.; Ciano: Tagebücher II, S. 288).

26 Einen Einsatz deutscher Fliegerverbände im Mittelmeer hatte Hitler erstmals schon in der Besprechung am 4. 11. „ins Auge gefaßt" (KTB OKW, Bd. I, S. 150).

27 ADAP D XI, Dok. 388: Aufz. über die Unterredung Keitel-Antonescu, 23. 11. 1940, S. 685 ff.

28 Dieser wurde an diesem Tage erstmals auf der Grundlage der Operationsplanung des OKH/Generalstab des Heeres eingehend erörtert. Vgl. dazu unten S. 366 ff.

neuen „Führer-Weisung Nr. 20“ vom 13. 12.[29] zusammengefaßt waren, ergab sich angesichts der sich ständig verschlechternden Lage im Mittelmeerraum bereits die Notwendigkeit zu einer Eweiterung der deutschen Stützungsmaßnahmen für Italien. Der Alarmruf des Botschafters Alfieri im Auftrage Mussolinis am 8. 12.[30] ließ einen baldigen Zusammenbruch Italiens befürchten, wenn nicht eine unmittelbare Hilfsaktion noch vor Beginn des Entlastungsvorstoßes von Bulgarien aus eingeleitet wurde. Am dringendsten war die wirksame Bekämpfung der britischen Mittelmeerflotte, die zusammen mit den Luftstreitkräften auf der inzwischen festungsartig ausgebauten Insel Malta eine ständige Bedrohung für den italienischen Nachschubverkehr über See nach Nordafrika und nach Albanien darstellte[31]. Mit einem Befehl des Oberbefehlshabers der Luftwaffe vom 10. 12. (Operation „Mittelmeer“), also unmittelbar nach Beginn der erfolgreichen britischen Offensive gegen die 10. italienische Armee bei Sidi Barani in Ägypten, wurde daher nun die Verlegung von deutschen Luftwaffenverbänden zunächst in Stärke „etwa eines Geschwaders“, dann aber bald des gesamten aus Norwegen abgezogenen X. Fliegerkorps mit etwa 180 Kampf- und Jagdflugzeugen auf Flugplätze in Süditalien und auf Sizilien eingeleitet[32]. Sie wurden ab 10. 1. 1941 mit beträchtlichen Erfolgen zunächst gegen Malta und britische Geleitzüge, vor allem auch gegen die begleitenden Seestreitkräfte in diesem Seeraum, kurze Zeit später auch von Absprungplätzen im Raume von Benghasi in der Cyrenaika gegen die vorrückende britische Nilarmee in der Marmarika, gegen den Hafen von Alexandria sowie zur Verminung des Suez-Kanals eingesetzt. Eine solche Beschränkung war angesichts der begrenzten Stärke notwendig, obwohl ihnen das ganze östliche Mittelmeer einschließlich der Ionischen Inseln und des Ägäischen Meeres als „Einsatzraum“ zugewiesen worden war. Nach der Räumung Benghasis durch die Italiener (6. 2.) wurde die Luftminenstaffel des X. Fliegerkorps nach dem Dodekanes verlegt, um von dort aus die Verminung des Suez-Kanals fortzusetzen, während die übrigen Teile nach Tripolitanien zurückgezogen wurden[33].

29 Hubatsch: Hitlers Weisungen, S. 93 ff.
30 Vgl. oben S. 289.
31 Vgl. die Zusammenstellung von J. Rohwer über die monatlichen Verluste im Nachschubverkehr zwischen Italien und Nordafrika von Juni 1940 bis Januar 1943, in: Marine-Rundschau 1959, S. 105 f. (danach auch in: Entscheidungsschlachten des Zweiten Weltkrieges, S. 236 f.).
32 Warlimont, S. 143. — Damit begann der seit Monaten (d. h. seit Jodls Denkschrift vom 30. 6. 1940, s. oben S. 157 f.) erwogene, wegen des bisherigen italienischen Widerstandes gegen deutsche militärische Operationen im großen und kleinen „mare-nostro“-Raum aber immer wieder verschobene Einsatz deutscher Fliegerverbände im Mittelmeer. Neben dem Abwurf von Luftminen zur Lähmung des Schiffsverkehrs im Suez-Kanal war zeitweilig auch ein Torpedofliegereinsatz gegen die britische Mittelmeerflotte, Anfang November 1940 sogar vorübergehend die Stationierung von Stukas im französischen Mandatsgebiet Syrien erwogen worden (vgl. die laufenden Eintragungen im KTB OKW, Bd. I, S. 1 ff.: 1. 8. 1940 ff.). — Auf Befehl Hitlers hielt sich die Entsendung deutscher Fliegerkräfte nach Sizilien-Nordafrika im Dezember 1940 in möglichst engen Grenzen.

Mussolini hatte am 8. 12. auch um deutsche Hilfe für die italienischen Truppen in Albanien gebeten. Mangels anderer Möglichkeiten wurde zunächst, am 9. 12., eine Lufttransportgruppe nach Foggia entsandt, die den italienischen Nachschub entlasten sollte. Am 28. 12. folgte eine erneute italienische Bitte um Hilfeleistung in Albanien gegen Griechenland, nachdem Generaloberst Cavallero, der neu ernannte Chef des Comando Supremo, noch am 9. 12. erklärt hatte, daß „außer der sehr erwünschten Zuführung von Transportflugzeugen und Lastkraftwagen ... deutsche Hilfe jetzt nicht erbeten werde, da der Duce wünsche, daß dieser Feldzug von der italienischen Wehrmacht allein geführt werde[34]". Am 28. 12. räumte dagegen General Marras, der italienische Militärattaché in Berlin, dem Chef OKW, Keitel, gegenüber ein, „er sei überzeugt, daß der Einsatz eines einzigen deutschen Gebirgsjäger-Regiments dort die Front zum Stehen bringe, nicht zuletzt wegen der außerordentlichen moralischen Auswirkungen auf die italienischen Truppen ebenso wie auf die Griechen[35]". Hitler erwog daraufhin die Entsendung von deutschen Gebirgsjäger-Verbänden nach Albanien. Dies wurde sogar in einer neuen „Weisung" (Nr. 22 vom 11. 1. 1941[36]) festgelegt, jedoch nahm Hitler nach Eintreffen des Erkundungsergebnisses Mitte Februar von diesem Plan wieder Abstand[37].

Ehe wir uns dem durch die grundlegende „Weisung Nr. 20" vom 13. 12. 1940[38] bestimmten Fortgang der politischen und militärischen Vorbereitungen des nun mit dem Decknamen „Unternehmen ‚Marita'" bezeichneten deutschen Entlastungsvorstoßes über Bulgarien gegen Griechenland zuwenden und einen Blick auf die deutsche Hilfeleistung für Italien in Nordafrika werfen, ist es notwendig, hier die Erwägungen des Generalstabes des Heeres und der Seekriegsleitung über die Einfügung einer Operation gegen Griechenland in den größeren Zusammenhang einer Mittelmeerstrategie als „Alternative" zu der von Hitler angestrebten militärischen Ost-Lösung einzuschalten.

Schon bald nach dem Bekanntwerden der italienischen Absicht, gegen Griechenland militärisch vorzugehen, am 18. 10., setzten auf deutscher Seite solche Überlegungen ein. Während sich General Jodl, der Chef des Wehrmachtführungsstabes, vor allem für die Besetzung Kretas als Auftakt eines italienischen Angriffs gegen Griechenland aussprach und eine Koordinierung dieses Schrittes mit der Wiederaufnahme der italienischen Offensive in Ägypten für notwen-

33 Greiner, S. 225 f. — In seinem Brief an Mussolini vom 28. 2. 1941 drückte Hitler — angesichts des britischen Landungsunternehmens auf der Dodekanes-Insel Castelrosso (vgl. unten S. 351, Anm. 97) — seine Sorge vor einer Eroberung des Dodekanes durch die Briten aus: „Wir brauchen Rhodos zum Kampf gegen Suez" (ADAP D XII, Dok. 110: Brief Hitlers an Mussolini, 28. 2. 1941, S. 197 f.; KTB Halder, Bd. II, S. 300).

34 KTB OKW, Bd. I, S. 225 (11. 12. 1940).

35 KTB OKW, Bd. I, S. 244.

36 Hubatsch: Hitlers Weisungen, S. 93 ff.

37 Über dieses geplante Unternehmen „Alpenveilchen" eingehend Ch. B. Burdick: „Operation Cyclamen". Germany and Albania 1940—1941, in: Journal of Central European Affairs 1959/60, S. 23 ff.

38 Hubatsch: Hitlers Weisungen, S. 81 ff.

dig hielt[39] sowie große Hoffnungen auf den Einsatz deutscher Luftstreitkräfte zur Verminung des Suez=Kanals setzte[40], verband der Chef des Generalstabes des Heeres, Generaloberst Halder, damit den Gedanken an eine weit ausgrei=fende deutsche Landoperation über Bulgarien und die Türkei nach Syrien, um die britische Position im Nahen Osten nicht nur von Westen (Ägypten, Kreta), sondern auch von Norden her zu bedrohen: „Wenn etwas Ganzes geschafft werden soll" – so führte er am 26. 10. erstmals[41] gegenüber v. Brauchitsch aus[42] – „muß Kreta und Ägypten gleichzeitig gemacht werden, dazu (sollte man), wenn möglich, Bulgarien und die Türkei, letztere nötigenfalls mit Ge=walt, zur Freigabe des Weges nach Syrien über den Bosporus veranlassen. Vielleicht paßt in einen solchen Gedankengang ein militärischer Zwang Italiens auf Griechenland."

Am folgenden Tage (27. 10.) äußerte sich Generalleutnant Paulus, der Ober=quartiermeister I im Generalstab des Heeres, im Gespräch mit Halder in ähn=licher Weise[43]: „Eine auf lange Sicht wirksame Operation im östlichen Mittel=meer für Landkräfte setzt neben der ägyptischen Operation eine solche durch Anatolien und Syrien voraus." Als notwendig hierfür wurden vom Generalstab des Heeres zwei motorisierte Korps, als Zeitbedarf zunächst drei Monate, am 2. 11. hingegen sechs Monate[44], angesehen[45]. Wie schon Halder und Paulus in diesen Vorüberlegungen zum Ausdruck brachten, wurden mit einer solchen Planung „schwierige politische Fragen" aufgeworfen, die nur Hitler entschei=den konnte. Im Zusammenhang damit war auch, wie Halder in einer Aufzeich=nung für den bevorstehenden Vortrag vor Hitler am 2. 11. formulierte[46], das Grundproblem zu klären, „inwieweit Vorbereitungen für (eine) Verlegung des Schwerpunktes der Kriegführung nach dem östlichen Mittelmeer getroffen werden sollen".

Bemerkenswerterweise bewegten sich die strategischen Gedankengänge der britischen Stabschefs in der gleichen Richtung wie die des deutschen General=

39 KTB OKW, Bd. I, S. 129 (26. 10. 1940); S. 131 f. (28. 10. 1940). Vgl. oben S. 286.
40 Vor allem: KTB OKW, Bd. I, S. 144 (1. 11. 1940).
41 Dieser Gedanke knüpfte allerdings an die Konzeption v. Brauchitschs und Hal=ders an, die sie in ihrem Gespräch am 30. 7., unmittelbar vor der bedeutsamen Besprechung mit Hitler über die militärische Ost=Lösung am 31. 7. 1940, ent=wickelt hatten (vgl. oben S. 225).
42 KTB Halder, Bd. II, S. 151 (26. 10. 1940).
43 KTB Halder, Bd. II, S. 152 (27. 10. 1940).
44 KTB Halder, Bd. II, S. 153 (28. 10. 1940); S. 161 (2. 11. 1940).
45 In einer von der Operationsabteilung des Generalstabes des Heeres vorgelegten „Vortragsnotiz über Kräfte= und Zeitbedarf für die Verschiebung einer mot. Operationsgruppe nach Nordsyrien" vom 8. 11. 1940 wurden als Aufgaben der deutsch=bulgarischen Kräfte bezeichnet: 1. der Angriff gegen die europäische Türkei zur Gewinnung der Meerengen, 2. der Übergang über die Meerengen und der Vormarsch durch Kleinasien. Für den günstigsten Fall wurde eine Zeit=spanne von 3 Monaten, sonst von 4–5 Monaten errechnet (Akte Gen.St.d.H./Op.Abt. [I]: Türkei: 28. 10. 1940 – 20. 2. 1941, Militärgeschichtliches Forschungs=amt Freiburg i. Br.).
46 KTB Halder, Bd. II, S. 161 (2. 11. 1940).

stabes des Heeres. In einer Mitteilung an das Oberkommando Mittelost in Kairo vom 1. 11. wiesen die Stabschefs darauf hin, daß die Deutschen nach einer Besetzung Bulgariens und Griechenlands sich möglicherweise gegen Türkisch-Thrazien wenden und bis Ende 1940 Brückenköpfe auf dem Ostufer der Meerengen gewinnen könnten, aus denen heraus sie über Anatolien nach Syrien, vielleicht auch in den nördlichen Irak vordringen könnten. Ein deutscher Vorstoß nach Syrien würde die Verbindungslinien zwischen dem Irak und Palästina bedrohen und schießlich die britische Nilarmee in Ägypten zu einem Zweifrontenkrieg zwingen, dem sie nicht gewachsen sei[47]. Als politischen Gegenzug gegen eine solche drohende Möglichkeit beschloß die britische Regierung den Versuch zu unternehmen, die Türkei zu einer aktiven Kriegsteilnahme an der Seite Großbritanniens und Griechenlands zu bewegen und mit Jugoslawien und Griechenland zusammen eine politische Abwehrfront gegen Deutschland auf dem Balkan aufzubauen, in die später Bulgarien einbezogen werden sollte[48]. Hierbei zeigte sich erneut, daß der britische wie der deutsche Generalstab in gleicher Weise die Sowjetunion als militärischen Faktor nicht ernst nahmen; denn auch der britische Generalstab stellte bei seinen Befürchtungen vor einem deutschen Vorstoß durch die Türkei nach Syrien eine mögliche sowjetische Reaktion bei einem deutschen Festsetzen an den Meerengen überhaupt nicht in Rechnung.

Hitlers Stellungnahme zu den Vorschlägen des Chefs des Generalstabes des Heeres in der großen Besprechung am 4. 11. ließ erkennen, daß er eine deutsche Operation durch die Türkei nach Syrien erst nach einer Niederwerfung der Sowjetunion für durchführbar hielt[49]: „An die Meerengen können wir erst gehen, wenn Rußland geschlagen ist." Wohl mit Recht nahm Hitler an, daß die Sowjetunion, die sich schon der Einbeziehung Bulgariens, das sie zu ihrer „Sicherheitszone" rechnete, in den deutschen Machtbereich widersetzte, ein Festsetzen Deutschlands an den Meerengen, das ja die Voraussetzung für die vom Generalstab des Heeres erwogene und vorgeschlagene weit ausgreifende Operation in den Nahen Osten darstellte, nicht ohne politische oder militärische Gegenaktionen, die sich nicht in einem direkten Angriff gegen Deutschland – der unwahrscheinlich blieb – zu äußern brauchten, sondern etwa in einer Besetzung Finnlands oder einem Vorstoß nach Iran hinein bestehen konnten, hinnehmen würde[50]. Molotows Äußerungen über die sowjetischen Interessen an den Meerengen bei seinem Besuch in Berlin am 12./13. 11. und die

47 Butler: Grand Strategy, vol. II, S. 372 f.
48 Woodward, S. 129 f.; ferner Butler: Grand Strategy, vol. II, S. 373 f.
49 So in der schärferen Formulierung, die Halder einige Zeit später, am 24. 11. 1940, als wörtliches Zitat Hitlers vom 4. 11. aufzeichnete (KTB Halder, Bd. II, S. 191), während es in der Notiz vom 4. 11. 1940 selbst (ebda., S. 164 f.) etwas verschlüsselt lautet: „Türkei: Rollt Problem Rußland auf. Die Frage kann erst nach Ausschaltung Rußlands ins Auge gefaßt werden.".
50 Am 5. 12. 1940 faßte Hitler seine Auffassung in der Feststellung zusammen: „Wenn wir die Türkei angreifen, dann wird auch Rußland auf den Plan gerufen" (KTB Halder, Bd. II, S. 212).

weitgehende Forderung hinsichtlich der Türkei in der Zusammenstellung der sowjetischen Bedingungen für eine Zustimmung zu Ribbentrops Entwurf eines „Viermächtepaktes“ vom 25. 11.[51] machten dies vollends klar.
Schließlich ergaben auch die Berichte des deutschen Botschafters in Ankara v. Papen über die Haltung der türkischen Regierung, daß eine Zustimmung der Türkei zu einem deutschen Durchmarsch ausgeschlossen sei[52], so daß die Operation gegen die britische Nahoststellung mit einer militärischen Niederringung der Türkei hätte eingeleitet werden müssen, deren Problematik angesichts der Haltung der Sowjetunion auf der Hand lag. Als infolge der undurchsichtigen Stellung der Türkei im Falle einer deutschen Balkanoperation im Wehrmachtführungsstab vorübergehend erwogen wurde, im Zuge der Vorbereitungen einer deutschen Operation gegen Griechenland von Bulgarien aus die europäische Türkei zu besetzen, um das deutsche Vorgehen gegen Griechenland in der östlichen Flanke abzusichern, folgerte Halder am 24. 11.[53]: „Wir müssen den Krieg gegen die Türkei vermeiden, solange Rußland nicht geschlagen ist. Darum ist zunächst bei unseren Überlegungen vorausgesetzt worden, daß die Politik einen Konflikt mit der Türkei im Augenblick mit allen Mitteln vermeidet. Wenn diese Auffassung nun neuerdings einer anderen gewichen ist, nämlich der, daß man es darauf ankommen läßt, gegen die Türkei vorzugehen, und sie, wenn sie beim Angriff gegen Griechenland nicht stillhält, aus Europa hinauswirft, dann muß man das russische Ziel zurückstecken.“ Tatsächlich war jedoch Hitlers politisches Bestreben seit dem negativen Ausgang der Besprechungen mit Molotow darauf gerichtet, einen Konflikt mit der Türkei unter allen Umständen zu vermeiden[54].
Daher muß auch der Versuch des Großadmirals Raeder, Hitler am 14. 11. noch einmal seine Konzeption einer umfassenden, gegen Großbritannien gerichteten deutschen Mittelmeerstrategie nahezulegen, um ihm die dort liegenden vermeintlichen Chancen vor Augen zu führen, — bei aller Würdigung seines Bemühens, Hitler von der beabsichtigten militärischen Ost-Lösung abzubringen — nicht nur wegen der Fragwürdigkeit seiner Grundauffassung, daß Großbritannien durch einen Schlag gegen seine Nahostposition entscheidend zu treffen sei[55], sondern auch wegen der Problematik einer Landoperation durch die Türkei in den Nahen Osten hinein — ohne vorherige Niederwerfung Rußlands, das eine so weittragende deutsche Operation an seiner Südflanke als Bedrohung seiner Schwarzmeer- und Kaukasus-Position und als Umklammerung seiner West- und Südwestgrenzen durch Deutschland von der Ostsee bis zur transkaukasischen Grenze auffassen mußte und daher kaum uninteressiert abseits bleiben konnte — hinsichtlich der Realisierbarkeit wie der Erfolgsaus-

51 Vgl. oben S. 307 f.
52 Hierzu Papen, S. 532 f.
53 KTB Halder, Bd. II, S. 191.
54 Vgl. unten S. 358 ff.
55 Vgl. dazu oben S. 190 ff.

sichten seiner strategischen Erwägungen insgesamt skeptisch beurteilt werden. Raeders Gedanke, die Position der Sowjetunion durch einen Vorstoß „an ihr vorbei" zu schwächen und durch die Ausdehnung der deutschen Bedrohung auf die weite Südwestflanke im Schwarzmeer= und Kaukasus=Raum strategisch zu lähmen, nahm sich in der Theorie gut aus, führte aber — selbst wenn man das Risiko einer sowjetischen Reaktion in Kauf nehmen zu können glaubte — zur Bindung der deutschen Luftwaffe in drei weit voneinander entfernten Räumen (Westen, Nahost und Sicherung des Raumes zwischen Schwarzem Meer und Ostsee), zu der ihre Kräfte nicht ausreichten[56]. Raeders Hinweis[57], daß ein deutsches Vorgehen durch die Türkei, das einen erheblichen Teil der deutschen Luftwaffe binden mußte, „uns kaum erspart bleiben (werde) trotz aller Schwierigkeiten", wenn die Kriegsentscheidung gegen Großbritannien, die, wie er meinte, im Bereich des östlichen Mittelmeers fallen werde, erreicht werden sollte, ging an dieser entscheidenden Vorfrage vorbei. Es kann daher von einer verpaßten strategischen Chance Deutschlands im Mittelmeerraum oder gar von einer „Alternative" zu Hitlers militärischer Ost=Lösung nicht gesprochen werden. Raeder urteilte aus seinen strategischen Vorstellungen heraus, als er am 27. 12. in seinem Vortrag vor Hitler — nicht ganz unberechtigt, aber doch sowohl rückschauend als auch in der Prognose weit übertreibend — meinte[58]: „Es ist nicht länger möglich, die britische Flotte, wie von der Seekriegsleitung als maßgeblich für den Kriegsausgang angesehen und mehrfach gefordert, aus dem Mittelmeer zu vertreiben. Stattdessen entwickelt sich in dem afrikanischen Bereich eine Lage, die den deutschen und europäischen Interessen insgesamt höchst gefährlich ist."

Durch Hitlers Entscheidung für die militärische Ost=Lösung, auf deren Vorbereitung sich seit Dezember 1940 seine ganze Aufmerksamkeit konzentrierte und für die das Gros des deutschen Heeres und der Luftwaffe bereit gehalten und nicht auf Nebenkriegsschauplätze abgelenkt werden sollte, erhielten alle seit Anfang November von ihm eingeleiteten Stützungsmaßnahmen für Italien in Südosteuropa und im Mittelmeerraum den Charakter von einzelnen Aushilfsaktionen unter Einsatz möglichst geringer Kräfte zur Abwendung des Zusammenbruchs der verschiedenen italienischen Fronten und einer völligen Katastrophe Italiens. Sie waren — im großen gesehen — alle strategisch defensiv gedacht, auch wenn es sich zum Teil um Angriffsoperationen handelte. Eine Koordinierung der Einzelmaßnahmen im Rahmen einer — durch die Konzeption der strategischen Defensive bestimmten — in sich geschlossenen Planung

56 Vgl. oben S. 177 und S. 272. — Auch die deutschen Heeresverbände reichten für eine Absicherung dieser „Riesen=Front" nicht aus, während die Sowjetunion ihre Kräfte, dem Prinzip der „inneren Linie" folgend, an Schwerpunkten konzentrieren konnte.

57 Aufz. über die Besprechung Hitler=Raeder, 14. 11. 1940 (in: Lagevorträge des Ob. d. M.).

58 Aufz. über die Besprechung Hitler=Raeder, 27. 12. 1940 (in: Lagevorträge des Ob. d. M.).

unterblieb. Insofern — aber auch nur in dieser Begrenzung — ist die oft geäußerte Nachkriegskritik an der deutschen Strategie im Mittelmeerraum 1940/41 berechtigt. Selbst als im Frühjahr 1941 der außerordentlich günstige Verlauf der Angriffsoperationen, die sich aus den deutschen Stützungsmaßnahmen in Südosteuropa und in Nordafrika entwickelten, erkennbar wurde, kam es nur zu geringen Ansätzen für eine Planung, die die Möglichkeiten einer Abstimmung der operativen Handlungen im Norden und Süden des östlichen Mittelmeerbeckens erfaßte und ausnutzte[59].

Die isolierte Betrachtungsweise bei den einzelnen Maßnahmen auf seiten der deutschen Wehrmachtführung galt, wie damit schon angedeutet, auch für die Entsendung deutscher Truppen nach Nordafrika. Ihre Vorgeschichte ist hier nur in einem knappen Überblick als Teil der Abstützungsaktion zur Verhinderung eines italienischen Zusammenbruchs im Winter 1940/41 zu behandeln. Am 3. 11. hatte Hitler, wie erwähnt[60], den einige Monate lang verfolgten Gedanken an eine Entsendung eines deutschen Panzerkorps nach Afrika aufgegeben, nachdem die ablehnende Haltung des Comando Supremo gegenüber einer deutschen Hilfeleistung am Südrand des „mare nostro" unmißverständlich zum Ausdruck gekommen war. Erst die Katastrophe der 10. italienischen Armee in Westägypten ab 9. 12. führte zu einer Änderung in der Haltung des italienischen Oberkommandos. Am 19. 12. ließ das Comando Supremo durch den deutschen Militärattaché in Rom, General v. Rintelen, das OKW „um eine möglichst baldige Überführung einer Panzer-Division nach Tripolis und um schleunige Lieferung von Kriegsmaterial zur Ausrüstung von zehn Divisionen" bitten[61]. General Marras, der italienische Militärattaché in Berlin, erklärte Keitel am 28. 12., „daß die Cyrenaika aller Voraussicht nach nicht zu halten und daß ohne deutsche Hilfe wahrscheinlich ganz Libyen verloren sei[62]". Einen solchen Verlust sah Hitler, wie er in der Lagebesprechung am 9. 1. ausführte[63], zwar in militärischer oder wirtschaftlicher Hinsicht nicht als besorgniserregend an, wohl aber fürchtete er eine starke Erschütterung der Kampfmoral der Italiener und vor allem Auswirkungen auf den politischen Status von Französisch-Nordafrika unter General Weygand, der das Erscheinen der britischen Nilarmee an der Südgrenze Tunesiens zum Anlaß nehmen könnte, sich von der Vichy-Regierung zu trennen. Italien ganz fallenzulassen, lag nicht nur außerhalb der politischen Vorstellungen Hitlers, sondern hätte auch die deutsche Balkan-Position total gefährdet und wohl zur Bildung einer deutschen Südfront auf der Apenninen-Halbinsel und in Südosteuropa geführt. Daher bekundete Hitler seine Entschlossenheit, durch die Entsendung eines „Panzersperrverbandes" den Zusammenbruch der italienischen Verteidigung in Libyen zu verhindern

59 Vgl. die Darstellung unten S. 457 ff.
60 Vgl. oben S. 181.
61 KTB OKW, Bd. I, S. 241; Greiner, S. 205 f.
62 KTB OKW, Bd. I, S. 244.
63 KTB OKW, Bd. I, S. 253.

und damit Italien im Felde zu halten. Sein Befehl zur Vorbereitung dieser Maßnahme, der in die „Weisung Nr. 22" vom 11. 1. 1941[64] aufgenommen wurde, fand die Zustimmung Mussolinis, der am 19. und 20. 1. zu ausführlichen Besprechungen mit Hitler auf dem Berghof weilte[65]. In ihrem Ergebnis besiegelte die „Aussprache" das Ende des italienischen „Parallelkrieges". Italiens Kriegführung wurde von nun an in den weiten Rahmen der deutschen Gesamtstrategie eingefügt, wenn auch Hitler den Vorschlag Ribbentrops vom 9. 1., auf die italienische Kriegführung einen unmittelbar bestimmenden Einfluß auszuüben, mit der — für ihn bezeichnenden, psychologisch treffenden, sachlich indessen nicht zuletzt auch im Blick auf seine „einsamen" Entschlüsse in allen wesentlichen Fragen der „großen" Politik und Strategie fragwürdigen — Begründung abgelehnt hatte, er wolle nichts unternehmen, „was Mussolini verletzen und damit zur Beeinträchtigung des gegenseitigen Vertrauens der Staatschefs führen könne, in welchem er das wertvollste Bindeglied der ‚Achse'" sehe[66].

Der Erkundungsauftrag des als Befehlshaber des „Sperrverbandes" vorgesehenen Generalmajors v. Funck in Libyen, der Hitler hierüber nach seiner Rückkehr am 1. 2. Vortrag hielt, ergab ein noch viel trostloseres Bild der Lage, als es schon aus den bisher vorliegenden Berichten v. Rintelens zu entnehmen war[67]. Da der Verlust der Cyrenaika sowie des Gros der Heeresgruppe Graziani unvermeidbar sei — so berichtete v. Funck — (tatsächlich fiel die Hauptstadt der Cyrenaika, Benghasi, am 6. 2., und die Briten nahmen bereits am 8. 2. El Agheila an der Südostecke der Großen Syrte[68]), befänden sich an italienischen Kräften nur noch vier Divisionen (insgesamt etwa 7 000 Mann) ohne Artillerie in Tripolitanien, die bereits zum Bau einer letzten Verteidigungsstellung rund um die Stadt Tripolis verwendet würden. Ein deutscher „Sperrverband" würde daher nicht ausreichen, um die sich anbahnende Schlußkatastrophe in Nordafrika abzuwenden

Hierauf entschloß sich Hitler am 3. 2. nun doch zur Entsendung stärkerer deutscher Kräfte, zunächst einer leichten Division, die beschleunigt nach Neapel überführt werden sollte[69]. Als zusätzliches Motiv für seine Entscheidung führte er an, daß Großbritannien im Falle einer völligen Eroberung von Italienisch-Nordafrika in der Lage sei, seine frei gewordenen Kräfte zur Besetzung von Syrien zu verwenden, und danach die Türkei zu einer Intervention auf dem

64 Hubatsch: Hitlers Weisungen, S. 93 ff.
65 ADAP D XI, Dok. 672: Aufz. über die Unterredung Hitler-Mussolini, 19. 1. 1941, S. 1127 ff.; Dok. 679: Aufz. über die Unterredung Hitler-Mussolini, 20. 1. 1941, S. 1145 ff.; KTB OKW, Bd. I, S. 274 ff. — Der Hauptteil der „Besprechungen" bestand aus Monologen Hitlers, während Mussolini „mild lächelnd" „dabei saß" (KTB Halder, Bd. II, S. 253).
66 KTB OKW, Bd. I, S. 283.
67 KTB OKW, Bd. I, S. 292 ff.
68 Vgl. oben S. 290 f.
69 KTB OKW, Bd. I, S. 300 ff.

Balkan mitreißen könnte[70]. Zum Befehlshaber der deutschen Truppen, die für das Unternehmen „Sonnenblume"[71] in Nordafrika vorgesehen waren, ernannte Hitler am 6. 2. den Generalleutnant Rommel[72]. Er erhielt den Auftrag, Tripolitanien zu halten, um weiterhin britische Kräfte in Nordafrika zu binden und vor allem zu verhindern, daß Briten und Franzosen an der Grenze zwischen Tripolitanien und Tunesien zusammenträfen. Falls jedoch das Comando Supremo nicht bereit wäre, die operativen Vorschläge Hitlers[73] anzunehmen, oder die deutschen Truppen angesichts des raschen britischen Vormarsches nicht mehr rechtzeitig in Tripolis eintreffen würden, sollte auf das Unternehmen „Sonnenblume" verzichtet werden. In diesem Falle sollten Stützpunkte für die deutschen Truppen im zentralen Mittelmeer zur Abschirmung der italienischen Küste gegen britische Angriffe von See und aus der Luft gewonnen werden, wobei in erster Linie an ein Unternehmen gegen Malta, aber auch an eine Besetzung von Korsika und der südfranzösischen Küste unter Heranziehung weiterer deutscher Luftwaffenkräfte gedacht war[74].

Mussolini erklärte sich indessen am 9. 2. bei der Vorstellung Rommels mit allen Vorschlägen Hitlers einverstanden. Seine Mitteilung, daß Marschall Graziani um seine Amtsenthebung gebeten habe und der Oberbefehlshaber der 5. italienischen Armee in Tripolitanien, General Gariboldi, mit der Gesamtführung in Libyen beauftragt sei, erleichterte den Beginn des deutschen Unternehmens in Nordafrika.

Da die Briten ihren Vormarsch westlich El Agheila am 8. 2. eingestellt hatten, konnte die erste Staffel der deutschen Afrika-Truppen am 11. 2. planmäßig in Tripolis ausgeladen und zusammen mit der am 13. 2. folgenden zweiten Staffel in den nächsten Wochen an die „Front" vorgezogen werden, die nur noch aus einem dünnen Schleier mit den Trümmern der 10. italienischen Armee bestand, die der Katastrophe in der Cyrenaika entkommen waren[75]. Ende Februar stand nach Konsolidierung der Situation an der Großen Syrte fest, daß die deutsch-italienische Position in Tripolitanien gehalten werden konnte. Das überraschende Ende des Vormarsches der Nilarmee des Generals Wavell wurde durch den Entschluß der britischen Regierung bestimmt, angesichts der veränderten Lage auf dem Balkan Truppen für eine Entsendung nach Griechenland bereitzustellen. Für die britische Strategie stellte – im Gegensatz zur italienischen und der improvisierten deutschen Mittelmeerstrategie – der Raum des östlichen Mittelmeers ein Ganzes dar, bei dem die Entwicklung auf den einzelnen Teilschauplätzen am Nord- und Südrand in Interdependenz stand,

70 Aufz. über die Besprechung über „Fall Barbarossa" und „Sonnenblume", 3. 2. 1941 (Sammelmappe „Barbarossa", Militärgeschichtliches Forschungsamt Freiburg i. Br.).
71 Hubatsch: Hitlers Weisungen, S. 98 f.; Greiner, S. 218 ff.
72 E. Rommel: Krieg ohne Haß. Heidenheim 1950, S. 11 ff.
73 Zu den Einzelheiten dieser Vorschläge Greiner, S. 221 f.
74 KTB OKW, Bd. I, S. 306 ff.; Greiner, S. 222.
75 Greiner, S. 225.

die infolge der begrenzten Zahl der zur Verfügung stehenden britischen Land= und Luftstreitkräfte Truppenverschiebungen zum jeweiligen Brennpunkt des Geschehens hin erforderlich machte. Schon Anfang Januar hatte Churchill die Offensive in Nordafrika beenden wollen, sich aber auf Grund von Einwendun= gen Wavells und angesichts der nur langsam vorankommenden deutschen Vor= bereitungen nördlich der Donau zu einer Zurückstellung des Halt=Befehls bewegen lassen[76].

Die Schwierigkeiten auf der deutschen Seite waren nicht zu übersehen[77]. Schon in der „Weisung Nr. 20" vom 13. 12. 1940[78] hatte Hitler seine Absicht be= kundet, „a) in den nächsten Monaten in Südrumänien eine sich allmählich verstärkende (insgesamt 18 deutsche Divisionen umfassende[79]) Kräftegruppe zu bilden, b) nach Eintreten günstiger Witterung — voraussichtlich im März — diese Kräftegruppe über Bulgarien hinweg zur Besitznahme der Ägäischen Nordküste und — sollte dies erforderlich sein — des ganzen griechischen Fest= landes anzusetzen[80]", und dabei vorausgesetzt, daß mit der Unterstützung Bul= gariens zu rechnen sei. Gerade die Klärung der bulgarischen Haltung stellte aber wie bisher schon das größte Problem für Hitler dar[81]. Zwar gewann er aus der Unterredung mit dem bulgarischen Ministerpräsidenten Filoff am 4. 1.[82] den Eindruck, daß Bulgarien jetzt entschlossen sei, sich dem „Dreimächtepakt" anzuschließen und damit offen in den deutschen Machtblock einzutreten, jedoch zeigte König Boris bei seinem neuerlichen Besuch auf dem Berghof am 13. 1.[83] wiederum Bedenken, sich zu früh festzulegen, da ihn Nachrichten über britisch= türkische Militärbesprechungen beunruhigten[84]. Die bulgarische Zurückhaltung

76 Butler: Grand Strategy, vol. II, S. 380 ff.

77 In einer (zusammen mit G. Hümmelchen) vorbereiteten Studie des Verf. über den deutschen Balkanfeldzug 1941, die im Musterschmidt=Verlag Göttingen erscheinen wird, werden die politische und militärische Vorgeschichte des Unter= nehmens „Marita" und der Verlauf des Feldzuges im April 1941 eingehend behandelt. In unserem Zusammenhang werden hingegen nur solche Details erwähnt, die für das Verständnis der deutschen Strategie im großen notwendig sind.

78 Hubatsch: Hitlers Weisungen, S. 81 ff.

79 Als Führungsorgan wurde das Armeeoberkommando 12 (Generalfeldmarschall List) vorgesehen, das am 10. 1. 1941 von Krakau nach Predeal in Rumänien ver= legt wurde. Die erste Aufmarschstaffel für „Marita" (8 Divisionen) wurde in der Zeit vom 3.— 24. 1. 1941 in Rumänien ausgeladen.

80 Hubatsch: Hitlers Weisungen, S. 81.

81 Am 3. 12. 1940 hatte die bulgarische Regierung nach zwei sowjetischen Demar= chen (vgl. oben S. 308) um die baldige Verlegung deutscher Truppen in die (rumänische) Nord=Dobrudscha gebeten, die Bulgarien vor einem sowjetischen Überraschungsangriff von Norden schützen sollten.

82 ADAP D XI, Dok. 606: Aufz. über die Unterredung Hitler=Filoff, 4. 1. 1941, S. 1018 ff.

83 Eine deutsche Aufzeichnung über diese Unterredung liegt nicht vor. Vgl. jedoch KTB OKW, Bd. I, S. 264; Greiner, S. 252.

84 In einer Unterredung mit dem Gesandten Neubacher bestätigte Filoff am 25. 1. aber, daß Bulgarien prinzipiell entschlossen sei, dem „Dreimächtepakt" beizutreten (KTB OKW, Bd. I, S. 280).

wurde durch die Warnungen der Sowjetregierung verstärkt[85], die sich am 17. 1. auch in einer Note an die deutsche Regierung wandte[86]: Sie betrachte „das Erscheinen fremder Streitkräfte auf dem Territorium Bulgariens und der beiden Meerengen" als eine „Verletzung der Sicherheitsinteressen der UdSSR". In seiner Antwort vom 23. 1.[87] versicherte Ribbentrop, daß Deutschland „auf dem Balkan gewisse Truppenkonzentrationen durch(führe), die ausschließlich die Aufgabe haben, jede englische Festsetzung auf griechischem Boden zu verhindern". Die Türkei werde nicht angetastet, wenn sie nicht ihrerseits einen Angriff unternehme. Dagegen sei es für Deutschland notwendig, durch Bulgarien zu marschieren, ohne daß die Absicht bestünde, „irgendwelche sowjetrussischen Sicherheitsinteressen zu verletzen".

Mit einer militärischen Gegenaktion der Sowjetunion rechnete Hitler nicht, obwohl er in Rumänien eine Kräftegruppe zur Abwehr eines überraschenden sowjetischen Vorstoßes für alle Fälle bereitstellte. Dagegen hielt „man" im Auswärtigen Amt einen Angriff der Sowjetunion gegen Finnland als Reaktion auf einen deutschen Einmarsch in Bulgarien zeitweilig für möglich[88]. Auf Warlimonts Frage an Jodl vom 18. 1.[89], ob „man glaube, daß das Unternehmen ‚Marita' zum Kriege mit Rußland führen könne", hatte dieser offensichtlich im Sinne Hitlers geantwortet, daß „man dies nicht annehme, es hingegen für möglich hielte, daß Rußland die Türkei zu feindlichen Handlungen gegen Deutschland[90] veranlassen und England insgeheim unterstützen würde". Einer „ernsten russischen Bedrohung" an dem strategischen Knotenpunkt Rumänien, so erklärte Hitler Mussolini am 20. 1.[91], „könne Deutschland im Augenblick gegenüber den 34 an der rumänischen Grenze konzentrierten russischen Divisionen nicht standhalten. Eine Entlastung an anderer Stelle der deutsch-russischen Grenze sei bis Mai nicht möglich[92]." Im Augenblick der vermeintlichen Krise (22. 2.), als ein Großteil der deutschen Verbände für „Marita" sich in

85 Am 24. 1. bat die bulgarische Regierung, erst dann den Beitritt zum „Dreimächtepakt" offiziell zu vollziehen, wenn die deutsche Kräftegruppe in der Nord-Dobrudscha so stark sei, daß sie einen sowjetischen Überraschungsvorstoß über die untere Donau nach Süden auffangen könne.

86 ADAP D XI, Dok. 669: Der dt. Botschafter in Moskau an das AA, 17. 1. 1941, S. 1124 f.

87 ADAP D XI, Dok. 681: Ribbentrop an Staatssekretär Frhr. v. Weizsäcker, 21. 1. 1941, S. 1155 f. (am 23. 1. 1941 an den dt. Botschafter in Moskau weitergeleitet).

88 KTB Halder, Bd. II, S. 247 (18. 1. 1941).

89 KTB OKW, Bd. I, S. 268.

90 Vgl. hierzu unten S. 427 f.

91 ADAP D XI, Dok. 679: Aufz. über die Unterredung Hitler-Mussolini, 20. 1. 1941, S. 1145 ff.

92 Durch die Beurlaubung der Mannschaften von 17 Divisionen sowie weiterer 300 000 Mann für die Rüstungsindustrie während des Winters 1940/41 (vgl. oben S. 259 f.), den bewußten Verzicht auf eine Verschiebung der in Frankreich befindlichen, an sich verfügbaren Verbände an die Ostgrenze sowie infolge der Konzentration des Gros der Luftwaffe im Westen war eine schnelle Massierung von Kräften an einzelnen Stellen der Ostgrenze, um gegenüber der Sowjetunion eine Demonstration auszuüben, militärtechnisch nicht möglich. Hitler hielt sie im Hinblick auf den „Barbarossa"-Plan auch für verfehlt.

Südrumänien befand, ohne daß die Haltung Bulgariens voll geklärt war, versuchte Hitler daher durch die Verbreitung der weit übertriebenen Zahlenangabe von 680 000 Mann deutscher Truppen, die sich angeblich in Rumänien befänden, abschreckend auf Stalin zu wirken[93].

Nach außerordentlich langwierigen deutsch-bulgarischen Generalstabsverhandlungen gelang es erst Ende Februar, mit Bulgarien eine Einigung über die Modalitäten des deutschen Einmarsches zu erzielen[94]. Hitler, der Mussolini in der großen Besprechung am 20. 1. in seinen Plan „Marita" eingeweiht hatte[95], entschied am 28. 1. infolge des bulgarischen Zögerns und der politischen Reaktion der Sowjetunion, mit dem deutschen Einmarsch aus Südrumänien über die Donau und über die Dobrudscha-Grenze nach Bulgarien hinein so spät wie möglich zu beginnen. Indessen erhielt die griechische Regierung vom Beginn der deutsch-bulgarischen Generalstabsbesprechungen am 2. 2. bald Kenntnis. Schon die Versammlung deutscher Kräfte in Südrumänien seit Mitte Januar hatte keinen Zweifel mehr daran gelassen, daß spätestens im Frühjahr mit einem deutschen Angriff von Bulgarien aus gegen Nordostgriechenland zu rechnen war. Die in ihrer Erklärung an Großbritannien vom 8. 2. zum Ausdruck kommende Entscheidung der griechischen Regierung[96], bei einem deutschen Angriff „um jeden Preis" militärischen Widerstand zu leisten und hierfür britische Hilfeleistung zu erbitten (die allerdings erst nach einem deutschen Einmarsch nach Bulgarien durch Entsendung stärkerer britischer Verbände nach Griechenland praktisch eingeleitet werden sollte), veranlaßte die britische Regierung nunmehr endgültig, dem Oberkommando Mittelost in Kairo den Befehl zu erteilen, die Offensive in Libyen abzubrechen und Kräfte für die Verteidigung Griechenlands bereitzustellen[97]. Die deutschen Abstützungsmaß-

93 ADAP D XII, Dok. 70: Botschafter Ritter an den dt. Botschafter in Moskau, 22. 2. 1941, S. 126 f.

94 Vgl. den Überblick bei Greiner, S. 252 ff., auf Grund der zahlreichen Einzelnotizen im KTB OKW, Bd. I, S. 264 ff.

95 ADAP D XI, Dok. 679, S. 1145 ff.

96 Butler: Grand Strategy, vol. II, S. 384 f.; Schramm-v. Thadden, S. 178 f.

97 Schon am 20. 1. 1941 hatte das britische Verteidigungskomitee beschlossen, eine strategische Reserve im Nahen Osten zu bilden und daher die Offensive in der Cyrenaika nach der Eroberung Benghasis einzustellen. Statt einer Fortsetzung der Verfolgung der Trümmer der 10. italienischen Armee bis zur tripolitanisch-tunesischen Grenze sollte die Eroberung des Dodekanes eingeleitet werden. Es kam jedoch nur zu einem Landungsunternehmen auf der kleinen Insel Castelrosso (vor der türkischen Küste), das von den Italienern abgeschlagen werden konnte (25.—27. 2. 1941). Das Unternehmen „Mandibles" (zur Besetzung des Dodekanes) wurde ebenso aufgegeben wie die gleichfalls geplante Eroberung der italienischen Inselfestung Pantelleria (Unternehmen „Workshop"). — Über die Schwierigkeiten bei der Festlegung der Verteidigungsstrategie in Griechenland in den Besprechungen zwischen den britischen und den griechischen Stäben vgl. Butler: Grand Strategy, vol. II, S. 439 ff.; Schramm-v. Thadden, S. 178 ff.; Woodward, S. 132 ff.; Churchill, vol. III, S. 60 ff. — Eine Einigung wurde erst am 23. 2. 1941 erzielt. Damit war die politische Voraussetzung für die Entsendung der britischen Truppen nach Griechenland gegeben, die unmittelbar nach dem deutschen Einmarsch in Bulgarien (2. 3. 1941) begann (vgl. hierzu die Darstellung unten S. 461 f.).

nahmen auf dem Balkan und im Mittelmeerraum bewirkten somit eine Zersplitterung der Kräfte Großbritanniens, das sein großes Ziel, Italien schon im Winter 1940/41 aus dem Felde zu schlagen, aufgeben mußte.

3. Hitlers Entscheidung für die militärische Ost-Lösung

Die „Kontinentalblock“-Konzeption, zu der sich Hitler in der zweiten Septemberhälfte 1940 als einer ihm durch die veränderte weltpolitische Situation mit Blick auf die USA notwendig erschienenen „Zwischenlösung“ durchgerungen hatte, obwohl sie im Kern seinen axiomatischen Grundvorstellungen zur deutschen Außenpolitik widersprach[1], blieb für ihn nur wenige Wochen lang die bestimmende Leitlinie seiner Kriegspolitik. Überschaut man die Reihe der verschiedenen Äußerungen Hitlers hierüber, so erscheinen seine Darlegungen gegenüber Mussolini während des Treffens in Florenz am 28. 10.[2], am Tage des Beginns des italienischen Angriffs gegen Griechenland, als das letzte[3] relativ klare Bekenntnis zu dieser Konzeption, wenn auch aus seinen Bemerkungen bereits eine gewisse Skepsis über die Erfolgsaussichten eines Interessenausgleichs mit der Sowjetunion herauszulesen ist: er, Hitler, stehe Stalin genauso mißtrauisch gegenüber wie Stalin ihm. Er hoffe jedoch, daß es bei dem bevorstehenden Besuch Molotows in Berlin möglich sein werde, Rußland von dem alten Ziel, den türkischen Meerengen, auf Indien abzulenken. Gelinge dies, so würde es eine „niederschmetternde Wirkung“ auf England ausüben. Offensichtlich hatte Stalins Antwort vom 21. 10.[4] – mit seinen deutlich erkennbaren Vorbehalten gegenüber der von Ribbentrop vorgeschlagenen Verhandlungsprozedur wie gegenüber der von diesem angedeuteten Zielsetzung bei den bevorstehenden Gesprächen – Hitler in seinen inneren Zweifeln bestärkt. Ribbentrop hatte in seinem Brief vom 13. 10.[5] mit der Bemerkung, es scheine, „auch nach der Auffassung des Führers, die historische Aufgabe der vier Mächte der Sowjetunion, Italiens, Japans und Deutschlands zu sein ..., ihre Politik auf längste Sicht zu ordnen und durch Abgrenzung nach säkularen Maßstäben die zukünftige Entwicklung ihrer Völker in die richtigen Bahnen zu

1 Daß Hitlers axiomatische Vorstellungen hinsichtlich Großbritanniens – allen taktischen Wandlungen zum Trotz – auch Ende September 1940 unverändert geblieben waren, zeigten seine Ausführungen gegenüber Galland am 25. 9.: „Er habe vor der angelsächsischen Rasse ... die größte Hochachtung. Sollte (der Krieg gegen Großbritannien) siegreich für uns ausgehen, dann müßte durch die Vernichtung Großbritanniens ein Vakuum entstehen, das nicht ausgefüllt werden könne“ (Galland, S. 81 f.).

2 ADAP D XI, Dok. 246: Aufz. über die Unterredung Hitler-Mussolini, 28. 10. 1940,

3 Zu den ersten Äußerungen Hitlers, die die „Kontinentalblock“-Konzeption belegen, vgl. oben S. 237 ff.

4 ADAP D XI, Dok. 211: Der dt. Botschafter in Moskau an das AA, 22. 10. 1940 (mit dem Brief Stalins an Ribbentrop vom 21. 10. 1940), S. 353 f.

5 ADAP D XI, Dok. 176: Brief Ribbentrops an Stalin, 13. 10. 1940, S. 291 f.

lenken", bereits seine „Kontinentalblock"=Konzeption angedeutet. Während von ihm die Gespräche mit Molotow in Berlin nur als Vorstufe für kommende „Viermächte"=Verhandlungen in Moskau gedacht waren, die die Verwirklichung dieser Konzeption herbeiführen sollten, kam es Stalin, wie seine Antwort er=kennen ließ, wesentlich auf zweiseitige deutsch=sowjetische Verhandlungen mit dem Ziel einer Neuabsteckung der Interessensphären beider Staaten in Europa an. Die von Hitler beabsichtigte politisch=propagandistische Wirkung des Molotow=Besuches auf die Wahlkampfsituation der USA durchkreuzte Stalin durch die Verschiebung des Zeitpunktes bis nach den amerikanischen Präsidentschaftswahlen[6].

Die wachsende Skepsis Hitlers hinsichtlich der Erfolgsaussichten in den bevor=stehenden deutsch=sowjetischen Gesprächen kam in der großen Besprechung mit den Spitzen des OKW und des OKH in der Reichskanzlei am 4. 11. unverkennbar zum Ausdruck[7]. Diese Besprechung war überschattet von der katastrophalen Ver=schlechterung der Lage im Mittelmeerraum, die nach dem Scheitern der italie=nischen Offensive in Griechenland einen deutschen Entlastungsvorstoß über Rumänien — Bulgarien nach Nordgriechenland erforderlich machte[8], um die von dort drohenden Gefahren für die deutsche Position in Südosteuropa zu beseitigen. Zwar sprach Hitler von der Möglichkeit, die nun politisch wie strategisch für Deutschland besonders wichtige Neutralität bzw. „Nichtkrieg=führung" der Türkei durch einen von deutscher Seite anzuregenden Druck der Sowjetunion auf die türkische Regierung zu sichern, was nur bei einer Fortdauer der politischen Zusammenarbeit zwischen Deutschland und der UdSSR möglich war, aber die vorübergehend bei Hitler zurückgedrängte Radi=kallösung des Rußland=Problems, die Vernichtung der Sowjetunion als die seiner Auffassung nach allein durchschlagende „Bereinigung" dieses Problems, zugleich auch als Voraussetzung für eine erfolgreiche Beendigung des Gesamt=krieges, trat in seinen Ausführungen an diesem Tage blitzartig für einen Mo=ment wieder heraus, ohne daß er näher darauf einging[9]. Den Vorschlag Halders, eine weit ausgreifende deutsche Landoffensive von Bulgarien über die Türkei und Syrien gegen die britische Nahostposition vorzubereiten, wies Hitler mit dem Hinweis ab, daß ein deutsches Vorgehen gegen die Türkei das „Problem Rußland aufrolle" und daher eine solche Operation „erst nach Ausschaltung Rußlands ins

6 Auf sowjetischen Wunsch wurde der bevorstehende Besuch Molotows in Berlin auch erst einige Tage nach den amerikanischen Präsidentschaftswahlen, am 9. 11. 1940, durch DNB und TASS bekanntgegeben.

7 KTB Halder, Bd. II, S. 163 ff.; Aufz. Engel, 4. 11. 1940; KTB OKW, Bd. I, S. 150 f. (enthält keine Hinweise auf die Äußerungen Hitlers zum Rußland=Problem). — Am 1. 11. hatte Halder noch aus „Nebengeräuschen aus der Reichskanzlei", d. h. Mitteilungen des Heeresadjutanten, Major i. G. Engel, erfahren: „Führer hofft, Rußland in die Front gegen England einbauen zu können."

8 Vgl. oben S. 287 ff.

9 Der Eindruck Halders auf Grund der — sich scheinbar widersprechenden — Äußerungen Hitlers war, daß von einem „unabänderlichen Entschluß" zum Ost=feldzug zu diesem Zeitpunkt noch keine Rede sein konnte (vgl. hierzu KTB Halder, Bd. II, S. 164 f., Anm. 5 und 8).

Auge gefaßt werden" könne[10]. Rußland „bleibe das ganze Problem Europas. Alles (müsse) getan werden, um bereit zu sein zur großen Abrechnung[11]". Der Charakter des von Hitler nur noch mit wenig innerer Überzeugung angestrebten politischen „Ausgleichs" mit der Sowjetunion als einer zeitlich begrenzten, der politischen Taktik dienenden „Zwischenlösung" wurde in diesen Äußerungen offenkundig. Sie hatte jetzt in erster Linie nur noch den Zweck, den notwendig gewordenen Entlastungsvorstoß über Bulgarien nach Nordgriechenland durch eine mit sowjetischem Druck auf die Türkei am besten zu erreichende Abschirmung zu erleichtern, war also aus der großen weltpolitischen Funktion, die ihr ursprünglich zugedacht war, zu einem Hilfsmittel für ein begrenztes militärisches Unternehmen abgesunken.

Diese Abwendung von der „Kontinentalblock"-Konzeption als einer für einen längeren Zeitraum gedachten „Zwischenlösung" kam auch in dem viel zitierten Passus der von Hitler am 12. 11., dem ersten Tage des Molotow-Besuches, unterzeichneten „Weisung Nr. 18"[12] indirekt zum Ausdruck, in der vom Wehrmachtführungsstab alle in der Besprechung am 4. 11. erörterten strategischen Probleme abschnittsweise zusammengestellt waren[13]: „Politische Besprechungen mit dem Ziel, die Haltung Rußlands für die nächste Zeit zu klären" — so hieß es hier — „sind eingeleitet. Gleichgültig, welches Ergebnis diese Besprechungen haben werden, sind alle schon mündlich befohlenen Vorbereitungen für den Osten fortzuführen. Weisungen darüber werden folgen, sobald die

10 KTB Halder, Bd. II, S. 164 f. Vgl. oben S. 343. — Der Adjutant des Heeres bei Hitler notierte als Gesamteindruck dieser Besprechung: „Führer ist sichtlich deprimiert. Eindruck, daß er im Augenblick nicht weiß, wie es weitergehen soll" (Tagebuch Engel, 4. 11. 1940). Über die Atmosphäre der Besprechung liefert folgender Eintrag eine plastische Vorstellung: „OB (v. Brauchitsch) fängt im ungeeignetsten Moment noch einmal an, von der verpaßten Gelegenheit ‚Seelöwe' zu sprechen, und attackiert völlig gegen seine sonstige Gewohnheit Marine und Luftwaffe. Göring wird rabiat, beinahe persönlich und beschuldigt Heer des Zauderns im Fall Dünkirchen. Niemand sagt, woran es wirklich lag. Auch Keitel läßt OB im Stich, der der ganzen Diskussion nicht gewachsen ist. Zum Schluß schieben alle die Schuld auf (die) Marine, die erklärt hatte, den vom Heer verlangten Landungsstreifen nicht schützen zu können: von Marine niemand anwesend" (ebda.).

11 KTB Halder, Bd. II, S. 165.

12 Es ist an dieser Stelle der allgemeine Hinweis angebracht, daß die „Führerweisungen" stets Ergebnisse von Besprechungen Hitlers mit den Spitzen von OKW, OKH, OKL oder OKM zusammenfaßten, die einige Tage vorher stattfanden. Die „Weisungen" lösten also keine neuen Planungen aus, sondern formulierten schon vorher geäußerte Absichten Hitlers in einer militärischen Sprache, auch wenn es bei der Vorlage der Entwürfe durch den Wehrmachtführungsstab gelegentlich zu Abänderungen durch Hitler kam. — Es gehören also, in unserer Zeitspanne, zusammen: die Besprechung vom 4. 11. und die „Weisung Nr. 18" vom 12. 11. 1940, die Besprechung vom 5. 12. und die „Weisungen" Nr. 20 und Nr. 21 vom 13. bzw. 18. 12. 1940, die Besprechung vom 9. 1. und die „Weisung Nr. 22" vom 11. 1. 1941.

13 Hubatsch: Hitlers Weisungen, S. 71. — Es ist umstritten, ob die Einfügung der Ziffer 5 (betr. Rußland) in die „Weisung Nr. 18" in ihrem Ursprung auf eine Formulierung des OKW/Wehrmachtführungsstab oder des OKH/Generalstab des Heeres zurückgeht (vgl. hierzu Warlimont, S. 151 f.).

Grundzüge des Operationsplanes des Heeres mir vorgetragen und von mir gebilligt sind."
Daß Hitler sich gedanklich wieder stark der militärischen Ost=Lösung näherte, ohne sich doch schon fest dafür entschieden zu haben, zeigten auch seine Bemerkungen gegenüber dem Oberbefehlshaber der an der deutsch=sowjetischen Interessengrenze zwischen den Karpathen und der Ostsee befehlsführenden Heeresgruppe B, Generalfeldmarschall v. Bock, den Hitler an seinem Krankenlager in Berlin am 11. 11. besuchte[14]. „Was im Osten werden soll" so faßte v. Bock Hitlers Äußerungen zusammen — „ist noch eine offene Frage; die Verhältnisse können uns dort zum Eingreifen zwingen, um einer gefährlichen Entwicklung zuvorzukommen."
Ohne schon an dieser Stelle abschließend auf die Gründe eingehen zu wollen, die Hitlers schnelle Abwendung von der „Kontinentalblock"=Konzeption herbeiführten[15], ist doch zum Verständnis des Folgenden an die von uns schon dargelegte veränderte Gesamtsituation gegenüber der von Ende September 1940 zu erinnern[16]. Keine, nicht einmal die nächstliegenden Erwartungen, die Hitler an den Abschluß des „Dreimächtepaktes" geknüpft hatte und deren Eintreten allein für ihn die Weiterverfolgung der „Kontinentalblock"=Konzeption, die ja — zunächst — von ihm „Opfer" und Einschränkungen (gemessen an seiner Zielsetzung) verlangte, interessant gemacht hätte, war in Erfüllung gegangen. Die USA hatten unter Roosevelts Führung trotz der Wahlkampfsituation ihre harte Politik gegenüber Japan ebenso fortgesetzt wie ihre weitreichende materielle Unterstützung für Großbritannien. Dagegen konnte von einer Kongruenz der japanischen und der deutschen Politik seit Abschluß des Paktes keine Rede sein. Im Gegenteil: gerade seit der Verschlechterung der deutschen Situation durch die Krise im Mittelmeerraum steuerte Japan einen zweideutigen außenpolitischen Kurs. Da die Möglichkeit, auf die USA durch das Gewicht von — zudem in ihrem Wert recht fragwürdigen — politischen Kombinationen (ohne eine ernst zu nehmende Drohung mit einem Zweiozeankrieg im Hintergrund) einzuwirken, nach der Wiederwahl Roosevelts noch geringer geworden war[17], blieb nach Hitlers Auffassung nur die Rückkehr zu der seiner Überzeugung nach allein durchschlagenden Lösung, mit einer Zertrümmerung der Sowjetunion und der damit zu erzielenden Befreiung Japans von einer Rückengefährdung diesen Staat machtpolitisch stark „aufzuwerten", ihm den Weg zur expansiven Südpolitik zu öffnen und somit die USA mit einer glaubwürdigen Zweiozeankriegsdrohung zu konfrontieren. Schließlich — und

14 Tagebuch v. Bock, 11. 11. 1940 (Bundesarchiv=Militärarchiv H 08=22/8).
15 Vgl. hierzu die Darstellung unten S. 388 ff.
16 Vgl. die vorausgehenden Abschnitte S. 316 ff. und S. 334 ff.
17 Als unmittelbare Reaktion auf Roosevelts Wiederwahl muß die Weisung Görings — wohl nach Rücksprache mit Hitler — an den Chef des WiRüAmtes im OKW, General Thomas, vom 6. 11. 1940 betrachtet werden, daß sich die Rüstungswirtschaft nunmehr auf eine lange Kriegsdauer einstellen müsse (vgl. oben S. 262 f.).

das war für die deutsch-sowjetischen Beziehungen das Nächstliegende — hatte die Sowjetunion auch nach dem Briefwechsel Ribbentrop-Stalin ihre gegen die deutschen Interessen gerichtete Balkan-Politik fortgesetzt[18], nachdem Molotow schon vorher, am 4. 10., an die Zugehörigkeit Finnlands zur sowjetischen Interessensphäre erinnert hatte[19]. Von Hitler aus betrachtet[20] wurden damit die Gespräche mit Molotow am 12. und 13. 11. zu einem „Test"[21], ob Deutschland und die Sowjetunion „Rücken an Rücken oder Brust an Brust" stünden[22]. Der von Hitler in den Gesprächen mit Molotow[23] skizzierte und von Ribbentrop in dem „Entwurf eines Abkommens zwischen den Staaten des Dreimächtepaktes und der Sowjetunion[24]" genauer umrissene Vorschlag eines Interessenausgleichs bestand im Kern darin, daß die Sowjetunion ganz Südosteuropa, das bei der Absteckung der „Großräume" Deutschlands und der Sowjetunion in Ostmitteleuropa im Herbst 1939 ausgeklammert worden war, als deutsches (bzw. italienisches) Interessengebiet anerkennen und auf die volle Eingliederung Finnlands in ihren „Großraum", die ihr in der Absprache vom Herbst 1939 konzediert worden war, verzichten, sich also mit ihren bisherigen territorialen Gewinnen in Europa begnügen sollte. Dafür wollte Deutschland den „Schwerpunkt ihrer territorialen Aspirationen im Süden des Staatsgebietes der Sowjetunion in Richtung des Indischen Ozeans" anerkennen. Bemerkenswerterweise erwähnten aber weder Hitler noch Ribbentrop — entgegen den Vereinbarungen mit Japan[25] — in den Gesprächen mit Molotow Indien als Teil des der Sowjetunion zugedachten „Großraums". Vielmehr wurde von ihnen nur Iran in eindeutiger Weise als Bestandteil des sowjetischen Interessengebietes genannt, während sie seine weitere Ausdehnung „in Richtung des Indischen Ozeans" wohl bewußt offen ließen. Molotow versuchte allerdings auch gar nicht, präzise Auskünfte hierüber zu erlangen.

18 Vgl. dazu oben S. 304.
19 ADAP D XI, Dok. 148: Der dt. Geschäftsträger in Moskau an das AA, 4. 10. 1940, S. 244 f.
20 Ribbentrop hat offensichtlich bis zum Scheitern der Besprechungen mit Molotow ernsthaft die Absicht gehabt, die „Kontinentalblock"-Konzeption, die er als Krönung seiner Politik betrachtete, zu verwirklichen (vgl. hierzu auch Sommer, S. 467 ff.).
21 So Hitler zu seinem Heeresadjutanten, Major i. G. Engel (Mitt. an den Verf. am 10. 4. 1964).
22 KTB Halder, Bd. II, S. 182.
23 ADAP D XI, Dok. 325: Aufz. über die Unterredung Ribbentrop-Molotow, 12. 11. 1940, S. 533 ff.; Dok. 326: Aufz. über die Unterredung Hitler-Molotow, 12. 11. 1940, S. 541 ff.; Dok. 328: Aufz. über die Unterredung Hitler-Molotow, 13. 11. 1940, S. 550 ff.; Dok. 329: Aufz. über die Unterredung Ribbentrop-Molotow, 13. 11. 1940, S. 562 ff.; Dok. 348: Aufz. über die Unterredung Göring-Molotow, 13. 11. 1940, S. 595 ff. — Darstellung der Gespräche vor allem bei Schmidt: Statist, S. 525 ff.; Hilger, S. 301 ff.; Rossi, S. 157 ff.; Fabry, S. 343 ff.; Sommer, S. 469 ff.; Weinberg: Germany and Soviet Russia, S. 142 ff.
24 „Entwurf eines Abkommens zwischen den Staaten des Dreimächtepaktes Deutschland, Italien und Japan einerseits und der Sowjetunion andererseits" vom 9. 11. 1940, in: ADAP D XI, Dok. 309, S. 508 ff.
25 Vgl. oben S. 295 und S. 307.

Schließlich sollte als weiteres Entgegenkommen nach dem Entwurf Ribbentrops eine Revision des durch den Vertrag von Montreux festgelegten Status der türkischen Meerengen zugunsten der Sowjetunion angestrebt werden. Danach sollte die Sowjetunion das Recht erhalten, mit ihrer Schwarzmeerkriegsflotte „jederzeit unbeschränkt die Meerengen zu passieren", während alle übrigen Staaten einschließlich Deutschlands und Italiens, nur mit Ausnahme der anderen Schwarzmeerländer, darauf verzichten sollten[26]. Der Zweck dieses Vorschlages war nicht, jedenfalls nicht in erster Linie, eine — teilweise — Befriedigung der sowjetischen Sicherheitsinteressen, da der Sinn des anzustrebenden Interessenausgleichs, wie es Hitler Mussolini am 28. 10. dargelegt hatte, ja gerade darin bestand, die Sowjetunion von den türkischen Meerengen abzulenken[27], sondern das auf diesem Wege erhoffte „Herausbrechen der Türkei aus dem Bündnis mit England", das Hitler Mussolini gegenüber in der gleichen Besprechung als „ein sehr wünschenswertes Ziel" und Ribbentrop als auf dem Wege einer „Einigung der Achsenmächte mit Rußland" erreichbar bezeichnet hatte[28], ein Ziel, das in der veränderten politisch=strategischen Lage in Südosteuropa seit dem Scheitern der italienischen Offensive gegen Griechenland noch erhöhte Bedeutung gewonnen hatte.

Dem deutschen Entwurf für einen Interessenausgleich mit der Sowjetunion lag, sofern er mehr als nur ein „Test"=Mittel sein sollte (zu dem das Projekt für Hitler zum Schluß geworden war, das es aber im Ursprung und für Ribbentrop wohl bis zum Abbruch der Gespräche mit Molotow nicht gewesen ist), eine fragwürdige Beurteilung der weltpolitischen Situation und der eigenen Position wie vor allem eine Fehleinschätzung des Gegenspielers zugrunde. Ähnliches galt, wie wir sahen, für die sowjetischen Vorstellungen über einen neuen „Ausgleich" mit Hitler[29]. Jeder der Gesprächsteilnehmer betrachtete den anderen als „Objekt" seiner eigenen Politik und Strategie, nicht als gleichrangigen „Partner"[30]. Die Unvereinbarkeit des deutschen und des sowjetischen Standpunktes trat bereits in der einleitenden Unterredung Ribbentrops mit Molotow heraus[31], so daß, da beide Seiten an ihren Positionen starr festhielten, im weiteren von eigentlichen Verhandlungen nicht gesprochen werden kann und das Scheitern des Versuchs sogleich feststand. Die ungewöhnlich offene Sprache Molotows, die die sowjetischen Nah= und Fernziele klar erkennen ließ, und schließlich auch die schriftliche Fixierung der sowjetischen Bedingungen für einen Beitritt zum „Dreimächtepakt" lieferten Hitler jedoch willkom=

26 Wie Anm. 24.

27 ADAP D XI, Dok. 246: Aufz. über die Unterredung Hitler=Mussolini, 28. 10. 1940, S. 431 ff.

28 Ebda.

29 Vgl. oben S. 300 ff.

30 Bemerkung Molotows in der Unterredung mit Hitler am 12. 11., er halte eine Teilnahme der Sowjetunion am „Dreimächtepakt" grundsätzlich für annehmbar, wenn diese „nicht Objekt, sondern Partner" sei (ADAP D XI, Dok. 326, S. 541 ff.).

31 ADAP D XI, Dok. 325, S. 533 ff.

menes Material, das er zur politischen Beeinflussung Bulgariens, der Türkei und Finnlands in seinem Sinne zu dem von ihm hierfür jeweils am günstigsten betrachteten Zeitpunkt ausspielen konnte[32].

Am 15. 11. äußerte sich Hitler im vertrauten Kreise seiner engsten Umgebung über die Gespräche mit Molotow: „Er habe sich sowieso nichts davon versprochen. (Die) Besprechungen hätten gezeigt, wohin die Pläne der Russen gingen. Molotow habe die Katze aus dem Sack gelassen. Dies würde nicht einmal eine Vernunftehe bleiben. (Die) Russen nach Europa hineinzulassen, sei das Ende Mitteleuropas. Auch Balkan und Finnland seien gefährliche Flanken[33]." Durch die Verhandlungstaktik Molotows, vor allem die Enthüllung der sowjetischen Nah= und Fernziele, entfiel für Hitler die – trotz aller gedanklich schon vollzogenen Abwendung von der politischen Zwischenlösung – bisher immer noch gegebene Entscheidungsfreiheit in der Alternative zwischen „Kontinentalblock"=Konzeption und militärischer Ost=Lösung vor Beendigung des Krieges im Westen. Auch auf der Basis der Bedingungen Stalins vom 25. 11. – dies muß eindeutig festgestellt werden – war die „Kontinentalblock"=Konzeption (nicht nur mit der ihr von Hitler zugedachten Zielsetzung, sondern auch unabhängig davon) nicht zu verwirklichen.

Die taktische Schwenkung der Politik Hitlers nach dem Besuch Molotows läßt sich am besten an der Gestaltung der deutsch=türkischen Beziehungen ablesen[34]. Am Tage vor dem Eintreffen Molotows in Berlin, am 11. 11., empfing Ribbentrop den türkischen Botschafter Gerede auf dessen Initiative. Seine Erklärung, „daß das Reich den aufrichtigen Wunsch habe, seine Beziehungen zur Türkei zu verbessern[35]", lag ganz auf der Linie der von uns skizzierten bisherigen Politik Hitlers gegenüber der Türkei und stand noch im Zusam=

32 Vgl. unten S. 491 f. und 496 f. – Die sowjetischen Forderungen hinsichtlich Rumäniens (Südbukowina) (vgl. oben S. 305) gaben zu der Befürchtung Anlaß, daß die Rote Armee einen Überraschungsvorstoß nach Rumänien hinein unternehmen könnte. Nach der Besprechung General Antonescus mit dem Chef OKW Keitel am 23. 11. (ADAP D XI, Dok. 388, S. 680 ff.), in der die Verstärkung der deutschen Wehrmachtmission in Rumänien vereinbart wurde, legten Richtlinien des OKW vom 26. 11. das „Verhalten der deutschen Truppen im Falle eines russischen Übergriffs auf Rumänien" fest: Grenzzwischenfälle sollten unbeachtet bleiben, doch müsse „die Abwehr russischer Angriffe für den Bereich der deutschen Truppen zu Lande und in der Luft gewährleistet sein". Vor „größeren Verwicklungen" seien „Weisungen des Führers abzuwarten" (KTB OKW, Bd. I, S. 187; Hillgruber: Hitler, König Carol und Marschall Antonescu, S. 127).

33 Tagebuch Engel, 15. 11. 1940. Noch am gleichen Tage gab Hitler Schmundt und Engel den Auftrag, mit Todt zusammen die Gefechtsstände für das „Führerhauptquartier" im Osten zu erkunden. Im Norden, in der Mitte und im Süden seien die Gefechtsstände auf alle Fälle „in höchster Eile" zu bauen. Er selber wolle in Ostpreußen „ständiges Quartier" nehmen (ebda.). – Vorbereitungen für den Bau der Gefechtsstände waren schon seit Anfang Oktober im Gange (KTB Halder, Bd. II, S. 121: 2. 10. 1940), und zwar bei Rastenburg, bei Spala und bei Posi (südöstlich Jaslo).

34 Hierzu im einzelnen Krecker, S. 122 ff.

35 ADAP D XI, Dok. 314: Aufz. v. Papens über ein Gespräch mit Gerede, die den Inhalt der Unterredung Ribbentrop=Gerede aus der Sicht des türkischen Botschafters knapp wiedergibt: S. 515.

menhang mit der von Ribbentrop angestrebten Vereinbarung über eine Revision des Meerengen-Status. Der für die Zeit des Molotow-Besuches nach Berlin beorderte deutsche Botschafter in Ankara v. Papen[36], der sich offenbar für den Fall bereit halten sollte, daß sich eine deutsch-sowjetische Einigung in der Frage des Meerengen-Status anbahnte und danach eine neue „Marschroute" der deutschen Politik gegenüber der Türkei festzulegen war, erhielt nach dem negativen Ausgang der Besprechungen mit Molotow Instruktionen[37], die die „Herbeiführung eines engeren, vertrauensvolleren Verhältnisses" Deutschlands zur Türkei, nunmehr auf zweiseitiger Basis (mit antisowjetischer Spitze), zum Ziele hatten[38]. Dementsprechend erklärte v. Papen unmittelbar nach seiner Rückkehr nach Ankara am 23. 11. dem türkischen Außenminister Saracoglu, „die ‚Achse' sei bereit, Besitz und Souveränität der Türkei zu respek-

36 Sein eigener Bericht (Papen, S. 526 ff.) muß mit Skepsis betrachtet werden.

37 Auf Weisung Hitlers vom 15. 11. verschob v. Papen seine für den 16. 11. vorgesehene Rückfahrt um eine Woche. Es hat den Anschein, als sei sich Hitler in den ersten Tagen nach dem Besuch Molotows nicht ganz klar über den einzuschlagenden politischen Kurs gewesen. Von der Eigenart seiner Psyche her wäre ohnehin nicht ein abrupter Umschlag, sondern eine tagelange Unsicherheit und ein Schwanken zu erwarten gewesen. Als Zeugnis hierfür könnte man Hitlers Bemerkungen gegenüber dem ungarischen Ministerpräsidenten Graf Téleki am 20. 11. 1940 ansehen (ADAP D XI, Dok. 365: Aufz. über die Unterredung Hitler-Téleki, 20. 11. 1940, S. 632 ff.), obwohl man sich gerade bei Hitlers Äußerungen zu ausländischen Staatsmännern seiner taktischen Anpassungsfähigkeit an die Gesprächspartner und der Zweckgebundenheit seiner Darlegungen bewußt sein muß. Daher ist den von uns im folgenden verzeichneten Äußerungen Hitlers auch kein übermäßiges Gewicht beizumessen. Hitler sprach am 20. 11. einerseits davon, daß Rußland „wie eine drohende Wolke am Horizont" hänge, andererseits erwähnte er sein Bemühen, die Sowjetunion in eine politische Kombination „von Yokohama bis Spanien" einzubeziehen. Auch aus seinem Brief an Mussolini vom gleichen Tage (ADAP D XI, Dok. 369, S. 639 ff.) klingt eine gewisse Unsicherheit über die nächsten politischen Schritte heraus: „Was Rußland selbst angeht, so wird es schwieriger, zu verhandeln und die sowjetischen Ambitionen auf den Orient abzulenken. Herr Molotow hat im Gegenteil zu verstehen gegeben, daß ihn der Balkan immer noch interessiert." Am 22. 11. erklärte Hitler gegenüber Antonescu, er habe in seinen Besprechungen mit Molotow versucht, „eine Neuorientierung der russischen Expansion herbeizuführen, und hoffe, daß er damit Erfolg habe" (ADAP D XI, Dok. 381, S. 662 ff.). — Mit der Erteilung der Instruktionen an v. Papen — wohl am 21. 11. —, d. h. nach der sowjetischen Reaktion auf den Beitritt Ungarns zum „Dreimächtepakt", aber noch vor dem Eintreffen des sowjetischen Dokuments vom 25. 11. (mit den Bedingungen zum sowjetischen Beitritt zum „Dreimächtepakt") schien Hitler sich über die neue taktische Linie klargeworden zu sein. Am 28. 11. sprach er allerdings noch ein letztes Mal — gegenüber dem jugoslawischen Außenminister Cincar-Marković (ADAP D XI, Dok. 417, S. 728 ff.) — von der „Schaffung einer weltweiten Kombination von Yokohama bis nach Spanien". Nach Hitlers deutlichen Bemerkungen gegenüber Generalfeldmarschall v. Bock am 3. 12. (vgl. Anm. 50, S. 361) und der brutalen Klarheit seiner Äußerungen am 5. 12. (s. unten 361 ff.) kam es dann noch einmal in einer für ihn typischen Weise zu einem Schwanken (vgl. die Tagebuchaufzeichnungen des Heeresadjutanten Engel vom 18. 12. 1940, unten S. 368 f.). In diesem Zusammenhang sind z. T. auch die neuen Weisungen an v. Papen vom 6. 12. und 21. 12. 1940 zu sehen (vgl. oben S. 360).

38 Diese Instruktionen sind im Wortlaut nicht erhalten. Vgl. hierzu Krecker, S. 122.

tieren und dafür gegebenenfalls Sicherheiten zu geben[39]“. In dieser Formulierung war die Wendung Hitlers gegen die sowjetische Meerengen-Politik implizit enthalten, auch wenn sich v. Papen des Hintergrundes seiner Instruktionen offenbar nicht bewußt war[40].

Das durch Botschafter v. Papen in weiteren Unterredungen mit den türkischen Staatsmännern fortgesetzte Werben führte am 2. 12. zur Bereitschaft der türkischen Regierung, ein politisches Abkommen mit Deutschland abzuschließen[41]. Eine wie immer geartete schriftliche deutsch-türkische Vereinbarung, deren Bekanntwerden nicht zu vermeiden war, mußte aber bei der Sowjetunion, deren Memorandum vom 25. 11. bisher von deutscher Seite nicht beantwortet worden war und auch später – trotz einer sowjetischen Rückfrage am 17 .1.[42] – niemals mehr beantwortet wurde, zu diesem für die deutsche militärische Planung äußerst ungünstigen Zeitpunkt Mißtrauen hervorrufen. Daher legte Ribbentrop v. Papen am 6. 12. „starke Zurückhaltung“ auf und betonte in einer Weisung vom 21. 12. hintergründig, es müsse „vermieden werden, uns jetzt schon mehr oder weniger auf Lösungen festzulegen, die unsere weiteren Verhandlungen mit der Sowjetunion präjudizieren würden[43]“. Hitlers – später so formulierte – Überzeugung, daß sich die Türkei ohnehin „nicht rühren werde, wenn die Würfel gefallen seien[44]“, ließ ihn jede taktisch unkluge vorzeitige Aufdeckung seines großen Kriegsplans unter Verzicht auf diplomatisch-politische Einzelerfolge sekundären Charakters vermeiden.

Daß der völlig negative Ausgang der Besprechungen mit Molotow Hitler – unabhängig von allen zeitweiligen psychisch bedingten Schwankungen und einer Unsicherheit hinsichtlich der von ihm einzuschlagenden politischen Taktik – endgültig zur militärischen Ost-Lösung[45], von der er sich Ende September ent-

39 ADAP D XI, Dok. 386: Der dt. Botschafter in Ankara an das AA, 23. 11. 1940, S. 679 f.

40 Jedenfalls fragte v. Papen noch am 29. 11. und 2. 12. in Telegrammen an das Auswärtige Amt nach dem Fortgang der deutsch-sowjetischen Gespräche über die Türkei (Krecker, S. 126).

41 ADAP D XI, Dok. 436: Der dt. Botschafter in Ankara an das AA, 2. 12. 1940, S. 764 f. Weitere Einzelheiten bei Krecker, S. 127.

42 ADAP D XI, Dok. 669: Der dt. Botschafter in Moskau an das AA, 17. 1. 1941, S. 1124 f.

43 Ribbentrop an den dt. Botschafter in Ankara, 21. 12. 1940 (Staatssekretär: Akten betr. Türkei, Bd. 2, Polit. Archiv des AA, Bonn); Krecker, S. 128.

44 KTB OKW, Bd. I, S. 298 (3. 2. 1941).

45 In der aufschlußreichen eigenen Darstellung der Vorgeschichte des Ostkrieges, die Hitler am 15. 2. 1945 Martin Bormann diktierte (Le testament politique de Hitler, S. 93 ff.), in der er alle früheren Phasen seiner Gedankenbildung seit Juni 1940 überging, datiert Hitler seinen „schwersten Entschluß dieses Krieges“ auf die Zeit unmittelbar nach der Abreise Molotows („Ma décision fut prise aussitôt après la visite de Molotov“ [S. 96]; „J'avais donc décidé, tout de suite après le départ de Molotov, que nous réglerions le compte russe les premiers beaux jours“ [S. 97].) Als Motive für seinen Entschluß gab Hitler an: 1. die Unmöglichkeit für ihn, – angesichts der begrenzten deutschen Mittel – den Krieg gegen Großbritannien zu beenden und mit diesem zu einem „Ausgleich“ zu gelangen; 2. das zunehmende Engagement der USA im europäischen Krieg;

fernt hatte[46], zurückführte, erfuhr Großadmiral Raeder schon einen Tag nach der Abreise des sowjetischen Regierungschefs. Raeder fand Hitler bei seinem Vortrag am 14. 11.[47] „immer noch[48] geneigt, die Auseinandersetzung mit Ruß=land zu betreiben". Raeders Appell, diesen neuen Krieg „auf die Zeit nach dem Siege über England (zu verschieben), da (die) deutschen Kräfte zu stark bean=sprucht werden und (das) Ende der Kriegführung (im Westen) nicht abzusehen" sei, verhallte ebenso ergebnislos wie seine folgenden Warnungen vor einem Zweifrontenkrieg am 3. und 27. 12.[49].

Hitlers in den Grundlinien seit Ende Juli 1940 festliegende, aber in wesent=lichen Einzelzügen mehrfach abgewandelte Beurteilung der weltpolitischen Situation[50] und seine daraus entwickelte, durch den Vorrang der militärischen Ost=Lösung gekennzeichnete Gesamtkriegskonzeption traten in der großen

3. die Aussichtslosigkeit für Deutschland, einen Materialkrieg gegen die beiden angelsächsischen Mächte (vor allem angesichts des praktisch unerschöpflichen amerikanischen Potentials) zu gewinnen; 4. die Hoffnung, Großbritannien nach der Zerschlagung der Sowjetunion als des letzten potentiellen Bundesgenossen Englands auf dem europäischen Kontinent zum „Ausgleich" zwingen zu können; 5. die „ungeheure Gefahr", die die Sowjetunion für Deutschland darstellte „allein durch die Tatsache ihrer Existenz"; 6. die Unmöglichkeit, auf der Linie der deutsch=sowjetischen Interessengrenze von 1939 einen erfolgreichen Ver=teidigungskrieg gegen die Sowjetunion zu führen, wenn dieser der Zeitpunkt des Angriffs überlassen blieb; 7. die Abhängigkeit Deutschlands von den Wirt=schaftslieferungen der Sowjetunion, die von Stalin zu „Erpressungen" ausgenutzt werden konnte. — Der deutsche Angriff auf die Sowjetunion mußte nach Hitlers — rückschauender — Auffassung zum frühestmöglichen Zeitpunkt stattfinden, da das machtpolitische Gewicht und die militärische Stärke der angelsächsischen Mächte seit dem Sommer 1940 ständig zunahmen. Auch Stalin sei „nicht un=tätig" geblieben (damit deutete Hitler die forcierte Rüstung der Sowjetunion an). Somit — so faßte Hitler seine Argumente zusammen — „arbeitete die Zeit an zwei Fronten gegen uns" (S. 95). — Aus unserer Darstellung ergibt sich, daß Hitler einen Teil seiner Motive zutreffend wiedergibt und daß die Argumente z. T. auch stichhaltig sind. Er verschweigt jedoch völlig seine eigenen politischen Ziele, die allenfalls aus Punkt 5. vage zu entnehmen sind bzw. daraus abgeleitet werden könnten.

46 Vgl. die Besprechung Hitler=Raeder am 26. 9. 1940, dazu oben S. 189 f.

47 Aufz. über die Unterredung Hitler=Raeder, 14. 11. 1940, in: Lagevorträge des Ob. d. M.

48 Die von Raeder notierte Wendung „immer noch" entsprach seiner Enttäuschung über Hitlers strategische Konzeption, nachdem er gemeint hatte, ihm am 26. 9. die militärische Ost=Lösung „ausgeredet" zu haben.

49 Aufz. über die Unterredung Hitler=Raeder am 3. 12. und 27. 12. 1940, in: Lage=vorträge des Ob. d. M.

50 In einem Gespräch mit dem erkrankten Generalfeldmarschall v. Bock in dessen Wohnung in Berlin am 3. 12. 1940 trat diese Rückkehr Hitlers zu seiner Lage=beurteilung von Ende Juli 1940 zum erstenmal wieder hervor. v. Bock faßte den Inhalt der Ausführungen Hitlers in seinem Tagebuch folgendermaßen zusam=men: „Die Ostfrage wird akut. Zwischen Rußland und Amerika sollen Fäden laufen; damit ist auch eine Verbindung Rußland=England wahrscheinlich. Das Ende einer derartigen Entwicklung abzuwarten, ist gefährlich. Werden aber die Russen ausgeschaltet, so hat England keine Hoffnung mehr, uns auf dem Konti=nent niederzuringen, zumal ein wirksames Eingreifen Amerikas dann durch Japan, das nun den Rücken frei hat, erschwert wird" (Tagebuch v. Bock, 3. 12. 1940).

Besprechung mit den Spitzen von OKW und OKH am 5. 12.[51] erstmals wieder klar heraus. Sein jetzt erweiterter improvisierter Kriegsplan blieb von nun an bis zum Beginn des Angriffs auf die Sowjetunion am 22. 6. 1941 und darüber hinaus bis zum Scheitern des „Blitzkrieges" im Osten in der Krise vor Moskau im Winter 1941/42 im großen unverändert. Zu einer tiefgreifenden Umwandlung dieser Konzeption nach dem Kriegseintritt Japans und der USA (7./11. 12. 1941) hat er sich – dies sei vorgreifend festgestellt – auch später nicht mehr durchringen können[52].

Angesichts der fundamentalen Bedeutung dieser Konzeption Hitlers für die Weiterführung – und den Ausgang – des Krieges ist es berechtigt, die Grundgedanken an Hand der Hauptquellen hier ausführlicher wiederzugeben. Hitlers Kerngedanke „Die Entscheidung über die europäische Hegemonie[53] fällt im Kampf gegen Rußland" deutete auf seine auch am 5. 12. wiederholt ausgesprochene Überzeugung hin, daß Großbritannien die Sowjetunion als „kontinentalen Degen" zu gewinnen trachte, den es daher zu zerschlagen gelte, um Großbritannien friedensbereit zu machen. Dieser Gesichtspunkt kehrte in den folgenden großen Besprechungen Hitlers mit den führenden Militärs bis zum Spätsommer 1941 in Varianten immer wieder. So wesentlich die damit erkennbare „funktionale" Bedeutung des Ostfeldzuges als Teil des Gesamtkrieges auch für Hitler war, eine zu starke Betonung dieses Aspekts in der historischen Betrachtung, wie sie in vielen militärischen Darstellungen der Geschichte des Zweiten Weltkrieges zu finden ist, verdeckt den anderen – für Hitler entscheidenden – Gesichtspunkt: daß der Ostkrieg für ihn der eigentliche Krieg, sein seit den zwanziger Jahren erstrebtes großes politisches Ziel, war. Diese zweite Seite, die zu der Konsequenz des rassenideologischen Vernichtungskrieges führte[54], die in Verbindung mit der Fehleinschätzung der Roten Armee und der darauf beruhenden Anlage des Operationsplans für das Scheitern der „Blitzkriegs"-Konzeption entscheidend wurde, kam in den meisten Besprechungen Hitlers mit den Spitzen von OKW und OKH höchstens andeutungsweise zum Ausdruck – die bedeutendste Ausnahme stellte die Rede Hitlers vor der Generalität am 30. 3. 1941 dar[55]. Immerhin klang diese Seite des Ostkrieges auch in dem von Halder treffend als „Alleinherrschaft in Europa" gedeuteten „Hegemonie"-Begriff Hitlers an[56].

Da Hitler sich aber seit langem angewöhnt hatte, den Spitzen von OKW und OKH gegenüber rein militärisch zu argumentieren, so wie er sich auch sonst stets der „Sprache" seiner Partner anpaßte, standen strategische Überlegungen zum Gesamtkrieg im Zentrum seiner Gedankenführung am 5. 12. Festliegende

51 KTB Halder, Bd. II, S. 210 ff.; KTB OKW, Bd. I, S. 203 ff.; Greiner, S. 323 ff.
52 Vgl. hierzu die Einführung des Verf. zu KTB OKW, Bd. II, S. 3 ff.
53 Zu Hitlers „Hegemonie"-Begriff vgl. oben S. 78.
54 Vgl. hierzu unten S. 516 ff.
55 Vgl. unten S. 526 ff.
56 KTB Halder, Bd. II, S. 224 ff. Notizen Halders für seinen Vortrag vor den Heeresgruppen- und Armee-Chefs am 13. 12. 1940 über die militärpolitische Lage, in dem Halder die Auffassung Hitlers vom 5. 12. wiedergab.

Grundvorstellungen, zum Teil treffende, zum Teil willkürliche Deutungen der Lage und sachgerechte wie fragwürdige Schlußfolgerungen waren darin vermischt.

Eine Weiterführung des Krieges gegen Großbritannien in der bisherigen Form ohne Aussicht auf eine Entscheidung – so setzte Hitler an – führe zu einer allmählichen und im Falle Italiens schon sichtbar gewordenen „Schwächung in der Stellung der ‚Achse'", diese zu einem „Vordringen der Russen": Sie „können nicht von sich aus uns das Gesetz des Handelns vorschreiben, aber sie werden jede Gelegenheit ausnützen, um die Stellung der ‚Achse' zu schwächen", wie es sich im Falle Bulgariens gerade gezeigt habe[57].

Als Beispiel dafür, daß der Krieg gegen Großbritannien im bisherigen Stile zu keinem Erfolg führe, erwähnte Hitler den Luftkrieg. Die britische „Luftmacht" werde durch die deutsche Luftkriegführung „nicht sehr stark geschwächt"; „unsere Angriffe gegen die englische Industrie können diese nicht zertrümmern. Die Wirkung dieser Angriffe gleicht Windbrüchen. Die eingetretenen Verluste können (zwar) in England selbst nicht ersetzt werden, (aber) amerikanische Lieferungen gleichen aus". Diese dürfe man vorerst allerdings in ihrer Höhe nicht überschätzen. Bis zum Sommer 1941 sei „keine wesentliche Steigerung der amerikanischen Hilfeleistung zu erwarten", da die neuen Industriewerkstätten in den USA erst 1941 fertig würden.

Alles spreche dafür, den Feldzug gegen die Sowjetunion im nächsten Frühjahr zu beginnen, und zwar „Ende Mai": „Wir haben im Frühjahr einen sichtlichen Höchststand in Führung, Material, Truppe, die Russen einen unverkennbaren Tiefstand." „Der russische Mensch (sei) minderwertig, die Armee führerlos[58]." Waffenmäßig sei „der Russe unterlegen ... wie der Franzose ... Die Masse der russischen Panzer (sei) schlecht gepanzert". „Wenn diese russische Armee einmal geschlagen ist, dann ist das Desaster unaufhaltsam. Bei einem Angriff gegen die russische Armee muß die Gefahr vermieden werden, die Russen vor sich herzuschieben. Durch die Art unseres Ansatzes muß die russische Armee zerlegt und in Paketen abgewürgt werden."

Diese am 5. 12. entwickelten Grundgedanken präzisierte Hitler in den folgenden Besprechungen. Am 17. 12. faßte er gegenüber Jodl seinen Kriegsplan in der Formel zusammen[59], „daß wir 1941 alle kontinentaleuropäischen Probleme lösen müßten, da ab 1942 (die) USA in der Lage wären, einzugreifen." Seine Reichstagserklärung vom 4. 5. 1941[60], daß Deutschland und seine Verbündeten

57 Vgl. hierzu oben S. 308.

58 Am 9. 1. 1941 bezeichnete Hitler die sowjetische Wehrmacht als einen „tönernen Koloß ohne Kopf". Ihre „künftige Entwicklung sei aber nicht sicher vorauszusagen. Da Rußland auf jeden Fall geschlagen werden müsse, sei es besser, es jetzt zu tun, wo die russische Wehrmacht über keine Führer verfüge und schlecht gerüstet sei und wo die Russen in ihrer mit fremder Hilfe entwickelten Rüstungsindustrie große Schwierigkeiten zu überwinden hätten" (KTB OKW, Bd. I, S. 258).

59 KTB OKW, Bd. I, S. 996.

60 Domarus, Bd. II, S. 1708.

„militärisch, wirtschaftlich und vor allem moralisch[61]" eine Macht darstellten, „die jeder denkbaren Koalition der Welt überlegen" sei, nahm die von Hitler für Ende 1941 erwartete Situation vorweg.
In der Besprechung mit den Spitzen von OKW und OKH am 9. 1.[62] gaben Hitlers Ausführungen einen noch deutlicheren Einblick in seine strategische Gesamtkonzeption. Hier wiederholte er seinen schon am 3. 12. gegenüber dem Generalfeldmarschall v. Bock erneut vertretenen[63] Gedanken vom 31. 7. 1940, daß „die Zertrümmerung Rußlands ... es auch Japan ermöglichen (würde), sich mit allen Kräften gegen die USA zu wenden. Das würde die letzteren vom Kriege abhalten ...
„Stalin, der Herr Rußlands, sei ein kluger Kopf; er werde nicht offen gegen Deutschland auftreten, man müsse aber damit rechnen, daß er in für Deutschland schwierigen Situationen in wachsendem Maße Schwierigkeiten machen werde. Er wolle das Erbe des verarmten Europa antreten, habe auch Erfolge nötig und sei vom Drang nach dem Westen beseelt. Er sei sich auch völlig klar darüber, daß nach einem vollen Siege Deutschlands die Lage Rußlands sehr schwierig werden würde.
„Die Möglichkeit eines russischen Eingreifens halte die Engländer aufrecht. Sie würden das Rennen erst aufgeben, wenn diese letzte kontinentale Hoffnung zertrümmert ist ... Wenn (die Engländer) sich halten, 40—50 Divisionen aufstellen könnten und (die) USA und Rußland ihnen helfen würden, dann würde für Deutschland eine sehr schwierige Lage entstehen. Das dürfe nicht geschehen. Bisher habe er immer nach dem Prinzip gehandelt, immer die wichtigsten feindlichen Positionen zu zerschlagen, um einen Schritt weiter zu kommen. Daher müsse nunmehr Rußland zerschlagen werden. Entweder gäben die Engländer dann nach oder Deutschland würde den Kampf gegen England unter günstigsten Umständen weiterführen ...
„Die Zertrümmerung Rußlands werde für Deutschland eine große Entlastung bedeuten. Im Osten brauchten dann nur 40—50 Divisionen zu bleiben[64], das Heer könne verkleinert werden und die gesamte Rüstungsindustrie für die Luftwaffe und Kriegsmarine eingesetzt werden. ... Deutschland würde dann unangreifbar sein. Der russische Riesenraum berge unermeßliche Reichtümer. Deutschland müsse ihn wirtschaftlich und politisch beherrschen, jedoch nicht

61 „Moralisch" bedeutete für Hitler stets so viel wie „hinsichtlich der Kampfmoral".
62 KTB OKW, Bd. I, S. 257 ff.
63 Vgl. Anm. 50, S. 361.
64 Tatsächlich glaubte das OKH noch am 15. 7. 1941 (also nach drei Wochen Feldzug) für die Besetzung des russischen Raumes — einschließlich einer Operationsgruppe für das Kaukasus-Unternehmen — mit insgesamt 56 deutschen Divisionen auskommen zu können (vgl. Vortragsnotiz über die „Besetzung und Sicherung des russischen Raumes und über den Umbau des Heeres nach Abschluß ‚Barbarossa'" vom 15. 7. 1941 [in: KTB OKW, Bd. I, S. 1022 ff.; vgl. hierzu Näheres unten S. 541 f.]).

angliedern[65]. Damit verfüge es über alle Möglichkeiten, in Zukunft auch den Kampf gegen Kontinente zu führen[66], es könne dann von niemand mehr ge=schlagen werden." Dies konnte nur heißen, daß es nach der Zerschlagung der Sowjetunion darum gehe, eine deutsche „Weltmacht"=Stellung in Europa=Vor=derasien=Afrika aufzubauen, aus der heraus auch den USA „die Stirne geboten werden" konnte.

Bei Hitler waren mit diesen strategischen Erwägungen psychologische Gesichts=punkte unlösbar verbunden. Die verschlungene strategisch=psychologische Ar=gumentation Hitlers spiegelt am besten die Wiedergabe seiner Äußerungen vom 14. 2. durch v. Etzdorf gegenüber Halder, mit denen Hitler an seine Argu=mentation vom Juni/Juli 1940 anknüpfte[67]: Er, Hitler, „sei betroffen über die Nachrichten über (die) russische Luftwaffe. (Die) Auseinandersetzung sei un=vermeidlich. Wenn England erledigt (ist), bringe er das deutsche Volk nicht mehr hoch gegen Rußland; also muß zuerst Rußland erledigt werden[68]".

Den Vorstellungen und Planungen Hitlers zum Aufbau einer deutschen „Welt=macht"=Position nach der Zerschlagung der Sowjetunion ist unser nächster Abschnitt gewidmet[69]. Hier ist im folgenden zunächst ein knapper Überblick über die Vorarbeiten des Generalstabes des Heeres zum Ostfeldzug seit Ende September 1940 nachzutragen, sodann wird Hitlers Einwirken auf den Fort=gang der militärischen Vorbereitungen für den Feldzug darzulegen sein, und schließlich ist der Frage nachzugehen, welchen Einfluß die Berichterstattung der deutschen Vertreter in den USA auf Hitlers weltpolitische Lagebeurteilung ausgeübt hat, die seiner im Spätherbst 1940 und im Winter 1940/41 entwickel=ten Gesamtkriegskonzeption zugrunde lag.

Der seit dem 3. 9. als Oberquartiermeister I im Generalstab des Heeres mit der Zusammenfassung der bisherigen operativen Vorarbeiten[70] sowie mit den Fragen der Kräfteverteilung und des Aufmarsches tätige Generalleutnant Paulus legte dem Chef des Generalstabes des Heeres, Generaloberst Halder, am 29. 10. eine Denkschrift über die „Grundlagen der russischen Operation" vor[71]. Das OKH wäre demnach nun in der Lage gewesen, Hitler die Grund=

65 Damit war die spätere Konzeption der „Reichskommissariate" erstmals vage angedeutet.

66 Hitler spielt hier wieder auf seinen Gedanken an, daß Deutschland später ein=mal — nach seiner Zeit — einen großen Krieg gegen die USA führen werde, gleichsam „Weltmacht" gegen „Weltmacht".

67 Vgl. oben S. 219 f.

68 KTB Halder, Bd. II, S. 283. Knappe Zusammenstellung der Informationen über die sowjetische Luftwaffe ebda., S. 288 ff. (22. 2. 1941). Die angenommene Stärke denen 60 % als einsatzfähig betrachtet wurden. Zur tatsächlichen Stärke der sowjetischen Luftwaffe: Erickson, S. 807; ferner G. d. Gr. V. Kr., Bd. I, S. 558 f. (ohne präzise Angaben). Vgl. im übrigen unsere Darstellung unten S. 509.

69 Vgl. unten S. 377 ff.

70 Vgl. oben S. 230 f.

71 KTB Halder, Bd. II, S. 155. Zur militärischen Vorbereitung des Ostfeldzuges im einzelnen vgl. E. Paulus: Die Entwicklung der Planung des Rußlandfeldzuges 1940/41. Diss. phil. (Masch.=Ms.) Bonn 1956; A. Philippi: Das Pripjet=Problem.

gedanken seiner Planung vorzutragen[72]. Halder wünschte jedoch nicht, von sich aus die Initiative zu ergreifen[73], zumal die militärische Ost-Lösung in dieser Zeit bei Hitler offensichtlich in den Hintergrund getreten war, da er seit dem 31. 7. dieses Thema in den Besprechungen mit den Spitzen des OKH nicht mehr angeschnitten hatte. Obwohl sich der Oberbefehlshaber des Heeres, Generalfeldmarschall v. Brauchitsch, der anderer Auffassung als Halder war, um einen Vortrag bei Hitler bemühte (der dann nach Meinung Halders sinnvollerweise noch vor dem Besuch Molotows in Berlin stattfinden sollte, „um Hitler die Schwierigkeiten des Feldzuges vor Augen zu führen, bevor [er] sich endgültig festlegte[74]"), kam es aus unbekannten Gründen hierzu nicht. Erst kurz nach der Abreise Molotows forderte Hitler fernmündlich einen Vortrag des Chefs des Generalstabes des Heeres über die „Grundzüge des Operationsplanes des Heeres[75]".

Bis zum 5. 12., an dem dieser Vortrag dann stattfand, waren die internen Vorbereitungen des OKH schon erheblich weiter fortgeschritten. Über die Grundlagen der Versorgung hatte der Generalquartiermeister, Generalmajor Eduard Wagner, schon am 12. und 15. 11. vorgetragen[76]. Am 28. 11. erhielten auch die Chefs der Generalstäbe der für die Ostoperation vorgesehenen drei Heeresgruppen von Halder den Auftrag, ihrerseits in Studien die Voraussetzungen für die Operationen in den ihren Heeresgruppen zugewiesenen Räumen zu untersuchen[77]. Schließlich suchte Generalleutnant Paulus am 29. 11. sowie am 3. und 7. 12. die Kräfteverteilung und die operative Zielsetzung eines Ostfeldzuges zu klären[78]. Das allgemeine Ergebnis dieser Untersuchungen war, daß, wenn es nicht gelinge, die sowjetischen Armeen bis zur Linie Kiew-Minsk-Peipus-See in ihrer Widerstandskraft entscheidend zu treffen, die deutschen Kräfte für Großkämpfe in dem sich nach Osten „trichterförmig" ausweitenden Operationsraum nicht ausreichen würden[79]. Dennoch blieb man in der Annahme, daß die Rote Armee sich westlich der Dnjepr-Linie zur Entscheidungsschlacht stellen werde, weil sie die westrussischen Industriezentren schützen müsse, bei der optimistischen Erwartung, den Feldzug in 8–10 Wochen beenden zu können.

Während diese Planungen des OKH, so fragwürdig sie in vielen ihrer Grundlagen, Voraussetzungen und Schlüsse waren, immerhin ganz auf die eine Auf-

Eine Studie über die operative Bedeutung des Pripjetgebietes für den Feldzug des Jahres 1941. Frankfurt a. M. 1956; Uhlig, S. 173 ff.; Philippi-Heim, S. 30 ff.; Blau, S. 12 ff.

72 Hierzu KTB Halder, Bd. II, S. 163 ff.
73 Ebda., S. 166.
74 Ebda.
75 Mitt. des Generalobersten a. D. Halder an den Verf. vom 5. 10. 1954.
76 KTB Halder, Bd. II, S. 176 und S. 181 f.; Elisabeth Wagner: Der Generalquartiermeister, S. 196 ff. und S. 261 ff.
77 Philippi-Heim, S. 31.
78 Hierzu die Erinnerung von F. Paulus: „Ich stehe hier auf Befehl" (hrsg. von W. Görlitz), S. 109 ff.
79 Philippi-Heim, S. 31.

gabe abgestimmt waren, die militärische Widerstandskraft des Gegners durch „Entscheidungsschlachten" zu zerschlagen, und erst für die folgende Zeit die Besetzung des tiefen russischen Raumes vorgesehen war, mischte Hitler seit der großen Besprechung am 5. 12. eine andere Zielsetzung in die Operations=planung hinein, die sich aus seiner Absicht ergab, bestimmte wehrwirtschaftlich bedeutsame Räume möglichst rasch zu erobern. Jedoch wurden die sich daraus ergebenden Spannungen mit dem Grundgedanken des OKH nicht ausgetragen. Vielmehr bestimmte die allgemein vertretene Überzeugung, daß angesichts der Minderwertigkeit und Schwäche des Gegners auch ein in seiner Zielsetzung und in seinen Schwerpunkten unklarer, in der Frage, ob die Eroberung be=stimmter Räume oder die Ausschaltung der militärischen Kräfte des Gegners vorrangig sei, vom Kompromiß bestimmter Plan zum Erfolg führen werde, weil eine großzügige strategische Konzeption und eine klare operative Füh=rung beim Gegner doch nicht zu erwarten sei, die weitere Entwicklung der deutschen Planungen und Vorbereitungen. Anders als die Vorgeschichte der Westoffensive 1940 entbehrt die Phase der operativen Grundlegung des Ost=feldzuges der inneren Dramatik durch das Fehlen wirklicher Auseinander=setzungen zwischen den Beteiligten.

Am 5. 12. billigte Hitler daher den Operationsplan des Generalstabes des Heeres ohne Einwände[80] und gab lediglich noch einige zusätzliche Gesichts=punkte. Bei der von uns schon erwähnten Überschätzung der sowjetischen Luftwaffe durch Hitler[81] erschien es ihm wesentlich, im Zuge des Vormarsches nach Osten so weit vorzurücken, daß sowjetische Luftangriffe auf Deutschland nicht mehr möglich wären. Dazu schien das Erreichen der Linie Wolga=Archan=gelsk notwendig, die indessen im großen mit der auch vom OKH vorgeschla=genen Linie übereinstimmte. Von dieser weit vorgeschobenen Stellung aus sollten dann, wie Hitler meinte, kombinierte Heeres= und Luftwaffenraids zur Zerstörung der noch verbliebenen sowjetischen „Kraftquellen (Rüstungsin=dustrien, Bergwerke, Ölquellen)" unternommen werden. Darunter fiel offen=sichtlich — neben Vorstößen gegen das Ural=Gebiet — auch ein sonst am 5. 12. nicht erwähnter und auch nicht in den Operationsplan des Generalstabes des Heeres aufgenommener Vorstoß zu den Kaukasus=Ölquellen, den Hitler am 9. 1. wieder ausdrücklich forderte, ohne allerdings vorerst auf einer Aufnahme dieses Gedankens in die Operationsplanung zu bestehen[82]. „Ob man nach Vernichtung der im Norden und Süden (der Pripjet=Sümpfe) eingekesselten Massen auf Moskau oder die Gegend ostwärts Moskau vorgehe, sei jetzt noch nicht zu entscheiden", konzedierte Hitler am 5. 12. gegenüber einem entspre=

80 KTB Halder, Bd. II, S. 210 ff.; KTB OKW, Bd. I, S. 205 ff.

81 Vgl. oben S. 364.

82 Erst im Oktober 1941 wurde schließlich — nach Vorentwürfen im Juli 1941 (vgl. unten S. 543 f.) — ein detaillierter Operationsplan zum Vormarsch in den Kau=kasus, der — bis Anfang September 1942 — auch die Eroberung Irans und des Irak einschloß, aufgestellt. Über den Fortgang der deutschen Kaukasus=Planungen vgl. Blau, S. 109 ff.

chenden OKH-Vorschlag, obwohl er selbst die Auffassung vertrat, daß „Moskau nicht sehr wichtig" sei[83].
Hitlers „politische" Ziesetzung im Osten schimmerte am 5. 12. wie in seinen Ausführungen am 21. und 31. 7. 1940 bei der Erwähnung „neuer Pufferstaaten (Ukraine, Weißrußland, Litauen, Lettland)" durch[84], ohne daß er die eigentliche „politische" Planung für die Führung der Ostkrieges schon eingeleitet hätte[85].
Das Ergebnis der Besprechung vom 5. 12. fand seine Zusammenfassung in der bekannten „Weisung Nr. 21 (Fall ‚Barbarossa')" vom 18. 12. 1940[86], deren Entwurf Hitler noch an einigen Stellen zugunsten einer stärkeren Berücksichtigung der Operationen an den Flügeln im Norden und Süden auf Kosten der vom OKH zäh vertretenen und auch von der Abteilung Landesverteidigung im Wehrmachtführungsstab geteilten Auffassung von der entscheidenden Bedeutung des Vorstoßes im Zentrum in Richtung Moskau abänderte[87]. Die Weisung bildete den großen, allerdings weitgehend nur formalen Rahmen für die folgende Vorbereitung des Ostfeldzuges, dessen Grundzüge bereits festlagen. In ihr kam die Vermischung von wehrwirtschaftlichen und im engeren Sinne rein militärischen Gesichtspunkten deutlich zum Ausdruck, so etwa wenn es hieß, daß „im Rahmen der Verfolgung anzustreben" sei: „im Süden die frühzeitige Besitznahme des wehrwirtschaftlich wichtigen Donez-Beckens, im Norden das schnelle Erreichen von Moskau. Die Einnahme dieser Stadt (bedeute) politisch und wirtschaftlich einen entscheidenden Erfolg, darüber hinaus den Ausfall des wichtigsten Eisenbahnknotenpunktes[88]." Allerdings sollte die Heeresgruppe Mitte mit der „Zersprengung" der sowjetischen Kräfte in Weißrußland zunächst die „Voraussetzung" schaffen „für das Eindrehen von starken Teilen der schnellen Truppen nach Norden, um im Zusammenwirken mit der aus Ostpreußen in allgemeiner Richtung Leningrad operierenden Heeresgruppe Nord die im Baltikum kämpfenden feindlichen Kräfte zu vernichten. Erst nach Sicherstellung dieser vordringlichsten Aufgabe, welcher die Besetzung von Leningrad und Kronstadt folgen muß, sind die Angriffsoperationen zur Bezitznahme des wichtigen Verkehrs- und Rüstungszentrums Moskau

83 KTB Halder, Bd. II, S. 211.
84 KTB OKW, Bd. I, S. 205.
85 Vgl. hierzu unten S. 516 ff.
86 Hubatsch: Hitlers Weisungen, S. 84 ff. — Zu beachten ist, daß die ursprüngliche Fassung der „Weisung Nr. 21" nicht vorliegt, sondern nur die nach dem 17. 3. 1941 hinsichtlich der Operationsführung auf dem Südflügel geänderte Neufassung (hierzu unten S. 503 f.). Im übrigen auch: Greiner, S. 366 ff.; Warlimont, S. 152 ff. — Der Deckname „Barbarossa", der die ursprünglichen Deckbezeichnungen „Otto" und „Fritz" ersetzte, stammte wahrscheinlich von Hitler selbst. Dabei bestimmten ihn wohl weniger „Kreuzzugs"-Vorstellungen als die Assoziation „Rot" = Bolschewismus. „Operation Rot" als Deckname kam nicht in Frage, da er bereits für die zweite Phase der Westoffensive verwendet worden war.
87 Greiner, S. 330 f.
88 Hubatsch: Hitlers Weisungen, S. 87.

fortzuführen. Nur ein überraschend schnell eintretender Zusammenbruch der russischen Widerstandskraft könnte es rechtfertigen, beide Ziele gleichzeitig anzustreben[89]."

Die „Vorbereitungen" für den Ostfeldzug, so hieß es in der „Weisung Nr. 21" seien „bis zum 15. 5. 1941 abzuschließen[90]". Vom Ernst der Absicht Hitlers, die Sowjetunion anzugreifen, war der Oberbefehlshaber des Heeres v. Brauchitsch dennoch nicht überzeugt, als er am 18. 12. die „Weisung Nr. 21" erhielt[91]. Er erteilte daher dem Adjutanten des Heeres bei Hitler, Major i. G. Engel, den Auftrag, „zu ergründen, ob (der) Führer tatsächlich (den) Waffengang ... oder nur ‚bluffen'" wolle[92]. In der Tat betonte Hitler in diesen Tagen in der für ihn charakteristischen Weise „immer wieder, daß er sich alle Entschlüsse vorbehalte. (Der) Molotow=Besuch habe gezeigt, daß Rußland Hand auf Europa legen wolle. (Die) Freigabe des Balkans könne er sich nicht leisten. Finnlands Abhängigkeit sei ihm schon Gefahr genug." Aber: „Ehrlich sei der Pakt nie gewesen; denn die Abgründe der Weltanschauung seien tief". Über diese Äußerungen Hitlers verständigte Engel v. Brauchitsch und Halder[93].

Während in der Operationsabteilung des Generalstabes des Heeres nunmehr bereits der Aufmarschplan ausgearbeitet wurde[94], verstärkten sich die Bedenken der Spitze des OKH gegen das Unternehmen „Barbarossa". Am 28. 1.

89 Ebda., S. 86. — Noch klarer drückte sich Hitler am 17. 12. gegenüber Jodl aus: „Zerfällt russische Wehrmacht unerwartet schnell, dann kann für mittlere Heeresgruppe (nördlich der Pripjet=Sümpfe) gleichzeitiges Eindrehen nach Norden *und* Vorstoß auf Moskau in Frage kommen, aber nur dann" (KTB OKW, Bd. I, S. 996).

90 Dies bedeutete — entgegen einer verbreiteten Meinung — nicht, daß hiermit festgelegt wurde, daß der Feldzug am 15. 5. 1941 beginnen sollte. Eine genaue Festlegung zu einem so frühen Zeitpunkt war schon aus rein technischen Gründen völlig ausgeschlossen. Hierzu eingehender unten S. 505 ff.

91 Die Zweifel v. Brauchitschs fanden einen Anhalt auch im Absatz IV der „Weisung Nr. 21": „Alle von den Herren Oberbefehlshabern auf Grund dieser Weisung zu treffenden Anordnungen müssen eindeutig dahin abgestimmt sein, daß es sich um Vorsichtsmaßnahmen handelt für den Fall, daß Rußland seine bisherige Haltung gegen uns ändern sollte. Die Zahl der frühzeitig zu den Vorarbeiten heranzuziehenden Offiziere ist so klein wie möglich zu halten ... Sonst besteht die Gefahr, daß durch eine Bekanntgabe unserer Vorbereitungen, deren Durchführung zeitlich noch gar nicht festliegt, schwerste politische und militärische Nachteile entstehen" (Hubatsch, S. 87 f.).

92 Tagebuch Engel, 18. 12. 1940.

93 Tagebuch Engel, 18. 12. 1940. Engel notierte als seine eigene Auffassung an diesem Tage, „daß der Führer selbst noch nicht weiß, wie es weitergehen soll. Mißtrauen gegen eigene Militärführung, Unklarheit über russische Stärken, Enttäuschung über Härte der Engländer beschäftigen (den) Führer dauernd; m. E. glaubt er, gestärkt auch durch Berichte und Vortrag Köstrings, daß Sowjets schwach, hofft dann auf englisches Nachgeben, glaubt nicht an Eintritt (der) USA in den Krieg" (im Falle einer erfolgreichen Wendung des Krieges in der „östlichen Hemisphäre" durch die Zerschlagung der Sowjetunion). Die von Engel wiedergegebene Äußerung Hitlers ist seine klarste, zweifellos zutreffende Aussage über den von ihm von Anfang an dem deutsch=sowjetischen Nichtangriffspakt vom 23. 8. 1939 beigemessenen „Wert".

94 „Aufmarschanweisung Barbarossa" vom 31. 1. 1941, in: KTB Halder, Bd. II, S. 463 ff. und in Philippi: Das Pripjet=Problem, S. 76 ff.

kam es zwischen dem Oberbefehlshaber des Heeres und dem Chef des Generalstabes des Heeres zu einem Gedankenaustausch, über den Halder in stichwortartiger Zusammenfassung notierte[95]: „Barbarossa: Sinn nicht klar. Den Engländer treffen wir nicht. Unsere Wirtschaftsbasis wird nicht wesentlich besser. Risiko im Westen darf nicht unterschätzt werden. Möglich sogar, daß Italien nach Verlust seiner Kolonien zusammenbricht und wir durch Spanien, Italien, Griechenland eine Südfront bekommen. Wenn wir dann gegen Rußland gebunden sind, wird die Lage weiter erschwert." Dieses Risiko für den Gesamtkrieg wurde in der Besprechung zwischen den beiden führenden Vertretern des OKH noch einmal hervorgehoben[96]. Es waren also, um von uns an anderer Stelle bereits Dargelegtes[97] noch einmal kurz zu wiederholen, nicht (oder jedenfalls kaum) in der Zwischenzeit etwa aufgekommene Zweifel, ob nicht vielleicht doch die Stärke der Sowjetunion größer als bisher anzunehmen sei[98], die zu diesem Gedankenaustausch führten, sondern die — zutreffende — Einschätzung der wachsenden Möglichkeiten des Westgegners und der sich aus einem Zweifrontenkrieg für Deutschland ergebenden Gefahren. Während die Geringschätzung des sowjetischen Gegners im OKH im wesentlichen gleich geblieben war, hatte sich die Beurteilung der Stärke Großbritanniens gegenüber Juli 1940 erheblich gewandelt. Damals hatten v. Brauchitsch und Halder bei ihren ersten Überlegungen zu einem Ostfeldzug noch an einen Einfrontenkrieg mit vollständiger oder weitgehender Rückenfreiheit Deutschlands gedacht, wie es Hitler auch jetzt noch tat[98a], da er — für seine aus den „Weltkriegserfahrungen" herrührende militärische Denkweise kennzeichnend — stets überwiegend auf die Landfronten sah, während es den Spitzen des OKH jetzt klar war, daß es sich um einen — wenn auch, wie man hoffte, nur um einen kurzen, wenige Monate dauernden — Zweifrontenkrieg mit den darin liegenden Risiken (im Westen) handelte.

Die Erwartung, den russischen Gegner in einem kurzen Feldzug niederwerfen zu können, blieb bei der Spitze des OKH weiter bestehen. Einen sinnvollen Zusammenhang des Ostfeldzuges mit dem Gesamtkrieg sah Halder jedoch nicht, da ihm nicht nur Hitlers Kriegskonzeption nicht einleuchtete, sondern er vor allem auch das für Hitler entscheidende Motiv nicht erfaßte: daß der Ostkrieg (wenn auch in einer anderen als der ursprünglich erhofften Mächtekonstellation und zu einem früheren Zeitpunkt als lange angenommen) für

95 KTB Halder, Bd. II, S. 261.
96 Ebda., S. 262.
97 Vgl. oben S. 213 ff.
98 Über die schwankende, jedoch allmählich eine immer höhere Stärke ansetzende Beurteilung der Roten Armee durch die Abt. „Fremde Heere Ost" vgl. unten S. 509 f. mit Anm. 48.
98a Hitler vor der Generalität am 30. 3. 1941 (Tagebuch v. Bock, 30. 3. 1941): „Jetzt besteht die Möglichkeit, Rußland mit einem freien Rücken zu schlagen; sie wird so bald nicht wiederkommen. Ich wäre ein Verbrecher an der Zukunft des deutschen Volkes, wenn ich nicht zufaßte!"

ihn der eigentliche Krieg zur Erreichung seiner ideologisch-politischen Ziele in Europa war.

Auch im Wehrmachtführungsstab erhoben sich Zweifel am Sinn des geplanten Ostfeldzuges. Kapitän z. S. Junge, der Leiter der Gruppe Marine, reichte seinem Vorgesetzten, dem Chef der Abteilung Landesverteidigung, Generalmajor Warlimont, am 12. 12. eine Lagebeurteilung für den Fall eines Zweifrontenkrieges ein, die zu dem Ergebnis kam, daß „Deutschland den Kampf gegen Rußland mit Rücksicht auf die dabei unvermeidliche Beeinträchtigung der Seekriegführung nicht herbeiführen sollte, solange es gezwungen sei, alle Kräfte anzuspannen, um England niederzuringen[99]". Bei der Vorlage des Entwurfs zur „Weisung Nr. 21" wies Warlimont den Chef des Wehrmachtführungsstabes, General Jodl, am 16. 12. auf die in der Abteilung Landesverteidigung in Bearbeitung befindliche „Beurteilung der Lage bei einem Zweifrontenkrieg und auf die hierbei besonders zu behandelnde Frage des Treibstoffverbrauchs" hin[100]; doch führte diese vorsichtige Warnung nur zu einem Befehl des Chefs OKW Keitel, daß die Wehrmacht den Treibstoffverbrauch bis zum Beginn des Feldzuges scharf einschränken müsse[101]. Dennoch stellte Warlimont am 18. 1. 1941 die Frage, „ob der Führer noch an der Durchführung des Unternehmens ‚Barbarossa' festhalte". Jodl, der seinerseits noch am 3. 12. an der Notwendigkeit eines Ostfeldzuges gezweifelt hatte[102] und erst durch Hitlers Darlegungen über seinen Gesamtkriegsplan am 17. 12. von der Unumgänglichkeit dieses Feldzuges überzeugt worden war[103], bestätigte dies unter Hinweis auf die Ausführungen Hitlers und Ribbentrops bei der großen Besprechung am 9. 1.[104].

Der einzige aus dem bis Anfang Februar 1941 sehr begrenzten Kreis der in den militärischen Ost-Plan eingeweihten Generalstabsoffiziere, der sich des vollen Ernstes der durch einen Angriff auf die Sowjetunion heraufbeschworenen Situation Deutschlands bewußt gewesen zu sein scheint, war der Chef des Generalstabes der Heeresgruppe Süd, Generalleutnant v. Sodenstern, der mit seiner Frage „Seid Ihr Euch eigentlich im klaren, daß nunmehr der Krieg verloren ist?" zu verstehen gab, daß er die Hoffnungslosigkeit der Lage erkannte[105]. Die anderen waren trotz mancherlei Zweifel am Sinn des Unterneh-

99 KTB OKW, Bd. I, S. 228.
100 KTB OKW, Bd. I, S. 231; Warlimont, S. 133.
101 Greiner, S. 337 f.
102 Vgl. oben S. 263 f.
103 Vgl. oben S. 363.
104 KTB OKW, Bd. I, S. 269. — Ribbentrop ergänzte die vorwiegend strategischen Darlegungen Hitlers mit außenpolitischen Argumenten (zu Ribbentrops Haltung im Hinblick auf den Krieg gegen die Sowjetunion vgl. unten S. 395 f.). Nach der Erinnerung Warlimonts (S. 156) fügte Jodl seiner Antwort die drastische Abwandlung einer Äußerung Hitlers vom 9. 1. hinzu, „der russische Koloß werde sich wie eine Schweinsblase erweisen, in die man nur hineinzustechen brauche, um sie zum Platzen zu bringen."
105 Mitgeteilt von Uhlig, S. 176 (dort Herkunftsnachweis). Es war sicher kein Zufall, daß sich gerade v. Sodenstern diese Erkenntnis aufdrängte; denn Hitler hatte am 2. 6. 1940 im Augenblick des Triumphes im Westen im Hauptquartier der Heeresgruppe A, deren Chef v. Sodenstern war, jene von uns zitierte Äußerung

mens „Barbarossa" (im Rahmen des Gesamtkrieges) überzeugt, daß der von Hitler erteilte Auftrag zu meistern sei[106].

Trotz der eigenen Skepsis trug der Chef des Generalstabes des Heeres, Generaloberst Halder, am 3. 2.[107] Hitler über den Aufmarschplan und die bisherigen Vorbereitungen des OKH für den Ostfeldzug in Formulierungen vor, die klar seine Überzeugung von der militärtechnischen Durchführbarkeit des Unternehmens angesichts der Schwäche des neuen Gegners widerspiegelten, wie schon die einleitenden Ausführungen über das „Feindbild" zeigten: „Auf der Feindseite sei mit etwa 100 Infanterie-, 25 Kavallerie- und 30 mechanisierten Divisionen zu rechnen. Wichtig sei, daß auch die russischen Infanteriedivisionen über verhältnismäßig viele Panzer verfügten; es handle sich aber dabei um schlechtes, zusammengewürfeltes Material. An mechanisierten Divisionen sei das russische Heer zahlenmäßig, das deutsche aber qualitativ überlegen. Artilleristisch seien die Russen normal ausgestattet, das Material sei jedoch ebenfalls minderwertig. Unter den russischen Führern rage nur Timoschenko heraus. Die Absichten der russischen Führung seien nicht erkennbar; an der Grenze stünden starke Kräfte, ein Zurückweichen sei nur in beschränktem Maße möglich, da das Baltikum und die Ukraine aus Versorgungsgründen lebensnotwendig seien." Die „Weisungen" an die Heeresgruppen seien „so gegeben, daß (die) russische Front in zwei Teile aufgerissen wird, ein Zurückweichen der Russen auf (die) Linie Dnjepr-Düna verhindert wird[108]". Hitler erklärte sich mit der „Operationsanlage im großen einverstanden". „Bei der Durchführung" müsse man das „Hauptziel, Baltikum und Leningrad in die Hand zu bekommen, vor Augen haben[109]". Am Ende dieser Besprechung, mit der das Stadium der theoretischen Planungen des Feldzuges im wesentlichen abgeschlossen war, gab Hitler — wie schon einmal am 9. 1. — seiner hochgespannten Erwartung Ausdruck, „die Welt werde den Atem anhalten, wenn die Operation ‚Barbarossa' durchgeführt werde[110]". Es war wiederum für Hitler bezeich-

getan (vgl. oben S. 145), daß er nach dem mit Sicherheit erwarteten „Ausgleich" mit Großbritannien den Rücken für den Eroberungszug nach Osten frei habe. Damals hatten der Oberbefehlshaber der Heeresgruppe, Generaloberst v. Rundstedt, und v. Sodenstern gefolgert, daß, solange Großbritannien nicht seinen Widerstand gegen Hitler aufgab, der Ostkrieg nicht beginnen würde (Klee: „Seelöwe", S. 189 f.), da Hitler sich stets prinzipiell gegen einen Zweifrontenkrieg ausgesprochen hatte. Daher betrachtete v. Sodenstern die ihm nun bekanntgewordene Entscheidung Hitlers, noch vor dem Abschluß des Krieges im Westen die Sowjetunion anzugreifen, als einen Verzweiflungsschritt in einer aussichtslosen Situation Deutschlands.

106 Die Frage, welche Persönlichkeiten überhaupt Hitler vor dem Ostkrieg gewarnt haben, wird in der Zusammenfassung am Schluß dieses Kapitels behandelt (vgl. unten S. 393 ff.).

107 KTB OKW, Bd. I, S. 297 ff.; KTB Halder, Bd. II, S. 270 f.

108 Aufz. über die Besprechung über „Fall Barbarossa" und „Sonnenblume", 3. 2. 1941 (Sammelmappe „Barbarossa", Militärgeschichtliches Forschungsamt Freiburg i. Br., Signatur III W 59/1).

109 Ebda.

110 KTB OKW, Bd. I, S. 258 (9. 1. 1941) und S. 300 (3. 2. 1941).

nend, daß er in einem Gespräch mit v. Brauchitsch und Keitel am 9. 2. „noch völlig offen ließ, wie er (die weitere) Entwicklung mit der Sowjetunion beurteilte, da er erst einmal (die) Reaktion bei den Russen über den zweifellos nicht verborgen (bleibenden) Aufmarsch abwarten (wolle). Eines sei klar: den Russen seien (die) deutschen Erfolge in Polen, Frankreich und Norwegen sehr in die Glieder gefahren. Stalin werde zweifellos ein Europa beherrschendes Deutschland nicht zulassen[111]." Ebenso charakteristisch war es, daß Hitler erst jetzt, nachdem Operations- und Aufmarschplan festlagen, eine „Untersuchung der verschiedenen russischen Industriegebiete daraufhin" befahl, „inwieweit sie autark oder voneinander abhängig sind, und eine Prüfung der sich daraus ergebenden Möglichkeiten für die Bildung von Verteidigungszentren, und zwar mindestens bis zum Ural[112]", anordnete.

Die wichtigste Frage, die hinsichtlich der operativen Planung des OKH für den Ostfeldzug gestellt werden konnte, hatte Generalfeldmarschall v. Bock, der als Oberbefehlshaber der Heeresgruppe Mitte vorgesehen war, am 31. 1. während eine Aussprache des Chefs des Generalstabes des Heeres mit den Oberbefehlshabern der drei Heeresgruppen an Halder gerichtet: „Ob er Unterlagen dafür habe, daß der Gegner sich vorwärts der Ströme stelle". Der Chef des Generalstabes des Heeres mußte daraufhin bekennen, „daß es auch anders kommen" könne[113]. Damit trat schlagartig heraus, auf welch vagen Annahmen die gesamte Planung aufgebaut war, ohne daß dies bei der Anlage der Operationen genügend berücksichtigt wurde. Es wurde einfach vorausgesetzt, daß der Gegner sich in einer ganz bestimmten Weise verhalten würde. Davon hing im Grunde der militärische Erfolg des Ganzen – allein schon nach dem in der Planung vorgesehenen Verlauf – ab. Für „Phase II" des Ostfeldzuges, d. h. nach Erreichen der Linie Dnjepr-Peipus-See, waren, wie der Chef der Operationsabteilung des Generalstabes des Heeres, General Heusinger, in einer Nachkriegsbetrachtung feststellte[114], nur „Panzerstiche" vorgesehen, um „das Fallende zu stoßen und wichtige Schwerpunkte zu besetzen", da Hitler (und wohl auch die Spitzen des OKH) mit dem Zusammenbruch des sowjetischen Heeres und der Katastrophe des „bolschewistischen Staatsgebildes" schon während der „Phase I" des Feldzuges rechneten.

Die entscheidende politische Frage zum Ostfeldzug stellte v. Bock Hitler am 2. 2.: er halte zwar einen militärischen Sieg über die Rote Armee für möglich, könne sich aber nicht vorstellen, „wie die Sowjets zum Frieden zu zwingen seien[115]". Hitler beantwortete sie mit der Verlegenheitsthese, daß „nach der Eroberung der Ukraine, Moskaus und Leningrads ... die Sowjets sicher in einen Vergleich einwilligen" würden. Was Hitler in diesem Augenblick nicht

111 Tagebuch Engel, 9. 2. 1941.
112 KTB OKW, Bd. I, S. 306 (5. 2. 1941).
113 Tagebuch v. Bock, 31. 1. 1941.
114 Mitteilung des Generals a. D. Heusinger an H. Uhlig (Mitarbeiter des Instituts für Zeitgeschichte München).
115 Blau, S. 30.

sagen konnte und nicht sagen wollte, war, daß der Ostkrieg für ihn etwas völlig anderes darstellte als die Westoffensive 1940. Damals ging es nur darum, Frankreich militärisch aus dem Felde zu schlagen, und es war möglich, wurde angestrebt und auch erreicht, mit dem militärisch besiegten Gegner im traditionellen Stil zu einem Waffenstillstand zu kommen. Im Ostkrieg dagegen sollten die als Verkörperung des „Untermenschen" betrachtete „jüdisch-bolschewistische" Führungsschicht ausgerottet und die slawischen Massen in dem zu erobernden Teil der Sowjetunion unterworfen werden, um den neuen deutschen „Herren" als Sklaven zu dienen[116]. Es gab daher keinen „Partner", mit dem man nach der militärischen Niederlage zu einem „Vertrag" kommen konnte. Diese — von Hitler aus betrachtet entscheidende — Seite des Ostkrieges sollte, vorerst jedenfalls noch, den Militärs gegenüber verdeckt bleiben.
Nur der andere — der strategische — Aspekt des Ostkrieges im Rahmen des Gesamtkrieges wurde von Hitler in den großen Besprechungen mit den Spitzen von OKW und OKH bis Mitte Februar 1941 mehr oder weniger offen dargelegt. Von dem schnellen Sieg über die Sowjetunion hing nach seiner Auffassung der Erfolg des Gesamtkrieges, der Durchbruch Deutschlands aus der kontinentaleuropäischen Enge zur unangreifbaren „Weltmacht", ab. Der Aufbau einer strategisch sicheren Position, aus der heraus er den von ihm beherrschten „Großraum" auch gegenüber den vereinigten angelsächsischen Mächten behaupten konnte, erschien ihm im Winter 1940/41 unaufschiebbar; denn die Berichterstattung der deutschen Vertretung in Washington war in dieser Zeit — bei allem Schwanken in einzelnen Zeitvoraussagen, bei manchem Fehlurteil, recht vielen Spekulationen und immer wiederkehrenden Illusionen, vor allem auf seiten des Militärattachés hinsichtlich des retardierenden Einflusses des Armeegeneralstabes auf den amerikanischen Präsidenten — in dem Grundtenor konstant, daß die USA unter Roosevelts Führung den Aufbau einer starken Rüstungsindustrie und einer schlagkräftigen Wehrmacht mit Energie vorantrieben, so daß sie 1942 kriegsbereit sein würden[117]. Allerdings wurde die Höchstleistung der amerikanischen Rüstung erst für 1945 angenommen[118]. Wir verzeichnen im folgenden nur einige charakteristische Meldungen, um zu zeigen, wie die Berichterstattung sich auf die Beurteilung der weltpolitischen Situation durch Hitler auswirkte, der sich, wie alle seine militärpolitischen und strategischen Äußerungen in dieser Zeit beweisen, über die Mel-

116 Zu Hitlers „politischer" Ostkonzeption vgl. unten S. 516 ff.

117 Eine Übersicht des Wehrmachtführungsstabes über die voraussichtliche Entwicklung des amerikanischen Heeres kam am 11. 10. 1940 zu dem Ergebnis, daß „erst Anfang 1942 ... stärkere Teile eines neuzeitlichen Heeres zur Verfügung stehen" würden (KTB OKW, Bd. I, S. 120).

118 Es gehörte zu Hitlers Taktik, im größeren Kreise, so etwa in der „Generalsversammlung" am 30. 3. 1941, das Jahr 1945 als „Höchstleistungsjahr" der amerikanischen Rüstung betont herauszustellen und seine Überzeugung, daß die USA bereits 1942 kriegsbereit sein würden — wie er es am 17. 12. 1940 gegenüber Jodl klar bekundet hatte (vgl. oben S. 363) —, unerwähnt zu lassen.

dungen aus Washington ständig auf dem laufenden hielt, wobei die Bericht=erstattung des Militärattachés, des Generals v. Boetticher, ihn besonders beeindruckte, da dieser sich auf die Mentalität Hitlers gut einzustellen ver=stand[119]. Am 24. 10 1940 etwa telegraphierte er[120]: „Im zeitigen Frühjahr 1939 meldete ich, daß (eine) Massenlieferung von Flugzeugen nicht vor Frühjahr 1941 und ein Abschluß von Heer und Luftwaffe zu besserer Schlagkraft nicht vor Mitte 1941 erwartet werden könnten. Entwicklung seit Kriegsausbruch hat dies ebenso bestätigt wie die während des Krieges wiederholt gemeldete Feststellung, daß die Vereinigten Staaten vor Mitte 1941 nicht in der Lage sein würden, mit erheblichen Streitkräften des Heeres und der Luftwaffe in einen Krieg einzutreten und daß sie vor Durchführung einer bedeutenden Verstär=kung ihrer Flotte und vor Einrichtung von Stützpunkten im westlichen Teil des Stillen Ozeans nicht fähig sein würden, Japan mit einiger Aussicht auf Erfolg anzugreifen ... Für die Flotte ist ein Ausbauprogramm geschaffen wor=den, das bis 1945 eine Zweiozeanflotte, sicher also die Überlegenheit gegen=über Japan, gewährleisten soll." Ein solcher Bericht konnte auf Hitler nur in dem Sinne wirken, die Zeit zu nutzen, selbst eine unangreifbare Position in der „östlichen Hemisphäre" aufzubauen und Japan zu einem Vorstoß nach Süden vorwärtszutreiben, um der amerikanischen Planung entgegenzuwirken. Immer wieder mischten sich in die realistische Grundhaltung der Berichterstat=tung aus Washington illusionäre Erwartungen, so am 8. 12.: Die Amerikaner würden „versuchen, den Krieg so lange hinzuhalten, bis eine Rüstungsindustrie herangewachsen ist, die die Forderungen der amerikanischen Rüstung und die Versorgung anderer Staaten, vornehmlich Englands, erfüllen kann. Dieses Ziel ist erst nach Jahren, im Jahre 1941 bestimmt nicht, erreichbar[121]." Ähnlich klang es noch am 15. 12., also unmittelbar vor Roosevelts „Gartenschlauch"=Rede[122]: Man müsse zwar „nach wie vor ab Frühjahr 1941 mit starkem An=steigen in der Ausbringung von Kriegsgerät rechnen"; entscheidend aber sei, „daß die Ausbringung von Kriegsgerät nicht voll an (die) amerikanische Wehr=

119 Über v. Boettichers Amerika=Bild, seine Informationsquellen, seine Verbindungen zur MacArthur=Gruppe im amerikanischen Armeegeneralstab und die Beein=flussung Hitlers durch seine Berichterstattung vgl. auch G. L. Weinberg: Hitler's Image of the United States, in: The American Historical Review 1964, S. 1012. Weinberg verkennt, daß v. Boetticher neben illusionären Tendenzen, die keines=wegs zu übersehen sind und seine Berichterstattung „gefärbt" erscheinen lassen, völlig korrekte Angaben über das Anwachsen der amerikanischen Rüstung nach Berlin sandte und daß seine Berichte sowie die Meldungen des Geschäfts=trägers Thomsen zusammen mit den Korrekturen Botschafter Dieckhoffs (Aus=wärtiges Amt) Hitler eine relativ klare Vorstellung von dem Machtfaktor USA und seiner Bedeutung für den Krieg vermittelten.

120 v. Boetticher an das AA, 24. 10. 1940 (Staatssekretär: Akten betr. USA, Polit. Archiv des AA, Bonn).

121 ADAP D XI, Dok. 475: Die dt. Botschaft in Washington an das AA, 8. 12. 1940, S. 814 ff.

122 v. Boetticher an das AA, 15. 12. 1940 (Staatssekretär: Akten betr. USA, Polit. Archiv des AA, Bonn).

macht, sondern in weit höherem Grade als ursprünglich vorgesehen, nämlich zu etwa 50%, an England gehen soll[123]".

Auch in den Meldungen der ersten Monate des Jahres 1941 blieb diese Ambivalenz bestehen, obwohl mit der Einbringung des Leih-Pacht-Gesetzentwurfes im Januar[124] der Ernst der Situation auch von den isolationistischen Gewährsleuten der Botschaft anerkannt wurde. Auf sie beriefen sich Thomsen und v. Boetticher in ihrem Bericht vom 12. 1.[125]: „Man glaube, daß Roosevelt vor August 1941 nicht die politischen Voraussetzungen für einen Kriegseintritt der Vereinigten Staaten schaffen könne. Entscheidend sei, ob England vorher zusammenbricht. Dann könnte man vielleicht auf Frieden hoffen." Die von „Mitte 1941" an „auch militärisch schnell ansteigende Kriegsbereitschaft" der USA wurde allerdings auch in diesem Bericht noch einmal unterstrichen. Am 17. 2. meldete dann von Boetticher[126], daß die USA, die 1940 5 873 Flugzeuge produziert hätten, 1941 15 000 herausbringen und damit die deutsche Flugzeugproduktion überflügeln würden; am 18. 2.[127], daß das amerikanische Heer bis Mitte 1941 1,4 Million Mann umfassen werde und bis Herbst 1941 schlagfertig ausgerüstet sei[128].

Gegen die u. a. bei der deutschen Seekriegsleitung wachsende, durch die Berichterstattung v. Boettichers geförderte Tendenz, den amerikanischen Kriegseintritt als „unabänderlich" und „verhältnismäßig gleichgültig" hinzustellen, wandte sich der im Auswärtigen Amt als Amerika-Sachverständiger wirkende Botschafter Dieckhoff am 9. 1. in einer ausführlichen Stellungnahme, die Hitler vorgelegt wurde[129]: „Ein im Kriege befindliches Amerika würde — diesmal noch stärker als 1917/18 — alle seine Energien anspannen, um dem englischen

123 Diese Auffassung, daß bereits ohne stärkeres wirtschaftliches und finanzielles Engagement der USA 50% der amerikanischen Rüstungsproduktion nach Großbritannien gingen, führte dazu, daß die Auswirkungen des Leih-Pacht-Gesetzes auf die materielle Unterstützung Großbritanniens von den deutschen Vertretern in Washington unterschätzt wurden (vgl. hierzu ADAP D XII, Dok. 88: Die dt. Botschaft in Washington an das AA, 26. 2. 1941, S. 161 ff.; vgl. auch unten S. 399 f.).

124 Vgl. hierzu die Darstellung oben S. 313 f.

125 Die dt. Botschaft in Washington an das AA, 12. 1. 1941 (Staatssekretär: Akten betr. USA, Polit. Archiv des AA, Bonn).

126 Friedländer, S. 159 f. Hier wie auch sonst zeigte sich v. Boetticher über den Stand der amerikanischen Rüstung gut informiert. Die Schwäche seiner Berichterstattung lag in der mangelnden Fähigkeit zur Einordnung der richtig ermittelten Einzelfakten in die Linie der amerikanischen Politik, vor allem in der Erfassung des Verhältnisses von politischer Führung und amerikanischem Armeegeneralstab (vgl. hierzu noch unten S. 405).

127 Die dt. Botschaft in Washington an das AA, 18. 2. 1941 (Staatssekretär: Akten betr. USA, Polit. Archiv des AA, Bonn).

128 Dagegen vertrat das OKH noch am 26. 4. 1941 die Auffassung, daß bei einem Kriegseintritt der USA in der nächsten Zeit nur mit dem Friedensheer (höchstens 5 Divisionen, 2 Panzerdivisionen, 1 Bataillon Fallschirm-Truppe, 1—2 Divisionen des Marine-Korps) und Luftstreitkräften in Stärke von 30 Kampfstaffeln, 10 Aufklärungsstaffeln und 20 Jagdstaffeln zu rechnen sei (KTB Halder, Bd. II, S. 382).

129 ADAP D XI, Dok. 633: Memorandum des Botschafters Dieckhoff, 9. 1. 1941, S. 1061 ff.

Verbündeten zu helfen und selbst den Krieg zu führen ... Sobald die USA (in den Krieg) eintreten, müssen wir damit rechnen, daß die meisten, wenn nicht sämtliche Länder Lateinamerikas die Beziehungen zu uns abbrechen und früher oder später ebenfalls in den Krieg gegen uns eintreten. Das würde materiell und psychologisch eine sehr ungünstige Wirkung auf Deutschland haben ... Solange England allein Krieg führt, besteht die Möglichkeit, im Falle eines englischen Zusammenbruchs mit England Frieden zu schließen und damit den Krieg zu beenden. Wenn aber auch die Vereinigten Staaten im Kriege sind, dann geht der Krieg, auch wenn England zusammenbricht, gegen die Vereinigten Staaten weiter und es wird sehr schwierig sein, mit den Vereinigten Staaten zum Frieden zu kommen."

Als Möglichkeiten, einen Kriegseintritt Amerikas zu verhindern oder zumindest hinauszuschieben, bezeichnete Dieckhoff „durchgreifende militärische Erfolge auf dem europäischen Kriegsschauplatz" verbunden mit einer jegliche Provokation vermeidenden deutschen Politik gegenüber den USA. Hitler stimmte mit dieser Auffassung vollkommen überein, auch wenn er – anders wohl als Dieckhoff – hierbei die Niederwerfung der Sowjetunion als den entscheidenden „durchgreifenden militärischen Erfolg" betrachtete. In Konsequenz hieraus erließ Hitler in den folgenden Monaten trotz allen Maßnahmen Roosevelts, die hart an die Grenze des Kriegszustandes mit Deutschland führten, immer schärfere, die deutsche Seekriegführung im Atlantik stark einschränkende Befehle, um bis zum Abschluß des Unternehmens „Barbarossa" unter allen Umständen jeden Zwischenfall mit den USA auszuschließen und nach Möglichkeit einen Kriegseintritt Amerikas zu vermeiden[130].

4. Pläne zum Aufbau einer deutschen „Weltmacht"=Stellung gegen die angelsächsischen Mächte in Afrika und Asien nach einem schnellen Abschluß der Operation „Barbarossa"

Obwohl manche Einzelheiten und Abänderungen noch in den letzten Wochen vor dem deutschen Angriff auf die Sowjetunion hinzutraten und es sich im ganzen um keine im generalstabsmäßigen Sinne bereits völlig durchgearbeitete Planung handelte, ist es notwendig, schon an dieser Stelle einen Überblick über die Vorstellungen Hitlers von der deutschen Strategie in der Zeit nach „Barbarossa" einzufügen, da erst auf diese Weise der eine große Aspekt, unter dem der Ostfeldzug zu betrachten ist, seine „funktionale" Bedeutung im Rahmen des von Hitler im Spätherbst 1940 und im Winter 1940/41 improvisierten Gesamtkriegsplans, klar heraustritt.

Hitler wie der Generalstab des Heeres gingen davon aus, daß die Masse des deutschen Heeres und der Luftwaffe im Spätherbst 1941 bereits wieder voll für neue Aufgaben zur Verfügung stehen würden, da der Rückmarsch aus dem

130 Näheres hierzu unten S. 447 ff.

Osten bereits im August beginnen sollte[1]. Für die in Aussicht genommenen folgenden Operationen in Afrika und Vorderasien sollte das deutsche Heer völlig umgestaltet werden[2]. Es sollte sich dann — nach Auflösung zahlreicher Infanteriedivisionen — insgesamt aus 24 Panzerdivisionen (davon 10 „leichten" für den Tropendienst), 12 motorisierten Divisionen (davon 5 „leichten" für den Tropendienst), 66 Infanteriedivisionen „normaler Gliederung" (davon 6 für Luftlandung geeigneten, 10 mit Tropenausstattung), 10 Gebirgsdivisionen, 24 „beweglichen" Divisionen (davon 8 mit Tropenausstattung), 2 Kraftwagen-Transportregimentern für operative Zwecke und 2 Lufttransportstaffeln für je eine Division zusammensetzen[3]. Für die Besetzung des Ostraumes bis zur Wolga-Archangelsk-Linie waren nach der ursprünglichen Planung des Generalstabes des Heeres nur 34 Divisionen vorgesehen[4], doch näherte sich das OKH später mit den in der „Vortragsnotiz über die Besetzung und Sicherung des russischen Raumes und über den Umbau des Heeres nach Abschluß von ‚Barbarossa'" vom 15. 7. 1941[5] — allerdings einschließlich einer Operationsgruppe für das Kaukasus-Unternehmen — errechneten 56 Divisionen wieder der anfänglichen, von Hitler am 9. 1. 1941 genannten Ziffer von 40—50 Divisionen und den vom Wehrmachtführungsstab am 11. 6. 1941 vorgesehenen 60 Divisionen[6].

Der größte Teil der im Laufe der Zeit von Dezember 1940 bis Juni 1941 von Hitler in Aussicht genommenen Operationen für den Spätherbst 1941 und den Winter 1941/42 wurde vom Wehrmachtführungsstab im Entwurf einer „Weisung Nr. 32 (Vorbereitungen für die Zeit nach ‚Barbarossa')" vom 11. 6. 1941[7]

1 Vgl. hierzu unten S. 536 ff.

2 Zur geplanten „endgültigen" Umwandlung des deutschen Heeres zu einer weitgehend motorisierten Armee zur operativen Sicherung des deutsch-beherrschten „Großraums" nach Abschluß aller Offensivoperationen in Europa-Vorderasien-Nordwestafrika vgl. oben S. 307.

3 KTB Halder, Bd. II, S. 354 (7. 4. 1941). — Zur Umstellung der deutschen Rüstung auf die neuen strategischen Pläne vgl. die Weisung Hitlers vom 14. 7. 1941 (Hubatsch: Hitlers Weisungen, S. 136 ff.); zum Zusammenhang mit den Umrüstungsplänen vgl. oben S. 270 ff.; mit dem Verlauf des Ostfeldzuges vgl. die Darstellung unten S. 541.

4 KTB Halder, Bd. II, S. 354. Diese 34 Divisionen sollten sich aus 6 „schnellen", 6 „beweglichen", 2 Gebirgs- und 20 „normalen" Divisionen zusammensetzen. Außerdem sollten 2 Kraftwagen-Transportregimenter für operative Zwecke dazu gehören.

5 KTB OKW, Bd. I, S. 1022 ff.

6 Zum 9. 1. 1941 vgl. oben S. 363 f. Am 30. 3. 1941 gab Hitler die Ziffer von 50 bis 60 Divisionen an (KTB Halder, Bd. II, S. 336). Im Entwurf zur „Weisung Nr. 32" vom 11. 6. 1941 hieß es, daß „aller Voraussicht nach ... etwa 60 Divisionen und eine Luftflotte, neben den verbündeten und befreundeten Kräften, für die weiteren Aufgaben im Osten genügen" würden (Hubatsch: Hitlers Weisungen, S. 130). Am 14. 6. 1941 sprach Hitler von „65—75 Divisionen" (Tagebuch v. Bock, 14. 6. 1941).

7 Hubatsch: Hitlers Weisungen, S. 129 ff. — Der Entwurf der „Weisung Nr. 32" beginnt mit den Sätzen: „Nach der Zerschlagung der sowjetrussischen Wehrmacht werden Deutschland und Italien das europäische Festland — vorläufig ohne die Iberische Halbinsel — militärisch beherrschen. Irgendeine ernsthafte Gefährdung des europäischen Raumes zu Lande besteht dann nicht mehr."

zusammengefaßt, der von Hitler zwar nie unterschrieben wurde und daher auch nicht als verbindlicher Rahmenbefehl für die Wehrmachtteile anzusehen ist[8], der aber doch die Vorstellungen Hitlers und der deutschen Wehrmacht- und Heeresführung über die künftige Strategie deutlich erkennen läßt.
Der in der ursprünglichen Fassung des Entwurfs[9] sichtbare Schwerpunkt der deutschen Planung lag eindeutig im „Ausbau der europäisch-westafrikanischen Grundstellung gegen die englisch-amerikanische Koalition[10]". Der Zweck der verschiedenen vorgesehenen Maßnahmen sollte es sein, „die tiefe Südwestflanke des europäischen Kampfraumes, einschließlich der atlantischen Küste Nord- und Westafrikas, gegen (einen) angelsächsischen Zugriff (zu) schützen[11]". Hierzu sollten die im Dezember 1940 nach der Absage Francos und dem Sturz Lavals von Hitler aufgegebenen oder besser: aufgeschobenen Unternehmen unter, wie er meinte, wesentlich günstigeren Voraussetzungen nunmehr durchgeführt werden. Die Oberste Wehrmachtführung ging offensichtlich davon aus, daß — als Auswirkung der überragenden Stellung, die Deutschland in Europa nach dem Sieg im Osten gewonnen hätte[12] — die Zustimmung Spaniens und Vichy-Frankreichs zu den deutschen Plänen leicht zu erreichen sei[13]. „Schon während des Auslaufens der Operationen im Osten" sollten daher die Vorbereitungen für das Unternehmen „Felix" wieder aufgenommen werden, wobei man diesmal mit dem Transport der für die Eroberung Gibraltars und die Überführung der nach Spanisch-Marokko vorgesehenen Truppen (insgesamt 7 Divisionen[14]) durch das unbesetzte Gebiet Frankreichs glaubte rechnen

8 Vgl. die quellenkritische Untersuchung von K. Klee: Der Entwurf zur Führerweisung Nr. 32 vom 11. Juni 1941, in: Wehrwissenschaftliche Rundschau 6 (1956), S. 127 ff.

9 Der ursprüngliche Entwurf vom 11. 6. wurde am 19. 6. 1941 den Oberkommandos der Wehrmacht zugeleitet. Die Neufassung stammte vom 30. 6. 1941 und ging den Oberkommandos der Wehrmachtteile auch an diesem Tage zu. Vgl. Text des ursprünglichen Entwurfs bei Hubatsch: Hitlers Weisungen, S. 133 f. — Zur Verschiebung des Schwerpunktes in den Planungen für die Zeit nach „Barbarossa" und zum Weisungsentwurf überhaupt vgl. auch Warlimont, S. 147 ff.

10 KTB OKW, Bd. I, S. 400 f. (4. 6. 1941). — Als letzter Schritt im Kampf gegen Großbritannien wurde vom Wehrmachtführungsstab und vom Generalstab des Heeres die Landung auf der britischen Insel erwogen. Dies sollte aber nur der „Fangstoß" für ein schon zusammenbrechendes britisches Weltreich sein (KTB OKW, Bd. I, S. 401: 4. 6. 1941; Entwurf zur „Weisung Nr. 32" vom 11. 6. 1941, in: Hubatsch: Hitlers Weisungen, S. 132).

11 Hubatsch, S. 130.

12 Vgl. hierzu unten S. 536 ff.

13 Die Entsendung der „Blauen Division" an die Ostfront betrachtete Hitler vor allem unter dem Gesichtspunkt, auf diese Weise Spanien enger an sich zu binden und das Unternehmen „Felix" unter günstigen politischen Bedingungen durchführen zu können. Zu den Hoffnungen hinsichtlich Vichy-Frankreichs im Mai-Juni 1941 vgl. unten S. 451 ff.

14 Als „Operationsgruppe Spanisch-Marokko" im KTB Halder, Bd. II, S. 354, verzeichnet. Die Bemerkung Warlimonts, S. 148, daß der Gedanke bestanden habe, Französisch-Marokko zu besetzen, ist aus den Quellen nicht zu eruieren. Doch mag eine solche Absicht tatsächlich bestanden haben. Damit war allerdings die Frage einer Zustimmung der Vichy-Regierung verknüpft. Vgl. hierzu unten S. 452 f.

zu können (Fall „Felix=Heinrich"[15]), so daß die bisherige militärtechnische Schwierigkeit des schmalen Zugangs nach Spanien über den einzigen Schienen= und Straßenweg auf der Strecke über Hendaye entfiel. Selbst die „Mitwirkung französischer See= und Luftstreitkräfte" lag nach Auffassung des Wehrmacht=führungsstabes „im Bereich des Möglichen". Die Verteidigung des französischen Kolonialreiches in Nord= und Westafrika selbst sollte allerdings den Franzosen überlassen bleiben, ebenso die Rückeroberung der von de Gaulle beherrschten französischen Gebiete Äquatorialafrikas. Dagegen hoffte der Wehrmachtführungsstab auf die „Ausnutzung westafrikanischer Stützpunkte durch Kriegsmarine und Luftwaffe, u. U. auch (auf) die Besitznahme atlantischer Inseln".

Am 22. 5. 1941 griff Hitler in einer Besprechung mit Großadmiral Raeder noch einmal — nach monatelanger Zurückhaltung — die Frage einer Besetzung der Azoren auf[16], die Raeder vom Standpunkt der Kriegsmarine mit Recht erneut ablehnte, da die Inseln vielleicht erobert, aber gegen eine britisch=amerikanische Aktion nicht gehalten werden könnten. Hitler gab indessen zu erkennen, daß er die Besetzung der Azoren vor allem anstrebte, um von hier aus „die Lang=streckenbomber gegen die USA einsetzen zu können, was im Herbst in Frage käme[17]". Am 25. 7. wiederholte er gegenüber Raeder[18] daß er sich nach dem Abschluß des Ostfeldzuges ein „scharfes Vorgehen auch gegen die USA vor=behalte". Ein Übergang zu einer zumindest taktisch oder operativ offensiven deutschen Kriegführung gegen Amerika in der Zeit nach „Barbarossa" war also durchaus möglich, wenn auch keine detaillierten Pläne hierfür ausgearbeitet wurden[18a].

15 Hubatsch, S. 132. Noch am 28. 7. 1941, also fünf Wochen nach Beginn des Ost=feldzuges, wurde der Oberbefehlshaber West vom OKH „auf die Möglichkeit hingewiesen, daß eine Durchführung des Unternehmens ‚Felix' nach Abschluß der Ostoperationen noch in diesem Jahr in Betracht kommt" (KTB OKW, Bd. I, S. 446). Zur Lagebeurteilung des OKH im Juli 1941, die den Hintergrund für diesen „Hinweis" bildete, vgl. unten S. 537 ff.

16 Aufz. über die Besprechung Hitler=Raeder, 22. 5. 1941 (Lagevorträge des Ob. d. M.).

17 Für einen wirksamen Einsatz deutscher Fernbomber gegen die amerikanische Ostküste im Herbst 1941 von den Azoren aus fehlten alle militärtechnischen Voraussetzungen. Die deutsche Luftwaffe verfügte 1940/41 an Fernbombern nur über das nicht vollständige Kampfgeschwader 40, dessen viermotorige Focke=Wulf=Maschinen FW 200 C zwar sehr weit fliegen konnten, aber recht störanfällig waren und bei weiten Flügen nur eine geringe Bombenlast mitnehmen konnten. Diese wenigen Maschinen wären allenfalls für ein solches Unternehmen in Frage gekommen, das folglich im wesentlichen als ein phantastischer Einfall Hitlers anzusehen ist. Die eigentlichen deutschen Fernbomber, He 177, befanden sich noch in der Erprobung und konnten erst in der zweiten Hälfte 1943 (in geringer Zahl) eingesetzt werden. Weitere Typen waren geplant (z. B. Me 264), wurden aber nicht mehr in Serie gebaut.

18 Aufz. über die Besprechung Hitler=Raeder, 25. 7. 1941 (Lagevorträge des Ob. d. M.).

18a Am 8. 7. 1943 kam Hitler in einer Besprechung mit dem neuen Ob. d. M., Dönitz, noch einmal auf den Gedanken eines Bombardements der Großstädte an der nordamerikanischen Ostküste zurück, stellte dabei aber resignierend fest, daß

Den Schutz des nach Nordwestafrika erweiterten deutsch-beherrschten „Großraums" sollte nach Hitlers ursprünglichen Vorstellungen eine starke deutsche Flotte übernehmen. Noch am 30. 3. 1941 erklärte er, daß er nach dem Abschluß der Operation „Barbarossa" „den umfassenden Aufbau der Kriegsmarine einschließlich des Baus schwerer Schiffe beabsichtige[19]". Der Untergang des Schlachtschiffes „Bismarck" (27. 5. 1941) sowie der erfolgreiche Einsatz der deutschen Luftwaffe gegen die schweren britischen Seestreitkräfte im Seeraum um Kreta (20. 5. — 1. 6.) müssen Hitler dann aber zu einer Änderung seiner Konzeption veranlaßt haben; denn das „Göring-Programm"[20] der Luftrüstung wie auch die grundlegende Weisung zur Umstellung der Rüstung vom 14. 7. 1941[21] sahen bereits die Übertragung des Schutzes des deutsch-beherrschten „Großraums" Europa-Nordwestafrika auf eine gewaltige Luftstreitmacht vor. An dieser — angesichts des enormen Verschleißes der deutschen Luftwaffe im Ostkrieg nie erreichten — Zielsetzung hat Hitler bis Anfang 1943 festgehalten. Die deutsche Bastion in Nordwestafrika sollte einmal der weiteren Kriegführung im Atlantik gegen die angelsächsischen Mächte dienen, stand aber zugleich auch als Maßnahme zur Abriegelung des Mittelmeers von Westen im Zusammenhang mit der zweiten großen Aufgabe für die „Nach-Barbarossa"-Zeit, die „Bereinigung des Mittelmeers", die vor allem durch die Eroberung der britischen Stützpunkte — neben der Gibraltars in erster Linie von Malta, der Insel Cypern und des Suez-Kanals — erreicht werden sollte[22].

Die Gewinnung der britischen Inselstützpunkte im Mittelmeer trat aber bereits in der Zweitfassung des Weisungsentwurfs[23] stark zurück zugunsten der von nun an bis zum Herbst 1942 weiterverfolgten Absicht Hitlers, eine weiträumige zangenartige Landoperation gegen die britische Nahoststellung führen zu lassen, und zwar von Westen her durch einen Angriff aus Libyen mit Stoßrichtung nach Ägypten und zum Suez-Kanal, von Nordwesten her durch eine — im November 1940 bekanntlich zurückgestellte[24] — Offensive von Bulgarien aus durch die Türkei nach Syrien — Palästina[25] und schließlich als Er-

sich die Verwirklichung als undurchführbar erwiesen hätte (Lagevorträge des Ob. d. M.).

19 KTB der Skl., Teil A, 30. 3. 1941.

20 Vgl. oben S. 270 ff.

21 Hubatsch: Hitlers Weisungen, S. 136 ff.

22 Zur Frage einer Eroberung Maltas sowie Cyperns im Zusammenhang mit der Besetzung Kretas (20. 5.—1. 6. 1941) vgl. unten S. 467 f.

23 Hubatsch: Hitlers Weisungen, S. 129 ff.

24 Vgl. oben S. 341 ff.

25 Vgl. hierzu auch die „Notiz über die Möglichkeiten einer Operation durch Syrien nach Ägypten" (OQu. I/Op.Abt. [IIb] Nr. 1306/41 g. Kdos.Chefs.) vom 2. 7. 1941 (in: Akte Gen.St.d.H./Op.Abt.: Auszüge bzw. Abschriften aus OKH-Befehlen vom 25. 6. 1940 — 31. 8. 1941 [Militärgeschichtliches Forschungsamt Freiburg i. Br.]). Als Voraussetzung wurde das Einverständnis der Türkei zum Durchmarsch der deutschen Truppen angenommen. — Obwohl der Widerstand der seit dem 8. 6. 1941 von britisch-gaullistischen Kräften angegriffenen Truppen der Vichy-Regierung sich dem Ende zuneigte (vgl. unten S. 480), wurde in dieser Notiz noch mit einem Zusammenwirken mit den französischen Kräften in Syrien bei der deutschen Operation im Herbst gerechnet.

gänzung durch eine dritte Operation von Norden aus Transkaukasien heraus durch Iran nach den Ölquellen des Irak und weiter bis nach Basra. Die Türkei sollte dabei „politisch gefügig" gemacht, anderenfalls ihr Widerstand mit Waffengewalt gebrochen werden. Auch revolutionäre Aktionen der „arabischen Freiheitsbewegung" sollten in diesen Rahmen eingefügt werden[26].
Eine erste Ankündigung der von Westen einzuleitenden Teiloperation stellte die OKW-Weisung vom 3. 4. 1941 an das „Deutsche Afrika-Korps" dar, in der von einer „großräumigen Offensive in Nordafrika" mit 8 deutschen Divisionen für den Herbst 1941 die Rede war[27]. Für die Operation durch Anatolien wurden nach dem Überschlagsplan des OKH insgesamt 14 deutsche Divisionen in Aussicht genommen[28].
Zu einer schnellen Einleitung der Operationen im Nahen Osten nach „Barbarossa" wurde Hitler vor allem wiederum durch Großadmiral Raeder gedrängt, der am 6. 6. Teile der ausführlichen Denkschrift der Seekriegsleitung „Betrachtung über die strategische Lage im östlichen Mittelmeer nach Balkanfeldzug und Kretabesetzung und die weitere Kampfführung" vortrug[29]. Sie ging von der als unabänderlich hinzunehmenden, wenn auch der Seekriegsleitung unerwünschten Durchführung des Unternehmens „Barbarossa" aus, machte jedoch nachdrücklich darauf aufmerksam, daß dies auf keinen Fall zu einer „Aufgabe,

26 Hierzu eingehender unten S. 473 ff.
27 KTB OKW, Bd. I, S. 1009; Warlimont, S. 148. Mitte Mai 1941 betrachtete Hitler 4 deutsche Panzer- und 3 motorisierte Divisionen zur erfolgreichen Fortführung der Operationen in Nordafrika nach Ägypten und zum Suez-Kanal für notwendig (KTB Halder, Bd. II, S. 412 f.; 14. und 15. 5. 1941). — Am 30. 6. 1941 teilte das OKW/WFStab dem Deutschen General im italienischen Hauptquartier „die weiteren Operationsabsichten nach dem Ostfeldzug" mit. Als „Vorbereitungen für die im Herbst beabsichtigte Offensive gegen den Suez-Kanal" sei „u. a. vorgesehen, das Deutsche Afrika-Korps zu einem Panzerkorps umzugliedern und ein Panzergruppen-Kommando unter Führung des Generals Rommel zu bilden" (KTB OKW, Bd. I, S. 424).
28 KTB Halder, Bd. II, S. 354. — Für das OKH wurde Anfang Juli 1941 die Offensive durch Anatolien zur Hauptoperation, während es den Möglichkeiten von Libyen aus skeptisch gegenüberstand. Vgl. hierzu KTB Halder, Bd. III, S. 30 (3. 7. 1941): „Vorbereitung der Offensive gegen die Landbrücke zwischen Nil und Euphrat sowohl von der Seite der Cyrenaika her als auch über Anatolien und vielleicht auch aus dem Kaukasus gegen Iran. Ersteres, das immer abhängig bleibt von der Zufuhr über See und daher unberechenbaren Wechselfällen ausgesetzt ist, wird Nebenkriegsschauplatz und wird in der Hauptsache italienischen Kräften zu überlassen sein ... Die Operation durch Anatolien gegen Syrien, gegebenenfalls mit einer Nebenoperation aus dem Kaukasus, wird zunächst durch den Aufmarsch der erforderlichen Kräfte in Bulgarien einzuleiten sein, welcher gleichzeitig als politischer Druck auf die Türkei ausgenutzt werden muß, um den Durchmarsch zu erzwingen." Vgl. ferner KTB OKW, Bd. I, S. 433 (13. 7. 1941): Überprüfung der Möglichkeiten auf Grund des Entwurfs zur „Weisung Nr. 32" und Bearbeitung der ersten Grundlagen für eine Zangenoperation gegen den Suez-Kanal von Westen und Nordosten (über Anatolien-Syrien) durch das OKH. Paulus trug an diesem Tage die ersten Prüfungsergebnisse der Operationsabteilung dem Chef des Generalstabes des Heeres Halder vor. Zur Verschiebung der Nahostoperation Ende Juli 1941 auf das Frühjahr 1942 vgl. unten S. 545 mit Anm. 51.
29 Nürnberg-Dok. C-170 (Auszug aus der Denkschrift der Skl. vom 6. 6. 1941).

Verminderung oder Verzögerung der Kampfführung im östlichen Mittelmeer führen" dürfe. Die „kriegsentscheidenden Ziele" lägen im Nahen Osten. Eine „volle operative Ausschöpfung der in der letzten Zeit erzielten großen Erfolge" im Bereich des östlichen Mittelmeers müsse „noch zu einem Zeitpunkt erfolgen ..., zu dem die Hilfe der USA für England noch keinen entscheidenden Umfang angenommen" habe.

Nicht in den Entwurf zur „Weisung Nr. 32" aufgenommen war die deutsche Planung, die – aus der Rückschau betrachtet – am phantastischsten wirkt, für die aber schon seit sehr langer Zeit auf verschiedenen außenpolitischen Geleisen versucht worden war, wichtige Voraussetzungen zu schaffen: der Plan einer deutschen Operation von Afghanistan aus gegen Indien. Am 17. 2. 1941 erhielt der Wehrmachtführungsstab von Hitler den – für den Stab anscheinend überraschenden – Auftrag einer „studienmäßigen Bearbeitung eines Aufmarsches in Afghanistan gegen Indien im Anschluß an die Operation ‚Barbarossa'[30]", für den nach der Bedarfsberechnung des OKH vom 7. 4. 1941 insgesamt 17 deutsche Divisionen in Aussicht genommen wurden[31]. Das Ziel Hitlers bei diesem Unternehmen war es wahrscheinlich nicht, Indien zu erobern, sondern durch die Drohung mit einem Einmarsch, verbunden mit den dabei entstehenden und auch auf andere Weise[32] anzufachenden Unruhen in Nordwestindien, und durch den damit drohenden Verlust Indiens, das Hitler als das Herzstück des britischen Weltreiches betrachtete, Großbritannien zum Einlenken und zum politischen „Ausgleich" mit ihm zu zwingen. Die militärtechnischen Möglichkeiten für ein solches Unternehmen können hier außer Betracht bleiben: es war wohl nach Lage der Dinge an einen Antransport der deutschen Kräfte und anschließend des Nachschubs nur über die Türkei und Iran zu denken, da die Sowjetunion ja „lediglich" bis zur Wolga – aber nicht einschließlich Turkestans – besetzt werden sollte; interessanter ist die politische Vorgeschichte, die bis an die Jahreswende 1936/37 zurückreicht.

In der Überzeugung, daß das kaiserliche Deutschland im Ersten Weltkrieg die in Afghanistan liegenden Chancen nicht genutzt habe[33], knüpfte zu der genannten Zeit anläßlich des Abschlusses „grundlegender Staatsverträge zwischen dem Deutschen Reich und Afghanistan auf militärischem, kulturellem und wirtschaftlichem Gebiet"[34] das Außenpolitische Amt Rosenbergs, das auch sonst

30 KTB OKW, Bd. I, S. 328; KTB Halder, Bd. II, S. 292 (25. 2. 1941).
31 KTB Halder, Bd. II, S. 354.
32 Zu dem hier nur angedeuteten Indien-Problem vgl. auch unten S. 481 ff.
33 Zum Thema Afghanistan in den deutschen Plänen während des Ersten Weltkrieges vgl. die knappe Zusammenfassung bei F. Fischer, S. 140 ff.; grundlegend für die gesamte deutsche Politik im Mittleren Osten 1914–1918 die Studie von U. Gehrke: Persien in der deutschen Orientpolitik während des Ersten Weltkrieges. 2 Bde., Stuttgart 1960.
34 Alle diese frühen Kontakte des Außenpolitischen Amtes zu Vertretern Afghanistans fanden in größter Geheimhaltung statt. Auch die Verträge von 1937 blieben geheim (Polit. Archiv des AA, Bonn, Filme Nr. 6665, 6668, 8527, 8528, 8532 und 8534). Lediglich der zeitlich vorausgehende Empfang des afghanischen

einige vom Auswärtigen Amt angeblich vernachlässigte Gebiete als sein politisches Reservat zu okkupieren bestrebt war, Beziehungen zu einigen afghanischen Persönlichkeiten an. Ziel Rosenbergs war es, wie er in einer Denkschrift an den Chef der Reichskanzlei Lammers am 18. 12. 1939[35] rückblickend, sicher übertreibend, aber mit einem Wahrheitskern feststellte, „die neutrale Haltung Afghanistans im Ernstfall zu ermöglichen bzw. dieses Land deutscherseits gegebenenfalls gegen Britisch-Indien oder Sowjetrußland einzusetzen". Als Hauptvertreter einer nach Deutschland hin orientierten Gruppe in Afghanistan betrachtete er den Wirtschaftsminister und Präsidenten der Nationalbank Abdul Majid Khan.

Gleich nach Kriegsbeginn im September 1939 begannen auf deutscher Seite Überlegungen, wie man die in Afghanistan gewonnene politische Position für die deutsche Kriegführung ausnutzen könne. Während das Außenpolitische Amt Rosenbergs seine alten Verbindungen fortführen und sich auf die deutschfreundliche Gruppe der amtierenden afghanischen Regierung um Abdul Majid stützen wollte, verfolgte das Auswärtige Amt auf Anregung des Referatsleiters „Orient" v. Hentig[36] das Ziel, die gegenwärtige Regierung in Kabul, die als „englandhörig" betrachtet wurde, zu stürzen und, möglichst mit Unterstützung der Sowjetunion, den seit 1929 im Exil lebenden ehemaligen König Amanullah wieder an die Macht zu bringen. Schon am 13. 9. 1939 wurde der deutsche Botschafter in Moskau angewiesen, in vorsichtiger Weise die sowjetische Regierung hinsichtlich ihres Interesses an einem solchen Umsturz in Afghanistan zu sondieren[37]. Die vom Auswärtigen Amt als Hauptakteur auf afghanischer Seite vorgesehene Persönlichkeit, der ehemalige Außenminister Ghulam Siddiq, drängte auf einen baldigen Beginn des Umsturzes, „da die vorrückende Jahreszeit bald jede Aktion im Hindukusch für diesen Winter

Außenministers Sidar Faiz Muhammed durch Hitler am 28. 2. 1936 wurde bekanntgegeben. Die Anwesenheit des afghanischen Ministerpräsidenten Mohammed Hashin Khan in Berlin Anfang 1937 blieb dagegen geheim. Knappe Zusammenfassung über den Stand der deutschen „Hilfe für Afghanistan" auf Grund der verschiedenen Verträge seit 1937 im Dezember 1939 in: Das politische Tagebuch Alfred Rosenbergs". Hrsg. von H.-G. Seraphim. Göttingen 1956, S. 161. Die wichtigsten der bestehenden Verträge betrafen: „Modernisierung der afghanischen Armee durch deutsche Kriegsmaterialien und Entsendungen von Ausbildungsoffizieren; Beginn der Ausrüstung einer Division im Werte von 15 Millionen RM", „Reorganisation der afghanischen Polizei und Geheimpolizei durch deutsche Polizeioffiziere", „Dr. Todt-Abkommen: Ausbau des Straßenwesens ...", „Anforderung zahlreicher deutscher technischer und organisatorischer Fachkräfte für afghanische Regierungsdienste".

35 ADAP D VIII, Dok. 470: Aufz. des Außenpolitischen Amtes vom 18. 12. 1939, S. 431 ff.; „Das politische Tagebuch Alfred Rosenberg", S. 155 ff.

36 Der seit Abbruch der diplomatischen Beziehungen des Irak zu Deutschland im September 1939 im Auswärtigen Amt tätige Gesandte Dr. Grobba neigte mehr zu einer Unterstützung der gegenwärtigen afghanischen Regierung. Jedoch setzte sich v. Hentig innerhalb des Auswärtigen Amtes mit seiner Konzeption durch.

37 ADAP D VIII, Dok. 60: Der Leiter der Polit. Abt. des AA an die dt. Botschaft in Moskau, 13. 9. 1939, S. 44.

unmöglich machen werde[38]". Das Auswärtige Amt bereitete daher mit der Amtsgruppe „Ausland/Abwehr" des Admirals Canaris das Unternehmen vor, nachdem Molotow am 18. 11. 1939 „keine grundsätzlichen Einwände" gegen die Entsendung Amanullahs nach Afghanistan erhoben hatte[39]. Geplant war, nach der geglückten Rückkehr des Königs und der Sicherung der Macht im Innern Afghanistans die nordwestindischen Grenzstämme (die Waziris, Mohands und Afridis) zum Aufstand gegen die britische Herrschaft aufzuwiegeln, wobei der „Fakir von Ipi" Hadji Mirsa Ahan, der religiöse Führer des Waziri=Stammes, in der „unabhängigen Zone" zwischen Britisch=Indien und Afghanistan die Erhebung einleiten sollte[40]. Dazu kam es indessen nicht, da Hitler, von Rosenberg auf dem Wege über Lammers alarmiert, die „Aktion Amanullah" untersagte[41]. Damit war entschieden, daß sich alle folgenden deutschen Bemühungen um Afghanistan auf Abdul Majid konzentrieren mußten.

Unter dem Eindruck des deutschen Sieges über Frankreich bot dieser im Juli 1940 eine „großzügige" Zusammenarbeit an[42], wobei er gleichzeitig weitreichende Territorialansprüche Afghanistans anmeldete, die nach Osten bis zur Indus=Linie reichten, sich nach Süden bis zur Küste des Indischen Ozeans (einschließlich des Hafens von Karatschi) erstreckten und auch einige kleinere Gebietsteile Irans sowie schließlich, wie es sich im März 1941 herausstellte, sogar ein sowjetisches Grenzstück im Raume südwestlich von Merw umfaßten[43]. Gegenüber vermuteten Ambitionen der Sowjetunion auf afghanisches Territorium strebte Abdul Majid eine von deutscher Seite vermittelte Grenzgarantie der Sowjetunion für die afghanische Nordgrenze oder zeitweilig — in der Zeit der größten deutschen Machtentfaltung im Sommer 1940 — sogar eine deutsche Garantie für Afghanistan an. Abdul Majid deutete an, daß Afghani=

38 ADAP D VIII, S. 241, Anm. 3.

39 ADAP D VIII, Dok. 353: Der dt. Botschafter in Moskau an das AA, 14. 11. 1939, S. 317, und Dok. 369: Der dt. Botschafter in Moskau an das AA, 18. 11. 1939, S. 329. — Auch gegen die Entsendung einer deutschen „Expedition" nach Tibet unter Dr. Ernst Schäfer erhob Molotow keine „grundsätzlichen Bedenken" (ADAP D VIII, Dok. 468: Der dt. Botschafter in Moskau an das AA, 18. 12. 1939, S. 430). — Die Beziehungen zwischen der Sowjetunion und der Regierung in Kabul waren bis Mitte 1940 außerordentlich gespannt. Die starke Massierung sowjetischer Truppen an der afghanischen Grenze schien nach Auffassung Abdul Majids darauf hinzudeuten, daß die Sowjetunion gegebenenfalls im Verlauf von Unruhen in Afghanistan zum Einmarsch nach Nord=Afghanistan bereit war. Erst nach dem Abzug der sowjetischen Truppen von der Grenze Mitte 1940 besserte sich das Verhältnis zwischen der Sowjetunion und Afghanistan wieder bis zu einem gewissen Grade.

40 Vgl. hierzu Leverkuehn, S. 176. — Zur späteren Einbeziehung des „Fakirs von Ipi" in die Aufstandspläne Subhas Chandra Boses vgl. unten S. 482.

41 „Das politische Tagebuch Alfred Rosenbergs", S. 195.

42 Vgl. oben S. 70 f.

43 Aufz. des Staatssekretärs Frhr. v. Weizsäcker, 30. 9. 1940 (Staatssekretär: Akten betr. Afghanistan, Polit. Archiv des AA, Bonn); ferner ADAP D XI, Dok. 145: Frhr. v. Weizsäcker an die dt. Gesandtschaft in Kabul, 3. 10. 1940, S. 240 f.

stan unter solchen Voraussetzungen bereit und in der Lage sei, mit seinen militärischen Kräften bis zum Indischen Ozean vorzustoßen[44].

Solange das Projekt des europäisch-asiatischen „Kontinentalblocks" unter Einschluß der Sowjetunion schwebte, in dem Afghanistan, ohne daß es ausdrücklich genannt wurde, zweifellos zum sowjetischen „Großraum" gekommen wäre, hielt sich jedoch das Auswärtige Amt gegenüber allen Werbungen der afghanischen Regierung stark zurück. Als Vorbereitung für die Verhandlungen mit Molotow hatte die Politische Abteilung des Auswärtigen Amtes in einer Zusammenstellung vom 11. 11. 1940[45] u. a. angeregt, „bei dem starken Interesse Sowjet-Rußlands an Iran und wohl auch an Afghanistan . . . eine Klarstellung" in der Weise vorzunehmen, „daß wir dort keine Sowjet-Rußland entgegenstehenden Interessen verfolgen und eine stärkere Aktivität Sowjet-Rußlands in der Richtung dieser Länder, die sich gegen England richten würde, begrüßen könnten". Indessen erwähnten Hitler und Ribbentrop Afghanistan in ihren Unterredungen mit Molotow am 12. und 13. 11. 1940 gar nicht.

Das Mißtrauen der afghanischen Regierung (wie auch der Irans), daß sie einem deutsch-sowjetischen Interessenausgleich auf „großräumiger" Basis geopfert werden könnten, blieb auch in der Folgezeit wach[46], da Hitler seine militärischen Ost-Pläne nicht vorzeitig aufdecken konnte und wollte und sich daher ein „offenes" deutsches Gespräch mit der afghanischen Regierung von selbst verbot. Dies zeigte sich deutlich während des mehrwöchigen Aufenthalts Abdul Majids in Berlin im Frühjahr 1941[47]. Seine offensichtlich von Rosenberg angeregte[48] Anwesenheit in Deutschland sollte beider Auffassung nach dazu dienen, eine enge politische und militärische Zusammenarbeit zwischen Deutschland und Afghanistan vorzubereiten. Jedoch hielt sich Hitler zurück, da ihm ein deutsches Engagement in Afghanistan noch zu früh erschien.

Während des Aufstandes im Irak[49] vertrat Abdul Majid sogar die Idee einer „Achse" Berlin-Bagdad-Kabul und bemühte sich, Deutschland auf die politische

44 Vgl. hierzu auch „Das politische Tagebuch Alfred Rosenbergs", S. 121 (Notizen vom 13. 9. 1940).

45 ADAP D XI, Dok. 317: Aufz. des Staatssekretärs Frhr. v. Weizsäcker, 11. 11. 1940, S. 521 f.

46 Vgl. hierzu vor allem ADAP D XII, Dok. 467: Aufz. des Staatssekretärs Frhr. v. Weizsäcker, 6. 5. 1941, S. 728. — Abdul Majid sprach von einem im Orient verbreiteten Verdacht, daß Deutschland die Saadabad-Pakt-Staaten nur ausnutzen wolle, aber bereit sei, der Sowjetunion freie Hand zu geben, wenn dies in der politischen Linie Deutschlands liege.

47 Abdul Majid hielt sich zu einer „medizinischen Behandlung", wie die offizielle Begründung lautete, in der Zeit von Anfang März bis Juli 1941 in Deutschland und in der Schweiz auf. Vgl. hierzu ADAP D XII, Dok. 158: Aufz. des Staatssekretärs Frhr. v. Weizsäcker, 12. 3. 1941, S. 283; Dok. 467: Aufz. des Staatssekretärs Frhr. v. Weizsäcker, 6. 5. 1941, S. 728, und Dok. 598: Aufz. des Staatssekretärs Frhr. v. Weizsäcker, 6. 6. 1941, S. 971 f.

48 Kurz vor dem 5. 5. 1941 (vgl. ADAP D XII, S. 729, Anm. 5) hatte Rosenberg ein Gespräch mit Abdul Majid und berichtete Hitler hierüber. Der Wunsch Abdul Majids, von Hitler empfangen zu werden, ging jedoch nicht in Erfüllung.

49 Vgl. die Darstellung unten S. 475 ff.

Linie einer Unterstützung aller Saadabad-Staaten festzulegen. Der Zusammenbruch der Rebellion des Irak und die – als Folge hiervon, erst recht nach dem Einmarsch in Syrien ab 8. 6. erkennbare – erhebliche Stärkung der britischen Position im Nahen Osten wirkten sich indessen sogleich auf die Haltung Abdul Majids aus. Noch am 20. 5., als die Kämpfe im Irak sich zugunsten der britischen Seite wendeten, wollte er einen von Deutschland entfachten Partisanenkrieg an der afghanisch-indischen Grenze unterstützen, wenn er sich auch bereits gegen eine offene Beteiligung Afghanistans am Kriege gegen Großbritannien aussprach[50]. Unmittelbar nach der Niederlage des Irak zeigte er sich dagegen in der Unterredung mit Staatssekretär Frhr. v. Weizsäcker am 6. 6. auffällig zurückhaltend, indem er bemerkte, daß die Briten ihrerseits die indischen Grenzstämme gegen Afghanistan „aktiviert" hätten, so daß der afghanischen Regierung Vorsicht geboten sei[51]. Zwei Tage nach Beginn des deutschen Angriffs auf die Sowjetunion, am 24. 6., erklärte er dann, daß Afghanistan in seiner exponierten Lage zwischen den miteinander verbündeten Mächten Sowjetunion und Großbritannien gezwungen sei, auf den Kurs einer absolut korrekten Neutralität zurückzuschwenken, da anderenfalls eine Besetzung des Landes durch sowjetische oder britische Truppen unvermeidlich sei[52]. Nur ein deutscher Triumph über die Sowjetunion hätte an dieser Entscheidung noch etwas zu verändern vermocht[53]. Erst dann hätten sich für den von Hitler am 17. 2. 1941 ins Auge gefaßten Plan eines Aufmarsches in Afghanistan gegen die britische Stellung in Indien wieder politische Ansatzmöglichkeiten ergeben[54].

Die hier für den Teilbereich Afghanistan getroffene Feststellung gilt entsprechend für alle in dem Entwurf der „Weisung Nr. 32" zusammengefaßten Pläne

50 Aufz. des Staatssekretärs Frhr. v. Weizsäcker, 20. 5. 1941 (Unterstaatssekretär: Akten betr. Afghanistan, Polit. Archiv des AA, Bonn).

51 ADAP D XII, Dok. 598, S. 971 f. – Schon am 12. 4. 1941 hatte die afghanische Regierung die Ernennung des deutschen Militärattachés in Teheran auch zum Militärattaché in Kabul in verklausulierter Form – aus Furcht vor einer britischen Reaktion – abgelehnt.

52 Aufz. des Staatssekretärs Frhr. v. Weizsäcker, 24. 6. 1941 (Unterstaatssekretär: Akten betr. Afghanistan, Polit. Archiv des AA, Bonn). – Am 30. 6. 1941 äußerte Hitler gegenüber Halder, daß „Afghanistan und andere kleine Völker . . . , wenn von der Angst vor Rußland befreit, aktiv mit uns zusammenarbeiten" würden (KTB Halder, Bd. III, S. 29).

53 Afghanistan gelang es allerdings infolge seiner Abgelegenheit und der traditionellen Rivalität zwischen Großbritannien und Rußland in diesem Raum, seine Neutralität bis zum Kriegsende aufrechtzuerhalten. Nach der Besetzung Irans durch britische und sowjetische Truppen (ab 25. 8. 1941) bestanden aber für Deutschland keinerlei Möglichkeiten mehr, auf die afghanische Politik Einfluß zu nehmen.

54 Daß Hitler den Gedanken an einen Vorstoß gegen Indien während des Ablaufs der „Barbarossa"-Operation weiterverfolgte, zeigte seine Bemerkung zu Graf Ciano im Augenblick des vermeintlichen Triumphes nach der Schlacht um Wjasma und Brjansk (vgl. unten S. 550) am 25. 10. 1941. Als Ciano im Auftrage Mussolinis Alpini-Divisionen anbot, erwiderte Hitler, daß sie im Kaukasus-Gebiet eingesetzt werden und „möglicherweise auch später an den Kämpfen gegen Indien teilnehmen könnten" (ADAP D XIII, Dok. 424, S. 696).

für die Zeit nach „Barbarossa". Da die Grundvoraussetzung, der schnelle Zusammenbruch der Sowjetunion, nicht wie erwartet eintrat, entfiel auch die einkalkulierte starke Auswirkung dieses Ereignisses auf die politische Haltung der Länder, auf die es bei der Verwirklichung der „Nach=Barbarossa"=Pläne ankam: auf die Türkei, die Länder Vorderasiens und Arabiens im Osten, Vichy=Frankreichs und Spaniens im Westen. Hitler gewann weder die militärische noch die politische Freiheit der Entscheidung für die Realisierung seiner weiträumig angelegten Strategie und mußte daher — statt, wie geplant, aus einer festgefügten „Großraum"= und „Weltmacht"=Position in Europa=Nordafrika=Vorderasien *nach* einer schnellen Niederwerfung der Sowjetunion — aus der Enge der nur lückenhaft abgesicherten improvisierten „Festung" Kerneuropas den Kampf gegen die vereinigten angelsächsischen Mächte im Westen *neben* dem von ihm ausgelösten, auf Deutschland zurückschlagenden Vernichtungskrieg im Osten führen.

5. Fazit: Die weltpolitische Situation um die Jahreswende 1940/41 aus dem Blickwinkel Hitlers

Hitlers Beurteilung der Gesamtlage an der Jahreswende 1940/41 hatte sich gegenüber der Zeit von Ende September 1940 wesentlich vereinfacht und ihn — unter Verzicht auf eine Fortsetzung aller diplomatisch=politischen Bemühungen mit dem Ziel einer Zwischenlösung, durch die der Westkrieg abgeschlossen und eine günstige Mächtekonstellation für „seinen" Ostkrieg geschaffen werden sollten — zur Konzeption eines improvisierten Planes für einen „Weltblitzkrieg" geführt, der ihm allein noch eine Lösung aus dem Dilemma zu versprechen schien, in dem er sich seit Ende Juni 1940 oder im Grunde genommen schon seit dem 3. September 1939 befand. Alle seine Versuche, durch weltpolitische Kombinationen („Dreimächtepakt" und „Kontinentalblock"=Projekt) oder durch die Einbeziehung weiterer Staaten (Spanien und Vichy=Frankreich) in den Krieg gegen Großbritannien seine politische und strategische Position gegenüber den angelsächsischen Mächten entscheidend zu verbessern, waren gescheitert und hatten nur die Aussichtslosigkeit, auf diesem Wege zum Ziele zu gelangen, erwiesen[1].

1 Hitlers politische und strategische Erwägungen, Planungen und Handlungen in den ersten Monaten nach Abschluß des Westfeldzuges 1940 sind oft (zuerst wohl vom Chefdolmetscher P. O. Schmidt) mit den „Zügen" eines Schachspielers verglichen worden, der sich bemühte, durch immer gewagtere Schritte den (britischen) Gegenspieler — indirekt — mattzusetzen. Dieses Bild trifft nur sehr bedingt auf Hitlers Situation in den Wochen nach dem Waffenstillstand mit Frankreich zu. Vor allem muß betont werden, daß das anfängliche „Nicht=Wollen", einen unmittelbaren Druck auf Großbritannien auszuüben, um dieses zu einem „Ausgleich" mit ihm zu veranlassen, spätestens im September 1940 zu einem „Nicht=Können" geworden war, England direkt seinen Willen aufzuzwingen.

Das Gegenteil aller Erwartungen war eingetreten. Das bündnisähnliche Verhältnis zwischen Großbritannien, das Hitler weder mit politischen noch mit militärischen Mitteln zu einem „Ausgleichs"-Frieden zwingen konnte, und den nur noch formal neutralen USA, die nicht — wie erhofft — durch die aus dem „Dreimächtepakt" hervorgehende Bedrohung mit einem Zweiozeankrieg von ihrem politischen Kurs abgebracht werden konnten, war immer enger geworden. Das weitaus höhere Kräftepotential der faktisch miteinander verbündeten angelsächsischen Seemächte, die über die Hilfsquellen des größten Teils der Erde verfügten und den deutsch-beherrschten Raum Kontinentaleuropas im Westen und Süden von den überseeischen Verbindungen abschnitten, mußte dem Krieg bei längerer Dauer und fortlaufend gesteigerter amerikanischer Rüstung unweigerlich eine Wendung zuungunsten Deutschlands geben. Die äußerste zeitliche Grenze, bis zu der sich dieses Übergewicht der angelsächsischen Mächte noch nicht wesentlich auf die strategische und operative Bewegungsfreiheit Deutschlands auswirkte, weil die Aufrüstung der USA erst Mitte 1940 richtig begonnen hatte und der Vorsprung Deutschlands vor allem auf dem Gebiet der Heeresrüstung nicht so schnell aufzuholen war, lag bei Mitte 1942. Gelang es Hitler bis dahin nicht, eine grundlegende Änderung der nur äußerlich glänzenden, in Wirklichkeit aber ungefestigten politischen und strategischen Situation in Europa herbeizuführen, dann nahm der seit dem Herbst 1939 in der Form einzelner deutscher „Blitz"-Feldzüge geführte europäische Krieg den Charakter eines Material- und Abnutzungskrieges im Stile des Weltkrieges 1914/18 an, bei dem das ständig wachsende und schließlich erdrückende Übergewicht der Westmächte früher oder später zur vollständigen Niederlage Deutschlands führen mußte.

Diese Einschätzung seiner verfahrenen Situation im Westkrieg durch Hitler war ohne Zweifel realistisch. Alle Vorschläge, die von den Spitzen der Wehrmachtteile, vor allem durch den Oberbefehlshaber der Kriegsmarine, Großadmiral Raeder, an ihn herangetragen wurden in der — aus dem begrenzten Gesichtskreis des einzelnen Wehrmachtteils durchaus verständlichen — Meinung, es sei möglich, eine Änderung der ungünstigen Gesamtsituation Deutschlands durch eine großzügige, gegen die britische Mittelmeer- und Nahostposition gerichtete Strategie zu erreichen, versprachen keine Befreiung aus dem Dilemma. Nicht zuletzt übersahen alle diese Vorschläge die jederzeit mögliche, bei der langfristigen Festlegung eines strategischen Schwerpunktes von deutscher Seite zu berücksichtigende Änderung der ohnehin undurchsichtigen Haltung der Sowjetunion gegenüber dem europäischen Krieg. Es muß konstatiert werden, daß mit den Hitler im Jahre 1940 zur Verfügung stehenden deutschen Machtmitteln einfach eine Kriegsentscheidung gegen Großbritannien oder gar gegen die beiden angelsächsischen Mächte nicht zu erzwingen war. Im Gegenteil: da die deutsche Stärke, relativ gesehen, immer geringer wurde, war das im günstigsten Augenblick, im Sommer 1940, Unerreichbare später erst recht nicht mehr zu erringen. Auch der

Verzicht Hitlers auf eine gewaltsame Durchsetzung seiner Ziele gegenüber Spanien und Vichy=Frankreich, die mit diplomatisch=politischen Mitteln nicht zu erlangen war, muß als situationsgerecht anerkannt werden. Eine Nieder=werfung dieser Staaten, sofern man darunter die militärische Besetzung des süd=französischen Gebietes und der Iberischen Halbinsel versteht, wäre natürlich möglich gewesen, hätte aber keine wirkliche Verbesserung der Gesamt=situation Deutschlands gebracht, da die angelsächsischen Mächte zu weit=räumigen Gegenzügen (etwa auf den atlantischen Inseln Portugals und Spa=niens oder in Französisch=Westafrika) jederzeit in der Lage waren und somit den vorübergehenden taktischen oder operativen Gewinn in einen dauernden strategischen Nachteil verwandeln konnten[1a]. Auch ein Staatsmann in der damaligen deutschen Situation, der weniger als Hitler auf einen „grandiosen Betrug" zur Durchsetzung seiner Ziele angewiesen gewesen wäre und eine durchaus loyale Koalitionskriegführung mit Spanien und Vichy=Frankreich beabsichtigt hätte, wäre an den realen Gegensätzen zwischen diesen Staaten und dem — beiden gemeinsamen — Interesse, dem Krieg zumindest so lange fernzubleiben, wie sein Ausgang noch offen war, gescheitert[2]. Die — faktisch Deutschland außerordentlich begünstigende — „Nichtkriegführung" Spaniens wie Vichy=Frankreichs (mit seinem nordwestafrikanischen Kolonialreich) war im ganzen gesehen noch das Vorteilhafteste, was Hitler bei der militär=geographisch exponierten Lage beider Länder zwischen dem deutschen Macht=bereich in Kontinentaleuropa und den — den Atlantik wie das westliche Mittel=meer beherrschenden und Zentralafrika kontrollierenden — angelsächsischen Mächten überhaupt erwarten konnte. Die ab November 1940 eingeleiteten deutschen Stützungsmaßnahmen für Italien im Mittelmeerraum und auf dem Balkan konnten und sollten schließlich nicht mehr bewirken, als daß der un=aufhaltbare Zusammenbruch Italiens noch eine Zeitlang hinausgeschoben wurde. Verhindert werden konnte er nur durch eine schnelle Entscheidung an anderer Stelle, die eine allgemeine Wendung des Krieges zu Deutschlands und damit indirekt auch zu Italiens Gunsten herbeiführte.

Dieser im ganzen recht realistischen Einschätzung seiner Situation im West=krieg stand bei Hitler ein rassenideologisch=mythisch übersteigertes, aber in seinem Kern auf weit verbreiteten Auffassungen beruhendes Fehlurteil über

1a Dies galt im Grunde bereits für Hitlers Norwegen=Unternehmen 1940; jedoch kam hier als entscheidendes Motiv die wehrwirtschaftliche Notwendigkeit hinzu, die Erz=Zufuhr aus Schweden für Deutschland zu sichern. Eine vergleichbare Notwendigkeit, die die Ausweitung des gegenüber den angelsächsischen See=mächten zu verteidigenden deutsch=beherrschten kontinentaleuropäischen Rau=mes unter Inkaufnahme militärischer Nachteile gerechtfertigt hätte, lag bei Spanien, Vichy=Frankreich und im Falle Nordwestafrikas nicht vor.

2 Diesen sachlichen Grund des Scheiterns der deutschen Bemühungen gilt es klar zu erkennen. Er verschwindet in manchen Darstellungen hinter der — an sich berechtigten — Begründung, Hitler habe mit der Fortdauer des Krieges immer mehr die Fähigkeit zu diplomatisch=politischen Lösungen (oder Zwischenlösun=gen) verloren und nur noch militärische Entscheidungen erstrebt.

die militärischen Möglichkeiten Deutschlands im Osten, eine in ihrem Ausmaß aus der Rückschau schwer begreifliche Unterschätzung des Kräftepotentials der Sowjetunion, gegenüber, deren Zerschlagung Hitler einen – den einzigen – Ausweg aus dem Dilemma der Entwicklung des Krieges im Westen zu weisen schien. Durch einen „Blitzkrieg" von wenigen Wochen Dauer erwartete Hitler nicht nur eine grundlegende Wandlung der Gesamtkriegssituation, sondern vermeinte er zugleich auch sein lange angestrebtes großes Ziel, die Aufrichtung eines Ostimperiums auf den Trümmern der Sowjetunion, erreichen zu können. Die militärische Ost-Lösung war für Hitler somit zu der großen „Chance" geworden, die „Wende" herbeizuführen und mit einem Schlage *alles* zu erlangen. In Hitlers kurzschlüssiger, aber bis auf den Kulminationspunkt des Krieges im Winter 1941/42 zäh festgehaltener weltpolitischer Kalkulation sollte der erwartete schnelle Zusammenbruch der Sowjetunion für Japan das Signal sein, mit der lange erwogenen, aber wegen der sowjetischen Rückenbedrohung und innerer Schwierigkeiten bisher hinausgezögerten Südexpansion und mit dem Aufbau des „Großraums" Ostasien-Südsee zu beginnen, während die USA, vor dem Risiko eines nun ernsthaft drohenden Zweiozeankrieges weltweiten Ausmaßes zurückschreckend, gezwungen würden, sich mit der „Neuordnung" der gesamten „östlichen Hemisphäre", in Asien wie in Europa-Afrika, abzufinden, so daß schließlich auch Großbritannien nichts anderes übrig blieb, als den Widerstand aufzugeben. Um dieses Ziel zu beschleunigen, waren für die Zeit nach der Niederwerfung der Sowjetunion weit ausgreifende deutsche Operationen gegen die britische Nahost- und Mittelmeerstellung vorgesehen, die schließlich in einer letzten Phase von Afghanistan aus das Herzstück des britischen Empire, Indien, bedrohen sollten. Spätestens die drohende Möglichkeit eines solchen Vorstoßes mußte nach Hitlers Auffassung die britische Regierung zu einem Einlenken veranlassen.

Verzichtete Hitler jedoch auf eine Zertrümmerung der Sowjetunion im Jahre 1941 und beschränkte er sich auf eine Abkapselung in seiner im Grunde nur um ein Vorfeld erweiterten mitteleuropäischen Position, die er 1940 gewonnen hatte, die aber für eine „Weltkriegs"-Strategie räumlich zu eng und wehrwirtschaftlich nicht „autark" war, so konnte er eine Entwicklung voraussehen, die ihn eines Tages zur „Kapitulation" vor den langfristig planenden, mit ihrem überlegenen Kräftepotential nach jahrelangen zermürbenden Abnutzungskämpfen schließlich triumphierenden angelsächsischen Seemächten führen würde. „Kapitulation" aber hieß für ihn „Ergebung in den Willen eines anderen"[3], eine für den vom Machtwillen Besessenen unerträgliche, die schlimmste Vorstellung überhaupt. So lautete für ihn im Winter 1940/41 die

3 Diese Deutung des Begriffs „Kapitulation" gab Hitler in seiner Rede vor Offiziersanwärtern im Berliner Sportpalast am 29. 4. 1941 (damals geheim; Wortlaut auf Schallplatten festgehalten: Bundesarchiv Koblenz, Le 5 EW 66 319 – 66 341). Auszüge abgedruckt bei Domarus, Bd. II, S. 1694 f.

„Alternative" nicht Mittelmeerstrategie oder militärische Ost-Lösung, auch nicht „Kontinentalblock" oder Angriff auf die Sowjetunion, sondern Zertrümmerung der Sowjetunion als Grundvoraussetzung für eine entscheidende Wendung des Gesamtkrieges zu seinen Gunsten und zur Erreichung seiner Kriegsziele im Osten sowie gegenüber den Westmächten — oder aber „Kapitulation[4]". Hitler setzte dabei auf Grund seiner rassenideologisch übersteigerten Überzeugung von der Überlegenheit des von ihm geführten Deutschland über das bolschewistische Rußland alles auf die eine Karte, daß der „Blitzkrieg" zu einem vollen Erfolg führte. Scheiterte er aber — das war die Konsequenz hieraus —, dann war nicht nur der „Feldzug", sondern der Gesamtkrieg verloren[5]. In der Überzeugung, den „geschichtlichen Augenblick" nutzen zu müssen, trachtete Hitler danach, sein großes Kriegsziel, den Aufbau eines deutschen Ostimperiums schon während der militärischen Operationen zur Niederwerfung der Sowjetunion einzuleiten (also nicht erst die militärische Entscheidung abzuwarten), während der Westkrieg noch fortdauerte — ohne Rücksicht darauf, daß der Ostfeldzug auch eine wichtige Funktion im Rahmen des Gesamtkrieges besaß. Hieran nun wird deutlich, daß Hitler bei dieser für ihn grundlegenden Entscheidung zugleich den Übergang von politisch-strategischer „Taktik" zu den „Prinzipien" seiner Rassenideologie vollzog, die ihm gleichzeitig einen Schlüssel zum „Verständnis" des Bolschewismus wie auch zur Möglichkeit, Dauerhaftigkeit und „Sinndeutung" der Aufrichtung einer deutschen Herrschaft über Rußland bot. Diese „Prinzipien" ließen ihn den Ostkrieg in einer Weise planen, vorbereiten und durchführen, die von vornherein alle — wie hoch auch immer einzuschätzenden — politischen „Chancen", die in einer Befreiung der Völker der Sowjetunion von der Herrschaft des stalinistischen Systems lagen, ausschloß, die aber auch jede Erörterung von durchaus denkbaren und später — „unterhalb" von Hitler — tatsächlich auch erwogenen und z. T. praktizierten Alternativen innerhalb der militärischen Ost-Lösung

4 Dies hat Keitel in seinem (in dieser Form nicht vor dem IMT gehaltenen, jedoch in den Akten seines Verteidigers erhalten gebliebenen) „Schlußwort" rückschauend klar erkannt: „Der Führer hielt aus ideologischen Gründen trotz meiner Bedenken die Auseinandersetzung mit Rußland in diesem Zeitpunkt für unvermeidlich. Mir ist es heute klar, daß Hitler damals keine Handlungsfreiheit mehr hatte, obwohl er dies niemals zum Ausdruck gebracht hat. Die einzig mögliche Alternative — bei richtiger Erkenntnis der furchtbaren Verantwortung gegenüber seinem Volke — nämlich Schluß zu machen, kam für ihn niemals in Betracht. Es muß zugegeben werden, daß dies in der damals günstigen militärischen Lage — wenigstens scheinbar für diejenigen, die keine Möglichkeit hatten, die Zukunft (zu erfassen), insbesondere das Kriegspotential unserer Gegner, zu denen außer Sowjetrußland auch die USA mit Sicherheit gerechnet werden mußten — ein schwerer Entschluß gewesen wäre" (Keitel, S. 392).

5 Hitler hat die Erkenntnis, daß der Krieg verloren war, im Winter 1941/42 nach Scheitern des deutschen „Blitzkrieges" gegen die Sowjetunion tatsächlich gegenüber Jodl ausgesprochen, daraus jedoch nicht die Konsequenz gezogen, den Kampf aufzugeben, sondern in einer neuen Offensive im Osten 1942 das Unmögliche doch noch zu erreichen gesucht (vgl. hierzu KTB OKW, Bd. IV, S. 55 ff.; P. E. Schramm: Hitler als „Kriegsverlängerer").

(die im Rahmen des Gesamtkrieges in der Situation des Spätherbst 1940 tat=sächlich wohl unvermeidbar war, wenn Hitler nicht „kapitulieren" wollte) im großen unmöglich machte. Kriegsziel und Kriegsmittel waren im Ostkrieg für Hitler eins. Hier schaltete er alle Erwägungen sachlicher Logik, denen er im Westkrieg durchaus, zumindest in recht weiten Grenzen, zugänglich war, sowie jeden Kalkül politischer Taktik völlig aus, den er dort weitgehend angewandt hatte und dem er auch im Ostkrieg, wenn dieser für ihn primär bloß Mittel im Rahmen des Gesamtkrieges und nicht zugleich machtpolitisch=rassenideo=logisches Kriegsziel gewesen wäre, stärker Raum gegeben hätte.

Allerdings ist bei dem Versuch, das Verhältnis von Ziel und Mittel in Hitlers Ostkrieg genauer zu bestimmen, zu berücksichtigen, daß, wenn auch vage An=deutungen Hitlers über seine politischen Ziele im Osten schon aus seinen Aus=führungen vor den Spitzen von OKW und OKH am 21. und 31. 7. 1940 zu entnehmen sind, die eigentliche ideologisch=politische Planung des Ostkrieges erst im März 1941 einsetzte und erst dann die Konsequenzen des von Hitler beabsichtigten Vernichtungskrieges gegen die „jüdisch=bolschewistische" Herr=schaft über Rußland voll erkennbar wurden[6], zu einem Zeitpunkt also, als die Grundentscheidung zur militärischen Ost=Lösung, die in der Situation des Sommers und Herbstes 1940 wohl vor dem Hintergrund der alten „programm=matischen" Zielsetzung sogleich nach Abschluß des Westfeldzuges beabsichtigt, aber doch erst durch Hitlers militär=strategische Konsequenz aus seiner welt=politischen Lageanalyse, also von Überlegungen zum Gesamtkrieg her, tat=sächlich getroffen wurde, längst gefallen war. Dieses Thema, der Umschlag vom Taktischen zum „Prinzipiellen" in der Politik Hitlers, sollte daher auch erst in einem späteren Abschnitt abschließend erörtert werden[7].

Dagegen ist hier noch der Frage nachzugehen, ob die Tragweite der Entschei=dung Hitlers zur militärischen Ost=Lösung damals überhaupt jemandem aus dem engen Kreis der bis Ende Januar 1941 in den Ostfeldzugsplan eingeweih=ten hohen Militärs bewußt gewesen ist und auf welche Weise versucht wurde, Hitler von seinem Entschluß, den er ganz allein, ohne „Beratung", gefaßt hatte, frühzeitig wieder abzubringen. Bei der Beantwortung dieser Frage ist zunächst darauf hinzuweisen, daß der Kreis der Militärs, die Kenntnis von dem Plan und Zugang zu Hitler hatten, sich auf die Vertreter des OKW, Keitel und Jodl, des OKH, v. Brauchitsch und Halder, sowie die Oberbefehlshaber von Luft=waffe und Marine, Göring und Raeder, beschränkte, zu denen als einziger Nicht=Militär noch der Außenminister v. Ribbentrop gehörte. Wie schon dar=gelegt[8], war die psychologische Situation insbesondere der Vertreter des Heeres im Vergleich zur Zeit der Vorbereitung der Westoffensive im Winter 1939/40 insofern völlig anders, als Hitlers Prestige als politischer und militärischer „Führer" auch bei ihnen seinen Höhepunkt erreicht hatte und — entscheidend —

6 Vgl.hierzu unten S. 516 ff.
7 Vgl. unten S. 516 ff.
8 Vgl. oben S. 59 ff.

niemand aus ihrem Kreise an dem Gelingen eines deutschen „Blitzkrieges" gegen die Sowjetunion zweifelte, so daß eine Argumentation gegen den Ost=Plan — da Hitler auf „moralische" oder allgemeine politische Gründe ohnehin nicht ansprechbar war und die ihm gegenüber noch relativ am stärksten wirkenden militärtechnischen Vorbehalte in diesem Falle nach eigener Überzeugung fortfielen — nur mit strategischen Bedenken oder dem Aufzeigen von „Alternativen" für die erfolgreiche Beendigung des Gesamtkrieges geführt werden konnte. Diesen wiederum fehlte die sachliche Durchschlagskraft, weil es außer der für alle indiskutablen „Kapitulation" letztlich keine „Alternative" gab. Da es zudem allen unmöglich schien, Hitler von diesem seinem eigentlichen großen Kriegsziel völlig abzubringen, konnte es sich nur darum handeln, die Notwendigkeit einer Verschiebung auf später, d. h. für die Zeit nach Beendigung des Krieges im Westen, zu begründen. Dies aber war wiederum eine Zielsetzung, die mit den verfügbaren Mitteln nicht zu erzwingen war. Man bewegte sich also in einem circulus vitiosus. Schließlich ist, obwohl damit fast eine Selbstverständlichkeit ausgedrückt wird, hinzuzufügen, daß die Beseitigung der „bolschewistischen Gefahr" oder der russischen Bedrohung oder ganz einfach auch die Zerschlagung der Sowjetunion von allen Beteiligten als wünschenswert betrachtet und daher Hitlers Entschluß — von der Problematik des Zeitpunktes, der geplanten Durchführung während des noch nicht beendeten Krieges im Westen einmal abgesehen — grundsätzlich begrüßt wurde.
Um das Entscheidende vorwegzunehmen: das mit der operativen Vorbereitung des Ostfeldzuges beauftragte OKH, das auf Grund der seit Juli 1940 im Gange befindlichen Überlegungen und Vorarbeiten sachlich am meisten kompetent gewesen wäre, erhob keinerlei Einspruch gegen den geplanten Ostfeldzug bei Hitler, obwohl v. Brauchitsch und Halder von dem Unternehmen „Barbarossa" keine grundlegenden vorteilhaften Auswirkungen auf den Fortgang des Krieges gegen Großbritannien erwarteten, also an dem Sinn des Ostfeldzuges für den Gesamtkrieg zweifelten[8a]. Beide beschränkten sich aber bewußt auf

8a Nach dem Kriege faßte Halder seine persönliche Auffassung über Hitlers Ostfeldzugspläne 1940 wie folgt zusammen: „Er habe den Krieg mit Rußland für vermeidbar gehalten. Wohl sei auch er davon überzeugt gewesen, daß es zu einem späteren Zeitpunkt einmal zu einer Kraftprobe zwischen der Sowjetunion und Deutschland kommen könne, zumindest solange die UdSSR ihre ausgeprägten Expansionsbestrebungen nach Westen fortsetze. Jedoch habe er die Ansicht vertreten, Deutschland solle einen derartigen Waffengang nicht von sich aus provozieren; schon gar nicht, so lange es unter der schweren Belastung eines Krieges gegen Großbritannien stand. Er hätte die Alternative zu einem Angriff auf die Sowjetunion nur darin gesehen, die russische Expansion gegen den Balkan und die Türkei abzulenken. Das mußte mit Sicherheit zu einer Auseinandersetzung zwischen Rußland und Großbritannien führen, die das deutsch=englische Verhältnis verändern konnte" (H.=A. Jacobsen: Das „Halder=Tagebuch" als historische Quelle, in: Festschrift für P. E. Schramm, Wiesbaden 1964, S. 261). — Es bestand jedoch faktisch keinerlei Möglichkeit für Hitler, die Sowjetunion so zu „dirigieren", daß sie in einen Konflikt mit Großbritannien geriet. Stalins Ziel war es ja gerade, dies unter allen Umständen zu vermeiden (vgl. oben S. 300 ff. und unten S. 425 ff.). — Die britischen Erwägungen im Mai/Juni 1941,

den ihnen zugewiesenen militärtechnischen Gesichtskreis der Landkriegführung, von dem aus sie keine Bedenken gegen die Operation „Barbarossa" sahen.
Die einzige Persönlichkeit, deren Stellungnahme gegen den Ostfeldzug bei Hitler überhaupt sicher verbürgt ist, war Großadmiral Raeder, dessen verschiedene Warnungen vor einem Zweifrontenkrieg wir schon an anderer Stelle verzeichneten[9]. Die Schwäche seiner Argumentation lag darin, daß er auf eine „Alternative" hinwies, die bei einer gründlichen Analyse der darin enthaltenen Möglichkeiten keine Entscheidung des Krieges im Westen zugunsten Deutschlands versprach.
Alle übrigen in Frage kommenden Persönlichkeiten mit Ausnahme von Jodl (von dem nur bekannt ist, daß er den Ostfeldzug nicht als eine Notwendigkeit im Hinblick auf die weitere deutsche Kriegführung gegen Großbritannien ansah, die im Mittelpunkt seines strategischen Denkens blieb) wollen Hitler ebenfalls unter vier Augen gewarnt haben. Der Chef OKW Keitel berichtete in seinen im Nürnberger Gefängnis abgefaßten Erinnerungen, er habe Hitler in der zweiten Augusthälfte 1940 eine persönliche Denkschrift gegen eine militärische Ostlösung vorgelegt und bei der Ablehnung durch Hitler sein Amt zur Verfügung stellen wollen. Nur einem strikten Befehl Hitlers, auf seinem Posten zu bleiben, habe er sich schließlich gefügt[10]. Keitel will auch etwa in der gleichen Zeit mit Ribbentrop über seine ablehnende Haltung zu Hitlers Ostfeldzugsabsichten gesprochen[11] und den Außenminister zu einer Vorsprache bei Hitler in gleicher Sache bewogen haben. Ribbentrop bestätigte dies in seinen Aussagen vor dem Nürnberger Tribunal und in seinen Memoiren[12]. Seinen Aussagen zufolge wandte er sich im August/September 1940 gegen die militärische Ost-Lösung in Gesprächen mit Hitler. Es ist durchaus denkbar, ja wahrscheinlich, daß Ribbentrop, der ja den deutsch-sowjetischen Nichtangriffs-

einen militärischen Schlag gegen die Sowjetunion zu führen, entsprangen einer Fehldeutung der Situation und der Politik Stalins (unabhängig von sowjetischen Expansionstendenzen und ihrer Richtung) (vgl. unten S. 441 f.); diese „Chance", dem Krieg eine Wendung (welchen Ausmaßes?) zu geben, konnte Hitler nicht ahnen. Aus seiner Sicht war eine solche Handlung so unwahrscheinlich, daß sich darauf keine Konzeption gründen ließ.

9 Vgl. oben S. 188 ff. — Raeder hielt damit — bei allen sonst von ihm vorgebrachten weit ausgreifenden strategischen Vorschlägen — an seiner grundlegenden Lagebeurteilung vom Kriegsbeginn fest, daß die Rückendeckung durch Rußland angesichts der Schwäche der deutschen Kriegsmarine und der deutschen Position insgesamt die Voraussetzung für einen erfolgreichen Abschluß des Krieges Deutschlands gegen Großbritannien sei (vgl. oben S. 38, Anm. 46).

10 Keitel, S. 243 ff.; ferner IMT, Bd. X, S. 360, S. 493, S. 590 f. und S. 677. — Eine Verwechslung dieser Denkschrift mit der gemeinsam mit Jodl Ende Juli 1940 verfaßten, in der die Spitzen des OKW nachwiesen, daß ein Feldzug gegen die Sowjetunion im Herbst 1940 aus militärtechnischen Gründen undurchführbar sei, ist bei dem unscharfen Erinnerungsvermögen Keitels, das seine Memoiren erkennen lassen, möglich; doch ist auch ein späterer eigener Schritt bei Hitler in dem Sinne, wie Keitel es darstellt, nicht ausgeschlossen.

11 Hierzu auch Ribbentrop, S. 228.

12 IMT, Bd. X, S. 425 f. und S. 493; Ribbentrop, S. 228 ff.

pakt als persönliche Leistung betrachtete und der aus seiner antibritischen Grundeinstellung, die vom Ansatz her keineswegs mit den rassenideologischen Axiomen der außenpolitischen Leitvorstellungen Hitlers übereinstimmte[13], einen europäisch-asiatischen „Kontinentalblock" gegen Großbritannien als Krönung seiner politischen Konzeption angesehen hätte, in Unterredungen mit Hitler gegen die militärische Ost-Lösung und für die „Kontinentalblock"-Konzeption plädiert hat, deren vorübergehende Annahme durch Hitler im September/Oktober 1940 sicher auf seine Argumentation mit zurückzuführen ist. Allerdings muß es Hitler spätestens nach der für Ribbentrop zweifellos deprimierenden Enthüllung der sowjetischen Nah- und Fernziele durch Molotow am 13. 11. 1940 ohne größere Schwierigkeiten gelungen sein, den Außenminister von der Unumgänglichkeit der militärischen Ost-Lösung zu überzeugen, da Ribbentrop bereits in der Besprechung mit den Spitzen von OKW und OKH am 9. 1. 1941 Hitlers Argumentation über die Notwendigkeit des Ostfeldzuges durch außenpolitische Erläuterungen in dessen Sinne ergänzte[14]. Dies schließt nicht aus, daß Ribbentrop im Frühjahr 1941 wahrscheinlich erneut erhebliche Bedenken gegen den Ostkrieg bekam und auf verschiedene Weise — indirekt — dieser Lösung entgegenzuwirken versuchte[15].

Schließlich behauptete auch Göring in Nürnberg, sich im Januar 1941 bei Hitler gegen eine militärische Lösung des Rußland-Problems vor Beendigung des Krieges im Westen gewandt zu haben[16]. Von allen diesen quellenmäßig nicht exakt belegbaren „Warnungen" vor einer militärischen Ost-Lösung ist die Görings am wenigsten glaubwürdig[17], da er am 15. 9. 1940 im Gespräch mit Hitler (nur in Anwesenheit des Heeresadjutanten, also im kleinsten Kreise) der geringen Einschätzung der Roten Armee durch Hitler voll zustimmte[18] und

13 Es verdiente eine eigene — hier nicht mögliche — Untersuchung, welche Auswirkungen im einzelnen und welche Bedeutung im großen das Zusammentreffen der grundverschiedenen außenpolitischen Konzeptionen Hitlers und Ribbentrops in den beiden entscheidenden Vorkriegsjahren 1938/39 für den Gang und das (nicht nur realiter, sondern auch von Hitlers Zielsetzung her betrachtet) katastrophale Ergebnis der deutschen Außenpolitik, den 3. 9. 1939, hatte.

14 Vgl. oben S. 371, Anm. 104.

15 Vgl. unten S. 451, Anm. 30, S. 472, Anm. 81, und S. 476, Anm. 19.

16 IMT, Bd. X, S. 386. — Auch der Staatssekretär im Reichsluftfahrtministerium, Generalfeldmarschall Milch, will sich bei Hitler gegen die militärische Ost-Lösung ausgesprochen haben (IMT, Bd. IX, S. 59 ff.).

17 Nach Mitteilung des Generalleutnants a. D. Josef Schmid, des langjährigen Chefs Ic des Luftwaffenführungsstabes (5. Abt., Fremde Luftmächte), an H. Uhlig (Mitarbeiter des Instituts für Zeitgeschichte München) fürchtete Göring wohl „die uferlose Kriegsausweitung, die unendliche Größe Rußlands und auf der anderen Seite Amerikas Kriegseintritt"; er habe es aber nicht gewagt, diese persönliche Auffassung Hitler gegenüber klar zu vertreten. Der Chef des Generalstabes der Luftwaffe, Generaloberst Jeschonnek, „dachte von der Sowjetunion, die er in den zwanziger Jahren kennengelernt hatte, geringschätzig und war unbedingt für Schlagen".

18 Ähnlich geringschätzig äußerte sich Göring über die sowjetische Stärke, speziell auch über die sowjetische Luftwaffe, gegenüber Galland Ende April 1941 (Galland, S. 99).

bei seiner Auseinandersetzung mit General Thomas im Februar 1941[19] nicht einmal andeutungsweise seine Gegnerschaft gegen den Rußland-Feldzug zu erkennen gab, vielmehr als Phantast weitschweifender Ost-„Planungen" hervortrat.

Nimmt man alles in allem, so bleibt als einzige als völlig gesichert zu betrachtende „Tatsache" die wiederholte, recht eindringliche Warnung Raeders, der allerdings auch ab Januar 1941 resignierte, sich mit der Durchführung des Ostfeldzuges abfand und ihn als Faktor in seine eigene weit ausgreifende Gesamtkriegskonzeption einfügte. Von einer Klarheit des Denkens und einem hohen Verantwortungsbewußtsein im Handeln, die dem Ernst der für den Ausgang des Krieges – nicht nur tatsächlich, sondern bereits in der Konzeption Hitlers – entscheidenden Bedeutung des Unternehmens „Barbarossa" angemessen gewesen wären, kann bei allen diesen Stellungnahmen gegenüber Hitler keine Rede sein. Eine richtige Einsicht und eine klare Erkenntnis der Situation Deutschlands hätte allerdings als Konsequenz eine sofortige Kapitulation bedeutet. Die große Diskrepanz zwischen dem äußeren Schein – dem verbreiteten Triumphgefühl nach dem Sieg über Frankreich – und dem Ernst der wirklichen Lage Deutschlands erschwerte eine nüchterne Bilanz und die notwendigen Folgerungen in hohem Maße. Die Kollektivillusion derer, die den Überblick besaßen und doch die Augen vor der bitteren Realität schlossen, ist sicher bei den meisten unbewußter Selbstbetrug gewesen. Man glaubte einfach, die Lage Deutschlands, die sich scheinbar seit dem Frühjahr 1940 so glückhaft gestaltet hatte, in ihrer Fragwürdigkeit nicht anders sehen zu können oder zu dürfen, als daß doch noch ein Ausweg aus dem Dilemma des Krieges gefunden werden müsse, der die Bewahrung des in den Jahren 1938–1940 Errungenen ermöglichte. Diese Feststellung über die Mitverantwortung des genannten Kreises gilt trotz allen Bemühens des Historikers, den Prämissen des unklaren Denkens sowie der engen fachbezogenen Betrachtungsweise und damit den – z. T. weit zurückliegenden – Voraussetzungen und Bedingtheiten[20] des Handelns oder Versagens der wichtigsten militärischen und politischen „Berater" Hitlers im Herbst 1940 nachzugehen sowie den Grad der Verstrickung zu erkennen, der sie erlagen, auch in dem Bewußtsein, mit seinem Urteil nicht nur der Wahrheit, sondern der historischen Gerechtigkeit verpflichtet zu sein.

19 Vgl. oben S. 268 f.
20 Vgl. dazu unsere Darstellung in dem Abschnitt über den Charakter des Ostkrieges als Vernichtungskrieg unten S. 528 ff.

Teil C 1941

VI. Die weitere Verschärfung der politischen Situation gegen Hitler in der ersten Jahreshälfte 1941

1. Die USA als „nichtkriegführender" Verbündeter Großbritanniens

Die ersten Monate des Jahres 1941 bis zum Beginn des deutschen Angriffs auf die Sowjetunion (22. 6.) waren vor allem gekennzeichnet durch die schnell wachsende, wenn auch weder psychologisch noch militärisch voll erreichte Kriegsbereitschaft der USA und den Übergang der Partnerschaft der beiden angelsächsischen Mächte aus dem Stadium einer vorwiegend materiellen Hilfeleistung Amerikas für Großbritannien zur umfassenden politischen und militärischen Allianz der beiden Seemächte[1]. Zwei Ereignisse markieren diesen Trend der Veränderung im britisch-amerikanischen Verhältnis: das Inkrafttreten des „Leih-Pacht-Gesetzes" am 11. 3. und die Einigung über den Grundkriegsplan in den geheimen amerikanisch-britischen Stabsbesprechungen am 27. 3. 1941. Die im folgenden angeführten Einzelheiten sollen, ohne daß eine genauere Analyse in jedem einzelnen Falle beabsichtigt ist, andeuten, welchen Grad die Zusammenarbeit der angelsächsischen Mächte bis zum Beginn des deutschen Ostkrieges bereits erreicht hatte und wie weit die amerikanische Aufrüstung schon fortgeschritten war.

Das „Leih-Pacht-Gesetz" gab Präsident Roosevelt im Rahmen der vorerst vom Kongreß bewilligten 7-Milliarden-Dollar-Grenze unbeschränkte Vollmacht, alle Waffen, Ausrüstungsgegenstände sowie Verbrauchsgüter produzieren zu lassen, die zum beschleunigten Aufbau der amerikanischen Wehrmacht und zur Unterstützung von Staaten notwendig waren, deren Verteidigung der Präsident für die Sicherheit der USA als notwendig („vital") erachtete. Dies wurde von Roosevelt nach dem 11. 3. zunächst allein hinsichtlich Großbritanniens festgestellt. Daß es sich bei der „Leih-Pacht-Hilfe" um keine Maßnahme handelte, die eine akute britische Notlage beheben sollte, zeigte bereits der Ent-

1 Allgemein hierzu R. W. Leopold: The Growth of American Foreign Policy. New York 1962, S. 568 ff.

schluß des Präsidenten, den größten Teil der bewilligten Gelder zum Aufbau neuer Werke und Anlagen für die Produktion von Waffen und Ausrüstungen zu verwenden, also auf eine überstürzte materielle Hilfeleistung für die Verteidigung der britischen Insel zu verzichten[2]. Der größte Teil (rund vier Fünftel) des im Jahre 1941 Großbritannien überlassenen Materials stammte daher noch nicht aus dem „Leih-Pacht-Fonds", sondern waren Lieferungen auf Grund von britischen Bestellungen unter den Bedingungen des „cash and carry".

Die für Großbritannien zunächst wichtigste Konsequenz, die Roosevelt aus seinen neuen Vollmachten zog, war sein Entschluß vom 24. 3., die amerikanischen Werften für Reparaturen britischer Schiffe, auch größter Kriegsschiffeinheiten, zur Verfügung zu stellen, so daß eine wesentliche Erleichterung für die völlig überlasteten britischen Werften eintrat[3]. Um die amerikanische Wirtschaft straffer auf die Bedürfnisse der kommenden Kriegführung hin organisieren zu können, deklarierte Roosevelt am 27. 5. den „Unbegrenzten nationalen Notstand[4]". Damit war u. a. die Voraussetzung für den Auftrag zum Bau der bekannten „Liberty"-Schiffe geschaffen, die die größte militärtechnische Schwierigkeit der angelsächsischen Mächte, die Schiffsraumknappheit, in Grenzen hielt und schließlich zu überwinden mithalf[5].

Die erhöhte Kriegsbereitschaft der USA spiegelte sich deutlich in den Berichten des deutschen Militärattachés in Washington, General v. Boetticher, in den Monaten nach der Verabschiedung des „Leih-Pacht-Gesetzes". Hatte er noch am Tage des Inkrafttretens gemeldet, daß sich an seinen bisherigen Prognosen nichts ändere, da die USA nun einmal nicht schneller produzieren könnten als bisher schon, und daß das Handicap der Doppelaufgabe, die eigene Aufrüstung und die Ausstattung der amerikanischen Armee voranzutreiben und gleichzeitig Großbritannien zu beliefern, auch nicht durch ein neues Gesetz überwunden werden könne, so daß — wie bisher — erst 1942 mit einer vollen

2 W. K. Hancock and M. M. Gowing: The British War Economy. London 1949, S. 204 ff.; Carl, S. 31 ff.; Stettinius, S. 130 ff.; vgl. auch das Einleitungskapitel von Dawson: The Decision to Aid Russia 1941, S. 4 ff.

3 Bereits am 8. 4. befand sich das britische Schlachtschiff „Malaya" zur Reparatur in Boston, wie Thomsen an das AA meldete (vgl. hierzu Friedländer, S. 189), nachdem am 4. 4. eine britisch-amerikanische Übereinkunft erzielt worden war.

4 The Public Papers and Addresses of Franklin D. Roosevelt, vol. X, S. 194 ff.; ADAP D XII, Dok. 560: Der dt. Geschäftsträger in Washington an das AA, 28. 5. 1941, S. 901 f.; zur Vorgeschichte dieser Rede vgl. Sherwood, S. 225 ff. Roosevelt nahm in einer Pressekonferenz vom 28. 5. indessen die einen baldigen Kriegseintritt andeutenden Wendungen seiner Rede vom Vortage inhaltlich wieder weitgehend zurück (hierzu Sherwood, S. 232).

5 Das WiRüAmt errechnete am 28. 3. 1941 die amerikanische Schiffstonnage insgesamt mit 7,5 Millionen BRT, davon 2,5 Millionen BRT nur für die Küstenschiffahrt verwendbare. Im ganzen könnten 1,5 Millionen BRT an Großbritannien abgegeben werden. Die jährliche Fertigung wurde mit 0,9 Millionen BRT angegeben (KTB OKW, Bd. I, S. 369). Tatsächlich wurden von Herbst 1939 bis Ende 1941 insgesamt nur 1,5 Millionen BRT Schiffsraum in den USA fertiggestellt, im Jahre 1942 — nach Anlaufen des Kriegsprogramms — dagegen bereits über 6 Millionen BRT.

Kriegsbereitschaft zu rechnen sei[6] zumal die Amerikaner gerade erst dabei seien, die europäischen Kriegserfahrungen auszuwerten, indem sie u. a. die Zahl der aufzustellenden Panzerdivisionen wesentlich erhöhten (von 4 auf 10), so zeigten in den folgenden Wochen seine — wie stets — exakten Angaben über die erweiterte Flugzeugproduktion der USA[7] und die Möglichkeiten für die Überlassung weiteren amerikanischen Schiffsraums an Großbritannien doch, wie ernst er nunmehr die kommende Entwicklung beurteilte. Roosevelts Rede nach dem Inkrafttreten des „Leih=Pacht=Gesetzes" am 17. 3. war im übrigen bei der deutschen Wehrmachtführung geradezu als „Kriegserklärung" gewertet worden[8].

Indessen wuchs die Kampfbereitschaft der amerikanischen Streitkräfte selbst doch relativ langsam, so daß die amerikanische Wehrmacht bei Beginn des deutschen Angriffs auf die Sowjetunion noch nicht zu einem sofortigen aktiven Eingreifen in den europäischen Krieg in der Lage war[9]. Daher glaubte der deutsche Geschäftsträger in Washington in seiner Lageanalyse vom 16. 5. melden zu können, „für Amerika handele es sich darum, Zeit zu gewinnen, möglichst bis 1945. Angestrebt werde zumindest jedoch die Herausschiebung der Entscheidung bis 1942, (d. h. bis) die amerikanische Rüstungsindustrie auf vollen Touren läuft[10]". Tatsächlich erreichte die amerikanische Waffenproduktion 1941 noch nicht die Höhe der britischen, da, solange die USA noch nicht offiziell im Kriege waren, dem Tempo der Umwandlung der amerikanischen Wirtschaft auf die Kriegsbedürfnisse trotz allen Anstrengungen Roosevelts auf Grund seiner Vollmachten deutliche Grenzen gesetzt waren. Der materielle Rückhalt, den Großbritannien an den USA fand, ermöglichte es ihm aber, seine Rüstung auf bestimmte Schwerpunkte zu konzentrieren und bereits im Jahre 1941 die deutsche Rüstung auf wichtigen Gebieten zu überflügeln[11].

6 ADAP D XII, Dok. 148: Die dt. Botschaft in Washington an das AA, 11. 3. 1941, S. 266 ff.

7 Hierzu eingehend Friedländer, S. 221 ff. So meldete v. Boetticher am 2. 4. 1941, daß die amerikanischen Flugzeuglieferungen an Großbritannien im ganzen gesehen ständig zunähmen. Der Rückgang von 444 im Januar 1941 auf 330 Flugzeuge im Februar 1941 sei zufallsbedingt. Am 12. 4. 1941 meldete er, daß seit Kriegsbeginn 784 neue Rüstungsproduktionsstätten in den USA aufgebaut seien. Am 21. 5. 1941 gab er genaue Produktionsziffern an: im März 1941 seien 1 216 Flugzeuge produziert worden, von denen 414 an Großbritannien geliefert worden seien, im April 1941 1 427 Flugzeuge (davon 600 an Großbritannien geliefert). Insgesamt würden die USA allerdings 1941 noch nicht mehr als 10 000 Flugzeuge herstellen. — Die amerikanischen Lieferungen an Großbritannien von März bis Dezember 1941 umfaßten 2 400 Flugzeuge (Stettinius, S. 93 ff.).

8 KTB OKW, Bd. I, S. 360 (17. 3. 1941) und S. 363 (18. 3. 1941).

9 Vgl. hierzu auch die Analyse von Langer=Gleason: The Undeclared War, S. 569; ferner Friedländer, S. 224 f.

10 KTB der Skl., Teil A, 16. 5. 1941.

11 Die deutsche Flugzeugproduktion 1941 betrug 11 030 Flugzeuge, die britische 20 100 (Die deutsche Industrie im Kriege, S. 182; Klein, S. 99). Die deutsche Panzerproduktion erreichte 1941 den Stand von 5 200, die britische den von 4 855 Panzern; die amerikanischen Lieferungen an Großbritannien umfaßten 951 Panzer (Stettinius, S. 93 ff.).

Hitlers Interesse, selbst unter Inkaufnahme größerer militärischer Nachteile einen Kriegseintritt der USA — auf jeden Fall bis zum Abschluß des Unternehmens „Barbarossa" — zu vermeiden, kam eindeutig in seinem Verhalten im Zuge der deutschen und amerikanischen Aktionen und Reaktionen zum Ausdruck, die dem Inkrafttreten des „Leih=Pacht=Gesetzes" folgten. Als „Gegenmaßnahme" gegen eine von ihm anfangs befürchtete sehr schnelle und massive Auswirkung des amerikanischen Gesetzes zugunsten Großbritanniens — vor allem auf Grund von (unzutreffenden) Nachrichten, die von der Entsendung eines großen, mit schweren Waffen und Ausrüstungsgegenständen beladenen Geleitzuges von den USA nach Großbritannien unter dem Schutz amerikanischer Kriegsschiffe bis nach Island sprachen[12] —, entschloß sich Hitler am 14. 3.[13], das am 17. 8. verkündete deutsche „Operationsgebiet" um die britische Insel[14] bis in den Seeraum um Island auszudehnen[15]. Damit sollte vor allem auch der immer engeren Zusammenarbeit der britischen und amerikanischen Seestreitkräfte im Nordatlantik entgegengewirkt werden[16]. Den Antrag Raeders, nun auch innerhalb der pan=amerikanischen Sicherheitszone[17] den U=Bootkrieg zu eröffnen, lehnte Hitler jedoch ab[18]. Die am 25. 3. amtlich bekanntgegebene Erweiterung des deutschen „Operationsgebietes" um Großbritannien auf die Gewässer um Island entsprach Hitlers Entscheidung vom 14. 3.[19]. Die amerikanische „Antwort" auf diese deutsche Maßnahme zeigte indessen Roosevelts Entschlossenheit, jede deutsche Reaktion auf seine Politik sogleich zum Anlaß für weitere eigene Schritte zu nehmen. Am 30. 3. wurden alle in amerikanischen Häfen befindlichen deutschen (sowie italienischen und

12 ADAP D XII, Dok. 659: Die deutsche Botschaft in Washington an das AA, 13. 3. 1941, S. 295 f.; über den faktischen Hintergrund Langer=Gleason: The Undeclared War, S. 443.

13 ADAP D XII, Dok. 167: Aufz. Botschafter Ritters, 14. 3. 1941, S. 296 f.

14 Vgl. oben S. 163.

15 Vgl. hierzu und zum folgenden auch Friedländer, S. 187 ff.

16 Ein mehr demonstrativer als militärisch wirksamer Angriff deutscher „bewaffneter Aufklärungsflugzeuge" auf einen britischen Flugplatz auf Island war in der Nacht vom 9. zum 10. 2. 1941 vorausgegangen.

17 Die in der „Deklaration von Panama" vom 3. 10. 1939 als völkerrechtliches Novum verkündete pan=amerikanische Sicherheitszone umfaßte ein Seegebiet von 300 bis 1 000 sm Breite beiderseits des ganzen amerikanischen Doppelkontinents südlich von Kanada. In dieser Zone — so forderten die amerikanischen Staaten in der Deklaration — sollten keine Seekriegshandlungen vorgenommen werden. Sowohl die deutsche als auch die britische und französische Regierung hatten jedoch in der ersten Kriegsphase eine Anerkennung dieses Novums verweigert (vgl. hierzu L. Gruchmann: Völkerrecht und Moral, S. 387 f.). Zur Entstehungsgeschichte der Sicherheitszone ausführlich J. Rohwer: Das deutsch=amerikanische Verhältnis 1937—1941. Diss. phil. (Masch.=Ms.) Hamburg 1953, S. 84 ff.

18 Aufzeichnung über die Besprechung Hitler=Raeder vom 18. 3. 1941, in: Lagevorträge des Ob. d. M.

19 KTB OKW, Bd. I, S. 1006 f.; ADAP D XII, Dok. 210: Weisung des OKW vom 25. 3. 1941, S. 363.

dänischen) Schiffe beschlagnahmt[20] und wenige Wochen später, am 6. 6., durch ein Gesetz zwangsweise in amerikanisches Eigentum überführt mit dem Ziel, die Schiffe Großbritannien zu übergeben[21]. Am 9. 4. schloß die amerikanische Regierung mit dem dänischen Gesandten in Washington Kauffmann (der ohne Wissen und Auftrag seiner Regierung in Kopenhagen handelte) ein Abkommen, das den USA die Besetzung von Stützpunkten auf Grönland einräumte[22]; am folgenden Tage wurde die Ostgrenze der pan-amerikanischen Sicherheitszone bis in die Gewässer ostwärts von Grönland und damit bis an die Grenze der deutschen „Operationszone" um Island ausgedehnt[23].
Am 18. 4. gab schließlich Roosevelt bekannt, daß die Grenze der von der amerikanischen „Atlantikflotte" unter Admiral King bewachten Sicherheitszone der „westlichen Hemisphäre" allgemein bis 30° West vorverlegt sei[24]. Dieser Beschluß war das Ergebnis längerer Beratungen zwischen dem Präsidenten und den führenden amerikanischen Militärs. Im Verlauf dieser internen Diskussion gab Roosevelt unter dem Eindruck des Abschlusses des sowjetisch-japanischen Neutralitätsvertrages vom 13. 4. seinen am 2. 4. gefaßten Entschluß wieder auf, die nach Großbritannien laufenden Geleitzüge bis zur Ostgrenze der pan-amerikanischen Sicherheitszone durch amerikanische Kriegsschiffe schützen zu lassen (Hemisphere Defence Plan No. 1), und beschränkte sich auf die Ankündigung, daß die amerikanische „Atlantikflotte" regelmäßige „Seepatrouillen" in der nun erweiterten Sicherheitszone durchführen werde (Hemisphere Defence Plan No. 2). Diese Maßnahme trat am 24. 4. in Kraft[25]. In regelmäßigen „Patrouillen"-Fahrten sollten die Einheiten der „Atlantikflotte" im Seeraum bis 30° West, ab 14. 6. nach erneuter Erweiterung der pan-amerikanischen Zone sogar bis 26° West[26] sowie nach Süden bis zur Äquator-Linie alle Schiffe der „Achsenmächte", denen sie begegneten, „beschatten" und ihren Standort fortlaufend offen melden, so daß die britischen Seestreitkräfte herankommen konnten, sollten sich selbst aber jeder Beteiligung an Kampfhandlungen zwischen deutschen und britischen Einheiten enthalten.
Hitler entschloß sich am 20. 4. zur Anerkennung der erweiterten pan-amerikanischen Sicherheitszone im Nordatlantik[27] und brach damit das Spiel der

20 Friedländer, S. 189; Gruchmann, S. 391. — Ein Teil der lateinamerikanischen Staaten schloß sich dem Vorgehen der USA an. Bis 3. 4. 1941 waren bereits 660 000 BRT deutschen und italienischen Schiffsraums beschlagnahmt (KTB OKW, Bd. I, S. 374).
21 Gruchmann, S. 391.
22 Langer-Gleason: The Undeclared War, S. 424 ff.; Gruchmann, S. 591 ff.
23 Friedländer, S. 189.
24 Langer-Gleason: The Undeclared War, S. 443 ff.; Friedländer, S. 191 f.
25 Sherwood, S. 224 f.
26 Dabei wurden bereits ausdrücklich die Azoren in die „Sicherheitszone" der „westlichen Hemisphäre" mit einbezogen.
27 Aufz. über die Besprechung Hitler-Raeder, 20. 4. 1941, in: Lagevorträge des Ob. d. M. — Noch am 15. 4. hatte Hitler andererseits entschieden, „daß im Operationsgebiet um England und Irland allen eigenen Streitkräften keinerlei Einschränkung des Waffengebrauchs aufzuerlegen ist" (KTB OKW, Bd. I,

Aktionen und Reaktionen ab, da ihm bei einer Fortsetzung das Risiko eines amerikanischen Kriegseintritts zu diesem äußerst unerwünschten Zeitpunkt zu hoch erschien. Am 25. 4. wurden dementsprechend sämtliche deutsche Seestreitkräfte noch einmal angewiesen, Zwischenfälle mit amerikanischen Schiffen unter allen Umständen zu vermeiden[28].

Die seit Ende Mai geplante Besetzung Islands durch amerikanische Streitkräfte am 7. 7.[29], verbunden mit der am 15. 7. verkündeten Einbeziehung der Gewässer um Island in die pan-amerikanische Sicherheitszone, eine Maßnahme, die entweder die Gefahr schwerer deutsch-amerikanischer Zwischenfälle[30] heraufbeschwor oder aber, wenn die deutsche Seite dies unbedingt vermeiden wollte, zu einer weitgehenden Lähmung der deutschen Seekriegführung im Atlantik führen mußte, gehört zwar schon zu der mit dem deutschen Angriff auf die Sowjetunion beginnenden neuen Kriegsphase, stellte zugleich aber auch den vorläufigen Abschluß der durch die Inkraftsetzung des „Leih-Pacht-Gesetzes" im Nordatlantik ausgelösten Ereigniskette dar, die das verstärkte amerikanische Engagement im Bereich der lebenswichtigen britischen Zufahrtswege im Atlantik zum Ausdruck brachte.

Auch die britische Kriegführung im Nahen Osten wurde durch Maßnahmen der amerikanischen Regierung unterstützt. Die Erklärung Roosevelts vom 10. 4.[31], daß das Rote Meer nicht mehr als „Kriegszone" anzusehen sei und daher von amerikanischen Schiffen, die das „neutrale" Ägypten anzulaufen beabsichtigten, befahren werden könne, erleichterte den Nachschub für die britische Nil-Armee in Ägypten auf dem Wege über den Indischen Ozean und das Rote Meer erheblich. Die Feststellung des Präsidenten sah an der Tatsache

S. 1015 f.). Nach der Einbeziehung Islands (vgl. unten S. 449) in die amerikanische Sicherheitszone schränkte er hingegen diesen Befehl ein, um Zwischenfälle mit amerikanischen Streitkräften zu vermeiden. Von der erwogenen Einbeziehung Grönlands in die deutsche Operationszone (KTB Halder, Bd. II, S. 367: 15. 4. 1941) sah er bereits am 20. 4. ab.

28 KTB der Skl., 25. 4. 1941; vgl. auch Friedländer, S. 190.

29 Churchill begrüßte am 29. 5. den amerikanischen Plan, die britische Besatzung auf Island baldmöglichst abzulösen (Foreign Relations, vol. II/1941, S. 843 f.). — Zu den Vorplanungen eingehend Matloff-Snell, S. 45 ff. — Island hatte am 17. 5. 1941 seinen Bund mit dem von Deutschland besetzten Dänemark gelöst. In einem Notenaustausch zwischen Roosevelt und dem isländischen Ministerpräsidenten Jonasson am 1. 7. 1941 war Einverständnis darüber erzielt worden, daß amerikanische Truppen etappenweise die seit 10. 5. 1940 auf der Insel befindlichen britischen Kräfte ablösen sollten (hierzu Gruchmann, S. 394). Am 7. 7. 1941 gab Roosevelt die Erklärung ab, er habe alle notwendigen Maßnahmen getroffen, um die Versorgung der auf der Insel stationierten amerikanischen Truppen sicherzustellen.

30 Eine starke amerikanische Kampfgruppe der „Atlantikflotte" wurde im Hvalfjord (Island) zur Überwachung der Dänemark-Straße stationiert, durch die bis dahin die schweren deutschen Seestreitkräfte in den freien Atlantik durchgebrochen waren (vgl. hierzu Morison, vol. I, S. 21 f.). Den Kern der Kampfgruppe bildeten zwei Schlachtschiffe und zwei Kreuzer.

31 Gruchmann, S. 393.

vorbei, daß die italienische Stellung in Süd=Eritrea um den Hafen Assab noch weiter, und zwar bis zum 10. 6., gehalten wurde und daß die deutsche Luft=waffe Angriffe gegen den Bereich des Suez=Kanals führte, so daß das Rote Meer faktisch durchaus als Kriegsgebiet anzusprechen und vor allem Ägypten keineswegs als „neutral“ zu bezeichnen war. Mit dieser Erklärung Roosevelts war auch das „carry“=Prinzip, das — im Gegensatz zur „cash“=Klausel des revidierten Neutralitätsgesetzes der USA vom 4. 11. 1939 — durch das „Leih=Pacht=Gesetz“ noch nicht berührt worden war, durchbrochen.

Die Versenkung eines amerikanischen Schiffes („Robin Moor“) im Südatlantik am 21. 5.[32] nahm Roosevelt zum Anlaß, am 14. 6. die deutschen (und italieni=schen) Guthaben in den USA „einfrieren“ zu lassen[33] und am 16. 6. die Schlie=ßung der deutschen Konsulate und der Büros der verschiedenen deutschen Agenturen in den USA wegen angeblicher „subversiver Tätigkeit“ zu for=dern[34]. Am 17. 6. wurde von der amerikanischen Regierung eine „Schwarze Liste“ von Firmen lateinamerikanischer Länder veröffentlicht, die mit Deutsch=land oder Italien zusammenarbeiteten. Amerikanischen Bürgern wurden damit praktisch alle weiteren Geschäfte mit diesen Firmen untersagt[35].

In einer Botschaft an den Kongreß vom 20. 6. begründete Roosevelt alle diese Maßnahmen damit, daß er Deutschland als „internationalen Rechtsbrecher“ brandmarkte[36]. Ein wenn auch noch sehr allgemein gehaltenes, jedoch umfas=sendes Kriegszielprogramm gegen die „Aggressoren“ hatte Roosevelt bereits in seiner Proklamation an den Kongreß zum Beginn seiner dritten Amtsperiode vom 6. 1. 1941 skizziert, als er die „vier Freiheiten“ als Grundsätze einer künftigen Weltordnung bezeichnete[37].

32 Die Versenkung des amerikanischen Dampfers durch U 69 erfolgte nach Prisen=ordnung (vgl. die Zusammenstellung des Ablaufs der Versenkung in dem Schreiben OKM B.Nr. 1/Skl. 20 816/41 gKdos. I 1a an das Auswärtige Amt vom 12. 9. 1941, in: Lagevorträge des Ob. d. M.). Jedoch hatte der Kommandant des U=Bootes gegen den allgemeinen Befehl Hitlers verstoßen, der das Anhalten, Aufbringen und Versenken amerikanischer Schiffe außerhalb des Operations=gebietes um Großbritannien verbot (KTB der Skl., Teil A, 31. 5. 1941). Formal handelte es sich also durchaus um einen völkerrechtlichen „Normalfall“, der allerdings, da es sich um das erste auf diese Weise versenkte amerikanische Schiff handelte, zu einer erregten Reaktion in Teilen der amerikanischen Öffentlichkeit führte. Die amerikanische Regierung reagierte dagegen zunächst, bevor der Fall publik geworden war, recht gemäßigt (vgl. hierzu eingehend Friedländer, S. 195 f.). Noch unmittelbar bevor der Zwischenfall am 10. 6. all=gemein bekannt wurde, untersagte Hitler am 9. 6. in einer neuen Weisung nochmals ausdrücklich jegliche Aktion deutscher Seestreitkräfte gegen amerika=nische Handelsschiffe außerhalb der Operationszone (ADAP D XII, Dok. 608: Aufz. des Botschafters Ritter, 9. 6. 1941, S. 987 f.).

33 ADAP D XII, Dok. 632: Aufz. des Leiters der Wirtschaftspolitischen Abteilung des AA, 15. 6. 1941, S. 1031 ff.

34 Foreign Relations, vol. II/1941, S. 628; ADAP D XII, Dok. 634: Der dt. Geschäfts=träger in Washington an das AA, 16. 6. 1941, S. 1034 ff.

35 Gruchmann, S. 395.

36 Documents on American Foreign Relations, July 1940 — June 1941, S. 58 ff.

37 A Decade of American Foreign Policy. Basic Documents 1941 — 1949. Washing=ton 1950, S. 1.

Dennoch war bei allen politischen und militärischen Entscheidungen Roosevelts in diesen Monaten sein Bestreben unverkennbar, angesichts der gegen eine Kriegsteilnahme der USA gerichteten Haltung der amerikanischen öffentlichen Meinung und auch wegen der noch nicht erreichten Kriegsbereitschaft des amerikanischen Heeres den offenen Krieg mit Deutschland noch eine Zeitlang hinauszuschieben. Die Deutung des deutschen Militärattachés in Washington, General v. Boetticher, daß diese Zurückhaltung gegenüber dem letzten Schritt wesentlich auf die Einwirkung des amerikanischen Generalstabes auf den Präsidenten zurückzuführen sei[38], lehnte Botschafter Dieckhoff in einer Stellungnahme für Ribbentrop vom 6. 6. allerdings ab[39]: „Der Präsident befindet sich in einem schwierigen Dilemma. Einerseits wird er von England immer stärker gedrängt, den Kriegseintritt der USA herbeizuführen, und er ist auch innerlich hierzu bereit, andererseits kann er den Schritt jetzt noch nicht vollziehen wegen a) der noch immer ungeklärten Lage im Pazifik (Japan), b) der einstweilen noch überwiegend gegen einen Kriegseintritt eingestellten öffentlichen Meinung seines Landes ... Gegen die überwiegende öffentliche Meinung seines Volkes kann er den Kriegseintritt, der verfassungsmäßig nur durch den Kongreß erklärt werden kann, nicht herbeiführen." Diese Haltung der amerikanischen öffentlichen Meinung, die Roosevelts Handlungsfreiheit hemmte, versteifte sich nach Beginn des deutschen Angriffs auf die Sowjetunion noch, so daß der Präsident für seine weiteren Maßnahmen „short of war" bis Mitte November 1941 im Kongreß nicht wie bei der Verabschiedung des „Leih-Pacht-Gesetzes" die Zustimmung einer überzeugenden, sondern nur einer immer geringer werdenden Mehrheit fand[40].

Während die für einen Übergang der USA von der Stufe der „Nicht-Kriegführung" zur offenen Kriegsbeteiligung wesentliche Voraussetzung der Zustimmung einer breiten öffentlichen Meinung Mitte 1941 und vorerst auch weiterhin noch fehlte, waren die Grundlagen für eine gemeinsame Strategie der beiden angelsächsischen Mächte im Kriege gegen Deutschland und Japan bereits in den zweimonatigen geheimen britisch-amerikanischen Stabsbesprechungen in Washington vom 29. 1. – 29. 3. 1941 gelegt worden[41]. Im „Report

38 Boetticher an das AA, 4. 6. 1941 (Staatssekretär: Akten USA, Polit. Archiv des AA, Bonn).

39 ADAP D XII, Dok. 600: Aufz. des Botschafters Dieckhoff, 6. 6. 1941, S. 973 f.

40 Zu der in der amerikanischen Literatur lebhaft umstrittenen Schlußphase der amerikanischen „Neutralität" von Juli bis Dezember 1941 vgl. den Aufriß von J. Engel: Pearl Harbor und der Eintritt der USA in den Zweiten Weltkrieg, S. 358 ff., der sich um eine Position jenseits der verhärteten Positionen der amerikanischen Historiker bemüht; zur Kontrovers-Literatur selbst E. C. Murdock: Zum Eintritt der Vereinigten Staaten in den Zweiten Weltkrieg, in: Vierteljahrshefte für Zeitgeschichte 1956, S. 98 ff. — Vgl. auch unten S. 561 f.

41 Hierfür und für das Folgende Matloff-Snell, S. 32 ff.; Butler: Grand Strategy, vol. II, S. 425 f.

of United States — British Staff Conversations" (ABC–1–Report) vom 27. 3.[42] wurden Form und Inhalt der Zusammenarbeit der kommenden Koalitionskriegführung auf den beiden Kriegsschauplätzen Europa — Atlantik und Ostasien — Pazifik im großen Rahmen vereinbart. Einverständnis bestand von Anfang an darüber, daß in Übereinstimmung mit den Grundzügen der britischen Strategie seit Kriegsbeginn[43] die Sicherung des Nordatlantiks und der Zufahrtswege zur britischen Insel die Basis der künftigen gemeinsamen Strategie sein müßte. Die Beseitigung jeder Bedrohung der atlantischen Verbindungslinien zwischen den USA und Großbritannien wurde daher als die vordringlichste militärische Aufgabe betrachtet. Von Anfang an sollte — unabhängig davon, ob ein Anlaß im Atlantik oder im Pazifik schließlich zum offenen Kriegseintritt der USA führte — der europäisch-atlantische Kriegsschauplatz den Vorrang gegenüber dem pazifisch-ostasiatischen haben und die Niederwerfung Deutschlands als erstes Ziel angestrebt werden („Germany first"). Erst wenn dies erreicht war, sollten alle Kräfte gegen Japan konzentriert werden. Vorgesehen wurde, daß die amerikanische Marine zu einem möglichst frühen Zeitpunkt die Verteidigung des nordatlantischen Raumes zur Entlastung der Briten übernehmen und die amerikanische Armee Streitkräfte auf die Inseln im Atlantik (vor allem Island, evtl. Azoren und Kap Verdische Inseln) sowie, wenn auch zunächst mehr symbolisch, auf die britische Insel entsenden sollte[43a], während Großbritannien der Mittelmeerraum als Hauptkriegsschauplatz zufallen sollte.

Trotz der seit Churchills erster Botschaft an Roosevelt vom 15. 5. 1940[44] fortlaufend erhobenen und in diesen Stabsbesprechungen wiederholten britischen Forderung, daß ein Teil der amerikanischen Pazifikflotte von Hawaii nach Singapore verlegt werden sollte, um den Schutz der britischen Südostasienposition mit zu übernehmen, setzte sich der amerikanische Standpunkt durch, daß

42 Unterzeichnet vom Chef des amerikanischen Heeresgeneralstabes, General Marshall, und dem Chef des britischen Empire-Generalstabes, Sir John Dill. Wortlaut des umfangreichen Dokuments in: Pearl Harbor Hearings, Part 15, S. 1485—1542. — Im einzelnen wurde darin vereinbart: Gemeinsame Planung, vor dem Kriegseintritt der USA durch weitere Stabsbesprechungen, danach in einem gemeinsamen Stab (Combined Chiefs of Staff); Sicherung der britischen Insel als Basis für die Endoffensive gegen Deutschland; allgemeine strategische Richtlinien (u. a. Verschärfung der Blockade, verstärkte Luftangriffe gegen Deutschland, Besetzung und Ausbau von Aufmarschbasen im Mittelmeerraum, von denen aus später eine oder mehrere Invasionen Europas von Süden aus zu unternehmen seien); Regelung der Kommandoverhältnisse in der Weise, daß jeweils entweder ein amerikanischer oder ein britischer Oberbefehlshaber die Führung aller alliierten Streitkräfte auf einem Kriegsschauplatz übernehmen sollte; allgemeiner Nachrichtenaustausch; Übernahme der Geleitsicherung und Offenhaltung der Seewege im Atlantik durch die amerikanische Flotte; Verlegung des Schwergewichts der britischen Marine in das Mittelmeer.

43 Vgl. oben S. 51 ff.

43a Bereits im März 1941 befand sich eine amerikanische Mission unter Captain Denfield in Großbritannien, um See- und Luftbasen zu erkunden, die von den amerikanischen Streitkräften übernommen werden sollten.

44 Vgl. oben S. 82 f.

es im Rahmen der zunächst notwendigen strategischen Defensive im Pazifik besser sei, wenn die amerikanische Flotte — als latente Bedrohung der linken Flanke der Japaner bei ihrem zu erwartenden Vorstoß nach Südostasien — im Zentralpazifik versammelt blieb[45], von wo aus sie einzelne Raids gegen die Marschall=Inseln und die Karolinen übernehmen könnte. Die USA sollten in den nächsten Monaten ihre Streitkräfte im Atlantik und (später auch) im Mittelmeer so weit verstärken, daß Großbritannien eigene Flotten= und Luft=waffenverbände nach Südostasien entsenden und damit die „Singapore=Lücke" geschlossen werden könnte[46]. Schließlich wurden in diesen grundlegenden amerikanisch=britischen Stabsbesprechungen auch Vereinbarungen über den Austausch von Militärmissionen, die unmittelbar nach einem Kriegseintritt der USA zu einem gemeinsamen Führungsstab erweitert werden sollten, sowie über die Aufteilung der amerikanischen Flugzeugproduktion auf die Bedürf=nisse beider Länder und über die Stationierung der Luftstreitkräfte auf den verschiedenen Kriegsschauplätzen getroffen[47].

Wenn es sich auch bei dem „ABC=1=Agreement" nicht um ein politisches Ab=kommen handelte und Präsident Roosevelt von einer formellen Zustimmung zu den Vereinbarungen der amerikanisch=britischen Stabschefs absah, so wurde die amerikanische Kriegsvorbereitung nun doch ganz in dem hier gemeinsam abgesteckten Rahmen vorangetrieben. Da die vereinbarte britisch=amerikani=sche Strategie weitgehend der im Sommer 1939 skizzierten, aber damals nicht detailliert ausgearbeiteten[48] Studie „Rainbow 5" des amerikanischen Planungs=stabes entsprach, wurde nunmehr im April 1941 der Fall „Rainbow 5" offiziell zum amerikanischen Kriegsplan[49]. Er blieb in seinen Grundzügen den ganzen Krieg über gültig. Da an eine schnelle Entsendung stärkerer amerikanischer Hee=resteile nach Europa angesichts des noch nicht abgeschlossenen Aufbaus der Ar=mee nicht zu denken war, wurden als erste Maßnahme nur die Übernahme der Ver=teidigung Islands und der bisher von den Briten besetzten niederländischen Öl=

45 Am 11. 2. 1941 teilte die britische Regierung der amerikanischen mit, daß, wenn Japan auf deutschen Druck hin in den Krieg gegen Großbritannien eintrete, die britische Mittelmeerflotte in den Indischen Ozean verlegt werden müßte. Dies würde eine wesentliche Verlängerung des Krieges zur Folge haben. Ohne einen offenen Kriegseintritt der USA sei dann eine erfolgreiche Beendigung des Krieges vollends ausgeschlossen (Woodward, S. 171). Zu dem deutschen Drängen auf einen Kriegseintritt Japans gegen Großbritannien vgl. unten S. 415 ff.

46 Die deutsche Führung gewann bereits Mitte Juni den Eindruck, daß die amerika=nische Flotte „ihren Schwerpunkt nach dem Atlantik" verschob (KTB Halder, Bd. II, S. 456: 16. 6. 1941). Bis zum 10. 6. 1941 hatte die amerikanische Seekriegs=leitung tatsächlich bereits 3 Schlachtschiffe und 1 Flugzeugträger aus dem Pazifik in den Atlantik verlegt. Die weitere Entlastung Großbritanniens im Atlantik in den folgenden Monaten führte dann zur Entsendung eines britischen Flotten=verbandes (mit den Schlachtschiffen „Prince of Wales" und „Repulse" als Kern) nach Singapore Ende November/Anfang Dezember 1941 kurz vor Beginn des japanischen Angriffs (7. 12. 1941).

47 Über dieses sog. „ABC=2=Agreement" ausführlich Matloff=Snell, S. 33 ff.

48 Vgl. oben S. 92, Anm. 7.

49 Einzelheiten bei Matloff=Snell, S. 43 ff.

inseln Curaçao und Aruba, die Entsendung einiger Heeres= und Luftwaffeneinheiten nach Großbritannien sowie die Aufstellung von Kampfgruppen zur Besetzung der Azoren und der Kap Verdischen Inseln im Falle einer deutschen Aktion gegen die Iberische Halbinsel eingeleitet[50]. Eine von Churchill am 29. 5. empfohlene Besetzung von Dakar durch amerikanische Streitkräfte[51] blieb außer Betracht. Zur Erreichung des militärischen Hauptziels, der Niederringung Deutschlands, sollten zunächst die Blockade verschärft, eine stärkere Luftoffensive gegen das Reich und die deutsch=beherrschten Gebiete begonnen und die Ausschaltung Italiens angestrebt werden. Die allmähliche Aufstellung einer Invasionsstreitmacht und die Besetzung von Ausgangspositionen für eine Offensive gegen Deutschland sollten sich später anschließen. In einer amerikanisch=britisch=niederländischen Stabskonferenz in Singapore vom 21. — 27. 4. wurden Einzelheiten für die im Rahmen der für den Pazifik vorgesehenen strategischen Defensive wichtigste Aufgabe, die Verteidigung der sog. Malaya=Barriere, d. h. des Raumes um die Philippinen, Niederländisch=Indien, Britisch=Malaya und die Inselkette bis nach Australien, festgelegt[52]. Mit dem „ABC=1=Agreement" vom 27. 3. 1941 und den anschließenden Einzelvereinbarungen für die verschiedenen Kriegsschauplätze hatten die angelsächsischen Mächte bereits vor Beginn des deutschen Angriffs auf die Sowjetunion — ohne Einbeziehung eines starken „Kontinentaldegens" — einen umfassenden strategischen Plan für einen globalen Krieg gegen Deutschland und Japan entwickelt. Es bleibt festzuhalten, daß die Sowjetunion darin keine Rolle spielte[53].

50 In den Rahmen der amerikanischen Strategie, militärische Basen im Vorfeld aufzubauen, gehören auch die Verhandlungen mit de Gaulle im Mai 1941, Flugstützpunkte in Äquatorialafrika, auf den Neuen Hebriden und in Neukaledonien zu erwerben (de Gaulle, S. 192 f.). Über die parallelen britischen Pläne hinsichtlich der Azoren vgl. unten S. 421 f.

51 Foreign Relations, vol. II/1941, S. 843 f.

52 Eine britisch=niederländisch=australische Konferenz (mit amerikanischen „Beobachtern") war im Februar 1941 in Singapore vorausgegangen (hierzu und zur größeren Konferenz im April 1941 Butler: Grand Strategy, vol. II, S. 503 ff.; Matloff=Snell, S. 65 ff.). — Eine substantielle Einigung kam nicht zustande, da die Verteidigung Singapores mit Unterstützung der „Asiatischen Flotte" der USA umstritten blieb. Die auch hier wieder zum Ausdruck kommenden — vergeblichen — Bemühungen Großbritanniens, amerikanische Kräfte zur Verteidigung Singapores zu gewinnen, fanden erst mit dem deutschen Angriff auf die Sowjetunion ein Ende. Da die britische Regierung nun fürchtete, das Schwergewicht der amerikanischen Interessen würde sich — angesichts der durch die deutsche Bindung im Osten eingetretenen Entlastung Großbritanniens — wieder dem Pazifik zuwenden, verzichtete sie auf jede weitere Erwähnung von Singapore; sie drängte vielmehr jetzt offen auf einen möglichst frühzeitigen Kriegseintritt der USA und ein amerikanisches Engagement im Mittelmeer — auf Grund ihrer Lagebeurteilung für die Zeit nach dem spätestens Ende 1941 angenommenen Ausfall der Sowjetunion als verbündete Macht (Matloff=Snell, S. 53).

53 Zur Einschätzung der militärischen Bedeutung der Sowjetunion durch die britischen und amerikanischen Stäbe vgl. unten S. 443 ff.

Während sich die japanische Politik gegenüber den USA schon seit Dezember 1940 eindeutig von der Grundlage des „Dreimächtepaktes" fortbewegte[1], ohne daß der deutsche Partner, dem dieser Kurs verborgen bleiben sollte, bis Anfang Mai 1941 die Tendenz klar erkannte, glaubte sich die japanische Regierung bei der Wiederaufnahme ihrer Mitte November 1940 vorerst gescheiterten Bemühungen um eine Verbesserung ihrer Beziehungen zur Sowjetunion[2] Anfang Februar 1941 ihrerseits nach wie vor auf eine deutsche Unterstützung verlassen zu können. Sie war bestrebt, diese erneuten Anstrengungen als im Rahmen der „Kontinentalblock"-Konzeption liegend erscheinen zu lassen. Die Reise des Außenministers Matsuoka nach Europa, die vordringlich der Lösung des Rußland-Problems als wichtigster Voraussetzung für die Durchsetzung des japanischen „Südprogramms" dienen sollte, wurde daher nach außen hin vornehmlich als Besuch der verbündeten Mächte Deutschland und Italien deklariert. Von der längst vollzogenen Abwendung Hitlers von der „Kontinentalblock"-Konzeption hatte die japanische Regierung keine Kenntnis, da Ribbentrop sogar noch beim Antrittsbesuch des neuen japanischen Botschafters in Berlin General Oshima am 23. 2. 1941[3] versicherte, daß sich die Sowjetregierung prinzipiell zum Beitritt zum „Dreimächtepakt" bereit erklärt habe, wenn sie auch gewisse Bedingungen gestellt habe. Dadurch hätten sich die deutsch-sowjetischen Beziehungen etwas abgekühlt. Jedoch schwebe „das politische Gespräch mit Rußland ... noch; wenn die Balkan-Dinge sich weiter entwickelt hätten, könne es gegebenenfalls fortgesetzt werden". Dementsprechend hatte die Liaisonkonferenz in Tokio am 3. 2. 1941 festgelegt[4], daß sich Matsuoka der deutschen Unterstützung, eventuell sogar eines deutschen Drucks auf die Sowjetunion versichern sollte, um den Abschluß eines japanisch-sowjetischen Nichtangriffspakts unter günstigen Bedingungen zu erreichen.

Das kurze Gespräch Matsuokas mit Stalin und Molotow während des ersten Aufenthalts in Moskau am 24. 3. beschränkte sich daher auf allgemeine Themen[5]. In Berlin mußte dann Matsuoka in den Gesprächen mit Ribbentrop, weniger in denen mit Hitler, vom 27.–29. 3. und am 4./5. 4. zu seiner Überraschung feststellen[6], daß sich die deutsch-sowjetischen Beziehungen so weit-

1 Vgl. oben S. 297 f.
2 Vgl. oben S. 294 ff.
3 ADAP D XII, Dok. 78: Aufz. über die Unterredung Ribbentrop-Oshima, 23. 2. 1941, S. 139 ff.
4 Hierfür und für das Folgende Lupke, S. 93 ff.
5 Lupke, S. 95 f.
6 ADAP D XII, Dok. 218: Aufz. über die Unterredung Ribbentrop-Matsuoka, 27. 3. 1941, S. 376 ff.; Dok. 222: Aufz. über die Unterredung Hitler-Matsuoka, 27. 3. 1941, S. 386 ff.; Dok. 230: Aufz. über die Unterredung Ribbentrop-Matsuoka, 28. 3. 1941, S. 405 ff.; Dok. 233: Aufz. über die Unterredung Ribbentrop-Matsuoka, 29. 3. 1941, S. 413 ff.; Dok. 266: Aufz. über die Unterredung Hitler-Matsuoka, 4. 4. 1941, S. 453 ff.; Dok. 278: Aufz. über die Unterredung Ribbentrop-Matsuoka, 5. 4. 1941, S. 469 ff.

gehend verschlechtert hatten, daß er mit einer deutschen Unterstützung bei seinen Verhandlungen in Moskau nicht mehr rechnen konnte. Obwohl der Plan „Barbarossa" in keiner Unterredung erwähnt wurde[7], ließ doch die Bemerkung Ribbentrops, daß Deutschland entschlossen sei, mit allen Mitteln gegen die Sowjetunion vorzugehen, falls sie sich anschicken sollte, sich an die Seite Großbritanniens zu stellen, klar erkennen, wie nahe der Bruch zwischen Deutschland und der Sowjetunion bevorstand. Schließlich zeigte die Äußerung des deutschen Außenministers, daß es in der gegebenen Situation das günstigste wäre, wenn Matsuoka bei seinem zweiten Aufenthalt in Moskau alle Fragen des japanisch-sowjetischen Verhältnisses auf oberflächlich-zurückhaltende Weise behandeln würde, daß die deutsche Seite keinen Vertragsabschluß zwischen Japan und der Sowjetunion mehr wünschte. Sollte sich Deutschland — so führte Ribbentrop aus — „infolge einer weiteren fatalen Politik der Sowjetregierung gezwungen sehen zuzuschlagen, so würden sich die Probleme, mit denen sich die japanische Regierung gegenwärtig so intensiv beschäftigte, sämtlich von selbst zugunsten Japans lösen[8]".

Matsuoka blieb dennoch entschlossen, sein Ziel — nunmehr allein — in Moskau weiter zu verfolgen. Schon das erste Gespräch mit Molotow am 7. 4. machte ihm allerdings klar, daß bei der unverändert starren Haltung der Sowjetunion und dem Fehlen einer deutschen Unterstützung ein Nichtangriffspakt nicht durchzusetzen sein würde, so daß er am 9. 4. seine Bereitschaft äußerte, auf den von sowjetischer Seite bereits am 18. 11. 1940 vorgeschlagenen Neutralitätsvertrag auszuweichen[9]. Aber auch die Verhandlungen hierüber erreichten bald einen toten Punkt, da Molotow nicht bereit war, den Vertrag ohne einen Verzicht Japans auf seine Konzessionen in Nordsachalin abzuschließen. Die von Matsuoka kaum noch erhoffte Wende trat erst am 12. 4. ein, als Stalin mit seiner Bereitschaft, auf das bisher von Molotow zur Vorbedingung erhobene Zusatzprotokoll über Nordsachalin zu verzichten, den Weg zur Vertragsunterzeichnung frei machte.

Der japanisch-sowjetische Neutralitätsvertrag vom 13. 4. 1941 ist in seiner Bedeutung für die weitere Geschichte des Zweiten Weltkriegs schon vielfach gewürdigt worden[10]. Von dieser weitreichenden Bedeutung ist die unmittelbare Auswirkung in der Situation des April 1941 zu unterscheiden, die für unsere Problemstellung wichtig ist. Kurz zusammengefaßt kann man sagen, daß die Vertragsunterzeichnung von der sowjetischen Seite wohl als Warnung an Deutschland gedacht war: Es würde im Falle eines Angriffs der ungeteilten Macht der Sowjetunion, die nur an einer Front zu kämpfen hätte, gegenüberstehen. Stalin verband diese Warnung allerdings durch seine bekannte Geste

7 Hitler hatte in der „Weisung Nr. 24" vom 5. 3. 1941 (vgl. S. 412 mit Anm. 38) ausdrücklich festgelegt, daß Japanern gegenüber keine Andeutung über das Unternehmen „Barbarossa" gemacht werden dürfe.

8 ADAP D XII, Dok. 233, S. 415 f.; Lupke, S. 96 f.

9 Vgl. oben S. 296. Für das Folgende eingehend Lupke, S. 98 ff.

10 Am gründlichsten durch Lupke, S. 101 ff.

gegenüber dem deutschen Botschafter Graf von der Schulenburg und dem stellvertretenden deutschen Miltärattaché Oberst i. G. Krebs auf dem Moskauer Bahnhof am 13. 4. mit einer Bekundung seines Willens zur Fortsetzung und Erneuerung eines deutsch=sowjetischen Interessenausgleichs[11]. Indessen: wenn auch auf deutscher Seite ein solcher japanisch=sowjetischer Vertrag nicht gewünscht worden war, so bedeutete der Abschluß in Hitlers Augen doch keineswegs eine politische Katastrophe[12], da er ohnehin glaubte, mit der Sowjetunion allein, ohne Bundesgenossen, in wenigen Monaten fertig zu werden. So gesehen konnte sich der Vertrag, zusammen mit der zu erwartenden allgemeinen Veränderung der Machtverhältnisse in der „östlichen Hemisphäre" durch „Barbarossa", sogar im Sinne seiner Absicht auswirken, Japan auf den Weg zur Eroberung Südostasiens zu lenken[13].

In der Tat gab der Vertragsabschluß in Japan jenen Kräften Auftrieb, die die Südexpansion vorantreiben wollten. Bereits am 16. 4. legten die Oberkommandos der japanischen Armee und Marine fest, daß die Südpolitik nunmehr „energisch zu aktivieren" sei, um die strategische und wehrwirtschaftliche Situation Japans zu verbessern und günstigere Voraussetzungen für einen mehrseitigen militärischen Druck Japans auf China zu schaffen, der Tschiang Kai=shek endlich für eine Kapitulation reif machen sollte[14]. Bemerkenswerterweise versicherte Molotow übrigens am gleichen Tage (16. 4.) dem chinesischen Botschafter in Moskau, daß sich an den sowjetisch=chinesischen Beziehungen durch den neuen Vertrag mit Japan nichts geändert habe und daß die materielle Hilfeleistung der Sowjetunion für China fortgesetzt würde[15].

Für die Durchsetzung der japanischen Expansionsziele, die sich zunächst besonders auf Französisch=Indochina, Niederländisch=Indien und Thailand bezogen, sollte nach dem Beschluß vom 16. 4. vorerst weiter der Weg von

11 Vgl. hierzu unten S. 430.

12 Die Wahrheit liegt wohl zwischen der Behauptung Ribbentrops (in seinen Erinnerungen, S. 241), Japan habe „hinter unserem Rücken" gehandelt, und Hitlers Feststellung gegenüber Raeder am 20. 4. 1941, der Paktabschluß sei „auf seinen Rat hin" erfolgt (Lagevorträge des Ob. d. M.). Richtig dürfte sein, daß der Inhalt des Vertrages nicht mit Hitler und Ribbentrop abgesprochen war und auch nicht den deutschen Interessen entsprach. Doch sollte nicht dieser Vertrag, sondern die japanische Grundkriegsentscheidung vom 2. 7. 1941 (vgl. unten S. 486 f.) als das ausschlaggebende Ereignis, das die Fortdauer der „Nichtkriegführung" zwischen Japan und der Sowjetunion für die Dauer des Zweiten Weltkrieges bestimmte, klar erkannt werden.

13 Auch Stalin legte Matsuoka eine Expansion nach Süden andeutungsweise nahe. Vgl. den von Lupke, S. 126, auf Grund einer japanischen Quelle zitierten Trinkspruch Stalins vom 13. 3. 1941: „Ermöglicht dies (der Abschluß des Vertrages) nicht Japan ein Vorgehen nach Süden ohne Furcht?"

14 Lupke, S. 130 f.

15 Beloff, vol. II, S. 378; Tschiang Kai=shek: Sowjetrußland in China, S. 120; Lupke, S. 127. — Im übrigen wurde China am 6. 5. 1941 — ein Gegenzug der amerikanischen Regierung gegen den japanisch=sowjetischen Neutralitätsvertrag — gleichsam zur nachdrücklichen Betonung des eigenen Standpunktes in den amerikanisch=japanischen Geheimverhandlungen (s. unten S. 412 ff.) in die „Leih=Pacht=Lieferungen" der USA einbezogen, die Verteidigung Chinas also als notwendig („vital") für die Sicherheit der USA erklärt (Matloff=Snell, S. 63).

Verhandlungen mit den USA, die soeben eingeleitet waren, beschritten werden. Im Falle eines allgemeinen Embargos jedoch, das die Existenz Japans als Großmacht gefährde, müsse es, wenn keine andere Wahl mehr bleibe, zum Krieg gegen Großbritannien und die USA bereit sein[16].

Der Abschluß des „Neutralitätsvertrages" mit der Sowjetunion wurde auf japanischer Seite somit als eine Stärkung der eigenen Position in den geheimen Verhandlungen mit den USA aufgefaßt, die nach monatelangem vergeblichen Warten der japanischen Regierung auf eine Auswirkung ihres Fühlers vom Dezember 1940[17] gerade begonnen hatten. Am 16. 4. hatte Staatssekretär Hull den japanischen Botschafter in Washington Nomura offiziell aufgefordert, der Regierung in Tokio den von Vertretern des State Department und der japanischen Botschaft in Washington ausgearbeiteten sog. „japanisch-amerikanischen Verständigungsentwurf", der von den durch die beiden amerikanischen Geistlichen übermittelten Grundgedanken Konoyes ausging, als Verhandlungsgrundlage für ein amerikanisch-japanisches Geheimabkommen vorzulegen[18]. Damit begannen die vor dem deutschen Bundesgenossen in ihrem substantiellen Kern geheimgehaltenen Verhandlungen Japans mit den USA, die trotz verschiedener Unterbrechungen bis Ende November 1941, also bis zum Vorabend des japanischen Angriffs auf Pearl Harbor, fortgeführt wurden. Ihre verwickelte, in manchem noch kontroverse Geschichte ist hier nicht darzustellen[19]. Für unseren Zusammenhang ist vor allem wesentlich, daß diese Verhandlungen mehr noch als der Vertragsabschluß mit der Sowjetunion den Versuch Japans kennzeichnen, einen eigenen Weg zu gehen, um unter Ausnutzung der Bündnisklausel des „Dreimächtepaktes" als Druckmittel, aber mit der Bereitschaft, sie zum toten Buchstaben werden zu lassen, wenn dadurch ein Vertragsabschluß mit den USA erreicht werden konnte, einen „Ausgleich" mit Amerika auf der Basis der Anerkennung der japanischen Vorherrschaft in Ost- und Südostasien anzustreben. Erst als das Scheitern aller Bemühungen

16 Lupke, S. 130 f.

17 Vgl. oben S. 297 f.

18 Hierfür und für die folgenden Verhandlungen: Foreign Relations, vol. IV/1941, S. 135 ff.; Papers Relating to the Foreign Relations of the United States: Japan 1931—1931. Washington 1943, vol. II, S. 398 ff.; Presseisen, S. 295 ff.; Langer-Gleason: The Undeclared War, S. 460 ff.; Friedländer, S. 210 ff. — Der „Entwurf" trug das Datum des 9. 4. Hulls „vier Punkte", die die Grundlage für die Verhandlungen mit Japan darstellen sollten und von der japanischen Regierung als Verhandlungsbasis akzeptiert wurden, lauteten: 1. Anerkennung der territorialen Integrität und der Souveränität aller Staaten; 2. Anwendung des Prinzips der Nichteinmischung in die inneren Angelegenheiten anderer Staaten; 3. Anwendung des Gleichheitsprinzips, auch auf dem Gebiet der Handelsbeziehungen; 4. Festhalten am Status quo im Pazifik; Veränderungen allenfalls nur mit friedlichen Mitteln. — Diese Punkte schienen eine mehrfache Auslegung zuzulassen.

19 Vgl. den Überblick über die amerikanische Kontrovers-Literatur, die bis etwa 1954 erschien, bei Murdock, S. 93 ff. Auf den Gesichtspunkt der Bedeutung der japanisch-amerikanischen Verhandlungen für das japanische Verhältnis zu Deutschland geht speziell ein P. W. Schroeder: The Axis Alliance and Japanese-American Relations 1941. Ithaca-New York 1958. — Zur britischen Haltung zu den amerikanisch-japanischen Verhandlungen vgl. Woodward, S. 172 ff.

Ende November offenkundig war, suchte die japanische Regierung wieder politische Anlehnung bei Deutschland[20].

Die Tatsache der Verhandlungen mit den USA teilte Außenminister Matsuoka dem deutschen Botschafter in Tokio Ott überhaupt erst am 5. 5. mit[21]. Ehe dieser Ribbentrops Stellungnahme vom 15. 5.[22], in der er sein Befremden über die Verhandlungsaufnahme ohne Konsultation des deutschen Partners ausdrückte und gegen die beabsichtigte Weiterführung protestierte, am 18. 5. Außenminister Matsuoka übermittelt hatte[23], waren am 12. 5. bereits erste japanische Gegenvorschläge in Washington überreicht worden[24]. Die Verhandlungen liefen nunmehr ohne Übermittlung neuer Informationen an den deutschen Bundesgenossen weiter.

Am 21. 6., also am Tage vor dem deutschen Angriff auf die Sowjetunion, deckte die amerikanische Regierung erstmals klar ihre Ziele auf, nachdem das amerikanische „Programm" in dem gemeinsam erarbeiteten „Verständigungsentwurf" zunächst verschleiert geblieben war[25]. Ob und in welcher Weise zwischen dieser Wendung und dem der amerikanischen Regierung inzwischen bekanntgewordenen unmittelbar bevorstehenden Beginn des deutsch-sowjetischen Krieges ein Zusammenhang besteht und welcher Kalkül gegebenenfalls Roosevelt hierbei bestimmte, müßte noch geklärt werden.

Als wichtigste Bedingungen der USA für den Abschluß eines „Ausgleichs" mit Japan traten nun heraus: Die Forderung, daß das „Recht auf Selbstverteidigung" sich auch auf eine militärische Unterstützung Großbritanniens durch die USA erstrecken solle (diese ungewöhnlich weitgehende Auslegung des Verteidigungsrechts souveräner Staaten sollte die Automatik der Bündnisklausel des „Dreimächtepaktes" im Falle eines Eintritts der USA in den Krieg gegen Deutschland aufheben); Wiederherstellung des Prinzips der „offenen Tür" in China, „Klärung" des Verhältnisses Mandschukuos zu Japan; „freundschaft-

20 Am 30. 11. 1941 unterrichtete die japanische Regierung den deutschen Bundesgenossen offiziell vom Scheitern der japanisch-amerikanischen Verhandlungen (IMT, Bd. XXXI, Dok. PS-2989, S. 265 ff.). Anfang Dezember 1941 folgte der Vorschlag der japanischen Regierung an Deutschland und Italien, einen militärischen Beistandspakt unter Ausschluß eines Separatfriedens abzuschließen (Ciano: L'Europa, S. 697). Eine Mitteilung über den japanischen Kriegsentschluß wurde den Bundesgenossen jedoch nicht gemacht. B. Martin (Marburg/L.) bereitet eine Untersuchung über die deutsch-japanischen Beziehungen 1942—1945 vor, in der er einleitend auch auf die Vorgeschichte des deutsch-japanischen Militärbündnisses vom 11. 12. 1941 eingeht.

21 ADAP D XII, Dok. 455 und 456: Der dt. Botschafter in Tokio an das AA, 5. 5. 1941, S. 713 ff.

22 ADAP D XII, Dok. 518: Ribbentrop an den dt. Botschafter in Tokio, 15. 5. 1941, S. 820 ff.

23 ADAP D XII, Dok. 537: Der dt. Botschafter in Tokio an das AA, 18. 5. 1941, S. 847 f.

24 Am 22. 5. 1941 gab Hitler gegenüber Raeder zu, daß er „z. Zt. kein klares Bild" über Japan habe. Offensichtlich bestünden dort „innenpolitische Schwierigkeiten" (Lagevorträge des Ob. d. M.).

25 Vgl. hierzu auch Shigemitsu, S. 242 ff., und Togo, S. 68 ff.

liche Vermittlung" zwischen Japan und Tschiang Kai-shek auf der Basis der Gleichberechtigung. Es besteht kein Zweifel, daß eine Annahme dieser Bedingungen Japan auf die Ausgangsposition vor Beginn der Expansion auf dem asiatischen Kontinent im Jahre 1931 zurückgeworfen hätte. Anstelle der angestrebten Vormachtstellung im autarken „Großraum" Ostasien-Südsee hätte sie eine weitgehende wirtschaftliche und politische Abhängigkeit Japans von den USA zur Folge gehabt — eine in der Situation von Mitte 1941 für alle politischen und militärischen Gruppen in Japan unannehmbare Lösung. Eine begleitende Verbalnote des amerikanischen Außenministers zu diesen Bedingungen spielte in eindeutiger Weise darauf an, daß einige japanische Minister — gemeint war offensichtlich vor allem Außenminister Matsuoka — dem angestrebten amerikanisch-japanischen „Ausgleich" auf dieser Basis im Wege stünden, da sie auf das japanische Bündnis mit Deutschland festgelegt schienen. Obwohl Matsuoka einige Wochen später, am 17. 7., aus der japanischen Regierung ausschied[26], blieben diese für Japan indiskutablen amerikanischen Bedingungen in allen noch folgenden Verhandlungsperioden trotz mancher Modifizierung im einzelnen im Kern unverändert. Die Entschlossenheit Roosevelts, trotz des wachsenden amerikanischen Engagements im europäischen Krieg den harten Kurs gegenüber Japan fortzusetzen und — trotz vorerst unzureichender militärischer Bereitschaft hierzu — das Risiko eines Zweiozeankrieges im Pazifik und im Atlantik auf sich zu nehmen, stand somit schon vor dem tatsächlichen Beginn des deutschen Angriffs auf die Sowjetunion prinzipiell fest.

Das forcierte Bestreben Japans, das Verhältnis zu den USA nach Möglichkeit durch Vereinbarung eines „modus vivendi" zu bereinigen, in jedem Falle aber die Situation zu klären, war eine Konsequenz aus der Grundauffassung der japanischen Marineführung, daß es bei einem japanischen Vorstoß nach Süden zur Eroberung des südostasiatischen Rohstoffgebietes nicht möglich sein werde, die USA und Großbritannien interessenmäßig voneinander zu trennen, daß Japan also, auch wenn seine Offensive die Philippinen umging und auf die Eroberung Französisch-Indochinas, Niederländisch-Indiens und Britisch-Malayas beschränkt wurde, mit einem militärischen Eingreifen der USA rechnen müsse. Dieser — die Realität richtig erfassende — Standpunkt der Marine setzte sich gegenüber der Auffassung der japanischen Armeeführung, die eine gegenteilige Ansicht vertrat, durch[27]. Es wurde daher Mitte April 1941 beschlossen,

26 Das folgende dritte Kabinett Konoye (ohne Matsuoka) mit Admiral Toyoda als Außenminister wurde geradezu als „Kabinett der Amerika-Verhandlungen" bezeichnet. — Über Matsuokas Haltung hinsichtlich der Sowjetunion nach dem 22. 6. 1941, die wesentlich zu seinem Sturz beitrug, vgl. unten S. 485 ff.

27 Die britische Regierung war übrigens nicht sicher, ob die USA tatsächlich im Falle eines japanischen Angriffs auf Singapore (ohne Einbeziehung der Philippinen) eingreifen würden. Die wiederholte Ablehnung des britischen Wunsches, amerikanische Seestreitkräfte nach Singapore zu verlegen, ließ die Befürchtung aufkommen, daß die USA in einem solchen Falle abseits bleiben könnten (Roskill, vol. I, S. 553 ff.).

einen japanischen Grundkriegsplan auf der Voraussetzung, daß die USA, Großbritannien und die Niederlande politisch und militärisch untrennbar seien, auszuarbeiten. Er sah im Falle eines Zusammenbruchs der Verhandlungen mit den USA die Eroberung Niederländisch-Indiens (als wehrwirtschaftlich entscheidendes Gebiet) sowie der Philippinen, von Hongkong und Singapore, schließlich auch von Burma zur strategischen Sicherung des eroberten „Großraums" vor[28]. Diese politische und strategische Grundentscheidung Japans blieb Hitler verborgen[29].

Die Durchsetzung des Standpunktes der Marine innerhalb der japanischen Führung bedeutete implizite die Ablehnung der in den Monaten davor wiederholt übermittelten deutschen Anregung, Japan solle sich, ohne die USA anzugreifen, militärisch gegen die britischen Positionen in Südostasien wenden, ohne daß dem deutschen Partner diese Ablehnung mitgeteilt wurde. Der Gedanke eines japanischen Angriffs auf Singapore war erstmals von Großadmiral Raeder bei seinem Vortrag vor Hitler am 27. 12. 1940 ausgesprochen worden[30]. In der Besprechung mit den militärischen Spitzen am 9. 1. 1941 nahm dann Hitler selbst den Vorschlag auf und sprach sich für einen japanischen Angriff gegen Singapore aus, „auch auf die Gefahr hin, daß die USA dadurch zu weitgehenden Konsequenzen veranlaßt werden[31]". Das Risiko eines Krieges mit den USA schätzte er allerdings nicht hoch ein.

Mit einer Übermittlung des Gedankens an den japanischen Bundesgenossen hielt Hitler zunächst zurück, da im „Dreimächtepakt" eine gemeinsame Kriegführung gegen Großbritannien gar nicht vorgesehen war, es sich somit um eine über die vertraglichen Verpflichtungen hinausgehende deutsche „Anregung" handelte, die zu einem günstigen Zeitpunkt einem geeigneten Gesprächspart-

28 T. Hattori: Japans Operationsplan für den Beginn des Pazifischen Krieges, S. 256 ff.

29 Am 13. 6. 1941 meldete allerdings der deutsche Marineattaché in Tokio an das OKM: „Angriff Singapore aufgegeben. Alle Stellen einig, daß Aktion Eintritt USA in den Krieg unvermeidlich auslöst" (KTB der Skl., Teil A, 13. 6. 1941).

30 Aufz. über die Besprechung Hitler-Raeder, 27. 12. 1940, in: Lagevorträge des Ob. d. M.: Vorschlag Raeders: „Interesse Japans an Singapore erhöhen, Frage japanischer Inbesitznahme durchprüfen. Möglicherweise Zugriffmaßnahmen mit Japanern besprechen ... Führer glaubt, daß Japan vorläufig nichts Entscheidendes tut und daß England schwerlich Schlachtschiffe nach dem Osten detachieren wird."

31 Aufz. über die Besprechungen Hitler-Raeder am 8. und 9. 1. 1941 (Lagevorträge des Ob. d. M.). Die Denkschrift der Seekriegsleitung „Betrachtungen zur Frage: Japan im Dreimächtepakt" für die Besprechung Hitler-Raeder vom 4. 2. 1941 ging in dieser Hinsicht noch erheblich weiter. Hier hieß es (S. 14): „Sollte durch eine solche Initiative Japans (= Angriff auf Singapore) der Kriegseintritt Amerikas auf Seiten Englands heraufbeschworen werden, so wäre dies in Kauf zu nehmen, da, soweit die Seekriegführung betroffen wird, die Summe der Vorteile die der Nachteile überwiegt" (Lagevorträge des Ob. d. M.). — Ob Raeders Aufz. über Hitlers Ausführungen am 9. 1. 1941 dessen Auffassung zur Frage der Inkaufnahme des Kriegsrisikos hinsichtlich der USA wirklich korrekt wiedergibt, muß bezweifelt werden, da alle folgenden Äußerungen Hitlers zu diesem Problem das Gegenteil besagen.

ner gegenüber vorgebracht werden mußte. Bei den Besprechungen, die der Chef des Sonderstabes für Handelskrieg und wirtschaftliche Kampfmaßnahmen, Vizeadmiral Groos, mit dem Leiter einer zum Besuch in Deutschland weilenden japanischen Marinekommission, Vizeadmiral Nomura, am 18. 1. in Berlin führte[32], wurden daher nur in allgemeiner Form verschiedene Fragen einer künftigen Koalitionskriegführung Deutschlands und Japans berührt[33]. Der Chef der Abteilung Landesverteidigung im Wehrmachtführungsstab, Generalmajor Warlimont, faßte aus diesem Anlaß die bisher von Hitler und bei der deutschen Obersten Wehrmachtführung angestellten Überlegungen dahin zusammen, daß das Unternehmen „Barbarossa" „auch eine Entlastung für Japan" bringen würde, „das überdies zu diesem Zeitpunkt durch die USA wegen deren mangelnder Kriegsbereitschaft noch kaum bedroht sein würde. Wenn Japan sich unter diesen Umständen zu einem Kriegseintritt (gegen Großbritannien) und dabei auch (zum) Angriff auf Singapore bereit finden würde, so würde das militärisch, wirtschaftlich und psychologisch von entscheidender Bedeutung sein[34]". Hitler erteilte am 4. 2. im Anschluß an einen Vortrag Raeders, bei dem dieser eine ausführliche Denkschrift über die Aufgaben Japans im Falle eines Kriegseintritts überreichte[35], die Genehmigung zur Aufnahme allgemeiner vorbereitender Militärbesprechungen[36]. Am 17. 2. befahl Hitler dem Wehrmachtführungsstab[36a], eine Weisung vorzubereiten, die zum Ausdruck bringen müsse, daß es „Deutschlands Ziel sei, Japan so bald wie möglich zum aktiven Handeln im

32 KTB OKW, Bd. I, S. 287 ff.
33 Die Unterredungen zwischen Vizeadmiral Nomura und Vizeadmiral Groos ergaben immerhin folgendes (Aufz. „Japan" der Skl. für die Unterredung Hitler-Raeder am 18. 3. 1941, in: Lagevorträge des Ob. d. M.): „Japanische Stellen äußern wiederholt, daß Japan nur in (der) Lage sei, sechs Monate Blitzkrieg zu führen. Es ist klar, daß unter den heutigen Kräfteverhältnissen in sechs Monaten zwar Erfolge (errungen), aber der Krieg im Fernen Osten nicht beendet werden kann und dann unter der vereinten Wirtschaftskriegführung (der) angelsächsischen Mächte stärkere Rückschläge auftreten können. (Lt. Studie Wennecker kriegswirtschaftliche Lage [Japans] für einen Krieg von 1—1½ Jahren Dauer sichergestellt.)
Japan will eigentlich keinen Krieg gegen USA führen, sagt Admiral Nomura. Botschafter (in) Washington habe daher Aufgabe, Beziehungen zu bessern. Man fürchtet sogar den amerikanischen Angriff.
In Antwortrede auf Schlachtschiff ‚Bismarck' setzte Admiral (Nomura) große Hoffnungen auf Zusammenarbeit (mit Deutschland) in entscheidendem Ringen, das sich über die nächsten 10 bis 20 Jahre hinziehe. Japan denkt bei der Erfüllung seiner Ziele also in anderen Zeiträumen." —
Das KTB der Skl. (Teil A, 13. 5. 1941) faßte die verschiedenen Äußerungen Nomuras über die Kriegsbereitschaft Japans dahin zusammen, „daß die japanische Marine sich erst 1946 für befähigt hält, in einen Krieg einzutreten".
34 KTB OKW, Bd. I, S. 287 f.
35 KTB OKW, Bd. I, S. 304 f. Vgl. auch S. 415, Anm. 31.
36 KTB OKW, Bd. I, S. 308.
36a Ein Zusammenhang zwischen den Überlegungen hinsichtlich eines japanischen Vorstoßes gegen Singapore und der am gleichen Tage (17. 2.) von Hitler befohlenen „studienmäßigen Bearbeitung" eines deutschen Aufmarsches in Afghanistan gegen Indien (vgl. oben S. 382) ist wahrscheinlich.

Fernen Osten zu veranlassen. Je früher Japan eingreife, umso leichtere militärische Verhältnisse werde es vorfinden. Es müsse sich in den Besitz von Singapore und aller Rohstoffgebiete setzen, die es für die Fortsetzung des Krieges, besonders wenn Amerika eingreife, brauche. Je länger Japan zögere, um so stärker werde Amerika, umso schwerer (werde) die japanische Aufgabe werden". Ein „Umschwenken" Japans hielt Hitler, der sonst hinsichtlich der „Zuverlässigkeit" Japans keineswegs besonders optimistisch war, an diesem Tage für „ausgeschlossen"[37].

Die „Weisung Nr. 24" vom 5. 3. 1941[38], die Hitlers Gedanken vom 17. 2. in eine militärische Form faßte, sprach programmatisch davon, daß es „das Ziel der durch den Drei=Mächtepakt begründeten Zusammenarbeit ... sein (müsse), Japan sobald wie möglich zum aktiven Handeln im Fernen Osten zu bringen. Starke englische Kräfte (würden) dadurch gebunden, das Schwergewicht der Interessen der Vereinigten Staaten (werde) nach dem Pazifik abgelenkt ... Als gemeinsames Ziel der Kriegführung (sei) herauszustellen, England rasch niederzuzwingen und (die) USA aus dem Krieg herauszuhalten". Über das „Barbarossa"=Unternehmen dürfe jedoch den Japanern gegenüber „keinerlei Andeutung" gemacht werden.

Inzwischen war der neue japanische Botschafter, General Oshima, in Deutschland eingetroffen. Er schien Hitler der geeignete Vertreter Japans, der die deutsche „Anregung" hinsichtlich Singapores der japanischen Regierung und dem japanischen Generalstab wirkungsvoll übermitteln sollte. Schon bei seinem Antrittsbesuch am 23. 2. lernte Oshima durch Ribbentrop die deutschen Gedankengänge kennen[39]. Dieser sprach hierbei davon, daß eine Eroberung von Singapore einen schweren Schlag gegen das „Herz des britischen Empire" darstellen würde, da Japan damit Indien bedrohe. Eine durch einen Überraschungsschlag (von der Landseite aus) erzielte Einnahme von Singapore würde die USA nicht in den Krieg hineinführen, sondern auf sie geradezu abschreckend wirken. Am 27. 2. erhielt auch Botschafter Ott in Tokio von Ribbentrop die Weisung, in Gesprächen mit japanischen Regierungsvertretern „mit allen Mitteln" auf einen baldigen Angriff gegen Singapore hinzuwirken[40]. In einer weiteren Unterredung Ribbentrops mit Oshima am 3.3. versuchte der deutsche Außenminister, dem japanischen Botschafter sogar schon einen Termin für den Angriff (Mai 1941) nahezulegen[41], mit dem der Zusammenhang dieser deutschen „Anregung" mit dem improvisierten Kriegsplan Hitlers, vor allem mit dem geplanten Beginn des Unternehmens „Barbarossa", klar erkennbar wird. Oshima ging tatsächlich auf Ribbentrops Sondierung ein und

37 KTB OKW, Bd. I, S. 328 ff.
38 Hubatsch: Hitlers Weisungen, S. 103 ff.
39 ADAP D XII, Dok. 78: Aufz. über die Unterredung Ribbentrop=Oshima, 23. 2. 1941, S. 139 ff.
40 ADAP D XII, Dok. 100: Ribbentrop an den dt. Botschafter in Tokio, 27. 2. 1941, S. 183; KTB Halder, Bd. II, S. 297.
41 KTB OKW, Bd. I, S. 340; KTB Halder, Bd. II, S. 300; Presseisen, S. 286.

behauptete, daß die Vorbereitungen zum Angriff bis Ende Mai abgeschlossen sein würden und daß er mit Konoye und Matsuoka einig sei, daß die Eroberung von Singapore (von Land aus) baldmöglichst beginnen sollte[42].
Raeder seinerseits wiederholte in seinem Lagevortrag vor Hitler am 18. 3. noch einmal seine Argumente für einen baldigen japanischen Angriff auf Singapore, wobei er nun, wohl unter dem Eindruck der Gespräche Groos=Nomura, hinzufügte, daß für Japan nach einer Eroberung dieser Festung ein „Ausgleich" mit den USA leichter als bisher zu finden sein werde. Andererseits hätte Japan damit aber auch seine strategische Position im Hinblick auf einen etwa doch notwendig werdenden Krieg gegen Amerika wesentlich verbessert[43].
Den Besuch des japanischen Außenministers in Berlin Ende März/Anfang April benutzten Hitler und Ribbentrop dazu, den Angriff auf Singapore als einen im Interesse aller „Dreierpaktmächte" liegenden Schritt hinzustellen, ohne daß es ihnen jedoch gelang, Matsuoka zu einer bindenden Zusage zu bewegen, die deutsche „Anregung" im japanischen Kabinett zu vertreten. Hitlers Grundgedanke, Japan durch die Zertrümmerung der Sowjetunion indirekt auf den Weg der Südexpansion vorwärtszustoßen, um das Gewicht der japanischen Macht gegenüber den USA zu stärken, trat im Verlauf dieser Gespräche am deutlichsten in der Unterredung Ribbentrops mit Matsuoka am 29. 3. heraus. Japan solle — so führte der deutsche Außenminister aus —, falls es zu einem deutsch=sowjetischen Kriege kommen sollte, seinerseits nicht gegen die Sowjetunion vorgehen; vielmehr bestehe Japans bester Beitrag zur Erreichung des gemeinsamen Ziels der „Dreierpaktmächte" in einem baldigen Angriff auf Singapore, der auch als Demonstration gegen die USA notwendig sei[44].
Alle diese deutschen „Anregungen" blieben — wie gesagt — angesichts der Auffassung der japanischen Marine (die sich in den entscheidenden Besprechungen innerhalb der japanischen Führung durchsetzte), daß die USA und Großbritannien politisch und militärisch nicht zu trennen seien, ohne Auswirkung[45]. Der nunmehr eingeleitete Kurs der japanischen Politik lief auf eine den Zielen Hitlers in jedem Falle entgegengesetzte Alternative hinaus: ent=

42 Nürnberg=Dok. NG=4425: Aufz. über die Unterredung Ribbentrop=Oshima, 3. 3. 1941.

43 Aufz. über die Unterredung Hitler=Raeder, 18. 3. 1941, in: Lagevorträge des Ob. d. M.

44 ADAP D XII, Dok. 233: Aufz. über die Unterredung Ribbentrop=Matsuoka, 29. 3. 1941, S. 413 ff.

45 Daß die japanische Regierung auch im Bereich der direkten deutsch=japanischen Beziehungen sich ganz von Gesichtspunkten des „sacro egoismo" leiten ließ, zeigt die Eintragung im KTB der Skl., Teil A, vom 23. 5. 1941: „Das Kriegstagebuch des Marineattachés in Tokio (27. 3. — 10. 4.) enthält sehr bemerkenswerte Angaben über die großen Schwierigkeiten, die die Japaner trotz dauernder Beteuerung, ihr Bestes für eine Unterstützung Deutschlands tun zu wollen, der Frage kriegswichtiger Transporte über See (in erster Linie Kautschuk!) nach Deutschland entgegensetzen. Es stellt sich immer wieder heraus, daß sich die Japaner zu keiner Handlung in unserem Interesse aufraffen können, wenn irgendein Risiko damit verbunden ist."

weder auf einen „modus vivendi" mit den USA und damit auf ein Ende des „Dreimächtepaktes" mit der Konsequenz, daß sich Amerika, befreit von der Rückenbedrohung, voll im europäischen Krieg engagieren konnte, oder auf einen Krieg Japans mit Großbritannien und den USA, der zwangsläufig Amerika in den Gesamtkrieg hineinführte. Diese Alternative bestand bereits *vor* Beginn des deutschen Angriffs auf die Sowjetunion, ohne daß dies Hitler infolge der japanischen Verschleierungstaktik erkannte. Die Auswirkungen des Unternehmens „Barbarossa", die zunächst im wesentlichen — hinsichtlich der Verschärfung des Süd-Kurses der japanischen Expansionspolitik — durchaus den Erwartungen Hitlers entsprachen[46], führten schließlich dazu, daß sich bei der japanischen Regierung unter dem Eindruck der starren amerikanischen Haltung die Waage immer mehr zugunsten des Wagnisses eines Krieges gegen die USA neigte — unter Ausnutzung der Situation der Rückenfreiheit, aber ohne jede Rücksichtnahme auf die Interessen des deutschen Bundesgenossen.

3. Großbritanniens Strategie der aktiven Verteidigung im Kampfbereich Westeuropa-Nordatlantik und die Festigung seiner imperialen Position im Nahen Osten

Im Rahmen der in der britischen Kriegsplanung für die Zeit bis zum Frühjahr 1942 vorgesehenen allgemeinen strategischen Defensive mit der zentralen Aufgabe der Sicherung der britischen Insel und ihrer atlantischen Verbindungen nahm der Ausbau der Küstenverteidigung auf der Insel, nachdem seit Ende September 1940 die Invasionsgefahr weitgehend als geschwunden betrachtet werden konnte, zwar immer noch einen wichtigen Platz ein[1], auch blieb bis Mitte Mai 1941 noch die Verbesserung der Abwehr der — seit November 1940 mit wechselnden Schwerpunkten geführten — deutschen Luftoffensive vordringlich[2], doch konzentrierten sich die britischen Anstrengungen immer mehr auf die „Schlacht im Atlantik". Hier bedrohten seit Herbst 1940 nicht nur deutsche und italienische U-Boote[3], sondern auch schwere deutsche Seestreitkräfte sowie Fernkampfflugzeuge, die von Westfrankreich aus die Gewässer westlich der britischen Insel bis in den Raum von Gibraltar absuchten, die lebenswichtigen britischen Zufahrtswege, die sich, seitdem der Geleitverkehr über die südlichen Routen (Ärmelkanal und St. Georgs-Kanal) wegen der Luftbedrohung im Juli 1940 hatte aufgegeben werden müssen, im Nordkanal

46 Zur japanischen Reaktion auf den deutschen Angriff auf die Sowjetunion vgl. unten S. 485 ff.
1 Collier: The Defence of the United Kingdom, Kap. XVI und XVII; Butler: Grand Strategy, vol. II, S. 391 ff.
2 Collier, Kap. XVII.
3 Vgl. oben S. 162 ff.

bündelten. Dieser Engpaß bildete daher ein besonders lohnendes Angriffsziel für die deutschen U-Boote[4].

Die Notwendigkeit, im nordatlantischen Seegebiet westlich von Großbritannien neben starken Abwehrkräften der Marine in wachsendem Maße auch britische Luftwaffenverbände einzusetzen, hatte weitreichende Folgen für den strategischen Luftkrieg Großbritanniens gegen das Reichsgebiet und die deutschbesetzten Gebiete in Westeuropa, der nach dem Kabinettsbeschluß vom 11. 5. 1940, unmittelbar nach der Regierungsübernahme durch Churchill, eingeleitet worden war[5]. Er hatte in der Nacht vom 15./16. 5. mit dem Einsatz von 100 Flugzeugen gegen Verkehrsziele und Treibstoffanlagen im Ruhrgebiet begonnen und war mit wechselnden Schwerpunkten und unterschiedlicher Stärke in den folgenden Monaten fortgesetzt worden. Es handelte sich dabei um Nachtangriffe, bei denen in der Regel nur Verbände bis zu 25 Flugzeugen in Angriffen auf Einzelziele angesetzt wurden, doch nahmen an verschiedenen größeren Angriffen in der ersten Hälfte 1941 auch bereits Bomberverbände mit über 100 Flugzeugen teil[6]. Die Grundkonzeption dieses strategischen Luftkrieges war, daß die Angriffe eine Ergänzung für die — infolge der wirtschaftlichen Unterstützung Deutschlands durch die Sowjetunion lückenhafte — britische Blockade Deutschlands und der von ihm beherrschten Gebiete in Kontinentaleuropa bilden sollten.

Nachdem die Bekämpfung der improvisierten deutschen Invasionsflotte in den Kanalhäfen im Herbst 1940 längere Zeit stärkere Kräfte des „Bomber Command" gebunden hatte, obwohl auch in dieser Periode Angriffe auf das Reichsgebiet bis nach Berlin geführt wurden (der erste in der Nacht vom 25./26. 8. 1940[7]), wurde Anfang Januar 1941 ein klar umrissener Operationsplan für den strategischen Luftkrieg gegen Deutschland entwickelt. Auf Grund der Annahme, daß die bisherigen Angriffe gegen Werke der deutschen Treibstofferzeugung besonders gute Erfolge gebracht hätten[8], und in der zutreffenden Überzeugung, daß ein Schlag („fatal blow") gegen die zahlenmäßig begrenzten und in ihrer Lage bekannten Werke der synthetischen Treibstoffindustrie einen neuralgischen Punkt der deutschen Wehrwirtschaft treffen würde, mit dem eine Lähmung der deutschen Kriegführung erreicht werden könnte, billigte das britische Kabinett am 7. 1. 1941 den sog. „Öl-Plan", der die Vernichtung von 17 Hydrier- und Fischer-Tropsch-Anlagen, darunter der größten Werke Leuna,

4 Vgl. unten S. 448 mit Anm. 8.

5 Webster-Frankland: The Strategic Air Offensive, vol. I, S. 144 ff.

6 Vgl. hierzu auch KTB der Skl., Teil A, 9. 5. 1941: „Erstmals Einflug von 170 britischen Flugzeugen über Reichsgebiet, 100 über Hamburg, 70 über Bremen. Luftwaffe nimmt trotz dieser ersten stärkeren Angriffe weiterhin an, daß Engländer nicht über mehr als 400 Kampfflugzeuge im Mutterland verfügt."

7 Eine Zusammenstellung der Fakten der britischen Luftoffensive 1940/41 bei D. Richards: Royal Air Force 1939—1945, London 1953, vol. I, S. 241 ff., und L. G. S. Payne: Air Dates. London-Melbourne-Toronto 1957, S. 99 ff.

8 Hierzu und zu der Frage, wieweit diese Annahme zutraf, eingehend Birkenfeld, S. 177 ff.

Pölitz, Gelsenberg, Zeitz und Scholven, vorsah[9]. Es ist sicher nicht zu viel gesagt, wenn wir feststellen, daß eine Durchführung dieses Plans in der Tat größte Auswirkungen auf die deutsche Kriegführung und damit auf den weiteren Kriegsverlauf gehabt hätte. Es ist nur daran zu erinnern, daß mehr als ein Drittel des Treibstoffes für die deutsche Wehrmacht, darunter fast das gesamte Flugbenzin[10], in den Werken der synthetischen Treibstoffindustrie hergestellt wurde, so daß systematische Luftangriffe auf diese Anlagen die deutsche Wehrmacht in kurzer Zeit bewegungsunfähig gemacht hätten, da die Reserven für die 1941 geplanten weit ausgreifenden Operationen außerordentlich knapp waren[11].
Bekanntlich begannen diese Angriffe jedoch nicht 1941, sondern erst drei Jahre später, am 12. 5. 1944[12]. Die Gründe für diese lange Verzögerung wechselten in der Zwischenzeit mehrfach. Anfang 1941 ergab sich die Notwendigkeit, von dem Plan Abstand zu nehmen, aus der wachsenden Bedrohung der britischen Zufahrtswege im Atlantik durch die deutschen U-Boote und die Luftwaffe. Daher hob eine Weisung der britischen Regierung vom 9. 3. – in den beiden vorangehenden Monaten hatten die Wetterbedingungen die Ausführung des Plans verhindert – den Befehl vom 7. 1. 1941 wieder auf und legte die Priorität der Bombardierung der deutschen U-Boot-Werften und der Focke-Wulf-Werke in Bremen (die die Fernkampfflugzeuge herstellten) anstelle der Zerstörung der Hydrieranlagen fest[13]. Später rückten dann mit dem zwischen März und November 1941 eingeleiteten Übergang von der Bekämpfung von Einzelzielen („precision bombing") zu Angriffen auf Flächenziele (Luftterror gegen die Zivilbevölkerung durch „area bombing", systematisiert ab März 1942) andere Konzeptionen in der britischen Luftkriegführung in den Vordergrund[14].
Im Bereich der deutschen Küstenverteidigung von Norwegen bis zur Biscaya mußte es das Ziel der britischen Strategie sein, möglichst viele deutsche Verbände in die von der britischen Insel weit entfernten Abschnitte zu lenken und damit eine Verzettelung der Kräfte zu erreichen. Ein nicht nur taktisch geglücktes, sondern mit seinen Auswirkungen auf Hitlers Abwehrmaßnahmen im Westen für die Zeit der „Barbarossa"-Operation weit darüber hinaus folgenreiches handstreichartiges Unternehmen stellte der britische Überfall auf die Lofoten-Insel Svolvaer am 4. 3. dar[15]. Er lenkte Hitlers Aufmerksamkeit in

9 Webster-Frankland, vol. IV, S. 188 ff.
10 K. Gundelach: Der alliierte Luftkrieg gegen die deutsche Flugtreibstoffversorgung, in: Wehrwissenschaftliche Rundschau 1963, S. 686 ff.
11 Vgl. oben S. 377 ff.
12 KTB OKW, Bd. IV, S. 933 ff.; Birkenfeld, S. 183 ff.
13 Webster-Frankland, vol. IV, S. 133.
14 Webster-Frankland, vol. I, S. 178 ff.
15 Roskill, vol. I, S. 341 f.; KTB OKW, Bd. I, S. 345 ff.; KTB Halder, Bd. II, S. 303, S. 318 (17. 3. 1941): „Führer-Forderung: Norwegen muß so gesichert sein, daß Handstreich unmöglich. Engländer werden offensiv werden müssen ... Beste Möglichkeit Norwegen. Wenn Engländer sich festsetzt, Zusammenwirken mit Rußland möglich." Vgl. die „Aufmarschanweisung" für „Barbarossa" vom 31. 1. 1941, Punkt 6; Auftrag für AOK Norwegen, in: KTB Halder, Bd. II, S. 468.

starkem Maße auf die Sicherung Norwegens. In den nächsten Monaten entwickelte sich bei ihm die feste Überzeugung, daß ein britisches Invasionsunternehmen in Norwegen zu befürchten sei. Tatsächlich spielte Churchill einige Zeit nach Beginn des deutschen Angriffs auf die Sowjetunion mit einem solchen Gedanken; er konnte sich allerdings mit seinen Vorschlägen bei den britischen Stabschefs nicht durchsetzen[16]. Jedenfalls führte Hitlers Besorgnis um die skandinavische Flanke dazu, daß weit mehr deutsche Kräfte nach Norwegen verlegt wurden, als für die Besetzung des Landes notwendig waren. Ähnliches galt für eine eventuell notwendig werdende Sicherung der Iberischen Halbinsel durch deutsche Kräfte. Hitler hielt eine britische Landungsaktion in Portugal in der „Barbarossa"-Zeit für möglich, so daß für deutsche Gegenmaßnahmen stärkere Verbände in Südwestfrankreich bereit gehalten wurden[17]. Auf der anderen Seite nahmen die britischen Stabschefs Ende April — nach Abschluß des deutschen Balkanfeldzuges — an, daß Hitler nun in der Lage sein werde, durch die Verlegung von stärkeren Kräften nach Südwestfrankreich Druck auf Spanien auszuüben, um von Franco das Durchmarschrecht für die deutschen Truppen zu erzwingen, so daß ein Angriff auf Gibraltar zu befürchten sei[18]. Unter diesen Umständen wurden die im Sommer 1940 für eine Besetzung der portugiesischen Inseln bereitgestellten britischen Verbände, die in der Zwischenzeit zu dem mißglückten Dakar-Unternehmen (23.—25. 9. 1940) verwendet und aufgelöst worden waren, wieder zusammengezogen. Sie sollten, wie Churchill Roosevelt am 23. 4. mitteilte[19], im Falle eines deutschen Einmarsches nach Spanien in schnellem Zugriff die Kanarischen Inseln, gleichzeitig auch die Azoren und die Kap Verdischen Inseln besetzen (Unternehmen „Puma"), um die strategischen Auswirkungen eines möglichen Verlustes von Gibraltar in Grenzen zu halten. Im März 1941 hatte eine portugiesische Militärmission London besucht und dabei die Möglichkeiten für eine britische Hilfeleistung an Portugal sondiert, falls Spanien, wie die Portugiesen meinten, einem neuerlichen deutschen Druck keinen ernsthaften Widerstand mehr entgegensetzen würde und Portugal damit in die Gefahrenzone geriete. Die britische Antwort hierauf, die portugiesische Regierung solle notfalls wie 1807 nach den Azoren gehen und von dort aus mit britischer Unterstützung den Kampf gegen Deutschland aufnehmen, da das portugiesische Mutterland im Ernstfall doch nicht zu halten sei, führte zu einer Versteifung der portugiesischen Haltung gegenüber Großbritannien, da dieser Vorschlag für Salazar völlig indiskutabel war. Der portugiesische Ministerpräsident lehnte konsequenterweise nun seinerseits eine Besetzung der Azoren durch die Briten ab, weil dadurch nur eine deutsche Aktion gegen Portugal heraufbeschworen würde, und wandte sich kurze Zeit danach unter Betonung der korrekten Neu-

16 Bryant, S. 244 ff. (Oktober 1941). Vgl. unten S. 445, Anm. 97.
17 Eingehender unten S. 459 f.
18 Butler: Grand Strategy, vol. II, S. 433 f.
19 Foreign Relations, vol. II/1941, S. 837 ff.

tralitätspolitik Portugals auch scharf gegen eine Andeutung Roosevelts in seiner Rede vom 27. 5., aus der herausgelesen werden konnte, daß die amerikanische Regierung erwog, Truppen nach den Azoren zu entsenden[20]. Die Situation in Südwesteuropa hatte sich jedoch inzwischen schon für Großbritannien geklärt, da der spanische Botschafter in London, Herzog von Alba, dem britischen Außenminister Eden am 8. 5. versicherte[21], Franco werde sich so lange einem Druck Hitlers entziehen können, wie der Suez-Kanal von den Briten gehalten würde[22]. Dies deutete wieder auf die Grundhaltung des spanischen Staatschefs hin, allenfalls dann zugunsten Hitlers in den Krieg einzutreten, wenn der deutsche Sieg wahrscheinlich oder fast sicher war.

Gerade in dieser Zeit (Mai 1941) gelang es der britischen Führung, eine schwere Krise im östlichen Mittelmeer, in die sie durch die nur zeitlich zusammenfallende, nicht durch eine vorausschauende Planung herbeigeführte deutsche Doppeloffensive in Nordafrika und auf dem Balkan hineingeraten war und die eine Erschütterung der britischen Stellung im Nahen Osten hervorgerufen hatte, nicht nur zu überwinden, sondern zu einer Festigung und einem Ausbau der imperialen Position Großbritanniens in diesem Raum auszunutzen. Erleichtert wurde dies dadurch, daß Hitler – wie schon im Herbst 1940 so auch jetzt – ein stärkeres deutsches Engagement in diesem Raum vor der Durchführung des Unternehmens „Barbarossa" ablehnte[23].

Der vergebliche, die britischen Kräfte überfordernde Versuch des Oberkommandos Mittelost, im April sowohl den Vormarsch Rommels in der Cyrenaika zum Stehen zu bringen als auch die Stellung in Griechenland mit dem strategischen Zentrum Kreta zu halten, machte den Abzug der meisten britischen Kräfte aus Palästina, Transjordanien und dem Irak erforderlich[24]. Die Versuchung für die nationalistischen Kräfte im Irak, die Gunst der Stunde zu nutzen und in der Hoffnung auf deutsche Hilfe loszuschlagen, war angesichts dieser

20 Foreign Relations, vol. II/1941, S. 844 f. (Portugiesische Stellungnahme vom 30. 5. 1941); S. 846 f. (Amerikanische Antwort vom 10. 6. 1941). Zu den amerikanischen Planungen hinsichtlich der Azoren vgl. Matloff-Snell, S. 49 f.; zu dem diplomatischen Schritt der USA bei der portugiesischen Regierung vgl. auch Hull, vol. I, S. 940. Am 31. 5. versicherte die amerikanische Regierung in einer Note an die Regierung Salazar, daß keine amerikanische Besetzung der Azoren und Kap Verdischen Inseln beabsichtigt sei, solange nicht eine Verletzung portugiesischen Hoheitsgebietes durch die „Achsenmächte" vorliege.

21 Woodward, S. 127.

22 Am 12. 5. äußerte der spanische Außenminister Serrano Suñer gegenüber dem deutschen Botschafter in Madrid, Spanien würde im Falle einer Besetzung irgendeines portugiesischen Territoriums durch Briten oder Amerikaner, auch wenn es sich um die Azoren handele, in Portugal einmarschieren (ADAP D XII, Dok. 498: Der dt. Botschafter in Madrid an das AA, 12. 5. 1941, S. 781). Beide Äußerungen, die zusammen gesehen werden müssen, machen die politische Linie Francos, Spanien aus dem Kriege herauszuhalten, deutlich: Durch Erklärungen, die auf die Mentalität des jeweiligen Gesprächspartners abgestimmt waren, sollte den kriegführenden Parteien jeder Anlaß zum Einmarsch in spanisches oder portugiesisches Gebiet genommen werden.

23 Eingehender hierzu unten S. 476 ff.

24 Butler: Grand Strategy, vol. II, S. 460 ff.

Schwächung der britischen Position zu groß, als daß eine nüchterne Abwägung der Erfolgschancen, bei der vor allem eine vorausgehende Klärung der deutschen Haltung erforderlich gewesen wäre, bremsend wirken konnte. Schwächen in der britischen Befehlsstruktur kamen hinzu, die eine rasche Wiederherstellung der Lage im Irak nach Beginn des Aufstandes verhinderten, so daß einige Tage lang der Zusammenbruch der britischen Nahost=Position möglich schien[25]. Da jedoch die deutsch=italienischen Streitkräfte in der gleichen Zeit — Mitte Mai — an der libysch=ägyptischen Grenze von der britischen Nil=Armee gefesselt werden konnten[26], als der Gegenschlag im Irak begann, mußte, noch bevor am 20. 5. der deutsche Angriff auf Kreta eingeleitet wurde, der bei den arabischen Nationalisten neue Hoffnungen weckte, die Sache des Irak als verloren betrachtet werden[27]. Der kurz nach dem endgültigen Zusammenbruch des Aufstandes im Irak (31. 5.) begonnene britisch=gaullistische Angriff gegen die vichy=französischen Kräfte in Syrien (ab 8. 6.) führte, wenn auch erst nach Überwindung einiger beträchtlicher militärischer Schwierigkeiten, mit dem Abschluß eines Waffenstillstandes am 14. 7. zur vollständigen Einbeziehung Syriens in die nunmehr breit ausgebaute und abgesicherte Position Großbritanniens am Ostrand des Mittelmeers[28]. Der Versuch General Wavells, des Oberkommandierenden Mittelost, allerdings, die neue Lage auszunutzen, um einen entscheidenden Schlag gegen die Streitkräfte Rommels zu führen (Unternehmen „Battleaxe"), scheiterte in einer dreitägigen Panzerschlacht vom 15.—17. 6. an der libysch=ägyptischen Grenze[29].

Der Aufbau der britischen Machtstellung an der Südgrenze der Türkei schwächte auch die von deutscher Seite erhofften Auswirkungen des deutsch=türkischen Freundschaftsvertrages vom 18. 6.[30] auf den Kurs der türkischen Außenpolitik ab, da die Türkei nunmehr von den drei Großmächten Deutschland (von Bulgarien und Griechenland aus), Sowjetunion (vom Kaukasus her) und Großbritannien (von Syrien und dem Irak aus) unmittelbar umklammert war, so daß ihre Bewegungsfreiheit, solange die Macht dieser „Großen" ungebrochen war, außerordentlich begrenzt blieb. Schließlich ermöglichte es die

25 Über die Situation aus dem deutschen Blickwinkel vgl. unten S. 477 ff.

26 Britischer Angriff gegen Sollum und Fort Capuzzo vom 15.—17. 5. 1941 (Unternehmen „Brevity": Butler: Grand Strategy, vol. II, S. 525), gerade als die zweite deutsche „Afrika"=Division (15. Pz.=Div.) an der Front eingetroffen war.

27 Butler: Grand Strategy, vol. II, S. 462.

28 Ebda., S. 516 ff.; Playfair, vol. II, S. 199 ff.; The Eden Memoirs, vol. II, S. 244 ff.; de Gaulle, S. 162 ff.

29 Butler: Grand Strategy, vol. II, S. 526 ff.; Playfair, vol. II, S. 199 ff. — Dieser Fehlschlag führte zur Ablösung General Wavells als Oberbefehlshaber Mittelost am 21. 6. 1941. Nachfolger wurde General Auchinleck, der bisherige britische Oberbefehlshaber in Indien, der am 30. 6. 1941 in Kairo eintraf. Wavell seinerseits wurde britischer Oberbefehlshaber in Indien (Butler: Grand Strategy, vol. II, S. 530 ff.). Die Ernennung von Oliver Lyttelton zum britischen Minister für Mittelost mit Sitz in Kairo am 29. 6. 1941 ließ die erhöhte politische Bedeutung dieses Raumes für Großbritannien klar erkennen.

30 Vgl. hierzu unten S. 497.

volle Einbeziehung des Irak und Syriens in die britische Nahost=Position dem britischen Oberkommando Mittelost, ab 25. 8. 1941 im raschen Zugriff den Südteil Irans in Besitz zu nehmen[31], zusammen mit den von Norden in Iran einrückenden Verbänden der Roten Armee den persischen Riegel zuzuschieben und damit Deutschland jede politische und militärische Einwirkungsmöglichkeit im Vorfeld Indiens zu nehmen[32].
Dieser in einer neuen Gesamtsituation unternommene Schritt darf jedoch nicht zu der Vorstellung verleiten, als sei der Aufbau der britischen Nahost=Stellung im Mai/Juni 1941 bereits im Blick auf ein erwartetes militärisches Zusammengehen mit der Sowjetunion erfolgt. Im Gegenteil: der Ausbau der Flugplätze im Raum um Mossul in der ersten Junihälfte diente dazu, für den Fall einer — aus britischer Sicht durchaus möglichen — Einigung zwischen Hitler und Stalin Absprungplätze zu gewinnen, von denen aus das Ölgebiet von Baku bombardiert werden konnte[33]. Die britische Strategie im östlichen Mittelmeerraum im Frühjahr 1941 fügte sich in den großen Rahmen des britisch=amerikanischen Kriegsplans vom 27. 3. 1941 ein[34]. Die USA, nicht die Sowjetunion, war der — vorerst noch „nichtkriegführende" — Verbündete, mit dem zusammen Großbritannien die Niederringung Deutschlands anstrebte. Die Festigung der britischen Nahost=Stellung stellte dabei eine wichtige Voraussetzung für die Erreichung der ersten Etappe zu diesem Ziel, der Ausschaltung Italiens, dar.

4. Die Doppeldeutigkeit der sowjetischen Politik

Die Politik Stalins im letzten halben Jahr vor dem deutschen Angriff am 22. 6. 1941 hat schon in der damaligen Zeit, vor allem bei den Gegenspielern im europäischen Kriege, Hitler und der britischen Regierung, später aber auch in den historischen Darstellungen eine unsichere Beurteilung und eine außerordentlich widerspruchsvolle Deutung erfahren. Die Skala reicht von einem in der nationalsozialistischen Propaganda nach dem Angriffsbeginn behaupteten geheimen britisch=sowjetischen Zusammenspiel bis zu der These, daß die deutsch=sowjetische Zusammenarbeit in dieser Zeit, vor allem mit Blick auf die enorm gesteigerten Wirtschaftslieferungen der Sowjetunion an Deutschland, ihren Höhepunkt erreicht habe[1].

31 Playfair, vol. II, S. 252 ff.; Woodward, S. 161 ff.; D. Geyer: Die Sowjetunion und Iran. Tübingen 1955, S. 45 ff.
32 Zu den deutschen Planungen vgl. oben S. 383 ff.
33 Vgl. hierzu unten S. 442.
34 Vgl. oben S. 405 ff.
1 Auch die letzte große Darstellung der deutsch=sowjetischen Beziehungen 1939 bis 1941 von Ph. W. Fabry, S. 365 ff., ist nicht über die stark differierenden, sich z. T. widersprechenden Urteile in der älteren Literatur hinaus zu einer allgemein anerkannten Deutung der sowjetischen Politik in dieser Zeit gelangt.

Man muß bei einer Analyse davon ausgehen, daß Hitlers Entschluß zum Angriff auf die Sowjetunion den ganzen Zeitraum über, d. h. spätestens Dezember 1940, feststand. Die Vorbereitungen hierfür, obwohl zunächst getarnt, waren spätestens ab Mai 1941 deutlich erkennbar. Sie liefen auf allen Gebieten auf vollen Touren. Von Hitlers Seite aus ist nicht einmal mehr der geringste Ansatz zu einer politischen Lösung des Rußland-Problems gemacht worden. Vor diesem Hintergrund ist es zwar durchaus notwendig und sinnvoll, Stalins Außenpolitik gegenüber Deutschland zu verfolgen, doch ist man hier im wesentlichen auf das Registrieren der verschiedenen Einzelzüge in der sowjetischen Taktik angewiesen. Da der Versuch eines neuen deutsch-sowjetischen Arrangements, obwohl von Stalin offensichtlich angestrebt, von Hitler a limine abgelehnt wurde und die Vorstellungen Stalins darüber, wie ein solches Arrangement hätte aussehen sollen, nicht zu ermitteln sind, bleibt der Historiker bei dem Bemühen, die politische Zielsetzung Stalins gegenüber Deutschland, besonders nach seiner veränderten Beurteilung der Gesamtsituation ab etwa 10. 4. 1941, zu ergründen, im Bereich der Vermutungen, allenfalls der Wahrscheinlichkeit. Dagegen kann eine kurze Darlegung der britisch-sowjetischen Beziehungen in dieser Zeit und der Einschätzung der Sowjetunion durch Großbritannien wertvolle Aufschlüsse vermitteln, die nicht nur Stalins Haltung gegenüber Großbritannien und die britische Rußland-Politik bis zum 22. 6. 1941 beleuchten, sondern auch Rückschlüsse auf die Ziele Stalins in seiner Deutschland-Politik dieser Zeit erlauben[2]. Beide Aspekte, die politische Taktik Stalins gegenüber Großbritannien wie die gegenüber Hitler, werden deutlicher, wenn man die gesamte sowjetische Außenpolitik in der ersten Jahreshälfte 1941 von ihrer langfristigen Grundtendenz aus betrachtet: Auch in dieser Zeitspanne war Stalin bestrebt, seine seit dem Sommer 1939 konsequent verfolgte Politik zur Stärkung der internationalen Stellung und der strategischen Position der Sowjetunion in Europa und Asien fortzusetzen, und suchte daher, jedes vorzeitige Engagement im europäischen Krieg vor einer erkennbaren Erschöpfung der Kriegführenden wie bisher zu vermeiden. Diese Politik hatte wohl einen Schwerpunkt im Aufbau einer breiten sowjetischen „Sicherheitszone" in Ostmittel- und Südosteuropa unter Ausnutzung des europäischen Krieges, jedoch lag ihr Hauptakzent in der Wahrung völliger Unabhängigkeit von den kriegführenden Mächten mit dem Ziel, jedem Risiko eines großen Krieges auszuweichen, dem nach Stalins Auffassung die durch die „große Säuberung" in den Jahren 1937/38 geschwächte Rote Armee noch nicht gewachsen war und der, falls er sich zum Teil auf sowjetischem Territorium abspielte, nur die Gefahr in sich barg, daß sein Herrschaftssystem erschüttert wurde.

2 Eine solche Darlegung trägt im übrigen auch wesentlich zum Verständnis des problematischen Verhältnisses zwischen Großbritannien und der Sowjetunion in der Periode des „Seltsamen Bündnisses" nach Beginn des deutschen Angriffs im Osten bei.

Allerdings muß die von uns bereits im Zusammenhang mit dem Besuch Molotows in Berlin dargelegte Fehlbeurteilung der Kriegskonzeption Hitlers wie auch der deutschen militärischen Möglichkeiten durch Stalin[3] im wesentlichen bis etwa 10. 4. 1941 unverändert geblieben sein. Die verschiedenen Versuche der Sowjetunion, Bulgarien in die beanspruchte eigene „Sicherheitszone" einzubeziehen und auf die Regierung in Sofia Druck auszuüben, um das Land vom Beitritt zum „Dreimächtepakt" abzuhalten und damit seine Eingliederung in den deutschen Machtbereich zu verhindern, wurden ebenfalls schon erwähnt[4]. Diese Anstrengungen mußten Mitte Februar 1941 als gescheitert betrachtet werden, als Bulgarien am 17. 2. ein von der Sowjetunion als ihren Absichten zuwiderlaufend angesehenes „Freundschaftsabkommen" mit der Türkei abschloß[5].

Indessen begnügte sich Molotow, als der deutsche Botschafter in Moskau, Graf von der Schulenburg, am 28. 2. im Auftrage Ribbentrops dem sowjetischen Außenkommissar die Mitteilung überbrachte, daß die bulgarische Regierung am folgenden Tage in Wien den Beitritt ihres Landes zum „Dreimächtepakt" vollziehen werde[6] (eine Ankündigung, der am 1. 3. die weitere folgte, daß deutsche Truppen im Einverständnis mit der bulgarischen Regierung von Rumänien aus nach Bulgarien einrückten[7]), unter Hinweis auf die sowjetische Stellungnahme vom 25. 11. 1940[8] mit der Erklärung, die Sowjetregierung bedaure diesen deutschen Schritt; die „Reichsregierung" könne daher nicht mit einer Unterstützung ihrer Politik in Bulgarien durch die Sowjetunion rechnen[9]. Nur bei der bulgarischen Regierung protestierte Molotow in scharfer Form gegen die Verletzung der sowjetischen „Sicherheitsinteressen"[10].

Als politischer Gegenzug der Sowjetunion nach dem Verlust Bulgariens an den deutschen Gegenspieler auf dem Balkan müssen aber die unmittelbar danach einsetzenden sowjetischen Bemühungen um die Türkei betrachtet werden. Anknüpfungspunkt war ein Gespräch des britischen Botschafters Cripps, der anläßlich des Besuchs des Außenministers Eden in der türkischen Hauptstadt

3 Vgl. oben S. 300 ff.

4 Vgl. oben S. 308.

5 Am 23. 2. 1941 dementierte TASS jedes „aktive Mitwirken" der Sowjetunion am Zustandekommen des bulgarisch-türkischen Freundschaftsabkommens. Zum Abkommen selbst und seiner Vorgeschichte am eingehendsten Krecker, S. 130 ff. — Die Sowjetregierung betrachtete das Abkommen mit Recht als Rückendeckung Bulgariens durch die Türkei für eine bulgarische Zustimmung zum Einmarsch der deutschen Truppen nach Bulgarien, auch wenn der Wortlaut die Fortdauer der bulgarischen „Neutralität" betonte.

6 ADAP D XII, Dok. 99: Ribbentrop an den dt. Botschafter in Moskau, 27. 2. 1941, S. 182 f.

7 ADAP D XII, Dok. 108: Der dt. Botschafter in Moskau an das AA, 1. 3. 1941, S. 195, und Dok. 121: Der dt. Botschafter in Moskau an das AA, 3. 3. 1941, S. 213 ff.; KTB Halder, Bd. II, S. 300.

8 Vgl. oben S. 307 f.

9 Wie Anm. 7.

10 SDFP, vol. III, S. 483.

(26. 2.—2. 3.) in Ankara Unterredungen mit den türkischen Staatsmännern und dem sowjetischen Botschafter Winogradow geführt hatte, mit dem stellvertretenden sowjetischen Außenkommissar Wyschinskij am 6. 3.[11]. Cripps versicherte Wyschinskij, der die „Befürchtung" geäußert hatte, die Türkei könnte sich Deutschland anschließen, „daß nicht eine Wahrscheinlichkeit auf tausend bestehe, daß dieser Fall eintrete[12]". Allerdings seien die türkischen Staatsmänner über eine mögliche feindselige Haltung der Sowjetunion im Falle eines deutsch-türkischen Konflikts besorgt. Am 9. 3. übermittelte daraufhin Wyschinskij dem türkischen Botschafter in Moskau Aktay den Text einer Erklärung, die ausdrücklich auf die Darstellung des britischen Botschafters Bezug nahm: Die Sowjetunion habe nicht die Absicht, der Türkei Schwierigkeiten zu machen, „falls sie gezwungen sein würde, zu den Waffen zu greifen, um einen Angriff einer despotischen Macht abzuwehren[13]". Der türkisch-sowjetische „Freundschafts- und Neutralitätspakt" vom 17. 12. 1925 sei vielmehr nach wie vor in Kraft. Die Sowjetunion würde eine „verständnisvolle" Haltung zeigen, wenn die Türkei zu einer militärischen Verteidigung ihrer Unabhängigkeit gezwungen würde.

Die türkische Regierung erwiderte am 14. 3., daß sie im Falle eines Verteidigungskrieges der Sowjetunion die gleiche Haltung einnehmen würde. Am 17. 3. vereinbarten Wyschinskij und Aktay ein gemeinsames Communiqué über die beiderseitigen Erklärungen. Seine Veröffentlichung am 24. 3. wurde als Rückenstärkung der Türkei gegenüber Deutschland durch die Sowjetunion betrachtet[14]. Hitler bezeichnete die Zusicherung der Sowjetunion an die Türkei gegenüber Graf Ciano am 25. 3. als „absolute Lüge"; „denn selbstverständlich würde sich Sowjetrußland sofort jede Bedrängnis der Türkei zunutze machen, um sich türkische Gebietsteile einzuverleiben. Es sei hier wieder die alte russische Taktik zum Vorschein gekommen, die darin bestehe, allen möglichen Ländern Mut zu machen, in einen Konflikt einzugreifen, an dessen Abschluß Rußland nicht interessiert sei, dessen Fortsetzung auf lange Zeit es im Gegenteil wünsche[15]".

Diese Beurteilung traf durchaus eine Seite der sowjetischen Politik, übersah jedoch, daß es sich bei der sowjetisch-türkischen Erklärung bereits um ein erstes Rückzugsgefecht der gescheiterten Balkanpolitik handelte. Dies galt noch

11 Eingehendste Darstellung bei Krecker, S. 142 ff.

12 Abgefangenes Telegramm des griechischen Gesandten in Moskau an das griechische Außenministerium in Athen, 10. 3. 1941 (enthalten in: Staatssekretär: Bd. II der Akten „Türkei", Politisches Archiv des AA, Bonn). Vgl. auch Krecker, S. 142 f.

13 Abgefangenes Telegramm des türkischen Botschafters in Moskau an das türkische Außenministerium in Ankara, 10. 3. 1941 (ebda.).

14 Krecker, S. 143 f.

15 ADAP D XII, Dok. 208: Aufz. über die Unterredung Hitler-Ciano, 25. 3. 1941, S. 357 ff.

mehr für den überraschenden Abschluß eines „Freundschafts- und Nichtangriffspakts" mit Jugoslawien, den Stalin nach anfänglicher Abweisung der schon am 28. 3. einsetzenden Bemühungen der Staatsstreichregierung Simović unmittelbar vor Beginn des deutschen Balkanfeldzuges am Morgen des 6. 4. 1941 unterzeichnen ließ[16].

Der schnelle Ablauf der deutschen Offensive in Südosteuropa, der die Stärke der deutschen Militärmacht (auf dem Gebiet der Landkriegführung) in eindeutiger Weise demonstrierte, führte — möglicherweise zusammen mit der Häufung von Nachrichten über Hitlers Kriegsabsichten[17] — zu einer neuen Beurteilung der Gesamtlage durch Stalin[18]. Erstes — noch doppeldeutiges — Symptom hierfür war die veränderte sowjetische Haltung gegenüber dem bisher in der Propaganda heftig attackierten Rumänien am 9. 4.[19], die als ein Zeichen dafür angesehen werden konnte, daß sich die Sowjetunion mit der „Realität" der deutschen Herrschaft im ganzen Donau- und Balkanraum abfinden würde. Der bedeutendste Schritt, der die Wendung offen markierte, war der Abschluß des „Neutralitätsvertrages" mit Japan am 13. 4.[20], der einerseits als Warnung an Hitler, zugleich aber auch als Voraussetzung für ein neues Arrangement mit Deutschland auf einer veränderten Basis zu betrachten

16 Erst am 5. 4. zeigte sich die sowjetische Regierung zum Vertragsabschluß bereit, der dann in den frühen Morgenstunden des 6. 4. vorgenommen wurde. Jedoch wurde der Vertrag auf den 5. 4. rückdatiert, wohl um die Übereinstimmung mit dem Datum des Beginns des deutschen Angriffs auf Jugoslawien zu vermeiden.

17 Erste offizielle Warnung der Sowjetunion vor einem deutschen Angriff durch die amerikanische Regierung am 1. 3. 1941 (zu dieser und den folgenden Warnungen vgl. unten S. 440 f.). — Am 10. 3. 1941 sprach die Gattin des amerikanischen Botschafters in Moskau Steinhardt den deutschen Botschafter Graf von der Schulenburg auf die in letzter Zeit verstärkt kursierenden Gerüchte über einen bevorstehenden deutsch-sowjetischen Krieg an (Bericht Steinhardts an das State Department, 11. 3. 1941, in: Foreign Relations, vol. I/1941, S. 132; Bericht des dt. Botschafters in Moskau an das AA, 12. 3. 1941, in: ADAP D XII, Dok. 160, S. 285).

18 Die veränderte Lagebeurteilung auf sowjetischer Seite spiegelte sich auch in den (von der deutschen Abwehr abgehörten) Äußerungen der Angehörigen der sowjetischen Botschaft in Berlin. Hierzu aufschlußreich die Vortragsnotiz „Abwehr — Nachrichten aus Kreisen der SU-Botschaft und Handelsvertretung" der Abteilung Ausland/Abwehr des OKW vom 2. 4. 1941 (Sammelmappe „Barbarossa", Militärgeschichtliches Forschungsamt Freiburg i. Br., Signatur III W 59/1): „Die Sowjetunion rechne mit Bestimmtheit mit einem deutsch-russischen Krieg; einer der Russen habe gesagt, ‚dieser Krieg sei unvermeidlich und so sicher wie 2 mal 2 = 4 ist'. Während die Sowjetleute vor einigen Wochen noch der Auffassung gewesen wären, daß zuerst der Großangriff gegen England und dann erst der Krieg gegen Sowjetrußland kommen würde, neigten sie heute zu der Auffassung, daß ‚sie die nächsten seien'. Sowjetrußland selbst würde Deutschland nur angreifen, wenn Deutschland bei dem Großangriff gegen England in Schwierigkeiten gerate und nicht vorher die ‚russische Gefahr' beseitigt habe."

19 Gafencu: Vorspiel zum Krieg im Osten, S. 262.

20 Vgl. oben S. 410 f.

war[21]. Für die letztere Deutung sprach die bekannte Szene auf dem Moskauer Bahnhof, als Stalin bei der Verabschiedung Matsuokas mit einer Geste gegenüber Botschafter Graf von der Schulenburg und dem stellvertretenden deutschen Militärattaché Oberst i. G. Krebs vor aller Öffentlichkeit für die Fortdauer der deutsch-sowjetischen „Freundschaft" eintrat[22].

Die durch zahlreiche politische und diplomatische Symptome[23] zu erschließende Änderung in der Lagebeurteilung Stalins kam am deutlichsten in der Steigerung der sowjetischen Warenlieferungen an Deutschland zum Ausdruck. Obwohl bereits am 10. 1. 1941 ein neuer, für die deutsche Seite äußerst vorteilhafter Wirtschaftsvertrag abgeschlossen worden war[24], hatten doch dem bisherigen politischen Kurs der „Nadelstiche" bei den Warenlieferungen an Deutschland Verzögerungen und eine Kette von Schwierigkeiten entsprochen, die von sowjetischer Seite mit wechselnden Vorwänden begründet wurden[25]. Jetzt erreichten die Lieferungen ein bisher nicht gekanntes Ausmaß[26].

21 Hitler erkannte dies durchaus. Am 20. 4. erklärte er gegenüber Raeder, er habe Matsuoka mitgeteilt, „daß Rußland nicht angefaßt wird, wenn es sich gemäß Vertrag freundschaftlich verhält; anderenfalls behalte er sich Vorgehen vor. Japan-Rußland-Pakt ist nach Vereinbarung mit Deutschland abgeschlossen. Obiger Standpunkt des Führers habe sich günstig auf Haltung Rußlands ausgewirkt, das sich nunmehr korrekt verhalten werde und vorläufig keinen Angriff erwarte. Führer legt Wert auf den Pakt Japan-Rußland, da Japan von Vorgehen gegen Wladiwostok abgehalten werde und zum Angriff auf Singapore veranlaßt werden soll. Matsuoka und Oshima hätten ihm versichert, daß alle Vorbereitungen bis zum Mai getroffen sein würden." Die Frage Raeders: „Welche Auffassung hat (der) Führer über die gegenwärtig erkennbare erneute russische Sinnesänderung im bewußt pro-deutschen Sinne?" beantwortete Hitler unter Hinweis auf seine Mitteilung an Matsuoka, d. h. er ließ selbst zu diesem späten Zeitpunkt gegenüber Raeder offen, ob er überhaupt den Befehl zum Angriff „Barbarossa" erteilen werde (Lagevorträge des Ob. d. M.).

22 ADAP D XII, Dok. 333: Der dt. Botschafter in Moskau an das AA, 13. 4. 1941, S. 537.

23 Hierzu gehörte auch das plötzliche sowjetische Einverständnis zu der von deutscher Seite vorgeschlagenen, bisher in monatelangen Verhandlungen aber von sowjetischer Seite nicht zugestandenen Festlegung der deutsch-sowjetischen Grenze in dem Abschnitt vom Fluß Igorka bis zur Ostsee am 15. 4. 1941 (ADAP D XII, Dok. 351: Der dt. Geschäftsträger in Moskau an das AA, 15. 4. 1941, S. 560 f.).

24 Der Text dieses Vertrages ist in den Akten des Auswärtigen Amtes nicht aufgefunden worden.

25 KTB Halder, Bd. II, S. 311 (13. 3. 1941): „Russen beginnen laurig zu werden; Öl fließt dünn, für Getreide werden 40 % Kostenaufschlag gefordert. Wir stoppen Kohlelieferung und Lieferung des Kreuzers (‚Lützow')." Eingehend hierzu Rossi, S. 188 f.; Fabry, S. 379 und S. 388 ff.

26 ADAP D XII, Dok. 280: Memorandum des Gesandten Schnurre über den Stand der sowjetischen Rohmateriallieferungen an Deutschland, 5. 4. 1941, S. 474 f.; ebda., Dok. 521: Zweites Memorandum des Gesandten Schnurre über den Stand der deutsch-sowjetischen Handelsbeziehungen, 15. 5. 1941, S. 826 f.; Friedensburg, S. 332 ff. — Die deutsche Einfuhr aus der Sowjetunion erreichte in den knapp sechs Monaten 1941 den Wert von 327 Mill. RM, während sie für das ganze Jahr 1940 nur 391 Mill. RM betrug (ebda., S. 333). Das Reich blieb bei seinen Gegenlieferungen — z. T. auf Grund vertraglicher Absprachen, z. T. aus politischen Gründen in der Schlußphase — erheblich im Rückstand. Insgesamt entstand in den Jahren 1939—1941 ein Fehlbetrag von 239 Mill. RM zugunsten der Sowjetunion (ebda., S. 338).

Auch weitere diplomatische Gesten folgten. Die wichtigsten davon waren die Ernennung Bogomolows zum sowjetischen Botschafter in Vichy am 24. 4.[27], die Ausweisung der diplomatischen Vertreter Jugoslawiens, Belgiens und Norwegens aus der Sowjetunion am 9. 5.[28], Griechenlands (nach der vollständigen Besetzung Kretas) am 3. 6.[29] mit der Begründung, diese Staaten hätten durch die deutsche Besetzung ihre „Souveränität" verloren, schließlich die Anerkennung der Staatsstreichregierung im Irak am 12. 5., deren Abhängigkeit von der deutschen Unterstützung offenkundig war[30]. Auch auf die sowjetische Politik gegenüber Finnland wirkte sich der Kurswechsel aus. Anfang Juni empfing Stalin den finnischen Geschäftsträger in Moskau Hynninen und bot Finnland unter Betonung der guten Beziehungen zwischen den beiden Ländern die Lieferung von 20 000 t Getreide an[31].

Das spektakulärste Ereignis aber war die Übernahme der sowjetischen Regierung durch Stalin[32] selbst am 6. 5.[33]. Die (wahrscheinlich durch eine gezielte Indiskretion) Anfang Juni der deutschen Botschaft in Moskau in den Grundzügen bekanntgewordene Rede Stalins vor den Absolventen der 16 Militärakademien der Roten Armee vom Vortage seiner Amtsübernahme (5. 5.), in der er aus einem Vergleich zwischen der deutschen und der sowjetischen Stärke andeutungsweise die Folgerung gezogen hatte, daß die Sowjetunion derzeit zu einem Waffengang nicht in der Lage und daher ein erneuter „Ausgleich" mit Hitler unter Zurückstecken der sowjetischen Ziele („neuer Kompromiß") er-

27 Rossi, S. 187.

28 Weinberg, S. 162. — Da die Niederlande vor dem 10. 5. 1940 keine diplomatischen Beziehungen zur Sowjetunion unterhielten und die Beziehungen der Sowjetunion zu Polen am 17. 9. 1939 beendet worden waren, hatte von allen europäischen Staaten, die von deutschen Truppen besetzt waren und deren politische Zukunft in einem deutsch-beherrschten Europa offen war, nur noch das trotz deutscher Besatzung als „souverän" geltende Dänemark diplomatische Beziehungen zur Sowjetunion.

29 Die Sowjetunion wartete somit „korrekt" mit der Ausweisung des griechischen Gesandten, bis der letzte Zipfel griechischen Territoriums besetzt war.

30 Weinberg, S. 162. — Die Initiative hierzu ging ursprünglich von der früheren irakischen Regierung aus, die sich seit Ende 1940 mehrfach vergeblich um diplomatische Beziehungen zur Sowjetunion bemüht hatte. Am 3. 5. 1941 erneuerte die Staatsstreichregierung Ghailani den Versuch zur Kontaktnahme. Vgl. hierzu die sowjetische Verlautbarung vom 12. 5. 1941, in: SDFP, vol. III, S. 488.

31 KTB Halder, Bd. II, S. 437 (3. 6. 1941).

32 Den Eindruck, den die Proklamationen der sowjetischen Führung zum 1. Mai bei der deutschen Seekriegsleitung hinterließen, faßte das KTB der Skl. (Teil A, 1. 5. 1941) wie folgt zusammen: „Aufruf Stalins und Ansprache Marschall Timoschenkos zum 1. 5. lassen erkennen, daß die Sowjetunion mit allen Mitteln bestrebt ist, außerhalb des Krieges zu bleiben und sich im Hinblick auf die ungeklärte Lage auf alle Ereignisse vorzubereiten."

33 ADAP D XII, Dok. 468: Der dt. Botschafter in Moskau an das AA, 7. 5. 1941, S. 730. — Molotow blieb Außenkommissar und wurde Stellvertretender Vorsitzender des Rates der Volkskommissare der UdSSR.

forderlich sei[34], scheint einen Schlüssel zum Verständnis der Politik Stalins in der Zeit seit Mitte April zu bieten. Er erwartete neue Forderungen Hitlers[35], denen seiner Auffassung nach durch die deutschen Truppenmassierungen an der sowjetischen Grenze Nachdruck verliehen werden sollte, und er glaubte nun — wohl im Gegensatz zu den Folgerungen aus der bisher für ihn gültigen

34 Vgl. das Memorandum des DNB-Vertreters in Moskau Schüle über diese Rede Stalins im Anhang zu ADAP D XII, Dok. 593: Der dt. Botschafter in Moskau an das AA, 4. 6. 1941, S. 964 f. — Hilger (deutsche Ausgabe, S. 308) nimmt an, daß Stalin den Bericht absichtlich in die Hand der deutschen Botschaft spielte. In seiner ausführlichen Darlegung der gesamten deutschen Außenpolitik seit 1933 in der Unterredung mit dem Mitglied des bulgarischen Regentschaftsrats Professor Filoff am 19. 10. 1943 (Aufz. RAM 48/43 gRs. — Politisches Archiv des AA, Bonn) gab Ribbentrop eine hiervon völlig abweichende Version der Äußerungen Stalins vor den Offiziersanwärtern. Ribbentrop verlegte dabei das Datum auf den 5. 4. 1941 vor und behauptete, zwei voneinander unabhängige Agentenmeldungen (die eine aus Moskau, die andere aus London) hätten Stalins bei diesem Anlaß geäußerte Gedanken wie folgt zusammengefaßt: „Die Zeit der Friedensschalmeien (sei) vorbei ... Rußland könne ... seine Ziele nicht mehr auf friedlichem Wege erreichen und müsse daher zum Kriege schreiten, um die Revolution nach ganz Europa hineinzutragen." Auf die skeptische Frage Hitlers, ob die Nachricht wohl zutreffe, habe er geantwortet, daß er sie „angesichts der Haltung, die Rußland in jüngster Zeit eingenommen habe, für möglich hielte". Im Verlauf des Ostfeldzuges seien dann vier sowjetische Offiziere gefangengenommen worden, die an der Veranstaltung teilgenommen und die Agentenmeldung „im wesentlichen" bestätigt hätten. Daraus habe sich ergeben, „daß Stalin im August marschieren wollte". Eine abgeschwächte Wiedergabe dieser Version (in recht vager Form) bieten die Erinnerungen Ribbentrops, S. 243. Hilger (deutsche Ausgabe, S. 307 f.) bestätigt, daß drei (nicht vier) in deutsche Gefangenschaft geratene höhere sowjetische Offiziere Stalins Äußerungen in der von Ribbentrop Filoff gegenüber vertretenen Version mit Ausnahme der Schlußfolgerung („im August marschieren") wiedergegeben hätten („... die Ära einer gewaltsamen Ausbreitung der sozialistischen Front [sei] angebrochen ... Wer die Notwendigkeit eines offensiven Vorgehens nicht anerkenne, sei ein Spießbürger und ein Narr"). Hilger betont, daß für die Richtigkeit der Aussagen der Offiziere die Tatsache spreche, daß sie keine Gelegenheit gehabt hätten, sich untereinander zu verständigen. Zu einer „authentischen Erklärung für den Widerspruch" zwischen den beiden Versionen sei er, Hilger, nie gelangt. — Politisch wesentlich war in der Situation des Mai 1941 nicht, was Stalin tatsächlich am 5. 5. gesagt hatte (möglicherweise wollte er die Offiziersanwärter wirklich auf die für die Schlußphase des „imperialistischen Krieges" beabsichtigte militärische Aktion zur Inbesitznahme weiterer europäischer Gebiete vorbereiten), sondern welches Nahziel er verfolgte. Dieses aber war ein neues Arrangement mit Hitler, wie es nicht zuletzt aus seiner der deutschen Botschaft zugespielten Version der Rede vom 5. 5. hervorging.

35 Alle Überlegungen, zu welchen Konzessionen Stalin im einzelnen bereit gewesen wäre, führen in den Bereich der Spekulation. Gesandter Schnurre äußerte hierzu am 15. 5. 1941 (aus dem Blickwinkel des Experten für die Wirtschaftsbeziehungen): „Ich habe den Eindruck, daß wir noch über den Vertrag vom 10. Januar 1941 hinausgehende wirtschaftliche Forderungen in Moskau stellen könnten, Forderungen, die darauf abzielen sollten, den deutschen Rohstoff- und Ernährungsbedarf über das bisher vereinbarte Maß sicherzustellen" (ADAP D XII, Dok. 521, S. 827). — Jedenfalls scheint aus einer Analyse des Verhaltens Stalins gegenüber Deutschland und gegenüber Großbritannien der Schluß erlaubt, daß er im Frühjahr 1941 — nach dem deutschen Balkanfeldzug — mit Deutschland, nicht aber mit Großbritannien zu einem Arrangement (für die nächste Zeit) kommen wollte.

Lageanalyse vom Herbst 1940, in der er die deutsche Situation allein unter dem Gesichtspunkt der Fortführung des Krieges im Westen betrachtet und die deutschen Chancen skeptisch beurteilt hatte – angesichts der Möglichkeit eines deutsch-sowjetischen Krieges in Anbetracht des für die Rote Armee ungünstigen Kräfteverhältnisses gezwungen zu sein, Hitler einen Preis für ein neues Arrangement zahlen zu müssen, anstatt, wie er bisher gemeint hatte, für das eigene Wohlwollen in der nächsten Phase des Krieges im Westen von Hitler einen solchen fordern zu können. Das bekannte TASS-Dementi vom 14. 6., das jede Truppenkonzentration im deutsch-sowjetischen Grenzgebiet bestritt[36], und die Sondierung Molotows am 21. 6., die offensichtlich auf die Eröffnung neuer Verhandlungen mit Deutschland abzielte[37], entsprachen dieser Linie der Politik Stalins.

Läßt sich von dem Ausmaß und den Schwerpunkten sowjetischer Truppenkonzentrationen im westlichen Grenzgebiet zwischen Schwarzem Meer und Ostsee etwas über die politischen und militärischen Absichten, etwa in Anlehnung an die beiden deutlich voneinander zu unterscheidenden Phasen in der diplomatisch-politischen Taktik Stalins, aussagen? Dieses viel erörterte Problem mündet in die Frage nach der Kriegskonzeption und nach konkreten Kriegsplänen Stalins für das Jahr 1941, wobei mangels unmittelbarer Quellen lediglich behutsame Schlußfolgerungen aus „Indizien" möglich sind[38]. Man wird davon ausgehen können, daß die deutsche Führung dank der seit Oktober 1940

36 ADAP D XII, Dok. 628: Der dt. Botschafter in Moskau an das AA, 14. 6. 1941, S. 1027 f.

37 ADAP D XII, Dok. 662: Der dt. Botschafter in Moskau an das AA, 22. 6. 1941, S. 1071 f. – Eine Bestätigung der Notiz im KTB Halder (Bd. II, S. 458) vom 20. 6. 1941: „Molotow wollte 18. 6. Führer sprechen" war in den Akten des Politischen Archivs des AA (Bonn) nicht zu finden. Auch die Deutung der folgenden Notiz Halders vom 22. 6. 1941, 12.00 Uhr (Bd. III, S. 4), bereitet Schwierigkeiten: „Nachricht, daß Russen den heute morgen unterbrochenen zwischenstaatlichen Funkverkehr wieder aufgenommen haben. Sie haben Japan um Vermittlung der politischen und wirtschaftlichen Beziehungen zwischen Rußland und Deutschland gebeten und stehen in lebhaftem Funkverkehr mit dem deutschen Auswärtigen Amt." Ob es sich dabei um einen allerletzten verzweifelten Versuch Stalins zu einem Arrangement mit Hitler oder um eine bloße Abwicklung der Tätigkeit der Berliner Botschaft der Sowjetunion handelte, muß offenbleiben. – Seltsam ist jedenfalls auch der am 22. 6. um 7.15 Uhr vom Oberkommando der Roten Armee ausgegebene Befehl (Wortlaut in englischer Übersetzung bei Erickson, S. 587 f.), in dem es hieß, daß die deutschen Angreifer auf sowjetischem Boden zurückzuschlagen seien, daß die deutsche Grenze aber im Zuge der Gegenstöße nicht überschritten werden dürfe („Unless given special authorization ground troops will not cross the frontier"). Dagegen wurden im gleichen Befehl der sowjetischen Luftwaffe Angriffe auf deutsche Flugplätze und militärische Anlagen in einer Eindringtiefe bis zu 150 km freigegeben, außerdem die Bombardierung von Königsberg und Memel. – Erst am Nachmittag des 22. 6. gab der sowjetische Rundfunk den Beginn des deutsch-sowjetischen Krieges bekannt.

38 Zuletzt in aller Breite, aber nicht durchweg überzeugend erörtert von Fabry, S. 396 ff. Kritische Stellungnahme gegen seine Darlegungen von J. Erickson, in: Survey. A Journal of Soviet and East European Studies. Nr. 44/45 (Okt. 1962), S. 178 ff.

eingeleiteten Luftaufklärung durch den Sonderverband Rowehl in einer Eindringtiefe von etwa 300 km östlich der deutsch-sowjetischen Interessengrenze über sowjetische Truppenverschiebungen sowie über den Bau von Flugplätzen und Befestigungsanlagen in diesem Bereich orientiert war, zumal sich der Raum etwa mit den von der Sowjetunion 1939/40 annektierten Gebieten deckte, in denen durch Meldungen der dort befindlichen V-Leute der „Abwehr" die durch die Luftaufklärung gewonnenen Ergebnisse bestätigt oder korrigiert werden konnten. Dagegen waren die Nachrichten über die Situation im altsowjetischen Gebiet hinter der Grenze vom 1. 9. 1939 außerordentlich spärlich. Andererseits ist als weitere Voraussetzung für eine Deutung mit größter Wahrscheinlichkeit anzunehmen, daß die sowjetische Führung frühzeitig von den deutschen Aufmarschplänen Kenntnis erhielt[39]. Seit dem 1. 3. 1941 wurde zudem die sowjetische Regierung von amerikanischer und britischer Seite sowie aus verschiedensten anderen Informationsquellen vor einem deutschen Angriff gewarnt[40], so daß bei der Registrierung sowjetischer Truppenverschiebungen ein Zusammenhang hiermit auch dann zu berücksichtigen ist, wenn festzustellen ist, daß die Rote Armee ihre Kräfte an der Westgrenze schon beträchtlich verstärkte, bevor — Ende Mai — der eigentliche deutsche Offensivaufmarsch begann[41]. Nachdem General Schukow am 13. 2. 1941 das Amt des Chefs des Generalstabes der Roten Armee als Nachfolger des Generals Merezkow übernommen hatte, wurde der westliche Verteidigungsbereich reorganisiert und von der Barents-See bis zum Schwarzen Meer in fünf Militärdistrikte gegliedert: Leningrad, Baltikum (Riga), Westen (Minsk), Kiew und Odessa. Im Kriegsfalle sollten aus den drei als Sonderdistrikte bezeichneten Bezirken Baltikum (General Kusnezow), Westen (General Pawlow) und Kiew (General Kirponos) die „Nordwest"-, „West"- und „Südwestfront" werden.

Bis Ende Februar 1941 gab es auf deutscher Seite an der reinen Defensivaufstellung der sowjetischen Kräfte im ganzen Bereich der drei Sonderdistrikte von den Karpathen bis zur Ostsee keinerlei Zweifel. Relativ stark waren die sowjetischen Verbände allerdings bereits seit dem Sommer 1940 an der rumänischen und an der finnischen Grenze[42]. Erst nach der ersten Benachrichtigung von den deutschen Absichten durch die amerikanische Regierung am 1. 3. sowie nach dem deutschen Einmarsch in Bulgarien (2. 3. 1941), vor dem die Sowjetregierung die deutsche Seite als Verletzung ihrer „Sicherheitszone" gewarnt hatte, meldete die Abteilung „Fremde Heere Ost" am 13. 3. zum ersten Male eine wachsende Verstärkung der sowjetischen Truppen in den zentral gelegenen Distrikten Westen und Baltikum und ein Aufschließen der dort vorhandenen Kräfte nach der Grenze zu[43]. Von Mitte März an schien sich die Vorbereitung einer Mobi-

39 Erickson: The Soviet High Command, S. 574 (auf Grund sowjetischer Quellen).
40 Vgl. unten S. 440 f.
41 Diesen Zusammenhang übersieht Fabry bei seiner Darstellung S. 416 ff.
42 Zahlenangaben bei Fabry, S. 414 ff.
43 Erickson: The Soviet High Command, S. 570, der sich auf die Meldung OKH/Gen.St.d.H./Fremde Heere Ost (II) Nr. 33/41 Chefs. vom 13. 3. 1941 stützt. Die

lisierung in diesen beiden Militärdistrikten abzuzeichnen[44]. Nachdem Hitler am 17. 3. erstmals die Möglichkeit von sowjetischen präventiven Aktionen gegen den deutschen Ostaufmarsch erwähnt und Abwehrmaßnahmen angeordnet hatte[45], veranlaßte die starke Zusammenballung sowjetischer Verbände an den Grenzen gegenüber Ungarn und Rumänien Keitel am 26. 3. zur Ausgabe eines Befehls an die deutsche Wehrmachtmission in Rumänien, in dem es hieß, daß „im Rahmen der Auseinandersetzung mit Rußland . . . im vermehrten Maße mit Angriffen von russischer und englischer Seite gegen das für die deutsche Kriegführung lebenswichtige Erdölgebiet zu rechnen" sei. „Überraschende feindliche Angriffe (seien) mit zunehmender Enttarnung des Aufmarsches Barbarossa auch schon vor Beginn der Feindseligkeiten möglich[46]". Halder vermerkte hierzu am 7. 4., einen Tag nach Beginn der deutschen Balkan-Offensive, in seinem Tagebuch, „daß die russische Gliederung sehr wohl einen raschen Übergang zum Angriff ermöglicht, der uns außerordentlich unbequem werden könnte[47]". Jedoch bestätigte die Abteilung „Fremde Heere Ost" am 11. 4. ihre bisherige Beurteilung der Lage, indem sie den defensiven Charakter des sowjetischen Aufmarsches betonte[48]. Das nähere Heranrücken an die Grenze erschien in ihrer Sicht als eine Vorsichtsmaßnahme gegenüber den deutschen Truppenkonzentrationen, vor allem in Rumänien.

Der von Verteidigungskommissar Marschall Timoschenko am 10. 4. befohlene Alarmzustand für die Rote Armee und die gleichzeitige weitere Verstärkung der Kräfte in den westlichen Militärdistrikten müssen mehr als Ausdruck der Nervosität denn als eine klar durchdachte Maßnahme angesehen werden, zumal sich an sie keine weiteren Schritte im Sinne einer systematisch angelegten

offizielle sowjetische Darstellung („Geschichte des Großen Vaterländischen Krieges der Sowjetunion" [künftig zit.: G. d. Gr. V. Kr.], Bd. I, S. 554), derzufolge „die Konzentrierung eines Teils der Roten Armee näher zur Westgrenze . . . bereits im Mai" begann, ist hinsichtlich der Datierung des Vorgangs unzutreffend.

44 Vgl. auch KTB Halder, Bd. II, S. 312 (14. 3. 1941).

45 Keitel faßte die Anordnungen Hitlers vom 17. 3. in einem OKW-Befehl vom 22. 3. 1941 (OKW Nr. 44 326/41 g.Kdos. Chefs.) zusammen (Akte „Weisung Nr. 25: Jugoslawien", Militärgeschichtliches Forschungsamt Freiburg i. Br., Signatur III W 58), in dem es hieß: „6. Je mehr in den letzten Wochen vor dem Ostfeldzug die Enttarnung fortschreitet, desto mehr muß mit russischen Präventivmaßnahmen gerechnet werden. Sie sind neben Vorstößen in das Aufmarschgebiet möglich: gegen das rumänische Erdölgebiet, gegen rumänische oder bulgarische Häfen, im Petsamo-Gebiet, in der Ostsee. Zunehmende Abwehrbereitschaft der verantwortlichen Befehlshaber gegen solche Absichten ist daher geboten. Insbesondere müssen in Norwegen alle Vorbereitungen für (eine) schnelle Sicherung des Petsamo-Gebietes, auch vor Beginn der mit ‚Barbarossa' zusammenhängenden Operationen, getroffen werden."

46 OKW-Befehl vom 26. 3. 1941 (Sammelmappe „Barbarossa": Militärgeschichtliches Forschungsamt Freiburg i. Br., Signatur III W 59/1; vgl. auch Erickson, S. 752).

47 KTB Halder, Bd. II, S. 353.

48 Erickson, S. 574 (auf Grund der Meldung OKH/Gen.St.d.H./Fremde Heere Ost, g.Kdos. vom 11. 4. 1941).

Planung anschlossen. Von einer Kriegsbereitschaft konnte zu diesem Zeitpunkt keine Rede sein, wie Stalin in seiner Ansprache an die Offiziersanwärter am 5. 5. selbst feststellte[49].

Die auffällige Konzentration starker sowjetischer Kräfte in den Grenzvorsprüngen um Bialystok und Lemberg sowie (weniger überraschend) im Baltikum erklärt sich wohl vor allem aus dem Bestreben der Sowjetregierung, die Bevölkerung in diesen neu gewonnenen Gebieten (angesichts des deutschen Aufmarsches und der bei dieser daraus entspringenden Hoffnung auf Befreiung von der sowjetischen Herrschaft) niederzuhalten und ihr die Möglichkeit zu nehmen, im Kriegsfalle sogleich zu den Deutschen überzugehen[50]. Auch die Verschleppungsaktion in den Baltischen Ländern in der Nacht vom 13./ 14. 6. 1941, bei der aus Litauen über 30 000, aus Lettland rund 15 000 und aus Estland rund 10 000 Personen ins Innere der Sowjetunion deportiert wurden[48a], muß in diesem Zusammenhang gesehen werden.

Die sowjetische Kriegsproduktion hatte im Mai 1941 noch nicht die Höhe erreicht, die Stalin für eine Kriegführung im großen für notwendig hielt. Nach Durchführung der kriegswirtschaftlichen Mobilisierungspläne für die zweite Jahreshälfte 1941 und für das Jahr 1942 sollte die Rote Armee zu einer effektiven Kriegführung auch für den Fall eines großen Krieges befähigt sein[51]. Wenn auch kaum ein Zweifel darüber besteht, daß die sowjetische Führung eine militärische Aktion in der Schlußphase des „imperialistischen Krieges" zur Inbesitznahme aller jener Gebiete ins Auge faßte, die sie für die „Sicherheit" der Sowjetunion gegenüber den angelsächsischen Seemächten in Westeuropa für notwendig betrachtete, so war doch das militärische Instrument, die Rote Armee, hierfür auf Grund der gesamten Rüstungsplanung der Sowjetunion erst ab Sommer 1942 bereit[52]. Dieser aus statistischen Unterlagen zu errechnende Zeitpunkt „Sommer 1942" gibt indessen keineswegs — dies sei nachdrücklich betont — einen ungefähren Anhalt für einen tatsächlichen „Angriffstermin". Vielmehr blieb die Durchführung einer solchen Aktion in der letzten Phase des Krieges im Westen völlig von der Beurteilung der realen Situation durch Stalin, von dem „Reife"-Stadium des „imperialistischen Krieges", abhängig. Im Sommer 1941 lag jedenfalls ein Eingreifen in den Krieg mit Sicherheit nicht in Stalins Absichten[53].

Ob er im Winter 1940/41 vorübergehend eine begrenzte militärische Aktion auf dem Balkan mit dem Ziel eines Vorstoßes über die Dobrudscha nach

48a Insgesamt wurden 1940/41 aus Litauen etwa 65 000, aus Lettland über 64 000 und aus Estland fast 63 000 Personen ins Innere der UdSSR deportiert.

49 Vgl. oben S. 431 f.

50 So mit überzeugenden Argumenten Erickson in seiner Besprechung des Werkes von Fabry, in: Survey, a. a. O., S. 178 ff. — Tatsächlich schlugen ja Truppen der Roten Armee und NKWD-Einheiten am 26./27. 6. 1941 einen Aufstand ukrainischer Nationalisten in Lemberg nieder (Dallin, S. 129 ff.).

51 Vgl. Einzelheiten hierzu bei Erickson: The Soviet High Command, S. 572.

52 Ebda., S. 572 f.

53 Vgl. unten S. 533 ff.

Bulgarien erwogen hat[54], muß offenbleiben[55]. Mit dem Einmarsch starker deutscher Kräfte in die Norddobrudscha ab Ende Januar, nach Bulgarien im März waren indessen die Voraussetzungen für regional begrenzte sowjetische Militärunternehmungen in Südosteuropa entfallen.
Da Stalin trotz allen Warnungen und Geheiminformationen nicht mit einem deutschen Angriff, sondern nur mit einem politischen Manöver Hitlers rechnete, dem durch den Aufmarsch Nachdruck verliehen werden sollte – dabei blieb bei ihm wohl bis zuletzt der Hauptgrund für seine Annahme, daß er es sich einfach nicht vorstellen konnte, daß Hitler vor Abschluß des Krieges mit Großbritannien die Sowjetunion angreifen würde –, befand sich die Rote Armee am 22. 6. 1941 nicht in Verteidigungsbereitschaft. Es gab auch keinen Operationsplan, der einen mehr oder weniger begrenzten strategischen Rückzug im Falle eines deutschen Angriffs vorgesehen hätte, wohl aber einen allgemeinen Verteidigungsplan, der das Halten der Grenzlinie bis zur Entfaltung der sowjetischen Hauptkräfte (die aus dem Hinterland herangezogen werden mußten) bestimmte[56]. Mit dieser Verteidigungskonzeption hing auch zusammen, daß für die Industrie in Westrußland keine vorausschauenden Vorbereitungen für eine Verlagerung der wichtigsten Betriebe nach Osten getroffen waren, so

54 Darauf deuten jedenfalls die Äußerungen Wyschinskijs gegenüber dem jugoslawischen Gesandten in Moskau Gavrilović am 8. und 13. 2. 1941 hin: „He made it plain that if the British opened a Balkan front, the Soviet Union would enter the war against Germany. Soviet troups would move directly towards Bulgaria and the Straits" (Hoptner, S. 206). Unter „Balkanfront" wurde dabei wohl die Bildung einer jugoslawisch-griechisch-türkischen Front mit britischem Rückhalt und möglicher Einbeziehung Bulgariens verstanden. Andererseits legte Wyschinskij bei all seiner Bereitschaft, „allen" Balkanländern Hilfsversprechungen zu geben, Wert auf die Absicherung, daß die Sowjetunion dadurch nicht in einen Krieg mit Deutschland gezogen würde (ebda.). – Ab Anfang März, nach dem deutschen Einmarsch in Bulgarien, betonte Gavrilović in seinen Telegrammen an die Regierung in Belgrad eindeutig, daß die Sowjetunion nur in den Krieg gegen Deutschland eintreten werde, wenn Hitlers Niederlage sich sichtbar abzeichne (ebda., S. 208).

55 Nur hierauf kann sich die Aussage des prominentesten sowjetischen Kriegsgefangenen, des Generalleutnants Wlassow, beziehen, der bei seiner Vernehmung durch Botschaftsrat Hilger am 7. 8. 1942 erklärte, Angriffsabsichten Stalins hätten 1941 „zweifellos bestanden ... Die Truppenkonzentrationen in dem Bezirk von Lemberg deuteten darauf hin, daß ein Schlag gegen Rumänien in Richtung auf die Ölquellen geplant war. Die in der Gegend von Minsk versammelten Verbände waren dazu bestimmt, den unvermeidlichen deutschen Gegenstoß aufzufangen. Auf einen deutschen Angriff wäre die Rote Armee nicht vorbereitet gewesen. Trotz aller Gerüchte über entsprechende deutsche Maßnahmen habe in der Sowjetunion niemand an eine solche Möglichkeit geglaubt. Bei den sowjetischen Vorbereitungen habe man die eigene Offensive im Auge gehabt, dagegen seien die Defensivmaßnahmen sehr im Rückstande geblieben" (KTB OKW, Bd. II, S. 1287). Der Mitgefangene Wlassows, Oberst Bojarsky, äußerte, die Vorbereitungen für einen sowjetischen Angriff seien „im Sommer 1941 soweit gediehen, daß der Kreml schon im August/September 1941, spätestens aber im Frühjahr 1942 losgeschlagen hätte. Die Rote Armee hätte sich dann in ‚südöstlicher Richtung', d. h. gegen Rumänien, in Bewegung gesetzt" (ebda., S. 1289). Vgl. hierzu auch oben Anm. 54.

56 G. d. Gr. V. Kr., Bd. I, S. 552 f.

daß die Verlagerung dann während der Kämpfe improvisiert werden mußte[57]. Dieser sowjetische Verteidigungsplan beruhte auf einer illusionären Einschätzung der eigenen und der deutschen Stärke. Auf ihn ist zu einem erheblichen Maße das Desaster der ersten Wochen des Krieges zurückzuführen[58].
Ein Befehl vom 21. 6., durch den die Militärdistrikte an der Westgrenze und die Rote Flotte in Gefechtsbereitschaft gesetzt werden sollten, erreichte die meisten Verbände an der Grenze nicht mehr rechtzeitig[59]. Nicht einmal die sowjetischen U=Boote in der Ostsee waren — wie es im November 1939 als Vorsichtsmaßnahme bei Beginn des Finnland=Krieges der Fall gewesen war — in Wartepositionen aufgestellt[60]. Mobilmachung[61] und Truppenaufmarsch der Roten Armee vollzogen sich erst im Verlauf der ersten Kriegstage, als die deutschen Angriffskeile bereits an einigen Stellen die Front durchbrochen hatten und die Verbindung zwischen den Befehlsstäben und den Verbänden der Roten Armee vielfach schon verlorengegangen war[62].
Von den insgesamt 4,7 Millionen Mann der bei Kriegsbeginn unter Waffen stehenden sowjetischen Streitkräfte befanden sich in den fünf westlichen Militärdistrikten nur etwa 2,5 Millionen Mann, während im Fernen Osten 1 Million Mann und der Rest (1,2 Millionen) im Kaukasus, in Mittelasien und in den Militärbezirken im Innern der Sowjetunion lagen[63].
Auch die sowjetische Luftwaffe wurde nicht rechtzeitig alarmiert und ließ den deutschen Vernichtungsschlag auf die ostpolnischen und baltischen Flugplätze am 22. 6. über sich ergehen, ohne in Abwehr zu treten. Durch ihn wurde sofort fast die Hälfte der sowjetischen Luftstreitkräfte ausgeschaltet[64]. Dies alles waren Folgen der Fehlbeurteilung der Situation durch Stalin, der seine Politik auf einen neuen Zeitgewinn für die Sowjetunion durch Nachgeben gegenüber Hitler abgestellt hatte[65]. Ein deutsch=sowjetischer Ausgleich wurde auch von

57 Sonderauftrag des von Stalin nach Kriegsbeginn eingesetzten neuen Rüstungs=kommissars Ustinow. — Vgl. hierzu Erickson, S. 574.
58 Im Grunde war dieser Verteidigungsplan nichts anderes als eine durch die Vorverlegung der „Front" bis zur deutsch=sowjetischen Interessengrenze notwendig gewordene Variante des allgemeinen Verteidigungsplans von 1938, der dem deutschen Militärattaché, General Köstring, bekannt war.
59 G. d. Gr. V. Kr., Bd. II, S. 12 f. — Zum Anruf Stalins bei Chruschtschow, dem Sekretär der ukrainischen KP in Kiew, am 21. 6. 1941 vgl. das Zeugnis Chruschtschows aus dem Jahre 1945 bei Djilas, S. 158.
60 Vgl. hierzu J. Rohwer: Die sowjetische U=Bootwaffe in der Ostsee 1939—1945, S. 553 f.
61 Durch die Mobilmachung erhöhte sich die Stärke der Roten Armee in den ersten Wochen des Krieges von 4,7 auf 9 Millionen Mann (Erickson, S. 764).
62 Vgl. hierzu die Rezension der deutschen Ausgabe des Werkes von B. S. Telpuchowski (Frankfurt a. M. 1961) durch den ehemaligen sowjetischen Generalstabsoffizier Joseph Baritz, in: Sowjetstudien (München), Juni 1963, S. 112 ff.
63 Baritz, S. 113.
64 Vgl. unten S. 538 f.
65 Allein auf diesen einen — wenn auch sehr wichtigen — Punkt konzentriert sich die Argumentation der sowjetischen Geschichtsschreibung (vgl. G. d. Gr. V. Kr., Bd. I, S. 562 f.), während die Frage nach der politischen Konzeption Stalins und der weiteren Zielsetzung der Sowjetunion in dem seit September 1939 im Gange

der britischen Regierung erwartet oder besser: befürchtet[66]. Die Beziehungen zwischen Großbritannien und der Sowjetunion hatten sich, seitdem die Sowjet=regierung über das für sie völlig indiskutable britische Verhandlungsangebot vom 22. 10. 1940 einfach hinweggegangen war[67], kaum geändert. Der neue britische Außenminister Eden (ab 23. 12. 1940) bemühte sich jedoch um eine Verbesserung der Atmosphäre, nachdem die Ära Halifax mit der von sowjeti=scher Seite als Druckversuch angesehenen öffentlichen Erklärung des Außen=ministers im Oberhaus am 21. 11. (also zwischen Molotow=Besuch in Berlin und Abgabe der sowjetischen Stellungnahme zum deutschen „Viermächtepakt"=Entwurf am 25. 11.), die britische Regierung habe Vorschläge für ein Handels=abkommen und „gewisse Vorschläge allgemeinen Charakters" unterbreitet, auf deren Beantwortung sie warte[68], sowie mit dem Protest des Botschafters Maiskij gegen die Hissung der britischen Flagge auf den von der britischen Regierung zurückgehaltenen früher estnischen, lettischen und litauischen Schif=fen[69] völlig negativ zu Ende gegangen war.

Die schon seit den Anfängen seiner Botschaftertätigkeit bestehenden Differen=zen zwischen Cripps und dem Foreign Office hinsichtlich der gegenüber der sowjetischen Regierung einzuschlagenden politischen Taktik erschwerten wei=terhin die Festlegung eines klaren Kurses, zumal Cripps wiederholt von seinen Instruktionen abwich. Eine Ablösung des Botschafters blieb aber wohl, da sie überall als Eingeständnis des Fehlschlages seiner Mission gewertet worden wäre, außerhalb der Erwägungen Edens. Der neue Außenminister bemühte sich jedoch, den Schwerpunkt des diplomatischen Verkehrs nach London zu verle=gen, zumal ihm Botschafter Maiskij aus seiner ersten Zeit als Außenminister

befindlichen „imperialistischen Kriege" nicht gestellt wird. Vgl. hierzu die Dar=stellung unten S. 533 ff.

66 Daß auch die amerikanische Regierung ähnliche Befürchtungen hegte, kann aus der amtlichen Ankündigung vom 6. 5. 1941 (Tag der Amtsübernahme Stalins) geschlossen werden, derzufolge mit sofortiger Wirkung alle Exporte nach der Sowjetunion, die als „kriegswichtig" angesehen werden konnten (vor allem Maschinen und Werkzeuge), gesperrt wurden (vgl. hierzu auch die Kommen=tierung dieser Entscheidung im KTB der Skl., Teil A, 7. 5. 1941). Während der vorausgehenden Phase der sowjetischen Außenpolitik hatten die USA einen anderen Standpunkt vertreten: Am 21. 1. 1941 teilte Unterstaatssekretär Sum=ner Welles dem sowjetischen Botschafter in Washington Umanskij mit, daß das von Roosevelt am 2. 12. 1939 (Beginn des Finnlandkrieges) verkündete „mora=lische Verbot" des Exports von Flugzeugen und Maschinen für die Fabrikation von Flugzeugen in die UdSSR nicht mehr länger gelte. Staatssekretär Hull erklärte hierzu am folgenden Tage (22. 1.), daß die Aufhebung des Embargos den Versuch darstelle, die „verhältnismäßig geringen" Schwierigkeiten in den Beziehungen zwischen den USA und der Sowjetunion zu beseitigen.

67 Vgl. oben S. 302 f.

68 Zusammenstellung „Material über die Beziehungen der Sowjetunion zu England und der Türkei": Geheime Reichssache, Ref.: VLR. Schliep, vom 21. 3. 1941 (Akten des Politischen Archivs de AA, Bonn, Pol. V, S. 3). Ein Vergleich mit der amt=lichen britischen Darstellung: Woodward, S. 132 ff. und S. 148 ff. ergibt, daß die in der Zusammenstellung Schlieps vereinigten Materialien zuverlässige In=formationen enthalten.

69 Ebda., S. 3.

(1935—1938) gut bekannt war. Sein diskreter Hinweis bei Maiskij Ende Januar 1941, daß Cripps seit dreieinhalb Monaten keine Gelegenheit mehr zu einem Gespräch mit dem sowjetischen Außenkommissar gehabt habe, führte tatsächlich zu einem Empfang des Botschafters durch Molotow am 1. 2.[70]. Die Unterredung verlief indessen, wie Cripps berichtete, ohne jedes Ergebnis, da Molotow es ablehnte, mit Großbritannien über wichtige politische oder wirtschaftliche Fragen zu verhandeln, solange die britische Regierung selbst der Lösung „kleiner Probleme" — offensichtlich eine Anspielung auf die Nichtanerkennung der sowjetischen Annexion der Baltischen Staaten durch Großbritannien — aus dem Weg gehe. Nach Cripps' Auffassung mußte der Stand der britisch-sowjetischen Beziehungen zu diesem Zeitpunkt als schlechter bezeichnet werden als in der Zeit vor seiner Entsendung nach Moskau.
Die sowjetische Regierung benutzte zwar, wie erwähnt, Anfang März den Wink des britischen Botschafters zu einer Annäherung an die Türkei[71], doch wirkte das vom sowjetischen Standpunkt als Erfolg anzusehende Zustandekommen der sowjetisch-türkischen Erklärung vom 24. 3. nicht auf das Verhältnis der Sowjetunion zu Großbritannien zurück. Während seines Aufenthaltes in Ankara[72] in den ersten Märztagen äußerte Cripps gegenüber einem „befreundeten Diplomaten[73]", die Sowjetunion werde „mit absoluter Sicherheit dem Krieg fernbleiben. Wir müssen jede Hoffnung aufgeben, (Rußland) zu gewinnen, es sei denn, daß Deutschland es aus Gründen der Versorgung angriffe. Aber ich fürchte, diesen Gefallen wird Deutschland uns nicht tun."
Wie schon in den ersten Gesprächen im Sommer 1940 so versuchte Cripps in der Unterredung mit Wyschinskij am 6. 3. durch seinen Hinweis, der deutsche Angriff auf die Sowjetunion sei und bleibe das große „Fernziel" Hitlers, vergeblich, für eine britisch-sowjetische Annäherung zu werben[74]. Diese Darlegungen Cripps' bildeten ein Glied in der langen Kette der Warnungen vor einem deutschen Angriff, die der Sowjetregierung seit dem 1. 3. von der britischen und amerikanischen Regierung übermittelt wurden[75]. Die von britischer Seite

70 Woodward, S. 147 f.
71 Vgl. oben S. 427 f.
72 Während des Aufenthalts Edens in Ankara kam es am 28. 2. zu einem Treffen des britischen Außenministers mit dem sowjetischen Botschafter Winogradow, bei dem Eden die Spannungen in den britisch-sowjetischen Beziehungen während der letzten Monate bedauerte und versicherte, daß sich die „Fehler" der britischen Regierung in ihrer Politik gegenüber der Sowjetunion nicht wiederholen würden (wie S. 439, Anm. 68, S. 5).
73 Wie S. 439, Anm. 68, S. 5 (so im Bericht des dt. Botschafters in Ankara an das AA vom 5. 3. 1941, Pol. VII 210).
74 Ebda.
75 Die erste Mitteilung über deutsche Vorbereitungen zu einem Angriff auf die Sowjetunion erhielt das State Department von dem Handelsattaché an der amerikanischen Botschaft in Berlin Sam E. Woods Anfang Januar 1941. Woods empfing seine Informationen von einem (namentlich nicht bekannten) deutschen Gegner des Nationalsozialismus (Hull, vol. II, S. 967 f.; Shirer, S. 897 u. S. 1247 f.). Warnungen des amerikanischen Unterstaatssekretärs Sumner Welles — auf Grund dieser Informationen sowie auf Grund der von Beneš übermittelten,

als wichtigstes Glied dieser Kette betrachtete Botschaft Churchills vom 3. 4.[76] erreichte Stalin auf dem Wege über Wyschinskij erst am 19. 4., da Cripps die Weisungen des Foreign Office über die Behandlung des Dokuments nicht beachtete, sondern mit einem persönlichen Brief an Wyschinskij wieder einmal eigene Wege ging[77].

Am 16. 4. versuchte Eden seinerseits in einer Unterredung mit Maiskij, unter Hinweis auf die der Sowjetunion von Deutschland drohende Gefahr ein britisch-sowjetisches „rapprochement" zu erreichen[78]. Der Botschafter betonte jedoch, daß die britische Haltung zum Problem der Baltischen Staaten eine Verbesserung der britisch-sowjetischen Beziehungen verhindere. Dies betrachtete die britische Regierung wiederum nur als Vorwand, der die Absicht Stalins, ein neues Arrangement mit Hitler anzusteuern, verschleiern sollte.

Bis Ende Mai hatte das Foreign Office vollends den Eindruck gewonnen[79], daß eine „Kapitulation" der Sowjetregierung vor den mutmaßlichen deutschen

ihm Anfang März 1941 zugeflossenen Nachrichten über den deutschen Angriffsplan (Beneš, S. 149 f.) — gegenüber dem sowjetischen Botschafter in Washington Umanskij am 1. 3. und 20. 3. 1941 (Dawson, S. 46 ff.; Welles, S. 168 ff. — seine eigene Angabe, daß er auch schon „im Januar" 1941 Umanskij gewarnt habe, muß, wie Dawson, S. 48, begründet, auf einem Irrtum beruhen —; Beloff, vol. II, S. 358; zahlreiche Einzelhinweise über die verschiedenen Warnungen bei Weinberg, S. 156). — Zusammenstellung der sonstigen Nachrichten, die der Sowjetunion über den bevorstehenden deutschen Angriff aus amerikanischen, britischen, tschechischen, chinesischen und deutschen Quellen sowie von „zahlreichen ausländischen Freunden" (= Agenten und KP-Quellen) zuflossen: Dallin, S. 16; Rossi, S. 191 ff.; Sherwood, S. 233; „Juni 1941", S. 113 f. — Auf amerikanischer und britischer Seite fand die stärkste Beachtung von allen Informationen die Meldung des amerikanischen Gesandten in Belgrad an das State Department vom 30. 3. 1941. Danach sollte, wie eine „zuverlässige Quelle" in Jugoslawien ergeben hatte, Hitler Prinz Paul bei dessen Besuch auf dem Berghof am 4. 3. mit dem Argument zum Beitritt Jugoslawiens zum „Dreimächtepakt" gedrängt haben, daß er im Juni oder Juli 1941 die Sowjetunion angreifen werde und Jugoslawien daher im eigenen Interesse den Anschluß an den deutschen Block vollziehen sollte (Foreign Relations, vol. II/1941, S. 973). (Da eine Aufzeichnung über diese Unterredung Hitler-Prinz Paul im Politischen Archiv des AA, Bonn, nicht vorhanden ist, kann der Wahrheitsgehalt dieser Information nicht überprüft werden.) Diese Nachricht aus Belgrad gab auch den Anstoß für Churchills Schreiben an Stalin vom 3. 4. 1941. — Wie alle diese Warnungen, so führte selbst die präzise Mitteilung des deutschen Angriffsdatums (22. 6.) durch den sowjetischen Spion R. Sorge (Tokio) an die Sowjetregierung am 15. 6. bei Stalin zu keiner Änderung in der Lagebeurteilung. Sorge hatte ebenfalls schon im März 1941 die deutsche Angriffsabsicht gemeldet und im Mai 1941 über den Aufmarsch von 150 deutschen Divisionen berichtet.

76 Churchill, vol. III, S. 320 (Text der Botschaft). Dies war die zweite und letzte Botschaft Churchills an Stalin in der Zeit von seinem Regierungsantritt (10. 5. 1940) bis zum 22. 6. 1941. Zur ersten Botschaft vom 25. 6. 1940 vgl. oben S. 86 f.

77 Eingehende Darlegung des verwickelten Vorgangs bei Woodward, S. 148 f.

78 Woodward, S. 148; The Eden Memoirs, vol. II, S. 265.

79 Dazu hatte wohl auch die Äußerung Heß' in der Unterredung mit Kirkpatrick am 12. 5. 1941 beigetragen, daß „Deutschland ... bestimmte Forderungen an Rußland (habe), die erfüllt werden müßten" (Telegramm Churchills an Roosevelt, 17. 5. 1941, hierzu Leasor, S. 146).

Forderungen wahrscheinlicher sei als eine Ablehnung unter Inkaufnahme eines Kriegsrisikos[80]. Diese Lagebeurteilung bildete den Hintergrund eines Planes, der darauf abzielte, mit der Drohung eines Bombardements der kaukasischen Öl=Zentren Druck auf die sowjetische Regierung auszuüben, damit sie sich den erwarteten Forderungen Hitlers widersetzte[81]. Am 12. 6. entschieden die briti= schen Stabschefs, Vorbereitungen auf den inzwischen ausgebauten Absprung= plätzen im Raum Mossul im nördlichen Irak zu treffen, von denen aus schwere und mittlere Bomber gegebenenfalls unverzüglich zu Angriffen gegen die Öl= Anlagen im Raume von Baku starten konnten[82].

Bereits am 6. 6. war der britische Botschafter in Moskau Cripps, der seine Mission als gescheitert betrachtete[83], zur Berichterstattung nach London ge= rufen worden[84].

Eine gewisse Hoffnung, daß es doch nicht zu einem deutsch=sowjetischen Ar= rangement kommen würde, gewann die britische Regierung erst, als Maiskij Eden gegenüber am 10. 6. die — allerdings mehrdeutige — Erklärung abgab, daß keine Verhandlungen mit Deutschland stattfänden und die Sowjetunion nicht beabsichtige, mit Deutschland ein Militärbündnis abzuschließen[85]. Am 13. 6. schlug Eden in einer weiteren Unterredung mit Maiskij nach Eintreffen neuer Informationen über die Konzentration deutscher Truppen an der sowje= tischen Grenze vor, im Falle eines deutschen Angriffs sogleich eine britische Militärmission nach Moskau zu entsenden. Großbritannien sei auch zu Hilfs= lieferungen von Nahrungsmitteln bereit. Über ihren Botschafter in Washington

80 Woodward, S. 148. — Am 11. 6. 1941 verzeichnete das KTB der Skl., Teil A: „Britische Presseerörterungen über Deutschland=Rußland sprechen von wirt= schaftlichen und militärischen Forderungen Deutschlands (u. a. Durchmarschrecht zwecks Operation gegen Irak/Iran). Es wird damit gerechnet, daß Stalin ange= sichts der gegenwärtig noch bestehenden Schwäche der Sowjetunion deutsche Forderungen einschließlich Abtretung russischen Gebiets erfüllen werde."

81 Butler: Grand Strategy, vol. II, S. 543 f.

82 Ebda., S. 544.

83 Die oft zitierte Meldung des deutschen Marine=Attachés in Moskau an das OKM vom 24. 4. 1941 (ADAP D XII, Dok. 399, S. 632), daß Botschafter Cripps in Gesprächen in Moskau den Beginn des deutsch=sowjetischen Krieges für den 22. 6. voraussage, spiegelt nur eines der vielen in jenen Wochen in Moskau kursierenden Gerüchte. An diesem Tage (24. 4.) lag der Angriffstermin des 22. 6. noch gar nicht fest. Er wurde von Hitler erstmals am 30. 4. bestimmt. Aber auch dann war eine Änderung durchaus noch möglich. Vgl. unten S. 504 ff.

84 Woodward, S. 151. Cripps traf sich auf dem Rückflug nach Großbritannien mit dem britischen Gesandten in Helsinki Vereker in Stockholm und vertrat dabei die Auffassung, „daß es zu keinem Konflikt zwischen Deutschland und Rußland kommen würde" (Blücher, S. 424; jetzt bestätigt in den Erinnerungen von Erik Boheman: Pa vakt. II. Stockholm 1964, S. 154 f.). Cripps kam am 11. 6. in Lon= don an. Am 27. 6. kehrte er in völlig gewandelter Situation mit einer britischen Militärmission nach Moskau zurück.

85 Woodward, S. 150. Diese Erklärung Maiskijs, die das Mißtrauen der britischen Regierung verringern sollte, muß mit der TASS=Verlautbarung am 14. 6. zu= sammengesehen werden, die jegliche deutsch=sowjetischen Spannungen bestritt. Sie war an die deutsche Adresse gerichtet. — Zu den vorausgehenden Gesprächen Eden=Maiskij am 2. 6. und 5. 6.: The Eden Memoirs, vol. II, S. 266 ff.

regte die britische Regierung am 15. 6. eine materielle Hilfe der USA für die Sowjetunion im Kriegsfalle an[86] und warnte schließlich am 14./15. 6. die finnische Regierung und Marschall Mannerheim vor einer Beteiligung Finnlands an einem deutsch-sowjetischen Krieg mit der Drohung wirtschaftlicher Maßnahmen gegen Finnland[87].

Da jedoch die Vorschläge Edens in seinem Gespräch mit Maiskij am 13. 6. ohne Antwort geblieben waren und auch bis zum 22. 6. keine Reaktion der sowjetischen Regierung hierauf eintraf[88], besaß die britische Regierung, obwohl die ihr zufließenden Geheiminformationen kaum noch einen Zweifel an einem deutschen Angriff gegen die Sowjetunion in allernächster Zeit ließen, bis zum Schluß keine völlige Klarheit darüber, ob es sich bei dem deutschen Aufmarsch gegen die Sowjetunion nicht doch nur um ein raffiniertes Droh- und Druckmanöver Hitlers zur Erreichung größerer Zugeständnisse bei einem neuen Arrangement bei Stalin handelte[89]. Ein militärischer Schlag gegen das Öl-Zentrum einer mit Hitler paktierenden Sowjetunion blieb also bis zum Morgen des 22. 6. 1941 die von Großbritannien ernsthaft erwogene Alternative zur Entsendung von Hilfslieferungen für eine von Deutschland angegriffene Sowjetunion.

Weder Hitler noch die britische Regierung waren in der Lage, durch politische Konzessionen, auf dem Wege über Bündnisverhandlungen oder durch Pressionen eine Kriegsteilnahme der Sowjetunion an ihrer Seite zu erreichen, da Stalin den festen Willen hatte, dem „imperialistischen" Krieg fernzubleiben. Wohl aber konnte sowohl die deutsche als auch die britische Führung durch eine militärische Aktion gegen die Sowjetunion eine neue Lage schaffen, die Stalin zum Kriege und damit zu einer Umorientierung gegenüber der anderen Kriegspartei im „imperialistischen" Krieg zwang.

Beeinflußte diese Ungewißheit auch die britische strategische Planung, etwa in

86 Zur Stellungnahme des State Department zu dieser „Anregung" vom 21. 6. 1941 vgl. unten S. 560, Anm. 117.

87 Woodward, S. 150. Tatsächlich wurde der britische Handelsverkehr mit Finnland am 14. 6. 1940 eingestellt. — Das britische Aide-Mémoire für die finnische Regierung wurde von dieser sogleich dem deutschen Gesandten in Helsinki v. Blücher zur Kenntnis gebracht. Dieser übersandte den Text des Aide-Mémoire am 16. 6. an das AA und deutete selbst die britische Stellungnahme am 18. 6. in der Weise, daß Großbritannien keinen Abbruch der diplomatischen Beziehungen zu Finnland im Falle einer Kriegsteilnahme des Landes beabsichtige. Der Gesandte betrachtete seinerseits aber eine Verschärfung der britisch-finnischen Beziehungen als im deutschen Interesse liegend. Ribbentrop wies ihn am 19. 6. an, auf den Abbruch der diplomatischen Beziehungen Finnlands zu Großbritannien hinzuwirken (ADAP D XII, Dok. 643: Der dt. Gesandte in Finnland an das AA, 18. 6. 1941, S. 1047, mit Anm. 1 und 2). Vgl. hierzu auch Blücher, S. 224 ff. — Der Abbruch der diplomatischen Beziehungen Finnlands zu Großbritannien erfolgte nach einem finnisch-britischen Notenwechsel schließlich am 29. 7. 1941 (hierzu ADAP D XIII, Dok. 160: Der dt. Gesandte in Helsinki an das AA, 28. 7. 1941, S. 227 f.). Zur Vorgeschichte der britischen Kriegserklärung an Finnland am 6. 12. 1941 vgl. Polvinen, S. 87 ff.

88 Woodward, S. 150.

89 Butler: Grand Strategy, vol. II, S. 544 f.

der Weise, daß Studien für die verschiedenen Fälle, je nach der Rolle der Sowjetunion als Partner Deutschlands, als neutrale Macht oder als Bundesgenosse, erarbeitet wurden? Die amtliche britische Darstellung erwähnt nichts hierüber[90]. Wenn damit auch nicht auszuschließen ist, daß solche Studien verfaßt wurden, so ergibt sich doch aus der Gesamtanlage der strategischen Planungen Großbritanniens und der USA, daß die Sowjetunion darin, weder als möglicher Gegner noch als eventueller Bundesgenosse, eine Rolle spielte, wie man es aus der Rückschau erwarten würde. Wie schon in den Planungen von 1939 und 1940 so wurde auch jetzt die Sowjetunion nicht als gleichrangige Großmacht betrachtet, deren Gewicht als Gegner oder als Partner eine wesentliche oder gar entscheidende Bedeutung für den Ausgang des Krieges gewinnen konnte.

Wenn auch in der Lagebeurteilung des „Joint Intelligence Committee" vom 14. 6., die zu dem Schluß kam, daß die Deutschen sechs Wochen nach Angriffsbeginn in Moskau sein würden, die Widerstandskraft der Roten Armee besonders gering bewertet wurde[91], so war es doch die allgemeine Überzeugung[92] der britischen und amerikanischen Stabschefs[93] vor Beginn des deutschen Angriffs und auch in den ersten Wochen danach, daß die Sowjetunion höchstens drei Monate lang Widerstand leisten könne und dann überwältigt sein würde[94], so daß die Sowjetunion in der großen Auseinandersetzung der angelsächsischen Seemächte mit Deutschland (und Japan) nur vorübergehend eine Rolle als Bundesgenosse — so wie Polen 1939 oder Frankreich 1939/40 — spielen würde. Den Zeitpunkt des als unvermeidlich betrachteten sowjetischen Zusammenbruchs angesichts des noch nicht abgeschlossenen Aufbaus der amerikanischen Wehrmacht möglichst weit hinauszuschieben, ohne jedoch allzu viel von dem für den eigenen Bedarf dringend benötigten Kriegsmaterial an einen voraus=

90 Butler: Grand Strategy, vol. II.

91 Woodward, S. 150. — Am 16. 6. berichtete Cripps dem britischen Kriegskabinett, daß es die vorherrschende Meinung in diplomatischen Kreisen in Moskau sei, daß die Sowjetunion einem deutschen Angriff nur drei bis vier Wochen Widerstand entgegensetzen könne. Der Chef des Empire=Generalstabes, Sir John Dill, schätzte den Zeitraum auf sechs oder sieben Wochen (The Eden Memoirs, vol. II, S. 269). — Mitte Juli 1941 rechnete dann der britische Generalstab damit, daß die deutschen Truppen Ende August/Anfang September 1941 den Kaukasus erreichen würden (Woodward, S. 153). Vgl. hierzu auch unten S. 560 ff.

92 Daß auch Churchill diese Beurteilung der Lage teilte, ergibt sich aus seinen Äußerungen in der geheimen Unterhaussitzung am 25. 6. 1941: „In wenigen Monaten oder vielleicht früher schon können wir der schrecklichsten Invasion ausgesetzt sein, die die Welt jemals gesehen hat" (de Mendelssohn, S. 347).

93 Am 23. 6. 1941 gab der amerikanische Kriegsminister Stimson nach Rücksprache mit dem Chef des Generalstabes der Armee, General Marshall, und den Mitgliedern des Planungsstabes Präsident Roosevelt eine Lagebeurteilung, in der es hieß, Deutschland werde „mindestens einen Monat und, möglicherweise, allerhöchstens drei Monate" benötigen, um die Sowjetunion niederzuringen (Sherwood, S. 235 f.). Am gleichen Tage schrieb Marineminister Knox an Roosevelt, seiner Auffassung nach würde Hitler sechs bis acht Wochen brauchen, „um mit Rußland aufzuräumen" (Langer=Gleason: The Undeclared War, S. 538).

94 Butler: Grand Strategy, vol. II, S. 544 f.; Sherwood, S. 235 ff.

sichtlich bald wieder ausfallenden Partner wider Willen zu liefern[95], war daher allein das Ziel aller britisch=amerikanischen Unterstützungsmaßnahmen für die Sowjetunion in den ersten — entscheidenden — Monaten des Ostkrieges.
Auf die Strategie Großbritanniens und der USA wirkte sich die Eröffnung des neuen Krieges in Osteuropa in der Praxis militärischer Maßnahmen nur soweit aus, als dem vermutlich in Kürze bedrohten Schauplatz im Nahen Osten be=sondere Aufmerksamkeit geschenkt wurde[96], da nach einem Zusammenbruch der Sowjetunion mit einem deutschen Vorstoß gegen die britische Position im Vorderen Orient gerechnet wurde. Der Kriegsplan im großen wurde nicht abgeändert[97], schon weil die USA selbst noch nicht offiziell Krieg führten und aus Mangel an Transportraum eine Umstellung auf eine — gegenüber der Planung vom 27. 3. 1941 vorzeitige — Landkriegführung der angelsächsischen Mächte in Europa ausgeschlossen war[98]. Es begann somit am 22. 6. nach angel=

95 Vgl. die Übersicht über die britischen und amerikanischen Lieferungen an die Sowjetunion (auf Grund britischer und amerikanischer Quellen) bei Jacobsen: 1939/45, S. 567 f. und S. 572; sie zeigt, daß in den entscheidenden Monaten 1941 nur eine relativ begrenzte Zahl — nicht besonders hochwertiger — Waffen und Ausrüstungsgegenstände geliefert wurde. Erst am 29. 9. 1941 begannen die britischen Hilfslieferungen — durch das Anlaufen eines Geleitverkehrs — von britischen Häfen bzw. von Island aus nach Murmansk und Archangelsk (Roskill, vol. I, S. 492). Voraus ging im August die Überführung von 25 Hur=ricanes auf dem Flugzeugträger „Argus" (der zusammen mit 7 Handelsschiffen mit Munition nach Archangelsk gelangte) an die Front an der Murman=Küste. Bis Ende Dezmber 1941 erreichten 8 Geleitzüge mit insgesamt 55 Transport=schiffen die nordrussischen Häfen. Verluste traten nicht ein. — Die (Ende August 1941 durch die Besetzung Irans geöffnete) Route über die persischen Häfen und Bahnen war 1941 noch nicht für einen stärkeren Transitverkehr geeignet.

96 Sherwood, S. 242 ff.

97 Zu den im Oktober 1941 erwogenen, jedoch nicht ernsthaft geplanten Opera=tionen (Scheinangriff auf die Halbinsel Cotentin bei Cherbourg, Ablenkungs=manöver in Norwegen), die keinen Einfluß auf die große Strategie gewannen, vgl. Bryant: Kriegswende, S. 243 ff. — Vgl. im übrigen unsere Darstellung unten S. 560 f.

98 Am 23. 6. 1941 beauftragte Churchill die britischen Stabschefs zu prüfen, ob eine Möglichkeit zu einem Raid gegen die deutschen Stellungen am Pas de Calais bestehe. Er dachte dabei an einen Einsatz von 25 — 30 000 Mann (Coman=dos und eine kanadische Division). Das Ergebnis zeigte, daß nur für 5 — 6 000 Mann Landungsfahrzeuge zur Verfügung standen. Auch diese waren aber für die geplanten Operationen zur Besetzung der Azoren, Madeiras und der Kana=rischen Inseln im Falle eines deutschen Einmarsches nach Spanien festgelegt. Da die Stabschefs im Juli 1941 täglich mit dem Zusammenbruch der Sowjetunion rechneten und mit Recht annahmen, daß bald danach deutsche Truppen in Spanien einrücken und Gibraltar angreifen würden, war die ständige Bereit=schaft zum strategischen Gegenzug zur deutschen Aktion auf der Iberischen Halbinsel lebensnotwendig. Bis Ende 1941 blieb die Bereitschaft zu dem (seit Juli 1941 „Pilgrim" genannten) Unternehmen zur Besetzung der spanischen und portugiesischen Atlantik=Inseln bestehen. — Der Gedanke einer britischen Landung an der arktischen Küste (Nordnorwegen/Nordfinnland) ging von der sowjetischen Militärmission in London aus, die seit Mitte Juli 1941 in der britischen Hauptstadt weilte (Gwyer=Butler: Grand Strategy, vol. III, S. 94 f.). Damit und mit weiteren Vorschlägen hinsichtlich eines Einsatzes britischer Truppen im Kaukasusgebiet und in der Ukraine versuchte die Sowjetunion offensichtlich, Großbritannien in den ersten Monaten des Krieges — angesichts

sächsischer Auffassung ein deutscher „Sonderkrieg"[99] im Rahmen des Gesamtkrieges, der nach der anfangs allgemein verbreiteten Auffassung in Großbritannien[100] und den USA eine kürzere Episode bleiben und mit der Niederlage der Sowjetunion ihr Ende finden würde. Erst der Besuch Hopkins' bei Stalin in Moskau am 30./31. 7. leitete den allmählichen Übergang zu einer anderen Lagebeurteilung auf amerikanischer und britischer Seite ein[101].

der mehrdeutigen Zurückhaltung des „Verbündeten" — an den deutsch-russischen „Sonderkrieg" zu binden (abgesehen von der zeitweiligen Stationierung einiger RAF-Staffeln an der Murman-Front von Anfang September bis Ende November 1941 im Raume von Murmansk ohne Erfolg). Vgl. im übrigen auch unten S. 560 f.

99 Der deutsche Angriff auf die Sowjetunion traf — anders als Hitlers bisherige „Feldzüge" — keinen Staat, mit dem Großbritannien irgendwie politisch, ideologisch oder militärisch enger verbunden gewesen wäre.

100 Die Sowjetunion wurde schon in den dreißiger Jahren, spätestens seit den großen „Säuberungen" in der Roten Armee 1937/38, von Großbritannien nicht als ernstzunehmendes machtpolitisches „Gegengewicht" gegen Hitler-Deutschland im Rahmen des europäischen „Balance"-Systems angesehen. Vielmehr wurde Polen (bis 1938 auch die Tschechoslowakei) als — zwar nur begrenzt wirksames, aber „reales" — „Widerlager" gegen Deutschland betrachtet. Der britische Kriegsentschluß 1939 entsprang — von diesen Voraussetzungen her gesehen — der Befürchtung, daß eine Preisgabe Polens den vollkommenen Zusammenbruch des europäischen Gleichgewichts bedeuten würde. Diese — rückschauend schwer begreifliche Einschätzung der Kräfteverhältnisse, die nicht zuletzt durch die Konzentration (und Verengung) der Blickrichtung der britischen Außenpolitik auf den „Inneren Kreis" (Kirkpatrick) — London-Paris-Berlin-Rom — zu erklären ist, gilt es bei der Beurteilung der britischen Politik seit der Mitte der dreißiger Jahre, und auch im Zweiten Weltkrieg, ständig im Auge zu behalten.

101 Sherwood, S. 253 ff. — Vgl. aber Anm. 122, S. 561.

VII. Hitlers Reaktionen auf die veränderte Lage im Westkrieg und seine letzten Vorbereitungen für den Angriff auf die Sowjetunion

1. Die Möglichkeiten des See= und Luftkrieges im Winter 1940/41 und in der Zeit des „Barbarossa"=Unternehmens

Schon vor Beginn des deutschen Angriffs auf die Sowjetunion hatte der Kampf der deutschen See= und Luftstreitkräfte gegen die britischen Zufahrtswege im Atlantik eine Wendung zuungunsten der deutschen Seekriegführung erfahren. Ihre erfolgreichste Zeit, die nach Aufhebung der Bindung der deutschen Überwasserstreitkräfte an den Plan „Seelöwe" Mitte Oktober 1940 begonnen hatte[1], in der durch die deutschen Schlachtschiffe im Atlantik[2] und die Schweren Kreuzer und Hilfskreuzer[3] auf allen Weltmeeren starke britische Flotten= und Luftstreitkräfte gebunden worden waren[4], ging mit dem Untergang des Schlachtschiffes

1 12. 10. 1940: Aufhebung der Bindung an den „Seelöwe"=Plan; 14. 10. 1940: Ausgabe der „Grundsätzlichen Weisung für die Seekriegführung der Überwasserstreitkräfte im Winter 1940/41" (hierfür und für das Folgende G. Bidlingmaier: Einsatz der schweren Kriegsmarineeinheiten im ozeanischen Zufuhrkrieg. Strategische Konzeption und Führungsweise der Seekriegsleitung September 1939 bis Februar 1942. Neckargemünd 1963, S. 156 ff.).

2 Die während der Seekriegsoperationen im Zusammenhang mit dem Norwegen=Unternehmen beschädigten (vorerst einzigen) Schlachtschiffe „Scharnhorst" und „Gneisenau" waren erst ab Dezember 1940 wieder gefechtsbereit. Zum bedeutsamsten, erfolgreichen Unternehmen dieser beiden Schlachtschiffe im Atlantik in der Zeit Februar/März 1941 (Operation „Berlin") vgl. Bidlingmaier, S. 169 ff. Hierzu das Urteil Roskills, vol. I, S. 379: „Die Schlachtschiffe versenkten oder kaperten dabei nicht nur 22 Schiffe mit 115 622 BRT, sondern brachten auch für einige Zeit unseren atlantischen Geleit=Zyklus völlig durcheinander mit ernsten Auswirkungen auf unsere wesentlichsten Einfuhren." — Allerdings hatten die Schlachtschiffe es nicht gewagt, einen voll beladenen britischen Geleitzug anzugreifen, sondern sich auf die Versenkung nach Westen laufender einzelner britischer Handelsschiffe beschränkt.

3 G. Hümmelchen: Handelsstörer. Handelskrieg deutscher Überwasserstreitkräfte im Zweiten Weltkrieg. München 1960, S. 201 ff.

4 Roskill, vol. I, S. 367 ff.

„Bismarck" am 27. 5. 1941[5] und der Aufrollung der weitgespannten deutschen Versorgungsorganisation mit Troßschiffen und Tankern im Atlantik durch britische Suchgruppen[6] im Juni 1941 zu Ende[7]. Auch der deutsche U-Boot-Krieg erlitt in der gleichen Zeit infolge der neuen britischen Abwehrmaßnahmen einen erheblichen Rückschlag[8].

Die Verlegung einer amerikanischen Kampfgruppe in den Raum um Island im Juli[9] machte eine Wiederholung der bisherigen Durchbruchsoperationen schwerer deutscher Seestreitkräfte durch die Dänemark-Straße und damit die Fortsetzung des Kampfes der deutschen Überwasserkräfte im Atlantik unmöglich. Hitler hatte bereits nach der „Begegnung" eines deutschen U-Bootes mit dem amerikanischen Schlachtschiff „Texas" an der Grenze des deutschen Operationsgebietes am 19. 6.[10] in einer scharfen Weisung vom 21. 6. befohlen, Zwischenfälle mit amerikanischen Seestreitkräften unter allen Umständen zu vermeiden[11]. Am Nachmittag dieses Tages, also wenige Stunden vor Beginn

5 Über das Unternehmen „Rheinübung", die geplante Handelskriegunternehmung der „Bismarck"-Gruppe, aus operativer Sicht Bidlingmaier, S. 198 ff.; ferner Brennecke: Schlachtschiff „Bismarck". Jugenheim 1960, S. 153 ff.; H. Schellmann: Die Luftwaffe und das „Bismarck"-Unternehmen im Mai 1941. Frankfurt a. M. 1962. — Das Schlachtschiff „Bismarck", am 1. 8. 1940 in Dienst gestellt, war seit Ende 1940 gefechtsbereit, das Schwesterschiff „Tirpitz" erst Ende 1941. — Zu Hitlers Reaktion auf den Untergang der „Bismarck" vgl. Tagebuch Engel, 28. 5. 1941: „Eigenartig berührt, wie wenig (den) Führer, der selbst darauf zu sprechen kommt, das Schicksal der ‚Bismarck' zu berühren scheint."

6 Roskill, vol. I, S. 541 ff. Ein Zusammenhang mit der Erbeutung deutschen Geheimmaterials bei der Aufbringung von „U 110" südlich Island am 9. 5. 1941 ist wahrscheinlich (S. W. Roskill: Das Geheimnis um U 110. Frankfurt a. M. 1960).

7 Bis 6. 5. 1941 waren nach Berechnung der Skl. 9 Millionen BRT feindlichen und neutralen Schiffsraums versenkt (KTB der Skl., Teil A, 6. 5. 1941).

8 Rohwer: U-Boot-Krieg, S. 334 ff.; dort Seite 333 und Seite 335 tabellarische Übersicht über die monatlichen Schiffsraumverluste der Alliierten durch die verschiedenen Waffen (deutsche U-Boote, italienische U-Boote, Hilfskreuzer, schwere Seestreitkräfte, Fernkampfflugzeuge). — Der seit Anfang 1941 erfolgreiche Einsatz deutscher Fernkampfflugzeuge wurde ab April 1941 durch neue britische Abwehrmaßnahmen ebenfalls erschwert. Die Wendung im U-Boot-Krieg setzte im März 1941 ein. Am 26. 3. begann die erste Ausweichbewegung der bisher am Bündelungspunkt der Atlantikrouten vor dem Nordkanal konzentrierten U-Boote ins Gebiet südlich und südwestlich Island. Am 21. 6. entschied Dönitz, „die U-Boote locker über einen weiten Raum des Nordatlantik zu verteilen". Insgesamt brachten die Monate Juli und August 1941 „den Tiefpunkt der Operationen im Nordatlantik, und es schien fast, als hätte die Abwehr der Engländer das Rennen gewonnen" (dritte Phase der „Schlacht im Atlantik" von April bis Dezember 1941) (Rohwer, S. 337).

9 Vgl. oben S. 403 mit Anm. 30.

10 Ein Zwischenfall konnte vermieden werden (KTB des BdU vom 19.—21. 6. 1941).

11 Ebda., 21. 6. 1941. Der Befehl, Zwischenfälle mit amerikanischen Schiffen zu vermeiden, wurde unter Bezugnahme auf diese Weisung am 10. 7., 5. 9., 9. 9. und 21. 11. 1941 wiederholt. — Ein erster „Zwischenfall", der Wasserbombenangriff des auf dem Marsch nach Island befindlichen amerikanischen Zerstörers „Niblack" auf ein vermeintliches deutsches U-Boot am 10. 4. 1941, war ohne Folgen geblieben.

des Angriffs auf die Sowjetunion, erklärte Hitler gegenüber Raeder[12] „daß er bis zur klaren Entwicklung des ‚Barbarossa' *jeden*[13] Zwischenfall mit (den) USA vermeiden möchte[14]. Nach einigen Wochen würde die Lage geklärt sein, eine günstige Wirkung auf (die) USA bzw. Japan sei dann zu erwarten; die Neigung der USA, in den Krieg einzutreten, würde dann geringer sein infolge der dann steigenden Bedrohung seitens Japans. Wenn möglich sollten daher in diesen Wochen *alle Angriffe auf Kriegsschiffe im Sperrgebiet*[15] unterbleiben, zumal ja solche ohnedies in den letzten Monaten zu den Seltenheiten gehört hätten". Nachdem Raeder bestätigte, daß ein solcher Befehl „möglich" sei, entschied Hitler, „daß er auf alle Fälle zu erlassen (sei), damit Zwischenfälle nach Möglichkeit ausgeschaltet würden".

Nach der Besetzung Islands durch amerikanische Streitkräfte (7. 7.) erbat Großadmiral Raeder am 9. 7.[16] von Hitler die „politische Entscheidung, ob (dies) als Kriegseintritt zu betrachten oder (nur) als Provokation aufzufassen sei, die ignoriert werden solle". Hitler führte daraufhin „des längeren" aus, „daß ihm alles daran liege, den Kriegseintritt der USA noch 1–2 Monate hinauszuschieben, da einerseits der Ostfeldzug mit der gesamten Luftwaffe, die dafür bereit gestellt sei und die er auch nicht teilweise abziehen möchte, durchgeführt werden müsse und da andererseits die Wirkung des siegreichen Ostfeldzuges auf die Gesamtlage, wahrscheinlich auch auf die Haltung der USA, ungeheuer groß sein werde. Daher wolle er die bisherigen Weisungen nicht geändert, vielmehr jeden Zwischenfall weiterhin vermieden wissen. Es dürften also im Sperrgebiet Handelsschiffe warnungslos angegriffen werden, wobei jedoch nach Möglichkeit USA=Handelsschiffe, die einwandfrei als solche erkannt wurden, geschont werden sollten ... Kriegsschiffe dürften im Sperrgebiet – wie bisher – nicht angegriffen werden, es sei denn, daß sie einwandfrei als feindliche Schiffe vom Kreuzer aufwärts[17] festgestellt oder mit Sicherheit als angreifend erkannt seien."

Am 25. 7.[18] wiederholte Hitler, er möchte vermeiden, daß die „USA während

12 Aufz. über die Besprechung Hitler=Raeder, 21. 6. 1941 (in: Lagevorträge des Ob. d. M.).
13 Im Original unterstrichen.
14 Die Möglichkeiten, die öffentliche Meinung in den USA in seinem Sinne zu beeinflussen, schätzte Hitler in dieser Zeit bereits als sehr gering ein. Immerhin unternahm er noch einen Versuch, und zwar durch den Empfang des ehemaligen amerikanischen Botschafters in Brüssel Cudahy, der als Isolationist bekannt war, am 23. 5. 1941 auf dem Berghof (ADAP D XII, Dok. 542, S. 854 ff.) und die Genehmigung zur Veröffentlichung des Gesprächsinhalts in der Zeitschrift „Life" am 29. 5. 1941.
15 Im Original unterstrichen.
16 Aufz. über die Besprechung Hitler=Raeder, 9. 7. 1941 (in: Lagevorträge des Ob. d. M.).
17 Eine Unterscheidung bei den Zerstörern war praktisch nicht möglich, da die 50 von den USA an Großbritannien abgetretenen Zerstörer mit denen der gleichen Klasse der US-Marine verwechselt werden konnten.
18 Aufz. über die Besprechung Hitler=Raeder, 25. 7. 1941 (in: Lagevorträge des Ob. d. M.).

des Ostfeldzuges den Krieg erklärten, auch mit Rücksicht auf (die) schwer=kämpfende Armee. (Er) werde aber nie (einen) U=Bootkommandanten, der versehentlich (ein) USA=Schiff torpediere, zur Rechenschaft ziehen". Nach Ver=kündigung des Schießbefehls durch Roosevelt (11. 9.)[18a] beantragten Raeder und Dönitz die Aufhebung der einschränkenden Befehle für die deutsche Seekrieg=führung; jedoch „bat" Hitler am 17. 9.[19] nach „eingehender Darlegung der Gesamtlage (Ende September große Entscheidung im Rußlandfeldzug)[20]" Rae=der und Dönitz „dahin zu wirken, daß bis etwa Mitte Oktober keine Zwischen=fälle im Handelskrieg sich ereignen". Es blieb daher bei den stark einschrän=kenden Befehlen bis nach dem japanischen Überfall auf Pearl Harbor. Die Unterordnung der deutschen Seekriegführung unter Hitlers Gesamtkriegsplan kam damit klar zum Ausdruck.

Somit wurden die Möglichkeiten der Seekriegführung während der Zeit der „Barbarossa"=Unternehmung noch über die sich aus der verstärkten britischen Abwehr ergebende Notwendigkeit zu Ausweichmaßnahmen der U=Boot=Krieg=führung hinaus weitgehend begrenzt. Der Kampf der deutschen Überwasser=streitkräfte gegen die britischen Zufuhren kam — mit Ausnahme der Tätigkeit der Hilfskreuzer auf den Weltmeeren — sogar vollständig zum Erliegen. Aller=dings bildeten die beiden Schlachtschiffe „Scharnhorst" und „Gneisenau", die nach ihrer erfolgreichen Atlantikunternehmung im Februar/März am 23. 3. in Brest eingelaufen waren[21], — trotz verschiedentlicher Treffer bei britischen Luftangriffen ohne entscheidenden Erfolg — eine latente Bedrohung der briti=schen Zufahrtswege im Atlantik. Zu den Schlachtschiffen stieß am 1. 6. noch der Schwere Kreuzer „Prinz Eugen", der nach seiner Entlassung aus der Beglei=tung der „Bismarck" nach Brest durchgebrochen war[22]. In immer erneuten Angriffen versuchte daher die britische Luftwaffe, die „Brest=Gruppe" kampf=unfähig zu machen[23]. Bis zu dem von Hitler befohlenen Rückzug durch den Kanal am 12./13 2. 1942[24] banden jedoch die schweren deutschen Schiffe in dem westfranzösischen Atlantikhafen erhebliche britische See= und Luftstreit=kräfte.

18a Seit Mitte September 1941 geleiteten amerikanische Kriegsschiffe die schnellen britischen (HX=) Konvois vom Seegebiet südlich Neufundland bis etwa 22 ° West (Raum südlich Island).

19 Aufz. über die Besprechung Hitler=Raeder, 17. 9. 1941 (in: Lagevorträge des Ob. d. M.).

20 Gemeint war offensichtlich der erwartete Abschluß der „Kesselschlacht von Kiew" und das Antreten der Heeresgruppe Mitte zur Offensive in Richtung auf Moskau. Die Angabe „Mitte Oktober" deutet darauf hin, daß Hitler bis zu diesem Zeitpunkt die Entscheidung des Ostfeldzuges erwartete. Vgl. hierzu auch unten S. 550.

21 Bidlingmaier, S. 184.

22 Ebda., S. 226.

23 Einzelheiten zu den Angriffen gegen die „Brest=Gruppe" bei Roskill, vol. I, S. 486 ff.

24 Über die Gründe dieses strategischen Rückzuges vgl. KTB OKW, Bd. II, Ein=führung S. 155 ff.; G. Bidlingmaier: Unternehmen „Cerberus" — der Kanal=durchbruch, in: Marine=Rundschau 1962, S. 19 ff.

Für eine kurze Zeit schien es im Frühjahr 1941, als öffneten sich neue große Möglichkeiten für die deutsche Seekriegführung. Die fast schon aufgegebene Hoffnung der Seekriegsleitung auf Gewinnung von Stützpunkten in Westafrika schien ihre späte Erfüllung zu finden[25]. Seit Ende Februar, verstärkt seit den deutschen Erfolgen auf dem Balkan und in Nordafrika im April, bemühte sich eine Gruppe von Ministern der Vichy-Regierung um eine Wiederbelebung der „Collaboration". Exponent dieses zweiten großen Versuchs, als Juniorpartner an die Seite des vermeintlichen „Siegers" zu treten, war Admiral Darlan, seit 8. 2. stellvertretender Ministerpräsident und seit 25. 2. zugleich Außenminister[26]. Die Bedeutung, die Syrien für die Unterstützung des Aufstandes im Irak für Deutschland gewann[27], führte Hitler, der sich zunächst den französischen Sondierungen verschlossen hatte, schließlich dazu, über das OKW Militärbesprechungen mit der Vichy-Regierung einzuleiten[28] und Darlan zu einem Besuch auf dem Berghof einzuladen. Hitler selbst sprach sich bei diesem Treffen am 11. 5.[29] für den Grundsatz des „do ut des" als Basis einer begrenzten Zusammenarbeit[30] aus, ohne dabei die Folgerungen vorauszusehen, die die französische Regierung aus diesem Prinzip zog. Das Ergebnis der am 21. 5. eingeleiteten Verhandlungen zwischen dem Vertreter des OKW, Generalmajor Warlimont, und dem französischen Verteidigungsminister, General Huntziger,

25 Die Seekriegsleitung setzte sich von Herbst 1940 bis November 1942 in immer neuen Vorstößen bei Hitler für eine deutsch-französische Zusammenarbeit in der Seekriegführung ein. Vgl. die von K. Assmann 1944 verfaßte Darstellung auf Grund der Akten des OKM: „Die Bemühungen der Skl. um ein deutsch-französisches Zusammengehen gegen England und die Behauptung des französischen Kolonialreichs in Afrika" (Bundesarchiv — Militärarchiv Koblenz, OKM Kr 114 Chef — Z.g.Kdos.).

26 Eingehend zu diesem zweiten (zugleich letzten) großen „Collaborations"-Versuch, dem politisches Gewicht beizumessen ist, Jäckel S. 222 ff.

27 Vgl. unten S. 476 ff.

28 Zum Ergebnis der am 6. und 7. 5. 1941 in Paris geführten Gespräche, die sich vor allem auf die Freigabe der in Syrien stockierten Waffen für den Irak bezogen; ADAP D XII, Dok. 475: Aufz. über die Verhandlungen zwischen Darlan, Finanzminister Bouthillier, Botschafter Abetz, General Vogl und dem Gesandten Hemmen, 8. 5. 1941, S. 740 ff.; Jäckel, S. 230 ff.

29 ADAP D XII, Dok. 490: Aufz. über die Unterredung Ribbentrop-Darlan, 11. 5. 1941, S. 755 ff.; Dok. 491: Aufz. über die Unterredung Hitler-Darlan, 11. 5. 1941, S. 763 ff.; Jäckel, S. 234 ff. — Zur Einladung an Darlan hatte sich Hitler am 26. 4. entschieden; sie wurde jedoch erst am 3. 5. durch Abetz übermittelt.

30 Im auffälligen Gegensatz zu der nüchtern-geschäftsmäßigen Grundtendenz der Ausführungen Hitlers standen die Darlegungen Ribbentrops gegenüber Darlan am folgenden Tage (ADAP D XII, Dok. 499: Aufz. über die Unterredung Ribbentrop-Darlan, 12. 5. 1941, S. 781 ff.). Ribbentrop erklärte „plötzlich, Frankreich müsse optieren, und zwar sofort, und die Option laute: Krieg gegen England". — Jäckel (S. 237) vermutet, daß Ribbentrop „vielleicht" „den großen Krieg mit England provozieren (wollte), um doch noch den Ostfeldzug ... zu vermeiden". Ribbentrops Haltung gegenüber Darlan würde damit der Tendenz seines Verhaltens hinsichtlich der Irak-Hilfe entsprechen (vgl. dazu unten S. 476, Anm. 19).

waren die sog. „Pariser Protokolle“ vom 27./28. 5.[31], die – neben der Bestätigung der bereits seit dem 6. 5. laufenden Unterstützung des Irak von Syrien aus – der deutschen Seite zwei große Vorteile in Aussicht stellten: die Benutzung des Hafens von Bizerta als Nachschubbasis für das „Deutsche Afrika-Korps“[32] und die Überlassung von Dakar als Versorgungsstützpunkt für deutsche U-Boote und Handelsschiffe ab 15. 7., später auch für deutsche Überwasserstreitkräfte und als Flugbasis[33]. Darlan, der die Schlußverhandlungen selbst führte, erklärte sich allerdings nur zur Vertragsunterzeichnung bereit, nachdem von deutscher Seite zugestanden worden war, daß in einem Zusatzprotokoll[34] vereinbart würde, die „Pariser Protokolle“ erst in Kraft zu setzen, wenn die deutsche Seite politische und wirtschaftliche Zugeständnisse bewilligte, die der französischen Regierung das mit der Realisierung der Vereinbarung verbundene Risiko eines Krieges mit Großbritannien, später vielleicht sogar mit den USA, vertretbar erscheinen ließen.

Da General Weygand, der Generalresident für Französisch-Nord- und -Westafrika, am 2. 6. bei der Kabinettsberatung in Vichy die Verwirklichung der Vereinbarungen über Tunesien und Dakar strikt ablehnte, solange er die Verantwortung für den wichtigsten Teil des französischen Kolonialreiches trage[35], und Marschall Pétain – wie bei dem ersten Versuch der „Collabaration“ im Herbst 1940 – nicht zuletzt auch auf Grund von Vorstellungen des amerikanischen Botschafters in Vichy, Admiral Leahy, und unter dem Eindruck einer persönlichen Botschaft Roosevelts[36] vor den Konsequenzen eines Zusammengehens mit dem „Sieger“ zurückschreckte, ließ die französische Regierung Botschafter Abetz in Paris am 7. 6. einen Katalog von Forderungen als Bedingung für das Inkrafttreten des Vertragswerks zugehen, die auf eine Vorwegnahme eines deutsch-französischen Friedensvertrages hinausliefen[37]. In einer weiteren

31 ADAP D XII, Dok. 559: „Pariser Protokolle“ vom 27. u. 28. 5. 1941, S. 892 ff.; Jäckel, S. 239 ff.; Warlimont, S. 139 f.

32 Es war geplant, den Nachschub mit französischen Schiffen von Südfrankreich nach Bizerta und Gabès und dann mit Bahn- und im LKW-Transport zur tripolitanischen Grenze zu leiten.

33 Auch die schon im Dezember 1940 vereinbarte französische Operation zur Rückgewinnung Französisch-Äquatorialafrikas war in den „Pariser Protokollen“ erneut vorgesehen. – Etwa zur gleichen Zeit versammelte der gaullistische General Larminat in Kamerun Kräfte, die nach der Elfenbeinküste, Dahomey, Togo und Französisch-Niger vorstoßen sollten (de Gaulle, S. 166). Es kam jedoch weder zu der einen noch zu der anderen Operation, vielmehr blieb der status quo in Französisch-West- und -Nordafrika bis zur alliierten Landung am 7./8. 11. 1942 unverändert.

34 ADAP D XII, Dok. 559, S. 900.

35 Weygand: Mémoires, Bd. III, S. 428 ff.

36 Bereits am 12. 5. hatte Pétain Botschafter Leahy versichert, daß Frankreich keine „freiwillige militärische Hilfe“ für Deutschland leisten werde (über Leahys Unterredungen mit Pétain in dieser Zeit vgl. Foreign Relations, vol. II/1941, S. 160 ff.; Woodward, S. 105 f.).

37 Jäckel, S. 249 ff. (die Form der Übermittlung der französischen Forderungen ist nicht eindeutig zu klären: Jäckel, S. 250). – Hitler zeigte sich daher wie auch

französischen Note vom 14. 7. wurde die Forderung nach Umwandlung des Waffenstillstandsvertrages in einen Präliminarfrieden offen ausgesprochen[38]. Eine Erfüllung dieser Forderungen hätte — dies mußte auch die Vichy=Regierung wissen, so daß ihr Katalog nur eine verhüllte Absage darstellte — den Prinzipien von Hitlers Frankreich=Politik völlig widersprochen. Daher war die Ablehnung selbstverständlich. Damit wurden zugleich auch alle Vereinbarungen der „Pariser Protokolle" hinfällig. Hitler nahm dies in der Überzeugung hin, nach dem Abschluß von „Barbarossa" auch ohne deutsche Zugeständnisse an die Vichy=Regierung in Nordwestafrika zum Ziele zu kommen[39].

Ob eine Verwirklichung der Dakar=Pläne angesichts der Haltung Weygands und der mit Sicherheit zu erwartenden britischen Gegenzüge überhaupt möglich gewesen wäre, muß bezweifelt werden. Insofern kann man auch in diesem Falle kaum von einer „Chance" sprechen, die Hitler vorübergehen ließ. Nicht zu bezweifeln ist dagegen, daß Dakar für die deutsche Seekriegführung gerade in dieser Zeit große Bedeutung gehabt hätte, da, wie die erste Entsendung von U=Booten in das Seegebiet vor Freetown im Frühjahr 1941 gezeigt hatte[40], hier wesentlich größere Erfolgsmöglichkeiten für den U=Boot=Krieg lagen als im Bereich der stark bewachten Nordatlantik=Routen.

Die Möglichkeiten zur Verbesserung der Ausgangsbasis für die deutsche Seekriegführung waren bei den gegebenen Machtverhältnissen im Atlantik außerordentlich beschränkt. Über die Aussichtslosigkeit eines Versuchs, Island in Besitz zu nehmen und zu halten, war sich die deutsche Seekriegsleitung schon im Frühjahr 1940 klargeworden[41]. Nahe lag der Gedanke, die irische Insel als Basis für den See= und Luftkrieg gegen Großbritannien zu gewinnen. Jedoch sprachen gegen eine Eroberung Irlands ähnliche, wenn nicht noch schwerer wiegende Gründe als im Falle Islands. Daher entsprach es nur einer Konsequenz aus dieser Einsicht, daß Ribbentrop nach dem Zusammenbruch Frankreichs der Regierung de Valera am 11. 7. hatte versichern lassen, „daß wir im Verhältnis zu Irland ausschließlich das eine Interesse haben, daß seine Neutralität erhalten bleibt. Solange sich Irland neutral verhält, kann es mit absoluter Sicherheit darauf rechnen, daß Deutschland seine Neutralität unbedingt respek=

unter dem Eindruck der Argumentation Ribbentrops hinsichtlich eines Entgegenkommens (Jäckel, S. 247 f.) am 9. 7. in der Besprechung mit Raeder „gegenüber Frankreich sehr mißtrauisch und (hielt) die Gegenforderungen Frankreichs für übertrieben", während Raeder wiederholt die „kriegsentscheidende Bedeutung des festen Besitzes von Nordwestafrika gegenüber der voraussichtlichen Planung (der) USA und Englands, Frankreich von dort zu verdrängen", betonte (Aufz. Raeders über die Besprechung mit Hitler am 9. 7. 1941, in: Lagevorträge des Ob. d. M.).

38 Jäckel, S. 252 ff.

39 Vgl. hierzu oben S. 443.

40 Ende Februar 1941: Entsendung der ersten drei U=Boote in das Seegebiet vor Freetown (Rohwer: U=Boot=Krieg, S. 335).

41 Vgl. oben S. 50.

tieren wird"[42]. Auf seiten der irischen Regierung bestanden gewisse Befürchtungen, daß Hitler bei seinen Bemühungen, mit Großbritannien zu einem „Ausgleich" zu kommen, Irland „preisgeben" könnte[43]. Andererseits hoffte die irische Regierung, wie der deutsche Gesandte in Dublin aus Andeutungen des Staatssekretärs sowie des Unterstaatssekretärs im irischen Außenministerium entnahm, auf ein deutsches Interesse an der „Wahrung und Vollendung (eines) völlig selbständigen" Irland[44], also an der Vereinigung des irischen Freistaates mit dem zu Großbritannien gehörenden Nordirland[45], obwohl die irische Regierung am 7. 7. offiziell erklärt hatte, sie wolle „unter keinen Umständen die Neutralität aufgeben, auch nicht gegen die Rückgewinnung Nordirlands"[46].
Der Besitz der Häfen und Flugplätze der Republik Irland wäre in der Situation des Herbstes 1940 für Großbritannien vielleicht noch wertvoller gewesen als für die deutsche See- und Luftkriegführung, hätte von hier aus doch die britische Abwehr in der „Schlacht im Atlantik" viel leichter geführt werden können. Die britische Regierung, die sich mit Rücksicht auf die Wahlkampfsituation in den USA, in denen der Bevölkerungsteil mit irischer Abkunft bei der Stimmabgabe eine wichtige Rolle spielte, bis zur Wiederwahl Roosevelts in dieser Frage völlig zurückhielt[47], bemühte sich unmittelbar danach um die

42 ADAP D X, Dok. 149: Ribbentrop an die dt. Gesandtschaft in Dublin, 11.7.1940, S. 152. — Die Erklärung Ribbentrops besagte für ihn nichts Selbstverständliches, hatte er doch am 28. 3. 1940 dem Sonderreferenten im AA Veesenmayer den Auftrag erteilt, die Frage eines irischen Aufstandes gegen Großbritannien im Auswärtigen Amt zu „bearbeiten" (ADAP D IX, Dok. 18: Aufz. Woermanns, 28. 3. 1940, S. 28 f.). Nach dem deutschen Angriff gegen die Niederlande und Belgien verschlechterte sich die Stimmung in Irland gegen Deutschland in einem solchen Maße, daß der deutsche Gesandte in Dublin Hempel am 23. 5. 1940 vor jeder deutschen Aktion in Irland warnte, bevor eine britische Angriffsmaßnahme den Iren eine solche Hilfe wünschenswert erscheinen lasse (ebda., S. 345 ff.). De Valera, der die politische „Linie freundschaftlicher Verständigung mit England" bei korrekter Neutralität fortsetze, sei die einzige politische Potenz im Lande, während von einer antibritischen nationalistischen Bewegung, gerade auch nach dem deutschen Vorgehen im Westen (d. h. gegen die neutralen Länder Holland, Belgien und Luxemburg), keine Rede sein könne. Vermutlich könne nur eine deutsche öffentliche Erklärung über eine anzustrebende „Befreiung Nordirlands", „an der (aber) an sich m. E. deutsches Interesse nicht vorliegt", einer solchen, bisher allerdings kaum in Erscheinung getretenen „Bewegung" „starken Auftrieb" geben (ebda., S. 346).

43 ADAP D X, Dok. 266: Der dt. Gesandte in Dublin an das AA, 31. 7. 1940, S. 310 f.

44 Ebda., S. 311.

45 Vgl. Anm. 3, S. 536. — Die deutschen Abwehrdienste „setzten" anfangs auf die sog. „Irisch-Republikanische Armee" (IRA), die die Vereinigung der Irischen Republik mit Nordirland durch Terror erreichen zu wollen vorgab, jedoch ihren Kampf mehr gegen die gemäßigte Regierung de Valera als gegen die Briten richtete (zusammenfassend über die Tätigkeit der deutschen V-Leute in Irland Michaelis, S. 108).

46 KTB der Skl., Teil A, 7. 7. 1940.

47 Im Hinblick auf den amerikanischen Wahlkampf schien jede britische „Anregung" hinsichtlich einer amerikanischen Unterstützung der britischen Forderungen in Dublin vor dem 5. 11. 1940 zwecklos.

Vermittlerdienste der amerikanischen Regierung, von deren Unterstützung der britischen Wünsche nach Überlassung von See= und Luftbasen in Südirland sie sich ein Einlenken de Valeras, d. h. eine Aufgabe der korrekten irischen Neu=tralität, erhoffte[48].

Einen deutlichen Hinweis auf das britische Interesse an den irischen Häfen und Flugplätzen enthielt bereits Churchills Unterhausrede vom 5. 11.[49], die zur Beunruhigung bei der irischen Regierung führte[50]. Bei der deutschen Wehr=machtführung herrschte daher Mitte November 1940 der Eindruck, daß ein britisches Vorgehen gegen Irland bevorstehe[51], so daß sich die Frage erhob, ob und gegebenenfalls wie hierauf zu reagieren sei[52]. In seinem Lagevortrag vor Hitler am 3. 12. führte Großadmiral Raeder aus[53], daß „die Entsendung eines Expeditionskorps und die Besetzung der irischen Insel angesichts der überlegenen feindlichen Seemacht, der ungünstigen geographischen Gegeben=heiten und der Unmöglichkeit der Zuführung von Nachschub" nicht durch=führbar sei. „Möglich werde es sein, in den Wintermonaten einzelne Blockade=brecher mit Waffen und Munition in irische Häfen und Buchten zu bringen, solange noch keine Feindseligkeiten zwischen England und Irland bestünden und sofern die Iren mitwirkten". Hitler, der erstmals überhaupt zu diesem Problem Stellung nahm, entschied, zunächst durch den deutschen Gesandten in Dublin feststellen zu lassen, ob de Valera wirklich deutsche Unterstützung wünsche. „Für die Luftwaffe sei Irland als Basis für Angriffe auf die Häfen Nordwest=Englands wichtig. Der Besitz Irlands könne kriegsbeendigend wirken[54]."

Am 31. 12. teilte Jodl dem Luftwaffenführungsstab in einem Zwischenbescheid

48 Butler: Grand Strategy, vol. II, S. 418: Gespräche Lord Lothians mit den britischen Stabschefs am 8. 11. 1940, drei Tage nach der Wiederwahl Roosevelts. Lothian sollte bei nächster Gelegenheit u. a. gegenüber Vertretern der amerika=nischen Regierung die Frage der Errichtung britischer Stützpunkte in Irland zur Sprache bringen („our urgent need of naval and air bases in Ireland"). — KTB OKW, Bd. I, S. 184 (21. 11. 1940): „de Valera steht allen englischen oder kana=dischen Forderungen ablehnend gegenüber."

49 Parlamentary Debates, Fifth Series, H. of C., vol. 365, col. 1243.

50 ADAP D XI, Dok. 300: Der dt. Gesandte in Dublin an das AA, 7. 11. 1940, S. 493 f. — Am 8. 11. 1940 lehnte de Valera das britische Ansuchen offiziell ab.

51 KTB OKW, Bd. I, S. 189 (15. 11. 1940): „England scheint erheblichen Coup gegen Irland zu planen." Vgl. auch KTB Halder, Bd. II, S. 192 (14. 11. 1940).

52 Bis zum 19. 11. 1940 war, wie Jodl gegenüber Warlimont feststellte, von Hitler noch niemals die Frage behandelt worden, wie Deutschland sich bei einem britischen „Zugriff" gegen Irland verhalten sollte (KTB OKW, Bd. I, S. 178). ADAP D XI, Dok. 407: Ribbentrop an den dt. Gesandten in Irland, 26. 11. 1940, S. 718 f.

53 KTB OKW, Bd. I, S. 197 f.; Aufz. über die Unterredung Hitler=Raeder, 3. 12. 1940, in: Lagevorträge des Ob. d. M.; „Betrachtungen zur Frage der Unterstützung Irlands gegen England", Denkschrift der Skl. für die Besprechung Hitler=Raeder vom 3. 12. 1940 (ebda.); vgl. auch ADAP D XI, Dok. 416: Aufz. Botschafter Ritters vom 28. 11. 1940 über eine Unterredung Hitlers mit Ribbentrop vom 26. 11. 1940 und über die begrenzten deutschen militärischen Möglichkeiten: S. 227 f.

54 KTB OKW, Bd. I, S. 197 f.

mit, daß die Luftwaffe „bei englischen Unternehmungen gegen Irland englische Schiffe in irischen Häfen und englische Truppen auf irischem Boden unter möglichster Schonung irischer Städte angreifen könne"[55]. Die Sondierung des deutschen Gesandten Hempel bei de Valera am 11. 3. ergab indessen[56], daß der irische Ministerpräsident seinerseits bisher keinerlei Anzeichen für eine britische Operation gegen Irland festgestellt hatte und daher einer Erörterung der Frage, welche vorbereitenden Maßnahmen für eine deutsche Unterstützung im Falle eines britischen Angriffs jetzt schon eingeleitet werden sollten, auswich. Waffenlieferungen lehnte er als zu gefährlich ab. Der Gesandte gewann immerhin den Eindruck, daß de Valera die deutschen Vorschläge nicht vollkommen ablehnte, jedoch vorerst eine klare Stellungnahme angesichts der noch völlig offenen Situation vermeiden wollte. Da die Voraussetzungen für deutsche vorbereitende Maßnahmen somit zumindest für die nächste Zeit nicht gegeben waren, trat das Problem eines deutschen Eingreifens in eine britisch-irische Auseinandersetzung bei der deutschen Wehrmachtführung wieder in den Hintergrund[57], zumal das Gros der deutschen Luftwaffenverbände im Mai 1941 aus dem Westen zum Unternehmen „Barbarossa" abgezogen wurde.

Während „der Schwerpunkt des Einsatzes der Kriegsmarine" — unbeschadet aller Einschränkungen, die sich aus dem Gesamtkriegsplan Hitlers mit Blick auf die USA ergaben —[58] „auch während eines Ostfeldzuges eindeutig gegen England gerichtet" bleiben sollte, wie Hitler bereits in der „Weisung Nr 21" vom 18. 12. 1940[59] festgestellt hatte, bedeuteten Vorbereitung und Durchführung der „Barbarossa"-Operation für die Luftwaffe eine frühzeitige Umstellung auf die neue Hauptaufgabe. Schon während des Winters 1940/41 wurde daher der strategische Luftkrieg gegen England, von dem Hitler ohnehin keinen durchschlagenden Erfolg mehr erwartete[60], erheblich eingeschränkt[61]. Nach

55 KTB OKW, Bd. I, S. 244.

56 Aufforderung Ribbentrops hierzu am 24. 2. 1941: ADAP D XII, Dok. 79, S. 152 f.; Bericht Hempels über seine Unterredung mit de Valera, 11. 3. 1941: ADAP D XII, Dok. 150, S. 270 f.

57 Als Möglichkeiten einer deutschen Unterstützung Irlands waren, wie Botschafter Ritter am 13. 3. 1941 auf Grund eines Schreibens Warlimonts zusammenfaßte, außer einer Konzentration deutscher U-Boote vor irischen Häfen und Waffenlieferungen (aus britischer Beute) nur Luftangriffe in Betracht gekommen (ADAP D XII, Dok. 164: Aufz. Botschafter Ritters, 13. 3. 1941, S. 290).

58 Vgl. oben S. 448 ff.

59 Hubatsch: Hitlers Weisungen, S. 84.

60 Am 4. 11. 1940 hatte Hitler zum erstenmal auf Grund britischer und anderer ausländischer Nachrichten die Erfolgsmeldungen und Abschußzahlen der deutschen Luftwaffe bezweifelt, als Göring darüber vortrug (Tagebuch Engel, 4. 11. 1940). Damit begann der allmähliche — durch die Erfolge der Luftwaffe im Osten 1941/42 vorübergehend aufgehaltene — Prestigeschwund Görings bei Hitler.

61 Für die Schlußphase vgl. auch den Befehl des Ob. d. L. vom 1. 2. 1941, der die Zielgebiete in Großbritannien im wesentlichen auf Hafenanlagen beschränkte, in: KTB OKW, Bd. I, S. 1000 f. Am 25. 3. untersagte Hitler ausdrücklich Luft-

einem letzten Großangriff auf London mit über 500 Kampfflugzeugen in der Nacht vom 10./11. 5.[62] wurden Mitte Mai die meisten Geschwader der Luftwaffe nach dem Osten verlegt. Die verbleibenden schwachen Verbände wurden am 22. 5. dem Chef der Luftflotte 3, Generalfeldmarschall Sperrle, unterstellt. Sie reichten, abgesehen von dem nur unzulänglich zu verwirklichenden Schutz der besetzten Westgebiete, lediglich noch zu gelegentlichen Störangriffen gegen den Süden der britischen Insel aus. Im Westen befanden sich am 22. 6. 1941 nur noch 20 Prozent aller deutschen Luftstreitkräfte, während 61 % an der neuen Ostfront eingesetzt waren und 11 % im Mittelmeerraum, 3 % in Norwegen und 5 % für die Abwehr der britischen Luftoffensive gegen das Reichsgebiet[63] verblieben[64]. Geplant war, unmittelbar nach Beendigung des Unternehmens „Barbarossa" die Masse der Luftwaffenverbände zunächst in den Mittelmeerraum zur Unterstützung der weit ausgreifenden Operationen gegen die britische Nahostposition zu verlegen[65], dann aber auch die „Belagerung Englands" möglichst bald „wieder in vollem Maße" aufzunehmen[66].

2. Die Sicherung der Küstenverteidigung im Westen und der Aufbau eines strategischen Vorfeldes in Südosteuropa und in Nordafrika

Alle militärischen Maßnahmen Hitlers im Westen, auf dem Balkan und im Mittelmeerraum in der ersten Jahreshälfte 1941 müssen unter dem einen großen Gesichtspunkt gesehen werden, daß sie für die Zeit des „Barbarossa"-Unternehmens die Behauptung der 1940 gewonnenen kontinentaleuropäischen Bastion ermöglichen sollten. Sie waren im Blick auf diese nächste Phase des Gesamtkriegsplans selbst dort strategisch defensiv gedacht, wo es sich wie beim Balkanfeldzug oder beim Vorstoß in Nordafrika um Angriffsoperationen handelte[1]. Allerdings sollten mit ihnen zugleich auch Voraussetzungen für ein

angriffe auf London „zunächst" für die Zeit des Besuches von Matsuoka in Berlin (KTB OKW, Bd. I, S. 368). In der Nacht vom 16./17. 4. fand dann erstmals wieder ein schwerer Luftangriff auf London mit 666 Flugzeugen statt (KTB OKW, Bd. I, S. 381).

62 Es war der letzte Großangriff auf London für 3 Jahre. Er forderte 1 212 Tote und 1 762 Schwerverletzte. Getroffen wurden u. a. das Parlamentsgebäude und St. Paul's Cathedrale.

63 Die Luftwaffenkräfte im Reichsgebiet wurden am 24. 3. 1941 unter einem „Befehlshaber Mitte" (Generaloberst Weise) zusammengefaßt.

64 Klee: Luftschlacht, S. 83. D. h. es befanden sich zu diesem Zeitpunkt rd. 2 000 deutsche Flugzeuge (aller Typen) im Osten, 700 im Westen. Am 5. 7. 1941 waren eingesetzt: im Osten 1 888, im Westen 551, im Reichsgebiet 280, in Norwegen 87 und im Südosten (vor allem auf Kreta) 288 Flugzeuge (Einzelheiten in: Dokumentation der Stärke der deutschen Luftwaffe am 5. 7. 1941, 3. 1. 1942 und 31. 5. 1943, in: Wehrwissenschaftliche Rundschau 1961, S. 641 ff.).

65 Vgl. die Darstellung oben S. 378 ff.

66 Entwurf zur „Weisung Nr. 32" vom 11. 6. 1941, in: Hubatsch: Hitlers Weisungen, S. 132.

1 Über die Problematik der Koordinierung der Einzelmaßnahmen im Rahmen der strategischen Defensive im Mittelmeerraum vgl. auch die Bemerkungen S. 345.

späteres offensives Ausgreifen – nach Südosten gegen die britische Nahost=position, nach Südwesten zum Aufbau einer deutschen Stellung in Nordwest=afrika gegen Großbritannien und die USA – geschaffen werden. Trotz allen Versuchungen, Schwächemomente des britischen Gegners auszunutzen und vor=zeitig in Räume vorzudringen, die – anscheinend oder scheinbar – im raschen Zugriff mit wenigen deutschen Kräften erobert werden konnten, wahrte Hitler die Vorrangigkeit seines „Barbarossa"=Plans, vor allem auch gegenüber ver=lockend erscheinenden Aussichten bei Vorstößen gegen die britische Stellung in Vorderasien.

Die Sicherung der deutsch=besetzten Gebiete in Westeuropa während der „Bar=barossa"=Zeit wurde durch zwei OKW=Rahmenbefehle geregelt. Die zuerst, am 1. 3. 1941, erlassene Weisung legte die „einheitliche Befehlsführung bei Abwehrkampfhandlungen im Küstengebiet im Westen" unter dem für Frank=reich und Belgien verantwortlichen „Oberbefehlshaber West", Generalfeld=marschall v. Witzleben, und dem Wehrmachtbefehlshaber in den Niederlanden, General Christiansen, fest[2], während die am 26. 3. 1941 herausgegebene „Kampfanweisung für die Verteidigung Norwegens" Verstärkungen für das nach Hitlers Auffassung auch durch größere britische Landungsunternehmen bedrohte norwegische Küstengebiet, vor allem für die Polarküste und den Raum um Narvik, vorsah[3]. Nach Ansicht des Chefs des Generalstabes des Heeres ging namentlich im zweiten Falle die Abzweigung von Kräften für die Verteidigung der Küstenfront vom Nordkap bis zur Biscaya weit über das notwendige Maß hinaus[4]. Von den insgesamt vorhandenen 209 Divisionen des

2 Wortlaut der OKW=Weisung vom 1. 3. 1941 in: KTB OKW, Bd. I, S. 1005 f.; ergänzender OKW=Befehl für die Verteidigung der Niederlande vom 17. 4. 1941 ebda., S. 1014 f.; zur Vorgeschichte der Weisung vom 1. 3. vgl. KTB OKW, Bd. I, S. 326 (15. 2. 1941). Bezeichnend für Hitler war, daß er besonderen Wert auf die verstärkte Sicherung der – seit dem 30. 6. 1940 besetzten – britischen Kanalinseln legte, die er, da sie das einzige britische Gebiet waren, das deutsche Truppen erobert hatten, den ganzen Krieg über für besonders gefährdet hielt. Auch am Tage nach dem Angriffsbeginn im Osten (23. 6. 1941) beschäftigte sich Hitler mit der Verstärkung der Besatzungen auf den Kanalinseln (KTB OKW, Bd. I, S. 409; vgl. auch ebda., S. 423: 29. 6. 1941); ferner für die folgende Zeit ähnliche Befehle in „Weisung Nr. 33" vom 19. 7. 1941 (Hubatsch: Hitlers Wei=sungen, S. 142) und im Einzelbefehl vom 20. 10. 1941 (Warlimont, S. 211 f.). – Ein britischer Angriff auf die Kanalinseln fand indessen bis zur deutschen Kapi=tulation nicht statt. – Hitler beabsichtigte, die Kanalinseln nach Kriegsende „zu behalten", wie er Raeder gegenüber am 22. 8. 1941 erklärte: „Am liebsten" würde er sie „als militärische Stützpunkte" ausbauen – offensichtlich im Hin=blick auf einen – bei planmäßigem Ausgang dieses Krieges – auch von der Seekriegsleitung für später erwarteten neuen großen Krieg gegen die USA oder die beiden angelsächsischen Mächte (Lagevorträge des Ob. d. M.).

3 „Kampfanweisung für die Verteidigung Norwegens" vom 26. 3. 1941, in: KTB OKW, Bd. I, S. 1007 ff.; ferner der erste Teil der „Weisung an den Wehrmacht=befehlshaber in Norwegen über seine Aufgaben im Fall ‚Barbarossa'" vom 7. 4. 1941, ebda., S. 1012 ff.

4 KTB Halder, Bd. II, S. 313 (15. 3. 1941). Es ist jedoch zu berücksichtigen, daß sich unter den 55 Divisionen, die nicht an „Barbarossa" teilnahmen, nur 23 für Groß=operationen voll einsatzfähige Divisionen befanden.

deutschen Feldheeres übernahmen – um nur diese wenigen Zahlen zu nennen – 8 den Schutz Norwegens gegen einen eventuellen britischen Landungsversuch; 38 befanden sich zur Zeit des Angriffsbeginns am 22. 6. 1941 im Westen (Niederlande, Belgien, Frankreich), 2 in Nordafrika, 7 in Südosteuropa, 1 im Reichsgebiet, während 153 Divisionen (= 75% des Feldheeres) an der Operation „Barbarossa" teilnahmen[5].

In der Zahl der 38 Divisionen im Westen war allerdings auch eine Gruppe von etwa 8 Divisionen enthalten, die im Raum um Bordeaux für eine Gegenaktion auf der Iberischen Halbinsel im Falle einer britischen Landung in Portugal zusammengehalten wurden. Am 28. 4. hatte Hitler den spanischen Botschafter in Berlin Espinosa de los Monteros darauf hingewiesen[6], daß Nachrichten über britische Angriffsabsichten gegen die Iberische Halbinsel (und zwar gegen die portugiesische Küste sowie von Gibraltar aus gegen Spanien) vorlägen. Da Hitler bei der unbestimmten Entgegnung Espinosas[7] seine Auffassung bestätigt sah, daß Spanien zur wirksamen Abwehr eines britischen Landungsverversuchs nicht in der Lage sei, befahl er sogleich die Bereitstellung einer deutschen Kräftegruppe in Südwestfrankreich. Eine OKW-Weisung vom 1. 5.[8] und ein OKH-Befehl vom 7. 5. 1941[9] bestimmten für den Fall einer britischen Landung in Portugal, daß in einem schnellen deutschen Gegenzug die Briten wieder vom Festland zu vertreiben und die wichtigsten spanischen und portugiesischen Atlantikhäfen zu besetzen seien (Unternehmen „Isabella"). „Bei Durchführung" dieser Operation – so hieß es darin – komme „es darauf an, aus dem besetzten südfranzösischen Bereich mit starken Kräften zunächst die Hochfläche von Altkastilien um Valladolid und Madrid zu erreichen, um von hier je nach Entwicklung der Lage entweder die wichtigsten Häfen an der portugiesischen Küste zu gewinnen oder an die spanische Südküste vorzustoßen; schnelle Teilkräfte (seien) sofort zur Besetzung der spanischen Nordküste von Vigo bis San Sebastian anzusetzen". Damit sollten zugleich günstige Voraussetzungen für

5 Zusammenstellung der deutschen Kräfte am 22. 6. 1941 bei Jacobsen: 1939/45, S. 39. Von den 36 Pz.- und mot. Divisionen wurden 34 für „Barbarossa" verwendet. – Eine zentrale deutsche Heeresreserve gab es also nicht.

6 ADAP D XII, Dok. 422: Aufz. über die Unterredung Hitler-Espinosa de los Monteros, 28. 4. 1941, S. 664 ff.; KTB OKW, Bd. I, S. 389 f.; KTB Halder, Bd. II, S. 388.

7 Am 1. 5. berichtete der deutsche Botschafter in Madrid von Stohrer, daß Serrano Suñer mit der Haltung Espinosas während der Unterredung mit Hitler unzufrieden war. Serrano fürchtete einen deutschen Einmarsch nach Spanien unter dem Vorwand, einer britischen Landung zuvorkommen zu müssen (ADAP D XII, S. 666, Anm. 3).

8 OKW-Weisung vom 1. 5. 1941, abgedruckt bei Jacobsen: 1939/45, S. 238 ff.

9 OKH-Befehl vom 7. 5. 1941 betr. „Isabella" in ADAP D XII, Dok. 469, S. 731 ff.; weitere Einzelheiten bei H.-G. Seraphim: „Felix" und „Isabella". Dokumente zu Hitlers Planungen betr. Spanien und Portugal aus den Jahren 1940/41, in: Die Welt als Geschichte 1955, S. 73 ff. – „Isabella" sollte ab 20. 6. 1941 nach einer Vorwarnfrist von 10 Tagen jederzeit möglich sein (KTB OKW, Bd. I, S. 413).

den – für die Zeit unmittelbar nach Abschluß von „Barbarossa“ vorgesehenen[10] – Angriff auf Gibraltar geschaffen werden[11].

Während es sich bei „Isabella“ um den Plan einer tatsächlich unter bestimmten Voraussetzungen in Aussicht genommenen Operation handelte (wobei wir die Frage, ob das Unternehmen mit den zur Verfügung stehenden Kräften Erfolgschancen gehabt hätte, hier unbeantwortet lassen können), sollten die unter den Decknamen „Haifisch“ und „Harpune“ laufenden Vorbereitungen im Bereich des Oberbefehlshabers West und des Wehrmachtbefehlshabers Norwegen nur ein Landungsunternehmen gegen Großbritannien von Nordfrankreich bzw. von Norwegen aus vortäuschen[12]. Sie waren ein wesentliches Glied in der Kette von Täuschungsmaßnahmen, die allesamt den Eindruck erwecken sollten, daß der große deutsche Schlag des Jahres 1941 nicht im Osten, sondern gegen die britische Insel geführt würde[13]. Das OKW hatte in den „Richtlinien für die Feindtäuschung“ vom 15. 2. 1941 festgelegt, daß die Verlegung starker deutscher Kräfte an die Ostgrenze als Ablenkungsmanöver für die geplante Invasion Großbritanniens hingestellt und die Bedeutung der „Nebenunternehmungen“ („Marita“, „Sonnenblume“, Entsendung des X. Fliegerkorps in den Mittelmeerraum) übertrieben werden sollten[14].

Als ein sehr wichtiger Beitrag zu den Vorbereitungen für den Ostfeldzug wie auch für die weiteren Pläne in der Zeit nach „Barbarossa“ muß der Balkanfeldzug vom April 1941 angesehen werden, dessen wechselvolle Vorgeschichte

10 Vgl. oben S. 378 f.

11 Am 25. 7. 1941 bestätigte Hitler gegenüber Raeder, daß er auch im Falle einer Besetzung portugiesischer oder spanischer Atlantik-Inseln die deutschen Truppen von Südwestfrankreich aus nach Spanien einmarschieren und anschließend „Panzer- und Infanteriedivisionen nach Nordafrika bringen“ lassen werde, „um dieses zu sichern“ (Aufz. Raeders über die Besprechung mit Hitler vom 25. 7. 1941, in: Lagevorträge des Ob. d. M.).

12 KTB Halder, Bd. II, S. 311 (14. 3. 1941). Vgl. auch den OKW-Befehl an den Wehrmachtbefehlshaber in den Niederlanden vom 26. 3. 1941, in dem als Täuschungsmaßnahme die „Vorbereitung einer völlig neuen Operation gegen England vorgesehen (war), die anfangs nur von schwächeren Kräften mit geringer Gefechtsstärke vorbereitet wird“ (ab Mitte April 1941) (KTB OKW, Bd. I, S. 1016). – Der Oberbefehlshaber West plante zusammen mit der Kriegsmarine auch noch einen Fall „Haifisch II“, bei dem es sich darum handelte, „bei plötzlichem politischem oder moralischem Zusammenbruch des englischen Volkes das Unternehmen ‚Haifisch‘ im abgekürzten Verfahren durchzuführen“ (KTB OKW, Bd. I, S. 415: 13. 6. 1941). – Ein OKW-Befehl vom 7. 8. 1941 ordnete die Einstellung der Täuschungsmaßnahmen „Haifisch“ und „Harpune“ an, da sie ihren „Zweck voll erfüllt“ hätten (Sammelmappe „Barbarossa“: Militärgeschichtliches Forschungsamt Freiburg i. Br., Signatur II W 59/2).

13 Den propagandistischen Höhepunkt der Täuschungsmaßnahmen stellte die Beschlagnahme der Ausgabe des „Völkischen Beobachters“ vom 16. 6. 1941 dar, der einen Artikel von Goebbels über das Thema „Kreta als Beispiel“ enthielt, der einen Hinweis auf deutsche Landungsabsichten in Großbritannien darstellen sollte (KTB OKW, Bd. I, S. 404).

14 OKW: „Richtlinien für die Feindtäuschung“, 15. 2. 1941 (Sammelmappe „Barbarossa“: Militärgeschichtliches Forschungsamt Freiburg i. Br., Signatur III W 59/1).

bis Ende Februar 1941 bereits in großen Zügen dargelegt wurde[15]. Noch vor dem Einmarsch in Bulgarien (2. 3.) war, nicht zuletzt auf Grund einer Studie des OKH vom 20. 2. 1941[16], die zu dem Ergebnis gekommen war, daß ein deutscher Angriff gegen die europäische Türkei (der angesichts der sich widersprechenden Nachrichten über die Haltung der türkischen Regierung als Präventivaktion gegen ein türkisches Eingreifen in die deutsche Operation gegen Griechenland erwogen worden war) eine Verschiebung des „Barbarossa"-Unternehmens zur Folge haben würde, eine Vorentscheidung dahingehend gefallen, daß ein Konflikt mit der Türkei unter allen Umständen vermieden werden müsse. Die Fortdauer der türkischen Neutralität auch bei einem deutschen Angriff von Bulgarien aus gegen Griechenland konnte aber erst seit Mitte März als gesichert betrachtet werden, und zwar nach einem Briefwechsel Hitlers mit dem türkischen Staatspräsidenten Inönü, dem durch die Darlegung der deutschen Absichten und durch die Zusicherung, daß die deutschen Truppen in Bulgarien 60 km von der türkischen Grenze entfernt bleiben würden, die Integrität der Türkei von deutscher Seite also in jedem Falle geachtet würde, die Sorge vor einer Einbeziehung der europäischen Türkei in die deutschen Operationen weitgehend genommen wurde[17]. Der Beitritt der bulgarischen Regierung zum „Dreimächtepakt" (1. 3.)[18] und der Einmarsch der deutschen Truppen nach Bulgarien am folgenden Tage[19] schloß die erste Phase der deutschen Feldzugsvorbereitungen ab.

Das Vorrücken der 12. deutschen Armee (Generalfeldmarschall List) bis an die griechische Grenze – der deutsche Angriff gegen Griechenland war für den 1. 4. in Aussicht genommen worden – löste sowohl auf britischer wie auf italienischer Seite militärische Reaktionen aus. Wie in den britisch-griechischen Verhandlungen am 22. 2. vereinbart, begann unmittelbar nach dem Überschreiten der Donau durch die deutschen Truppen die Überführung eines britischen Expeditionkorps in einer Gesamtstärke von etwa 58 000 Mann nach Griechen-

15 Vgl. oben S. 334 ff.

16 OKH an OKW/WFST/L, 20. 2. 1941: Studien für einen Angriff gegen die europäische Türkei (Akte Gen.St.d.H./Op.Abt. [I]: Türkei vom 28. 10. 1940 bis 20. 4. 1941, Militärgeschichtliches Forschungsamt Freiburg i. Br.); KTB Halder, Bd. II, S. 282 f. (16. u. 17. 2. 1941).

17 ADAP D XII, Dok. 113: Brief Hitlers an Inönü, 1. 3. 1941, S. 201 ff.; Dok. 161: Brief Inönüs an Hitler, 12. 3. 1941, S. 286 f. (am 17. 3. 1941 von Botschafter Gerede Hitler überreicht; ebda., S. 308 ff.); eingehende Darstellung des Vorgangs und seiner Bedeutung für die Weiterentwicklung der deutsch-türkischen Beziehungen bei Krecker, S. 134 ff. – Über die Rückendeckung der Türkei durch die Sowjetunion vgl. oben S. 427 f.

18 In einem Schreiben an den bulgarischen Ministerpräsidenten Filoff vom 1. 3. 1941 bestätigte Ribbentrop, daß Bulgarien bei einer territorialen Neuregelung auf dem Balkan einen Ausgang zum Ägäischen Meer erhalten sollte (ADAP D XII, Dok. 114, S. 203). Protokoll über den Beitritt Bulgariens zum „Dreimächtepakt" in: Monatshefte für Auswärtige Politik 1941, S. 233 ff.

19 Hierzu auf Grund der Aufzeichnungen im KTB OKW Greiner, S. 264 ff.; L. Hepp: Die 12. Armee im Balkanfeldzug 1941, in: Wehrwissenschaftliche Rundschau 1955, S. 203 ff.

land (Unternehmen „Lustre"[20]), das die zweite Verteidigungsstellung auf der Linie Olymp-Vermion einnahm[21], auf der der erwartete deutsche Angriff aufgefangen werden sollte, falls die allein von griechischen Kräften gehaltene Metaxas-Linie an der bulgarisch-griechischen Grenze durchbrochen würde.

Ein auf deutsches Drängen unternommener Versuch der italienischen Schlachtflotte, gegen einen von Ägypten nach Griechenland laufenden Geleitzug mit britischen Truppentransportern vorzugehen, endete mit einer schweren italienischen Niederlage in der Seeschlacht am Kap Matapan (26.–29. 3.[22]). Sie war bereits der zweite Schlag, der Italien in diesen Wochen traf; denn Mussolini hatte aus Prestigegründen am 9. 3. an der Front in Albanien eine italienische Großoffensive eröffnen lassen[23], durch deren Erfolg er den deutschen Entlastungsangriff aus Bulgarien heraus überflüssig machen wollte. Die Offensive mußte jedoch nach schweren Verlusten am 14. 3. ergebnislos abgebrochen werden[24].

Hitlers politische Bemühungen konzentrierten sich nach der Einbeziehung Bulgariens in den deutschen Machtbereich auf Jugoslawien. Nachdem seine vorausgehende Besprechung mit dem Ministerpräsidenten Cvetković am 14. 2., in der Hitler Jugoslawien erneut Saloniki angeboten hatte, mit der Beantwortung seines Drängens zum Paktbeitritt durch den auf der Linie der britischen Balkanpolitik[25] liegenden jugoslawischen Gegenvorschlag eines neutralen Blocks Jugoslawien-Griechenland-Türkei, dem auch Bulgarien angehören sollte, erfolglos für ihn verlaufen war[26], machte Hitler bei dem geheimgehaltenen Besuch des Prinzregenten Paul auf dem Berghof am 4. 3.[27] neue weitgehende Konzessionen, da es ihm nicht auf eine militärische Teilnahme Jugoslawiens

20 Butler: Grand Strategy, vol. II, S. 450 ff.; Playfair, vol. II, Kap. IV.

21 Sowohl Griechenland als auch Jugoslawien hatten sich gegen eine Einbeziehung Salonikis in den britischen Aufmarschraum gewandt (Woodward, S. 131).

22 Roskill, vol. I, S. 424 ff.; Playfair, vol. II, S. 61 ff.; M. A. Bragadin: The Italian Navy in World War II. Annapolis 1957, S. 81 ff. — Die Italiener verloren in dieser Schlacht drei Schwere Kreuzer. Ihre Personalverluste betrugen rd. 3 000 Mann.

23 Von deutscher Seite war dabei bewußt jede Einflußnahme auf Mussolini vermieden worden (KTB OKW, Bd. I, S. 343 ff.; KTB Halder, Bd. II, S. 301 ff. Jodl zu Halder: Die Italiener „sollen sich die Nase verbrennen").

24 Greiner, S. 264.

25 Woodward, S. 131 ff.

26 ADAP D XII, Dok. 48: Aufz. über die Unterredung Hitler-Cvetković, 14. 2. 1941, S. 88 ff.; Aufz. Cvetković's über diese Unterredung in: Dokumenti o Jugoslaviji, Paris 1956, Nr. 8, S. 12 ff. — Über die vorausgehende Unterredung Ribbentrop-Cvetković: ADAP D XII, Dok. 47, S. 79 ff. (ebenfalls 14. 2. 1941); Aufz. Cvetković's hierüber: Dokumenti o Jugoslaviji, Paris 1956, Nr. 8, S. 7 ff.; ferner: D. Tsvetkovitch: Prince Paul, Hitler and Salonika. In: International Affairs 1951, S. 463 ff.; R. L. Knežević: Prince Paul, Hitler and Salonika. In: International Affairs 1951, S. 38 ff.

27 ADAP D XII, Dok. 130: Ribbentrop an den dt. Gesandten in Belgrad, 7. 3. 1941, S. 230 ff. (Zusammenfassung des Inhalts des Gesprächs Hitler-Paul vom 4. 3. 1941). — Eine Aufzeichnung über das Gespräch selbst befindet sich nicht im Politischen Archiv des AA, Bonn. Wahrscheinlich wurde gar kein Protokoll geführt, da Paul deutsch sprach.

oder auf die Ausnutzung des Landes als Aufmarschbasis für den Feldzug gegen Griechenland, sondern auf die Einfügung dieses durch seine wirtschaftlichen Reichtümer besonders wichtigen Staates[28] in den deutschen Machtbereich ankam. Mussolini schien sich auf Grund der schwachen Stellung Italiens seit November 1940 hiermit abgefunden zu haben[29]. Nach langem Zögern entschied sich der jugoslawische Kronrat tatsächlich am 18. 3., dem „Dreimächtepakt" unter den von Hitler zugestandenen Sonderbedingungen, durch die jede militärische Hilfeleistung für die „Achsenmächte" ausgeschlossen wurde, zuzustimmen.

Gegen die am 25. 3. durch Ministerpräsident Cvetković und Außenminister Cincar-Marković in Wien vollzogene Vertragsunterzeichnung[30] richtete sich in den frühen Morgenstunden des 27. 3. der Putsch einer Offiziersgruppe um den früheren Generalstabschef, General Simović, der die Regierung des Prinzregenten Paul beiseite schob und den 17jährigen König Peter II. auf den Thron hob[31]. Es handelte sich – so kann man heute auf Grund der verfügbaren Quellen, vor allem im Hinblick auf das außenpolitische Verhalten und die militärischen Entschlüsse der Staatsstreichregierung sagen – mehr um eine Aktion des Protestes und des leidenschaftlichen Auflehnens gegen das bisherige – angeblich zur Kapitulation bereite – System als um einen Schritt, der den Start für die Durchsetzung eines klar umrissenen politischen und militärischen Programms dargestellt hätte. Ein solches gab es nicht einmal in Ansätzen, da die Regierung aus heterogenen politischen Kräften zusammengesetzt war, die sich erst am letzten Tag vor dem deutschen Angriff zu einem gemeinsamen Beschluß zusammenfanden. Der von Churchill nach Belgrad entsandte Chef des britischen Empire-Generalstabes, General Dill, fand dort am 31. 3. „keine Entschlußkraft",

28 Für die deutsche Wehrwirtschaft waren die Kupfererzgruben von Bor und die Bauxit-Lager im Raume von Mostar am wichtigsten. – Über die wirtschaftliche Bedeutung Jugoslawiens für Deutschland am eingehendsten K.-D. Meiss: Die deutsch-jugoslawischen Beziehungen von Hitlers Regierungsantritt bis zum Ausbruch des Zweiten Weltkrieges. Diss. phil. (Masch.-Ms.) Göttingen 1955; im übrigen: W. Markert (Hrsg.): Osteuropa-Handbuch, Band Jugoslawien. Köln-Graz 1954, besonders S. 215 ff.

29 Seine Bedingung zu dieser Einfügung Jugoslawiens in den deutschen Machtbereich lag in der Demilitarisierung der jugoslawischen Adria-Küste (dies kam bereits in der von Hitler übermittelten Forderung gegenüber dem jugoslawischen Außenminister Cincar-Marković am 28. 11. 1940 zum Ausdruck: ADAP D XI, Dok. 417, S. 728 ff.; vgl. oben S. 337 f.).

30 Beitrittsprotokoll in: Monatshefte für Auswärtige Politik 1941, S. 340 ff.; ADAP D XII, Dok. 205, 206 (Notenwechsel Ribbentrop-Cvetković, 25. 3. 1941, S. 353 f.); Dok. 207: Aufz. über die Unterredung Hitler-Cvetković, 25. 3. 1941, S. 354 ff.

31 Darstellung Peters II. über den Staatsstreich in: A King's Heritage: The Memoirs of King Peter II of Yougoslavia, London 1955, S. 62 ff.; des gestürzten Ministerpräsidenten Cvetković: D. Tsvetkovitch: Le coup d'état yougoslave de 1941. In: Hommes et Mondes. Juli 1954, S. 522 ff.; Berichte des dt. Gesandten in Belgrad an das AA: ADAP D XII, Dok. 214, S. 368 (Ankunft im AA: 11.55 Uhr); genauere Darstellung in dem (unveröffentlichten) Telegramm Nr. 275 vom 27. 3. 1941, Ankunft im AA zwischen 16.30 und 18.25 Uhr. Wissenschaftliche Darstellung: Hoptner, S. 244 ff.

sondern „nur Kopflosigkeit" vor[32]. Nach ein paar Tagen kam Simović, der zunächst vergeblich Anlehnung bei der Sowjetunion gesucht hatte[33] – der Vertragsabschluß in der Nacht vom 5./6. 4. war auf eine plötzliche Wendung Stalins in letzter Stunde zurückzuführen[34] –, auf den absurden Gedanken, ausgerechnet über Italien, das nun die Verwirklichung seiner fast schon aufgegebenen klein=imperialen Ziele in greifbarer Nähe sah, einen Ausgleich mit Hitler zu suchen[35]. Am 5. 4. faßte die Regierung dann, als auch dies fehlgeschlagen war, den einstimmigen Beschluß, Außenminister Ninčić direkt nach Berlin zu entsenden[36].

All dies blieb ohne jeden Einfluß auf den Ablauf des Geschehens, da Hitler bereits am 27. 3. unmittelbar nach Eintreffen der Nachricht vom Putsch in Belgrad entschieden hatte, „Jugoslawien militärisch und als Staatsgebilde zu zerschlagen[37]". Als Begründung führte er an, daß Jugoslawien nunmehr sowohl

32 Hoptner, S. 274. – Simović hatte einen Besuch des britischen Außenministers Eden in Belgrad abgelehnt und am 29. 3. nur einem streng geheimgehaltenen Besuch Dills zugestimmt. Bei dieser Gelegenheit hatte Simović dem britischen Gesandten Campbell erklärt, seine Politik gegenüber Deutschland ziele auf Zeitgewinn ab; Großbritannien solle ihn nicht zwingen, Hitler zu provozieren. Am 3. 4. erfuhr der britische Gesandte, daß die jugoslawische Regierung angeblich ein italienisches Vermittlungsangebot (vgl. Anm. 35, S. 464) angenommen habe. Am Abend des 3. 4. teilte Simović Campbell mit, daß Außenminister Ninčić nach Deutschland entsandt werden sollte. In der Nacht vom 3./4. 4. trafen sich in der Grenzstadt Kanali (südlich Bitolj) der griechische Oberbefehlshaber Papagos, der Befehlshaber der britischen Expeditionsstreitkräfte, General Wilson, und der stellvertretende jugoslawische Generalstabschef Janković. Dies blieb der einzige militärische Kontakt der für wenige Tage verbündeten Staaten Griechenland und Jugoslawien, bei dem im übrigen keine Einigung über die im Kriegsfall einzuschlagende Strategie gefunden werden konnte (Woodward, S. 138; Butler: Grand Strategy, vol. II, S. 449). Zu dem Besuch Dills in Belgrad am 31. 3./1. 4. 1941 erstmals ausführlicher: The Eden Memoirs, vol. II, S. 232 ff.

33 Schon die Regierung Cvetković hatte sich im Februar 1941 vergeblich um sowjetische Waffenlieferungen bemüht, um die politische Position Jugoslawiens gegenüber Deutschland zu stärken (Hoptner, S. 206).

34 Zur Vorgeschichte vgl. Hoptner, S. 276 ff.

35 ADAP D XII, Dok. 253: Der dt. Geschäftsträger in Belgrad an das AA, 3. 4. 1941, S. 437. Der stellvertretende jugoslawische Ministerpräsident Jovanović sollte nach Rom entsandt werden, um die italienische Regierung um Vermittlung zwischen Deutschland und Jugoslawien zu bitten. Entgegen der Behauptung Simović's gegenüber dem britischen Gesandten Campbell (vgl. Anm. 32, S. 464) ging die Initiative zu diesem Vermittlungsplan von Jugoslawien aus. Vgl. auch R. L. Knežević: Slobodan Jovanović u politici: U svetlosti dokumenata. In: „Poruka", London 1959, Jan.—März, S. 26 ff. – Zum innenpolitischen Hintergrund der Schwierigkeiten der Regierung Simović (Verhältnis zur Kroatischen Bauernpartei unter Maček) vgl. zusammenfassend J. Matl: Jugoslawien im Zweiten Weltkrieg, in: Osteuropa=Handbuch, Band Jugoslawien, S. 102 f.

36 ADAP D XII, Dok. 272: Der dt. Geschäftsträger i. Belgrad a. d. AA, 5. 4. 1941, S. 463.

37 Aufz. des Majors d. G. Christian über die Besprechung Hitlers mit den Spitzen von OKW und OKH am 27. 3. 1941, 13.00 bis 14.30 Uhr: ADAP D XII, Dok. 217, S. 372 ff. (= Nürnberg=Dok. PS=1746); KTB Halder, Bd. II, S. 330 f.; KTB OKW, Bd. I, S. 368. – Jodls Vorschlag, der Belgrader Regierung ein befristetes Ultimatum zu stellen, lehnte Hitler ab. Auch die verschiedenen politischen Aktionen der Staatsstreichregierung hatten keinen Einfluß auf Hitler, der bis zum 6. 4. keinerlei Alternativen zu seinem Angriffsentschluß vom 27. 3. erwog.

bei der Durchführung der Operation „Marita" als auch, was schwerer wiege, des Unternehmens „Barbarossa" ein „unsicherer Faktor" geworden sei. Das Hauptmotiv für Hitler war jedoch zweifellos — abgesehen von seiner Entschlossenheit, keinen Prestigeverlust hinzunehmen — die Absicht, durch die Demonstration der deutschen militärischen Stärke abschreckend auf alle Regierungen europäischer Staaten zu wirken, die mit dem Gedanken spielten, bei einer günstigen Gelegenheit aus dem deutschen Macht- und Einflußbereich hinauszugelangen.

Für die deutsche militärische Planung bedeutete dieser Entschluß Hitlers eine erhebliche Umstellung. Der Chef des Generalstabes des Heeres, Generaloberst Halder, entwickelte bereits bei seinem Vortrag am Mittag des 27. 3. aus dem Stegreif einen Operationsplan, der die Einbeziehung Jugoslawiens in das bisher nur gegen Griechenland gerichtete Unternehmen „Marita" vorsah[38]. Eine — allerdings nur kurzfristige — Verschiebung des Angriffsbeginns für „Marita" ergab sich durch die Notwendigkeit, 10 neue Divisionen, zum größten Teil aus den „Barbarossa"-Verbänden[39], in die Aufmarschräume gegen Jugoslawien, nach Kärnten, der Südsteiermark, Westungarn und dem rumänischen Teil des Banat, zu transportieren. Der Operationsplan gegen Griechenland wurde abgeändert, da durch die jetzt mögliche Ausnutzung des südjugoslawischen Gebietes günstigere Ansatzbedingungen für den Stoß auf Saloniki bestanden, durch die die Metaxas-Linie umgangen werden konnte.

Der im wesentlichen mit deutschen Kräften[40] geführte Balkanfeldzug[41], der am

38 Halder hatte sich auf der Fahrt vom Hauptquartier OKH in Zossen zur Reichskanzlei in Berlin erstmals Gedanken über die Grundzüge eines Operationsplans gegen Jugoslawien gemacht (KTB Halder, Bd. II, S. 330).

39 Zur Auswirkung der gegen Jugoslawien gerichteten Operation auf den „Barbarossa"-Termin vgl. unten S. 505 ff.

40 Hitler hatte Italien, Ungarn und Bulgarien zur Teilnahme am Feldzug gegen Jugoslawien aufgefordert. Bulgarien entzog sich jeder militärischen Beteiligung. Ungarn, das ursprünglich mit stärkeren Kräften am Angriff gegen Jugoslawien teilnehmen wollte, beschränkte sich nach dem Freitod des Ministerpräsidenten Graf Téleki (Protest gegen den von Horthy befohlenen Bruch des am 10. 12. 1940 abgeschlossenen ungarisch-jugoslawischen „Freundschaftsabkommens") am 2./3. 4. 0.00 Uhr auf den Einmarsch schwächerer Kräfte in den Raum zwischen Theiß und Sawe (Batschka und Baranya-Dreieck) ab 11. 4., nachdem die militärische Entscheidung bereits gefallen war und durch die Proklamation des „Unabhängigen Staates Kroatien" Jugoslawien „zerfallen" war. — Italien besetzte ab 11. 4. von Istrien aus den größten Teil Sloweniens sowie Dalmatien, nachdem eine jugoslawische Offensive gegen Albanien zunächst die Italiener in große Schwierigkeiten gebracht hatte. — Für Hitlers psychologische Behandlung der Verbündeten kennzeichnend die „Weisung Nr. 26" vom 3. 4. 1941 (Hubatsch: Hitlers Weisungen, S. 108 f.), in der die Rolle Italiens, Ungarns, Rumäniens und Bulgariens während des Feldzuges festgelegt wurde. Zu Ungarn vor allem: Macartney, vol. I, S. 474 ff.; P. E. Schramm: Kriegstagebuch des Deutschen Generals beim Oberkommando der kgl. ungarischen Wehrmacht (27. 3. bis 25. 7. 1941). Masch.-Ms. 1941 (Bundesarchiv Koblenz). — Zu den italienischen Operationen H. Doerr: Verbindungsoffiziere, in: Wehrwissenschaftliche Rundschau 1953, S. 270 ff. (Doerr war deutscher Verbindungsoffizier beim italienischen Armeeoberkommando 2). — Zur Haltung Bulgariens vgl. die Eintragungen im KTB Halder, Bd. II, S. 331 ff.

Morgen des 6. 4. mit schweren Luftangriffen auf Belgrad eingeleitet wurde[42], verlief völlig planmäßig und erreichte das strategische Ziel, die Absicherung der deutschen Südostflanke für die Operation „Barbarossa", in kürzester Zeit. Auf eine Darstellung des Feldzugsverlaufs kann in unserem Zusammenhang verzichtet werden. Schon am 17. 4. unterzeichneten General Kalafatović (der Nachfolger des zusammen mit König Peter ins Exil ausweichenden jugoslawischen Oberbefehlshabers, General Simović) und der ehemalige Außenminister Cincar-Marković in Belgrad die Kapitulation der jugoslawischen Wehrmacht[43]. Das bis zum Schluß die Front gegen die Italiener an der Grenze Albaniens haltende Gros des griechischen Heeres, das durch den deutschen Vorstoß nach Jannina von seinen rückwärtigen Verbindungen abgeschnitten war, kapitulierte am 20. 4. vor dem Kommandeur der „Leibstandarte SS Adolf Hitler", Dietrich[44]. Am 21. 4. nahm Generalfeldmarschall List in Larissa die Gesamtkapitulation des griechischen Heeres entgegen, die nach Protest Mussolinis gegen die Nichtbeteiligung des italienischen Verbündeten am 23. 4. noch einmal in Anwesenheit italienischer Vertreter in Saloniki wiederholt wurde[45]. Auf grie-

41 Darstellungen über den Operationsverlauf aus deutscher Sicht: K. v. Tippelskirch: Der deutsche Balkanfeldzug 1941, in: Wehrwissenschaftliche Rundschau 1955, S. 49 ff.; E. Röhricht: Der Balkanfeldzug 1941, ebda. 1962, S. 214 ff. Amerikanische Darstellung auf Grund der deutschen Militärakten: The German Campain in the Balkans (Spring 1941). Washington 1953. Britische Darstellung: Playfair, vol. II, Kap. V; amtliche griechische Darstellung: Agones eis ten anatoliken Makedonian kai ten dytiken Thraken, 1941 (Kämpfe in Ostmazedonien und Westthrazien, Frühjahr 1941). Athen 1956; To Telos mias epopoiias, Apr. 1941 (Das Ende einer Epopöe. April 1941). Athen 1959. Weitere Literatur: Hillgruber: Südosteuropa im Zweiten Weltkrieg, S. 52 ff.

42 Der Angriff gegen Jugoslawien begann ohne jede Ankündigung. Der griechischen Regierung wurde dagegen kurz vor Angriffsbeginn durch den deutschen Gesandten in Athen eine Note überreicht, die den deutschen Entschluß begründete. — Bis zum 5. 4. war noch nicht klar entschieden, ob die geplanten Luftangriffe — vgl. „Weisung Nr. 25" vom 27. 3. 1941 (Hubatsch: Hitlers Weisungen, S. 106 ff.) — tatsächlich durchgeführt werden sollten, nachdem Belgrad von der jugoslawischen Regierung zur „offenen Stadt" erklärt worden war. Hitler beharrte schließlich auf seinem Entschluß (KTB OKW, Bd. I, S. 375). Im Laufe des 6. 4. fanden insgesamt fünf schwere Luftangriffe auf Belgrad statt, an denen insgesamt 484 Bomber und Sturzkampfflugzeuge teilnahmen. Die genaue Zahl der Opfer ist nicht zu ermitteln. Die Angaben schwanken zwischen 17 000 und 1 500. Eine amtliche jugoslawische Angabe liegt nicht vor (vgl. hierzu Diakow, S. 42).

43 ADAP D XII, Dok. 364: Die dt. Gesandtschaft in Belgrad an das AA, 17. 4. 1941, S. 573 (Bericht über die Unterzeichnung der jugoslawischen Kapitulation). — Die jugoslawische Bitte um Waffenstillstand wurde bereits am 15. 4. ausgesprochen. Einzelheiten der Kapitulationsbedingungen in: Zbornik dokumenata i podataka o narodnooslobodilačkom ratu jugoslovenskih naroda, Serie II, Bd. 2, S. 559 ff. (vgl. hierzu Hillgruber: Südosteuropa, S. 88); V. Dedijer: Sur l'armistice „germano-yougoslave" (17 avril 1941), in: Revue d'histoire de la deuxième guerre mondiale 1956, Nr. 23, S. 1 ff.

44 Schramm-v. Thadden, S. 197 f. und S. 223 f.

45 Ebda., S. 199 ff. und S. 224 f. — Hitler hatte, wie Halder zu v. Brauchitsch am 22. 4. äußerte, „offenbar gehofft, den ‚Freund' zu betrügen. Als das nicht gelungen ist, ging das Durcheinander los" (KTB Halder, Bd. II, S. 376).

chischer Seite unterzeichnete in allen drei Fällen der letzte Oberbefehlshaber der Epirus=Armee, General Tsolakoglu, der sich kurz darauf, am 26. 4., bereit erklärte, unter der deutschen Besatzungsmacht eine neue griechische Regierung zu bilden[46]. König Georg II. und die Regierung Tsuderos[47] hatten sich am 23. 4. nach Kreta begeben. Das britische Oberkommando Mittelost hoffte, die seit Monaten zur Verteidigung vorbereitete Insel nach dem Abzug des Expeditions=korps vom griechischen Festland (1. 5.[48]) weiterhin halten zu können.

Bei der deutschen Wehrmachtführung war während des Ablaufs der Opera=tionen gegen Jugoslawien und Griechenland die Frage erörtert worden, ob die Sicherung der Südflanke des deutsch=beherrschten Europa für die Dauer der „Barbarossa"=Operation am sinnvollsten mit einer Eroberung Maltas oder mit einer Besetzung Kretas abzuschließen sei. Der Wehrmachtführungsstab sprach sich in einem Memorandum nachdrücklich für Malta aus[49], dessen Wegnahme schon einmal, Anfang Februar, als der Verlust ganz Italienisch=Nordafrikas drohte, im Vordergrund der Erwägungen der deutschen Wehrmachtführung gestanden hatte[50]. Jedoch entschied sich Hitler, ohne die Stellungnahme seines militärischen „Arbeitsstabes" abzuwarten, unter dem Eindruck von Darlegun=gen des Chefs des Generalstabes der Luftwaffe, Generaloberst Jeschonnek, und des kommandierenden Generals des XI. Fliegerkorps, General Student, am 21. 4. für die Eroberung Kretas, die am 15. 5. beginnen sollte (Unterneh=men „Merkur": „Weisung Nr. 28" vom 25. 4. 1941[51]), da er nach wie vor — vor allem für die „Barbarossa"=Zeit — von hier aus britische Luftangriffe auf das rumänische Erdölgebiet befürchtete.

Der trotz recht hoher deutscher Verluste erfolgreiche Verlauf der Luftlande=operation auf Kreta, die, verbunden mit schweren Schlägen der deutschen Luftwaffe gegen die britische Mittelmeerflotte[52], in der Zeit vom 20. 5. bis 1. 6. zur vollständigen Besetzung der Insel führte[53], veranlaßte den Luftwaffenfüh=

46 Am 29. 4. wurde die Regierungsbildung bekanntgegeben (Einzelheiten über die Vorgänge in diesen Tagen ADAP D XII, Dok. 410: Memorandum des dt. Bot=schafters in Italien, 27. 4. 1941, S. 648 ff., mit den verschiedenen Anmerkungen); zur weiteren Vorgeschichte, vor allem zur Haltung Tsolakoglus in der griechi=schen Führungskrise Anfang März 1941: Schramm=v. Thadden, S. 186 ff.

47 Ministerpräsident Korisis hatte am 18. 4. 1941 Freitod verübt (hierzu Schramm=v. Thadden, S. 195 f.).

48 Playfair, vol. II, S. 105 ff.

49 Hierzu eingehend Warlimont, S. 146, der mitteilt, daß damals auf Befehl Hitlers in das KTB OKW kein Hinweis auf diese Meinungsverschiedenheit aufgenom=men werden durfte. Ferner: Gundelach, S. 99.

50 Vgl. oben S. 347.

51 Hubatsch: Hitlers Weisungen, S. 115 ff.

52 Genaue Zusammenstellung der zahlreichen britischen Verluste bei G. Hümmel=chen: Alliierte Schiffsverluste durch deutsche und italienische Luftangriffe in griechischen Gewässern April bis Juni 1941, in: Marine=Rundschau, 1961, S. 113 f. und S. 170.

53 Neueste Darstellung auf Grund breiten Quellenmaterials von K. Gundelach: Der Kampf um Kreta 1941, in: Entscheidungsschlachten des Zweiten Welt=krieges, S. 95 ff. (dort sowie bei Hillgruber: Südosteuropa, S. 59 ff. Hinweise auf weitere Literatur).

rungsstab, der die Operation gegen Kreta vorbereitet und eingeleitet hatte, Hitler vorzuschlagen, die offensichtlich nur schwach verteidigte Insel Cypern in gleicher Weise wie Kreta — mit Rhodos als Absprungbasis — aus der Luft zu erobern und sodann in Syrien Fuß zu fassen, in dem auf Grund der deutsch-französischen Absprachen[54] und angesichts der drohenden britisch-gaullistischen Invasion[55], die die schwachen Kräfte der Vichy-Regierung in Syrien nur mit einer — anfangs erwünschten — deutschen militärischen Unterstützung abweisen konnten, günstige Voraussetzungen gegeben schienen. Hitler hielt jedoch eine Eroberung, vor allem ein Halten von Cypern erst nach einer Gewinnung der Türkei als Absprungbasis für möglich[56]. Voraussetzung für eine Einbeziehung der Türkei in den deutschen Mächteblock aber war für ihn, wie schon betont[57], die Zerschlagung der Sowjetunion, die erst ihm selbst wie auch der Türkei[58] die notwendige Bewegungsfreiheit verschaffen sollte. Ein Eingehen auf den Vorschlag des Luftwaffenführungsstabes hätte auch dann, wenn der Sprung von Kreta bzw. Rhodos aus unmittelbar nach Cypern hinüber stattfand, stärkere deutsche Kräfte im Mittelmeer gebunden. Gerade dies wollte Hitler vor der Operation „Barbarossa" unbedingt vermeiden.

Daß der Balkanfeldzug für Hitler nur eine militärische Notwendigkeit, aber kein Unternehmen war, an dem er im Hinblick auf ein eigenes Kriegsziel interessiert war, ging am deutlichsten aus der Neuordnung der Besitzverhältnisse und der Aufteilung Jugoslawiens und Griechenlands in Besatzungszonen hervor. Hitler selbst kam es nur auf die Sicherung der deutschen Wehrwirtschaftsinteressen[59] und der Verbindungslinien[60] zu den deutschen militärischen „Reservaten" im strategischen Vorfeld des Südostens (vor allem Kreta, Raum

54 Vgl. oben S. 451 ff. und unten S. 477 f.
55 Vgl. unten S. 480.
56 Vgl. hierzu seine Darlegungen gegenüber Mussolini am 2. 6. 1941: ADAP D XII, Dok. 584, S. 947 f. — Mussolini setzte sich für eine deutsche Unternehmung gegen Cypern ein (KTB der Skl., Teil A, 28. 5. 1941; Ciano: Tagebücher II, S. 328: 28. 5. 1941). Am 29. 5. hatte eine Überprüfung der militärtechnischen Möglichkeiten ergeben, daß die Entfernung von Rhodos aus zu groß war, um das Absetzen von Luftlandeverbänden auf Cypern mit Jägern zu schützen (KTB der Skl., Teil A, 29. 5. 1941).
57 Vgl. hierzu Hitlers grundsätzliche Stellungnahme vom 4. 11. 1940 oben S. 343.
58 Die türkische Regierung war an einer Gewinnung Cyperns im Zuge einer von Hitler durchgeführten territorialen Neuordnung des Levante-Raumes interessiert. v. Papen wurde, wie er am 20. 4. 1941 Hitler berichtete, in Ankara „immer wieder auf Cypern angesprochen" (Tagebuch Engel, 20. 4. 1941).
59 Diese kamen in der Übernahme der Kupfergruben von Bor und in Reservatrechten gegenüber Italien hinsichtlich der Ausbeute der Bauxit-Vorkommen bei Mostar, gegenüber Bulgarien hinsichtlich Reservaten an den Chromerzvorkommen in Mazedonien zum Ausdruck. (Hitler legte auf eine Grenzziehung Wert, die dieses Gebiet zu Bulgarien und nicht, wie Italien es wünschte, zu „Groß-Albanien" kommen ließ).
60 Die Demarkationslinie zwischen der italienischen und der deutschen Besatzungszone in Kroatien wurde so gezogen, daß die Bahnlinie Agram-Belgrad im deutschen Bereich verlief. Vgl. die Kartenskizze in: Osteuropa-Handbuch, Band Jugoslawien, S. 104; ferner bei L. Hory und M. Broszat: Der kroatische Ustascha-Staat 1941—1945. Stuttgart 1964, Kartenskizze im Anhang.

von Saloniki und Athen=Piräus) an[61]. Der größte Teil des eroberten Gebietes sollte Italien überlassen werden. „Ob die italienischen Besatzungstruppen mit der griechischen Regierung zurande kommen oder nicht, geht uns nichts an[62]", so faßte Jodl Hitlers Auffassung zu dem Problem Griechenland formelhaft zusammen. „Es ist ausgeschlossen, daß Deutschland den Schiedsrichter zwischen Griechenland und Italien spielt und die griechische Regierung sich in allen diesen Fragen an den deutschen Oberbefehlshaber wendet."

Schon am 3. 4. hatte Hitler die Aufteilung Jugoslawiens im großen skizziert: „Dalmatien/Montenegro an Italien, Ostbanat an Ungarn, altösterreichische Gebiete an Deutschland, Kroatien Autonomie[63], Altserbien Militärverwaltung, Mazedonien an Bulgarien[64]." Daher konnte Graf Ciano in den Verhandlungen mit Hitler und Ribbentrop vom 20.—22. 4. sein Ziel, die politischen und vertraglichen Voraussetzungen für ein italienisches „Klein=Imperium" um die Adria zu schaffen, voll erreichen[65]. Die folgenreichste Entscheidung unter den vielen willkürlichen Grenzziehungen war dabei ohne Zweifel die Überlassung des neu geschaffenen Ustascha=Staates „Groß=Kroatien"[66] an Mussolini als Teil der italienischen Interessensphäre[67]. Abgesehen von Altserbien und den an Ungarn und Bulgarien fallenden Gebieten übernahm Italien prak=

61 Raeder forderte am 22. 5. 1941 gegenüber Hitler, daß Saloniki, Lemnos, Piräus, Milos und Kreta als „strategische Ausgangsbasis" für die „gesamte weitere Kampfführung im Ostmittelmeerraum" bis zur „Ausschaltung (der) englischen Kampfführung im östlichen Mittelmeer einschließlich Alexandrien/Suez" in deutscher Hand bleiben müßten (Lagevorträge des Ob. d. M.).

62 Zusammenfassung der Ausführungen Hitlers vom 10. 5. 1941 durch Jodl (Der Chef des WFSt an Chef L, 12. 5. 1941; Akte Chefsachen „Marita", Militärgeschichtliches Forschungsamt Freiburg i. Br., Signatur III W 56).

63 Von Hitler gedacht: innerhalb des Königreichs Ungarn, dem er in diesen Tagen einen Zugang zur Adria anbot, wobei sogar an eine Unterstützung Ungarns gegenüber den Ansprüchen Italiens gedacht war (Hory=Broszat, S. 41 f.).

64 Nürnberg=Dokument NG=5476; KTB der Skl., Teil A, 3. 4. 1941.

65 Aufz. Cianos über seine Unterredung mit Hitler am 20. 4. 1941 in: G. Ciano: L'Europa, S. 649 ff.; ADAP D XII, Dok. 378: Aufz. über die Unterredung Ribbentrop=Ciano, 21. 4. 1941, S. 494 ff. (Ciano: L'Europa, S. 652 ff.); Dok. 385: Aufz. über die Unterredung Ribbentrop=Ciano, 22. 4. 1941, S. 606 ff. (Ciano: L'Europa, S. 654 ff.); Dok. 394: Aufz. über die Entscheidung Hitlers zu den offengebliebenen Fragen, 24. 4. 1941, S. 624 ff.; Dok. 398: Ergebnisse der deutsch=italienischen Gespräche über die Gestaltung des jugoslawischen Gebietes, 24. 4. 1941, S. 630 ff. — Zu den Ergebnissen zusammenfassend J. Matl: Jugoslawien im Zweiten Weltkrieg, in: Osteuropa=Handbuch, Band Jugoslawien, S. 102 ff.

66 Offizielle Bezeichnung: „Unabhängiger Staat Kroatien". „Groß=Kroatien" bedeutet, daß das weite Territorium bis zur historischen Drina=Linie (einschließlich Bosniens und der Herzegowina, jedoch — infolge der Annexionspolitik Italiens — ohne den größten Teil Dalmatiens) zu Kroatien geschlagen wurde. Zur Vorgeschichte der Gründung des kroatischen Separatstaates vgl. L. Hory und M. Broszat: Der kroatische Ustascha=Staat 1941—1945, S. 1 ff.

67 Das geringe Interesse v. Horthys an Kroatien und Mussolinis Beharren auf „seinem" Einflußbereich Kroatien hatten Hitler zu einem Einschwenken auf die italienische Linie geführt (Hory=Broszat, S. 42 f.).

tisch den ganzen jugoslawischen Raum zum Teil in Form von Annexionen, im übrigen durch die Bildung abhängiger Staaten (außer Kroatien „Groß=Albanien" und Montenegro).

Während Hitler und Mussolini am 8. 7. selbstherrlich das staats= und völkerrechtliche Ende Jugoslawiens erklärten[68], sollte das „endgültige Schicksal" Griechenlands erst nach Kriegsende zwischen beiden festgelegt werden[69]. Dies bedeutete, daß Mussolini seine weitgespannten Ziele gegenüber Griechenland (Annexion der Ionischen Inseln und Einverleibung Nordwestgriechenlands bis zur Linie Florina=Arta=Golf in „Groß=Albanien") zurückstecken und sich vorerst mit der militärischen Besetzung des größten Teiles von Griechenland[70] begnügen mußte.

Einen — verglichen mit der Landesgröße — noch umfangreicheren Territorialgewinn als Italien trug Bulgarien davon, dessen Armee nach dem Abschluß der Kampfhandlungen unter deutscher Zustimmung mit dem Einmarsch in Griechisch=Thrazien und Jugoslawisch=Mazedonien begonnen hatte[71]. Nach Überwindung erheblicher Spannungen zu Italien wegen der italienischen Besetzung des bulgarischen Nationalheiligtums in Ochrida gelang es König Boris in den Verhandlungen mit Hitler, das „neu=bulgarische" Gebiet bis zum Ochrida=See auszudehnen[72]. Nur die bei seinem Besuch am 19. 4. noch zusätzlich geforderte Überlassung von Saloniki verweigerte Hitler[73]. Verglichen mit diesen Erwerbungen Italiens und Bulgariens wirkte der ungarische Gewinn (Batschka, Baranya=Dreieck, Mur=Zipfel) bescheiden; jedoch wurde dem Reichsverweser v. Horthy von Hitler „für später" der jugoslawische Teil des Banat „vertraulich fest zugesichert[74]". Dieses Gebiet blieb vorläufig aber unter deutscher Militärverwaltung, da auch Rumänien, dem von Hitler kein Anteil an der

68 Matl, S. 105.
69 ADAP D XII, Dok. 398, S. 630 ff.
70 Deutsch besetzt blieben schließlich („Weisung Nr. 31" vom 9. 6. 1941: Hubatsch, S. 122 ff.) der Raum um Athen und Saloniki, die Inseln Mytilene, Chios und Samos (die später eventuell der Türkei überlassen werden sollten), Milos und Kreta sowie ein nur von Polizeikräften bewachter Streifen an der türkisch=griechischen Grenze (Demotika=Zipfel).
71 ADAP D XII, Dok. 367: Ribbentrop an den dt. Gesandten in Sofia, 17. 4. 1941, S. 577. Über die weitere Entwicklung vgl. Dok. 405: Ribbentrop an den dt. Gesandten in Sofia, 25. 4. 1941, S. 639 f.; Dok. 450: Ribbentrop an den dt. Gesandten in Sofia, 4. 5. 1941, S. 702 f.
72 ADAP D XII, Dok. 405, S. 639 f.
73 Eine Aufzeichnung über das Treffen Hitler=Boris vom 19. 4. 1941 gibt es nicht. Resümee durch v. Papen (der anwesend war): Memoiren, S. 473 f. Die Ablehnung Hitlers ergibt sich aus ADAP D XII, Dok. 386, S. 606 ff. (Unterredung Ribbentrop=Ciano, 22. 4. 1941).
74 ADAP D XII, Dok. 353: Aufz. des Staatssekretärs Frhr. v. Weizsäcker, 15. 4. 1941, S. 562 f. (mit Schreiben des ungarischen Gesandten in Berlin vom 12. 4. 1941). — Die Zusage gab Hitler dem Reichsverweser v. Horthy bei dessen Besuch im „Führerhauptquartier" in Mönichkirchen am 24. 4. 1941 (Macartney, vol. II, S. 13; Horthy, S. 232 f.; vgl. auch ADAP D XII, Dok. 392: Ribbentrop an den dt. Gesandten in Budapest, 23. 4. 1941, S. 621 f. mit Anmerkung).

jugoslawischen Beute zugedacht war, Anspruch hierauf und auf weitere Gebiete Serbiens erhob[75].
Unter deutscher Besetzung blieben — abgesehen von dem zum „Großdeutschen Reich" geschlagenen Teil des nördlichen Slowenien (Südkärnten, Südsteiermark) — Altserbien (unter einem Militärbefehlshaber) und die militärischen „Reservate" in Griechenland[76]. Ferner blieben deutsche Sicherungen in der deutschen Zone Kroatiens zurück.
Die politischen Auswirkungen der Zerschlagung Jugoslawiens wurden andeutungsweise bereits wenige Wochen nach Abschluß des Feldzuges erkennbar, als der jugoslawische Generalstabsoberst Mihajlović am 10. 5. mit der Cetnik-Organisation in Serbien einen Aufstand gegen die Besatzungsmacht begann[77], der sich schnell ausbreitete. Der Kampf der Cetniks richtete sich gegen die deutsche Wehrmacht, vor allem aber gegen die Massaker an den Prawoslawen durch die Ustascha in Bosnien und der Herzegowina. Die Breite dieser Widerstandsbewegung war anfangs von der deutschen Seite nicht zu überschauen. Vorerst glaubte die deutsche Führung vielmehr, nach der Überlassung des größten Teils der Besatzungsaufgaben an Italien und Bulgarien mit 7 Divisionen minderer Güte zur Sicherung Südosteuropas auskommen zu können[78].

Hatte es sich beim Balkanfeldzug um eine entsprechend der Planung des deutschen Generalstabes des Heeres vorbereitete und durchgeführte Operation gehandelt, so war der etwa in der gleichen Zeit unternommene Vorstoß des „Deutschen Afrika-Korps" auf einen eigenen Entschluß seines Befehlshabers, des Generals Rommel, zurückzuführen. Aus einem örtlichen Unternehmen zur Wegnahme des vorgeschobenen Postens El Agheila (24. 3.) entwickelte sich ab 31. 3. durch die Initiative Rommels ein stürmischer Vormarsch[79], der nach der Wiedergewinnung der Cyrenaika und der Einschließung des festungsartig ausgebauten Tobruk am 8. 4. zur Einnahme der Grenzstadt Bardia am folgenden Tage führte. Die Vorhuten der einzigen an dieser Operation beteiligten und überhaupt in Nordafrika befindlichen deutschen Division überschritten die ägyptische Grenze, nahmen am 13. 4. Sollum und fühlten mit Spähtrupps in Richtung Marsa Matruk vor.
Schon am 2. 4. hatte jedoch Hitler entschieden[80], daß es vorerst die „Haupt-

75 ADAP D XII, Dok. 387: Aufz. eines Beamten des AA über den Inhalt des rumänischen Memorandums über Gebietsforderungen in Jugoslawien vom 23. 4. 1941, S. 616 f.; Hillgruber: Hitler, König Carol und Marschall Antonescu, S. 126.
76 Vgl. Anm. 70, S. 470.
77 Matl, S. 110 f. — Die kommunistische Partisanenorganisation Titos eröffnete erst nach Beginn des deutschen Angriffs auf die Sowjetunion, am 4. 7., ihren Kampf gegen die Besatzungsmächte in Jugoslawien.
78 Hubatsch: Hitlers Weisungen, S. 117 ff. („Weisung Nr. 29" vom 17. 5. 1941) und S. 122 ff. („Weisung Nr. 31" vom 9. 6. 1941).
79 Greiner, S. 230 ff.; Rommel, S. 20 ff.; Playfair, vol. II, S. 19 ff.
80 OKW-Weisung vom 3. 4. 1941, in: KTB OKW, Bd. I, S. 1009.

aufgabe des deutschen Afrika-Korps (bleibe), die erreichten Stellungen zu sichern und möglichst starke englische Kräfte in Nordafrika zu binden". „Voraussichtlich erst im Herbst 1941", d. h. nach Abschluß der Operation „Barbarossa", werde es möglich sein, „die Ziele weiter zu stecken". Dagegen plante Rommel am 14. 4., „über Marsa Matruk gegen Suez" vorzugehen[81]. Hitler wiederholte indessen in Übereinstimmung mit Jodl und Halder am gleichen Tage, daß es darauf ankomme, „jetzt in Gegend Sollum erst eine ausreichende breite Basis aufzubauen (einschließlich Siwa)". Darüber hinaus könne es sich „vorläufig nur um Raids handeln[82]". Am 15. 4. mußte Rommel selbst melden, „daß seine Kräfte nicht ausreichten, um die ‚beispiellos günstige' Gesamtlage ausnutzen zu können[83]".

In der Tat hatten sich durch den Vorstoß Rommels neue politische Perspektiven ergeben. Nachdem die deutschen Truppen die ägyptische Grenze überschritten hatten, wandte sich König Faruk am 14. 4. auf dem Wege über den ägyptischen Botschafter in Teheran (seinen Schwiegervater) in einer Botschaft an Hitler[84]: er bewundere – so hieß es darin – den „Führer" und wünsche den Sieg der deutschen Truppen, die Ägypten so bald wie möglich vom „britischen Joch" befreien sollten. Hauptabsicht Faruks war es offensichtlich, wie die Ausführungen des ägyptischen Botschafters gegenüber dem deutschen Gesandten in Teheran Ettel ergaben, eine Überlassung Ägyptens – nach der Eroberung durch die deutschen Truppen – von Deutschland an Italien zu verhindern, dessen imperialistischen Zielen im Nahen Osten Faruk (ebenso wie auch die arabischen Nationalisten im Irak) mißtraute[85].

Der Kontakt zum ägyptischen König sollte, wie im Auswärtigen Amt festgelegt wurde, auf dem Wege über den Botschafter Ägyptens in Teheran aufrechterhalten bleiben[86], zugleich aber auch die inzwischen hergestellte Verbindung zu dem früheren Khedive von Ägypten, Abbas Hilmi Pascha II., weiter gepflegt werden[87]. Es sollten also für spätere Möglichkeiten in Ägypten „zwei Eisen im

81 KTB Halder, Bd. II, S. 365 f. (14. 4. 1941). Göring hatte bereits Luftwaffenkräfte für den Vorstoß zum Suezkanal zugesagt. Sein Verhalten kann man bis zu einem gewissen Grade dem Bemühen Ribbentrops um ein möglichst starkes deutsches Engagement im Irak an die Seite stellen. Dahinter mag, ohne daß dem zu viel Gewicht beizumessen ist, in beiden Fällen ein Versuch zu sehen sein, Hitler auf indirekte Weise auf ein Vorgehen gegen die britische Nahoststellung (also vom „Barbarossa"-Plan fort) festzulegen (zu Ribbentrops Verhalten hinsichtlich des Unternehmens Irak vgl. auch Krecker, S. 162 f.).

82 KTB Halder, Bd. II, S. 366.

83 KTB Halder, Bd. II, S. 367 f. (15. 4. 1941); Rommel, S. 37 ff.

84 ADAP D XII, Dok. 350: Der dt. Gesandte in Teheran an das AA, 15. 4. 1941, S. 558 ff. – Hitlers Antwort in: ADAP D XII, Dok. 427: Ribbentrop an den dt. Gesandten in Teheran, 30. 4. 1941, S. 680 f. – Einzelheiten bei Dessouki, S. 89 f.

85 Vgl. oben S. 140 ff.

86 Am 9. 7. 1941 traf von Faruk die Nachricht ein, „daß England sich vorbereite, vom Irak aus nach Iran zu gehen, um die dortigen Ölquellen in Besitz zu nehmen und nach Norden vorzugehen" (KTB Halder, Bd. III, S. 57).

87 ADAP D XII, Dok. 452: Aufz. des Leiters der Polit. Abt. des AA, Unterstaats-

Feuer" gehalten werden. Eine vorbereitete deutsche Erklärung, in der „Ägypten und der ganzen arabischen Welt" (zugleich im Namen Italiens) die Unabhängigkeit zugesichert wurde[88], sollte indessen erst dann veröffentlicht werden, wenn — nach Abschluß des Unternehmens „Barbarossa" — die große Zangenoperation gegen die britische Nahoststellung begann[89]. Die Überzeugung, daß die verlockenden Möglichkeiten im Nahen Osten in wenigen Monaten unter noch viel günstigeren Bedingungen genutzt werden könnten, bestimmte Hitlers Zurückhaltung hier wie bei den Vorgängen im Irak und in Syrien zu diesem Zeitpunkt[90].

3. Problematische Chancen im arabischen und indischen Raum

Der deutsche Vormarsch in Südosteuropa und in Nordafrika erschütterte die britische Position im Nahen Osten bereits, bevor der Verlust von Kreta und die schweren Schläge der deutschen Luftwaffe gegen die britische Mittelmeerflotte Ende Mai[1] das volle Ausmaß der Krise erkennen ließen. Die notwendige Verstärkung der britischen Kräfte in Libyen/Ägypten sowie in Griechenland/Kreta hatte Ende März eine weitgehende militärische Entblößung an der politisch schwächsten Stelle der britischen Nahostposition, im Irak, zur Folge gehabt, die sich sogleich auf das labile Kräfteverhältnis zwischen der nationalistischen und der pro-britischen Gruppe in der Führung dieses Landes auswirkte.
Seit dem Sommer 1940[2] waren der Kontakt des nationalistischen Flügels der irakischen Regierung um den Ministerpräsidenten Ghailani und den Justizminister Shawkat sowie die diplomatischen Fühler des in Bagdad befindlichen

sekretär Woermann, 4. 5. 1941, S. 710 f.; hierzu Dessouki, S. 90. — Auch zum „kaltgestellten" ägyptischen Generalstabschef El Masri Pascha wurde ein Kontakt hergestellt. Es gelang jedoch nicht, ihn aus Ägypten in den deutschen Machtbereich zu holen. Vgl. hierzu Dessouki, S. 86, ferner KTB Halder, Bd. II, S. 426 (22. 5. 1941): „Versuch, den ägyptischen Generalstabschef, der mit Deutschland zusammenarbeitet, zu uns herüberzubekommen. Haltung Ägyptens im ganzen wenig englandfreundlich."

88 Tatsächlich wurde eine deutsch-italienische Ägypten-Erklärung erst am 3. 7. 1942 abgegeben, als die Armee Rommel die El-Alamein-Stellung erreicht hatte (KTB OKW, Bd. II, S. 107).

89 Vgl. hierzu oben S. 381 f.

90 Churchills These (Bd. III/1, S. 318), „ganz gewiß (habe) Hitler die Gelegenheit weggeworfen, im Orient mit geringem Aufwand einen wertvollen Preis einzuheimsen", da ein Angriff mit Luftlandetruppen Syrien, Irak und vielleicht sogar Iran in deutsche Hand gebracht hätte, überschätzt die deutschen militärischen Möglichkeiten. Auch Churchill geht von der fragwürdigen Hypothese aus, daß die Sowjetunion einen solchen deutschen Vorstoß an ihrer Südflanke ohne Reaktion hingenommen hätte. Demgegenüber ist Warlimonts Feststellung (S. 145) unbedingt zuzustimmen: „Es kann ... keinem Zweifel unterliegen, daß die Reichweite der Wehrmacht, allein schon im Nachschub über Land und Meer, ebenso wie viele andere natürliche und binnen kurzem gar nicht abzuändernde Gegebenheiten es ausschlossen, das Steuer der weiteren Kriegführung ohne weiteres herumzuwerfen."

1 Vgl. oben S. 467 f. 2 Vgl. oben S. 140 ff.

„Großmufti von Jerusalem" El Husseini zum Orient-Referat des Auswärtigen Amtes, in dem der ehemalige Gesandte in Bagdad Grobba als Irak-Experte eine bedeutende Rolle spielte, nicht mehr abgerissen, obwohl die deutsche Seite im Hinblick auf den vereinbarten Vorrang der Interessen Italiens in Nahost eine deutliche Zurückhaltung wahrte[3].
Am 20. 1. wandte sich der „Großmufti", nachdem alle bisherigen Bemühungen keinen rechten Erfolg gezeitigt hatten, in einem Schreiben direkt an Hitler[4], in dem er um eine effektive deutsche Unterstützung des „Freiheitskampfes" der arabischen Nationalisten und um eine Erklärung Deutschlands zugunsten einer vollständigen Unabhängigkeit der arabischen Länder bat. Die Antwort Hitlers ließ jedoch auf sich warten, da wenige Tage danach die pro-britische Gegenrichtung in der irakischen Führung nach dem Sturz der Regierung Ghailani (31. 1.[5]) zum Zuge kam[6]. Dies war eine Rückwirkung der schweren Niederlagen Italiens im Mittelmeerraum und auf dem Balkan. Doch gab gerade die Schwächung Italiens auf deutscher Seite im Auswärtigen Amt und im OKW den Kräften eine Chance, die sich für ein stärkeres deutsches Engagement im Nahen Osten ohne Rücksicht auf den — nur belastend wirkenden — italienischen Bundesgenossen einsetzten. Während sich die Amtsgruppe „Abwehr" im OKW für eine Wiederanknüpfung der im September 1939 abgerissenen Beziehungen[7] zu König Ibn Saud aussprach[8], da Saudi-Arabien in militärgeographischer Sicht eine Schlüsselstellung auf der arabischen Halbinsel zukomme[9], sah Grobba im Rahmen einer allgemeinen „Aktivierung der deutschen Politik im Nahen Osten" bei einer Waffenhilfe für den Irak größere politische und strategische Möglichkeiten[10]. Es schien ihm vorteilhafter, sich auf einen Staat zu konzentrie-

3 Hierzu im einzelnen Dessouki, S. 54 ff.
4 ADAP D XI, Dok. 680: Brief El Husseinis an Hitler, 20. 1. 1941, S. 1151 ff.
5 Zur Vorgeschichte des Rücktritts Ghailanis vgl. Kirk, S. 66; Khadduri, S. 204; Dessouki, S. 93 f.
6 Regierung Taha-el-Haschimi. Am 14. 5. 1941 wurde (während des Aufstandes des Irak) der plötzliche Tod Haschimis von der Regierung Ghailani bekanntgegeben.
7 Über die Beziehungen zwischen Deutschland und Saudi-Arabien in der Zeit von 1937—1939 vgl. die (mit Vorsicht) auszuwertende Aktennotiz des Außenpolitischen Amtes (Rosenbergs) vom 8. 7. 1941, gedruckt bei H.-G. Seraphim (Hrsg.): Das politische Tagebuch Alfred Rosenbergs 1934/35 und 1939/40, S. 191 ff.; ferner Dessouki, S. 52. — Von 1937—1939 war Grobba gleichzeitig deutscher Gesandter im Irak und in Saudi-Arabien. Nach dem Abbruch der diplomatischen Beziehungen des Irak zu Deutschland am 7. 9. 1939 kehrte er nach Berlin zurück.
8 Kurz vor Kriegsbeginn waren gerade die deutschen Beziehungen zu Saudi-Arabien intensiviert worden. Am 17. 6. 1939 hatte Hitler einen Sondergesandten König Ibn Sauds auf dem Berghof empfangen (Dessouki, S. 53).
9 ADAP D XII, Dok. 18: Memorandum des OKW an das AA, 5. 2. 1941, S. 30 ff.
10 Memorandum Grobbas vom 18. 2. 1941 (Staatssekretär: Akten betr. Irak, Polit. Archiv des AA, Bonn). Unterstaatssekretär Woermann wie auch Ribbentrop sprachen sich sowohl für eine Wiederaufnahme des Kontakts zu Ibn Saud als auch für eine Förderung der Nationalisten im Irak aus (ADAP D XII, Dok. 133: Memorandum Woermanns, 7. 3. 1941, S. 234 ff.; KTB OKW, Bd. I, S. 327: 15. 2. 1941).

ren, in dem die Voraussetzungen für eine relativ schnelle Auswirkung eines deutschen Engagements bei den virulenten nationalistischen Kräften im Lande besonders günstig waren. Mit der Konzentration auf einen einzigen Staat umging man auch eine Stellungnahme zu dem Problem der Errichtung eines „großarabischen Reiches". Sie konnte von deutscher Seite vorerst nicht in dem von der arabischen Seite gewünschten Sinne abgegeben werden, da dies die ohnehin schwache Stellung der Vichy-Regierung in Syrien, die man noch zugunsten der „Achse" zu nutzen hoffte, untergraben und den gaullistischen Gruppen Auftrieb gegeben hätte[11], deren „Machtübernahme" in Syrien das Ende aller deutschen Hoffnungen hinsichtlich des Irak bedeutet hätte.
Das stürmische Vordringen des „Deutschen Afrika-Korps" und der deutsche Aufmarsch in Südosteuropa, die das im Winter 1940/41 zugunsten Großbritanniens verschobene Schwergewicht der Macht im östlichen Mittelmeerraum auf die deutsche Gegenseite verlagerten, lösten am 1. 4. einen Staatsstreich Ghailanis in Bagdad aus, durch den die pro-britische Gruppe der irakischen Führungskräfte völlig ausgeschaltet wurde[12]. In dieser Situation mußte der Brief des Staatssekretärs Frhr. v. Weizsäcker vom 8. 4. an den „Großmufti"[13], mit dem er auf Weisung Hitlers das Schreiben vom 20. 1. beantwortete, von der Nationalistengruppe in Bagdad als eine Art Blankoscheck zum Losschlagen gewertet werden, sagte von Weizsäcker doch unverzügliche militärische und finanzielle Unterstützung Deutschlands („so weit wie möglich") für den Fall eines arabischen „Freiheitskampfes" gegen Großbritannien zu[14].
Die Situation im Irak spitzte sich noch durch verschiedene Schritte der britischen Seite zu. Am gleichen Tage (8. 4.), an dem das deutsche Hilfsversprechen abgesandt wurde, empfahl der militärische Planungsstab der britischen Regierung, alle geeigneten Maßnahmen zu ergreifen, um den Sturz der Regierung Ghailani herbeizuführen[15]. Ein erster Schritt hierzu sollte die Landung eines britisch-indischen Verbandes in Basra zur Verstärkung der schwachen britischen Truppen im Irak sein; denn es befanden sich zu diesem Zeitpunkt nur geringe Fliegerkräfte in den beiden Stützpunkten Habbaniya in West-Irak und Shaiba in der Nähe von Basra, die auf Grund des britisch-irakischen Vertrages vom 30. 6. 1930 der ehemaligen Mandatsmacht Großbritan-

11 ADAP D XII, Dok. 103: Der dt. Botschafter in Paris an das AA, 28. 2. 1941, S. 188 f. — Auch der Oberbefehlshaber, General Dentz, neigte zeitweilig zur Seite de Gaulles.

12 Die Flucht des pro-britischen Regenten Emir Abdul-Illah aus dem Irak und die Einsetzung eines neuen Regenten zeigten, daß es sich nicht um eine bloße Kräfteverschiebung innerhalb der irakischen Führung im üblichen Stile, sondern um eine offene politische Hinwendung zu Deutschland handelte.

13 ADAP D XII, Dok. 293: Frhr. v. Weizsäcker an den dt. Botschafter in Ankara, 8. 4. 1941 (mit Brief an El Husseini vom 8. 4. 1941), S. 488 ff.

14 Verschärfend wirkte noch eine deutsch-italienische Erklärung vom 9. 4. 1941, die Ghailani durch den italienischen Gesandten in Bagdad überreicht wurde (hierzu auf Grund der deutschen Akten Dessouki, S. 99).

15 Butler: Grand Strategy, vol. II, S. 460.

nien im Irak als Reservat eingeräumt worden waren[16]. Die Ankündigung des britischen Botschafters in Bagdad gegenüber Ministerpräsident Ghailani in der Nacht vom 16./17. 4., daß ein starker britischer Verband von Indien aus über den Irak zur Front nach Ägypten geleitet werde (mit dem die zwischen dem Irak und Großbritannien vertraglich vereinbarte Höchstgrenze von 3 000 Mann für eine gleichzeitige Durchschleusung britischer Kräfte durch irakisches Gebiet überschritten wurde), konnte auf irakischer Seite nur als eine gegen den Irak gerichtete Maßnahme gedeutet werden. Dies bestimmte den Beschluß des irakischen Nationalrats, dagegen Widerstand zu leisten und über den italienischen Gesandten in Bagdad die „Achsenmächte" um Luftwaffenunterstützung und Waffenlieferungen zu bitten. Die irakischen Flugplätze würden den Flugzeugen der „Achsenmächte" zur Verfügung stehen[17]. Noch ehe diese Nachricht nach Berlin gelangte, gingen die indischen Truppen am 18. 4. in Basra an Land, ohne daß es zunächst zu Kampfhandlungen kam.

Diese plötzliche Wendung der Situation im Irak kam Hitler keineswegs gelegen[18]. Alle bisherigen Überlegungen auf deutscher Seite waren davon ausgegangen, daß die Kontakte zu den arabischen Nationalisten erst in der Zeit nach „Barbarossa" zur Unterstützung der deutschen Offensivoperationen gegen die britische Nahost-Stellung ausgenutzt werden sollten. Auch der Brief v. Weizsäckers vom 8. 4. war — trotz einigen mißverständlichen Formulierungen[19] — nicht als Aufforderung zum sofortigen Handeln, sondern mehr als ein Versprechen für die Zukunft gedacht gewesen. Daher zögerte Hitler, sich auf eine militärische Unterstützung Ghailanis festzulegen, zumal die Gefahr bestand, daß eine nach Lage der Dinge zu erwartende Niederschlagung eines vorzeitigen Aufstandes der irakischen Armee nur alle für später wichtigen deutschen Ansatzmöglichkeiten in diesem Raum zerstören würde[20]. Auch die am 26. 4. beschlossene Einladung Hitlers an Admiral Darlan zu einem Besuch auf dem Berghof für die zweite Mai-Woche, bei dem er u. a. die allgemeinen politischen Voraussetzungen für eine Hilfeleistung an den Irak über Syrien klären wollte, zeigt, daß er nicht mit einer derart überstürzten Aktion Ghailanis

16 Ebda., S. 460 ff. Zum folgenden die britische Darstellung: Playfair, vol. II, S. 177 ff. („The Revolt in Iraq").

17 ADAP D XII, Dok. 372: Der dt. Geschäftsträger in Rom an das AA, 19. 4. 1941 (das Telegramm der irakischen Regierung an das AA lief über den italienischen Gesandten in Bagdad und über das italienische Außenministerium an den deutschen Geschäftsträger in Rom), S. 587 f.

18 Vgl. hierfür und für das Folgende die detaillierte Darstellung von Dessouki, S. 100 ff.

19 Es muß offenbleiben, ob Frhr. v. Weizsäcker (möglicherweise im Einverständnis mit Ribbentrop) den nach allgemeinen Weisungen Hitlers verfaßten Brief bewußt in diesen Formulierungen absandte, um einen Aufstand des Irak zu fördern und mit dem dadurch ausgelösten „Sog" zugunsten eines deutschen Engagements im Vorderen Orient Hitler vom Unternehmen „Barbarossa" abzulenken wollte (vgl. zu diesem Problem oben S. 451, Anm. 30).

20 Dies geht deutlich aus dem Memorandum Ribbentrops vom 21. 4. 1941 hervor (ADAP D XII, Dok. 377, S. 592 ff.).

rechnete, wie sie dann ohne Rückfrage in Berlin und ohne Absprache mit den „Achsenmächten"[21] von der irakischen Armee mit der Einschließung des britischen Stützpunktes Habbaniya in der Nacht vom 29./30. 4. eingeleitet wurde[22]. Zu diesem Zeitpunkt war gerade das griechische Festland von deutschen Truppen besetzt worden, doch hielten die Briten weiterhin Kreta.

Den Angriff der britischen Truppen gegen den irakischen Belagerungsring von Habbaniya (2. 5.), mit dem die Feindseligkeiten eröffnet wurden, beantwortete die Regierung Ghailani mit dem Abbruch der diplomatischen Beziehungen zu Großbritannien und der Bitte an Hitler um unverzügliche deutsche militärische Hilfe und um Entsendung des Gesandten Grobba als Vertreter des Reiches nach Bagdad[23]. Nunmehr war eine schnelle deutsche Entscheidung unumgänglich, da die zahlenmäßig recht starke, aber schlecht bewaffnete irakische Armee (50 000 Mann) zu dem Versuch ansetzte, die 8 500 Mann britischer Truppen aus dem Lande zu vertreiben. Der von Ribbentrop vorgeschlagenen[24] Entsendung Grobbas nach Bagdad stimmte Hitler am 3. 5. zu[25], doch verhielt er sich gegenüber den irakischen Forderungen nach Lieferung deutscher Waffen weiterhin reserviert. Die Bereitschaft Admiral Darlans am 5. 5., die stockierten französischen Waffenbestände in Syrien sowie syrische Flugplätze zu Zwischenlandungen für deutsche Flugzeuge, die in den Irak entsandt würden, zur Verfügung zu stellen[26], schien Hitler indessen einen Weg zu weisen, mit relativ wenig deutschen Kräften zumindest eine längere Fortdauer des irakischen Widerstandes zu erreichen. Gesandter Rahn erhielt als deutscher Vertreter bei der italienischen Kontrollkommission den Sonderauftrag, in Syrien für eine

21 Ghailani forderte am 28. 4. von den „Achsenmächten" drei Millionen irakische Dinar für die Kriegführung im Falle eines militärischen Konflikts mit Großbritannien. Der irakische Generalstabschef wünschte die Bombardierung der britischen Truppenansammlungen im Raume von Basra und der britischen Schiffe in Basra und im Persischen Golf. Die Flugplätze von Mossul, Bagdad und Mikdadi sollten den „Achsen"=Flugzeugen zur Verfügung gestellt werden. Treibstoff für mindestens vier Monate sei vorhanden (Dessouki, S. 103). (Tatsächlich war, wie die deutschen Flieger am 15. 5. feststellten, die Bezinlage auf den irakischen Plätzen „katastrophal".) — Daraufhin beschloß das Auswärtige Amt im Einvernehmen mit dem OKW die Entsendung Grobbas nach Bagdad. Ehe es hierzu kam, handelte jedoch die irakische Regierung selbständig.

22 Hierzu und für den Kriegverlauf Playfair, vol. II, S. 177 ff. — Es hat den Anschein, als rechnete die irakische Regierung — in Unkenntnis des deutsch=sowjetischen „Verhältnisses" und der Pläne Hitlers — mit stärkeren deutschen Waffenlieferungen via Sowjetunion=Iran. Ihre Bemühungen, mit der Sowjetunion diplomatische Beziehungen herzustellen, hingen damit zusammen (vgl. oben S. 431 mit Anm. 30).

23 ADAP D XII, Dok. 432: Der dt. Geschäftsträger in Ankara an das AA, 2. 5. 1941, S. 686.

24 ADAP D XII, Dok. 435: Memorandum Ribbentrops, 3. 5. 1941, S. 688 f.

25 ADAP D XII, Dok. 436: Hewel an Ribbentrop, 3. 5. 1941, S. 690.

26 ADAP D XII, Dok. 459: Der dt. Botschafter in Paris an das AA, 5. 5. 1941, S. 718 ff.; Dok. 475: Aufz. über die Pariser Besprechungen zwischen Darlan und General Vogl am 6. und 7. 5. 1941, S. 740 ff.; KTB Halder, Bd. II, S. 399 (6. 5. 1941).

möglichst rasche Überführung der Waffen an den Irak zu sorgen[27]. Nach dem Scheitern eines Vermittlungsversuches der Türkei, die an einem Ausgleich zwischen dem Irak und Großbritannien interessiert war, da eine völlige Ausschaltung der britischen Macht im Süden ihres Territoriums das politische Gegengewicht Großbritanniens zu Deutschland und der Sowjetunion in der türkischen Balance-Politik zu sehr geschwächt hätte[28], gingen die Kämpfe im Irak mit vermehrter Heftigkeit weiter.

Die optimistischen Berichte, die Gesandter Grobba (der am 11. 5. in Bagdad eingetroffen war[29]) über die Situation des Irak nach Berlin schickte[30], führten zu dem Entschluß Hitlers, nun doch stärkere deutsche Hilfe zu leisten. Dieser Kurswechsel fand in der „Weisung Nr 30" vom 23. 5. 1941[31] seinen Niederschlag. Nun hieß es programmatisch: „Ich habe mich entschlossen, die Entwicklung im Mittleren Orient durch Unterstützung des Irak vorwärts zu treiben." Eine deutsche Militärmission unter General der Flieger Felmy, um deren Entsendung die irakische Regierung schon am 2. 5. gebeten hatte, der aber Hitler erst am 21. 5. seine Zustimmung gab, sollte die „irakische Wehrmacht beraten und unterstützen", also praktisch als deutsches Führungsorgan für die Kriegführung des Irak dienen. Allerdings folgte in Hitlers Weisung vom 23. 5. sogleich die Einschränkung: „Ob und wie die englische Stellung zwischen Mittelmeer und Persischem Golf – im Zusammenhang mit einer Offensive gegen den Suez-Kanal – später endgültig zu Fall zu bringen ist, steht erst nach ‚Barbarossa' zur Entscheidung." Damit war eine deutliche Grenze für das deutsche Engagement im Irak gezogen und infolgedessen trotz aller seit dem 13. 5. einsetzenden verstärkten deutschen Aktivität das schließliche Scheitern des Aufstandes vorauszusehen.

Die politischen Hauptanstrengungen auf deutscher Seite galten auch gar nicht dem Irak selbst, sondern zielten im Zusammenhang mit den Bemühungen um die Genehmigung eines Waffentransits durch die türkische Regierung darauf,

27 ADAP D XII, Dok. 476: Aufz. Woermanns, 8. 4. 1941, S. 742 f.; über Rahns Tätigkeit in Syrien vom 9. 5. bis 11. 7. 1941 sein ausführliches Memorandum vom 30. 7. 1941, ADAP D XIII, Dok. 165, S. 237 ff.; seine Erinnerungen (R. Rahn: Ruheloses Leben. Düsseldorf 1949, S. 152 ff.) enthalten mehr Impressionen als Fakten.

28 Zu dem bereits am 3. 5. eingeleiteten Vermittlungsversuch der türkischen Regierung ausführlich Krecker, S. 158 ff. Ein eventuell zustande kommender Waffenstillstand sollte, wie der deutsche Geschäftsträger in Ankara Kroll mit dem irakischen Kriegsminister Shawkat (im Sommer 1940 als Justizminister der Übermittler der ersten Sondierung der irakischen Nationalisten, vgl. oben S. 140 f.) vereinbarte, dazu dienen, „die militärische und politische Zusammenarbeit mit uns zu organisieren und vertraglich festzulegen und den Kampf gegen England sofort wieder aufzunehmen, sobald wir (das) Signal dazu geben" (Der dt. Geschäftsträger in Ankara an das AA, 10. 5. 1941, Staatssekretär: Akten betr. Türkei, Polit. Archiv des AA, Bonn).

29 ADAP D XII, Dok. 493: Grobba an das AA, 11. 5. 1941, S. 775.

30 Die Anerkennung der Regierung Ghailani durch die Sowjetunion am 12. 5. 1941 schien auch ein Zeichen für die gefestigte Position der Staatsstreich-Regierung.

31 Hubatsch: Hitlers Weisungen, S. 120 ff.

die seit März fortschreitende Annäherung der Türkei an Deutschland so weit voranzutreiben, daß die türkische Regierung praktisch auf ein Bündnis mit Deutschland festgelegt wurde[32]. Durch dilatorische Behandlung des deutschen Vertragsangebots bei Genehmigung einzelner deutscher Waffentransporte auf der Bagdad-Bahn in den Irak[33] (und auch nach Iran und Afghanistan) hielt die türkische Regierung jedoch die deutsche Seite so lange hin, bis die Entscheidung im Irak gefallen war[34].
Die direkte deutsche militärische Unterstützung für den Irak beschränkte sich auf die Entsendung weniger Flugzeuge. Die ersten der insgesamt 24 deutschen Flugzeuge trafen nach Zwischenlandung auf den syrischen Flugplätzen Damaskus und Palmrya (12. 5.[35]) am 14. 5. in Mossul ein. Sie griffen ab 16. 5. in die Kämpfe um Habbaniya ein[36]. Durch britische Luftangriffe auf ihren Stützpunkt, den Flugplatz Mossul, sowie Verluste in den Luftkämpfen war am Ende der Feindseligkeiten im Irak von den deutschen Flugzeugen nur noch ein einziges startbereit, das am 31. 5. über Aleppo nach Rhodos zurückflog[37].
Die zeitweilig kritische Lage der Briten im Irak hatte sich bereits am 18. 5. zu ihren Gunsten gewendet[38], als von Transjordanien aus Verstärkungen in Habbaniya eingetroffen waren, so daß von hier und von Basra aus der Vorstoß nach Bagdad eingeleitet werden konnte[39]. Nachdem am 29. 5. die Außenbezirke der irakischen Hauptstadt erreicht waren, flohen Ghailani und der „Großmufti"

32 Hierzu eingehend Krecker, S. 155 ff. Ribbentrops Weisung an v. Papen vom 19. 5. 1941 lautete: „Das Entscheidende bei dem in Aussicht genommenen (politischen deutsch-türkischen) Abkommen ist für uns die Ermöglichung des Durchtransports von Kriegsmaterial durch die Türkei" (ADAP D XII, Dok. 538, S. 849 f.). Über die spätere Form des deutsch-türkischen Freundschaftsvertrages vom 18. 6. 1941 vgl. unten S. 497.

33 KTB Halder, Bd. II, S. 412 (15. 5. 1941): „Deutscher Munitionstransport über Bagdad-Bahn im Irak eingetroffen . . . Große Begeisterung!"

34 Krecker, S. 161 f.

35 Als Gegenmaßnahme griff die britische Luftwaffe am 14. 5. Palmyra an und warf am 15. 5. über Damaskus Flugblätter ab, in denen die Franzosen zum Kampf gegen Deutschland aufgerufen wurden.

36 Die deutschen Truppen traten im Irak nicht in deutschen Uniformen, sondern in einer der Uniform der irakischen Armee ähnlichen Tropenuniform in Erscheinung. Die Flugzeuge trugen irakische Hoheitszeichen.

37 Über die Tätigkeit der deutschen Flieger im Irak im einzelnen vgl. die Tageseintragungen im KTB OKW, Bd. I, S. 394 ff.

38 Dies wurde auch auf deutscher Seite sogleich erkannt (KTB Halder, Bd. II, S. 419: 19. 5. 1941). — Schon am 9. 5. war — nach neuen Truppenlandungen in Basra — die Zahl der britischen Truppen im Irak auf 35 000 angewachsen (KTB der Skl., Teil A, 9. 5. 1941).

39 Butler: Grand Strategy, vol. II, S. 462 f. — Am 6. 5. hatten bereits die irakischen Truppen das Plateau bei Habbaniya räumen müssen. Am 11. 5. eroberten die Briten Rutbah. Am 13. 5. überschritten die britischen Verstärkungen von Transjordanien aus die irakische Grenze. Am 15. 5. von einem einzelnen deutschen Flugzeug angegriffen, erreichten sie am 18. 5. Habbaniya, am 19. 5. Falludja. Infolge der Überflutung des Euphrat dauerte es dann noch neun Tage, bis sie nach Bagdad gelangten.

am folgenden Tage über die iranische Grenze[40]. Ein Waffenstillstand am 31. 5.[41] beendete die britisch-irakischen Kampfhandlungen[42]. Grobba und die deutschen „Berater" kehrten über Aleppo nach Deutschland zurück[43].
Gesandter Rahn dagegen blieb als Leiter des deutschen Verbindungskommandos zur italienischen Kontrollmission[44] in Syrien zurück. Doch fand seine Mission, die auf eine Sicherung des Sprungbretts Syrien für die Zeit nach „Barbarossa" abgestellt war, am 11. 7. ein frühes Ende[45]; denn die Anstrengungen der Vichy-Regierung, in Syrien den Briten gegenüber auf den Kurs korrekter Neutralität zurückzulenken, nachdem der Aufstand im Irak zusammengebrochen war und Anfang Juni das Scheitern des zweiten großen „Collaborations"-Versuchs feststand[46], kamen zu spät. Die deutsche Eroberung Kretas Ende Mai machte für Großbritannien die Klärung der Situation in Syrien unbedingt erforderlich[47]. Das bisher von britischer Seite abgewiesene Drängen de Gaulles nach einer Aktion gegen die Vichy-Behörden in Syrien führte daher jetzt für ihn zu einem Teilerfolg[48]. Zwar lehnte die britische Regierung nach wie vor ein selbständiges Handeln de Gaulles ab, doch schien eine Hinzuziehung „frei-französischer" Verbände bei der ab 25. 5. geplanten militärischen Besetzung Syriens (Unternehmen „Encounter") ratsam. Indessen wirkte sich — entgegen den britischen Erwartungen — gerade die Beteiligung gaullistischer Kräfte beim britischen Einmarsch am 8. 6. nicht zugunsten einer raschen Entscheidung, sondern im Gegenteil in einer Verhärtung des Widerstandes der Vichy-Truppen unter General Dentz aus. Erst am 21. 6. (statt, wie erwartet, am ersten Tage) konnte die syrische Hauptstadt Damaskus von den Briten eingenommen werden, und erst ein Vorstoß vom Irak aus in die tiefe Flanke der französischen Front in Süd-Syrien (Einnahme von Palmyra am 3. 7.) zwang Dentz, am 14. 7. in einen für die Vichy-Regierung akzeptablen Waffenstillstand einzuwilligen. Die von Hitler genehmigte Überführung französischer Verstärkungen im Eisenbahntransport nach Saloniki sowie mit französischen Schiffen und Flugzeugen nach Syrien wirkte sich auf den Verlauf der fünfwöchigen Kämpfe nicht aus, da es der französischen Seite nicht gelang, die britische Küstenblockade Syriens zu

40 ADAP D XII, Dok. 571: Grobba an das AA, 30. 5. 1941, S. 925 f.
41 Text bei Khadduri, S. 227.
42 Playfair, vol. II, S. 191 ff.
43 ADAP D XII, Dok. 587: Ribbentrop an Rahn, 3. 6. 1941, S. 953. — Über die Bemühungen Grobbas, im Norden des Irak noch ein Widerstandszentrum aufzubauen, vgl. Dessouki, S. 113 f.
44 Seit dem 9. 5. 1941.
45 Vgl. den umfassenden Bericht über seine Tätigkeit in Syrien vom 30. 7. 1941 in: ADAP D XIII, Dok. 165, S. 237—265; Rahn: Ruheloses Leben, S. 152 ff.
46 Vgl. oben S. 451 ff.
47 Zur deutschen Syrien-Politik seit dem Waffenstillstand mit Frankreich zusammenfassend Dessouki, S. 115 ff.
48 Hierfür und für den Verlauf des Feldzuges gegen Syrien Butler: Grand Strategy, vol. II, S. 520 ff.; Wilson: Eight Years over Sea 1939—1947. London 1948, Kap. IV; Playfair, vol. II, Kap. X; zum politischen Hintergrund: de Gaulle, S. 168 ff.; Woodward, S. 108 ff.

durchbrechen[49]. Außer einem Luftangriff auf das britische Kreuzergeschwader vor Beirut und einen weiteren auf Damaskus in der Nacht vom 21./22. 6. fand eine unmittelbare deutsche Unterstützung der Vichy=Truppen nicht statt[50]. Hitler sah offensichtlich den Verlust Syriens für unabwendbar an, nachdem der britische Angriff einmal begonnen hatte, zumal der nahe bevorstehende „Barbarossa"=Termin jedes stärkere Engagement verbot. Als Vorteil für später konnte es sich erweisen, daß nun die Schwierigkeiten bei der propagandistischen Unterstützung der arabischen Nationalisten bei ihrer Forderung nach Schaffung eines „Großarabien" fortfielen. Nach der britischen Besetzung des Irak und Syriens rückte die deutsche Araber=Politik – wie man auf deutscher Seite zunächst meinte, nur zeitweilig[51], als Folge des Scheiterns des „Barbarossa"=Unternehmens dann aber endgültig – in den Bereich der reinen Propaganda[52].

Dies galt von Anfang an und ausschließlich für die deutsche Indien=Politik, die sich im Zusammenhang mit dem Eintreffen des indischen Nationalistenführers Subhas Chandra Bose[53] in Deutschland am 2. 4. 1941 zu entwickeln

49 Im Gegensatz zu ihrer Haltung während des Aufstandes im Irak verhielt sich die Türkei in der britisch=französischen Auseinandersetzung um Syrien strikt neutral und lehnte jede Unterstützung der französischen Seite ab (vgl. hierzu KTB OKW, Bd. I, S. 409: 22. 6. 1941). Daher blieben, von Deutschland aus betrachtet, nur die oben genannten Möglichkeiten. Die türkische Regierung gab General Dentz und seinen Kräften von Anfang an keine Chance.

50 Über die militärtechnischen Gründe für diese schwache Unterstützung Warlimont, S. 147. – Darlan hatte zwar am 11. 6. um deutsche Luftangriffe auf Haifa und die britischen Flotteneinheiten vor der syrischen Küste gebeten, doch lehnte er die von Dentz befürwortete Überlassung des Flugplatzes von Aleppo als Stützpunkt für deutsche Stukas ab, da er einen britischen Gegenzug in Westafrika oder gegen Französisch=Marokko befürchtete (Dessouki, S. 118).

51 Die Nachwirkungen der Tatsache, daß der arabische Raum im Zweiten Weltkrieg (außer der Randzone in Tunesien, Libyen und Westägypten, in denen die deutschen Truppen nur militärische Operationen ausführten, Deutschland aber nicht Besatzungsmacht war) nicht von Deutschland besetzt wurde, so daß es den Arabern nur als ein ferner „Freund" erschien, dessen Hilfeleistung auf Grund des widrigen Kriegsverlaufs nicht zur Geltung kommen konnte, und daß sie Deutschland nicht als Besatzungsmacht mit allen Konsequenzen des nationalsozialistischen Regimes kennenlernten, auf die Deutschlandvorstellungen in den arabischen Ländern und das Bild der Deutschen bei den Arabern können hier nicht dargelegt werden. Doch verdiente dieses Thema eine gesonderte Untersuchung.

52 Noch vor dem britisch=sowjetischen Einmarsch in Iran wich Ghailani nach der Türkei aus, während Husseini sich in Verkleidung den Ende August 1941 aus Iran flüchtenden Italienern anschloß und zunächst nach Rom, am 6. 11. 1941 dann nach Berlin begab. Ghailani wurde am 20. 11. 1941 mit gefälschtem Paß durch die „Abwehr" von Istanbul nach Deutschland gebracht (Leverkuehn, S. 166 ff.). Ghailani und Husseini entwickelten von Berlin aus mit deutscher finanzieller Unterstützung eine rege antibritische und antijüdische Propagandatätigkeit.

53 Subhas Chandra Bose, geb. 1897, aus alter bengalischer Familie. Studium in Kalkutta und Cambridge, 1929 Vizepräsident des Allindischen Kongresses, 1938 Präsident der indischen „Freiheitsbewegung". Vgl. H. Toye: The Springing Tiger. A Study of a Revolutionary: Subhas Chandra Bose. London 1959.

begann[54]. Bose war am 1. 2. 1941 die Flucht aus Indien nach Kabul gelungen, und die sowjetische Regierung hatte ihm die Durchreise nach Deutschland gestattet[55]. Bis dahin hatte Indien als eigenständiger Faktor bei Hitler keine Rolle gespielt, und alles, was Bose nun vorschlug, widersprach völlig Hitlers axiomatischen Vorstellungen von Indien und von der hohen Bedeutung, die er trotz des Krieges der britischen Herrschaft über Indien in seiner Rassen=ideologie beimaß. Daher war von seiner Seite aus von Anfang an nur an eine – begrenzte – Rolle Boses im Rahmen der Kriegspropaganda gedacht und nicht an eine Partnerschaft, wie sie der indische Nationalistenführer anstrebte.
Das politische Ziel Boses kam bereits in der ersten Unterredung mit Unter=staatssekretär Woermann am 3. 4. zum Ausdruck[56], als er die Einrichtung einer indischen Exil=Regierung in Deutschland, eine deutsche Erklärung für ein „Freies Indien" und die propagandistische Vorbereitung zunächst einzelner Unruhen und schließlich eines großen Volksaufstandes „gegen die 70 000 Eng=länder der insgesamt 300 000 Mann der britisch=indischen Armee" in Indien als sein Programm bezeichnete. Der große Aufstand sollte im Augenblick des Einmarsches der „Achsenmächte" in Indien ausgelöst werden, den er als das anzustrebende Fernziel seiner Politik betrachtete. In einem Memorandum vom 9. 4. entwickelte Bose einen detaillierten „Plan für die Zusammenarbeit zwi=schen den Achsenmächten und Indien[57]", in dem er die Stufenfolge und die Schwerpunkte der geplanten Agitationstätigkeit darlegte. Danach sollten u. a. die schon seit dem Winter 1939/40 im Gange befindlichen Aktionen des „Fakirs von Ipi"[58] in der „Unabhängigen Zone" zwischen Afghanistan und der in=dischen Nordwestprovinz in den Rahmen des Aufstandsplanes Boses einge=fügt werden. Schon in der Unterredung, die Ribbentrop am 29. 4. in Wien mit Bose führte[59] – Hitler lehnte einen Empfang ab[60] –, kamen in einigen Zwi=

54 Bis dahin gab es eine deutsche „Indien=Politik" im Zweiten Weltkrieg wohl auch im propagandistischen Sinne nicht. Über mögliche Aktionen, die vom Büro Ribbentrop ausgingen, fehlen Unterlagen. Die Akte „Indien" des Polit. Archivs im AA, die den neuen Sachkomplex einführte, beginnt jedenfalls erst mit der Notiz über die Flucht Boses. Über die Bemühungen um Afghanistan und die Versuche der „Abwehr", an der afghanisch=indischen Grenze Aufstände zu schüren, vgl. oben S. 382 ff. – Am 27. 3. 1941 wurden – als propagandistische Vorbereitung für das Eintreffen Boses in Deutschland – sämtliche indischen Kriegsgefangenen aus der deutschen Gefangenschaft entlassen.

55 ADAP D XII, Dok. 36: Unterstaatssekretär Woermann an den dt. Botschafter in Moskau, 9. 2. 1941, S. 63 f. – Bitte an die Sowjetregierung, die Durchreise Boses von Kabul nach Berlin zu genehmigen. – Am 3. 3. teilte Botschafter Graf von der Schulenburg die sowjetische Zusage dem AA mit.

56 ADAP D XII, Dok. 257: Aufz. Woermanns über die Unterredung mit Bose, 3. 4. 1941, S. 442 f.

57 ADAP D XII, Dok. 300: Memorandum Boses, 9. 4. 1941, S. 499 ff.

58 Vgl. oben S. 450. – Auch Mussolini stand, wie er Ribbentrop am 13. 5. 1941 mit=teilte (ADAP D XII, Dok. 511, S. 806), mit dem „Fakir von Ipi" in Verbindung und versuchte, ihn durch große Geldbeträge für sich zu gewinnen.

59 ADAP D XII, Dok. 425: Aufz. über die Unterredung Ribbentrop=Bose im Hotel Imperial in Wien, 29. 4. 1941, S. 670 ff.

schenbemerkungen Ribbentrops die Vorbehalte gegenüber diesen weitschweifenden Plänen deutlich zum Ausdruck.

Die Bemühungen Boses, bei Mussolini mehr Verständnis zu finden, blieben schon deshalb ergebnislos, weil Italien machtpolitisch keine Bedeutung mehr besaß und seine Orient-Politik, die keine Ausstrahlungskraft hatte, überall im Nahen und Mittleren Osten nur Mißtrauen weckte.

Hitler entschied sich gegen die Proklamation eines „Freien Indien", die Bose gefordert hatte[61]. In seinem großen Kriegsplan, dessen Verwirklichung mit dem bevorstehenden Angriff auf die Sowjetunion eingeleitet werden sollte und in dem für einen späteren Zeitraum auch eine Bedrohung der britischen Stellung in Indien von Afghanistan aus vorgesehen war, wurde einem „Freien Indien" unter Bose von Hitler keine Rolle zugedacht; vielmehr betrachtete er die britische Herrschaft über Indien immer noch als die beste Lösung[62] des Indien-Problems[63]. Die Überzeugung, daß Indien als Zentrum der britischen Machtstellung in der Welt von Großbritannien unbedingt gehalten werden müßte, führte ihn, wie schon in anderem Zusammenhang dargelegt[64], zu dem Schluß, daß eine Gefährdung Indiens durch einen deutschen Aufmarsch an der

60 Die nächste Begegnung Ribbentrops mit Bose fand erst am 29. 11. 1941 statt. — Hitler empfing schließlich Bose am 29. 5. 1942 (einzige Begegnung), als der japanische Vormarsch die burmesisch-indische Grenze erreicht hatte.

61 Am 24. 5. wurde Bose von Woermann von der Entscheidung Hitlers in Kenntnis gesetzt, nachdem dieser seine Entscheidung in den Tagen vor dem 10. 5. getroffen hatte (ADAP D XII, Dok. 553: Woermann an Ribbentrop, 25. 5. 1941, S. 878). Ob ein Zusammenhang zwischen dieser Entscheidung Hitlers (die er gegen den Rat Ribbentrops traf, der eine deutsche Erklärung für ein „Freies Indien" für Mitte Mai vorgesehen hatte) und der Mission Heß' (vgl. unten S. 513 ff.) besteht, muß mangels Quellen offenbleiben. Von Hitlers außenpolitischer Axiomatik betrachtet liegt eine Verknüpfung nahe. Ribbentrops Stellungnahme ergab sich aus seiner antibritischen Einstellung. Er versprach sich von einer deutschen „Indienerklärung" große psychologische Auswirkungen auf England. — Erst am 4. 7. 1943 proklamierte Bose — von Singapore im japanischen Machtbereich aus, in den er nach einer Reise mit U-Booten am 28. 4. 1943 übergewechselt war — eine „Provisorische Regierung des Freien Indien", die auch von Deutschland anerkannt wurde.

62 Bezeichnend ist die Tagebuch-Notiz des stets hervorragend unterrichteten U. v. Hassell vom 22. 3. 1942, in einer Zeit, als der scheinbar unaufhaltsame Vormarsch der Japaner sich von Burma aus der indischen Grenze näherte: „Man sagt, daß Hitler selbst nicht restlos begeistert sei von den Riesenerfolgen der Japaner und gemeint habe, am liebsten würde er den Engländern 20 Divisionen schicken, um die Gelben wieder zurückzuwerfen" (Hassell, S. 253).

63 Hitlers wahre Meinung über die Inder trat in seiner beißenden Ironie in der Lagebesprechung am 23. 3. 1945, also wenige Wochen vor Kriegsende, deutlich heraus: „Die (auf deutscher Seite kämpfende) Indische Legion ist ein Witz. Es gibt Inder, die können keine Laus umbringen, die lassen sich lieber auffressen. Die werden auch keinen Engländer umbringen. Die ausgerechnet den Engländern gegenüberzustellen halte ich für einen Mumpitz ... Ich glaube, wenn man die Inder verwenden würde, um Gebetsmühlen zu drehen oder so irgend etwas, würden sie die unermüdlichsten Soldaten der Welt" (Heiber: Hitlers Lagebesprechungen, S. 940).

64 Vgl. oben S. 338.

Nordwestgrenze Großbritannien zum Einlenken und zum „Ausgleich“ mit ihm führen würde.

Lediglich der Aufbau einer Propaganda-Zentrale „Freies-Indien“ wurde Bose von deutscher Seite zugestanden[65], doch auch die Aufnahme dieser Tätigkeit[66] konnte im größeren Rahmen erst in der völlig veränderten weltpolitischen Situation des Februar 1942 beginnen[67].

4. Die Gewinnung von Verbündeten für den Ostfeldzug

Die Zerschlagung der Sowjetunion als Voraussetzung für die Aufrichtung eines deutschen Ostimperiums auf ihren Trümmern war, da es sich um Hitlers eigentliches großes Kriegsziel handelte, seiner Auffassung nach eine ausschließlich deutsche Aufgabe. Der militärische Sieg über die Rote Armee konnte und sollte daher nicht in Form eines Koalitionskrieges herbeigeführt werden, sondern war nach Hitlers Überzeugung (wie auch nach der seiner militärischen „Berater“) vom deutschen Heer und der deutschen Luftwaffe in einem kurzen Feldzug von wenigen Wochen oder Monaten zu erreichen. Daher blieb eine Beteiligung der Hauptverbündeten Japan und Italien von vornherein außer Betracht[1]. Japan sollte vielmehr im Rahmen von Hitlers Gesamtkriegsplan, wie schon dargelegt[2], durch das deutsche Unternehmen „Barbarossa“ die Rückenfreiheit gewinnen, um seine Expansion nach Südostasien voranzutreiben und als machtpolitisches Gegengewicht gegen die USA zu wirken, während die schwachen Kräfte Italiens nach Hitlers Auffassung ohnehin nicht für einen Ostfeldzug in Betracht kamen, da sie nicht einmal ohne deutsche Hilfe zur Sicherung der Mittelmeerstellung ausreichten. Die Absicht Hitlers, die Sowjetunion anzugreifen, erfuhren sowohl Japan[3] als auch Italien offiziell erst am Angriffstage, also am 22. 6. 1941.

65 Die Betreuung Boses übernahm als Vertreter des AA Legationsrat Trott zu Solz (über Boses Aufenthalt in Deutschland vgl. den Bericht des Inders G. Mookerjee: Labyrinth Europa. Düsseldorf 1956, S. 93 ff.).

66 Am 17. 7. 1941 erklärte Bose Unterstaatssekretär Woermann, daß im deutsch-sowjetischen Kriege die Sympathien des indischen Volkes „ganz entschieden auf der russischen Seite“ lägen, weil das indische Volk sicher sei, daß Deutschland der Angreifer und daher auch für Indien als „imperialistische Macht“ gefährlich sei (ADAP D XIII, Dok. 120: Aufz. Woermanns, 17. 7. 1941, S. 165 ff.). Diese Haltung erhöhte das Mißtrauen der deutschen Behörden gegenüber Bose beträchtlich.

67 Über die deutsche „Indien-Politik“ 1942 vgl. die Einführung des Verf. zu KTB OKW, Bd. II, S. 21 ff.

1 Das in den Notizen Bormanns vom 18. 2. 1945 überlieferte, rückschauende Bedauern Hitlers, daß Japan nicht gleichzeitig mit Deutschland am 22. 6. 1941 die Sowjetunion angegriffen habe („Le testament politique de Hitler“, S. 111), ist ein nachträglicher Wunsch, der mit Hitlers politisch-strategischer Konzeption 1940/41 nichts zu tun hat.

2 Vgl. oben S. 361 ff.

3 Botschafter Oshima hatte schon am 16. 6. auf Grund eigener Informationen

Als der deutsche Botschafter in Tokio Ott dem japanischen Außenminister Matsuoka Mitteilung über den Kriegsbeginn machte, wiederholte dieser seine schon in einem Gespräch mit dem Botschafter am 6. 5.[4] vertretene persönliche Meinung, „daß Japan auf die Dauer in diesem Konflikt nicht neutral bleiben könne[5]". Matsuoka bemühte sich auch, Kaiser Hirohito für seine Auffassung zu gewinnen, auf Grund der neuen Situation alle seit dem 16. 4. im Gange befindlichen Vorbereitungen für eine Südexpansion[6] zu unterbrechen und zunächst die Sowjetunion anzugreifen, um eine Generalbereinigung des Rußland-Problems herbeizuführen[7].

Diese Anstrengungen Matsuokas trafen sich mit Sonderbestrebungen Ribbentrops, der — ohne Weisung, allenfalls mit halber Unterstützung Hitlers[8] — unter dem Eindruck der ersten großen deutschen Erfolge auf dem Ostkriegsschauplatz einen Kriegseintritt Japans gegen die Sowjetunion herbeizuführen bestrebt war. Am 28. 6. teilte er Botschafter Ott telegraphisch mit[9], er habe mit dem japanischen Botschafter in Berlin Oshima „verabredet", „daß er auf seine Regierung im Sinne *schnellen*[10] militärischen Vorgehens gegen Sowjetrußland einwirkt", und forderte ihn auf, seinerseits „alle gegebenen Möglichkeiten auszunutzen, um die dortige Regierung und sonstige maßgebende dortige Kreise im gleichen Sinne zu beeinflussen". Dabei sollte Ott u. a. folgende Gesichtspunkte anführen: „Der Krieg zwischen Deutschland und Sowjetrußland wird nicht etwa lediglich die Lösung mehr oder weniger begrenzter Einzelprobleme herbeiführen, sondern wird die Endkampflösung der russischen Frage in ihrer Totalität zur Folge haben[11].

„Die von unserer militärischen Aktion binnen verhältnismäßig kurzer Zeit zu erwartende Zerschlagung der russischen Macht wird den Sieg Deutschlands

seiner Regierung in Tokio mitgeteilt, daß in der folgenden Woche deutsch-sowjetische „Feindseligkeiten" ausbrechen würden. — Die im Kido Diary (3. 6. 1941) verzeichnete Notiz (Kase, S. 160; Menzel, S. 206), daß Hitler selbst Oshima bereits am 3. 6. 1941 von dem bevorstehenden Feldzug gegen die Sowjetunion unterrichtet habe, dessen Dauer er mit höchstens drei Monaten angegeben habe, wobei Japan frei entscheiden könne, ob es sich an diesem Krieg beteiligen wolle, findet in den deutschen Akten keine Bestätigung.

4 Hierzu und für das Folgende Lupke, S. 127 ff.

5 Der dt. Botschafter in Tokio an das AA, 23. 6. 1941 (22. 6. nach deutscher Zeit) (Staatssekretär betr. Japan, Polit. Archiv des AA, Bonn).

6 Vgl. oben S. 411.

7 Lupke, S. 128.

8 Die unterschiedliche Haltung Hitlers und Ribbentrops hinsichtlich der Wünschbarkeit eines japanischen Angriffs auf die Sowjetunion blieb bis Ende 1942 bestehen. Ribbentrop verfolgte hier eine Sonderpolitik (vgl. auch die Einführung des Verf. zu KTB OKW, Bd. II, S. 18 f.). Ribbentrop berichtet in seinen Erinnerungen (S. 248), daß Hitler ihm schwere Vorwürfe wegen seiner selbständigen Initiative im Juni/Juli 1941 gemacht habe.

9 Ribbentrop an den dt. Botschafter in Tokio, 28. 6. 1941, 20.10 Uhr (Staatssekretär: Akten betr. Japan, Polit. Archiv des AA, Bonn).

10 Im Original unterstrichen.

11 Dieser und der anschließende Gesichtspunkt im nächsten Abschnitt dieses Telegramms lassen die zwei Seiten des Ostkrieges in der Konzeption Hitlers — trotz der Phraseologie Ribbentrops — gut erkennen.

auch über England zur unwiderruflichen Tatsache machen. Wenn Deutschland im Besitze der russischen Ölquellen und Getreidefelder ist, ist damit für das gesamte Europa die ausreichende Versorgung sichergestellt, so daß auch die englische Blockade überhaupt völlig gegenstandslos wird. Die unmittelbare Landverbindung nach Ostasien wird bei dieser Gelegenheit ebenfalls hergestellt. ... Im Hinblick auf den zu erwartenden schnellen Verlauf der Ereignisse sollte Japan seine Entscheidung im Sinne des militärischen Vorgehens gegen Sowjetrußland ohne Zögern treffen. Ein japanisches Vorgehen gegen ein bereits zu Boden geschlagenes Sowjetrußland würde (dagegen) die moralische und politische Position Japans erheblich beeinträchtigen. Es kann damit gerechnet werden, daß die schnelle Niederringung Sowjetrußlands, zumal wenn sich Japan von Osten her daran beteiligt, das beste Mittel sein wird, um die Vereinigten Staaten von der absoluten Sinnlosigkeit eines Eintritts in den Krieg auf Seiten des dann völlig isolierten und der mächtigsten Kombination der Erde gegenüberstehenden England zu überzeugen." Zur persönlichen Kenntnisnahme Otts fügte Ribbentrop in einem weiteren Telegramm vom gleichen Tage hinzu[12], daß „die Entwicklung der militärischen Operationen ... nach teilweise allerdings harten Kämpfen einen derart günstigen und schnellen Verlauf (nehme[13]), daß unter Umständen mit einem sehr viel frühzeitigeren Zusammenbruch des russischen Gesamtwiderstandes zu rechnen (sei), als wir bisher gedacht haben[14]".

Matsuoka blieb indessen innerhalb der japanischen Führung mit seiner Lagebeurteilung und der Konsequenz, Japan solle die Sowjetunion sogleich angreifen, allein[15]. Am 2. 7. fiel in der Liaison-Konferenz in Anwesenheit Kaiser

12 Ribbentrop an den dt. Botschafter in Tokio, 28. 6. 1941, 20.45 Uhr (Staatssekretär: Akten betr. Japan, Polit. Archiv des AA, Bonn).

13 Über die Lagebeurteilung auf seiten des deutschen Generalstabes des Heeres in den ersten Wochen des Ostfeldzuges vgl. unten S. 537 ff.

14 In völliger Unkenntnis der japanischen Entscheidung (vgl. auch S. 487, Anm. 19) erwartete schließlich sogar Hitler, der der japanischen Aktivität stets recht skeptisch gegenüberstand, Ende August 1941 vorübergehend das Eingreifen Japans gegen die Sowjetunion, nachdem Botschafter Ott schon am 22. 7. gemeldet hatte, Japan werde etwa Mitte August mit Operationen gegen Wladiwostok beginnen (KTB der Skl., Teil A, 22. 7. 1941), und nachdem der japanische Militärattaché in Berlin, General Banzai, am 4. 8. — offenbar eigenmächtig — bei einem Besuch im OKH das bevorstehende Eingreifen Japans in den deutsch-sowjetischen Krieg angekündigt hatte (ADAP D XIII, Dok. 177: Aufz. des Generalmajors Matzky [OKH/Gen.St.d.H., OQu IV] vom 5. 8. 1941, S. 282 f.). Am 22. 8. erklärte Hitler gegenüber Raeder, er sei „überzeugt, daß Japan den Angriff gegen Wladiwostok ausführen wird, sobald der Aufmarsch vollzogen ist. Die Zurückhaltung im Augenblick (sei) damit zu erklären, daß der Aufmarsch ungestört vollzogen und der Angriff überraschend ausgeführt werden soll." Hitler nahm an, „daß gleichzeitig die Sicherung der Positionen in Indochina erfolgt und daß Thailand besondere Abmachungen mit Japan hat" (in: Lagevorträge des Ob. d. M.). Vgl. auch Anm. 23, S. 488.

15 Der frühere japanische Botschafter in Moskau (und spätere Außenminister im Kabinett Tojo) Shigenori Togo erklärte am 23. 6. 1941 öffentlich, „Deutschland möge in der Lage sein, Leningrad, Moskau und die Ukraine zu besetzen, doch werde dies den Krieg nicht entscheiden" (KTB der Skl., Teil A, 23. 6. 1941).

Hirohitos die Grundentscheidung[16], daß zwar militärische Vorbereitungen im Norden, d. h. in der Mandschurei, zu treffen seien, um im Falle eines Zusammenbruchs der Sowjetunion für Japan im raschen Zugriff einen Anteil am „Siegesgewinn" in Ostsibirien zu sichern[17], jedoch vorerst, solange sich die Sowjetunion als ernsthafter militärischer Faktor erweise, die Neutralität im deutsch-sowjetischen Kriege zu wahren sei. Statt dessen sollte die Südpolitik nunmehr mit der Besetzung Südindochinas, auch wenn mit einem solchen Vorstoß das Risiko eines Krieges gegen die USA und Großbritannien verbunden sei, beschleunigt fortgeführt werden[18]. Damit entschied die japanische Führung im Grunde so, wie es Hitler vorausgesehen[19] und wie er es in seinem improvisierten Gesamtkriegsplan einkalkuliert hatte — mit der einen wesentlichen Abweichung, daß die japanische Führung, wie schon dargelegt[20], eine politische und militärische Trennung der USA von Großbritannien für unmöglich hielt und das Kriegsrisiko mit beiden Mächten bewußt auf sich nahm, während es Hitlers Ziel war, die USA nach Möglichkeit aus *diesem* Kriege[21] herauszu-

16 Lupke, S. 129 ff.

17 Im Juli 1941 arbeitete der japanische Generalstab Operationspläne aus, die für den Fall eines sowjetischen Zusammenbruchs einen Vormarsch bis in die Gegend von Omsk und die Besetzung des ganzen Raumes zwischen der japanischen Küste und dem Irtysch in einem breiten Streifen entlang der Sibirischen Bahn vorsah. Am 9. 8. 1941 wurde jedoch die japanische militärische Planung endgültig auf die „Südoperation" abgestellt. Die „Kwantung-Armee" in der Mandschurei, der die Hauptaufgabe im Falle der Nordoperation zugefallen wäre, erhielt den Befehl, sich strikt auf ein defensives Verhalten einzustellen (T. Hattori: The Complete History of the Greater East Asia War. Masch.-Ms. im Besitz des Arbeitskreises für Wehrforschung Stuttgart, S. 249 f.).

18 Der entscheidende Satz des Beschlusses der Liaison-Konferenz ist unterschiedlich überliefert. Vgl. hierzu Lupke, S. 131, Anm. 20. In jedem Falle wurde hier erstmals — im Gegensatz zu dem Beschluß der Liaison-Konferenz vom 5. 9. 1940 (vgl. oben S. 204, Anm. 62) — die Möglichkeit eines kriegerischen Zusammenstoßes Japans mit den USA und Großbritannien angenommen, während es das bisherige Ziel der japanischen Politik war, einen Krieg mit den USA unbedingt zu vermeiden.

19 Die japanische Regierung teilte allerdings auch diese bedeutsame Entscheidung dem deutschen Partner nicht mit. Vgl. etwa KTB Halder, Bd. III, S. 56 f. (9. 7. 1941): „Japans Absicht immer noch unklar. Nachdem Japan zunächst von uns auf Singapore eingestellt war, ist es nun neuerdings gegen Rußland angeheizt worden. Das kann erst nach geraumer Zeit wirksam werden."

20 Vgl. oben S. 414 ff.

21 Um es noch einmal zu präzisieren: Hitlers improvisierter Gesamtkriegsplan vom Winter 1940/41 sah zwar den Aufbau einer deutschen „Weltmacht"-Stellung mit einer nordwestafrikanischen Bastion mit Blick auf die USA vor, doch sollte die beherrschende Position Deutschlands (und Japans) in der „östlichen Hemisphäre" nach Möglichkeit gerade einen Kriegseintritt der USA verhindern. (Dies ist gegenüber Friedländer [S. 183 ff.] festzuhalten, der den Unterschied der japanischen und der deutschen Konzeption nicht klar erfaßt und der Raeders Vorstellungen von Januar 1941 [vgl. oben S. 415] mit Hitlers Konzeption identifiziert. So spricht er von einer Paradoxie in der Strategie Hitlers, die er darin sieht, daß Hitler im Atlantik Maßnahmen traf, um den Krieg mit den USA zu vermeiden, während er gleichzeitig — angeblich — Japan zum Vorgehen gegen die USA ermunterte.) Allerdings glaubte Hitler nach der Eroberung des europäischen Rußland, nach der Zertrümmerung der Sowjetunion, einer Auseinander-

halten. Ribbentrops erneutes Drängen am 10. 7., Botschafter Ott solle „weiter auf den schnellstmöglichen Kriegseintritt Japans gegen Rußland" hinwirken – „natürliches Ziel muß weiterhin bleiben, daß Japan und wir uns vor Eintritt des Winters auf der Transsibirischen Bahn die Hand reichen[22]" –, stieß ins Leere[23].

Hing Hitlers Zurückhaltung gegenüber Japan mit seinen weltpolitischen Kalkulationen zusammen, so zeigte sein Verhalten gegenüber Mussolini, welch geringe Bedeutung er dem Bundesgenossen Italien seit den militärischen Katastrophen im Winter 1940/41 beimaß. Aus der Unterredung am 2. 6. 1941 am Brenner[24] hatte Mussolini noch den Eindruck mitgenommen, daß Hitler keinen genauen Plan für das Jahr 1941 habe, daß „Rußland, die Türkei, Spanien" jedenfalls „nur sekundäre Dinge" seien[25]. Am 22. 6. 3.00 Uhr morgens[26], also genau 15 Minuten vor Beginn des Angriffs, überreichte der deutsche Geschäftsträger in Rom Graf Ciano einen Brief für Mussolini[27], in dem Hitler dem Duce den entscheidenden Entschluß seines Lebens mit einer für den politisch-ideologischen Partner, der das große Ziel Hitlers doch genau kannte, äußerst

setzung mit den USA, die möglicherweise nicht zu verhindern war, gewachsen zu sein. Auch ein späterer neuer großer Krieg der „Weltmacht" Deutschland gegen die USA blieb möglich und wurde von Hitler gelegentlich vage angedeutet, wobei er die Hoffnung hatte, daß Deutschland und Großbritannien dann in einer Front gegen die USA stehen würden (vgl. Picker: Hitlers Tischgespräche, S. 145: 8.–10. 9. 1941).

22 Ribbentrop an den dt. Botschafter in Tokio, 10. 7. 1941 (Nürnberg-Dok. PS-2897). Ribbentrop fuhr darin fort: „Mit dem Zusammenbruch Rußlands aber wird die Position der Dreierpaktstaaten in der Welt so gigantisch sein, daß die Frage des Zusammenbruchs Englands bzw. der absoluten Vernichtung der englischen Inseln nur eine Frage der Zeit ist. Der Inbesitznahme der für die Dreierpaktmächte wichtigen restlichen Positionen des britischen Imperiums wird aber ein von der ganzen übrigen Welt isoliertes Amerika gegenüberstehen."

23 Am 15. 7. 1941 empfing Hitler im FHQu. „Wolfsschanze" den japanischen Botschafter Oshima. Die Aufz. über dieses Gespräch ist nur z. T. zu entziffern (vgl. ADAP D XIII, S. 141: Anm. der Herausgeber). Aus den lesbaren Partien ergibt sich, daß nun auch Hitler dem japanischen Botschafter gegenüber einen Vorstoß Japans nach Norden zur Inbesitznahme der sowjetischen Fernostpositionen nahelegte. Zum Verständnis dieses – vorübergehenden – Wandels seiner Auffassung ist der Hinweis auf seine Lagebeurteilung Mitte Juli 1941 notwendig (vgl. hierzu unten S. 537 ff.). Hitler hielt in diesem Augenblick den Ostfeldzug bereits für gewonnen, so daß es sich seiner Meinung nach bei Japans Vorstoß von Osten nicht mehr um einen ernsthaften Kampf, der die japanische Südexpansionstendenzen hemmen konnte, sondern um eine reine Besetzungsaktion handelte. Vgl. auch Anm. 14, S. 486.

24 ADAP D XII, Dok. 584: Aufz. über die Unterredung Hitler-Mussolini, 2. 6. 1941, S. 940 ff.; Ciano: L'Europa, S. 660 ff.

25 Ciano: Tagebücher II, S. 330. – Am 15. 6. 1941 soll Ribbentrop zu Ciano in Venedig gesagt haben: „Jeder Entscheid ist verschlossen in der undurchdringlichen Brust des Führers. Nur eins ist gewiß: Wenn wir angreifen, wird das Rußland Stalins in acht Wochen von der Landkarte ausgelöscht sein" (ebda., S. 15 f.).

26 Ciano: Tagebücher II, S. 337.

27 ADAP D XII, Dok. 660: Brief Hitlers an Mussolini, 21. 6. 1941, S. 1066 ff.; vgl. auch KTB Halder, Bd. III, S. 14 (25. 6. 1941).

dürftigen Begründung[28] mitteilte. Der Inhalt dieses Briefes mußte Mussolini telefonisch zu seinem Privathaus in Riccione weitergegeben werden, da er gar nicht in Rom weilte. Seine unmittelbare – private – Reaktion war nach dem Zeugnis seiner Frau die Bemerkung „Meine liebe Rachele, das heißt, daß der Krieg verloren ist[29]". Gleichwohl wies er Ciano an, noch am gleichen Morgen dem Sowjetbotschafter die Kriegserklärung Italiens zu überreichen[30], und bot Hitler am folgenden Tage die Entsendung eines italienischen Expeditionskorps (in Stärke von 40 000 Mann) an[31], obwohl Hitler in seinem Brief hatte durchblicken lassen, daß er an einer italienischen Hilfe nicht interessiert sei[32].

Am deutschen Ostfeldzug beteiligt werden sollten nach Hitlers ursprünglicher Planung nur zwei Staaten: Rumänien und Finnland. Beide hielt er – mit Recht – an einer Wiedergewinnung ihrer 1940 an die Sowjetunion verlorenen Ostgebiete und darüber hinaus an einer Gebietserweiterung in Räumen interessiert, auf die er selbst verzichten konnte[33]. Im wesentlichen fiel beiden Ländern in militärischer Hinsicht nur die Inbesitznahme von Gebieten an den Flanken der deutschen Hauptstoßrichtungen zu, in denen Hitler und der Generalstab des Heeres keine größeren Kampfhandlungen erwarteten.

Daß Hitler mit einer Beteiligung Rumäniens rechnen konnte, stand bereits nach seiner ersten Unterredung mit dem rumänischen Staatsführer, General Antonescu, am 22. 11. 1940 fest[34]. Dieser erweiterte und konkretisierte sein bei dieser Gelegenheit ausgesprochenes Angebot in einem Memorandum vom

28 Als Hauptgrund erwähnte Hitler den russischen Aufmarsch. Hitler gab als Begründung für die späte Benachrichtigung an, er habe die Entscheidung selbst erst am 21. 6., 19.00 Uhr, getroffen. Jeder Hinweis darauf, daß es sich bei dem Ostkrieg um sein eigentliches großes Ziel handelte, fehlt, obwohl eine Anknüpfung an Mussolinis leidenschaftlichen Appell zur Aufnahme einer deutschen „Lebensraum"-Politik im Osten in seinem Brief an Hitler vom 3. 1. 1940 (ADAP D VIII, Dok. 504, S. 474 ff.) nahegelegen hätte (vgl. dazu oben S. 30, Anm. 13).

29 B. d'Argostino: Colloqui con Rachele Mussolini. Rom 1945. Vgl. hierzu die Bemerkungen P. E. Schramms in KTB OKW, Bd. IV, S. 56, Anm. 1.

30 Ciano: Tagebücher II, S. 337.

31 Das italienische Expeditionskorps wurde im Juli über Rumänien an den Südabschnitt der Ostfront überführt und nahm ab 6. 8. 1941 an den Kämpfen teil (vgl. die amtliche Darstellung: Le Operazioni del C.S.I.R. dell'Armir dal giugno 1941 all'ottobre 1942. Rom 1947).

32 Wie mißtrauisch Hitler dem Auftreten der Italiener an der Ostfront gegenüberstand, zeigt seine Bemerkung zu v. Brauchitsch am 24. 6. 1941, die Halder wie folgt wiedergibt (KTB Halder, Bd. III, Seite 10): „Italiener, die mit einem Korps nach Rumänien sollen, will er (Hitler) keinesfalls an die Krim heranlassen." (Hitler wollte die Krim bekanntlich zum deutschen Reichsgebiet machen; vgl. unten S. 540).

33 Nur A. Rosenberg, dem die Schaffung einer „Groß-Ukraine" unter deutscher Oberhoheit vorschwebte, wandte sich in der Besprechung am 16. 7. 1941 gegen die Überlassung des Gebietes zwischen Dnjestr und Bug („Transnistrien") an Rumänien (IMT, Bd. XXXVIII, Dok. L-221, S. 86 ff.).

34 ADAP D XI, Dok. 381: Aufz. über die Unterredung Hitler-Antonescu, 22. 11. 1940, S. 662 ff. – Zur Vorgeschichte der rumänischen Kriegsteilnahme im einzelnen Hillgruber: Hitler, König Carol und Marschall Antonescu, S. 126 ff.

14. 1. 1941[35], nachdem er Ende Dezember auf dem Wege über den Chef der deutschen Wehrmachtmission in Bukarest, General Hansen, erste Andeutungen über die deutschen Angriffsabsichten erfahren hatte. Die Beteiligung Rumäniens war also kein politisches Problem für Hitler, sondern lediglich eine Frage der militärischen Verwendbarkeit des rumänischen Heeres, der er – im ganzen zu Recht – skeptisch gegenüberstand[36]. Antonescu überbot Hitler, mit dem er, ohne seine Pläne und Überlegungen zu kennen, in der Beurteilung der Gesamtsituation weitgehend übereinstimmte, noch in seinen Prognosen über die Schnelligkeit eines sowjetischen Zusammenbruchs bei einem deutschen Angriff. Am 28. 4. erklärte er dem deutschen Gesandten in Bukarest, Frhr. v. Killinger[37], daß eine deutsche Offensive gegen die Rote Armee innerhalb eines Monats erfolgreich beendet sein könnte. Dann würde der Weg „zu den Petroleumquellen in Baku, im Irak und nach Indien" frei sein. Würde dagegen Deutschland nicht angreifen, müßte es riskieren, „daß Rußland unter Vorwänden (die) Lieferungen verlangsamen und Schwierigkeiten machen und eines Tages selbst zuschlagen (werde), wenn (die) Lage durch (eine) Zusammenarbeit mit dem englisch-amerikanischen Block günstig sei". Rumänien proklamierte daher gleich am 22. 6.[38] den „heiligen Krieg" gegen die Sowjetunion zur Rückeroberung Bessarabiens und der Nordbukowina (sowie nach dem Willen Antonescus auch mit dem Ziel, ukrainische Gebiete bis zum Bug einschließlich Odessa zu gewinnen[39]) und fügte sich militärisch in den Rahmen der deutschen Operationsplanung ein[40].

Während Hitler Rumänien in seiner großen Besprechung mit den Spitzen von OKW und OKH am 5. 12. 1940 zum erstenmal als Mitkämpfer bei einem deutschen Ostfeldzug erwähnt hatte, war Finnland schon bei seinen Darlegungen über politische und militärische Aspekte eines Ostfeldzuges in der Besprechung vom 31. 7. 1940 in die Überlegungen mit einbezogen worden. Nachdem Hitler am 5. 12. Finnland eindeutig als „Mitbeteiligten" bezeichnet hatte[41], lud der Chef des Generalstabes des Heeres den stellvertretenden fin-

35 Nürnberg-Dok. NG-3764: Aufz. Antonescus für seine Unterredung mit Hitler, 14. 1. 1941.

36 KTB Halder, Bd. II, S. 336 (30. 3. 1941).

37 ADAP D XII, Dok. 416: Der dt. Gesandte in Bukarest an das AA, 28. 4. 1941, S. 656 ff.

38 Eine Kriegserklärung fand nicht statt. Molotow empfing am 24. 6. 1941 den rumänischen Gesandten Gafencu und forderte eine Erklärung für die rumänische Haltung. Gafencu stellte schließlich im Verlauf eines Wortwechsels den Abbruch der diplomatischen Beziehungen fest (Gafencu, S. 412 ff.).

39 Später im Vertrage von Tighina vom 30. 8. 1941 zwischen Deutschland und Rumänien vereinbart.

40 Hierzu ADAP D XII, Dok. 644: Brief Hitlers an Antonescu, 18. 6. 1941, S. 1047 ff.; Hillgruber, S. 132 ff.

41 KTB Halder, Bd. II, S. 210; KTB OKW, Bd. I, S. 205. Grundlegende finnische Darstellung über Finnlands Rolle in der Vorbereitung des Ostfeldzuges: A. Korhonen: Barbarossa – Suunitelma ja Suomi. Porvoo-Helsinki 1961.

nischen Generalstabschef, General Talvela, zu ersten sondierenden Gesprächen über die finnische Haltung im Falle eines deutsch=sowjetischen Krieges nach Deutschland ein. Der Weg über einen militärischen Kontakt schien aus mehreren Gründen günstiger als die Anknüpfung von Verhandlungen auf politischer Ebene, vor allem weil Finnland von deutscher Seite als Teil der sowjetischen Interessensphäre anerkannt war und jede Fühlungnahme finnischer Staatsmänner mit Hitler oder Ribbentrop in der ungeklärten Situation des Winters 1940/41 das sowjetische Mißtrauen gegen Finnland vergrößern mußte und die Sowjetunion zu einer militärischen Aktion gegen Finnland herausfordern konnte, während militärtechnische Kontakte zwischen dem deutschen und dem finnischen Generalstab seit dem Transitabkommen vom 22. 9. 1940 eine Routineangelegenheit waren und von der Sowjetunion wohl wie bisher hingenommen würden. Halder bat in der Unterredung mit Talvela am 16. 12. um Auskünfte über den „Zeitbedarf" für eine „unauffällige Angriffsbereitschaft nach Südost[42]", also für einen finnischen Angriff in Richtung auf Leningrad. Talvela verhielt sich bei dieser Unterredung völlig rezeptiv[43]. Der finnische Generalstabschef, General Heinrichs, selbst beantwortete die Frage Halders bei seinem Besuch einige Wochen später, am 30. 1. 1941[44], damit, daß Finnland am 9. Tage nach der Mobilmachung „kriegsstark" an der Grenze stehen könne und ein doppelter Stoß beiderseits des Ladoga=Sees geführt werden sollte (5 Divisionen auf der Karelischen Landenge, 3 ostwärts des Ladoga=Sees in Richtung auf den Swir). Zu irgendwelchen militärischen Absprachen kam es auch diesmal nicht, da sich die Erörterung ausschließlich auf den als hypothetisch angenommenen Fall eines infolge der allgemeinen Spannungen irgendwann ausbrechenden deutsch=sowjetischen Krieges bezogen hatte.

Währenddessen hatte das deutsche Armeeoberkommando Norwegen auf der Grundlage der „Führer=Weisung Nr. 21" am 27. 1. eine Operationsstudie über eine gemeinsame deutsch=finnische Offensive aus Nordfinnland in Richtung auf die Murman=Bahn fertiggestellt (Unternehmen „Silberfuchs"[45]). Dieses Problem wurde vorerst jedoch nicht mit dem finnischen Generalstab erörtert, da Halder in den bisherigen Gesprächen den Eindruck gewonnen hatte, daß für ein engeres Zusammengehen Deutschlands mit Finnland noch die politischen und psychologischen Voraussetzungen auf der finnischen Seite fehlten. So blieb es zunächst bei den beiden Sondierungen des Chefs des Generalstabes des deutschen Heeres mit Talvela und Heinrichs.

Erst wenige Wochen vor Angriffsbeginn hielt Hitler die Zeit für gekommen, eine erste politische Fühlungnahme einzuleiten. Gesandter Schnurre überreichte

42 KTB Halder, Bd. II, S. 233.

43 KTB Halder, Bd. II, S. 263 f.

44 Zu den Gesprächen Talvelas mit Göring vgl. ADAP D XI, Dok. 542: Aufz. des Leiters der Wirtschaftspolit. Abt. des AA Wiehl, 20. 12. 1940, S. 917 f.

45 Ziemke, S. 124 ff.; KTB Halder, Bd. II, S. 264 f.

am 20. 5. dem finnischen Staatspräsidenten Ryti ein Handschreiben Hitlers[46], in dem dieser Molotows Forderungen auf die Einverleibung Finnlands in die Sowjetunion während der November=Verhandlungen in Berlin enthüllte und dem Staatspräsidenten mitteilte, daß er diese Forderung abgelehnt habe: Da ein Krieg zwischen Deutschland und der Sowjetunion infolge der seitdem entstandenen Spannungen möglich geworden sei — so argumentierte Hitler —, schlage er die Entsendung einer finnischen Militärdelegation nach Deutschland vor, um die Grundlagen für ein deutsch=finnisches Zusammengehen in einem solchen Falle festzulegen[47].

Die Unterredungen des finnischen Generalstabschefs, General Heinrichs, mit dem Chef des Wehrmachtführungsstabes, General Jodl, in Salzburg am 25. 5.[48] und mit dem Chef des Generalstabes des Heeres, Generaloberst Halder, in Zossen am 26. 5.[49] ließen die politischen Vorbehalte — Finnland wollte unbedingt seine Entscheidungsfreiheit über die Kriegsteilnahme wahren — und erstmals auch klar die Ablehnung einer finnischen Mitwirkung an der Eroberung Leningrads im Falle der Kriegsteilnahme deutlich erkennen. Die damit zum Ausdruck kommende politische Reserve der finnischen Regierung wie auch des finnischen Oberbefehlshabers konnte auch Oberst i. G. Buschenhagen, der Chef des Generalstabes des Armeeoberkommandos Norwegen, in den entscheidenden militärischen Vorbesprechungen mit Staatspräsident Ryti und Feldmarschall Mannerheim vom 3.—5. 6. in Helsinki nicht beseitigen[50]. Ryti wie Mannerheim hielten an dem Standpunkt fest, daß eine gleichsam automa=

46 Mannerheim, S. 406 f. — In den deutschen Akten befindet sich keine Aufzeichnung über die Unterredung Ryti=Schnurre. Vgl. auch die Anm. der Herausgeber von ADAP D XII, S. 851.

47 Zur Vorbereitung der deutsch=finnischen Militärbesprechungen auf deutscher Seite vgl. Nürnberg=Dok. NOKW=241: OKW/WFSt/L Nr. 4494/41 g.Kdos. Chefs. v. 28. 4. 1941 („Vorbereitung der Besprechung über Beteiligung Finnlands am Unternehmen ‚Barbarossa'").

48 Aufz. über die deutsch=finnischen Besprechungen in Salzburg, 25. 5. 1941, in: ADAP D XII, Dok. 554, S. 879 ff.

49 KTB Halder, Bd. II, S. 429.

50 ADAP D XII, Dok. 592: Buschenhagen an OKW, 4. 6. 1941. — Protokoll des Obersten i. G. Kinzel über die Besprechungen in Finnland vom 3.—5. 6. 1941 (vom 10. 6. 1941) in der OKH=Akte H 3/1 (US=Mikrofilm P 5 / P 00307—10). — Bezeichnend für die Atmosphäre der deutsch=finnischen Gespräche war die Warnung General Heinrichs' vor einem deutschen Versuch, eine Art Quisling=Regierung in Finnland einzusetzen. Dies würde sofort jede weitere Zusammenarbeit zwischen Finnland und Deutschland lähmen (Aufz. Buschenhagens vom 7. 6. 1941 über seine Gespräche vom 3.—5. 6. 1941 in derselben OKH=Akte P 5 / P 00299—5305). Zusammenfassung im Tagebuch Erfurth sowie KTB Halder, Bd. II, S. 447 (7. 6. 1941: „Die finnische Heeresleitung hat sich auf unseren Vorschlag eingestellt und geht anscheinend mit vollen Segeln auf die Aufgabe ein"); KTB OKW, Bd. I, S. 401. Detaillierter Überblick über die Vorgänge bei E. Klink: Deutsch=finnische Waffenbrüderschaft 1941—1944, in: Wehrwissenschaftliche Rundschau 1958, S. 389 ff. — Die finnische Memoirenliteratur und auch die Erinnerungen Erfurths (Der finnische Krieg 1941—1944. Wiesbaden 1950) stellen aus politischen Gründen, die in der gefährdeten Nachkriegssituation Finnlands ihre Ursache haben, die Vorgeschichte des finnischen Kriegseintritts tendenziös dar (zur Literatur im einzelnen: Niitema und Klink).

tische Teilnahme auf der deutschen Seite im Falle eines deutsch=sowjetischen Krieges nicht möglich sei, da Finnland selbst bestimmen müsse, wann der Verteidigungsfall gegeben sei. Doch war die politische Entscheidung der finnischen Regierung praktisch schon vorweggenommen, da die militärische Vereinbarung, zu der sich Finnland bereit fand, eine Mitwirkung finnischer Kräfte an der Offensive des deutschen Armeeoberkommandos Norwegen von Nordfinnland aus gegen die Murman=Bahn vorsah[51]: „Finnland stellt für die aus Nordfinnland zu führenden Operationen das V. Armeekorps und die Abteilung Petsamo zur Verfügung. Das Armeekorps und die Abteilung werden nach Abschluß ihrer Mobilmachung dem deutschen AOK Norwegen unterstellt[52]. Finnischerseits wird hierbei vorausgesetzt, daß das V. Armeekorps spätestens nach Erreichen von Kandalakscha wieder dem finnischen Oberbefehlshaber zur Verfügung stehen wird. Der finnische Oberbefehlshaber legt Wert darauf, daß finnische Kräfte auch über die alte finnische Grenze hinaus im Angriff Verwendung finden[53]." Spätestens seit der Unterstellung des (inzwischen in III. A.K. umbenannten) finnischen Armeekorps in Nordfinnland[54] unter das deutsche Armeeoberkommando Norwegen[55] am 15. 6. war eine aktive Beteiligung finnischer Truppen im Kampf gegen die Sowjetunion kaum noch aufzuhalten; denn am „B + 5. Tag", d. h. also am 27. 6., sollte die deutsch=finnische Offensive gegen Kandalakscha (Unternehmen „Silberfuchs I") beginnen[56]. Entscheidungsfreiheit besaß das finnische Oberkommando also nur noch hinsichtlich des Einsatzes der Hauptkräfte, die ihm allein unterstellt blieben und nach der deutsch=finnischen Absprache erst zum Angriff antreten sollten, nachdem die von Ostpreußen aus nach Nordosten vorstoßenden deutschen Truppen die Düna überschritten hätten. Am 17. 6. begann, wie vereinbart, die finnische Mobilmachung[56a]. Am 18. 6. setzte die bereits seit Oktober 1940 im Gange be=

51 Zusammenfassung nach Buschenhagen (vgl. S. 492, Anm. 50).

52 Vereinbart wurde, daß finnische Kräfte bei Kriegsbeginn die Aaland=Inseln besetzen und die Einnahme Hangös einleiten sollten, so daß die bisher hierfür vorgesehenen deutschen Kräfte für eine andere Verwendung frei wurden.

53 Tagebuch Erfurth, 15. 6. 1941. Erfurth war auf Grund des Berichts Buschenhagens am 12. 6. 1941 zum „Kommandeur des Verbindungsstabes Nord", d. h. zum Vertreter des OKW bei Feldmarschall Mannerheim, ernannt worden und übernahm am 13. 6. seinen Posten.

54 Der Oberbefehlshaber des Armeeoberkommandos Norwegen, Generaloberst v. Falkenhorst, befand sich seit dem 15. 6. 1941 in seiner Befehlsstelle in Rovaniemi (Lappland).

55 Tatsächlich begann zunächst die Offensive des Gebirgskorps Norwegen an der Eismeerküste in der Richtung auf Murmansk am 29. 6., dann die des Höheren Kommandos XXXVI gegen Kandalakscha am 1. 7. und des finnischen III. Armeekorps gegen Louhi am gleichen Tage. Alle drei gesteckten Angriffsziele konnten nicht erreicht werden.

56 Auf Grund dieser deutsch=finnischen Vereinbarungen wurde die Überführung der Verbände des Höheren Kommandos XXXVI von Norwegen nach Finnland in den Raum ostwärts Rovaniemi eingeleitet (Bewegung „Blaufuchs").

56a Schon am 13. 6. waren die finnischen Kräfte zur Besetzung der Aaland=Inseln, am 15. 6. das finnische III. A.K. mobilisiert worden. Die Gesamtmobilmachung sollte bis zum 26. 6. abgeschlossen werden (KTB Halder, Bd. III, S. 533).

findliche deutsche Luftaufklärung im sowjetischen Grenzraum zwischen den Karpathen und der Ostsee durch Flugzeuge des Sonderverbandes Rowehl[57] nunmehr auch von Nordnorwegen und Nordfinnland aus über dem Raum von Salla und dem Gebiet von Murmansk ein[58]. Im Grunde befreiten die sowjetischen Luftangriffe auf finnische Städte, vor allem auf Helsinki, nach dem 22. 6. die finnische Regierung aus einer schwierigen politischen Situation[59], da sie die Möglichkeit boten, am 25. 6. der Sowjetunion mit der Begründung den Krieg zu erklären, sie habe den Angriff auf Finnland eröffnet und dieses befinde sich daher in einem ihm vom Gegner aufgezwungenen Verteidigungskrieg[60]. Hoffnungen auf die Wiedergewinnung der im Moskauer Frieden vom 12. 3. 1940 abgetretenen Gebiete und auf Neugewinnung mehr oder weniger ausgedehnter Teile Ostkareliens wirkten als Triebkraft für die finnische Kriegsteilnahme.
Schon am 24. 6. hatte das OKH den finnischen Generalstab gebeten, sich mit „Rücksicht auf die Entwicklung der Lage nur noch auf eine Offensive ostwärts des Ladoga-Sees einzustellen und diesen Angriff mit mindestens 6 Divisionen und möglichst weitgestecktem Ziel führen zu lassen[61]". Der Gedanke des „Handschlags am Swir", des Zusammentreffens finnischer und deutscher Truppen ostwärts des Ladoga-Sees, bestimmte von da an die finnische Operationsplanung.
Hitler hatte anfangs gemeint, auch Schweden zur Mitwirkung am Ostfeldzug gewinnen zu können. Am 3. 2. 1941 erklärte er in der Besprechung mit den Spitzen von OKW und OKH[62], „daß Schweden um den Preis der Überlassung der Aaland-Inseln mitmachen werde". Eine schwedisch-finnische Union, die General Talvela am 16. 12. als ein Ziel der finnischen Außenpolitik bezeichnet[62a] und für deren Verwirklichung er eine diplomatisch-politische Unterstützung Deutschlands als wünschenswert angedeutet hatte[63], komme allerdings, so fuhr Hitler fort, „nicht in Frage, weil sie nicht in die europäische Neuordnung passe". Das hieß, Hitler lehnte eine skandinavische Union ab, da er sie als eine Blockbildung betrachtete, die, auch wenn sie sich innerhalb des deutschen Macht-

57 Vgl. oben S. 213, Anm. 27.
58 Mitteilung von Dr. E. Klink (Militärgeschichtliches Forschungsamt Freiburg i. Br.) an den Verf. am 1. 10. 1964 auf Grund von deutschen Unterlagen, die ihm zur Verfügung standen. Angedeutet auch bei Klink: Deutsch-finnische Waffenbrüderschaft, S. 395.
59 Hierzu vor allem J. H. Wuorinen: Finland and the World War II. 1939—1944. New York 1948. Am 1. 7. 1941 beantwortete Ryti Hitlers Brief vom 22. 6. (Wortlaut des Schreibens des finnischen Staatspräsidenten in: ADAP D XIII, Dok. 52: Aufz. des Staatssekretärs Frhr. v. Weizsäcker, 1. 7. 1941, S. 60 f.; der Brief Hitlers konnte in den Akten des Polit. Archivs des AA nicht gefunden werden).
60 KTB OKW, Bd. I, S. 419.
61 KTB OKW, Bd. I, S. 299.
62 Die demilitarisierten Aaland-Inseln (vgl. hierzu oben S. 111, Anm. 37) waren bereits am 23. 6. von finnischen Truppen besetzt worden. — Sowjetische Artillerie hatte am 22. 6. das Feuer auf finnische Stellungen von Hangö eröffnet.
62a Einzelheiten zu den Plänen einer finnisch-schwedischen Union 1940/41 in dem Aufsatz von P. G. Andreen „Svensk-finska unionsplaner 1940—41"; „Unionsplanens förlisning", in: Svenska Dagbladet, 8. und 9. 8. 1961.
63 KTB Halder, Bd. II, S. 318 ff.

bereiches vollzog, seinem Bestreben zuwiderlief, die Herrschaft in ganz Europa möglichst unmittelbar auszuüben, und regionale Zusammenschlüsse sich hierbei nur hemmend auswirken konnten[64]. Am 17. 3. hatte Hitler bereits seine Erwartung, Schweden für eine militärische Mitwirkung am Ostfeldzug zu gewinnen, aufgegeben. „Von Schweden können wir nichts erwarten; denn wir können ihm nichts bieten", stellte er jetzt fest. Eine Überlassung der finnischen Aaland-Inseln an Schweden im Austausch für finnische Landgewinne in Ostkarelien ließ sich in der gegebenen Situation, die eine unbedingte Geheimhaltung des „Barbarossa"-Planes verlangte, nicht einmal auf dem Wege über Sondierungen vorbereiten. Jedoch beabsichtigte Hitler weiterhin, wie er es schon in der „Weisung Nr. 21" vom 18. 12. 1940 angekündigt hatte[65], kurz vor dem Angriffsbeginn an Schweden heranzutreten, um das Durchfahrtsrecht für zwei deutsche Divisionen von Norwegen nach Finnland zu erwirken.

Indessen wurden noch Anfang Mai im OKW Überlegungen angestellt, wie die schwedische Wehrmacht zu verwenden sei, wenn Schweden von sich aus eine Kriegsteilnahme erklären sollte[66]. Gesandter Schnurre berichtete aber Anfang Juni als Ergebnis seiner geheimen Gespräche in Stockholm, daß Schweden zwar voraussichtlich bereit sein werde, nach Feldzugsbeginn deutsche Truppen von Norwegen nach Finnland durchzulassen, daß eine Kriegsteilnahme jedoch nicht zu erwarten sei. Als Schnurre und der deutsche Gesandte in Stockholm Prinz zu Wied am Morgen des 22. 6. dem schwedischen Außenminister Günther die Mitteilung über den Beginn des deutsch-sowjetischen Krieges machten und die deutschen Wünsche über den beabsichtigten Militärtransport[67] von Norwegen nach Finnland über schwedisches Territorium vortrugen[68], sah die schwedische Regierung unter maßgeblichem Einfluß König Gustavs V.[69] (der für den Fall einer ablehnenden Haltung seiner sozialdemokratischen Regierung mit der Abdankung drohte) keine andere Möglichkeit, als am 24. 6. dem Bahntransport der 163. Infanterie-Division aus dem Raum von Oslo quer durch Schwe-

64 Vgl. hierzu auch Hitlers Ausführungen gegenüber Sven Hedin am 5. 12. 1940, in: ADAP D XI, Dok. 449, S. 783 ff.

65 Hubatsch: Hitlers Weisungen, S. 85.

66 KTB OKW, Bd. I, S. 393 (8. 5. 1941).

67 ADAP D XII, Dok. 638: OKW-Weisung vom 17. 6. 1941 betr. Forderungen an Schweden im Zusammenhang mit „Barbarossa", S. 1040 ff.

68 ADAP D XII, Dok. 668: Schnurre und Prinz zu Wied an das AA, 22. 6. 1941, S. 1078 f.; Boheman, S. 156 ff.

69 Über ein Gespräch König Gustavs mit dem deutschen Geschäftsträger in Stockholm berichtete dieser am 28. 10. 1941 an das AA: „Der König hatte erkannt, welche ernste Gefahr der Bolschewismus gewesen war und noch ist, nicht nur für den Norden, sondern auch für ganz Europa. Daher wünschte der König recht offen, dem Führer seinen warmen Dank dafür auszudrücken, daß er sich entschlossen habe, mit dieser Plage aufzuräumen. Der König bat, dem Führer seine herzlichsten Glückwünsche für den schon erzielten großen Erfolg zu überbringen" (ADAP D XIII, Dok. 430, S. 706 f.). — König und Armee neigten wie im Ersten Weltkrieg auf die deutsche Seite, während die — die politische Szene im Parlament beherrschende — Sozialdemokratische Partei Schwedens für eine strikte Neutralität eintrat.

den zum Bottnischen Meerbusen zuzustimmen[70]. Die Durchschleusung einer zweiten Division einige Wochen später wurde aber bereits abgelehnt[71], nachdem der schnelle deutsche Triumph, mit dem man auch auf schwedischer Seite gerechnet hatte[72], fragwürdig und statt dessen deutlich geworden war, daß der Krieg Hitlers gegen die Sowjetunion doch nicht der europäische „Kreuzzug gegen den Bolschewismus" wurde, wie es — so wie in vielen anderen europäischen Ländern — auch große Teile der schwedischen Öffentlichkeit in den ersten Tagen des Krieges erwartet hatten.

Wesentlicher als eine Beteiligung Schwedens war in Hitlers Augen eine Teilnahme der Türkei, mit deren aktivem Mitwirken er zwar nicht gleich zu Beginn, aber doch in einer weiter fortgeschrittenen Phase des Feldzuges rechnete[73]. Am 17. 3. dachte Hitler daran[74], „Kaukasien später an die Türkei abzugeben" (wenn es auch primär von Deutschland wirtschaftlich „ausgenützt" werden sollte), um damit die Türkei als Bundesgenossen zu gewinnen, der nicht nur für eine schnellere Inbesitznahme Transkaukasiens, sondern vor allem auch für die Durchführung der großen Zangenoperation gegen die britische Nahost-Position nach dem Abschluß von „Barbarossa" größte Bedeutung für ihn besaß.

Am gleichen Tage (17. 3.) teilte Hitler dem türkischen Botschafter in Berlin mit[75], daß er in den November-Besprechungen mit Molotow die sowjetische Forderung auf Einrichtung von militärischen Stützpunkten auf türkischem Territorium an den Dardanellen abgelehnt habe. Auf diese Weise habe er „die Liquidation des Balkans und der Türkei durch Rußland verhindert". Allerdings gelang es weder mit dieser wichtigen Mitteilung, die der türkische Staatspräsident Inönü als „historischen Wendepunkt in den deutsch-türkischen Bezie-

70 ADAP D XIII, Dok. 16: Der dt. Gesandte in Stockholm an das AA, 25. 6. 1941, S. 20 f.; KTB Halder, Bd. III, S. 12 (24. 6. 1941): „Verladung kann (in) Oslo (am) 25. 6. abends beginnen." KTB OKW, Bd. I, S. 409 (25. 6. 1941). — In dem Bericht des Gesandten Prinz zu Wied vom 25. 6. 1941 hieß es: „Der König brachte ... die Hoffnung zum Ausdruck, daß Deutschland über diese Grenze hinaus keine weiteren Forderungen mehr stellen würde. Wenn es z. B. um die Besetzung Gotlands gegangen wäre, was er eine Zeitlang befürchtet hatte, dann wäre er gezwungen gewesen, eine solche Forderung abzulehnen."

71 ADAP D XIII, Dok. 172: Die dt. Gesandtschaft in Stockholm an das AA, 1. 8. 1941, S. 272 ff. (Antrag und Ablehnung am 31. 7. 1941); Boheman, S. 186 ff. (Forderung des Gesandten Schnurre vom 4. 8. 1941).

72 Am 9. 7. 1941 notierte Halder (KTB Halder, Bd. III, S. 57): „Für den Pakt zwischen Schweden und Deutschland besteht Bereitwilligkeit, für Beitritt zum Dreierpakt vorläufig noch nicht." Als Exponent der pro-deutschen Richtung in der schwedischen Regierung wurde auf deutscher Seite der Außenminister Günther angesehen. Er erklärte am 31. 7. 1941, er persönlich hätte am liebsten schwedische Divisionen nach Salla geschickt, aber die Situation in Schweden wäre dafür „noch nicht reif" (ADAP D XIII, Dok. 172, S. 274).

73 Schon am 31. 7. 1940 hatte Hitler die Türkei (neben Finnland) als möglichen Bundesgenossen bei einem Ost-Feldzug bezeichnet (vgl. oben S. 226).

74 KTB Halder, Bd. II, S. 320.

75 ADAP D XII, Dok. 177: Aufz. über die Unterredung Hitler-Gerede, 17. 3. 1941, S. 308 ff.

hungen" bezeichnete, noch durch die Lockung mit Grenzberichtigungen auf Kosten Griechenlands im Raume von Adrianopel und mit der Überlassung einzelner Inseln im Ägäischen Meer, die Türkei im Verlauf der (seit April wieder aufgenommenen) Verhandlungen über den Abschluß eines deutsch-türkischen „Freundschaftsvertrages" zu so weitgehenden Konzessionen zu veranlassen, daß die Türkei dadurch, wie es Hitler beabsichtigte, in eine Frontstellung gegen das verbündete Großbritannien geriet, obwohl die türkische Regierung an einer Besetzung und späteren Übernahme der Inseln Mythilene, Chios und Lesbos durchaus interessiert war[76].

Nachdem auch die Hoffnungen Ribbentrops, auf dem Wege über die Transitverhandlungen zur Unterstützung des Irak zum Ziele zu kommen[77], gescheitert waren, blieb als Ergebnis der langen Verhandlungen vorerst nur der Abschluß eines drei Artikel umfassenden, dem Wortlaut nach nicht besonders substanzreichen „Freundschaftsvertrages" übrig, der am 18. 6. 1941 vom türkischen Außenminister Saracoglu und dem deutschen Botschafter von Papen in Ankara unterzeichnet wurde[78]. Seine aus dem Vertragstext nicht abzulesende volle Bedeutung sollte er in deutscher Sicht erst nach Beginn des bevorstehenden deutschen Angriffs auf die Sowjetunion gewinnen. Dieser Zusammenhang war selbstverständlich der türkischen Regierung bei der Unterzeichnung nicht klar: doch verstand sie es, den Vertrag dann sogleich im Sinne ihrer Politik zu nutzen. Sie erkannte nach dem 22. 6. nämlich die Möglichkeit, den Vertrag gegenüber Großbritannien als eine Art „Deutschlandklausel" zum britisch-türkischen Bündnis mit dem Ziel auszuspielen, die Erfüllung ihrer Bündnisverpflichtungen weiter zurückzustellen und die Dardanellen für die britischen Kriegsschiffe nach wie vor geschlossen zu halten, nachdem die von der türkischen Regierung bisher in diesem Sinne verwendete „Rußlandklausel" des Protokolls Nr. 2 zum Bündnisvertrag vom 19. 10. 1939 mit dem Beginn des deutsch-sowjetischen Krieges und mit der nun de facto bestehenden britisch-sowjetischen Allianz politisch wertlos geworden war[79]. So war für Deutschland durch den deutsch-türkischen „Freundschaftsvertrag" „sichergestellt, daß Großbritannien der Sowjetunion nicht über türkisches Territorium oder durch die Meerengen Hilfe leisten konnte[80]". Indessen sollte der „Freundschaftsvertrag" nach Auffassung Hitlers nur der erste Schritt auf dem Wege sein, die Türkei ganz auf die deutsche Seite herüberzuziehen. Tatsächlich gab es wohl in keinem Lande einen solchen „Freudentaumel" bei Beginn des deutsch-sowjetischen

76 Zur Geschichte der deutsch-türkischen Verhandlungen vgl. Krecker, S. 146 ff.

77 Vgl. oben S. 478 f.

78 Eingehende Interpretation des Vertragstextes und Darlegung der Bedeutung des Vertrages bei Krecker, S. 169 ff.

79 Vgl. oben S. 139.

80 Krecker, S. 172. — Zur Sperrung der Dardanellen für die sowjetische Schiffahrt nach dem 22. 6. 1941 vgl. ADAP D XIII, Dok. 2: Der dt. Botschafter in Ankara an das AA, 23. 6. 1941, S. 3.

Krieges wie in der Türkei[81], die hoffte, daß ihr „Feind Nr. 1" vernichtend geschlagen würde. Dennoch waren die türkischen Staatsmänner entschlossen, sich nicht von Deutschland zu einer Entscheidung drängen zu lassen, ehe nicht die Niederlage der Sowjetunion feststand[82].

Auf eine Beteiligung Bulgariens am Ostfeldzug hatte Hitler von vornherein verzichtet, zumal König Boris III. auch bei seinem letzten Besuch auf dem Berghof am 7. 6. 1941 ohne Zweifel erneut auf die pro-russischen Gefühle des bulgarischen Volkes hingewiesen hatte, die jede Frontstellung Bulgariens gegen die Sowjetunion ausschlossen[83]. Bulgarien übernahm daher als „befreundeter" neutraler Staat am 22. 6. die Vertretung der deutschen Interessen in der Sowjetunion[84].

Auch eine Hinzuziehung Ungarns zum Kriege gegen die Sowjetunion schien Hitler nicht vorteilhaft, da er ungarische Aspirationen auf Teile Galiziens, vor allem auf das Erdölgebiet von Drohobycz, befürchtete, obwohl eine Sicherung der ungarisch-sowjetischen Grenze auf dem Karpathenkamm vom militärischen Gesichtspunkt aus notwendig war und eine Unterstützung des deutschen Angriffs in Galizien aus der Karpatho-Ukraine heraus sinnvoll gewesen wäre. Noch bei dem Besuch des Reichsverwesers v. Horthy im „Führerhauptquartier" in Mönichkirchen am 24. 4. hatte Hitler die deutsch-sowjetischen Beziehungen als „völlig korrekt" hingestellt[85], da er seit langem — mit Recht — den Verdacht hatte, daß geheime Nachrichten durch ungarische Stellen an die Gegenseite weitergegeben würden. Dennoch erhielt der ungarische Generalstab frühzeitig Informationen über die deutschen Angriffspläne. Der Chef des Generalstabes,

81 ADAP D XII, Dok. 670: Der dt. Botschafter in Ankara an das AA, 22. 6. 1941, S. 1080: Saracoglu habe das Telefon sperren lassen müssen, um sich vor den Gratulationen retten zu können.

82 Krecker, S. 190 ff. Die Türkei fand sich aber zu einem am 9. 10. 1941 unterzeichneten deutsch-türkischen Wirtschaftsvertrag bereit, der die Lieferung von Chromerzen an Deutschland ab Januar 1943 (nach Auslaufen der Verpflichtungen gegenüber Großbritannien) vorsah (Krecker, S. 177 ff.). — Für das Jahr 1942, in dem das deutsche Werben um die Türkei seinen Höhepunkt erreichte, vgl. auch die Einführung des Verf. zu KTB OKW, Bd. II, S. 21 f., und H. Picker: Hitlers Tischgespräche, S. 228 f.

83 Eine Aufzeichnung über die Unterredung Hitler-Boris befindet sich nicht im Politischen Archiv des AA; denn Hitler wünschte keine Aufzeichnungen über seine Gespräche mit dem bulgarischen König (vgl. hierzu Schmidt: Statist, S. 584 f.). Dieses Gespräch am 7. 6. 1941 wurde wie alle Unterredungen Hitlers mit Boris unter vier Augen geführt. Es ist für den Historiker schwierig, das Verhältnis Hitlers zu dem König von Bulgarien, den er hoch schätzte und der ihn in manchen weit über die deutsch-bulgarischen Beziehungen hinausgehenden politischen Fragen beeinflußte, genauer zu analysieren.

84 Die diplomatischen Beziehungen zwischen der Sowjetunion und Bulgarien blieben bis zur Kriegserklärung der Sowjetunion am 5. 9. 1944, als die Rote Armee bereits an der Donau stand, bestehen.

85 Hierfür und zur Vorgeschichte der Beteiligung Ungarns am Kriege gegen die Sowjetunion eingehend Macartney, vol. II, S. 17 ff.; Hillgruber: Deutschland und Ungarn, S. 663 ff. Wichtige Quelle für die deutschen Absichten im Hinblick auf Ungarns Beteiligung bzw. Nichtbeteiligung: P. E. Schramm: Kriegstagebuch des Deutschen Generals beim Oberkommando der kgl. ungarischen Wehrmacht (27. 3. — 25. 7. 1941). Masch.-Ms. 1941 (Bundesarchiv-Militärarchiv).

General Werth, drängte den Ministerpräsidenten von Bárdossy daraufhin vergeblich zum Abschluß eines deutsch-ungarischen Militärbündnisses[86].
Der Reichsverweser erfuhr von der großen Entscheidung Hitlers offiziell erst am 22. 6. vormittags aus einem Brief[87], den ihm der deutsche Gesandte in Budapest, v. Erdmannsdorff, überbrachte[88]. Horthy begrüßte „als alter Kreuzritter gegen den Bolschewismus" „begeistert" Hitlers Kriegsentschluß: „Seit zweiundzwanzig Jahren habe er diesen Tag herbeigesehnt und sei nun selig. Nach Jahrhunderten würde die Menschheit dem Führer für diese Tat danken. 180 Millionen Russen würden nun von dem ihnen durch 2 Millionen Bolschewisten aufgezwungenen Joch befreit werden." Indessen, da Hitler Ungarn nicht zu einer Teilnahme aufgefordert hatte, sah auch Horthy, wie er dem deutschen Gesandten dargelegte, angesichts des Größenverhältnisses zwischen der Sowjetunion und Ungarn eine Kriegserklärung Ungarns für überflüssig an. Die ungarische Regierung begnügte sich daher am 23. 6. mit dem Abbruch der diplomatischen Beziehungen[89]. Die Vorgänge, die dann doch zur Kriegserklärung Ungarns an die Sowjetunion am 27. 6. führten, sind bis heute nicht in überzeugender Weise aufgeklärt worden[90]. Für unseren Zusammenhang genügt

86 Werth schlug das Bündnis in drei Memoranden an v. Bárdossy vom 6. 5., 31. 5. und 14. 6. 1941 vor. Auch der ungarische Gesandte in Berlin Sztójay bedrängte in seinen Berichten vom 24. 5., 7. und 14. 6. 1941 seine Regierung im gleichen Sinne (Macartney, vol. II, S. 18).

87 ADAP D XII, Dok. 661: Brief Hitlers an Horthy, 21. 6. 1941, S. 1070 f.

88 ADAP D XII, Dok. 667: Der dt. Gesandte in Budapest an das AA, 22. 6. 1941, S. 1077 f.; Macartney, vol. II, S. 21.

89 Vgl. auch das Fernschreiben des „Deutschen Generals" in Budapest, General Himer, an das OKW/WFSt/L vom 23. 6. 1941, 20.00 Uhr (Sammelmappe „Barbarossa", Militärgeschichtliches Forschungsamt Freiburg i. Br., Signatur III W 59/1), in dem Himer über die „sehr deutliche und eindringliche Aussprache" mit dem Chef des ungarischen Generalstabes berichtete, den er aufsuchte, nachdem sich herausgestellt hatte, daß der Honved-Minister von Bartha „beim Angeln", Reichsverweser v. Horthy „beim Polospiel auf der Margarethen-Insel" war. Himer übermittelte Werth „nochmals persönlich die Auffassung des OKW und des Generaloberst Halder, daß jede Unterstützung durch Ungarn deutscherseits herzlich willkommen sei. Eine Forderung würde jedoch nicht gestellt werden." Himer gewann aus der Unterredung den Eindruck, daß „Werth doch der Größe des Augenblicks nicht gewachsen sei", da er trotz der Darlegung Himers, „daß es noch kurz vor 12.00 Uhr sei und Ungarn immer noch am Kreuzzug gegen den Bolschewismus in der geschlossenen Front teilnehmen könne", lediglich zusagte, die Ausführungen Himers seiner Regierung mitzuteilen.

90 Vgl. hierzu die letzte Darstellung zur Sache, die die Kontroverse darlegt, allerdings das KTB Halder, Bd. III, und die persönlichen Aufzeichnungen von P. E. Schramm nicht mit auswertet, wohl aber erstmals das KTB des „Deutschen Generals beim Oberkommando der kgl. ungarischen Wehrmacht" als Quelle einbezieht: C. A. Macartney: Hungary's Declaration of War on the U.S.S.R. in 1941. In: Studies in Diplomatic History and Historiography in Honor of G. P. Gooch, London 1961, S. 153 ff. Macartney hält weder die sowjetische noch die deutsche oder die ungarische Seite für verantwortlich für den Luftangriff auf Kaschau am 26. 6. 1941, der den Anlaß für die Kriegserklärung abgab, sondern slowakische Flieger, die nach der Kriegserklärung der Slowakei an die Sowjetunion am 23. 6. 1941 zur sowjetischen Seite übergegangen waren und aus antimagyarischem Affekt handelten (S. 164 f.). Die letzte Darstellung von ungarisch-

die Feststellung, daß Ungarn seit Ende Juni mit schwächeren Kräften (zunächst der „Karpathengruppe"), dann ab Mitte Juli mit einem „Schnellen Korps" am Ostfeldzug beteiligt war. Hitler dankte Horthy am 1. 7. für die „aus eigener Initiative erwachsene Teilahme[91]".

Die Slowakei schließlich als kleinster verbündeter Staat stellte am 23. 6. nach einer Kriegserklärung an die Sowjetunion dem OKH zweieinhalb Divisionen zur Verfügung[92].

Von der „europäischen Freiwilligen-Bewegung[93]", die nach dem 22. 6. unter der Propaganda-Parole des „Kreuzzuges gegen den Bolschewismus" entstand, war für Hitler politisch nur die Entsendung einer spanischen Division („Blaue Division" in Stärke von 14 000 Mann) interessant[94], hoffte er doch – wenn auch vergeblich, da Franco Ost- und Westkrieg scharf voneinander schied – auf diese Weise die spanische Regierung enger an sich binden zu können. Der erneute Annäherungsversuch der Vichy-Regierung, die am 30. 6. die diplomatischen Beziehungen zur Sowjetunion abbrach, führte bei Hitler nur zur Duldung, nicht zur Förderung der Aufstellung einer französischen Freiwilligenlegion in Stärke eines Regiments, die in das deutsche Heer eingegliedert wurde[95].

Im Grunde betrachtete er alle Bundesgenossen (außer Finnland, Rumänien und dem potentiellen Partner Türkei) sowie die „Freiwilligen-Bewegung" nicht nur militärisch als überflüssig, sondern vor allem auch seinem großen politischen Ziel, ein deutsches Imperium auf den Trümmern der Sowjetunion aufzubauen, zuwiderlaufend[96], wie seine einleitenden Bemerkungen in der berüchtigten

kommunistischer Seite, G. Ranki: Ungarns Eintritt in den Zweiten Weltkrieg. In: Der deutsche Imperialismus und der Zweite Weltkrieg. Bd. III. Berlin 1962, S. 415 ff., bringt keinen überzeugenden neuen Gesichtspunkt.

91 Macartney, vol. II, S. 31.

92 Am 19. 6. 1941 traf der Chef der deutschen Heeresmission in der Slowakei, General Otto, den incognito reisenden Chef des Generalstabes des Heeres, Generaloberst Halder, der auf dem Rückflug von Bukarest und Budapest in Preßburg Station machte, auf dem Preßburger Flugplatz. Otto teilte Tiso und Tuka sogleich die vertrauliche Nachricht Halders von dem bevorstehenden Angriff auf die Sowjetunion mit und riet ihnen, „sofort mitzumachen" (Unterstaatssekretär: Akten betr. Rußland, Bd. I [März 1941 – Dezember 1941], Polit. Archiv des AA, Bonn).

93 Vgl. hierzu vor allem P. Kluke: Nationalsozialistische Europaideologie, in: Vierteljahrshefte für Zeitgeschichte 1955, S. 240 ff.; knapper Überblick mit Zahlenangaben bei Mueller-Hillebrand, Bd. II, S. 112 f. – Eine wissenschaftliche Untersuchung zur „Freiwilligen-Bewegung" gegen den Bolschewismus 1941–1945 steht noch aus. In stark zeitgebundener Sicht F. Steiner: Die Freiwilligen-Idee und Opfergang. Göttingen 1958.

94 Hierzu KTB Halder, Bd. III, S. 10 (24. 6. 1941): Hitler zu v. Brauchitsch: „Spanier (=Legion), deren Aufstellung und Zuführung noch nicht abzusehen ist, werden am besten wir bewaffnen." – Die „Blaue Division" traf schließlich erst im September 1941 an der Ostfront ein.

95 Jäckel, S. 262 ff.

96 Dem widerspricht nicht, daß Hitler am 24. 6. 1941, nachdem der Kriegsbeginn eine teils spontan auftretende, teils durch die „Kreuzzugs"-Propaganda hervorgerufene antibolschewistische Welle in ganz Kontinentaleuropa hatte entstehen

Besprechung vom 16. 7. 1941 im Rausch des vermeintlichen militärischen Triumphes mit aller Deutlichkeit zeigten[97], in denen er die Grundzüge seiner „Ostpolitik" schonungslos enthüllte. Damit sind wir zum Ausgangspunkt dieses Überblicks zurückgekehrt: Außer an Hilfskräften zur Inbesitznahme abgelegener Gebiete war Hitler nicht an Bundesgenossen für seinen Ostkrieg interessiert.

5. Die letzten militärischen Vorbereitungen

Der große Rahmen der Planungen und Vorbereitungen für den Ostfeldzug war durch die Besprechung Hitlers mit den Spitzen von OKW und OKH vom 5. 12., durch die „Weisung Nr 21" vom 18. 12. 1940 und durch die Zustimmung Hitlers zur Aufmarschanweisung des OKH vom 31. 1. 1941 abgesteckt[1]. Änderungen, die in die Substanz des Planes eingegriffen hätten, hat es seither bis zum Angriffsbeginn am 22. 6. 1941 nicht mehr gegeben; jedenfalls wurden die beiden Änderungen, die Hitler am 17. 3. 1941 befahl, damals nicht als tiefgreifend empfunden, wenn sie auch auf Grund des Feldzugsverlaufs aus der Rückschau als recht bedeutsam erscheinen. Sie betrafen die Operation aus Nordfinnland heraus, also den „Hohen Norden", und den Vorstoß am äußersten Südflügel der neuen „Ostfront", aus Rumänien.
Nach dem im Dezember 1940 erlassenen Rahmenbefehl, der sich hinsichtlich Nordfinnlands an den schon seit August 1940 festliegenden Operationsplan zum Einmarsch in das Petsamo-Gebiet im Falle eines sowjetischen Angriffs auf Finnland anlehnte[2], wurde es als die wichtigste Aufgabe der deutschen Kräfte in Nordnorwegen betrachtet[3], zu verhindern, daß die Nickelerzgruben im Raume von Petsamo in sowjetische Hand fielen. Daher sollten die an der finnisch-norwegischen Grenze bei Kirkenes konzentrierten Kräfte des „Gebirgskorps Norwegen" am Tage des Kriegsbeginns gegen die Sowjetunion das finnische Petsamo-Gebiet in die Hand nehmen und damit die Sicherheit für eine ungestörte Nickelerzförderung gewährleisten (Unternehmen „Renntier"). Darüber hinaus war in der „Weisung Nr. 21" ein deutsch-finnischer Offensivstoß aus dem Raum von Rovaniemi nach Osten, über Salla nach Kandalakscha, mit dem Ziel, die Murman-Bahn abzuschneiden, in Aussicht genommen (Unternehmen „Silberfuchs"[4]). Murmansk selbst sollte auf diese Weise zunächst nur „als

lassen, anordnete, daß „alle Angebote fremder Staaten, an diesem Kreuzzug teilzunehmen, ... mit Begeisterung angenommen werden" sollten (KTB OKW, Bd. I, S. 409).

97 IMT, Bd. XXXVIII, Dok. L-221, S. 86 ff.

1 Vgl. oben S. 367 ff.

2 Vgl. oben S. 236.

3 Zu den deutschen Planungen im „Hohen Norden" eingehend auf Grund des deutschen Aktenmaterials Ziemke, S. 124 ff.

4 Hubatsch: Hitlers Weisungen, S. 86.

Basis für eine offensive Tätigkeit (der sowjetischen) Land=, See= und Luft=streitkräfte nach Kräften eingeengt" und erst „im weiteren Verlauf, wenn genügend Angriffskräfte zur Verfügung (stünden), in Besitz genommen" wer=den[5]. Anfang März, nach dem britischen Handstreich gegen die Lofoten=Insel Svolvaer (4. 3.[6]), wollte dann aber Hitler, um eine nun von ihm befürchtete Landung stärkerer britischer Kräfte an der Murman=Küste auszuschließen, „das Unternehmen gegen Petsamo ... bis zur Wegnahme von Murmansk" ausdehnen; auch sollten die Häfen von Murmansk und Archangelsk frühzeitig vermint werden[7]. Diese Erweiterung des Operationsplanes wurde in der Be=sprechung Hitlers mit den Spitzen von OKW und OKH am 17. 3. endgültig festgelegt[8]. Am folgenden Tage wurde dann auf Initiative des OKH zwischen diesem und dem OKW vereinbart, daß der Kriegsschauplatz Nordfinnland als Teil des Verantwortungsbereiches des Armeeoberkommandos Norwegen (un=ter Generaloberst v. Falkenhorst) dem OKW unmittelbar führungsmäßig unterstellt würde[9], so daß der Ostfeldzug nach der jetzt endgültig festliegen=den Planung operativ von drei Führungsorganen gesteuert wurde: (1.) dem OKH, das im Rahmen der vom „Feldherrn" Hitler gesteckten Ziele und seiner anfangs geringen, dann aber immer zahlreicheren Einzelanordnungen und Eingriffe in die Operationsführung für den Hauptkriegsschauplatz zwischen dem Schwarzen Meer und der Ostsee verantwortlich war, (2.) der finnischen Heeresleitung, die in Südfinnland (von der Ostsee bis in den Raum von Uhtua) aus eigener Verantwortung, nur in loser Zusammenarbeit mit der deutschen Wehrmacht= und Heeresführung, die Operationen leitete, und schließlich (3.) dem OKW[10] auf dem Schauplatz Mittel= und Nordfinnland (von Uhtua bis zur Eismeerküste), auf dem sich Hitler, da er diese Front als Nebenkriegs=schauplatz betrachtete, auf allgemeine Richtlinien beschränkte, ohne selbst in die Operationsführung einzugreifen.

In einer Weisung vom 7. 4. 1941[11] legte das OKW für seinen Kriegsschau=platz die Einzelheiten der nun mit stärkeren deutschen Kräften in zwei Vor=

5 Aufmarschanweisung des OKH/Gen.St.d.H. vom 31. 1. 1941, in: KTB Halder, Bd. II, S. 468.

6 Vgl. oben S. 421 f.

7 KTB OKW, Bd. I, S. 349 (8. 3. 1941) und S. 357 (15. 3. 1941): Besprechung Jodl=v. Falkenhorst über diese neue Forderung Hitlers.

8 KTB OKW, Bd. I, S. 362 f.; KTB Halder, Bd. II, S. 318.

9 Norwegen war bekanntlich seit Beginn der Planungen für das Unternehmen „Weserübung" Anfang 1940 der erste „OKW=Kriegsschauplatz". Die Über=nahme der neuen Front in Nordfinnland durch das OKW hatte die Konsequenz, daß nun auch Nordfinnland „OKW=Kriegsschauplatz" wurde (vgl. hierzu War=limont, S. 157 f.). Diese Lösung, die operativ unglücklich schien, hatte, wie sich später erwies, den militärpolitischen Vorteil, daß der Kontakt mit der finnischen Wehrmachtführung auf der gleichen Ebene aufrechterhalten werden konnte.

10 Vgl. hierzu die Bemerkung im KTB OKW, Bd. I, S. 363 (18. 3. 1941): „Der Grund dafür, daß das OKH die Unternehmen ‚Renntier' und ‚Silberfuchs' auf das OKW abwälze, bestehe darin, daß das OKH das ganze Norwegen=Unternehmen als ein Kind des OKW ansehe."

11 KTB OKW, Bd. I, S. 1012 ff.

stößen, an der Eismeerküste in Richtung auf Murmansk und aus Mittelfinnland heraus zur Murman-Bahn, zu führenden Angriffsoperationen fest[12]. „Bei einwandfrei festgestellten russischen Präventivmaßnahmen gegen Finnland" – so befahl das OKW dem Armeeoberkommando Norwegen am 26. 5. ergänzend[13] – sollte das Petsamo-Gebiet „sofort" besetzt werden. Eine „Weiterführung der Operation über die finnische Ostgrenze hinaus (sei) jedoch an (die) Entscheidung des OKW gebunden."

Folgenreicher als die Ausweitung der Planung im Norden war es, daß Hitler am 17. 3. auch den Operationsplan für den Südflügel der Ostfront abwandelte[14], weil es durch diese zweite Abänderung später schon vom Ansatz her nicht gelingen konnte, die sowjetischen Kräfte in der westlichen Ukraine in ähnlicher Weise zangenartig zu umfassen wie die im Mittelabschnitt im Raume von Bialystok-Minsk. Der Anlaß hierfür war, daß nunmehr, nachdem das britische Expeditionskorps in Griechenland gelandet war, der bisher nur als Möglichkeit in Aussicht genommene Vorstoß bis zur Südspitze Griechenlands zur Notwendigkeit wurde. Damit aber wurde die bislang schon äußerst problematische Doppelaufgabe, die dem Armeeoberkommando 12 (Generalfeldmarschall List) gestellt war, vollkommen unerfüllbar.

Dieser Armeestab sollte nach der bisherigen Planung sowohl das Unternehmen „Marita" leiten als auch eine wichtige Führungsaufgabe auf dem äußersten rechten Flügel im Anfangsstadium des Ostfeldzuges übernehmen – ein besonders handgreifliches Beispiel, für wie leicht das OKH im Grunde die Durchführung der „Barbarossa"-Operation hielt. Hitler befahl nun, daß auf einen Angriff aus Rumänien heraus über den Pruth zunächst überhaupt zu verzichten sei. Die schwachen deutschen Kräfte, die für den Aufmarsch auf dem äußersten Südflügel verblieben, nunmehr unter Führung des Armeeoberkommandos 11 (Generaloberst Ritter v. Schobert), insgesamt 5 Divisionen, sollten sich auf den Schutz Rumäniens beschränken. Sie sollten erst später dem zurückgehenden Gegner folgen, wenn sich die Bedrohung seiner Flanke und seines Rückens durch den deutschen Vorstoß aus Galizien heraus von Nordwesten her auswirkte. Damit blieb nun die Offensive im Anfangsstadium der „Barbarossa"-Operation auf dem Südflügel der Ostfront allein die Aufgabe der Panzergruppe 1 und der 6. Armee in Galizien und Wolhynien[15]. Die bisher geplante großräumige doppelseitige Umfassung in der Westukraine war fallengelassen worden. Zu einer Auseinandersetzung über diese recht bedeutsame Änderung der bisherigen Planung kam es zwischen Hitler und den Spitzen des

12 Urteil Halders über diese Operationen „Silberfuchs I" (Stoß zur Murman-Bahn im Raume von Kandalakscha) und „Silberfuchs II" (Vorstoß auf Murmansk): „Das ganze Unternehmen ist eine Expedition, aber keine Operation. Schade um die Kräfte, die hier eingesetzt werden" (KTB Halder, Bd. II, S. 411: 14. 5. 1941).

13 Sammelmappe „Barbarossa" (Militärgeschichtliches Forschungsamt Freiburg i. Br., Signatur III W 59/1).

14 KTB OKW, Bd. I, S. 360 f.; KTB Halder, Bd. II, S. 318 f.

15 Zu den Folgen dieser Abänderung am eingehendsten Uhlig, S. 177 f.

OKH, v. Brauchitsch und Halder, nicht, obwohl Hitler nicht nur bei diesem Einzelproblem kurzerhand von der bisherigen Planung abwich, sondern — was für später noch bedeutsamer werden sollte — bei seinen allgemeinen Ausführungen am 17. 3. „sehr stark" auf die Bedeutung des Nord- und Südabschnitts der Ostfront hinwies, so daß deutlich wurde, wie sehr der vom OKH nach wie vor als Schlüsselproblem angesehene Stoß auf Moskau bei ihm inzwischen in den Hintergrund getreten war. Hitler führte hierfür wirtschaftliche und ideologische Argumente ins Feld. So sprach er bereits erstmals von der „Zerstörung der weltanschaulichen Festung Leningrad" und legte großen Nachdruck auf die rasche Gewinnung der Öl- und Getreidegebiete im Süden der Sowjetunion, ohne jedoch den unter ganz anderen Gesichtspunkten angelegten Operationsplan des Generalstabes des Heeres zu kritisieren. Es bestand vielmehr, wie der Heeresadjutant bei Hitler, Major i. G. Engel, erstaunlicherweise als allgemeinen Eindruck über diese Besprechung notierte, ein „erfreuliches Übereinstimmen von OB (v. Brauchitsch), Chef des Generalstabes (Halder) und (dem) Führer über Aufmarsch und Schwerpunkte". Sowohl Hitler als auch Halder zeigten sich „sehr optimistisch in Bezug auf (die Aussicht auf Erfolg angesichts der) Kampfkraft der Roten Armee, die veraltetes Gerät und vor allem wenig Flugzeuge und alte Panzer habe[16]". Die Überzeugung, daß der Feldzug ohnehin in wenigen Wochen zum Ziele führen würde, verdeckte also alle latenten Gegensätze.

Hitlers Gesamtkriegskonzeption blieb auch unter der für ihn verschärften Situation im Westkrieg die gleiche. Am 30. 3. 1941[17] erklärte er in einer „Generals-Versammlung", die hauptsächlich der Begründung des Ostkrieges als eines ideologischen Vernichtungskrieges diente[18], daß die „Höchstleistung" der USA, insbesondere im Hinblick auf ihr „Transportproblem" erst in vier Jahren erreicht sein werde[19]. Die Sowjetunion müsse jetzt zerschlagen werden, weil „wir ... nur so in der Lage sein (werden), in zwei Jahren materiell und personell unsere Aufgaben in der Luft und auf den Weltmeeren zu meistern, wenn wir die Landfragen endgültig und gründlich lösen". Dies hieß, daß die wachsende Stärke der angelsächsischen Seemächte nach Hitlers Auffassung die militärische Ost-Lösung unumgänglich machte, da Deutschland nur mit einer nach Osten wesentlich verbreiterten Basis, in einem blockadefesten „Großraum", eine Chance hatte, sich in einem großen Krieg gegen die angelsächsischen Mächte, vor allem gegen die USA, zu behaupten.

Eine viel erörterte Frage ist die Auswirkung der durch den Belgrader Staatsstreich von Hitler für notwendig erachteten Erweiterung des (bis dahin nur

16 Tagebuch Engel, 17. 3. 1941.
17 KTB Halder, Bd. II, S. 335.
18 Vgl. hierzu unten S. 526 f.
19 Hitler beurteilte die Situation und die voraussichtliche Fortentwicklung des „Transportproblems" (= Schiffbauproblems) auf Grund der ihm damals zur Verfügung stehenden Unterlagen durchaus sachlich zutreffend. Vgl. hierzu oben S. 399, Anm. 5.

gegen Griechenland geplanten) Balkanfeldzuges auf den Zeitpunkt des Beginns der Operation „Barbarossa"[20]. Man muß bei einer Stellungnahme zu diesem vielfach überbewerteten Problem[21] der Terminverschiebung davon ausgehen, daß nach der Überzeugung Hitlers wie des Generalstabes des Heeres die Dauer des Ostfeldzuges höchstens drei bis vier Monate betragen konnte, so daß die Zeitspanne bis zu der Ende Oktober zu erwartenden Schlammperiode in Rußland auch bei einem Angriffsbeginn Ende Juni noch für völlig ausreichend angesehen wurde, so daß damals die Verschiebung nicht als schwerwiegendes Problem betrachtet wurde.

Um wie viele Wochen wurde der geplante Angriff überhaupt hinausgezögert? Die Feststellung Hitlers am 27. 3., daß der Beginn der „Barbarossa"-Unternehmung „bis zu vier Wochen verschoben werden" müsse[22], ist die einzige klare Aussage, die von ihm zu diesem Problem aus jener Zeit selbst überliefert ist. Daran knüpfte der OKW-Befehl vom 3. 4. 1941 an, in dem es (den Zeitraum etwas erweiternd) hieß: „Der Zeitpunkt für ‚Barbarossa' wird sich durch die Balkanoperationen um mindestens vier Wochen verschieben[23]." Die Vorbereitungen sollten, wie die „Weisung Nr. 21" vom 18. 12 1940 bestimmt hatte, „bis zum 15. 5. 1941" abgeschlossen sein, doch besagte ein späterer Absatz der gleichen Weisung, daß die „Durchführung *zeitlich*[24] noch gar nicht (festliege)"[25]. Einen Hinweis darauf, daß Hitler in der Zeit zwischen der Ausgabe der „Weisung Nr. 21" und dem Staatsstreich in Jugoslawien am 27. 3. 1941 tatsäch-

20 Ob die Einbeziehung Jugoslawiens in den Balkanfeldzug tatsächlich unumgänglich war, kann an dieser Stelle unerörtert bleiben. Vgl. dazu oben S. 464 f.

21 Vgl. vor allem die Analyse (auf Grund des gesamten verfügbaren Quellenmaterials) in der Akte des Militärgeschichtlichen Forschungsamtes Freiburg i. Br.: V — „Hat das britische Eingreifen in Griechenland den deutschen Angriff auf Rußland verzögert oder nicht?" Sie kommt zu dem Ergebnis, daß die Gründe für die lange Zeitspanne zwischen dem 30. 4. (Festlegung des Termins) und dem 22. 6. 1941 in folgendem gelegen habe: 1. dem Zeitbedarf für den Aufmarsch der Verbündeten (vor allem Finnlands); 2. dem Wunsch von OKW und OKH, „festeren Boden" abzuwarten (Wetterproblem). Keine Rolle habe dagegen das Zuführen der Verbände aus dem Balkanraum gespielt. Der später so wesentliche Zeitdruck sei im Frühjahr 1941 auf Grund der optimistischen Feindlagebeurteilung nicht vorauszusehen gewesen. — Nach der britischen Landung in Griechenland (Anfang März 1941) habe das OKH eine Verschiebung der Ostoperation um sechs Wochen beantragt. Tatsächlich habe dann das Zurückführen der wichtigsten für „Barbarossa" vorgesehenen Verbände aus dem Balkanraum nur bis Anfang Juni 1941 gedauert. Sie hätten auch in eine schon laufende Operation eingefügt werden können. Daher hätte — von diesem Problem her betrachtet — die Ost-Operation am 15. 5. 1941 beginnen können. Der entscheidende Grund für die Verschiebung sei darin zu sehen, daß die Frühjahrsüberschwemmungen erst ab Mitte Juni einen erfolgversprechenden Angriffsbeginn zugelassen hätten.

22 Aufz. des Majors d. G. Christian über die Besprechung Hitlers mit den Spitzen des OKW und des OKH am 27. 3. 1941, in: ADAP D XII, Dok. 217, S. 372 ff.

23 Sammelmappe „Barbarossa" (Militärgeschichtliches Forschungsamt Freiburg i. Br., Signatur III W 59/1): OKW-Befehl vom 3. 4. 1941 betr. „Vorbereitungen für ‚Barbarossa'".

24 Hervorhebung durch uns.

25 Hubatsch: Weisungen Hitlers, S. 84 und S. 88.

lich mit dem 15. 5. als Angriffsbeginn rechnete, gibt es in den zeitgenössischen Quellenzeugnissen nicht[26]. Hitler sprach stets von „Mai 1941", gelegentlich, so in der wichtigen Besprechung am 5. 12. 1940, von „Ende Mai". Es liegt auf der Hand, daß eine präzise Festlegung auf einen bestimmten Tag so lange vor Beginn einer Operation überhaupt nicht möglich war, sondern daß es sich bei allen Angaben nur um zeitliche Anhaltspunkte handelte. Ob ein früherer Angriffsbeginn als Mitte Juni militärisch tatsächlich möglich gewesen wäre, ist mit guten Gründen bezweifelt worden. Weder wäre ein schnellerer Abschluß des Balkanfeldzuges ohne die Einbeziehung Jugoslawiens wahrscheinlich gewesen[27], noch ließen in der Regel die Wetterbedingungen vor Mitte Juni in Osteuropa eine großräumige Operation zu[28]. Dabei soll nicht bestritten werden, daß einige deutsche Verbände, die während des Balkanfeldzuges bis zur Südspitze Griechenlands vorgestoßen waren und nun in Eil-

26 Die in der rückschauenden „Darstellung" Hitlers zur Vorgeschichte des Ostkrieges am 15. 2. 1945 vorgebrachte Behauptung, daß der „idiotische" Angriff Italiens gegen Griechenland ihn daran gehindert habe, den Krieg gegen die Sowjetunion einige Wochen früher zu beginnen („Le testament politique de Hitler", S. 95), ist sachlich völlig unhaltbar, da seit Ende Juli 1940 feststand, daß ein Feldzug gegen die Sowjetunion aus militärtechnischen Gründen vor „Mai 1941" nicht möglich sein würde. Daran änderte sich durch das Scheitern des italienischen Angriffs auf Griechenland (ab 28. 10. 1940) nichts. Der geplante deutsche Entlastungsvorstoß über Bulgarien nach Griechenland (Unternehmen „Marita") und das Unternehmen „Barbarossa", über die Hitler im Dezember Weisungen erließ, waren aufeinander abgestimmt, der Abschluß der Vorbereitungen für „Barbarossa" dabei auf den 15. 5. 1941 festgelegt. — Die Behauptung Hitlers in seinen Darlegungen am 17. 2. 1945 (ebda., S. 107), daß ohne Italiens Teilnahme am Krieg der deutsche Angriff auf die Sowjetunion ab 15. 5. möglich gewesen wäre, sowie die weitere daran anknüpfende Argumentation Hitlers, daß dem Versagen Italiens der nicht mehr mögliche rechtzeitige „siegreiche" Abschluß der „Barbarossa"-Operation 1941 und damit der Verlust des Krieges zuzuschreiben seien, sind monokausale Erklärungsversuche für komplizierte Sachverhalte ohne jeden historischen Erkenntniswert. Hitlers Thesen von 1945 dienten allein dem Aufbau einer „Führer"-Legende für die Zeit nach der von ihm längst erwarteten Schlußkatastrophe.

27 Gerade durch die seit dem 27. 3. 1941 möglich gewordene Ausnutzung Südjugoslawiens für die Angriffsoperation gegen Saloniki ergab sich die Chance zur Beschleunigung des Vormarsches, da die Schwierigkeiten bei der Überwindung der Metaxas-Linie entlang der griechisch-bulgarischen Grenze bekannt waren und ohne die Umgehungsoperation über jugoslawisches Territorium auf dem Schwerpunktflügel, der auf Saloniki vorstieß, eine längere Verzögerung des Angriffs der 12. deutschen Armee gegen die griechische Ost-Armee wahrscheinlich gewesen wäre (vgl. hierzu die detaillierte Darstellung des Befestigungssystems der Metaxas-Linie bei A. Buchner: Der deutsche Griechenland-Feldzug. Operationen der 12. Armee. Heidelberg 1957).

28 Vgl. zu diesem Gesichtspunkt vor allem Schramm-v. Thadden, S. 204 ff. (mit Hinweisen auf Stellungnahmen verschiedener Experten); Philippi-Heim, S. 49. Blumentritt (Ms. „Moskau", Institut für Zeitgeschichte München) legt dar, daß die „Frühjahrsschlammperiode" 1941 länger als gewöhnlich gedauert habe und daß der Bug vor der 4. deutschen Armee noch Anfang Juni so weit aus seinen Ufern getreten gewesen sei, daß ein Übergang mit den der Armee zur Verfügung stehenden Pioniermitteln nicht möglich gewesen wäre. — Es ist dabei daran zu erinnern, daß auch die deutsche Sommeroffensive 1942 erst am 28. 6., die Offensive 1943 (Unternehmen „Zitadelle") sogar erst am 5. 7. begann.

transporten auf den östlichen Kriegsschauplatz geworfen wurden, stark überfordert waren[29], doch wäre dies ohne die Einbeziehung Jugoslawiens in den Balkanfeldzug kaum anders gewesen. Die Überforderung des deutschen Heeres lag im ganzen des Kriegsplanes Hitlers begründet und war nicht von einem Einzelvorgang, der Ausweitung des Balkanfeldzuges und der damit verknüpften kurzfristigen Verschiebung des Angriffstermins für „Barbarossa", abhängig, durch den diese Operation in Zeitdruck gekommen wäre.

Eine weitere Hinauszögerung des „B=Tages" (22. 6.) schien vielmehr sogar noch Ende Mai möglich, nachdem sich Hitler am 21. 4. zu der bis dahin noch nicht vorgesehenen Eroberung von Kreta (Unternehmen „Merkur") vor Beginn von „Barbarossa" entschlossen hatte[30]. Am 28. 5. schlug das OKH in einer Stellungnahme an das OKW auf eine entsprechende Anfrage hin vor, den vorgesehenen Tag „möglichst beizubehalten oder nur um wenige Tage zu verschieben, um dem Gegner keine Möglichkeiten zur Umgruppierung, Verbesserung seiner Abwehrbereitschaft oder zu Präventivmaßnahmen zu geben." Außerdem wies das OKH darauf hin, „daß aus Witterungsgründen die Operationen nach Möglichkeit bis Mitte September abgeschlossen sein müssen[31]". Daraufhin entschied Hitler am 29. 5.[32], daß die Vorbereitungen für „Barbarossa" „weiter auf den vorgesehenen B=Tag" (22. 6.) abzustellen seien. Es solle „alles getan werden, um die jetzt bei ‚Merkur' eingesetzten und für ‚Barbarossa' vorgesehenen Teile zeitgerecht heranzuführen". Erst damit lag der Angriffstag wirklich fest.

Nach Abschluß des Balkanfeldzuges, als sich der Fortgang der Planungen klar überblicken ließ, hatte der Chef des Generalstabes des Heeres, Generaloberst Halder, am 30. 4. Hitler über den „Zeitablauf Barbarossa", d. h. über die Transporte zur Überführung der Angriffsverbände nach dem Osten, vorgetragen[33]. Da sich daraus das Eintreffen der eigentlichen Stoßkräfte (Panzer= und motorisierte Divisionen) in den vorgesehenen Räumen in der Zeit vom

Gleiches gilt für die sowjetische Sommeroffensive 1944, die am 22. 6. gegen die Heeresgruppe Mitte einsetzte. Im Mai konnten in der Regel allenfalls am äußersten Südabschnitt (Krim, Südukraine) größere militärische Operationen durchgeführt werden, während in den Hauptabschnitten (Nordukraine, Mitte und Norden) die „Schlammperiode" zu dieser Zeit im allgemeinen noch nicht abgeschlossen war. Vgl. hierzu auch die „Weisung für die Aufgaben des Ostheeres im Winter 1941/42" vom 8. 12. 1941 (KTB OKW, Bd. I, S. 1076 ff.), in der es — noch recht optimistisch — hieß: „Als zeitlicher Anhalt kann in Rechnung gestellt werden, daß nach dem Winter normalerweise die Operationsmöglichkeiten ... für den mittleren und nördlichen Teil des Ostgebietes erst Ende Mai/Anfang Juni gegeben sind."

29 Uhlig, S. 178, der die Terminverschiebung erheblich überbewertet.

30 Hubatsch: Hitlers Weisungen, S. 115 f.

31 KTB OKW, Bd. I, S. 411 f.

32 Sammelmappe „Barbarossa" (Militärgeschichtliches Forschungsamt Freiburg i. Br., Signatur III W 59/1): OKW/WFSt/L Nr. 46521/41 g.Kdos., gez. Jodl.

33 KTB Halder, Bd. II, S. 387. — Über den deutschen Ostaufmarsch im einzelnen Greiner, S. 389 ff.; Fabry, S. 383 ff.; vor allem aber Mueller=Hillebrand, Bd. II, S. 99 ff.

3.—23. 6. ergab („Höchstleistungsfahrplan" für den Ostaufmarsch ab 22. 5.), nahm Hitler an diesem Tage erstmals den 22. 6. als Termin für den Angriffsbeginn in Aussicht[34]. An ihm hielt er, nachdem sich das OKH Ende Mai klar für die Beibehaltung ausgesprochen hatte[35], fest, als er am 6. 6. die Zeittafel für die letzten Vorbereitungen des Feldzuges genehmigte[36] und am 17. 6. – nach einer letzten großen Besprechung mit den Oberbefehlshabern der Heeresgruppen und Armeen am 14. 6.[37] – den endgültigen Befehl für den Angriff zum 22. 6. 3.15 Uhr erteilte[38].

Wie die Westoffensive 1940 und den Balkanfeldzug im Frühjahr 1941[39] wollte Hitler den Ostfeldzug von Anfang an als „Feldherr" persönlich führen. Lediglich die Übereinstimmung mit den Planungen des Generalstabes des Heeres im großen und ganzen (wie es schien), und die Überzeugung, daß der Feldzug keine besonderen Führungsprobleme mit sich bringen werde, da es sich nach den ersten Grenzschlachten im wesentlichen nur um eine schnelle Inbesitznahme des riesenhaften Gebietes bis zur „AA-Linie" handele, ließen Hitler in den ersten Wochen des Feldzuges noch mit Eingriffen in die Operationsleitung zurückhalten. Am 23. 6. hatte er mit seiner Begleitung das seit dem Herbst 1940 vorbereitete „Führerhauptquartier" „Wolfsschanze" im Forst Görlitz nordöstlich Rastenburg (Ostpreußen) bezogen[40], während OKH und OKL, nicht allzu weit davon entfernt, in der Nähe von Angerburg bzw. Goldap ihre Feldquartiere einnahmen. Nur das Oberkommando der Kriegsmarine, die jetzt im wesentlichen allein den Krieg gegen Großbritannien fortführte, blieb, kennzeichnend für die führungsmäßige Trennung des Ost- und Westkrieges auf deutscher Seite[41], in Berlin zurück.

34 Zeitplan Barbarossa: Aufz. der Abt. L des Wehrmachtführungsstabes vom 1. 5. 1941 über die Besprechung vom 30. 4. 1941, abgedruckt bei Jacobsen: 1939/45, S. 237 f.; KTB Halder, Bd. II, S. 387 f.

35 Vgl. oben S. 507.

36 KTB OKW, Bd. I, S. 401.

37 KTB Halder, Bd. II, S. 455; Tagebuch v. Bock, 14. 6. 1941; Guderian, S. 136.

38 Über die letzten militärischen Maßnahmen auf Grund der Eintragungen im KTB OKW, Bd. I, zusammenfassend Greiner, S. 390 ff. — Wiedergabe der Lagekarte des OKH mit Eintragungen der deutschen und der sowjetischen Kräfte (bis zu den Divisionen) am 21. 6. 1941 im Anhang zum KTB Halder, Bd. III. — Der Angriff im Raume zwischen den Karpathen und der Ostsee begann bei den Heeresgruppen Süd, Mitte und Nord am 22. 6. zwischen 3.05 Uhr und 3.30 Uhr (KTB OKW, Bd. I, S. 417).

39 Zu den Eingriffen Hitlers in die Operationsführung während des Balkanfeldzuges vor allem die Bemerkungen Halders (KTB Halder, Bd. II, S. 360: 11. 4. 1941): „Aussprache mit Ob. d. H.: Ich gebe meiner Entrüstung über die Eingriffe in die Führung (durch Hitler) Ausdruck. Diese Ängstlichkeit, die jedes Risiko vermeiden, aber trotzdem fortgesetzte Erfolge einheimsen will, mag politisch tragbar sein, militärisch ist sie untragbar." — Hitlers Scheu vor Risiken im militärischen Bereich lag 1940/41 nicht auf strategischem — sondern — gelegentlich — auf operativem Gebiet (bekanntestes Beispiel: Narvik, das Hitler Mitte April 1940 angesichts der Bedrohung durch britische Kräfte aufgeben wollte).

40 KTB OKW, Bd. I, S. 409.

41 Vgl. unten S. 554.

Wesentlicher als das Problem des Angriffsbeginns und damit zusammenhängend der Terminverschiebung ist die Frage, ob sich an der Beurteilung des sowjetischen Gegners in den letzten Monaten vor Angriffsbeginn etwas geändert hatte. Nach wie vor hielt Hitler die sowjetische Luftwaffe, die seiner Auffassung nach jederzeit Überraschungsangriffe gegen das Reichsgebiet führen konnte, trotz gelegentlicher gegenteiliger Äußerungen für gefährlicher als die Rote Armee. Am 17. 2.[42] zeigte er sich sogar „betroffen" von neuen Informationen über die Stärke der sowjetischen Luftstreitkräfte[43].

Am 30. 3.[44] äußerte sich Hitler dann zum erstenmal im Unterschied zu allen seinen bisherigen abfälligen Bemerkungen recht positiv über die sowjetische Panzerwaffe, die er als „respektabel" bezeichnete. Sie sei die zahlenmäßig stärkste der Welt[45], wenn auch nur wenige Panzer des „neuen Riesentyps" vorhanden[46] und die Masse veraltet seien. Dennoch zeigte sich der Oberbefehlshaber des Heeres, Generalfeldmarschall v. Brauchitsch, noch vier Wochen später, am 30. 4., davon überzeugt, daß der Feldzug nach „voraussichtlich heftigen Grenzschlachten" mit einer Dauer „bis zu vier Wochen" im wesentlichen beendet sein und es sich im folgenden lediglich um Säuberungsaktionen gegen „geringfügigen Widerstand" bei der Inbesitznahme des gewaltigen Raumes handeln werde[47]. Die Gesamtstärke des sowjetischen Feldheeres wurde von der Abteilung „Fremde Heere Ost" am 4. 4. mit 171 Schützendivisionen, 36 Kavallerie-Divisionen und 34 motorisierten und mechanisierten Brigaden[48], also mit 247 großen Verbänden (im europäischen Rußland), am 21. 6. dagegen

42 KTB Halder, Bd. II, S. 283. Bereits in der Aufmarschanweisung des OKH vom 31. 1. 1941 war der Hinweis enthalten, daß „in höherem Maße als bisher mit der Einwirkung der russischen Luftwaffe gegen das Heer zu rechnen sein (werde), zumal die deutsche Luftwaffe nicht in ihrer Gesamtstärke für die Operationen gegen Rußland zur Verfügung stehen wird" (KTB Halder, Bd. II, S. 465).

43 Demgegenüber schätzten der Ob. d. L. und der Luftwaffenführungsstab den Wert der sowjetischen Luftwaffe gering ein. Sie nahmen zwar eine 3—4fache Überlegenheit der sowjetischen Seite an (38 sowjetische Fliegerdivisionen waren „voll erfaßt"), doch wurden Kampfwert und technische Möglichkeiten gering eingeschätzt. Von den am 22. 6. 1941 angenommenen 5 800 Flugzeugen (im Westbereich) sah die deutsche Luftwaffenführung nur 1 350 Kampfflugzeuge und 1 500 Jäger als „voll einsatzbereit" an (KTB der Skl., Teil A, 22. 6. 1941).

44 KTB Halder, Bd. II, S. 335 f.

45 Stalin gab die Zahl der sowjetischen Panzer im Juni 1941 im Gespräch mit Harry Hopkins am 31. 7. 1941 mit 24 000 an.

46 Diese Bemerkung trifft für den Zeitpunkt Ende März 1941 zu. Tatsächlich besaß die Rote Armee dann aber bereits im Juni 1941 967 Panzer des neuen Typs „T 34" und 508 des neuen KW-Modells, obwohl die Serien-Produktion erst im April/Mai 1941 angelaufen war (Erickson, S. 567).

47 Sammelmappe „Barbarossa" (Militärgeschichtliches Forschungsamt Freiburg i. Br., Signatur III W 59/1): Besprechung bei Chef L am 30. 4. 1941: Beurteilung des Ablaufs „Barbarossa" durch Ob. d. H.; vgl. auch IMT, Bd. XXVI, Dok. PS-873: Aufz. über die Besprechung am 30. 4. 1941.

48 KTB Halder, Bd. II, S. 345 (4. 4. 1941): „Abteilung ‚Fremde Heere Ost' gibt nun zu, daß die Stärke des russischen Heeres im europäischen Rußland stärker anzunehmen ist als bisher angenommen. (Das hatten die Finnen und Japaner immer schon behauptet.)" Am 30. 1. 1941 war die Stärke der Roten Armee (im europäischen Rußland) von der Abteilung „Fremde Heere Ost" mit 121 Schützen-

nur mit 227 Divisionen (im europäischen Teil der Sowjetunion) veranschlagt[49]. Die errechnete Stärke der (nicht mobilisierten) Roten Armee mit 4,7 Millionen Mann traf zu, doch nahm die Abteilung „Fremde Heere Ost" fälschlicherweise an, daß sich das Gros davon im europäischen Rußland befand, während tatsächlich fast die Hälfte (2,2 Millionen Mann) im Fernen Osten und in Kaukasien stand[50]. Jedenfalls war der Generalstab des Heeres wie bisher davon überzeugt, durch die ersten erfolgreichen Schlachten das Kräfteverhältnis der 152 deutschen Angriffsdivisionen (zu denen noch Finnen und Rumänen mit weiteren rund 40 Divisionen traten) zu den sowjetischen Streitkräften in Westrußland bald auch zahlenmäßig entscheidend zugunsten der eigenen Seite verschieben zu können[51]. Tatsächlich standen zunächst den rund 3 Millionen Mann des deutschen Ostheeres nur 2,5 Millionen Soldaten der Roten Armee in den westlichen Militärdistrikten gegenüber, die allerdings nach dem 22. 6. durch die sowjetischen Mobilmachungsmaßnahmen schnell wesentlich verstärkt wurden[52]. Hitler sah in den Äußerungen des deutschen Militärattachés in Moskau, General Köstring, und seines Vertreters, Oberst i. G. Krebs, vom 7. 5. 1941 eine Bestätigung seiner Auffassung, daß die Rote Armee sich trotz der Anstrengungen der sowjetischen Führung in der letzten Zeit „nicht wesentlich gebessert" habe und „kein gutes Führerkorps" besitze[53], und auch für den Generalstab des Heeres stellten ihre Berichte keine Warnung dar[54].

Divisionen, 25 Kavallerie-Divisionen und 31 mot.-mech. Brigaden (= 177 großen Verbänden) angenommen worden (KTB OKW, Bd. I, S. 290), am 5. 8. 1940 von Marcks mit 147 großen Verbänden, am 21. 7. 1940 durch v. Brauchitsch mit 50—75 „guten" Divisionen (vgl. oben S. 219 und S. 229). Die veränderte Beurteilung der zahlenmäßigen Stärke der Roten Armee führte zu keiner Änderung in der deutschen Operationsplanung, obwohl die Konzeption Marcks', die nach wie vor den Kern des Planes darstellte, von etwa halb so viel sowjetischen Verbänden ausgegangen war, wie sie nun im Frühjahr 1941 erfaßt waren.

49 KTB Halder, Bd. II, S. 461.

50 D. h. gegen die potentiellen Gegner Japan und Großbritannien (von dessen Nahostposition aus).

51 Die zahlenmäßige Überlegenheit der sowjetischen Streitkräfte lag zunächst nicht in der Mannschaftsstärke, sondern in den Panzer- und Flugzeugzahlen. Da die effektive Stärke der sowjetischen Luftwaffe im Juni 1941 mit 10 000 Flugzeugen anzusetzen ist, betrug das Verhältnis zur deutschen Luftwaffe im Osten 4—5 : 1. Das Verhältnis bei den Panzern war sogar 7 : 1 zugunsten der Roten Armee anzunehmen, wenn man Stalins Angaben gegenüber Hopkins zugrunde legt (Erickson, S. 584). — Vgl. hierzu auch die Berechnung des Befehlshabers des Ersatzheeres, Generaloberst Fromm, über die voraussichtlichen Verluste und den deutschen Ersatz (KTB Halder, Bd. II, S. 422: 20. 5. 1941): Seine Schlußfolgerung lautete: „Das Risiko, im Oktober ohne ausgebildeten Ersatz dazustehen, kann getragen werden" (weil bis dahin der Ostfeldzug erfolgreich abgeschlossen sein sollte). Zu Fromms Konsequenzen im November 1941, als sich diese Annahme als Illusion erwiesen hatte, vgl. unten S. 552, Anm. 79.

52 Vgl. oben S. 438, Anm. 61, und unten S. 546 ff.

53 KTB OKW, Bd. I, S. 393. Köstring und Krebs weilten am 6. und 7. 5. 1941 in Berlin.

54 Die Aussprache mit Halder am 6. 5. „über die Möglichkeiten Rußlands gegen-

So ging die deutsche militärische Führung[55] in den Ostfeldzug mit der Überzeugung, daß der Erfolg sicher sei[56], während Hitler gelegentlich in der ihm eigenen Witterung künftiger Gefahren im vertrauten Kreise[57] äußerte: „Mir ist, als ob ich die Tür zu einem dunklen, nie gesehenen Raum aufstoße, ohne zu wissen, was sich hinter der Tür verbirgt[58]", andererseits aber in seiner Reichstagsrede am 4. 5. öffentlich prophezeite, daß „das Jahr 1941 . . . in die Geschichte als das größte Jahr unserer Erhebung eingehen" werde[59], so daß für seine psychische Verfassung am Vorabend des 22. 6. 1941 – vor allem auch mit Blick auf die Situation im Westkrieg – die Kennzeichnung „Mischung von Vermessenheit und Verzweiflung[60]" wohl zutreffend ist.

Von militärischer Seite hat in den letzten Monaten niemand mehr versucht, Hitler von seinem Angriffsplan abzubringen. Dagegen unternahm Botschafter Graf von der Schulenburg in einem Memorandum[61] und in einer Unterredung mit Hitler am 28. 4. mit einer sachgemäßen Deutung der Politik Stalins in den letzten Monaten den Versuch[62], auf Hitler im Sinne eines neuen „Ausgleichs" mit Stalin einzuwirken. Seine Absicht kam allerdings nicht zum Tragen, da

über der bevorstehenden Entwicklung" ergab „keine wesentlich neuen Gesichtspunkte" (KTB Halder, Bd. II, S. 399).

55 Im Gegensatz zu der optimistischen Lagebeurteilung des OKH hinsichtlich der Möglichkeit einer schnellen Beendigung des Ostfeldzuges stand die skeptische Auffassung des Admirals Canaris; so berichtet jedenfalls die Memoirenliteratur übereinstimmend. Es liegen allerdings keine Quellen vor, die darauf hindeuten, daß diese Lagebeurteilung zu Hitlers Kenntnis gelangte.

56 Ungewöhnlich angesichts des bevorstehenden Großfeldzuges – selbst wenn man den Gesichtspunkt der Verschleierung gelten läßt und berücksichtigt, daß es sich um einen „Blitzkrieg" von wenigen Wochen Dauer handeln sollte – war die Schlußformulierung des zusammenfassenden OKW-Berichtes über die Kämpfe in Nordafrika und auf dem Balkan vom 11. 6. 1941: „Dem deutschen Soldaten ist nichts unmöglich (= Zitat aus Hitlers Reichstagsrede vom 4. 5. 1941. Der Verf.). Durchdrungen von dieser Erkenntnis, in der allein schon in hohem Maße das Geheimnis des Sieges begründet liegt, sieht die Wehrmacht voll Zuversicht den Aufgaben entgegen, die zu lösen ihr noch übrig bleiben."

57 Gisevius, S. 471. – Ähnlich auch nach der Erinnerung Ribbentrops („Zwischen London und Moskau", S. 240): „Wir wissen nicht, welche Kraft dahinter liegt, wenn wir die Türe im Osten wirklich aufstoßen."

58 Vgl. auch die Äußerungen Hitlers gegenüber Bormann, die Schellenberg in seinen Memoiren, S. 179 f., mitteilt.

59 Domarus, Bd. II, S. 1708. Wenn man will, kann man aus dem Hinweis Hitlers auf die (nationalsozialistische) „Erhebung" eine Andeutung herauslesen, daß es sich nicht bloß um eine militärische Entscheidung, sondern um eine nationalsozialistische Zielsetzung handelte, von der Hitler hier vorausschauend sprach.

60 Hinsley, S. 188.

61 Das Memorandum hat sich in den Akten des Polit. Archivs des AA nicht auffinden lassen. Hilger (S. 328) berichtet, Graf von der Schulenburg habe es am 28. 4. auf Hitlers Tisch liegen sehen, doch sei aus dem Gespräch nicht zu entnehmen gewesen, ob er es gelesen hatte.

62 ADAP D XII, Dok. 423: Aufz. Schulenburgs über seine Unterredung mit Hitler, 28. 4. 1941, S. 666 ff. Ribbentrop behauptet in seinen Erinnerungen (S. 238), den Empfang des Botschafters bei Hitler angeregt zu haben, nachdem er wenige Tage zuvor von dem endgültigen Angriffsentschluß Hitlers erfahren habe. Ersteres ist wahrscheinlich, letzteres nicht.

Schulenburg in der Unterredung gar nicht bis zum Kern des Problems vordringen konnte, weil Hitler das Gespräch vorzeitig abbrach[63].

In einer Stellungnahme für Ribbentrop vom gleichen Tage (28. 4.[64]), der seinerseits ein Memorandum für Hitler gegen den Angriff auf die Sowjetunion vorbereiten wollte[65], führte Staatssekretär Frhr. v. Weizsäcker einige wichtige Gesichtspunkte an, die seiner Auffassung nach gegen die Eröffnung eines neuen Krieges sprachen. Seine Denkschrift enthielt den auf die Mentalität Ribbentrops zugeschnittenen prägnanten Satz: „Wäre jede niedergebrannte russische Stadt für uns ebensoviel wert wie ein versenktes englisches Kriegsschiff, dann würde ich den deutsch-russischen Krieg in diesem Sommer befürworten; ich glaube aber, daß wir gegen Rußland nur militärisch gewinnen, dagegen wirtschaftlich verlieren würden." Mit der Betonung der Gegnerschaft zu Großbritannien traf Weizsäcker zwar bei Ribbentrop die richtige Stelle, auch war der Hinweis, daß „Rußland kein potentieller Alliierter der Engländer" sei, ebenso zutreffend wie alle Bemerkungen zu der von ihm aufgeführten Möglichkeit der (bei einem Ostfeldzug anzunehmenden) längeren Kriegsdauer, sofern man sie als Einzelargumente nahm und nur den Krieg gegen Großbritannien – isoliert – betrachtete, ohne die sich anbahnende Ausweitung durch einen Eintritt der USA in den Krieg in die Lageanalyse einzubeziehen. Da aber Weizsäcker keinen umfassenden „Alternativ"-Plan zur militärischen Ost-Lösung entwickeln konnte und wollte, der die weltpolitische Konstellation mit berücksichtigte, konnte sein Memorandum sachlich nicht überzeugend wirken, gerade auch wenn man sich des Zwecks und der Mentalität des Hauptadressaten Hitler bewußt bleibt. Weizsäckers Darlegungen über die Situation der Sowjetunion („Ich sehe im Russischen Reich keine tragfähige Opposition, welche das kommunistische System ablösen und sich uns anschließen sowie sich uns dienstbar machen könnte") konnten sogar von Hitler als zusätzliche Bestätigung für die Richtigkeit seines geplanten rassenideologischen Vernichtungskrieges betrachtet werden[66]. Allerdings ist es sehr zweifelhaft, ob Ribbentrop Weizsäckers Argumente übernahm und ob er überhaupt noch einmal Hitler zu diesem späten Zeitpunkt direkt von seinem Angriffsplan abzubringen versucht hat.

63 Nach den Erinnerungen Hilgers (S. 306) ließ Hitler bei der Verabschiedung v. d. Schulenburgs unvermittelt die Worte fallen: „Und noch eins, Graf Schulenburg, einen Krieg gegen Rußland beabsichtige ich nicht." Schulenburg habe gerade daraus geschlossen, daß die Entscheidung für den Krieg längst gefallen war.

64 ADAP D XII, Dok. 419: Aufz. des Staatssekretärs Frhr. v. Weizsäcker vom 28. 4. 1941, S. 661 f.

65 So jedenfalls Ribbentrop zu Weizsäcker, als er von diesem die Aufzeichnung erbat (Weizsäcker: Erinnerungen, S. 315 f.). Ein Memorandum Ribbentrops für Hitler oder irgendein Hinweis hierauf hat sich im Polit. Archiv des AA nicht finden lassen. Zu berücksichtigen ist hierbei wie in ähnlichen Fällen, daß die Akten des Büros RAM zum größten Teil vernichtet wurden (vgl. unten S. 599).

66 Vgl. unten S. 516 ff.

Abschließend ist an dieser Stelle noch kurz auf die viel diskutierte Frage einzugehen, ob der Flug des „Stellvertreters des Führers"[66a] Rudolf Heß nach Großbritannien am 10. 5. etwas mit den Vorbereitungen Hitlers zum Angriff auf die Sowjetunion zu tun hat, ohne daß es uns möglich wäre, dieses Problem wissenschaftlich exakt zu lösen[67]. Handelt es sich überhaupt um eine politische Aktion, nicht bloß um den selbständigen Entschluß eines Sonderlings? So phantastisch Plan und Durchführung der „Mission" Heß' schon dem Zeitgenossen vorkamen und erst recht aus der Rückschau dem Historiker erscheinen, so ist doch vor einer einfachen Bejahung der zweiten These folgendes zu berücksichtigen: Stil und Methode entsprechen — auch wenn dies vom Standpunkt üblicher Diplomatie und „normaler" geheimer Fühlungnahmen absurd erscheinen mag — durchaus Hitlers Vorstellung von besonders bedeutsamen Aufträgen. Auch das Ziel Heß', einen „Ausgleichs"-Frieden mit Großbritannien auf der Basis der Anerkennung der deutschen Herrschaft in Kontinentaleuropa[68] und

66a Die Bedeutung Heß' in der Führungsspitze des „Dritten Reiches" wird im allgemeinen weit unterschätzt. In der von H.-A. Jacobsen vorbereiteten Studie (vgl. S. 27, Anm. 1) wird erstmals seine Schlüsselposition in der Steuerung der nationalsozialistischen Außenpolitik in der Vorkriegszeit herausgearbeitet.

67 Quellenzeugnisse in Form von „Dokumenten" für einen Auftrag Hitlers an Heß haben sich bisher nicht finden lassen, doch dürften sie nach Lage der Dinge auch gar nicht zu erwarten sein. Frau Ilse Heß vertritt die These (u. a. in ihrem — abgewiesenen — Antrag auf Unterhaltshilfe bei der Versorgungsverwaltung des Freistaates Bayern), der Flug sei auf „Veranlassung" Hitlers unternommen worden. Ob Heß selbst, wenn er einmal aus dem Spandauer Gefängnis entlassen ist, zu einer klaren Auskunft in der Lage sein wird, muß offenbleiben. Die letzte ausführliche Darstellung des Falles Heß (allerdings mehr ein „Tatsachenbericht" besserer Qualität) von J. Leasor: The Uninvited Envoy. London 1962 (deutsche Ausgabe unter dem — der These des Verfassers zuwiderlaufenden — Titel: Botschafter ohne Auftrag. Oldenburg [Olbg.] 1963) legt eingehend dar, daß aller Wahrscheinlichkeit nach Hitler über den Plan und die Vorbereitungen zum Fluge, wohl aber nicht über den Flugtag und den Abflug vorher unterrichtet war. Der Autor läßt es offen, von wem (Hitler oder Heß) der Gedanke zum Fluge ursprünglich ausgegangen war. Heß faßte jedenfalls seinen Flug als Konsequenz aus den im Auftrage Hitlers im September 1940 eingeleiteten Bemühungen auf, über A. Haushofer Kontakt zu britischen Politikern oder Diplomaten aufzunehmen (vgl. oben S. 156 f.). — Zum Flug Heß' vgl. auch Bericht des Herzogs von Hamilton über seine Unterredung mit Heß am 11. 5. 1941, in: IMT, Bd. XXXVIII, Dok. M-116, S. 174 ff.; Zoller, S. 155 f.; Weinberg: Germany and Soviet Russia, S. 122 ff. (dort Auswertung aller bis 1954 erschienenen Literatur). Das Memorandum A. Haushofers über die Vorgeschichte des Fluges vom 12. 5. 1941 (jetzt auch abgedruckt in: ADAP D XII, Dok. 500, S. 783 ff.) ist von Haushofer inhaltlich retouchiert worden, daher als Quelle nur sehr bedingt verwertbar. Vgl. hierzu vor allem Stubbe, S. 236 ff. — Sachlich unergiebig ist die Darstellung des stellvertretenden Reichspressechefs Lorenz gegenüber H. Picker (Picker: Hitlers Tischgespräche, S. 215: 27. 3. 1942).

68 Der Zusatz „ohne Rußland" zur Formel „Herrschaft in Kontinentaleuropa", den Heß mehrfach betont anführte, deutet gleichfalls auf eine Absprache Heß' mit Hitler hin, da die geringsten Andeutungen eines bevorstehenden deutschen Angriffs auf die Sowjetunion vermieden werden mußten, wenn nicht von vornherein jeder Ansatz zu Gesprächen mit den Engländern zerstört werden sollte. Andererseits — dies ist bei der Bewertung der Aussagen unbedingt zu berücksichtigen — war es Heß als Kenner der „intimen" Gedanken Hitlers selbst-

der Rückgabe der ehemaligen deutschen Kolonien in Afrika zustande zu bringen, stimmte völlig mit der axiomatisch festliegenden „England-Politik"[69] Hitlers überein[70]; schließlich entsprach auch die Bemerkung Heß' gegenüber Kirkpatrick, eine deutsch-britische „Verbindung wäre dann derart mächtig, daß wir ohne Risiko die Amerikaner beiseite schieben können[71]", einem Lieblingsgedanken Hitlers. Es war die Absicht Heß', mit mutmaßlichen Vertretern eines künftigen „Nach-Churchill-Kabinetts" Kontakt aufzunehmen, da Hitler einen „Ausgleich" mit Churchill und seiner Regierung für ausgeschlossen hielt, wie Heß Kirkpatrick und dem Herzog von Hamilton offen erklärte.

Die Wahrscheinlichkeit, daß Heß im Auftrage Hitlers diesen Flug unternahm, ist daher trotz aller vom ersten Tage an dagegen vorgebrachten Argumente recht groß, auch wenn es zweifelhaft ist, ob Hitler der genaue Zeitpunkt des Abfluges bekannt war[72]. Daß Heß bei seiner mehrfachen Befragung durch

verständlich klar, daß der „Ausgleich" mit Großbritannien und die Eroberung des europäischen Rußland zur Aufrichtung eines deutschen Kontinentalimperiums in Hitlers Gedankenwelt engstens zusammengehörten, so daß die Formel „ohne Rußland" nur als politische Taktik zu verstehen ist.

69 Hierzu gehört auch die Erklärung Heß', daß Hitler an Irland nicht interessiert sei, „so könne Großbritannien mit Irland machen, was es wolle" (Kirkpatrick, S. 154).

70 Von 1945 rückschauend, betonte Hitler, daß es für Großbritannien „Anfang 1941" in besonderem Maße, gerade auch vom Standpunkt des eigenen Interesses aus, seiner Auffassung nach sinnvoll gewesen wäre, sich mit ihm zu einem „Ausgleich" zu finden: Großbritannien hatte, wie er dazu am 4. 2. 1945 ausführte, im Herbst 1940 aus eigener Kraft die deutsche Luftoffensive abgeschlagen und im Winter 1940/41 den Italienern schwere Niederlagen beigebracht, so daß es Anfang 1941 nicht — wie im Sommer 1940 unmittelbar nach der Niederlage Frankreichs — (wie Hitler meinte) aus einer Position der Schwäche, sondern im Bewußtsein eigener Stärke den Weg zu einem „Ausgleich" mit ihm hätte beschreiten können („Le testament politique de Hitler", S. 62: 4. 2. 1945). Wenn Hitler auch den Flug von Rudolf Heß hierbei nicht erwähnte — jedenfalls verzeichnete Bormann, möglicherweise aus eigenem Zutun, nichts in seiner Aufzeichnung —, so liegt eine Beziehung zwischen diesen Ausführungen Hitlers und dem Flug Heß' doch nahe. Vgl. auch Anm. 76, S. 516.

71 I. Kirkpatrick: The Inner Circle. London 1959, S. 169 ff. (deutsche Ausgabe: Im inneren Kreis. Berlin 1964, S. 140 ff.; Zitat S. 150); Churchill, vol. III, S. 48 ff. — Kirkpatrick hält den Flug Heß' für die Tat eines Sonderlings ohne Auftrag. Er prüft dabei nicht das Gewicht der Andeutung Heß' in der ersten Unterredung, „er könne für sich in Anspruch nehmen, des Führers vollstes Vertrauen zu besitzen; er sei also in der Lage, mit aller Autorität zu sprechen" (S. 150). Heß' Behauptung in dem viel späteren Verhör durch Lord Simon (10. 6. 1941), als ihm das Scheitern seines Planes längst klar war, er sei „absolut" ohne Wissen Hitlers nach Großbritannien gekommen, ist für die historische Erfassung des Problems weniger aufschlußreich, als es Kirkpatrick anzunehmen scheint. Die Darstellung Edens (The Eden Memoirs, vol. II, S. 255 ff.) bringt keine neuen Gesichtspunkte.

72 In der gleichen Nacht (10./11. 5.) fand der letzte schwere Luftangriff auf London vor Beginn des deutschen Angriffs auf die Sowjetunion statt (vgl. oben S. 456 f.). Er stellte — „realistisch" gedacht — keinen günstigen Hintergrund für die Mission Heß' dar, doch ist der Gesichtspunkt des „Realismus" bei dem ganzen Unternehmen unangebracht. Seiner Umgebung gegenüber spielte Hitler jedenfalls recht gut den Überraschten. Vgl. hierzu aber die Darlegungen Leasors, S. 130 ff.
Der zeitliche Ablauf der Ereignisse auf dem Berghof war nach den Angaben

Kirkpatrick und Lord Simon[73] konsequent bei der Behauptung blieb, es gebe keinen deutschen Angriffsplan gegen die Sowjetunion, obwohl er hierüber informiert war, legt ebenfalls die Vermutung nahe, daß er weisungsgemäß handelte.

Andererseits ist nicht auszuschließen, daß Heß auf Grund seiner psychischen Veranlagung und der langen engen Verbundenheit mit Hitler sowie der Kenntnis seiner außenpolitischen Axiome, vor allem des Ziels seiner „England-Politik" sich so in den Gedanken eines deutsch-britischen „Ausgleichs" hineingesteigert hatte, daß er meinte, im stillschweigenden (und bei Gelingen des Unternehmens auch offenen) Einverständnis mit Hitler zu handeln[74], ohne daß dieser einen „Auftrag" im üblichen Sinne des Wortes erteilt hätte.

Wahrscheinlich handelte es sich aber doch wohl um den letzten, als Kurzschluß aus seinen rassenideologisch-außenpolitischen Axiomen und den darauf beruhenden England-Vorstellungen zu verstehenden Versuch Hitlers[75], den ihm (seiner Meinung nach) „aufgezwungenen" Krieg gegen Großbritannien, in dem er keinen Sinn sah, zu beenden, um den großen Eroberungskrieg im Osten,

des „Tagebuchs des Sekretärs des Führers" (zu dieser Quelle unten S. 601, Anm. 26) folgender:

„11. 5. mittags bringt Adjutant (Heß') Pintsch Briefe des Stellvertreters des Führers; dieser ist am 10. 5., 17.40 Uhr, nach England gestartet; Rücksprache des Führers mit Martin Bormann; Göring, Ribbentrop und Udet werden zum Obersalzberg gerufen.

12. 5. Rücksprache des Führers mit Martin Bormann, Göring, Ribbentrop, Udet; erste Meldung über Heß-Flug wird ausgegeben (Rundfunkmeldung abends).

13. 5. Zweite Meldung über Heß-Flug wird ausgegeben (in der ‚Nationalsozialistischen Parteikorrespondenz'). 16.00–18.30 Uhr Rücksprache des Führers mit allen Reichsleitern und Gauleitern."

Die zeitlichen Angaben, die Domarus, Bd. II, S. 1713 ff., auf Grund der Erinnerungen des Hitler-Dieners Linge u. a. bietet, sind danach z. T. ungenau, z. T. unzutreffend. — Zum Verhör des England-Referenten Ribbentrops, Fritz Hesse, durch Himmler vgl. Hesse, S. 274 ff. Über die Mitteilungen Hitlers an v. Brauchitsch und die „Sprachregelung" gegenüber den OKH-Spitzenvertretern vgl. KTB Halder, Bd. II, S. 412 ff. Zur Mission Ribbentrops bei Mussolini: ADAP D XII, Dok. 511: Aufz. über die Unterredung Mussolini-Ribbentrop, 13. 5. 1941, S. 757 ff.

73 Heß wurde von Kirkpatrick zum erstenmal in der Nacht vom 12./13. 5., ferner am 14. und 15. 5. 1941 befragt (vgl. die Aktenvermerke Kirkpatricks, abgedruckt in: IMT, Bd. XXXVIII, Dok. M-117, M-118 und M-119, S. 177 ff.). Das Verhör durch Lord Simon (in Begleitung von Kirkpatrick) fand am 10. 6. 1941 statt.

74 Eine solche Deutung legt Zoller, S. 152 f., nahe.

75 Die amtliche britische Darstellung über die Außenpolitik Großbritanniens im Zweiten Weltkrieg (Woodward, S. 8) enthält die nicht näher erläuterte Angabe, daß nach der Serie deutscher Friedenssondierungen Mitte 1940 (vgl. oben S. 149 ff.) im Jahre 1941 weitere deutsche „Fühler" ausgestreckt worden seien und daß das Foreign Office daraufhin den britischen Diplomaten die Weisung erteilte, „künftig" jede Antwort auf solche „Fühler" zu verweigern. Um einem vermuteten neuen „Friedensappell" Hitlers zuvorzukommen, veranlaßte das Foreign Office, daß Churchill in seiner Unterhausrede am 10. 11. 1941 einen Passus aufnahm, in dem wiederholt wurde, daß Großbritannien niemals mehr mit Hitler verhandeln würde. Über Hitlers „Friedens"-Gedanken (hinsichtlich des Westens) im November 1941 vgl. unten S. 551 f. mit Anm. 79.

sein nun greifbar vor ihm liegendes Hauptziel, doch noch in der politischen Konstellation durchführen zu können[76], die er nicht nur als die für ihn selbst günstigste, sondern auch den „wahren" Interessen Großbritanniens gemäße betrachtete[77].

6. Das „Barbarossa"-Unternehmen als Eroberungs- und Vernichtungskrieg

Hitlers Ostkrieg ist mit Recht „der ungeheuerlichste Eroberungs-, Versklavungs- und Vernichtungskrieg" der Neuzeit genannt worden[1], ohne daß die elementare Bedeutung dieses Faktums für den Charakter, den weiteren Verlauf und den für Deutschland und große Teile Europas katastrophalen Ausgang des Zweiten Weltkrieges mit den vielfältigen Nachwirkungen und Folgen dieses Geschehens für die Gegenwart in den meisten historischen Darstellungen über diesen Krieg mit der notwendigen Klarheit hervorgehoben würde oder gar schon in das Bewußtsein einer breiteren Öffentlichkeit in Westdeutschland getreten wäre. Dies hängt damit zusammen, daß Hitlers Ostkrieg damals wie heute in dreifacher Weise mißverstanden und fehlgedeutet wird: (1.) als „Kreuzzug" gegen den stalinistischen Bolschewismus, dessen barbarische Exzesse in den dreißiger Jahren weltweites Entsetzen und Abscheu ausgelöst hatten (der stalinistische Terror hatte ja bis 1939 den nationalsozialistischen Terror stark überschattet), (2.) als rein machtpolitischer Vorgang, der sich allein aus den Notwendigkeiten des seit dem September 1939 im Gange befindlichen europäischen Krieges ergab, und (3.) als „nationaler Aufbruch" der von den kulturell weit unterlegenen, aber zahlenmäßig viel stärkeren „halbasiati-

76 Vgl. auch die in die gleiche Richtung zielenden Gedanken von A. François-Poncet in seinen „Commentaires" zu „Le testament politique de Hitler", S. 154.

77 Hitlers geheimste Gedanken kamen in seinen Äußerungen vor seiner Tafelrunde am 3. 4. 1942 zum Ausdruck, als er von der „wunderbaren Menschenauslese" in den „oberen Schichten" Großbritanniens sprach: „Er hätte deshalb gern diesen Krieg gegen den Bolschewismus mit der englischen Marine und Luftwaffe als Partner geführt" (Picker: Hitlers Tischgespräche, S. 244).

1 E. Nolte: Der Faschismus in seiner Epoche. München 1963, S. 436. Nolte unterscheidet drei Stufen des Krieges, die in der deutschen Kriegführung im Zweiten Weltkrieg — teils nacheinander, teils miteinander verknüpft — Wirklichkeit wurden: 1. den nationalen Krieg zur Wiederangliederung ehemals reichsdeutscher Gebiete oder von Gebietsteilen, die zur Habsburger Monarchie gehörten, 2. den „europäischen Normalkrieg", bei dem es in konventioneller Weise um die militärische Niederringung eines Gegners (treffendstes Beispiel: die Niederwerfung Frankreichs 1940) oder um die Besetzung eines — auch neutralen — Staates aus strategischen Gründen oder aus wehrwirtschaftlichen Motiven ging (z. B. Besetzung Norwegens 1940, Balkanfeldzug 1941), schließlich 3. die — für Hitlers „eigentliche", d. h. um seiner politischen Ziele willen geführten Kriege kennzeichnende — Form des rassenideologisch begründeten Eroberungs- und Vernichtungskrieges, bei dem die militärische Besetzung des Landes nur die Voraussetzung für die Ausrottung der bisherigen Führungsschicht und die Dezimierung und Versklavung der Massen darstellte (Vorstufe dieser Kriegsform: Polenkrieg 1939, dann entscheidend: Hitlers Ostkrieg ab 1941).

schen" Russen 1939/40 bedrängten europäischen Völker des Raumes zwischen dem Schwarzen Meer und Finnland unter der Führung Deutschlands[2]. Aus diesem dreifachen Mißverständnis flossen Hitler für sein Unternehmen „Bar=barossa" nicht nur aus Deutschland, sondern aus einer ganzen Reihe von euro=päischen Staaten (auch aus den von Deutschland besetzten Ländern, selbst aus der Sowjetunion) Kräfte zu, ohne die das jahrelange erbitterte Ringen des deutschen und verbündeten Ostheeres überhaupt nicht zu verstehen ist. Es gehört daher als geschichtswirksame Kraft ebenso zur Geschichte des Ost=krieges wie Hitlers Ziele und die radikale Form seiner Kriegführung selbst[3].
Die völlige Andersartigkeit dieses Krieges von Ursprung und Ansatz her ge=genüber dem weithin im konventionellen Rahmen verbleibenden Westkrieg[4], der trotz aller im Verlauf des Krieges zunehmenden Ideologisierung in der Propaganda beider Seiten[5] und der Radikalisierung einzelner Kampfarten (etwa im Luftkrieg, später im Kampf der Widerstandsbewegungen und bei ihrer Bekämpfung) im ganzen doch als „europäischer Normalkrieg" geführt wurde, haben damals nicht nur die Soldaten des Ostheeres in ihrer überwie=genden Mehrheit, sondern selbst die meisten führenden deutschen Militärs nicht klar erfaßt; diese wollten die Konsequenzen z. T. aber auch nicht sehen und haben den Krieg vielfach in der angeführten Weise umgedeutet, obwohl sie es besser wußten oder wissen konnten, da einige Befehle Hitlers die Verbin=

2 So wurde dieser Krieg vor allem in Finnland und in Rumänien, aber u. a. auch in der Türkei verstanden.

3 Dieses Mißverstehen der Zielsetzung Hitlers hebt das Moment des Tragischen in dem opfervollen Kampf der Soldaten des deutschen Ostheeres und der ver=bündeten Armeen nicht auf, sondern verstärkt es noch (hierzu die treffenden Feststellungen und die Deutung von W. Conze: Die deutsche Nation, S. 137 f.).

4 Die Ziele Hitlers und seine Methoden im Krieg gegen Polen (während des Septemberfeldzuges 1939 und vor allem danach) als Vorstufe und erste Etappe des rassenideologischen Vernichtungskrieges sind in der wissenschaftlichen Forschung der letzten Jahre eingehend untersucht worden (vgl. H. Roos: Polen in der Besatzungszeit, a. a. O.; M. Broszat: Nationalsozialistische Polenpolitik, a. a. O.; vor allem St. Piotrowski: Franks Tagebuch. Warschau 1963, S. 309 ff. [Ausführungen Franks vom 30. 5. 1940] und H. Krausnick: Hitler und die Morde in Polen, in: Vierteljahrshefte für Zeitgeschichte 1963, S. 198 ff.). Ziel dieser „Politik" war es, die polnische Führungsschicht auszurotten und die Masse der polnischen Bauern und Arbeiter der deutschen Herrschaft zu unterwerfen. — Kennzeichnend für den Krieg gegen Polen war aber, daß Hitler den Wehrmacht= und den SS=Bereich mit ihren verschiedenen Aufgaben noch weitgehend vonein=ander schied. Dies geht besonders klar aus dem Bericht Heydrichs vom 2. 7. 1940 hervor, in dem er zu den Ursachen der Spannungen zwischen Wehrmacht und SS feststellte, die Weisungen der SS=Führung „gemäß Sonderbefehl des Führers" seien „außerordentlich radikal" gewesen, „(z. B. Liquidierungsbefehl für zahl=reiche polnische Führungskreise, der in die Tausende ging)"; den „gesamten Heeresbefehlsstellen und selbstverständlich auch ihren Stabsmitgliedern (konnte) dieser Befehl nicht mitgeteilt werden ..., so daß nach außen hin das Handeln der Polizei und SS als willkürliche, brutale Eigenmächtigkeit in Erscheinung trat" (Vierteljahrshefte für Zeitgeschichte 1963, S. 196 ff.).

5 Hierzu gehören etwa auf der deutschen Seite vor allem die propagandistischen „Anstrengungen", Bolschewismus und Demokratie gleichzusetzen, auf amerika=nischer Seite die „Kreuzzugs"=Vorstellungen.

dung zwischen dem — scheinbar konventionellen — Kampf der Waffen an der Front und dem Vernichtungskrieg im rückwärtigen Heeresgebiet im eroberten Ostraum durchaus erkennen ließen[6]. Die Realität dieses Krieges ist allerdings auch auf angelsächsischer Seite nach dem 22. 6. 1941 nicht richtig durchschaut und beurteilt worden[7].

Die wissenschaftliche Forschung hat in den letzten Jahren die politischen Ziele Hitlers in „seinem" Ostkrieg eingehend untersucht und die verschiedenen rivalisierenden Kräfte in der deutschen Führung „unterhalb" Hitlers, die an der Formulierung der „Programme" und an der Verwirklichung dieser „Ost=politik" beteiligt waren, sie z. T. einzuschränken oder ihr entgegenzuwirken suchten, voneinander abgehoben. Vor allem aber wurde der rassenideologische Kern in der Konzeption Hitlers bloßgelegt[8]. Diese war und blieb den ganzen Krieg über im großen allein bestimmend, auch wenn — zeitlich und regional begrenzt — innerhalb des von ihm abgesteckten Rahmens von einsichtigen Stellen aus unterschiedlichen Motiven Abmilderungen versucht und sogar ge=legentlich Ansätze zu anderen politischen Methoden in der Praxis unternom=men wurden.

Man muß, um die Konzeption Hitlers zu „verstehen", davon ausgehen, daß die Formel vom „jüdisch=bolschewistischen Todfeind" in seinem Munde keine hohle Phrase, sondern Ausdruck seiner ideologisch=„mythischen" Grundüber=zeugung war, in der die — angebliche — enge Verbindung von „Bolschewismus" und „Judentum" das zentrale Axiom darstellte[9]. Der von Hitler seit den zwan=ziger Jahren zunächst agitatorisch, dann ab 1933 politisch (im weitesten Sinne) geführte „Kampf" gegen Bolschewismus und Judentum zugleich[10], ging mit dem 22. 6. 1941 in die höchstmögliche Steigerungsstufe, den Vernichtungskrieg,

6 Vgl. unten S. 525 f.
7 Näheres hierzu unten S. 557 ff.
8 Vor allem A. Dallin: Deutsche Herrschaft in Rußland 1941—1945. Deutsche Ausgabe. Düsseldorf 1958 (der amerikanischen Originalausgabe [New York 1957] vorzuziehen, da sie die deutschen Quellenzitate im Wortlaut enthält). Ferner G. Reitlinger: The House Built on Sand. London 1960 (deutsche Ausgabe: Ein Haus auf Sand gebaut. Hitlers Gewaltpolitik in Rußland 1941—1944. Ham=burg 1962). Zum Grundsätzlichen: Nolte, S. 436 ff.
9 Zur Genesis der — durch die enge Verknüpfung von Rassen=„Mythos" und „Lebensraum"=Vorstellungen gekennzeichneten — Ostkonzeption Hitlers in den frühen zwanziger Jahren vgl. vor allem G. Schubert: Anfänge nationalsozialisti=scher Außenpolitik, a. a. O., und — zusammenfassend — F. Dickmann: Macht=wille und Ideologie in Hitlers außenpolitischen Zielsetzungen vor 1933, a. a. O.
10 Etwa ein Jahr lang (Sommer 1939 bis Sommer 1940) will Hitler angenommen haben — jedenfalls rechtfertigte er so ideologisch vor sich selbst, von 1945 aus rückschauend, den Pakt vom 23. 8. 1939 —, daß es Stalin gelingen könnte, — die „große Säuberung" in den Jahren 1936—1938 wurde von Hitler als Kampf Stalins gegen die bislang herrschende jüdische Führungsschicht der bolsche=wistischen Partei gedeutet — sich über diese „jüdisch=bolschewistische" Schicht hinwegzusetzen und ein — seinem eigenen Herrschaftssystem vergleichbares — „national"=russisches „Führer"=Regime in der Sowjetunion aufzurichten. Am 20. 1. 1941 erklärte Hitler gegenüber Mussolini, dem er in seinem bekannten Brief vom 8. 3. 1940 (also innerhalb des erwähnten Zeitraums) eine solche

über[11]. Die „Formveränderung" dieses „Kampfes" betraf „Bolschewisten" und Juden in gleicher Weise. Hitlers Ostkrieg und die nationalsozialistische „Endlösung der Judenfrage" gehören zeitlich und sachlich auf das engste zusammen und sollten daher auch in einer historischen Darstellung im Zusammenhang behandelt werden. Sie waren im Grunde nur die zwei „negativen" Seiten *eines* „Programms", zu dem als drittes (von Hitlers Warte aus) „positives" Element, für ihn unlöslich mit dem Doppelziel des Vernichtungskrieges verbunden, die Schaffung eines von Deutschen beherrschten Ost=Imperiums auf den Trümmern der „jüdisch=bolschewistischen" Herrschaft über Rußland gehörte. Die zahlenmäßig zur dezimierenden slawischen Massen wechselten dabei nur ihren Herrn.

Vier Motive verschlingen sich in Hitlers Ostkriegskonzeption miteinander: 1. die Ausrottung der „jüdisch=bolschewistischen" Führungsschicht (einschließlich ihrer biologischen Wurzel, der Millionen Juden in Ostmitteleuropa[12]), 2. die Gewinnung von Kolonialraum für deutsche Siedler in den vermeintlich besten Teilen Rußlands sowie in solchen Gebieten, die Hitler aus politisch=strategischen Gründen dazu für notwendig erachtete[13], 3. die Unterwerfung der slawischen Massen unter die deutsche Herrschaft in vier verschiedenen „Staatsgebilden", den „Reichskommissariaten" Ostland, Ukraine, Moskowien und Kaukasien, unter deutscher Führung, deren Hauptaufgabe darin bestand, bei diesen Massen jede Erinnerung an einen russischen Großstaat zu beseitigen und sie in einen Zustand dumpfen, blinden Gehorsams gegenüber den neuen „Herren" zu versetzen, und 4. die Vollendung eines autarken, blockadefesten „Großraums" Kontinentaleuropa unter deutscher Herrschaft, für den die eroberten Ostgebiete das — vermeintlich — unerschöpfliche Reservoir an Roh=

Deutung gegeben hatte (vgl. oben S. 30, Anm. 13), „wenn (Stalin) nicht mehr sei, könnten die Juden, die jetzt zurückgetreten seien, wieder in den Vordergrund rücken" (KTB OKW, Bd. I, S. 275). Damit kündigte er dem „Duce" vorsichtig seine Rückwendung zu der — im Innersten wohl nie aufgegebenen — Grundauffassung über die entscheidende Rolle der Juden im bolschewistischen Herrschaftssystem in Rußland an. Die hohe Einschätzung der Persönlichkeit Stalins durch Hitler blieb von der Rückwendung zur (vorübergehend zurückgedrängten) axiomatischen Vorstellung von einer „jüdisch=bolschewistischen" Herrschaft über Rußland unberührt (vgl. dazu unten S. 540, Anm. 21).

11 So wie der Krieg gegen Polen als Vorstufe des Vernichtungskrieges gegen die Sowjetunion anzusehen ist, so stellten die Maßnahmen gegen die Juden in Polen ab Herbst 1939 (Konzentrierung in den Ghettos der größeren Städte) eine Vorstufe zur „Endlösung" dar (vgl. hierzu vor allem die Ausführungen Heydrichs vom 21. 9. 1939, Nürnberg=Dok. PS=3363).

12 Die Einbeziehung der Juden im ganzen europäischen Machtbereich Hitlers in die „Endlösung" (in der sog. „Wannsee=Konferenz" vom 20. 1. 1942 schließlich formal=bürokratisch im einzelnen festgelegt) ergab sich als „logische" Konsequenz, da die Juden nach Hitlers Auffassung in allen europäischen Ländern — über die Zwischenstufe der „Demokratie" — eine bolschewistische Herrschaft anstrebten. Vgl. unten S. 524 f.

13 Den Gedanken, den eroberten Ostraum z. T. als Kolonialgebiet für deutsche Siedler zu verwenden, sprach Hitler vor der Generalität das erste Mal am 30. 3. 1941 aus (KTB Halder, Bd. II, S. 336).

stoffen und Lebensmitteln darstellen sollten, um die entscheidende Voraussetzung dafür zu schaffen, daß sich das „Germanische Reich deutscher Nation" in dem Krieg gegen die angelsächsischen Seemächte behaupten konnte und in der Zukunft jedem nur denkbaren neuen „Weltkrieg" gewachsen war[14]. Im Augenblick des vermeintlichen Triumphes drei Wochen nach Beginn des Ostkrieges[15] faßte Hitler (das Erreichen des ersten politischen Ziels, der Ausrottung der bisherigen Führungsschicht, bereits als im wesentlichen abgeschlossenen vorwegnehmend) die Aufgaben der „Reichskommissare" und der polizeilichen und wehrwirtschaftlichen Nebeninstanzen in der berüchtigten Kurzformel „Beherrschen, verwalten, ausbeuten" zusammen[16].

Auf den Gedanken, die Bevölkerung der eroberten Gebiete zur Mitarbeit zu gewinnen – und sei es auch nur aus Gründen der politischen Opportunität für die Dauer des ja noch keineswegs beendeten Gesamtkrieges – oder gar den Ostkrieg mit dem Ziel einer Befreiung der Völker der Sowjetunion von der stalinistischen Herrschaft zu führen, konnte Hitler, um es noch einmal zu betonen, von seinen rassenideologischen Prämissen aus überhaupt nicht kommen. Insofern hat es diese – vom Gesichtspunkt politischer Klugheit wie machiavellistischer Taktik her gesehen naheliegende – „Alternative" zum Vernichtungskrieg innerhalb der nun einmal beschlossenen militärischen Ost-Lösung überhaupt nicht gegeben. Die vielfach geäußerte Auffassung, daß eine solche „Alternative" doch bestanden habe, gehört somit zu dem großen Bereich des historisch Wünschbaren, nicht aber zu dem damals faktisch Möglichen, wenn man Hitler, auf den ja alle Voraussetzungen zum Beginn des Unternehmens „Barbarossa" zurückgehen, zum Ausgangspunkt der Überlegungen macht. Daß indessen – von der abstoßenden Wirkung des stalinistischen Terror-Regimes her gesehen – wie hoch auch immer einzuschätzende Chancen zur Gewinnung erheblicher Teile der Bevölkerung der Sowjetunion durch einen fremden Eroberer, der nicht einen Vernichtungskrieg als einziges „Programm" anzubieten hatte, vorhanden waren, zeigte der Verlauf der ersten Wochen des Feldzuges, in denen das Regime Stalins nicht nur militärische Niederlagen erlitt, sondern auch hinsichtlich seiner politischen Fundierung in weiten Teilen des Landes schwer erschüttert wurde – mit Nachklängen übrigens bis weit in das Jahr 1942 hinein überall dort, wo auf deutscher Seite aus irgendwelchen Gründen vom Kurs des Vernichtungskrieges abgewichen wurde (z. B. im Kaukasus-Gebiet). Nur konnten eben alle solche Chancen von der deutschen Seite

14 Vgl. zu dieser Zielsetzung auch den aufschlußreichen Brief des Generalquartiermeisters des Heeres, General Eduard Wagner, an seine Frau vom 20. 9. 1941: „Ein Raum, der mit Menschen nicht zu beherrschen ist, der Begriff eines deutschen Indien, schwebt, glaube ich, vor: Europa autark, damit uns Amerika gestohlen bleiben kann" (Elisabeth Wagner, S. 202).

15 Zur Lagebeurteilung durch Hitler und den deutschen Generalstab Mitte Juli 1941 vgl. unten S. 536 ff.

16 IMT, Bd. XXXVIII, Dok. L-221, S. 86 ff.: Aktenvermerk Bormanns über die Besprechung vom 16. 7. 1941.

im großen nicht ausgenutzt werden, da dies Hitlers Kriegsziel diametral wider=sprochen hätte. Diesem machtpolitisch=ideologischen Ziel diente der Ostfeldzug nicht nur unter dem Blickwinkel der Verwirklichung des ursprünglichen „Pro=gramms" Hitlers, sondern auch wenn man den zweiten Aspekt in den Vorder=grund rückt, seine „funktionale" Bedeutung für den Gesamtkrieg; denn dieser wurde von Hitler ja vor allem zur Behauptung des eroberten Kontinentalim=periums als Basis für eine deutsche „Weltmacht"=Stellung gegenüber den angelsächsischen Mächten geführt. Bemerkenswerterweise setzte die eigentliche Planung Hitlers, die zur Realisierung seines Kriegsziels im Osten führen sollte, erst relativ spät, im März 1941, ein. Bis dahin beschränkten sich — zumindest in den großen Besprechungen mit den führenden Militärs[17] — Hitlers Ausfüh=rungen über seine politischen Ziele bei der militärischen Ost=Lösung auf An=deutungen über die Zerschlagung der Sowjetunion in Einzelstaaten, wenn auch die ihn bestimmenden ideologischen Momente schon aus den knappen über=lieferten Stichworten über seine erste Gedankenbildung im Juli 1940[18] und von seinen Ausführungen am 5. 12. 1940 und 9. 1. 1941[19] für den Historiker recht deutlich herauszulesen sind.

Am frühesten begann noch die wirtschaftliche Planung. Die wehrwirtschaft=lichen Studien aus dem Wirtschafts= und Rüstungsamt des OKW, die Göring im November 1940 angefordert hatte, lagen in der zweiten Februar=Hälfte 1941 vor[20]. Nun erst nahm Hitler die allgemeine Aufteilung der Kompetenzen vor. Göring, der für die wirtschaftliche Ausbeutung der besetzten Ostgebiete ver=antwortlich wurde, erhielt eine Sonderstellung, die ihn und seine verschie=denen wirtschaftspolitischen und verwaltungsmäßigen Organe (vor allem den „Vierjahresplan" und den „Wirtschaftsstab Ost", der zunächst die Tarnbe=zeichnung „Stab Oldenburg" führte) von allen übrigen Instanzen unabhängig machte[21]. Die Konsequenzen der von ihm vorgesehenen Maßnahmen für die Bevölkerung der eroberten Gebiete ließen bereits die „Richtlinien" des „Stabes Oldenburg" vom 2. 5. 1941[22] erkennen, in denen, wie bereits in anderem Zu=sammenhang erwähnt[23], vorausgesagt wurde, daß „zig Millionen Menschen verhungern" müßten, wenn das Ziel, die deutsche Wehrmacht aus den besetz=ten Ostgebieten zu ernähren, erreicht werden sollte[24].

17 Bis März 1941 sind keine Quellen aus dem Partei= und SS=Bereich überliefert, die Äußerungen Hitlers über seine politischen Ziele beim Ostfeldzug enthielten.
18 Vgl. oben S. 219 und S. 226.
19 Vgl. oben S. 367 ff.
20 Vgl. dazu oben S. 264 ff.
21 Einzelheiten hierzu bei Dallin, S. 50 ff.
22 Die Instruktionen des „Wirtschaftsstabes Ost" wurden in der berüchtigten „Grünen Mappe" vom 23. 5. 1941 zusammengestellt, die am 1. 6. 1941 an die verschiedenen deutschen Dienststellen verteilt wurde, die in der „Ostpolitik" eine Rolle spielten (wohl aber bemerkenswerterweise nicht an Rosenberg).
23 Vgl. oben S. 269.
24 IMT, Bd. XXXI, Dok. 2718, S. 841: Aktennotiz des „Stabes Oldenburg" vom 2. 5. 1941.

Mit der im engeren Sinne politischen Organisation des zu erobernden sowjetischen Gebietes betraute Hitler Alfred Rosenberg, der am 2. 4. den Auftrag erhielt, ein „zentrales politisches Büro für die Ost-Arbeit" einzurichten, und am 20. 4. zum „Beauftragten für die zentrale Bearbeitung der Fragen des europäischen Ostens" ernannt wurde[25]. Er faßte, seinem versponnenen Wesen entsprechend, seinen Auftrag, für dessen Durchführung im Stile Hitler ihm die zupackende Brutalität fehlte, vor allem im Sinne theoretischer Vorüberlegungen auf und legte Hitler die Grundzüge einer Aufgliederung der „Ostgebiete" in mehreren Denkschriften dar[26].

Am 20. 6. erklärte er — sicher ohne sich über die letzten Konsequenzen seiner Worte im Sinne der Konzeption Hitlers im klaren zu sein — in einer „programmatischen" Rede vor seinen engsten Mitarbeitern, daß es sich bei dem unmittelbar bevorstehenden Ostkrieg nicht um einen „Kreuzzug gegen den Bolschewismus" handele, sondern daß es darum gehe, „deutsche Weltpolitik zu betreiben und das Deutsche Reich zu sichern". Nicht Stalin allein sei der Feind, sondern das ganze „großrussische Volk[27]". Rosenbergs „Programm" einer (begrenzten) Förderung der Ukrainer und der übrigen nicht-großrussischen Völker der Sowjetunion konnte sich indessen bei Hitler ebensowenig durchsetzen, wie es die Vertreter der Gegenkonzeption — daß es das Ziel der deutschen Politik im Osten sein müsse, die „Großrussen" zu gewinnen — vermochten, irgendeinen Einfluß auf Hitler zu erlangen. Für diesen handelte es sich bei „den Russen" einfach um eine einzige große slawische Masse, die aus rein machtpolitischen Erwägungen in mehreren „Staatsgebilden" unter deutscher Herrschaft (und nicht unter einer einzigen zentralen deutschen Verwaltung) zusammengefaßt werden sollte.

Angesichts dieser realen Planung konnten die Anweisungen des OKW „für die Handhabung der Propaganda im Falle ‚Barbarossa'" vom Juni 1941[28] bestenfalls zu Anfangserfolgen bei der sowjetischen Bevölkerung führen. Hier hieß es zur Verschleierung der tatsächlichen Absichten: „Gegner Deutschlands sind nicht die Völker der Sowjetunion, sondern ausschließlich die jüdisch-bolschewistische Sowjetregierung mit ihren Funktionären und die kommunistische Partei, die auf die Weltrevolution hinarbeitet. Mit der Begründung, daß die Sowjets gegenüber der gesamten Bevölkerung des von ihnen beherrschten Raumes bisher eine rücksichtslose Gewaltherrschaft ausübten, ist nachdrück-

25 Dallin, S. 36 ff. und S. 63 ff.
26 „Denkschrift Nr. 1" vom 2. 4. 1941, in: IMT, Bd. XXVI, Dok. PS-1017; „Denkschrift Nr. 2" vom 7. 4. 1941, in: IMT, Bd. XXVI, Dok. PS-1019; hierzu Dallin, S. 64 f.
27 Rede Rosenbergs vom 20. 6. 1941, in: IMT, Bd. XXVI, Dok. PS-1058.
28 OKW 144/41 g.Kdos. Chefs./WFSt/WPr vom Juni 1941, gez. Jodl (Sammelmappe „Barbarossa", Militärgeschichtliches Forschungsamt Freiburg i. Br., Signatur III W 59/1).

lich zum Ausdruck zu bringen, daß die deutsche Wehrmacht nicht als Feind der Bevölkerung ins Land kommt. Sie will sie vielmehr von der Tyrannei der Sowjets erlösen ... Propagandatendenzen, die auf den Zerfall der Sowjetunion in Einzelstaaten gerichtet sind, dürfen zunächst nicht zur Anwendung gebracht werden. Die deutsche Propaganda muß sich zwar in den verschiedenen Gebietsteilen der Sowjetunion der jeweils am meisten gebräuchlichen Sprache bedienen; dies darf aber nicht dazu führen, daß durch die Art der Propagandatexte frühzeitig der Schluß auf eine beabsichtigte Zerreißung der Sowjetunion gezogen werden kann[29]."

Der für den Charakter des Krieges entscheidende Auftrag Hitlers an Himmler, mit „Einsatzgruppen" seiner „Sicherheitspolizei" und des SD[30] „Sonderaufgaben" in den eroberten Gebieten unmittelbar hinter der Kampffront, d. h. die physische Vernichtung der jüdischen Bevölkerung als der vermeintlichen biologischen Basis des „Bolschewismus"[30a], durchzuführen[31], wurde zum erstenmal in einem Schriftstück in der OKW-Weisung vom 13. 3. 1941[32] angedeutet, als auf einen besonderen Befehl Hitlers[33] in diese „Richtlinien zur Weisung Nr. 21" der Passus I, 2, b eingefügt wurde, der den Wortlaut erhielt: „Im Operationsgebiet des Heeres erhält der Reichsführer SS zur Vorbereitung der politischen

29 Weiter hieß es darin: „Unbeschadet dessen müssen jedoch die Ausdrücke ‚Rußland', ‚Russen', ‚russische Wehrmacht' usw. vermieden und durch ‚Sowjetunion', ‚Völker der Sowjetunion', ‚Rote Armee' usw. ersetzt werden."

30 4 Einsatzgruppen in Bataillonsstärke mit insgesamt etwa 3 000 Mann.

30a Vor den Einsatzgruppen- und Einsatzkommandoführern („im kleinen Kreise") erklärte Heydrich kurz vor Beginn des Ostfeldzuges im Juni 1941, „daß das Ostjudentum das Reservoir des Bolschewismus sei und deshalb nach Ansicht des Führers vernichtet werden" müsse (Nürnberg-Dok. NO-4145, Aussage Dr. W. Blume, 29. 6. 1947; hierzu H. Krausnick in: Anatomie des SS-Staates, Bd. II, S. 365).

31 Über die Tätigkeit der Sipo- und SD-Einsatzgruppen im einzelnen vgl. das umfangreiche Material zum Nürnberger Prozeß, Fall IX (Ohlendorf- oder Einsatzgruppen-Prozeß) (u. a. im Institut für Zeitgeschichte in München).

32 IMT, Bd. XXVI, Dok. 447: OKW-Weisung vom 13. 3. 1941. — Zur Vorgeschichte: Greiner, S. 369 ff.; Warlimont, S. 166 ff.

33 Bei der Vorlage des routinemäßig angefertigten Entwurfs der von Abt. Landesverteidigung des Wehrmachtführungsstabes eingereichten „Richtlinien" hatte Hitler am 3. 3. 1941 für die Herstellung der endgültigen Fassung des betreffenden Passus „Bemerkungen" gemacht. In ihnen hatte er u. a. ausgeführt: „Die jüdisch-bolschewistische Intelligenz, als bisheriger ‚Unterdrücker' des Volkes, muß beseitigt werden ... Außerdem müssen wir unter allen Umständen vermeiden, an Stelle des bolschewistischen nunmehr ein nationales Rußland treten zu lassen, das, wie die Geschichte beweist, letzten Endes wieder deutsch-feindlich sein wird. Unsere Aufgabe ist es, sobald wie möglich mit einem Minimum an militärischen Kräften sozialistische Staatsgebilde aufzubauen, die von uns abhängen. Die Aufgaben sind so schwierig, daß man sie nicht dem Heere zumuten kann ... Ob es notwendig sei, auch (im Operationsgebiet) schon Organe des Reichsführers SS neben der Geheimen Feldpolizei einzusetzen, müsse mit dem Reichsführer SS geprüft werden. Die Notwendigkeit, alle Bolschewistenhäuptlinge und Kommissare sofort unschädlich zu machen, spreche dafür" (KTB OKW, Bd. I, S. 340 f.).

Verwaltung Sonderaufgaben im Auftrage des Führers, die sich aus dem endgültig auszutragenden Kampf zweier entgegengesetzter Systeme ergeben[34]." Der umfassende Befehl Hitlers zur „Endlösung"[35], deren erste Phase die Ausrottung der Juden in den eroberten Ostgebieten durch die berüchtigten vier „Einsatzgruppen" Himmlers darstellte, ist wahrscheinlich in dieser Zeit der politischen Vorbereitung des Ostkrieges von ihm an Himmler mündlich erteilt worden. Der eben erwähnte Passus in der OKW=Weisung diente dabei zur Abgrenzung[36] dieser der SS übertragenen Aufgabe von den militärischen Aufgaben der Wehrmacht[37]. Das oft zitierte Schreiben Görings an Heydrich vom 31. 7. 1941[38], in dem der Chef des Reichssicherheitshauptamtes von Göring im Auftrage Hitlers Vollmacht erhielt, „alle erforderlichen Vorbereitungen in organisatorischer, sachlicher und personeller Hinsicht zu treffen für eine Gesamtlösung der Judenfrage im deutschen Einflußbereich in Europa", und aufgefordert wurde, „in Bälde einen Gesamtentwurf über die organisatorischen, sachlichen und materiellen Vorausmaßnahmen zur Durchführung der ange=

34 Über die Bemühungen v. Brauchitschs in der Besprechung mit Hitler am 16. 3. 1941, dennoch eine Militärverwaltung (wie in Belgien und Frankreich) in den besetzten sowjetischen Gebieten zu erreichen, notierte der Adjutant des Heeres bei Hitler, Major i. G. Engel, in sein Tagebuch: „Führer lehnt Entwurf (v. Brauchitschs) mit sehr scharfen Worten ab. Militärverwaltung tauge nichts. Er werde von Fall zu Fall Verwaltung in politische Hände geben, da das Heer von Politik nichts versteht. OB versucht zu widersprechen, wird aber reichlich hart abgetan und resigniert. Entscheidung des Führers, daß Wehrmacht nur bis zu den Korücks (= Kommandanten des rückwärtigen Heeresgebietes) befehlen soll."

35 Die „Entschlossenheit" Hitlers zur „Endlösung" während des Krieges ist wesentlich früher anzusetzen; sie sprach bereits aus seiner bekannten drohenden Äußerung in der Reichstagsrede vom 30. 1. 1939 (Domarus, Bd. II, S. 1058). — Hieran knüpfte er in seiner Rede vom 30. 1. 1941 wieder an (Domarus, Bd. II, S. 1663: „Und nicht vergessen möchte ich den Hinweis . . ., daß, wenn die andere Welt von dem Judentum in einen allgemeinen Krieg gestürzt würde, das gesamte Judentum in Europa seine Rolle ausgespielt haben wird! Sie mögen auch heute noch lachen darüber, genau so wie sie früher über meine Prophezeiungen lachten. Die kommenden Monate und Jahre werden erweisen, daß ich auch hier richtig gesehen habe."

36 Dadurch daß die „Einsatzgruppen" versorgungsmäßig den Heeresdienststellen unterstellt wurden (Vereinbarung zwischen Heydrich und dem Generalquartiermeister des Heeres, General Eduard Wagner: hierzu KTB Halder, Bd. II: 25. 3. 1941; Warlimont, S. 174 f.: Wortlaut des Befehlsentwurfs des OKH hierzu vom 26. 3. 1941, Befehl v. Brauchitschs vom 28. 4. 1941 [Nürnberg=Dok. NOKW=256 und NOKW=2080]; Schellenberg, S. 172 ff. — mit falscher Datierung —), war die Abgrenzung allerding nicht vollständig.

37 Die nochmalige Zusammenfassung der grundlegenden Gedanken Hitlers über die Waffen=SS als „Staatstruppenpolizei" vom 6. 8. 1940, die in der Zukunft für die Bekämpfung aller Feinde innerhalb des gesamten deutschen Machtbereichs, des „Großraums", verantwortlich sein sollte, während sich die Wehrmacht ausschließlich auf die Sicherung dieses „Großraums" nach außen zu beschränken hätte, in einer Weisung des OKH an den Chef des Transportwesens vom 21. 3. 1941 (Institut für Zeitgeschichte München) deutet ebenfalls auf die prinzipielle Abgrenzung der Bereiche von SS und Wehrmacht und auf den oben dargelegten Zusammenhang hin.

38 IMT, Bd. XXVI, Dok. PS=710; hierzu vor allem Reitlinger: Die Endlösung, S. 90 ff. und S. 205 ff.

strebten Endlösung der Judenfrage vorzulegen", war nur der — die technische Organisation einleitende — formal=bürokratische Nachgang der von Hitler schon einige Zeit zuvor an Himmler ergangenen mündlichen Weisung zur zweiten Phase der „Endlösung"[38a]. Im Schreiben Görings kam also die Ausweitung des zunächst offenbar „nur" auf die Masse der Juden in den eroberten sowjetischen Gebieten bezogenen Befehls Hitlers vom März 1941 auf das ganze deutsch=beherrschte Europa im Augenblick des vermeintlichen militärischen Triumphes im Osten[39], als die Vernichtungsaktion der „Einsatzgruppen" auf sowjetischem Territorium bereits im vollen Gange war, zum Ausdruck. Der zu dieser Zeit angenommene schnelle Abschluß des Ostfeldzuges ließ auch eine baldige Be=endigung dieser ersten Phase des „Endlösungs"=Programms erwarten, in der gleichsam die biologischen Wurzeln der „jüdisch=bolschewistischen" Führungs=schicht in Rußland ausgerottet werden sollten, um ein „Nachwachsen" einer neuen Intelligenz, die der deutschen Herrschaft in den „Reichskommissariaten" eines Tages hätte gefährlich werden können, zu verhindern. (Die zweite — west= und mitteleuropäische — Phase der „Endlösung" entsprach der — nach dem erwarteten schnellen Abschluß des Ostfeldzuges beginnenden — neuen Etappe des Krieges, die dem Ausbau und der Konsolidierung des deutsch=beherrsch=ten „Großraums" dienen sollte und die Hitler — angesichts des vermeintlich schon erreichten Triumphes im Osten[40] — nunmehr einleiten zu können glaubte.)

Gegen Angehörige der sowjetischen Führungsschicht selbst, sofern sie in deut=sche Hand fielen, richtete sich der berüchtigte „Kommissar"=Befehl vom 6. 6. 1941[41]. Mit diesem „verbrecherischen Befehl[42]" verließ Hitler die traditionelle rechtliche Basis der militärischen Kriegführung, an die er sich in den bisherigen „Feldzügen" noch gehalten hatte. Er wandte nun die rassenideologischen Prin=zipien seiner Ostkriegs=Konzeption unmittelbar auf den Kampf der Front=truppen an und verknüpfte damit SS=Aktion und militärischen Kampf als ver=

38a Diese zweite Phase wurde bereits in einem Erlaß des Reichssicherheitshaupt=amtes (IV B 4b) vom 20. 5. 1941 angekündigt (Nürnberg=Dok. NO=3104; Kraus=nick: Anatomie des SS=Staates, Bd. II, S. 371).

39 Zur militärischen Lagebeurteilung Mitte Juli 1961 vgl. unten S. 536 ff.

40 Vgl. zur Lagebeurteilung und den politischen Folgerungen im Juli 1941 unten S. 536 ff.

41 Vgl. hierzu vor allem das Dokumentenmaterial in der Sammelmappe OKW/WFSt/L IV Chefsachen „Barbarossa" (Februar — Dezember 1941): Signatur III W 59 (Militärgeschichtliches Forschungsamt Freiburg i. Br.). Darstellungen: H.=A. Jacobsen: Kommissarbefehl und Massenexekution sowjetischer Kriegs=gefangener, in: H. Buchheim/M. Broszat/H.=A. Jacobsen/H. Krausnick: Anatomie des SS=Staates. Bd. II, Freiburg i. Br. 1965, S. 163 ff.; H. Uhlig: Der verbreche=rische Befehl, in: Aus Politik und Zeitgeschichte. Beilage der Zeitung „Das Parlament", 17. 7. 1957; Dallin, S. 57 ff.; Warlimont, S. 175 ff.

42 Mit dem „Kommissar"=Befehl steht im engen Zusammenhang der „Erlaß über die Ausübung der Kriegsgerichtsbarkeit im Gebiet Barbarossa" vom 14. 5. 1941 (IMT, Bd. XXXVI, Dok. C=50), der die kriegsgerichtliche Bestrafung deutscher Soldaten verbot, die sich an der sowjetischen Zivilbevölkerung vergangen hatten. Vgl. hierzu Philippi=Heim, S. 51 f.; Warlimont, S. 176 ff.; Jacobsen: Kommissarbefehl und Massenexekution sowjetischer Kriegsgefangener, S. 174 ff.

schiedene Formen *eines* großen Vernichtungskrieges zu einem unlösbaren Ganzen[43]. Wie bei allen bedeutsamen Entscheidungen Hitlers waren auch hier außen= und innenpolitische Motive miteinander verbunden; denn mit dem „Kommissar"=Befehl mußten das Heer und seine Führung die bis dahin durch Abkapselung von allen Vorgängen außerhalb ihrer Sphäre noch mühsam ge=wahrte Sonderstellung im nationalsozialistischen System verlieren. Über alle schon bestehenden Bindungen hinaus verstrickte Hitler nun das Heer vollends in „seinen" Krieg. Wie aber gelang es ihm, dieses Ziel zu erreichen, ohne daß sich eine einzige offene Gegenstimme erhoben hätte?

Hitler hat, nachdem er schon am 17. 3. erstmals vor den Spitzen von OKW und OKH deutlich seine Ziele ausgesprochen hatte[44], ohne daß eine Reaktion hierauf erfolgt wäre, den höheren Befehlshabern des Heeres, also einem relativ großen Kreis[45], in einer fast zweieinhalbstündigen Ansprache am 30. 3. 1941 in der Reichskanzlei die Notwendigkeit des Vernichtungskrieges im Osten klarzumachen gesucht[46]: Der Krieg im Osten – so führte er aus – werde sich „sehr unterscheiden vom Kampf im Westen. Im Osten (sei) Härte mild für die Zukunft". Die militärischen Befehlshaber müßten „von sich das Opfer verlangen, ihre Bedenken zu überwinden". Das Ziel „Wehrmacht zerschlagen, Staat auflösen" könne nur erreicht werden, wenn man Folgerungen aus der Tatsache ziehe, daß es sich um einen „Kampf zweier Weltanschauungen ge=geneinander" handele[46a]: „Bolschewismus ... ist gleich asoziales Verbrechertum ... Wir müssen von dem Standpunkt des soldatischen Kameradentums ab=rücken. Der Kommunist ist vorher kein Kamerad und nachher kein Kamerad. Es handelt sich um einen Vernichtungskampf. Wenn wir es nicht so auffassen, dann werden wir zwar den Feind schlagen, aber in 30 Jahren wird uns wieder der kommunistische Feind gegenüberstehen. Wir führen nicht Krieg, um den Feind zu konservieren ... Kommissare und GPU=Leute sind Verbrecher und müssen als solche behandelt werden[47]."

43 Vgl. hierzu H. Uhlig: Hitlers Einwirken auf Planung und Führung des Ostfeld=zuges, S. 179.

44 KTB Halder, Bd. II, S. 320 (17. 3. 1941): Hitler: „Wir müssen stalinfreie Repu=bliken schaffen. Die von Stalin eingesetzte Intelligenz muß vernichtet werden. Die Führungsmaschinerie des russischen Reiches muß zerschlagen werden. Im großrussischen Bereich ist Anwendung brutalster Gewalt notwendig. Welt=anschauliche Bande halten das russische Volk noch nicht fest genug zusammen. Es wird mit dem Beseitigen der Funktionäre zerreißen."

45 Anwesend waren etwa 200–250 hohe Offiziere aus allen drei Wehrmacht=teilen.

46 KTB Halder, Bd. II, S. 335 ff.; das Tagebuch des GFM v. Bock (30. 3. 1941) ent=hält nur folgende knappe Notiz über diesen Teil der Ausführungen Hitlers: „Scharfes Zufassen. ‚Wir sind nicht dazu da, um Verbrecher zu konservieren.'"

46a Tgb. v. Bock, 30. 3. 1941: „Alles in allem Pläne und Aufgaben, die der Führer selbst als gigantisch bezeichnet."

47 Am Tage nach diesen Ausführungen Hitlers (31. 3. 1941) erging in seinem Auftrage ein umfassender Erlaß über die „einheitliche Durchführung" der „Maß=nahmen" im Osten. Der Erlaß selbst ist bisher nicht wieder aufgefunden worden, doch wird hierauf u. a. in den „besonderen Anweisungen" des OKH vom 3. 4. 1941 Bezug genommen (Nürnberg=Dok. NOKW=1648).

Mochte bisher auch der Begriff der „Vernichtung“, den Hitler schon in früheren Ansprachen vor der Generalität gebraucht hatte, von den Militärs noch im Sinne des soldatischen Sprachgebrauchs als Ausschaltung des Gegners als Waffenträger und nicht als physische Vernichtung verstanden worden sein[48], so blieb doch nunmehr kein Zweifel daran, was damit von Hitler gemeint war[49]. Noch in keiner Ansprache vor den militärischen Befehlshabern hatte Hitler so klar seine Ziele aufgedeckt und so offen über den Charakter seines Ostkrieges gesprochen. Die wohl einzigartige Gelegenheit, Hitler in dieser Schicksalsstunde des deutschen Heeres entgegenzutreten, als er das Heer nun auch unmittelbar zu einem Instrument seines rassenideologischen Vernichtungskrieges machte, der die soldatischen Normen der traditionellen Kriegführung bewußt verleugnete, ließen indessen alle Beteiligten vorübergehen[50]. Der Oberbefehlshaber des Heeres v. Brauchitsch versagte sich der vom Chef des Generalstabes des Heeres Halder auf Grund des Einspruchs der drei Oberbefehlshaber der Heeresgruppen (Ritter v. Leeb, v. Bock, v. Rundstedt) und einiger Armeeoberbefehlshaber gegen die Ausführungen Hitlers (nach dessen Weggang bei v. Brauchitsch) vorgeschlagenen Alternative, entweder Hitler bereits am Nachmittag dieses Tages (30. 3.) anläßlich der vorgesehenen Besprechung Hitlers mit den Spitzen des OKH (über andere Fragen) zur Zurücknahme des Befehls zu veranlassen oder beide Ämter (Oberbefehlshaber des Heeres und Chef des Generalstabes des Heeres) zur Verfügung zu stellen, da er es für aussichtslos hielt, auf diese Weise wie auch überhaupt Hitler von seinem Befehl abzubringen[51]. Mochte der „Kommissar“-Befehl während des Feldzuges

48 Dies ist etwa bei einer Interpretation von Hitlers Ausführungen vor der Generalität und ihrer Aufnahme durch die Militärs am 22. 8. 1939, acht Tage vor Beginn des deutschen Angriffs auf Polen, (Nürnberg-Dok. PS-798 und PS-1014) zu beachten.

49 Die Hinnahme dieser Thesen Hitlers durch die Offiziere und später die Indifferenz (z. T. sogar die Zustimmung) bei der physischen Vernichtung der bolschewistischen Führungsschicht sind allerdings auch vor dem Hintergrund des bekannten, in seinen Ausmaßen infolge der rigorosen Geheimhaltung des Umfangs der bolschewistischen Vernichtungsaktionen (z. B. im Offizierkorps der Roten Armee) eher noch unter- als überschätzten Terrors der Bolschewisten in Rußland seit der Oktober-Revolution 1917 und der Opferung ganzer sozialer Schichten und Volksgruppen aus „ideologischen“ Gründen historisch zu „verstehen“.

50 Warlimont, S. 177 ff.; Philippi-Heim, S. 50 f.

51 Zur weiteren Taktik v. Brauchitschs in der Behandlung des „Kommissar“-Befehls, zu seinem sog. „Disziplinar“-Erlaß vom 24. 5. 1941 (Nürnberg-Dok. NOKW-3357) zur Abschwächung des „Barbarossa“-Erlasses Hitlers vom 14. 5. 1941 (vgl. oben S. 525, Anm. 42) sowie zur Befolgung des „Kommissar“-Befehls bei den Heeresgruppen und Armeen vgl. Dallin, S. 45 f.; Reitlinger: Ein Haus, S. 80 ff.; Warlimont, S. 177 ff.; Philippi-Heim, S. 50 f.; Jacobsen: Kommissarbefehl, S. 177 ff. (aufschlußreich für die bei den Stäben frühzeitig erkannte prinzipielle Fragwürdigkeit des Befehls die dort auf Grund des Tgb. Engel vom 10. 5. 1941 festgehaltene Äußerung des Ia der Heeresgruppe Mitte, Oberstleutnant i. G. v. Tresckow: „Wenn Völkerrecht gebrochen wird, sollen es zuerst die Russen tun und nicht wir.“).

1941 auch nur in begrenztem Maße ausgeführt worden sein[52], so besteht doch kein Zweifel, daß die Folgen dieses Befehls in Verbindung mit dem Wüten der „Einsatzgruppen“ der Sicherheitspolizei und des SD im rückwärtigen Heeresgebiet sowie mit der Behandlung der Masse der sowjetischen Kriegsgefangenen[53] für den Kriegsverlauf in den ersten Wochen und Monaten des Ostfeldzuges, der entscheidenden Periode des ganzen Krieges, von welcher – moralischen, politischen oder militärischen – Warte aus man es auch sehen mag, schlechthin katastrophal waren.

Allerdings sollte das notwendige harte Urteil über die führenden deutschen Militärs, vor allem auch über den Oberbefehlshaber des Heeres v. Brauchitsch[54], die – wie in einer ganzen Kette vorausgehender entscheidender Situationen zwischen Heeresführung und Hitler seit 1933 – auch in diesem Augenblick versagten, in dem Hitler – nach der Entmachtung des OKH und der politischen, gesellschaftlichen und ideologischen Isolierung der Heeresführung in seinem Staat in den vorausgehenden Jahren – nun den Kern des traditionellen soldatischen Ethos in aller Offenheit im größeren Kreis der führenden Militärs angriff und zu zerstören suchte, in einer historischen Darstellung mit einem Verstehen der geschichtlichen Zusammenhänge verbunden werden, in denen auch dieses Versagen gesehen werden muß[55]. Sie sind hier nur kurz anzudeuten, wobei ein Aspekt stärker beachtet wird, der gegenüber den individuellen Problemen oft zu wenig gesehen wird. Die sozialgeschichtliche Forschung über das preußisch-deutsche Offizierkorps hat nachgewiesen[56], daß das aus der preußischen Tradition erwachsene Spannungsverhältnis zwischen besonderem Offiziersethos und Gehorsamspflicht gegenüber dem „Obersten Kriegsherrn“ sich

52 Das Ausmaß der Durchführung ist umstritten. Vgl. hierzu Reitlinger: Ein Haus, S. 100 ff.; Warlimont, S. 184 ff.; Heusinger, S. 124 ff.; Jacobsen: Kommissarbefehl, S. 182 ff. – Wichtig ist für die Meinung Hitlers über die Durchführung beim Heer seine Äußerung vom 18. 10. 1942 (Tgb. Engel, 18. 10. 1942): „Er wisse ja, daß man im Heer die gegebenen Befehle, wie z. B. den ‚Kommissar‘-Befehl (Juni 1941), gar nicht oder nur zögernd befolgt habe. Schuld daran trage das Oberkommando des Heeres, das aus dem Soldatenberuf möglichst einen Pastorenstand machen wolle. Wenn er seine SS nicht hätte, was wäre dann noch alles unterblieben.“

53 Hierzu Dallin, S. 422 ff.; Reitlinger: Ein Haus, S. 114 ff.

54 Eine Biographie v. Brauchitschs, die das Verhältnis Hitler-v. Brauchitsch in den verschiedenen Stadien von Februar 1938 bis Dezember 1941 eingehend durchleuchten müßte, steht noch aus. Angesichts der Tatsache, daß es auf Grund der Befehlsstruktur und des seit der Ära Seeckt einseitig übersteigerten Gehorsamsethos der Generalität gegenüber ihrem Oberbefehlshaber entscheidend auf das Verhalten v. Brauchitschs gegenüber Hitler ankam, wäre eine Studie über dieses Thema dringend erwünscht, da von ihr wesentliche Aufschlüsse zu dem hier von uns nur knapp angeschnittenen Problemkomplex zu erwarten sein dürften. Das Urteil G. Ritters (in seinem Werk: Carl Goerdeler und die deutsche Widerstandsbewegung, S. 171 ff.) ist trotz allen Einschränkungen, die auch Ritter macht, zu positiv. Die Problematik wird angedeutet in dem Artikel über v. Brauchitsch in der „Neuen Deutschen Biographie“ durch H. Krausnick.

55 Vgl. auch S. 530, Anm. 61.

56 Vgl. hierzu Demeter, S. 138 ff. und S. 188 f.

seit der Wilhelmischen Ära in mehreren Entwicklungsstufen – auf Grund der Veränderungen in der allgemeinen Sozialstruktur, der Kriegstechnik (besonders im Ersten Weltkrieg) und schließlich infolge der besonderen Situation der Reichswehr in der Weimarer Republik – zugunsten eines verabsolutierten, „unbedingten" Gehorsams verschoben hatte, der in der Offizierserziehung ohne Begrenzung durch ein sittliches Verantwortungsbewußtsein zum obersten Wert erhoben wurde. Auch die Generäle waren durch diesen Trend zu „Militärtechnikern", zu „einsetzbaren militärischen Funktionären[57]", abgesunken[57a], so daß – sozialgeschichtlich gesehen – die „Bedingungen der Möglichkeit" für ein durch ein Gruppenethos bestimmtes Aufbegehren der gesamten Generalität oder doch zumindest einer repräsentativen, noch von einem solchen Ethos geprägten Generalselite gegenüber Hitler gar nicht gegeben waren[58]. Die sozialen Voraussetzungen etwa für einen Typ des Hubertusburg-Marwitz, der „Ungnade wählte, wo Gehorsam nicht Ehre brachte", oder für das Offiziersideal der preußischen Reformzeit, das im 19. Jahrhundert bis in die Bismarck-Zeit nachgewirkt hatte, ohne daß es freilich je über einen begrenzten Kreis hinaus auch nur in annähernder Weise Realität gewesen wäre, waren bei Beginn der nationalsozialistischen Herrschaft längst nicht mehr vorhanden[59]. Die Nivellierung des Offizierkorps (einschließlich der Generalität), mit der die traditionell verpflichtende Vorstellung von der abgestuften Verantwortung innerhalb der Rangfolge des Offizierkorps und im Befehlssystem des Heeres immer mehr abgeschwächt wurde und mit der – in Verbindung mit militärischen Erfordernissen – die Übertragung aller Verantwortung auf den – die absolute Befehlsgewalt für sich beanspruchenden und an sich ziehenden – „Obersten Kriegsherrn" („Feldherrn" oder „Führer") parallel lief, ein Trend, der im Ersten Weltkrieg (vor allem mit der Konzeption Ludendorffs) einsetzte und in der Ära Seeckt weiter gefördert wurde, war schon beim Regierungsantritt Hitlers so weit fortgeschritten, daß die Entwicklung von ihm nur noch durch eine Entfernung der wenigen selbständigen, – im weitesten Sinne – politischen Köpfe in der Generalität in einigen Schüben vollendet zu werden brauchte.

57 Vgl. hierzu auch K.-J. Müller: 20. Juli 1944. Der Gewissenskonflikt des Soldaten, in: 1914 – 1939 – 1944. Schicksalsjahre deutscher Geschichte. Boppard/Rhein 1964, S. 171 ff., besonders S. 179.

57a Die Beschränkung auf den fachlichen Bereich – nicht nur bei den Militärs, sondern bei den meisten „Experten" – hatte die Konsequenz, daß sich Widerstand gegen Maßnahmen des nationalsozialistischen Regimes in der Regel erst dann regte, wenn dieses in den eigenen fachlichen Bereich einzugreifen suchte.

58 Hitlers Haß gegen den Adel erklärt sich zum erheblichen Teil aus seiner Annahme, daß hier noch ein – allerdings schwindendes – Gruppenethos vorhanden sein müßte, das sich seinem Anspruch auf „unbedingten" Gehorsam entgegenstellen könnte.

59 Den Verfall des sittlichen Fundaments in der „Kriegskunst" führt J. F. C. Fuller („Die entartete Kunst, Krieg zu führen. 1789–1961". Deutsche Ausgabe. Köln 1964) in einseitig-überspitzter Weise allein auf die technische Entwicklung und die Demokratisierung im Industriezeitalter zurück.

Ein hohes sittliches, über den „privaten" sowie den engen fachlichen Bereich hinausgehendes, auf Gesellschaft und Staat bezogenes Verantwortungsbewußtsein, das in entscheidenden Situationen zu politischen Konsequenzen auch gegen die Staatsführung und den Obersten Befehlshaber zwang, wie es General Beck in seiner dritten großen Denkschrift während der sog. „Sudetenkrise" am 16. 7. 1938 von den Spitzenvertretern des Heeres gegenüber Hitler gefordert hatte[60], konnte weder auf Grund der Erziehung noch von dem Selbstverständnis der Generalität her als eine allgemein verbindliche Grundlage für das Handeln aller oder der meisten erwartet, sondern allenfalls als Anruf für einzelne zur Gewissensentscheidung in der permanenten Grenzsituation betrachtet werden, in der sich das höhere Offizierkorps unter Hitler befand, für deren Bewältigung als Gruppe aber die wesentlichen Voraussetzungen fehlten. Für die meisten gilt das Urteil, daß sie einfach überfordert waren[61].
Die deutsche Wehrmacht- und Heeresführung hat sich aus der Verstrickung in den rassenideologischen Vernichtungskrieg Hitlers trotz mancherlei Anstrengungen[62] im späteren Verlauf des Krieges nie mehr befreien können[63], nachdem die Stunde der Entscheidung am 30. 3. 1941 ungenutzt vorübergelassen war. Für Hitler war aber mit diesem Tage die letzte, allerdings wohl kaum

60 W. Foerster: Generalstabschef Ludwig Beck. München 1953, S. 121 ff. — Vgl. auch das scharfe Urteil v. Hassells im Anschluß an seine Notizen über die Besprechung Hitlers mit den Befehlshabern am 14. 6. 1941, in der Hitler noch einmal — wohl ähnlich wie am 30. 3. 1941 — vom „Entscheidungskampf zwischen zwei Weltanschauungen" und den daraus abgeleiteten Konsequenzen für die Kriegführung gesprochen hatte (Aussage Keitels vor dem IMT, Bd. X, S. 596 f.): „Brauchitsch und Halder haben sich bereits auf das Hitlersche Manöver eingelassen, das Odium der Mordbrennerei der bisher allein belasteten SS auf das Heer zu übertragen. Sie haben die Verantwortung übernommen und durch einige an sich gar nichts ändernde, aber den Schein wahrende Zusätze (über die Notwendigkeit, die Disziplin zu wahren, usw.) sich selbst und andere getäuscht. — Hoffnungslose Feldwebel!" (Hassell, S. 209: 16. 6. 1941).

61 Vgl. hierzu die Darlegungen und die Begründung dieses Urteils durch P. E. Schramm in der Diskussion vor der Arbeitsgemeinschaft für Forschung des Landes Nordrhein-Westfalen (Geisteswissenschaften) am 29. 9. 1963 („Die deutsche militärische Führung in der Kriegswende", Köln-Opladen 1964, S. 62).

62 Die Bemühungen des OKH, eine Änderung des „Kommissar"-Befehls zu erreichen, begannen mit dem Vorschlag des Generals z. b. V. Eugen Müller vom 23. 9. 1941. Am 26. 9. 1941 wies Hitler diesen Vorschlag scharf ab. Notiz Jodls hierüber: „Der Führer hat jede Änderung der bisher erlassenen Befehle für die Behandlung der politischen Kommissare abgelehnt" (Sammelmappe „Barbarossa", Militärgeschichtliches Forschungsamt Freiburg i. Br., Signatur III W 59/2). Die Bedenken „vom grundsätzlichen Standpunkt" wie „wegen der sicherlich eintretenden nachteiligen Folgen in politischer und militärischer Hinsicht", die der Chef des Amtes Ausland/Abwehr im OKW, Admiral Canaris, in einem Schreiben an den Chef OKW vom 15. 9. 1941 gegen die Behandlung der sowjetischen Kriegsgefangenen erhob, wurden von Keitel am 23. 9. 1941 mit der Bemerkung abgewiesen, daß „es sich um die Vernichtung einer Weltanschauung" handele und daß er „die Maßnahmen" „billige" und „decke" (Nürnberg-Dok. EC-338; Jacobsen: Kommissarbefehl, S. 190 f. und S. 251 ff.).

63 Zur Situation der weitaus größten Gruppe der deutschen Generale, die von der Haltung des verabsolutierten Gehorsams geprägt waren, vgl. auch K.-J. Müller: 20. Juli 1944, a. a. O., S. 184 ff.

noch ernsthaft angenommene Möglichkeit einer Hemmung seiner Absichten entfallen, der Weg zur Entfesselung des Ostkrieges in der von den Konsequenzen seiner Rassenideologie geprägten radikalen Form frei.
Das hier am Beispiel der hohen Militärs angedeutete Problem, wie es möglich wurde, daß die traditionellen Träger der Macht in Deutschland – neben der Generalität auch die führenden Kräfte in Verwaltung, Diplomatie und Wirtschaft – Hitler bei dem nun deutlich erkennbaren qualitativen Umschlag seiner Politik beim Übergang zum Ostkrieg folgten, obwohl das von ihnen Geforderte – neben der Erfüllung normaler Kampfaufträge und Besatzungsaufgaben –, die Abschirmung eines „staatlich" befohlenen und organisierten Verbrechens größten Ausmaßes[64], ihrem historisch gewachsenen, allerdings seit der Wilhelminischen Ära und den mehrfachen Umbrüchen seit 1918 bereits erschütterten oder formalisierten Ethos widersprach, so daß sich damit ihre eigene Tätigkeit qualitativ veränderte, ist so wesentlich, daß es einer eingehenden weitgespannten Untersuchung bedürfte, um allen damit aufgeworfenen Aspekten gerecht zu werden. Auszugehen wäre dabei wohl von der Einsicht Max Webers, daß jede politische Führung sich erst dann durchsetzen kann, wenn sie die Chance besitzt, für ihre Befehle Gehorsam zu finden; dazu benötigt sie die aktive Mitwirkung jener sozialen Gruppen, die den Staats- und Verwaltungsapparat beherrschen. Sie ist fast selbstverständlich, solange und soweit sie bei aller möglichen Einzelkritik sich insgesamt in der Tätigkeit ihrer Spitze repräsentiert sieht, wird aber zum Problem, wenn sich der Inhalt der Tätigkeit der öffentlichen Gewalt nicht nur quantitativ, sondern auch qualitativ verändert. Hier steht die sozialgeschichtliche Forschung, die sich im Rahmen des Fragenkomplexes „Drittes Reich" bisher viel zu sehr auf eine Analyse des nur vordergründig besonders wichtigen Bezugsverhältnisses zwischen Hitler und den Befehlshabern der Wehrmacht einengen ließ und die Haltung der Führungskräfte in Verwaltung und Wirtschaft kaum berücksichtigte, noch am Anfang. Mit der politischen Vorbereitung des Ostkrieges wurde – dies war das wichtigste Kennzeichen des qualitativen Umschlags der Politik Hitlers – der bisher von dem „normalen" Staatsgefüge noch sorgsam abgekapselte SS-Bereich, in dem für die Durchsetzung des „Führerwillens" alle traditionellen ethischen Bindungen aufgehoben waren, in seinen Funktionen wesentlich erweitert und – für die Führungskräfte in Heer, Verwaltung und Diplomatie mehr oder minder klar erkennbar – in den Mittelpunkt des jetzt auf „großräumige" kontinentaleuropäische Basis hin erweiterten nationalsozialistischen Herrschaftssy-

64 Die Situation der Heeresführung war bereits seit dem Herbst 1939 in Polen ähnlich (und wurde so auch etwa von General Blaskowitz empfunden – vgl. Tgb. Engel, 18. 11. 1939, und Vortragsnotiz Blaskowitzs für den Ob. d. H. vom 15. 2. 1940, zitiert bei Broszat: Nationalsozialistische Polenpolitik, S. 41); allerdings wurden die militärischen Befehlshaber hier vor vollendete Tatsachen gestellt, deren Zusammenhang mit Befehlen Hitlers sie nicht überschauten, da die SS-Führung das Geheimnis der Befehlsgebung durch Hitler nicht preisgab. Vgl. oben S. 517, Anm. 4.

stems gestellt[65]. Fest steht, daß ohne die aktive Hilfe einer relativ großen sozialen Gruppe der (in den Jahren 1941–1944 in den besetzten sowjetischen Gebieten in erheblichem Maße verwirklichte) Versuch Hitlers, eine bisher nur in außereuropäischen Kolonialkriegen übliche Kriegszielplanung und die damit verbundenen Methoden der Kriegführung zusammen mit den Vernichtungspraktiken im innerstaatlichen Bereich (wie sie im bolschewistischen Rußland seit 1917/18, im nationalsozialistischen Deutschland seit 1933/34 geübt wurden) auf eine Auseinandersetzung zwischen zwei Großmächten in Europa zu übertragen, nicht durchführbar gewesen wäre.

„Neu" war, daß die feindliche Großmacht nicht nur (wie auch sonst in den politischen „Programmen" der Epoche des Imperialismus seit Beginn des Ersten Weltkrieges) durch Annexionen von Randzonen, Absprengung von Teilgebieten oder enge wirtschaftliche Verklammerung des Rest-Staates mit der „Sieger"-Macht auf die Stufe einer zur „großen Politik" nicht mehr befähigten mittleren Macht zurückversetzt und damit für eine mehr oder minder lange Zeit in Abhängigkeit vom „Sieger" gebracht, sondern als Ganzes in jeder Beziehung auf das Niveau einer Kolonie herabgedrückt werden sollte. Damit war eine letzte Übersteigerung imperialistischer Zielsetzungen erreicht.

Es wird vorerst – jedenfalls solange über dieses Problem nicht detaillierte Forschungen vorliegen, die präzisere Aussagen ermöglichen – im wesentlichen von der Grundposition des Historikers abhängen, ob er Fritz Fischers sozialpsychologisches Argument von der Kontinuität imperialistischer Traditionen in Deutschland seit der Wilhelminischen Ära, mit der er die Hinnahme und das Mitwirken der alten Führungsgruppen auch an der von Hitler eingeleiteten qualitativen Veränderung der Zielsetzung – als Folge der fortwährenden Steigerung des quantitativen Ausmaßes des Machtrausches auf dem vermeintlichen Höhepunkt imperialistischer Möglichkeiten – verständlich zu machen sucht, als ausreichende Erklärung für dieses historische Phänomen ansieht oder ob er eine Lösung dieses für die deutsche Geschichte wie die Gegenwart wohl ernstesten Problems mehr in einer Analyse des seit dem ausgehenden 19. Jahrhundert festzustellenden beschleunigten Schwundes an religiöser und moralischer „Substanz" in ganz Europa und seiner Auswirkungen auf die Machtpolitik der Großstaaten wie auf die Handlungs- und Reaktionsweisen der verschiedenen gesellschaftlichen Kräfte und ihrer Führungsgruppen sucht, wobei die in qualitativen Veränderungen der Politik und Kriegführung aller europäischen Großmächte zu beobachtenden Folgen in Deutschland unter den besonders schwierigen Bedingungen seiner Geschichte seit dem Ersten Weltkrieg nicht nur zur politischen und militärischen, sondern auch zur moralischen Katastrophe führten.

65 Die Durchdringung des normativ arbeitenden Staatsapparats durch die SS als außernormative Macht, die zur Usurpation weiter Staatsbereiche durch die SS führte, analysiert eingehend H. Buchheim: Anatomie des SS-Staates. Bd. I: Die SS – das Herrschaftsinstrument. Befehl und Gehorsam. Freiburg i. Br. 1965.

Aus dem Zusammenhang unserer Darstellung hat sich mit aller Deutlichkeit ergeben, daß bei Hitlers Angriff auf die Sowjetunion von einem „Präventivkrieg" im üblichen Sinne des Begriffs, einer Kriegshandlung, die unternommen wird, um einem zum Angriff bereiten oder schon dazu ansetzenden Gegner durch die Auslösung eines eigenen Angriffs zuvorzukommen, keine Rede sein kann. Vielmehr war die Eroberung des europäischen Rußland zur Aufrichtung eines deutschen Imperiums in Kontinentaleuropa bereits seit der Mitte der zwanziger Jahre Hitlers großes Ziel, das er seit seiner „Machtergreifung" 1933 unbeschadet aller taktischen Wendungen seiner Politik konsequent ansteuerte. Die Entscheidung für die militärische Ost-Lösung, zur Zerschlagung der Sowjetunion, die Hitler während des europäischen Krieges in der Zeit nach der Niederwerfung Frankreichs 1940 traf und mit der er die Verwirklichung dieses Ziels einleitete, ist von uns in den verschiedenen Motiven, die dabei zusammentrafen, eingehend dargelegt worden. Der Gesichtspunkt, daß er einer akuten militärischen Bedrohung durch die Rote Armee mit einem eigenen Angriff entgegentreten müsse, befindet sich nicht darunter. Im Gegenteil: Hitler wie auch der deutsche Generalstab sahen die Rote Armee nicht als einen ernst zu nehmenden Gegner an und betrachteten die aus anderen Gründen für „notwendig" erachtete Ausschaltung der bewaffneten Macht der Sowjetunion als eine – im Vergleich zur Niederringung der französischen Militärmacht – leicht zu bewältigende Aufgabe. Mochte auch der herausfordernd pointiert formulierte Satz des Generalmajors Marcks in seinem „Operationsentwurf Ost" vom 5. 8. 1940, „die Russen werden uns nicht den Liebesdienst eines Angriffs erweisen[1]", nicht unbedingt die Auffassung Hitlers, jedenfalls nicht durchgängig für die folgenden Monate bis zum Beginn des deutschen Angriffs, wiedergeben, so hielt Hitler doch in der ganzen fraglichen Zeit 1940/41 die Rote Armee auf Grund ihrer im Westen allseits angenommenen Schwäche zu einer eigenen Großoffensive gar nicht für fähig. Lediglich sowjetische „Präventivmaßnahmen" gegen den deutschen Ostaufmarsch sah er seit Ende März 1941 für möglich an und erließ wiederholt, zuletzt noch einmal am 25. 5. 1941, durch das OKW Befehle, daß „deren Abwehr" von der deutschen Wehrmacht „sichergestellt" werden müsse[2].

Allerdings darf man bei diesen vordergründigen Feststellungen nicht stehenbleiben. Bei einer umfassenden historischen Deutung, die sich nicht auf eine isolierte Betrachtung der Ziele und Motive Hitlers beschränkt, sondern auch die Kriegskonzeption Stalins mit einbezieht, ist der Abweisung der „Präventiv-

1 Philippi: Das Pripjet-Problem, S. 69.

2 Fernschreiben des OKW/WFSt/L an das OKH vom 25. 5. 1941 („Führer weist nochmals darauf hin, daß in den kommenden Wochen russische Präventivmaßnahmen möglich sind"), in: Sammelmappe „Barbarossa" (Militärgeschichtliches Forschungsamt Freiburg i. Br., Signatur III W 59/1).

kriegs"-These[3] hinzuzufügen: Dem langfristigen großen „Programm" Hitlers entsprach ein weitsichtiges machtpolitisch-ideologisches „Programm" Stalins, das in seinem Kerngedanken ebenfalls seit der Mitte der zwanziger Jahre festlag. Jedoch war eine Verwirklichung dieses sowjetischen „Programms" nur möglich, wenn es tatsächlich zu einem Krieg zwischen den „imperialistischen" Mächten in Europa kam. Diese Voraussetzung schuf Hitler 1939 durch seine Expansionspolitik. Indem er im Zuge der etappenweisen Verwirklichung seines „Programms" durch den Angriff auf Polen (für den wiederum Stalin durch seinen Pakt mit Hitler eine dessen Absichten wesentlich erleichternde Vorbedingung geschaffen hatte) den europäischen Krieg auslöste, trat die für die Einleitung von Stalins „Programm" notwendige politische Konstellation in Europa ein: Den nach sowjetischer Auffassung aus „ökonomischen Ursachen" mit „gesetzmäßiger Notwendigkeit" aus den Spannungen der „imperialistischen" Mächte entspringenden, daher mit Sicherheit erwarteten und durch die eigene Politik kräftig geförderten Krieg zwischen den europäischen Großmächten im Westen seit September 1939 galt es im Sinne der langfristigen machtpolitischen und ideologischen Ziele der Sowjetunion auszunutzen. Der deutsche Angriff vom 22. 6. 1941 durchkreuzte jedoch Stalins Absicht, dem „imperialistischen" Krieg zwischen den Westmächten und Deutschland – nach Aufbau und Absicherung des durch die Verträge mit Hitler in Ostmitteleuropa gewonnenen „Glacis" – bis zur Schlußphase fernzubleiben und erst dann, bei möglichst geringem Risiko, solche Gebiete in Besitz zu nehmen, die ihm – mit Blick auf die für jenen Zeitpunkt anzunehmenden Machtzuwachs der angelsächsischen Staaten im Westen Europas – für die strategische Sicherheit der Sowjetunion und für die Verstärkung ihres machtpolitischen Gewichts notwendig erschienen[4]. Der deutsche Angriff zwang die Sowjetunion aus ihrer politischen Wartestellung heraus in einem Kampf um ihre Existenz zu einem Zeitpunkt, in dem Stalin die Rote Armee trotz den forcierten Rüstungen noch nicht für einen großen Krieg bereit hielt.

Den Grundgedanken der Kriegskonzeption Stalins erkannte Hitler 1940 durchaus. Bei Auftreten der mit der Fortdauer des Krieges im Westen unvermeidbar wachsenden Schwierigkeiten Deutschlands rechnete er mit einer „Erpressertaktik" Stalins, von dessen wohlwollender Politik und wirtschaftlicher Unterstützung er sich abhängig wußte. Aus der bei ihm scharf ausgeprägten Witterung möglicher künftiger Gefahren ergab sich für ihn als ein zusätz-

3 Diese These wurde bei unzureichender Quellenbasis von H.-G. Seraphim in seiner Abhandlung über „Die deutsch-russischen Beziehungen 1939–1941" (Hamburg 1949) vertreten, jedoch vom Autor bereits in der Auseinandersetzung mit G. L. Weinberg (vgl. unten S. 586 mit Anm. 21) 1954 aufgegeben.

4 Das Verhalten Stalins gegenüber Japan 1945, als die Rote Armee im Augenblick des sich abzeichnenden Zusammenbruchs Japans nach fast vierjähriger Dauer des japanisch-amerikanisch-britischen Krieges die für die „Sicherheit" der Fernost-Position der Sowjetunion gegenüber den (über Japan triumphierenden) USA notwendig erscheinenden Räume risikolos in Besitz nahm, kann als eine vergleichbare Handlung angesehen werden. Vgl. hierzu auch v. Rauch, S. 309.

liches Motiv für den Ostkrieg, dieser voraussehbaren Zwangslage zu entgehen. Zwei einander – nicht nur prinzipiell, sondern auch wegen ihrer sich in Ostmitteleuropa kreuzenden Stoßrichtung – ausschließende machtpolitisch-ideologische Kriegsziel-„Programme" standen sich 1940/41 gegenüber. Dabei schob sich die von Hitler hektisch vorangetriebene, auf die Ausnutzung von Überraschungseffekten und auf größtmögliche Schnelligkeit in der Abwicklung der einzelnen Etappen angewiesene Verwirklichung des nationalsozialistischen „Programms" zeitlich vor die in Stalins abwartender, risikoscheuer Politik erst für einen späteren Zeitpunkt vorgesehene Realisierung des bolschewistischen „Programms", das dadurch verdeckt, in der Folgezeit in Einzelheiten unter Anpassung an die neue Situation abgewandelt und im ganzen von der sowjetischen Seite als bloße Reaktion auf den deutschen Angriff hingestellt wurde, jedoch in seinem Hauptziel, die sowjetische Machtsphäre in Europa – nach der Niederlage Deutschlands – in Frontstellung gegen die angelsächsischen Seemächte zu erweitern, schon im Herbst 1940[5] festlag und von da an bis zum Ende des Zweiten Weltkrieges über alle Wandlungen der politischen Taktik hinweg unverändert blieb.

5 Ob diese Zielsetzung schon früher bestand, läßt sich aus den verfügbaren Quellen nicht erschließen. Nach dem deutschen Sieg über Frankreich scheint Stalin im Sommer 1940 vorübergehend mit einem Ende des „imperialistischen Krieges" durch ein Einlenken oder eine Niederlage Großbritanniens gerechnet zu haben (vgl. oben S. 87, Anm. 39; ferner die aufschlußreiche Demarche des sowjetischen Botschafters in London, Maiskij, beim britischen Kriegsminister Eden im Juli 1940 [The Eden Memoirs, vol. II, S. 121]).

VIII. Politik und Strategie der kriegführenden Mächte vom Beginn des deutschen Angriffs auf die Sowjetunion (22. 6. 1941) bis zum Scheitern des improvisierten Kriegsplans Hitlers (Dezember 1941) - ein Ausblick

Hitlers improvisierter Gesamtkriegsplan vom Herbst 1940 — das kann als ein Ergebnis unserer Studie festgehalten werden — war vollständig auf das Gelingen der „Barbarossa"-Operation in der Form des „Blitzkrieges" abgestellt. Innerhalb weniger Wochen sollte die Sowjetunion dem Ansturm des deutschen Ostheeres erliegen und damit der Weg zu den vorgesehenen weiträumigen Vorstößen in den Nahen und Mittleren Osten sowie über Spanien nach Nordwestafrika frei sein. Sie sollten insgesamt die Voraussetzungen für den Aufbau einer deutschen „Weltmacht"-Position schaffen, aus der heraus Deutschland nach Hitlers Überzeugung jeder denkbaren politisch-strategischen Situation, auch einem „Weltkrieg" von langer Dauer (dem Hitler mit seiner nun ins Globale ausgeweiteten „Blitzkriegs"-Konzeption allerdings nach Möglichkeit zu entgehen hoffte), gewachsen sein würde.

In der Tat glaubte nicht nur Hitler, sondern auch der Generalstab des Heeres bereits Mitte Juli[1], das Ziel des Ostfeldzuges erreicht zu haben, als in der von den deutschen Schlägen schwer getroffenen Roten Armee Anzeichen einer ernsten Krise zu erkennen waren[2], die — zusammen mit der überall feststell-

1 Es fehlt noch jede umfassende wissenschaftliche Darstellung des deutschen Ostkrieges, in der die politischen und die militärischen Aspekte, Hitlers Konzeption und die Realisierung, in gleicher Weise erfaßt wären. Eine auch nur allgemein gehaltene Darstellung des Operationsverlaufs des Ostfeldzuges 1941 kann im Rahmen dieses Ausblicks ebenfalls nicht geboten werden. Vgl. daher die Überblicksdarstellungen von Tippelskirch, S. 179 ff.; Blau, S. 44 ff.; Philippi-Heim, S. 54 ff., zu den Einzelheiten vor allem die laufenden Eintragungen im KTB Halder, Bd. III, S. 1 ff., und die Lageberichte und Tagesmeldungen des OKH, in: KTB OKW, Bd. I, S. 417 ff.; zu den deutschen Führungsproblemen Warlimont, S. 194 ff. — Darstellung aus sowjetischer Sicht: Geschichte des Großen Vaterländischen Krieges der Sowjetunion, Bd. II, S. 11 ff.; ferner Telpuchowski: deutsche Ausgabe, S. 35 ff. — Wissenschaftliche Darstellung aus dem Blickwinkel des sowjetischen Oberkommandos: Erickson, S. 587 ff.

2 Hierzu v. Rauch, S. 314 ff.; vor allem Dallin, S. 71 ff. — Bis zum 11. 7. 1941 waren bereits etwa 600 000 sowjetische Kriegsgefangene in deutscher Hand, darunter 72 000 Überläufer (A. Winbauer: Die Rote Armee und die bolschewistische Partei, in: Wehrwissenschaftliche Rundschau 1963, S. 133). — Das Auftreten

baren Schwäche und Unsicherheit, die das Regime Stalins angesichts der „Unzuverlässigkeit" großer Teile der Bevölkerung in den vom deutschen Vormarsch bedrohten Gebieten in diesen Wochen offensichtlich befallen hatten — als Vorboten eines nahen Zusammenbruchs der Sowjetunion gedeutet wurden[3]. Bereits am 3. 7. hatte Halder in seinem Tagebuch verzeichnet[4]: „Es ist wohl nicht zuviel gesagt, wenn ich behaupte, daß der Feldzug gegen Rußland innerhalb von 14 Tagen gewonnen wurde." Er sei damit zwar noch nicht beendet, da „die Weite des Raumes und die Hartnäckigkeit des mit allen Mitteln geführten Widerstandes ... uns noch viele Wochen beanspruchen" würden, doch könnten, „sobald die Kriegführung im Osten aus dem Bereich der Zertrümmerung der feindlichen Wehrmacht in den Bereich der wirtschaftlichen Lahmlegung des Feindes übergeht, ... die weiteren Aufgaben der Kriegführung gegen England wieder in den Vordergrund treten und eingeleitet werden" (vor allem die Offensive „gegen die Landbrücke zwischen Nil und Euphrat" von Libyen aus sowie über Anatolien-Syrien und „vielleicht auch aus dem Kaukasus gegen Iran"). Hitler selbst meinte am 4. 7.[5]: „Ich versuche mich dauernd in die Lage des Feindes zu versetzen. Praktisch hat er diesen Krieg schon verloren. Es ist gut, daß wir die russische Panzer- und Luftwaffe gleich zu Anfang zerschlagen haben. Die Russen können sie nicht mehr ersetzen." Das weitere schien somit

eines Frauenbataillons, von Jung-Kommunisten-Kompanien und einer Einheit von 1 000 Zuchthäuslern vor der Heeresgruppe Nord am 17. 7., des Leningrader Werkschutzes bei Luga am 18. 7. wurden vom OKH mit einem Mangel an Reserven bei der Roten Armee gedeutet (KTB OKW, Bd. I, S. 436 f.).

3 Von der Lagebeurteilung Hitlers aus lassen sich folgende Phasen im Ablauf der „Barbarossa"-Operation unterscheiden:
1. die Zeit der erfolgreichen Grenzschlachten und raschen Vorstöße in die Tiefe (22. 6.— 3. 7.);
2. die Zeit der Siegesgewißheit, der Überzeugung, daß die Entscheidung schon gefallen sei (3. 7.— 30. 7.);
3. die Zeit kritischer Zweifel, ob das gesteckte Ziel in dem angesetzten Zeitraum zu erreichen sei (30. 7.— Ende September);
4. die Zeit der Illusion, daß das große Ziel, die Ausschaltung der Sowjetunion, doch noch gelungen sei (1. 10.— 19. 11.);
5. beginnende Resignation (ab 19. 11.) und Entschlossenheit, durch „fanatische" Anstrengungen das als unmöglich Erkannte zu erzwingen („Halte"-Konzeption): ab 5./6. 12. 1941 bis zur Schlußkatastrophe 1945 (mit vorübergehenden Illusionen in den Monaten Juli/August 1942).

4 KTB Halder, Bd. III, S. 38. Der deutsche Angriff hatte am 22. 6. 1941 mit 119 deutschen Infanterie-, 15 motorisierten und 19 Panzerdivisionen begonnen (3 050 000 Mann, 600 000 mot. Fahrzeugen, 3580 Panzern, 7184 Geschützen, 2740 Flugzeugen). An Verbündeten kamen hinzu: 12 Divisionen und 10 Brigaden der Rumänen, 18 Divisionen der Finnen, 3 Brigaden der Ungarn, 2 1/2 slowakische Divisionen, ab August 1941 3 italienische mot. Divisionen, ab September 1941 1 spanische Division. Die Gesamtstärke betrug Ende August rd. 195 Divisionen (Durchschnittsstärke des deutschen und verbündeten Ostheeres 1941: 3,5 Millionen Mann). Auf sowjetischer Seite wurden als an der Front befindlich zunächst vom deutschen Generalstab angenommen: 138 Schützendivisionen und 40 mot.-mech. Brigaden (zu Einzelheiten der deutschen Schätzungen vgl. Blau, S. 44 ff.). Zur tatsächlichen sowjetischen Stärke vgl. oben S. 510 und unten S. 550, Anm. 74.

5 KTB OKW, Bd. I, S. 1020.

im wesentlichen eine Frage der Leistungsfähigkeit der deutschen motorisierten Verbände zu sein; denn die Frage, die Hitler an diesem Tage als die „schwerste Entscheidung dieses Feldzuges" bezeichnete[6], ob die motorisierten Kräfte der Heeresgruppe Mitte nach Norden oder Süden eindrehen sollten[7], erschien zunächst vor allem eine technische Frage: ob die deutschen Panzer so weitreichende Operationen ohne völligen Verschleiß ihres Materials durchführen konnten.
Am 8. 7. ergab sich für die deutsche Führung folgendes zahlenmäßige Bild auf Grund der Meldungen von der gesamten Ostfront[8]: von den bisher exakt erfaßten 164 sowjetischen Schützenverbänden wurden 89 als „vernichtet" gewertet; nur 46 galten noch als „kampffähig", 18 befanden sich an Nebenfronten (vor allem an der finnischen Front). Der Verbleib von 11 Verbänden war der deutschen Seite unbekannt. Die sowjetische Luftwaffe, deren dicht belegte Flugplätze in Ostpolen und in den Baltischen Ländern durch die Luftbildaufklärung genau bekannt waren, hatte schon in den ersten Stunden des Krieges ein vernichtender Angriffsschlag getroffen, den sie erst nach mehreren Jahren überwinden konnte[9]. Von den insgesamt etwa 10 000 Flugzeugen wurde fast die Hälfte vernichtet[10]. Das durch die ersten Angriffsschläge angestrebte zahlenmäßige Übergewicht der deutschen Seite zu Lande und in der Luft schien

6 Hierzu Jodl am 5. 7. 1941: „Es kommt der Moment heran, wo der Entschluß über die Weiterführung der Operationen, insbesondere über den weiteren Ansatz der Panzergruppen, gefaßt werden muß. Da dieser Entschluß für den Krieg entscheidend, vielleicht überhaupt der einzige entscheidende Entschluß in diesem Kriege sein wird, hält es General Jodl für notwendig, daß der Ob. d. H., bevor er weitere Aufgaben festlegt, seine Auffassung und seine Absichten mit dem Führer bespricht" (KTB OKW, Bd. I, S. 1021 f.).

7 KTB OKW, Bd. I, S. 1020 f. (fernmündliche Unterrichtung v. Brauchitschs durch Jodl, 5. 7. 1941).

8 Das Folgende nach KTB OKW, Bd. I, S. 1021. Kinzel, auf den die Angaben zurückgingen (KTB Halder, Bd. III, S. 52), drückte sich etwas vorsichtiger aus, obwohl die Zahlenangaben übereinstimmen. Zu den Differenzen in den Formulierungen vgl. die Bemerkungen von Uhlig, S. 186.

9 Erst ab 1943 spielte die sowjetische Luftwaffe eine bedeutsamere taktische und operative Rolle (jedenfalls in deutscher Sicht), während sie zur Führung eines strategischen Luftkrieges auf Grund der sowjetischen Luftkriegskonzeption ohnehin nicht vorgesehen war.

10 Philippi-Heim, S. 64; G. d. Gr. V. Kr., Bd. II, S. 20 (bis 22. 6. mittags 1 200 sowjetische Flugzeuge zerstört). — Bis zum 23. 6. morgens waren auf deutscher Seite 1 800 sowjetische Flugzeuge als vernichtet gemeldet (tatsächlich bereits am 22. 6.: 1 811), bis 24. 6. 2 759 Flugzeuge (KTB der Skl., 23. und 24. 6. 1941). Die OKW-Sondermeldung vom 29. 6. 1941 gab 4 107 sowjetische Flugzeuge als zerstört an (Zahl wohl überhöht; aus dem KTB der Skl. ließ sich die offizielle Zahl der bis zu diesem Tage vernichteten Flugzeuge nicht ermitteln). — Nach diesem Angriffsschlag wurde auf deutscher Seite noch mit 1 250 einsatzfähigen sowjetischen Flugzeugen gerechnet. — Bis 5. 10. 1941 erhöhte sich die Zahl der vernichteten sowjetischen Flugzeuge auf 5 316 (nach sowjetischen Angaben: Erickson, S. 615). Tatsächlich muß die Gesamtzahl der zerstörten sowjetischen Flugzeuge bis Ende 1941 die Höhe von 8 000 erreicht haben (hierzu Erickson, S. 808). Die von General Bogatsch, dem Vertreter des Ob. d. L. beim Ob. d. H., gegenüber Halder bereits am 22. 7. 1941 genannte Zahl von 7 564 vernichteten sowjetischen Flugzeugen (KTB Halder, Bd. III, S. 102) muß dagegen als zu hoch gegriffen betrachtet werden.

damit in wenigen Wochen erreicht zu sein. Daher wurden nun bereits weit=reichende neue politische Entscheidungen getroffen und Planungen für die Operationsführung eingeleitet.

Während Hitler am 8. 7. seine schon früher angedeutete Entschlossenheit „grundsätzlich betonte[11]", Leningrad[12] und Moskau „dem Erdboden gleichzu=machen[13], um zu verhindern, daß Menschen darin bleiben, die wir dann im Winter ernähren müßten", und von der Absicht sprach, eine „Volkskatastro=phe" herbeizuführen, „die nicht nur den Bolschewismus, sondern auch das Moskowitertum der Zentren beraubt", also den Vernichtungskampf, der hinter der Front durch die systematische Mordaktion der „Einsatzkommandos" der „Sicherheitspolizei" und des SD vom ersten Feldzugstage an wütete, zu stei=gern, indem neben der Ausrottung der „jüdisch=bolschewistischen" Führungs=schicht und seines angeblichen biologischen Wurzelbodens, des Judentums in Westrußland, auch die slawischen Massen durch Millionen=Verluste entschei=dend geschwächt werden sollten, konkretisierten sich bei Hitler in den folgen=den Tagen die „politischen" Pläne für den Ostraum, nachdem er die Überzeu=gung gewonnen hatte, daß die militärische Entscheidung bereits gefallen sei[14]. Seine Vorstellungen von der künftigen deutschen „Ostpolitik" fanden in seinen berüchtigten Ausführungen vom 16. 7.[15] vor Rosenberg, Göring, Keitel, Lam=mers und Bormann[16] ihren extremen Ausdruck. Dabei wurden Hitlers Kolonial= und Siedlungspläne, wenn auch immer noch von ihm in recht groben Strichen gezeichnet, deutlicher als bisher[17]. Neben den vier von den slawischen Massen

11 KTB OKW, Bd. I, S. 1021; KTB Halder, Bd. III, S. 53.

12 Vgl. hierzu auch die „Vortragsnotiz Leningrad" der Abt. L des OKW/WFSt vom 21. 9. 1941 (Sammelmappe „Barbarossa": Militärgeschichtliches Forschungsamt Freiburg i. Br., Signatur III W 59/2): „Finnen haben inoffiziell erklärt, sie wür=den Newa gern als Landesgrenze, Leningrad müsse aber weg."

13 In einem Gespräch in der Nacht vom 5./6. 7. hatte Hitler noch die Schönheiten von „St. Petersburg" gepriesen, während er bereits bei dieser Gelegenheit erklärte, Moskau dem Erdboden gleichmachen zu wollen (Hitler: Libres propos, S. 5).

14 Zum — ansatzweisen — Übergang zur nächsten Kriegsetappe, der Erweiterung und Absicherung des deutsch=beherrschten „Großraums" nach Südosten und Südwesten, vgl. oben S. 316 ff. und S. 377 ff. sowie unten S. 543 ff, zu der damit verbundenen Ausweitung der „Endlösung" auf die Juden im westlichen und mittleren Teil des deutsch=beherrschten Raumes vgl. oben S. 524 f.

15 IMT, Bd. XXXVIII, Dok. L=221, S. 86 ff.

16 Der Teilnehmerkreis zeigte in nuce die Struktur des „Führerstaates" auf dem Gipfelpunkt seiner äußeren Machtentfaltung. Unterhalb des „Führers", der allein das Ganze verband, die „Sekretäre" für die verschiedenen Bereiche, Partei: Bormann, Staat: Lammers, Wehrwirtschaft: Göring, Wehrmacht: Keitel, Ideologie und Verwaltung des „Ostraums": Rosenberg. Es fehlte, wohl nur zu=fällig (oder aber um die von den anderen abgehobene Sonderrolle zu demon=strieren), der Bereich SS — Polizei: Himmler.

17 Die Weiterentwicklung dieser Kolonial= und Siedlungspläne bis hin zum „Generalplan Ost" ist hier nicht darzulegen. Vgl. dazu neben Dallin, a. a. O., vor allem H. Heiber: Der Generalplan Ost, in: Vierteljahrshefte für Zeit=geschichte 1958, S. 281 ff., und S. Madajcyk: Generalplan Ost, in: Polish Western Affairs, vol. III/2, 1962, S. 391 ff.

bewohnten, von deutschen „Vizekönigen"[18] regierten „Reichskommissariaten" sollten „das gesamte Balten=Land", die Krim nebst Hinterland („Taurien"[19]), das Gebiet der deutschen Wolga=Kolonie, der Raum um Baku sowie die Halb=insel Kola ganz oder teilweise deutsch zu besiedelndes „Reichsgebiet" werden. „Mit aller Vorsicht" sollte auch die „Angliederung" Finnlands, dem das völlig zu zerstörende Leningrad überlassen werden sollte, als „Bundesstaat" an das Reich „vorbereitet" werden[20]. „Was für England Indien war, wird für uns der Ostraum sein", so faßte Hitler einige Wochen später seine Vorstellungen über die künftige deutsche „Ostpolitik" zusammen[21].

Am 17. 7. unterzeichnete er den Erlaß über die „Verwaltung der neubesetzten Ostgebiete[22]", durch den Rosenberg zum „Reichsminister für die besetzten Ostgebiete" ernannt und mit dem der formale Rahmen abgesteckt wurde, sofern nicht bereits durch die Sondererlasse für Göring vom 13. 5. und 29. 6. (zur wirtschaftlichen Ausbeutung[23]) und Himmler vom 17. 7. (Erlaß über die „politische Sicherung der neubesetzten Ostgebiete[24]") Entscheidendes vorweg=genommen war und die Kompetenzen Rosenbergs damit erheblich einge=schränkt wurden[25].

18 So Hitler am 1. 8. 1941 vor seiner Tafelrunde (H. Picker: Hitlers Tischgespräche, S. 137). Hitler verstand unter „Vizekönigen" einen „neuen Typ von Men=schen . . . , richtige Herrennaturen, die man freilich im Westen nicht einsetzen kann".

19 Zu den Ansätzen deutscher Siedlungspläne im Jahre 1918 (auf Seiten der OHL) hinsichtlich „Tauriens" vgl. Fischer, S. 715 und S. 728 ff.

20 Über Finnlands Bemühungen in diesen entscheidenden Monaten, einen eigenen politischen Weg zu finden und dem „Sog" des übermächtigen „Waffenbruders" zu entgehen, vgl. die Arbeit von T. Polvinen: Suomi suurvaltojen politiikassa 1941—1944. Helsinki 1964.

21 Picker: Hitlers Tischgespräche, S. 143 (8.—10. 9. 1941). — In einem Gespräch in der Nacht vom 11./12. 7. hatte Hitler angedeutet, daß er sich mit einer Herr=schaft Stalins, den er als eine der „außergewöhnlichsten Gestalten der Welt=geschichte" bezeichnete, in Sibirien abfinden würde, da er eine Rückeroberung des europäischen Rußland von dort aus für ausgeschlossen hielt (Hitler: Libres Propos. S. 9). Diese Bemerkung, deren Gewicht nicht überschätzt werden sollte, zeigt jedenfalls, daß er Ribbentrops Anstrengungen in dieser Zeit, Japan zum Angriff auf die Sowjetunion im Fernen Osten zu bewegen und eine völlige Aufteilung der Sowjetunion zwischen Deutschland und Japan anzustreben, nicht billigte (bzw. von ihnen zunächst keine Kenntnis hatte, vgl. oben S. 485, Anm. 8), sondern an seiner bisherigen Konzeption, daß sich Japans politisch=militärische Stoßrichtung nach Süden richten müsse, festhielt.

22 Bürokratischen Ausdruck fanden die Überlegungen zur Grenzziehung im Osten (Trennlinie zwischen dem — geschlossenen — „Reichsgebiet" [im engeren Sinne] und den im Rahmen des „Germanischen Reiches deutscher Nation" halbselb=ständigen „Satrapenstaaten" unter den „Reichskommissaren") in der Denkschrift des Staatssekretärs Stuckart vom 11. 9. 1941 (Politisches Archiv des AA, Bonn; gedruckt bei Jacobsen=Jochmann, unter „GH").

23 KTB OKW, Bd. I, S. 1019. Mit diesen „Sondervollmachten" wurde Göring auch die Befugnis übertragen, „Dienststellen der Wehrmacht in den besetzten Ost=gebieten unmittelbare Weisungen zu erteilen", soweit sie seine Kompetenz betrafen.

24 KTB OKW, Bd. I, S. 1028 f.

25 Sie wurden zusätzlich noch durch die weitgehende Selbständigkeit der „Reichs=kommissare" begrenzt.

Hitlers Überzeugung, daß der Ostfeldzug bereits gewonnen sei, fand auch in seiner Weisung vom 14. 7. über die Verlagerung des Rüstungsschwerpunktes auf den U=Boot=Bau und vor allem auf die Erfüllung des Luftwaffen=Programms[26] (auf Kosten der Heeresrüstung) ihren Niederschlag[27]. Im Generalstab des Heeres wurde am 15. 7. in einer Vortragsnotiz der Operationsabteilung eine erste detaillierte Planung für die „Besetzung und Sicherung des russischen Raumes" und den „Umbau des Heeres nach Abschluß Barbarossa" vorgenommen[28]. Für die Sicherung der vorgesehenen vier „Staatsgebilde Ostland, Rußland, Ukraine und Kaukasus", d. h. — nach der politischen Sprachregelung — der entsprechenden „Reichskommissariate", wurden insgesamt nur 56 Divisionen für notwendig erachtet. Darin war sogar schon eine „Operationsgruppe Kaukasus=Iran" mit 2 Panzer=, 1 motorisierten und 2 Gebirgsdivisionen eingeschlossen. Tatsächlich glaubte man allen Ernstes für die Besetzung des „Staatsgebildes Rußland" mit 19 Divisionen, der Ukraine ebenfalls mit 19 Divisionen[29] und des „Staatsgebildes Baltikum=Ostland" mit 8 Divisionen[30] auskommen zu können[31]. 12 Panzer= und 6 motorisierte Divisionen sollten dabei auf Weisung Hitlers den Kern der deutschen Besatzungsarmee im Osten bilden. Sie konnte man — so meinte er — gegebenenfalls schnell an etwaige Aufstandszentren werfen oder auch zu Raids über den deutsch=besetzten Raum hinaus nach Osten verwenden.

Schon am 8. 7. ließ der Chef des Generalstabes des Heeres vorsorglich Vor=

26 Vgl. dazu oben S. 270 ff.

27 Vgl. hierzu neben dem Wortlaut der Weisung (Hubatsch: Hitlers Weisungen, S. 136 ff.) vor allem die Niederschrift über die Besprechung des Chefs OKW mit den Vertretern der Wehrmachtteile am 16. 8. 1941 über „Die Auswirkungen der Richtlinien des Führers vom 14. 7. 1941 sowie die Durchführbarkeit der sich daraus ergebenden Schwerpunktprogramme", in: KTB OKW, Bd. I, S. 1047 ff. — Über den Zusammenhang mit den deutschen Wehrwirtschafts= und Rüstungsprogrammen vgl. oben die Darstellung S. 270 ff.

28 KTB OKW, Bd. I, S. 1022 ff.

29 1918 war zur Besetzung der gesamten Ukraine etwa die gleiche Zahl, 18 Divisionen, eingesetzt (Fischer, S. 712).

30 Vgl. die Einzelangaben in der Vortragsnotiz vom 15. 7. 1941, in: KTB OKW, Bd. I, S. 1023.

31 Vgl. allerdings die kritischen Bemerkungen Halders zu dieser Vortragsnotiz vom 17. 7. 1941 (Akte Gen.St.d.H./Op.Abt. (III) vom 15. 7.—22. 11. 1941, Militärgeschichtliches Forschungsamt Freiburg i. Br., Signatur III H 413/1—4). Im einzelnen führte Halder an: 1. Die Operationsgruppen müßten stärker sein; 2. er bezweifelte, daß die Rückverlegung der Kampftruppen in dem vorgesehenen Ausmaß vor Beginn des Winters möglich sein werde; 3. die Besetzung des europäischen Rußland solle „vorläufig" nicht über die Linie Wolga bis Kasan — Kirow — Dwina=Lauf hinaus ausgedehnt werden. — Hierzu nahm wiederum die Operationsabteilung am folgenden Tage Stellung: 1. Die Zahl der mot. Verbände (12 Panzer=, 6 mot. Divisionen) sei von Hitler festgelegt worden; 2. die Truppenverteilung habe sich an einem Vorschlag Rosenbergs orientiert, der die Aufteilung des besetzten Gebiets in die vier „Staatsgebilde" vorgesehen habe. — Zum Fortgang der Planungen: „Vortragsnotiz über die Besetzung des russischen Raumes nach Abschluß der Operationen 1941 und über den Umbau des Heeres nach Abschluß des Ostfeldzuges" vom 8. 8. 1941 und die weitere Notiz (gleichen Titels) vom 22. 11. 1941 (ebda.).

bereitungen für die Wintereinquartierung der deutschen Besatzungstruppen im Osten treffen[32]; dagegen wurde zu diesem Zeitpunkt die Möglichkeit eines Winterfeldzuges mit dem gesamten über 3 Millionen starken Ostheer angesichts der optimistischen Lagebeurteilung nicht in die Planungen einbezogen[33]. Anfang August sollte nach der Vortragsnotiz der Operationsabteilung vom 15. 7. bereits der Rückmarsch der überzähligen Infanterie-Divisionen, Anfang September der Abzug der über die festgelegte Zahl hinausgehenden Panzer- und motorisierten Verbände nach Deutschland bzw. in die vorgesehenen Aufmarschräume für die Operationen durch die Türkei nach Syrien und von Südwestfrankreich über Spanien nach Nordwestafrika beginnen[34].
Am 23. 7. bezeichnete es das OKH in Ausführung der aus dieser Lagebeurteilung zu verstehenden „Führerweisung Nr 33" vom 19. 7.[35], in der Hitler der Heeresgruppe Mitte den Auftrag erteilt hatte, nach dem Abschwenken der Panzerverbände nach Norden und Süden die „Fortsetzung des Vormarsches auf Moskau mit Infanteriedivisionen" durchzuführen, und der Ergänzung hierzu vom 23. 7.[36], in der es hieß, daß die Panzergruppen 1 und 2 „nach Gewinnung des Industriegebietes von Charkow über den Don nach Kaukasien vorstoßen" sollten, als seine Absicht[37], „die noch vorhandenen oder sich neu bildenden feindlichen Kräfte zu zerschlagen und durch rasche Inbesitznahme der wichtigsten Industriegebiete in der Ukraine westlich der Wolga, im Gebiet Tula-Gorki-Rybinsk-Moskau und um Leningrad dem Feind die Möglichkeit einer materiellen Wiederaufrüstung zu nehmen[38]". „Etwa in einem Monat (25. 8.)" — so formulierte Halder für den Vortrag vor Hitler an diesem Tage (23. 7.[39]) — „kann man unsere Truppen annehmen um Leningrad, um Moskau, in (der) Linie Orel-Krim, Anfang Oktober an der Wolga, (im) November um Baku-Batum[40]". Räumliches Ziel sei das Erreichen der Gebiete „Kaukasien-

32 Dallin, S. 74.
33 Zu den *nach* der veränderten Lagebeurteilung durch den Chef des Generalstabes des Heeres einsetzenden — im Ergebnis unzureichenden — Bemühungen des OKH um Zuführung der Winterbekleidung für das Ostheer vgl. KTB Halder, Bd. III, S. 111 und S. 354; Warlimont, S. 209 und S. 226; Erfurth: Die Geschichte des deutschen Generalstabes, S. 282 f.; vor allem aber Elisabeth Wagner, S. 206 ff. und S. 266 ff.
34 Ostkarelien, die Kola-Halbinsel und der Raum um Archangelsk sollten nach den Planungen der Op.Abt. des Gen.St.d.H. den Finnen zur Besetzung überlassen werden.
35 Hubatsch: Hitlers Weisungen, S. 140 ff.
36 Ebda., S. 142 ff. — Der Inhalt dieser Weisung war dem OKH schon am 22. 7. fernmündlich voraus mitgeteilt worden.
37 KTB OKW, Bd. I, S. 441.
38 Am gleichen 23. 7. 1941 warf Halder bei seinem Vortrag vor Hitler die grundsätzliche „Frage der Endziele der Operationen" auf. Hierzu Notiz Halders (KTB Halder, Bd. III, S. 10): „Er (Hitler) hat sich seine Ziele, so wie gestern in der Weisung (des) OKW befohlen, gesetzt und bleibt dabei ohne Rücksicht auf Feind und andere Einwände."
39 KTB Halder, Bd. III, S. 106 f.
40 Aus den folgenden Eintragungen im KTB Halder (Bd. III, S. 108) geht hervor,

Wolga=Linie". „Ob (die vorgesehene Linie) im Norden über Kasan nach Kirow verlängert werden soll, wäre zu entscheiden. Wenn nicht, muß mit anderen Mitteln (die) über Kirow nach dem Eismeer gehende Bahn gründlichst gesperrt werden (Expeditionen). An (dem) Tundren=Gebiet nördlich der oberen Wolga dürfte kein Interesse bestehen, so daß der für uns wichtige Bereich sich durch die Linie Rybinsk=Onega=See begrenzt." Die Heeresgruppe Mitte sollte „beiderseits Moskau bis zur Wolga (Saratow=Rybinsk)" vorgeführt, die Heeresgruppe Nord „nach Erledigung ihres ersten Auftrags (Baltikum, Leningrad) mit der Sicherung zwischen Rybinsk und (dem) Onega=See" betraut werden.

In der gleichen Zeit wurden im OKH eine Studie für eine Operation „über den Kaukasus und Westiran zur Inbesitznahme der Pässe Rewanduz und Khanaqin an der iranisch=irakischen Grenze" und zum weiteren Vorgehen auf Bagdad[41] sowie — in der bisherigen militärischen Planung überhaupt noch nicht erwogen[42] — eine weitere Studie für ein raidartiges Unternehmen schneller Heeresverbände gegen das Industrie=Gebiet im Ural[43] ausgearbeitet. Bei dem — wegen des deutschen Ölmangels[44] vordringlichen — Kaukasus=Iran=Unternehmen wurden sechs Etappen vorgesehen, von denen für die erste, „Erkämpfung der Aufmarschräume in Nordkaukasien", die Zeit ab November 1941 und für die letzte, die Gewinnung der Operationsziele im Irak, etwa die Zeit Anfang September 1942 angenommen wurden. Für die zeitlich noch nicht festgelegte Ural=Unternehmung war eine Kräftegruppe des Heeres von 8 Panzer= und 4 motorisierten Divisionen (sowie je nach Lage einiger Infanterie=Divisionen zur Sicherung der rückwärtigen Verbindungen) angesetzt, während nach der „Barbarossa"=Planung bisher nur eine Zerstörung der Industrieanla=

daß zumindest die letzten Angaben auf die Mentalität Hitlers berechnet waren, während Halder diesen Optimismus „nicht ganz" teilte.

41 KTB OKW, Bd. I, S. 1038 ff.

42 In dem Gespräch in der Nacht vom 5./6. 7. hatte Hitler — soweit es die Quellen erkennen lassen — erstmals erklärt, die Ural=Grenze anzustreben (Hitler: Libres Propos, S. 5).

43 KTB OKW, Bd. I, S. 1037 (Erläuterungen zur Karte „Kräfteansatz für Unternehmen gegen Industrie=Gebiet am Ural" vom 27. 7. 1941). — Die Studie über den Kräfteansatz für das Unternehmen gegen den Ural wurde dem Chef des Gen.St.d.H. nicht vorgelegt, da sich Halder bereits am 17. 7. 1941 für eine „vorläufige" Beschränkung des Besatzungsraumes ausgesprochen hatte (vgl. S. 541, Anm. 31).

44 In der Studie „Das Kaukasische Ölgebiet" (OKW Nr. 44554/41 g.Kdos. Chefs. WFSt/Abt. L [I Op] vom 4. 5. 1941) war festgestellt worden: „Der Monatsbedarf der europäischen Achsenmächte einschließlich der besetzten Gebiete beträgt 1,15 Millionen t Mineralöl aller Art. Zu dessen Deckung stehen nach Verbrauch der Vorräte, die etwa Ende August erschöpft sind, aus Erzeugung und Einfuhr (ohne Rußland) monatlich nur 850 000 t zur Verfügung. Die ab September fehlenden 300 000 moto können, wenn Irak außer Betracht bleibt, nur aus Rußland gedeckt werden (sämtliche Zahlen beruhen auf Angaben des Unterstaatssekretärs Generalleutnant von Hanneken vom 3. 4. 1941)" (Sammelmappe „Barbarossa", Militärgeschichtliches Forschungsamt Freiburg i. Br., Signatur III W 59/2).

gen im Ural durch Luftangriffe vorgesehen gewesen war[45]. Unter „möglichster Wahrung des Überraschungsmoments" — so hieß es in der Studie — sollten die in Aussicht genommenen vier Einzelkampfgruppen des Ural=Unternehmens gleichzeitig „möglichst schnell" das Industriegebiet erreichen, um „entweder — bei entsprechender Feindlage — das Besetzte zu halten oder nach Zerstörung der lebenswichtigen Anlagen mit Hilfe hierfür besonders zusammengesetzter und ausgebildeter Truppen wieder zu räumen". Obwohl also auch jetzt noch nicht feststand, ob das Ural=Gebiet auf die Dauer gehalten werden sollte, wurde die Ostgrenze des künftigen „Reichskommissariats Moskau" bereits entsprechend der erweiterten Zielsetzung Hitlers und der darauf abgestimmten militärischen Planung vorverlegt. Sie verlief nun auf der Landkarte von dem Raum ostwärts von Astrachan, am Kaspischen Meer beginnend, östlich der Wolga entlang in allmählich zunehmender Entfernung vom Strom nach Norden bis etwa zur Höhe von Kuibyschew, dann im weiten Bogen nach Osten aus=holend, um das Ural=Industrie=Gebiet herum, östlich von Magnitigorsk und Tscheljabinsk vorbei, sodann im flachen Bogen nach Westen zurückbiegend bis zur Barents=See nordwestlich Workuta[46].

Die in allen diesen Erlassen, Weisungen, Befehlen und Studien zum Ausdruck kommenden weitgespannten Erwartungen, die sich auf eine optimistische Lage=beurteilung[47] und die unbezweifelbar vorhandenen Krisenerscheinungen des Sowjetsystems stützten[48], machten im August[49] bereits einer völlig anderen

45 Allerdings war in den allgemeinen Überlegungen gelegentlich schon von kom=binierten Heer=Luftwaffe=Unternehmen gegen den Ural die Rede gewesen (vgl. oben S. 367).

46 Vgl. die in Fotokopie bei Dallin, S. 67, wiedergegebene Originalkarte des Ost=ministeriums. — Ein von Rosenberg vorgeschlagenes weiteres (fünftes) „Reichs=kommissariat Turkestan", das sich östlich an das „Reichskommissariat Ukraine" anschließen sollte, wurde von Hitler vorerst — wohl mit Blick auf die Türkei — abgelehnt (Bräutigam, S. 5). — Zum „Turanismus" in der Türkei vgl. Krecker, S. 209 ff.

47 Der britische Generalstab beurteilte im übrigen die Lage ähnlich. Er rechnete sogar damit, daß die deutschen Truppen schon Ende August/Anfang September 1941 den Kaukasus erreichen würden (Woodward, S. 153). Stalins Forderung vom 18. 7., eine (doppelte) „zweite Front" im Westen, an der arktischen Küste (Nordnorwegen/Nordfinnland) und in Nordfrankreich, zu errichten (Briefwechsel Stalins mit Churchill, S. 14 ff.), die in der Folgezeit in Variationen ständig wiederholt wurde, schien in britischer Sicht die verzweifelte Lage der Sowjet=union zu bestätigen.

48 Vgl. hierzu u. a. die Schilderung des ehemaligen sowjetischen Generalstabs=offiziers J. Baritz über die Anfangsphase des deutsch=sowjetischen Krieges (in seiner Rezension der deutschen Ausgabe des Werkes von B. S. Telpuchowski: Die Geschichte des Großen Vaterländischen Krieges, in: Sowjetstudien, Juni 1963, S. 113 ff.):„Kämpfe fanden nur an einzelnen Brennpunkten statt; meist wurden sie um die großen Städte geführt, und das Hauptquartier des Oberkommandos versuchte nur, die Breschen mit eilig an die Front geworfenen Reserven zu schließen und die Verteidigung der rückwärtigen Kampflinien zu organisie=ren ... Sogar nach sowjetischen Angaben konnten von 291 Schützendivisionen und 66 Schützenbrigaden, die im Sommer 1941 aus der Reserve des Haupt=quartiers in den Kampf geworfen wurden, nur 66 Divisionen und 4 Brigaden rechtzeitig die ihnen befohlenen Verteidigungslinien erreichen ... In der An=fangsphase des Krieges kam die Illoyalität großer Teile der Bevölkerung zum

Einschätzung beim Chef des Generalstabes des Heeres, Generaloberst Halder, Platz. Der von Hitler befohlene systematische Vernichtungskrieg[50], der als umfassendes Programm und nicht als bloße Begleiterscheinung des militärischen Kampfes spätestens Ende Juli auf der Gegenseite klar erkannt worden war, führte weithin zu einer Versteifung des Widerstandes der Roten Armee[51] und zu einer Konsolidierung der bereits erschütterten Herrschaft Stalins. Hitlers Vernichtungskrieg setzte in Rußland Energien frei, die mit dem Willen zur Abwehr[52] der drohenden Versklavung durch den fremden Eroberer der Verteidigung des „Vaterlandes", damit aber auch der Festigung des totalitären Regimes des stalinistischen Sowjetkommunismus zuflossen[53]. Die deutsche

Vorschein, was sich auf den Gang der Kampfhandlungen und die politische Situation im Lande negativ auswirkte. Der fehlende Kampfeswille bei vielen Soldaten und Offizieren und der ungeordnete Rückzug der Sowjettruppen sind kennzeichnend für diese Periode."

49 Die heraufziehende Krise zwischen Hitler und dem OKH kündigte sich bereits seit dem zweiten Juli-Drittel an (vgl. hierzu KTB Halder, Bd. III, S. 72 ff. [13. 7. 1941 ff.]).

50 Vgl. hierzu vor allem die umfassende Sammlung der „Ereignismeldungen UdSSR" des Chefs Sipo und SD für die ersten Monate des Ostkrieges 1941/42 (Institut für Zeitgeschichte München); Krausnick: Anatomie des SS-Staates, Bd. I, S. 363 ff.; jetzt auch der vom Österreichischen Institut für Zeitgeschichte (L. Jedlicka) hrsg. Dokumentenband mit dem „Kriegstagebuch des Kommandostabes des Reichsführers SS" vom 16. 6. — 31. 12. 1941. Wien 1965.

51 Dem mußte Hitler in der „Weisung Nr. 34" vom 30. 7. 1941 Rechnung tragen: „Die Entwicklung der Lage in den letzten Tagen, das Auftreten starker feindlicher Kräfte vor der Front und in den Flanken der Heeresgruppe Mitte, die Versorgungslage und die Notwendigkeit, den Panzergruppen 2 und 3 etwa 10 Tage Zeit zur Auffrischung ihrer Verbände zu geben, zwingen dazu, die in der Weisung 33 vom 19. 7. und der Ergänzung hierzu vom 23. 7. gestellten weitergehenden Aufträge und Ziele *vorerst* zurückzustellen." — Die weittragenden Folgen für den Gesamtkriegsplan zeigten sich sogleich, indem nämlich das OKH Ende Juli vorschlagen mußte, den beabsichtigten Angriff auf die britische Nahost-Stellung über Bulgarien, die Türkei und Syrien sowie von Libyen-Ägypten aus auf das Frühjahr 1942 zu verschieben; dagegen hielt es noch an der beabsichtigten Eroberung Gibraltars und der Abriegelung des Mittelmeers von Westen im Herbst 1941 fest (auf Grund deutscher Unterlagen Playfair, vol. II, S. 260 f.; Warlimont, S. 206).

52 Nachdem Stalin am 3. 7. in seiner ersten Rede nach Kriegsbeginn die sowjetische Bevölkerung zum Partisanenkampf aufgefordert hatte, wandte sich Keitel am 5. 7. in einem Schreiben an den Chef H. Rüst. und BdE, Generaloberst Fromm, um im Auftrage Hitlers die Ausstattung der deutschen Besatzungstruppen, Landesschützen- und Polizei-Verbände mit Beutekampfwagen zu fordern: „Der Banden- und Heckenschützenkrieg hinter der Front ist eine sehr schwere Belastung der rückwärtigen Verbindungen und für die Befriedung des eroberten Gebietes. Wenn dieses Mal ja auch sehr brutal durchgegriffen wird, so sieht der Führer in der unermeßlichen Tiefe des gewaltigen besetzten Gebietes mit seinen riesigen Waldungen schwere Gefahren im Hinterland infolge der total verhetzten bolschewistischen Bevölkerung" (Sammelmappe „Barbarossa", Militärgeschichtliches Forschungsamt Freiburg i. Br., Signatur III W 59/2).

53 Der sowjetische Partisanenkampf ist nicht als bloße Reaktion auf Hitlers Vernichtungskrieg zu betrachten. Er entsprach der bolschewistischen Kriegstheorie (wie auch der russischen Tradition). Daß er ein solches Ausmaß gewann, war allerdings im wesentlichen eine Folge der Ostkriegs-Konzeption Hitlers (vgl. hierzu vor allem die Studie von E. M. Howell: The Soviet Partisan Movement 1941—1944. Washington 1956).

„Ostpolitik" aber war bereits „unwiderruflich gekennzeichnet von dem Massenmord an Kriegsgefangenen und dem systematischen Vernichtungsfeldzug der SD-Einsatzgruppen[54]".

Halder[55] erfaßte nun die militärische Lage realistischer[56], übersah aber den Zusammenhang mit dem Vernichtungscharakter der deutschen Kriegführung, als er am 11. 8. die Bilanz zog[57]: „In der gesamten Lage hebt sich immer deutlicher ab, daß der Koloß Rußland, der sich bewußt auf den Krieg vorbereitet hat, mit der ganzen Hemmungslosigkeit, die totalitären Staaten eigen ist, von uns unterschätzt worden ist. Diese Feststellung bezieht sich ebenso auf die organisatorischen wie auf die wirtschaftlichen Kräfte, auf das Verkehrswesen, vor allem aber auf die rein militärische Leistungsfähigkeit. Wir haben bei Kriegsbeginn mit etwa 200 feindlichen Divisionen gerechnet. Jetzt zählen wir bereits 360[58]. Diese Divisionen sind sicherlich nicht in unserem Sinne bewaffnet und ausgerüstet, sie sind taktisch vielfach ungenügend geführt. Aber sie sind

54 Dallin, S. 71; Jacobsen: Kommissarbefehl, S. 193 ff. Nach den Berechnungen von R. Hilberg: The Destruction of the European Jews. Chicago 1961, S. 256, ist die Zahl der Opfer der „Einsatzgruppen" auf 1,4 Millionen Menschen zu schätzen. — Der Massenmord an Kriegsgefangenen in den ersten Monaten des Ostfeldzuges endete erst, nachdem der „Blitzkrieg" gescheitert war und im Zuge der „Totalisierung" der Kriegswirtschaft und Rüstung ab Frühjahr 1942 der Bedarf an ausländischen Arbeitskräften auch durch den Einsatz sowjetischer Kriegsgefangener gedeckt werden sollte (Jacobsen: Kommissarbefehl, S. 197 und S. 267).

55 Auch Goebbels erkannte etwa zur gleichen Zeit, wie sehr die Lagebeurteilung von Mitte Juli auf Illusionen beruht hatte (vgl. hierzu seine Tagebuch-Notiz vom 8. 8. 1941 [Mikrofilm MA 473, Institut für Zeitgeschichte München]: statt der ursprünglich angenommenen Zahl von 10 000 sowjetischen Panzern würde der Bestand der Roten Armee an Panzern jetzt vom deutschen Generalstab auf 12 000 geschätzt. Auch die sowjetischen Flugzeugzahlen seien „anscheinend von uns bedeutend unterschätzt" worden. Es sei „jetzt nicht mehr zu bezweifeln", daß „hinter dem Ural" ein „ziemlich starkes" Rüstungszentrum aufgebaut worden sei. „Jedenfalls ist nicht zu bezweifeln, daß wir über den Rüstungsstand der Sowjetunion ziemlich falsch unterrichtet gewesen sind. Unser Nachrichtendienst hat hier im Gegensatz zu Frankreich, wo er wunderbar funktionierte, nicht richtig funktioniert.").

56 Überraschung auf deutscher Seite löste auch der — militärisch bedeutungslose, aber propagandistisch-psychologisch eindrucksvolle — sowjetische Luftangriff auf Berlin in der Nacht vom 8./9. 8. 1941 aus (mit wenigen Flugzeugen, die von der Insel Ösel aus über die Ostsee anflogen). Er stellte eine symbolische „Vergeltung" für die seit dem 22. 7. laufend geführten deutschen Nachtluftangriffe auf Moskau dar (am 22. 7. mit 127 Flugzeugen, am 23. 7. mit 115, am 24. 7. mit 100 Kampfflugzeugen; dann sanken die Zahlen ab. 59 von den 76 Angriffen im Laufe des Jahres 1941 wurden nur von 3—10 Flugzeugen ausgeführt). Diese Luftangriffe auf Moskau wurden von deutscher Seite als „Vergeltungsangriffe" für sowjetische Luftangriffe auf Helsinki und Bukarest bezeichnet. Sie standen in keinem Zusammenhang mit den Operationen des Heeres, sondern waren eine zusätzliche Aufgabe. Am 14. 7. 1941 hatte Hitler von der „Notwendigkeit" gesprochen, Moskau zu bombardieren, um „das Zentrum des bolschewistischen Widerstandes zu treffen und den geordneten Abzug des russischen Regierungsapparates zu verhindern" (KTB OKW, Bd. I, S. 1022).

57 KTB Halder, Bd. III, S. 170.

58 Die Situation auf deutscher Seite sah Halder am gleichen Tage wie folgt: „Unsere letzten Kräfte sind ausgegeben. Jede Neugruppierung (an der Ostfront)

da. Und wenn ein Dutzend zerschlagen wird, dann stellt der Russe ein neues Dutzend hin[59]."

Während Hitler sich bisher — solange die optimistische Lagebeurteilung allseits geteilt wurde — im wesentlichen auf eine intensive Beobachtung des Feldzugsverlaufs und recht allgemein gefaßte Weisungen beschränkt und kaum in die Operationsführung und die detaillierte Planung eingegriffen hatte[60], führte die nun beginnende Ernüchterung auf seiten des Generalstabes des Heeres zum Ausbruch jener ersten großen Führungskrise im Ostfeldzug Mitte August, bei der es, äußerlich gesehen, um die Frage des Vorrangs der nächsten Operation („Kiew oder Moskau") ging[61], die ihre Wurzel aber — abgesehen von der unklaren ursprünglichen Planung und der im Winter 1940/41 nicht ausdiskutierten Problematik des Operationsplans — in der beginnenden Erkenntnis sowohl bei Hitler als auch beim Generalstab des Heeres hatte, daß das für 1941 gesteckte Ziel, von dem der Ausgang des ganzen Krieges abhing, wohl doch nicht zu erreichen sein würde. Die Bedeutung, die Hitler der Auseinandersetzung mit v. Brauchitsch und Halder beimaß, geht schon daraus hervor, daß er erstmals seit dem Oktober 1939, als es um ein für ihn gleichrangiges Problem, die ihm unbedingt erforderlich erscheinende möglichst frühzeitige Eröffnung der Westoffensive, ging[62], seine Gedanken zur Fortführung des Krieges in einer Denkschrift, seiner „Studie" vom 22. 8. 1941[63], zusammenfaßte. Sie sollte zugleich seine letzte überhaupt werden.

Bezeichnenderweise ging Hitler in seiner „Studie" ausschließlich auf die „funktionale" Bedeutung des Ostkrieges für den Gesamtkrieg ein, ohne sein machtpolitisch-ideologisches Ziel, den Aufbau des Ost-Imperiums, um dessentwillen der Gesamtkrieg — von ihm aus betrachtet — ja vor allem geführt wurde, zu

ist eine Verschiebung auf der Grundlinie innerhalb der Heeresgruppen" (KTB Halder, Bd. III, S. 170).

59 Von den deutschen Panzern fielen dagegen bis zum 4. 9. 1941 bereits 30 % als Totalverlust aus. — Die deutschen Gesamtverluste im Osten betrugen bis zum 13. 8. 1941 389 924 Mann an Toten, Vermißten und Verwundeten = 11 % des Ostheeres (KTB Halder, Bd. III, S. 205).

60 Schon am 17. 7. hatte Hitler allerdings seinen operativen Grundgedanken aus der Planungszeit wiederholt, daß nach Abschluß der ersten Phase des Feldzuges starke Panzer- und motorisierte Kräfte der Heeresgruppe Mitte nach Norden eindrehen müßten, um zunächst möglichst rasch den ganzen Ostseebereich einschließlich des Raumes um Leningrad zu gewinnen (KTB OKW, Bd. I, S. 1029).

61 Vgl. hierzu die Darstellung aus der Sicht des Generalstabes des Heeres bei Philippi-Heim, S. 67 ff.

62 Vgl. oben S. 45 ff.

63 KTB OKW, Bd. I, S. 1063 ff. — Die vorausgehende „Führerweisung" vom 21. 8. 1941 in KTB Halder, Bd. III, S. 192; Stellungnahme Halders zu Hitlers „Studie" ebda., S. 193: „Ich halte die durch die Eingriffe des Führers entstandene Lage für OKH untragbar ... Ich habe daher Ob. d. H. vorgeschlagen, um seine Enthebung vom Amt zu bitten und meine Enthebung gleichzeitig zu beantragen. Ob. d. H. lehnt ab, weil es praktisch doch nicht zur Niederlegung des Amtes käme, also nichts geändert würde."

erwähnen. Vielmehr beleuchtete er hier alle Einzelentscheidungen im Rahmen des Ostfeldzuges allein aus dem Sichtwinkel der Fortsetzung des Krieges im Westen. „Das Ziel dieses Feldzuges ist" — so leitete er seine Ausführungen zum „Grundsätzlichen" ein —, „Rußland als verbündete kontinentale Macht Großbritanniens endgültig auszuschalten und England damit jede Hoffnung zu nehmen, mit Hilfe der letzten noch vorhandenen Großmacht das Schicksal wenden zu können". Dabei seien ihm — so fuhr Hitler fort — von Anfang an bestimmte wehrwirtschaftliche Ziele, vor allem die Inbesitznahme „lebens=wichtiger Rohstoffquellen", wichtiger gewesen als das Erreichen strategisch bedeutsamer Räume (d. h. vor allem von Moskau). „Auch aus politischen Gründen" sei es „dringend notwendig, so schnell (wie) möglich in einen Raum (d. h. in den Kaukasus) vorzustoßen, der nicht nur für Rußland den weiteren Bezug des Öls verhindert, sondern der vor allem Iran die Hoffnung gibt, im Falle eines Widerstandes gegen die russisch=britischen Drohungen in abseh=barer Zeit mit praktischer deutscher Hilfe rechnen zu können[64]". In jedem Falle seien die „Vernichtung der russischen Ostseeposition" (Vorstoß auf Leningrad) und die Gewinnung der ukrainischen und Schwarzmeer=Gebiete gegenüber der Operation in Richtung auf Moskau vorrangig[65].

Daß auch Hitler an der Erreichung des für 1941 gesteckten Ziels zu zweifeln begann[66], zeigte deutlicher noch als seine „Studie" die von ihm gebilligte „Denkschrift des OKW über die strategische Lage im Spätsommer 1941" vom 27. 8. 1941[67]. „Im Augenblick sei" — so hieß es darin einleitend — „noch nicht zu übersehen, wieviele Kräfte bei Eintritt des Winters im Osten frei gemacht werden könnten und wieviele zur Weiterführung der Operation im nächsten Jahr erforderlich sein werden." Die wichtigste Konsequenz, die das OKW aus der neuen Lagebeurteilung zog und die schließlich über den Winter 1941/42 hinaus die deutsche Kriegführung auch im Jahre 1942 bestimmte, lautete: „Der Zusammenbruch Rußlands ist das nächste und entscheidende Kriegsziel,

64 In mehreren Noten, zuletzt am 11. und 16. 8. 1941, hatten die sowjetische und die britische Regierung gegen die Anwesenheit der etwa 700 deutschen Staats=angehörigen in Iran protestiert und eigene Schritte angekündigt. Der Einmarsch britischer und sowjetischer Truppen in Iran begann dann am 25. 8. 1941 (vgl. hierzu den Überblick bei Geyer, S. 46 f.).

65 Die Krise zwischen Hitler und dem OKH wurde durch die Aussprache Hitler=v. Brauchitsch am 30. 8. 1941 vorerst „bereinigt" (KTB Halder, Bd. III, S. 206 f.; Warlimont, S. 205).

66 Am 17. 9. 1941 forderte Raeder während eines Lagevortrages neben der Beset=zung von Murmansk als wesentliche Voraussetzung für die Sicherung der Polar=küste auch die Eroberung von Archangelsk, „damit den Engländern jeder Angriffspunkt im Norden genommen wird", während sich Hitler hierbei auf die Bemerkung beschränkte, daß „zum mindesten ... die Bahn nach Archangelsk abgeschnitten" würde (Lagevorträge des Ob. d. M.).

67 ADAP D XIII, Dok. 265: Denkschrift des OKW, 27. 8. 1941, S. 423 ff. (diese aus=führliche Denkschrift stützte sich auf ein knapperes Memorandum Warlimonts vom 6. 8. 1941 [US=Film P 6/=P 00312=21]: „Knapper strategischer Überblick über die Fortführung des Krieges nach Beendigung des Ostfeldzugs"); KTB Halder, Bd. III, S. 226 ff. (13. 9. 1941); Warlimont, S. 206 f.

das unter Einsatz aller an anderen Fronten entbehrlichen Kräfte erzwungen werden muß. Soweit es 1941 nicht völlig verwirklicht wird[67a], steht die Fortsetzung des Ostfeldzuges 1942 an erster Stelle. (Ein) Raumgewinn am Südflügel wird politisch und wirtschaftlich große Auswirkungen zur Folge haben." „Erst nach Ausschaltung Rußlands als Machtfaktor" werde „die Schlacht im Atlantik und im Mittelmeer gegen England, wenn möglich mit Hilfe französischer und spanischer Positionen, im vollen Maße aufzunehmen sein. Auch wenn Rußland noch in diesem Jahr im großen niedergeworfen wird, stehen die Kräfte des Heeres und der Luftwaffe für entscheidende Operationen im Mittelmeer, im Atlantik und auf dem spanischen Festland kaum vor Frühjahr 1942 zur Verfügung[68] ... Operationen im östlichen Mittelmeer sind erst möglich[68a], wenn Transkaukasien erreicht ist[69]."
Der Wille, trotz dieser in ihren Prognosen gegenüber früheren Stellungnahmen wesentlich zurückhaltenderen Lagebeurteilung doch noch im Jahre 1941 das Ziel der „Barbarossa"-Unternehmung zu erreichen, bestimmte Hitlers militärische Entscheidungen im Osten in den verbleibenden Herbstmonaten, da er sich über die Konsequenzen eines Scheiterns seines „Blitzkriegs"-Planes durchaus im klaren war, auch wenn von den Verfassern der Denkschrift des OKW die Folgen einer längeren Dauer des Ostfeldzuges für den Gesamtkrieg, vor allem mit Blick auf die USA, nicht dargelegt worden waren. Die wichtigste der Entscheidungen Hitlers war der Entschluß, nach der erfolgreichen Beendigung der großen Kesselschlacht ostwärts Kiew[70], am 2. 10. nun doch zur Großoffensive in Richtung auf Moskau anzusetzen, um damit die Feldzugs-Entscheidung

67a Als erstes wurde der beabsichtigte Vorstoß auf Murmansk für 1941 aufgegeben („Weisung Nr. 36" vom 22. 9. 1941 [Hubatsch: Hitlers Weisungen, S. 154 ff.] und „Weisung Nr. 37" vom 10. 10. 1941 [Ebda., S. 161 ff.]).

68 Damit war auch das Ende Juli 1941 vom OKH noch für Herbst 1941 vorgesehene Unternehmen gegen Gibraltar (vgl. oben S. 545, Anm. 51) aufgegeben.

68a Von den drei Zangenarmen der für die Zeit nach „Barbarossa" geplanten Operation war bereits zu dieser Zeit nurmehr der Vorstoß über den Kaukasus nach Iran übriggeblieben (vgl. hierzu die Aufz. über die Besprechung beim OQu. I des Gen.St.d.H. vom 24. 10. 1941, in: KTB OKW, Bd. I, S. 1072 f.).

69 In dieser Denkschrift des OKW kam zum letztenmal die in Hitlers improvisiertem Kriegsplan vom Spätherbst 1940 vorgesehene stufenweise Aufeinanderfolge von Operation „Barbarossa" und Erkämpfung der Positionen gegen die angelsächsischen Mächte in Vorderasien und Nordafrika zum Ausdruck. In seinem Aufruf an die Soldaten der Heeresgruppe Mitte vom 2. 10. 1941 zur Schlacht vor Moskau (Domarus, Bd. II, S. 1758) erwähnte Hitler zum letztenmal die Zielsetzung, England auf dem Wege über die Niederwerfung der Sowjetunion zu schlagen.

70 Zu dieser Schlacht, vor allem auch zum Problem der Gefangenenzahlen, vgl. die — deutsche und sowjetische Unterlagen auswertende — Arbeit von W. Haupt: Kiew — die größte Kesselschlacht der Geschichte. Bad Nauheim 1964, vor allem S. 178 ff. — Die Tagesmeldung der Op.Abt. des Gen.St.d.H. vom 26. 9. 1941 verzeichnet als Gesamtzahl der sowjetischen Kriegsgefangenen der „Schlacht im Dnjepr-Desna-Bogen" 665 242 Mann (nach Armeen aufgeschlüsselt) (KTB OKW, Bd. I, S. 661).

zu erzwingen[71]. Nach vorübergehenden Illusionen in den ersten Oktoberwochen im Zusammenhang mit der Einschließung großer Teile der Roten Armee in den Kesseln von Wjasma und Brjansk[72], daß die Entscheidung tatsächlich schon gefallen sei[73] und der sowjetische Zusammenbruch[73a] bevorstehe[74] — sie knüpften sich diesmal im Gegensatz zur Situation Mitte Juli vor allem an die großen Gefangenenzahlen, daneben aber auch an Berichte über die labile Stim-

71 Vgl. hierzu vor allem die Darstellung von R. Hofmann: Die Schlacht von Moskau 1941, in: Entscheidungsschlachten des Zweiten Weltkrieges, S. 139 ff.

72 Am 9. 10. 1941 erklärte Reichspressechef Dr. O. Dietrich, dem Hitler diesen Wortlaut diktiert hatte, vor Vertretern der deutschen und ausländischen Presse in Berlin: „Der Feldzug im Osten ist mit der Zertrümmerung der Heeresgruppe Timoschenko entschieden" (Domarus, Bd. II, S. 1767); selbst in einer Besprechung mit den Oberquartiermeistern der Armeen der Ostfront am 23. 11. 1941 hielt sich Halder noch an diese These, als er ausführte: „Militärmacht Rußland keine Gefahr mehr für den Aufbau Europas. Der Feind ist entscheidend geschlagen ..." — Nach den Erinnerungen O. Dietrichs („12 Jahre mit Hitler", S. 102) war Hitler Anfang Oktober 1941 „der festen Überzeugung, daß der ganze Krieg gewonnen sei". Er „gab dieser Überzeugung mir gegenüber in einem Gefühlsausbruch Ausdruck, ohne daß ich in meiner Pressekonferenz so weit gegangen wäre, davon der Öffentlichkeit Kenntnis zu geben". — Hitler selbst hatte übrigens schon in seiner Rede im Berliner Sportpalast am 3. 10. (am zweiten Tage der Offensive gegen Moskau) erklärt, er könne „heute" sagen, „daß dieser Gegner bereits gebrochen ist und sich nie mehr erheben wird" (Domarus, Bd. II, S. 1763).

73 Unter diesem Eindruck stand Hitler, als er am 25. 10. 1941 den italienischen Außenminister Graf Ciano in seinem Hauptquartier „Wolfsschanze" empfing (vgl. die Aufz. über diese Unterredung in: ADAP D XIII, Dok. 424, S. 687 ff.). — Diese illusionäre Lagebeurteilung hatte den Abzug des Luftflottenkommandos 2 (Generalfeldmarschall Kesselring) und des II. Fliegerkorps vom — entscheidenden — Mittelabschnitt der Ostfront in das Mittelmeergebiet zur Folge (Befehl vom 29. 10. 1941). — Zu dieser Lagebeurteilung Warlimont, S. 207 f. Er berichtet von einer Unterredung mit dem Oberquartiermeister I des Generalstabes des Heeres, Generalleutnant Paulus, bei der über Ziele weit jenseits von Moskau („Fernziele Jaroslawl — Rybinsk, möglichst auch Wologda, sollen bleiben, wenn Nachschub und Wetter es erlauben; ... Aufgaben des nächsten Jahres [1942]: Zunächst Kaukasus; Ziel russische Südgrenze. Zeit: März bis April. Im Norden je nach Abschlußlage dieses Jahres: Wologda — Gorki erst Ende Mai": KTB Halder, Bd. III, S. 295, 19. 11. 1941) gesprochen wurde, ferner davon, daß „nur die notwendigsten Truppen ... in der ‚Frontzone' überwintern, *ein* Heeresgruppenkommando den Befehl über die gesamte Ostfront übernehmen, große Teile des Heeres ebenso wie die anderen hohen Befehlsstellen zurückgezogen werden" sollten.

73a Am 12. 10. 1941 entschied Hitler „erneut", „daß eine Kapitulation von Moskau nicht anzunehmen sei, auch wenn sie von der Gegenseite angeboten würde ... Das Chaos in Rußland wird um so größer, unsere Verwaltung und Ausnützung der besetzten Ostgebiete um so leichter werden, je mehr die Bevölkerung der sowjetrussischen Städte nach dem Innern Rußlands flüchtet. Dieser Wille des Führers muß sämtlichen Kommandeuren zur Kenntnis gebracht werden" (KTB OKW, Bd. I, S. 1070).

74 Die Stärke der sowjetischen Truppen an der deutschen Front im November 1941 wird auf 2,3 Millionen Mann (bei einer Gesamtpersonalstärke der Roten Armee zu diesem Zeitpunkt von 6,9 Millionen Mann) geschätzt (Erickson, S. 764). Bis zum 20. 12. 1941 gerieten insgesamt 3,35 Millionen sowjetischer Soldaten in deutsche Kriegsgefangenschaft (KTB OKW, Bd. I, S. 1106).

mung der Bevölkerung in der sowjetischen Hauptstadt[75] —, gewann Hitler Mitte November die Erkenntnis, daß das große Ziel nicht mehr zu erreichen war. Noch am 11. 11. hatte er gefordert[76], daß „vor Eintreten starken Schnee=falles ... es einen äußersten Einsatz rechtfertigen (würde), im Süden durch einen Vorstoß auf Stalingrad bzw. durch baldiges Gewinnen von Maikop und im Norden durch die Besitznahme von Wologda die beiden Einfuhrlinien für englisch-amerikanisches Kriegsmaterial[77] zu durchschneiden bzw. unsere be=schränkte Erdölversogung zu verbessern und zu sichern". Am 19. 11. aber resignierte Hitler erstmals[78], wie seine Ausführungen im kleinen Kreise an diesem Tage erkennen ließen. „Im ganzen" kam in ihnen „die Erwartung zum Ausdruck, daß die Erkenntnis, daß die beiden Feindgruppen sich nicht ver=nichten können, zu einem Verhandlungsfrieden führt[79]". Daraus sprach noch

75 Vgl. hierzu u. a. den Bericht der deutschen Botschaft in Tokio an das AA vom 21. 10. 1941 mit dem Inhalt von Telegrammen des japanischen Botschafters in Moskau über die Stimmung in der sowjetischen Hauptstadt und in Leningrad (gedruckt bei Jacobsen=Dollinger, Bd. I, S. 412); ferner J. Baritz (in: Sowjet=studien, Juni 1963, S. 113 ff.), der die Panik in Moskau beschreibt, die zur Ver=hängung des Ausnahmezustandes am 19. 10. 1941 führte. Allgemein wurde damals — nach dieser Darstellung — in der Bevölkerung mit der Einnahme von Moskau durch die deutschen Truppen gerechnet.

76 OKW an OKH/Op.Abt. vom 11. 11. 1941 (Sammelmappe „Barbarossa", Militär=geschichtliches Forschungsamt Freiburg i. Br., Signatur III W 59/4). — Diese Ziele Hitlers entsprachen den Vorschlägen des OKH vom 3. 11. 1941 (OKH/Gen.St.d.H./Op.Abt. Ia 1621/41 g.Kdos. Chefs.).

77 Gemeint sind die Route über Iran und die Murman=Bahn. Die bisher wenig bedeutsamen Lieferungen der USA gewannen jetzt nach Gewährung von 1 Mil=liarde Dollars für „Leih=Pacht=Lieferungen" am 7. 11. 1941 erheblich an Ge=wicht. — Insgesamt gelangten von den britisch=amerikanischen Lieferungen im Jahre 1941 42,7 % auf dem Wege über Murmansk und Archangelsk und nur 3 % über die noch nicht ausgebaute Route über Iran in die Sowjetunion. 53,6 % wurden (unter Friedensbedingungen) in Wladiwostok ausgeladen (T. H. V. Motter: The Persian Corridor and Aid to Russia. Washington 1952, S. 481 ff.).

78 Zwischen dem 30. 10. und dem 15. 11. 1941 hatte die Herbstschlammperiode im Mittelabschnitt der Ostfront die deutsche Offensive gegen Moskau etwa 14 Tage lang zum Stillstand gezwungen. Am 6. 11. 1941 betrugen die Fehlstellen bei den deutschen Infanterie=Divisionen im Durchschnitt etwa 2 500 Mann; die Ausfälle bei der Infanterie (80 % hiervon) entsprachen nicht ganz der Gefechtsstärke einer Infanterie=Regiments. Die Kampfkraft der 101 vorhan=denen Inf.=Divisionen entsprach etwa 65 voll kampfkräftigen Inf.=Divisionen, die der 17 Panzer=Divisionen 6 voll einsatzfähigen Panzer=Divisionen. Insgesamt entsprach die Kampfkraft der 136 vorhandenen großen Verbände der von 83 voll kampfkräftigen Verbänden (KTB OKW, Bd. I, S. 1074 f.).

79 KTB Halder, Bd. III, S. 295: „Politische Gespräche: Führer wertet den Erfolg in Rußland, den er als unerhörte Leistung betrachtet, politisch sehr hoch. Er glaubt, daß durch Verlust wesentlicher Rohstoffquellen, besonders der Kohle, das Rüstungspotential des Russen schwer angeschlagen ist und er rüstungswirt=schaftlich *nicht so rasch wieder* auf die Beine kommt. In England legt er *den innenpolitischen, sozialen Spannungen* großen Wert bei" (Hervorhebung durch uns). Hitler erwartete, daß diese Spannungen die konservative Führungsschicht Großbritanniens zum Einlenken und „Ausgleich" mit ihm veranlassen würden. Die Hoffnung Hitlers, doch noch zu einem „Ausgleich" mit Großbritannien zu kommen, blieb bei ihm bis zum Tage des Kriegseintritts Japans und der USA

die illusionäre Hoffnung, unter Verzicht auf die Gewinnung der Positionen im Westen (britische Nahost=Stellung, Nordwestafrika) zu einem „Ausgleich" mit Großbritannien zu gelangen, wie die Deutung dieser Äußerungen Hitlers durch Halder erkennen läßt: „Wir müssen der Möglichkeit ins Auge sehen, daß es keinem der beiden Hauptgegner" (d. h. Deutschland und Großbritannien) „gelingt, den anderen vernichtend zu schlagen oder entscheidend niederzuringen[80]." Spätestens am 5./6. 12. 1941 wurde es dann aber mit Einsetzen der großen sowjetischen Winteroffensive im Raum um Moskau[80a] für Hitler zur Gewißheit, daß nicht nur das „Barbarossa"=Unternehmen in dem für die erfolgreiche Behauptung im Gesamtkrieg für notwendig erachteten Zeitraum nicht zum Ziele geführt hatte, sondern daß damit zugleich der im Winter 1940/41 konzipierte Kriegsplan im ganzen gescheitert war[81]. „Als die Katastrophe des Winters 1941/42 hereinbrach[82]" — so faßte der Kriegstagebuch=

wach. Hierzu KTB Halder, Bd. III,, S. 333 (7. 12. 1941): „v. Etzdorf: ... Führer hofft anscheinend immer noch, auf Kosten Frankreichs mit England ins Gespräch zu kommen" (diese Äußerungen Hitlers müssen kurz vor Eintreffen der Nachricht vom japanischen Angriff auf Pearl Harbor [Nacht vom 7./8. 12. 1941] gefallen sein). Selbst nach dem Kriegseintritt der USA blieb Hitler bei seiner Grundauffassung und seinen — auf vermeintlichen sozialen Spannungen in Großbritannien fußenden — Spekulationen, wie eine Tagebuchnotiz H. Greiners vom 7./8. 3. 1942 auf Grund von Eindrücken W. Warlimonts von den Lagebesprechungen mit Hitler zeigt: „Führer hält andere Kriegsbeendigung mit England nicht für ausgeschlossen; Haß der englischen Gesellschaft auf USA" (wiedergegeben in der Einleitung zu KTB OKW, Bd. I, S. 35 E). — Ob es im Herbst 1941 zu deutschen Friedensfühlern gegenüber Großbritannien gekommen ist, läßt sich auf Grund des vorliegenden Materials nicht mit Bestimmtheit sagen. Vgl. hierzu aber S. 515, Anm. 75. — Vgl. im übrigen zur Lage Deutschlands im November 1941 auch KTB Halder, Bd. III, S. 309 (24. 11. 1941): „Generaloberst Fromm schildert im großen rüstungswirtschaftliche Lage. Absteigende Kurve! Er denkt an Friedensnotwendigkeiten", und ebda., S. 311 (27. 11. 1941): „Gen. Wagner berichtet vor Zuhörern über das Ergebnis seiner OQu.=Besprechung: Wir sind am Ende unserer personellen und materiellen Kraft."

80 KTB Halder, Bd. III, S. 306 (23. 11. 1941).

80a Beim erzwungenen Abschluß des „Blitzkrieges", d. h. im Augenblick des Umschwungs, am 1. 12. 1941, wurde vom OKH die Stärke der sowjetischen Truppen an der deutschen Ostfront auf 200 Schützen=Divisionen, 38 Kavallerie=Divisionen und 40 Panzerbrigaden (= 278 große Verbände) geschätzt, die Gesamtstärke der Roten Armee mit 265 Schützen=Divisionen, 40 Kavallerie=Divisionen und 50 Panzerbrigaden errechnet (KTB OKW, Bd. I, S. 1075 f.). Diese Zahlen lagen höher als die angenommene Stärke der Roten Armee vor Beginn des deutschen „Blitzkrieges" (vgl. oben S. 509 f.).

81 Die Wendung zur reinen Verteidigungskonzeption im Westen kam erstmals in der OKW=Weisung vom 14. 12. 1941 klar zum Ausdruck, in der Hitlers Befehl erläutert wurde, „die von uns beherrschten Eismeer=, Nordsee= und Atlantik=Küstenbereiche ... im Endziel zu einem neuen ‚Westwall' auszubauen, um dann ... mit Sicherheit jedes feindliche Landungsunternehmen auch stärkster Kräfte abwehren zu können" (KTB OKW, Bd. II, S. 1262).

82 Bis zum 31. 12. 1941 erreichten die Verluste des deutschen Ostheeres (Tote, Verwundete, Vermißte) bereits die Höhe von 831 000 Mann (KTB OKW, Bd. I, Tabelle 21). Von den deutschen Luftwaffenkräften im Osten waren am 12. 12. 1941 nur noch einsatzbereit: 690 Kampf= und 360 Jagdflugzeuge (KTB Halder, Bd. III, S. 341).

führer im Wehrmachtführungsstab das Eingeständnis des ersten operativen Beraters Hitlers, des Generalobersten Jodl, kurz nach der deutschen Kapitulation zusammen, als dieser endlich sein Schweigen brach[83] — „wurde dem Führer und auch dem Generalobersten klar", „daß von diesem Kulminationspunkt des beginnenden Jahres 1942 an kein Sieg mehr errungen werden konnte[84]".

Es war der gleiche Zeitraum, in dem der Gesamtkrieg durch den japanischen Angriff auf Pearl Harbor und den damit ausgelösten Pazifik-Krieg (7. 12. 1941) die entscheidende Ausweitung zum „Weltkrieg" erfuhr, den Hitler durch seine Strategie der „Blitzkriege" unter allen Umständen zu vermeiden getrachtet hatte[84a], weil er wußte, daß Deutschland einem solchen Kriege nicht gewachsen war, dessen Ausgang früher oder später durch die größere Produktionskraft der Gegenseite entschieden würde. Die Kriegserklärung Hitlers an die USA (11. 12. 1941), die dem japanischen Angriff auf die pazifischen Besitzungen der USA und Großbritannien folgte, entsprach keiner zielbewußten außenpolitischen Entscheidung Hitlers, sondern war einerseits Ausdruck seiner Resignation gegenüber einer Entwicklung des Krieges, die seine Pläne zerstört hatte[85], andererseits stellte sie eine „Flucht nach vorn" dar, durch die Hitler ein Ausbrechen oppositioneller Kräfte, vor allem in der militärischen Führung, aus dem nun beginnenden hoffnungslosen Ringen unmöglich zu machen trachtete. Es war kein frei gefaßter großer Entschluß Hitlers, der irgendwie mit seiner Entscheidung zum Ostkrieg verglichen werden könnte, sondern eine Geste, die verschleiern sollte, daß er die Entwicklung des Krieges im großen nicht mehr steuern konnte, daß die Initiative für alle folgenden großen strategischen

83 KTB OKW, Bd. IV, S. 1503: Ausführungen Jodls in der Lagebesprechung vom 15. 5. 1945. Ähnlich auch in der im Nürnberger Gefängnis abgefaßten Aufzeichnung Jodls: „Hitler, eine militärische Führerpersönlichkeit? — Gespräch" (zit. von W. Baum: Verlorener Sieg? in: Aus Politik und Zeitgeschichte. Beilage der Zeitung „Das Parlament", B 18/65, S. 15).

84 Die Einsicht, daß der Krieg nicht mehr zu gewinnen war, verstärkte nur den Willen Hitlers, wenigstens die eine Seite seines Vernichtungskrieges, die Ausrottung aller Juden im deutschen Machtbereich in Europa, zu vollenden. So begann 1942 die systematische Massenvernichtung der europäischen Juden in den Vernichtungslagern auf dem Territorium Polens.

84a Ende November 1941, nachdem Hitler von der Krise in den amerikanisch-japanischen Verhandlungen Kenntnis erhalten hatte und ein Kriegsausbruch im Pazifik wahrscheinlich wurde, fand er sich offensichtlich mit der Unvermeidbarkeit eines Kriegseintritts der USA auf dem Wege über Japan ab, ja strebte diesen sogar an, da er für ihn — sofern es sich um einen Zweiozeankrieg handelte — immer noch das kleinere Übel schien als ein japanisch-amerikanischer „Ausgleich", der eine Verlagerung des Schwergewichts der USA in den Atlantik und nach Europa zur Folge gehabt hätte. Sein Kriegsplan war zu dieser Zeit ohnehin schon gescheitert.

85 Hitler gab die Kriegserklärung an die USA ab, ohne seinen militärischen „Arbeitsstab", den Wehrmachtführungsstab, vorher überhaupt nur davon in Kenntnis zu setzen oder eine Studie über die Auswirkungen einer Kriegserklärung an die USA ausarbeiten zu lassen (vgl. hierzu die aufschlußreiche Darstellung Warlimonts, S. 217 ff.).

Entscheidungen auf die Gegenseite übergegangen war[86]. Das Eingeständnis gegenüber dem japanischen Botschafter Oshima am 3. 1. 1942, er wisse „noch nicht", wie „man die USA besiegen könne", spricht für sich[87]. Von nun an — endgültig, nachdem sein letzter Versuch, „das Schicksal zu wenden"[88], seine Sommeroffensive im Osten 1942, gescheitert war, ab September 1942 — sah sich Hitler in der Rolle der 3. OHL des Ersten Weltkrieges[89], und Reminiszenzen an den Stellungskrieg und den Materialkriegscharakter des Ringens an der Westfront 1914/18 bestimmten die Halte-Konzeption seiner Strategie im großen wie der militärischen Taktik im einzelnen.

Hitler sah sich jetzt vor der — ihm selbst nach innerster Überzeugung unlösbar erscheinenden — Doppelaufgabe, „durch vordringliche akute Bekämpfung Rußlands" einen „möglichst blockadefesten, nach außen hin sicher zu verteidigenden Lebensraum, von dem aus der Krieg noch Jahre weitergeführt werden" konnte, zu schaffen und gleichzeitig den — „Ausgang und Dauer" des Gesamtkrieges bestimmenden — „Kampf gegen die angelsächsischen Seemächte" zu führen, um Großbritannien und die USA „friedensbereit" zu machen[90]. Es war eine Folge des Scheiterns des Unternehmens „Barbarossa", daß die in den Planungen und Erwägungen des Herbstes 1940 und des Winters 1940/41 erkennbare Offensiv-Konzeption im Westkrieg, die dem Aufbau einer deutschen „Weltmacht"-Stellung mit Schwerpunkten im Nahen Osten und in Nordwestafrika dienen sollte, nun nicht mehr heraustrat, sondern latent blieb, so daß der Defensiv-Charakter des Krieges Deutschlands gegen die angelsächsischen Mächte für den tatsächlichen Ablauf des Geschehens bestimmend blieb.

War es im Westkrieg der unerschütterliche Wille Churchills und Roosevelts, mit Hitler keinen Frieden zu schließen, der jeden — bezeichnenderweise von Japan befürchteten — „Ausgleich" ausschloß, so gab es für Hitler weder von

86 Die einzige verbleibende „Chance", die Initiative doch noch wiederzugewinnen, ein (in den ersten Monaten des Jahres 1942 möglich erscheinendes) Zusammenwirken mit Japan im Raume Indien — Mittlerer Orient, ging vorüber, da Hitler erst Ende Juni 1942 zu erneuter Offensive im Osten und in Ägypten in der Lage war, zu einem Zeitpunkt also, als die japanische Offensivkraft im großen schon gebrochen war (See-Luft-Schlacht von Midway Anfang Juni 1942). Hitlers (im September 1942 endgültig zerbrochene) Hoffnung bestand darin, die durch Pearl Harbor zunächst gewonnene Zeit der defensiven Kriegführung der USA im Zweiozeankrieg zu nutzen, um doch noch die Sowjetunion niederzuringen, ehe die USA im Bereich Atlantik / Europa offensiv wurden.

87 Vgl. die Aufz. über die Unterredung Hitler-Oshima vom 3. 1. 1942 in: Jacobsen: 1939/1945, S. 290.

88 KTB OKW, Bd. IV, S. 1503: Ausführungen Jodls am 15. 5. 1945.

89 Vgl. dazu vor allem den „Führerbefehl" über „grundsätzliche Aufgaben der Verteidigung" vom 8. 9. 1942, in: KTB OKW, Bd. II, S. 1292 ff., neben zahllosen Zeugnissen in den Lagebesprechungen der letzten Kriegsjahre (in: Hitlers Lagebesprechungen. Die Protokollfragmente seiner militärischen Konferenzen 1942—1945. Hrsg. von H. Heiber. Stuttgart 1962).

90 Diese Doppelaufgabe formulierte Hitler am klarsten in der Besprechung mit Raeder am 26. 8. 1942, der unsere Zitate entnommen sind (Auszüge aus der Aufz. Raeders erstmals gedruckt in: KTB OKW, Bd. II, S. 8).

seinem Kriegsziel, der Errichtung eines deutschen Ost=Imperiums auf den Trümmern der Sowjetunion, noch von seiner Kriegführung, dem rassenideologischen Vernichtungskrieg, her gesehen die Möglichkeit eines Separatfriedens, eines politischen Kompromisses mit Stalin, ganz abgesehen von dessen eigenen Kriegszielen. Als nach dem erneuten vergeblichen militärischen Anlauf im Osten im Sommer 1942[91], dem keine neue Gesamtkonzeption zugrunde lag, sondern der nur einer durch den Kräftemangel bedingten, einschränkenden Variante des Planes von 1941 folgte, Mussolini Hitler den Vorschlag machte, „auf die eine oder andere Weise das Kapitel des Krieges gegen Rußland, der keinen Zweck mehr hat", zu beenden[92] und mit Stalin die „Ideallösung" eines neuen „Brest=Litowsk=Friedens" zu suchen, lehnte Hitler dies mit der — nur einen Teilaspekt seiner Grundauffassung widerspiegelnden — Begründung ab[93], „daß, wenn die Russen etwa durch einen Waffenstillstand ein halbes Jahr zur Reorganisation ihrer Kräfte erhielten, an der Ostfront eine neue russische Macht erstehen würde, gegen die dann Deutschland wieder vorgehen müßte. Außerdem gebe es keine Linie, auf die sich Deutschland und Rußland mit Rücksicht auf die Erfordernisse ihrer Ernährungs= und Rohstoffversorgung einigen könnten." Für Hitler war in Europa nur Platz für eine „Hegemonialmacht" (in seinem Sinne: als Führungsmacht zur Beherrschung eines autarken, verteidigungsfähigen „Großraums"). Ein Nebeneinander, wie es die von Ribbentrop und der japanischen Regierung im Herbst 1940 konzipierte „Kontinentalblock"=Idee vorgesehen hatte, hielt er — wie schon damals so auch jetzt — als Dauerlösung für ausgeschlossen, und bei einer Zwischenlösung arbeitete die Zeit gegen ihn.

„Der entscheidende Unterschied zwischen der Lage Mitteleuropas beim Zusammenbruch von 1918 und der Situation, die sich bei einem Zusammenbruch der Achse und ihrer Verbündeten ergeben würde" — so ergänzte Hitler seinen Gedankengang einige Wochen später gegenüber Antonescu[94] —, „liege darin, daß im russischen Raum 1918 ein Vakuum infolge des Zusammenbruchs des zaristischen Reiches entstanden sei, während dies jetzt keinesfalls der Fall sein würde ... Es würde ein mächtiges bolschewistisches Reich bestehen, mit starker Industrie und reichen Rohstoffquellen und großen Menschenmassen, das die alten Expansionsziele Rußlands mit Hilfe dieser Massen mit Energie weiterverfolgen würde: nach Norden bis an den Atlantischen Ozean, bis zu den Ausgängen der Ostsee in die Nordsee, nach Westen über ganz Westeuropa und nach Süden in der Richtung auf das Mittelmeer."

Den entscheidenden Gesichtspunkt, daß es nach der am 22 6. 1941 proklamier=

91 Vgl. hierzu den Überblick in der Einführung zu: KTB OKW, Bd. II, S. 50 ff.
92 So Mussolini zu Göring am 6. 12. 1942 (vgl. hierzu: KTB OKW, Bd. II, S. 25 f.). Vgl. hierzu auch Deakin, S. 131 f.
93 Aufz. über die Besprechung Hitler=Ciano am 18. 12. 1942 (in Auszügen erstmals gedruckt in: KTB OKW, Bd. II, S. 26).
94 Aufz. über die Unterredung Hitler=Antonescu vom 10. 1. 1943 (in Auszügen erstmals gedruckt in: KTB OKW, Bd. III, S. 1492).

ten „Todfeindschaft" zwischen Nationalsozialismus und Bolschewismus[95] und in dem sich steigernden rassenideologischen Vernichtungskampf[96] keine Kompromiß-Lösung, sondern nur die „bedingungslose Kapitulation[97]" der einen oder anderen Seite geben konnte, erwähnte Hitler zwar nicht ausdrücklich. Doch bedeutete für ihn die Alternative „Alles oder nichts", die er immer wieder betonte, letztlich dasselbe[98]. Die Konsequenz eines solchen Denkens im Falle einer deutschen Niederlage sprach Hitler erstmals im Winter 1941/42 aus, als sein Kriegsplan gescheitert war: „Ich bin auch hier eiskalt: Wenn das deutsche Volk nicht bereit ist, für seine Selbsterhaltung sich einzusetzen, gut: dann soll es verschwinden[99]." Von hier führt eine gerade Linie bis zum „Nero"-Befehl vom 19. 3. 1945[100] und den bekannten Worten Hitlers zu Speer, daß, „wenn der Krieg verloren" gehe, auch das deutsche Volk „verloren" sein werde. Dieses „Schicksal" sei „unabwendbar"; „denn das deutsche Volk hätte sich als das schwächere erwiesen", und dem „stärkeren Ostvolk gehöre dann ausschließlich die Zukunft[101]".

Eine große politische oder strategische Entscheidung gab es für Hitler nach dem Winter 1941/42, spätestens nach dem September 1942[102] nicht mehr. Der Entschluß zu „Barbarossa" war die bedeutendste, aber auch die letzte große Entscheidung Hitlers.

Das unerhörte Ausmaß an kämpferischen Energien, die der Vernichtungskrieg im Osten zunächst auf sowjetischer, dann aber auch auf deutscher Seite entfesselte[103], führte zu jenem insgesamt fast vierjährigen erbitterten Ringen auf

95 Ribbentrop in seiner Erklärung vor der Presse am Morgen des 22. 6. 1941 („Völkischer Beobachter", 22. 6. 1941). Diese „mythische" Leitvorstellung blieb bei Hitler bis zum Schluß konstant. Noch in seinem Aufruf an die Soldaten der Ostfront vor Beginn der letzten sowjetischen Großoffensive an der Oder zur Eroberung von Berlin vom 16. 4. 1945 sprach Hitler vom „jüdisch-bolschewistischen Todfeind" (Domarus, Bd. II, S. 2223).

96 Verbunden mit der Systematisierung der Judenvernichtung zum „Verwaltungsmassenmord" (H. Arendt) ab 1942. Vgl. oben S. 519, Anm. 12.

97 Diese Formel Roosevelts traf in einem viel elementareren Sinne die Situation im Ostkrieg als die im Westkrieg.

98 Diese oft gebrauchte Wendung Hitlers fiel in dem hier gemeinten Sinne in der Besprechung Hitler-Antonescu vom 12. 4. 1943 (aus der Aufz. aus dem Polit. Archiv des AA, Bonn, erstmals zitiert in: KTB OKW, Bd. III, S. 1490): „Zur Charakterisierung der Lage betonte der Führer, daß seiner festen Überzeugung nach für den Ausgang des jetzigen Krieges nur zwei Möglichkeiten bestünden: entweder ein klarer Sieg oder restlose Vernichtung."

99 Am 27. 1. 1942 vor seiner Mittagstafelrunde (Picker: Hitlers Tischgespräche, S. 171).

100 KTB OKW, Bd. IV, S. 1580 f.

101 Am 18. 3. 1945 (ebda., S. 1582 f.).

102 Zur großen Führungskrise im September 1942: KTB OKW, Bd. II, S. 12 f.; Warlimont, S. 267 ff.; Heiber: Hitlers Lagebesprechungen, S. 11 ff.

103 Das deutsche Ostheer und seine Befehlshaber sahen sich wie kein anderer Teil der deutschen Wehrmacht vor die ausweglose katastrophale Alternative zwischen den Systemen Hitlers und Stalins gestellt, nachdem frühzeitig zu erkennen war, daß mit einem Interesse der angelsächsischen Mächte am ostmitteleuropäischen Raum nicht zu rechnen war. Dies ist bei einer Beurteilung der Haltung der führenden Vertreter des Ostheeres nach 1942 zu berücksichtigen.

dem Kriegsschauplatz im Osten, das Millionen Opfer forderte und erst mit der deutschen Kapitulation 1945 sein Ende fand. Hier (nicht im Mittelmeerraum oder gar mit der alliierten Invasion in Frankreich 1944) ist — daran sollte es keinen Zweifel geben — die Entscheidung über den Ausgang des Krieges in Europa gefallen, so bedeutsam auch die späteren Operationen der angelsächsischen Mächte im Mittelmeerraum und in Westeuropa *für die Nachkriegssituation* wurden[104]. Weltgeschichtlich entscheidend hierfür war, daß Stalin die Krise des Sommers und Herbstes 1941 überstand, ohne daß er sich — etwa unter dem Eindruck eines zeitweilig ja drohenden Zusammenbruchs des Widerstandes der Roten Armee; um endlich eine effektive militärische Hilfe der Westmächte im großen zu erreichen — gezwungen gesehen hätte, sich in eine politische Abhängigkeit von den angelsächsischen Mächten zu begeben. Stalin gelang es, die unabhängige Position der Sowjetunion, die Voraussetzung für das Erreichen seiner Kriegsziele und für den machtpolitischen Aufstieg der Sowjetunion, zu wahren.

Der besondere Charakter des Ostkrieges ist auf angelsächsischer Seite weder in seinen Ursprüngen zutreffend erfaßt noch in seiner Realität, mit seinem Doppelgesicht als Vernichtungskrieg gegen Bolschewismus und Judentum, und den darin liegenden Konsequenzen für die politische Situation Stalins damals voll zur Kenntnis genommen worden. Die britische und auch die amerikanische Regierung haben während des ganzen weiteren Verlaufs des Krieges nie klar erkannt, daß ein „renversement des alliances", wie es im „normalen" Koalitionskrieg in Europa durchaus üblich war und sinnvoll sein konnte, bei dem Vernichtungskrieg, der seit Juni 1941 auf dem Boden der Sowjetunion im Gange war, völlig ausgeschlossen blieb, so daß ein deutsch-sowjetischer Separatfriede, ein zweiter Hitler-Stalin-Pakt, von ihnen gar nicht befürchtet zu werden brauchte.

Von der falschen Voraussetzung ausgehend, daß eine Wiederholung der Entscheidung Stalins vom August 1939 doch möglich sei, richtete sich die politische Hauptanstrengung der angelsächsischen Mächte von Anfang an auf die Verhinderung eines deutsch-sowjetischen Sonderfriedens[105], zumal zunächst bis

104 Diese These, die in überspitzter, die sowjetischen Kriegsleistungen als allein ausschlaggebend für den Ausgang des Krieges hinstellender Weise von der sowjetischen Geschichtsschreibung vertreten wird, muß — bei aller notwendigen Kritik an der sowjetischen Historiographie im einzelnen (vgl. hierzu die vom Verf. gemeinsam mit H.-A. Jacobsen herausgegebene „Sowjetische Geschichte des Großen Vaterländischen Krieges" von B. S. Telpuchowski. Frankfurt a. M. 1961, mit fortlaufendem Kommentar der sowjetischen Darstellung) — in ihrem Kern als richtig akzeptiert werden. Unsere Feststellung bezieht sich auf den Krieg in Europa, während die „Entscheidung im Pazifik" selbstverständlich durch die USA erkämpft wurde. Großbritanniens Beitrag zum Kriegsausgang in Europa lag vor allem in seiner Behauptung im Kampf 1940/41. — Die westalliierte Großlandung 1944 erfolgte erst, als das Schicksal weiter Teile Ostmittel- und Südosteuropas schon besiegelt war — politisch um mindestens zwei Jahre zu spät, militärisch, *nachdem* die deutsche Wehrmacht bereits entscheidend geschwächt und in ihrer Bewegungsfreiheit gelähmt war.

Ende Juli 1941 ein baldiger sowjetischer Zusammenbruch oder eine Kapitulation Stalins erwartet[106] und auch in den folgenden Wochen noch das Ende des sowjetischen Widerstandes vor Jahresende für wahrscheinlich gehalten wurde[107], so daß sich die beiden Regierungen in London und Washington (allen verbalen Bekundungen[108] zum Trotz) selbst politisch nicht ernsthaft dem neuen Partner gegenüber engagierten. Erst seit Dezember 1941 stellte sich die angelsächsische Seite auf eine länger dauernde Allianz mit der Sowjetunion ein. Einer intensiven Erörterung der Kriegs- und Friedensziele zur Abstimmung der Interessen der ungleichen Bundesgenossen, die Stalin beim Besuch des britischen Außenministers Eden vom 16.—20. 12. 1941 eröffnen wollte[109], glaubte die angelsächsische Seite aber auch noch weiterhin ausweichen zu können. Sie sah sich jetzt den gleichen Zielen der auf dauerhafte, großräumige strategische Sicherung der Sowjetunion abgestellten Politik Stalins konfrontiert, die dieser schon am 12./13. 11. 1940 in den Darlegungen Molotows gegenüber Hitler und Ribbentrop als „Programm" der sowjetischen Politik für die Schlußphase des Krieges hatte durchscheinen lassen[110]. Doch war diese Politik jetzt mit dem

105 Dieses Bestreben äußerte sich in den einzelnen Kriegsetappen in verschiedener Weise: durch Nichtbeachtung der sowjetischen Forderungen in der Zeit der tatsächlichen oder vermeintlichen Schwäche der Sowjetunion 1941/42, durch Konzessionen in der Zeit der wachsenden Stärke 1943/44 und durch (mit neuen Konzessionen erkaufte) Formalkompromisse im Augenblick des Triumphes über Deutschland 1945, um eine drohende neue Kriegskatastrophe nach der Niederwerfung Hitler-Deutschlands zu umgehen.

106 Im Juli gab der amerikanische Generalstab an Washingtoner Korrespondenten und amerikanische Zeitungen die vertrauliche Information aus, daß nach seiner Lagebeurteilung der Zusammenbruch der Sowjetunion „eine Frage von nur einigen Wochen" sei (Shirer, S. 1216). — Eine gewisse Änderung in der Beurteilung der Situation der Sowjetunion folgte nach dem Besuch Hopkins' bei Stalin in Moskau am 30./31. 7. 1941.

107 Ein Bericht des türkischen Botschafters in London an die Regierung in Ankara vom 21. 10. 1941 gab die Äußerung eines Offiziers des britischen Generalstabes wieder, der von der Feststellung ausging: „Daß die Sowjets (den) Krieg verloren haben, ist vom militärischen Standpunkt aus endgültig." Daran knüpft er die Befürchtung, daß der weitere deutsche Vormarsch über den Kaukasus in Richtung auf den Persischen Golf ziele. Damit würde die britische Nahostposition bedroht (vgl. die Wiedergabe dieses Berichts in dem Telegramm des deutschen Botschafters in Ankara an das AA vom 5. 11. 1941; abgedruckt bei Jacobsen-Dollinger, Bd. I, S. 416).

108 Beginnend mit Churchills Rundfunkerklärung vom 22. 6. 1941 (Churchill, vol. III, S. 377 ff.); zur britischen Haltung gegenüber der Sowjetunion 1941 im übrigen vor allem Ismay, S. 223 ff.; The Eden Memoirs, vol. II, S. 269 ff.

109 Churchill, vol. III, S. 627 ff.; Woodward, S. 190 ff. Für den Zusammenhang vgl. vor allem J. L. Snell: Wartime Origins of the East-West-Dilemma over Germany. New Orleans 1959, S. 106 ff.; W. Marienfeld: Konferenzen über Deutschland. Die alliierte Deutschlandplanung und -politik 1941—1949. Hannover 1963, S. 41 ff.; E. Deuerlein: Die Einheit Deutschlands. Bd. I. 2. Auflage, Frankfurt a. M. 1961, S. 23 ff.; jetzt auch: The Eden Memoirs, vol. II, S. 289 ff.

110 Allerdings traten die Ostsee- und Schwarzmeer-Ausgänge als Fernziele der Sowjetunion aus Gründen der politischen Taktik in diesen frühen Verhandlungen noch nicht heraus. Die in einer vielfach verschlungenen Taktik zum Ausdruck kommenden späteren Bemühungen der Sowjetunion, auch diese Ziele im weiteren Verlauf des Krieges zu erreichen, können hier nicht dargestellt werden.

weiteren Ziel verknüpft, durch die Zerschlagung der staatlichen Einheit Deutschlands eine Wiederholung der Situation vom 22. 6. 1941 für die Sowjetunion für alle Zukunft zu verhindern. Diese Absicht Stalins stellte im Grunde nur die Umkehrung der Politik Hitlers dar, der seinerseits durch die Zertrümmerung der Sowjetunion und die Bildung der vier „Reichskommissariate" die Wiederaufrichtung einer starken Macht am Ostrand seines „Kontinentalimperiums" westlich des Ural für immer ausschließen wollte.

In den Äußerungen Stalins gegenüber Eden zeichnete sich eine Drei-Stufen-Folge der sowjetischen Forderungen ab: (1.) Anerkennung der sowjetischen Grenzen vom 22. 6. 1941 (also der Annexion der Baltischen Staaten, Ostpolens und Ostrumäniens), (2.) Annexion des Gebietes von Petsamo und Einrichtung sowjetischer Stützpunkte in Rumänien (als erste Etappe für die Aufrichtung einer sowjetischen Herrschaft auf dem Balkan) und (3.) Teilung Deutschlands, noch vage skizziert durch das Kriegsziel, den „Anschluß" Österreichs rückgängig zu machen, ein selbständiges Bayern zu schaffen, das Rheinland vom übrigen Deutschland abzutrennen und Ostpreußen an Polen zu übergeben. Das Memelland und Tilsit sollten dabei der Sowjetunion überlassen werden[111]. Das Scheitern des deutschen „Blitzkrieges" gegen die Sowjetunion und der Beginn des Pazifik-Krieges, der mit schweren Niederlagen der angelsächsischen Mächte eröffnet worden war, in den die Sowjetunion jedoch nicht hineingezogen wurde, so daß sie wie bisher den ganzen weiteren Krieg über nur an *einer* großen Front zu kämpfen hatte, schien Stalin der geeignete Zeitpunkt, den neuen Verbündeten gegenüber sein „Programm" anzumelden[111a], denen er seinerseits nicht nur prinzipiell, sondern gerade auch auf Grund der Erfahrungen in den ersten entscheidenden Monaten des Ostkrieges[112] tief mißtraute[113].

Erreicht wurde von ihr schließlich nur eine Art indirekter Beherrschung des Schwarzmeerausgangs durch die sowjetische Position in Bulgarien, während der Versuch, in Dänemark eine Machtstellung zu gewinnen, infolge des britisch-amerikanischen Vorstoßes von der unteren Elbe auf Lübeck und Wismar (2. 5. 1945) und der schnellen Besetzung Schleswig-Holsteins und Dänemarks durch die Briten nicht über die Eroberung Bornholms (11. 5. 1945) hinauskam, die als isolierter Vorgang keine Bedeutung gewann.

111 Dies alles sollte nach Stalins Absicht in einem Geheimabkommen fixiert werden (hierzu Woodward, S. 191).

111a In der Folgezeit (deutlich 1943/44) trat dann auch die Konzeption Stalins, den sowjetrussischen Kernraum durch einen dreifach gegliederten Sicherheitsgürtel gegenüber den angelsächsischen Seemächten abzuschirmen, heraus: 1. die neu annektierten Gebiete, 2. die strukturell an die Sowjetunion anzugleichenden Staaten Ostmittel- und Südosteuropas und 3. neutrale Pufferstaaten, die an die westlichen Interessenräume angrenzten.

112 Vgl. hierzu vor allem den Briefwechsel Churchill-Stalin aus dem Jahre 1941 (Briefwechsel Stalins, deutsche Ausgabe, S. 13 ff., besonders Stalins Brief vom 8. 11. 1941, S. 41 f.).

113 Die Kontinuität der Vorstellungen Stalins über die bei Kriegsende zu erwartende Situation in Europa zeigen seine Bemerkungen gegenüber Eden, daß er mit britischen „Basen" in Boulogne und Dünkirchen, in Belgien und den Niederlanden, in Norwegen und Schweden rechne. Mit der Wiederherstellung einer französischen Großmacht rechnete er dagegen offensichtlich nicht.

In diesen Monaten, als das Schicksal der Sowjetunion zeitweilig fast im Wortsinne auf des Messers Schneide lag, hatten Großbritannien und die USA gemäß ihrem Grundkriegsplan vom 27. März 1941, der keine Teilnahme der Sowjetunion am Kriege vorsah[114], ihre langfristig angelegten, auf den Prinzipien der Abnutzungsstrategie beruhenden Planungen, in denen zumindest für die nächsten zwei Jahre jeder direkte massive Angriff mit Landstreitkräften gegen die deutsche Bastion in Kontinentaleuropa außer Betracht gelassen war, mit den dazu gehörenden Vorbereitungen und Umgruppierungen der Kräfte für den gemeinsamen Zweiozeankrieg gegen Deutschland und Japan vorangetrieben[115], ohne nach dem 22. 6. viel mehr als die Erwartung, daß die Sowjetunion wahrscheinlich nicht über das Jahr 1941 hinaus würde Widerstand leisten können und daß dann die britische Nahostposition stark bedroht sein würde[116], in ihre strategischen Überlegungen einzubeziehen[117], wobei die Frage, ob aus militärtechnischen Gründen (Schiffsraumproblem, Mangel an einsatzbereiten Heeresverbänden) überhaupt viel mehr hätte getan werden können, hier unerörtert bleiben kann. Schwerer wog, daß auch das bei dem Treffen Churchills und Roosevelts in der „Atlantik-Charta" vom 14. 8. 1941 formulierte Kriegs-

114 Vgl. oben S. 406 ff.

115 Am 9. 7. 1941, also zu einer Zeit, als die amerikanischen Führungsstäbe mit einem baldigen Zusammenbruch der Sowjetunion rechneten, ließ Roosevelt umfassende Planungen für ein „Victory Program" der angelsächsischen Seemächte anlegen, das eine volle Ausschöpfung der industriellen Kapazitäten für die Rüstung und den Aufbau eines Massenheeres (über 8 Millionen Mann) vorsah (vgl. hierzu Matloff-Snell, S. 58 ff.; Watson: Prewar Plans and Preparations, Kap. XI; Cline: Washington Command Post, Kap. IV).

116 Der ägyptische Gesandte in Teheran teilte dem deutschen Gesandten Ettel am 2. 7. 1941 den Inhalt eines Telegramms König Faruks mit, in dem dieser ausführte, er besitze Informationen, denen zufolge der britische Generalstab die Besetzung des iranischen Ölgebietes beschlossen habe. „Diese Besetzung sei zum Schutz gegen den möglichen deutschen Angriff von Rußland aus auf den Irak und Iran erforderlich" (Polit. Archiv des AA, Bonn, Büro Staatssekretär: Akten Ägypten: Der dt. Gesandte in Teheran an das AA, 3. 7. 1941). Vgl. hierzu auch die Notiz Halders (KTB Halder, Bd. III, S. 57: 9. 7. 1941). Zur britischen Lagebeurteilung im Hinblick auf eine Kriegführung in Nahost nach dem Zusammenbruch der Sowjetunion vgl. Playfair, vol. III, S. 248 ff.

117 Grundlegend für die amerikanische Politik gegenüber der Sowjetunion — trotz Roosevelts abweichender Auffassung und der offiziellen Verlautbarung des State Department vom 23. 6. 1941, in der — bei Betonung der Wesensgleichheit des nationalsozialistischen Regimes in Deutschland und des kommunistischen in der Sowjetunion — die „Armeen Hitlers" zur Hauptgefahr für Amerika erklärt wurden (Welles, S. 171) — blieb zunächst das als Stellungnahme zu der britischen Anregung auf Hilfeleistung für die Sowjetunion vom 15. 6. (vgl. oben S. 442 f.) zu betrachtende Memorandum des Unterstaatssekretärs Sumner Welles „Policy with Regard to the Soviet Union in Case of the Outbreak of War between the Soviet Union and Germany" vom 21. 6. 1941 (Foreign Relations, vol. I/1941, S. 766 f.; vgl. hierzu auch Dawson: The Decision to Aid Russia 1941. University of North Carolina 1959, S. 62 ff.), in dem bis auf eine Reduzierung der bisherigen Handelseinschränkungen gegenüber der Sowjetunion keinerlei Maßnahmen zu ihren Gunsten im Falle eines deutsch-sowjetischen Krieges empfohlen wurden. — In Großbritannien hatte sich Churchill persönlich schon vor Beginn des deutschen Angriffs auf eine Unterstützung der Sowjetunion

und Friedensprogramm[117a] ganz auf Grundvorstellungen und Zielen der beiden angelsächsischen Mächte beruhte und ohne Berücksichtigung der strategischen Sicherheitsinteressen der Sowjetunion und ohne Aussprache mit dem „Bundesgenossen" Stalin abgefaßt worden war[118].

Hitlers Angriff auf die Sowjetunion hatte die innenpolitische Situation für Roosevelt zunächst bedeutend erschwert und seine Kriegsplanung behindert[119]. Somit entsprach die Wirkung der deutschen Ostoffensive auf die USA zunächst durchaus der Erwartung, die Hitler in seinem improvisierten Kriegsplan vom Herbst 1940 einkalkuliert hatte[120]. Die durch den deutsch-sowjetischen Krieg ausgelöste, aus verschiedenen Quellen zusammenfließende neue isolationistische Welle führte dazu, daß Roosevelt bei seinen planmäßig auf ein volles Kriegsengagement in Europa zielenden Schritten und Maßnahmen „short of war" auf eine zunehmende Opposition in der öffentlichen Meinung und im Kongreß stieß[121], nachdem seine Politik zur Unterstützung Großbritanniens von August 1940 bis Juni 1941 immer mehr Verständnis und Zustimmung gefunden hatte. Erst am 7. 11. 1941 konnte Roosevelt die Sowjetunion in den Kreis der durch „Leih-Pacht-Lieferungen"[122] unterstützten Staaten einschließen[123], und

festgelegt (Churchill, vol. III, S. 369 ff.); doch konnte schon aus den oben angedeuteten militärtechnischen Gründen von einer wirksamen militärischen Hilfeleistung Großbritanniens keine Rede sein. Seit Mitte Juni 1941 herrschte auch an der einzigen deutsch-britischen Landfront in Nordafrika praktisch Kampfruhe. Erst am 18. 11. 1941 setzte die britische Armee zur Offensive gegen die Streitkräfte Rommels an der ägyptischen Grenze an.

117a Zu der frühen amerikanischen Deutschlandplanung vgl. die zusammenfassende Studie von G. Moltmann: Die frühe amerikanische Deutschlandpolitik im Zweiten Weltkrieg. In: Vierteljahrshefte für Zeitgeschichte 1957, S. 241 ff. — Eine Parallelstudie über die britische Deutschlandpolitik fehlt bisher. Churchills Zielsetzung war stark von seinem Deutschlandbild geprägt, das sich an seiner „Anschauung" des Wilhelmischen Deutschlands orientierte (Vorstellung von einem „militaristischen" Preußen als Kern, dem ein „harter, aber gerechter" Friede aufgezwungen werden müsse, und einem gemäßigt zu behandelnden West- und Süddeutschland, das von Preußen getrennt werden sollte).

118 Am 8. 11. 1941 erklärte daher Stalin in einem Telegramm an Churchill: „Zwischen unsern beiden Ländern besteht keine grundsätzliche Einigkeit über die Kriegsziele und über den nach dem Krieg aufzurichtenden Frieden" (Churchill, vol. III, S. 528 ff.; Briefwechsel Stalins, S. 41 f.).

119 Eingehend hierüber Dawson, S. 67 ff.

120 Am 9. 7. 1941 meldete das OQu. IV (General Matzky) dem Chef des Generalstabes des Heeres, Generaloberst Halder, über den Stand der amerikanischen Heeresrüstung: „Amerika hat voll verwendungsfähig zur Verfügung: 6 Divisionen, 2 Panzer-Divisionen, 2 Kav.-Divisionen" (KTB Halder, Bd. III, S. 57).

121 So wurde etwa die Gesetzesvorlage des Präsidenten zur Einführung der allgemeinen Wehrpflicht in den USA vom Repräsentantenhaus am 12. 8. 1941 nur mit einer Stimme Mehrheit angenommen.

122 Die an diesem Tage verkündete Freigabe von 1 Milliarde Dollars für „Leih-Pacht-Lieferungen" zugunsten der Sowjetunion (für Großbritannien waren am 11. 3. 1941 7 Milliarden freigegeben worden) ging im übrigen nicht auf eine sowjetische Initiative zurück, sondern entsprach der Grundlinie der Politik Roosevelts. Eine detaillierte Darstellung der komplizierten Vorgeschichte dieser Entscheidung bei Dawson, S. 67 ff.; vgl. ferner Moltmann: Die amerikanisch-sowjetische Partnerschaft, S. 167.

auch danach dauerte es noch längere Zeit, bis die materielle Hilfe für die Sowjetunion im großen Umfang wirklich in Gang kam[124]. Dem stärksten Ansturm der deutschen Wehrmacht im Jahre 1941 hat die Sowjetunion jedenfalls aus eigener Kraft standgehalten, auch wenn, wie schon in anderem Zusammenhang erwähnt[125], ein Drittel der deutschen Luftwaffe und ein Viertel des deutschen Heeres im Westen und im Mittelmeerraum gebunden waren[126].

Der Kriegsentschluß Japans, der nach monatelangem Zögern und Schwanken sowie immer neuen Ansätzen, in den seit dem 21. 6. stagnierenden Verhandlungen doch noch zu einem „modus vivendi" mit den USA zu gelangen — auch nach dem Vorstoß nach Süd-Indochina ab 23. 7.[127], mit dem in Verbindung mit der amerikanischen Reaktion, dem Öl-Embargo und der Sperrung der japanischen Guthaben in den USA am 26. 7.[128], bereits die Vorentscheidung gefallen war —, erst am 1. 12. gefaßt wurde, nachdem mit der amerikanischen Note vom 26. 11. die Hoffnung auf ein — Mitte November noch einmal in den Bereich des Möglichen gerückten — japanisch-amerikanischen Arrangements endgültig zerstört worden war, befreite schließlich Roosevelt aus seinen innenpolitischen Schwierigkeiten[129]. Dieser Entschluß Japans vollendete jedoch zugleich auch das durch

123 Der diplomatische Kontakt zwischen den USA und der Sowjetunion wurde durch die Entsendung Litwinows als Botschafter nach Washington verbessert. Er traf am Tage des japanischen Angriffs auf Pearl Harbor (7. 12.) in der amerikanischen Hauptstadt ein und überreichte Roosevelt am folgenden Tage sein Beglaubigungsschreiben.

124 Hierzu Carl, S. 50 ff. — Noch Anfang Dezember 1941 scheint der amerikanische Generalstab einen Zusammenbruch der Sowjetunion spätestens im Sommer 1942 angenommen zu haben (hierzu ADAP D XIII, Dok. 541: Der dt. Geschäftsträger in Washington an das AA, 4. 12. 1941, S. 950 f.).

125 Vgl. oben S. 457 und S. 459.

126 Wenn man berücksichtigt, daß die meisten der im Westen verbliebenen deutschen Verbände hinsichtlich ihres Kampfwertes geringer einzuschätzen waren als die bei „Barbarossa" eingesetzten Divisionen, wird der auf den Ostkriegsschauplatz verlegte Schwerpunkt in der deutschen Kräfteverteilung sogar noch eindeutiger.

127 23. 7. 1941: Unterzeichnung eines japanisch-französischen Vertrages in Vichy, der die Japaner zum Einmarsch nach Südindochina ermächtigte, nachdem die Vichy-Regierung am 21. 7. ein am 22. 7. ablaufendes japanisches Ultimatum angenommen hatte. Unmittelbar danach japanische Besetzung von Saigon; in der Nacht vom 26./27. 7. Beginn des japanischen Einmarsches in Kambodscha, Besetzung der Marine-Basis in der Kamranh-Bucht und von 8 Flugplätzen in Südindochina; am 29. 7. Veröffentlichung eines japanisch-französischen Protokolls über die gemeinsame Verteidigung Indochinas (Department of State, Bulletin, vol. V, 1941, S. 286). — Vorausgegangen war am 17. 6. 1941 der Abbruch der ergebnislosen Verhandlungen Japans mit Niederländisch-Indien über eine Erweiterung des japanischen Einflusses im niederländischen Kolonialgebiet.

128 Großbritannien und die Niederlande schlossen sich diesen Maßnahmen an.

129 Zur immer noch stark kontroversen Vorgeschichte des Pazifik-Krieges hier nur der Hinweis auf den Literaturüberblick bei Murdock, S. 93 ff.; die ins Grundsätzliche zielende Problemanalyse von F. Wagner, S. 303 ff.; die knappe Darstellung auf der Höhe des Forschungsstandes von J. L. Snell: Illusion and Necessity, S. 77 ff.; den Beitrag von Friedländer, S. 267 ff.; die umfassenden Studien mit bestimmter Fragestellung von Butow, S. 220 ff., und R. Wohlstetter: Pearl Harbor. Warning and Decision. Stanford (California) 1962; die jüngste Zusam-

das Versagen der „Blitzkriegs"=Konzeption beim „Barbarossa"=Unternehmen entscheidend verursachte Mißlingen des improvisierten Kriegsplans Hitlers vom Herbst 1940; denn der vernichtende Angriff auf die amerikanische Schlacht=flotte in Pearl Harbor am 7. 12. 1941 bahnte zwar Japan den Weg zur Erobe=rung des begehrten „Großraums" in Südostasien, setzte aber mit der von ihm ausgelösten einigenden Wirkung in den USA, die alle innenpolitischen Ausein=andersetzungen über Intervention oder Isolation zum Schweigen brachte, Abwehrkräfte solchen Ausmaßes frei, daß es mit ihrer Entfaltung den USA möglich wurde, über die Planungen vom 27. 3. 1941 hinaus fast gleich=zeitig (Herbst 1942) auf beiden großen Kriegsschauplätzen, im Atlantik und im Pazifik, die Initiative zu gewinnen und schließlich — wenn auch nur jenseits des Kampf= und Herrschaftsbereichs der Sowjetunion — zur entscheidenden Macht zu werden.

menfassung der Forschungsergebnisse durch J. Rohwer (in der Festschrift für E. Zechlin, S. 241 ff.) und die — die starren „Fronten" der amerikanischen histo=risch=politischen Schulen durchbrechende — Deutung durch J. Engel, S. 358 ff.

Schlußbetrachtung

IX. Der historische Ort des Unternehmens „Barbarossa"

Die Eroberung des europäischen Rußland zur Errichtung eines deutschen Kontinentalimperiums als Basis für eine deutsche „Weltmacht"-Stellung war das große Ziel Hitlers, seitdem er in der Mitte der zwanziger Jahre sein „Programm" konzipiert hatte, in dem sich „Machtwille und Ideologie[1]" in einer ganz eigentümlichen Weise wechselseitig bedingten und dessen immanente Dynamik durch ein psychisch begründetes ungewöhnliches Vorwärtsdrängen Hitlers noch gesteigert wurde. Von diesem Ausgangspunkt her und von der über alle taktischen Wendungen hinweg durchgehaltenen großen Linie seiner Gesamtpolitik seit seiner „Machtergreifung" 1933 erscheint dem historischen Betrachter das Unternehmen „Barbarossa" 1941 zunächst einfach als Konsequenz des „Programms" Hitlers, gleichsam als Krönung aller seiner vorausgehenden Einzelentscheidungen im Zuge seines stufenweisen Vorwärtshastens auf dieses Ziel hin[2]. Diese in ihrem Kern durchaus zutreffende Auffassung über die in der wissenschaftlichen Forschung weitgehend Einigkeit besteht[3], muß jedoch

1 Vgl. zur Herausbildung dieses „Programms" jetzt die — alle bisherigen Forschungsergebnisse zusammenfassende — Studie von F. Dickmann: Machtwille und Ideologie in Hitlers außenpolitischen Zielsetzungen vor 1933, in: Spiegel der Geschichte. Festgabe für M. Braubach zum 10. April 1964. Hrsg. von K. Repgen und St. Skalweit. Münster/Westf. 1964, S. 915 ff.

2 Diese These vertrat als erster in eindringlicher, aber vereinfachender Darstellung H. R. Trevor-Roper: Hitlers Kriegsziele, in: Stationen der deutschen Geschichte. Internationaler Kongreß zur Zeitgeschichte, München. Hrsg. von B. Freudenfeld. Stuttgart 1962, S. 9 ff. — Seine These wurde modifiziert und erweitert durch G. Moltmann: Weltherrschaftsideen Hitlers, in: Europa und Übersee. Festschrift für E. Zechlin. Hamburg 1961, S. 197 ff. — Vgl. hierzu unsere Einführung, S. 16 f.

3 Ernstzunehmenden Widerspruch hiergegen hat lediglich A. J. P. Taylor in seinem Werk: The Origins of the Second World War. 2nd Edition, London 1963 (deutsche Ausgabe: Die Ursprünge des Zweiten Weltkrieges. Gütersloh 1962), erhoben. Taylor vermeint in isolierter Betrachtung der Außenpolitik Hitlers von 1933 bis September 1939 — unter Nichtbeachtung des rassenideologischen Kerns in der Zielsetzung Hitlers und unter Leugnung eines durchgängig gültigen „Programms" — keine große Linie, kein inhaltlich fixiertes Ziel, sondern nur

in dreifacher Weise differenziert und modifiziert werden. Weder war die Errichtung eines deutschen Ost-Imperiums auf den Trümmern der Sowjetunion das „letzte" „Programm"-Ziel Hitlers, noch stimmte der Zeitpunkt des am 22. 6. 1941 von Hitler entfesselten Ostkrieges mit der – auf Grund der langfristig angelegten Aufbaupläne der deutschen Wehrmacht und der entsprechenden Rüstungsplanungen – von ihm nach Erlangung größerer außenpolitischer Bewegungsfreiheit seit der Mitte der dreißiger Jahre in Aussicht genommenen Zeit für den großen Eroberungszug nach Osten überein (1943–1945), noch entsprach schließlich – was politisch entscheidend war – die Mächtekonstellation, unter der der Ostkrieg 1941 begann, seinen axiomatisch festliegenden außenpolitischen Grundvorstellungen. Hitlers Entschluß zum Krieg gegen die Sowjetunion darf daher nicht allein als Konsequenz seines „Programms", sondern muß zugleich im Zusammenhang mit dem Verlauf des Krieges gegen Großbritannien ab Herbst 1939 und mit den weltpolitischen Überlegungen und den strategischen Erwägungen und Planungen Hitlers seit dem Sommer 1940 gesehen werden.

Aus der Zusammenschau von „programmatischem" Entwurf und tatsächlichem Gang der Politik Hitlers, den wir in seiner entscheidenden Phase 1940/41 eingehend untersucht und dargestellt haben, ergibt sich vielmehr anstelle der vereinfachenden These von der Übereinstimmung von „Programm" und Entschluß im großen folgende Linie:

Der Erste Weltkrieg, neben den Wiener Jahren und der Münchener Nachkriegszeit das große Feld tatsächlicher oder vermeintlicher Erfahrungen des Politikers (wie auch des späteren „Feldherrn") Hitler, hatte ihn die Aussichtslosigkeit einer Kriegführung Deutschlands gleichzeitig gegen die Kontinentalmacht Rußland wie gegen das britische Empire oder gar gegen die beiden angelsächsischen Seemächte erkennen lassen und die Hoffnungslosigkeit der Lage Deutschlands in einer – selbst durch Vorfelder nach West und Ost in begrenztem Maße erweiterten – von den Gegnern umschlossenen mitteleuropäischen Bastion in einem „Weltkrieg" gelehrt, der durch das überlegene Wirtschafts- und Rüstungspotential der feindlichen Koalition entschieden wurde. In seinem „Programm" hatte Hitler hieraus – bei Festhalten an dem expansiven Grundgedanken der deutschen Kriegsziel-Konzeptionen in der Zeit des Ersten Weltkrieges – auf seine Weise in einer Verknüpfung machtpolitischer Überlegungen, geopolitischer Gesichtspunkte und rassenideologischer Überzeugungen die Folgerung gezogen, daß Deutschland sich im Zuge einer systematisierten, auf ein in mehreren Etappen zu erreichendes großes Ziel abgestellten Außenpolitik innerhalb eines bestimmten, durch die jeweilige Etappe abgegrenzten Zeitraums stets auf eine einzige Expansionsrichtung beschränken müsse. Dieses „Programm" war – für die zentrale Phase des deutschen Ausbruchs nach Osten – auf der Grundhypothese aufgebaut, daß bei einem Ver-

eine raffiniert-skrupellose machiavellistische Taktik in der Politik Hitlers erkennen zu können.

zicht oder besser: bei einer Zurückstellung einer deutschen Kolonial= und Überseepolitik ein „Ausgleich" mit Großbritannien auf der Basis der Anerkennung der deutschen Herrschaft über Kontinentaleuropa (einschließlich des europäischen Rußland) möglich sein müsse, da Hitler bei der für sein politisches Denken kennzeichnenden Gleichsetzung von politischen und territorialen Interessen in jeder Großmachtpolitik (die für ihn gleichbedeutend mit „Groß=raum"=Politik war) keine Überschneidung deutscher und britischer Interessen bei einer Verwirklichung der kontinentalimperialen Phase seines „Programms" zu erkennen vermochte. Aus der einmal errichteten deutschen Herrschaft über ganz Kontinentaleuropa mußte sich dann nach Hitlers Auffassung gleichsam von selbst eine deutsche „Weltmacht"=Stellung ergeben, die — mit Blick auf einen möglichen späteren großen Krieg gegen Amerika — in einer neuen Stufe imperialen Ausgreifens durch ein weiträumiges Kolonialreich in Afrika und durch eine starke deutsche Flotte — nach Möglichkeit im Einverständnis mit Groß=britannien auf Kosten des (noch vor der Verwirklichung des Eroberungszuges nach Osten militärisch niederzuwerfenden) Frankreich, notfalls aber auch im Gegensatz zu England — auszubauen sei. In jedem Falle aber sollte — dies war Hitlers Kerngedanke — anstelle des planlosen Nebeneinander von Kontinental= und Kolonialpolitik, das Hitler der Wilhelminischen Ära zum Vorwurf machte und in dem er die Ursache für die für Deutschland unglückliche Mächtekonstellation von 1914 sah, ein klares Nacheinander treten[3a].

Die Vielfalt der sich z. T. widersprechenden kontinentaleuropäischen und kolonialimperialen Konzeptionen in der Kriegszieldiskussion des Ersten Weltkrieges, die auch in der Zeit der Weimarer Republik als mögliche Fernziele einer künftigen machtvollen deutschen Außenpolitik als „Alternative" zur offiziellen Politik „des Maßes und der Vernunft[4]", latent fortwirkten, wurde mit der „Machtergreifung" Hitlers durch die Konzentration aller Kräfte auf ein einziges, in mehreren — innen= und außenpolitisch verschieden akzentuierten — Stufen zu erreichendes Ziel hin ersetzt, indem alle diese Kräfte im totalitären „Führerstaat" integriert und hinsichtlich ihrer außenpolitischen Konzeptionen in dem weitgespannten Rahmen der nationalsozialistischen „Welt=anschauung" „aufgehoben" wurden. Alle Energien wurden in den Dienst der — unter taktischen Wendungen in der praktischen Außenpolitik und unter propagandistischer Abschirmung eingeleiteten — Verwirklichung des „Programms" Hitlers gestellt, das fortan allein die große Linie der deutschen Gesamtpolitik bestimmte. Seine Zielsetzung war jedoch gegenüber den recht differenzierten früheren Kriegsziel=Entwürfen nicht nur radikal vereinfacht, sondern stellte auch durch die in Hitlers „Programm" enthaltenen Konse=

3a In „Mein Kampf" *scheint* die Argumentation auf ein „Entweder=Oder" (mit einer Entscheidung zugunsten eines „Kontinentalprogramms") hinauszulaufen, doch wird das Nacheinander — wenn auch vage — angedeutet (vgl. oben S. 36 mit Anm. 39).

4 W. Conze: Deutschlands weltpolitische Sonderstellung in den zwanziger Jahren, in: Vierteljahrshefte für Zeitgeschichte 1961, S. 166 ff., besonders S. 177.

quenzen aus der Rassenideologie, die auf eine völlige Neugestaltung Europas nach „rassischen" Prinzipien hinausliefen, qualitativ etwas völlig anderes dar als selbst die extremen – sich rein räumlich und machtpolitisch betrachtet nicht allzu stark von den nationalsozialistischen Expansionszielen unterscheidenden – deutschen Kriegsziel-„Programme" in der Zeit des Ersten Weltkrieges[5]. Dies enthüllte später vor allem die Verwirklichung des weithin nicht ernst genommenen Kerns des nationalsozialistischen „Programms": die als Voraussetzung für die Aufrichtung und dauerhafte Behauptung einer deutschen Herrschaft über Europa angesehene, aus der „mythischen" Verbindung von „bolschewistischem" Herrschaftssystem und „Judentum" in der nationalsozialistischen Ideologie „logisch" begründete physische Vernichtung der Führungsschicht Rußlands und ihrer angeblichen biologischen Basis, der Millionen Juden in Ostmitteleuropa, sowie der Juden im übrigen – direkt oder indirekt der deutschen Herrschaft unterworfenen – Kontinentaleuropa, die dort in den – als Vorstadien einer „jüdisch-bolschewistischen" Herrschaft betrachteten – „Demokratien" nach nationalsozialistischer Auffassung „zersetzend" gewirkt hatten. Die verschiedenen Territorien der bisherigen russischen Großmacht aber sollten nicht nur wie die übrigen Teile Kontinentaleuropas in eine enge Abhängigkeit von der deutschen Führungsmacht gebracht, sondern auf die Stufe von Kolonialgebieten (zur wirtschaftlichen Ausbeutung und zur Besiedlung) herabgedrückt werden. Damit wurde eine im Zeitalter des Imperialismus bisher auf überseeische Räume beschränkte machtpolitische Zielsetzung auf Europa übertragen.

Wohl waren diese weitgesteckten Ziele (und vor allem ihre Verknüpfung unter den Gesichtspunkten der Rassenideologie) das „Programm" eines einzelnen, aber sie deckten sich doch partiell, jedenfalls in den ersten Etappen der Außenpolitik Hitlers – bis in die Jahre 1940/41 hinein –, mit imperialen Zielen der alten deutschen Führungsschicht und mit Wunschvorstellungen eines großen Teils des Volkes. Gestützt auf diese ursprüngliche Basis seiner Herrschaft konnte Hitler seine quantitativ und qualitativ darüber hinausgehenden Ziele

5 Vgl. hierzu auch W. Conze: Die deutsche Nation. Ergebnisse der Geschichte. Göttingen ²1965, S. 144, der nachdrücklich den Wesensunterschied etwa zwischen den Gedanken Friedrich Naumanns zu „Mitteleuropa" als anzustrebendem politischen „Großbetrieb" und der nationalsozialistischen Konzeption wie ihrer in der Zeit nach dem 22. 6. 1941 eingeleiteten Verwirklichung hervorhebt. – Der Unterschied zwischen den nationalsozialistischen Kriegszielen und den extremen „Programmen" aus der Zeit des Ersten Weltkrieges liegt im übrigen auf einer ganz anderen Ebene als der – im machtpolitischen Rahmen bleibende – qualitative Unterschied, den G. Mann zwischen den Kriegszielen Deutschlands und der Entente-Mächte während des Ersten Weltkrieges sieht. Mann meint allerdings mit Recht, daß Deutschland bei Verwirklichung seiner Ziele „zu einem der drei oder vier Weltimperien" geworden wäre, während die Westmächte und Rußland, „hätten sie ihre Ziele voll verwirklicht, ... doch im wesentlichen geblieben (wären), was sie vorher waren" (in seiner Rezension des Werkes von F. Fischer: Griff nach der Weltmacht, in: Neue Zürcher Zeitung, 28. 4. 1962, wieder abgedruckt bei E. W. Graf Lynar [Hrsg.]: Deutsche Kriegsziele 1914–1918. Frankfurt a. M.-Berlin 1964, S. 187).

anstreben und teilweise verwirklichen, nachdem er sich durch die Aufrichtung eines eigenen Herrschaftsapparats innerhalb des alten Staatskörpers davon unabhängig gemacht hatte. Nach den geschichtlichen Erfahrungen des Ersten Weltkrieges, die die Undurchführbarkeit eines imperialen Ausgreifens Deutschlands in Europa oder auch einfach die Unmöglichkeit eines deutschen „Sieges" über die – sich bei einem deutschen „Ausbruch" aus der mitteleuropäischen Enge nach Ost oder West auf Grund machtpolitischer Elementarregeln mit hoher Wahrscheinlichkeit zusammenfügende – große Koalition der übrigen Großmächte erwiesen hatten (Erfahrungen, die allerdings von erheblichen Teilen des deutschen Volkes nicht richtig durchdacht oder gar nicht akzeptiert wurden), war es überhaupt nur bei einem ideologisch ungewöhnlich stark verengten politischen Gesichtsfeld vorstellbar, das erstrebte Fernziel in einer Politik des Nacheinander – unter Ausnutzung der zwischen den übrigen Mächten bestehenden, z. T. tiefgreifenden Spannungen –, so wie es Hitlers „Programm" vorsah, erreichen zu können, ohne über die vorgesehenen oder einkalkulierten duellartigen „Feldzüge" im Stile von „Blitzkriegen" hinaus durch Gegenaktionen der anderen Mächte frühzeitig in einen unerwünschten, nicht zu bestehenden „großen" Krieg zu geraten. Allein schon die Verbindung eines völlig unwirklichen, nur „mythisch" zu nennenden axiomatisch festliegenden Rußland-Bildes (bar jeder Möglichkeit zur Erfassung der realen Grundlagen des bolschewistischen Herrschaftssystems in Rußland) mit einem einseitig idealisierten England-Bild, in das nur Teile der britischen Realität, die kolonialimperialen und maritimen Traditionen, aufgenommen waren, während darin die im Hinblick auf die Verwirklichung der eigenen Ziele wesentliche Komponente der britischen Politik, das Interesse Großbritanniens an einem Kräftegleichgewicht in Kontinentaleuropa, fehlte, machte ein frühzeitiges Scheitern einer darauf gründenden Außenpolitik wahrscheinlich, wenn nicht außergewöhnlich günstige Bedingungen in den internationalen Beziehungen eine längere Zeit für Scheinerfolge gewährten. Eben dies war in den dreißiger Jahren der Fall. Hitler konnte so zwar durch eine kurzschlüssig rationale, scheinbar vom „Programm" gelöste wendige politische Taktik große, alle mutmaßlichen Erwartungen oder Befürchtungen weit übertreffende Anfangserfolge erzielen[6], aber spätestens beim Versuch, aus der gewonnenen Bewegungsfreiheit heraus zur Verwirklichung der angestrebten „Programm"-Ziele gegenüber England und Frankreich wie gegenüber Rußland überzugehen, mußte seine Politik zur Katastrophe führen, weil damit die wichtigste „Bedingung der Möglichkeit" eines relativ freien Operierens der deutschen Politik, der Gegensatz zwischen der britischen und der sowjetischen

6 Die von W. Conze: Die deutsche Nation, S. 144, aufgeworfene prinzipielle Frage, ob und in welchem Maße Hitler tatsächlich in allen Phasen seiner praktischen Außenpolitik in den Jahren 1933–1938 sein weit ausgreifendes „Programm" ständig vor Augen hatte, bedarf noch eingehender Untersuchungen, zumal für die mittleren Friedensjahre 1935–1937 überhaupt noch keine zusammenfassende Darstellung der nationalsozialistischen Außenpolitik vorliegt. Eine solche wird jetzt von H.-A. Jacobsen vorbereitet (vgl. S. 27, Anm. 1).

Europa=Politik, beseitigt wurde und die Bedrohung der politischen Existenz=Grundlagen beider europäischer Flügelmächte[6a] durch Hitler alle übrigen Spannungen in Europa überdeckte und in den Hintergrund treten ließ.
Neben der radikalen Konzeption Hitlers hat in dem „uniformen" „Führerstaat" — wenn man von dem Sonderfall der „Kontinentalblock"=Konzeption Ribbentrops absieht[7], die mehr ein Kriegsmittel als ein Kriegsziel war — überhaupt nur ein einziges großes „Alternativ=Programm" in einer besonderen Situation vorübergehend eine gewisse Rolle gespielt. Die nach dem schnellen Sieg über Frankreich im Sommer 1940 von — gegenüber Hitlers rassenideologischem „Fanatismus" vergleichsweise gemäßigt=„konservativen" — Kräften im Auswärtigen Amt mit Billigung Ribbentrops entwickelte Konzeption eines europäischen „Großwirtschaftsraums" (ohne Rußland) unter deutscher Führung mit einem Kolonialreich Mittelafrika als Rohstoffbasis und Absatzgebiet blieb allerdings — ganz abgesehen von der Abwandlung dieser Konzeption durch Göring und Funk — schon deshalb Episode, weil die wesentliche Voraussetzung für die Realisierung, der freie Zugang zum mittelafrikanischen Raum, infolge des Fortgangs der britischen Blockade nicht erreicht werden konnte. Vor allem stellte dieses „Programm" für Hitler keine „Alternative", sondern nur eine Konkretisierung der eigenen Ziele *nach* der Eroberung des europäischen Rußland dar, Ziele, nach denen er, wie die kolonialpolitischen und maritimen Vorbereitungen im Sommer 1940 zeigen, im Falle eines „Ausgleichs" mit Großbritannien auch schon *vor* dem Ost=„Feldzug" gegriffen hätte, um schneller als erhofft Deutschland über die kontinentaleuropäische Basis hinaus in eine „Weltmacht"=Stellung zu führen, aus der heraus es, wie er meinte, auch den USA „die Stirne bieten" könnte[8].
Diese vorübergehend auftauchende Möglichkeit war aber schon eine Abwandlung des ursprünglichen „Programms", die sich teils aus der überschießenden Dynamik nach dem Triumph über Frankreich ergab, teils als „Antwort" auf die — wie es Hitler auffaßte — „Herausforderung" durch die angelsächsischen Seemächte im Westen zu verstehen ist. Diese gerade hatte Hitler in seinem „Programm" und lange Zeit (zumindest bis 1937[9]) auch in seiner praktischen

6a Im Falle Rußlands bewußt im Sinne der eigenen Zielsetzung, im Falle Großbritanniens „ungewollt" durch die Verkennung der traditionellen britischen Europa=Konzeption.

7 Zu Ribbentrops Konzeption vgl. oben S. 238, S. 395 mit Anm. 13 und vor allem unten S. 599 f.

8 Hitlers zweites Buch, S. 130.

9 Wie weit Hitler Großbritannien und die USA in den Jahren 1937 bis 1939 ernsthaft als Gegenkräfte schon für die kontinentaleuropäische Phase seiner Expansionspolitik erkannt hatte, müßte noch eingehender als bisher untersucht werden. Bis zuletzt (d. h. bis zum 3. 9. 1939) gewann jedenfalls bei Hitler immer wieder die Illusion, daß es ihm doch möglich sein werde, seine kontinentaleuropäischen Ziele ohne ein Eingreifen Großbritanniens erreichen zu können, die Oberhand gegenüber allen zeitweilig stark hervortretenden Bedenken. Die zwiespältige, auch nach dem 15. 3. 1939 und selbst in der Schlußphase (August 1939) nicht völlig eindeutige Politik der britischen Regierung hat dabei Hitler gewisse Anhaltspunkte für seine verfehlte Lagebeurteilung

Politik nicht als Gegenkräfte, wenigstens nicht für die Zeit seiner kontinentalen „Beschränkung" bis *nach* der Eroberung des europäischen Rußland, angesehen. Hitler hatte seine außenpolitische Grundhypothese, daß ein „Ausgleich" mit Großbritannien für die Zeit der Realisierung des Hauptteils des „Programms" gefunden werden könne, mit der Erwartung verknüpft, die ihm für den großen Eroberungszug nach Osten notwendig erscheinende machtpolitisch-strategische Ausgangsposition in Mitteleuropa ohne „großen" Krieg gegen mehrere Mächte, vielmehr allein durch „kurze, entscheidende Schläge[10]" zur Niederwerfung Frankreichs (und, wie es sich für ihn seit dem Frühjahr 1939 entgegen seiner ursprünglichen Zielsetzung herausstellte, auch Polens) erkämpfen zu können, die in Form überfallartiger, streng lokalisierter „Blitzfeldzüge" des Heeres mit taktischer und operativer Unterstützung durch die Luftwaffe, deren psychologische Wirkung mit einkalkuliert war, geführt werden sollten. Auf diese Kriegskonzeption waren der Aufbau der Wehrmacht und die deutsche Rüstung abgestellt. Mit ihr meinte Hitler eine Wiederholung der Situation Deutschlands im Ersten Weltkrieg ausschließen zu können.

Jedoch der (bei einer auch nur oberflächlichen Kenntnis der britischen Europa-Politik mit großer Wahrscheinlichkeit zu erwartende, von Hitler vor allem auf Grund seines Denkens in politischen „Räumen" trotz manchen gegenteiligen rhetorischen Behauptungen aber nicht ernsthaft in seinen Kalkül einbezogene) Entschluß Großbritanniens, schon den ersten dieser — dem großen Eroberungszug nach Osten zeitlich weit vorgestaffelten — „Feldzüge" nicht hinzunehmen, sondern der Abwicklung seines „Programms" Einhalt zu gebieten, zwang Hitler in einen größeren europäischen Krieg mit maritimem Schwerpunkt, auf den er, besonders auf dem Gebiet der Marine- und Luftrüstung, nicht vorbereitet war (weil er einen solchen nicht beabsichtigt hatte), der vielmehr der inhaltlichen Zielsetzung wie hinsichtlich der politischen und militärischen Methode seinen Vorstellungen von der Verwirklichung seines „Programms" strikt zuwiderlief. Die für ihn damit notwendig gewordene — von den bisherigen Plan-Vorstellungen aus gesehen — vorzeitige Niederwerfung Frankreichs gelang indessen wider alle Erwartungen seiner Gegner und trotz allen Befürchtungen seiner Anhänger ohne größere Schwierigkeiten im Zuge eines weiteren „Blitzkrieges", obwohl die militärischen Mittel hierzu nach Auffassung aller „Experten" eigentlich noch nicht ausreichten. Damit schien — paradoxerweise

geliefert (vgl. zu Hitlers Lagebeurteilung im August 1939 vor allem die Aufzeichnungen des Vertreters des Heeres bei Hitler, General v. Vormann. Ms. im Institut für Zeitgeschichte München; auszugsweise wiedergegeben in den Anmerkungen von W. Hofer: Die Entfesselung des Zweiten Weltkrieges. Neuauflage Frankfurt a. M. 1964, S. 490 ff.).

10 So Hitler in seiner Ansprache am 28. 2. 1934. Zitiert nach Aufzeichnungen des späteren Generalfeldmarschalls Frhr. v. Weichs von W. Sauer, in: Bracher-Sauer-Schulz: Die nationalsozialistische Machtergreifung, S. 749. — Hitlers Kriegs-„Ideal" war der militärische Überfall — gleichsam aus den Kasernen der Grenzgarnisonen heraus —, durch den in „blitzartiger" Aktion ein bestimmtes, klar begrenztes Territorium in Besitz genommen werden sollte.

durch den Hitler von den Westmächten zur Unzeit „aufgezwungenen“ Krieg – schneller, als von ihm bisher angenommen, eine strategische Lage in Europa in greifbarer Nähe, die er immer als wichtigste Voraussetzung für ein weiträumiges Ausgreifen nach Osten angesehen hatte.

Aber die Entschlossenheit Großbritanniens unter Churchills Führung im Sommer 1940, auch nach Verlust aller kontinentaleuropäischen Verbündeten nicht nachzugeben und jeden „Ausgleich“ mit Hitler – nicht nur „auf der Basis der Teilung der Welt[11]“, wie ihn dieser anstrebte, sondern prinzipiell – abzulehnen, ließ sich weder durch politische noch durch die vorhandenen begrenzten militärischen Mittel im See- und Luftkrieg oder durch Operationen an der „Peripherie“ Europas brechen, wie all die verschiedenen Ansätze, Erwägungen und Planungen der sich immer mehr ins Globale weitenden Strategie Hitlers in den Monaten Juni bis November 1940 zeigten. Strategische „Alternativen“ im großen, die unter Zurückstellung einer Ost-Lösung die Entscheidung im Westkrieg zu seinen Gunsten herbeiführen konnten, gab es nicht. Mit einer großzügigen deutschen Mittelmeerstrategie, für die im übrigen alle politischen und militärischen Voraussetzungen fehlten, konnte Großbritannien zwar in seiner imperialen Position schwer geschädigt werden, doch blieb sein Lebensnerv, als den man die Verbindungslinien zwischen der britischen Insel und den USA über den Nordatlantik ansehen muß, davon unberührt. Ein „totaler“ U-Boot-Krieg gegen diese britischen Zufahrtswege wiederum konnte – von allen politischen Bedenken mit Blick auf die USA abgesehen – bei der geringen Zahl der deutschen U-Boote nicht zu einer schnellen Entscheidung führen. Für eine Landung in Großbritannien schließlich konnte die wichtigste Vorbedingung, die Luftherrschaft über dem Invasionsraum Südengland, nicht erreicht werden. Für einen strategischen Luftkrieg mit durchschlagendem Erfolg fehlte die geeignete Bomberflotte[11a].

Es war Hitler mit den ihm 1940 zur Verfügung stehenden Machtmitteln nicht möglich, die im Juni vermeintlich so nahe entscheidende politische Voraussetzung für den Eroberungszug nach Osten tatsächlich zu schaffen. Im Gegenteil: der Krieg im Westen drohte durch das immer stärkere Engagement der USA im Zuge der konsequenten Politik Roosevelts seit Mai-Juni 1940 eine Ausweitung zu erfahren, die schließlich in einen Material- und Produktionskrieg wie 1914/18 führen mußte, dem Deutschland auch in seiner erweiterten kontinentaleuropäischen Bastion auf die Dauer nicht gewachsen war, den Hitler daher durch den improvisierten Plan eines „Blitzkrieges“ im großen Maßstab zu verhindern suchte. In dieser Situation, die sich im Westen von Monat zu

11 KTB Halder, Bd. I, S. 308 (21. 5. 1940): Bericht v. Etzdorfs über Hitlers Ziele.

11a Da eine grundlegende Veränderung im Westkrieg zu den eigenen Gunsten in absehbarer Zeit nicht möglich war, arbeitete die Zeit seit Juni/Juli 1940 – objektiv betrachtet – gegen Hitler, vor allem im Hinblick auf das wachsende Rüstungspotential der Seemächte, aber auch der zunehmenden Stärke der Sowjetunion.

Monat weiter gegen ihn entwickelte, wurde die Eroberung des europäischen Rußland, bisher das große Ziel des „Programms" und der Gesamtstrategie Hitlers, nun zugleich zum Mittel, den Krieg im Westen zu seinen Gunsten zu wenden oder zumindest durch den Aufbau eines blockadefesten kontinental=europäischen „Großraums" die nach Hitlers Auffassung wichtigste machtpolitische und wehrwirtschaftliche Voraussetzung für die Behauptung Deutschlands in einem neuen „Weltkrieg" zu schaffen.

Die Zerschlagung der Sowjetunion schien Hitler nun auch notwendig, um seine wachsende wirtschaftliche und politische Abhängigkeit vom Wohlwollen Stalins abzuschütteln, da er bei der zu erwartenden Zunahme der Schwierigkeiten im Kriege gegen die (faktisch bereits miteinander verbündeten) angelsächsischen Mächte eine „Erpressertaktik" des Gegenspielers befürchtete. Zwar widersprach dessen nüchterner, vollkommen rationaler politischer Kalkül völlig seinem eigenen sprunghaft vorwärtsdrängenden, trotz Beimischung kurzsichtig rationaler Elemente im Kern irrationalen, von „mythischen" Vorstellungen geprägten politischen Denken. Jedoch erfaßte er durchaus – nicht zuletzt dank der Enthüllung der sowjetischen Fernziele durch Molotow bei seinem Besuch in Berlin im November 1940 – die politische Konzeption Stalins, der danach strebte, nach Erschöpfung der deutschen Kräfte im Westkrieg im möglichst risikolosen Vorstoß nach Westen neue Positionen in Nord=, Ostmittel= und Südosteuropa mit Blick auf die Nachkriegssituation gegenüber den siegreichen angelsächsischen Mächten zu gewinnen.

Hitlers Unrast, seine Vorstellung, daß die Zeit gegen ihn arbeite, auf der einen und Stalins ruhiges Zuwarten, sein langfristiges Kriegsziel=„Programm" ohne terminmäßige Bindungen, auf der anderen Seite, die ein völlig eindeutiges Urteil über das unterschiedliche staatsmännische Format der beiden großen Gegenspieler erlauben, sind indessen nicht nur aus der Verschiedenartigkeit des politischen Temperaments herzuleiten, auch nicht allein aus festliegenden machtpolitischen oder ideologischen Kriegskonzeptionen zu erklären, vielmehr ergaben sich der Zwang zum Handeln auf seiten Hitlers und die Möglichkeit zu umsichtigem Abwarten auf seiten Stalins wesentlich aus der Situation Deutschlands und der Sowjetunion im europäischen Krieg, der sich ohne ein „Handeln" Hitlers auf die Dauer gesehen zu seinen Ungunsten entwickeln mußte, während gerade ein solcher Ablauf des Geschehens von Stalin im Interesse der sowjetischen Ziele einkalkuliert werden konnte, ohne daß er selbst in den Krieg einzugreifen brauchte. Hitler befand sich, seit sein Angriff auf Polen die Kriegserklärung Großbritanniens ausgelöst hatte, die sein politisch=militärisches „Programm" in einem Grundaxiom traf, in einer Zwangslage, aus der ihn – entgegen seinen Erwartungen – auch der Triumph über Frankreich nicht befreit hatte, da es ihm nicht gelungen war, den „Ausgleich" mit Großbritannien doch noch zu finden.

Hitlers festliegendes Grundurteil über die Schwäche des Sowjetsystems und speziell der Roten Armee, das ihm die leichte Durchführbarkeit eines „Blitz=

krieges" gegen die Sowjetunion im Stile des Polen= oder Frankreich=Feldzuges als Ausweg aus dem politischen und strategischen Dilemma im Westkrieg und damit als Schlüssel zum Erfolg im Gesamtkrieg erscheinen ließ, sah sich durch das ähnliche Urteil der „Experten" bestätigt. Dies rührt an die wohl folgen=reichste Komponente der deutschen „Kontinuität des Irrtums[12]" in der Über=schätzung der eigenen und der Unterschätzung der Stärke der Gegner[13]. So wurde in den im Herbst 1940 entworfenen improvisierten Kriegsplan Hitlers, der von dem Zwang bestimmt war, bis 1942 die Lage in Europa und den angrenzenden Räumen Vorderasiens und Nordafrikas „endgültig" zu seinen Gunsten zu klären, um allen Eventualitäten mit Blick auf die USA gewachsen zu sein, nicht einmal die Möglichkeit einer längeren Dauer des Ostfeldzuges einbezogen[14], sondern alles auf eine Karte gesetzt. Es blieb nur „Sieg" oder katastrophaler Ausgang des Ostkrieges und damit zugleich des Gesamtkrieges als „Alternative" des — von Hitler seit 1938 stufenweise immer mehr gesteiger=ten und nun im Weltmaßstab eingeleiteten — Vabanque=Spiels übrig. Sein „Sinn" bestand darin, durch eine Serie von kleinen oder größeren „Blitzkrie=gen" den gefürchteten „großen" Krieg gleichsam zu „unterlaufen" und dennoch das entscheidende Ziel, die Aufrichtung und dauerhafte Beherrschung eines autarken, blockadefesten, verteidigungsfähigen und der Führungsmacht Deutschland eine reale „Unabhängigkeit" gewährenden „Großraums" zu er=reichen.

12 Formulierung nach F. Fischer: Kontinuität des Irrtums. Zum Problem der deut=schen Kriegszielpolitik im Ersten Weltkrieg, in: Historische Zeitschrift, Bd. 191, 1960, S. 87 ff. — Die Unterschätzung Rußlands begann (*nach* einer Periode der Überschätzung seiner militärischen Kräfte und der Dynamik der russischen Kraftentfaltung in den Jahren vor 1914) in den ersten Monaten des Ersten Weltkrieges und hielt sich — nach 1918/19 begleitet von einer zeitweilig stärker hervortretenden Unterströmung in der „öffentlichen" und „privaten" Meinung, die die Gefahr einer bolschewistischen Überflutung Deutschlands und großer Teile Europas als bedrohlich ansah — bis in den Zweiten Weltkrieg hinein. Für Hitlers Auffassung ist kennzeichnend sein Urteil im „Zweiten Buch" (1928), in dem er die machtpolitische Bedeutung der („rassisch" hochwertigen) „ameri=kanischen Union" der geringen Stärke Rußlands gegenüberstellte. „Diese Men=schen (d. h. die Russen; d. Verf.) sind auch in einem Staatswesen zusammengefaßt, dessen Wert, traditionell gesehen, sogar ein höherer sein müßte als der der amerikanischen Union; allein trotzdem wird es keinem Menschen einfallen, deshalb eine russische Hegemonie für die Welt zu befürchten. Der Zahl des russischen Volkes liegt kein solcher Wert bei, daß diese Zahl zu einer Gefahr für die Freiheit der Welt werden könnte. Zumindest nie im Sinne einer wirt=schaftlichen und machtpolitischen Beherrschung der anderen Erde, sondern höch=stens in dem einer Überschwemmung mit Krankheitsbazillen, die z. Zt. in Rußland ihren Herd haben" („Zweites Buch", S. 128).

13 Die Geringschätzung der sowjetischen Macht wirkte als weitaus bedeutsamste „Kontinuität des Irrtums" in Deutschland bis in die fünfziger Jahre in hohem Maße und — abklingend — auch bis in die unmittelbare Gegenwart nach.

14 Dies geht allein schon daraus hervor, daß alle verfügbaren deutschen Kräfte in den Ostfeldzug geworfen wurden und keine zentrale Reserve für Eventual=fälle in Mitteleuropa angelegt bzw. dort zurückgelassen wurde.

Die Niederringung der Sowjetunion in einem „Blitzkrieg“ von wenigen Wochen, durch das „Barbarossa“=Unternehmen des Sommers 1941, sollte zusammen mit den für die Folgezeit geplanten weitgreifenden Operationen nach Vorderasien, bis vor die Tore Indiens, nach Nordwestafrika und gegen die portugiesischen Atlantik=Inseln, verbunden mit den weltpolitischen Auswirkungen, die Hitler sich davon mit Blick auf Japan versprach, Großbritannien zum Frieden zwingen und nach Möglichkeit den Kriegseintritt der dann machtpolitisch in der „westlichen Hemisphäre“ isolierten und durch die Drohung eines Zweiozeankrieges politisch=strategisch gelähmten USA in den Krieg im Westen verhindern, selbst für den schlimmsten Fall aber, daß die vereinigten angelsächsischen Seemächte den Krieg doch fortsetzten, eine Wiederholung der „Weltkriegs“=Situation für Deutschland endgültig ausschließen. Die Zerschlagung der Sowjetunion und die daran anknüpfenden weitreichenden politischen und militärischen Erwartungen schienen Hitler der einzige ihm zugängliche Weg zu sein, um die USA vom Kriegseintritt zurückzuhalten, d. h. dazu zu bringen, sich mit einer „Weltmacht“ Deutschland abzufinden. Sonst besaß er, wie alle seine politisch=strategischen Überlegungen seit Juli 1940 ergeben hatten, — der „Dreimächtepakt“ hatte sich als unwirksam erwiesen, die „Kontinentalblock“=Konzeption war nicht über ein Anfangsstadium hinausgelangt — keinerlei politische oder militärische Mittel, um Amerika seinen Willen aufzuzwingen und die — wenn auch dieser Kriegsplan scheiterte — unvermeidlich ständig zunehmende Bedrohung seiner eben gewonnenen europäischen Machtstellung durch die USA abzuwenden.

Hitlers kurzschlüssige Kalkulation, daß Japan nach der Zertrümmerung der Sowjetunion oder schon bei ihrer entscheidenden Schwächung durch den deutschen Angriff zur lange geplanten, bisher angesichts der Rückenbedrohung durch die Sowjetunion aufgeschobenen Expansion zur Eroberung eines japanisch beherrschten südostasiatischen „Großraums“ auf Kosten Großbritanniens und der Niederlande schreiten würde, ohne daß dadurch ein Krieg mit Amerika heraufbeschworen würde, daß die USA nach dieser Demonstration der japanischen Macht vielmehr wegen der dann ernsthaft drohenden Gefahr eines Zweiozeankrieges auf ein weiteres Engagement im europäischen Krieg verzichten würden, ging nicht auf. Wohl setzte Japan schon bald nach Beginn des deutschen Ostkrieges mit dem Vorstoß nach Südindochina zur großen Südexpansion an; jedoch die Überzeugung der nun in einer Schlüsselposition innerhalb der japanischen Führung befindlichen Marineleitung, daß die USA und Großbritannien politisch und militärisch nicht zu trennen seien, führte zu dem Entschluß der japanischen Regierung, ohne Rücksicht auf den deutschen Bundesgenossen nach Möglichkeit einen „modus vivendi“ mit den USA zu suchen, notfalls aber, wenn Amerika trotz einigen japanischen Konzessionen dazu nicht bereit sei, den Krieg gegen beide angelsächsischen Seemächte zu wagen, die im atlantisch=europäischen Bereich stark gebunden schienen. So stand Hitler, ohne diesen Zusammenhang selbst zu überschauen, da die japanische

Regierung ohne Fühlung mit ihm handelte, seit Mitte 1941 vor der Alternative, entweder im Falle eines japanisch-amerikanischen Arrangements in absehbarer Zeit mit dem vollen Gewicht der amerikanischen Macht im europäischen Krieg rechnen zu müssen oder aber plötzlich einer von der japanischen Führung ohne Rücksicht auf die Kriegssituation Deutschlands gefällten Entscheidung zum Krieg gegen die USA konfrontiert zu werden, einer Lage, die, wie immer Hitler hierauf reagierte, faktisch die Ausweitung des ostasiatischen Krieges und ein Zusammenfließen mit dem europäischen Krieg zum „Weltkrieg" bedeutete, den Hitler gerade durch die von ihm erhofften Auswirkungen des Unternehmens „Barbarossa" hatte vermeiden wollen.

Der von Hitler am 22. 6. 1941 entfesselte rassenideologische Vernichtungskrieg gegen den „jüdisch-bolschewistischen Todfeind" im Osten zur Ausrottung der russischen Führungsschicht und ihrer angeblichen biologischen Basis, der Millionen Juden in Ostmitteleuropa, als Voraussetzung für die eigene Beherrschung des europäischen Rußland – dies war das weltgeschichtliche Ergebnis aller Erwägungen, Planungen und Entschlüsse Hitlers in jenem entscheidenden Jahr nach der Niederwerfung Frankreichs im Mai-Juni 1940 –, jetzt gleichzeitig Ziel „seines" Krieges und Mittel zur Behauptung in dem „aufgezwungenen" Krieg gegen Großbritannien und die hinter ihm stehenden USA (mit der in diesem Krieg vermeintlich liegenden Chance, nach Freiwerden der deutschen Kräfte aus dem Osten eine deutsche „Weltmacht"-Stellung erkämpfen zu können) scheiterte, obwohl Hitler über drei Viertel der ihm zur Verfügung stehenden militärischen Kräfte in den Kampf warf, an den in Rußland durch den radikalen Charakter seiner Kriegführung herausgeforderten elementaren Widerstandskräften, noch bevor die angelsächsischen Mächte im Westen ihre volle militärische Kraft entfalten und ihr Potential in die Waagschale werfen konnten. Der im Augenblick des vermeintlichen Triumphes im Osten, im Juli 1941, eingeleitete Übergang zur nächsten – und „letzten" – Etappe des Krieges (in der Zielvorstellung Hitlers), der Ausweitung und Absicherung des deutsch-beherrschten „Großraums" in Frontstellung gegen die angelsächsischen Mächte, blieb daher im Ansatz stecken. „Nur" die von Hitler damit verknüpfte Ausweitung der „Endlösung der Judenfrage in Europa" auf die Ausrottung der Juden im westlichen und mittleren Teil des deutsch-beherrschten Raumes wurde in systematischer Form in den folgenden Jahren bis zum Herbst 1944 fast zu Ende geführt.

Japan aber hatte sich gerade in dem Augenblick zum Krieg gegen die angelsächsischen Mäche entschlossen, als im Dezember 1941 das Scheitern des deutschen „Blitzkrieges" gegen die Sowjetunion offenkundig geworden war. Diese vom Eigeninteresse bestimmte Entscheidung des einzigen nennenswerten „Verbündeten" vollendete somit den Zusammenbruch des improvisierten Kriegsplans Hitlers vom Herbst 1940.

Die im März 1941 ohne Einbeziehung der Sowjetunion festgelegte langfristige, globale Strategie der angelsächsischen Mächte war für sie in allen wesentlichen

Grundzügen auch nach Beginn des deutsch=sowjetischen Krieges bestimmend geblieben, so daß es sich seit dem 22. 6. 1941 trotz den gegenteiligen propagandistischen Versicherungen auf allen Seiten nicht um einen zusammenhängenden Krieg einer großen Koalition gegen Deutschland, sondern um ein Nebeneinander zweier Kriege handelte, die nicht nur strategisch und operativ – zumindest bis Ende 1943 (Konferenz von Teheran) völlig, danach weitgehend – voneinander getrennt geführt wurden, sondern sich auch in ihrem Charakter wesentlich voneinander unterschieden: im Westen handelte es sich trotz vielfältiger Verletzung (niemals aber prinzipieller Außerkraftsetzung) im ganzen noch um einen „europäischen Normalkrieg[15]"; im Osten dagegen wütete ein rassenideologischer Vernichtungskrieg, der in Ursprung und Ziel singulär und im Ausmaß seiner Zerstörungen sowie in der Zahl seiner Opfer ohne Beispiel in der modernen Geschichte war.

Dieser Krieg konnte in der Tat – wenn auch anders, als es Hitler meinte und beabsichtigte, als er sich zum Unternehmen „Barbarossa" entschloß – in keinem Falle zu einer Wiederholung der Situation von 1914/18, führen, erst recht nicht, als sich nach dem Scheitern des „Blitzfeldzuges" und damit des improvisierten Kriegsplans Hitlers im Winter 1941/42 sowie dem zeitlich hiermit zusammenfallenden Kriegseintritt der USA der Ring der großen Mächte in West und Ost gegen Hitler schloß und der zweite „Weltkrieg" – der Wortbedeutung nach wie auch in dem von Hitler befürchteten Sinne – begann. Weder hinsichtlich ihres machtpolitischen Gewichts noch mit ihren expansiven „realpolitisch" und ideologisch begründeten Kriegszielen ließ sich die Sowjetunion mit dem Rußland des Ersten Weltkrieges vergleichen, so daß ein Sonderfriede im Osten wie 1917/18, der eine deutsch=russische Kompromiß=Lösung über Ostmitteleuropa zur Voraussetzung gehabt hätte, nicht möglich war, auch wenn jetzt Hitler – was für ihn undenkbar und unvollziehbar war[16] – auf „sein" großes Kriegsziel im Osten verzichtet hätte. Hier (wie auch bei seinen Grundentscheidungen innerhalb seines Herrschaftsbereichs) war Hitler eine Rückwendung vom Ideologisch=Prinzipiellen zum Taktischen im Sinne machiavellistischer Klugheit und Wendigkeit aus Gründen seiner Ideologie wie seiner Psyche (und auch solchen der inneren Logik des Herrschaftssystems) – wie es sich in der zunehmenden Starrheit seiner „Haltung" äußerte – nicht mehr möglich, nachdem er in dem entscheidenden Jahr 1940/41 einmal den Übergang zum Prinzipiellen vollzogen hatte.

15 Zum Begriffsinhalt vgl. Nolte, S. 435. Vgl. auch oben S. 516 mit Anm. 1.

16 Noch Hitlers „Postskriptum" zu seinem „politischen Testament" vom 29. 4. 1945, seine letzte überlieferte politische Äußerung überhaupt, schloß mit dem Satz: „Es muß weiter das Ziel sein, dem deutschen Volk Raum im Osten zu gewinnen" (H. R. Trevor=Roper: Hitlers letzte Tage. Deutsche Ausgabe. Zürich 1946, S. 180; durch Hitlers Luftwaffen=Adjutanten, Oberst v. Below, rekonstruierter Text des vernichteten Dokuments, das v. Below Keitel aus dem von der Roten Armee eingeschlossenen Berlin als Hitlers Abschiedsworte an die deutsche Wehrmacht überbringen sollte).

Der Charakter des Ost-Krieges, der in dem fast vierjährigen wechselseitig – aus unterschiedlicher, aber in den Konsequenzen ähnlicher Motivierung – auf die Vernichtung des Feindes gerichteten Kampf kaum vorstellbaren Ausmaßes mit den weit über 30 Millionen Opfern[17], zu denen neben den Toten in den Schlachten, in den Partisanenkämpfen[18] und bei den Vertreibungen[19] die getöteten Kriegsgefangenen[20] und die ermordeten Juden[21] gehören, zum blutigsten Krieg der Geschichte wurde, schloß einen Waffenstillstand im Stile der Beendigung „europäischer Normalkriege" aus[22]. Die Bestätigung des Erlöschens jeden

17 Vgl. die Zusammenstellung der Kriegsverluste bei Erdmann: Die Zeit der Weltkriege, S. 355; ferner Reitlinger: Ein Haus auf Sand gebaut, S. 526 ff. (aufgeschlüsselte deutsche und sowjetische Verluste). Gesamtverluste der Sowjetunion (nach amtlichen Angaben) über 20 Millionen Tote, davon 13,6 Millionen Soldaten. Deutsche Verluste: über 7 Millionen Tote (hierin 4,2 Millionen Soldaten), davon schätzungsweise weit über zwei Drittel im Ostkrieg (einschließlich der Opfer der Vertreibung der Deutschen aus Ost-Mitteleuropa). Hinzu kommt noch die Zahl der über 5 Millionen Juden, die in Hitlers rassenideologischem Vernichtungskrieg ermordet wurden. (Reitlinger, S. 531, kommt bei seinen Berechnungen „nur" zu der Gesamtzahl von 17 Millionen sowjetischen und deutschen Toten während des Ostkrieges sowie von über 4 Millionen ermordeten Juden.) – Demgegenüber betrugen die Verluste der USA (auf beiden Kriegsschauplätzen Atlantik/Europa und Pazifik/Ostasien) 259 000 Tote, die Großbritanniens 326 000 Gefallene sowie 60 000 Opfer des Bombenkrieges. Auch wenn Zahlen nicht das Entscheidende sind, so sollte die Relation doch viel stärker, als es gemeinhin geschieht, bei der geschichtlichen Deutung des Zweiten Weltkrieges und der von ihm ausgehenden Nachwirkungen und Folgen beachtet werden.

18 Hierzu vor allem E. M. Howell: The Soviet Partisan Movement 1941–1944. Washington 1956.

19 D. h. in den von deutscher und sowjetischer Seite in den Jahren 1939–1946 vorgenommenen oder verursachten Umsiedlungen, Aussiedlungen, Verpflanzungen von Bevölkerungsgruppen, Vertreibungen, Fluchtbewegungen und Ausweisungen. Hierzu E. M. Kulischer: The Displacement of Population in Europe. Montreal 1943; G. Frumkin: Population Changes in Europe since 1939. New York 1951; A. Dallin: Deutsche Herrschaft in Rußland, a. a. O.; Dokumentation der Vertreibung der Deutschen aus Ost-Mitteleuropa. Bearbeitet von Th. Schieder (u. a.). 5 Bde., Groß-Denkte/Wolfenbüttel-Berlin-Düsseldorf 1953–1961; M. Broszat: Nationalsozialistische Polenpolitik, a. a. O.

20 Vgl. die Zusammenstellung über das Schicksal der rund 5,75 Millionen sowjetischen Kriegsgefangenen bei Dallin, S. 440. Die Zahl der „registrierten" Todesfälle in den deutschen Lagern betrug bis 1. 5. 1944 1,981 Millionen Mann. 280 000 Gefangene sind im Durchgangslager umgekommen oder „verschwunden", 1 030 000 „auf der Flucht erschossen" oder an den SD zur „Liquidierung" übergeben worden. Von den 5,75 Millionen sowjetischer Gefangener haben somit mindestens 3,3 Millionen die Gefangenschaft nicht überlebt (Jacobsen: Kommissarbefehl, S. 197). – Eine Zusammenstellung über das Schicksal der deutschen Kriegsgefangenen in der Sowjetunion, von denen 1,2 Millionen in den Lagern starben, steht noch aus. Sie wird von der „Wissenschaftlichen Kommission für die Dokumentation des Schicksals der deutschen Gefangenen des Zweiten Weltkrieges" (München) vorbereitet.

21 Vgl. etwa die Übersicht über das Schicksal der europäischen Juden bei W. Scheffler: Judenverfolgung im Dritten Reich 1933–1945. Berlin 1960, S. 114, in der die aufgeschlüsselten Schätzungen des britisch-amerikanischen Komitees von 1946 und die Berechnungen G. Reitlingers enthalten sind.

22 Geradezu symbolhaft kam der Unterschied zwischen Ost- und Westkrieg an der äußeren Wende des Krieges Anfang 1943 einerseits in dem ausweglosen Ver-

Eigenwillens der unterlegenen Seite durch diese selbst in einer – der historischen Bedeutung nach – weit über den militärischen Vorgang hinausgehenden, umfassenden „Kapitulation"[23] und die – mit dem Einmarsch der Roten Armee in den von der Sowjetunion mit Blick auf die Nachkriegssituation gegenüber den angelsächsischen Mächten seit 1940/41 beanspruchten Raum – im ganzen sowjetischen Machtbereich in Europa eingeleitete, machtpolitisch und ideologisch begründete Ausschaltung des „Klassenfeindes"[24], die sich gemäß der Konzeption des „Vaterländischen Krieges" gegen alle „Feinde der Sowjetunion" richtete und sich über Vertreibung und Deportation bis zur Zerstörung der Lebensgrundlagen ganzer Bevölkerungsgruppen steigerte[25], als Voraussetzung für die Aufrichtung einer dauerhaften sowjetischen Herrschaft beendeten ihn seinem Charakter wie auch der langfristigen Zielsetzung Stalins entsprechend.

Die deutsche Kapitulation 1945 bildete den formalen Abschluß des letzten großen Krieges in Europa, in dem nicht nur Massenheere gegeneinander kämpften, sondern in dem sich die (sich seit einhundertfünfzig Jahren stufenweise radikalisierende) „Normalform" des Nationalkrieges in einem ideologischen Vernichtungskrieg überschlug, der – von der etwa parallel laufenden Entwicklung der Waffentechnik aus betrachtet – „gerade noch" seine zerstörerischen Energien entladen konnte, bevor die „Revolution" der nuklearen Waffen jede Wiederholung dieser extremen Kriegsform wie auch jedes auf Raumeroberung abzielenden „Normalkrieges" verhinderte. Weit stärker als die Erinnerung an den Westkrieg, der in einer veränderten politischen Konstellation, den Konventionen von Positionswechseln nach „europäischen Normalkriegen" folgend, schon in erheblichem Maße, wenn auch noch keineswegs vollkommen zur „Vergangenheit" geworden ist, bestimmen aber Nachwirkungen und Folgen dieses tiefgreifendsten Ereignisses der bisherigen deutschen und russischen Geschichte die Gegenwart eines großen Teils Europas, vor allem jedoch mehr als alle politischen und ideologischen „Fronten" der Nachkriegszeit das Verhältnis zwischen Deutschland und der Sowjetunion.

zweiflungskampf der ursprünglich etwa 250 000 Mann starken 6. deutschen Armee im Raume von Stalingrad, von denen (außer den noch aus dem Kessel „ausgeflogenen" 42 000 Mann) nur etwa 6 000 Mann die Katastrophe überlebten, und andererseits in der „normalen" militärischen Kapitulation der ebenfalls rund 250 000 Mann zählenden deutsch-italienischen Heeresgruppe Afrika in Tunesien, die nach Kriegsende praktisch ohne Verluste zurückkehrten, zum Ausdruck.

23 Zur deutschen Kapitulation 1945 als neue, in letzter Zeit erschienene Arbeiten die völker- und staatsrechtliche Studie von R. Schuster: Deutschlands staatliche Existenz im Widerstreit politischer und rechtlicher Gesichtspunkte 1945–1963. München 1963, und die historische Deutung von W. Baum im Anhang zur 3. Auflage des Erinnerungswerkes von W. Lüdde-Neurath: Regierung Dönitz. Die letzten Tage des Dritten Reiches. Göttingen-Berlin-Frankfurt a. M. 1964, S. 184 ff.

24 Über die der jeweiligen Ideologie entspringende Konzeption des Vernichtungskrieges bei Hitler und Stalin, ihre Gemeinsamkeiten und Unterschiede vgl. H. Roos, Deutschland, Polen und die Sowjetunion im Zweiten Weltkrieg, in: Deutsch-russische Beziehungen von Bismarck bis zur Gegenwart. Hrsg. von W. Markert. Stuttgart 1964, S. 141 ff., besonders S. 159 ff.

25 Dies gilt vor allem für die deutschen Ostgebiete, im Schicksal der Hauptstadt Ostpreußens, Königsberg, symbolhaft gipfelnd.

Anhänge

1. Forschungsstand

Kennzeichnend für das – angesichts der Vielfalt wissenschaftlicher Fragestellungen, der möglichen Ansätze bei unterschiedlichen politisch-ideologischen Positionen, nicht zuletzt aber einfach der erdrückenden Reichhaltigkeit des zur Verfügung stehenden Quellenmaterials – an sich nicht überraschende Phänomen, daß sich seit 1945 die wissenschaftliche Forschung sowie die darauf aufbauenden oder daran anschließenden historischen, politik-wissenschaftlichen und publizistischen Arbeiten über Hitlers Außenpolitik und Kriegführung nach ganz verschiedenen Richtungen, in auseinanderlaufenden Tendenzen entwickelten[1], ist die leicht zu treffende Beobachtung, daß sich selbst die bedeutendsten Studien vorwiegend jeweils nur auf *eine* der im folgenden zu nennenden vier großen Quellengruppen stützen, in die man die Masse des uferlos scheinenden, durch weitere Funde und neu zugängliche Akten ständig umfangreicher werdenden Materials grob zusammenfassen kann, während in ihnen die übrigen Dokumenten-Bestände mehr oder weniger unbeachtet blieben. Auch von den spezialwissenschaftlichen Arbeiten, die auf einer anderen Materialgruppe beruhen, nimmt die Forschung in den übrigen „Sektoren" oftmals gar nicht oder allenfalls am Rande Notiz.

Hinzu kommt noch, daß auch die in anderen Ländern erzielten Forschungsergebnisse zur internationalen Politik und Strategie der großen Mächte im Zweiten Weltkrieg vielfach nicht zur Kenntnis genommen werden, obwohl die Internationalität der geschichtswissenschaftlichen Forschung gerade auch für das Gebiet der Zeitgeschichte eine Selbstverständlichkeit sein sollte[2].

Die Selbstisolierung verschiedener Forschungsrichtungen sowie die Verengung des Blickwinkels auf Hitler allein sind der Sache um so weniger angemessen, als einerseits vom totalitären Entwurf der Gesamtpolitik Hitlers die Einsicht naheliegen sollte, daß nur eine Zusammenschau der verschiedenen Teilbereiche

1 Zum Stand der Forschung über den Zweiten Weltkrieg allgemein der umfassende Überblick von H.-A. Jacobsen: Zur Konzeption einer Geschichte des Zweiten Weltkrieges 1939–1945. Disposition mit kritischer Auswahlbibliographie. Frankfurt a. M. 1964.

2 Diese Feststellung gilt vor allem für die deutsche und angelsächsische Literatur, kaum für die sowjetische Geschichtsschreibung, die sorgfältig alle – auch die abgelegenen – Neuerscheinungen in den westlichen Ländern registriert, sie allerdings vorwiegend nur in ihrem Sinne „ideologisch" auswertet.

ein zutreffendes Bild der Ziele und Methoden seiner Politik ergibt, wie andererseits erst bei Beachtung der Forschungsergebnisse zur Politik und Strategie der anderen Mächte eine Klärung des Grundproblems der Außenpolitik und Kriegführung Hitlers, der Möglichkeiten und Grenzen für die Verwirklichung seines „Programms" in der Auseinandersetzung mit den „Realitäten" und Gegenkräften, erreicht werden kann. Nur wenn man die Wechselwirkung im Aufeinanderprallen der dynamischen Politik Hitlers mit der (langsamen) Entfaltung der politischen Kräfte und des wirtschaftlichen und militärischen Potentials der Gegenmächte erfaßt, ist überhaupt eine sachgerechte historische Darstellung der Außenpolitik und Strategie Hitlers in der Zeit des Zweiten Weltkrieges möglich. An einer prinzipiellen Einsicht in diesen Zusammenhang hat es vielfach auch nicht gefehlt, wohl aber — angesichts des „embarras de richesse" an Quellenmaterial und Literatur nicht verwunderlich — an praktischen Konsequenzen, so daß bis heute keine wissenschaftlich befriedigende umfassende Darstellung über dieses Thema vorliegt, die über die zahlreich vorhandenen sehr allgemein gehaltenen Überblicke und Essays hinausginge.

Die — in etwas schematisierender Vereinfachung — in vier Gruppen zusammenzufassenden Hauptquellen für unsere — nur einem, wenn auch wichtigen, Teilbereich dieses Themas gewidmete — Arbeit sind (1.) die „programmatischen" Bekundungen Hitlers, beginnend mit seinen ersten Reden 1919/20[3] über „Mein Kampf" und „Zweites Buch"[4] bis hin zu den „Tischgesprächen" 1941–1944[5] und den sog. „Bunkeraufzeichnungen" Bormanns über Hitlers Äußerungen in den letzten Wochen des Krieges (Februar–April 1945[6]), (2.) die Akten des Auswärtigen Amts[7] und alle sonstigen Quellen über die verschiedenen Haupt- und Nebenstränge der Außenpolitik des „Dritten Reiches"[8], (3.) die Dokumente

3 E. Deuerlein: Hitlers Eintritt in die Politik und in die Reichswehr, in: Vierteljahrshefte für Zeitgeschichte 1959, S. 215 ff.

4 Hitlers zweites Buch. Ein Dokument aus dem Jahr 1928. Eingeleitet und kommentiert von G. L. Weinberg. Mit einem Geleitwort von H. Rothfels. Stuttgart 1961.

5 H. Picker: Hitlers Tischgespräche im Führerhauptquartier 1941/42. Neu hrsg. von P. E. Schramm in Zusammenarbeit mit A. Hillgruber und M. Vogt. Stuttgart 1963; daneben die nur in englischer und französischer Übersetzung veröffentlichten „Bormann-Vermerke": Hitler's Table Talk 1941–1944. Vorwort von H. R. Trevor-Roper. London 1953 (Libres propos sur la guerre et la paix. 2 Bde. Paris 1952/54).

6 Le testament politique de Hitler. Hrsg. von H. R. Trevor-Roper. Paris 1959.

7 Neben den in den Reihen C und D der „Akten zur deutschen auswärtigen Politik" veröffentlichten wichtigsten Dokumenten steht die Masse des geretteten Aktenmaterials der Forschung im Politischen Archiv des Auswärtigen Amts in Bonn zur Verfügung. Sie sind zu ergänzen durch die — nicht besonders umfangreichen — Bestände im „Deutschen Zentralarchiv" in Potsdam.

8 Zu den Nebengeleisen gehörten vor allem das Außenpolitische Amt der NSDAP (unter A. Rosenberg), der politische Geheimdienst des SD und das Amt Ausland/Abwehr im OKW (Admiral Canaris). Von den beiden letzteren ist kaum authentisches Quellenmaterial überliefert; jedoch finden sich Niederschläge ihrer Tätigkeit in den diplomatischen und militärischen Akten.

aus dem Bereich der militärischen Führung, aus Wehrwirtschaft und Rüstung[9] und (4.) die sog. „Schlüsseldokumente", d. h. geheime Reden und Denkschriften Hitlers, in denen er „Programmatisches" mit Gesichtspunkten der jeweils gerade aktuellen Probleme und mit taktischen Wendungen verknüpfte[10].

Da ein auch nur annähernd vollständiger Bericht über die für unser Thema beachtenswerte Einzelliteratur den Rahmen dieses Überblicks völlig sprengen würde, können wir im folgenden nur kurz auf solche geschichtswissenschaftlichen Arbeiten eingehen, die unseres Erachtens den gegenwärtigen Stand der Forschung markieren und an deren Ergebnisse wir in den Kapiteln über Hitlers Politik und Kriegführung 1940/41 anknüpfen, ohne die vielen Detailstudien mit zu erwähnen, auf die wir uns von Fall zu Fall stützen und deren Berücksichtigung in dieser Zusammenstellung erst eine rechte Vorstellung von dem Ausmaß des schon Erreichten auf den verschiedenen Teilgebieten der Forschung über diese bedeutsame Phase des Zweiten Weltkrieges vermitteln würde. Auch die Literatur, auf die wir uns in den Kapiteln über die Politik und Strategie der anderen Mächte stützen, kann hier nicht vorgestellt und charakterisiert werden.

Ausschließlich auf „programmatischen" Zeugnissen basiert die wiederholt erwähnte grundlegende, wenn auch pointiert-einseitige Studie von H. R. Trevor-Roper über „Hitlers Kriegsziele[11]". Der britische Historiker sieht sie – im Kern völlig zutreffend, aber in seinen Darlegungen schematisierend und die verschiedenen Abwandlungen und Erweiterungen im Kriege nicht berücksichtigend – allein in der Errichtung eines deutschen Ost-Imperiums auf den Trümmern der Sowjetunion, während er Hitlers Politik und Kriegführung im Westen in unzutreffender Weise ausschließlich unter dem Gesichtswinkel einer politisch-strategischen Defensive sieht. Die über den kontinentaleuropäischen Raum hinausreichende Zielsetzung Hitlers, die sich, in frühen „programmatischen" Bekundungen vorankündigend, auf dem Höhepunkt der deutschen Macht 1940/41 deutlich abzeichnete, untersuchte als erster G. Moltmann[12]. Seine

9 Zur Erweiterung der Quellenbasis dieses Bereichs vgl. unten S. 595 ff.

10 Die bekannte Reihe dieser „Schlüsseldokumente" der Vorkriegszeit von Hitlers Rede vor den Befehlshabern der Reichswehr am 3. 2. 1933 bis zur Ansprache vor der Generalität am 22. 8. 1939 (vgl. die vollzählige Reihe mit Quellenkritik bei A. Hillgruber: Quellen und Quellenkritik zur Vorgeschichte des Zweiten Weltkrieges, in: Wehrwissenschaftliche Rundschau 1964, S. 117 ff.) muß für den Zeitraum bis Ende 1941 vor allem um die Denkschrift Hitlers vom 9. 10. 1939, seine Rede vor der Generalität am 23. 11. 1939, seine Ausführungen vor den Spitzen von OKW und OKH am 31. 7. 1940, 4. 11. 1940, 5. 12. 1940, 9. 1. 1941, 17. 3. 1941, seine Ansprache vor der Generalität am 30. 3. 1941, seine Darlegungen vor dem engsten Führungskreis am 16. 7. 1941 und seine Denkschrift vom 22. 8. 1941 erweitert werden. In unserer Darstellung wird auf diese Äußerungen Hitlers besonders eingegangen.

11 In: Stationen der deutschen Geschichte 1919–1945. Hrsg. von B. Freudenfeld. Stuttgart 1962, S. 9 ff.

12 G. Moltmann: Weltherrschaftsideen Hitlers. In: Europa und Übersee. Festschrift für E. Zechlin. Hamburg 1961, S. 197 ff.

These, daß Hitlers letztes Ziel nicht nur die Herrschaft über Kontinentaleuropa (einschließlich des europäischen Rußland) und auch nicht nur eine deutsche „Weltmacht"-Stellung (neben anderen „Weltmächten"), sondern eine „Weltherrschaft" gewesen sei, läßt sich zwar als Konsequenz des biologistischen Denkens Hitlers mit der ständigen Abfolge von Eroberung neuen „Lebensraums" für eine übergroße Volkszahl und weiterer, bewußt gesteuerter Vermehrung des Volkes bis zu erneutem Überdruck und der sich daraus ergebenden Notwendigkeit, wiederum zu Eroberungen zu schreiten, „logisch" folgern, nicht aber als „reales" Ziel Hitlers expressis verbis aus den überlieferten Quellen belegen. (Selbst auf dem Höhepunkt seiner Macht suchte Hitler durch seinen improvisierten globalen Kriegsplan vom Herbst 1940 „lediglich" die USA auf dem amerikanischen Doppelkontinent weltpolitisch zu isolieren, während er den Kampf von „Weltmacht" Deutschland gegen „Weltmacht" USA um die „Weltherrschaft" erst für eine spätere Epoche — nach seiner Zeit — prophezeite). Hingegen ist die von Moltmann als Vorstadium einer „Weltherrschaft" genannte Stufe der Erkämpfung einer „Weltmacht"-Stellung für Deutschland (neben den verbleibenden anderen „Weltmächten" USA, Japan, eventuell britisches Imperium) — nicht erst im Jahre 1940/41 — ein wirkliches, das „letzte" aus den Quellen ableitbare, große Ziel der Politik und Strategie Hitlers gewesen. Eine wesentliche Aufgabe, die wir uns mit dieser Arbeit gestellt haben, ist es, diese in nuce schon früh erkennbare, sich aber erst ab 1936 in der Propaganda deutlicher abzeichnende, dann ab Anfang 1939 in konkreten Maßnahmen ankündigende (wie Hitler meinte: abschließende und sein Werk krönende) Etappe seiner Politik näher zu bestimmen, die allerdings, da die Voraussetzung für ihre Realisierung, die Errichtung des kontinentaleuropäischen Imperiums auf den Trümmern der Sowjetunion, nicht zu erzwingen war, 1940/41 in Ansätzen und Planungen[13] stecken blieb.

Dieses weitausgreifende „Programm" wie auch alle seine im einzelnen zu ermittelnden Veränderungen in den Jahren 1940/41 müssen in engem Zusammenhang mit Hitlers konkreter Politik und seiner Kriegführung in dieser Zeit gesehen werden, über die es bereits eine ganze Reihe von z. T. sehr wertvollen Spezialstudien gibt. Die mit Schwerpunkt auf dem politisch-diplomatischen Bereich angelegten Arbeiten stützen sich vorwiegend auf die seit 1960 im Politischen Archiv des Auswärtigen Amts in Bonn zugänglichen deutschen diplomatischen Akten, mitunter auch auf einen (kleinen) Teil der jetzt aus den USA in das Militärgeschichtliche Forschungsamt in Freiburg i. Br. zurückfließenden umfangreichen militärischen Aktenbestände. Die Zahl dieser, vor allem

13 Eine auf breiter Quellenbasis beruhende Studie über die deutschen Kolonialpläne dieser Zeit war für unsere Arbeit eine wertvolle Stütze: G. L. Weinberg: German Colonial Plans and Policy 1938—1942. In: Geschichte und Gegenwartsbewußtsein. Festschrift für H. Rothfels zum 70. Geburtstag. Göttingen 1963, S. 462 ff.

auch der älteren (z. T. gar nicht gedruckten) Arbeiten, die zum größeren Teil noch allein auf die Auswertung der Akteneditionen und der Nürnberger Prozeßmaterialien angewiesen waren, da das Politische Archiv des Auswärtigen Amts und das Militärgeschichtliche Forschungsamt erst relativ spät allgemein zugänglich wurden, ist so groß, daß in diesem knappen Aufriß nur eine beschränkte Auswahl genannt werden kann. Erwähnt werden müssen an erster Stelle drei Werke, die sachlich und methodisch weit über den Rahmen des jeweiligen Themas, das sie behandeln, bedeutsam sind: Th. Sommers Studie über „Deutschland und Japan[14]", die Dissertation von S. Friedländer über „Hitler und die USA[15]" und die Habilitationsschrift von E. Jäckel über die deutsche Frankreich-Politik nach dem Waffenstillstand von 1940[16]. Ohne die Übernahme der Hauptergebnisse dieser Studien, in denen drei wesentliche Problemkomplexe unseres Gesamtthemas umfassend erörtert und dargestellt sind, wäre es kaum möglich gewesen, einzelne Abschnitte unserer Arbeit, die diese Themen berühren, so zu straffen, wie es im Sinne der von uns beabsichtigten Gesamtdarstellung notwendig ist. In diesen Studien ist auch, mit Blick auf Japan, die USA bzw. Frankreich, die Verknüpfung zwischen der „programmatischen" Zielsetzung und der praktischen Politik Hitlers weitgehend überzeugend gelöst worden, während andererseits die militärischen Planungen und Operationen in diesen Zusammenhang nicht überall in zureichendem Maße einbezogen sind. Hier galt es von unsere Seite aus zu ergänzen.
Leider fehlt hinsichtlich Hitlers Rußland-Politik 1939—1941 eine mit diesen Studien vergleichbare Arbeit. Dies gilt trotz der in einzelnen Partien noch heute wertvollen frühen Darstellung G. L. Weinbergs[17] und dem Band Ph. W. Fabrys[18] zu diesem Thema, da ersterer sich zu einseitig auf die für die Nürnberger Prozesse bereitgestellten militärischen Dokumente stützt und sich auf die Ergebnisse der damaligen Befragungen der führenden deutschen Militärs („Interrogations") verläßt, während letzterer bei aller Erweiterung des Blickfeldes gegenüber Weinbergs Studie ins Politische zu sehr im Vordergründigen steckenbleibt und die Konstanz der „programmatischen" Zielsetzung Hitlers nicht ernst genug nimmt. Aus dem diplomatisch-politischen und strategischen Zusamenhang herausgelöst ist hingegen wiederum die in dem großen Werk von A. Dallin[19] enthaltene ideologisch-„programmatisch" akzentuierte

14 Th. Sommer: Deutschland und Japan zwischen den Mächten 1935—1940. Vom Antikominternpakt zum Dreimächtepakt. Eine Studie zur diplomatischen Vorgeschichte des Zweiten Weltkrieges. Tübingen 1962.
15 S. Friedländer: Hitler et les États-Unis (1939—1941). Genf 1963.
16 E. Jäckel: Die deutsche Frankreichpolitik im Zweiten Weltkrieg. Vom Waffenstillstand bis zur Totalbesetzung (Juni 1940 — November 1942). Habilitationsschrift (Masch.-Ms.) Kiel 1961.
17 G. L. Weinberg: Germany and the Soviet Union 1939—1941. Leiden 1954.
18 Ph. W. Fabry: Der Hitler-Stalin-Pakt 1939—1941. Ein Beitrag zur Methode der sowjetischen Außenpolitik. Darmstadt 1962.
19 A. Dallin: German Rule in Russia, 1941—1945. New York 1957 (deutsche Ausgabe: Deutsche Herrschaft in Rußland 1941—1945. Düsseldorf 1958).

Vorgeschichte des Ostkrieges als eines rassenideologischen Vernichtungskrieges. Auch die als Ergänzung hierfür (vor allem hinsichtlich der nationalsozialistischen Ostsiedlungs= und =kolonialpläne) anzusehende Arbeit von G. Reitlinger[20] zum gleichen Thema führt im Hinblick auf unsere übergreifende Problemstellung nicht darüber hinaus. Da es somit an der notwendigen Zusammenschau der verschiedenen Aspekte des Ostkrieges in allen vorliegenden Studien mangelt, schien es erforderlich, angesichts der entscheidenden Bedeutung dieses Teils der Gesamtpolitik und Strategie Hitlers in den Jahren 1940/41 aber auch berechtigt, in unserer Arbeit auf die Vorgeschichte des Ostkrieges relativ ausführlich einzugehen – wenn auch unter weitgehendem Verzicht auf die Darstellung der Einzelheiten der operativen Überlegungen und organisatorischen Vorbereitungen zum Ostfeldzug auf der militärischen Ebene unterhalb der Spitze des Generalstabes des Heeres. Das noch immer kontroverse Einzelproblem der Entschlußfassung, vor allem über den Zeitpunkt des Entschlusses Hitlers zur Eröffnung des Ostkrieges wird dabei von uns – das darf hier eingeschaltet werden – unbefangen, d. h. unbeeinflußt von der 1954 mit G. L. Weinberg geführten Auseinandersetzung hierüber, und ohne starres Festhalten an der damals zusammen mit H.=G. Seraphim angesichts der verengten Fragestellung eingenommenen polemischen Position[21], in die Darstellung einbezogen. Die hier auf der Grundlage eines gegenüber 1954 vielfach erweiterten Quellenmaterials vorgetragene Deutung beruht auf der Einsicht, daß eine zutreffende Beurteilung der verschiedenen Phasen in Hitlers politischer und strategischer Gedankenbildung zu der seit dem Sommer 1940 im Sinne einer konkreten Zielsetzung (nicht mehr nur eines zeitlich noch nicht festliegenden Fernziels) „beabsichtigten"[22] militärischen Ost=Lösung nur aus einer Zusammenschau seines ideologisch=politischen „Programms" *und* seiner politisch=strategischen Konzeption, die sich in den entscheidenden Monaten von Juni bis Dezember 1940 in mehreren Stufen herausbildete, möglich ist und jede isolierte Betrachtung der einen Seite des Problems oder gar nur der deutsch=sowjetischen Beziehungen in dieser Zeit, sei es unter diplomatisch=politischen oder militärisch=strategischen Aspekten, unter Vernachlässigung des Zusammenhangs mit dem Gesamtkrieg zu Fehlergebnissen führen muß.

Im übrigen sind – neben der rassenideologischen Zielsetzung und des (in diesem Abschnitt später noch kurz zu erörternden) psychologischen Aspekts bei Hitler – als ein wesentliches Moment zum Verständnis aller seiner Entscheidungen auf politischem und strategischem Gebiet der Stand der deutschen Rüstung und die wehrwirtschaftliche Situation Deutschlands anzusehen. Sie

20 G. Reitlinger: The House Built on Sand. London 1960 (deutsche Ausgabe: Ein Haus auf Sand gebaut. Hamburg 1962).

21 H.=G. Seraphim und A. Hillgruber: Hitlers Entschluß zum Angriff auf Rußland, in: Vierteljahrshefte für Zeitgeschichte 1954, S. 240 ff. (Eine Entgegnung auf G. L. Weinberg: Der deutsche Entschluß zum Angriff auf die Sowjetunion. Ebda. 1953, S. 301 ff.).

22 Zur Terminologie vgl. die Einleitung oben S. 21 ff., besonders S. 23 f.

sind aus dem umfangreichen Quellenmaterial zur Wehrwirtschaft und Rüstung des „Dritten Reiches" zu erschließen, das heute der Forschung, zum größten Teil im Bundesarchiv Koblenz, zur Verfügung steht[23]. Grundlegend ist dabei – obwohl vielfach nicht genügend beachtet – die Einsicht, daß Hitlers „Blitzkriegs"-Konzeption für die Verwirklichung seiner Ziele weitaus mehr als nur eine militärtechnische Eigenart war, die sich zugleich als besonders wirkungsvoll für die psychologische Kriegführung erwies. Vielmehr stellte sie Hitlers methodischen Grundgedanken für die Erreichung seiner weitgesteckten „Programm"-Ziele dar, zu denen implizite auch der Aufbau eines verteidigungsfähigen, „blockadefesten", autarken „Großwirtschaftsraumes" gehörte. Das wehrwirtschaftliche Ziel wie auch die „Blitzkriegs"-Konzeption (mit all ihrer auf bestimmten gedanklichen Prämissen Hitlers[24] beruhenden Fragwürdigkeit) sollten bei einer sachgerechten Beurteilung von Hitlers Politik und Kriegführung 1939–1941 berücksichtigt werden, wenn man Fehlurteile vermeiden will. Hier steht die Forschung weitgehend noch am Anfang, so wertvoll die Überlegungen P. Klukes[25] und die ersten größeren Studien zu Teilbereichen der deutschen Wehrwirtschaft wie etwa die von W. Treue[26] zur Buna-Herstellung oder von W. Birkenfeld[27] über die synthetische Treibstofferzeugung auch sind. Während der Drucklegung unserer Studie erschien die Arbeit von A. S. Milward[27a], die eine erste umfassende Deutung der Etappen der wehr- und rüstungswirtschaftlichen Maßnahmen Hitlers bietet und erstmals klar die „Blitzkriegs"-Konzeption mit Recht in den Mittelpunkt der Betrachtungen stellt.

Reichhaltig ist dagegen die (im engeren Sinne) kriegsgeschichtliche Literatur, die – gegenüber der auf der Ebene von Berichten und Erlebnisschilderungen stehenbleibenden Masse – sich in ihrem geschichtswissenschaftlich beachtenswerten relativ kleinen Teil, etwa in den Arbeiten von Greiner[28], Philippi-Heim[29] oder den amerikanischen Heeresstudien (vor allem der Arbeit von Blau[30] über den Ostfeldzug 1941/42), von Klee[31], Wheatley[32] oder Ansel[33] über die „See-

23 Vgl. unten S. 601.
24 Vgl. dazu unten S. 592 f.
25 P. Kluke: Politische Form und Außenpolitik des Nationalsozialismus. In: Geschichte und Gegenwartsbewußtsein. Festschrift für H. Rothfels zum 70. Geburtstag. Göttingen 1963, S. 428 ff.
26 W. Treue: Gummi in Deutschland. München 1956.
27 W. Birkenfeld: Der synthetische Treibstoff 1933–1945. Ein Beitrag zur nationalsozialistischen Wirtschafts- und Rüstungspolitik. Göttingen-Berlin-Frankfurt a. M. 1964.
27a A. S. Milward: The German Economy at War. London 1965.
28 H. Greiner: Die Oberste Wehrmachtführung 1939–1943. Wiesbaden 1951.
29 A. Philippi und F. Heim: Der Feldzug gegen Sowjetrußland 1941 bis 1945. Ein operativer Überblick. Stuttgart 1962.
30 G. E. Blau: The German Campaign in Russia. Planning and Operations (1940–1942). Washington 1955.
31 K. Klee: Das Unternehmen „Seelöwe". Die geplante deutsche Landung in England 1940. Göttingen-Berlin-Frankfurt a. M. 1958.
32 R. Wheatley: Operation Sea Lion. German Plans for the Invasion of England 1940–1942. Oxford 1958 (deutsche Übersetzung: Operation Seelöwe. Minden/Westf. 1958).

löwe"=Planungen, um nur einige der wichtigsten zu nennen, vielfach auf wert=volles Material aus dem Bereich der deutschen Obersten Wehrmachtführung oder des Generalstabes des Heeres stützt und durch ausgedehnte Befragungen führender Militärs zusätzliche „Quellen" erschlossen hat. Die kriegsgeschicht=liche Forschung über den Zweiten Weltkrieg entwickelte sich in Deutschland mit wenigen Ausnahmen außerhalb der Universitäten und gewann dadurch mehr als in anderen Ländern den Charakter eines wissenschaftlich nicht voll anerkannten Spezialgebiets, das die Verfasser der meisten historischen Dar=stellungen mit wissenschaftlichem Anspruch, auch wenn sie Hitlers Außen= und Kriegspolitik behandelten, unbeachtet ließen, obwohl die Kenntnis der kriegs=geschichtlichen Arbeiten — wie auch die Vertrautheit mit militärischen und nachrichtentechnischen Problemen — für den Historiker, der über den Zweiten Weltkrieg arbeitet, unerläßlich ist[34], wenn er zu klaren Urteilen über die Mög=lichkeiten und Grenzen von Hitlers Strategie in den verschiedenen Phasen des Krieges gelangen will. In den angelsächsischen Ländern ist eine solche Scheu der Geschichtswissenschaft vor der Erforschung des kriegsgeschichtlichen Aspekts des Zweiten Weltkrieges nicht zu bemerken, wie die Mitwirkung zahlreicher bekannter Historiker an der amtlichen Kriegsgeschichtsschreibung in Großbritannien und den USA zeigt[35]. Es überrascht daher nicht, daß die erste geschichtswissenschaftliche Studie über „Hitlers Strategie" von einem britischen Historiker, F. H. Hinsley[36], stammt. Sein 1951 erschienenes Werk beschränkte sich allerdings ganz auf den im engeren Sinne „militär=strate=gischen[37]" Bereich, für den ihm die Lagevorträge des Oberbefehlshabers der Kriegsmarine vor Hitler und dessen Ausführungen in diesen Besprechungen als — überbewertete — Hauptquelle dienten. Seitdem ist dieses Thema von geschichtswissenschaftlicher Seite noch nicht wieder aufgegriffen worden, ob=wohl das seither zugänglich gewordene umfangreiche Quellenmaterial einen solchen Versuch lohnend macht. Unsere Arbeit knüpft in mancher Hinsicht an die Studie Hinsleys an, konzentriert sich jedoch auf die wichtigste Phase von Hitlers Strategie, die Jahre 1940/41. Wir fassen vor allem aber den Begriff des „Strategischen" wesentlich weiter und sind auch in den Teilen der Arbeit, die über militärische Planungen und Operationen handeln, bestrebt, die isolierte, streng militärische Betrachtungsweise zu überwinden (die bei Hinsley noch

33 W. Ansel: Hitler Confronts England. Durham, N. C. 1960. Ansel bezieht in seiner Darstellung stark (unserer Auffassung nach zu stark) psychologische Gesichtspunkte in seine Deutung von Hitlers Entscheidungen ein.

34 Hierzu J. Rohwer: Zeitgeschichte, Krieg und Technik, in: Wehrwissenschaftliche Rundschau 1964, S. 205—214.

35 Über den Stand der Veröffentlichungen der amtlichen Kriegsgeschichtsdarstel=lungen aller Länder im Jahre 1962 vgl. J. C. Allmeyer=Beck: Die internationale amtliche Kriegsgeschichtsschreibung über den Zweiten Weltkrieg. In: Jahres=bibliographie 1962 der Bibliothek für Zeitgeschichte Stuttgart. Frankfurt a. M. 1964, S. 507—540.

36 F. H. Hinsley: Hitler's Strategy. Cambridge 1951 (deutsche Übersetzung: Hitlers Strategie. Stuttgart 1952).

37 Zur Terminologie vgl. die Einleitung oben S. 23.

vorherrschte), da sie der Strategie im 20. Jahrhundert allgemein und Hitlers Strategie im besonderen nicht angemessen ist.
Auf Studien, die vorwiegend auf Zeugnissen der vierten großen Quellengruppe, den sog. „Schlüsseldokumenten", beruhen, brauchen wir hier nicht einzugehen, da die allgemein bekannte und immer wieder zitierte Reihe[38], auf die sich jene Arbeiten stützen, spätestens mit Hitlers Rede vor der Generalität am 23. 11. 1939 abreißt, während die Dokumente, die für unseren Zeitraum 1940/41 eine vergleichbare Bedeutung besitzen, bisher — vielleicht abgesehen von Hitlers Äußerungen am 31. 7. 1940[39] — noch nicht eine entsprechende Beachtung gefunden haben, obwohl erst durch sie die Konzeption und die Konsequenz der Gesamtpolitik Hitlers deutlich werden. Die Ursache für die Nichtbeachtung liegt im Ausgangspunkt der historischen Forschung über den Zweiten Weltkrieg vom Quellenmaterial und der Fragestellung des Nürnberger Hauptprozesses, bei dem es nicht um Hitlers Kriegsziele und um seine Konzeption des Krieges, sondern um die Frage nach der Mitverantwortung der Angeklagten für die Kriegs-„Entfesselung" ging, die zu einer Blickverkürzung auf das Jahr 1939 führte, auf die sich auch die historische Forschung zu sehr einengen ließ[40].
Die auseinanderlaufenden Tendenzen in den Darstellungen zur Außenpolitik Hitlers und zum Zweiten Weltkrieg haben den Gedanken aufkommen lassen, ob es nicht sinnvoll wäre, eine Gesamtkonzeption für die Geschichte des Zweiten Weltkrieges zu entwerfen, um einen Kristallisationskern für die vielfach diffuse Einzelforschung zu gewinnen und Anregungen für umfassende Darstellungen des Krieges zu bieten, die von den üblichen, an äußerlichen Markierungen orientierten Gliederungen des Kriegsverlaufs abgehen und zu einer sinnbezogenen Periodisierung und Deutung des Geschehens unter wirklicher Einfügung (nicht bloßer Angliederung in Sonderkapiteln) der zu einem vollen Verständnis dieses Krieges gehörenden Aspekte, wie etwa, um nur ein Beispiel zu nennen, der psychologischen Kriegführung, hinleiten. Den wertvollen Vorschlägen, die H.-A. Jacobsen[41] und K.-J. Müller[42] hierzu gemacht

38 Vgl. oben S. 583, Anm. 10.
39 Erste Beachtung erhielten die Äußerungen Hitlers an diesem Tage durch die — von uns nicht geteilte — Deutung der Notizen Halders durch G. L. Weinberg in seinem Aufsatz: Der deutsche Entschluß zum Angriff auf die Sowjetunion, in: Vierteljahrshefte für Zeitgeschichte 1953, S. 301—318.
40 Die öffentliche „Diskussion" um die Thesen W. Hofers, A. J. P. Taylors und D. L. Hoggans ist eine Folge dieser Blickverengung.
41 H.-A. Jacobsen: Zur Konzeption einer Geschichte des Zweiten Weltkrieges. Einführung und Disposition. In: Aus Politik und Zeitgeschichte. Beilage zur Wochenzeitung „Das Parlament" 1962, S. 469—483; jetzt in erweiterter Form zusammengefaßt in: Ders., Zur Konzeption einer Geschichte des Zweiten Weltkrieges 1939—1945. Disposition mit kritischer Auswahlbibliographie. Frankfurt a. M. 1964.
42 K.-J. Müller: Gedanken zum Problem einer Geschichtsschreibung über den Zweiten Weltkrieg, in: Wehrwissenschaftliche Rundschau 1962, S. 634—651 und S. 729—736.

haben, verdanken auch wir für unsere Arbeit viele Hinweise. Abgesehen von dem prinzipiellen Einwand, daß erst die exakte Erarbeitung größerer Sachzusammenhänge Gesichtspunkte für eine relativ verbindliche Gliederung des Ganzen ergibt, so daß die Vorschläge dieser Konzeptionen nur als Arbeitshypothesen betrachtet werden können, verführen diese allerdings trotz den Einschränkungen, die die Verfasser selbst machen, dadurch, daß sie von einer bestimmten Sinnvorstellung des Ganzen ausgehen, dazu, die Entscheidungsfreiheit der Handelnden in bestimmten Situationen des Krieges zu gering zu bewerten. Sie vermitteln, sicher unbeabsichtigt, zu stark den Eindruck von „Entwicklungen" und fördern damit die deterministische Auffassung, daß alles so „ablaufen" mußte, wie es tatsächlich der Fall war. Damit aber wird die Forschung eher in feste, durch die in den Konzeptionen enthaltenen „Thesen" vorgezeichnete Bahnen gelenkt als zu neuen Fragen angeregt. Unbestritten bleibt aber u. a. das Verdienst dieser Versuche, durch das Aufzeigen der fünf Betrachtungsprinzipien in den vorliegenden Darstellungen über den Zweiten Weltkrieg – der „militärischen", der „nationalstaatlichen", der „regionalen", der „weltgeschichtlichen" und der „ideologischen"[43] – einen Schlüssel zur Bewertung der Fülle der vorliegenden Arbeiten geliefert zu haben.

Notwendiger als umfassende Entwürfe erscheinen uns, zumindest solange zwischen den tatsächlich vorliegenden Gesamtdarstellungen und den Konzeptionen ein so weit auseinanderklaffender Höhenunterschied besteht, Zusammenfassungen über bestimmte Zeitabschnitte oder besser: über Problemkomplexe und Sinnzusammenhänge in der Weise, wie es mit dieser Arbeit für Hitlers Außenpolitik und Strategie 1940/41 unternommen wird. Erst wenn eine Reihe solcher Studien mit begrenzterem Anspruch, aber intensiver Durchdringung des gesamten zur Verfügung stehenden Quellenmaterials vorliegt, wird sich überschauen lassen, wie eine Gesamtdarstellung des Zweiten Weltkrieges anzulegen ist, die mehr als ein erneuter Überblick sein will, der einem der fünf Betrachtungsprinzipien folgt.

Der Versuch, die Einheit der deutschen Politik und Kriegführung in der Person Hitlers zu sehen, hat relativ früh in dem großen Werk von A. Bullock[44] eine erste biographische Lösung der damit aufgeworfenen Problematik gefunden. Ihm ist trotz mancher wissenschaftlich mehr oder weniger ernst zu nehmender Nachfolger und trotz des geistvollen Deutungsversuchs durch H.-B. Gisevius[45] bisher keine zweite gleichrangige Hitler-Biographie gefolgt. Dies muß um so mehr bedauert werden, als das Hitler-Bild Bullocks, das seinem Werk zugrunde liegt, zu stark von der Vorstellung des großen opportunistischen Machtpolitikers und skrupellosen Taktikers geprägt ist (der Hitler ohne Zweifel auch

43 Jacobsen: Zur Konzeption einer Geschichte des Zweiten Weltkrieges 1939–1945. Frankfurt a. M. 1964, S. 16 ff.

44 A. Bullock: Hitler. A Study in Tyranny. 3. Completely Revised Edition, London 1964.

45 H.-B. Gisevius: Adolf Hitler. Versuch einer Deutung. München 1963.

und in hohem Maße war), während seine ideologischen Bindungen und die damit zusammenhängenden inhaltlichen Ziele seiner Politik (denen diese Tak= tik letztlich auch dort diente, wo sie scheinbar von den Zielen wegführte), nicht deutlich genug heraustreten. Auch bei Gisevius ist Hitler vor allem „nur" Tak= tiker. Außerdem, möglicherweise gerade aus dieser Sicht heraus, bricht bei ihm die intensive Darstellung vor Kriegsbeginn 1939 ab, so daß die nach der Dis= kussion um die Thesen Trevor=Ropers und Moltmanns besonders erregende Frage nach der „Kontinuität" oder Änderung seiner inhaltlichen Ziele nach 1939 nicht behandelt wird und in der Darstellung die Periode des Übergangs zur Verwirklichung seiner Ziele — 1940/41 — entschieden zu kurz kommt.

In dreifacher Weise ist die biographische Seite des Hitler=Problems in jüngster Zeit vertieft worden: Seine Hintergründigkeit, die bei der historischen Aus= wertung aller seiner Äußerungen wie auch bei der Deutung seiner politischen Aktionen stets berücksichtigt werden muß, wird in der Skizze über Hitlers vielschichtige Persönlichkeit von P. E. Schramm[46] hervorgehoben; Hitlers „in= nerer Drang", der ihn vorwärts trieb und der ihn in immer stärkerem Maße daran hinderte, Situationen ausreifen zu lassen, selbst wenn sie sich offen= sichtlich zu seinen Gunsten entwickelten, wird von J. Recktenwald[47] in einer Analyse seiner Krankheitssymptome als ein wesentliches Moment seiner Mo= nomanie herausgestellt; die nicht aus realen „Erlebnissen" und „Erfahrungen" des Ersten Weltkrieges ableitbare, sondern in der Münchener Nachkriegszeit vor allem unter „Bildungs"=Einflüssen durch „weiß"=russische Emigranten[48] ideologisch fixierte „Feind"=Vorstellung Hitlers, seine mythische Auffassung vom „jüdisch=bolschewistischen Todfeind", wird von A. Nitschke scharfsinnig gedeutet[49].

Zu wenig in den nachfolgenden Arbeiten beachtet erscheint uns der methodisch wie inhaltlich bedeutsame Ansatz, den politischen Stil Hitlers in den entschei= denden Jahren 1940/41 unter Einbeziehung des psychologischen Aspekts zu analysieren und diese Phase von den früheren Etappen seines politischen Handelns und Planens abzuheben, der an etwas versteckter Stelle in der Studie von E. Schramm=v. Thadden über „Griechenland und die Großmächte im Zwei= ten Weltkrieg[50]" enthalten ist. Diesen im Rahmen eines Spezialthemas ent= wickelten Ansatz gilt es in unserer Arbeit fortzuführen und unter stärkerer Berücksichtigung des rassenideologischen Axioms in Hitlers Konzeption aus= zuweiten.

46 P. E. Schramm: Vorwort und Erläuterungen zu H. Picker: Hitlers Tischgespräche im Führerhauptquartier 1941/42. Neuausgabe, Stuttgart 1963, S. 13—119.

47 J. Recktenwald: Woran hat Adolf Hitler gelitten? München=Basel 1963.

48 Hierzu am gründlichsten G. Schubert: Anfänge nationalsozialistischer Außen= politik. Köln=Opladen 1963.

49 A. Nitschke: Adolf Hitler, in: Der Feind. Formen politischen Handelns im 20. Jahrhundert. Stuttgart 1964, S. 135—163.

50 E. Schramm=v. Thadden: Griechenland und die Großmächte im Zweiten Welt= krieg. Wiesbaden 1955, besonders S. 97 ff. und S. 145 f.

Von der Forschung noch nicht in ihrer weitreichenden Relevanz erkannt scheint uns ferner – um an dieser Stelle nur einige für unsere Arbeit besonders wichtige Aspekte zu erwähnen – trotz aller Bedeutung, die der „Lebensraum"=Konzeption für Hitlers Politik zumindest seit Trevor=Ropers grundlegender Arbeit[51] beigemessen wurde (deren enge Verbindung zu Hitlers Vorstellung von „Souveränität" als einer auf Autarkie und Verteidigungsfähigkeit beruhenden „realen Unabhängigkeit", die nur in einem „Großraum" möglich schien, allerdings erst in einer vor kurzem erschienenen Studie[52] klar herausgestellt wurde) die feste Verknüpfung von Raum und Politik im Denken Hitlers überhaupt, und zwar in der Auswirkung auf seine großen politischen Kombinationen wie auf seine praktische Außenpolitik und seine Lagebeurteilungen. Politisches Interesse eines Staates konnte sich Hitler gar nicht anders als in Verbindung mit bestimmten, fest umrissenen Territorien vorstellen. Politische Macht war für ihn Herrschaft über klar abgesteckte Räume. Das völlige Unverständnis Hitlers für die britische Europa=Politik, die 1939 sein politisches „Programm" und seine „Blitzkriegskonzeption" durchkreuzte, rührte nicht zuletzt daher, daß er nie begreifen konnte, worin die – räumlich nicht faßbaren – britischen Interessen in Kontinentaleuropa lagen. Mit einer Feindschaft französischer Staatsmänner rechnete er, und Stalins Mißtrauen gegenüber seiner Politik und Kriegführung kalkulierte er mit Selbstverständlichkeit ein, da er die „Räume" Frankreichs und Rußlands als zu seiner „Interessensphäre", zum deutschen „Großraum" gehörig betrachtete, da er Frankreich militärisch niederwerfen und das europäische Rußland zum Aufbau seines eigenen Imperiums erobern wollte. Weil er das britische „Empire" nicht angreifen wollte, entfiel seiner Auffassung nach jeder Grund für einen deutsch=britischen Gegensatz[53] – zumindest für die Zeit der Beschränkung der eigenen Expansionspolitik auf den europäischen Kontinent. Für Hitler war daher der am 3. 9. 1939 beginnende europäische Krieg ein ihm „aufgezwungener" Krieg, den er gegenüber Großbritannien überhaupt nicht, gegenüber Frankreich nicht zu diesem Zeitpunkt gewollt hatte. Es ist in einer Darstellung der Politik und Kriegführung Hitlers durchaus sinnvoll, ja zum Verständnis der Zusammenhänge notwendig, zwischen Kriegen bzw. „Feldzügen" zu unterscheiden, die Hitler beabsichtigt, gewollt und „entfesselt" hat, in denen er eigene politische Ziele verfolgte (gegen Polen am 1. 9. 1939 und gegen die Sowjetunion am 22. 6. 1941), und solchen, die gegen seinen Willen „ausbrachen", die von ihm aus betrachtet in erster Linie militärische Probleme darstellten, auch wenn sie sekundär, nachdem sie einmal „ausgebrochen" waren, politisch im Sinne eigener Fernziele ausgenutzt werden konnten oder sollten (im großen der Krieg gegen England, ferner etwa der Balkankrieg), da die Art von Politik und Kriegführung Hitlers

51 H. R. Trevor=Roper: Hitlers Kriegsziele, a. a. O.
52 E. Nolte: Der Faschismus in seiner Epoche. München 1963, S. 492.
53 Vgl. hierzu besonders das Kapitel „Deutschland und England" in: Hitlers zweites Buch, S. 164 ff.

erheblich von diesem Unterschied bestimmt wurde. Dabei ist für jeden, der nicht wie Hitler – aus ideologischen Gründen oder willkürlich – „politisch" und „territorial" gleichsetzt[54], selbstverständlich leicht einsichtig, welch enger Zusammenhang etwa zwischen dem „entfesselten" Krieg gegen Polen und dem „aufgezwungenen" Krieg im Westen bestand, obwohl die Haltung der britischen Regierung seit Hitlers „Griff nach Prag" (15. 3. 1939) keineswegs so eindeutig und geradlinig war, daß Hitler nicht doch gewisse Gründe für die Meinung anführen konnte, daß Großbritannien die Eroberung Polens in einem lokalisierten „Feldzug" hinnehmen würde.

Eine stärkere Beachtung verdient weiterhin – neben der überall zu beobachtenden Übertragung von Form und Inhalt des „Kampfes" der NSDAP innerhalb Deutschlands in den Jahren 1920 bis 1933 auf die Kriegführung[55] – die ständige Auseinandersetzung Hitlers mit tatsächlichen und vermeintlichen „Erfahrungen" des Ersten Weltkrieges, die für ihn in vielfacher Hinsicht kennzeichnend ist. Die Spannweite dieser inneren Auseinandersetzung reicht dabei von seinem „Programm" im großen über seine „Autarkie"- und „Großraum"-Vorstellungen im wehrwirtschaftlichen Bereich, die „Blitzkriegskonzeption", mit der eine Wiederholung der deutschen „Weltkriegssituation" verhindert werden sollte, bis zu strategischen, operativen und (vor allem in der letzten Phase des Krieges ab 1942) taktischen Einzelheiten der Kriegführung.

Von noch größerer, zentraler Bedeutung ist schließlich die in der Forschung wohl mitunter schon angedeutete, aber nicht mit der nötigen Klarheit ausgesprochene Einsicht in die enge Verbindung von „Judentum" und „Bolschewismus" in den mythischen Vorstellungen Hitlers und den daraus erwachsenden Zusammenhang von Ostkrieg und „Endlösung". Wohl besteht in der Forschung seit jeher Einigkeit darüber, daß der Antisemitismus der Kern der „Weltanschauung" Hitlers war. Doch wird der (die Wirklichkeit des bolschewistischen Herrschaftssystems völlig verfehlenden) Deutung des Verhältnisses von „Judentum" und „Bolschewismus" in der Vorstellungswelt Hitlers vielfach nicht die notwendige Beachtung geschenkt. „Antibolschewismus" war für Hitler weit mehr als nur ein propagandistisches „Feigenblatt" zur Verdeckung der eigenen Eroberungsabsichten. Da „Bolschewismus" für ihn die vollendete Herrschaftsform des „Judentums" war (während „Demokratie" die Vorstufe hierfür darstellte), richtete sich der am 22. 6. 1941 beginnende Vernichtungs-

54 Eben dies tut D. L. Hoggan in seinem Werk „Der erzwungene Krieg", 4. Auflage, Tübingen 1964.

55 Am klarsten wurde diese Übertragung der Kampf-Formen von Goebbels in seinen Ausführungen vor geladenen Vertretern der deutschen Presse am 5. 4. 1940 formuliert (Dokumentensammlung H.-A. Jacobsen). „Es handelt sich heute Zug um Zug nur um die Wiederholung eines Vorgangs, den wir schon einmal erlebt haben. Wir führen heute in Europa die gleiche Revolution durch, die wir in kleinerem Maßstab in Deutschland durchgeführt haben. Sie hat sich nur in den Dimensionen geändert. Die Grundsätze, Erfahrungen und Methoden von damals sind auch heute geltend. Sie haben auch zwischen Völkern Gültigkeit."

krieg gegen „Bolschewismus" und „Judentum" in gleicher Weise. Er stellte gleichsam die letzte Steigerungsstufe seines (aus taktischen Gründen etappenweise geführten) „Kampfes" seit den zwanziger Jahren dar. Dieser doppelgesichtige Vernichtungskrieg muß in einer differenzierenden historischen Betrachtung klar von dem andersartigen Krieg im Westen unterschieden werden, so sehr der Zweite Weltkrieg als geschichtlicher Vorgang letztlich auch ein Ganzes darstellt.

Die durch die rassenideologischen Grundvorstellungen bestimmte Einheit aller Teilbereiche und Etappen der Politik Hitlers, die in seinem Ostkrieg gipfelte (da die beabsichtigte Schlußphase seiner Politik und Strategie, die Erkämpfung der „Weltmacht"-Stellung Deutschlands, von ihm nicht mehr wirklich eingeleitet werden konnte), hat E. Nolte[56] in seinem Werk „Der Faschismus in seiner Epoche" überzeugend dargelegt. Es enthält nicht nur wesentliche Einsichten in die Persönlichkeitsstruktur Hitlers, sondern dringt auch zu einer tiefgründigen Deutung der verschiedenen Stufen des Krieges vor. Nolte öffnet damit neue Wege zum historischen Verständnis des Zweiten Weltkrieges. Ohne die Phänomenologie dieses Krieges, die Noltes Werk enthält, wäre eine so klare Unterscheidung des Charakters der verschiedenen „Feldzüge" Hitlers, des West- und des Ost-Krieges im ganzen, wie sie unseres Erachtens zur sachgerechten Erfassung auch der Entscheidungen Hitlers in den Jahren 1940/41 notwendig ist, nicht möglich. Die hier erstmals prägnant formulierten Abstufungen, mit denen über die Einordnung der verschiedenen Erscheinungsformen des Krieges hinaus zugleich Maßstäbe geboten werden, mit denen die qualitativen Unterschiede der deutschen Kriegsziele wie der Kriegführung im Ersten und im Zweiten Weltkrieg eindeutig bestimmt werden können, sind somit als eine grundlegende Voraussetzung für unsere Arbeit zu betrachten.

56 E. Nolte: Der Faschismus in seiner Epoche, a. a. O.

2. Erweiterung der Quellenbasis

Das Hauptbestreben bei der von uns beabsichtigten quellennahen Darstellung von Hitlers Politik und Kriegführung 1940/41 mußte es sein, möglichst viele Zeugnisse aufzuspüren, die aus jener Zeit von Hitler selbst oder von seiner engsten Umgebung stammen; denn vom Quellenbestand her liegt das Kernproblem der geschichtswissenschaftlichen Forschung über Hitler darin, daß der Überfülle von allgemeinem Dokumentenmaterial zur Geschichte des „Dritten Reiches" und des Zweiten Weltkrieges nur eine sehr eng begrenzte Zahl von – zudem vielfach fragmentarischen – Quellen aus dem innersten Führungskreis um Hitler gegenübersteht. Erst in den letzten Jahren ist der Bestand an solchen Zeugnissen, die einen Einblick in dieses Machtzentrum des „Führerstaates" bieten, so groß geworden, daß eine Gesamtdarstellung, wie sie uns für den Zeitraum 1940/41 vorschwebte, gewagt werden konnte. Von dem außerordentlich umfangreichen, aber größtenteils von untergeordneten Dienststellen stammenden militärischen Aktenmaterial, dem für unseren Zeitraum die größte Bedeutung zukommt, zumal in ihm auch zahlreiche verstreute Hinweise auf politische Absichten und Entscheidungen Hitlers enthalten sind, kamen dabei in erster Linie Dokumente der Oberkommandos, OKW, OKH, OKM und OKL, in denen sich die Willensbekundungen Hitlers z. T. unmittelbar niederschlugen, in Betracht. Zu den grundlegenden „Führer-Weisungen"[1], die als große Rahmenbefehle die – meistens schon einige Zeit vor ihrer Herausgabe von ihm geäußerten – strategischen Zielsetzungen Hitlers in eine militärische Form gossen[2], tritt als Hauptquelle aus dem OKW-Bereich das Kriegstagebuch des Oberkommandos der Wehrmacht (Wehrmachtführungsstab) (KTB OKW[3]).

1 Jetzt als geschlossene Sammlung gedruckt: Hitlers Weisungen für die Kriegführung 1939–1945. Dokumente des OKW. Hrsg. von W. Hubatsch. Frankfurt a. M. 1962 (erweiterte englische Ausgabe: Hitler's War Directives 1939–1945. Ed. by H. R. Trevor-Roper. London 1964).

2 Vgl. hierzu oben S. 354, Anm. 12.

3 Kriegstagebuch des Oberkommandos der Wehrmacht (Wehrmachtführungsstab) 1940–1945. Hrsg. von P. E. Schramm. 4 Bde. Frankfurt a. M. 1961–1965 (künftig *zit.*: KTB OKW). – Bei der Auswertung sind – kritisch – zu berücksichtigen die Erläuterungen zum KTB OKW in der Darstellung des Führers des KTB H. Greiner (Die Oberste Wehrmachtführung 1939–1943, Wiesbaden 1951) und in dem Werk des stellvertretenden Chefs des Wehrmachtführungsstabes W. Warlimont (Im Hauptquartier der deutschen Wehrmacht 1939–1945. Frankfurt a. M. ²1963).

Es enthält jedoch nur relativ wenige Eintragungen, die auf Niederschriften des ersten operativen Beraters Hitlers, des Chefs des Wehrmachtführungsstabes, General Jodl, über seine Besprechungen mit Hitler beruhen. Die meisten Stellen dieses Kriegstagebuches, die Ausführungen Hitlers wiedergeben, sind Zusammenfassungen aus Mitteilungen, die der Stellvertreter Jodls, General Warlimont (Chef der Abteilung Landesverteidigung im Wehrmachtführungs=stab), der 1940/41 selbst nur sehr selten zu „Führer=Besprechungen" hinzu=gezogen wurde, auf Grund der Wiedergabe der Äußerungen Hitlers durch Jodl an ihn anschließend dem Kriegstagebuchführer (H. Greiner) gegenüber machte, so daß es sich bei den Notizen des KTB OKW weitgehend nur um indirekte, auf die Belange des Wehrmachtführungsstabes hin „gefilterte" Zeugnisse der Be=kundungen Hitlers handelt[4]. Zudem setzen die überlieferten Teile des KTB erst mit dem 1. 8. 1940 ein, so daß uns gerade für die entscheidenden Wochen im Juni—Juli 1940 diese — im übrigen trotz den genannten Einschränkungen außer=ordentlich ergiebige — Quelle aus dem Bereich der Obersten Wehrmachtfüh=rung fehlt.

Um so größeres Gewicht fällt daher für diese Periode (wie für die gesamte Zeit vom 15. 8. 1939 bis 24. 9. 1942) dem (privaten) Tagebuch des Chefs des Generalstabes des Heeres, Generaloberst Halder, zu[5], das jetzt in authentischer Fassung gedruckt vorliegt[6], während die der Forschung bislang allein zur Ver=fügung stehenden Vervielfältigungen unvollständig und fehlerhaft waren. Das amtliche Kriegstagebuch der Operationsabteilung des Generalstabes des Hee=res, in dem sich die Eingriffe Hitlers in die Operationsführung auf dem öst=lichen Kriegsschauplatz aktenmäßig niederschlugen, während das KTB OKW die Vorgänge im Osten — auch schon in der Vorbereitungszeit des Feldzuges 1940/41 — nur sehr sporadisch und unvollständig verzeichnete, ist hingegen nur zu geringen Teilen erhalten geblieben[7]. Jedoch wurden geschlossene Akten=Bestände aus dem OKH=Bereich über einzelne strategische Planungen und Operationen, z. B. die „Barbarossa"=Akten, gerettet. Sie stehen der wissen=schaftlichen Forschung jetzt im Bundesarchiv=Militärarchiv Koblenz und in der Dokumentenzentrale des Militärgeschichtlichen Forschungsamts in Freiburg i. Br. zur Verfügung[8].

4 Zur Arbeitsweise des Wehrmachtführungsstabes vgl. W. Warlimont: Im Haupt=quartier der deutschen Wehrmacht 1939—1945, a. a. O.

5 Generaloberst Halder: Kriegstagebuch. Tägliche Aufzeichnungen des Chefs des Generalstabes des Heeres 1939—1942. 3 Bde. Bearbeitet von H.=A. Jacobsen. Stuttgart 1962—1964 (künftig *zit.:* KTB Halder).

6 Zur Bedeutung des Halder=Tagebuches vgl. H.=A. Jacobsen: Das „Halder=Tage=buch" als historische Quelle, in: Festschrift für P. E. Schramm. Wiesbaden 1964, Bd. II, S. 251 ff.

7 Der für den Zeitraum unserer Arbeit erhalten gebliebene Teil von Mai bis September 1941 befindet sich im Anhang des KTB OKW, Bd. I, S. 411—488.

8 Orientierung über die Bestände durch die „Guides to Captured German Docu=ments. Microfilmed at Alexandria, Va." The National Archives and Records Service General Administration. Washington 1958 ff. — Die von uns ausgewer=teten Akten sind im Quellenverzeichnis aufgeführt.

Eine besondere Bedeutung als Quelle für Hitlers strategische Erwägungen und Planungen kommt den geschlossen vorliegenden Aufzeichnungen des Ober=befehlshabers der Kriegsmarine, Großadmiral Raeder, über seine Lagevorträge und Besprechungen mit Hitler zu. Eine Veröffentlichung dieser Niederschriften Raeders und auch der Denkschriften der Seekriegsleitung, in denen diese, weit über das Marine=Ressort hinausgreifend, zu Fragen der Gesamtstrategie, der Politik (besonders eingehend etwa gegenüber Frankreich nach dem Waffen=stillstand) und der deutschen Kriegsziele Stellung nahm, befindet sich in Vor=bereitung[9]. Bei einer geschichtswissenschaftlichen Auswertung dieses Quellen=materials ist allerdings zu berücksichtigen, daß Raeder oft die Ausführungen Hitlers systematisierte[10]. Sie erscheinen zudem, wie der gelegentlich mögliche Vergleich mit korrespondierenden Notizen im Halder=Tagebuch zeigt, gekürzt, weil Raeder vieles aus den Gedankengängen Hitlers, was nicht die Marine=führung betraf, fortließ.

Im Gegensatz zu den in den wichtigsten Teilen — vor allem dem durch die Einbeziehung geheimer politischer Informationen und der Meldungen der an=deren Wehrmachtteile äußerst wertvollen, für jede Arbeit über ein Thema zur deutschen Kriegführung im Zweiten Weltkrieg unentbehrlichen Kriegstage=buch der Seekriegsleitung (KTB der Skl.[11]) — vorhandenen Akten des OKM ist der größte Teil der Dokumente der Luftwaffenführung vernichtet worden. Somit steht kein vergleichbar erstrangiges Quellenmaterial für die Einfluß=nahme Hitlers auf diesen Wehrmachtteil und auf die operativen Entschlüsse der Luftwaffenführung zur Verfügung. Es darf allerdings bezweifelt werden, ob Göring ein — den Aufzeichnungen Raeders oder Halders ähnliches — Dia=rium über seine Unterredungen mit Hitler angelegt hatte[12]. In jedem Falle muß diese Lücke bei der Auswertung der militärischen Quellen aus dem Bereich der deutschen Obersten Führung beachtet werden, wenn auch in Hitlers Kriegs=konzeption der Luftwaffe nur eine dem Heer dienende Rolle zugewiesen war, er sie, von kurzen Perioden abgesehen[13], nicht als Instrument eines strategi=schen Luftkrieges betrachtete[14].

9 Lagevorträge des Oberbefehlshabers der Kriegsmarine vor Hitler 1939—1945. Eingeleitet und erläutert durch G. Wagner und G. Hümmelchen (in Vorbereitung) (künftig *zit.:* Lagevorträge des Ob. d. M.).

10 Dies gilt übrigens auch für die Wiedergabe von Ausführungen Hitlers im Halder=Tagebuch.

11 Vgl. den Überblick über die geretteten und verlorenen Teile des KTB der Skl. in: KTB OKW, Bd. IV, S. 1770 ff. — Das KTB der Skl. steht jetzt der wissen=schaftlichen Forschung im Militärgeschichtlichen Forschungsamt in Freiburg i. Br. zur Verfügung.

12 Vgl. dazu auch das Zeugnis des Oberstlt. a. D. F. Greffrath vom 6. 1. 1965 in: KTB OKW, Bd. I, S. 232 E.

13 In unserem Zeitraum vor allem während des September 1940. Vgl. hierzu oben S. 174 ff.

14 Zu den Ansätzen einer Wandlung der Luftwaffenkonzeption Hitlers im Zusam=menhang mit den Plänen zum Ausbau der Luftwaffe zu einem Instrument für einen strategischen Luftkrieg im Zeitraum nach „Barbarossa" vgl. oben S. 270 ff. und S. 379 ff.

Das Kriegstagebuch des Oberkommandos der Wehrmacht (Wehrmachtführungsstab), das Halder-Tagebuch, die Aufzeichnungen Raeders und das Kriegstagebuch der Seekriegsleitung (Teil A und C) konnten für unsere Darstellung in ihren vollständigen authentischen Fassungen ausgewertet werden, während für die meisten früheren Studien zur deutschen Strategie im Zweiten Weltkrieg nur Teilveröffentlichungen oder – im Falle der Aufzeichnungen Raeders – gar nur englische Übersetzungen[15] zur Verfügung standen und das Kriegstagebuch der Seekriegsleitung (bis 1963 im Archiv der britischen Admiralität in London) nur ganz wenigen Forschern zugänglich war. Erstmals konnte von uns – neben der Fülle der bisher nicht ausgewerteten OKW- und OKH-Akten, die sich jetzt im Militärgeschichtlichen Forschungsamt in Freiburg i. Br. befinden – das private Tagebuch des Adjutanten des Heeres bei Hitler, Generalleutnant a. D. G. Engel, als bedeutsame Quelle aus der engsten militärischen Umgebung Hitlers herangezogen werden[16]. Der Wert dieser Aufzeichnungen liegt – abgesehen davon, daß sie für das komplizierte Problem der Entschlußfassung bei Hitler[17] bemerkenswerte Aufschlüsse vermitteln – darin, daß hier unmittelbare Eindrücke und Ergebnisse von Besprechungen Hitlers im kleinsten Kreise festgehalten sind, für die es sonst keine Zeugnisse gibt. So sind u. a. über die frühen Stadien der Rußland-Planungen Hitlers sonst nirgends überlieferte Details enthalten.

Von den Akten aus dem diplomatisch-politischen Bereich sind am bedeutendsten die Niederschriften des Chefdolmetschers, Gesandten Paul O. Schmidt, (sowie des Gesandten Hewel u. a.) über die Unterredungen Hitlers (auch Ribbentrops, Görings und Keitels) mit verbündeten und neutralen Staatsmännern, Diplomaten und Militärs, ferner der Briefwechsel Hitlers mit Mussolini, Franco, Antonescu, Horthy u. a.[18]. Sie zeigen den gewandten, wenn auch nicht immer erfolgreichen Taktiker Hitler, der die Tatsachen für seine Argumente so zurechtrückte, wie es ihm für den Gesprächspartner zweckmäßig erschien.

Nichts wäre verfehlter, als die hier verzeichneten Äußerungen Hitlers, etwa die stereotype Formel im Herbst 1940 „Der Krieg ist bereits gewonnen[19]", als

15 Letzteres gilt vor allem für die Lagevorträge des Ob. d. M., die in englischer Übersetzung vollständig in dem achtbändigen Werk „Fuehrer Conferences on Matters Dealing with the German Navy", ed. by A. Martienssen. Washington 1946/47, und in einer knappen, aber den meisten Darstellungen zur Seekriegsgeschichte seltsamerweise zugrunde gelegten Auswahl: „Fuehrer Conferences on Naval Affairs 1939–1945", in: Brassey's Annual, London-New York 1948, S. 25–496, erschienen sind.

16 Dem Verf. für diese Arbeit freundlichst zur Verfügung gestellt.

17 Vgl. hierzu unten S. 39 E f.

18 Der Verf. bereitet eine Ausgabe dieser Aufzeichnungen für die gesamte Kriegszeit 1939–1944 vor (Bd. I: 1939–1941 erscheint voraussichtlich Frankfurt a. M. 1966).

19 Diese Äußerung kehrt bei Hitler und Ribbentrop im Herbst 1940 in fast allen Besprechungen mit ausländischen Staatsmännern und Diplomaten immer wieder. Sie entsprach keineswegs der Auffassung Hitlers, zumal er seine eigentlichen Kriegsziele noch gar nicht erreicht hatte. Die u. a. von Bullock (deutsche Ausgabe, S. 656) vertretene These, Hitler habe sich eingeredet, „England sei so gut wie geschlagen", ist, wie wir im einzelnen darlegten, nicht haltbar.

seine wahre Überzeugung zu werten oder gar seine Zahlenangaben über die deutsche Stärke (Divisionen, Flugzeuge usw.) unkontrolliert zu übernehmen. Alle Angaben waren zweckgebunden. Da es sich bei unserer Arbeit nicht darum handelt, Hitlers politische Taktik zu analysieren, sondern seine Politik und Strategie im großen Rahmen sachlich darzustellen, wird auf eine kritische Erörterung der von ihm in diesen Besprechungen oft nur ad hoc verfochtenen Thesen verzichtet. Wir zitieren Äußerungen aus diesen Aufzeichnungen in der Regel nur, wenn sie – wie auf Grund des sachlichen Zusammenhangs, in dem sie stehen, oder aus der Übereinstimmung mit Bekundungen Hitlers im kleinen Kreise zu schließen ist – seiner tatsächlichen Überzeugung in der betreffenden Zeit entsprechen, sofern von uns nicht ausdrücklich das Gegenteil festgestellt wird.
Zudem ist die Sammlung der Aufzeichnungen nicht vollständig. Die eine oder andere Niederschrift mag verlorengegangen sein. Außerdem wurden nicht von allen Unterredungen Hitlers mit ausländischen Staatsmännern Protokolle angefertigt. So gibt es von den Treffen Hitlers mit König Boris von Bulgarien, der fließend deutsch sprach und auf Unterredungen mit Hitler unter vier Augen Wert legte, keine Aufzeichnungen. Diese Lücken werden durch summarische Notizen über die Ergebnisse solcher Besprechungen im KTB OKW oder im Halder-Tagebuch nur unzureichend ausgefüllt.
Gegenüber diesen – trotz allen Einschränkungen weitaus wichtigsten – Dokumenten aus dem diplomatisch-politischen Bereich stehen die übrigen Akten aus dem Politischen Archiv des Auswärtigen Amts an Bedeutung erheblich zurück. Die Masse dieses umfangreichen Aktenmaterials, von dem eine repräsentative Auswahl in den Bänden IX bis XIII der Serie D der „Akten zur deutschen auswärtigen Politik" für den Zeitraum vom 18. 3. 1940 bis 11. 12. 1941 erschienen ist[20], läßt oft nur vage die Ziele und Absichten Hitlers erkennen. Dies liegt z. T., aber keineswegs ausschließlich, daran, daß die wichtigsten Bestände, die Akten des Büros RAM, zum größten Teil vernichtet wurden und die Akten des Büros Staatssekretär nur einen sehr begrenzten Ersatz für diesen Verlust darstellen. Bei Auswertung und Abschätzung des „Gewichts" der einzelnen Dokumente ist zu berücksichtigen, daß die Bedeutung des Auswärtigen Amts als zentraler Behörde für die auswärtige Politik des Reiches im Kriege immer geringer wurde. Auch deckten sich Ribbentrops Intentionen, die sich in den Akten spiegeln, keineswegs immer mit den Absichten Hitlers, da Ribbentrop letztlich von einer anderen politischen Grundkonzeption ausging, die zu keinem Zeitpunkt mit der axiomatisch festliegenden, nur taktischen Variationen unterworfenen Zielvorstellung Hitlers völlig überein-

20 Akten zur deutschen auswärtigen Politik 1918–1945. Serie D (1937–1941). Bd. IX und X. Frankfurt a. M. 1962-1963. Von Bd. XI und XII nur die englische Ausgabe vorliegend: Documents on German Foreign Policy 1918–1945. Series D. Vol. XI und XII. London 1961–1962; deutsche Ausgabe in Vorbereitung (die Reihe künftig *zit.:* ADAP D). Der abschließende Bd. XIII der Serie D erschien London 1964.

stimmte[21], auch wenn sich Ribbentrop in den meisten Fällen schließlich dem Willen Hitlers beugte[22].

Welche Akten, speziell welche Diplomaten=Berichte wurden vorgelegt? Darüber gibt das Brieftagebuch des ständigen Vertreters Ribbentrops bei Hitler, des Gesandten Hewel, Aufschluß. Wenn hier auch für die entscheidenden Monate Mai bis September 1940 – wohl durch Verlust des Heftes – eine Lücke besteht, so kann aus der für den übrigen Zeitraum zu belegenden Tatsache, daß Hitler alle – in recht weitgefaßtem Sinne – „wichtigen" Berichte der deutschen diplomatischen Vertretungen in den politisch interessantesten Hauptstädten, d. h. für das Jahr 1940/41 vor allem des deutschen Botschafters in Moskau und des deutschen Geschäftsträgers sowie des deutschen Militärattachés in Washington, vorgelegt wurden, geschlossen werden, daß dies auch in den genannten Monaten der Fall war. Zudem ist aus den Ausführungen Hitlers in seinen Besprechungen mit den führenden Militärs auch in dieser Zeit zu erkennen, daß er alle wichtigen Berichte gelesen hat.

Da Hitler gelegentlich Weisungen an Botschafter und Gesandte in Gesprächen unter vier Augen erteilte, ohne daß der Inhalt in einer Aktennotiz festgehalten wurde, kann man nicht umhin, die Memoirenliteratur für die Erfassung des diplomatisch=politischen Bereichs heranzuziehen, selbst wenn die Schilderungen wie etwa in v. Papens „Erinnerungen"[23], mit dem solche Gespräche recht häufig stattfanden, außerordentlich unzuverlässig nicht nur in den Details, sondern oft auch in der Grundtendenz der Gespräche sind. Dies ergibt sich aus der vereinzelt möglichen Kontrolle an Hand zeitgenössischer Akten, die auf diese Gespräche Bezug nehmen[24].

Als wertvolle Quelle für die großen Linien seiner Gesamtpolitik sind die geheimen Reden Hitlers aus verschiedenen Anlässen, u. a. vor den Offiziersanwärtern bei der Verabschiedung eines Jahrgangs, zu betrachten. Hier zeigte Hitler eine mitunter erstaunliche Offenheit in der Darlegung der politisch=ideologischen Zusammenhänge seiner verschiedenen Maßnahmen. Fast alle öffentlichen und geheim gehaltenen Reden und Proklamationen Hitlers hat M. Domarus in seine zweibändige Sammlung, die die Jahre 1932 bis 1945 umfaßt, – leider allzu oft gerade die geheimen Reden nur in Auszügen – aufgenommen[25].

Sein Versuch, den Weg Hitlers von Tag zu Tag nachzuzeichnen, muß auf

21 Dies gilt nicht nur für das Prinzipielle mit Blick auf die unterschiedlichen England= und Rußland=Vorstellungen Hitlers und Ribbentrops (vgl. dazu oben S. 395 mit Anm. 13), sondern auch für weniger bedeutende Fragen, etwa die Unterstützung des Irak im Mai 1941.

22 Zu den Eigenmächtigkeiten Ribbentrops in der Japanpolitik 1941 vgl. oben S. 485 ff.

23 F. v. Papen: Der Wahrheit eine Gasse. München 1952.

24 Im Falle v. Papens führt L. Krecker in seiner Dissertation den exakten Nachweis hierfür: Deutschland und die Türkei im Zweiten Weltkrieg. Frankfurt a. M. 1964.

25 M. Domarus: Hitler. Reden und Proklamationen 1932–1945. 2 Bde. Würzburg 1962/63.

Grund seiner unzureichenden Quellenbasis als gescheitert betrachtet werden. Domarus stand bei seiner Rekonstruktion des Weges Hitlers u. a. nicht das für die Jahre 1934 bis 1943 unentbehrliche, aus alten Notizbüchern des „Sekretärs des Führers" zusammengestellte „Tagebuch" zur Verfügung, das für diesen Zeitraum die wichtigsten Daten festhält[26]. Da der verschlungene Weg Hitlers in dem von uns dargestellten Jahr 1940/41 zum Verständnis des äußeren, aber auch des innern Zusammenhangs der Geschehnisse wesentlich beiträgt, wird im Anhang dieser Studie, zugleich als Chronik der wichtigsten Besprechungen, ein Itinerar Hitlers für die Zeit vom 1. 9. 1939 bis 31. 12. 1941 vorgelegt.

Die Quellenbasis konnte gegenüber früheren Studien zu Hitlers Politik und Kriegführung schließlich auch für den Bereich der Wehrwirtschaft und Rüstung erweitert werden. Wohl stand die von General Thomas, dem Chef des Wirtschafts- und Rüstungsamtes im OKW, verfaßte umfangreiche Ausarbeitung „Grundlagen für eine Geschichte der deutschen Wehr- und Rüstungswirtschaft[27]" bereits seit langem der Forschung zur Verfügung. Doch erst seit kurzem ist die Masse der aus den USA zurückgeleiteten Wehrwirtschafts- und Rüstungsakten (zum größten Teil im Bundesarchiv Koblenz, zum kleineren im Militärgeschichtlichen Forschungsamt in Freiburg i. Br.) zugänglich[28]. Das reichhaltige Quellenmaterial bietet wesentliche Aufschlüsse über die Verknüpfung von Strategie und Rüstung sowie von Wehrwirtschaft und Kriegszielen Hitlers, über die wehrwirtschaftliche Basis Deutschlands und den angestrebten „Großraum".

Auffallend ist, daß bisher für die Zeit von Kriegsbeginn 1939 bis März 1941 keine Quellen aufgefunden wurden, die Aufzeichnungen über wesentliche Besprechungen Hitlers mit den höchsten Parteiführern über grundsätzliche Fragen, vor allem über die Kriegsziele, enthalten[29]. Solche Unterredungen haben offensichtlich in dieser Zeit — über den Rahmen von unkontrollierbaren Einzelge-

26 „Sekretär des Führers": Führers Tagebuch. Daten aus alten Notizbüchern. 30. 1. 1934 — 30. 6. 1943. Jetzt in: Library of Congress, Washington, Safe 5, 5. — Der Name des Kompilators ist unbekannt. Er muß jedoch in der Umgebung Martin Bormanns zu suchen sein, der am 12. 4. 1943 offiziell den Titel „Sekretär des Führers" erhielt. Ausführliche Datenzusammenstellungen aus der späteren Zeit enthalten H. Linge: Record of Hitler's Daily Activities, 11 August — 30 december 1943. Transcribed by G. L. Weinberg 1952 (Masch.-Ms. Institut für Zeitgeschichte München) und die ebenfalls von Linge stammende Sammlung von Daten, die die Zeit von Oktober 1944 bis Februar 1945 umfaßt (US-Mikrofilm T 84, Roll 22).

27 G. Thomas: Grundlagen für eine Geschichte der deutschen Wehr- und Rüstungswirtschaft (Entwurf 1943/44). Nürnberg-Dok. PS-2353 (Fotokopie im Institut für Zeitgeschichte München). Zur Quellenkritik an dieser Darstellung vgl. W. Birkenfeld: Der synthetische Treibstoff 1933—1945. Göttingen-Berlin-Frankfurt a. M. 1964, S. 51 f. (Anm. 1).

28 Aufschlüsselung vorerst nur durch die „Guides to German Records. Microfilmed at Alexandria, Va.", Washington 1958 ff., Nr. 7, 8, 10 und 17. Die Aufbereitung des Materials ist im Bundesarchiv Koblenz im Gange.

29 Einzige größere Quelle von relativer Bedeutung ist das Rosenberg-Tagebuch: „Das politische Tagebuch Alfred Rosenbergs 1933/34 und 1939/40." Hrsg. von H.-G. Seraphim. Göttingen-Berlin-Frankfurt a. M. 1956.

sprächen unter vier Augen hinaus – nicht stattgefunden. Erst mit Beginn der „politischen" Vorbereitungen für den Ostfeldzug im März 1941 setzt für diesen Bereich eine Reihe von Zeugnissen ein, die Aufschlüsse über die Kriegsziele Hitlers im Osten bieten. Die weitaus bedeutsamste Quelle ist die Aufzeichnung Bormanns über Hitlers bekannte, besser: berüchtigte Ausführungen vor dem engsten Führungskreis am 16. 7. 1941[30].

In diesem knappen Überblick konnten nur die wichtigsten Quellen erwähnt werden, die dem Historiker heute für den Zeitraum 1940/41 aus der unmittelbaren Umgebung Hitlers zur Verfügung stehen oder ihn doch sehr nahe an diesen heranführen[31]. Dennoch ist damit wenigstens angedeutet, wie vielschichtig das vorliegende Material ist, wie differenziert und kritisch demnach auch die Auswertung für eine geschichtswissenschaftliche Arbeit sein muß. Gerade bei einem Thema wie dem unseren muß sich der Historiker der Gefahr bewußt sein, in Abhängigkeit von der zufälligen Dichte der Überlieferung zu geraten und quellenmäßig gut belegte Vorgänge, vor allem auf Grund eines möglicherweise geschlossen vorliegenden „amtlichen" Aktenbestandes, überzubewerten und Wesentliches, aber schlechter aus den Quellen zu Eruierendes dahinter zurücktreten zu lassen. Die Aufgabe, Bedeutsames von Sekundärem zu trennen, läßt sich angesichts der Überfülle an Dokumentenmaterial einerseits, der Lückenhaftigkeit der schriftlichen Überlieferung oft gerade für die wichtigsten Vorgänge und vor allem für die Motive Hitlers bei seinen großen Entscheidungen andererseits von der formalen Seite des Problems her nur bei genauer Kenntnis des Denk- und Arbeitsstils Hitlers sowie der Hierarchie und der Arbeitsmethoden bei den zentralen Instanzen des „Dritten Reiches" und inhaltlich nur durch ein intensives Studium der Gesamtpolitik Hitlers von den Anfängen in den frühen zwanziger Jahren bis zur Schlußkatastrophe im Frühjahr 1945, durch das allein jede Isolierung einzelner Phasen oder bestimmter Teilbereiche mit den darin liegenden vielfältigen Möglichkeiten zu Fehlbeurteilung und Fehldeutung vermieden werden kann, befriedigend lösen.

Während die Kapitel unserer Arbeit, in denen Politik und Kriegführung Hitlers dargestellt werden, Ergebnisse eigenen Quellenstudiums sind, fassen die Kapitel über Politik und Strategie der anderen Mächte bei z. T. abweichender Interpretation einzelner Entscheidungen auf alliierter Seite gegenüber der bisherigen Forschung und mit einer durch den Rahmen unseres Themas bestimmten Akzentsetzung im wesentlichen nur (allerdings unter Auswertung des gedruckt vorliegenden Quellenmaterials) die Ergebnisse der neuesten wissenschaftlichen Darstellungen und Untersuchungen zusammen.

30 IMT, Bd. XXXVIII, Dok. L-221, S. 86 ff.: Aufzeichnung Bormanns über die „Führer-Besprechung" vom 16. 7. 1941.

31 Eine Auswertung weiterer (jetzt im Bundesarchiv Koblenz zugänglicher) Aktenbestände, die den Bereich unmittelbar unterhalb der Führungsspitze (Hitler) erschließen – vor allem die geheimen Presseanweisungen, Himmler-Akten, Nachlaß Epp, auch Akten der Reichskanzlei –, würde die Umsetzung des „Führer"-willens in den verschiedenen Sektoren deutlich machen. Eine Einbeziehung dieses Problemkreises hätte den Rahmen unserer Studie gesprengt.

3. Aufbau der Arbeit

Aus der Fragestellung wie aus den methodischen Überlegungen ergab sich für uns als Konsequenz für den Aufbau der Arbeit, daß eine rein chronologische Darstellung nicht zu vertreten war. Abgesehen von der kaum lösbaren Problematik der Darstellungstechnik war es vor allem die Überlegung, daß es notwendig sei, den Blickwinkel – von Hitler und von den anderen Mächten aus – mehrfach wechseln zu lassen, die eine fortlaufende einsträhnige „Erzählung" von selbst verbot. Andererseits mußte in einer Arbeit, in der der Entscheidungscharakter bestimmter geschichtlicher Situationen herausgearbeitet werden sollte, die zeitliche Folge der Ereignisse innerhalb jedes der zu behandelnden Problemkomplexe wie auch im Aufbau und in der Gliederung im großen soweit wie möglich gewahrt werden. Als sinnvollste Lösung bot sich eine Großgliederung der Arbeit in drei Teilen an, die jeweils einen fest umrissenen Zeitabschnitt umspannen. Die weitere Gliederung innerhalb der Teile folgt dann sachlichen Gesichtspunkten, indem in den einzelnen Abschnitten bestimmte Einzelthemen behandelt werden. Von den verschiedensten Sachzusammenhängen aus erwiesen sich die Zeitpunkte Ende September 1940 und Dezember 1940 als die sinnvollsten der möglichen Einschnitte. Der Entscheidungscharakter geschichtlicher Situationen ist in ihnen wie auch Ende Juni 1940, am zeitlichen Ausgangspunkt unserer Arbeit, und schließlich Ende Juni 1941 mit dem Beginn des Ostkrieges, mit dem unsere intensive Darstellung abbricht, besonders ausgeprägt. Mithin umspannen Teil A den Zeitraum von Juni bis September 1940, Teil B den Abschnitt von September bis Dezember 1940 und Teil C das erste Halbjahr (mit einem Ausblick auf die Zeit bis Dezember) 1941. Ein Einführungskapitel und eine Schlußbetrachtung stehen außerhalb dieser drei Teile.

Die intensive Darstellung setzt demnach mit dem 1. Abschnitt des II. Kapitels (Beginn von Teil A) ein, in dem die unmittelbaren Auswirkungen des deutschen Sieges auf Europa und die Welt umrissen werden. Daran schließt sich in den folgenden Abschnitten dieses Kapitels die Darstellung der Reaktion der wichtigsten Gegenmächte auf den Zusammenbruch Frankreichs (Großbritannien, USA, Sowjetunion) sowie die der Nutznießer des deutschen Triumphes (Japan und Italien) an. Das III. Kapitel erörtert dann eingehend die Möglichkeiten, die sich für Hitler aus der Situation des Sommers 1940 ergaben.

Die Teile B und C sind ähnlich angelegt. Jeweils das erste Kapitel behandelt Politik und Strategie der Gegenmächte und der „Partner" Deutschlands in dem betreffenden Zeitraum, das zweite Kapitel Hitlers Politik und Kriegführung. In den Betrachtungen des letzten Abschnitts jedes Teils werden die Situation aus dem deutschen Blickwinkel erörtert und die Entscheidungen Hitlers analysiert. Schwerpunkte der Darstellung sind in allen Teilen die Abschnitte über Hitlers Ostkriegspläne und seine politisch-strategischen Erwägungen zum Gesamtkrieg. Die unterschiedliche Ausführlichkeit der einzelnen Abschnitte findet ihre Rechtfertigung darin, daß die Darstellung zu solchen Problemen breiter gehalten ist, die kontrovers sind oder über die noch kaum Veröffentlichungen vorliegen (etwa über die deutsche Politik gegenüber Afghanistan und dem Nahen Osten), vor allem aber auch wenn neue Gesichtspunkte vorgetragen werden (z. B. Hitlers improvisierter Plan eines „Weltblitzkrieges" vom Herbst 1940), während Abschnitte, in denen in der Forschung schon weitgehend geklärte Fragenbereiche behandelt werden (z. B. Hitlers Frankreich-Politik oder die deutsch-spanischen Beziehungen), knapper gehalten werden konnten.
Es schien vorteilhaft, den Exkurs über das Kolonialprojekt „Mittelafrika" sowie den längeren Abschnitt über Hitlers Umrüstungspläne, die beide den Zeitraum des ganzen Jahres umspannen, bereits im Teil A einzufügen, da hiermit nicht nur die weiteren Kapitel entlastet wurden, sondern auch das Verständnis für die folgende Darstellung im ganzen erleichtert wird. Durch zahlreiche Verweise werden die vielfältigen Bezüge, die zwischen den einzelnen Abschnitten bestehen, auch äußerlich hervorgehoben. Einige für das Verständnis der Zusammenhänge wesentliche Gedanken wurden in verschiedenen Kapiteln bewußt wiederholt, um Lesern, die sich auf bestimmte Teilbereiche dieser Arbeit konzentrieren, die Lektüre zu erleichtern.
Der einleitende Überblick über die erste Phase des Krieges vom September 1939 bis zum Juni 1940 mit der Darlegung der Planungen und Entscheidungen auf deutscher wie auf alliierter Seite ist auf einige wenige Schwerpunkte beschränkt. Die Auswahl richtete sich nach der Relevanz der Probleme für die folgende, von uns eingehend dargestellte zentrale Phase des Krieges. Ähnliches gilt für den Ausblick über die Zeitspanne von Juni bis Dezember 1941, in dem ebenfalls von den vielfältigen Problemen jener Monate nur einige wenige Gesichtspunkte hervorgehoben wurden, die von unserer Fragestellung aus bedeutsam erschienen. Diese relativ knapp gehaltenen zeitlichen Erweiterungen nach rückwärts wie nach vorn lassen erst in vollem Maße die entscheidende Bedeutung des von uns dargestellten Jahres von Juni 1940 bis Juni 1941 für die Geschichte des Zweiten Weltkrieges erkennen.
In der Schlußbetrachtung soll der größere Zusammenhang deutlich werden, in den das Thema unserer Studie gehört: die Problematik von „Kontinuität", Steigerung oder beispiellosem Ansatz deutscher Expansionspolitik und imperialer Konzeptionen unter Hitler im Zweiten Weltkrieg. Es wurde dabei der

Versuch unternommen, den historischen Ort von Hitlers Ostkrieg, der den entscheidenden Schritt zur Realisierung seiner weitgespannten Ziele bildete und das Hauptergebnis aller seiner Überlegungen, Planungen und Entscheidungen des Jahres 1940/41 darstellte, zu umreißen.

4. Technische Fragen

Angesichts der Fülle an Literatur zur Geschichte des Zweiten Weltkrieges und zum „Dritten Reich" war es schon aus räumlichen Gründen ausgeschlossen, bei der Zusammenstellung des Schrifttums im Anhang (Teil B des Quellen- und Literaturverzeichnisses) auch nur annähernd Vollständigkeit anzustreben. In jedem Falle konnte es sich nur um eine Auswahl handeln. Die Gesichtspunkte, denen wir dabei folgten, waren:

1. von den Überblicksdarstellungen und der Literatur, die für den „Hintergrund" dieser Arbeit wichtig waren, nur solche Werke aufzunehmen, die, sei es auch nur in begrenztem Maße (und keineswegs immer im Sinne einer Übernahme der dort vertretenen Auffassungen), unsere Darstellung mit Anregungen beeinflußt haben;
2. die für die Hauptkapitel ausgewertete Spezialliteratur vollständig zu erfassen, wobei die Möglichkeit, daß einige Titel, die an entlegener Stelle erschienen sind, trotz intensiver Umschau nicht mit berücksichtigt wurden, in Kauf zu nehmen war;
3. auf die Aufnahme der zahlreichen Bücher, Aufsätze usw., die zwar thematisch in den Bereich unserer Arbeit fallen, aber sachlich nichts hergeben, ganz zu verzichten. Dies gilt für die Fülle an reiner Militärliteratur ebenso wie für die in jener Zeit selbst erschienenen publizistischen Abhandlungen und für rein politisch-polemische Nachkriegsartikel;
4. Titel, die nur für eine einzige Stelle dieser Arbeit, manchmal nur für einen Satz von Belang waren, lediglich in den Anmerkungen zum Text, nicht aber im Literaturverzeichnis zu bringen;
5. von der japanischen Literatur nur ganz wenige Werke, die zum Verständnis der japanischen Politik unentbehrlich sind, aufzuführen. Für weiteres japanisches Schrifttum sowie für japanische Quellen sei auf das Verzeichnis in den Arbeiten von Butow[1], Lupke[2], Sommer[3] und Presseisen[4] sowie den Aufsatz von Hayashi[5] verwiesen.

1 R. J. C. Butow: Tojo and the Coming of the War. Princeton 1961.
2 H. Lupke: Japans Rußlandpolitik 1939—1941. Frankfurt a. M. 1962.
3 Th. Sommer: Deutschland und Japan zwischen den Mächten. Tübingen 1962.
4 E. L. Presseisen: Germany and Japan. The Hague 1958.
5 K. Hayashi: Japanische Quellen zur Vorgeschichte des Pazifischen Krieges, in: Vierteljahrshefte für Zeitgeschichte 1957, S. 199—207.

Der Anmerkungsapparat wurde, obwohl sein Umfang an manchen Stellen auf den ersten Blick vielleicht das Gegenteil zu besagen scheint, so knapp wie möglich gehalten. Auf jeden Nachweis allgemein bekannter und in der wissenschaftlichen Forschung unumstrittener „Fakten" und Daten wurde verzichtet. Wenn Literaturhinweise in den Anmerkungen erscheinen, wird jeweils auf das wissenschaftliche Schrifttum verwiesen, das den neuesten Forschungsstand widerspiegelt. Nicht angeführt werden dagegen die vielfach zahlreichen Werke, die das betreffende Problem ebenfalls behandeln, ohne daß darin aber neue „Fakten" oder Gesichtspunkte enthalten sind. Bei häufig zitierten Quellen oder wissenschaftlichen Arbeiten wird eine abgekürzte Kennzeichnung verwendet, deren Auflösung aus dem Quellen- und Literaturverzeichnis sowie dem Abkürzungsverzeichnis leicht zu entnehmen ist. Wenn auf Memoirenliteratur verwiesen wird, geschieht dies entweder, weil keine sonstige Quelle über den betreffenden Vorgang vorhanden ist oder weil die Argumentation des Autors für unseren Zusammenhang von Bedeutung ist. Im übrigen wird überall dort, wo gesicherte Forschungsergebnisse (auch auf Grund ausgewerteter Memoirenliteratur) vorliegen, auf die einschlägigen wissenschaftlichen Arbeiten, nicht auf die Memoirenwerke, zurückgegriffen. Auf abweichende Thesen in der vorliegenden Literatur gegenüber den von uns in dieser Arbeit vertretenen Deutungen wurde nur an solchen Stellen und in solchen Fällen eingegangen, bei denen die Quellenbasis mit unserer Arbeit ungefähr übereinstimmte. Auf eine Auseinandersetzung mit Studien, deren Quellengrundlage – übrigens oft zwangsläufig, da viele Aktenbestände erst seit kürzerer Zeit zugänglich geworden sind – wesentlich schmaler ist, wurde ebenso verzichtet wie auf jede korrigierende Richtigstellung von Darstellungen in Gesamtüberblicken über den Zweiten Weltkrieg, schon um ein unvertretbares Anschwellen des Anmerkungsapparats zu vermeiden.

Da in mehreren Fällen sowohl die britische bzw. amerikanische als auch die deutsche Ausgabe mehrbändiger Werke benutzt wurde – die Notwendigkeit hierzu ergab sich u. a. daraus, daß in der später erschienenen deutschen Ausgabe die Zitate aus deutschen Quellen im Originalwortlaut gebracht werden –, wird, um Mißverständnisse in der abgekürzten Zitierweise auszuschließen, die Bandangabe der britischen und amerikanischen Literatur grundsätzlich mit „vol.", der deutschen und sonstigen mit „Bd." gekennzeichnet. Bei einbändigen Werken ist, sofern nichts anderes vermerkt ist, stets die deutsche Ausgabe gemeint, wenn eine solche vorhanden ist.

Bei der Wiedergabe slawischer Namen, die allgemein bekannt sind, wurde die in Deutschland allseits übliche Schreibweise beibehalten (also etwa bei den Russen Molotow, Dekanosow, aber bei den Bulgaren Filoff, Popoff), bei Literaturangaben und nicht geläufigen Namen hingegen die korrekte Transkription angewendet bzw., wenn es sich um Verfasser von Werken aus westlichen Ländern handelt, an der jeweils vorliegenden Schreibweise festgehalten (z. B.

bei den Aufsätzen des ehemaligen jugoslawischen Ministerpräsidenten Cvetković die Schreibweise „Tsvetkovitch“). Namen aus außereuropäischen Sprachen (vor allem Namen arabischer Politiker) sind in der aus den deutschen Quellen überlieferten Form wiedergegeben.
Der Gebrauch von Abkürzungen wurde soweit wie möglich eingeschränkt. Sie wurden nur bei vielfach wiederkehrenden Bezeichnungen wie OKW, OKH, AA usw. sowie für häufig zitierte Dokumentenserien angewendet (zur Aufschlüsselung vgl. das Abkürzungsverzeichnis im Anhang 5).

5. Abkürzungsverzeichnis

AA	Auswärtiges Amt
AA=Linie	Astrachan=Archangelsk=Linie
Abt.	Abteilung
ADAP D	Akten zur deutschen auswärtigen Politik, Serie D
AK. (A.K.)	Armeekorps
Anm.	Anmerkung
AOK	Armeeoberkommando
Att.	Attaché
Aufz.	Aufzeichnung
Bd.	Band
B. d. E.	Befehlshaber des Ersatzheeres
B. d. U.	Befehlshaber der Unterseeboote
betr.	betreffend
C	Dokumentenserie der Nürnberger Akten
Chef H.Rüst	Chef der Heeresrüstung
Chefs.	Chefsache
col.	column
d.	des, der
DNB	Deutsches Nachrichten=Büro
dt.	deutsch
Dok.	Dokument
ebda.	ebenda
G. d. Gr. V. Kr.	Geschichte des Großen Vaterländischen Krieges (der Sowjetunion)
Gen. d. Fl.	General der Flieger
Gen.St.d.H.	Generalstab des Heeres
GFM	Generalfeldmarschall
gkdos. (g.Kdos.)	geheime Kommando=Sache
gRs.	geheime Reichs=Sache
H. o. C.	House of Commons
Hptm.	Hauptmann
H.Qu.	Hauptquartier
IMT	Internationales Militärtribunal (1945/46)
Inf.	Infanterie
Kap.	Kapitel
Kav.	Kavallerie
KTB	Kriegstagebuch
L	Abt. Landesverteidigung im Wehrmachtführungsstab (OKW)
L	Dokumentenserie der Nürnberger Akten
Masch.=Ms.	Maschinenmanuskript
Mill.	Millionen
Mitt.	Mitteilung
moto	Tonnen im Monat
Ms.	Manuskript

MTS	Maschinen= und Traktoren=Stationen
NG	Dokumentenserie der Nürnberger Akten
NI	Dokumentenserie der Nürnberger Akten
NOKW	Dokumentenserie der Nürnberger Akten
OB	Oberbefehlshaber
Ob. d. H.	Oberbefehlshaber des Heeres
Ob. d. M.	Oberbefehlshaber der Kriegsmarine
Ob. d. L.	Oberbefehlshaber der Luftwaffe
Obltn.	Oberleutnant
Obstlt.	Oberstleutnant
Offz.	Offizier
OKH	Oberkommando des Heeres
OKL	Oberkommando der Luftwaffe
OKM	Oberkommando der Kriegsmarine
OKW	Oberkommando der Wehrmacht
Op.Abt.	Operationsabteilung (im Generalstab des Heeres)
OT	Organisation Todt
Polit. Arch.	Politisches Archiv im Auswärtigen Amt
PS	Dokumentenserie der Nürnberger Akten
Pz.	Panzer
RAF	Royal Air Force
RAM	Reichsaußenminister
s.	siehe
S.	Seite
SD	Sicherheitsdienst
SDFP	Soviet Documents on Foreign Policy
Sipo	Sicherheitspolizei
Skl.	Seekriegsleitung
St.S.	Staatssekretär
Tgb.	Tagebuch
UdSSR	Union der Sozialistischen Sowjetrepubliken
u. a.	unter anderen
U.St.S.	Unterstaatssekretär
usw.	undsoweiter
u. U.	unter Umständen
u. d. T.	unter dem Titel
V=Mann	Vertrauensmann (Agent)
vgl.	vergleiche
VLR.	Vortragender Legationsrat
vol.	volume
WFSt (WFStab)	Wehrmachtführungsstab
WHW	Winterhilfswerk
WiRüAmt	Wirtschafts= und Rüstungsamt im OKW

6. Quellen- und Literaturverzeichnis

A. Quellen

a) Ungedruckte Quellen

Auswärtiges Amt Bonn, Politisches Archiv

Aufzeichnungen des Gesandten P. O. Schmidt, des Gesandten W. Hewel u. a. über Unterredungen Hitlers, Ribbentrops, Görings und Keitels mit ausländischen Staatsmännern, Diplomaten und Militärs, 1939—1944 (Akten: Aufzeichnungen Schmidt und Büro RAM: Filme 1—20)
W. Hewel: Vorlagen beim Führer. Bd. I—III (es fehlen die Angaben für die Zeit vom 7. 5.— 4. 9. 1940)
Akten Botschafter Ritter (ab Juli 1941 vorhanden)

Büro des Staatssekretärs:	
Akten betr. Rußland, Bd. 1—5	(1939—1941)
Akten betr. England, Bd. 2—4	(1939—1941)
Akten betr. USA, Bd. 2—5	(1939—1941)
Akten betr. Japan, Bd. 1—3	(1939—1941)
Akten betr. Italien, Bd. 1—5	(1939—1941)
Akten betr. Frankreich, Bd. 2—4	(1940/41)
Akten betr. Frankreich, Friedensverhandlungen, Bd. 1—2	(1940/41)
Akten betr. Afrika, Bd. 1	(1939—1943)
Akten betr. Spanien, Bd. 2—3	(1940/41)
Akten betr. Türkei, Bd. 2—3	(1940/41)
Akten betr. Finnland, Bd. 1—3	(1939—1941)
Akten betr. Rumänien, Bd. 1—6	(1939—1941)
Akten betr. Iran, Bd. 1	(1939—1941)
Akten betr. Irak, Bd. 1—2	(1939—1943)
Akten betr. Ägypten, Bd. 1	(1939—1943)
Akten betr. Indien, Bd. 1	(1941—1942)
Akten betr. Krieg 1939, Bd. 8	(1940)

Politischer Schriftwechsel des Herrn Staatssekretärs in politischen Angelegenheiten
Aufzeichnungen des Herrn Staatssekretärs über Diplomatenbesuche

Büro des Unterstaatssekretärs:	
Akten betr. Friedensbemühungen	(1939—1940)
Akten betr. Rußland I	(1941)
Akten betr. Sowjetunion, Bd. 2	(1939/40)
Akten betr. Afghanistan	(1939—1942)
Akten betr. Kolonien	(1937—1942)

Akten betr. unneutrales Verhalten der USA	(1939—1941)

Akten der Dienststelle Ribbentrop:
Rußland (1940/41)

Vertrauliche Berichte über Rußland („Peter") (22. 2.—21. 6. 1941)
Akten der Politischen Abteilung
„Pol. Verschluß": Po g. Rußland, Bd. 5—7 (1940/41)

Bundesarchiv Koblenz

Akten zur Wehrwirtschaft und Rüstung

Wi/ I F 5.23	G. Thomas: Grundlagen für eine Geschichte der deutschen Wehr- und Rüstungswirtschaft (= Nürnberg-Dok. PS-2353)
Wi/ I F 5122	Akten Chef OKW 1940—1942
Wi/ I F 5412	Aktenvermerke General Thomas 1938—1942
Wi/ I F 2088	Ausführungen des Reichswirtschaftsministers Funk in der Chefbesprechung am 22. 7. 1940
W 01 — 8/16	KTB der Rüstungswirtschaftlichen Abteilung (WRü) des WiRüAmtes im OKW vom 29. 11. 1939 — 31. 3. 1941 und vom 1. 4. 1941 — 31. 10. 1941
Wi/ I F 5.188	Reichsminister für Bewaffnung und Munition, KTB 1940—1942
Wi/ I F 5.121	Umstellung der deutschen Rüstung, Bd. 2 (1941)

Sonstige Akten

K 10 — 2/10	Betrachtungen des Chefs der 1. Skl. vom 28. 7. 1940 über Rußland
OKM Kr. 114 (Chef Z Z.g.Kdos.	Die Bemühungen der Skl. um ein deutsch-französisches Zusammengehen gegen England und die Behauptung des französischen Kolonialreichs in Afrika (Masch.-Ms. 1944)

F. Halder und A. Heusinger: Der Ostfeldzug 1941—1942 — ein operativer Überblick (Masch.-Ms. 1955)

Zeitgeschichtliche Sammlungen

Z Sg 101	Sammlung Brammer
Z Sg 102	Sammlung Sänger

Nachlässe

Generalfeldmarschall v. Bock (Tagebuchaufzeichnungen 1940/41)
General der Panzertruppen Ritter von Thoma
General d. Inf. Arthur Hauffe
Legationsrat Fritz Hesse

Militärgeschichtliches Forschungsamt Freiburg i. Br.

Akte „Barbarossa" (3. 2.— 28. 11. 1941) = Signatur III W 59/1—3
Sammelmappe „Felix" (5. 11. 1940 — 9. 12. 1941) = Signatur III W 54
Sammelmappe „Attila" (10. 12. 1940 — 29. 6. 1941) = Signatur III W 55
Chefsachen „Marita" (16. 12. 1940 — 24. 12. 1941) = Signatur III W 56
Sammelmappe „Deutsch-französische Zusammenarbeit" (31. 10. 1940 — 15. 3. 1941) = Signatur III W 70
Weisung Nr. 18 (12. 11.— 13. 12. 1940) = Signatur III W 53
Akte OKW/WFSt/IV Qu. Chefsachen: Treibstofflage, Kautschuklage, Transportraumfragen = Signatur III W 74
Akte Chefsachen Rosenberg = Signatur III W 61
Akte Weisung Nr. 25: Jugoslawien = Signatur III W 58
Akten „Barbarossa" OKH/Gen.St.d.H., Bd. I = Signatur H 22/219—220
Akten „Barbarossa" OKH/Gen.St.d.H., Bd. II — Signatur H 22/553
Akte Gen.St.d.H./Op.Abt.: Auszüge bzw. Abschriften von OKH-Befehlen vom 26. 6. 1940 — 31. 8. 1941
Akte Gen.St.d.H./Op.Abt. (I): Türkei vom 28. 10. 1940 — 20. 2. 1941
Akte Gen.St.d.H./Op.Abt. (III): „Barbarossa" vom 15. 7. 1941 — 22. 11. 1941 (4 Bde.)

Akte Gen.St.d.H.: „Wehrwirtschafts= und Rüstungsamt im OKW" 1941
Akte OKH/Gen.St.d.H./Op.Abt. (II): „Kaukasus" = Signatur H 22/365
KTB des AOK 18 vom 4. 7. 1940 — 22. 6. 1941 (8 Bde.)
Kriegstagebuch der Seekriegsleitung, 1. Abteilung (KTB der Skl.), Teil A vom 15. 8. 1939 — 31. 7. 1941 (= Signatur III M 1000/1—23); Teil B, Heft 5 (Anlagen allgemeinen Inhalts, Febr. 1940 — Sept. 1942); Teil C, Heft A: Überlegungen des Chefs der Seekriegsleitung und Niederschriften über Vorträge und Besprechungen beim Führer; Heft VII: Völkerrecht, Propaganda und Politik 1940/41; Heft XIV: Italienische Kriegführung, Juli 1940 — April 1944; Heft XV: Zusammenarbeit mit Japan, Jan. 1941 — Dez. 1942; Heft XVI: Verhältnis zu Frankreich Okt. 1940 — März 1943; Teil D (Luftlage), 1. 8. — 31. 12. 1940; Kriegstagebuch der Seekriegsleitung, 3. Abt., Politische Übersicht, Bd. 1—13: Sept. 1939 — November 1941
Handakte Admiral Gladisch 1939—1941 (= Signatur III M 501/1)
G. Blumentritt „Moskau" (Masch.=Ms. 1955) = Signatur III M (A) 44
Akte Militärgeschichtliches Forschungsamt — V „Hat das britische Eingreifen in Griechenland den deutschen Angriff gegen Rußland verzögert oder nicht?" (Masch.=Ms. 1961)

Arbeitskreis für Wehrforschung Stuttgart

Aufzeichnungen über die Lagevorträge des Oberbefehlshabers der Kriegsmarine vor Hitler, 1939—1945. Fotokopien der vollständigen Sammlung (Edition u. d. T. „Die Lagebesprechungen der Seekriegsleitung mit Hitler 1939—1945" durch G. Wagner und G. Hümmelchen in Vorbereitung) (*zit.*: Lagevorträge des Ob. d. M.)
E. Weichold: Der Krieg im Mittelmeerraum (Masch.=Ms. o. J.)
Sammlung von Abschriften und Fotokopien militärischer Dokumente

Institut für Zeitgeschichte München

Protokolle und Dokumente des Falles 11 vor dem amerikanischen Militärgerichtshof IV in Nürnberg (sog. Wilhelmstraßen=Prozeß)
Protokolle und Dokumente des Falles 12 vor dem amerikanischen Militärgerichtshof V=A in Nürnberg (sog. OKW=Prozeß)
Systematische Sammlung der Nürnberger Dokumente: Serien PS, NG, NOKW, NO, C, D, EC, L, NI, R, TC und USSR
Goebbels' Tagebücher, Fragmente August 1941 — Juni 1942 (Mikrofilm MA 473)
Zeugenschrifttum: Altenburg, v. Below, Bodenschatz, v. Boetticher, Bogatsch, v. Brauchitsch, L. Bürkner, Buhle, v. Buttlar=Brandenfels, Dieckhoff, Gaus, Hilger, List, Ritter v. Leeb, v. Puttkamer, v. Rundstedt, v. Sodenstern, Thomas, Frhr. v. Weichs
H. Uhlig: Hitlers Weg zum Oberbefehlshaber der Wehrmacht. Das Ringen mit dem OKH um die militärische Führung 1938—1941 (Masch.=Ms. o. J.) (mit Befragungsunterlagen)

Library of Congress Washington

„Sekretär des Führers: Führers Tagebuch" (30. 1. 1934 — 30. 6. 1943). Datensammlung aus alten Notizbüchern (Masch.=Ms., 101 S.) = Appendix 5, Safe 5—5

Quellen aus privater Hand

Tagebuch des Adjutanten des Heeres bei Hitler (Juni 1940 — Mai 1941). Generalleutnant a. D. G. *Engel* (Oberbolheim Bez. Köln)
Kriegstagebuch des „Deutschen Generals beim Oberkommando der kgl. ungarischen Wehrmacht" (27. 3. — 25. 7. 1941), geführt von P. E. Schramm (Masch.=Ms.), nebst persönlichen Aufzeichnungen aus dem gleichen Zeitraum (Privatbesitz von Professor Dr. P. E. *Schramm*, Göttingen)
Tagebuch des Generals d. Inf. a. D. Dr. Waldemar *Erfurth*, 1941—1944 Chef des deutschen Verbindungsstabes im finnischen Hauptquartier (Privatbesitz von General a. D. Dr. Erfurth, Tübingen)
Briefliche Mitteilungen von:
Generaloberst a. D. F. *Halder* vom 23. 8. 1954 und 5. 10. 1954

General d. Artl. a. D. W. *Warlimont* vom 12. 10. 1954
General d. Kav. a. D. Erik *Hansen* vom 30. 7. 1956 (Antworten in erweiterter Bericht=form auf eine Anfrage des Instituts für Zeitgeschichte München) und vom 6. 3. 1958
Großadmiral a. D. K. *Dönitz* vom 23. 10. 1963
Konteradmiral a. D. K. J. *v. Puttkamer* vom 17. 4. 1964

b) Gedruckte Quellen

Dokumente und Dokumentensammlungen

Akten zur deutschen auswärtigen Politik 1918—1945. Aus dem Archiv des Auswärtigen Amts. Serie D (1937—1945). Bd. I—X. Baden=Baden 1950—1956 und Frankfurt a. M. 1961—1964 (*zit.*: ADAP D); Bd. XI, 1. und 2. Bonn 1965 (während der Drucklegung erschienen, daher Bezugnahme noch auf die englische Ausgabe).

Documents on German Foreign Policy 1918—1945. Series D. Vol. XI (1. 9. 1940 — 31. 1. 1941). London 1961; vol. XII (1. 2.— 22. 6. 1941). London 1962; vol. XIII (23. 6.— 11. 12. 1941). London 1964 (*zit.*: ADAP D).

Der Prozeß gegen die Hauptkriegsverbrecher vor dem Internationalen Militär=gerichtshof (IMT). 42 Bde., Nürnberg 1949 (*zit.*: IMT).

Auswärtiges Amt: Die Geheimakten des französischen Generalstabes (Deutsches Weißbuch Nr. 6). Berlin 1941.

Auswärtiges Amt: Dokumente zum Konflikt mit Jugoslawien und Griechenland (Deutsches Weißbuch Nr. 7). Berlin 1941.

Adam, M. (Hrsg.): Magyarország és a második világháboru. Titkos diplomáciai o kmányok a háború elözményeihez és történetéhez (Ungarn und der Zweite Welt=krieg. Geheimdokumente über die Vorgeschichte und die Geschichte des Krieges). Budapest 1959.

Aujol, J.=L.: Le Procès Benoist=Méchin (29 mai — 6 juin 1947): Compte rendu sténo=graphique avec un avant=propos et une lettre de l'inculpe à son défenseur. Paris 1948.

Bormann, M.: The Bormann Letters. Ed. by H. R. Trevor=Roper. London 1954.

Churchill, W. S.: The War Speeches. Compiled by R. S. Churchill and Ch. Eade. Vol. I: Into Battle. London 1941; vol. II: The Unrelenting Struggle. London 1942.

Ciano, G.: L'Europa verso la catastrofe. 184 Colloqui con Mussolini, Hitler, Franco, Chamberlain etc. Milano 1948 (gekürzte britische Ausgabe: Ciano's Diplomatic Papers. London 1948).

Correspondence between the Chairman of the Council of Ministers of the U.S.S.R. and the Presidents of the United States and the Prime Ministers of Great Britain during the Great Patriotic War of 1941—1945. Ed. by Ministry of Foreign Affairs of the U.S.S.R. 2 vols. Moscou 1957 (deutsche Ausgabe: Briefwechsel Stalins mit Churchill, Attlee, Roosevelt und Truman 1941—1945. Berlin 1961; *zit.*: Briefwechsel Stalins).

La Délégation française auprès de la Commission allemande d'Armistice. 5 Bde. Paris 1947—1959.

Das nationalsozialistische Deutschland und die Sowjetunion 1939—1941. Hrsg. von E. M. Caroll und F. Th. Epstein. Washington 1948.

Die Beziehungen zwischen Deutschland und der Sowjetunion 1939—1941. Dokumente des Auswärtigen Amts. Hrsg. von A. Seidl. Tübingen 1949.

A Decade of American Foreign Policy. Basic Documents 1941—1949. Washington 1949.

Documenta occupationis teutonica. 7 Bde. Posen 1945—1959.

Diplomatic Documents: Italy's Aggression against Greece. Hrsg. vom griechischen Außenministerium. Athen 1940 (deutsche Ausgabe: Griechisches Weißbuch. Der italienische Überfall auf Griechenland. Athen 1940).

Documents on Polish=Soviet Relations 1939—1945. Vol. I. London 1961.

Documents secrets du Ministère des Affaires étrangères d'Allemagne. I. Turquie. La politique allemande 1941—1942; II. Hongrie. La politique allemande 1937—1943; III. Espagne. La politique allemande 1936—1943. Hrsg. vom Ministerium für Auswärtige Angelegenheiten der UdSSR. Französische Ausgabe. Paris 1946.

Domarus, M.: Hitler. Reden und Proklamationen 1932—1945. Kommentiert von einem deutschen Zeitgenossen. 2 Bde., Würzburg 1962/63.

Emessen, T. R. (Hrsg.): Aus Görings Schreibtisch. Ein Dokumentenfund. Berlin 1947.

Finland Reveals Her Secret Documents on Soviet Policy, March 1940 — June 1941. New York 1941 (Finnisches Blau=Weiß=Buch).

Foreign Relations of the United States. Diplomatic Papers.

1940: vol. I: General. Washington 1959; vol. II: Europa. Washington 1957; vol. III: The British Commonwealth, the Soviet Union, the Near East and Africa. Washington 1958; vol. IV: The Far East. Washington 1955; vol. V: The American Republics. Washington 1961 (*zit.:* Foreign Relations, vol. I/1940 usw.);

1941: vol. I: General. The Soviet Union. Washington 1958; vol. II: Europe. Washington 1959; vol. III: The British Commonwealth, the Near East and Africa. Washington 1959; vol. IV: The Far East. Washington 1956; vol. V: The Far East. Washington 1957 (*zit.:* Foreign Relations, vol. I/1941 usw.).

Papers Relating to the Foreign Relations of the United States: Japan 1931—1941. Washington 1943.

Fuehrer Conferences on Matters Dealing with the German Navy 1939—1944. Ed. by A. Martienssen. 8 vols. Washington 1946/47 (knappe Auswahl davon und Ergänzung für 1945: Fuehrer Conferences on Naval Affairs. In: Brassey's Naval Annual. London=New York 1948, S. 25—496).

Fukai, E.: Sumitsuin Juyogiji Oboe=gaki (Aufzeichnungen der wichtigsten Verhandlungen des Staatsrats). Tokio 1954.

Heiber, H. (Hrsg.): Hitlers Lagebesprechungen. Die Protokollfragmente seiner militärischen Konferenzen 1942—1945. Stuttgart 1962.

Heiber, H.: Der Generalplan Ost. In: Vierteljahrshefte für Zeitgeschichte 1958, S. 281—325.

Hitler, A.: Mein Kampf. München [43]1933.

Hitlers zweites Buch. Ein Dokument aus dem Jahr 1928. Eingeleitet und kommentiert von G. L. Weinberg. Mit einem Vorwort von H. Rothfels. Stuttgart 1961.

Hitler, A.: Der großdeutsche Freiheitskampf. Reden Adolf Hitlers. Bd. I: Vom 1. September 1939 bis 10. März 1940; Bd. II: Vom 10. März 1940 bis 16. März 1941; Bd. III: Vom 16. März 1941 bis 15. März 1942. München [2]1943.

Hitler e Mussolini. Lettere e Documenti. Milano 1946 (französische Ausgabe: Lettres échangées par Hitler et Mussolini. Paris 1946).

Hitler's Table Talk 1941—1944. Ed. by H. R. Trevor=Roper. London 1953 (französische Ausgabe: Libres propos sur la guerre et la paix. 2 Bde. Paris 1952/54).

Le testament politique de *Hitler.* Notes recueillies par Martin Bormann. Préface de H. R. Trevor=Roper. Commentaires de A. François=Poncet. Paris 1959.

Horthy: Miklos, Titkos iratai (Die Geheimakten von Nikolaus Horthy). Budapest [2]1963 (englische Ausgabe: The Confidential Papers of Admiral Horthy. Budapest 1965).

Hitlers Weisungen für die Kriegführung 1939—1945. Dokumente des OKW. Hrsg. von W. *Hubatsch.* Frankfurt a. M. 1962 (zit.: Hubatsch: Hitlers Weisungen); erweiterte englische Ausgabe: Hitler's War Directives 1939—1945. Ed. by H. R. Trevor=Roper. London 1964.

I Documenti Diplomatici Italiani. Nona Serie: 1939—1943. Vol. I—IV. (4. 9. 1939 — 10. 6. 1940). Rom 1954—1960.

Jacobsen, H.=A. (Hrsg.): Dokumente zur Vorgeschichte des Westfeldzuges. Göttingen=Berlin=Frankfurt a. M. 1956.

Jacobsen, H.=A. (Hrsg.): Dokumente zum Westfeldzug 1940. Göttingen=Berlin=Frankfurt a. M. 1960.

Jacobsen, H.=A.: 1939/1945. Der Zweite Weltkrieg in Chronik und Dokumenten. Darmstadt [6]1962.

Jacobsen, H.=A. und *W. Jochmann:* Ausgewählte Dokumente zur Geschichte des Nationalsozialismus. Bielefeld 1961—1964.

Jodl, A.: Das dienstliche Tagebuch des Chefs des Wehrmachtführungsstabes im OKW, Generalmajor Jodl, für die Zeit vom 13. 10. 1939 bis 30. 1. 1940, hrsg. von W. Hubatsch. In: Die Welt als Geschichte 1952, S. 274 ff. und 1953, S. 58 ff. (Der Teil des Tagebuchs vom 1. 2. — 26. 5. 1940 ist gedruckt als Nürnberg=Dok. PS=1809 in: IMT, Bd. XXVIII).

Klee, K. (Hrsg.): Dokumente zum Unternehmen „Seelöwe". Die geplante deutsche Landung in England. Göttingen=Berlin=Frankfurt a. M. 1959.

Krausnick, H.: Denkschrift Himmlers über die Behandlung der Fremdvölkischen im Osten (Mai 1940). In: Vierteljahrhefte für Zeitgeschichte 1957, S. 194—198.

Madajcyk, S.: Generalplan Ost, in: Polish Western Affairs, vol. III, Nr. 2/1962, S. 391—442 (Veröffentlichung des Wortlauts des sog. „Generalplans Ost" u. d. T. „Rechtliche, wirtschaftliche und räumliche Grundlagen des Ostaufbaues, vorgelegt von SS=Oberführer Prof. Dr. Konrad Meyer, Berlin=Dahlem, Juni 1942, nach US=Mikrofilm T=84, Rolle 73).

Mussolini, B.: Opera Omnia di Benito Mussolini. Vol. XXIX: Dal viaggio in Germania all'intervento dell'Italia nella seconda guerra mondiale (1 Ottobre 1937 — 10 Giugno 1940). Florenz 1959; vol. XXX: Dall'intervento dell'Italia nella seconda guerra mondiale al Discorso al Direttorio Nazionale del P. N. F. del 3 Gennaio 1942 (11 Giugno 1940 — 3 Gennaio 1942). Florenz 1960.

Nazi Conspiracy and Aggression. 8 vols. Washington 1946—1948.

OKW: Kriegstagebuch des Oberkommandos der Wehrmacht (Wehrmachtführungsstab). Hrsg. von P. E. *Schramm* in Zusammenarbeit mit A. Hillgruber, W. Hubatsch und H.=A. Jacobsen. 4 Bde., Frankfurt a. M. 1961—1965 (*zit.:* KTB OKW).

Pétain et les Allemands: Mémorandum d'Abetz sur les rapports franco=allemands. Paris 1948.

Peter (Pseudonym): Die Sowjetregierung und die Donaumündung Ende 1940. Dokumentarischer Bericht über die Bukarester Seedonaukonferenz. In: Monatshefte für Auswärtige Politik 1944, S. 22—39.

Picker, H.: Hitlers Tischgespräche im Führerhauptquartier 1941—1942. Neu hrsg. von P. E. Schramm in Zusammenarbeit mit A. Hillgruber und M. Vogt. Stuttgart 1963 (Erstausgabe unter dem gleichen Titel, eingeleitet und veröffentlicht von G. Ritter. Bonn 1951).

Procès du Maréchal Pétain. Hrsg.: République Française, Haute Cour du Justice. Paris 1945.

Les procès de Collaboration, Fernand de Brinon, Joseph Darnand, Jean Luchaire. Compte rendu sténographique. Paris 1948.

Pundeff, M.: Two Documents on Soviet=Bulgarian Relations in November 1940. In: Journal of Central European Affairs 1955/56, S. 367—378.

Roosevelt, F. D.: The Public Papers and Addresses. Ed. by S. I. Rosenman. Vol. VIII: War and Neutrality, 1939. New York=London 1941; vol. IX: War and Aid to Democracies, 1940. New York=London 1941.

The *Roosevelt* Letters. Being the Personel Correspondence of Franklin Delano Roosevelt. Vol. III: 1928—1945. Ed by Elliot Roosevelt. London 1952.

Seraphim, H.=G.: „Felix" und „Isabella": Dokumente zu Hitlers Planungen betr. Spanien und Portugal aus den Jahren 1940/41. In: Die Welt als Geschichte 1955, S. 45—86.

Taylor, M. C.: Wartime Correspondence between President Roosevelt and Pope Pius XII. New York 1947. (T. war 1940—1945 persönlicher Vertreter Roosevelts bei Papst Pius XII. mit dem Range eines Botschafters.)

Transiteringsfrågan Juni — December 1940 (Handlingar rörande Sveriges politik under andra världkriget. Aktstycken utgivna av Kungl. Utrikesdepartementet). Stock= holm 1947.

Treue, W.: Hitlers Denkschrift zum Vierjahresplan 1936. In: Vierteljahrshefte für Zeitgeschichte 1955, S. 184—210.

La Vie de la France sous l'occupation (1940—1944). Paris 1957.

Zsigmond, L. (Hrsg.): Diplomaciai iratok magyarország kulpolitikaja (Diplomatische Dokumente der ungarischen Außenpolitik). Bd. IV: Magyarország kulpolitikaja a II. világháború kitirésének idörzakában 1939—1940 (Die Außenpolitik Ungarns während der Periode der Entfesselung des Zweiten Weltkrieges 1939—1940). Buda= pest 1962.

Tagebücher

Alfieri, D.: Due dittatori di fronte. Milano 1948. (A. war von Mai 1940 bis Juli 1943 italienischer Botschafter in Berlin.)

Cavallero, U.: Comando supremo. Diario 1940—43 del Capo di S. M. G. Bologna 1948. (C. war von Dezember 1940 bis Januar 1943 Chef des italienischen Wehrmacht= generalstabes.)

Ciano, G.: Diario 1939—1943. 2 Bde. Milano 1948 (Neuausgabe 1963) (deutsche Aus= gabe: Tagebücher 1939—1943. Bern 1947). (C. war von 1936 bis Februar 1943 ita= lienischer Außenminister.)

Frank, H.: Auszüge aus dem Tagebuch, in: St. *Piotrowski:* Hans Franks Tagebuch. Warschau 1963, S. 277 ff.

Halder, F.: Kriegstagebuch. Tägliche Aufzeichnungen des Chefs des Generalstabes des Heeres 1939—1942. Bearbeitet von H.=A. Jacobsen. 3 Bde., Stuttgart 1962—1964 (*zit.*: KTB Halder).

Hassell, U. v.: Vom anderen Deutschland. Aus den nachgelassenen Tagebüchern 1938—1944. Freiburg i. Br. ²1946.

The Unpublished Diary of Pierre *Laval*. London 1948. (L. war von Juni — Dezem= ber 1940 stellv. französischer Ministerpräsident, von Oktober — Dezember 1940 zugleich Außenminister.)

Metaxas, I.: To prosopiko tou Emerologio. T. 4: 1933—1941. E tetarte Augustu (1936). O Polemos 1940—1941. Athen 1960 (Tagebuch. Der 4. August 1936. Der Krieg 1940—1941). (M. war von 1936 bis Januar 1941 griechischer Ministerpräsident.)

Das politische Tagebuch Alfred *Rosenbergs* 1933/34 und 1939/40. Hrsg. von *H.=G. Seraphim*. Göttingen=Berlin=Frankfurt a. M. 1956.

Simoni, L. (Pseudonym für Michele Lanza): Ambasciata d'Italia, 1939—1943. Rom 1947 (französische Ausgabe: Berlin. Ambassade d'Italie. Paris 1947). (L. war von 1939—1943 Botschaftsrat an der italienischen Botschaft in Berlin.)

Der Generalquartiermeister. Briefe und Tagebuchaufzeichnungen des Generalquar= tiermeisters des Heeres General der Artillerie Eduard *Wagner*. Hrsg. von Elisabeth Wagner. München und Wien 1963 (*zit.*: Elisabeth Wagner: Der Generalquartier= meister).

Zeitgeschichtliche Dokumentation

Degras, J.: Calendar of Soviet Documents on Foreign Policy 1917—1941. London 1948.

Documents on International Affairs, 1939—1946. Ed. by J. W. Wheeler=Bennett. Vol. II: Hitler's Europe. London 1954.

Dokumente der deutschen Politik. Hrsg. von F. A. *Six*. Reihe: Das Reich Adolf Hit= lers. Bd. VII: Das Werden des Reiches 1939. Berlin 1941; Bd. VIII: Der Kampf gegen den Westen. 2 Teile. Berlin 1944.

Dokumentation: Aufmarsch der Roten Armee am 22. Juni 1941. In: Wehrwissen=schaftliche Rundschau 1961, S. 347.

Keesing's Archiv der Gegenwart 1939—1941. Wien=Essen 1939—1941.

Keilig, W.: Das deutsche Heer 1939—1945. Lieferung 1—16. Bad Nauheim 1956—1964.

Lohmann, W. und H. H. *Hildebrand:* Die deutsche Kriegsmarine 1939—1945. 3 Bde., Bad Nauheim 1956—1961.

Monatshefte für Auswärtige Politik. Hrsg. von F. *Berber*. 1939—1941. Berlin 1939—1941.

OKW/WPr: Die Berichte des Oberkommandos der Wehrmacht. Bd. I (1939/40). Ber=lin 1941; Bd. II (1941). Berlin 1942.

Paynes, L. G. S.: Air Dates. New York 1957.

Peace and War. United States Foreign Policy, 1931—1941. Washington 1943.

Politische Verträge. Hrsg. von V. *Bruns*. Bd. III, 2. Halbband (1938—1940). Berlin 1942.

Rohwer, J.: Dokumentation: Der Nachschubverkehr zwischen Italien und Libyen vom Juni 1940 bis Januar 1943. In: Marine=Rundschau 1959, S. 105—107.

Schultheß' Europäischer Geschichtskalender. Hrsg. von U. Thürauf. Bd. 80 und 81 (1939 und 1940). München 1940/41.

Siegler, F. Frhr. v.: Die höheren Dienststellen der deutschen Wehrmacht 1933—1945. München 1953.

Slusser, R. M. and J. F. *Triska:* A Calendar of Soviet Treaties 1917—1957. Stanford (California) 1959.

Soviet Documents on Foreign Policy. Ed. by J. *Degras*. Vol. III: 1933—1941. London=New York=Toronto 1953 (*zit.*: SDFP).

Wache, W.: System der Pakte. Die politischen Verträge der Nachkriegszeit. Berlin 1938.

B. Literatur

a) Bibliographien und bibliographische Artikel, Dokumentennachweise

Gunzenhäuser, M.: Die Bibliographien zur Geschichte des Zweiten Weltkrieges. In: Jahresbibliographie 1961 der Bibliothek für Zeitgeschichte Stuttgart. Frankfurt a. M. 1963, S. 511—565.

Bibliographie zur Zeitgeschichte. Beilage der Vierteljahrshefte für Zeitgeschichte. Zusammengestellt von Th. *Vogelsang*. Stuttgart 1953—1965.

Revue d'histoire de la deuxième guerre mondiale. Publication du Comité d'Histoire de la deuxième guerre mondiale. Bibliographie: Bibliothèque de Documentation Internationale Contemporaine. Paris 1950—1965.

Bücherschau der Weltkriegsbücherei Stuttgart, Jg. 25—31 (1953—1959). Stuttgart 1953—1959.

Jahresbibliographie der Bibliothek für Zeitgeschichte Stuttgart 1960—1963. Frank=furt a. M. 1961—1965.

Jahresberichte der Deutschen Geschichte. Neue Folge. Jg. 7/8, 9/10. (1955/56, 1957/58). Hrsg. von der Arbeitsgruppe Bibliographie des Instituts für Geschichte an der Deut=schen Akademie der Wissenschaften. Berlin 1962—64.

International Bibliography of Historical Sciences. Vol. 14—29 (1939—1960). Paris 1939—1962.

Foreign Affairs Bibliography 1942—1952. Ed. by H. L. Roberts (u. a.). New York 1955.

Historical Abstracts 1775—1945. Bibliographie der Zeitschriftenliteratur der Welt. Wien 1955—1965.

Zeitschrift für Geschichtswissenschaft. Bibliographie im Anhang. Berlin 1953—1965.

Adler-Bresse, M.: Les sources allemandes de la deuxième guerre mondiale. In: Revue d'Histoire de la deuxième guerre mondiale 1961, Nr. 41, S. 41—62.

Allmayer-Beck, J. Chr.: Die internationale Kriegsgeschichtsschreibung über den Zweiten Weltkrieg (Generalstabswerke und Admiralstabswerke). Nach dem Stand vom 31. 12. 1962. In: Jahresbibliographie 1962 der Bibliothek für Zeitgeschichte Stuttgart. Frankfurt a. M. 1964, S. 507—540.

Boberach, H.: Archivalische Quellen zur deutschen Geschichte seit dem Ersten Weltkrieg. In: Geschichte in Wissenschaft und Unterricht 1962, S. 151—162.

Cole, W. S.: America's Entry into World War II: A Historiographical Appraisal. Mississippi Valley Historical Review 1957, S. 595—617.

Guides to German Records Microfilmed at Alexandria, Va. Ed. by the American Historical Association. Committee for the Study of War Documents. Bisher 46 Bde. Washington 1958—1965.

Herre, H. und H. *Auerbach*: Bibliographie zur Zeitgeschichte und zum Zweiten Weltkrieg für die Jahre 1945—1950. München 1955.

Hayashi, K.: Japanische Quellen zur Vorgeschichte des Pazifischen Krieges. In: Vierteljahrshefte für Zeitgeschichte 1957, S. 199—207.

Hillgruber, A.: Südosteuropa im Zweiten Weltkrieg. Literaturbericht und Bibliographie. Frankfurt a. M. 1962.

Jacobsen, H.-A.: Der Zweite Weltkrieg als Forschungsproblem. In: Österreichische Militär-Zeitschrift 1963, S. 336—342.

Jacobsen, H.-A.: The Second World War as a Problem in Historical Research. In: World Politics 1964, S. 620—641.

Jacobsen, H.-A.: Zur Konzeption einer Geschichte des Zweiten Weltkrieges. Einführung und Disposition. In: Aus Politik und Zeitgeschichte. Beilage zur Wochenzeitung „Das Parlament" 1962, S. 469—483. Auch in: Wehrwissenschaftliche Rundschau 1962, S. 487—500.

Jacobsen, H.-A.: Zur Konzeption einer Geschichte des Zweiten Weltkrieges 1939—1945. In: Wehrwissenschaftliche Rundschau 1962, S. 582—593.

Jacobsen, H.-A.: Zur Konzeption einer Geschichte des Zweiten Welkrieges 1939—1945. Disposition mit kritischer Auswahlbibliographie. Frankfurt a. M. 1964 (Schriften der Bibliothek für Zeitgeschichte, Heft 2).

Klink, E.: Zur Literatur über den finnisch-sowjetischen Winterkrieg 1939—1940. In: Jahresbibliographie 1961 der Bibliothek für Zeitgeschichte Stuttgart. Frankfurt a. M. 1963, S. 589—597.

Köhler, K.: Bibliographie des Luftkrieges. Frankfurt a. M. 1965 (Schriften der Bibliothek für Zeitgeschichte Stuttgart, Heft 5).

Milatz, A. und Th. *Vogelsang*: Hochschulschrifttum zur neueren deutschen Geschichte. Eine Bibliographie 1945—1955. Bonn 1956.

Morton, L.: Sources for the History of World War II. In: World Politics 1961, S. 435—453.

Müller, K.-J.: Gedanken zum Problem einer Geschichtsschreibung über den Zweiten Weltkrieg. In: Wehrwissenschaftliche Rundschau 1962, S. 634—651 und S. 729—736.

Murdock, E. C.: Zum Eintritt der Vereinigten Staaten in den Zweiten Weltkrieg. In: Vierteljahrshefte für Zeitgeschichte 1956, S. 93—114.

Niitemaa, V.: Finnland und der Zweite Weltkrieg in der historischen Literatur. In: Bücherschau der Weltkriegsbücherei. Jg. 29, Stuttgart 1957, S. 297—308.

Röseler, J.: Die deutschen Pläne für eine Landung in England (Operation „Seelöwe") und die Luftschlacht um England (Battle of Britain) in der Literatur. In: Jahresbibliographie 1962 der Bibliothek für Zeitgeschichte Stuttgart. Frankfurt a. M. 1964, S. 541—553.

Seeger, W.: Der Zweite Weltkrieg im Mittelmeerraum. Bericht über die italienische Literatur. In: Bücherschau der Weltkriegsbücherei 1958, S. 306—321; 1959, S. 413—421, und Jahresbibliographie 1962 der Bibliothek für Zeitgeschichte Stuttgart, S. 554—572.

Susani, L. und V. *Longo:* Saggio bibliografico sulla Seconda Guerra mondiale. Rom ²1955.

Übersicht über die Bestände des Deutschen Zentralarchivs Potsdam. Berlin 1957.

Velikaja Otečestvennaja Vojna Sovetskogo Sojuza (1941—1945 gg.). Bibliografija sovetskoj istoričeskoj literatury za 1946—1959 gg. Moskva 1960.

Weinberg, G. L.: Guide to Captured German Documents. New York 1952; Supplement. New York 1959.

Weinberg, G. L.: Zu den deutschen Akten in den Vereinigten Staaten. In: Historische Zeitschrift, Bd. 194, 1962, S. 519—526.

b) Memoiren, Gespräche, Biographien

Abetz, O.: Das offene Problem. Ein Rückblick auf zwei Jahrzehnte deutscher Frankreichpolitik. Köln 1951. (A. war von August 1940 bis August 1944 deutscher Botschafter in Paris.)

Abshagen, K. H.: Canaris. Patriot und Weltbürger. Stuttgart 1950. (C. war von 1938 bis 1944 Chef des Amtes Ausland/Abwehr im OKW.)

Alexander of Tunis, Earl H. R. L. G.: The Alexander Memoirs 1940—1945. London 1962. (A. war 1940/41 Divisionskommandeur, dann Kdr. General eines Korps der „Home Forces".)

Amè, C.: Guerra segreta in Italia (Il Servizio Informazioni Militare). 1940—1943. Rom 1954. (A. war von Oktober 1940 bis Juli 1943 Chef des Nachrichtendienstes der italienischen Wehrmacht [S. I. M.].)

Anfuso, F.: Da Palazzo Venezia al Lago di Garda. 1936—1945. Bologna ³1957 (1. und 2. Auflage u. d. T.: Roma — Berlino — Salò) (deutsche Ausgabe: Rom — Berlin im diplomatischen Spiegel. München 1951; 2. Auflage u. d. T.: Die beiden Gefreiten. Ihr Spiel um Deutschland und Italien. München 1952). (A. war von 1936 bis 1943 Kabinettschef im italienischen Außenministerium.)

Aroma, N. d': Mussolini segreto. Bologna 1958.

Annet, A.: Aux heures troublées de l'Afrique française 1939—1943. Paris 1952. (A. war 1940—1942 Generalgouverneur von Madagaskar.)

Arenz, W.: Die Vernehmung von Generalfeldmarschall Keitel durch die Sowjets (mit Vernehmungsprotokoll vom 17. 6. 1945). In: Wehrwissenschaftliche Rundschau 1961, S. 651—662 (*zit.*: Arenz: Keitel).

Arenz, W.: Die Vernehmung des Generalobersten Jodl durch die Sowjets (mit Vernehmungsprotokoll vom 18. 6. 1945). In: Wehrwissenschaftliche Rundschau 1961, S. 534—542 (*zit.*: Arenz: Jodl).

Arnold, H. H.: Global Mission. By the Chief of the US Army Air Forces 1938—1946. New York 1949.

Armenelli, Q.: Diario di guerra. Nova Mese al Comando Supremo. Milano 1946. (A. war von Mai 1940 bis Januar 1941 Generalstabsoffizier im italienischen Wehrmachtgeneralstab.)

Assarsson, W.: I skuggan av Stalin. Stockholm 1963. (A. war von 1940 bis 1943 schwedischer Gesandter in der Sowjetunion.)

Attlee, C. R.: As it happened. London 1954. (A. war von Mai 1940 bis Mai 1945 stellvertretender britischer Premierminister.)

Avon, Earl of (Anthony Eden): The Eden Memoirs. Vol. II: The Reckoning. London 1965 (*zit.:* The Eden Memoirs). (Eden war von Mai bis Dezember 1940 britischer Kriegsminister, von Dezember 1940 bis Juli 1945 Außenminister.)

Badoglio, P.: L'Italia nella seconda guerra mondiale: memorie e documenti. Milano 1946; deutsche Ausgabe (gekürzt): Italien im Zweiten Weltkrieg. Erinnerungen und Dokumente. München/Leipzig 1947. (B. war von 1935 bis Dezember 1940 Chef des italienischen Wehrmachtgeneralstabes.)

Barbey, B.: P. C. du Général. Journal du Chef d'État Major particulier du Général Guisan, 1940—1945. Neuchâtel 1948. (G. war 1940—1945 Chef des Schweizerischen Generalstabes.)

Barbul, G.: Mémorial Antonesco. Le IIIe Homme de l'Axe. Bd. I. Paris 1951. (A. war von September 1940 bis August 1944 rumänischer Staatsführer.)

Baudouin, P.: Neuf mois au gouvernement (avril — décembre 1940). Paris 1948. (B. war von Juni bis Oktober 1940 französischer Außenminister.)

Baur, H.: Ich flog Mächtige der Erde. Kempten 1956. (B. war Hitlers „Flugkapitän".)

Bechtel, G.: Pierre Laval. Paris 1963. (L. war von Juni bis Dezember 1940 stellver=tretender französischer Ministerpräsident, von Oktober bis Dezember 1940 zugleich Außenminister.)

Beneš, E.: Memoirs of Dr. Edvard Beneš. London 1954. (B. war von 1939—1945 Präsident der tschechoslowakischen Republik im Exil.)

Besgen, A.: Der stille Befehl. Medizinalrat Kersten, Himmler und das Dritte Reich. München 1960. (K. war Himmlers „Masseur".)

Bewley, Ch.: Hermann Göring. Göttingen 1956. (B. war irischer Gesandter in Berlin.)

Birdwood, Chr. B.: Nuri as=Said. A Study in Arab Leadership. London 1959. (N. war 1939/40 irakischer Ministerpräsident, 1940/41 Außenminister.)

Blücher, W. v.: Gesandter zwischen Diktatur und Demokratie. Erinnerungen aus den Jahren 1935—1944. Wiesbaden 1951. (v. B. war von 1935 bis 1944 deutscher Gesandter in Helsinki.)

Blumentritt, G.: von Rundstedt. The Soldier and the Man. London 1952. (v. R. war 1940/41 Oberbefehlshaber der Heeresgruppe A im Westen, ab März 1941 der Heeres=gruppe Süd im Osten; B. war in dieser Zeit Ia im Stabe v. Rundstedts.)

Boheman, E.: Pa vakt. II. Stockholm 1964. (B. war während des Zweiten Weltkrieges Staatssekretär im schwedischen Außenministerium.)

Bor, P. (Pseudonym): Gespräche mit Halder. Wiesbaden 1950. (H. war von 1938 bis 1942 Chef des Generalstabes des deutschen Heeres.)

Bouthillier, Y.: Le drame de Vichy. 2 Bde. Paris 1950/51. (B. war 1940—1944 fran=zösischer Finanzminister.)

Brinon, F. de: Mémoires. Paris 1949. (B. war 1940/41 Beauftragter der französischen Regierung in den besetzten Gebieten.)

Bross, W.: Gespräche mit Hermann Göring während des Nürnberger Prozesses. Flensburg 1950.

Bryant, A.: The Turn of the Tide. London 1957 (deutsche Ausgabe: Kriegswende [1939—1943]. Aus den Kriegstagebüchern des Feldmarschalls Lord Alanbrooke, Chef des Empire=Generalstabes. Düsseldorf 1957). (A. war 1940/41 Oberbefehlshaber Süd der britischen Heimatstreitkräfte, 1941—1946 Chef des britischen Empire=General=stabes.)

Buchheit, G.: Ludwig Beck — ein preußischer General. München 1964. (B., 1934—1938 Chef des Generalstabes des Heeres, war 1939—1944 führendes Mitglied der Wider=standsbewegung gegen Hitler.)

Bullock, A.: Hitler. A Study in Tyranny. London 1952; Completely revised edition ³1964 (deutsche Ausgabe: Hitler. Eine Studie über Tyrannei. Düsseldorf 1952. Ver=besserter Nachdruck der 1. Auflage Frankfurt a. M. 1964).

Burckhardt, C. J.: Meine Danziger Mission 1937—1939. München 1960. (B. war von 1937 bis 1939 Hoher Kommissar des Völkerbundes in der Freien Stadt Danzig.)

Butler, J. R. M.: Lord Lothian (Philip Kerr). New York 1960. (L. war von August 1939 bis Dezember 1940 britischer Botschafter in Washington.)

Butow, R. J. C.: Tojo and the Coming of the War. Princeton 1961. (T. war von Juli 1940 bis Oktober 1941 japanischer Kriegsminister, von Oktober 1941 bis Juli 1944 Premierminister.)

Cassidy, H.: Moscow Dateline 1941—1943. Boston 1943 (deutsche Ausgabe: Moskau 1941—1943. Zürich 1947). (C. war von 1941 bis 1943 amerikanischer Pressekorrespondent in Moskau.)

Catroux, G.: La crise franco-japonaise de juin 1940. In: Notes documentaires et Études, Nr. 120, 22. 8. 1945.

Catroux, G.: Deux actes du drame indochinois. Hanoi: juin 1940. Dien Bien Phu: mars — mai 1954. Paris 1959. (C. war bis 25. 6. 1940 französischer Generalgouverneur in Indochina.)

Catroux, G.: Général Catroux. Ambassadeur de France dans la bataille des Méditerranée-Égypte-Levant-Afrique du Nord 1940—1944. Témoignages et commentaires. Paris 1949. (C. war 1940/41 Vertreter de Gaulles beim britischen Oberkommando Mittelost.)

Chalmers, W. S.: Full Cycle. The Biography of Admiral Sir Bertram Home Ramsay. London 1959. (R. war 1940 Kommandant von Dover.)

Charles-Roux, F.: Cinq mois tragiques aux affaires étrangères (21 mai — 1er novembre 1940). Paris 1949. (Ch.-R. war von Mai bis November 1940 Generalsekretär im französischen Außenministerium.)

Chiang Kai-shek: China's Destiny. London 1947. (Ch. war von 1938 bis 1945 Chef der nationalchinesischen Regierung in Tschungking.)

Choltitz, D. v.: Soldat unter Soldaten. Konstanz-Zürich-Wien 1951. (v. Choltitz war 1940—1942 Kdr. des deutschen Inf.-Rgt. 16.)

Chruschtschow, N. S.: Geheimrede vor dem XX. Parteitag der KPdSU in Moskau am 25. 2. 1956. Deutsche Übersetzung der Fassung des US State Department. In: B. Meissner: Das Ende des Stalin-Mythos. Frankfurt a. M. 1956.

Chruschtschow, N. S.: Rede zum 20. Jahrestag des Beginns des Großen Vaterländischen Krieges der Sowjetunion. In: Die Sowjetunion heute. Hrsg. von der Botschaft der UdSSR in Bonn. 1961 (Heft 19).

Churchill, W. S.: The Second World War. 6 vols. London 1948—1953 (deutsche Ausgabe: Der Zweite Weltkrieg. 6 Bde. Hamburg-Stuttgart-Bern 1948—1954).

Ciechanowski, J.: Defeat in Victory. Garden City (N. Y.) 1947 (deutsche Ausgabe: Vergeblicher Sieg. Zürich 1948). (C. war 1941—1944 polnischer Botschafter in Washington.)

Collins, R. J.: Lord Wavell, 1883—1941. A Military Biography. London 1948. (W. war 1940/41 britischer Oberbefehlshaber Mittelost, 1941/42 britischer Oberbefehlshaber in Indien.)

Colvin, I.: Chief of Intelligence. London 1951 (deutsche Ausgabe: Admiral Canaris. Chef des Geheimdienstes. Wien 1955).

Colvin, J.: Vansittard in Office. The Origins of World War II. London 1965. (V. war von 1930—1937 Permanent Under-Secretary of State for Foreign Affairs in Foreign Office, vom 1. 1. 1938 — 22. 5. 1941 „Diplomatischer Hauptberater" des britischen Außenministers.)

Connell, J.: Auchinleck. A Biography of Field-Marshal Sir Claude Auchinleck. London 1959. (A. war von Juni 1941 bis August 1942 britischer Oberbefehlshaber Mittelost.)

Conquet, A.: Autour du maréchal Pétain. Paris 1964. (P. war im Juni/Juli 1940 französischer Ministerpräsident, von Juli 1940 bis August 1944 Chef des „État Français".)

Cooper, D.: Old Men Forget. London 1954 (Deutsche Ausgabe: Das läßt sich nicht vergessen. München 1954). (C. war 1940—1942 britischer Informationsminister.)

Craigie, R.: Behind the Japanese Mask. London 1946. (C. war von 1938 bis 1941 britischer Botschafter in Tokio.)

Cudahy, J.: The Armies March. A Personel Report. New York 1941. (C. war von Januar 1940 bis Januar 1941 amerikanischer Botschafter in Brüssel, führender „Isolationist".)

Cretzianu, A.: La politique de paix de la Roumanie à l'égard de l'Union Soviétique

(1919—1940). Paris 1954. (C. war von 1938 bis 1943 Generalsekretär im rumänischen Außenministerium.)

Cunningham of Hyndhope, A. B.: A Sailor's Odyssey. London 1950. (C. war 1940/41 Oberbefehlshaber der britischen Mittelmeerflotte.)

Dalton, H.: Memoirs. The Fateful Years. 2 vols. London 1953—1957. (D. war von Mai 1940 bis Februar 1942 britischer Minister für wirtschaftliche Kriegführung.)

Darlan, A.: L'Amiral Darlan parle. Paris 1952. (Admiral J.=F. Darlan war 1938—1941 französischer Marineminister, von Februar 1941 bis April 1942 stellv. französischer Ministerpräsident und Außenminister.)

Decoux, J.: A la barre de l'Indochine. Histoire de mon gouvernement général (1940—1945). Paris 1949. (D. war von 1940 bis 1945 französischer Generalgouverneur in Indochina.)

Deutscher, I.: Stalin. A Political Biography. London=New York=Toronto 1949 (deut=sche Ausgabe: Stalin. Eine politische Biographie. Stuttgart [2]1962).

Deakin, F. W. and G. R. *Storry:* The Case of Richard Sorge. London 1962. (S., sowje=tischer Agent, war 1940/41 Vertreter des Deutschen Nachrichten=Büros in Tokio.)

Diakow, J.: Generaloberst Alexander Löhr. Ein Lebensbild. Freiburg i. Br. 1964. (L. war 1940/41 Oberbefehlshaber der Luftflotte 4 in Südosteuropa, danach im Süd=abschnitt der Ostfront.)

Dietl, E.: General Dietl (1890—1944). Hrsg. von L. Dietl und K. Herrmann. München 1951. (D. war 1940/41 Kdr. General des Gebirgskorps Norwegen.)

Dietrich, O.: 12 Jahre mit Hitler. München 1955. (D. war von 1933 bis 1945 „Reichs=pressechef".)

Djilas, M.: Gespräche mit Stalin. Deutsche Ausgabe. Frankfurt a. M. 1962.

Docteur, J. Th.: La grande énigme de la guerre, Darlan, amiral de la flotte. Paris 1949.

Doerr, H.: Verbindungsoffiziere. In: Wehrwissenschaftliche Rundschau 1953, S. 270—280. (D. war 1941 deutscher Verbindungsoffizier bei der 2. italienischen Armee im Südosten.)

Dönitz, K.: Zehn Jahre und 20 Tage. Bonn=Frankfurt a. M. [3]1963. (D. war von 1939—1943 Befehlshaber der deutschen U=Boote, 1943—1945 Oberbefehlshaber der Kriegsmarine.)

Dönitz, K.: Die Schlacht im Atlantik in der deutschen Strategie des Zweiten Welt=krieges. In: Marine=Rundschau 1964, S. 63—76.

Feiling, K.: The Life of Neville Chamberlain (1869—1940). London 1947. (Ch. war von Mai 1937 bis Mai 1940 britischer Premierminister, von Mai bis Oktober 1940 Lordpräsident des Geheimen Rates.)

Fermi, L.: Mussolini. Chicago 1961.

Fierlinger, Z.: Ve službach ČSR. Prag 1951. (F. war 1937—1939 und 1941/42 tschecho=slowakischer Gesandter, 1942—1945 Botschafter in Moskau.)

Fotitch, C.: The War We Lost. Yugoslavia's Tragedy and the Failure of the West. New York 1948. (F. war von 1938 bis 1944 jugoslawischer Botschafter in Washington.)

Fraenkel, H. und R. *Manvell:* Goebbels — eine Biographie. Köln 1960.

Fraenkel, H. und R. *Manvell:* Hermann Göring. London=Melbourne=Toronto 1962 (deutsche Ausgabe: Hannover 1964).

Fraenkel, H. und R. *Manvell:* Heinrich Himmler. London 1964.

Frank, H.: Im Angesicht des Galgens. Deutung Hitlers und seiner Zeit. Gräfelfing 1953. (F. war von 1939—1945 deutscher „Generalgouverneur" in Polen.)

Frischauer, W.: The Rise and Fall of Hermann Göring. London 1951 (deutsche Aus=gabe: Ein Marschallsstab zerbrach. Eine Göring=Biographie. Ulm 1951).

Gafencu, G.: Vorspiel zum Krieg im Osten. Vom Moskauer Abkommen (21. 8. 1939) bis zum Ausbruch der Feindseligkeiten in Rußland (22. 6. 1941). Zürich 1944. (G. war von Dezember 1938 bis Mai 1940 rumänischer Außenminister, von August 1940 bis Juni 1941 rumänischer Gesandter in Moskau.)

Galland, A.: Die Ersten und die Letzten. Darmstadt 1953 (als Taschenbuch: München 1961). (G. war 1940/41 Kommodore des deutschen Jagdgeschwaders 26.)

Gaulle, Ch. de: Mémoires de la guerre 1940—1946. 3 Bde. Paris 1954—1959 (deutsche Ausgabe: Bd. I: der Ruf 1940—1942, Berlin=Frankfurt a. M. 1955; Bd. II/III: Memoiren 1942—1946. Düsseldorf 1961). (de G. war von Juni 1940 bis August 1944 Führer des „Freien Frankreich".)

Gazzera, P.: Guerra senza speranza. Galla e Sidamo (1940—41). Rom 1952. (G. war Befehlshaber der italienischen Streitkräfte in Südwestabessinien 1940/41).

Gheorghe, I.: Rumäniens Weg zum Satellitenstaat. Heidelberg 1952. (Gh. war von 1938 bis 1943 rumänischer Militärattaché in Berlin.)

Gisevius, H. B.: Adolf Hitler. Versuch einer Deutung. München 1963.

Godfroy, (Amiral): L'Aventure de la Force X. Paris 1954. (G. war von 1940 bis 1942 Befehlshaber der französischen Seestreitkräfte in Alexandria.)

Görlitz, W. und H. A. *Quint:* Adolf Hitler. Stuttgart 1952.

Graziani, R.: Ho difeso la Patria. Otto Documenti fuori testo. Milano [18]1951. (G. war von Juli 1940 bis Februar 1941 italienischer Oberbefehlshaber in Libyen, zugleich [nomineller] Chef des Generalstabes des italienischen Heeres.)

Grazzi, E.: Il Principio della Fine (l'Impresa di Grecia). Rom 1945. (G. war 1939/40 italienischer Gesandter in Athen.)

Gregorić, D.: So endete Jugoslawien. Leipzig 1943. (G. war 1940/41 als politischer Chefredakteur der jugoslawischen Zeitung „Vreme" in offiziöser Mission wiederholt in Berlin.)

Grew, J. C.: Ten Years in Japan: A Contemporary Record. New York 1944. (G. war von 1931 bis 1941 amerikanischer Botschafter in Tokio.)

Gripenberg, G. A.: Lontoo=Vatikaani=Tukholma; suomalaisen diplomaatin muistel=mia. Porvoo 1960. (G. war 1939—1941 finnischer Gesandter in London.)

Guariglia, R.: Ricordi 1922—1946. Napoli 1949. (G. war von 1939 bis 1943 italie=nischer Botschafter in Ankara.)

Guderian, H.: Erinnerungen eines Soldaten. Heidelberg [4]1951. (G. war von Juni bis November 1940 Befehlshaber der Panzergruppe Guderian, danach der Panzer=gruppe 2.)

Guingand, F. de: Operation Victory. London [6]1950. (de G. war 1944/45 Stabschef des britischen Feldmarschalls Montgomery.)

Guisan, H.: Gespräche. Bern 1953. (G. war 1939—1945 Chef des Schweizerischen Generalstabes.)

Hagen, W. (Pseudonym für W. Höttl): Die geheime Front. Linz=Wien 1950. (H. war von 1938 bis 1945 Leiter des Abschnitts Südost des politischen Geheimdienstes des SD.)

Halifax, Viscount: Fullness of Days. New York 1957. (H. war von Februar 1938 bis Dezember 1940 britischer Außenminister, anschließend bis 1946 britischer Botschafter in Washington.)

Halder, F.: Hitler als Feldherr. München 1949. (H. war von 1938—1942 Chef des Generalstabes des deutschen Heeres.)

Harris, A.: Bomber Offensive. London 1947. (H. war von 1942 bis 1945 Chef des britischen „Bomber Command".)

Hedin, S.: Ohne Auftrag in Berlin. Tübingen 1951. (Enthält den Bericht über die Reisen Sven Hedins zu Hitler 1939 und 1940.)

Heiber, H.: Adolf Hitler. Eine Biographie. Berlin 1960.
Heiber, H.: Joseph Goebbels. Berlin 1962.

Heinkel, E.: Stürmisches Leben. Hrsg. von J. Thorwald. Stuttgart 1953. (H. war 1922—1945 Leiter der Ernst-Heinkel-Flugzeugwerke.)

Heinrichs, E.: Mannerheim Suomen Kohtaloissa. Helsinki 1959. (H. war 1939—1941 finnischer Generalstabschef.)

Heß, I.: England — Nürnberg — Spandau. Ein Schicksal in Briefen. Leoni ²1957.

Hesse, F.: Das Spiel um Deutschland. München 1953. (H., ehemaliger DNB-Vertreter in London, war von 1939 bis 1945 als Vortragender Legationsrat im Büro Ribbentrop im Auswärtigen Amt tätig.)

Heusinger, A.: Befehl im Widerstreit. Schicksalsjahre der deutschen Armee 1923—1945. Tübingen ²1957. (H. war von Oktober 1940 bis Juli 1944 Chef der Operationsabteilung im Generalstab des deutschen Heeres.)

Hibbert, Chr.: Benito Mussolini. London 1961 (deutsche Ausgabe: Mussolini. Frankfurt a. M.-Bonn 1963).

Hildebrand, K.: Gustaf V som människa och regent. D. 2. Stockholm 1948. (G. V. war von 1907 bis 1950 König von Schweden.)

Hildebrandt, R.: Wir sind die letzten: Aus dem Leben des Widerstandskämpfers Albrecht Haushofer und seiner Freunde. Neuwied-Berlin 1949.

Hilger, G. und A. G. *Meyer:* The Incompatible Allies. A Memoir-History of German-Soviet Relations 1918—1941. New York 1953 (deutsche Ausgabe: Wir und der Kreml. Deutsch-sowjetische Beziehungen 1918—1941. Erinnerungen eines deutschen Diplomaten. Frankfurt a. M. ³1964). (H. war von 1926 bis 1941 Angehöriger der deutschen Botschaft in Moskau, zuletzt Botschaftsrat.)

Hilger, G.: Stalin. Aufstieg der UdSSR zur Weltmacht. Göttingen 1959.

Hoare, S.: Ambassador on Special Mission. London 1946 (deutsche Ausgabe: Gesandter in besonderer Mission. Hamburg 1949). (H. war von Juni 1940 bis 1944 britischer Botschafter in Madrid.)

Hoess, R.: Kommandant in Auschwitz. Autobiographische Aufzeichnungen. Stuttgart 1958. (H. war von Mai 1940 bis November 1943 Kommandant des Konzentrationslagers Auschwitz.)

Horthy, N. v.: Ein Leben für Ungarn. Bonn 1953. (v. H. war von 1920 bis 1944 Reichsverweser des Königreichs Ungarn.)

Hull, C.: The Memoirs of Cordell Hull. 2 vols. New York 1948. (H. war von 1933 bis 1944 amerikanischer Außenminister.)

Iachino, A.: Gaudo e Matapan. Storia di un'operazione della guerra navale nel Mediterraneo 1941. Milano 1947. (I. war von 1940 bis 1943 Befehlshaber der italienischen Flotte.)

Iachino, A.: Le due Sirti. Guerra so convogli in Mediterraneo. Milano 1953.

Ironside, E.: The Ironside Diaries 1937—1940. Ed. by R. Macleod and D. Kelly. London 1962. (I. war von 1937 bis 1940 Chef des britischen Empire-Generalstabes.)

Ismay, H. L.: The Memoirs of General the Lord Ismay. London 1960. (I. war von 1940 bis 1945 Chef des britischen „Zentralstabes", d. h. des Verbindungsstabes zwischen dem Verteidigungsminister Churchill und dem Komitee der Stabschefs.)

Juin, A.: Mémoires (1941—1958). 2 Bde. Paris 1959/60. (J. war 1941/42 Befehlshaber der französischen Streitkräfte in Nordafrika.)

Kase, T.: Eclipse of the Rising Sun. London 1951 (amerikanische Ausgabe: Journey to the „Missouri". New Haven 1950). (K., japanischer Diplomat, war im Zweiten Weltkrieg zeitweilig Privatsekretär des japanischen Außenministers.)

Keitel, W.: Generalfeldmarschall Keitel — Verbrecher oder Offizier? Erinnerungen, Briefe und Dokumente des Chef OKW. Hrsg. von W. Görlitz. Göttingen-Berlin-Frankfurt a. M. 1961. (K. war von Februar 1938 bis Mai 1945 „Chef des Oberkommandos der Wehrmacht".)

Kelly, D.: The Ruling Few. London 1962 (deutsche Ausgabe: Die Herrschaft der Wenigen. Erinnerungen eines britischen Diplomaten. Bremen 1963). (K. war 1940/41 britischer Gesandter in Bern.)

Kersten, F.: Totenkopf und Treue. Hamburg 1952. (K. war Himmlers „Masseur".)

Kesselring, A.: Soldat bis zum letzten Tage. Bonn 1953. (K. war von 1939 bis 1943 Oberbefehlshaber der Luftflotte 2.)

Kesselring, A.: Gedanken zum Zweiten Weltkrieg. Bonn 1955.

King, E. J. and W. M. *Whitehill:* Fleet Admiral King. New York 1952. (K. war 1941 Befehlshaber der amerikanischen „Atlantikflotte", 1941 bis 1945 Oberbefehlshaber der amerikanischen Flotte.)

Kirkpatrick, I.: The Inner Circle. London 1959 (deutsche Ausgabe: Im inneren Kreis. Erinnerungen eines Diplomaten. Berlin 1964). (K. war 1940/41 im Foreign Office tätig.)

Kirkpatrick, I.: Mussolini. Study of a Demagogue. London 1964.

Kleist, P.: Zwischen Hitler und Stalin 1939—1945: Aufzeichnungen. Bonn 1950 (überarbeitete und erweiterte Auflage u. d. T.: Die europäische Tragödie. Göttingen 1961). (K. war von 1936 bis 1943 in der „Dienststelle Ribbentrop" tätig, ab Juli 1941 zum „Reichsministerium für die besetzten Ostgebiete" abgeordnet.)

Knatchbull-Hugesson, H.: Diplomat in War and Peace. London 1949. (K.-H. war von 1939 bis 1944 britischer Botschafter in Ankara.)

Konoe, F.: Heïwa e no Doryoku. Tokio 1947 (Mein Streben nach Frieden). (K. war von Juli 1940 bis Oktober 1941 japanischer Premierminister.)

Konoe, F. (1891—1945). 2 Bde. Ed. by Sadaharu *Yabe* (u. a.). Tokio 1952.

Kordt, E.: Nicht aus den Akten. Die Wilhelmstraße in Frieden und Krieg. Erlebnisse, Begegnungen, Eindrücke 1928—1945. Stuttgart 1950. (K. war von 1939 bis 1941 Vortragender Legationsrat im Auswärtigen Amt, Leiter des Büros RAM.)

Laffargue, A.: Le Général Dentz. Paris 1940 — Syrie 1941. Paris 1954. (D. war 1940/41 Hoher Kommissar Frankreichs und Oberbefehlshaber der französischen Streitkräfte in Syrien und im Libanon.)

Lange, E.: Der Reichsmarschall im Kriege. Stuttgart 1950.

Leahy, W. D.: I Was There. The Personel Story of the Chief of Staff to Presidents Roosevelt and Truman. Based on His Notes and Diaries Made at the Time (1942—1945). New York 1950. (L. war von Januar 1941 bis Mai 1942 amerikanischer Botschafter in Vichy.)

Leasor, J.: Rudolf Hess — The Uninvited Envoy. London 1962 (deutsche Ausgabe: Botschafter ohne Auftrag. Der Englandflug Rudolf Heß'. Oldenburg [Olbg] 1963).

Liddell Hart, B. H.: The German Generals Talk. New York 1948 (britische Ausgabe u. d. T.: The Other Side of the Hill. London 1948; deutsche Ausgabe: Jetzt dürfen sie reden. Hitlers Generale berichten. Stuttgart ^{2}1950; Neuausgabe der 1. Auflage u. d. T. Deutsche Generale des Zweiten Weltkrieges. Aussagen, Aufzeichnungen und Gespräche. Düsseldorf 1963).

Liss, U.: Westfront 1939/40. Erinnerungen des Feindbeobachters im OKH. Neckargemünd 1959. (L. war von 1939 bis 1943 Chef der Abteilung „Fremde Heere West" im Generalstab des deutschen Heeres.)

Litvinov, M. M.: Memoiren. Aufzeichnungen aus den geheimen Tagebüchern (1926—1949). München 1956. (L. war 1930—1939 sowjetischer Außenkommissar, Dezember 1941 — August 1943 Botschafter in Washington.)

Lossberg, B. v.: Im Wehrmachtführungsstab: Bericht eines Generalstabsoffiziers. Hamburg 1949. (v. L. war von 1939 bis Januar 1942 „Erster Generalstabsoffizier Heer" in der Abteilung Landesverteidigung des Wehrmachtführungsamtes [ab August 1940 des Wehrmachtführungsstabes] im OKW.)

Maček, V.: In the Struggle for Freedom. New York 1957. (M. war der Führer der kroatischen Bauernpartei in Jugoslawien, von August 1939 bis April 1941 stellvertretender jugoslawischer Ministerpräsident.)

Macleod, I.: Neville Chamberlain. London 1961.

Maiskij, I.: Kto pomogol Gitleru. Moskva 1962 (britische Ausgabe: Who Helped

Hitler? London 1964). Vorabdruck der Fortsetzung (1941) in „Novyj Mir", Febr. 1965 ff. (M. war von 1932 bis 1943 sowjetischer Botschafter in London.)

Mallet, A.: Pierre Laval. 2 Bde. Paris 1955.

Mannerheim, G. Frhr. v.: Minnen. 2 Bde. Helsinki 1951 (gekürzte deutsche Ausgabe: Erinnerungen. Zürich-Freiburg i. Br. 1952). (M. war von 1939 bis 1944 Oberbefehlshaber der finnischen Wehrmacht.)

Manstein, E. v.: Verlorene Siege. Frankfurt a. M. ^{8}1963. (v. M. war von Februar 1940 bis September 1941 Kdr. General des XXXVIII. deutschen Armeekorps, 1941/42 Oberbefehlshaber der 11. Armee.)

Meissner, H.-O.: Der Fall Sorge. München 1960.

Meissner, O.: Staatssekretär unter Ebert, Hindenburg, Hitler. Der Schicksalsweg des deutschen Volkes, wie ich ihn erlebte. Hamburg ^{3}1950. (M. war von 1934 bis 1945 Staatsminister und „Chef der Präsidialkanzlei".)

Messe, G.: La guerra al fronto russo. Milano ^{3}1954 (deutsche Ausgabe: Der Krieg im Osten. Zürich 1948). (M. war 1941 Kommandierender General des italienischen Expeditionskorps an der Ostfront.)

Montgomery of Alamein, B.: The Memoirs of Field Marshal the Viscount Montgomery of Alamein. London 1958 (deutsche Ausgabe: Memoiren. München 1958. (M. war 1940/41 Kommandeur einer britischen Division.)

Mordant: Au service de la France en Indochine 1941—1945. Saigon 1950. (M. war 1940—1944 französischer Oberbefehlshaber in Indochina.)

Morison, E. E.: Turmoil and Tradition. A Study of the Life and Times of Henry L. Stimson. Boston 1960. (St. war 1940—1945 amerikanischer Kriegsminister.)

Morrison, H.: An Autobiography by Lord Morrison of Lambeth. London 1960. (M. war 1940—1945 britischer Innenminister.)

Moulin de Labarthète, H. du: Le Temps des illusions: Souvenirs, juillet 1940 — avril 1942. Genf 1946. (M. de L. war 1940—1942 Chef des Zivil-Kabinetts bei Marschall Pétain.)

Murphy, R. D.: Diplomat among Warriors. New York 1964. (M. war von Juli 1940 bis Januar 1941 amerikanischer Geschäftsträger in Vichy.)

Mussert, A. A.: Vijf nota's van Mussert aan Hitler over de sammenwerking van Duitsland en Nederland in een Bond van Germanische Volkeren 1940—1944. Den Haag 1947. (M. war Führer der NSB. in den Niederlanden.)

Mussolini, R.: Benito, il mio uomo. Milano 1958.

Neubacher, H.: Sonderauftrag Südost 1940—1945. Bericht eines fliegenden Diplomaten. Göttingen-Berlin-Frankfurt a. M. ^{2}1957. (N. war von 1940 bis 1943 Sonderbeauftragter für Wirtschaftsfragen an der deutschen Gesandtschaft in Bukarest und „Bevollmächtigter für Erdölangelegenheiten im Südosten".)

Nomura, K.: Beikoku ni Tsukai shite. Tokio 1946 (Meine Mission in Amerika). (N. war von Februar bis Dezember 1941 japanischer Botschafter in Washington.)

Paasikivi, J. K.: Toimintani Moskovassa ja Suomessa, 1939—1941. Helsinki 1959. (P. war 1940/41 finnischer Gesandter in Moskau.)

Papagos, A.: O Pólemos tis Elládos. Athen 1945 (deutsche Ausgabe, gekürzt: Griechenland im Kriege 1940—1941. Bonn 1954). (P. war 1940/41 Oberbefehlshaber der griechischen Armee.)

Papen, F. v.: Der Wahrheit eine Gasse. München 1952. (v. P. war von 1939 bis 1944 deutscher Botschafter in Ankara.)

Paulus, F.: „Ich stehe hier auf Befehl!" Lebensweg des Generalfeldmarschalls Friedrich Paulus. Mit den Aufzeichnungen aus dem Nachlaß, Briefen und Dokumenten hrsg. von W. Görlitz. Frankfurt a. M. ^{3}1963 (4. Auflage u. d. T.: Paulus und Stalingrad, Frankfurt a. M. 1964). (P. war von September 1940 bis Januar 1942 „Oberquartiermeister I" im Generalstab des deutschen Heeres.)

Peter II, King of Yugoslavia: A King's Heritage. New York 1954. (P. war von 1934 bis 1945 König von Jugoslawien.)

Pickersgill, J. W. (Ed.): The *Mackenzie King* Record. Vol. I: 1939—1944. Toronto 1960 = London 1961. (M. K. war von 1935 bis 1948 kanadischer Premierminister.)

Pratt, J. W.: Cordell Hull 1933—1944. 2 vols. New York 1964.

Puttkamer, K. J. v.: Die unheimliche See (Hitler und die Kriegsmarine). Wien=München 1952. (v. P. war von 1939 bis 1945 Adjutant der Kriegsmarine bei Hitler.)

Racynski, E.: In Allied London (1934—1945). London 1963. (R. war von 1934—1945 polnischer Botschafter in London.)

Raeder, E.: Mein Leben. Bd. II. Tübingen 1957. (R. war von 1935 bis 1943 Oberbefehlshaber der deutschen Kriegsmarine.)

Rahn, R.: Ruheloses Leben. Düsseldorf 1949. (R. war von Mai bis Juli 1941 deutscher Sonderbeauftragter in Syrien.)

Rendel, G.: The Sword and the Olive: Recollections of Diplomacy and the Foreign Service 1913—1954. London 1957. (R. war von 1938 bis 1941 britischer Gesandter in Sofia.)

Reynaud, P.: Au cœur de la mêlée 1930—1945. Paris 1951.

Reynaud, P.: Mémoires. Bd. II. Envers et contre tous. Paris 1963. (R. war von März bis Juni 1940 französischer Ministerpräsident.)

Ribbentrop, J. v.: Zwischen London und Moskau. Erinnerungen und letzte Aufzeichnungen. Aus dem Nachlaß hrsg. von A. v. Ribbentrop. Leoni 1953. (v. R. war von 1936—1938 deutscher Botschafter in London, von 1938 bis 1945 Reichsaußenminister.)

Ridgway, M. B.: Soldier. New York 1956. (R. war 1940/41 Leiter der Planungsabteilung im amerikanischen Kriegsministerium.)

Rintelen, E. v.: Mussolini als Bundesgenosse. Erinnerungen des deutschen Militärattachés in Rom 1936—1943. Tübingen 1951. (v. R. war von 1936 bis 1943 deutscher Militärattaché in Rom, von 1940 bis 1943 zugleich „Deutscher General beim Hauptquartier der italienischen Wehrmacht".)

Roatta, M.: Otto Milioni Baionetto. L'esercito Italiano in Guerra dal 1940—1944. Milano 1946. (R. war 1940/41 stellvertretender Chef des Generalstabes des italienischen Heeres.)

Röhricht, E.: Pflicht und Gewissen. Stuttgart 1965. (R. war 1939/40 Chef der 4. Abt. im Generalstab des deutschen Heeres, 1940—1942 Chef des Generalstabes der 1. deutschen Armee.)

Rommel, E.: Krieg ohne Haß. Hrsg. von L.=M. Rommel und F. Bayerlein. Heidenheim [2]1950. (R. war von Februar 1941 bis August 1941 Kdr. General des „Deutschen Afrikakorps", August 1941 bis Januar 1942 Befehlshaber der Panzergruppe Afrika.)

Rossi, F.: Mussolini e lo Stato Maggiore. Rom 1951. (R. war 1940/41 im Generalstab des italienischen Heeres tätig.)

Rougier, L.: Les accords Pétain=Churchill; Histoire d'une mission secrète. Montreal 1945.

Rougier, L.: Les accords secrets franco=britanniques de l'automne 1940. Histoire et imposture. Paris 1954. (R. weilte im Oktober 1940 als Sonderbeauftragter Pétains in London.)

Sabatier, G.: Le destin de l'Indochine. Souvenirs et documents. Paris 1952. (S. war 1940—1944 Kommandeur einer französischen Division in Indochina.)

Scavenius, E.: Forhandlingspolitiken under besaettelsen. Kopenhagen 1948. (Sc. war von Juli 1940 — August 1943 dänischer Außenminister, ab November 1942 zugleich Ministerpräsident.)

Schacht, H.: 76 Jahre meines Lebens. Bad Wörishofen 1953. (Sch. war von 1939 bis 1943 Reichsminister ohne Geschäftsbereich.)

Schellenberg, W.: Memoiren. Köln 1959. (Sch. war von 1939 bis 1944 Leiter des politischen Geheimdienstes des SD.)

Schmidt, P. (O.): Statist auf diplomatischer Bühne 1923—1945. Erlebnisse des Chefdolmetschers im Auswärtigen Amt mit den Staatsmännern Europas. Bonn [2]1953 (*zit.*: Schmidt: Statist). (Sch. war von 1938 bis 1945 Chefdolmetscher und Leiter des Büros RAM im Auswärtigen Amt.)

Schultze-Holthus, B.: Frührot in Iran. Abenteuer im deutschen Geheimdienst. Eßlingen 1952. (Sch.-H. war 1941 als Abwehroffizier Leiter einer deutschen „Mission" beim Stammesfürsten in Garmesir/Iran.)

Schwarz, H.: Brennpunkt FHQ. Buenos Aires 1950.

Schwerin v. Krosigk, L. Graf: Es geschah in Deutschland. Menschenbilder unseres Jahrhunderts. Tübingen-Stuttgart 1951. (Schw.-Kr. war 1932—1945 Reichsfinanzminister.)

Senger und Etterlin, F. v.: Krieg in Europa. Köln-Berlin 1960. (S. u. E. war von Juli 1940 bis Juli 1942 Chef der deutschen Delegation bei der italienisch-französischen Waffenstillstandsdelegation in Turin.)

Serrano Suñer, R.: Entre Hendaye y Gibraltar. Madrid 1947 (deutsche Ausgabe: Zwischen Hendaye und Gibraltar. Zürich 1948). (S. S. war von 1938 bis Oktober 1940 spanischer Innenminister, von Oktober 1940 bis September 1942 spanischer Außenminister.)

Sevin, X. de: Souvenir de Roumanie (1939—1941). In: Revue des Deux Mondes 1963, S. 545—562. (S. war von 1939 bis 1941 französischer Luftwaffenattaché in Bukarest.)

Sherwood, R. E.: Roosevelt and Hopkins. An intimate History. New York ^{2}1950 (deutsche Ausgabe: Roosevelt und Hopkins. Hamburg 1950).

Shigemitsu, M.: Japan and her destiny. My struggle for peace. London-New York 1958 (deutsche Ausgabe: Japans Schicksalsjahre. Vom Ersten bis zum Ende des Zweiten Weltkrieges. Denkwürdigkeiten des letzten japanischen Außenministers im Zweiten Weltkrieg. Frankfurt a. M. 1959). (Sh. war von 1938 bis Juni 1941 japanischer Botschafter in London.)

Slessor, Sir J.: The Central Blue. Recollections and Reflections. London 1956 (britischer Luftmarschall).

Stahmer, H. G.: Japans Niederlage — Asiens Sieg. Bielefeld 1952. (St. leitete im September 1940 als deutscher Sondergesandter die Vorverhandlungen in Tokio zum Abschluß des „Dreimächtepakts".)

Stalin, J. W.: O Velikoj Otečestvennoj Vojne. Moskva 1946 (deutsche Ausgabe: Der Große Vaterländische Krieg der Sowjetunion. Berlin ^{3}1952).

Stimson, H. L. and McGeorge *Bundy:* On Active Service in Peace and War. New York 1947. (St. war von 1940 bis 1945 amerikanischer Kriegsminister.)

Strang, W.: Home and abroad. London 1956. (Str. war von 1939 bis 1943 „Assistant Under-Secretary" im Foreign Office.)

Studnitz, H. G. v.: Als Berlin brannte. Diarium der Jahre 1943—1945. Stuttgart 1963. (St. war von 1939 bis 1945 in der Presse- und Informationsabteilung des Auswärtigen Amtes tätig. Seine Aufzeichnungen enthalten Äußerungen Ribbentrops über Vorgänge aus den Jahren 1940/41.)

Tanemura, S.: Daihonei Kimitsu Nisshi. Tokio 1952 (Das geheime Tagebuch des Hauptquartiers).

Tanner, V.: The Winter War. Finland against Russia 1939—1940. Stanford 1957. (T. war 1939/40 finnischer Außenminister.)

Teske, H.: Die silbernen Spiegel. Generalstabsdienst unter der Lupe. Heidelberg 1952. (T. war 1940/41 als Major i. G. in der Transportabteilung des Generalstabes des deutschen Heeres tätig.)

The Rommel Papers. Ed. by B. H. Liddell Hart with assistance of L.-M. Rommel and F. Bayerlein. London 1953.

Thomas, G.: Gedanken und Erinnerungen. In: Schweizer Monatshefte 1945, S. 537—558. (Th. war von 1938—1942 Chef des Wirtschafts- und Rüstungsamtes im OKW.)

Togo, Sh.: The Cause of Japan. New York 1956 (deutsche Ausgabe: Japan im Zweiten Weltkrieg. Frankfurt a. M. 1958). (T. war von 1938 bis 1940 japanischer Botschafter in Moskau, von Oktober 1941 bis September 1942 japanischer Außen=minister.)

Tong, H. K.: Chiang Kai=shek. Taipeh 1953.

Tosti, A.: Pietro Badoglio. Milano 1956.

Toye, H.: The Springing Tiger. A Study of a Revolutionary: Subhas Chandra Bose. London 1959. (B., indischer Nationalistenführer, befand sich von April 1941 bis April 1943 in Deutschland.)

Tschiang Kai=shek: Soviet Russia in China. New York 1957 (deutsche Ausgabe: Sowjetrußland in China. Bonn 1959).

Tsvetkovitch, D.: Prince Paul, Hitler and Salonika. In: International Affairs 1951, S. 463—469. (Cvetković war von Februar 1939 bis März 1941 jugoslawischer Minister=präsident.)

Tsvetkovitch, D.: Le coup d'état yougoslave de 1941. In: Hommes et Mondes. Juli 1954, S. 522—575.

Udet, E.: Ein Fliegerleben. Hrsg. von J. Thorwald. Berlin 1954. (U. war 1938—1941 Generalluftzeugmeister.)

Ullein=Reviczky, A.: Guerre Allemande, Paix Russe. Neuchâtel 1947. (U.=R. war 1938—1943 Pressechef der ungarischen Regierung.)

Visconti=Prasca, S.: Io ho aggredito la Grecia. Milano 1946. (V.=P. war 1940 italie=nischer Oberbefehlshaber in Albanien.)

Vormann, N. v.: Der Feldzug 1939 in Polen. Weißenburg 1958. (v. V. war 1939 Ver=treter des OKH im „Führerhauptquartier".)

Warlimont, W.: Im Hauptquartier der deutschen Wehrmacht 1939—1945. Grund=lagen, Formen, Gestalten. Frankfurt a. M. [2]1963. (W. war von 1939 bis 1941 Chef der Abteilung Landesverteidigung im Wehrmachtführungsamt [ab August 1940 Wehrmachtführungsstab] im OKW, 1942—1944 Stellvertretender Chef des Wehr=machtführungsstabes.)

Wedel, H. v.: Die Propagandatruppen der deutschen Wehrmacht. Neckargemünd 1962. (v. W. war von 1940—1945 Chef der Amtsgruppe Wehrmacht/Propaganda im OKW).

Wedemeyer, A.: Wedemeyer Reports. New York [5]1959 (deutsche Ausgabe: Der ver=waltete Krieg. Gütersloh 1960). (W. war 1940/41 im Armeegeneralstab der USA tätig.)

Weizsäcker, E. v.: Erinnerungen. Mein Leben. Freiburg i. Br. 1950. (v. W. war von 1938 bis 1943 Staatssekretär des Auswärtigen Amtes.)

Welles, S.: The Time for Decision. New York 1944 (deutsche Ausgabe: Jetzt oder nie. Stockholm 1944). (W. war von 1937 bis 1943 Unterstaatssekretär im amerika=nischen Außenministerium.)

Welles, S.: The Decision to Recognize the Vichy Government. In: Decisions that Shaped History. New York 1951, S. 31—65.

Westphal, S.: Heer in Fesseln. Aus den Papieren des Stabschefs von Rommel, Kessel=ring und Rundstedt. Bonn 1950. (W. war 1940/41 als Generalstabsoffizier bei der deutsch=französischen Wafenstillstandskommission in Wiesbaden tätig, 1941/42 Ia beim Stab des „Deutschen Afrikakorps".)

Weygand, M.: Mémoires. Rappelé au Service. 3 Bde. Paris 1950—1957. (W. war von Juni bis September 1940 französischer Verteidigungsminister, von Oktober 1940 bis November 1941 Generaldelegierter der französischen Regierung für Nordafrika.)

Weygand, M.: En lisant les mémoires du Général de Gaulle. Paris 1955.

Wheeler=Bennett, J.: King George VI.: His Life and Resign. New York 1958.

Wichterich, R.: Benito Mussolini. Aufstieg, Größe, Niedergang. Stuttgart 1952.

Wiedemann, F.: Der Mann, der Feldherr werden wollte. Velbert und Kettwig 1964. (W. war 1914/18 Regimentsadjutant im bayerischen Infanterie=Regiment „List", 1933—1939 persönlicher Adjutant Hitlers.)

Wilhelmina: Einsam und doch nicht allein. Stuttgart 1961. (W. war 1890—1948 Königin der Niederlande.)

Williams, F.: A Prime Minister remembers. The War and Post=War Memoirs of Earl Attlee. Based on his Private Papers and on a Series of Recorded Conversations. London 1961. (A. war von Mai 1940 bis Mai 1945 stellvertretender britischer Premierminister.)

Wilson, Lord of Libya: Eight Years Overseas (1939—1947). London 1950. (W. war 1941 Befehlshaber der britischen Expeditionsstreitkräfte in Griechenland und Befehls= haber der britisch=freifranzösischen Truppen in Syrien.)

Winant, J. G.: Letters from Grosvenor Square. Boston 1947. (W. war von März 1941 bis 1946 amerikanischer Botschafter in London.)

Woolton, Earl of: The Memoirs of the Rt. Hon. the Earl of Woolton. London 1959. (W. war 1940—1943 britischer Ernährungsminister.)

Young, D.: Rommel, the Desert Fox. London 1950 (deutsche Ausgabe: Rommel 1950).

Zoller, A.: Hitler privat. Erlebnisbericht einer Geheimsekretärin. Düsseldorf 1949. (Auswertung von Aussagen einer Privatsekretärin Hitlers.)

c) Gesamtdarstellungen zur deutschen Außenpolitik, zur internationalen Politik und zur Geschichte des Zweiten Weltkrieges

Anchieri, E.: La diplomazia contemporanea. Raccolta di documenti diplomatici (1815—1956). Padova 1959.

Battaglia, R.: La Seconda Guerra Mondiale. Rom [3]1962.

Baumont, M.: La faillite de la paix 1918—1939. 2 Bde. Paris 1960—1961.

Black, C. and E. C. *Helmreich:* Twentieth Century Europe. A History. New York [2]1961.

Blond, G.: La Seconde Guerre Mondiale. 3 Bde. Paris 1962.

Bracher, K. D.: Zusammenbruch des Versailler Systems und Zweiter Weltkrieg. In: Propyläen=Weltgeschichte. Hrsg. von G. Mann. Bd. 9. Berlin 1960, S. 389—458.

Buchheim, H.: Das Dritte Reich. München 1958.

Bühler, J.: Deutsche Geschichte. Bd. 6. Berlin 1960 (darin: Der Zweite Weltkrieg 1939—1945, S. 783—895).

Chassin, L. M.: Histoire militaire de la seconde guerre mondiale 1939—1945. Paris [2]1951.

Dahms, H. G.: Der Zweite Weltkrieg. Tübingen 1960.

Deborin, G. A.: Vtoraja Mirovaja Vojna. Moskva 1958 (deutsche Ausgabe: Der Zweite Weltkrieg. Militärpolitischer Abriß. Berlin [2]1960).

Erdmann, K.=D.: Die Zeit der Weltkriege (Bd. 4 von B. Gebhard: Handbuch der Deutschen Geschichte). Stuttgart 1959 (verbesserter Neudruck 1960).

Freund, M.: Deutsche Geschichte. Gütersloh 1960 (darin: Der Zweite Weltkrieg, S. 646—752).

Fuller, J. F. C.: The Second World War 1939—1945. A Strategical and Tactical History. London [3]1954 (deutsche Ausgabe: Der Zweite Weltkrieg 1939—1945. Wien=Stuttgart 1950).

Gigli, G.: La Seconda Guerra Mondiale. Bari 1951.

Gilbert, M.: The European Powers, 1900—1945. London 1965.

Göhring, M.: Bismarcks Erben. 1890—1945. Wiesbaden [2]1959.

Görlitz, W.: Der Zweite Weltkrieg 1939—1945. 2 Bde. Stuttgart 1951/52.

Herzfeld, H.: Weltmächte und Weltkriege. Die Geschichte unserer Epoche 1890—1945. Braunschweig [3]1960.

Hubatsch, W.: Weltpolitik und Staatensystem von 1939—1960. In: Weltgeschichte der Gegenwart. Bd. II: Die Erscheinungen und Kräfte der modernen Welt. Hrsg. von F. v. Schröder. Basel=München 1963, S. 86—178.

Hughes, H. S.: Contemporary Europe. A History (1914—1960). Englewood Cliffs, N. Y., 1961.

Jarman, T. L.: The Rise and Fall of Nazi Germany. London 1955.

Kochan, L.: The Struggle for Germany 1914—1945. Edinburgh 1963.

Kordt, E.: Wahn und Wirklichkeit. Die Außenpolitik des Dritten Reiches. Stuttgart ³1948.

Mann, G.: Deutsche Geschichte 1919—1945. Frankfurt a. M. 1958 (Sonderdruck aus: Deutsche Geschichte des 19. und 20. Jahrhunderts. Frankfurt a. M. 1958).

Mau, H. und H. *Krausnick*: Deutsche Geschichte der jüngsten Vergangenheit 1933—1945. Stuttgart 1953 (Sonderdruck aus: Deutsche Geschichte im Überblick. Hrsg. von P. Rassow. Stuttgart 1953, ²1961).

Michaelis, H.: Der Zweite Weltkrieg. In: Meyer-Brand-Just: Handbuch der Deutschen Geschichte. Bd. IV, Abschnitt 5. Konstanz 1964—1965.

Platonov, S. P.: Vtoraja Mirovaja Vojna 1939—1945. Moskau 1960 (deutsche Ausgabe: Geschichte des Zweiten Weltkrieges 1939—1945. Militärhistorischer Abriß. Berlin 1961).

Ploetz, K. (Hrsg.): Geschichte des Zweiten Weltkrieges. I. Teil: Die militärischen und politischen Ereignisse. Würzburg ²1960; II. Teil: Die Kriegsmittel. Würzburg 1960.

Renouvin, P.: Les crises du XXᵉ siècles II: De 1929 à 1945. Paris 1958.

Salis, J. R. v.: Weltgeschichte der Neuesten Zeit. Bd. III: 1919—1945. Zürich 1960.

Schumacher, E.: Geschichte des Zweiten Weltkrieges. Zürich 1946.

Shirer, W. L.: The Rise and Fall of the Third Reich. New York 1960 (deutsche Ausgabe: Aufstieg und Fall des Dritten Reiches. Köln-Berlin 1961).

Snyder, L. L.: The War. A Concise History 1939—1945. New York 1961.

Tippelskirch, K. v.: Geschichte des Zweiten Weltkrieges. Bonn ²1956.

Weltkrieg 1939—1945. Ehrenbuch der deutschen Wehrmacht. Hrsg. von H. Frhr. v. Buttlar-Brandenfels. Stuttgart 1954 (darin vor allem Herhudt von Rohden, H.-D.: Teil III: Der Luftkrieg).

The War 1939—1945. Ed. by D. *Flower* and J. *Reeves*. London 1960.

Wilmot, Ch.: The Struggle for Europe. London 1952 (deutsche Ausgabe: Der Kampf um Europa. Frankfurt a. M. 1954).

The World at War. Ed. by G. P. *Dennis*. 4 vols. London 1951.

d) Monographien, Spezialstudien, wissenschaftliche Aufsätze, Miszellen, Essays

In Africa Settentrionale. La Preparazione al Conflitto. L'Avanzata su Sidi el Barani. 1940. Rom 1955 (Ufficio Storico. Stato Maggiore Esercito. Il Esercito Italiano nella Seconda Guerra Mondiale).

Albas, A. d': Marine impériale. Paris 1954.

Albion, R. O. and R. H. *Connery*: Forrestal and the Navy. New York 1962.

Aldus (Pseudonym): Il Maresciallo Antonescu e la Guerra contro l'USSR. In: Rivista di studi politici internazionali 1948, S. 335—376.

Anderle, A.: Der Weg zum 22. Juni 1941. In: Juni 1941. Berlin 1960, S. 9—43.

Anders, W.: Hitler's Defeat in Russia. Chicago 1953.

Anderson, G. L.: (Ed.): Issues and Conflicts. Studies in Twentieth Century American Diplomacy. Lawrence: University of Kansas Press 1959.

Andronikov, I. G. und V. D. *Mostovenko*: Die roten Panzer. Geschichte der sowjetischen Panzertruppen 1920—1960. Hrsg. von F. M. von Senger und Etterlin. München 1963.

Ansel, W.: Hitler Confronts England. Durham, N. C., 1960.

Ansprenger, F.: Politik im schwarzen Afrika. Die modernen politischen Bewegungen im Afrika französischer Prägung. Köln-Opladen 1961.

Arendt, H.: Eichmann in Jerusalem. Deutsche Ausgabe. München 1964.

Armstrong, J. A.: Ukrainian Nationalism 1939—1945. New York 1955.

Aron, R.: Histoire de Vichy 1940—1944. Paris 1954.

Ashida, H.: Dainisektaitaisen=Gaikoshi. Tokio 1960 (diplomatische Geschichte des Zweiten Weltkrieges).

Ashworth, W.: Contracts and Finance. London 1953 (History of the Second World War. United Kingdom Civil Series).

Assmann, K.: Deutsche Schicksalsjahre. Historische Bilder aus dem Zweiten Welt=krieg. Wiesbaden [2]1951.

Assmann, K.: Deutsche Seestrategie in zwei Weltkriegen. Heidelberg 1957.

Attiwill, K.: The Singapore Story. London 1959.

Audet, R.: La stratégie allemande en Méditerranée. In: Revue Défense Nationale 1951, S. 483—494.

Auphan, P. und J. *Mordal*: La marine française pendant la Seconde Guerre Mon=diale. Paris 1958 (deutsche Ausgabe: Unter der Trikolore. Die französische Marine im Zweiten Weltkrieg. Oldenburg [Olbg] 1964).

Ayling, S. E.: Portraits of Power. London 1963.

Aziz, M. A.: Japan's Colonialism and Indonesia. The Hague 1955.

Barclay, C. N.: Against Great Odds. London 1956.

Bariéty, J.: La politique extérieure allemande dans l'hiver 1939—1940. In: Revue historique. Jan. — Mars 1964.

Baritz, J.: Besprechung von B. S. Telpuchowski: Die sowjetische Geschichte des Gro=ßen Vaterländischen Krieges (deutsche Ausgabe). in: Sowjetstudien 1963, S. 112—118.

Der Barbarossa=Plan in Politik und Kriegführung Hitler=Deutschlands 1940/41. In: Zeitschrift für Geschichtswissenschaft 1959, S. 529—552.

Barjot, P.: Histoire de la guerre aéro=navale. Paris 1960.

Barnett, C.: The Desert Generals. London 1960 (deutsche Ausgabe: Wüstengenerale. Hannover 1961).

Bartz, K. (Pseudonym): Als der Himmel brannte. Der Weg der deutschen Luftwaffe. Hannover 1955.

Baudhuin, F.: L'Économie belge sous l'occupation, 1940—1944, Bruxelles 1945.

Bauer, E.: La guerre des blindées. 2 Bde. Lausanne [2]1962 (deutsche Ausgabe: Der Panzerkrieg. Die wichtigsten Panzeroperationen des Zweiten Weltkrieges in Europa und Afrika. 2 Bde. Bonn 1965).

Bauer, E.: Malta et Nafta. Comment l'Axe perdit la guerre en Méditerranée. In: Revue Défense Nationale 1952, S. 469—482.

Baum, W.: Vollziehende Gewalt und Kriegsverwaltung im Dritten Reich, in: Wehr=wissenschaftliche Rundschau 1956, S. 476—496.

Baumbach, W.: Zu spät? Aufstieg und Untergang der deutschen Luftwaffe. Mün=chen [2]1948.

Beard, Ch. A.: President Roosevelt and the Coming of the War of 1941. New Haven 1948.

Bekker, C. (Pseudonym): Angriffshöhe 4000. Ein Kriegstagebuch der deutschen Luft=waffe 1939/45. Oldenburg (Olbg) 1964.

Bell, P. M. H.: Prologue de Mers=el=Kébir. In: Revue d'histoire de la deuxième guerre mondiale. 1959, H. 9.

Beloff, M.: The Foreign Policy of Soviet Russia 1929—1941. 2 vols. Oxford 1947—1949.

Belot, R. de: La guerre aéronavale en Méditerranée 1939—1945. Paris 1949.

Belot, R. de: The Struggle for the Mediterranean, 1939—1945, Princeton 1951.

Bengtson, J. R.: Nazi War Aims. The Plans for the Thousand Year Reich. Rock Island 1962.

Benoist-Méchin, J.: Soixante jours qui ébranlèrent l'Occident. 10 mai — 10 juillet 1940. 3 Bde. Paris 1956 (deutsche Ausgabe: Der Himmel stürzt ein. Frankreichs Tragödie 1940. Düsseldorf 1958).

Bensel, R.: Die deutsche Flottenpolitik von 1933 bis 1939. Eine Studie über die Rolle des Flottenbaus in Hitlers Außenpolitik. Frankfurt a. M.-Berlin 1958.

Bergmann, A.: Najlepszy Sojusznik Hitlera. Studium o współpracy niemiecko-sowieckiej 1939—1941. London 1958.

Bernotti, R.: Storia della Guerra nel Mediterraneo (1940—1943). Rom 1960.

Bernotti, R.: La Guerra sui Mari nel Conflitto Mondiale. I: 1939—1941. Livorno [3]1950; II: 1941—1943. Livorno 1948.

Besson, W.: Die politische Terminologie des Präsidenten F. D. Roosevelt. Eine Studie über den Zusammenhang von Sprache und Politik. Tübingen 1955.

Besson, W.: Von Roosevelt bis Kennedy. Grundzüge der amerikanischen Außenpolitik 1933—1963. Frankfurt a. M. 1964.

Deutsch-russische Beziehungen von Bismarck bis zur Gegenwart. Hrsg. von W. *Markert*. Stuttgart 1964.

Bezymenskij, L.: Germankie Generaly — s Gitlerom i bez nego. Moskva 1961.

Bharucha, P. C.: The North African Campaign 1940—1943. London-New Delhi 1956 (Official History of the Indian Armed Forces in the Second World War 1939—1945).

Bidlingmaier, G.: Der Einsatz der schweren Kriegsmarineeinheiten im ozeanischen Zufuhrkrieg. Neckargemünd 1963.

Bidlingmaier, G.: Die strategischen und operativen Überlegungen der Marine 1932—1942. In: Wehrwissenschaftliche Rundschau 1963, S. 312—331.

Bidlingmaier, G.: Die Grundlagen für die Zusammenarbeit Luftwaffe/Kriegsmarine und ihre Erprobung in den ersten Kriegsmonaten. In: Die Entwicklung des Flottenkommandos. Vorträge der 7. Historisch-Taktischen Tagung der Flotte am 5. und 6. 12. 1963 (Beiträge zur Wehrforschung. Hrsg. vom Arbeitskreis für Wehrforschung. Bd. IV). Darmstadt 1964, S. 73—112.

Bilanz des Zweiten Weltkrieges. Erkenntnisse und Verpflichtungen für die Zukunft. Oldenburg (Olbg) 1953.

Billig, J.: Le rôle des prisonniers de guerre dans l'économie du troisième Reich. In: Revue d'histoire de la deuxième guerre mondiale 1960, H. 37, S. 53—76.

Birjusov, S.: Pervye dni vojny. In: Voennoe-istoričeskij Žurnal 1960, Nr. 10, S. 14—28.

Birkenfeld, W.: Der synthetische Treibstoff 1933—1945. Ein Beitrag zur nationalsozialistischen Wirtschafts- und Rüstungspolitik. Göttingen-Berlin-Frankfurt a. M. 1964.

Bishop, E.: The Battle of Britain. London 1961 (deutsche Ausgabe: Die Schlacht um England. München 1962).

Blau, G. E.: The German Campaign in Russia. Planning and Operations (1940—1942). Washington 1955.

Blond, G.: Kurs Murmansk. Die Schicksalsfahrten der alliierten Eismeerkonvois. Oldenburg (Olbg)-Hamburg 1957.

Bogatsch, R.: Politische und militärische Probleme nach dem Frankreichfeldzug. In: Aus Politik und Zeitgeschichte. Beilage zur Wochenzeitung „Das Parlament" 1962, S. 149—187.

Booms, H.: Der Ursprung des Zweiten Weltkrieges — Revision der Expansion? In: Geschichte in Wissenschaft und Unterricht 1965, S. 329—353.

Boucart, R.: Les dessous de l'espionage 1939—1959. Paris 1959.

Bourbon, X. de: Les accords secrets franco-anglais de décembre 1940. Paris 1949.

Boveri, M.: Der Verrat im XX. Jahrhundert. 4 Bde. Hamburg 1956—1960.

Bowman, G.: War in the Air. London 1956.

Bragadin, M. A.: Che ha fatto la Marina? Milano [4]1959 (amerikanische Ausgabe: The Italian Navy in World War II. Annapolis 1957).

Brand, K.: Management of Agriculture and Food in the German Occupied and Other Areas of Fortress Europe. A Study in Military Government. Stanford 1953.

Brandell, U.: Tyskland och Sverige under andra världskriget. In: Dagens Nyheter, 20. 10. — 17. 11. 1957 (13 Folgen).

Braubach, M.: Hitlers Weg zur Verständigung mit Rußland im Jahre 1939. In: Aus Politik und Zeitgeschichte. Beilage der Wochenzeitung „Das Parlament", 16. 12. 1959.

Bräutigam, O.: Überblick über die besetzten Ostgebiete während des Zweiten Welt=krieges. Tübingen 1954.

Bredemeier, H.: Schlachtschiff Scharnhorst. Jugenheim/Bergstraße 1962.

Brennecke, J.: Schlachtschiff „Bismarck". Jugenheim/Bergstraße 1960.

Broszat, M.: Nationalsozialistische Polenpolitik 1939—1945. Stuttgart 1961.

Broszat, M.: Betrachtungen zu „Hitlers zweitem Buch". In: Vierteljahrshefte für Zeitgeschichte 1961, S. 417—429.

Brügel, J. W.: Das sowjetische Ultimatum an Rumänien im Juni 1940. In: Viertel=jahrshefte für Zeitgeschichte 1963, S. 404—417.

Bry, G.: Wages in Germany 1871—1945. Princeton 1960.

Buchanan, A. R.: The United States and World War II. 2 vols. New York=London 1964.

Buchheim, H.: SS und Polizei im NS=Staat. Boppard 1964.

Buchheim, H., M. *Broszat*, H.=A. *Jacobsen* und H. *Krausnick*: Anatomie des SS=Staa=tes. 2 Bde. Freiburg i. Br. 1965.

Buchheit, G.: Hitler der Feldherr. Zerstörung einer Legende. Rastatt 1958.

Buchheit, G.: Ludwig Beck — ein preußischer General. München 1964.

Buchner, A.: Der deutsche Griechenland=Feldzug. Operationen der 12. Armee 1941. Heidelberg 1957.

Buckley, C.: Five Ventures: Iraq, Syria, Persia, Madagascar, Dodecanese. London 1954 (The Second World War 1939—1945).

Buckley, C.: Greece and Crete. London 1952 (The Second World War 1939—1945).

Burdick, Ch.: German War Plans for the War in the West, 1935—1940. Diss. phil. Stanford 1954.

Burdick, Ch.: L'axe Berlin=Rome et la campagne italo=grecque (1940—1941). In: Revue historique de l'armée 1960, Nr. 3, S. 71—84.

Burdick, Ch.: „Operation Cyclamen". Germany and Albania 1940—1941. In: Journal of Central European Affairs 1959/60, S. 23—31.

Busse, H.: Die faschistische Lüge vom Präventivkrieg Hitlerdeutschlands gegen die UdSSR. In: Juni 1941. Berlin 1961, S. 83—101.

Busse, H.: Das Scheitern des Operationsplans „Barbarossa" im Sommer 1941 und die militärische Legende von der Führungskrise. In: Zeitschrift für Militärgeschichte 1962, S. 62—84.

Butler, J. R. M.: Grand Strategy, vol. II (Sept. 1939 — June 1941). London 1957 (History of the Second World War — Military Series) (*zit.:* Butler: Grand Strategy).

Buttlar=Brandenfels, H. Frhr. v.: Gedanken über die italienisch=deutsche Kriegführung im mittleren Mittelmeer 1940/42. In: Wehrwissenschaftliche Rundschau 1951, S. 38—46.

Butow, R. J. C.: The Nomura=Hull Conversations: A Fundamental Misconception. In: The American Historical Review 1960, S. 822—836.

Cairns, J. C.: Great Britain and the Fall of France. A Study in Allied Disunity. In: Journal of Modern History 1956.

The German Campaigns in the Balkans (Spring 1941). Washington 1953.

Cameron, I.: Red Duster, White Ensign. The Story of the Malta Convoys. Lon=don [2]1959.

Cameron, I.: Wings of the Morning. The Story of the Fleet Air Arm in the Second World War. London 1962.

Cameron, M. E., T. H. D. *Mohoney* and G. E. *McReynolds*: China, Japan and the Powers. A History of the Modern Far East. New York [2]1960.

Campione, F.: Guerra in Epiro. Napoli 1952.

Campus, E.: Die hitlerfaschistische Infiltration Rumäniens 1939—1940. In: Zeitschrift für Geschichtswissenschaft 1957, S. 213—228.

Carell, P. (Pseudonym für P. *Schmidt*): Die Wüstenfüchse. Tatsachenbericht [6]1961.

Carell, P. (Pseudonym für P. *Schmidt*): Unternehmen Barbarossa. Der Marsch nach Rußland. Berlin=Wien 1963.

Carl, J.: Das amerikanische Leih= und Pacht=Gesetz (Lend=Lease=Act). Entstehung und Bedeutung für den Ausgang des Zweiten Weltkrieges. Frankfurt a. M.=Berlin 1957.

Carr, E. H.: German=Soviet Relations between the two World Wars 1919—1939. Baltimore 1951 (deutsche Ausgabe: Berlin=Moskau. Deutschland und Rußland zwischen den beiden Weltkriegen. Stuttgart 1954).

Cartier, R.: Hitler et les généraux. Les secrets de la guerre. Paris 1962.

Carver, M.: Tobruk (British Battles Series). London 1964.

Castellan, G.: La politique allemande de l'U.R.S.S. 1941—1945. In: Revue d'histoire de la deuxième guerre mondiale 1956.

Castellan, G. et P. A. *Jars:* La diplomatie allemande et la guerre du pacifique (sept. 1940 — décembre 1941). In: Revue d'histoire de la deuxième guerre mondiale 1951, Nr. 2, S. 1—40.

Catoire, M.: La direction des services de l'armistice à Vichy. Paris 1955.

Chamberlin, W. H.: America's Second Crusade. Chicago 1950 (deutsche Ausgabe: Amerikas zweiter Kreuzzug. Bonn 1952).

Charisius, A.: Zur Rolle von Spionage und Diversion in den Blitzkriegsplänen des deutschen Generalstabes. In: Militärwesen. Zeitschrift für Militärpolitik, Militärtheorie und Militärtechnik (Berlin=Ost) 1962, S. 1367—1379.

Chassin, L.=M.: Un plan grandiose: L'attaque des pétroles du Caucase en 1940. In: Forces aériennes françaises 1961, Nr. 176, S. 821—849.

Cheng, T.: A History of Sino=Russian Relations. Washington 1957.

Ciurea, E.=C.: L'effondrement des frontières roumaines en 1940. Les conditions internationales. In: Revue d'histoire de la deuxième guerre mondiale 1955, Nr. 20, S. 16—32.

Clark, A.: The Fall of Crete. London 1962.

Clark, A.: Barbarossa. London 1964.

Clark, W.: Barbarossa, and the German Campaign in the East 1941—1945. London 1965.

Clifford, N. R.: Britain, America, and the Far East, 1937—1940: A Failure in Cooperation, in: Journal of British Studies 1963, S. 137—154.

Cline, R. S.: The War Department, Washington Command Post: The Operation Division. Washington 1951 (United States Army in World War II).

Cocchia, A. und F. *De Palma:* Da difesa del traffico coll'Africa Settentrionale. Rom 1958.

Cohen, J. B.: Japan's Economy in War and Reconstruction. Minneapolis 1949.

Cole, W. S.: America First: The Battle against Intervention, 1940—1941. Madison 1953.

Collier, B.: The Defence of the United Kingdom. London 1957 (History of the Second World War — Military Series).

Collier, B.: The Battle of Britain. London 1962.

Comery, R. H.: The Navy and the Industrial Mobilization in World War II. Princeton 1951.

Conn, St. and B. *Fairchild:* The Framwork of Hemisphere Defense. Washington 1960 (United States Army in World War II).

Conze, W.: Deutschlands weltpolitische Sonderstellung in den zwanziger Jahren. In: Vierteljahrshefte für Zeitgeschichte 1961, S. 166—177.

Conze, W.: Die deutsche Nation. Ergebnis der Geschichte. Göttingen [2]1965.

Craig, G. A.: The Politics of the Prussian Army, 1640—1945. New York 1955 (deutsche Ausgabe: die preußisch-deutsche Armee 1640—1945. Düsseldorf 1960).

Cras, H. (Pseudonym für J. *Mordal*): Dunkerque. Paris 1960.

Craven, W. F. and J. L. *Cate:* The Army Air Forces in World War II. Vol. I: Plans and Early Operations. January 1939 to August 1942. Chicago 1948.

Cretzianu, A.: The Soviet Ultimatum to Roumania (26 June, 1940). In: Journal of Central European Affairs 1949/50, S. 396—403.

Dahms, H. G.: Roosevelt und der Krieg. München 1958.

Dallin, A.: German Rule in Russia, 1941—1945. A Study in Occupation Policies. New York 1957 (deutsche Ausgabe: Deutsche Herrschaft in Rußland 1941—1945. Eine Studie über Besatzungspolitik. Düsseldorf 1958).

Dallin, D. J.: Soviet Russia's Foreign Policy 1939—1942. New Haven 1942.

Dallin, D. J.: Soviet Espionage. New Haven 1955 (deutsche Ausgabe: Sowjetspionage. Köln 1956).

David, D. M.: Crete. London-Wellington 1953 (New Zealand in the Second World War 1939—1945).

Davin, L.: Les finances de 1939—1945. L'allemagne. Paris 1949.

Dawson, R. H.: The Decision to Aid Russia 1941. Foreign Policy and Domestic Politics. Chapel Hill, N. C., 1959.

Deakin, F. W.: The Brutal Friendship. Mussolini, Hitler and the Fall of Italian Fascism. London 1962 (deutsche Ausgabe: Die brutale Freundschaft. Hitler, Mussolini und der Untergang des italienischen Faschismus. Köln 1964).

The Fatal Decisions. Ed. by S. *Freidin* and W. *Richardson*. New York 1958.

The Ultimate Decision. The President as Commander-in-Chief. Ed. by R. *May*. New York 1960.

Dedijer, V.: Sur l'armistice „germano-yougoslave" (17 avril 1941). In: Revue d'histoire de la deuxième guerre mondiale 1956, Nr. 23, S. 1—10.

Dehio, L.: Gleichgewicht oder Hegemonie. Krefeld 1948.

Dehio, L.: Deutschland und die Weltpolitik im 20. Jahrhundert. München 1955.

Demeter, K.: Das deutsche Offizierkorps in Gesellschaft und Staat 1650—1945. Frankfurt a. M. [4]1965.

Denzel, R.: Die chemische Industrie Frankreichs unter der deutschen Besetzung im Zweiten Weltkrieg. Tübingen 1959.

Derry, I. K.: The Campaign in Norway. London 1952.

Descroches, A.: La campagne de Russie d'Adolf Hitler (Juin 1941 — Mai 1945). Paris 1964.

Dessouki, Mohamed-Kamal el: Hitler und der Nahe Osten (1940/41). Diss. phil. Berlin 1963.

Detwiler, D. S.: Hitler, Franco und Gibraltar. Die Frage des spanischen Eintritts in den Zweiten Weltkrieg. Wiesbaden 1962.

Devilliers, P.: Histoire du Vietnam de 1940 à 1952. Paris 1952.

Dharm Pal: Campaigns in Western Asia: Iraq — Syria — Iran — Paiforce. London-New Delhi 1957 (Official History of the Indian Armed Forces in the Second World War 1939—1945).

Dickmann, F.: Machtwille und Ideologie in Hitlers außenpolitischen Zielsetzungen vor 1933. In: Spiegel der Geschichte. Festgabe für M. Braubach zum 10. April 1964. Münster/Westf. 1964, S. 915—941.

The Diplomats, 1919—1939. Ed. by G. A. *Craig* and F. *Gilbert*. Princeton 1953.

Divine, R. A.: The Illusion of Neutrality. Chicago 1962.

Dönitz, K., J. *Rohwer* und B. *Herzog:* Die deutschen U-Boote 1906—1945. München 1959.

Donat, G.: Der Munitionsverbrauch der deutschen Wehrmacht im Feldzug gegen

Sowjetrußland 1941 bis 1945. In: Allgemeine Schweizerische Militärzeitschrift 1964, S. 31—34, S. 89—92 und S. 155—158.

Dorgelès, R.: La Drôle du guerre 1939—1940. Paris 1957.

Dorman, J. R.: Hitler's Economic Mobilization. In: Military Review XXXIII/8 Fort Leavenworth (Kansas) 1956.

Doussinague, J. M.: Espagna tenia razon, 1939—1945. Madrid 1950.

Drevon: Malte dans la guerre en Méditerranée 1940—1943. In: Revue de Défense Nationale 1954, S. 326—335.

Drummond, D. F.: The Passing of American Neutrality, 1937—1941. Ann Arbor ²1959.

Duncker, J. Z.: Eine neue Ära der Kriegführung? Finnische Gedanken zum modernen Kriegsbild. Darmstadt 1965.

Duroselle, J.=B.: Les relations germano=soviétique de 1933 à 1939. Recueil d'études. Paris 1954.

Duroselle, J.=B.: De Wilson à Roosevelt. Paris 1961.

Duroselle, J.=B.: Histoire diplomatique de 1919 à nos jours. Dalloz ²1957.

Duroselle, J.=B.: Le conflit stratégique anglo=américain de Juin 1940 à Juin 1944. In: Revue d'histoire moderne et contemporaine 1963, S. 161—184.

Dzelepy, E. N.: Franco, Hitler et les alliés. Paris 1961.

Dziuban, S. W.: Military Relations between the United States and Canada 1939—1945. Washington 1960.

Ellis, L. F.: The War in France and Flanders 1939—1940. London 1953.

Elsbree, W. H.: Japan's Role in Southeast Asian Nationalist Movements, 1940 to 1945. Cambridge (Mass.) 1953.

Emmendorffer, H.: Die geschäftlichen Beziehungen der deutschen Eisen= und Stahl=industrie besetzter Gebiete 1939—1945. Diss. phil. Köln 1955.

Engel, J.: Pearl Harbor und der Eintritt der Vereinigten Staaten in den Zweiten Weltkrieg. In: Historische Forschungen und Probleme. P. Rassow zum 70. Geburts=tage dargebracht. Hrsg. von K. E. Born. Wiesbaden 1961, S. 358—373.

Entscheidungsschlachten des Zweiten Weltkrieges. Hrsg. von H.=A. *Jacobsen* und J. *Rohwer*. Frankfurt a. M. 1960.

Epstein, F. T.: National Socialism and French Colonialism. In: Journal of Central European Affairs 1943, S. 52—64.

Erasmus, J.: Der geheime Nachrichtendienst. Göttingen ²1955.

Erbe, R.: Die nationalsozialistische Wirtschaftspolitik 1933—1939 im Lichte der modernen Theorie. Zürich 1958.

Eremenko, A. I.: Protiv falsifikacii istorii Vtoroj Mirovoj Vojny. Moskva ²1959 (deutsche Ausgabe: Als Fälscher entlarvt! Eine Auseinandersetzung mit Darstel=lungen ehemaliger Hitlergenerale. Berlin 1960).

Eremenko, A. I.: Na zapadnom napravlenijj. Moskva 1960 (deutsche Ausgabe: Tage der Bewährung [1941/42]. Berlin 1961).

Erfurth, W.: Der finnische Krieg 1941—1944. Wiesbaden 1950.

Erfurth, W.: Die Geschichte des deutschen Generalstabes 1918—1945. Göttingen=Berlin=Frankfurt a. M. ²1960.

Erickson, J.: The Soviet High Command. A Military=Political History 1918—1941. London 1962.

Erickson, J.: The Red Army before June 1941. In: St. Anthony' Papers Nr. 12: Soviet Affairs, Nr. 3. London 1962, S. 94—121.

Esebeck, H. G. Frhr. v.: Afrikanische Schicksalsjahre. Geschichte des Deutschen Afrikakorps unter Rommel. Wiesbaden 1949.

L'Esercito Italiano tra la 1ª e la 2ª Guerra Mondiale. Rom 1954.

Esteban=Infantes, E.: La división azul. Barcelona 1958 (deutsche Ausgabe: „Blaue Division". Leoni 1958).

Fabry, Ph. W.: Der Hitler-Stalin-Pakt 1939—1941. Ein Beitrag zur Methode sowjetischer Außenpolitik. Darmstadt 1962.

Facius, F.: Wirtschaft und Staat. Die Entwicklung der staatlichen Wirtschaftsverwaltung in Deutschland vom 17. Jahrhundert bis 1945. Boppard 1959.

Fairchild, B. and J. *Grossmann*: The Army and Industrial Manpower. Washington 1959.

Faldella, E.: L'Italia e la Seconda Guerra Mondiale. Bologna 1960.

Falk, St. L.: Organization and Military Power. The Japanese High Command in World War II. In: Political Science Quarterly 1961, S. 503—518.

Farmer, P.: Vichy: Political Dilemma. New York 1955.

Faul, E.: Der moderne Macchiavellismus. Köln-Berlin 1961.

Favagrossa, C.: Perché perdemo la guerra. Mussolini e la produzione bellica. Milano 1946.

Fedeli, E.: 1940—1945. L'Italia e il suo esercito. Turin 1946.

Federau, F.: Der Zweite Weltkrieg. Seine Finanzierung in Deutschland. Tübingen 1962.

Fedorov, B. und A. *Orlov*: Operacija „Morskoj lev" i oborana Anglii. Leto 1940. In: Voennoe-istoričeskij Žurnal 1962, Nr. 2, S. 48—61.

Feis, H.: The Spanish Story: Franco and the Nations at War. New York 1948.

Feis, H.: The Road to Pearl Harbor. Princeton ²1962.

Feis, H.: Churchill, Roosevelt, Stalin. The War They Waged and the Peace They Sought. Princeton-London 1957.

Fernet: L'entrevue de Montoire. In: Revue des deux mondes. 15. 2. 1953.

Fest, J. C.: Das Gesicht des Dritten Reiches. Profile einer totalitären Herrschaft. München 1963.

Feuchter, G. W.: Geschichte des Luftkrieges. Frankfurt a. M. ³1964.

Fioravanzo, R. G. (Ed.): La Guerra nel Mediterraneo. Parte 1: La Difesa del Traffico coll'Africa Settentrionale. Tomo 1: Dal Giugno 1940 al Settembre 1941. Rom 1958; Parte 2: Le azione navali. Tomo 1: Dal Giugno 1940 al Marzo 1941. Rom 1959; Tomo 2: Dal 1 Aprile 1941 all' 8 Settembre 1943. Rom 1960; Tomo 10: Le operazioni in Africa Orientale. Rom 1961.

Fioravanzo, R. G.: Die Kriegführung der Achse im Mittelmeerraum. In: Marine-Rundschau 1958, S. 17—24.

Fischer, F.: Griff nach der Weltmacht. Die Kriegszielpolitik des kaiserlichen Deutschland 1914/18. Düsseldorf ³1964.

Fischer, F.: Das Verhältnis der USA zu Rußland von der Jahrhundertwende bis 1945. In: Historische Zeitschrift, Bd. 185, 1958, S. 300—347.

Fischer, W.: Die Wirtschaftspolitik des Nationalsozialismus. Hannover 1961.

Fisher, G.: Soviet Opposition to Stalin. Cambridge (Mass.) 1952.

Fitz Gibbon, C.: The Blitz. London 1957.

Fleming, D. F.: The Cold War and its Origins. 1917—1960. 2 vols. Garden City 1961.

Fleming, P.: Invasion 1940 (Operation Sea Lion). An Account of the German Preparations and the British Counter Measures. London 1957.

Flicke, W. F.: Spionagegruppe „Rote Kapelle". Kreuzlingen 1954.

Foote, A.: Handbook for Spies. Garden City (New York) 1949.

Förster, G. und H. *Otto*: Zur Koalitionskriegführung des deutschen Imperialismus im Ersten und Zweiten Weltkrieg. In: Militärwesen. Zeitschrift für Militärpolitik, Militärtheorie und Militärtechnik (Berlin-Ost) 1963, S. 1512—1528.

Förster, G., O. *Groehler* und G. *Paulus*: Zum Verhältnis von Kriegszielen und Kriegsplanung des faschistischen deutschen Imperialismus. In: Zeitschrift für Geschichtswissenschaft 1964, S. 929—948.

Fox, A. B.: The Power of Small States: Diplomacy in World War II. Chicago 1959.

Frankland, N.: The Bombing Offensive against Germany. London 1965.

Frede, G. und O. E. *Schüddekopf:* Wehrmacht und Politik, 1933—1945. Braunschweig 1953.

Fremde Heere unter Hitlers Fahne. Nürnberg 1963.

Fretter=Pico, M.: Mißbrauchte Infanterie. Deutsche Infanterie=Divisionen im osteuropäischen Großraum 1941—1944. Frankfurt a. M. 1957.

Friedensburg, F.: Die sowjetischen Kriegslieferungen an das Hitlerreich. In: Vierteljahrshefte für Wirtschaftsforschung 1962, S. 331—338.

Friedländer, S.: Hitler et les États=Unis (1939—1941). Genf 1963.

Friedländer, S.: Berlin et le jeu américain à Vichy (septembre 1940 à décembre 1941). In: Schweizerische Zeitschrift für Geschichte 1963, S. 339—371.

Friedländer, S.: Pie XII et le IIIe Reich. Paris 1964 (deutsche Ausgabe: Pius XII. und das Dritte Reich. Eine Dokumentation mit einem Vorwort von A. Grosser. Hamburg 1965).

Les Frontières Européennes de l'URSS 1917—1941. Paris 1957.

Der Führer ins Nichts. Eine Diagnose Adolf Hitlers (Vier Referate über Hitler als Politiker, Ideologe, Soldat und Persönlichkeit). Hrsg. von G. *Buchheit.* Rastatt 1960.

Gäbler, G.: Die Neutralität Irlands im Zweiten Weltkrieg. Staatsexamensarbeit (Masch.=Ms.). Hamburg (Historisches Seminar) 1954.

Gallagher, M. P.: The Soviet History of World War II. Myth, Memories, and Realities. New York 1962.

Garder, M.: Une guerre pas comme les autres, la guerre germano=soviétique. Paris 1962.

Garder, M.: History of the Soviet Army. London 1965.

Garthoff, R. I.: Soviet Military Doctrine. Glencoe (Illinois) 1953 (deutsche Ausgabe: Die Sowjet=Armee. Köln 1955).

Gaudel, A.: L'Indochine en face du Japon. Paris 1949.

Gaul, W.: „Operation Merkur". Die deutsche Fallschirm= und Luftlandeoperation gegen die Insel Kreta im Mai 1941. In: Europäische Sicherheit 1951, H. 4, S. 2—14.

Gaul, W.: Marinefliegerverbände und operative Luftwaffe im Einsatz über See 1939—1945. In: Marine=Rundschau 1953, S. 24—43, 65—76, 106—111 und 114.

Gause, A.: Der Feldzug in Nordafrika 1941. In: Wehrwissenschaftliche Rundschau 1962, S. 592—618.

Georg, E.: Die wirtschaftlichen Unternehmungen der SS. Stuttgart 1962.

Gerber, B.: Staatliche Wirtschaftslenkung in den besetzten und annektierten Ostgebieten während des Zweiten Weltkrieges. Tübingen 1958.

German Domination of French Industry. Washington 1944.

Geschke, G.: Die deutsche Frankreichpolitik 1940 von Compiègne bis Montoire. Das Problem einer deutsch=französischen Annäherung nach dem Frankreichfeldzug. Frankfurt a. M. 1960.

Die deutschen Geschütze 1939—1945. Hrsg. von F. M. *von Senger und Etterlin.* München 1960.

Gesterding, H. Sch.: Probleme der Naht. Eine Studie über die Koordinierung benachbarter Verbände. Frankfurt a. M.=Berlin 1959.

Geyer, D.: Die Sowjetunion und Iran. Eine Untersuchung zur Außenpolitik der UdSSR im Nahen Osten 1917—1954. Tübingen 1955.

Giese, F. E.: Die deutsche Marine 1920—1945. Aufbau und Untergang. Frankfurt a. M. 1960.

Gilbert, M. and R. *Gott:* The Appeasers. London 1963 (deutsche Ausgabe: Der gescheiterte Frieden. Europa 1933—1939. Stuttgart 1964).

Ginsburgs, G.: Case Study in Soviet Use of International Law. Eastern Poland in 1939. In: American Journal of International Law 1958, S. 69—84.

Giovannetti, A.: Il Vaticano e la guerra. Rom 1960 (deutsche Ausgabe: Der Vatikan und der Krieg [1939—1940]. Köln 1961).

Girard, L. D.: Montoire, Verdun diplomatique. Paris 1948.

Görlitz, W.: Der deutsche Generalstab. Geschichte und Gestalt 1657—1945. Frank=furt a. M. 1950.

The Spanish Government and the Axis. Washington 1946.

Goutard, A.: La réalité de la „menace" allemande sur l'Afrique du Nord en 1940. In: Revue d'histoire de la deuxième guerre mondiale 1961, Nr. 43, S. 1—20.

Graml, H.: Die deutsche Militäropposition im Sommer 1940 bis zum Frühjahr 1943. In: Aus Politik und Zeitgeschichte. Beilage zur Wochenzeitung „Das Parlament" 1958, S. 357—371.

Grassmann, G. O.: Die deutsche Besatzungsgesetzgebung während des Zweiten Welt=krieges. Tübingen 1958.

Green, W.: War Plans of the Second World War. 6 vols. London 1960—1962.

Greenfield, K. R.: American Strategy in World War II. A Reconstruction. Balti=more 1963.

Greiner, H.: Die Oberste Wehrmachtführung 1939—1943. Wiesbaden 1951.

Grinnell=Milne, D.: The Silent Victory. September 1940. London 1958 (deutsche Ausgabe: Der stille Sieg. Schicksalhafter September 1940. Tübingen 1958).

Gröner, E.: Die Schiffe der deutschen Kriegsmarine und Luftwaffe 1939—1945 und ihr Verbleib. München 1954.

Gruchmann, L.: Völkerrecht und Moral. Ein Beitrag zur Problematik der amerika=nischen Neutralitätspolitik 1939—1941. In: Vierteljahrshefte für Zeitgeschichte 1960, S. 384—418.

Gruchmann, L.: Nationalsozialistische Großraumordnung. Die Konstruktion einer „deutschen Monroe=Doktrin". Stuttgart 1962.

La Guerra in Africa Orientale, giugno 1940 — Nov. 1941. Rom 1952.

Guffrida, P.: L'A.R.M.I.R., il generale, la ritirata. Rom 1953.

Guillaume, A.: La guerre germano=soviétique 1941—1945. Paris 1949.

Guillaume, A.: Warum siegte die Rote Armee? Baden=Baden 1950.

Guiot, P.: Combats sans espoir. Guerre navale en Syrie, 1941. Paris 1950.

Gundelach, K.: Gedanken über die Führung eines Luftkrieges gegen England bei der Luftflotte 2 in den Jahren 1938/39. Ein Beitrag zur Vorgeschichte der Luftschlacht um England. In: Wehrwissenschaftliche Rundschau 1960, S. 33—46.

Gunther, A. E.: The German War for Crude Oil in Europe 1934—1945. Celle 1947.

Gutachten des Instituts für Zeitgeschichte München. München 1958.

Gwyer, J. M. A. and J. R. M. *Butler*: Grand Strategy, vol. III (1941/42), 1, 2. London 1964 (History of the Second World War — Military Series).

Haas, E.: Frans Indo=China en de Japanes expansiepolitiek 1939—1945. Leiden 1956.

Haegglöf, G.: Svensk krigshandelspolitik under andra världskriget. Stockholm 1958.

Haestrup, J.: Kontakt med England 1940—1943. Kopenhagen 1954.

Hahn, F.: Deutsche Geheimwaffen 1939—1945. Heidenheim 1963.

Hall, H. D.: North American Supply. London 1955 (History of the Second World War. United Kingdom Civil Series).

Hall, H. D. and C. C. *Wrigley*: Studies of Overseas Supply. London 1956 (History of the Second World War. United Kingdom Civil Series).

Halsti, W. H.: Suomen Sota. 3 Bde. Helsinki 1956—1957.

Hammond, R. J.: Food. 2 vols. London 1951—1956 (History of the Second World War. United Kingdom Civil Series).

Hancock, W. K.: History of the Second World War, A Statistical Digest. London 1951 (History of the Second World War. United Kingdom Civil Series).

Hancock, W. K. and M. M. *Gowing:* The British War Economy. London 1953 (History of the Second World War. United Kingdom Civil Series).

Handel-Mazzetti, P. Frhr. v.: Der Einfluß von See- und Luftmacht im Kampf um Nordafrika 1940—1942. In Marine-Rundschau 1955, S. 9—18.

Handel-Mazzetti, P. Frhr. v.: Der britische Flugzeugangriff auf die italienische Flotte im Hafen von Tarent in der Nacht vom 11./12. 11. 1940. In: Marine-Rundschau 1953, S. 115—120.

Harding, J.: Mediterranean Strategy 1939—1945. London 1960.

Hargreaves, E. L. and M. M. *Gowing:* Civil Industry and Trade. London 1952 (History of the Second World War. United Kingdom Civil Series).

Harpérin, J.: L'économie soviétique pendant la guerre. In: Revue d'histoire de la deuxième guerre mondiale 1952, H. 6, S. 16—25.

Hartmann, S.: Fører uten folk. Quisling som politisk og psykologisk problem. Oslo 1959.

Hartog, L. J.: Und morgen die ganze Welt. Der deutsche Angriff im Westen 1940. Gütersloh 1960.

Hass, G.: Die USA in der Kriegs- und Großraumplanung des deutschen Faschismus im Jahre 1940. In: Der deutsche Imperialismus und der Zweite Weltkrieg, Bd. 3. Berlin 1962, S. 153—162.

Hattori, T.: Daitoasensozenshi. 4 Bde. Tokio 1954 (Geschichte des Zweiten Weltkrieges in Ostasien).

Hattori, T.: Japans Operationsplan für den Beginn des Pazifischen Krieges. In: Wehrwissenschaftliche Rundschau 1957, S. 247—274.

Haupt, W.: Baltikum 1941. Die Geschichte eines ungelösten Problems. Neckargemünd 1963.

Haupt, W.: Kiew — die größte Kesselschlacht der Geschichte. Bad Nauheim 1964.

Hayashi, S. and A. D. *Coox:* Kogun. The Japanese Army in the Pacific War. Quantico, Va. 1959.

Hayez: Situation de l'armée de l'air en avions modernes aux premiers jours de la guerre 1939—1945. In: Forces Aériennes Françaises 1962, Nr. 187.

Heckstall-Smith, A. and H. T. *Baillie-Grohmann:* Greek Tragedy (April 1941). London 1961.

Heckstall-Smith, A.: The Fleet that Faced Both Ways. London 1963.

Hegemann, M.: Das Diktat von Wien 1940 und seine Bedeutung für die Umwandlung Rumäniens in eine militärische Aggressionsbasis Hitlerdeutschlands. Diss. phil. (Masch.-Ms.) Leipzig 1961.

Heidemann, B. M.: A Study of the Causes of Finland's Involvement in World War II at three Seperate Times: November 1939, June 1941, September 1944. Ann Arbor (Michigan) 1952.

Henrici, E.: Die deutsche Kriegführung und das Mittelmeer in den Jahren 1940 bis 1943. Diss. phil. (Masch.-Ms.) Heidelberg 1954.

Hepp, L.: Die 12. Armee im Balkanfeldzug 1941. In: Wehrwissenschaftliche Rundschau 1955, S. 199—216.

Herdeg, W.: Grundzüge der deutschen Besatzungsverwaltung in den west- und nordeuropäischen Ländern während des Zweiten Weltkrieges. Tübingen 1953.

Herhudt v. Rohden, H.-D.: Der Luftkrieg. In: Weltkrieg 1939/1945. Ehrenbuch der Deutschen Wehrmacht. Stuttgart 1954, Teil III: S. 4—104.

Herington, J.: Air War against Germany and Italy 1939—1943. Canberra 1954 (Australia in the War of 1939—1945, Series III, vol. 3).

Herzfeld, H.: Das Problem des deutschen Heeres, 1919—1945. In: Ausgewählte Aufsätze. Dargebracht als Festgabe zum 70. Geburtstag. Berlin 1962, S. 231—254.

Herzfeld, H.: Zur Problematik der Appeasement-Politik. In: Geschichte und Gegenwartsbewußtsein. Festschrift für H. Rothfels zum 70. Geburtstag. Göttingen 1963, S. 161—197.

Herzog, R.: Grundzüge der deutschen Besatzungsverwaltung in den ost- und südosteuropäischen Ländern während des Zweiten Weltkrieges. Tübingen 1955.

Hess, W.: Eismeerfront 1941. Aufmarsch und Kämpfe des Gebirgskorps Norwegen in den Tundren von Murmansk. Heidelberg 1956.

Hesse, F.: Hitler and the English. London 1954.

Higgins, T.: Winston Churchill and the Second Front, 1940—1943. New York 1957.

Hilberg, R.: The Destruction of the European Jews. Chicago 1961.

Hillgruber, A.: Hitler, König Carol und Marschall Antonescu. Die deutsch-rumänischen Beziehungen 1938—1944. Wiesbaden ²1965.

Hillgruber, A.: Deutschland und Ungarn 1933—1944. Ein Überblick über die politischen und militärischen Beziehungen im Rahmen der europäischen Politik. In: Wehrwissenschaftliche Rundschau 1959, S. 651—676.

Hillgruber, A.: Der Einbau der verbündeten Armeen in die deutsche Ostfront 1941—1944. In: Wehrwissenschaftliche Rundschau 1960, S. 659—682.

Hinsley, F. A.: Hitler's Strategy. Cambridge 1951 (deutsche Ausgabe: Hitlers Strategie. Stuttgart 1952).

Hinze, R.: Das Verhältnis Deutschland-Dänemark während des Zweiten Weltkrieges. Diss. phil. (Masch.-Ms.) Göttingen 1955.

Hitler's Europe. Ed. by A. and V. *Toynbee*. London-New York-Toronto 1956.

Hitti, P. K.: History of Syria including Lebanon and Palestine. London 1951.

Hofer, W.: Die Entfesselung des Zweiten Weltkrieges. Eine Studie über die internationalen Beziehungen im Sommer 1939. 3. erweiterte Auflage Frankfurt a. M. 1964.

Holborn, H.: The Political Collapse of Europe. New York 1951 (deutsche Ausgabe: Der politische Zusammenbruch Europas. Stuttgart 1954).

Holldack, H.: Was wirklich geschah. Die diplomatischen Hintergründe der deutschen Kriegspolitik. München 1949.

Hölter, H.: Armee in der Arktis. Die Operationen der deutschen Lappland-Armee. Bad Nauheim 1953.

Hoptner, J. B.: Yugoslavia in Crisis, 1934—1941. New York-London 1962.

Hory, L. und M. *Broszat*: Der kroatische Ustascha-Staat 1941—1945. Stuttgart 1964.

Hostler, C. W.: Turkism and the Soviets. London 1957 (deutsche Ausgabe: Türken und Sowjets. Frankfurt a. M. 1960).

Hoßbach, F.: Die Entwicklung des Oberbefehls in Brandenburg, Preußen und im Deutschen Reich. Würzburg 1957.

Howell, E. M.: The Soviet Partisan Movement 1941—1944. Washington 1956.

Hubatsch, W.: Der Admiralstab und die Obersten Marinebehörden in Deutschland 1848—1945. Frankfurt a. M. 1958.

Hubatsch, W.: „Weserübung". Die deutsche Besetzung von Dänemark und Norwegen 1940. Göttingen-Berlin-Frankfurt a. M. ²1960.

Hubatsch, W.: Diplomatische Beziehungen Deutschlands zu Skandinavien unter dem Schatten des Zweiten Weltkrieges. In: Zeitschrift für Ostforschung 1960, S. 161—184.

Hubatsch, W.: Schiffbauplanung, technischer Rüstungsstand und politische Zielsetzung beim Aufbau der deutschen Marine. In: Marine-Rundschau 1963, S. 65—79.

Hümmelchen, G.: Handelsstörer. Handelskrieg deutscher Überwasserstreitkräfte im Zweiten Weltkrieg. München 1960.

Hurstfield, J.: The Control of Raw Materials. London 1953 (History of the Second World War. United Kingdom Civil Series).

Hytier, A. D.: Two Years of French Foreign Policy: Vichy 1940—1942. Paris 1958.

Iachino, A.: Tramonto di una grande Marina. Milano 1959.

Iklé, F. W.: German-Japanese Relations 1936—1940. New York 1956.

Ilnytzkyj, R.: Deutschland und die Ukraine 1934—1945. Tatsachen europäischer Ostpolitik. 2 Bde. München 1959.

Der deutsche Imperialismus und der Zweite Weltkrieg. Materialien der wissenschaftlichen Konferenz der Kommission der Historiker der DDR und der UdSSR zum Thema „Der deutsche Imperialismus und der Zweite Weltkrieg“ vom 14. bis 19. Dezember 1959 in Berlin. Hrsg. von der Kommission der Historiker der DDR und der UdSSR. 5 Bde. Berlin 1960—1962.

Die deutsche Industrie im Kriege 1939—1945. Hrsg. vom Deutschen Institut für Wirtschaftsforschung Berlin-Dahlem. Bearbeiter R. *Wagenführer*. Berlin ²1963..

Isakov, I. S.: The Red Fleet in the Second World War. London 1944.

Israeljan, V. L.: Diplomatičeskaja Istorija Velikoj Otečestvennoj Vojny 1941—1945. Moskva 1959.

Istorija Velikoj Otečestvennoj Vojny Sovetskogo Sojuza 1941—1945. 5 Bde. Moskva 1960—1964 (deutsche Ausgabe: Geschichte des Großen Vaterländischen Krieges der Sowjetunion in 6 Bänden. Hrsg. vom Institut für Marxismus-Leninismus beim Zentralkomitee der Kommunistischen Partei der Sowjetunion. Bisher erschienen Bd. I—III. Berlin 1962—1964).

Istorija Meždunarodnych Otnošenij i Vnešnej Politiky SSSR 1917—1945. 2 Bde. Moskva 1961—1962 (deutsche Ausgabe des I. Bd. u. d. T.: Geschichte der internationalen Beziehungen 1917—1939. Hrsg. von W. G. *Truchanowski*. Berlin 1963).

Itoh, M.: Rengokantai no saigo. Tokio 1960. (Die japanische Vereinigte Flotte bis zum Endkampf.)

Itoh, M.: Taikokurikugun no saigo. 4 Bde. Tokio 1960. (Die Kaiserl.-japanische Armee bis zum Kriegsende 1945.)

Jäckel, E.: Die deutsche Frankreichpolitik im Zweiten Weltkrieg. Vom Waffenstillstand bis zur Totalbesetzung (Juni 1940 — November 1942). Habilitationsschrift (Masch.-Ms.) Kiel 1961.

Jäckel, E.: Hitlers Ostpolitik. In: Blätter für Erwachsenenbildung in Schleswig-Holstein 1962, Nr. 51/52, S. 1—14.

Jacobsen, H.-A.: Fall „Gelb“. Der Kampf um den deutschen Operationsplan zur Westoffensive. Wiesbaden 1957.

Jacobsen, H.-A.: Dünkirchen. Neckargemünd 1958.

Jacobsen, H.-A.: Der Angriff auf die Sowjetunion. In: Informationen für die Truppe 1961, S. 375—390.

Jacobsen, H.-A.: Deutsche Kriegführung 1939—1945. Hannover 1961.

Jacobsen, H.-A. und H. *Dollinger*: Der Zweite Weltkrieg in Bildern und Dokumenten. 3 Bde. München-Wien-Basel 1962/63.

Jacobsen, H.-A.: Der Zweite Weltkrieg. Grundzüge der Politik und Strategie in Dokumenten. Frankfurt a. M. 1964.

Jakobson, M.: The Diplomacy of the Winter War. An Account of the Russo-Finnish War 1939/40. Cambridge (Mass.) 1961.

James, H. D.: The Rise and Fall of the Japanese Empire. London 1951.

Jars, R.: La campagne d'Afrique. Libye, Égypte, Tunisie 1940—1943. Paris 1957.

Jedrzejewicz, W.: Poland in the British Parliament 1939—1945. 2 vols. New York 1946—1959.

Johnson, J. E.: Full Circle. London 1965.

Johnson, W.: 1600 Pennsylvania Avenue. Presidents and the People 1929—1960. Boston-Toronto 1960.

Johnson, F. A.: Defence by Committee. The British Committee of Imperial Defence 1885—1959. London 1960.

Jones, F. C.: Japan's Order in East Asia: Its Rise and Fall 1937—1945. London-New York-Toronto 1954.

Jones, F. C.: Japan. The Military Domination of Japanese Policy, 1931—1945. In: Soldiers and Governments. London 1957, S. 115—131.

Jong, L. de: The German Fifth Column in the Second World War. Chicago 1956 (deutsche Ausgabe, gekürzt: Die deutsche fünfte Kolonne im Zweiten Weltkrieg Stuttgart 1959).

Jouan, R. J.: La marine allemande dans la seconde guerre mondiale. Paris 1949.

Joubert de la Ferté, Sir Ph. B.: The Third Service. The Story behind the Royal Air Force. London 1955.

Juhász, G.: La politique extérieure de la Hongrie à l'époque de la „drôle de guerre", in: Acta Historica 1963, S. 407—457.

Juni 1941. Beiträge zur Geschichte des hitlerfaschistischen Überfalls auf die Sowjetunion. Redaktion A. Anderle und W. Basler. Berlin 1961.

Kaldor, N.: The German War Economy. In: The Review of Economic Studies, Vol. 13 (1945/46).

Kamenetsky, I.: Hitler's Occupation of Ukraine. Milwaukee 1956.

Kamenetsky, I.: Secret Nazi Plans for Eastern Europe: A Study of Lebensraum Policies. New York 1961.

Kammerer, A.: La Vérité sur l'Armistice. Paris 1946.

Kammerer, A.: La passion de la flotte française. De Mers-el-Kebir à Toulon. Paris 1951.

Katkoff, V.: Soviet Economy, 1940—1965. Baltimore 1961.

Kemp, P.: Key to Victory. The Trumph of British Sea Power in World War II. Boston 1957.

Kennan, G. F.: American Diplomacy 1900—1950. New York 1951 (deutsche Ausgabe: Amerikas Außenpolitik 1900—1950 und ihre Stellung zur Sowjetmacht. Zürich 1952).

Kennan, G. F.: Soviet Foreign Policy 1917—1941. Princeton 1960.

Kennan, G. F.: Russia and the West under Lenin and Stalin. Boston-Toronto 1960 (deutsche Ausgabe: Sowjetische Außenpolitik unter Lenin und Stalin. Stuttgart 1961).

Kennedy, R. M.: German Antiguerilla Operations in Balkans 1941—1944. Washington 1954.

Kennedy, R. M.: The German Campaign in Poland. Washington 1956.

Kens, K. und H. J. *Nowarra:* Die deutschen Flugzeuge 1933—1945. München 1964.

Kertesz, St. D.: Diplomacy in a Whirlpool. Hungary between Nazi Germany and Soviet Russia. Notre Dame (Indiana) 1953.

Khadduri, M.: Independent Iraq. A Study of Iraqi Politics since 1932. London 1951.

Khadduri, M.: General Nuri's Flirtation with the Axis Powers, in: Middle East Journal 1962, S. 328—336.

Kingston-MacCloughry, E. J.: The Direction of War. New York 1955.

Kirby, S. W.: The War against Japan. Vol. I: The Loss of Singapore. London 1957 (History of the Second World War — Military Series).

Kirk, G.: The Middle East in the War. London 1952.

Kiszling, R.: Die Kroaten. Der Schicksalsweg eines Südslawenvolkes. Köln-Graz 1956.

Kiszling, R.: Vergleichende Betrachtungen über Kriegspläne gegen Rußland (1812 — 1914 — 1941). In: Österreich in Geschichte und Literatur 1961, S. 362—407.

Klee, K.: Das Unternehmen „Seelöwe". Die geplante deutsche Landung in England 1940. Göttingen-Berlin-Frankfurt a. M. 1958.

Klee, K.: Die Luftschlacht um England 1940. In: Entscheidungsschlachten des Zweiten Weltkrieges. Hrsg. von H.-A. Jacobsen und J. Rohwer. Frankfurt a. M. 1960, S. 61—89.

Klee, K.: Zur Vorgeschichte des Rußlandfeldzuges. In: Wehrwissenschaftliche Rundschau 1951, S. 577—587.

Klee, K.: Der Entwurf zur Führer-Weisung Nr. 32 vom 11. Juni 1941. Eine quellenkritische Untersuchung. In: Wehrwissenschaftliche Rundschau 1956, S. 127—141.

Klein, B. H.: Germany's Economic Preparations for War. Cambridge (Mass.) 1959.

Klink, E.: Deutsch-finnische Waffenbrüderschaft 1941—1944. In: Wehrwissenschaftliche Rundschau 1958, S. 389—412.

Kluke, P.: Politische Form und Außenpolitik des Nationalsozialismus. In: Geschichte und Gegenwartsbewußtsein. Festschrift für H. Rothfels zum 70. Geburtstag. Göttingen 1963, S. 428—461.

Kluke, P.: Nationalsozialistische Europaideologie. In: Vierteljahrshefte für Zeitgeschichte 1955, S. 240—275.

Knežević, R. L.: Prince Paul, Hitler and Salonika. In: International Affairs 1951, S. 38—44.

Koch, H.-A.: Flak. Die Geschichte der deutschen Flakartillerie 1935—1945. Bad Nauheim 1954.

Kochan, L.: Russia and Germany 1935—1937. In: Slavonic and East European Review 1962, S. 518—520.

Koehl, R. L.: RKDFV. German Resettlement and Population Policy 1939—1945. Cambridge (Mass.) 1957.

Kogon, E.: Der SS-Staat. Frankfurt a. M. [5]1959.

Korhonen, A.: Barbarossa-Suunnitelma ja Suomi. Porvoo-Helsinki 1961.

Krecker, L.: Deutschland und die Türkei im Zweiten Weltkrieg. Frankfurt a. M. 1964.

Kriegsheim, H.: Getarnt, getäuscht und doch getreu. Die geheimnisvollen „Brandenburger". Berlin 1958.

Kuczynski, J.: Die Geschichte der Lage der Arbeiter unter dem Kapitalismus. Bd. 16: Studien zur Geschichte des staatsmonopolistischen Kapitalismus in Deutschland 1918—1945. Berlin 1963.

Kühne, H.: Zur Kolonialpolitik des faschistischen deutschen Imperialismus (1933—1939). In: Zeitschrift für Geschichtswissenschaft 1961, S. 538—577.

Kühne, H.: Faschistische Kolonialideologie und Zweiter Weltkrieg. Berlin 1962.

Langer, P.: Japan zwischen den Kriegen (1914—1941). In: Propyläen-Weltgeschichte. Hrsg. von G. Mann. Bd. 9. Berlin 1960, S. 231—278.

Langer, W. L. and S. E. *Gleason:* The Challenge to Isolation 1937—1940. New York-London 1952 (*zit.:* Langer-Gleason).

Langer, W. L. and S. E. *Gleason:* The Undeclared War 1940/41. New York-London 1953 (*zit.:* Langer-Gleason: The Undeclared War).

Langer, W. L.: Our Vichy Gamble. New York 1947.

Lannes, X.: Les conséquences démographiques de la seconde guerre mondiale Guerre en Europe. In: Revue d'histoire de la deuxième guerre mondiale 1955, Nr. 19.

Lanter, M.: Die Finanzierung des Krieges. Quellen, Methoden und Lösungen seit dem Mittelalter bis zum Ende des Zweiten Weltkrieges, 1939—1945. Luzern 1950.

Lanz, H.: Gibraltar und die Gebirgstruppe. Die deutsche Planung zum beabsichtigten Angriff auf Gibraltar. In: Die Gebirgstruppe 1961, Heft 3, S. 22—38.

Laqueur, W.: Hitler and Russia. 1919—1923. In: Survey 1962, Nr. 44/45, S. 89—113.

Laqueur, W.: Russia and Germany. A Century of Conflict. London 1965.

Launay, J. de: Secrets diplomatiques 1939—1945. Brüssel 1962 (deutsche Ausgabe: Geheimdiplomatie 1939—1945. Wien-Berlin-Stuttgart 1963).

Léderrey, E.: La défaite allemande à l'Est. Paris 1951.

Léderrey, E.: Dans les coulisses de la deuxième guerre mondiale en Allemagne et en Russie. In: Revue militaire Suisse 1963, Nr. 9, S. 415—429.

Lee, A.: Blitz on Britain. London 1960.

Lee, D. J.: From the Marco Polo Bridge to Pearl Harbor: Japan's Entry into World War II. Washington 1961.

Leeb, E.: Aus der Rüstung des Dritten Reiches (Das Heereswaffenamt 1938—1945). Frankfurt a. M.-Berlin 1958.

Leighton, R. M. und R. W. *Coakley:* The War Department, Global Logistics and Strategy: 1940—1943. Washington 1955 (United States Army in World War II).

Lemkin, R.: Axis Rule in Occupied Europe. Washington 1944.

Lenczowski, G.: The Growth of German Influence. In: Russia and the West in Iran. New York 1949, S. 144—166.

Leopold, R. W.: The Growth of American Foreign Policy: A History. New York 1962.

Les frontières européennes de l'USSR 1917—1941. Paris 1957.

Lettrich, J.: History of Modern Slovakia. London 1956.

Lévêque, M.: Le pétrole et la guerre. Paris 1958.

Leverkuehn, P.: Der geheime Nachrichtendienst der deutschen Wehrmacht im Kriege. Frankfurt a. M. [4]1964.

Librach, J.: The Rise of the Soviet Empire. New York 1964.

Lichten, H. E. (Pseudonym für H. E. Richter): Kollaboration. Offenbach/Main 1948.

Liddell Hart, B. H. (Hrsg.): The Soviet Army. London 1956 (deutsche Ausgabe: Die Rote Armee. Bonn 1956).

Lion, A. Mellini Ponce de: L'Italia entra in guerra. Gli eventi diplomatici 1. 1.— 10. 6. 1940. Bologna 1963.

Liesbach, I.: Der Wandel der politischen Führungsschicht der deutschen Industrie von 1918 bis 1945. Hannover 1957.

Liu, F. F.: A Military History of Modern China. 1924—1949. Princeton 1956.

Lloyd, H. P.: Briefed to Attack. Malta's Part in African Victory. London 1949.

Loi, S.: Jugoslavia 1941. Torino 1953.

Loock, H. D.: Zur „großgermanischen" Politik" des Dritten Reiches. In: Vierteljahrshefte für Zeitgeschichte 1960, S. 37—63.

Long, G.: To Benghazi. Canberra 1952 (Australia in the War 1939—1945).

Long, G.: Greece, Crete, and Syria. Canberra 1953 (Australia in the War 1939—1945).

Lugol, J.: L'Égypte et la deuxième guerre mondiale. Kairo 1945.

Lukács, J. A.: The Great Powers and Eastern Europe. New York 1953.

Lundin, C. L.: Finland in the Second World War. Bloomington (Indiana) 1957.

Lupke, H.: Japans Rußlandpolitik 1939—1941. Frankfurt a. M. 1962.

Lusar, R.: die deutschen Waffen und Geheimwaffen des Zweiten Weltkrieges. München [4]1962.

Lütge, F.: Die deutsche Kriegsfinanzierung im Ersten und Zweiten Weltkrieg. In: Beiträge zur Finanzwissenschaft und zur Geldtheorie. Festschrift für R. Stucken. Göttingen 1953.

Maaß, B.: Vorgeschichte der Spitzengliederung der früheren deutschen Luftwaffe 1920—1938, in: Wehrwissenschaftliche Rundschau 1957, S. 505—522.

Macartney, C. A.: October Fifteenth. A History of Modern Hungary. 2 vols. Edinburgh [2]1961.

Macartney, C. A.: Hungary's Declaration of War on the U.S.S.R. in 1941. In: Studies in Diplomatic History and Historiography in Honour of G. P. Gooch. Ed. by A. O. Sarkissian. London 1961, S. 152—165.

Macartney, C. A. and A. W. *Palmer:* Independent Eastern Europe: A History. London 1962.

McKee, A.: Strike from the Sky. The Story of the Battle of Britain. London 1960 (deutsche Ausgabe: Entscheidung über England. Die Luftschlacht 1940. München-Eßlingen 1960).

Mackenzie, C.: Eastern Epic. Vol. I: September 1939—March 1943: Defence. London 1951.

McClymont, W. G.: To Greece. Wellington 1959 (Official History of New Zealand in the Second World War 1939—1945).

McNeill, W. H.: America, Britain, and Russia. Their Cooperation and Conflict 1941—1946. London 1953.

Mackiewicz, J.: Katyn — ein ungesühntes Verbrechen. Zürich 1949.

Maki, J. M.: Conflict and Tension in the Far East. Seattle 1961.

Mansergh, N.: Survey of British Commonwealth Affairs. Problems of Wartime Co-Operation and Post-War Change, 1939—1952. London 1958.

Maravigna, P.: Come Abbiamo Perduto la Guerra in Africa 1940—1943. Rom 1949.

Marcus, E.: The German Foreign Office and the Palestine Question in the Period 1933—1939. In: Yad Washem Studies 1958, S. 179—204.

Marshall, G. C., E. J. *King* und H. H. *Arnold:* Der Bericht des amerikanischen Ober=kommandos. New York 1946.

Martienssen, A. K.: Hitler and his Admirals. London 1948 — Washington 1949.

Matějka, J.: Na pokraji konce. Britská diplomacie 1939—1941. Praha 1963.

Matl, J.: Jugoslawien im Zweiten Weltkrieg. In: Osteuropa=Handbuch. Bd. Jugo=slawien. Hrsg. von W. Markert. Köln=Graz 1954, S. 99—121.

Matloff, M. and E. M. *Snell:* Strategic Planning for Coalition Warfare 1941—1942. Washington 1953 (United States Army in World War II) (*zit.:* Matloff=Snell).

Maxon, Y. D.: Control of Japanese Foreign Policy. A Study of Civil=Military Rivalry 1930—1945. Berkeley (California) 1957.

May, E. R.: Der Ferne Osten als Spannungsfeld zwischen USA und UdSSR 1940—1945. Laupheim/Württ. 1957.

Mazour, A. G.: Finland between East and West. Princeton 1956.

Medlicott, W. N.: The Economic Blockade, vol. I (1939—1941) (History of the Second World War — Civil Series). London 1952.

Meinck, G.: Hitler und die deutsche Aufrüstung 1933—1937. Wiesbaden 1959.

Meissner, B.: Die Sowjetunion, die Baltischen Staaten und das Völkerrecht. Köln 1956.

Meister, J.: Der Seekrieg in den osteuropäischen Gewässern 1941—1945. München 1958.

Meister, J.: Die jugoslawische Marine in der Adria 1941—1945. In: Marine=Rundschau 1963, S. 137—152.

Mellenthin, F. W. v.: Panzer Battles 1939—1945. A Study of Employment of Armour in the Second World War. London [2]1956 (deutsche Ausgabe: Panzerschlachten. Eine Studie über den Einsatz von Panzerverbänden im Zweiten Weltkrieg. Heidel=berg 1963).

Mendelssohn, P. de: Die Nürnberger Dokumente. Studien zur deutschen Kriegs=politik 1937—1945. Hamburg 1947.

Menzel, J.: German=Japanese Relations during the War. Chicago/Ill. 1957 (Diss. phil. — Masch.=Ms).

Menzel, J.: Der geheime deutsch=japanische Notenaustausch zum Dreimächtepakt. In: Vierteljahrshefte für Zeitgeschichte 1957, S. 182—193.

Merglen, A.: Der Chinesisch=Japanische Krieg 1937—1945. In: Wehrwissenschaftliche Rundschau 1960, S. 363—371.

Meyer, H. G.: Mitteleuropa in German Thought and Action. 1815—1945. The Hague 1955.

Michaux, Th.: Rohstoffe aus Ostasien. Fahrten der Blockadebrecher. In: Wehrwissen=schaftliche Rundschau 1955, S. 485—507.

Middleton, D.: The Sky Suspended (The Battle of Britain). New York 1960.

Miksche, F.: Der „Blitzkrieg" (1939—1941). In: Atomwaffen und Streitkräfte. Bonn 1955, S. 39—61.

Mikus, J. A.: La Slovaquie dans le drame de l'Europe. Paris 1955.

Mil neuf cent trente huit à quarante=et=un (1938—1941). Le Monde prend feu. Paris 1961.

Milward, A. S.: The End of the Blitzkrieg. In: The Economic History Review 1964, S. 499—518.

Milward, A. S.: The German Economy at War. London 1965.

Moltmann, G.: Weltherrschaftsideen Hitlers. In: Europa und Übersee. Festschrift für E. Zechlin. Hamburg 1961, S. 197—240.

Moltmann, G.: Amerikas Deutschlandpolitik im Zweiten Weltkrieg. Kriegs= und Friedensziele 1941—1945. Heidelberg 1958.

Moltmann, G.: Die frühe amerikanische Deutschlandplanung im Zweiten Weltkrieg. In: Vierteljahrshefte für Zeitgeschichte 1957, S. 241—264.

Moltmann, G.: Die amerikanisch=sowjetische Partnerschaft im Zweiten Weltkrieg. In: Geschichte in Wissenschaft und Unterricht 1964, S. 164—179.

Mondini, L.: Pagine dell'ora. Prologo del conflitto Italo-Greco. Rom 1945.

Moore, H. L.: Soviet Far Eastern Policy 1931—1945. Princeton 1945.

Mordal, J.: La bataille de Dakar. Paris 1956.

Mordal, J.: La tragédie de Mers-el-Kebir. In: Miroir de l'Histoire 1955, Nr. 66, S. 66—74.

Mordal, J.: La marine française à l'épreuve. De l'armistice de 1940 au procès de l'amiral Auphan. Paris 1956.

Mordal, J.: La garantie polonaise et l'offensive en Sarre de septembre 1939. In: Revue de la Défence nationale 1957, S. 602—622.

Morison, E. E.: Turmoil and Tradition: A Study of the Life and Times of Henry L. Stimson. Boston 1960.

Morison, S. E.: The Rising Sun in the Pacific: 1931 — April 1942. Boston 1950 (History of the United States Naval Operations in World War II).

Morison, S. E.: American Contribution to the Strategy of World War II. London 1958.

Morison, S. E.: Strategy and Compromise. A Reappraisal of the Crucial Decisions Confronting the Allies in the Hazardous Years 1940—1945. Boston 1958.

Morison, S. E.: The Battle of the Atlantic. September 1939 — May 1943. Boston [2]1955 (History of the United States Naval Operations in World War II).

Morison, S. E.: History of United States Naval Operations in World War II. Supplement and General Index. Boston 1962.

Morison, S. E.: The Two-Ocean War. A Short History of the United States Navy in the Second World War. Boston 1963.

Morton, L.: Germany First. In: Command Decisions. Ed. by K. R. Greenfield. Washington 1960, S. 3—38.

Morton, L.: The War in the Pacific. Strategy and Command. The First Two Years. Washington 1962.

Motter, T. H. V.: The Persian Corridor and Aid to Russia. Washington 1952 (United States Army in World War II).

Mourin, M.: Les tentatives de Paix dans la Seconde Guerre Mondiale (1939—1945). Paris 1949.

Mourin, M.: Le drame des états satellites de l'Axe de 1939 à 1945. Paris 1957.

Mourin, M.: Histoire des nations européennes (1918—1962). 2 Bde. Paris 1962/63.

Mourin, M.: Histoire des grandes puissances. France, Allemagne, Angleterre, Italie, U.R.S.S., États-Unis, Chine, Japon de 1918 à 1958. Paris [3]1958.

Mowat, C. L.: Britain between the Wars, 1918—1940. Methuen 1955.

Mueller-Hillebrand, B.: Das Heer 1933—1945. Bd. I: Das Heer bis zum Kriegsbeginn. Darmstadt 1954; Bd. II: Die Blitzfeldzüge 1939—1941. Frankfurt a. M. 1956.

Mühlen, N.: Die Krupps. Frankfurt a. M. 1960.

Müller, K.-J.: Französisch-Nordafrika und der deutsch-französische Waffenstillstand von 1940. In: Wehrwissenschaftliche Rundschau 1957, S. 687—699.

Müller, K.-J.: Das Ende der Entente Cordiale 1940. Frankfurt a. M.-Berlin 1956.

Müller, K.-J.: Die britischen Aktionen gegen die französische Flotte vom Juli 1940 im Rahmen der britischen Frankreichpolitik. In: Marine-Rundschau 1956, S. 144—155.

Müller, K.-J. (Hrsg.): Schicksalsjahre deutscher Geschichte. 1914 — 1939 — 1944. Boppard/Rhein 1964.

Murawski, E.: Der deutsche Wehrmachtbericht 1939—1945. Ein Beitrag zur Untersuchung der geistigen Kriegführung. Boppard/Rhein 1962.

Namier, L.: In the Nazi Era. London 1952.

Néré, J.: Logistique et stratégie de l'alliance anglo-américaine. Les temps difficiles (1939 — Mars 1943). In: Revue d'histoire de la deuxième guerre mondiale 1957, Nr. 27, S. 1—18.

Nitschke, A.: Der Feind. Erlebnis, Theorie und Begegnung. Formen politischen Handelns im 20. Jahrhundert. Stuttgart 1964 (darin: Politik im Dienste der Weltanschauung: Adolf Hitler, S. 135—169).

Nolfo, E. di: Mussolini e la politica estera. Padova 1960.

Nolte, E.: Der Faschismus in seiner Epoche. Die Action Française. Der italienische Faschismus. Der Nationalsozialismus, München 1963.

O'Brien, T. H.: Civil Defence. London 1955 (History of the Second World War. United Kingdom Civil Series).

Ogorkiewicz, R. M.: Armour. The Development of Mechanised Forces and their Equipment. London 1960.

Ohmae, T.: Die strategischen Konzeptionen der japanischen Marine im Zweiten Weltkrieg. In: Marine=Rundschau 1957, S. 179—203.

Opitz, G.: Der deutsche Ostfeldzug 1941. In: Politische Studien 1961, S. 385—400.

Osteuropa=Handbuch. Bd. Jugoslawien. Hrsg. von W. *Markert*. Köln=Graz 1954; Bd. Polen. Hrsg. von W. *Markert*. Köln=Graz 1959

Ostović, P. D.: The Truth about Jugoslavia. New York 1952.

Ostwald, P.: Japans Weg von Genf nach San Franzisko 1933—1950. Stuttgart 1955.

Otaka, M.: Dainijitaisen — sekininron. Tokio 1959 (Das Problem der Verantwortung für den Zweiten Weltkrieg in Ostasien).

Owen, R.: The Desert Air Force. London 1948.

Die deutschen Panzer 1926—1945. Hrsg. von F. M. *von Senger und Etterlin*. München 1959.

Parker, H. M. D.: Manpower. A Study of Wartime Policy and Administration. London 1957 (History of the Second World War. United Kingdom Civil Series).

Paulus, E.: Die Entwicklung der Planung des Rußlandfeldzuges 1940/41. Diss. phil. (Masch.=Ms.) Bonn 1956.

Pavlowitch, K. St.: Jugoslavia and Rumania, 1941. In: Journal of Central European Affairs 1963/64, S. 451—472.

Pawle, G.: The Secret War. London 1958 (deutsche Ausgabe: Englands geheimer Krieg. Der Kampf der Hexenmeister [1939—1945]. Frankfurt a. M. 1959).

Pendar, K.: Le dilemma France — États=Unis (1940—1944). Une aventure diplomatique. Paris 1948.

Perré, J.: Les mutations de la guerre mondiale. Paris 1962.

Pesenti, G.: Fronte Kenya. La guerra in A.O.I. 1940—1941. Borgo S. Dalmazo 1952.

Peterson, E. N.: Hjalmar Schacht. For and Against Hitler. A Political=Economic Study of Germany 1923—1945. Boston 1954.

Petitjean, G.: L'importance stratégique de la Méditerranée au cours de la seconde guerre mondiale. In: Revue historique de l'Armée 1956, H. 4.

Philippi, A.: Das Pripjet=Problem. Eine Studie über die operative Bedeutung des Pripjet=Gebietes für den Feldzug des Jahres 1941. Frankfurt a. M. 1956.

Philippi, A. und F. *Heim:* Der Feldzug gegen Sowjetrußland 1941 bis 1945. Ein operativer Überblick. Stuttgart 1962.

Playfair, I. S. O.: The Mediterranean and the Middle East. Vol. I: The Early Successes against Italy (to May 1941). London 1954; vol. II: The Germans come to help to their Ally (1941). London 1956; vol. III: British Reach Their Lowest Ebb (Sept. 1941 to Sept. 1942). London 1960 (History of the Second World War — Military Series).

Platonov, S. P.: (Hrsg.): Bitva za Leningrad 1941—1944. Moskva 1964.

Polvinen, T.: Suomi suurvaltojen politiikassa 1941—1944. Helsinki 1964.

Poole, D. C.: Light on Nazi Foreign Policy. In: Foreign Affairs 1946/47, S. 130—154.

Postan, M. M.: British War Production. London 1952 (History of the Second World War — Civil Series).

Postwar Foreign Policy Preparation, 1939—1945. Ed. by H. *Notter*. Washington 1949.

Potter, E. B. and Ch. W. *Nimitz* (Ed.): The Great Sea War. The Story of Naval Action in World War II. Englewood Cliffs (N. J.) 1960.

Pottgießer, H.: Die deutsche Reichsbahn im Ostfeldzug 1939—1944. Neckargemünd 1961.

Presseisen, E. L.: Germany and Japan. A Study in Totalitarian Diplomacy 1933—1941. The Hague 1958.
Presseisen, E. L.: Prelude to „Barbarossa". Germany and the Balkans 1940—1941. In: Journal of Modern History 1960, S. 358—370.

Probleme der Geschichte des Zweiten Weltkrieges. Referate und Diskussionen zum Thema: Die wichtigsten Richtungen der reaktionären Geschichtsschreibung über den Zweiten Weltkrieg. Redaktion: L. *Stern.* Berlin 1958.

Proéktor, D. M.: Vojna v Evrope. 1939—1941 gg. Moskva 1963.

Proudfoot, M. J.: European Refugees, 1939—1952. A Study in Forced Population Movements. Evanston (Ill.) 1956.

Pruck, E. F.: Der Rote Soldat. München 1961.

Pundeff, M.: Allied Strategy and the Balkans 1941—1944. In: World Affairs Quaterly 1958, S. 25—52.

Puzzo, D. A.: Spain and the Great Powers, 1934—1941. New York-London 1962.

Radandt, H.: Kriegsverbrecherkonzern Mansfeld. Die Rolle des Mansfeld-Konzerns bei der Vorbereitung und während des Zweiten Weltkrieges. Berlin 1957.

Rainier, P. W.: Pipeline to Battle. London 1944.

Ránki, G.: Der Eintritt Ungarns in den Zweiten Weltkrieg. In: Der deutsche Imperialismus und der Zweite Weltkrieg. Bd. 3. Berlin 1962, S. 415—437.

Rauch, B.: Roosevelt: From Munich to Pearl Harbor. New York 1950.

Rauch, G. v.: Geschichte des bolschewistischen Rußland. Frankfurt a. M. [2]1963.

Recktenwald, J.: Woran hat Adolf Hitler gelitten? München-Basel 1963.
Das Dritte Reich und Europa. Bericht über die Tagung des Instituts für Zeitgeschichte in Tutzing, Mai 1956. Hrsg. vom Institut für Zeitgeschichte München. München 1957.
The Third Reich. Ed. by J. *Rueff.* London 1955.

Reile, O.: Geheime Ostfront. Die deutsche Abwehr im Osten 1921—1945. München-Wels 1961.
Reile, O.: Geheime Westfront. Die Abwehr 1935—1945. München-Wels 1962.

Reitlinger, G.: The Final Solution — The Attempt to Exterminate the Jews of Europe 1933—1945. London 1953 (deutsche Ausgabe: Die Endlösung. Hitlers Versuch der Ausrottung der Juden Europas 1939—1945. Berlin [4]1961).
Reitlinger, G.: The SS. Alibi of a Nation. London 1956 (deutsche Ausgabe: Die SS. München 1957).
Reitlinger, G.: The House Built on Sand. London 1960 (deutsche Ausgabe: Ein Haus auf Sand gebaut. Hitlers Gewaltpolitik in Rußland 1941—1944. Hamburg 1962).
European Resistance Movements 1939—1945. 2 vols. Oxford-London 1960—1964.

Richards, D. and H. *Saunders:* Royal Air Force 1939—1945. Vol. I: The Fight at Odd, 1939—1941. London 1953.

Rieckhoff, H.-J.: Trumpf oder Bluff? 12 Jahre deutsche Luftwaffe. Genf 1945.

Rintelen, E. v.: Mussolinis Parallelkrieg 1940. In: Wehrwissenschaftliche Rundschau 1962, S. 16—38.

Ritter, G.: Carl Goerdeler und die deutsche Widerstandsbewegung. Stuttgart 1954.

Rittershausen, H.: Die deutsche Außenhandelspolitik von 1879—1948. Eine Auseinandersetzung zwischen monopolistischen Interessen und sich anbahnender Wettbewerbsordnung in der Welt. In: Zeitschrift für die Gesamte Staatswissenschaft, Bd. 105, 1948.

Robertson, E. M.: Barbarossa. The Oringins and Developments of Hitler's Plan to Attack Russia. Oxford 1956 (Masch.-Ms.).
Robertson, E. M.: Hitler's Pre-War Policy and Military Plans 1933—1939. London 1963.

Robertson, T.: Jagd auf die „Wölfe". Der dramatische Kampf der britischen U-Boot-Abwehr im Atlantik. Oldenburg (Olbg)-Hamburg 1960.

Rogé, H.: Le coup d'état de 1941 en Yougoslavie. In: Hommes et Mondes, Avril 1954.

Röhricht, E.: Der Balkanfeldzug 1941. In: Wehrwissenschaftliche Rundschau 1962, S. 314—326.

Röhricht, E.: Probleme der Kesselschlacht. Karlsruhe 1958.

Röhrs, H. D.: Hitler — die Zerstörung einer Persönlichkeit. Neckargemünd 1965.

Rönnefarth, H. K. G.: Die Sudetenkrise in der internationalen Politik. Entstehung — Verlauf — Auswirkung. 2 Bde. Wiesbaden 1961.

Rohwer, J.: Das deutsch-amerikanische Verhältnis 1939—1941. Teil I: Vom Neutralitätsgesetz zur Englandhilfe. Diss. phil. (Masch.-Ms.) Hamburg 1954.

Rohwer, J.: Der U-Bootkrieg und sein Zusammenbruch 1943. In: Entscheidungsschlachten des Zweiten Weltkrieges. Hrsg. von H.-A. Jacobsen und J. Rohwer. Frankfurt a. M. 1960, S. 327—394 (*zit.*: Rohwer: U-Boot-Krieg).

Rohwer, J.: Der Seekrieg im Eismeer 1939/1945 unter besonderer Berücksichtigung des deutschen und sowjetischen U-Boot-Einsatzes. (Masch.-Ms.) Frankfurt a. M. 1956/57.

Rohwer, J.: Die sowjetische U-Bootwaffe in der Ostsee 1939—1945. In: Wehrwissenschaftliche Rundschau 1956, S. 547—568.

Rohwer, J.: Wußte Roosevelt davon? Zur Vorgeschichte des japanischen Angriffs auf Pearl Harbor. In: Wehrwissenschaftliche Rundschau 1954, S. 459—475.

Rohwer, J.: Zum 15. Jahrestag von Pearl Harbor. Entstehung und Durchführung des japanischen Operationsplanes. In: Wehrkunde 1956, S. 626—634.

Rohwer, J.: Die Pearl-Harbor-Frage in der historischen Forschung. In: Europa und Übersee. Festschrift für E. Zechlin. Hamburg 1961, S. 241—261.

Rohwer, J.: Die Versenkung der jüdischen Flüchtlingstransporter Struma und Mefkure im Schwarzen Meer (Februar 1942, August 1944). Historische Untersuchung. Frankfurt a. M. 1965.

Roos, H.: Der Feldzug in Polen vom September 1939. In: Wehrwissenschaftliche Rundschau 1959, S. 491—512.

Roos, H.: Deutschland, Polen und die Sowjetunion im Zweiten Weltkrieg. In: Deutsch-russische Beziehungen von Bismarck bis zur Gegenwart. Hrsg. von W. Markert. Stuttgart 1964, S. 141—166.

Roos, H.: Polen in der Besatzungszeit. In: Osteuropa-Handbuch. Bd. Polen. Hrsg. von W. Markert. Köln-Graz 1959, S. 167—193.

Ropp, Th.: War in the Modern World. Durham 1959.

Roskill, S. W.: The War at Sea 1939—1945. Vol. I: The Defence. London 1954; vol. II: The Period of Balance. London 1956 (History of the Second World War — Military Series).

Roskill, S. W.: White Ensign. London 1960 (deutsche Ausgabe: Royal Navy — Britische Seekriegsgeschichte 1939—1945. Oldenburg [Olbg] 1961).

Rossi, A. (Pseudonym): The Russo-German Alliance. August 1939 — June 1941. Boston 1951 (deutsche Ausgabe: Zwei Jahre deutsch-russisches Bündnis. Köln 1954).

Rossi, E.: I Padroni del Papore. Bari [4]1955.

Rosso, A.: La Questione degli Stretti e la Russia nel Mediterraneo. In: Rivista di Studi Politici Internazionali 1950, S. 171—186.

Rothfels, H.: Die deutsche Opposition gegen Hitler. Frankfurt a. M. 1958.

Rougier, L.: Les accords secrets franco-britanniques de l'automne 1940. Paris 1954.

Rozek, E. J.: Allied Wartime Diplomacy. A Pattern in Poland. New York 1958.

Ruge, F.: Der Seekrieg 1939—1945. Stuttgart [3]1962.

Ruge, F.: Entscheidung im Pazifik. Hamburg [2]1954.

Rumpf, H.: Der hochrote Hahn. Darmstadt 1952.

Rumpf, H.: Das war der Bombenkrieg. Oldenburg (Olbg) 1961.

Russian Combat Methods in World War II. A Historical Study. Ed. by US Department of Army. Washington 1950.

Salvatorelli, L. und G. *Mira*: Storia d'Italia nel periode fascista. Turin 1956.

Samsonov, A. M.: Velikaja Bitva pod Moskvoj 1941—1942. Moskva 1958 (deutsche Ausgabe: Die große Schlacht vor Moskau 1941—1942. Berlin 1959).

Sant, P. T. and R. E. *Vickery:* The Food and Agricultural Statistics of the Reich Food Administration. In: Agricultural History. Vol. 21 (1947).

Santoro, G.: L'Aeronautica Italiana nella Seconda Guerra Mondiale. 2 Bde. Rom [2]1957.

Sasuly, R.: I.G. Farben. New York 1947.

Schäfer, P.: Die Beziehungen zwischen Deutschland und den Vereinigten Staaten von 1933—1939 unter besonderer Berücksichtigung der handelspolitischen Beziehungen und der Boykottbewegung in den Vereinigten Staaten. Diss. phil. (Masch.-Ms.) Berlin-Ost 1960.

Schaltenbrand, G.: War Hitler geisteskrank? In: Ein Leben aus freier Mitte. Festschrift für U. Noack. Göttingen-Berlin-Frankfurt a. M. 1961, S. 331—341.

Scheffler, W.: Faktoren nationalsozialistischen Herrschaftsstrebens. In: Faktoren der politischen Entscheidung. Festgabe für E. Fraenkel zum 65. Geburtstag. Berlin 1963, S. 56—72.

Scheibert, P.: Weißrussen und Ukrainer. In: Russen — Weißrussen — Ukrainer. Hrsg. von H. Kohn. Frankfurt a. M. 1962, S. 209—266.

Schell, A. v.: Grundlagen der Motorisierung und ihre Entwicklung im Zweiten Weltkrieg. In: Wehrwissenschaftliche Rundschau 1963, S. 210—229.

Schenk, R.: Seekrieg und Völkerrecht. Die Maßnahmen der deutschen Seekriegsführung im 2. Weltkrieg in ihrer völkerrechtlichen Bedeutung. Köln-Berlin 1958.

Schieder, Th.: Imperialismus in alter und neuer Sicht. In: Aus Politik und Zeitgeschichte. Beilage zur Wochenzeitung „Das Parlament" 1960, S. 329—335.

Schmidt-Richberg, W.: Die Generalstäbe in Deutschland 1871—1945. Aufgaben in der Armee und Stellung im Staate. In: Beiträge zur Militär- und Kriegsgeschichte. Hrsg. vom Militärgeschichtlichen Forschungsamt Freiburg i. Br., Bd. III, Stuttgart 1962, S. 13—120.

Schmitt, G.: Les accords secrets franco-britanniques de nov.—déc. 1940. Paris 1957.

Schmokel, W. W.: Dream of Empire: German Colonialism, 1919—1945. New Haven 1964.

Schofield, B. B.: The Russian Convoys (British Battles Series). London 1964.

Schramm, P. E.: „Operation Seelöwe" war doch Täuschung. Leserbrief in der „Frankfurter Allgemeinen Zeitung" vom 20. 5. 1958.

Schramm, P. E.: Deutschland — Rußland 1941/45. Hannover 1960.

Schramm, W. Ritter v.: Hitlers psychologischer Angriff auf Frankreich, in: Aus Politik und Zeitgeschichte, Beilage der Wochenzeitung „Das Parlament", 1. 2. 1961.

Schramm-v. Thadden, E.: Griechenland und die Großmächte im Zweiten Weltkrieg. Wiesbaden 1955.

Schroeder, P. W.: The Axis Alliance and Japanese-American Relations 1941. Ithaca-New York 1958.

Schubert, G.: Anfänge nationalsozialistischer Außenpolitik. Köln 1963.

Schüddekopf, O.-E.: Die Wehrmacht im Dritten Reich 1934—1945. Hannover 1961.

Schumann, W. und G. *Lozek:* Die faschistische Okkupationspolitik im Spiegel der Historiographie der beiden deutschen Staaten. In: Zeitschrift für Geschichtswissenschaft 1964, S. 213—230.

Schütt, W.: Der Stahlpakt und Italiens „Nonbelligeranza" 1938—1940. In: Wehrwissenschaftliche Rundschau 1958, S. 498—521.

Schwartz, A. J.: America and the Russo-Finnish War. Washington 1960.

Seabury, P.: The Wilhelmstrasse. A Study of German Diplomats under the Nazi Regime. Berkeley 1954 (deutsche Ausgabe: Die Wilhelmstraße. Die Geschichte der deutschen Diplomatie 1930—1945. Frankfurt a. M. 1956).

Seraphim, H.-G.: Die deutsch-russischen Beziehungen 1939—1941. Hamburg 1949.

Seraphim, H.-G. und A. *Hillgruber:* Hitlers Entschluß zum Angriff auf Rußland.

(Eine Entgegnung) mit Schlußwort von G. L. Weinberg. In: Vierteljahrshefte für Zeitgeschichte 1954, S. 240—254.

Seton-Watson, H.: Eastern Europe between the Wars, 1918—1941. Cambridge 1946; New Edition, Hamden (Conn.) 1962 (deutsche Ausgabe: Osteuropa zwischen den Kriegen 1918—1941. Paderborn 1948).

Shankland, P. and A. *Hunter:* Malta Convoy. London 1960.

Shilin (Šilin), P. A.: Die Rolle des deutschen Generalstabes bei der Vorbereitung des Krieges gegen die UdSSR. In: Der deutsche Imperialismus und der Zweite Weltkrieg. Bd. 1, Berlin 1960, S. 87—111.

Shilin, P. A. (u. a.): Die wichtigsten Operationen des Großen Vaterländischen Krieges 1941—1945. Berlin 1958.

Šilin, P. A.: Fašistskij „Blitzkrieg" i ego proval v 1941 godu. In: Novaja i Novejšaja Istorija 1961, S. 20—33.

Siebert, F.: Italiens Weg in den Zweiten Weltkrieg. Frankfurt a. M. 1962.

Slessor, J.: The Central Blue. Recollections and Reflections. London 1956.

Snell, J. L.: Wartime Origins of the East-West Dilemma over Germany. New Orleans 1959.

Snell, J. L.: Illusion and Necessity. The Diplomacy of Global War 1939—1945. Boston 1963.

Snow, C. P.: Science and Government (The Tizard-Lindemann Story). Cambridge (Mass.) 1961 (deutsche Ausgabe: Wissenschaft und Staatsführung. Stuttgart 1961).

Snyder, L. L.: Hitler and Nazism. New York 1961.

Sohl, K.: Die Kriegsvorbereitungen des deutschen Imperialismus in Bulgarien am Vorabend des Zweiten Weltkrieges. In: Jahrbuch UdSSR, Bd. 3, S. 91—119.

Sohler, H.: U-Boot-Krieg und Völkerrecht. Frankfurt a. M. 1956.

Sokol, E. A.: Seapower in the Mediterranean 1940—1943. In: Military Review 1956, August, S. 12—27.

Sommer, Th.: Deutschland und Japan zwischen den Mächten 1935—1940. Vom Antikominternpakt zum Dreimächtepakt. Eine Studie zur diplomatischen Vorgeschichte des Zweiten Weltkrieges. Tübingen 1962.

Soviet Parisans of World War II. Ed. by J. A. *Armstrong* with a Foreword by Ph. E. *Mosely.* Madison 1964.

Spencer, H.: Battle for Crete. London 1962.

Spetzler, E.: Luftkrieg und Menschlichkeit. Die völkerrechtliche Stellung der Zivilpersonen im Luftkrieg. Göttingen-Berlin-Frankfurt a. M. 1956.

Spetzler, E.: Der Weg zur Luftschlacht um England in kriegsrechtlicher Beleuchtung. In: Wehrwissenschaftliche Rundschau 1956, S. 440—462.

Spranger, E.: Wesen und Wert politischer Ideologien. In: Vierteljahrshefte für Zeitgeschichte 1954, S. 120—135.

SSSR v Velikoj Otečestvennoj Vojne 1941—1945 gg. Kratkaja chronika. Hrsg. von der Akademija Nauk SSSR, Institut Istorii. Moskva 1964.

Stacy, C. P.: The Canadian Army 1939—1945. An Official Historical Summary. Ottawa 1948.

Stark, F.: The Arab Island. The Middle East 1939—1943. New York 1945.

Steiner, F.: Die Freiwilligen. Idee und Opfergang. Göttingen 1958.

Steinweg, G.: Die deutsche Handelsflotte im Zweiten Weltkrieg. Aufgaben und Schicksal. Göttingen 1954.

Stenzel, E.: Der Einfluß der Vorbereitungen Hitlerdeutschlands zum Überfall auf die Sowjetunion seit dem Sommer 1940 auf die deutsche Kriegführung gegen England. In: Der deutsche Imperialismus und der Zweite Weltkrieg. Bd. 3. Berlin 1962, S. 281—297.

Stephan, E.: Geheimauftrag Irland. Deutsche Agenten im irischen Untergrundkampf 1939—1945. Ein Dokumentarbericht. Oldenburg (Olbg) 1961.

Stern, W. und E. *Stenzel:* Die Blitzkriegsstrategie des deutschen Militarismus und ihr Scheitern beim Überfall auf die Sowjetunion. In: Jahrbuch für die Geschichte der UdSSR und der volksdemokratischen Länder Europas. Bd. 5. Berlin 1961, S. 23—42.

Stettinius, E. R.: Lend-Lease. Weapon for Victory. New York 1944 (deutsche Ausgabe: Welt in Abwehr. Leih-Pacht. München-Leipzig 1946).

Stitt, G.: La campagne de Méditerranée 1940—1943. Paris 1946.

Stökl, G.: Russische Geschichte von den Anfängen bis zur Gegenwart. Stuttgart 1962.

Stolper, G.: Deutsche Wirtschaft seit 1870, fortgeführt von K. Häuser und K. Borchardt. Tübingen 1964 (darin K. *Häuser:* Das Dritte Reich und der Zweite Weltkrieg).

Storry, R.: The Double Patriots. A Study of Japanese Nationalism. Boston 1957.

Ströbinger, R.: Stopa vede k Renému. Prag 1964.

Stubbe, W.: In memoriam Albrecht Haushofer. In: Vierteljahrshefte für Zeitgeschichte 1960, S. 236—256.

Stucken, R.: Deutsche Geld- und Kreditpolitik 1914—1952. Tübingen 1952.

Stuebel, H.: Die Finanzierung der Aufrüstung im Dritten Reich. In: Europa-Archiv 1951.

Sweezy, M.: The Structure of the Nazi Economy. Cambridge 1951.

Tansill, Ch. C.: Back Door to War. Chicago 1952 (deutsche Ausgabe: Die Hintertür zum Kriege. Das Drama der internationalen Diplomatie von Versailles bis Pearl Harbor. Düsseldorf [3]1957).

Tarulis, A. N.: Soviet Policy toward the Baltic States 1918—1940. Notre Dame (Indiana) 1959.

Taylor, T.: The March of Conquest: The German Victories in Western Europe, 1940. New York 1958.

Ter Meer, F.: Die I.G.-Farben Industrie A.G. Düsseldorf 1953.

Telpuchowski, B. S.: Die sowjetische Geschichte des Großen Vaterländischen Krieges 1941—1945. Deutsche Ausgabe. Hrsg. von A. *Hillgruber* und H.-A. *Jacobsen*. Frankfurt a. M. 1961.

Tenenbaum, J. L.: Race and Reich. New York 1956.

Terä, M. V.: Tienhaarassa. Syksyn 1940 tapahtumat Barbarossa = suunitelman taustaa vasten. Helsinki 1962.

Tippelskirch, K. v.: Hitlers Kriegführung nach dem Frankreichfeldzug im Hinblick auf „Barbarossa". In: Wehrwissenschaftliche Rundschau 1954, S. 145—156.

Tippelskirch, K. v.: Der deutsche Balkanfeldzug 1941. In: Wehrwissenschaftliche Rundschau 1955, S. 49—65.

Toscano, M.: Le Conversazione Militari Italo-Tedeschi alla Vigilia della Seconda Guerra Mondiale. In: Revista Storia Italiana 1952, S. 336—382.

Toscano, M.: Una mancata intesa italo-sovietica nel 1940 e 1941. Florenz [2]1955.

Toscano, M.: Le Origini diplomatiche del patto d'acciaio. Florenz [2]1956.

Toscano, M.: L'Intervento dell'Italia contro l'Unione sovietica nel 1941 visto della nostra ambassiata a Moscou. In: Nuova Antologia 1962, S. 445—462.

Transiteringsfrågan 1941—42 (—43). Tyska aktstycken till ämnets belysning. Meddel. av U. *Brandell* och A. *Thulstrup*. In. Historisk Tidskr. 1960, S. 34—61, S. 309—335.

Trefousse, H. L.: Germany and American Neutrality 1939—1941. New York 1951.

Treue, W.: Politische Kohle im Ersten und Zweiten Weltkrieg. In: Die Welt als Geschichte 1951.

Treue, W.: Deutsche Wirtschaft und Politik 1933—1945. Stuttgart [4]1962.

Treue, W.: Invasionen 1066—1944. Frankfurt a. M.-Berlin 1955.

Treue, W.: Gummi in Deutschland zwischen 1933—1945. In: Wehrwissenschaftliche Rundschau 1955, S. 169—185.

Treue, W.: Gummi in Deutschland. Die deutsche Kautschukversorgung und die Gummi-Industrie im Rahmen weltwirtschaftlicher Entwicklungen. München 1955.

Treue, W.: Wirtschaftsgeschichte der Neuzeit im Zeitalter der industriellen Revo= lution 1700—1960. Stuttgart 1962.

Trevor=Roper, H. R.: Hitler und Franco. Warum nahm Spanien nicht am Kriege teil? In: Der Monat 1953, S. 625—634.

Trevor=Roper, H. R.: Hitlers Testament. Die letzten Gespräche mit Bormann (Februar 1945). In: Der Monat 1961, Heft 157, S. 36—47.

Trevor=Roper, H. R.: Hitlers Kriegsziele. In: Stationen der deutschen Geschichte 1919—1945. Hrsg. von B. Freudenfeld. Stuttgart 1962, S. 9—28 (auch in: Vierteljahrs= hefte für Zeitgeschichte 1960, S. 121—133).

The Initial Triumph of the Axis. Ed. by A. and V. *Toynbee*. London=New York= Toronto 1958.

Trizzino, A.: Die verratene Flotte. Tragödie der Afrikakämpfer. Frankfurt a. M. 1957.

Truchanovskij, V. G.: Anglo=sovetskie otnošenija nakanune Velikoj Otečestvennoj Vojny. In: Voprosy Istorii 1963, Nr. 12, S. 52—70.

Truchet, A.: L'armistic de 1940 et l'Afrique du Nord. Paris 1955.

Truffert, A.: Aux postes de combat. Paris 1945.

Tsou, T.: America's Failure in China 1941—1950. Chicago 1963.

Turchetti, C.: Tredici mesi alla ventura. Milano 1954.

Uhlig, H.: Der verbrecherische Befehl. In: Aus Politik und Zeitgeschichte. Beilage zur Wochenzeitung „Das Parlament", 17. 7. 1957.

Uhlig, H.: Das Einwirken Hitlers auf Planung und Führung des Ostfeldzuges. In: Aus Politik und Zeitgeschichte. Beilage zur Wochenzeitung „Das Parlament" 1960, S. 161—198.

Ulshöfer, O.: Einflußnahme auf Wirtschaftsunternehmungen in den besetzten nord=, west= und södosteuropäischen Ländern während des Zweiten Weltkrieges, insbeson= dere der Erwerb von Beteiligungen (Verflechtung). Tübingen 1958.

Upton, A. F.: Finland in Crisis, 1940—1941. London 1964.

Valori, A.: La Campagna di Russia, 1941—1943. Rom 1951.

Vernier, B.: Les opérations gréco=italiennes du 28 octobre 1940 au 20 avril 1941. In: Revue d'histoire de la deuxième guerre mondiale 1960, Nr. 38, S. 15—36.

Vernoux, M.: Wiesbaden 1940—1944. Paris 1954.

Viault, B.: The Peace Issue, 1939—1940. Duke University (USA) 1963 (Masch.=Ms.).

Vielvölkerheere und Koalitionskriege (Auslandsforschung. Schriftenreihe der Aus= landswissenschaftlichen Gesellschaft e. V., Heft 1). Darmstadt 1952.

Villari, L.: Italian Foreign Policy under Mussolini. New York 1956.

Vjunenko, N. P.: Černomorskij Flot v Velikoj Otečestvennoj Vojne. Moskva 1957.

Vnuk, F.: Slovakia's Accession to the Tripartite Pact. In: Slovakia 1959, S. 6—19.

Vogel, G.: Mussolinis Überfall auf Griechenland im Oktober 1940. In: Europa= Archiv 1950, S. 3389—3398.

Vollmacht des Gewissens. Hrsg. von der Europäischen Publikation e. V. Bd. I. Frank= furt a. M. 1960; Bd. II. Frankfurt a. M. 1965.

Vulliez, A.: Analyse des conférences navales du Führer. Paris 1949.

Wagner, F.: Geschichte und Zeitgeschichte. Pearl Harbor im Kreuzfeuer der For= schung. In: Historische Zeitschrift, Bd. 187, 1957, S. 303—326.

Wagner, W.: Die Teilung Europas. Geschichte der sowjetischen Expansion bis zur Spaltung Deutschlands 1918—1945. Stuttgart 1959.

Waller, G. M.: Pearl Harbor. Roosevelt and the Coming of the War. Boston 1953.

Walters, F. D.: A History of the League of Nations. 2 vols. Oxford 1952.

The War and the Neutrals. Ed. by A. and V. *Toynbee*. London=New York=Toronto 1956.

Warlimont, W.: Die Insel Malta in der Mittelmeerstrategie des Zweiten Weltkrieges. In: Wehrwissenschaftliche Rundschau 1958, S. 421—438.

Warmbrunn, W.: The Dutch under German Occupation 1940—1945. Stanford (California) 1963.

Watson, M. S.: The War Department, Chief of Staff. Prewar Plans and Operations. Washington 1950 (United States Army in World War II).

Watt, D. C.: The Rome-Berlin Axis 1936—1940. In: Review of Politics 1960, S. 519—543.

Watt, D. C.: Stalin's first bid for sea power, 1933—1941. In: US Naval Proceedings 1964, Nr. 6, S. 88—96.

Watt, D. C.: England blickt auf Deutschland. Tübingen 1965.

Weber, T.: Die Luftschlacht um England. Wiesbaden 1956.

Webster, Ch. and N. *Frankland*: The Strategic Air Offensive against Germany 1939—1945. 4 vols. London 1961.

Wei, H.: China and Soviet Russia. Princeton-Toronto-New York 1956.

Weichold, E.: Die deutsche Führung und das Mittelmeer unter dem Blickwinkel der Seestrategie. In: Wehrwissenschaftliche Rundschau 1958, S. 164—173.

Weinberg, G. L.: Der deutsche Entschluß zum Angriff auf die Sowjetunion. In: Vierteljahrshefte für Zeitgeschichte 1953, S. 301—318.

Weinberg, G. L.: Germany and the Soviet Union 1939—1941. Leiden 1954.

Weinberg, G. L.: German Colonial Plans and Policies 1938—1942. In: Geschichte und Gegenwartsbewußtsein. Festschrift für H. Rothfels zum 70. Geburtstag. Göttingen 1963, S. 462—491.

Weinberg, G. L.: Hitler's Image of the United States. In: The American Historical Review 1964, S. 1006—1021.

Welter, E.: Falsch oder richtig Planen. Eine kritische Studie über die deutsche Wirtschaftslenkung im Zweiten Weltkrieg. Heidelberg 1954.

Der Zweite Weltkrieg 1939—1945. Wirklichkeit und Fälschung. Hrsg. von der deutschen Sektion der Kommission der Historiker der DDR und der UdSSR. Berlin 1959.

Werth, A.: Russia at War, 1941—1945. New York 1964 (deutsche Ausgabe: Rußland im Kriege. München 1965).

Westphal, S.: Der Feldzug in Nordafrika 1941—1943. In: Schicksal Nordafrika. Döffingen 1954, S. 137—265.

Wetterhahn, A. und H. *Schünemann*: US-Standard- und Passagierschiffe. Hamburg 1957.

Wetterhahn, A.: Das US-Standard-Schiffsbauprogramm im Zweiten Weltkrieg. In: Marine-Rundschau 1958, S. 101—118.

Wheatley, R.: Operation Sea Lion. German Plans for the Invasion of England 1940—1942. Oxford 1958 (deutsche Ausgabe: Operation Seelöwe. Minden/Westf. 1958).

Wheatley, D.: Stranger than Fiction. London 1959.

Wheeler-Bennett, J. W.: The Nemesis of Power. The German Army in Politics 1918—1945. London 1953 (deutsche Ausgabe: Die Nemesis der Macht. Die deutsche Armee in der deutschen Politik 1918—1945. Düsseldorf 1954).

Willard, G.: La drôle de guerre et la trahison de Vichy. Paris 1960.

Wiskemann, E.: The Rome-Berlin-Axis. A History of the Relations between Hitler and Mussolini. Oxford-London-New York 1949.

Wittekind, K.: Aus zwanzig Jahren deutscher Wehrwirtschaft — 1925—1945. In: Wehrkunde 1957, S. 495—504.

Wohlstetter, R.: Pearl Harbor. Warning and Decision. Stanford (California) 1962.

Wolff, R. L.: The Balkans: The War Years 1939—1944. In: The Balkans in Our Time. Cambridge (Mass.) 1956.

Wood, D. and D. *Dempter:* The Narrow Margin. The Battle of Britain and the Rise of Air Power 1930 to 1940. London 1961.

Woodward, L.: British Foreign Policy in the Second World War, London 1962 (History of the Second World War — Civil Series).

Woolcombe, R.: The Campaigns of Wavell, 1939—1943. London 1959.

Wuorinen, J. H.: Finland and World War II, 1939—1944. New York 1948.

Young, A. N.: China and the Helping Hand, 1937—1945. Cambridge (Mass.) 1963.

Ziemke, E. F.: The German Northern Theater of Operations 1940—1945. Washington 1960.

Zuckertort, J.: Der deutsche Militarismus und die Legende vom Präventivkrieg Hitlerdeutschlands gegen die Sowjetunion. In: Der deutsche Imperialismus und der Zweite Weltkrieg. Bd. 1, Berlin 1960, S. 145—154.

7. Itinerar Hitlers vom 1.9.1939 – 31.12.1941 [1])

Tag	*Aufenthaltsorte*	*Besprechungen mit (Briefe an)*	*Unterredungen Ribbentrops mit*
		1939	
1.9.	Berlin	10.00 Uhr: Reichstagsrede (Brief an *Mussolini*) *Dahlerus* Rosenberg abends: Göring, Keitel, Jodl	21.00 Uhr: *Henderson* 22.00 Uhr: *Coulondre*
2.9.	Berlin	12.00 Uhr: Halder	12.30 Uhr: *Attolico* 12.50 Uhr: *Attolico*
3.9.	Berlin; 21.00 Uhr Abfahrt nach Polzin („Führerzug" als bewegliches FHQu.)	Ribbentrop 12.00 Uhr: *Schkwarzew, Purkajew* „Weisung Nr. 2" (Kriegführung im Westen)	9.00 Uhr: *Henderson* 11.30 Uhr: *Henderson* 12.20 Uhr: *Coulondre* *Sztójay*
4.9.	Polzin; Fahrt nach Komorowo bis zur Weichsel unterhalb Kulm; Übernachten in Plienitz		
5.9.	Plienitz; Fahrt nach Groß-Born (Pommern)		
6.9.	Groß-Born; Fahrt mit Wagen nach Schwetz und Graudenz		

1 Zusammengestellt nach folgenden Quellen: KTB OKW; KTB Halder; Lagevorträge des Ob. d. M. vor Hitler; ADAP D VIII–XIII; Tagebuch Engel; „Sekretär des Führers: Führers Tagebuch", Library of Congress, Washington, Safe 5, 5. – Zum Vergleich wurde herangezogen M. Domarus: Hitler. Reden und Proklamationen. Bd. II. Würzburg 1964. Jedoch sind die Angaben dort unvollständig und z. T. ungenau oder unzutreffend. – Festgehalten sind hier alle Besprechungen Hitlers, für die es mindestens einen verläßlichen Hinweis gibt. Nicht aufgenommen wurden die üblichen täglichen Gespräche mit seiner engeren Begleitung (Adjutanten, OKW-Spitze, Vertretern der Partei- und Staatsdienststellen im FHQu.).

Tag	*Aufenthaltsorte*	*Besprechungen mit (Briefe an)*	*Unterredungen Ribbentrops mit*
7. 9.	Groß=Born	nachm.: v. Brauchitsch Raeder	*Csáky*
8. 9.	Groß=Born; abends Abfahrt nach Illnau bei Oppeln	Greiser, Koch, Forster H. Frank	
9. 9.	Illnau	v. Brauchitsch „Weisung Nr. 3" (Fortführung der Operationen gegen Polen)	
10. 9.	Illnau; Flug nach Bialaczewo bei Opoczno; Fahrt mit dem Wagen über Konskie nach Kielce; Rückflug nach Illnau		
11. 9.	Illnau; Flug nach Wolborz bei Tomaschow; Fahrt mit dem Wagen nach Rawa, Babski in Richtung Mszezonow; Rückfahrt nach Illnau		
12. 9.	Illnau	Göring v. Brauchitsch Schmundt	
13. 9.	Illnau; Flug nach Pabjanice = Zgierz = Strykow = Zgierz = Soltys Lodz; Rückflug zum Bahnhof Gogolin südl. Oppeln		
14. 9.	Gogolin	Göring, Speer, Goebbels abends: Todt	
15. 9.	Gogolin; Flug nach Jaroslaw (H.Qu. der 14. Armee); Rückflug nach Kleinellgut; Gogolin	List Jacob, Todt, H. Frank, Ribbentrop, Göring	
16. 9.	Gogolin	Todt, Jacob Grawitz	
17. 9.	Gogolin; 22.27 Uhr Abfahrt über Breslau = Frankfurt/O. = Küstrin = Stargard nach Lauenburg	4.00 Uhr: Keitel, Jodl, Ribbentrop	
18. 9	15.17 Uhr Ankunft in Goddentow=Lanz bei Lauenburg	Krebs	
19. 9.	Goddentow=Lanz; 12.00 Uhr Abfahrt mit Wagen nach Zoppot (Kasino=Hotel); Danzig; Rückfahrt nach Zoppot	17.00 Uhr: Rede im Danziger Artushof	
20. 9.	Zoppot	18.30 Uhr: japan. Offz.=Abordnung *Oshima* Philipp v. Hessen	

Tag	*Aufenthaltsorte*	*Besprechungen mit (Briefe an)*	*Unterredungen Ribbentrops mit*
21. 9.	Zoppot; Fahrt mit Räumboot zur Westerplatte, Weiterfahrt mit Wagen nach Gdingen und Oxhöft; Rückfahrt nach Zoppot		
22. 9.	Zoppot; Flug nach Wyszikow (Bug) nordöstl. Warschau; Fahrt mit Wagen über Lochow — Minsk nach Anin; Rückfahrt über Rembertow, Struga nach Wyszikow; Rückflug nach Zoppot		
23. 9.	Zoppot	Raeder, Keitel	
24. 9.	Zoppot		
25. 9.	Zoppot; 8.00 Uhr: Flug zur H.Gr. Süd (Flugplatz bei Alexandrow), Fahrt mit Wagen über Zyrardow - Nadazyn - Rassyn zur Warschauer Rennbahn; Rückflug nach Goddentow-Lanz	Halder „Weisung Nr. 4" (Polen- und Westkrieg)	
26. 9.	Goddentow-Lanz 9.30 Uhr Rückfahrt des „Führerzuges" nach Berlin	*Dahlerus*, Göring	
27. 9.	Berlin; 22.00 Uhr Abfahrt nach Wilhelmshaven	17.00 Uhr: v. Brauchitsch, Halder, OB's und Chefs der H.Gr.n und Armeen *Gerede*	22.00—1.00 Uhr: *Stalin, Molotow* in Moskau
28. 9.	11.00 Uhr Ankunft in Wilhelmshaven, Fahrt zum U-Boot-Hafen, Besichtigung von U 29; Kasino; Rückfahrt nach Berlin	Dönitz Schuhardt	15.00—18.30 Uhr: *Stalin, Molotow* in Moskau
29. 9.	Berlin	16.00 Uhr: Rosenberg	0.00—5.00 Uhr: *Stalin, Molotow* in Moskau
30. 9.	Berlin	16.00 Uhr: Göring, Raeder, v. Brauchitsch, Halder v. Rundstedt, v. Kluge, List, Milch, Albrecht, Blaskowitz, v. Reichenau, v. Küchler, Kesselring, Löhr, Schniewind „Weisung Nr. 5" (Verwaltung der Ostgebiete; Seekrieg) *Chvalkovsky*	

Tag	*Aufenthaltsorte*	*Besprechungen mit (Briefe an)*	*Unterredungen Ribbentrops mit*
1. 10.	Berlin	18.45—21.15 Uhr: *Ciano*	
2. 10.	Berlin	Bormann, H. Frank, v. Schirach, Koch	
3. 10.	Berlin		
4. 10.	Berlin		
5. 10.	Berlin; 9.00 Uhr Flug nach Warschau; nachm. Rückflug nach Berlin	12.30 Uhr: Parade in Warschau Forster	*Gerede*
6. 10.	Berlin	12.00—13.30 Uhr: Reichstagsrede	
7. 10.	Berlin	Heydrich 15.00 Uhr: v. Brauchitsch, Halder	
8. 10.	Berlin		
9. 10.	Berlin	„Weisung Nr. 6" (Westoffensive) Denkschrift zur West=offensive abgeschlossen (diktiert in den Nächten 7./8. und 8./9. 10.)	
10. 10.	Berlin	11.00 Uhr: Göring, Raeder, v. Brauchitsch, Halder, Keitel danach: Raeder nachm.: Rede im Sport=palast zur Eröffnung des WHW.	
11. 10.	Berlin		
12. 10.	Berlin		
13. 10.	Berlin		
14. 10.	Berlin	v. Brauchitsch	
15. 10.	Berlin	12.00—13.15 Uhr: *Sven Hedin*	
16. 10.		Raeder, Jodl v. Brauchitsch, Keitel	
17. 10.	Berlin	Keitel	
18. 10.	Berlin	Raeder, Prien „Weisung Nr. 7" (Kriegführung im Westen)	
19. 10.	Berlin	Todt	
20. 10.	Berlin		
21. 10.	Berlin	12.00—12.45 Uhr: *Cernak* Abendessen mit Reichs= und Gauleitern, danach 2½stündige Rede	
22. 10.	Berlin		
23. 10.	Berlin	Raeder, Keitel	

Tag	*Aufenthaltsorte*	*Besprechungen mit (Briefe an)*	*Unterredungen Ribbentrops mit*
24. 10.	Berlin	16.30—17.10 Uhr: *Oshima*	
25. 10.	Berlin	12.30 Uhr: v. Brauchitsch, Halder 15.00—18.00 Uhr: v. Bock, v. Reichenau, v. Kluge	
26. 10.	Berlin		
27. 10.	Berlin	12.45 Uhr: v. Brauchitsch, Halder, Keitel, Guderian, Hoth, Strauß, Hoepner, Olbricht, v. Briesen, Reinhardt, Jeschonnek, Kübler, August Schmidt, Steinhardt 14.00 Uhr: v. Brauchitsch, Halder Student, Stolz	
28. 10.	Berlin	10.00 Uhr: Halder	
29. 10.	Berlin		
30. 10.	Berlin	Keitel, Jodl	
31. 10.	Berlin		
1. 11.	Berlin	Rosenberg	
2. 11.	Berlin		
3. 11.	Berlin		
4. 11.	Berlin		
5. 11.	Berlin	12.00 Uhr: v. Brauchitsch	
6. 11.	Berlin		
7. 11.	Berlin 22.40 Uhr Abfahrt nach München		
8. 11.	11.00 Uhr Ankunft in München; 21.30 Uhr Rückfahrt nach Berlin	Fräulein *Mitford* 20.10—21.07 Uhr: Rede im Bürgerbräukeller	
9. 11.	10.20 Uhr Ankunft in Berlin	Göring, Lammers	
10. 11.	Berlin; abends Fahrt nach München	17.00 Uhr: Raeder, Keitel Busch, Rosenberg (Telegramme an *Viktor Emanuel III.* und *Mussolini*)	
11. 11.	10. 31 Uhr Ankunft in München; 13.15 Uhr Rückflug nach Berlin-Staaken	11.00 Uhr: Staatsakt an der Feldherrenhalle, Fahrt zum Bürgerbräukeller (Telegramm an *Viktor Emanuel III.*)	*Gerede*

Tag	*Aufenthaltsorte*	*Besprechungen mit (Briefe an)*	*Unterredungen Ribbentrops mit*
12. 11.	Berlin		
13. 11.	Berlin	13.45 Uhr: Göring	
14. 11.	Berlin		
15. 11.	Berlin		11.45 Uhr: *Davignon, van Haersma de With* Fabricius
16. 11.	Berlin	Fabricius *Chvalkovsky*	
17. 11.	Berlin		
18. 11.	Berlin		
19. 11.	Berlin		
20. 11.	Berlin	Göring, Jeschonnek, Student, v. Reichenau, Reinhardt „Weisung Nr. 8" (Westoffensive)	
21. 11.	Berlin		17.00 Uhr: *Attolico*
22. 11.	Berlin	Raeder, Keitel	
23. 11.	Berlin	12.00—13.30 Uhr: Ansprache an die Generalität (180—200 Personen) 14.30 Uhr: Ansprache vor Truppenführern 18.00 Uhr: v. Brauchitsch, Halder	
24. 11.	Berlin; 22.35 Uhr Abfahrt nach München		
25. 11.	München		
26. 11.	München; abends Rückfahrt nach Berlin	Schwarz Verwundete des 8. 11. in Krankenhäusern	
27. 11.	Berlin	v. Rundstedt, Busch, Guderian	
28. 11.	Berlin		
29. 11.	Berlin	„Weisung Nr. 9" (Wirtschaftskrieg)	
30. 11.	Berlin		
1. 12.	Berlin		
2. 12.	Berlin		
3. 12.	Berlin	Rosenberg Heß	
4. 12	Berlin	(Glückwunschtelegramm an *Franco*)	
5. 12.	Berlin		
6. 12.	Berlin	v. Mackensen zum 90. Geburtstag in Brüssow besucht	

Tag	*Aufenthaltsorte*	*Besprechungen mit (Briefe an)*	*Unterredungen Ribbentrops mit*
7. 12.	Berlin		
8. 12.	Berlin	Raeder, Keitel	
9. 12.	Berlin		
10. 12.	Berlin		
11. 12.	Berlin	Rosenberg	17.00 Uhr: *Schkwarzew*
12. 12.	Berlin	12.00 Uhr: Raeder, Keitel, Jodl Rosenberg v. Neurath	*Kurusu*
13. 12.	Berlin		*Sztójay*
14. 12.	Berlin	*Quisling, Hagelin*	
15. 12.	Berlin		
16. 12.	Berlin	Raeder, Jodl	
17. 12.	Berlin		
18. 12.	Berlin	nachm.: *Quisling, Hagelin*; Jodl	
19. 12.	Berlin; 20.30 Uhr Abfahrt nach München	*Kurusu* 16.00 Uhr: Jodl	
20. 12.	München; 16.30 Uhr Weiterfahrt zum Berghof	v. Rundstedt	
21. 12.	Berghof		
22. 12.	Berghof; 16.00 Uhr Abfahrt nach Limburg		
23. 12.	12.42 Uhr: Ankunft in Eschhofen; Weiterfahrt nach Limburg, Montabaur, Bad Ems; 17.45 Uhr Abfahrt von Nievern	Besuch des Fliegerhorstes Limburg, des Rgt. „Großdeutschland" in Montabaur und der Leibstandarte SS in Bad Ems	
24. 12.	11.00 Uhr Ankunft in Bruchmühlbach, Besuch des Westwallbereichs Saarbrücken; 19.00 Uhr Abfahrt von Kirkel nach Haßloch	Besuch verschiedener Truppenteile bei Saarbrücken; bei Spichern jenseits der französischen Grenze	
25. 12.	Haßloch; Flugplatz Speyerdorf, nachmittags in Steinheim; 17.30 Uhr Abfahrt von Steinheim nach Berlin	Besuch der Flugplatzeinheit in Speyerdorf; nachm. beim I.R. 19 (List) in Steinheim	
26. 12.	10.00 Uhr Ankunft in Berlin	(Telegramm an *v. Horthy*)	
27. 12.	Berlin		
28. 12.	Berlin		*Attolico*
29. 12.	Berlin		
30. 12.	Berlin; 20.30 Uhr Abfahrt nach München	Raeder, Keitel	

Tag	*Aufenthaltsorte*	*Besprechungen mit (Briefe an)*	*Unterredungen Ribbentrops mit*
31. 12.	München; 17.04 Uhr Weiterfahrt zum Berghof		
		1940	
1. 1.	Berghof	(Neujahrstelegramme an *Viktor Emanuel III.*, *Mussolini*, *Franco*, *v. Horthy* u. a.)	
2. 1.	Berghof		
3. 1.	Berghof		
4. 1.	Berghof		
5. 1.	Berghof; 15.20 Uhr Fahrt nach München		
6. 1.	München; 9.25 Uhr Fahrt nach Berlin		
7. 1.	Berlin		
8. 1.	Berlin		
9. 1.	Berlin		
10. 1.	Berlin	Bormann, Liebel 15.00—17.30 Uhr: v. Brauchitsch, Halder	12.00 Uhr: *Attolico*
11. 1.	Berlin	„Grundsätzlicher Befehl Nr. 1" Göring, Heß, Bormann, Adolf Wagner	
12. 1.	Berlin		
13. 1.	Berlin		
14. 1.	Berlin		
15. 1.	Berlin	12.45—18.00 Uhr: Halder	
16. 1.	Berlin		
17. 1.	Berlin	(Handschreiben an Attolico zum 60. Geburtstag)	
18. 1.	Berlin		
19. 1.	Berlin		
20. 1.	Berlin	15.00 Uhr: Halder	
21. 1.	Berlin	12.00 Uhr: v. Brauchitsch, Halder 18.00 Uhr: v. Brauchitsch, Halder	
22. 1.	Berlin		
23. 1.	Berlin		
24. 1.	Berlin	Rede im Sportpalast vor 7 000 Offiziers= anwärtern	
25. 1.	Berlin		

Tag	*Aufenthaltsorte*	*Besprechungen mit (Briefe an)*	*Unterredungen Ribbentrops mit*
26. 1.	Berlin	nachm.: Raeder, Keitel, Jodl	
27. 1.	Berlin	Keitel Rosenberg, Heß, Bormann	
28. 1.	Berlin		
29. 1.	Berlin	Rosenberg	
30. 1.	Berlin	20.00 Uhr: Rede im Sportpalast	
31. 1.	Berlin		
1. 2.	Berlin	Schmundt	
2. 2.	Berlin	12.00—12.45 Uhr: *Magistrati*	
3. 2.	Berlin		
4. 2.	Berlin		
5. 2.	Berlin		
6. 2.	Berlin; 20.25 Uhr Abfahrt nach München		
7. 2.	München		
8. 2.	München		
9. 2.	München; Abfahrt nach Berlin		
10. 2.	Berlin	12.30—14.00 Uhr: Halder (Glückwunschtelegramm an *Hirohito*)	
11. 2.	Berlin		
12. 2.	Berlin		
13. 2.	Berlin		
14. 2.	Berlin		
15. 2.	Berlin	Besuch bei Ley zum 50. Geburtstag	
16. 2.	Berlin		
17. 2.	Berlin	Geyr v. Schweppenburg, v. Manstein, Schmidt, Reinhardt, Stumme 14.00 Uhr: v. Manstein, Jodl, Schmundt Bormann	
18. 2.	Berlin	12.00 Uhr: v. Brauchitsch, Halder	
19. 2.	Berlin	(Glückwunschtelegramm an *Sven Hedin* zum 75. Geburtstag)	
20. 2.	Berlin		
21. 2.	Berlin	v. Falkenhorst	
22. 2.	Berlin		
23. 2.	Berlin; 12.30 Uhr Fahrt nach München	10.30 Uhr: Raeder, Keitel, Jodl	*Sztójay*

Tag	*Aufenthaltsorte*	*Besprechungen mit (Briefe an)*	*Unterredungen Ribbentrops mit*
24. 2.	München	Rede zum Partei=gründungstag im Hofbräuhausfestsaal Heß	11.00–15.30 Uhr: Wüster
25. 2.	München; 12.20 Uhr Abfahrt nach Berlin	Bormann	
26. 2.	Berlin		
27. 2.	Berlin		
28. 2.	Berlin	Jodl	
29. 2.	Berlin	Rosenberg 15.00 Uhr: Stab Falken=horst (Krancke, Buschen=hagen, Knaus) Festlegung der Richtlinien für Verhandlungen mit Sumner Welles 19.30 Uhr: Einladung der Reichs= und Gauleiter	*Sven Hedin*
1. 3.	Berlin	„Weisung für Fall ‚Weserübung'" (Glückwunschtelegramm an *v. Horthy*) Schultze	*Sumner Welles*
2. 3.	Berlin	13.00 Uhr: Göring *Sumner Welles, Kirk,* Ribbentrop, Meißner	
3. 3.	Berlin		
4. 3.	Berlin	*Sven Hedin,* Meißner *Mooney*	
5. 3.	Berlin	*Aikawa* 15.00 Uhr: v. Brauchitsch, Raeder, Göring Kesselring, Student, Graf Sponeck, Hptm. Koch, Obltn. Witzig	
6. 3.	Berlin	Rosenberg	
7. 3.	Berlin		
8. 3.	Berlin	(Brief an *Mussolini*)	
9. 3.	Berlin	12.00 Uhr: Raeder, Keitel	
10. 3.	Berlin	11.00 Uhr: Rede zum Helden=gedenktag im Zeughaus	*Mussolini* in Rom
11. 3.	Berlin		*Pius XII.* im Vatikan 17.00 Uhr: *Mussolini* in Rom

Tag	*Aufenthaltsorte*	*Besprechungen mit (Briefe an)*	*Unterredungen Ribbentrops mit*
12. 3.	Berlin	12.00—13.00 Uhr: Colin Ross	
13. 3.	Berlin	Besuch bei Meißner zu dessen 60. Geburtstag	
14. 3.	Berlin		
15. 3.	Berlin	14.30—17.00 Uhr: Halder, OB's und Chefs der Armeen der H.Gr. A	
16. 3.	Berlin	14.30—17.00 Uhr: Halder, OB's und Chefs der Armeen der H.Gr. B	
17. 3.	Berlin; 12.00 Uhr Abfahrt über München zum Brenner		
18. 3.	10.10 Uhr Ankunft am Brenner; 13.15 Uhr Rückfahrt über München nach Berlin	*Mussolini, Ciano*	
19. 3.	Berlin		
20. 3.	Berlin	*Gunnarsson*	
21. 3.	Berlin		
22. 3.	Berlin; Flug nach Ainring; Fahrt zum Berghof		
23. 3.	Berghof	Raeder, Jodl	
24. 3.	Berghof		
25. 3.	Berghof; 20.00 Uhr Abfahrt über München nach Berlin		
26. 3.	Berlin	nachm.: Raeder, Keitel, Jodl	
27. 3.	Berlin	13.30 Uhr: Frühstück mit Halder, v. Brauchitsch Ritter v. Leeb, v. Witz=leben, Felber 14.15—17.30 Uhr: Halder, Ritter v. Leeb, Dollmann	
28. 3	Berlin		
29. 3.	Berlin	12.00 Uhr: Raeder, Keitel, Jodl	
30. 3.	Berlin		
31. 3.	Berlin	(Telegramm an *Franco*)	
1. 4.	Berlin	v. Falkenhorst	
2. 4.	Berlin	15.30 Uhr: Göring, Raeder, v. Falkenhorst	
3. 4.	Berlin		
4. 4.	Berlin		
5. 4.	Berlin		
6. 4.	Berlin		

Tag	*Aufenthaltsorte*	*Besprechungen mit (Briefe an)*	*Unterredungen Ribbentrops mit*
7. 4.	Berlin		
8. 4.	Berlin	*Tasnady*	
9. 4.	Berlin	Rosenberg (Brief an *Mussolini*) Rosenberg nachm.: Raeder, Göring, Keitel, Jodl	
10. 4.	Berlin	Rosenberg (Brief an *Mussolini*)	13.00 Uhr: *Richert*
11. 4.	Berlin	*Attolico*	
12. 4.	Berlin		
13. 4.	Berlin	11.15 Uhr: *Hagelin*, Ribbentrop, Habicht Rosenberg *Scheel*, Ribbentrop, Habicht mittags: Raeder	
14. 4.	Berlin	mittags: v. Brauchitsch, Jodl	
15. 4.	Berlin		
16. 4.	Berlin	15.30—16.30 Uhr: *Tamm*	
17. 4.	Berlin	12.00 Uhr: Göring, Jeschonnek 15.30 Uhr: Raeder	
18. 4.	Berlin	(Brief an *Mussolini*)	
19. 4.	Berlin	Göring, Keitel abends: Terboven	
20. 4.	Berlin	7.45 Uhr: Gratulations= cour auf dem Sportfeld: v. Brauchitsch, Raeder, Göring mittags: Heß, Reichs= minister, Reichsleiter, Gauleiter Himmler, Bormann Terboven Keitel	
21. 4.	Berlin		
22. 4.	Berlin	15.00 Uhr: Raeder, Keitel, Jodl	
23. 4.	Berlin	Göring	
24. 4.	Berlin	11.30 Uhr: Göring, Böhme 15.30 Uhr: Halder (Brief an *Gustav V.*)	
25. 4.	Berlin	Rosenberg	
26. 4.	Berlin	15.00 Uhr: Raeder Besuch bei Heß zu dessen 46. Geburtstag (Brief an *Mussolini*)	
27. 4.	Berlin	Rosenberg	
28. 4.	Berlin		

Tag	*Aufenthaltsorte*	*Besprechungen mit (Briefe an)*	*Unterredungen Ribbentrops mit*
29. 4.	Berlin	15.30 Uhr: Raeder, Keitel, Jodl	
30. 4.	Berlin	13.35 Uhr: Jodl Besuch bei Ribbentrop zu dessen 47. Geburtstag Rosenberg	
1. 5.	Berlin		
2. 5.	Berlin	Göring, Kesselring, Student, Graf Sponeck	*Frölicher*
3. 5.	Berlin	Rede im Sportpalast vor 6 000 Offiziersanwärtern (Brief an *Mussolini*)	
4. 5.	Berlin		
5. 5.	Berlin	Halder	
6. 5.	Berlin		
7. 5.	Berlin	15.00 Uhr: Raeder, Keitel, Jodl	
8. 5.	Berlin	Himmler Terboven	
9. 5.	Berlin; 16.38 Uhr Abfahrt von Finkenkrug in Richtung Hamburg, dann über Ülzen - Celle nach Euskirchen	*Attolico* (Brief an *Mussolini*) (Glückwunschtelegramm an König Carol II.)	
10. 5.	4.25 Uhr Ankunft in Euskirchen; Fahrt nach Rodert bei Münstereifel (FHQu. „Felsennest"): Ankunft 5.30 Uhr	abends: v. Brauchitsch	6.30 Uhr: *Davignon* 7.00 Uhr: *van Haersma de With*
11. 5.	Rodert („Felsennest")	beim H.Qu. OKH (Forsthaus v. Haniel, 8 km von „Felsennest" entfernt) 17.40—20.00 Uhr: v. Brauchitsch, Halder	
12. 5.	Rodert („Felsennest")		
13. 5.	Rodert („Felsennest")	(Brief an *Mussolini*) Fallschirmjäger-Offze.	
14. 5.	Rodert („Felsennest")	„Weisung Nr. 11" (Westoffensive) (Brief an *Téleki*)	
15. 5.	Rodert („Felsennest")		
16. 5.	Rodert („Felsennest")	16.00—18.30 Uhr: Göring, Jeschonnek	
17. 5.	Rodert („Felsennest"); Flug nach Bastogne	mittags: v. Brauchitsch 15.00 Uhr: v. Rundstedt, v. Sodenstern (im H.Qu. der H.Gr. A)	

Tag	*Aufenthaltsorte*	*Besprechungen mit (Briefe an)*	*Unterredungen Ribbentrops mit*
18. 5.	Rodert („Felsennest")	10.00 Uhr: v. Brauchitsch, Halder *Alfieri* 18.00 Uhr: Halder (Brief an *Mussolini*) „Weisung Nr. 12" (Westoffensive)	
19. 5.	Rodert („Felsennest")		
20. 5.	Rodert („Felsennest")	vorm.: v. Brauchitsch, Jodl	
21. 5.	Rodert („Felsennest")	11.00 Uhr: v. Brauchitsch, Halder 12.00 Uhr: Raeder, Keitel, Jodl nachm.: Göring, Jeschonnek	
22. 5.	Rodert („Felsennest")		
23. 5.	Rodert („Felsennest")		
24. 5.	Rodert („Felsennest"); Flug nach Charleville	11.30 Uhr: v. Rundstedt (im H.Qu. der H.Gr. A), Jodl, Schmundt abends: v. Brauchitsch „Weisung Nr. 13" (Westoffensive)	
25. 5.	Rodert („Felsennest")	vorm.: v. Brauchitsch Seyß-Inquart, Himmler, Schmidt-Münster 18.30 Uhr: Halder (Brief an *Mussolini*)	
26. 5.	Rodert („Felsennest")	13.30—14.30 Uhr: v. Brauchitsch	
27. 5.	Rodert („Felsennest")	Jeschonnek Göring	
28. 5.	Rodert („Felsennest")	vorm.: v. Brauchitsch	
29. 5.	Rodert („Felsennest")		
30. 5.	Rodert („Felsennest")		
31. 5.	Rodert („Felsennest"); Fahrt nach Godesberg	*Alfieri* (Brief an *Mussolini*)	
1. 6.	Rodert („Felsennest"); 9.45 Uhr Flug nach Brüssel; Rundfahrt durch Brüssel, dann über Alost - Gent - Deynze - Courtrai - Bisseghen - Wevelghen - Menin - Gelnvelt - Ypern - Langemarck - Boesinghe - Poperinghe - Kemmel - Wytschaete - Messines - Comines	11.00 Uhr: v. Bock, v. Küchler, v. Reichenau (auf Flugplatz Brüssel)	

Tag	*Aufenthaltsorte*	*Besprechungen mit (Briefe an)*	*Unterredungen Ribbentrops mit*
2. 6.	Übernachten in Schloß Annapes bei Lille; Fahrt über Lille - Lens - Vimy - Souchez - Loretto - Arras - Douai - Bouchain - Cambrai; Flug nach Charleville; Rückflug von Niergnies nach Euskirchen	16.00 Uhr: v. Rundstedt, v. Sodenstern v. Bock, Ritter v. Leeb OB's und Chefs der 2., 4., 9., 12. und 16. Armee (im H.Qu. der H.Gr. A in Charleville)	
3. 6.	Rodert („Felsennest")		
4. 6.	Rodert („Felsennest")	mittags: Raeder, Keitel, Jodl Erdmenger Keitel	
5. 6.	Rodert („Felsennest")		
6. 6.	Rodert („Felsennest"); Flug nach Bruly de Pêche (9 km nordnordwestl. von Rocroi/Belgien) = FHQu. „Wolfsschlucht"[2]	15.00 Uhr: v. Brauchitsch	
7. 6.	Bruly de Pêche		
8. 6.	Bruly de Pêche	14.30 Uhr: Halder „Weisung Nr. 14" (Westoffensive) (Gückwunschtelegramm an König *Carol II.*)	
9. 6.	Bruly de Pêche	(Brief an *Mussolini*)	
10. 6.	Bruly de Pêche	vorm.: v. Brauchitsch (Telegramm an *Mussolini*)	
11. 6.	Bruly de Pêche		
12. 6.	Bruly de Pêche		
13. 6.	Bruly de Pêche	mittags: v. Brauchitsch *von Wiegand*	
14. 6.	Bruly de Pêche	„Weisung Nr. 15" (Westoffensive)	
15. 6.	Bruly de Pêche		
16. 6.	Bruly de Pêche und Schloß Acoz	*Vigón* in Acoz Ley in Bruly	
17. 6.	Bruly de Pêche; abends: Abfahrt nach München	Keitel, Jodl nach Eintreffen des französischen Waffenstillstandsersuchens	

2 Nach Warlimont, S. 116, fand die Verlegung des FHQu. von „Felsennest" nach „Wolfsschlucht" bereits am 3. 6. 1940 statt; die Angabe in der Aufzeichnung der Besprechung Hitler-Raeder am 4. 6. (Ort: „Wolfsschlucht") könnte dies ebenso bestätigen wie die Verlegung des H.Qu. OKH am 3. 6. 1940 (KTB Halder, Bd. I, S. 330). Dagegen verzeichnen Greiner, S. 11 und S. 110, wie „Führers Tagebuch" den 6. 6. 1940 als Tag der Verlegung. Wir folgen diesen Angaben.

Tag	*Aufenthaltsorte*	*Besprechungen mit (Briefe an)*	*Unterredungen Ribbentrops mit*
18. 6.	12.00 Uhr Ankunft in München; 22.00 Uhr Rückfahrt nach Bruly de Pêche	morgens: Göring auf Rhein=Main=Flughafen Frankfurt a. M. 12.30—16.00 Uhr: *Mussolini* in München	*Ciano*
19. 6.	Bruly de Pêche		
20. 6.	Bruly de Pêche und Schloß Chimay	Raeder, Keitel, Jodl in Bruly v. Brauchitsch im H.Qu. OKH in Chimay	
21. 6.	Bruly de Pêche; 12.00 Uhr Abfahrt mit Wagen nach Compiègne; 16.00 Uhr Rückflug nach Bruly de Pêche	15.15 Uhr: Verlesung der Waffenstillstands=präambel durch Keitel	
22. 6.	Bruly de Pêche	Bouhler, Speer, Giesler	
23. 6.	4.05 Uhr Flug von Bruly de Pêche nach Paris; 10.30 Uhr Rück=flug nach Bruly de Pêche	Besichtigung von Invalidendom, Made=leine, Oper in Paris v. Brauchitsch in Bruly	
24. 6.	Bruly de Pêche	Amann, Ernst Schmidt (Weltkriegskameraden Hitlers)	
25. 6.	Bruly de Pêche; Flug nach Laon, von dort mit Wagen zu Weltkriegskampfstätten Hitlers; abends Rück=flug nach Bruly de Pêche	zusammen mit Amann und Ernst Schmidt	
26. 6.	Bruly de Pêche; Flug nach Lille; von dort mit Wagen nach Messines, Fromelles und anderen Weltkriegskampfstätten Hitlers; Weiterfahrt nach Poperinghe = Dünkirchen; abends Rückflug von Lille nach Bruly de Pêche	zusammen mit Amann und Ernst Schmidt	
27. 6.	Bruly de Pêche; 9.30 Uhr Flug nach Eutingen; mit Wagen über Freudenstadt zum Knibis = FHQu. „Tan=nenberg"		
28. 6.	Knibis; Fahrt mit Wagen nach Kehl = Straßburg = Schlettstadt = Colmar = Breisach = Gutach = Wolfach; zurück zum Knibis Knibis	Meißner Adolf Wagner	
29. 6.	Knibis	(Brief an *Carol II.*)	

Tag	*Aufenthaltsorte*	*Besprechungen mit (Briefe an)*	*Unterredungen Ribbentrops mit*
30. 6.	Knibis; Fahrt mit Zug von Oppenau nach Riegel; von dort mit Wagen nach Mühlhausen-Speckach-Freiburg; mit Zug von dort nach Oppenau; zurück zum Knibis		
1. 7.	Knibis	*Alfieri* Robert Wagner, Bürckel, Schirach, Christiansen, Seyß-Inquart, Schmidt-Münster	
2. 7.	Knibis	Goebbels, Lammers, Terboven	
3. 7.	Knibis		
4. 7.	Knibis		
5. 7.	Knibis; Besuch des Lazaretts Freudenstadt; abends Abfahrt nach Berlin		
6. 7.	Berlin	15.00 Uhr: Empfang auf dem Anhalter Bahnhof	
7. 7.	Berlin	*Ciano*	
8. 7.	Berlin; 20.40 Uhr Abfahrt nach München		*Sato*
9. 7.	München (Ankunft 11.18 Uhr)		
10. 7.	München; 18.05 Uhr Fahrt zum Berghof	11.00 Uhr Führerbau: *Téleki, Csáky, Ciano*	
11. 7.	Berghof	Raeder, Keitel	
12. 7.	Berghof		
13. 7.	Berghof	12.00—13.00 Uhr: Halder (Brief an *Mussolini*)	
14. 7.	Berghof; 4.00 Uhr Flug nach Wels; Besichtigung in Linz; 20.00 Uhr Rückflug zum Berghof		
15. 7.	Berghof	(Brief an *Carol II.*)	
16. 7.	Berghof	v. Papen Unterzeichnung der „Weisung Nr. 16" („Seelöwe")	
17. 7.	Berghof		
18. 7.	Berghof; 14.30 Uhr Fahrt mit Wagen nach München; 18.19 Uhr Abfahrt nach Berlin		

Tag	*Aufenthaltsorte*	*Besprechungen mit (Briefe an)*	*Unterredungen Ribbentrops mit*
19. 7.	Berlin (Ankunft 11.30 Uhr)	19.00 Uhr: Reichstagsrede v. Rundstedt	*Ciano*
20. 7.	Berlin	*Ciano* Dietl	
21. 7.	Berlin; 15.30 Uhr Abfahrt nach Weimar	v. Brauchitsch, Raeder, Jeschonnek	
22. 7.	Weimar; 11.30 Uhr Fahrt mit Wagen über Berneck nach Bayreuth	Giesler, Sauckel	
23. 7.	Bayreuth; 21.30 Uhr Fahrt nach Berlin	Festspielhaus: „Götterdämmerung"	
24. 7.	Berlin (Ankunft 11.30 Uhr)	Frhr. v. Richthofen (Gen. d. Fl.)	
25. 7.	Berlin; 20.40 Uhr Abfahrt nach München	17.00 Uhr: Raeder, Keitel, Jodl, Todt	
26. 7.	München (Ankunft 8.19 Uhr); 13.30 Uhr Weiterfahrt zum Berghof	nachmittags: *Gigurtu, Manoilescu*	12.00 Uhr: *Gigurtu,* *Manoilescu* (in Fuschl)
27. 7.	Berghof	v. Papen 16.00 Uhr: *Filoff, Popoff,* *Draganoff*	*Filoff, Popoff*
28. 7.	Berghof	15.00 Uhr: *Tiso, Tuka, Mach*	
29. 7.	Berghof	*Schekoff* (bulgarischer Oberbefehlshaber im I. Weltkrieg)	
30. 7.	Berghof		
31. 7.	Berghof	11.30—13.00 Uhr: Raeder (nur beim ersten Teil der Besprechung), v. Brauchitsch, Halder, Keitel, Jodl, Dietl, Uiberreither	
1. 8.	Berghof	v. Papen Unterzeichnung der „Weisung Nr. 17" (See= und Luftkrieg gegen England)	
2. 8.	Berghof		
3. 8.	Berghof		
4. 8.	Berghof; 9.00 Uhr Flug von München nach Berlin=Tempelhof		
5. 8.	Berlin	v. Brauchitsch, Keitel	
6. 8.	Berlin	Rede zur Aufstellung der „Leibstandarte SS A.H." in Lichterfelde	*Schkwarzew*

Tag	*Aufenthaltsorte*	*Besprechungen mit (Briefe an)*	*Unterredungen Ribbentrops mit*
7. 8.	Berlin; 8.45 Uhr Flug von Staaken nach Essen; nachmittags Rückflug nach Staaken	Besuch bei Krupp v. Bohlen zu dessen 70. Geburtstag Besichtigung der Krupp=Werke	
8. 8.	Berlin; 18.35 Uhr Flug zum Berghof		
9. 8.	Berghof		
10. 8.	Berghof		
11. 8.	Berghof		
12. 8.	Berghof; 11.15 Uhr Fahrt nach München; 19.43 Uhr Fahrt nach Berlin		
13. 8.	Berlin	17.30 Uhr: Raeder, Keitel, Jodl	
14. 8.	Berlin	die neuen Feld=marschälle des Heeres	*Schkwarzew*
15. 8	Berlin		
16. 8.	Berlin; 19.45 Uhr Abfahrt nach München	*Quisling*, Lammers, Bormann[3]	*Alfieri*
17. 8.	München; 20.25 Uhr Abfahrt zum Berghof		
18. 8.	Berghof		
19. 8.	Berghof		*Kivimäki*
20. 8.	Berghof		
21. 8.	Berghof	Terboven	
22. 8.	Berghof		
23. 8.	Berghof		
24. 8.	Berghof		
25. 8.	Berghof		
26. 8.	Berghof	v. Brauchitsch	*Pizo=Rangabé* (in Fuschl)
27. 8.	Berghof	Fabricius, v. Erdmannsdorff	Fabricius, v. Erdmannsdorff
28. 8.	Berghof	*Ciano, Alfieri*	
29. 8.	Berghof; 16.30 Uhr Abflug nach Berlin		Wien: *Manoilescu, Pop; Téleki, Csáky* (zusammen mit *Ciano*)
30. 8.	Berlin		2. Wiener Schiedsspruch (zusammen mit *Ciano*)
31. 8.	Berlin	13.15 Uhr: Halder	*Ciano* (zusammen auf der Jagd im Sudetenland)

3 Datum der Besprechung nach der Gedächtnisniederschrift Scheidts (abgedruckt im Tagebuch Rosenbergs, S. 178 ff.): 18. 8. 1940.

Tag	*Aufenthaltsorte*	*Besprechungen mit (Briefe an)*	*Unterredungen Ribbentrops mit*
1. 9.	Berlin		
2. 9.	Berlin	*Espinosa, iranischer Gesandter, portugies. Gesandter*	*Schkwarzew*
3. 9.	Berlin		
4. 9.	Berlin	die neuen Feld=marschälle der Luftwaffe Rosenberg Terboven, Wegener 17.00 Uhr: Rede im Sportpalast zur Eröffnung des „Winterhilfswerks"	
5. 9.	Berlin	Seyß=Inquart, Terboven, *Quisling*, Wegener	
6. 9.	Berlin	nachm.: Raeder, Keitel, Jodl	
7. 9.	Berlin		
8. 9.	Berlin		
9. 9.	Berlin		
10. 9.	Berlin	12.40—13.50 Uhr: *Sztójay*	
11. 9.	Berlin	*Quisling*, Terboven, Wegener	
12. 9.	Berlin		
13. 9.	Berlin	13.15 Uhr: v. Brauchitsch, Halder, Hoepner, Haase, Busch, v. Falkenhorst, Frhr. v. Weichs, Doll=mann, v. Kleist, v. Küchler, Fromm, Hoth, Ritter v. Schobert, Strauß Göring, Milch, Stumpff, Weise, Udet, Grauert, Heller Carls	
14. 9.	Berlin	15.00 Uhr: v. Brauchitsch, Halder, Raeder, Göring, Jeschonnek	
15. 9.	Berlin	Göring[4]	
16. 9.	Berlin		11.00 Uhr: *Serrano Suñer*

4 Nach dem Tagebuch Engel fand die Besprechung auf dem Berghof statt. Auch nach Görings allgemeiner Aussage (IMT, Bd. IX, S. 383) erfuhr er in einer Besprechung mit Hitler auf dem Berghof im „Spätherbst" 1940 erstmals von Hitlers Angriffsabsichten gegenüber der Sowjetunion.

Tag	*Aufenthaltsorte*	*Besprechungen mit (Briefe an)*	*Unterredungen Ribbentrops mit*
17. 9.	Berlin	Rosenberg *Terruzzi* *Serrano Suñer* (Brief an *Franco*)	*Serrano Suñer*
18. 9.	Berlin		
19. 9.	Berlin		*Mussolini* (in Rom)
20. 9.	Berlin		*Mussolini* (in Rom)
21. 9.	Berlin		*Ciano* (in Rom)
22. 9.	Berlin	Mölders	*Mussolini* (in Rom)
23. 9.	Berlin	16.00 Uhr: *Mussert, Rost van Tonningen, Gelkerken*	
24. 9.	Berlin	Terboven, Seyß-Inquart Galland	*Serrano Suñer*
25. 9.	Berlin	*Serrano Suñer* Bürckel, Robert Wagner, Lammers, Bormann, Stuckart	
26. 9.	Berlin	17.00 Uhr: Raeder Schirach, Hilgenfeld	
27. 9.	Berlin	Unterzeichnung des „Dreimächtepakts" *Ciano, Kurusu* (Brief an *Mussolini*)	
28. 9.	Berlin	*Ciano*	
29. 9.	Berlin	v. Brauchitsch	
30. 9.	Berlin	13.00 Uhr: Erik Hansen (Gen. d. Kav.)	
1. 10.	Berlin	12.30—13.30 Uhr: *Farinacci*	
2. 10.	Berlin	Frank, Bormann, Schirach	
3. 10.	Berlin; 4.10 Uhr Abfahrt nach München		
4. 10.	München; Weiterfahrt zum Brenner (Ankunft 11.00 Uhr); 14.30 Uhr Abfahrt vom Brenner zum Berghof (Ankunft 20.40 Uhr)	*Mussolini* am Brenner (11.00—14.30 Uhr)	*Ciano*
5. 10.	Berghof	v. Neurath, K.-H. Frank	
6. 10.	Berghof		
7. 10.	Berghof		
8. 10.	Berghof		
9. 10.	Berghof; 1.00 Uhr Abfahrt nach Berlin (Ankunft 15.55 Uhr)		

Tag	*Aufenthaltsorte*	*Besprechungen mit (Briefe an)*	*Unterredungen Ribbentrops mit*
10. 10.	Berlin	v. Brauchitsch	
11. 10.	Berlin	Wick	*Riccardi*
12. 10.	Berlin	Abetz	
13. 10.	Berlin		(Brief an *Stalin*)
14. 10.	Berlin	12.30—13.30 Uhr: *Riccardi* 16.00 Uhr: Raeder, Keitel, Jodl	*Pop; Sawada*
15. 10.	Berlin	Staatsakt Admiral v. Trotha Ehrenabordnung Landvolk	mexikan. Gesandter
16. 10.	Berlin; 4.00 Uhr Abfahrt nach München (Ankunft 15.42 Uhr); abends Weiterfahrt zum Berghof		
17. 10.	Berghof	*Marie José* (Gemahlin des italien. Kronprinzen)	
18. 10.	Berghof		
19. 10.	Berghof		
20. 10.	Berghof; 23.30 Uhr Abfahrt nach Aachen		
21. 10.	Fahrt über Aachen = Namur = Tunnel Yvoir (Ankunft 21.10 Uhr)		
22. 10.	Weiterfahrt über Laon = Vendôme nach Montoire	Dönitz 19.30 Uhr: *Laval*	
23. 10.	Weiterfahrt von Mon= toire über Vendôme = Bordeaux nach Hendaye	*Franco, Serrano Suñer*	*Serrano Suñer*
24. 10.	Fahrt von Hendaye nach Montoire	*Pétain, Laval*	*Espinosa*
25. 10.	Fahrt von Montoire nach Yvoir		
26. 10.	Fahrt von Yvoir nach München		
27. 10.	München; 18 Uhr Abfahrt nach Florenz		
28. 10.	Fahrt über Bologna nach Florenz (Ankunft 11.00 Uhr); 18.00 Uhr Rückfahrt nach München	*Mussolini, Ciano* (in Florenz)	
29. 10.	München (Ankunft 8.28 Uhr)		
30. 10.	München; 8.48 Uhr Abfahrt nach Berlin (Ankunft 20.00 Uhr)		
31. 10.	Berlin	Prien	
1. 11.	Berlin		

Tag	*Aufenthaltsorte*	*Besprechungen mit (Briefe an)*	*Unterredungen Ribbentrops mit*
2. 11.	Berlin	Halder	*Ciano* (auf Jagd im Sudetenland)
3. 11.	Berlin	Ritter v. Thoma	*Ciano* (auf Jagd im Sudetenland)
4. 11.	Berlin	14.30 Uhr: v. Brauchitsch, Halder, Göring, Keitel, Jodl	
5. 11.	Berlin		
6. 11.	Berlin; 4.00 Uhr Abfahrt nach München (Ankunft 15.42 Uhr)		
7. 11.	München		
8. 11.	München	18.00 Uhr: Rede im Löwenbräukeller	
9. 11.	München		
10. 11.	München; 3.53 Uhr Abfahrt nach Berlin (Ankunft 15.10 Uhr)		
11. 11.	Berlin	Besuch bei v. Bock	*Kurusu; Chen Chieh; thailändischer Gesandter Montri; Gerede*
12. 11.	Berlin	Unterzeichnung der „Weisung Nr. 18" 15.00 Uhr: *Molotow*	*Molotow*
13. 11.	Berlin	*Molotow* Kretschmer	21.45—24.00 Uhr: *Molotow*
14. 11.	Berlin	13.00 Uhr: Raeder Rüstungsarbeiter	
15. 11.	Berlin	japanische Delegation	
16. 11.	Berlin; 4.00 Uhr Abfahrt über München (16.00 Uhr) zum Berghof		
17. 11.	Berghof		
18. 11.	Berghof	*Boris III.*[5] nachmittags: *Serrano Suñer* und *Ciano*; *Ciano*	*Ciano*
19. 11.	Berghof; 23.50 Uhr Abfahrt nach Wien	*Leopold III.*	*Serrano Suñer*
20. 11.	Wien (Ankunft 10.40 Uhr); 20.55 Abfahrt nach Berlin	*Téleki, Csáky* *Ciano* (Brief an *Mussolini*)	

5 Nach „Führers Tagebuch" fand der Besuch Boris' III. am 17. 11. statt (so auch datiert in: Foreign Relations, vol. I/1940, S. 529). Wir folgen hier den Angaben des KTB OKW und der DNB-Meldung.

Tag	*Aufenthaltsorte*	*Besprechungen mit (Briefe an)*	*Unterredungen Ribbentrops mit*
21. 11.	Berlin (Ankunft 17.53 Uhr)		*Csáky* (in Wien)
22. 11.	Berlin	*Grecianu* und *Pop* *Antonescu*	*Antonescu*
23. 11.	Berlin	13.00—13.50 Uhr: *Draganoff* *Antonescu*	*Antonescu* *Gregorić*
24. 11.	Berlin		*Tuka; Gregorić*
25. 11.	Berlin	*Grandi*	
26. 11.	Berlin; 23.20 Uhr Abfahrt nach München		
27. 11.	München (Ankunft 11.20 Uhr); abends Weiterfahrt zum Berghof		*Cincar-Marković*
28. 11.	Berghof	*Cincar-Marković*	
29. 11.	Berghof		
30. 11.	Berghof		
1. 12.	Berghof		
2. 12.	Berghof; 9.25 Uhr Abfahrt nach München; 22.20 Uhr Weiterfahrt nach Berlin		
3. 12.	Berlin (Ankunft 10.00 Uhr)	13.30—14.00 Uhr: *Draganoff* Besuch bei v. Bock 16.30 Uhr: Raeder, Keitel, Jodl abends: Warlimont	
4. 12.	Berlin		
5. 12.	Berlin	13.15—14.00 Uhr: *Sven Hedin* 15.00 Uhr: v. Brauchitsch, Halder, Keitel, Jodl, Brand Terboven, Wegener (Brief an *Mussolini*)	
6. 12.	Berlin		
7. 12.	Berlin	Terboven, Wegener nachmittags: Kübler, Frhr. v. Richthofen, Keitel, Jodl, v. Brauchitsch, v. Reichenau	17.00 Uhr: *Alfieri*
8. 12.	Berlin	*Alfieri*[6]	
9. 12.	Berlin	mittags: Halder	

6 Nach KTB OKW fand der Besuch Alfieris am 7. 12. 1940 abends statt; wir folgen hier „Führers Tagebuch", das den 8. 12. verzeichnet.

Tag	*Aufenthaltsorte*	*Besprechungen mit (Briefe an)*	*Unterredungen Ribbentrops mit*
10. 12.	Berlin	Unterzeichnung der „Weisung Nr. 19" („Attila") Rede vor Arbeitern des Rüstungswerks „Rheinmetall-Borsig"	
11. 12.	Berlin; 23.10 Uhr Abfahrt nach München	15.00 Uhr: Empfang der Gauleiter Todt	
12. 12.	Fahrt nach München (Ankunft 21.20 Uhr)		*Dekanosow*
13. 12.	München; 15.45 Uhr Weiterfahrt zum Berghof	Unterzeichnung der „Weisung Nr. 20" („Marita")	
14. 12.	Berghof	*Helene* (Mutter des Königs von Rumänien) *Herzogin von Spoleto*	
15. 12.	Berghof		
16. 12.	Berghof; 11.04 Uhr Fahrt nach München; 22.20 Uhr Weiterfahrt nach Berlin		
17. 12.	Berlin (Ankunft 10.00 Uhr)		
18. 12.	Berlin	Unterzeichnung der „Weisung Nr. 21" („Barbarossa") Rede vor Offiziersanwärtern im Sportpalast	
19. 12.	Berlin	*Dekanosow* *Alfieri*	*Espinosa*
20. 12.	Berlin		
21. 12.	Berlin		*Dekanosow*
22. 12.	Berlin; 4.15 Uhr Abfahrt über Aachen-Namur nach Ronse		
23. 12.	Besichtigung der deutschen Stellungen zwischen Calais und Boulogne	Weihnachtsfeier bei einer OT-Einheit	
24. 12.	Fahrt zum Tunnel bei Beauvais	Weihnachtsfeier bei zwei Jagdgeschwadern	
25. 12.	Tunnel bei Beauvais	Milch, Jeschonnek *Darlan* Weihnachtsfeier in Beauvais	
26. 12.	Fahrt von Beauvais nach Metz (Ankunft 11.00 Uhr); Weiterfahrt nach Saarburg und Lützelburg; 18.40 Uhr Abfahrt von Arzweiler nach Berlin	Weihnachtsfeier bei „Leibstandarte SS A.H." in Metz Weihnachtsfeier bei I.R. 125	

Tag	*Aufenthaltsorte*	*Besprechungen mit (Briefe an)*	*Unterredungen Ribbentrops mit*
27. 12.	Berlin (Ankunft 12.00 Uhr); 23.45 Uhr Abfahrt nach München	Lutze 16.00 Uhr: Raeder, Keitel, Jodl	
28. 12.	München (Ankunft 12.47 Uhr); 18.15 Uhr Weiterfahrt zum Berghof		
29. 12.	Berghof		
30. 12.	Berghof		
31. 12.	Berghof	(Brief an *Mussolini*)	
		1941	
1. 1.	Berghof		
2. 1.	Berghof		
3. 1.	Berghof	Amann, Adolf Müller, Josef Pickel	
4. 1.	Berghof	*Filoff*	*Filoff* (in Fuschl)
5. 1.	Berghof		*Favagrossa* (in Fuschl)
6. 1.	Berghof		*Alfieri* (in Berlin)
7. 1.	Berghof		
8. 1.	Berghof	Raeder, v. Brauchitsch, Keitel, Jodl	
9. 1.	Berghof	12.15 Uhr: Raeder, v. Brauchitsch, Keitel, Jodl, Jeschonnek, Paulus, Heusinger, Fricke	
10. 1.	Berghof		
11. 1.	Berghof	Unterzeichnung der „Weisung Nr. 22" (Mittelmeer)	
12. 1.	Berghof	(Brief an *Antonescu*)	
13. 1.	Berghof	*Boris III.*	*Boris III.*
14. 1.	Berghof	*Antonescu*	
15. 1.	Berghof		
16. 1.	Berghof		
17. 1.	Berghof		
18. 1.	Berghof		
19. 1.	Berghof	*Mussolini, Ciano* (Eintreffen in Puch um 10.00 Uhr)	
20. 1.	Berghof	*Mussolini, Ciano, Guzzoni, Gandin* (Abfahrt 16.00 Uhr)	
21. 1.	Berghof		
22. 1.	Berghof		

Tag	*Aufenthaltsorte*	*Besprechungen mit (Briefe an)*	*Unterredungen Ribbentrops mit*
23. 1.	Berghof		
24. 1.	Berghof		
25. 1.	Berghof		
26. 1.	Berghof		
27. 1.	Berghof; 16.00 Uhr Fahrt nach München		
28. 1.	München; 0.06 Uhr Abfahrt nach Berlin (Ankunft 11.15 Uhr)		
29. 1.	Berlin	*Bartha*	
30. 1.	Berlin	16.30 Uhr: Rede im Sportpalast	
31. 1.	Berlin	Ley japanische Offz.-Abordnung (unter *Yamashita*)	
1. 2.	Berlin	Staatsakt für Gürtner 12.30—14.30 Uhr: v. Brauchitsch, Frhr. v. Funck	
2. 2.	Berlin	v. Bock	
3. 2.	Berlin	12.15—18.00 Uhr[7]: v. Brauchitsch, Halder, Keitel, Jodl *Kurusu*	
4. 2.	Berlin	nachmittags: Raeder, Keitel, Jodl	
5. 2.	Berlin	(Brief an *Mussolini*)	
6. 2.	Berlin; 23.45 Uhr Abfahrt nach München	v. Rintelen, Rommel (Brief an *Franco*) Unterzeichnung der „Weisung Nr. 23" (Kriegführung gegen die englische Wehrwirtschaft)	
7. 2.	München (Ankunft 11.45 Uhr); 19.15 Uhr Weiterfahrt zum Berghof		
8. 2.	Berghof		
9. 2.	Berghof	v. Brauchitsch, Keitel	
10. 2.	Berghof		
11. 2.	Berghof		
12. 2.	Berghof		
13. 2.	Berghof		
14. 2.	Berghof	*Cvetković, Cincar-Marković*	*Cvetković, Cincar-Marković* (in Fuschl)
15. 2.	Berghof		
16. 2.	Berghof		

7 Nach KTB OKW fand diese Besprechung auf dem Berghof statt.

Tag	*Aufenthaltsorte*	*Besprechungen mit (Briefe an)*	*Unterredungen Ribbentrops mit*
17. 2.	Berghof		
18. 2.	Berghof		
19. 2.	Berghof		
20. 2.	Berghof; Fahrt nach München; 19.05 Uhr Rückfahrt zum Berghof	Trauerfeier für Kriebel	
21. 2.	Berghof		
22. 2.	Berghof		
23. 2.	Berghof; 11.14 Uhr Abfahrt nach München		*Oshima* (in Fuschl) (1. Unterredung: 13.00—14.30 Uhr; 2. Unterredung: 15.45—18.00 Uhr)
24. 2.	München	17.00 Uhr: Rede zum Parteigründungstag	
25. 2.	München; 10.26 Uhr Abfahrt zum Berghof		
26. 2.	Berghof		
27. 2.	Berghof		
28. 2.	Berghof; 23.30 Uhr Abfahrt nach Wien	*Oshima* (Brief an *Mussolini*)	
1. 3.	Wien; 23.45 Uhr Abfahrt nach Linz	*Filoff* *Ciano* (Brief an *Inönü*)	
2. 3.	Linz (Ankunft 6.45 Uhr); Rundfahrt durch die Stadt; 8.15 Uhr Weiter=fahrt zum Berghof		
3. 3.	Berghof		*Oshima* (in Fuschl)
4. 3.	Berghof	*Prinzregent Paul* von Jugoslawien	
5. 3.	Berghof	Unterzeichnung der „Weisung Nr. 24" (Zusammenarbeit mit Japan)	
6. 3.	Berghof	*Espinosa*	
7. 3.	Berghof		
8. 3.	Berghof	Harlinghausen	
9. 3.	Berghof	Besuch bei Keitel in Berchtesgaden	
10. 3.	Berghof		
11. 3.	Berghof		
12. 3.	Berghof; 18.55 Uhr Abfahrt nach Linz		
13. 3.	Linz: Rundfahrt, Besich=tigung der Hermann=Göring=Werke, Pötlings=berg; Rückfahrt über Leonding zum Berghof	Ansprache in der Festhalle	

Tag	*Aufenthaltsorte*	*Besprechungen mit (Briefe an)*	*Unterredungen Ribbentrops mit*
14. 3.	Berghof; 15.05 Uhr Abfahrt nach München		
15. 3.	München; 0.09 Uhr Abfahrt nach Berlin		
16. 3.	Berlin	Rede im Zeughaus zum Heldengedenktag v. Brauchitsch	
17. 3.	Berlin	Frank 15.00—20.30 Uhr: v. Brauchitsch, Halder, Keitel, Jodl abends: *Gerede*	
18. 3.	Berlin	16.00 Uhr: Raeder, Keitel, Jodl	
19. 3.	Berlin	Dietl	
20. 3.	Berlin; 23.45 Uhr Abfahrt nach München	*Bossy* Rommel	
21. 3.	München	*v. Bardossy* (im Führerbau)	
22. 3.	München	Münchener Künstler im Hause Bormanns in Pullach	
23. 3.	München		
24. 3.	München; 22.20 Uhr Abfahrt nach Wien		
25. 3.	Wien; 22.20 Uhr Abfahrt nach Berlin	*Cvetković*, *Cincar=Marković* *Ciano*	
26. 3.	Berlin	Besichtigung des umgebauten Schlosses Bellevue	
27. 3.	Berlin	13.10—13.25 Uhr: *Sztójay* 13.30—14.10 Uhr: Keitel, Jodl, v. Brauchitsch, Halder 14.15—14.20 Uhr: *Draganoff* 16.00 Uhr: *Matsuoka* (Brief an *Mussolini*) Unterzeichnung der „Weisung Nr. 25" (Jugoslawien)	*Matsuoka*
28. 3.	Berlin	12.30 Uhr: Halder, Heusinger, Paulus *Matsuoka* (Essen) 19.45—20.05 Uhr: *Sztójay*	*Matsuoka*
29. 3.	Berlin		*Matsuoka*

Tag	*Aufenthaltsorte*	*Besprechungen mit (Briefe an)*	*Ribbentrops mit Unterredungen*
30. 3.	Berlin	11.00–13.30 Uhr: Ansprache vor der Generalität v. Brauchitsch, Halder nachm.: v. Brauchitsch, Halder	
31. 3.	Berlin		
1. 4.	Berlin		
2. 4.	Berlin	13.00–14.00 Uhr: Halder, Heusinger	
3. 4.	Berlin	Vizeadmiral *Nomura* Unterzeichnung der „Weisung Nr. 26" (Zusammenarbeit mit den Verbündeten auf dem Balkan)	
4. 4.	Berlin	nachm.: *Matsuoka*	
5. 4.	Berlin	(Brief an *Mussolini*)	*Matsuoka*
6. 4.	Berlin	*Alfieri*	
7. 4.	Berlin		
8. 4.	Berlin		*Gerede*
9. 4.	Berlin		
10. 4.	Berlin; 20.40 Uhr Abfahrt nach München	17.30 Uhr: v. Brauchitsch	
11. 4.	München; 16.20 Uhr Abfahrt nach Mönichkirchen		
12. 4.	Mönichkirchen		
13. 4.	Mönichkirchen	(Brief an *Horthy*) Unterzeichnung der „Weisung Nr. 27" (Balkanoperationen)	*Benoist-Méchin*
14. 4.	Mönichkirchen		
15. 4.	Mönichkirchen		
16. 4.	Mönichkirchen		
17. 4.	Mönichkirchen		
18. 4.	Mönichkirchen		
19. 4.	Mönichkirchen	v. Papen[8] *Boris III.* 17.00 Uhr: *Sztójay*	
20. 4.	Mönichkirchen	Gratulationscour Rosenberg Raeder *Ciano*	
21. 4.	Mönichkirchen	Jeschonnek, Student	*Ciano* in Wien
22. 4.	Mönichkirchen		*Ciano* in Wien
23. 4.	Mönichkirchen		

8 Nach Tagebuch Engel am 20. 4. 1941; hier nach „Führers Tagebuch".

Tag	*Aufenthaltsorte*	*Besprechungen mit (Briefe an)*	*Unterredungen Ribbentrops mit*
24. 4.	Mönichkirchen	Uiberreither, Kutschera *v. Horthy*	*v. Mackensen*
25. 4.	Mönichkirchen; Fahrt nach Spielfeld	Unterzeichnung der „Weisung Nr. 28" („Merkur" — Kreta)	
26. 4.	Mönichkirchen; Fahrt über Marburg a. d. Drau nach Graz, Rundfahrt in Graz; 18.00 Uhr Weiterfahrt nach Klagenfurt		
27. 4.	Klagenfurt (Ankunft 10.00 Uhr); 16.00 Uhr Weiterfahrt über München nach Berlin		
28. 4.	Berlin (Ankunft 11.30 Uhr)	*Espinosa* 17.15—17.45 Uhr: Graf v. d. Schulenburg	
29. 4.	Berlin	mittags: Rede vor den Offiziersanwärtern im Sportpalast	*Bose* in Wien
30. 4.	Berlin	Besuch bei Ribbentrop zu dessen 48. Geburtstag in Dahlem 15.00 Uhr: v. Brauchitsch, Halder, Keitel, Jodl	
1. 5.	Berlin		
2. 5.	Berlin	nachm.: Rosenberg	
3. 5.	Berlin		
4. 5.	Berlin; 20.15 Uhr Abfahrt nach Danzig	18.00 Uhr: Reichstagsrede	*Cuhady*
5. 5.	Danzig	Besuch auf den Schlachtschiffen „Tirpitz" und „Bismarck" Besuch in der Wohnung Forsters	
6. 5.	Danzig; 19.00 Uhr Abfahrt nach Berlin		
7. 5.	Berlin		
8. 5.	Berlin; 20.40 Uhr Abfahrt nach München		
9. 5.	München (Ankunft 8.09 Uhr); 19.25 Uhr Weiterfahrt zum Berghof		
10. 5.	Berghof		
11. 5.	Berghof	mittags: Übergabe von Briefen Heß' durch dessen Adjutanten Pintsch Bormann 15.30—19.30 Uhr: *Darlan*	*Darlan* (in Fuschl)

Tag	*Aufenthaltsorte*	*Besprechungen mit (Briefe an)*	*Unterredungen Ribbentrops mit*
12. 5.	Berghof	Bormann, Göring, Udet, Ribbentrop	*Darlan* (in Fuschl)
13. 5.	Berghof	Canaris 16.00—18.30 Uhr: Ansprache vor sämtlichen Reichsleitern und Gauleitern	*Mussolini* (in Rom)
14. 5.	Berghof	v. Brauchitsch	*Mussolini* (in Rom)
15. 5.	Berghof		
16. 5.	Berghof	Lammers	
17. 5.	Berghof	Unterzeichnung der „Weisung Nr. 29" (Besetzung des Balkanraums)	
18. 5.	Berghof	(Brief an *Inönü*)	
19. 5.	Berghof		
20. 5.	Berghof; morgens Fahrt nach München		
21. 5.	München; abends Rückfahrt zum Berghof		
22. 5.	Berghof	*Alfieri* Raeder, Keitel, Jodl, Ribbentrop	
23. 5.	Berghof	*Cudahy* Unterzeichnung der „Weisung Nr. 30" (Mittlerer Orient)	
24. 5.	Berghof		
25. 5.	Berghof		
26. 5.	Berghof		
27. 5.	Berghof		
28. 5.	Berghof		
29. 5.	Berghof		
30. 5.	Berghof		
31. 5.	Berghof		
1. 6.	Berghof		
2. 6.	Berghof; 4.25 Uhr Abfahrt zum Brenner; 15.45 Uhr Rückfahrt zum Berghof (Ankunft 21.15 Uhr)	*Mussolini, Ciano* (auf dem Brenner)	
3. 6.	Berghof	*Oshima*	
4. 6.	Berghof		
5. 6.	Berghof		

Tag	*Aufenthaltsorte*	*Besprechungen mit (Briefe an)*	*Unterredungen Ribbentrops mit*
6. 6.	Berghof	Raeder, Keitel *Pavelić*	*Pavelić* (in Fuschl)
7. 6.	Berghof	*Boris III.*[9]	
8. 6.	Berghof		
9. 6.	Berghof	Unterzeichnung der „Weisung Nr. 31“ (Besetzung des Balkanraums)	
10. 6.	Berghof		
11. 6.	Berghof; 9.25 Uhr Abfahrt nach München		*Antonescu* (in München)
12. 6.	München; 22.25 Uhr Abfahrt nach Berlin	11.00 Uhr: *Antonescu* (im Führerbau) mittags: Essen ebda.	
13. 6.	Berlin (Ankunft 11.40 Uhr)		
14. 6.	Berlin	11.00—18.30 Uhr: Oberbefehlshaber der Heeresgruppen und Armeen v. Falkenhorst, Stumpff	*Ciano* (in Venedig)
15. 6.	Berlin		*Pavelić* (in Venedig)
16. 6.	Berlin		
17. 6.	Berlin		
18. 6.	Berlin	(Brief an *Antonescu*)	
19. 6.	Berlin	*Gerede* List	
20. 6.	Berlin		
21. 6.	Berlin	nachm.: Raeder, Keitel, Jodl, Speer (Brief an *Mussolini*) (Brief an *Ryti*) (Brief an *Horthy*)	
22. 6.	Berlin	5.30 Uhr: Verlesung der Proklamation Hitlers durch Goebbels	4.00 Uhr: *Dekanosow* kurz nach 4.00 Uhr: *Alfieri*
23. 6.	Berlin; 12.30 Uhr Abfahrt nach Forst Görlitz bei Rastenburg	vorm.: *Pavolini*	
24. 6.	Forst Görlitz bei Rastenburg = FHQu. „Wolfsschanze“	mittags: v. Brauchitsch	
25. 6.	„Wolfsschanze“	v. Brauchitsch	
26. 6.	„Wolfsschanze“		

9 Nach „Führers Tagebuch“ fand die Unterredung Hitler-Boris III. bereits am 4. 6. 1941 statt, nach der amtlichen DNB-Mitteilung, an der wir uns hier orientieren, dagegen erst am 7. 6. 1941.

Tag	*Aufenthaltsorte*	*Besprechungen mit (Briefe an)*	*Unterredungen Ribbentrops mit*
27. 6.	„Wolfsschanze"		
28. 6.	„Wolfsschanze"		
29. 6.	„Wolfsschanze"	(Brief an *Antonescu*) Einsetzung Görings als designierter Nachfolger	
30. 6.	„Wolfsschanze"; nachmittags: Besuch im OKH-Lager „Askania" (bei Angerburg)	Liebe, Schultze, Endraß (U-Boot-Kommandanten) 16.30 Uhr: v. Brauchitsch, Halder (Brief an *Mussolini*)	
1. 7.	„Wolfsschanze"		
2. 7.	„Wolfsschanze"		
3. 7.	„Wolfsschanze"		
4. 7.	„Wolfsschanze"		
5. 7.	„Wolfsschanze"		
6. 7.	„Wolfsschanze"		
7. 7.	„Wolfsschanze"		
8. 7.	„Wolfsschanze"	12.30 Uhr: v. Brauchitsch, Halder	
9. 7.	„Wolfsschanze"	nachm.: Raeder, Göring, Jeschonnek, Keitel, Jodl, Ribbentrop	
10. 7.	„Wolfsschanze"		
11. 7.	„Wolfsschanze"		
12. 7.	„Wolfsschanze"		
13. 7.	„Wolfsschanze"	12.30 Uhr: v. Brauchitsch, Halder	
14. 7.	„Wolfsschanze"	Richtlinien über die Rüstung	
15. 7.	„Wolfsschanze"	17.00—19.00 Uhr: *Oshima*	
16. 7.	„Wolfsschanze"	15.00—20.00 Uhr: Rosenberg, Bormann, Lammers, Göring, Keitel	
17. 7.	„Wolfsschanze"	Student, Ringl Erlaß über Verwaltung der besetzten Ostgebiete	
18. 7.	„Wolfsschanze"	Galland	
19. 7.	„Wolfsschanze"	„Weisung Nr. 33" (Fortführung des Ostfeldzuges)	
20. 7.	„Wolfsschanze"	(Brief an *Mussolini*)	
21. 7.	„Wolfsschanze"; Besuch im H.Qu. der H.Gr. Nord	*Kvaternik* Ritter v. Leeb	
22. 7.	„Wolfsschanze"	v. Brauchitsch	
23. 7.	„Wolfsschanze"	18.00 Uhr: Halder Ergänzung zur „Weisung Nr. 33"	

Tag	*Aufenthaltsorte*	*Besprechungen mit (Briefe an)*	*Unterredungen Ribbentrops mit*
24. 7.	„Wolfsschanze"		
25. 7.	„Wolfsschanze"	nachm.: Raeder	
26. 7.	„Wolfsschanze"	18.00—20.15 Uhr: Halder	
27. 7.	„Wolfsschanze"	(Brief an *Antonescu*)	
28. 7.	„Wolfsschanze"		
29. 7.	„Wolfsschanze"		
30. 7.	„Wolfsschanze"	„Weisung Nr. 34" (Fortführung des Ostfeldzuges) *Öhquist* (Brief an *Mussolini*)	
31. 7.	„Wolfsschanze"		
1. 8.	„Wolfsschanze"		
2. 8.	„Wolfsschanze"		
3. 8.	„Wolfsschanze"		
4. 8.	„Wolfsschanze" Besuch im H.Qu. der H.Gr. Mitte	v. Bock, Guderian, Hoth, Keitel, Jodl, Heusinger	
5. 8.	„Wolfsschanze"		
6. 8.	„Wolfsschanze"; Besuch im H.Qu. der H.Gr. Süd in Berditschew	Paulus v. Rundstedt *Antonescu*	
7. 8.	„Wolfsschanze"		
8. 8.	„Wolfsschanze"		
9. 8.	„Wolfsschanze"		
10. 8.	„Wolfsschanze"		
11. 8.	„Wolfsschanze"		
12. 8.	„Wolfsschanze"	*Espinosa* Ergänzung zur „Weisung Nr. 34"	
13. 8.	„Wolfsschanze"		
14. 8.	„Wolfsschanze"	(Brief an *Antonescu*)	
15. 8.	„Wolfsschanze"	mittags: v. Brauchitsch, Paulus	
16. 8.	„Wolfsschanze"		
17. 8.	„Wolfsschanze"		
18. 8.	„Wolfsschanze"		
19. 8.	„Wolfsschanze"		*Gerede*
20. 8.	„Wolfsschanze"		
21. 8.	„Wolfsschanze"	Befehl zur Fortführung der Operationen	
22. 8.	„Wolfsschanze"	Abfassung der „Studie" nachm.: Raeder, Keitel, Jodl	
23. 8.	„Wolfsschanze"	Guderian	
24. 8.	„Wolfsschanze"		
25. 8.	„Wolfsschanze"	*Oshima; Mussolini, Ciano*	

Tag	*Aufenthaltsorte*	*Besprechungen mit (Briefe an)*	*Unterredungen Ribbentrops mit*
26. 8.	„Wolfsschanze"; Flug nach Brest-Litowsk, 19.45 Uhr Abfahrt zum FHQu. Süd bei Krasno	*Mussolini, Ciano*	
27. 8.	19.45 Uhr Ankunft in Krasno	*Mussolini, Ciano*	
28. 8.	Flug zum H.Qu. der H.Gr. Süd in Uman; Rundfahrt östlich Uman	*Mussolini, Ciano* v. Rundstedt	
29. 8.	Rückfahrt zur „Wolfsschanze"		
30. 8.	„Wolfsschanze"	v. Brauchitsch	
31. 8.	„Wolfsschanze"		
1. 9.	„Wolfsschanze"	*Muñoz Grandes*	
2. 9.	„Wolfsschanze"		
3. 9.	„Wolfsschanze"	Todt	
4. 9.	„Wolfsschanze"		
5. 9.	„Wolfsschanze"	17.50 Uhr: Halder	
6. 9.	„Wolfsschanze"	Halder, Heusinger „Weisung Nr. 35" (Fortsetzung des Ostfeldzuges)	
7. 9.	„Wolfsschanze"		
8. 9.	„Wolfsschanze"	*v. Horthy, v. Bárdossy, Szombatelyi*	
9. 9.	„Wolfsschanze"	*v. Horthy*	
10. 9.	„Wolfsschanze"; Fahrt nach Marienburg (Westpr.), dann zum Tannenbergdenkmal, anschließend zurück zur „Wolfsschanze"	*v. Horthy*	
11. 9.	„Wolfsschanze"	*Graf Mayalde, Graf Tovar*	
12. 9.	„Wolfsschanze"		*Alfieri*
13. 9.	„Wolfsschanze"		
14. 9.	„Wolfsschanze"		
15. 9.	„Wolfsschanze"		
16. 9.	„Wolfsschanze"	Abetz	
17. 9.	„Wolfsschanze"	nachm.: Raeder, Keitel, Jodl, Dönitz, Ribbentrop	
18. 9.	„Wolfsschanze"	Terboven	
19. 9.	„Wolfsschanze"		
20. 9.	„Wolfsschanze"		
21. 9.	„Wolfsschanze"	K.-H. Frank	

Tag	*Aufenthaltsorte*	*Besprechungen mit (Briefe an)*	*Unterredungen Ribbentrops mit*
22. 9.	„Wolfsschanze"	Himmler, K.-H. Frank „Weisung Nr. 36" (Zurückstellung des Angriffs auf Murmansk)	
23. 9.	„Wolfsschanze"	K.-H. Frank, v. Neurath, Goebbels	
24. 9.	„Wolfsschanze"; Besuch im H.Qu. der H.Gr. Mitte in Borissow	Himmler, Heydrich, K.-H. Frank v. Bock	
25. 9.	„Wolfsschanze"		
26. 9.	„Wolfsschanze"	Seyß-Inquart	*von Post*
27. 9.	„Wolfsschanze"		
28. 9.	„Wolfsschanze"		
29. 9.	„Wolfsschanze"	Rosenberg	
30. 9.	„Wolfsschanze"	Wolffhardt (Bibliothek Linz)	
1. 10.	„Wolfsschanze"	v. Brauchitsch	
2. 10.	„Wolfsschanze"; 23.30 Uhr Abfahrt nach Berlin	Heydrich	
3. 10.	13.15 Uhr Ankunft in Berlin; 19.15 Uhr Rückfahrt zur „Wolfsschanze"	17.30 Uhr: Rede zur Eröffnung des „Winterhilfswerks" im Berliner Sportpalast	
4. 10.	„Wolfsschanze"; nachmittags Besuch im OKH-Lager „Askania" (bei Angerburg)	nachm.: v. Brauchitsch, Halder	
5. 10.	„Wolfsschanze"		
6. 10.	„Wolfsschanze"		
7. 10.	„Wolfsschanze"		
8. 10.	„Wolfsschanze"	O. Dietrich	
9. 10.	„Wolfsschanze"		
10. 10.	„Wolfsschanze"	„Weisung Nr. 37" (Kampfführung in Finnland und Verteidigung Norwegens)	
11. 10.	„Wolfsschanze"		
12. 10.	„Wolfsschanze"		
13. 10.	„Wolfsschanze"	Funk	
14. 10.	„Wolfsschanze"	Himmler	
15. 10.	„Wolfsschanze"		
16. 10.	„Wolfsschanze"		
17. 10.	„Wolfsschanze"	Todt, Sauckel	*Alfieri*
18. 10.	„Wolfsschanze"	Speer, Breker	
19. 10.	„Wolfsschanze"		
20. 10.	„Wolfsschanze"	*Tiso, Tuka, Mach, Catlos*	*Tiso, Tuka, Mach*
21. 10.	„Wolfsschanze"	Hierl Himmler	

Tag	*Aufenthaltsorte*	*Besprechungen mit (Briefe an)*	*Unterredungen Ribbentrops mit*
22. 10.	„Wolfsschanze"		
23. 10.	„Wolfsschanze"	E. Koch	
24. 10.	„Wolfsschanze"	v. Rintelen	
25. 10.	„Wolfsschanze"	*Ciano* Heydrich, Himmler	
26. 10.	„Wolfsschanze"	Fricke	
27. 10.	„Wolfsschanze"		
28. 10.	„Wolfsschanze"		
29. 10.	„Wolfsschanze"	v. Kluge Forster, Todt Himmler (Brief an *Mussolini*)	
30. 10.	„Wolfsschanze"		
31. 10.	„Wolfsschanze"	v. Schirach	
1. 11.	„Wolfsschanze"	v. Brauchitsch	
2. 11.	„Wolfsschanze"	Himmler	
3. 11.	„Wolfsschanze"		
4. 11.	„Wolfsschanze"		
5. 11.	„Wolfsschanze"	Himmler	
6. 11.	„Wolfsschanze"		
7. 11.	„Wolfsschanze"; abends Abfahrt nach München	v. Brauchitsch	
8. 11.	16.32 Uhr Ankunft in München	18.15 Uhr: Rede im Löwenbräukeller	
9. 11.	München; 15.00 Uhr Rückfahrt zur „Wolfsschanze"	13.30 Uhr: Reichsleiter und Gauleiter	
10. 11.	„Wolfsschanze"	(Brief an *Pétain*)	
11. 11.	„Wolfsschanze"		
12. 11.	„Wolfsschanze"		
13. 11.	„Wolfsschanze"	nachm.: Raeder, Keitel, Jodl	
14. 11.	„Wolfsschanze"		
15. 11.	„Wolfsschanze"		
16. 11.	„Wolfsschanze"		
17. 11.	„Wolfsschanze"		
18. 11.	„Wolfsschanze"		
19. 11.	„Wolfsschanze"	13.00 Uhr: Halder	
20. 11.	„Wolfsschanze"; Abfahrt nach Berlin		
21. 11.	Berlin; Rückfahrt zur „Wolfsschanze"	Trauerfeier für Udet	
22. 11.	„Wolfsschanze"		
23. 11.	„Wolfsschanze"		
24. 11.	„Wolfsschanze"		

Tag	*Aufenthaltsorte*	*Besprechungen mit (Briefe an)*	*Unterredungen Ribbentrops mit*
25. 11.	„Wolfsschanze"; Fahrt nach Arys	14.00—16.00 Uhr: Vorführung der neuesten Waffen v. Brauchitsch, Halder	*Ciano* *Serrano Suñer* *Witting* *Tuka*
26. 11.	„Wolfsschanze"; 19.00 Uhr Fahrt nach Berlin		19.45—20.25 Uhr: *v. Bardossy* 20.40—21.15 Uhr: *Popoff*
27. 11.	Berlin	Mittagessen mit den Außenministern der Antikominternpakt=mächte 12.00—13.00 Uhr: *Witting* 13.00—13.30 Uhr: *v. Bardossy* 19.30—20.00 Uhr: *Popoff* 20.00—20.30 Uhr: *Scavenius* 20.30—21.00 Uhr: *Lorković*	
28. 11.	Berlin	11.45 Uhr: Trauerfeier für Mölders *Husseini* *M. Antonescu* König *Michael I.* von Rumänien, Königinmutter *Helene*	*Oshima* *M. Antonescu* *Lorković* *Scavenius* *Lü=i=Wen* *Husseini*
29. 11.	Berlin; abends: Rückfahrt zur „Wolfsschanze"	*Ciano* *Serrano Suñer* und *Ciano* *Tuka*	*Bose*
30. 11.	ab mittags wieder „Wolfsschanze"	13.00 Uhr: v. Brauchitsch	
1. 12.	„Wolfsschanze"	15.30 Uhr: v. Brauchitsch	
2. 12.	„Wolfsschanze"; Flug über Kiew und Poltawa nach Mariupol; Rückflug nach Poltawa	„Weisung Nr. 38" (Kriegführung im Mittelmeer) v. Reichenau	*Oshima*
3. 12.	Poltawa; Rückflug zur „Wolfsschanze"		*Oshima*
4. 12.	„Wolfsschanze"		
5. 12.	„Wolfsschanze"		
6. 12.	„Wolfsschanze"	nachm.: Halder	
7. 12.	„Wolfsschanze"	„Nacht= und Nebel"=Erlaß v. Brauchitsch 13.00 Uhr: *Moscardo* (Brief an *Antonescu*) (Brief an König *Gustav V.*)	*Oshima*

Tag	*Aufenthaltsorte*	*Besprechungen mit (Briefe an)*	*Unterredungen Ribbentrops mit*
8. 12.	„Wolfsschanze"; abends nach Berlin	*Lukesch* „Weisung Nr. 39" (Winterkrieg im Osten)	*Oshima*
9. 12.	11.00 Uhr: Ankunft in Berlin		*Alfieri*
10. 12.	Berlin		
11. 12.	Berlin	15.00 Uhr: Reichstags= rede (Kriegserklärung an USA)	14.18—14.21 Uhr: *Morris* *Oshima*
12. 12.	Berlin	Raeder, Keitel, Jodl 15.00 Uhr: *Mussert* 16.30—19.00 Uhr: Reichsleiter und Gauleiter	
13. 12.	Berlin	13.00—14.00 Uhr: *Oshima* Rosenberg, Goebbels, Terboven, Bouhler	
14. 12.	Berlin		
15. 12.	Berlin; 19.00 Uhr Abfahrt zur „Wolfsschanze"		
16. 12.	11.00 Uhr Ankunft in der „Wolfsschanze"	Göring, Gercke, Ritter v. Leeb, Busch 24.00 Uhr: v. Brauchitsch, Halder, Heusinger	*Budak* *Ghailani*
17. 12.	„Wolfsschanze"		
18. 12.	„Wolfsschanze"	Guderian	
19. 12.	„Wolfsschanze"	13.00 Uhr: Halder	
20. 12.	„Wolfsschanze"	mittags: Halder Hierl	
21. 12.	„Wolfsschanze"	mittags: Halder	
22. 12.	„Wolfsschanze"	mittags: Halder	
23. 12.	„Wolfsschanze"	mittags: Halder	
24. 12.	„Wolfsschanze"	mittags: Halder	
25. 12.	„Wolfsschanze"	mittags: Halder	
26. 12.	„Wolfsschanze"	mittags: Halder	
27. 12.	„Wolfsschanze"	mittags: Halder	
28. 12.	„Wolfsschanze"	mittags: Halder	
29. 12.	„Wolfsschanze"	mittags: Halder Raeder, Fricke, Keitel	
30. 12.	„Wolfsschanze"	mittags: Halder	
31. 12.	„Wolfsschanze"	mittags: Halder	

8. Personen- und Stichwortregister

Nachwort zur 2. Auflage

Zum Grundsätzlichen

Stärkste Anstöße – in Zustimmung, Differenzierung und Kritik – gingen von dem heuristischen Ansatz aus, der meiner Studie „Hitlers Strategie“ zugrunde liegt: daß Hitler nicht, wie es der ursprünglichen Fassung von Alan *Bullocks* Biographie[1] zufolge schien, ein zwar skrupellos-opportunistisch, aber richtungslos nach Erfolgen, wo immer sie sich boten, strebender und agierender Diktator war, daß er auch nicht ‚nur‘, wie es in Hugh R. *Trevor-Ropers*[2] Deutung geschah, auf „Lebensraum im Osten“ und Ausrottung der Juden in ganz Europa fixiert war, sondern daß er weit darüber hinausgehende Ziele ansteuerte. Dies sollte in zwei großen Etappen im Rahmen seines seit den zwanziger Jahren festliegenden „Programms“ geschehen: Zunächst ging es um die Aufrichtung eines europäischen Kontinentalimperiums auf dem Wege über eine Niederwerfung Frankreichs und – anschließend – die Eroberung des europäischen Rußlands, danach dann in einer weiteren „Stufe“ um den Aufbau einer deutschen „Weltmacht“–Stellung mit Kolonialbesitz in Afrika, ozeanischen Stützpunkten und starker Seemacht, die in der auf ihn, Hitler, folgenden Generation die Basis für einen Entscheidungskampf zwischen der „Weltmacht“ Deutschland und der „Weltmacht“ USA abgeben sollte. Dieses „Stufenprogramm“ wurde von manchen Kritikern als eine zu rationale Konstruktion für den vermeintlich ganz irrational handelnden Hitler angezweifelt[3], als Zeugnis für einen fragwürdigen Hitler-Zentrismus des Autors

1 Alan *Bullock*: Hitler. A Study in Tyranny. London 1952.

2 Hugh R. *Trevor-Roper:* Hitlers Kriegsziele. In: Vierteljahrshefte für Zeitgeschichte 8 (1960), S. 121 ff.

3 Am stärksten von Bernd *Stegemann*: Hitlers „Stufenplan“ und die Marine. In: Historische Studien zu Politik, Verfassung und Gesellschaft. Festschrift für Richard Dietrich zum 65. Geburtstag. Frankfurt a. M. (u. a.) 1976, S. 301 ff.; *ders.*: Hitlers Ziele im ersten Kriegsjahr 1939/40. Ein Beitrag zur Quellenkritik. In: Militärgeschichtliche Mitteilungen 27 (1980), S. 93 ff. – Karl Dietrich *Erdmann* kommt im Überblick auf das „pro“ und „contra“ des „Stufen“-Programms zu folgendem abwägenden Urteil: „Der Begriff ‚Stufenplan‘ ist noch umstritten. Er suggeriert eine Systematik, von der es zweifelhaft ist, ob mit ihr die Visionen und Improvisationen Hitlers zutreffend bezeichnet werden. Auf jeden Fall aber hat sich dieses Konzept als ein fruchtbarer Anstoß für die Forschung erwiesen“ (in: *Gebhardt*: Handbuch der deutschen Geschichte. 9., neu bearbeitete Auflage, Band 4, 2. Teilband. Stuttgart 1976, S. 342, Anm. 14).

unter Außerachtlassung der komplizierten Struktur des „Dritten Reiches" angegriffen[4], als hinsichtlich der zweiten, über Europa hinausgreifenden „Stufe" zu wenig quellenmäßig belegbar in Zweifel gezogen[5], aber auch durch breit angelegte Forschungen insgesamt bestätigt[6] oder nur im einzelnen modifiziert[7].

In Kenntnis all dieser Bemühungen der Kritiker wie der „Mitstreiter" halte ich an den Thesen fest, die ich als Ergebnis der von mir intensiv untersuchten Entscheidungen der deutschen Politik und Kriegführung 1940/41 gewonnen haben: daß 1. Hitler in dieser Zeit, auf dem Höhepunkt seiner Macht in Deutschland selbst wie in Europa stehend, „master of the Third Reich"[8] war, daß also keinerlei gleichrangige Faktoren neben ihm die Entscheidung in der deutschen Führung „mitbestimmten", was nicht ausschließt, wie von mir selbst dargelegt[9], daß es andere Konzeptionen für die Weiterführung des Krieges nach der Niederwerfung Frankreichs gab[10], und daß 2. Hitler sich von jener von mir als „Stufenprogramm" bezeichneten Abfolge der Etappen der Expansion leiten ließ, als er im Sommer und Herbst 1940 gegenüber allen „Anregungen", den offen scheinenden Weg in den Mittelmeerraum, in den Nahen Osten und nach Afrika zu beschreiten, auf dem Vorrang der Ost-Lösung, d. h. der Zertrümmerung der Sowjetunion zwecks Vernichtung des „jüdischen Bolschewismus" und Gewinnung neuen „Lebensraumes" im Osten, bestand. Alle Planungen zum Vordringen nach Vorderasien und nach Nordwestafrika wurden auf seine Weisung hin auf die Zeit *nach* der Eroberung des europäischen Rußlands angelegt.

zu I: *Voraussetzungen*

Hätte ich das Einführungskapitel heute noch einmal zu schreiben, würde ich stärker, als ich dies 1965 getan habe, betonen, daß es der „Zeit"-Faktor war, der Hitler

4 Vor allem von Hans *Mommsen*: Nationalsozialismus. In: Sowjetsystem und demokratische Gesellschaft. Hrsg. von Claus D. *Kernig*. Bd. IV. Freiburg i. Br. – Basel – Wien 1971, Sp. 695 ff., und von Wolfgang *Schieder*: Spanischer Bürgerkrieg und Vierjahresplan. Zur Struktur nationalsozialistischer Außenpolitik. In: Der Spanische Bürgerkrieg in der internationalen Politik (1936 – 1939). Hrsg. von Wolfgang *Schieder* und Christoph *Dipper*. München 1976, S. 162 ff.

5 Eberhard *Jäckel*: Hitlers Weltanschauung. Entwurf einer Herrschaft. Erweiterte und überarbeitete Neuausgabe. Stuttgart 1981.

6 Vor allem von Klaus *Hildebrand*: Vom Reich zum Weltreich. Hitler, NSDAP und koloniale Frage 1919 – 1945. München 1969; Josef *Henke*: England in Hitlers politischem Kalkül 1935 – 1939. Boppard am Rhein 1973; Jos. *Dülffer*: Weimar, Hitler und die Marine. Reichspolitik und Flottenbau. Düsseldorf 1972, und Gerhard *Schreiber*: Der Mittelmeerraum in Hitlers Strategie. „Programm" und militärische Planung. In: Militärgeschichtliche Mitteilungen 28 (1980), S. 69 ff.

7 Jochen *Thies*: Architekt der Weltherrschaft. Die „Endziele" Hitlers. Düsseldorf 1976.

8 Norman *Rich*: Hitler's War Aims. Vol I: Ideology, the Nazi State, and the Course of Expansion. New York 1973, S. 11.

9 In: Hitlers Strategie, S. 242 ff., S. 317 ff. – Zusammenfassend in meinem Buch: Der Zweite Weltkrieg 1939 – 1945. Kriegsziele und Strategie der großen Mächte. Stuttgart (u. a.) 1982, S. 45 f.

10 Zu Ribbentrops Konzeption Wolfgang *Michalka*: Ribbentrop und die deutsche Weltpolitik 1933 – 1940. Außenpolitische Konzeption und Entscheidungsprozesse im Dritten Reich. München 1980; zu Göring Stefan *Martens*: Hermann Görings politische „Konzeption" (Arbeitstitel). Diss. phil. Münster i. W. 1981.

1939 bestimmte, den Angriff auf Polen am 1. September 1939 zu führen – im Bewußtsein des hohen Risikos, damit einen europäischen Krieg auszulösen. Nicht nur aus subjektiven Gründen – von der fixen Idee besessen, daß er nicht alt würde, daß aber nur er allein, nicht seine Nachfolger zu wahrhaft „großen" Entschlüssen fähig seien –, sondern auch aus quasi-objektiven Erwägungen schien ihm schnelles Handeln zur Realisierung seines „Programms" geboten: Die 1939 noch bestehende (qualitative) rüstungsmäßige Überlegenheit Deutschlands (zu Lande und in der Luft)[11] drohte in absehbarer Zeit verloren zu gehen[12], nachdem die potentiellen Gegner, voran Großbritannien, ihrerseits mit der Aufrüstung begonnen hatten und angesichts ihrer überlegenen Ressourcen der deutsche Rüstungsvorsprung von 1940 an rasch abzunehmen drohte. Daher mußte der schmale „Korridor" zu den eigenen Fernzielen jetzt durcheilt werden, solange die weitaus stärkeren potentiellen Gegenmächte, vor allem die USA, noch „schliefen"[13]. Abgesehen von der großen Bedeutung der Tatsache, daß die USA vorerst – aus innenpolitischen Gründen – dem Krieg in Europa fernblieben, war es auf die politische, strategische, wirtschaftliche und propagandistische Hilfestellung zurückzuführen, die die Sowjetunion seit dem Abschluß des Nichtangriffspakts am 23. August 1939 ihrem Partner gewährte[14], daß Hitler der Absprung in den Krieg ohne größere außenpolitische Komplikationen und ohne schwere innenpolitische Krise gelang, daß Polen in einem kurzen Feldzug niedergeworfen werden konnte und daß der Krieg im Westen sich zunächst in Spähtrupp- und Flugblattaktionen in der „drôle de guerre" erschöpfte. Dabei war sich Hitler des Vabanquespiels bewußt gewesen, als er vor Reichstagsabgeordneten und Prominenten der NSDAP am 27. August 1939 zugab, daß der Krieg „sehr schwer", vielleicht „aussichtslos" sein würde[15].

Die weitere Vorgeschichte des Zweiten Weltkrieges als Auseinandersetzung zwischen den etablierten Großmächten Großbritannien, Frankreich, USA und den revisionistischen „Habenichtsen" („Have-nots") Japan, Italien, Deutschland seit dem Ersten Weltkrieg, verschärft seit der Weltwirtschaftskrise 1929 – 1933, habe

11 Die zentrale Bedeutung der deutschen Aufrüstung (seit 1933) für die internationale Politik der Jahre vor dem Zweiten Weltkrieg herausgearbeitet zu haben, ist das bedeutendste Ergebnis der Darstellung und Analysen in Bd. I des Werkes: Das Deutsche Reich und der Zweite Weltkrieg. Hrsg. vom Militärgeschichtlichen Forschungsamt. Stuttgart 1979 (vgl. vor allem die Beiträge von Wilhelm *Deist*, S. 371 ff., und Manfred *Messerschmidt*, S. 535 ff.).

12 Dies hat Jos. *Dülffer* in seinem Aufsatz: Der Beginn des Krieges 1939. Hitler, die innere Krise und das Mächtesystem. In: Geschichte und Gesellschaft 2 (1976), S. 443 ff., nachgewiesen.

13 Ausführlicher zu diesem Gedankengang mein Aufsatz: Der Hitler-Stalin-Pakt und die Entfesselung des Zweiten Weltkrieges – Situationsanalyse und Machtkalkül der beiden Pakt-Partner. In: Historische Zeitschrift 230 (1980), S. 339 ff., besonders S. 352 f.

14 Zum Forschungsstand über die internationale Situation im August 1939 mein Bericht: Zur Entstehung des Zweiten Weltkrieges. Düsseldorf 1980.

15 Generaloberst *Halder*: Kriegstagebuch. Bearbeitet von Hans-Adolf *Jacobsen*. Bd. I. Stuttgart 1962, S. 38; Helmut *Krausnick* und Harold C. *Deutsch* unter Mitarbeit von Hildegard *von Kotze* (Hrsg.): Helmuth *Groscurth*. Tagebücher eines Abwehroffiziers 1938 – 1940. Stuttgart 1970, S. 190.

ich in der Einleitung zu einer Skizze „Der Zweite Weltkrieg 1939 – 1945 – Kriegsziele und Strategie der großen Mächte"[16] analysiert, auf die hier hingewiesen sei.

Das halbe Jahr der „drôle de guerre" des europäischen Krieges im Winter 1939/40 war aus der Sicht der Westmächte vor allem durch die Unklarheit der Position der Sowjetunion gekennzeichnet, die, besonders nach Beginn ihres Angriffs auf Finnland am 30. November 1939, als Quasi-Verbündeter Deutschlands betrachtet wurde. Wie weit die in „Hitlers Strategie" nur knapp erwähnten Pläne der britischen und französischen Führungsstäbe für einen Angriff auf das sowjetische Erdölgebiet im Kaukasus in diesen Monaten schon gediehen waren, ist in Studien von G. *Kahle*[17] und H.-J. *Lorbeer*[18] eingehend untersucht worden. Die parallel dazu eingeleiteten „Nord"-Pläne der Alliierten zur Unterstützung Finnlands gegen die Sowjetunion (seit dem Moskauer Friedensschluß am 12. März 1940 dann gegenstandslos geworden) standen teils direkt, teils indirekt in Beziehung zu den deutschen Plänen zur Besetzung Norwegens. Offensive und defensive Motive: die aus der Sicht der Seekriegsleitung sinnvolle Gewinnung norwegischer Basen für die „Schlacht im Atlantik"[19] und die präventive Abwehr einer alliierten Landung in Skandinavien (die das Ziel hatte, die Verbindungslinien zwischen den nordschwedischen Erzgruben und den deutschen Häfen zu durchschneiden)[20] verknoteten sich dabei mit den aus innernorwegischen Intentionen erwachsenen Warnungen, die Quisling Hitler vor einem alliierten Zugriff zukommen ließ[21]. Dies, der Verlauf der Besetzung Dänemarks und Norwegens selbst (vom 9. April 1940 an) und der deutsche Westfeldzug vom 10. Mai bis 25. Juni 1940 sind aufgrund breiten Quellenmaterials in Bd. 2 des vom Militärgeschichtlichen Forschungsamt Freiburg i. Br. herausgegebenen Werkes „Das Deutsche Reich und der Zweite Weltkrieg"[22] dargestellt worden. Auch der See- und Luftkrieg bis zur „Schlacht um England" im September 1940 hat dort eine sachkundige Darstellung gefunden[23]. All dies vermag die knappen Abschnitte hierüber in „Hitlers Strategie" wesentlich zu erweitern. Das auf umfangreichem Quellenmaterial beruhende repräsentative

16 Der Zweite Weltkrieg 1939 – 1945. Kriegsziele und Strategie der großen Mächte (wie Anm. 9), S. 9 ff.

17 Günter *Kahle*: Das Kaukasusprojekt der Alliierten vom Jahre 1940. Opladen 1973.

18 Hans-Joachim *Lorbeer*: Westmächte gegen die Sowjetunion 1939 – 1941. Freiburg i. Br. 1975.

19 Carl-Axel *Gemzell*: Raeder, Hitler und Skandinavien. Der Kampf für einen maritimen Operationsplan. Lund 1965; Michael *Salewski*: Die deutsche Seekriegsleitung 1935 – 1945. Bd. I: 1935 – 1941. Frankfurt a. M. 1970, S. 175 ff.

20 Zu den deutsch-schwedischen Wirtschaftsbeziehungen im Zweiten Weltkrieg jetzt umfassend Klaus *Wittmann*: Schwedens Wirtschaftsbeziehungen zum Dritten Reich 1933 – 1945. München – Wien 1978.

21 Hans-Dietrich *Loock*: Quisling, Rosenberg und Terboven. Zur Vorgeschichte und Geschichte der nationalsozialistischen Revolution in Norwegen. Stuttgart 1970.

22 Das Deutsche Reich und der Zweite Weltkrieg. Hrsg. vom Militärgeschichtlichen Forschungsamt. Bd. 2: Die Errichtung der Hegemonie auf dem europäischen Kontinent. Stuttgart 1979, S. 189 ff., S. 269 ff.

23 Ebda., S. 43 ff., S. 329 ff. und S. 345 ff.

Werk der DDR-Historie „Deutschland im zweiten Weltkrieg"[24] krankt hingegen bei allem Scharfsinn der Analyse der deutschen und der britisch-französischen Strategie an der – aus der Abhängigkeit von der sowjetischen Geschichtsschreibung herrührenden, daher unvermeidlichen – Verschleierung der sowjetischen Politik in der Zeit des Hitler-Stalin-Pakts, ganz abgesehen davon, daß als Folge der Fixierung auf die marxistisch-leninistische Ideologie die zentrale, 1940/41 ausschlaggebende Rolle Hitlers nicht erfaßt wird, da deren Relativierung zugunsten einer Überbetonung ökonomischer Momente bei den Kriegsentscheidungen der deutschen Führung den Blick für die Wirklichkeit verstellt[25].

Zu Teil A: Sommer 1940

Zu der im II. Kapitel erörterten Haltung der Großmächte im Sommer 1940 sind Ergänzungen angebracht, obwohl die dort getroffenen Aussagen substantiell nicht geändert zu werden brauchen. Die inzwischen (1970 / 71) erschienenen Bände I und II der großen Darstellung Sir Llewellyn *Woodwards* über die britische Außenpolitik in den ersten Jahren des Zweiten Weltkrieges[25a] – bei der Abfassung von „Hitlers Strategie" stand nur die 1962 erschienenen Kurzfassung zur Verfügung – vermittelt detaillierte Einblicke in die Anstrengungen der britischen Regierung unter Premierminister Churchill (seit 10. Mai 1940), die Unterstützung durch die USA zu gewinnen, ebenso wie die vergeblichen Bemühungen, das Verhältnis zur Sowjetunion zu verbessern. Das jetzt zur Verfügung stehende britische Protokoll der Unterredung zwischen Stalin und dem neuen britischen Botschafter in Moskau Sir Stafford Cripps am 1. Juli 1940 (des einzigen Gesprächs zwischen ihnen vor dem deutschen Angriff auf die Sowjetunion am 22. Juni 1941) – ein Schlüssel-Dokument zum Verständnis der Konstellation im Sommer 1940 – läßt die grundlegende Differenz zwischen den Interessen Großbritanniens und der Sowjetunion ebenso klar erkennen wie die Einschätzung der Situation in Europa durch Stalin nach dem deutschen Siege über Frankreich[26]: „Die Grundlage des (deutsch-sowjetischen) Nichtangriffspakts (vom 23. August 1939)" – so meinte er – „sei das gemeinsame Bestreben gewesen, das alte in Europa bestehende Gleichgewicht zu beseitigen, das Großbritannien und Frankreich vor dem Krieg aufrecht zu erhalten bestrebt gewesen seien. Wenn (Churchill) das alte Gleichgewicht wiederhergestellt haben möchte . . ., können wir nicht zustimmen." Auf den Einwand

24 Für den Zeitraum, der mit dem in „Hitlers Strategie" untersuchten übereinstimmt, Bd. 1: Vorbereitung, Entfesselung und Verlauf des Krieges bis zum 22. Juni 1941. Von einem Autorenkollektiv unter Leitung von Wolfgang *Schumann* und Gerhart *Hass*. Berlin (Ost) 1974.

25 Vgl. dazu meine ausführliche Rezension in: Historische Zeitschrift 223 (1976), S. 358 ff.

25a Sir Llewellyn *Woodward:* British Foreign Policy in the Second World War. Vol. 1 – 4. London 1962 – 1975.

26 Johann W. *Brügel* (Hrsg.): Stalin und Hitler. Pakt gegen Europa. Wien 1973, Dok. 71, S. 230 f.

des Botschafters, es müsse doch in Europa, wenn schon nicht das alte, dann doch ein anderes Gleichgewicht geben und nicht die Hegemonie einer einzigen Macht, erwiderte Stalin: „Ich bin nicht so einfältig, den deutschen Versicherungen zu glauben, sie hätten keinen Wunsch nach Hegemonie, aber ich bin von der physischen Unmöglichkeit einer solchen Hegemonie überzeugt, da Deutschland nicht über die dazu notwendige Seemacht verfügt."

Die Politik der USA in dieser Zeit hat in Detlef *Junkers* Studie „Der unteilbare Weltmarkt. Das ökonomische Interesse in der Außenpolitik der USA 1933 – 1941"[27] eine umfassende Analyse gefunden, die mit der These, daß die von Präsident Roosevelt geführten „Internationalisten" sich mit dem Aufbau einer „Vorwärtsverteidigung" gleichzeitig im Pazifik und im Atlantik auf eine weltweite Auseinandersetzung mit Japan und Deutschland vorbereiteten, einen deutlicheren Akzent gesetzt hat, als dies 1965 in „Hitlers Strategie" möglich war. Franz *Knipping*[28] hat die realpolitischen Züge der Rußland-Politik Roosevelts in der Zeit des Hitler-Stalin-Pakts betont. Die sowjetische Politik in der Zeit von August 1939 bis zum 22. Juni 1941 habe ich selbst im Rahmen des „Osteuropa-Handbuchs, Bd. Sowjetunion / Außenpolitik I"[29] weit ausführlicher dargestellt, als dies in „Hitlers Strategie" geschehen konnte. Über Italiens Situation bei seinem Kriegseintritt am 10. Juni 1940 und die Entwicklung des Krieges im Mittelmeerraum unterrichtet eingehend die Studie von Gerhard *Schreiber*[30].

Zu dem Abschnitt „Hitler und das England-Problem" im Kapitel III liegt mit Bernd *Martins* Freiburger Habilitationsschrift „Friedensinitiativen und Machtpolitik im Zweiten Weltkrieg 1939 – 1942"[31] eine gewichtige Ergänzung zum Komplex der „Friedensfühler im Sommer 1940" vor. Der Autor weist nach, daß Hitlers Ziel nicht ein „Kompromißfrieden" mit Großbritannien, sondern dessen dauerhafte Abhängigkeit von einem den Kontinent beherrschenden Deutschland war, so daß es zu keiner „ernsthaften, abgewogenen deutschen Friedensofferte" kam – mit der Folge, daß die Bereitschaft des „Appeasement"-Flügels in der britischen Führung zu einem „ehrenvollen" Friedensschluß nicht zum Tragen kam und die auf die Fortsetzung des Krieges (mit wachsender Unterstützung durch die USA) festgelegte Regierung Churchill das Heft in der Hand behielt. Die globale

27 Detlef *Junker*: Der unteilbare Weltmarkt. Das ökonomische Interesse in der Außenpolitik der USA 1933 – 1941. Stuttgart 1975.

28 Franz *Knipping*: Die amerikanische Rußlandspolitik in der Zeit des Hitler-Stalin-Pakts 1939 – 1941. Tübingen 1974.

29 Osteuropa-Handbuch. Bd. Sowjetunion / Außenpolitik 1917 – 1955. Hrsg. von Dietrich *Geyer*. Köln – Wien 1972, S. 270 ff.

30 Gerhard *Schreiber*: Revisionismus und Weltmachtstreben. Marineführung und deutsch-italienische Beziehungen 1919 bis 1944. Stuttgart 1978. Vgl. auch Walter *Baum* / Eberhard *Weichold*: Der Krieg der Achsenmächte im Mittelmeerraum. Die Strategie der Diktatoren. Göttingen (u. a.) 1973.

31 Bernd *Martin*: Friedensinitiativen und Machtpolitik im Zweiten Weltkrieg 1939 – 1942. Düsseldorf ²1976, S. 234 ff.

Zielsetzung Präsident Roosevelts in Abwehr aller Friedensinitiativen ist von *Martin* in einem Aufsatz[32] scharf herausgearbeitet worden.
Hitler hat bis etwa 22. Juli 1940 – mit abnehmenden Erwartungen – angenommen, daß England „kommen" und einen „Ausgleichs"-Frieden zu seinen Bedingungen akzeptieren werde. In weiterer Perspektive wurden für die (unterstellte) „Friedens"-Zeit im Westen bereits die USA als Gegner der Zukunft ins Visier genommen. Die Schlüsselrolle, die dem „Faktor Amerika" in „Hitlers Strategie" gerade in diesen ersten Wochen nach Eintreten der Waffenruhe in Frankreich zuzumessen ist, habe ich in einem Aufsatz[33] noch schärfer konturiert, als dies im Buch der Fall war. Wichtigster Ausdruck dieser Perspektive war die von Hitler gebilligte Wiederaufnahme des – bei Kriegsbeginn im September 1939 eingestellten – Baus der großen Überwasserflotte (gemäß Z-Plan vom 27. Januar 1939)[34], nunmehr eindeutig gegen die USA gerichtet, die sich ihrerseits mit der Entscheidung Roosevelts (die der Kongreß am 19. Juli billigte) zum Bau einer amerikanischen Zwei-Ozean-Flotte zur kommenden Konfrontation mit Deutschland und Japan rüsteten. In der Hitler am 11. Juli von Raeder vorgetragenen Denkschrift der Seekriegsleitung vom 6. Juli hieß es: „Großbritannien wird in seiner Schwäche Anlehnung bei den Vereinigten Staaten suchen, die wiederum großes Interesse an einem starken europäischen England haben, wodurch die USA zwangsläufig zum Gegner Deutschland werden. Die beiden angelsächsischen Mächte werden ihre große Seemacht zum Schutze ihres Weltreiches erhalten bzw. wieder aufbauen und werden damit zu den zunächst zu berücksichtigenden natürlichen Gegnern Deutschlands."
Zeitlich parallel mit der Entwicklung solcher weiten Perspektiven nach Westen vollzog sich unter dem Eindruck des in Kürze zu erwartenden „Ausgleichs" mit Großbritannien Hitlers akute „programm"-gemäße Wendung nach Osten gegen die Sowjetunion, die im Herbst 1940 in einem schnellen Feldzug niedergeworfen werden sollte. Dieses Kernstück der Darstellung in „Hitlers Strategie" ist Gegenstand kritischer Auseinandersetzung geworden, weil der in den Diskussionen über dieses Thema in den fünfziger Jahren betonte Gesichtspunkt der rein militär-strategischen Entscheidung – um das nicht zum Frieden bereite Großbritannien durch Ausschaltung seines letzten potentiellen „Kontinentaldegens", Rußland, dazu indirekt zu zwingen – immer wieder hervorgekehrt wird[35]. Ich habe auf-

32 Bernd *Martin*: Amerikas Durchbruch zur politischen Weltmacht. Die interventionistische Globalstrategie der Regierung Roosevelt 1933 – 1941. In: Militärgeschichtliche Mitteilungen 30 (1981), S. 57 ff.

33 Der Faktor Amerika in Hitlers Strategie. Überarbeitete Fassung in: Wolfgang *Michalka* (Hrsg.): Nationalsozialistische Außenpolitik. (Wege der Forschung, Bd. CCXCVII.) Darmstadt 1978, S. 493 ff.

34 Hierzu Michael *Salewski*: Die deutsche Seekriegsleitung (wie Anm. 19), S. 234 ff., *Ders.*: Die deutsche Seekriegsleitung 1935 – 1945. Bd. III. Frankfurt/M. 1973, S. 121 ff.

35 Zuletzt Bernd *Stegmann*: Der Entschluß zum Unternehmen Barbarossa. Strategie oder Ideologie? In: Geschichte in Wissenschaft und Unterricht 33 (1982), S. 205 ff.

grund neuer Quellen[36] meine Position in dieser Kontroverse noch einmal präzisiert. Sie läßt sich wie folgt zusammenfassen[37]:
Die Situation, die mit der Aufgabe des Kampfes durch Frankreich in der zweiten Juni-Hälfte heranreifte, wurde von Hitler so gedeutet, daß er die notwendige *kontinentale* Rückenfreiheit für den immer wieder, auch während des Winters 1939/40 von ihm als nächste Etappe seiner Expansion[38] bezeichneten Eroberungszug gegen die Sowjetunion mit der Ausschaltung Frankreichs als Machtfaktor gewonnen hatte. Die wünschenswerte *vollkommene* Rückenfreiheit hoffte er durch das angestrebte Arrangement mit Großbritannien zu erreichen. In „Hitlers Strategie" vertrat ich noch die Auffassung, daß die in den ersten Julitagen 1940 anlaufenden militärischen Ost-Planungen nur im Oberkommando des Heeres / Generalstab des Heeres getroffen wurden, während das Oberkommando der Wehrmacht/Wehrmachtführungsamt erst viel später in diese Planungen eingeschaltet worden sei. Tatsächlich ist aber im Wehrmachtführungsamt schon während des Aufenthalts des „Führerhauptquartiers" auf dem Kniebis im Schwarzwald Ende Juni/Anfang Juli 1940 Oberstleutnant d. G. von Loßberg mit Vorplanungen betraut worden, und Loßbergs Gehilfe Hauptmann d. G. von Trotha erhielt während des Aufenthalts des Befehlszuges des Wehrmachtführungsamtes auf der Rückfahrt nach Berlin auf dem Bahnhof Grunewald am 6. Juli den Auftrag, Rußlandkarten für die detaillierte Vorplanung zu besorgen. Fazit: Die Vorplanungen begannen zeitlich parallel in beiden militärischen Führungsstäben. Diese Planung lief – um es nochmals zu unterstreichen – unter der Prämisse der vollkommenen Rückenfreiheit im Westen infolge des erwarteten „Ausgleichs" mit Großbritannien.
Der Gesichtspunkt, England gleichsam mit einer Ausschaltung Rußlands (als Machtfaktor) des letzten potentiellen Bundesgenossen auf dem Kontinent zu berauben, trat erst in der zweiten Juli-Hälfte als zusätzliches Argument bei Hitler auf, nachdem die Absicht, den Angriff gegen die Sowjetunion im Herbst 1940 zu führen, aus militärtechnischen Gründen sich als nicht realisierbar erwiesen hatte. Und erst nach dem Molotow-Besuch in Berlin am 12./13. November 1940 gewann das dritte Argument: Stalins Erpressertaktik zu begegnen, die man nur durch eine

36 Vor allem enthalten in Lew *Besymenski*: Sonderakte „Barbarossa". Dokumente, Darstellung, Deutung. Stuttgart 1968, S. 307 ff. („Loßberg-Studie" vom 15. September 1940; Vortragsnotiz für den „Führervortrag" über den Operationsentwurf Ost vom 26. November 1940); Erhard *Moritz* (Hrsg.): Fall Barbarossa. Dokumente zur Vorbereitung der faschistischen Wehrmacht auf die Aggression gegen die Sowjetunion (1940/41). Berlin (Ost) 1970; Friedhelm *Klein* und Ingo *Lachnit*: Der „Operationsentwurf Ost" des Generalmajors Marcks vom 5. August 1940. In: Wehrforschung 1972, S. 114 ff.; David *Irving*: Hitler und seine Feldherren. Frankfurt/M. – Berlin – Wien 1975, S. 136 ff.

37 Ausführlich dargelegt in meinem Aufsatz: Noch einmal: Hitlers Wendung gegen die Sowjetunion 1940 – Nicht (Militär-) „Strategie oder Ideologie", sondern „Programm" und „Weltkriegsstrategie" In: Geschichte in Wissenschaft und Unterricht 33 (1982), S. 214 ff.

38 Dazu als neues Zeugnis die Erinnerungen von Nicolaus *v. Below:* Als Hitlers Adjutant 1937 – 45. Mainz 1980, S. 192, S. 198 ff., S. 211, S. 217 f.

Zerschlagung der Sowjetunion wirklich ausschließen könne, eine gewisse Bedeutung in Hitlers Begründungen für die militärische Ost-Lösung. Hätten diese machtkalkulatorischen Argumente tatsächlich Oberhand gewonnen, wie gelegentlich immer noch behauptet wird, dann hätte es nahe gelegen, den Krieg gegen die Sowjetunion im Stile des Westfeldzuges – rein auf den militärpolitischen Effekt zielend – zu führen. Doch er begann am 22. Juni 1941 im Zeichen des Primats des rassenideologischen Vernichtungs-„Programms" Hitlers.

Daß die Gewinnung eines deutschen Kolonialreiches in Mittelafrika unter Ausnutzung der günstigen Situation im Sommer 1940 für Hitler keine „Alternative" zur militärischen Ost-Lösung war, hatte ich in „Hitlers Strategie" in einem „Exkurs" dargelegt. Auf einer unvergleichbar breiteren Quellengrundlage hat Klaus *Hildebrand* dies in seinem Standardwerk über die nationalsozialistische Kolonialpolitik bestätigt[39].

Zu Teil B: Herbst 1940

Zu der Entwicklung in Südosteuropa nach Mussolinis schnell gescheitertem und zu einem schweren Rückschlag für Italien wie zu einer Krise in der deutschen Balkanpolitik führendem Angriff auf Griechenland am 28. Oktober 1940 hat Martin *van Creveld* eine minuziöse Untersuchung vorgelegt[40], die meine Darstellung in „Hitlers Strategie" ebenso im einzelnen ergänzt und z. T. modifiziert, wie dies für die Monate März bis Juli 1941 hinsichtlich der Vorgeschichte und der politischen und militärischen Konsequenzen des Balkanfeldzuges vom 6. April 1941 an durch die Studie von Klaus *Olshausen*[41] geschehen ist, ohne daß ich durch das Ergebnis dieser Arbeiten meine Akzente anders zu setzen genötigt wäre.

Über den Entscheidungsprozeß in der japanischen Führung sind wir seit der Publikation der Protokolle der Führungsgremien 1940/41 durch Nobutaka *Ike*[42] besser unterrichtet, als es bei der Niederschrift von „Hitlers Strategie" der Fall war. Die Studien von Michael *Libal*[43], Masaki *Miyake*[44], Jun *Tsunoda*[45] und Bernd *Martin*[46] enthalten manche wichtige Ergänzung zur Entwicklung des deutsch-

39 Klaus *Hildebrand*: Vom Reich zum Weltreich (wie Anm. 6), S. 641 ff.

40 Martin L. *van Creveld*: Hitler's Strategy, 1940 – 1941. The Balkan Clue. Cambridge 1973.

41 Klaus *Olshausen*: Zwischenspiel auf dem Balkan. Die deutsche Politik gegenüber Jugoslawien und Griechenland von März bis Juli 1941. Stuttgart 1973.

42 Nobutaka *Ike* (Ed.): Japan's Decision for War. Records of the 1941 Policy Conferences. Stanford / Calif. 1967.

43 Michael *Libal*: Japans Weg in den Krieg. Die Außenpolitik der Kabinette Konoye 1940/41. Düsseldorf 1971.

44 Masaki *Miyake*: Die Achse Berlin – Rom – Tokio im Spiegel der japanischen Quellen. In: Mitteilungen des Österreichischen Staatsarchivs 21 (1968), S. 408 ff., *Ders*: A Study of the Tripartite Alliance Berlin – Rom – Tokyo. Tokyo 1975.

45 Jun *Tsunoda*: Matsuoka und Singapore. In: Wehrwissenschaftliche Rundschau 19 (1969), S. 68 ff.

46 Bernd *Martin*: Die deutsch-japanischen Beziehungen während des Dritten Reiches. In: Manfred *Funke* (Hrsg.): Hitler, Deutschland und die Mächte. Materialien zur Außenpolitik des Dritten Reiches. Düsseldorf 1976, S. 454 ff.

japanischen Verhältnisses im Herbst 1940 und im Winter 1940/41. Tsunoda und Miyake arbeiten dabei die Sonderstellung des Außenminister Matsuoka heraus, der als einziger japanischer Staatsmann eine wirklich globale politische und militärische Kooperation mit Deutschland anstrebte, sich im Zusammenwirken mit der Strategie Hitlers für einen japanischen Vorstoß gegen Singapore engagierte und nach dem deutschen Angriff auf die Sowjetunion am 22. Juni 1941 für eine japanische Offensive gegen Sowjet-Fernost plädierte, dabei in die Isolierung geriet und am 15. Juli 1941 gestürzt wurde. Die weltpolitische Bedeutung dieser Zusammenhänge habe ich in einem Vortrag pointiert analysiert[47].
Das deutsche Eingreifen in Nordafrika zur Abwendung des im Januar 1941 drohenden Zusammenbruchs der italienischen Verteidigung in Libyen durch Entsendung des „Afrikakorps" unter Generalmajor Rommel und die Kampfhandlungen dort im Verlauf des Jahres 1941 schildert Adalbert *von Taysen* auf der Basis breiten (deutschen und britischen) Quellenmaterials[48].
Die deutschen militärischen Planungen für den Feldzug gegen die Sowjetunion untersucht jetzt auf einer gegenüber der Zeit der Abfassung von „Hitlers Strategie" wesentlich erweiterten Aktengrundlage Christian *Pötschke*[49]. Diese Planungen stehen auch im Zentrum des für 1982 angekündigten Bandes 4 des Werkes „Das Deutsche Reich und der Zweite Weltkrieg".

Zu Teil C: 1941

Im Abschnitt über „Die Doppeldeutigkeit der sowjetischen Politik" in den ersten Monaten des Jahres 1941 bis zum Beginn des deutschen Angriffs wäre einiges zu ergänzen. Zu der schon in „Hitlers Strategie" in mehreren Varianten überlieferten Rede Stalins am 5. Mai 1941 (also am Tage vor der Übernahme des Amtes des Regierungschefs der Sowjetunion) vor den Absolventen der 16 Militärakademien hat sich eine weitere, „auf mündlichen russischen Quellen beruhende" Fassung in den Aufzeichnungen des aus Rußland stammenden britischen Journalisten Alexander *Werth*[50] gefunden, der sich zu dieser Zeit als Korrespondent in Moskau aufhielt. Danach führte Stalin aus: „Die Situation ist äußerst ernst. Mit einem deutschen Angriff in naher Zukunft muß man rechnen. Deshalb: bereit sein, jeder möglichen Überraschung zu begegnen . . . Die Sowjetregierung will mit allen ihr zur Verfügung stehenden diplomatischen Mitteln versuchen, einen bewaffneten Konflikt mit Deutschland zumindest bis zum Herbst hinauszuzögern, weil es zu dieser Jahreszeit für einen deutschen Angriff zu spät sein wird. Dieser Versuch

47 Der Zenit des Zweiten Weltkrieges: Juli 1941. Wiesbaden 1977.

48 Adalbert *von Tayen*: Tobruk 1941. Der Kampf in Nordafrika. Freiburg i. Br. 1976.

49 Christian *Pötschke*: Planung und Unternehmen „Barbarossa". Zum Verhältnis zwischen politischer und militärischer Führung während der Vorbereitungen und ersten Phase des deutschen Ostfeldzuges (1940 / 41). Diss. phil. Köln 1982. Stärker militärisch orientiert Albert *Beer:* Der Fall Barbarossa. Untersuchungen zur Geschichte der Vorbereitungen des deutschen Feldzuges gegen die Union der Sozialistischen Sowjetrepubliken im Jahre 1941. Diss. phil. Münster (Westf.) 1978.

50 Alexander *Werth*: Rußland im Kriege 1941 – 1945. München – Zürich 1965, S. 106 f.

kann gelingen, kann aber auch fehlschlagen . . . Wenn er gelingt, wird der Krieg mit Deutschland fast unvermeidlich im Jahr 1942 stattfinden, und zwar unter viel günstigeren Bedingungen, da die Rote Armee dann besser ausgebildet und besser ausgerüstet sein wird. Je nach der internationalen Situation wird die Rote Armee einen deutschen Angriff abwarten oder aber selbst die Initiative ergreifen, da eine dauernde Vorherrschaft Nazi-Deutschlands in Europa ‚nicht normal' sei." Diese Fassung stimmt in der Tendenz: 1941 alles zu unternehmen, um den Krieg zu vermeiden, mit den anderen Fassungen überein, hat jedoch einen eigenen Akzent in der Bemerkung Stalins, daß 1942 „gegebenenfalls die Sowjets die Initiative ergreifen müßten". Damit wird das Fazit in „Hitlers Strategie" (S. 535), daß sich 1941 „zwei einander – nicht nur prinzipiell, sondern auch wegen ihrer sich in Ostmitteleuropa kreuzenden Stoßrichtung – ausschließende machtpolitisch-ideologische Kriegsziel-‚Programme'" gegenüberstanden, bestätigt.

In unpublizierten Akten des deutschen Auswärtigen Amtes hat Robert *Cecil*[51] deutscherseits aufgefangene und übersetzte Telegramme des Volkskommissariats für auswärtige Angelegenheiten der UdSSR an die sowjetischen diplomatischen Missionen im Fernen Osten entdeckt. Am 7. Mai 1941 wurde diesen mitgeteilt, daß die Sowjetunion „Spannungen mit Deutschland im Zusammenhang mit der Türkei und Nahost vermeiden wolle". (Damals fand gerade der Aufstand des Irak gegen Großbritannien statt, in den Hitler nur mit schwachen Kräften eingriff.) Am 11. Mai folgte die Mitteilung, daß man daran denke, mit Deutschland und Italien (neue) Interessensphären abzustecken. Am 21. Mai wurde in einem weiteren Telegramm erklärt, „daß die UdSSR keinerlei Sympathien für Deutschlands und Italiens Imperialismus hege, ihn aber benutze, um den Imperialismus Englands und Amerikas zu zerstören". Schließlich war in einem Telegramm vom 3. Juni davon die Rede, daß „eine weitere Verschlechterung der Beziehungen zu den beiden angelsächsischen Ländern" vorauszusehen und es daher notwendig sei, „dort Unruhe zu schüren".

Stalin hat wohl bis zuletzt trotz aller sich aufdrängenden gegenteiligen Eindrücke mehr mit einem gewaltigen Erpressungsmanöver Hitlers als mit einem militärischen Angriff gerechnet, weil er aufgrund seines rationalen Kalküls es sich nicht vorstellen konnte, daß Hitler *vor* Beendigung des Krieges im Westen die Sowjetunion angreifen und damit einen Zweifrontenkrieg eröffnen würde, den er in „Mein Kampf" und in vielen späteren Bekundungen selbst immer als Ursache für die Niederlage Deutschlands im Ersten Weltkrieg bezeichnet hatte. (Stalin konnte die konträre Lage-Einschätzung Hitlers nicht begreifen, der sich mit einem schnellen Triumph über die als schwach angesehene Sowjetunion – u. a. – Rückenfreiheit für die Fortsetzung des Krieges im Westen und für den Aufbau einer kontinentaleuropäisch-nordwestafrikanischen Position gegenüber den USA verschaffen wollte.)

51 Robert *Cecil*: Hitlers Griff nach Rußland. Graz – Wien – Köln 1977, S. 176.

Allerdings kann auf sowjetischer Seite von einer totalen Überraschung und einem völlig Unvorbereitetsein auf einen deutschen Angriff keine Rede sein. Aufgrund der seit 1965 relativ verbesserten Quellenlage (auch wenn von sowjetischer Seite immer noch keine fundierte, offene Darstellung der Situation im Frühjahr 1941 vorliegt) läßt sich folgendes konstatieren[52]: Im März 1941 befahl Stalin Erkundungsflüge über das deutsche Grenzgebiet an der deutsch-sowjetischen Interessengrenze. Am 10. April wurde die Rote Armee in den Grenzbezirken kurzfristig alarmiert. Im Mai 1941 begann die Verlegung von vier zusätzlichen Armeen an die deutsch-sowjetische Interessengrenze. So standen am 22. Juni 1941 56 sowjetische Divisionen in der ersten, 50 Kilometer tiefen Verteidigungszone, insgesamt 170 Divisionen und 2 Brigaden in den westlichen Militärbezirken. Zahlenmäßig war die Stärke der sowjetischen Streitkräfte an den Westgrenzen der Stärke der deutschen Angriffsarmeen (rd. 3 Millionen Mann) etwa gleich, d. h. es befand sich etwa eine halbe Million Sowjetsoldaten mehr an den Westgrenzen, als ich in „Hitlers Strategie" angegeben hatte[53].
Über die deutsche Politik im Nahen und Mittleren Osten 1941 ist unsere Kenntnis seit 1965 wesentlich erweitert worden, auch wenn die „Linien", die in „Hitlers Strategie" gezeichnet wurden, aufrecht erhalten bleiben. Über die deutschen Beziehungen zum arabischen Raum haben vor allem Josef *Schröder*[54], Bernd Philipp *Schröder*[55], Heinz *Tillmann*[56], Josef *Ackermann*[57] und Yair P. *Hirschfeld*[58] breit dokumentierte Studien vorgelegt. Zur deutschen Politik in Afghanistan hat Milan *Hauner*[59] bedeutende Ergänzungen gebracht, dieser[60] sowie Johannes H. *Voigt*[61] auch zur deutschen Indien-Politik.

52 Das Folgende nach der neuesten sowjetischen Darstellung in: Geschichte des Zweiten Weltkrieges 1939–1945 in zwölf Bänden. (Hauptredaktionskommission unter A. A. *Gretschko*), 4. Bd.: Die faschistische Aggression gegen die UdSSR. Der Zusammenbruch der Blitzkriegsstrategie. Berlin (Ost) o. J. (sowjetische Ausgabe: Moskau 1975), S. 35 ff. – Danach betrug die Stärke der 170 Divisionen und 2 Brigaden 2 680 000 Mann. Hinzu kamen 220 000 Mann Grenztruppen. – Die sowjetischen Streitkräfte an den Westgrenzen waren ausgerüstet mit 37 500 Geschützen und Granatwerfern, 1475 Panzern der neuen Typen KW und T-34, 1540 Kampfflugzeugen neuen Typs sowie „mit einer bedeutenden Anzahl leichter Panzer und von Kampfflugzeugen veralteter Konstruktion" (ebda., S. 36).

53 Hitlers Strategie, S. 510.

54 Josef *Schröder*: Die Beziehungen der Achsenmächte zur Arabischen Welt. In: Manfred *Funke* (Hrsg.): Hitler, Deutschland und die Mächte (wie Anm. 46), S. 365 ff.

55 Bernd Philipp *Schröder*: Deutschland und der Mittlere Osten im Zweiten Weltkrieg. Göttingen (u. a.) 1975. *Ders.*: Irak 1941.

56 Heinz *Tillmann*: Deutschlands Araberpolitik im Zweiten Weltkrieg. Berlin (Ost) 1965.

57 Josef *Ackermann*: Der begehrte Mann am Bosporus. Europäische Interessenkollisionen in der Türkei (1938 – 1941). In: Manfred *Funke* (Hrsg.): Hitler Deutschland und die Mächte (wie Anm. 46), S. 489 ff.

58 Yair P. *Hirschfeld*: Deutschland und Iran im Spielfeld der Mächte. Internationale Beziehungen unter Reza Schah 1921–1941. Düsseldorf 1980.

59 Milan *Hauner*: India in Axis Strategy. Germany, Japan, and Indian Nationalists in the Second World War. Stuttgart 1981, S. 70 ff.

60 Milan *Hauner*: India in Axis Strategy (wie Anm. 59), S. 237 ff.

61 Johannes H. *Voigt*: Indien im Zweiten Weltkrieg. Stuttgart 1978.

Der Abschnitt über „Die Gewinnung von Verbündeten für den Ostfeldzug" ließe sich heute dank der Untersuchungen von Gerd R. *Ueberschär*[62] zu Finnland, von Jürgen *Förster*[63] zu Rumänien detaillierter fassen. Zu Bulgarien, das sich nicht am Feldzug gegen die Sowjetunion beteiligte, hat Hans-Joachim *Hoppe*[64] eine quellenmäßig dicht untermauerte Studie vorgelegt.

Korrigieren muß ich mich hinsichtlich des zu Japan Gesagten. In „Hitlers Strategie" ging ich noch davon aus, daß Hitler bis zum 22. Juni 1941 – entsprechend seiner eigenen „Weisung" vom 5. März 1941 – nichts den Japanern gegenüber von seiner Angriffsabsicht verlauten ließ. Aus japanischen Dokumenten, die ich selbst 1968 kommentierend in deutscher Übersetzung herausgegeben habe[65], wissen wir jedoch, daß Hitler zu Botschafter Oshima bei dessen Besuch auf dem Berghof am 3. Juni 1941 recht deutliche Bemerkungen gemacht hat[66]: „Es sei denkbar, daß ein deutsch-sowjetischer Krieg vielleicht nicht zu vermeiden wäre . . . Es sei ein lang gehegter Wunsch von ihm, die kommunistische Sowjetunion zu beseitigen, und bis heute habe er ihn nicht aufgegeben. Er glaube, daß es ein Dienst an der ganzen Menschheit wäre, ihn in die Tat umzusetzen . . . Welche Haltung Japan bei einem deutsch-sowjetischen Krieg einnehmen würde, stünde völlig in (seinem) eigenen Ermessen. Folglich wäre es Japan auch freigestellt, erst später, nach einer deutschen Kriegserklärung gegen die Sowjetunion, in den Krieg einzutreten, falls Japan sich an der deutschen Sache beteiligen wolle." Ribbentrop ging am folgenden Tage (4. Juni) noch weiter, indem er erklärte[67]: „Wenn Deutschland jetzt die Sowjetunion niederschlage, hätte es die Vormachtstellung auf dem europäischen Kontinent gewonnen und würde sich dadurch um so mehr eine Stellung sichern, die für England und Amerika unangreifbar sei . . . Deutschland wolle eine Politik einschlagen, die zu einer Aufteilung der Sowjetunion führe."

Der Abschnitt über „Das ‚Barbarossa'-Unternehmen als Eroberungs- und Vernichtungskrieg" könnte heute dank der Studien von Helmut *Krausnick* und Hans-Heinrich *Wilhelm* über die „Einsatzgruppen" der Sicherheitspolizei und des SD im Osten 1941[68] und Christian *Streits* Untersuchung über die Behandlung der sowje-

62 Gerd R. *Ueberschär*: Hitler und Finnland 1939–1941. Die deutsch-finnischen Beziehungen während des Hitler-Stalin-Paktes. Wiesbaden 1978.

63 Jürgen *Förster*: Rumäniens Weg in die deutsche Abhängigkeit. Zur Rolle der deutschen Militärmission 1940/41. In: Militärgeschichtliche Mitteilungen 25 (1979), S. 47 ff.

64 Hans-Joachim *Hoppe*: Bulgarien – Hitlers eigenwilliger Verbündeter. Eine Fallstudie zur nationalsozialistischen Südosteuropapolitik. Stuttgart 1979. – Allgemein zu den deutschen Verbündeten im Ostkrieg Peter *Gosztony*: Hitlers fremde Heere. Das Schicksal der nichtdeutschen Armeen im Ostfeldzug. Düsseldorf 1976.

65 Japan und der Fall „Barbarossa". Japanische Dokumente zu den Gesprächen Hitlers und Ribbentrops mit Botschafter Oshima von Februar bis Juni 1941. In: Andreas *Hillgruber*: Deutsche Großmacht- und Weltpolitik im 19. und 20. Jahrhundert. Düsseldorf ²1979, S. 223 ff.

66 Ebda., S. 249 ff.

67 Ebda., S. 245 ff.

68 Helmut *Krausnick*/Hans-Heinrich *Wilhelm*: Die Truppe des Weltanschauungskrieges. Die Einsatzgruppen der Sicherheitspolizei und des SD 1938–1942. Stuttgart 1981.

tischen Kriegsgefangenen 1941[69] viel breiter untermauert werden, als dies damals möglich war. Auch die Mitwirkung der Wehrmachts-, vor allem der Heeresführung an diesem Vernichtungskrieg ist dadurch vielfältig belegt worden, so daß die entscheidenden Aussagen darüber in „Hitlers Strategie" (S. 522 ff.) eindrucksvoll bestätigt wurden. Kontrovers ist dagegen die Frage beantwortet worden, ob Hitler im Juli 1941, wie in „Hitlers Strategie" (S. 524) betont und in einem späteren Aufsatz weiter ausgeführt[70], die Ausweitung der „Endlösung" über die eroberten sowjetischen Territorien hinaus, in denen die systematische Tötung aller Juden durch die „Einsatzgruppen" vom 22. Juni 1941 an im Gange war, auf das ganze deutsch-beherrschte Europa befohlen hat, wie dies in Görings Weisung an Heydrich vom 31. Juli 1941 ihren Niederschlag gefunden zu haben scheint. Gegenüber der u. a. von Martin *Broszat* vertretenen These[71], daß es einen umfassenden Befehl Hitlers wahrscheinlich gar nicht gegeben habe, der Übergang zur „Endlösung" im Sinne systematischer Tötung aller Juden im deutsch-beherrschten Europa vielmehr im Zuge einer allgemeinen permanenten Radikalisierung der NS-Politik auf allen Ebenen gleichsam „von unten", nicht zuletzt auch unter dem Eindruck des steckenbleibenden Ostkrieges, eingeleitet worden sei, beharre ich – wie Eberhard *Jäckel*, Klaus *Hildebrand*[72] u. a. – auf der Aussage, daß die „Endlösung" nicht im Zeitpunkt des sich gegen Hitler wendenden Ostkrieges im Herbst 1941, sondern auf dem Höhepunkt seiner Siegesillusionen im Juli 1941 von Hitler – höchstwahrscheinlich mündlich – befohlen wurde und daß dieser grundlegende Befehl – nach Erwägungen und Planungen über die „best"-möglichen Praktiken seiner Realisierung – von Dezember 1941/Januar 1942 an in den Vernichtungslagern in Polen in die Tat umgesetzt wurde. Eine ähnliche Position nimmt aufgrund detaillierter Spezial-Forschungen Christopher R. *Browning*[73] ein.

Am stärksten weicht meine heutige Auffassung in einigen wesentlichen Punkten von dem in dem gerafften Schlußkapitel VIII über „Politik und Strategie der kriegführenden Mächte vom Beginn des deutschen Angriffs auf die Sowjetunion (22. Juni 1941) bis zum Scheitern des improvisierten Kriegsplans Hitlers (Dezember 1941)" 1965 Niedergeschriebenen ab. Die dort vertretene These, daß Hitler

69 Christian *Streit*: Keine Kameraden. Die Wehrmacht und die sowjetischen Kriegsgefangenen 1941–1945. Stuttgart 1978. – Hierzu auch Jürgen *Förster*: Zur Rolle der Wehrmacht im Kriege gegen die Sowjetunion. In: Aus Politik und Zeitgeschichte. Beilage zur Wochenzeitung „Das Parlament", B 45/80 vom 8. November 1980.

70 Die „Endlösung" und das deutsche Ostimperium als Kernstück des rassenideologischen Programms des Nationalsozialismus. In: Andreas *Hillgruber*: Deutsche Großmacht- und Weltpolitik (wie Anm. 65), S. 252 ff.

71 Martin *Broszat*: Hitler und die Genesis der „Endlösung". Aus Anlaß der Thesen von David Irving. In: Vierteljahrshefte für Zeitgeschichte 25 (1977), S. 739 ff.

72 Klaus *Hildebrand*: Das Dritte Reich. (Oldenbourg Grundriß der Geschichte, Bd. 17.) München – Wien ²1980, S. 174 ff.

73 Christopher R. *Browning*: Eine Antwort auf Martin Broszats Thesen zur Genesis der „Endlösung". In: Vierteljahrshefte für Zeitgeschichte 29 (1981), S. 97 ff.

auch auf dem Höhepunkt der Siegesillusionen im Juli 1941 nicht über die Abschirmung der östlichen „Hemisphäre" Europa-Asien-Afrika (zusammen mit Japan) in Defensivstellung gegen die auf dem amerikanischen Doppelkontinent zu isolierenden USA hinausgegangen sei, muß abgewandelt werden zu der gegenteiligen Aussage. Sie war damals (1965) noch nicht möglich, weil erst die technische Verbesserung der Entzifferung der auf Mikrofilm überlieferten Aufzeichnung über die wichtige Unterredung zwischen Hitler und dem japanischen Botschafter Oshima im Führerhauptquartier „Wolfsschanze" am 14. Juli 1941 Klarheit über den Inhalt brachte. Diese neue These wurde von mir erstmals 1966 in dem Aufsatz über den „Faktor Amerika" veröffentlicht[74]. Bei der Besprechung am 14. Juli 1941 machte Hitler Oshima das Angebot eines umfassenden, offensiv angelegten Kriegsbündnisses zwischen Deutschland und Japan nicht nur gegen die Sowjetunion, sondern auch gegen die USA[75]: „Amerika drücke in seinem neuen imperialistischen Geist 'mal auf den europäischen, 'mal auf den asiatischen Lebensraum. Von uns aus gesehen drohe im Osten Rußland, im Westen Amerika, von Japan aus gesehen im Westen Rußland, im Osten Amerika. Daher sei er der Meinung, daß wir sie gemeinsam vernichten müßten. Es gebe im Völkerleben Aufgaben, die hart seien. Man könne diese Aufgaben nicht dadurch lösen, daß man sich ihnen verschließt oder sich auf einen späteren Zeitpunkt verläßt."

Politisch ging dieser Vorstoß Hitlers in Leere, weil der einzige japanische Minister, der zu einem solchen globalen Koalitionskrieg zunächst gegen die Sowjetunion, dann gegen die USA bereit gewesen wäre, Matsuoka, wie erwähnt, am 15. Juli, einen Tag nach der Unterredung Hitler – Oshima, aus der Regierung in Tokio „ausgebootet" wurde. Militärisch ging dennoch der Aufmarsch der japanischen Kwantung-Armee in der Mandschurei gegen Sowjet-Fernost zunächst noch weiter. Der Operationsplan sah für den Fall eines bei einem sich abzeichnenden sowjetischen Zusammenbruch vorgesehenen Losschlagens einen japanischen Vormarsch an der Transsibirischen Bahn entlang bis in die Gegend von Omsk vor, wo man den deutschen Truppen die Hand reichen wollte. Doch zog der japanische Generalstab aus der wechselvollen Schlacht um Smolensk (8. Juli bis 5. August), der zu einem – schließlich zweieinhalb Monate andauernden – Halt im entscheidenden Mittelabschnitt der deutsch-sowjetischen Front führte, den Schluß, daß der deutsche Ostkrieg nicht als „Blitzkrieg" in einem Zuge zum Ziel führen werde. Am 9. August 1941 beschloß das Kaiserliche Hauptquartier in Tokio definitiv, im Jahre 1941 nicht mehr in den deutsch-sowjetischen Krieg einzugreifen.

Die Abfolge der Entscheidungen in der japanischen Führung im Jahre 1941, mit anderen Worten, der Weg Japans nach Pearl Harbor, ist heute dank der umfassen-

74 Der Faktor Amerika in Hitlers Strategie 1938–1941. In: Aus Politik und Zeitgeschichte. Beilage der Wochenzeitung „Das Parlament", B 19 / 1966 vom 11. Mai 1966, S. 3 ff.

75 Erstmals im korrekten Wortlaut gedruckt in Andreas *Hillgruber* (Hrsg.): Staatsmänner und Diplomaten bei Hitler. Vertrauliche Aufzeichnungen über Unterredungen mit Vertretern des Auslandes. Zweiter Teil: 1942–1944. Frankfurt / M. 1970, S. 541 ff.

den Darstellung von Peter *Herde*[76] so detailliert wie überhaupt nur möglich geklärt. Die Parallelität der zum Kriegsentschluß hinführenden Entwicklung in der japanischen Führung mit dem im Grunde schon seit der Schlacht um Smolensk feststehenden, aber von Hitler bis zum Ausrinnen der letzten deutschen Vorstöße im Vorfeld von Moskau Anfang Dezember 1941 nicht eingestandenen Scheitern des deutschen Ostfeldzuges als „Blitzkrieg" ist dank der Studie von Klaus *Reinhardt*[77] sehr viel exakter zu belegen, als es 1965 in dem skizzenhaft angelegten Schlußkapitel in „Hitlers Strategie" möglich war. Doch konnte damals schon das Scheitern des deutschen Kriegsplans vor Moskau und damit die „Kriegswende" überhaupt bereits im Dezember 1941 (d. h. nicht erst ein Jahr später in der Schlacht um Stalingrad und mit dem Übergang der Initiative im Mittelmeerraum auf die westlichen Alliierten) als Konsequenz aus dem Fehlschlag der im Winter 1940/41 entwickelten „Weltblitzkriegs"-Konzeption Hitlers konstatiert werden.

Ein Problemkomplex wurde in diesem Zusammenhang – wie sich schon bald herausstellte – von mir 1965 nur unzulänglich angerissen: die Frage, was Hitler in der Zeit der schweren Krise vor Moskau – als sich das deutsche Ostheer der am 5./6. Dezember 1941 eingeleiteten Gegenoffensive unter schwierigsten Bedingungen zu erwehren hatte – bewog, nach dem japanischen Angriff auf die südostasiatischen Besitzungen der USA, Großbritanniens und der Niederlande sowie dem Schlag gegen die amerikanische Flotte in Pearl Harbor (am 7. Dezember 1941) den USA am 11. Dezember 1941 den Krieg zu erklären, nachdem er in den Monaten zuvor alle Anträge der Seekriegsleitung, den Angriff deutscher U-Boote auf amerikanische Schiffe als Antwort auf amerikanische Provokationen im Atlantik („Schießbefehl Roosevelts am 11. September 1941) frei zu geben, unter Hinweis darauf abgelehnt hatte, daß erst der Krieg im Osten beendet sein müsse, ehe ein „scharfes Vorgehen" gegen die USA vertretbar sei. Ich hatte damals (1965) die Kriegserklärung an die USA als „Flucht nach vorn" interpretiert, „durch die Hitler ein Ausbrechen oppositioneller Kräfte, vor allem in der militärischen Führung, aus dem nun beginnenden hoffnungslosen Ringen unmöglich zu machen trachtete" (S. 553). Lediglich ergänzend wies ich (S. 554, Anm. 86) darauf hin, daß Hitler hoffte, die durch die Verluste der amerikanischen Flotte in Pearl Harbor gewonnene Zeit der amerikanischen Defensive auf allen Kriegsschauplätzen zu nutzen, die USA in einen Zwei-Ozean-Krieg gegen Japan und Deutschland zu zwingen und dadurch deren Kräfte zu zersplittern, um währenddessen durch neue Anstrengungen im Osten im Jahre 1942 die Sowjetunion doch noch niederzurin-

76 Peter *Herde*: Pearl Harbor, 7. Dezember 1941. Der Ausbruch des Krieges zwischen Japan und den Vereinigten Staaten und die Ausweitung des europäischen Krieges zum Zweiten Weltkrieg. Darmstadt 1980.

77 Klaus *Reinhardt*: Die Wende vor Moskau. Das Scheitern der Strategie Hitlers im Winter 1941/42. Stuttgart 1972.

gen. Dieser Gesichtspunkt schien mir, auch unter dem Eindruck der Ergebnisse der Forschungen von Bernd *Martin* über „Deutschland und Japan im Zweiten Weltkrieg“[78], immer mehr an Gewicht zu gewinnen, so daß ich ihn schon 1966 in meinem Aufsatz über den „Faktor Amerika in Hitlers Strategie“[79] nach vorn rückte.

Die Diskussion über Hitlers Motive bei seiner Kriegserklärung an die USA hielt indessen weiter an. Nachdem Gerhard L. *Weinberg* in seiner Analyse den trotz aller Bedrängnis des Seekrieges „noch“ relativ günstigen Zeitpunkt für die Eröffnung des Krieges gegen die USA im Zusammenwirken mit Japan hervorhob[80], ist Eberhard *Jäckel*[81] nach einer minuziösen Rekonstruktion der sehr komplizierten Vorgeschichte, d. h. der am 29. November 1941 von japanischer Seite initiierten, bis zum Angriff auf Pearl Harbor am 7. Dezember noch nicht zum Abschluß gelangten Verhandlungen mit dem deutschen und dem italienischen Bundesgenossen über Vereinbarungen für den Kriegseintritt Japans und über das Verbot eines Sonderfriedens mit den Westmächten – Hitler verlangte eine wechselseitige Festlegung – zu einer grundlegenden Lage-Analyse aus der Sicht Hitlers vorgedrungen, die, wenn auch nicht durchweg quellenmäßig exakt belegbar, sehr viel für sich hat und sich mit meiner Argumentation (seit 1966) berührt. Fest steht jetzt, daß Hitler nicht erst durch den japanischen Schlag gegen Pearl Harbor zu dem Entschluß bewogen wurde, seinerseits den USA den Krieg zu erklären, dies vielmehr bei ihm aufgrund der Verhandlungen mit der japanischen Regierung seit dem 4. Dezember feststand. „Der Krieg verwandelte sich“, so Jäckel, Hitler Sicht zusammenfassend[82], „aus einer Serie von Blitzfeldzügen zu einem Abnutzungskrieg, wie es der Weltkrieg von 1914 – 1918 gewesen war. Damals war Rußland im vierten Kriegsjahr zusammengebrochen und hatte den Friedensvertrag von Brest-Litowsk schließen müssen . . . Trotzdem hatte (Deutschland) den Krieg verloren, und zwar militärisch vor allem wegen des amerikanischen Eingreifens. Es lag nahe, daß Hitler im Dezember 1941 eine ähnliche Entwicklung vorhersah: Rußland war besiegbar, Amerika würde eingreifen.

Deutschland aber brauchte den Krieg nicht zu verlieren, wenn Japan in ihn eintrat. Japan konnte Amerika an einem vollen Eingreifen in Europa hindern. Es konnte den Teil der amerikanischen und britischen Streitkräfte binden, die 1918 so knapp den Ausschlag gegeben hatten. Dazu jedoch mußte es in den Krieg eintreten und durfte nicht vorzeitig aus ihm austreten. Diesem Zweck dienten die beiden

78 Bernd *Martin*: Deutschland und Japan im Zweiten Weltkrieg. Vom Angriff auf Pearl Harbor bis zur deutschen Kapitulation. Göttingen 1969.

79 Wie Anm. 74.

80 Gerhard L. *Weinberg*: Germany's Declaration of War on the United States: A New Look. In: Hans L. *Trefousse* (Ed.): Germany and America: Essays on Problems of International Relations and Immigration. New York 1980, S. 54 ff.

81 Eberhard *Jäckel*: Die deutsche Kriegserklärung an die Vereinigten Staaten von 1941. In: Im Dienste Deutschlands und des Rechtes. Festschrift für Wilhelm G. *Grewe*. Baden-Baden 1981, S. 117 ff.

82 Ebda., S. 137.

Abkommen (mit Japan). Das Geschäft bestand darin, daß Japan sich gegen den Preis des deutschen Kriegseintritts verpflichtete, keinen Sonderfrieden zu schließen."

Über den damit am 11. Dezember 1941 beginnenden globalen Krieg der „Dreierpaktstaaten" gegen die USA (und Großbritannien), in dessen Rahmen dem deutsch-sowjetischen Krieg aus Hitlers Sicht weiterhin Priorität zukam, gibt es noch keine mit „Hitlers Strategie" vergleichbare, umfassend angelegte Studie, so sehr auch für Teilbereiche, vor allem für den Seekrieg durch den 2. Band des Werkes von Michael *Salewski*[83], schon Forschungsergebnisse vorliegen. Überhaupt dürfte eine Gesamtdarstellung von Hitlers Politik und Kriegführung in den Jahren 1942 bis 1945 – trotz der inzwischen erschienenen Bände 2 bis 4 der DDR-Reihe „Deutschland im zweiten Weltkrieg"[84] – wohl noch für längere Zeit ein Desiderat bleiben.

83 Michael *Salewski*: Die deutsche Seekriegsleitung 1935–1945. Bd. II: 1942–1945. München 1975.

84 Deutschland im Zweiten Weltkrieg. Von einem Autorenkollektiv unter Leitung von Wolfgang *Schumann* und Karl *Drechsler* (bzw. bei den Bdn. 3 und 4: von Wolfgang *Schumann* unter Mitarbeit von Wolfgang *Bleyer*). Bd. 2: Vom Überfall auf die Sowjetunion bis zur sowjetischen Gegenoffensive bei Stalingrad (Juni 1941 bis November 1942). Berlin (Ost) 1975; Bd. 3: Der grundlegende Umschwung im Kriegsverlauf (November 1942 bis September 1943). Berlin (Ost) 1979; Bd. 4: Das Scheitern der faschistischen Defensivstrategie an der deutsch-sowjetischen Front (August bis Ende 1943). Berlin (Ost) 1981.